叢書・ウニベルシタス　600

パンと競技場

ギリシア・ローマ時代の政治と都市の社会学的歴史

ポール・ヴェーヌ
鎌田博夫 訳

法政大学出版局

Paul Veyne
LE PAIN ET LE CIRQUE
Sociologie historique d'un
pluralisme politique

This book is published in Japan by arrangement
with les Éditions du Seuil, Paris through
le Bureau des Copyrights Français, Tokyo.

ヴェルト峰へ捧げる

おまえの空に顔を浸せば、
わたしは清められる（早く洗ってくれ）、
そしてわたしはおまえの雪の衣よりも
いっそう白くなれるだろう。

目次

緒　言

「パンと競技場」——少なくともおよそ紀元前三百年から紀元後三百年のあいだ、つまりヘレニズム時代からローマ時代と言われる古代の生活において、なぜ共同社会への寄贈、あるいは都市への庇護が大きな地位を占めているのか。自治体のどの有力者も一種の階級的モラルのために人民へ寄贈を行い、人民もそれを当てにする。支配者たるローマ元老院議員のほうでも、ローマ市の平民のために各種の競技会を開催し、支持者や兵士らに象徴的な寄贈を分配し、公然と一種の選挙腐敗を招いている。皇帝自身もローマ市民に安いパンと剣闘士試合を確保しているので、人民から帝国随一の恵与者だと思われている。このように共同社会へ個人が行う寄贈は「恵与指向」*évergétisme* と言われる。この慣習は広く普及していたので、ギリシア・ローマ支配下の都市、たとえば観光客が訪れるトルコやチュニジアにある廃墟と化した公共建造物の大部分は、実は地方の有力者から都市へ寄贈されたものである。たとえば、フランスにおいて、大部分の役所、学校、さらには水力ダムが地方の資本主義企業の鷹揚な寄贈であり、おまけにその職員たちに食前酒や映画会が提供されるのを想像してみよう。

このような現象を説明するのは困難であり、また——断っておくが——典型的な「非政治化」とはまったく関係がない。つまり一般的に、現実は典型以上に微妙である。三者の場合を区別すべきだろう、つまり富と勢力によって都市の首位に昇った有力者、ローマ寡頭制を動かす元老院議員、つまりローマ帝国の支配・指導階級、そして三番目に皇帝そのもの、つまり皇帝はローマにパンを与え、競技会を開催する。

以上の三者において、それぞれ適当な説明の仕方は異なるだろう。

本書では、主として皇帝とローマ寡頭制が取り上げられる、そして有力者については、ヘレニズム時代とともに、ギリシア世界がローマ帝国の一地方にすぎなくなる時代のギリシア諸都市の有力者だけが検討される。なぜならわれわれは本書の読者が西洋古代の専門家でない場合をも考慮したからであり、そのような読者をあまり退屈させてはいけないから。だから今回は、ローマ帝国における共同社会に関する若干のエピソードも割愛した、というのもその場合は、博学な史料のほうが、社会学的概念化による史的な語りの構造より優先してしまうからである。なぜなら本書は社会学的歴史の試みである、つまりそれ以外の歴史はあり得ないと思われるからである。

まず、レイモン・アロンとルイ・ロベールに感謝しなければならない。スタンダールを真似て言えば、レイモン・アロンのうちには優れた知性があり、（古い大学を気持ちよく変化させる）平等主義的流儀があり、またズバリ言って高潔さがある。次に引用する文は一九七一年にアロンが書いた文字どおり金言である――「人々によって体験された異常な出来事を語るのは、歴史家としては確かに最高の野心かも知れないが、それを語るには社会科学のすべての方法が必要である、それには望ましくても扱えないような方法も含まれる。ある部分的領域、ある概略的実体、たとえば国民や帝国の生成を語るには、その領域、その実体に関する理論はともかくとして、概念図なしには不可能である。歴史家は経済学者や社会学者を乗り越えるために、これらの学者と対等に議論できなくてはならない。わたしとしては、歴史家が、一般に考えられているような経験的使命とは逆に、哲学に接近してもよいのではないかと思われる。存在に意味を追究しない者は社会と信念の多様性の中に意味を発見できないだろう」。

ルイ・ロベールにも感謝したい。コレージュ・ド・フランス〔フランスの伝統ある最高学府の一つ〕とオット・

ゼチュード〔最高学府の一つ〕におけるかれの講義のおかげで、わたしはギリシアの碑銘学を学び、古代全般にわたる知識の大部分を得ることができた。また、かれのおかげで正統な学者なら最高の学者にも匹敵できることをこの目で確認できた。学者であるが、たんなる博学者ではない、つまりルイ・ロベールの話を聞く者すべては、かれがいかに広い視野と明察力をもって巨大な博学を支配しているかを知るはずである。

また、世界で誰よりも碑文に精通しているハンス゠ゲオルク・プフラウムの学識と友情のおかげで、ラテン碑銘学を勉強できた。ロナルド・サイム卿のそばで過ごさせてもらった二週間も有益であった、つまり二年間の孤独な期間以上のことを学ぶことができたし、おまけにすばらしく楽しい二週間であった。

ローマ・フランス学院のスタッフだったウイリアム・セストン氏にも感謝したい。またジャック・ウルゴン、ピエール・ボアイヤンセ、ポール・ルメルル、ジョルジュ・デュビーの諸氏からは、ありがたい激励をいただいた。ボアイヤンセ氏は恐らく本書の内容に対して全面的には賛同してもらえるとは思われない、というのも本書は古典学に頼らず、ただ、亡んだ文明といううきわめて異国的で、同時にきわめて日常的な慣習を、純粋に歴史学的、社会学的、あるいは人類学的興味から描こうとするからである。だがわたしの意図は内容に大きな変化をもたらしているだろうか。その証拠として、大学人どうしの論争には、人格や体制、政治的イデオロギー、時には科学の概念の闘争が関わっている。ところで、この最後の点について、ボアイヤンセ氏はエピクロスやルクレティウスに関して正しい文献学者だと、わたしには常に思われた。

本書は完成までに複雑な経過を経た、つまり三度書き改め、かなり変化したものになっているが、次の二点を除いて大学とは無縁である、つまり二度目の書き直しはエクス゠アン゠プロヴァンス大学へ提出した国家博士論文であり、その際、友人ジャン゠ピエール・セーブの熱心な指導を受けたが、かれはわたしの学位授与には関わらなかった。次いで現在の版の作成は、エクス゠アン゠プロヴァンス大学ギリシア・ラテン語主任教授で友人のアルベール・マシャンが余暇を割いてくれたおかげである。また個人的には、まず、エレーヌ・フラスリエールをはじめ、後で述べるように、多くの歴史家や哲学者の友人に感謝したい、さらに古い仲間ピエール・ヴィダル゠ナケにも感謝しなければならない、かれは何でも心得ていて、また概念で思考し、またわたしがやりたくても、その勇気がなかった行為を一度ならず行なってくれた。

本書は、マックス・ウェーバーとおなじ意味で社会学という言葉を使うなら、社会学的歴史書である、というのもウェーバーにおいて、この語は人文学、あるいは政治学と同義の便利な言葉であるからだ。歴史的認識については問題が多いが、その原則として、歴史の方法論は存在しないと言える、つまりある歴史的事実は社会学、政治学、人類学、経済学等々の方法に依らねば説明できない（したがって語ることができない）からである。ある事実の歴史的説明が、その「社会学的」説明、その科学的説明、その真の説明と違ったものになるなどと考えることは無駄である。同様に、天文学的説明を天文学的に説明することもできない、つまりその説明は物理学から生まれたものである。

とはいえ天文学の本は物理学の本に似ていないし、また歴史書も社会学の書とまったく同類だというわけではない（ただし伝統的歴史学で言われるほど違ってはいない）、つまりウェーバーの『宗教社会学』（表題は社会学であっても、これは立派な歴史書である）はまったく『経済と社会』とは似ていない。なぜなら社会学と歴史学の相違は素材的でなく、純粋に形式的だから。両者がおなじ出来事をおなじように説明しても、前者の対象は概論（概念、類型、法則性、原理）であり、その説明のために出来事を利用する、しかし歴史学の対象は出来事そのものであり、それを社会学の対象としての概念を使って説明する。換言すれば、おなじ事実が同じように語られ説明されても、歴史家にとっては出来事が歴史家自身の対象であるが、他方、社会学者にとっては、しかじかの法則性、あるいは概念、あるいは理想型を示す（あるいはそれらを発見したり、形成したりするのに役立った）実例にすぎないだろう。

　このように両者の相違は微少である、たとえば一方で、恵与指向が政治学の理想型で説明され、概念化されるなら、他方では、その理想型が恵与指向という実例でもって例証され、見いだされる……味わいは同じであり、予想される読者も同じであり、また特に歴史家や社会学者に要求される知識も同じである、ただ仕事の実践的分野が異なるだけである。「事実」というものは存在しないから（それはただある概念によって、またその概念において存在するにすぎない、さもなければ考えられない）、社会学者はその事実を構成するのによい手を考え出さねばならないし、歴史家なら社会学へ向かう道を知り、それを批判し、必要ならそれをつくり出さねばならない。歴史学は社会学的発見を行わせ、社会学は古い歴史的問題を解決して新しい問題を提起する。

　しかしある点では、歴史学と社会学の違いは大きく、そのために歴史はそれなりの独自性を持っている。社会学者にとって歴史的事実は実例（あるいはモルモット）にすぎない。社会学者には、その学問の真の対象としての概念を説明できるような例のすべてを、例外を残さず列挙する必要はない。もしかれが君主制の理想型を主観的な権利でもってつくろうとするなら、恐らく二、三の例（古代ローマ、フランス旧体制）を挙げるだけでよく、すべての例は無用であろう、たとえばエチオピアを例に挙げるまでもないだろう。それに反し、歴史家にとって出来事は実例ではなく、学問の対象そのものである、したがってどんな例も無視できない、ちょうど動物学者がすべての種類の動物の完全な目録を作るのと同様であり、また天文学者がどんな星雲も見逃さないのと同様である。だからエチオピアについても語らねばならないだろう、つまりエチオピアの歴史に関する専門家がいるはずである。その歴史家たちはちょうど社会学者がエチオピアについて語るのとまったく同じような言い方で語るだろう、もし語るとすればである、とにかく語るだろう。

そのようなわけで、本書では、あるときは社会学的歴史（つまりカリスマや表現法や専門化等の概念を使って出来事を説明したり、あるいは少なくとも出来事をある概念で整理したりする）、あるいは歴史的社会学（つまりカリスマや専門化の概念が主に古代から借用した例で説明される）が現われる。もし読者がこの本を読んで、少々衒学趣味的なこの区別を気にしないなら、わたしの目的は達成されよう。

第一章　主体と行為

まず恵与指向とは何か、そして恵与指向でないもの——再配分や誇示や非政治化を説明しなければならない。また恵与指向をいかなるテーマに帰属させるのが望ましいかを述べよう。それから公共的慈善家、または「恵与者」の中で特殊な部類、つまり自治体の有力者の場合を分析する。それ以外の主体者、たとえば古代ローマの元老院議員、あるいは皇帝の場合は、その後で述べることにする。

一　ローマ社会における寄付——小史

寄付行為

古代ローマにおける寄付の重要性は知られている[1]〔各章の注はすべて巻末にまとめられている〕、またその重要性は、ポトラッチの社会や慈善・慈悲の社会、あるいは第三世界における再配分的税制や援助のある社会の場合と同様である、つまりパンと競技、祝儀、役人に対する皇帝の「贈り物」、制度化されるほど慣例化した袖の下（十九世紀や二十世紀のヨーロッパの旅行者から見れば、古代ローマ帝国はまさにトルコ帝国や中国帝国のように汚職の天国に見えただろう）、市民全体にふるまう大饗宴、遺産相続の名簿に召使いや友人や皇帝の名前まで書き込む遺言状……それは多種多様な行為を雑然と集めたものであり（役人への贈り物やリベートは一種の手当である）、さまざまな動機から来ている、たとえば出世欲、温情主義、君主制様式、汚職、誇示的消費、郷土愛、競争心、保身の術、世論への迎合、騒動への恐怖、寄付する鷹揚さ、理想の信念など。

人民のすべての階層が寄付の恩恵に浴している。貧民は慈善のおかげで隷属者か自由市民として寄付を受け、奴隷は博愛か温情によって寄付をいただく。農民は金持の小作人であるが、その主人から逃げないかぎりは滞納しても小作料 *reliqua colonorum* を延期してもらえる。[2] それが小作人を隷属させておく地主の手段だった。弁護士は、職業の資格を公認してもらえないかぎり弁護料を取ることができなかったが、依頼人から謝金の形で贈り物を貰った。金持らはたがいに富を循環させ、互いに金をわたすのと同じような鷹揚さで寄付をする。組織された団体も寄付を受けられる。帝政はじめから、ローマ国家に寄付を行うのは皇帝だけの特権である、その代わり、都市や自治都市は国家的貴族（あるいは元老院議員）、地方貴族（あるいは騎士団）、自治体の貴族（十人組長）、さらに富裕な解放奴隷からも寄付を受ける。事実、有力者は都市にたくさん寄付をしてその町を特権的に支配できるが、その階層的利害からでは、職業的あるいは文化的な「団体」や人間的温情を求める私的な協会にも鷹揚に寄付していることが説明できないだろう。帝国の各地方でも、何らかの形で寄付を受けている。それらの地方は都市の文化的協会の幹部（それは「地方民会」であり、そのように呼ばれていた）であり、公共の祭りを開催するために集まり、義務的な君主礼拝を皇帝に捧げた。それらの協会を主宰する著名な有力者たちは祭りを盛大にしたり、地方のために皇帝礼拝のための神殿や円形競技場の建設費を捻出するために破産している。

寄付は多いほど注目された。だから小さな贈り物や施し、象徴的な医療行為、道徳的な行為にとどまらなかった。建造物もまたローマ精神の特徴であり、今日、残っている円形競技場も寄付の重要性を物理的に裏付けている。実際、すべて、あるいはほとんどすべての円形競技場は都市や地方の貴族や有力者から寄贈されたものである。また寄付は、億万長者や庇護者らが富や理想主義の余技として行うことでもなかった。だからヘロデス・アッティクスや同じような金持にとっては関知しないことだった。さらに、貧しい人々も、たとえその貧しさが象徴的な意味であろうと、やはり寄付をしている、なぜなら「以前の」多くの場合と同様に、贈り物が一種の儀礼であるからだ。たとえば小作人は小作料のほかに主人のところへ律儀に作物を献呈している(3)。それは小作人が主人に隷属していて、耕している土地が自分らの所有地でない、という意味である。社会のそれぞれの階層には何らかの寄付をする権利がある。自治都市の裕福な解放奴隷は厳粛なアウグストゥス皇帝記念祝賀祭典の組織委員会に集り、自己負担でそれぞれ自治体における君主礼拝の祭礼費を負担する。そのうちのある者は個人の資格で、自由人を含めたすべての市民を楽しませるために剣闘士試合を開催している。

寄付の価値

自由で裕福な人々は貴族、元老院議員、騎士、そして十人組長らの階層を満たしていて、当然、ほかの人々より多くの寄付をするものと思われている。というのはかれらに資力があっただけではなく、人間として立派な身分であるために、人間のすべての理想に共鳴しなければならないという義務を負わされていたからである、つまりかれらは人間の手本と見なされている。このイデオロギーは平均的人間より優れた存在と見なされたのと同じであり、そのために純血の貴族と同様に身分的義務感を生じさせる。元老院議員であれ、一介の十人組長（市町村議会議員と言ってもよい）であれ、もしローマやその都市の高官になったら、闘技場や競技場や劇場で、派手な見せ物を提供しなければならない。また自分の解放奴隷や隷属者らに気前のよいところを見せる。自分の都市や地方のために財布をはたいて、権勢を示す（一方、皇帝のほうでは、ローマ市に対して同じような庇護を行う）。また遺言状の相続人名簿に友人たちの名前を加え、芸術や文芸を保護する。要するに、自分の町の平民のために、機会あるごとに個人的な奉仕をする、つまりラテン語の碑文に見られるように「すべての人々、各人」のために行う庇護行為は詳細に分かっていないとしても碑文が頻繁に暗示している、ただしわれわれの興味には漠然としすぎているが。

寄付、いや、もっと広い恩恵の頻発と多様性は、哲学者のテキストで当然のこととして現われている。これらのテキストでは、寄贈の美徳、あるいは *beneficia* とされ、寄付や施しの自由な供与が今日のわれわれの社会における商取引や規則（これは保護主義的で恩恵的であろうと構わないが）と同じ地位を占めるような社会の姿が知らずしらずのうちに描かれている。本書はまたヘレニズム時代の恵与指向とともに、その継続、その模倣としてのローマの恵与指向についても語るはずであるから、一例としてヘレニズム時代はじめのテキストとしてアリストテレスの『ニコマコス倫理学』を取り上げよう。巻四のはじめで、アリストテレスは金銭的な二つの美徳、つまり金銭の与え方と受け取り方、つまり気前のよさを論じ、この気前のよさを寄付する鷹揚さより優れたものとしている。かれはもっと詳しく論じているが、われわれはあまり深入りしないことにする、たとえばアリストテレスは無茶なことをする人々、つまり浪費家、金銭にしがみつく守銭奴で貪欲な人々から本当に気前のよい人々を区別している――「浪費家は金銭にしがみつく人々よりははるかにましかも知れない、なぜなら年をとり、貧しくなれば気が変わるだろう、気前のよい中庸に戻るかも知れない。事実、すでに気前のよさが現われているではないか、なぜならもらい方より与え方を心得ている、ただそれを適当に、有効に行うことができなかったのだ。だが習慣やほかの事情で心を改めるなら、気前のよい人になれる。その時には、だれに与えるべきかを知るだろうし、また貰うべき人から受けとることもできるだろう(4)」。このようなドラマはわれわれにはあまりなじみがない、アリストテレスは与えたり貰ったりする贈り物について話しているのであるが、われわれはむしろ利益や報酬に関心がある。気前のよさよりは、むしろ正義、慈善、社会的意義について話そう。この哲学者の決疑論が利益を取り上げるなら、その利益とは賭博者や高利貸しの破廉恥な利益のことであるが、われわれの決疑論なら、むしろ正当な報酬や正当な利益を問題にするだろう。ヘレニズム的世界は「友人」と市民からなる社会のようなものであるが、サラリーマンや企業家あるいは公務員が普遍主義的規則に従い、富と労働の取引という鉄則に従う労働者社会ではない。

　気前のよい人についてのアリストテレス的画像は常に真実であるが、古くさい。永遠にあり得ることであるが、われわれの現在の現実ではない、あるいはもはやそうではない。かれは対照的に、真実だが古くさい別の人間タイプ、つまり守銭奴（モリエールの喜劇の主人公でもよい）を喚起させる、それこそモラリストたちが幾世紀にわたって、人間精神の正道において出会ってきたタイプであるが、企業家や経営者らが高利貸しに続かなくなってから久しい。気前のよい人は守銭奴の反対である、つまりけちでない。自分の財産を無視するのではない、なぜなら他人のために財を提供するには財が必要だから。だが財を増やすことにはあまり関心がないだろう。金のために金を愛するのではなく、金を与えるために金を愛するのだ。金の勘定に汲々とするのは卑しいことである。それが『倫理学』の大要である。

　この章の終わりごろに分かるが、もし事実を調べるなら、われわれがブルジョアとかピューリタンと呼ぶような人と気前のよい人との対立は、現実的というよりは理論的であろう、つまり対立するのは人と人の対立ではなく、むしろ同一人物の中に共存しうる目的指向性である。それでもやはり気前のよい人、あるいは寄付の鷹揚な人についてのアリストテレス的画像は古代ギリシア・ローマにおいては明白な真実である。アリストテレスから四世紀後の小プリニウス元老院議員を検討してみよう。かれの『書簡集』は手本に則った完全なローマ元老院議員の手引き書であり、またそのように期待されている。それはたんに自叙伝的な証言だけでなく、教育的で模範的になろうとしている、そのためにプリニウスはかえって自己満足しているように誤解された。プリニウスの話によれば、かれは自分の老乳母に十万セステルティウムの土地を買い与えた。また自分と同じコモ出身の友人で、庇護している者に三十万セステルティウムの金を与えた、というのはこの友人がすでにコモで十人組長になり、市参事会員になるのに必要な十万セステルティウムの納付金を持っていたが、これからは騎士の身分へ進出するための金を使えるようになる、つまり四十万セステルティウムの納付金が必要だったのだ（このような金額は、本書で頻繁に出てくることと思われるので、読者のために実際的な助言をしておこう、つまり「十万セステルティウム」とあれば、バルザックを読んでいるとき、「五万フラン」[5]という金額に出会うときと同額だと思っていただきたい、つまり古代ローマ帝国は、生活の水準と様式、そして経済構造の上で、二十世紀より「人間喜劇」叢書で描かれる前資本主義、産業革命前、つまり農地と高利貸しの世界にはるかによく似ていたからである。ついでに言えば、一セステルティウムはバルザックの半フランにごく近い、誤差は一と二の違いであり、一と十の違いではない。プリニウスは友人に与えた三十万セステルティウムのほかにも、庇護している人々のために紹介状を乱発して、かれらに皇帝に奉仕する有給の側仕え騎士への道を開いてやるだろう。かれは土地所有者としては、小作人や作物を買いに来る商人らに気前のよいところを見せている。たとえば、後者に収穫前のブドウを売った、ところが実際の収穫が見込みを下回ったので、プリニウスは収入の一部を割いて商人に返金している。なぜなら、武士は食わねど高楊枝である、つまり気前のよさは貴族たるものの徳である。このプリニウスからさらに三世紀後、つまりローマ貴族階級がキリスト教化されたとき、「信心深い慈善」*piae causae* が設けられ、奴隷は解放され、「階級の」精神から貧しい人々に富が遺贈されるだろう。だが異教徒プリニウスが気前のよさを見せたのはもっぱらかれのささやかな故郷コモのためである、かれはその故郷のために図書館を建て、学校や慈善施設に助成金を寄付している。かれの書簡集に見られる十一年間のあいだに、かれはこの町のために二百万セステルティウムにのぼる金を使っている。かれの遺言状には、市に温泉治療施設を遺贈し、コモの平民には町ぐるみの宴会費として年間の収入を当て、自分の奴隷には扶養手当を遺している。ささやかな故郷や都市への寄贈がいかに重要であったかが分かるだろう。ディルはこう書いている(6)——「個人の財産が一般に一種の信託処分、つまり地域社会全体に権利を与えるような所有と見なされたのは、歴史上、あまり例のないことである」。それがまさしく恵与指向と呼ばれるものであり、それが本書の主題である。恵与指向、それは公共のために私財を投じることである。

二　恵与指向とは何か

「恵与指向」は新語である——むしろ概念である——この語はアンドレ・ブーランジェとアンリ＝イ・マルー(7)から来ている、この語はヘレニズム時代の表彰辞令の用語から作られ、各都市はこの辞令によって、贈与や公的活動で「都市のために尽力した」(*εὐεργετεῖν τὴν πόλιν*) 人々を表彰した。一般に、恩恵は恵与であった。古代のいかなる語もこの恵与指向に合致しない。*liberalitas* はたんに一般人、つまり都市や

「団体」への寄付を表わすだけでなく、すべての寄付行為を指す言葉であった。「面目」(φιλοτιμία)という語も広義すぎ、特に恵与指向の理由、つまりその美徳を強調しすぎる、それは栄誉と名誉を求める高尚な願望を表わす。

二種の恵与指向

ともかく、もしこの語がなくても、この問題は広範にわたり、明確な研究対象であることには変わらない。要するに、宗教という語もラテン語やギリシア語にないではないか(8)……恵与指向とは、共同社会(都市、団体、ほか)が公共的費用のために金銭的寄付を金持に期待し、それが空頼みでなかったということである、つまり金持は自発的に、喜んで協力した。共同社会への寄付金は、特に競技場や闘技場での見せ物、いや、もっと広く一般人の快楽(大饗宴)や公共建造物の建設費に当てられた、要するに快楽と建設のために当てられた。あるときは明らかな義理がなくても有力者が恵与をすることもあった(これを自由恵与指向と呼ぼう)、またあるときは公的「名誉」、たとえば地域社会の高官か役職への選挙に際して恵与が行われた。この場合を「名誉」恵与指向と呼ぼう、しかもこの恵与指向は道義的にも、法的にも義務づけられていた。

実際には、この区別は表面的でしかない。まず、自由恵与指向は時には(常にではなく、しばしばでもない)軽い暴力、騒ぎ、潜在的か潜行的な階級闘争の結果であることもあり、続いて、また特に、ローマ時代の義務的恵与指向は自由恵与指向の続きであり、その制度化にすぎない、つまりこの義務的恵与指向はヘレニズム時代のギリシア世界に現われ、つづいてローマ時代の都市の有力者に模倣された。だがこの「名誉」恵与指向と並んで、自由恵与指向は古代の末まで存続した。さらに、高官に選ばれて、共同社会への義理を果たすだけに飽きたらず、自発的に払うべきもの以上を支払って、「名誉」恵与を自由恵与に変える有力者も一人ならず現われている。言うまでもなく、もっとも立派な建造物が建てられたのは、名誉に関わる場合であったかどうかは別にして、上で述べた自由庇護のおかげである。恵与指向の進化において、自発的な寄付が第一であったし、また常に主たる事実であった。そこで恵与指向について矛盾した二つの画面が描けよう、つまり一面では、有力者が気前のよさを競い、想像もつかないような趣向を凝らしているが、他面では、平民に押されるか、平民を恐れる同じ階級の者らに押されて人民に快楽を提供している。これらの画面は両方とも真実である、つまりすべては状況次第であり、個性の問題である。確かにこの二面性は問題の核心である。

このような二面性のために恵与指向の問題は今まで研究されなかった。つまりまず、その概念を明確にしなければならなかったからである。確かに古代史においては、これほど多くの文学や碑文の資料を扱い、かつ、まだ手の付けられていない研究テーマは多くは残されていない。とは言っても古代の研究者すべてがこの恵与指向の存在を知らないわけではない[9]、むしろその研究や意図がさまざまな領域に細分され、統一に欠けていた。つまりある時は、自発的行為とされ、ある時は、道徳的義務とされ、またある時は、法的な義務とされたりして、恵与の研究は充分に法制の専門家にも、文明の専門家にも、また日常生活の専門家にも属していなかった、そして模範的（気前のよい寄付者）あるいは軽薄な（見せ物マニア）エピソードとして分散していた。またそれが研究されても、ただ循環的なテーマに断片化していた、たとえば古代ローマ世界における援護とか慈善とかのように[10]（H・ボルケシュタインの立派な本のテーマになっている）。さらに恵与指向の多くの側面が全く研究されておらず、研究の対象から落とされていた。なぜなら概念の統一にとって不幸なことには、恵与は「社会全体の事実」であるからだ、たとえば慣習であるか書かれた法律の一片であり、態度であり気持ちの現われであり（パンと「競技場」は平民を非政治化するためだと見なされたではないか）、ダイナミックな効力である、というのも有力者は事実、権利上でなくても、世襲的貴族を形成し、その経済的、税的な面は明らかであり、また宗教的、文化的な面も同様である。つまり古代においては、公的なことはすべて宗教的か、それに近く、また一般的な祭典や見せ物も、われわれなら民俗芸能に結びつけたいところだが、実は宗教的な面あるいはそのような口実があったのである。法律、経済、社会、文化、援助についてはそれぞれの問題があるだろうが、それに関わるとわれわれの主題はばらばらになるだろう。

共用財の概念

この主題にはそれなりの統一がある。恵与者は、たとえローマの元老院議員であろうと、皇帝であろうと、地方のたんなる有力者であろうと、自分の金で社会を援助する者、つまり一般社会の庇護者である。では自分のために金を取っておかないで、どうして与えたりするのか。多くの事情がこのケースを最初に考えられる以上に奇妙なものとしている。寄付または恵与は社会に対して行われ、個人または庇護を受けている人々や貧民には向けられない、これだけでも一般の庇護者と違っていることが分かる、つまり恵与は共用財である。恵与者という概念はわれわれが公務員に対して抱く概念とは明らかに一致しない、しかし領主でもない、つまりたとえ言葉の上で皇帝であろうと、その帝国の所有者ではない。われわれは公務員が自弁で働くなら変だと思うだろう、つまり公務員は公共のために働いているが、その役所は公務員の所有物ではない。かれは他の納税者以上に金を出す必要がない、というのもそれだけ余分に金を貰う権利がないからだ、つまり人間とその職能はきっぱり分離されている。勿論、文明の中には高級官吏や州知事に収入と支出を任された場合もある。財政的に独立した知事は本当の領主だった、だからかれは個人の金とあまり区別されない収入でもって、自分の時間も労力も捧げ、私物化した荘園の行政に必要な支出をまかなっていた。[11] だが都市、共和国、あるいは帝国は決して恵与者の私物ではなかった。ギリシアやローマの高官は決して公《おおやけ》の収入を勝手に使うことができなかった。だがもし高官であっても手当や補償金を受けないのに飽きたらず（すべての公職は無償で、奉仕的に行われた、ただし管理職に必ずしも恵与指向が含まれないように、まれな例外は除く）、わが庇護者らは自分の金を公費に当てる、つまりかれらは国庫に代わって共用財を提供したり、国庫が出さなかったような共用財を提供する。公的領域と私的領域とが奇妙に並んでいるのである。

したがって恵与指向には、庇護者が支払う共用財に関する決定は国家の主権を離れて、庇護者自身によって行われることが含まれる。ところで恵与の社会的性格は重大な結果を招く。国営のラジオや防衛は原則として競合を目的にしないで、すべての受益者に役立つものであるから、公共の財産とか奉仕と呼ばれる、[12] つまり小さい円形劇場の階段席を争って取ることになるなら、それは恵与者が完全に責務を果たしたとは言えない。各個人がその財産を消費しても他人の消費を減らさないなら責務を果たしたと言える、つまり一般の人々に饗宴をふるまう場合には、すべての人に食べ物を供給しなければならない。共用財の特徴は、すべての人が望むものをすべての人に公平に分配することであるから、共同社会のためにだれが自腹を切ろうと、恩恵はすべての人に共通である、つまりすべての人が剣闘士の試合を見物できるのだから、各人がその試合を見たいと思うなら、他の人に費用を出させるほうがよい。だから各人は公共の楽しみのために他の人に金を払わせておきたがる。換言すれば、利己的に勝手に活動する孤立した経済人の行動としての「取引」は、満足できるようなやり方で共用財を確保できない。パレートの経済的最適化も及ばない。それを達成するには、公正な協同（たとえば順番制）か、公的権力または世論の強制、または庇護者の献身が必要である。後述するように、恵与指向は、一方では世論と公的権力から押しつけられた強制だが、また、ある面では、その起源は市民の献身である。市民の理想がいかなるものであったかは、後で確かめよう。

われわれが定義したような恵与者は、奉仕を共用的なものにするなら、一般に国家が果たすべき機能を横取りしているのではないか。それは一つの見解であるが、明白ではない。国家と呼ばれるものの手段によって行われる公的機能の種類、およびそれらの機能の公的性格そのものの認識は社会によって異なる。公的事業は、裁判から健康保険、芸術・文芸の保護までは及ばない、ただし時には国家機関が果たしたこともあるが。逆に、歴史を通じて、国家によって確立された公的機関は一つもない。裁判が私的な審判者や、雇われた報復者によって行われ、公的機関とは見なされず、被害者や遺族の私的な問題と考えられた文明も存在する。国防や征服戦争が一人の富裕な庇護者によって引きうけられた集団もある。すべての公共事業はさまざまな組織か個人によって確保される社会、つまり自由企業の体制下で各種の職業が一緒にされないのと同様に、ある種の「機構」に統合されない社会を想像してもよい。さらに、多くの公共事業を確保する人や組織がたがいに集まり組織されはじめ、団結して、初めて国家が云々される。要するに、サイズの問題だ。次のような社会を想像して見よう、つまり戦士たちがハイカーのように引率者とともに遠征に出かける、そして各自は仲間の中から何か苦情が出たら、当然信頼できる老人に頼る、だから当然その人に審判を依頼する、つまり国家機構が云々されるのは、裁判の仕事と戦争責任者の仕事が同一人によって満たされなければならない、その人こそ、国王の名にふさわしいだろう。

税の概念も、国家の場合と同様に、なるべく偏見なしに検討されなければならない。どんな社会も出費と事業（軍隊の栄光、道路、看護……）をまかなうには財源が必要である、つまり経費を個別に受益者へ割り当てるわけにはゆかず、またその経費のリストも歴史的にかなり変化している。要するに、幾世紀ものあいだ、人間集団はその財源を獲得するために、主として五つの方法を考えた。[14] 個人が行うように、土地や鉱山や企業を開発してもよい。直接税か間接税に分けてもよい。また、団体あるいは個人へ、代償なしで一定の奉仕を割り当ててもよい、これは奉仕義務の制度である（たとえば、古代エジプトにおいて、行軍部隊の物資補給、あるいは道路保全は、課税のメカニズムによって住民全体に割り当てるのでなく、沿道の住民、あるいは古い慣習で従属している村々に課せられた）。個人や団体に、何らかの特権と引き替えに一定の税負担が課せられたこともある。最後に、庇護者に養って貰うこともある、ただし全面的ではないが。したがって寄付で達成される目的のために、物質的あるいは精神的に何らかの利害のある人々から自発的、あるいは少なくとも形式的に強要することなく支払われる寄付の制度は恵与指向または庇護と呼ばれよう。急いでつけ加えるなら、この庇護は税金に代わるものではなく、税金は同時に存在し、また税金に追加されもしない、なぜなら共用的目的の選択は庇護者自身に任されているからである。恵与の金が共同社会の希望額以上に庇護者が望む場合もあるし、その社会に不足が生じたら、さらに補充が行われることもある。

恵与指向がなぜ奇妙に見えるのか。税金は、奉仕義務や庇護、あるいは役人と私人の無差別より合理的であり、もっと高度に洗練された制度である、つまりもっとも貧弱な解決法がもっとも広く普及しているのである。もっとも単純な方法は金のあるところから金を取り立てることではないか。だが今日の人間はそのような古代の単純さからは遠い、だから恵与指向は産業的、官僚的、また普遍主義（すべての人々は法の前で平等である）の社会においては想像されにくいことである。もし仮に億万長者か巨大企業が大河の水流を調節したり、そこにダムを建設しようと申し出たら、現代国家たるものは人の善意で機能してはならない、そんなことは共同で決めるべきことだと言われて反対されるだろう。そのような庇護者には腹黒い計画があるだろうと疑われ、国家に対する大資本の独占支配だと思われるだろう。またそれが本当であるかも知れない、だから庇護が（アメリカの億万長者の場合のように）個人的選択でなくなるとき、また恵与指向という庇護が、ある階層全体の身分的義務でなくなるとき、それは当該社会がもはや普遍主義的でなく、金持が金持として恵与指向のうちに当然の優越感を感じたり、主観的な主導権を認めることになる。共同の財産や事業は国家によって確保されるべきだという考えがあまりにもわれわれに深く根を下ろしているので、多くの人々はガン撲滅運動のための募金に渋い顔をする。社会正義の現代的概念は持てる人々に寄付を免除している。それでもかれらが寄付をするなら、それは正義を越えた個人的選択である。

ユートピア——恵与指向を復活させること

しかしながら、われわれの社会においても、恵与指向の発達が考えられないことではない、またその考えを追究することは、たとえ冗談にしても、有益であるかも知れない。われわれのあいだに庇護を復活させようという夢を育てた厳めしい作者が一人ならず存在する。たとえば『寄付試論』の結論で、マルセル・モスが述べている、あるいはアルフレッド・マーシャルは、イギリスの企業資本家らがあまり利害に偏らないで、もっと騎士道的で社会的な考えを持つように願っていた。「北方のマーシャル」ともいうべきウィクセルはその『大学教授資格試験論文』で、半自発的課税制の利点を挙げた。[15] 今日、普遍主義や取引が一般化しているにもかかわらず、多くの人々が新しい恵与指向のために戦っている、だがかれらがどんな条件の下でそれほど戦っているのかを明確にしなければならない。

〔一〕まず、社会全体でなく、サブグループとして、フットボール・クラブやロータリー・クラブがあるかも知れない。なぜなら国家でない団体、つまりアリストテレスの意味で「自給自足」でない団体において、庇護者は全体的な優位を獲得できないだろう、つまりいくら気前がよくても他の市民より優れた地位につけないから。かれが恵与した金はクラブの他のメンバーを含む狭い目的を果たさせる、そしてそのメンバーたちは、かれに感謝し、かれを会長に選ぶかも知れないが、みずからの人間として、また市民としての権利をいささかも犠牲にすることはない。恵与金の社会的効果はクラブの狭い範囲を出ない。ヘレニズム時代と古代ローマ時代には、団体的現象がきわめて広く普及していたので、クラブ的恵与指向は発達した。それはわれわれの場合と同様に大した影響を及ぼすことではなかった、この点については後で述べよう。

〔二〕かなり奇妙な恵与指向が高級役人のあいだで発達することもある。もちろん、国家は奉仕者らと混同できない法人である、なぜなら国家は継続的にその目的を追求する企業だから。たとえばある執政官（コンスル）によって調印された国際条約は年末に交代する執政官を拘束するはずである。それと同じ論理が資本主義企業の法人格の根源にある、したがって企業家の私的な出費と企業の金庫は別々である、またその後継者は入れ替わるが企業はそのまま存続する。だが、もしこの論理を極端に押し進めるなら、その論理は追求する目的を裏切るかも知れない。役人も、やはり人間である。もし、少なくとも象徴的にでも、自分が少しは国家だと感じないなら、心から国のよき公僕になれないのではないか。勿論、善良な役人でも国庫に自分の現金を寄付しないだろう。その点では、わが国の財政の体制はあまり清潔ではない、また現代国家の巨大な出費は私的な財産とは比べものにならない。わが役人の象徴的な贈り物も大海の水の一滴のように消えるだろう。だがわが役人には、やはり象徴的にであるが、もっと明確なやり方がある、つまりかれは超過勤務をするだろう、役所が終わっても、自分の職場に残るだろう。そんなわけで、いつか役所から達しが出て、その「超過勤務という気取り」は叱責されるかも知れない。

われわれには、次の三点を考慮するだけでよい。第一に、政治は普通の仕事ではない、また公的な人間と私的な人間のあいだの関係は単純でない。第二に、関係が複雑な場合は、緊張を解消するために象徴的な行為に訴えることがある。第三に、役人が午後六時以後も職場に残って、フランス国民を非政治化しようとしたり、この国民から自主管理権を奪っている事実の埋め合わせをしている、などと主張することは考えられないだろう。われわれは「名誉」恵与指向を検討するときにこの三点を思い出すだろう。

〔三〕そのかわり恵与指向は、わが国において、たんなる個人的慈善事業ではなく、社会全体における階級的順応主義として発達できるだろうか。少しフィクション‐社会学をしてみよう——そこから自由恵与指向の研究にとって有益な教訓が引き出せるかも知れない。

今日、プロヴァンス地方には、古代劇場で有名な人口二万の都市がある。この市役所には三百人の職員がいて、町一番の大きな事業である。ここでは、興味があるというだけの理由で市長や助役の仕事をほとんど無給で手伝いに来るボランティア（暇はあるが、必ずしも最高の収入のある人々ではない）に不足しない。百年近く前、ある地方の有力者で、文才もあり、庇護者でもある人が私財をはたいて、崩れた古代劇場において公演を主催した。今日なら、古代劇場のフェスティバルの赤字は市の予算で補ってくれる。この都市で、ウィクセルのいう半自発的課税の実験をやってみると仮定しよう、各人の正当な収入額が公示され、各人は衆目の前で自由に自分が正当と思う金額を納税するかも知れない。恵与指向はそんなひどい策略で復活できるだろうか。

混同しないこと。この半自発的課税の徴収金が、市でなくフランス国庫にはいるとすれば、その場合は、漠然とした不安のあとで、すべての人は象徴的な金額だけを支払うのに同意するかも知れない（同様に、古代の恵与者は、軽い税金を帝国に支払いたくないので、自分の都市のために破産するほど支払ってい た）。それとも税収入はもっぱら地域社会の必要に当てられる。だがどんな必要があるか。社会的な必要、たとえば道路、施設、助成金、等々であるかも知れない。フェスティバルそのもののためであるかも知れない。

社会的必要というなら、二つの問題が起こるはずだ、まず、都市の半分は他の半分と喧嘩するだろう、そしてギリシア哲学者やイタリア中世の都市の期待どおりに都市では――というのもそのような町ではすべての人が顔見知りであるから――過小評価の納税者を告発するために、騒いだり、嫌がらせをしたり、町のゲリラ隊が出動するだろう。われわれには庇護は現われないが、階級闘争が起こるだろう。恵与指向はなくなるが、利益の再配分が行われるだろう。また、多額納税者にだれも感謝しないだろう、なぜなら強制のあるところには無償性はないからだ――人民は、慈善でなく、正義の名において強制的にかれらに税金を払わせるだろう。古代の恵与指向は庇護であり、利益の再配分ではない。せいぜい、再配分が庇護らしく見えることはあった。われわれの町でも、もし多額納税者の中に次のような考え方をする者がいたら庇護者らしく見えるだろう――「払わねばならないのだから喜んで支払おう、ただしわたしの金を役所の連中の自由にさせたくない、何に使うか分からないから。またわたしの金が無名のまま巨大な予算の中に消えるのもいやだ。むしろ全額が直接に学校の金庫に入れられるほうがよい。わたしの金が何に役立つかを知りたい、そして何らかの感謝を示してもらいたい」。

だが、もし自発的な税金がもっぱらフェスティバル開催のために当てられたらどうなるか。都市はこの年間行事の祭典を誇り、喜ぶ（フェスティバルが地方の商業にあまり大きな利益をもたらさないときは、都市が赤字を補塡する)、だが住民は古代劇場のために階級闘争へ走ることはあるまい。そこで二つの期待が残るだけである、つまり個人の庇護か階級的順応主義か。だが、もし問題の階級を構成する個人の大部分がそれぞれ(誇示的資格であろうと、共同体全体の構成員としてであろうと)順応すべき同じ動機を持たないなら、どうして順応主義が成立するだろうか。したがって、かれらに階級的な動機が必要である、しかもその動機はきわめて変化に富み、もっともマキァヴェッリ的なずるい計算から、上流気取り(スノビスム)の虚しさか不適宜の最たるものになりかねない。庇護は階級を、たとえひとりよがりであろうと、そのように特徴づけるだろう、そしてその階級の構成員は、たとえ虚栄であろうと、金のかかる身分的義務を果たす気になる。社会はもはや普遍主義的でなくなり、上流の階級には、一般人と違った義務と権利が生じるだろう。

恐らくその時、思いがけない進化が起こるだろう、つまり社会は二つの陣営に分かれる、つまり有力者と一般人である。そして一般人はまったく金を払わず、一方、有力者はフェスティバルの費用全体を負担することになり、また継続の代わりに中断が生じるだろう。なぜなら寄付の金額は、細かいところを省いても、行政的に計上されなくなり、ただ心づもりで評価される、そして多い少ないという考えよりも、全部かゼロかという考えのほうが単純であり、感情的にもすっきりするから。だからあまり合理化されていない社会においては組織の分割、身分、奉仕義務が特に重んじられる。

結論しよう。恵与指向には、ある階層全体に義務でもないのに恵与が強制されたという矛盾がある。ただし義務ではない。社会的強制力の形式(暴力、掟、取引、個人的戒律、世論による無言の圧力)の中で、恵与指向はその歴史全体の大半を通じて、上の最後に挙げた圧力しか受けていない。階級闘争の圧力の下で行われたことはなく、その闘争を予告すべき再配分も存在しない。古代の社会において、そのような再配分（後で述べるが）は知られていたが、恵与指向はその再配分とは二次的にしかまじわらない。恵与指向には別の特殊性がある、つまりそれは市民的であり、宗教的でないが、それでも古代社会の歴史を通じて、人間が寄付しやすかったのは神々へ捧げる場合がもっとも多い。結局、恵与指向を、何らかの原始的な精神状態の賜物とすることはできないし、またギリシア・ローマ的なポトラッチだとすることもできないだろう――恵与指向は西暦前三世紀、つまり世界史のもっとも輝かしい時代の一つに出現する、その当時、国家や都市の概念も完全に洗練されていた。ではいったい何が恵与者に金を出させたのか。それは価値観、美徳、さらにきわめて人間的な奇癖、虚栄、または寄付する鷹揚さであったのだろうか。

三　寄付する鷹揚さ

民俗誌的問題

歴史を通じて共同社会への寄付が制度にまで高められた例はある。今日でも、メキシコやインドには、カルゴス *cargos*(16) の制度が恵与指向を復活させている。これらの地方の村落では、聖母マリアと聖者の典礼的祭典が、例外的に華々しく貧しい農民らによって行われ、その祭りに要する費用は農民の働きのたっぷり三分の一を占めると言われている。どの村でも、このように金のかかる祭りの財政はかなり複雑な仕組みによって確保されている。毎年、村の団体、あるいはむしろ村当局がマヨルドモあるいはカピタンという尊称で呼ばれている一定数の人を指名して、祭りの費用を負担させる、この負担、あるいはカルゴスは序列化されていて、一番高い名誉なら、破産までゆかなくても、少なくとも長期にわたってお偉方の貧困化を招く、というのも土地を抵当に入れて借金したり、幾年も出稼ぎに行かねばならなくなるからだ、つまりカルゴスの費用のために農民は村を離れて太平洋沿岸の鉱山や公共作業場で働かねばならない。本当は、わたしのような俗人には真相が分からない、つまりそのような制度は一種のトンチン年金であろうか、つまり各村民は他の人のために順番に破産し、その結果、だれも得をしないし、損もしない。あるいは村の生存者のために犠牲となる権力者か名誉の特権者たる富裕な農民エリートがいるのであろうか。ともかく、もし指名されたお偉方が共同社会から押しつけられる経費負担を拒否すれば、かれは「厳しい批判の的になり、容赦なき世論の非難を浴びる。実際、少なくとも一生に一度は宗教的負担を果たさねば恥ずかしいことである」。拒否する者には、そのような道徳的制裁に加えて公職の道も決定的に塞がれる、つまりマヨルドモ、あるいはカピタンでなくなれば、村長や代官の地位に立候補できなくなる、「これらの小さな農村社会では、古代ローマの場合と同様に、権力の座が欲しければ破産し、その結果、村のお偉方は一番金持の中から補充される」。ところが、村当局のほうでは、他の典礼義務を負わされているが、破産の心配は少なく、一定の聖者の祭りに際して、同僚や宗教界の大物を饗宴に招待する程度である。だがカルゴスについては、負担がはるかに大きい、たとえばミサをあげたり、教会堂や聖者の礼拝堂を飾ったり、いけにえに供されるものを提供したり（これらの地方では、キリスト教と異教とが奇妙に混合している）、また何よりもまず、村民全体に饗宴をふるまい、アルコール類やコーラを提供する。古代の民衆的などんちゃん騒ぎのように、いけにえは、特にそれに続く饗宴のために重要である。それが原則である。詳しい点については、あまり理屈に合わないこともあり、ある負担にいたっては必要経費のおだやかさをはるかに越える伝統的な権威が示される。ついにはお偉方のあいだで競争が起こり、たがいに相手を負かすため、つまり気前のよさで突出するために全力を尽くすこともある、「事実、虚栄はインディアン人的性格の弱点である」。世論の圧力、虚栄、この二つの現象は、ちょうど表と裏のように照応し合っている、それがアンデス人の恵与指向を説明するかも知れない。

しかしどのようにしてこの制度が続けられたのか。どうしてマリノフスキーと同じような疑問が生じないのか。かれは親愛なるトロブリアンド島民における寄付の順番制を描きながら、こう自問した――「ある者が自分の所有物の一部を自発的に、あるいは気前よく投げ出すように仕向ける法的、社会的、あるいは心理的な力は何であろうか」。そしてマリノフスキーの説明も同じであった――「われわれの回答(また多くの読者にも、この回答は奇妙で、信じられないかも知れないが)としては、それが部族の風習であり、個人的な虚栄である。義務を逃れる人に対する罰はない、だが義務を果たさない人は一般の尊敬を失い、すべての人から軽蔑されるという重荷を背負わねばならない」。この説明はそれだけで説得力があるかも知れない。実際、明らかに、もしわたしがうるさいテレビをかけている隣人を殺さなかったり、あるいは一九一六年の軍隊がヴェルダンの周囲に陣取ったとしても、それは直接に警察や軍法会議を恐れるからではない、つまりもし道徳感が禁止事項を内面化しなかったり、一般の人に正道を歩ませることができないなら、軍隊や警察は忙しすぎるだろう。この道徳感は噂を気にする村民の恐怖の下で生じる、つまり道徳生活の社会学的問題である。それはまたヴェルダンについてアランの言う羞恥心の形で現われることもある――「かれらは、きわめて重大な義務の重圧を、自由であろうと強制されようと構うことなく、他人に任せてしまうことが正しくないという強烈な観念のために危地へ引き返した」。そうかも知れない。だがかれらの一人一人が国への義務に浸透されていなかったら、それほど戦友に対する未練を感じなかっただろう、つまり秘かに一致して義務に背いたかも知れない。だがアランは、フランスのブルジョアたちは進んで祖国のために血を流すが、金は出さない、と書いていた。ではどうして古代ローマ人は民衆のために金を犠牲にしなければならないと考えたのか、一方、フランス人はそうは考えないで、税の負担を隣人に押しつけてでも脱税したがるのか。要するに、世論の圧力とか、隣人への気兼ねでは何の説明にもならない、つまりそんな動機は、ただ個人が義務感に浸透されているときでしか意味がない。さらに個人がある時代にはしかじかの義務を誇示し、他の時代には他の義務を誇示するのはいかなる理由によるのか。自尊心と道徳観念は存在した、世論の圧力も同様。だがどうして、ときどき恵与が目標にされたのか。

アリストテレス——寄付する鷹揚さの概念

この問題について、アリストテレスは有名な回答を出していた、つまり恵与指向は「倫理的な美学」、性格の特質、つまり寄付する鷹揚さの現われであろう、と。事実、『ニコマコス倫理学』において、この鷹揚さの分析は、われわれが今日、恵与指向と呼んでいるものの分析にほかならない、つまり「アリストテレスがこの鷹揚さの研究全体において、絶えず念頭に入れていることは奉仕義務」であり、また恵与体制であり、それはこの哲学者が教えていた十年ほどのあいだに誕生しつつあった[18]。かれの道徳論の日付つきの内容を見ても驚くには当たらない、つまりその『倫理学』巻三と巻四において、性格の特徴に関する記述はすべて「俗語で典型として表わされた一連の人間像、肖像の展示である」。「形相変異の方法論」が経験的に意味論的中核の内容を決定してくれる、というのも出発点が「事物そのものの表現法と見なされる言語を用いている」[19]からである。アリストテレスは歴史で言葉をつくる、あるいは少なくとも言葉の一部、あるいはある種の言葉をつくり、たとえ慣習的であっても、ある種の態度を引き出し、明確にしている。寄付する鷹揚さという名の下で、恵与指向は美徳として説明されるだろう。その説明は魅力的であるかも知れない、なぜならその説明が同時に歴史的であるから、つまりギリシア人はギリシア的であると同時に人間的な価値観で説明される。寄付する鷹揚さは普遍的なものとしての人類学的性向であるとともに（ギリシア人は恵与者だ、なぜなら人間は一般にそうだから）、ヘレニズム時代の国民精神に合致した性格的特徴である、つまりわれわれはそれがギリシア精神だと認める、ギリシア人は確かにそうであった、と。こうしてテキストと永遠なる人間がともに尊重される。寄付する鷹揚さから、われわれは価値観へ移る、つまりギリシア人はこの鷹揚さの値打ちをかなり高く評価していた、それだけでギリシア文明の多くの特色が説明できる。その価値観がすべてのギリシア人を惹きつけていた、なぜならそれがかれらの国民性に属し、さまざまな場合に現われ、さまざまな個人やグループに現われていると思われるから。アリストテレス流の鷹揚さがいかにあいまいであったかが分かるだろう、つまりいったい歴史的価値観なのか、それとも人類学的な特徴なのか。個人からなるエリートの特性なのか、集団的傾向なのか。ギリシア人だけが、またギリシア人すべてがそのような寄付する鷹揚さを持っていたのか。

はじめから始めよう。この鷹揚さ、あるいはメガロプレペイア *megaloprepeia* という語で、一般的には古代アテナイという、われわれの恵与者の祖先に公共奉仕をさせていた動機が示されていた。この美徳に関してアリストテレスが引用する実例はすべてそれを証明している、そしてまたその美徳の定義にもなっている。なぜならこの哲学者には、共用財という対象だけで鷹揚さと、それに類似したもう一つの気前のよさという性質を区別できるように思われたからである。

アリストテレスがこの巻四の初めで、分相応な金銭授受に関する二つの美徳、つまり気前のよさと寄付する鷹揚さを分析していることを忘れてはならない[20]。両者のあいだに、いかなる相違があるだろうか。その違いは概念的には微少である――「気前のよさとは違い、寄付する鷹揚さは金を目的とするすべての行為に及んでいない、ただ出費に関するだけであり、その点で鷹揚さは量的に気前のよさより優れている[21]」。

かくてこの鷹揚さはたんなる気前のよさより多く出費し、それが唯一の与え方とされているが、一方、気前のよさは贈り物を適当に受けとる方法にもなる。実際、アリストテレスの例証に挙げられているように、両者の相違は哲学的というよりはむしろ歴史的である、つまり鷹揚さは共同社会に寄付をする気前のよさの変種である、つまり鷹揚な人とは社会的典型であり、裕福な有力者である。

その鷹揚さはまず奉仕義務である（アリストテレスは三段櫂船艤装費負担義務、合唱コンクール開催費、儀式参列代表団費用を引用している）。鷹揚な人は「私的に大出費もする」、つまり「一回しかないこと、たとえば結婚式の費用」である、この私的な儀式、つまり結婚や葬儀には町中の人が招待されたが、このことについては後にもう一度語ることになろう。鷹揚な人はまた「都市全体や身分の高い人々に関わること、あるいは外国の客の歓迎会や送別会」についても大盤振るまいをする、つまりかれのサロンは外交的、政治的なサロンとなり、かれ自身も公人であると言えよう。その寄付の公共性は気高いものである、つまり鷹揚な出費は「神々に関わる費用であり、寄進 *anathēmata*, いけにえ、あるいは建立と同様である」（この時代には、建造物はたとえ世俗的なものであっても、個人から都市へ提供されたが、「神々と都市へ」献上するという口上が述べられた）。おなじく豪勢な寄付、つまり「共同社会への名誉に関わるものとして、華々しい合唱コンクール開催費、三段櫂船艤装費、市民饗宴費の寄付」がある。要するに、「鷹揚な人々は自分のために金を使うのでなく、すべての人のためであり、その寄付は神々への寄進に似ている」。つまりかれは見返りを求めないで与えるだけである、だから市民的あるいは宗教的な高い価値のために財産を提供し、気前のよさという低い美徳を特徴づけるような世話交換制のために寄付をするのではない。

鷹揚に寄付をする人は有力者であり、金持であり、一般の人から高い尊敬を受ける。「貧しい者はこの鷹揚な人にはなれない、なぜなら大金を投げだせるだけの資力がないから。この意味で、貧しい人がいくら無理をしようとしても、それは間違っている、なぜならその人に期待され、義務づけられている金額以上の出費になるからだ、というのも、ある行為が美徳とされるには、その人にふさわしいことでなければならない。豪勢な寄付はそれだけの資力ある人々にしかふさわしくない、その財産が祖先から受けついだものであろうと、自分あるいは家族が働いた結果であろうと問題ではない。そのようなことは高貴な生まれの人々や有名な人々……にしかふさわしくない、要するに名誉と偉大さを備えた人々にしかふさわしくない」。

それから十六世紀後、聖トマスはアリストテレスの教義における二つの難題、つまりあまりにも歴史的すぎる内容と、美徳に関する「階層的」性格につき当たることになる。古代アテナイにおける奉仕義務ははるか昔になっていた。そこで聖トマスは寄付する鷹揚さを形式的に定義しようとする。そしてそれを寛大さ、つまり誇り(聖トマスが誇張した言い方で賛美する特性[22])の一種だと見なす――「鷹揚な人は建物や祭典や、何らかの事業に寄付をして自分の誇りにする、なぜなら寛大さとは誇りであり、行ない方ではなく、行為そのものに属しているから。たとえば勇敢な行動にあるのではなく、むしろ所産に現われる。誇りは、豪勢な出費の公共性を述べるだけでよい、つまり誇り高き人は偉大なことをしたい、ところが個人的なことはすべて神の礼拝や公共事業に比べたら小さなことである。鷹揚な人は自分のことを考えない、というのも自分の財産を軽蔑しているからではなく、そんなものには偉大さがないからだ」。したがって恵与指向は公共事業を行わせるという誇りになるだろう、そしてその誇りには、実質的には、聖トマスがきわめてアリストテレス的な方法で釈明しようとする階級的性質がある――「寛大な人すべてが鷹揚に寄付をすることはできない、資力がないからである、だが鷹揚な人らしい外観 *habitus* はある、行為の上でなくても、少なくともそれに近い気持ちがある」。これは美しいページである（力の徳に関する論は『神学大全』の中のもっとも美しい部分の一つである[23]）。ジルソンが書いているように、ギリシア語の「メガロプレペイア」は文句なしに、きわめてキリスト教的な国王、あるいはロレンツォ・イル・マニフィコ〔豪勢公〕のような歴史的な美徳になりかけている。寄付する鷹揚さの教義は恵与指向を見事に表わすとともに、立派な定義になる。だがそれで「ぴったり」の説明になるだろうか。

『ニコマコス倫理学』の方法論が古くさいというわけではない、つまり今日でも、歴史は、当然、知っているか、知ろうとしてか、あるいは知らないでか、人間や事物の不変要素や通史的特徴を引きだし、明確にしようとしたがるが、それらは各歴史的状況によってほとんど予測しがたいほど変えられる。恵与指向には、一つ、あるいはもっと多くの不変要素があり、どれだろうか。寄付する鷹揚さであろうか。いや、それはあいまいな概念であり、もしもっと決定的な意味を与えようとすれば、かなり分析を押し進めなければならない。実際、鷹揚さが普遍的な人類学的特徴であるのか、たんにギリシア人の集団的、歴史的な美徳であるのか、あるいは最後に、われわれの場合と同様に、ギリシア人のあいだの個人的特性なのかどうかは分からない。最初の仮説では、寄付する鷹揚さは幾千年を通じて、多くの歴史的変化の下で、衰弱したり、開花したりする不変要素である、それでもすべての人には鷹揚に振るまおうとする傾向がある。第二の解釈では、鷹揚さについてのギリシア的教義は文明の自画像である、つまり社会的な力がギリシア人を鷹揚な人にした。三番目では、この鷹揚さは一つの美徳にすぎない、つまりそのような美徳として、鷹揚さは鷹揚な人とそうでない他の人々とを区別する。もし古代社会の状況がこの美徳を実践するようにすべての人々を教育していたと言っても誤りではない、だがそうなれば山ほどの歴史的、社会的な問題が生じるだろう。いかにして、またなぜギリシア人はそのように教育されたのか。いかにして、またなぜあある人間のグループが他のグループと異ならせる教化あるいは社会化と呼ばれる現象を生じさせるのか。ある国民全体をまるで有徳な個人ばかりのように語るわけにはいかないだろう。多数の法則では、まるで寄付する鷹揚な人々が個性的偶然によって大勢いるかのようにすることは禁じられている。そのような鷹揚さが不変要素であるか、それならその普及について社会学的にして歴史的な説明を見つけなければならない。あるいはその鷹揚さが集団的あるいは個人的な美徳であるか、それならその不変要素を引きださねばならない。

事柄、および語のヴェール

それでもアリストテレスは、われわれにとって幸いにも哲学者である、だからかれは寄付する鷹揚さという語を研究しないで、そういう事柄を研究している、そしてそれを習慣的に使われている言い方で示し、その概念をつくる。われわれが地形図をたどり、その図面で発見したい地方の本当の起伏を見つける、というようにはアリストテレスは語彙の研究を追究していない。なぜなら語は事柄に張りついていないからである。貨幣によって交換されたり蓄積されたりする財産の真相を透明に隠せるような「貨幣のヴェール」がないように、現実の起伏に一致するような言語的ヴェールも存在しない。貨幣と同じく語彙についても、「ヴェール」は中性でなく、歪みの結果を含んでいる。たとえばローマ時代の恵与指向を、だいたいその語に相当する「リベラリタス」*liberalitas* という語をたどって研究しようとしても、漠然として不統一な結果、つまり概念の過多という結果になるだろう、それこそ、出来そこないの概念の致命的な災いとなる（同様に残念なことだが、ホモ・ルーデンス *homo ludens*〔遊ぶ人〕の概念の場合を考えていただきたい）〔ホイジンガの『ホモ・ルーデンス』に対する批判。ホイジンガはトランプ、テニスのような遊びから大聖堂建築、戦争にいたるまで、人間の行ないすべてを「遊び」として片づけたので、この遊びの概念はなにも表わさないナンセンスな語になった〕。古代ローマ人は、皇帝が軍団の兵士に給料を払えば、気前のよい皇帝だと思い、執政官に立候補し、選挙人を買収して投票してもらえる政治家を気前がよいと思い、思いも寄らない建造物を寄付する有力者を気前がよいと思う。逆に、同じ恵与でも、剣闘士試合の費用の寄付は最高に気前がよいが、その主催者が都市の有力者か執政官候補者かで、まったく違った動機になり、だからそれを調べることは面白いが、寄付の「価値観」はわれわれに伝わらない、つまりそのような行為すべてがすばらしい恩恵だと思われたことしか分からない（あるいは軍団の兵士への給料の場合は、君主制的な恩恵だと見なされた）。

語が事柄を見つけるのに、まくり上げさえすればよいようなヴェールでないとすれば、それは社会が自分のことをよく知らないからであり、また言葉どおりに信じられるはずがないからである。下手な概念化をしたり、概念化することをあまり気にしないのは、われわれにとっては普通のことである、むしろわれわれは生きていて、自分のことをよく言いたい。それに概念化は難しい、それは学問だ、ありのままの社会はみずからを知ろうとしない。「理解される」だけでよい。執政官候補者は自分を支持してくれる選挙人になぜ金を払うのか、明確には分からない、ただそれが当然だと思う。わたしが息子の学校の女教師に学年末にチョコレートか「美術の本」を差し上げるかも知れない、だが花束かお金か「贈答品」、あるいはわたしが個人的に尊敬している作家の作品を贈るのは妥当ではないと思う。なぜかは少し考えれば分かることだ――そう考える前に、そんな規則や理由を気にしないで、贈り物の慣例に従っていたのである。

したがって社会を研究するには、その社会を「理解」し、目で確かめるというのは、必ずしもよい方法ではない。社会の行動はその社会が弁明するほど独特でないことがあり、たいてい違っている。愛情のみが理解に役立つと言われる、まさか、憎悪は！　いくら超明敏な「共感」でも、自分の悩みの種《たね》を心の中でまねることはできないではないか！　いずれにしても、ある役割についての文章をよく理解するだけでは不充分である、なぜなら大抵の場合、社会はその行動を勘違いし、盲目的に行動する。社会は寄付固有の規則を知らない。ただそれでもなんとか確実に活動している。いかなる贈り物が適当かどうかをよく知らない。

文法は無意識のものか、暗黙のものか

客観的にわれわれの行動に含まれている寄付の規則は、論理的な観察者なら解明してくれるだろうが、われわれには意識されない、だからといって無意識だとわたしは言わなかった。われわれの意識にのぼらないこと、また無意識だから確かに知らないことも無数にある。ある言語の文法は無意識であり、したがって言語やテキストに含まれていることを分析すれば、人間精神の機能の仕方が分かる、と言うのが流行している。それは不正確か混乱しているように思われる。文法は無意識ではなく、せいぜい前‐概念的なものである、つまり反省すれば意識にのぼるすべてのことと同様である。話し手の無意識については、それがどうなっているのか分からない、またその無意識に含まれているものが文法に近いというチャンスもあまりない。この問題は少し考えてみる価値がある。以下のページはエリザベット・ラヴェルの友情に負うところが大きい。難しいのは、無意識があるという考えではない、つまりそんな考えは自明のことであるからデカルトでさえ完全には見逃していない。われわれの行為の大部分は意識的でなく、われわれは毛布をかぶって眠っている人とあまり変わらない、精神が夜中のうちに何かの問題を解決してくれる、そして目が覚めたら意識的にその解決を発見するだろう。われわれの意識そのものの大部分は非現在的であり、その構造はあらかじめ与えられたものである。意識の活動は精神の最小部分であり、その傾向、機能、そ

して中身はほとんど完全に分からない。聖トマス(「無意識的意識」について語っている)からライプニッツやフッサールにいたるまで、だれもそれを疑わなかった、ただしそこから重要な結果を引きだすことなく、また断定的にこの無意識を暗黙に帰してしまうかも知れないが。歴史家や社会学者が行動や精神の研究で安心するのは、概念的であろうとなかろうと、個人か社会の行動意識がほとんど問題にならないという確信に安んじているあいだだけである。(24)

したがってわたしが言い方も知らずに次々に適用している女教師への贈り物の仕方の規則、あるいは文法も知らずにわたしが流暢に喋っている言語の規則とはいかなるものか。歴史家がある社会について語る抽象概念にはいかなる現実性があるのか、その社会はそのような言い方では考えなかったはずだ。さっそく答えよう――そのような概念は前概念的なものである、と。非措定と前概念と無意識とを区別しよう、そして最後のものを論理学者の言う暗黙と混同しないようにしよう。

〔一〕贈与の規則は非措定、つまり「自明のこと」、つまり「言うまでもない」こと、「疑いのない」ことであろうか。そうは思われない。フッサールが非措定と呼んだものは一分ごとに措定へ移るかも知れないし、その逆もある、それは意識の状態であり、永続的に知識化される何らかの性質ではない。たとえば、もしわたしが一冊の本を売り、買い手がその代金を払うなら、わたしは文句なしにその金を受けとるだろう、なぜならわたしは金というものが他人の存在を示し、その人もそれを受けとるはずだと、非措定的に、思わず「分かって」いるからだ。もし二分後に、そのような買い手を見つけようとすれば、その人の存在を措定することになる。だがわたしは貨幣の機能の理論も、女教師(この女教師は、わたしが措定しようとしまいと、きわめて具体的な存在である)への贈り物という抽象的な規則も決して措定しない。要するに、意識は行為へ方向づけられ、その都度、付随的な与件が意識に従う、だから前概念的なものとはまったく関係がない。仕立屋は客が野蛮人でなく、一種の分身だと知りながらも、服の寸法を取るときは、客を荷物のように扱う、それでも客の表情が満足した消費者かどうかを考えるときは客を人間並みに扱うことになる。だからといって仕立屋は「客が思っていることを正確に、直ちに分からないとしても、自分とおなじ意識を持っているとすぐ分かるような存在だ」とは概念化しない、それは仕立屋でなく哲学者の文章である。

〔二〕言語の使用には前概念的なものが含まれる、つまり反省によってその前概念は文法になる、つまりアカデミー・フランセーズの文法、あるいは恐らく自動翻訳機に必要な完全な文法である。他方、それは無意識な働きを想定させる、つまりわれわれは「反省しないで」、またためらうことなく話している、どう言えばよいかを心得た何か未知なるものにリモートコントロールされているように。

もし文法が無意識なものだとすれば、無意識とはつまらないものになるだろう。小さい子供が親から聞いたとおり、本能的に「アン・シュヴァル」〔一頭の馬〕とか「デ・シュヴォー」〔複数の馬〕と言うとき、子供がその言い方を覚えて使うというメカニズムは無意識的であり、おまけにまだほとんど未知のものである。単数形語尾の「-アル」の複数の規則はせいぜい前概念的である、なぜなら意識はそれ自体の活動について概念化された表明法に達していないから、つまり意識はすぐその語を見つけて記述できないのである。「おまえはあの先生に一冊のネルヴァルを上げられないよ。おまえはデ・シュヴァルと言えないよ」、(少し反省してから)、「シュヴァルというようにアルで終わる語は、複数ではシュヴォーとなるのだ」——これはパニーニと古代インドの文法がどうにか到達できた段階である。「そうだよ。だがどうしてかれの調子はマル〔悪い〕、かれらの調子はマルと言うのか」。一番かんたんな答えはこうだ、「そのように言わねばならないのだよ」、なぜならそれ以上説明するには概念化しなければならない、つまりストア学派流の文法でもって、名詞と統語という言語の普遍事象を明らかにしなければならないだろう。

　奇妙なことに、われわれは客観的に規則にかなった言い方で話すが、文法的反省によって規則を前概念の不存在から引きださないかぎり、その規則は必ずしもわれわれの無意識にも、意識にも存在しない。以前には、その規則はどこにもない、意識の外にもない、つまり論理的にわれわれの文章に含まれている、ただそれだけだ。それでも大した不都合さはない、なぜならもしその規則がたんに潜在意識であるなら、つまり無意識的な用法を意識しているとすれば（無意識のきわめて一般的な表現による）、難しさは引き下がるしかないだろう、つまりその規則のほうでは基本として別の規則を要求するだろう、以下同様である。ところで、実際には、われわれの意識はある段階で水に飛び込み、他の基本なしで話し、活動している。
〔三〕そのために意識は無意識によってリモートコントロールされる。ただこの無意識がどのように働くのか知られていない。無意識はさまざまに機能できるが、ノルマリアン〔フランス最高学府のひとつ、高等師範学校の学生と卒業生〕が文法的、数学的に完璧な文法の規則を適用してラテン語の作文を書くようなわけにはゆかない。無意識と暗黙は別々である。無意識は、もし正常なら、必ずしも、意識が論理的に行うのと同じことをしない。卑近であるが、明瞭な例を挙げるなら、きわめて原始的な住民において、計算を知らない羊飼いは数百頭の羊の群れに一頭でも足りなかったら、正確に気がつく。これは羊飼いの無意識が数えているのだろうか。いや、そうではなく、別のやり方があるのだ、つまり羊の頭を数えるかわりに、除去法を使い、現在数の一頭ずつを無意識の記憶にある羊のリストにつき合わせるのだ。確かにそのようなやり方をしているに違いない。わたしにもそれと同じ無意識の記憶がある。だから、もしわたしの本棚で、一冊の本でもくすねられたら、一目で分かる。ところで本の総冊数から一冊欠けているかどうかは分からない、だがどの本がないかは分かる。そこに有名な認識論的な難しさが再発見される、――だから「現象を保存する」形式的モデルが現実と一致するのだろうか。

暗黙と無意識との混同は、ニーチェやフロイト以前の無意識の哲学的概念にはよく認められる。その時代には、無意識はきわめて理にかなっていた。『華やかな知恵』第十一章の金言には、意識は「人間の核心であり、永久にして、永遠、究極にして、もっとも独創的なものと思われていた」とある。ライプニッツもある種の言い方で言う――かれの「ささやかな知覚」は典型的な娘のようである。われわれの意識も、倍音が構成する音を聞くためには、すべての楽音を一つずつ聞き分けているはずであるから、われわれの無意識も、倍音が構成する音を聞くために、振動ごとにすべての倍音を聞き分けるはずである。また音楽の喜びは、無意識に数え、音程が正しいかどうかを認めることから生じる。したがって人間の活動や作品の研究は、いかに人間の精神が働いているかを明らかにするだろう。

もしそのようであるなら、自動車の運転手が坂の上で追い越しをするとき、自動操縦用の電算機のように運転をすると想像しなければならないだろう、つまり三、四回のギヤーチェンジを無意識に行う、と。また足し算をする生徒は「加減乗除の理論」としてペアノか代数教科書の代数による数学の公理化を無意識に行うことになる。ともかく、無意識は、意識していなければ規則を持てない、なぜなら規則は表示（規則を考え、言い、読む）であり、表示は無意識ではあり得ない、電算機なら規則も、コードも文法も考えない、つまりそのプログラムに書き込まれた軌跡どおりに働く。われわれの無意識は軌跡または力にしたがって働く、つまりどんな言語にも名がないような何かにしたがって働く。

無意識の存在は人文科学にとって、もっとも恐るべき障害であるかも知れない。そのように白状しておいて、その障害のまわりを意気地なく回ってみよう、だが少なくとも暗黙とは混同しない。そこで考えられるのは社会学者、民族学者、そして歴史家という三種の異なったやり方である。

まず、研究者は社会の行動あるいは表示から規則を概念化するか、規則性を見つけようとするだろう、そうして引きだされたものは主体者ら自身に意識されているか、意識されていないだろうし、またかれらが従っていると思うような規則に一致しているか、一致していないだろう、つまりそんなことは問題ではない。

別なやり方は規則、コード、主体者が示す「価値観」を研究し、そこから暗黙の公理等を引きだす。また恐らくその機会に、それらの価値観が行動と一致しているかどうかを研究するだろう。

三番目のやり方は、ほとんど無意識状態の精神の機能を研究する。たとえば心理言語学は、無意識で、どんな文法にも合わない言い回しの心理的メカニズムを研究する。以上、三種の研究方法はそれぞれ異なっている、また観察者の科学的結論、主体者の自己表示、無意識の機能、それらは互いに違ったものである。価値観と学説が常に行動を説明する真の考察になるというのは間違いである、また行動や作品の分析が精神の真の機能を表わすというのも違っている。これら二つの虚偽は同じ二元論的錯覚から来ているが、本書で一度ならず出会うことになろう。

恵与指向を説明するにあたって、われわれは古代ローマ人をその言葉どおりに受けとらない、あるいは少なくとも原則としては受けとらないだろう、なぜならローマ人もわれわれと同じである、つまり思い違いをすることもあるし、しないこともある。

四　不変要素と変化

恵与指向を何らかの歴史的価値観に関連づけるべきだろうか。古代がわれわれとは違った人種であり、もっとおおらかであったと推測すべきだろうか。「それはよく考えてみるべきだ、でなければ出来事を理解しないまま見すごしてしまうことになり、状況の違いが分からないから、古代を読んでも、まるで別人種を見るような印象を受けるだろう[25]」。したがって各時代の状況から受けた変化を通して、反復的要素やテーマを引きださねばならない。すべては、たとえ絶えず変化し、フーコーの言う「原始状態においては」どこにもテーマが見つからないという意味で歴史的である。

仮に、恵与指向を二、三のテーマに関連させてみよう、そしてそれらのテーマを明確にするか、あるいは少なくともこの本全体を通じて説明しよう。その最初のテーマ、つまりわれわれが習慣的に庇護と呼ぶものは、だいたい自由恵与指向に相当する。それは人間が自己を誇示し、自己の可能性をすべて現実化しようとする傾向にほかならない。第二のテーマはむしろ「名誉」恵与指向に相当し、人間が政治職に関わるときの複雑な関係のものである。これら二つのテーマが一緒にされて恵与指向についての諸説を生んだが、われわれから見れば、いずれも間違っているか、混乱しているが、それでも有名な解釈である。その一つは非政治化説であり、他は「誇示的消費」説である。この両説についてはすぐ検討することになる。まだ第三のテーマがある、それは永遠性の願望であり、あの世の心配であり、「死後の名声」である。実際、多くの恵与は遺言で遺贈されているが、そのテーマに特異性を認める値打ちがあるかどうか、あるいは死に対する古代人の態度が、奇妙なことに前の二つのテーマに還元されるのではないか、それは今後の検討で分かるだろう。アリストテレスによれば(26)、「死者にも生者にも同じ幸福と不幸があると言える、ただはっきり感じないだけである、つまりそれは名誉か非難である」。

以上が暫定的な二、三の「不変要素」である、それを検討してみよう。言うまでもなく、その不変要素は「原始状態においては」絶対に存在しない。恵与指向は唯一の文化の、まれにして、ほとんどユニークな花である。ただし、もしわれわれのトウモロコシという変種を生んだ植物を原始状態において発見できなかったとしても、そのような植物は存在しなかったということにはならない。各時代において、どんな精神病も社会環境によって多様化される、つまり環境がその病気を受け入れたり、排除したり、悪化させたり、多様化したり、変化させたりする。病気は変化である、それでも存在し、状況の単純な産物ではない。すべての社会的存在、すべての生き物とそれに関わることについても同じことが言える、だから生物をはじめ、すべては常に変化する。したがって何かが環境によって変化させられるためには、すべてが同時におのずから存在していなければならない。

個人が傑出して示そうとする価値は、一般に社会が前面に押しだしているものである、あるいはむしろその価値自体が社会によって変えられている——慈善は寄付する鷹揚さと同じではない。しかしすべての社会はどのような卓越性を奨励しようと、すべての卓越性を尊重する。アメリカ合衆国では、ピューリタニズムにもかかわらず、庇護を復活させるには、老獪な骨董屋が億万長者にルネサンス時代のイタリア諸侯の例を示すだけでよかった。アリストテレス流の鷹揚さはもはやわれわれの文明の歴史的な美徳ではない。とはいえかれの『倫理学』を読んで、転換の努力を少しすれば、その価値観をわれわれの価値観から理解できるし、称賛すべきものに見えるかも知れない。その美徳をそのまねごとから区別することもできる、たとえば寄付する鷹揚さと誇示的消費とは違う。

だが人間性という考え方はいつまでも無駄であるとともにつかみどころがない。その存在を確認することは有益でもなく、また価値もない、なぜならだれも人間性に何か決定的な内容を与えたことがないではないか。歴史的に起こりうることの限界は正確に示されるまでにはいたっていない、その証拠に、その限界は想像以上に広いことが分かる。では、歴史をどう書くか。近似法に依ればよい。庇護の概念あるいは社会的格差の概念は人類学上の決定的な知識になっているとは断言できないが、事実に徴して、それらの概念が誇示的消費、再配分、あるいは階級的利益の概念の進歩したものだと、わたしには思われた。

周知のように、人間のことに関する科学は存在しない、ただし若干の特殊な分野はある、たとえば経済学や政治学（正確には組織の理論である）だが、そこでは理論を展開できる定点がある。たとえば富の稀少性と意識の多様性から、法則でなくても、せめて合理的な規準を引きだすことができる、その規準に人間の実際的行動をつき合わせてもよいだろう。それ以外のことになると、人間は流動的な素材であり、人間について定まった判断のしようがない。

そこで、もし歴史がさらにその確認事項を乗り越え、語る以上のことをしようとするなら、わが民法学者らの演繹的方法とは対照的なローマ法か英法のようにやらねばならない、つまり法典から判断を演繹するのでなく、また「大理論」から出発するのでもなく、演繹よりはむしろ区別によって行い、類似しているような具体的な場合を突き合わせて判例と類別をつくりあげること、そして絶えず遠ざかる地平線上に決して到達できない体系的な知識を狙うことになる。したがって歴史的あるいは社会学的な概念化は常に暫定的な不変要素を決定するだろう、だがその不変要素は決して体系的でなく、また元の具体例から決して離れない。分類は規則とともに絶えず再検討され、定義は常に定義された概念ほど価値がない、なぜなら『学説彙纂』*Digeste* でも、「定義はすべて危険であり、反論され易い」と書かれている。したがって「権利は規則から引きだされるのでなく、規則が権利から引き出されるべきである」(27)。そのような手探りの区別法のおかげで概念をもって歴史を書けるが、ただし歴史において、われわれは原始状態でテーマを見つけるのでなく、変化を発見しただけである。よい歴史的概念はない、ただ他の概念よりましなものがあるだけだ、分析にはそれで充分である、というのも分析は本質的な要素へ昇り続け、降りないから。総合より分析のほうが優れているのは、連続的な近似法によって錯誤を限りなく減らせるからである。他方、総合には錯誤を悪化させる傾向がある、ただし奇跡が起こって「大理論」の作者が初手から人間と社会の究極的真実を言い当てるなら別問題である。

五　恵与指向とキリスト教的慈善

分析の利点の一つに、間違った歴史的継続を断ち切ることがある。「寄付試論」、交換と構造主義、威光の浪費、死者の相続分 *Totenteil*, そして「呪われた相続分」――恵与指向はそれらすべてを漠然と思わせるのではなかろうか。同じような神秘的な力が社会にその余剰物を浪費させたり提供させたりするのだろうか。ポトラッチ、恵与、信心深い慈善事業は同じ再配分の変形であろうか。バロック時代の都市と、それより十六世紀前の古代ローマ都市の廃墟を飛行機の上から眺めるなら、だれでもそう信じたくなるだろう。バロック時代の都市には、いたるところに修道院や救護所や慈善施設の屋根が見える。ローマ遺跡では、恵与者によって建てられた公共建築が個人の家々より広がって見える。観察者の目には、両方の都市に見られる同じ規模の光景から判断して、幾世紀を通じて、同じ再配分の機能がバロック時代と古代ローマ時代のそれぞれの都市に働いたと思われるかも知れない。

それは錯覚である。恵与指向と慈善事業は、そのイデオロギー、その受益者、その主体者、その主体者の動機とともに行為の上でも異なっている。恵与指向は宗教と直接の関係はない。宗教という語も、異教徒の典礼とキリスト教のような倫理的宗教性に適用すれば同じ意味ではなくなる。異教とキリスト教は道徳においても異なる、いや、むしろ道徳という語も両宗教では正確に同じものを表わしていない。それらすべてを分析しようとすれば、あまりにも多くのページが要るだろう、われわれは簡単な説明にとどめよう。

一般道徳とセクト的道徳

慈善にはまことに奇妙な歴史がある。そこにはユダヤ人に尊重された美徳、つまり権利の極端な主張を禁じ、施しを義務とする温情、また異教徒の一般道徳、つまりどのような世界でも謙虚な人に備わった寛容さ、さらにすべてのセクトの信者と同様にキリスト教信者を結びつけていた連帯感、それらが集中しているように思われる。この集中のあり方と限界にはいくらかの驚くべきことが含まれている。

『申命記』に、「貧しい人々に手を開きなさい」とある。同じく、エジプトの『死者の書』にも、「死者は飢えた人々にパンを与えたことを誇りにする」とある。『出エジプト記』の「契約の章」から申命記的ユートピアにいたるまで、慈善は次第に体系的な発展を遂げ、家族的、隣人的な共同体が重んじられ、(28)聖職者が悩める「正義の人」の訴えを無視できないような族長的社会を覗かせる。やがて厳しい義務となる施しは、「正義の人」の義務であり、正しい人自身も乞食をしなければならないことがあると覚悟し、隣人の身になって考えることを学んだ。『出エジプト記』の有名な言葉も「よそ者を迫害するな」と言う、「なぜならおまえたちはよそ者の生活がどのようなものかを知っているはずだ、つまりおまえたちもエジプトの国ではよそ者であったではないか」(29)。アテナイの市民に向かって、よそ者の身になれというのはすばらしいではないか！　シラは、金持がいて、貧しい人がいることをよく知っていて、貧しい人の身になって考える、「金持が過ちを犯せば、多くの人が助けてくれる。もし愚かなことを言っても、正しいと見なされる。貧しい者は過ちを犯せば、非難され、能力を示しても、それにふさわしい地位につけない」(30)。金持がいて、貧乏人がいる。キリスト教はこの大きい格差を決して忘れないだろう、ところがアテナイの市民はそのことをあまり考えなかった、だからシラの言葉は刺激が強すぎたであろう。異教の文学には市民的、貴族的な自尊心が満ちている、その厳しい風土が恵与指向を生み、貧者に施しをするよりは、むしろ市民に建造物や娯楽を提供する。もちろん、奴隷や乞食に対する同情を知らなかったわけではない。『オデュッセイア』では、乞食姿のオデュッセウスをさげすむ求婚者らは信用を失う。アガメムノンはクリュタイムネストラに言う、「カッサンドラを丁重に扱いなされ、なぜなら神は弱い人々を見守っているから」(31)。事実、自由な人間がいつ奴隷にされるか分からない。だが貴族的自尊心と政治的実直さのほうがそのような同情を排除することが多かった。貧者や転落を思いすぎることは政治的な退廃である。自由市民は寛容さを称賛するほど卑下しないだろう。そんなことは下層民に任せておく。この人々は待遇改善の願望を主人らに知ってほしい、だから懇願に期待をかける。かれらは悲惨に近い状態だから、悲惨がどんなことかを知っている。市民のほうは、市民どうしの連帯感しかない、だから高慢な態度に徹している。これはローマ帝国時代になると少し変わる、そして市民は君主に忠実な臣民となる。随所にある帝政時代の碑文において、故人が「貧しい人々を愛していた」(異教の一般的道徳感を示す言葉である)とか、すべての人を憐れんでいたと書かれているので驚かされるだろう。知識人のあいだで、貴族であっても冷酷な態度は和らいでいた、つまり帝政時代のストイシズムには一般道徳と福音精神を思わせるような博愛の調子が見られる。(33)

一般道徳とユダヤ道徳も——それこそ福音道徳を表わしている。慈善の概念に関するしばしば称賛すべき哲学的にして神学的な理論は脇へ置こう、われわれは要約的な福音書に限定しよう、これらの書は、すでにやや平凡化したキリストの像を示しているが、キリスト教から正式のキリスト像と見なされよう。よくこう言われた——キリスト像を高めた福音精神はキリストの教えの中でも独創性に乏しい部分であり、むしろ人民からの借用部分がもっとも多い。その理想は当時のユダヤ教の共通財産であった。キリストがそれを利用しなかったはずがない——民間のいかなる説教者も、すでに教育されていなかったら民衆から耳を傾けてもらえなかっただろう。

とにかくキリストはそのような理想をとり上げたに違いない。かれ自身、庶民の出であり、「宮殿で立派な服装をし、贅沢な暮らしをしている人々」を驚嘆しながら見上げる一般群衆の一人にすぎなかった。狭い視野しかなく、広い世界を知らない群衆の中から、かれはカナンの女に言う、「わたしはイスラエルの羊たちを救いに来ただけだ」と。もしやがてキリスト教の伝統から与えられるような解釈を考慮しないで福音書を読むなら、そのような疑いは生じないかも知れない、というのもイエスの普遍主義は存在しないから。イエスはユダヤの国民的な予言者になろうとしたのだろうか。そうでもない——かれはそうなろうとも思わなかったし、そうなりたくないとも思わなかった、なぜならイエスの視野はその国の国境を越えていなかったからである。サマリア人、カナンの女、幾人かの兵士、それだけでもイエスには広い世界である。普遍主義者でもなく、意識的な民族主義者でもない、つまりジレンマを感じるほどではなかった。

また、もちろん、かれはすべての人がノアの子孫であり、きょうだいであり、神の子だと知っていた、そう言っていた。またかれはすべての原則、すべての排斥行為、それが国民的なものであっても、それを緩和することを知っていた――そのような態度から論理的にはキリスト教の普遍主義が生まれている、また果実を見てその木を判断しなければならない〔行ないで判断する〕。それでもなお、イエス自身がその論理を追究しなかったこと、また根を見てその木を判断すべきでないことも歴史的には真実である。さよう、理論的には、すべての人はきょうだいである、だが実際的には、イエスはイスラエルの羊たちだけを知り、知ろうとする――それは矛盾している、だがどうして矛盾しないでおれようか。またどうしてイエスがその矛盾に気づけただろうか。それでもかれがカナンの女に出会った日、かれは矛盾から逃れられなかった――だからかれは驚いて、ためらった。結局、次の手がよかった。はじめ、カナンの女はイエスにこう言っていた、「わたしに恵んでください、娘が悪魔に取りつかれています」。イエスの弟子たちはこの異国の女を追い払うようにイエスに勧めた、だからイエスもはじめは彼女に、イスラエルの羊でないからと言って断った。だが女が懇願したので、イエスはとうとうテーブルの下で犬にパンくずをやるように、彼女にパンくずを与えた(34)。

福音道徳については、普遍主義と同様である、つまり一庶民がいくら天才であろうと自問できない問題を福音的道徳に問うはずがない。慈善は政治秩序まで変えるべきだろうか。慈善は霊的な逃避にすぎないのだろうか。それは信念か責任の倫理であろうか。それについてイエスはあまり問題にしなかった――この世の偉い人だけがそのような自問をすればよい、すべてを掌握しているのだから。その教えをすべての人に伝えるために、イエスはわざと既成の秩序に服従しない。かれはシーザーからの借りをシーザーに返すだけである、なぜなら平民が一人でどうしてシーザーに楯突くことができよう、地下にでも潜らないかぎりは。既成の秩序は自然のように揺るがない。貧しい人々はただ忍従するしかない。ではほかにすることはないのか。助け合うこと、悲惨のきょうだいとしてつき合うこと、貧しい人々の中で権力者の手先となっている者にあまり権力のはしくれを濫用しないように懇願することだ。ある時、兵士と税関吏が何をなすべきかとイエスに尋ねた。かれは転職しなさいと言っただろうか。みな同じ貧しい者どうしであったし、貧しい者は英雄ではない。イエスは支配者への奉仕に熱中することなく、またその権力を利用することなく、パンを稼ぐように勧めた。とすればかれは地上の世界に何が起こるか知れないが、慈善によって和められることを予見していたのだろうか。いや、そうではない、かれにはキリスト教会がいつか、かれに言わせることを予想できなかったからである。かれはただ、すべての人が生き、生計を立てねばならないことを知っていただけである。

まことに「無責任な」倫理かも知れない、というのもその倫理が一人のため、そしてまったく責任を分け合わない人々のためにつくられているからだ、つまりかれらの唯一の頼みは、かれらが自分でつくったのでもなく同意したのでもない秩序や法律を、お互いの利益のために緩和できると互いに信じ合うことである。このような庶民的な倫理は抽象的な原理を発展させないが、金言や典型で表わされるだろう。たとえば、隣人を、わが身を愛するように愛せよ（これはもはや古代の戦闘的なイスラエルの国民的連帯感でなく、庶民の連帯感である）。哀れな仲間に向かって、同等の利益を要求しないで、別の頬を出せ、なぜなら自分の権利を追求してはならないからである、つまり自分が正しくても相手に何かを譲らなければならない、おまけに哀れな者が権力者に何を訴えても得るところはないだろう。もっと一般的に言えば、貧しい者は規則や除外を気にかけるはずがない、つまりかれらは社会的世界に生まれたときからそのような過酷な首かせをはめられているのであり、また権力者は規律をつけるために、原則の名においてそのような過酷な束縛を維持している、ところが人間は法律や禁則よりも重要である。最後に、すべてのユダヤ人に課せられ、他のすべての者には一種の象徴のようなものになる義務がある、それは施しをすることである。だれでも施しをする者は経済面での厳しい法則を緩和し、貧しい者の身になって、連帯性を感じる。助け合いと施しという一般道徳――これもまたセクトの道徳となるだろう。人がフランス人とかスイス人として生まれるように、ある宗教の下で生まれる前は、キリスト教も長いあいだ、選択されるセクトであった――強烈な感情を生みだすべきその温床的な雰囲気において、助け合いの実践や愛の教えが成長した。そのセクトは閉鎖的で、世間から離れ、信者の連帯性だけを絆にする。テルトゥリアヌスはこう書いている――われわれは恵与をせずに、貧しい人々、孤児、老人らに施しをする、「この愛の実践は一般大衆から疑われている、かれらは言う、――見よ、かれらは自分らだけで愛し合っているだけだ、と[35]」。なぜならこの排他的仲間意識が社会を脅かしていたからである。

セクト的連帯性は、聖ヨハネの福音書の証言によれば、イエスそのひとにまでさかのぼる、つまり聖ヨハネはわれわれにイエスのイメージをあまりにも身近で、あらあらしく、また並外れのものにしている(だから簡略なラテン語訳聖書を尊重する多くの人は、この明らかに真正な証言を後世の作であり、疑わしいと見なしている)。さらに再度イエスはエルサレムへ行き、自分の教えを成功させようとする、だが最後の旅になることも予感している。かれは弟子たちに言う、「子らよ、おまえたちとあまり長くは一緒におれない、新しい戒めを授けよう――おまえたちは、わたしがおまえたちを愛したように互いに慈しみ合いなさい、そうすればおまえたちがわたしの弟子だということがだれにも分かるだろう[36]」。今度は、戒めはすべての人に向けられず、弟子たちだけに向けられている、したがってその弟子らが一緒にいるかぎり、師がいなくなった後も連帯感で結ばれるだろう。かれらがセクトを結成してイエスの教えを永遠に伝えることになる。助け合いはその連帯性の結果の一つとなるが、実はユダヤ教的セクトの伝統であった。死海のエッセネ派の古文書の一つ、『ダマスカス文書』では、貧しい人や老人を援助する共同基金の設定に当てる税金を命じている。[37] したがってキリスト教会は少なくとも二世紀以来、信者に私的な慈善を勧めるだけにとどまらず、それを制度化し、基金 *arca* を設定して、未亡人、孤児、貧者、老人、病人、俘虜らを救済し、その管理を指導者らに委ねることになる。[38]

主張された倫理と実行された倫理

ローマ帝国の人民が大量に改宗したか、あるいは少なくとも看板をとり替えたとき、またセクトが教会になったとき、慈善事業は発展し続けた、なぜなら民間の倫理に種《たね》を蒔く土地が見つかったからである。そのことでキリスト教は大衆的道徳からローマの貴族階級の道徳へ「昇格」した（ローマのヘレニズム化初期以来、これら二つの道徳は区別されていた）。ルソーがその時代の貴族社会に、ブルジョア的道徳の実践あるいは禁則を流行させた場合を思いだしていただきたい。ローマの貴族社会は新しい道徳を、公認され尊重される原則として受け入れ、可能なこと――それが何かはすぐ分かるだろう――を実行に移した。キリスト教は厳格なセクトとして、セクトらしいことをした、つまり一般にセクトはその時代の道徳にすぎないものを信者に道徳として課している、なぜなら他の道徳は考えられないから。とにかくその道徳を強力に押しつける、だから道徳の中のある条項を義務だと見なすが、それも一般道徳を完全に義務化できなかったからである。あるいは多くの点で貴族の道徳以上に厳しい一般道徳を利用する（異教の一般道徳は、キリスト教と同様に良俗または自殺の問題を重視した）。他方、キリスト教は書物の宗教であるから、革新的なこと、たとえば施しのような異国的習慣でも、聖書に書かれているという理由だけでためらわず強制した。

その強制はどんな成功をおさめただろうか。厳格主義と福音主義は、社会構造や大制度ではなく、日常的関係や国民精神だけでも変化させただろうか。それは難しい問題である、なぜならいたって漠然とした現実は原資料では把握できないからである。したがって簡潔に述べるだけで、結論はひかえよう。温情の倫理がやがてある社会階級または人民全体に広がり、日常的な人間関係を変えることは例がないわけではない。仏教の影響は中央アジアの幾つかの国民に及んでいるし、ラマ教は幾世紀このかたモンゴル人を変容させたと言われる。わが西洋の場合、キリスト教の影響を正確に語るのは難しい。異教には、すでに細かな世話、平等、温情、助け合い、さらには福音精神と呼ばれるすべてが含まれていただろうか。それとも西洋はキリスト教からその日常的表情を受けついでいるのか。実際には、区別から始めるべきであろう。対照的な関係、たとえば主人と部下、裁く者と裁かれる者のあいだの関係のあり方は権威的、法律重視的であり、父親的であるが、貴族間の関係とはきわめて異なることがある、たとえば貴族は乱暴であったり、競争好きであったり、冷淡であったり、親切であったりする。社会の外にいる者、たとえば子供、動物、乞食《こじき》、不具者、狂人、障害者らに対する態度は別問題にされやすい。制度的あるいは儀礼的な残酷性、公開の処刑や人間のいけにえも一般に別問題であり、軍隊の残酷性も同様である。同じく礼儀の風習あるいは子供の礼儀作法は厳格主義や慣習的寛容主義とあまり関係がない。

慈善はローマに受け入れられた異国的道徳である、つまりセクトの道徳が教会となり、一般道徳が宗教的原則の名においてすべての人に押しつけられた。したがってその成功はきわめて変則的である。ある社会が実践し、意識的に行うか、あるいは行動に暗黙的に含まれる倫理と、その社会が主張する倫理を厳密に区別しよう。その両倫理はほとんど関係を持たないのが普通である。互いに異なった社会グループが相反する信仰宣言をしながらも同じ道徳を実践することもある、たとえば背教者ユリアヌスとキリスト教徒は原則の点では、あまり違わない。主張された道徳は決して信用を失わない、なぜならその道徳は行為として示されていないから。その原則が実践に移されていないことがほとんど気づかれない。重要なのは、その原則が反対されないことである。慈善に関しても、そのとおりであった。ある点では、慈善は実践される道徳になったが、古い行為を受けついでいたか、あるいは利益の対象になっていたからである、あるいは逆に、問題にならない分野を占めていた。その他の点では、道徳は主張された倫理にとどまり、否定すれば不謹慎だろうし、どこにおいても実践されていることだと真面目に信じられる。

慈善、あるいは一般的には篤行は三つの新しい実践の元になっている。ローマの貴族社会には豪勢な振るまいと社会的責任感があった、だから恵与者であり、公共の建物を寄贈した、そして以後は教会堂を建てるだろう。あの世での運命を思う各人の気持ちが寄進や教会への遺贈を増やし、それがあまりにも多くなるので魂の救済に取りつかれているような印象を受ける。結局、また特に、慈善行為は政治的あるいは社会的利益のあいだで、われわれが慈善的余裕と呼ぶものを自由に占めている。そこから得られた結果は、絶対に尊重されなければならない。

寄贈と教会への遺贈

四世紀になっても、ローマの貴族と都市の有力者は恵与を行い続けている。異教徒シンマクスは書いている、「かれらは争って都市を飾るために財産を蕩尽している」[39]。事実、都市の生活はあまり変わっていないので、ギリシア教会の教父らの証言は、恵与指向の歴史について最多の原資料である[40]。キリスト教徒の有力者らは異教徒のままの人々よりも立ち遅れている、というのも同じ形式的あるいは道徳的な義務が両者にあるからである。だが違いもある。たとえば神殿の建立をキリスト教徒に期待することは考えられないだろう。せいぜい崩れた建物の復元だろう、なぜなら皇帝と地方総督がそう望んだからである。それは経済危機あるいは寄付する鷹揚さの衰退であろうか。だが同じ時代に、アフリカではキリスト教の教会堂が多く建てられていることを忘れてはならない。恵与指向は目標を変えたのだ、それとも意図を変えた、たとえば聖アンブロシウスは金持に慈善としてパンを貧しい人々に分けるようにすすめている。[41] 聖アウグスティヌスは、異教徒が娯楽を提供するという恵与指向に対して真に貧者のためになる慈善を挙げている。[42] そこで施しが恵与にとって代わる。聖キプリアヌスはその施しを、恵与者から提供される見せ物と比べ、神と天使に見ていただけるようなことをすべきだと言う。[43] 聖アウグスティヌスは、競技会に当てられる費用を貧しい人々に分けるほうがよいと言う。[44] 慈善と同様に厳格主義もそのように見せ物を批判している。

キリスト教徒の有力者は慈善家であり、教会堂を寄進している。「教会の平和」と新しい宗教の勝利の前においても、司教たちは自分ら固有の責任に加えて、有力者の社会的責任も受けつぐ。聖キプリアヌスは司教に任命されると、その名誉ある職務遂行のために破産し、助言を求めに来る者には差別なく門を開き、貧しい人には、権力者の傲慢さとは反対に、救いの手をさしのべる。[45] そのような有力者の温情は民衆の期待に応え、民衆もそれを当てにした。一般大衆は新しい倫理的宗教に対して、異教の時と同じような娯楽を期待した、つまりお祭り、饗宴である。古代末期には、殉教者を記念する葬宴の流行が知られている。ときにはもっと行きすぎる、たとえば『ガザのポルフェリオスの生涯』では、この司教が献堂式を祝うために「どんな出費も厭わず」(これは恵与者の鷹揚さを表わす慣用語)、[46] 住民全体、つまり聖職者、修道士、一般人を饗応し、その宴会は復活祭の期間中、毎日続いた。異教徒も異教の建物の落成に際しては宴会を開いた。そしてかれらに対して市当局が行う表彰には、必ず招待された住民の各階層の名が記録され、宴会の日数も確認されている。

キリスト教徒の有力者は慈善事業のために破産している、なぜならそれが有力者というものだから。かれらは勢力を持っているかわりに、社会生活のすべての分野に責任があり、また豪勢なところを見せなければならない。かれらは富があるから、同時代の人々に最高と映るような人間的理想を体現しなければならない、というのも同じ富がそれを行える資力になるからだ、つまりもしかれらがその可能性を発揮しなければ、その身分以下の存在になり、自分の目にも卑しい者と映るだろう。

だがかれらはキリスト教徒であるので、そのように破産する。もし異教徒なら、敬虔にして慈悲深い魂とは異なる理想を実現しようとするだろう。新しい実践、つまり慈善的寄贈と教会への遺産遺贈はほとんどすべて宗教心に含まれ、金持の社会的誇示や偽善とはほとんど関係がない、それでも金持は自分の魂が貧者の魂ほど安値だと思いたくないようだ。かつての異教の恵与者による遺産遺贈とキリスト教的な慈善的寄贈は巨額な金額という点でのみ類似している、つまり財産の多くが都市や教会へ寄付された。ところが、それぞれの動機はほとんど反対である。恵与者は社会的栄誉を獲得するため、あるいは愛国心と公徳心から寄付をするが、いずれの場合もこの世の事柄のためである。それに反して、教会への遺産遺贈は相続人の利害を無視して遺言者の罪をあがなうためである、それはあの世のためである。

そうかも知れない、さらにあの世への恐怖よりもキリスト教会への愛が遺贈の主な動機であったと思われる。だがまず、その信仰を検討させていただきたい、そしてそのためには異論家にも喋らせてやりたい。宗教の歴史は難しい技術である、つまりあまりヴォルテール的になってもいけないが、素朴な信者になってもいけない。

異論家はこう言うかも知れない——それでは宗教は、あの世があるから、多くの人々はそう信じ、信仰を実践するのだと、口先だけで断言すればよいのか。他の見方からすれば、宗教は元の人間を変えられないようだ。それに信仰にはさまざまなあり方が含まれる、あの世を見たという証人はいない。あの世の存在はわれわれが生きている世界とは違った存在論的性質のものである。だから、はるか遠い土地でも実際に存在する都市をその目で確かめた人のように、あの世を信じることはできない。また、ガブリエル・ル・ブラとともに、こう告白しよう――キリスト教団はかつて存在したことがない、と。つまり正統派の下には常に無信仰者がひそんでいる、しかも予想以上に多い、たとえ中世においてもである[47]。もっと言えば、人は信じなければ損をすることとしか信じない。全員が賛同する正統派はあるが、それは別の信仰世界に住んでいる、つまり高貴あるいは神聖と見なされる信念の世界であり、他の信念とぶつからず、他の世界の利益を損なわないものである。もしその正統派に反対しようものなら、一斉に抗議が起こるだろう。そのような反対は善と神聖に対する理不尽な恨み、つまり背徳と見なされるだろう。もしそうなら、あれだけ多くの遺言者がばく大な富を、あの世の恐怖のために献上し、そのため現実世界の存在論的にきわめて確かな利益を無視したことをどのように説明したらよいか。その説明はいたってかんたんである、つまりそのような慈善的寄贈の多くは遺言である。遺言者が亡くなって、もう自分の財産を享楽できなくならないと寄贈の効力は発生しない。だからあの世の漠然とした偶然のために保障を一筆書き残しても失うものは何もない――かれにとっては、あの世で来る日も来る日も鍛え直されるよりは楽である。万一のために、何も失わないで、一度に罪があがなえる。もう最期だと思って、キリスト教会へ遺産を遺贈しようと考えて書いた遺言者が健康を回復したとき、その遺言書を取り消した例がなかっただろうか[48]。

この異論者の話は権利としては正しい(信仰のあり方はさまざまである)、だがこの場合は間違っている。人間は死後のことについて無関心ではいられない。勝利を望めない目標のために進んで死ぬこともある、相続人や家の将来に無関心でいられないから、魂の未来がどうなってもよいと思う人もいるだろう。もしキリスト教会に寄付をするとしても、そんな将来の利害を心配しながらであり、最後の無関心からでない場合もある。もし素朴な信者ならあの世で鍛えられるよりは、一度に罪をあがなうだろう。そのことは単純に、未来の幸福より現在の幸福を尊重しているという証拠である。極端な酒飲みや喫煙者についても同じことが言えるだろう。だからといって酔っぱらいや喫煙者が肝硬変や喉頭ガンになるとは思われない。かれらはキリスト教会へ生前に財産を寄付するよりはむしろ死後に遺贈したいと思う。少しも計算しない者がいるだろうか。策を弄しない金持がいるだろうか。神への無関心を検討しない論理家がいるだろうか(49)。それでも、すべての人にとって、あの世に関する観念はいささか非現実的である、またたとえどんな信仰家(ベルナノスのように)であろうと、その観念は死への恐怖で消されている。したがってあの世への恐怖というよりは、むしろ教会への愛が遺言上であろうとなかろうと、敬虔な寄贈の動機になる。

罪のあがないやあの世のことはただ信者がつかむ機会にすぎない、その機会のためにすっかり準備された慣習がある。その信者が、突然、地獄の恐怖に襲われ、地獄が本当にあると思うか、どの程度信じられるかと自問するような無信仰者だと考えないでおこう。また、かれが自分の魂の救済のためにすべてを顧みない者だとも思わないでおこう。その信者はむしろ利害と妥協しようとする。だが大きい利害のあいだにあっても、なお日常生活には広い余裕がある。その余裕において、宗教はいたるところに忍び込み、すべての行為と絡み合い、身ぶりや声の抑揚を作り、多くの歓喜と結びつき、多くの影響を与えることができる。また教会を愛させることも。気に入られた召使いや老乳母に何かが遺贈された。愛され、尊敬された教会にも何かが遺贈された。おまけにその遺贈はあの世での保障契約であった。

妥協としての施し

施しも同様である、つまりあの世での保障であるが、特に、恵まれない人々に対する憐憫の結果である――この憐憫の情は、それが感じられるときはごく自然な感情であるが、社会によっては、幾千年間もそれを感じないことがあり、とにかく大きい利益に動かされないかぎりは感じられない。

各時代を通じて生活保護の歴史が書かれた、どの時代にも、慈善が恵与指向を継続し、その機能をくり返している。言うまでもなく、それは偽りの継続である。ボルケシュタインは優れた本の中で[50]、異教的古代における市民救済と、貧者に対するキリスト教的慈善の相違を示した。かれによれば、貧者という語はユダヤ人とキリスト教徒の語彙に固有のものである。異教にはその語の概念が知られていない。ギリシアやローマにおいて、われわれが援助、再配分、あるいは恵与指向と呼ぶようなものは人民なるもの、つまり市民全般にしか向けられていなかった。奴隷は原則として除外されていた、ただし例外的な寄贈はあった。土地均分法、恵与、パンの安売り等は市民への措置であった。無料で小麦が貰えたのはローマ市民であり、市民のために植民地も建設された。

貧者という語彙を文字どおりに受け取るべきか。それとも反対に、異教徒らはその言葉を知らないが、すべての人々と同様に慈悲深かったのであろうか。とにかく、時代における概念化によって貧者の社会的範疇を法律の市民的普遍性において定めようとしても無駄である、土地均分法の恩恵を受け、新しい植民地へ入植できたのは貧しい市民だけであった。異教徒が市民（言うまでもなく貧しい市民）の教育のために基金を設定しても、ローマの法学者はその基金をどのような責任者の下に置いたらよいか、分からなかった。だからその基金を都市の名誉であり、恵与だと見なすことに決めた[51]。

語の歴史、イデオロギーの批評、そのいずれが真実を語るか。いずれでもない、なぜなら言葉は真実を語るかと思えば、嘘をつくからである。実際には、異教はいくらかの貧しい人々を特定の指名なしで救済したし、ほかの者も悲惨な者という名目で救済した（ある恵与者は時には奴隷にも恵んでいた、ただし特別の温情だと強調した）[52]、だが異教からまったく援助して貰えなかった貧民も多い。結局、異教は少し慈悲深かったが、キリスト教よりはるかに劣っていた。それは明らかである。慈善的態度はある種の宗教によって広く発達したが、それらの宗教によってつくられたのではない。それは異教においては他のテーマ、つまり市民的遺産のテーマと共存している。

土地均分法、植民地――クロード・ヴァタンがわたしに指摘してくれたように、これらの制度は、世襲財産を持たない市民は真の市民になれないという考えに基づいていた。グラックス兄弟はローマの貧しい市民に土地を分配しようとするが、それは貧困を救済するというよりは世間をあっと言わせるためである。どの集団にも「それぞれ、貧者がいる」。異教の貧民は世襲財産のない市民であった。キリスト教徒にとって、貧者とは施しを受ける必要のあるすべての人であった。異教は、もっと日常的な形でしか貧者を知らない、つまりそれは道ばたで見かける乞食である。セネカは書いている――「賢人は、慈善家らしく見せようとしてお金を投げるのでなく、乞食にお金を与える」と[53]。したがって乞食に金を与えるのは日常事だった、だがそれは施しの習慣ではなかった、つまり施しはキリスト教徒だけが思いついたことである。デモステネスやキケロのような人が誇る博愛は[54]、俘虜になった市民の保釈金を払ったり、市民の孤児に持参金を施してやることだった、つまり博愛はひどい不幸を救済する場合しか高く評価されなかった。施しは日常的な行為であったが、身分的な義務ではなく、優れた道徳的行為でもなかった。哲学者はあまりそのことに言及しなかった。

キリスト教とともにすべては一変し、施しは新しい倫理的宗教性に属した。慈善は意義深い行為となり、上流階級の身分的義務にふさわしいので寄付する鷹揚さにとって代わる。慈善は、その物質的重要性、その精神的効果、そしてそこから生じる制度によって新しい歴史的美徳となる。

施しは新しい宗教的道徳の主要命令である、つまりマックス・ウェーバーの言う *Kerngebot* である。[55] 温情の掟全体において、施しはもっとも一般的に行われる自発的行為である。その他の掟はむしろ個人的状況に即した行為を規定している。施しはまた無私無欲の保証でもあり、信者が信仰の真面目さを示すもっとも単純な証拠である。施しは、信者がわずかの金で言行一致を実現し、少しずつでも、たびたび寄付することによって誠実さの証明を積み重ねるので、それだけいっそう象徴的行為に似てくる。たとえば聖ユスティヌスは書いている——金持は好きなときに、好きなだけ寄付している、と。[56] 施しは、立派な行為の中でも、心理的にもっとも安価なものであり、一度で全生涯の罪をあがなえる。施しは神の意思であるので、神から功績と見なされる。[57] やがて神そのものへの寄進と見なされよう、交換や代償として。『ヘブライ人への手紙』は、慈善を「犠牲」だと言い、聖キプリアヌスは慈善を人間が洗礼の後に罪をあがなう唯一の方法だと見なしている[58]（告解の秘跡がまだ存在していなかったことを知っておく必要がある）。

宗教的慈善事業はやがて禁欲と世俗生活との妥協を成立させる。それは現世の幸福を諦めることであろうか。ローマ帝国の人民全体がキリスト教化されたとき、キリスト教はもはや「貧者と奴隷の宗教」ではない、このことはすでに言われたし、言われすぎたようだ。特に言うべきことは、それがもはやセクトではなく、人が生まれるときからの宗教である。この世を捨てなければならないか。それは志願する者だけに要求されることである。もし天国の入口が針の穴ほど狭いとすれば、キリスト教徒として生まれた金持はどうなるのだろうか。三世紀以来、アレクサンドリアのクレメンスという理想主義者で謙虚な精神の持主によれば、重要なことは富ではなく、富の使い方にある。かれは「金持はいかにして救われるか」と題する論文において、金持に向かって禁欲的であれと勧める、つまりわれわれに無関係な外的事物は善でも悪でもなく、われわれの使い方次第でいずれかになる。かれは別のところでも書いている(59)――神はすべての富を使うことを許した、しかし必要な範囲という限度を示している。罪は、富のために富を求め、必要以上に際限なく富を追求することにある。施しとその精神は、現世の富に対する健全な節度の最上の証《あかし》である。そこで四世紀から二つの道徳となる(60)――完璧なキリスト教徒は現世と肉体を捨て、他のキリスト教徒、つまり大多数のキリスト教徒は現世にとどまる。後者は施しを行い、遺産をキリスト教会へ遺贈することによって魂の救済を願う。

清貧と劫罰の中間を認めない宗教において、施しは禁欲的理想との妥協であるばかりか、その理想の結果でもある。『新約聖書』において、施しには少なくとも二つの起源がある、つまりすでに述べたような一般道徳とともに禁欲的理想もある、後者についてはは詳しく述べる必要があろう。ところで、問題をはっきりさせるために言うなら、禁欲が博愛とは全く共通しないことを認めなければならない。現世を捨てるために貧しい人々へ富を寄付する者は、隣人を助けることよりもむしろ自己の救済のために財産を厄介払いしたいのである。そこで禁欲から「階級的道徳」へ移行しやすくなる、つまり道徳との関係において、施しは神の掟に従順な金持の功績になるが、貧しい人の権利にはならない。神は金持に寄付を命じた、だが貧しい人々が貧しくなくなることは望まなかった。とはいえ、それでも金持が好きなだけ寄付することは認めている。

慈善的余裕

施しは、人間的に、また社会的に慈善の掟において完全に適用されるべき唯一の掟であった。キリスト教の勝利とともに、福音的道徳は、一般的だから「責任を問われないで」実践された倫理というよりはむしろ主張された倫理になっていた、ただし貧者に対する場合は除かれる、なぜならこの場合はその倫理の実践効果が大きすぎたから。

異教において、貧者や貧困者に対する温情は美しい魂を飾る功績と見なされたが、大したことではなかった、つまり模範的な美徳でなかった。容易に想像できようが、そのような美徳があまり流行したら、政治的不安を招いただろう。福音主義も同じ理由でたびたび糾弾された、なぜなら支配階級ともあろうものがだらしなく乞食の卑しさに屈服する徴候と見えるではないか。事実、キリスト教が異教徒に証明したのは、そのような心配は誇張であること、そして社会の基盤を崩すことなく温情家になれるということであった。実際、キリスト教は貧者を自然の範疇とし、貧者の権利と義務を定めていた。「大物《おおもの》」と「貧者」は共に神の叙事詩における登場人物であり、対照的存在に支配され、悪が存在する世界の真の意味がこの両者において表わされる。両者は互いに必要であり、一方は他方があってはじめて存在する。(61)

そのように安定した文明全体は悲惨の存在を発見しても、あまり配慮しなかった。だが配慮できたはずである、なぜなら慈善は政治と無関係の行為の余裕に組み込まれているから、共同社会はその基盤を揺るがすことなく慈善が行える。共同社会が慈善を行うか、行わないかはきわめて偶然的な理由による。したがってこの行為の余裕において、たとえば赤裸な心や信念や説得が他の道具なしで大きい効果を挙げる、なぜなら観念的なものを除いて、ほとんど障害がないからである。慈善は、もっぱら『聖書』というテキストを武器として、行為の余裕を奪いとり、行動を決定させることができた、だから信仰とはあまり妥協する必要がなかった。

それで充分だった。なぜなら社会が貧しい人々に優しいという無害な気品を見せようとするためには、まず社会は幻想的な社会的恐怖から解放され、また社会的原則の極端な厳しさを捨てなければならない、だがまた当然、それを忘れてもいけない、あるいは社会に忘れさせてもいけない。ところで、隣人の不幸を思うのは自然のことではない。他人の不幸に同情するのは個人的なことであり、そのような人々は少数派である。それは、ヴェルフリンやフーコーのおかげで今日の歴史家が周知している問題を提供する、それは思想体系の粘着性の問題であり、その思想体系にはそれなりの速度があり、また自律的な歴史がある。それは主体者の行為や精神から無限性と直接性、つまり簡単に言えば極端な合理主義から主体者が抱くような主権を奪う。思想は活動するかぎり受け身になる。思想は思想の枠、問題の位置、表現スタイルにかなり拘束される。自分の牢獄の鉄格子も見えないことがきわめて多い。だから歴史家はその鉄格子の存在を説明しなければならない。

慈善の例がそのことを如実に示している。三世紀の異教的ローマ帝国は次の世紀のキリスト教的帝国と同じほどその美徳を育てることができたかも知れない、なぜならそれを禁じるような利害がまったくなかったし、またその美徳に必要な空白的余裕がたっぷりあった。さらに博愛的で恵与的な善意に固まっていた。ただ貧者の社会的範疇を法律の市民的普遍主義の中で消滅させる思想体系に捕らえられていただけである。貧者の存在にも気づかなかった。だからその帝国が慈善家になるには、善意に動かされるのではなく（善意を持つことも考えられなかった）、それ自身の歴史から目隠しがとれるだけでよかった。そうなれば貧者の姿も見えはじめ、慈悲深くもなれた。だから歴史家は、人間一般を理解しようとしたり、奇妙な行動を見れば、必ずわれわれの価値観とは違う価値観から来ていると推測するだけでは満足できないのである、哲学的、社会的、あるいは芸術的な盲目性のすべては意図的なものではなく、すべてが意味するものではない、むしろ思想に不透明さがある。古代は慈悲深くなっていたから貧者を見つけだそうとしなかった、いや、その逆である。ではどうしてもっと早く見つけなかったのか。なぜなら貧者のことを考えなかった、それ以上でも以下でもない。そのことを考えさせるには聖書や教義、異国の道徳の真似が必要であり、それで充分だった[62]――空白的余裕の内部で、思想環境が自律的な進化をしたのである（しかも、この場合は少し書物的である）。

思想の粘着性――パノフスキーに対するヴェルフリンとフーコー

思想は経済的合理性の完全な取引とは比較できない、またそのような透明性も流動性もない。思想はその習慣に囚われていて、習慣の限界と粘着性は精神的以上の何か肉体的なものを喚起させる。思想の枠は、証券取引所の相場の変動と同じ速度では現実を記憶しない。実際、歴史全体は自律的なサブシステムで構成され、そのサブシステムは純粋に偶然的な関係で結ばれ、それぞれが全体のサブシステムの歴史と固有の速度を保有している。ただ、それらのサブシステムが精神的なもの、イデオロギーの枠、芸術的な様式だとか見なされるとき、それらの自律性がわれわれの思想に押しつけられるのは認めるわけにはいかない、それらの制約を受けるからである。だがいかなる社会も社会そのものでなく、いかなる科学も科学そのものでなく、いかなる絵画もすべての絵画ではない。

だからといって、各社会がその考えより広い考えを排斥したり踏みにじるように、貧しい人や呪われた者を踏みにじるとは決めないでおこう。普遍的時間の公準が恣意的な仮説にすぎないことがニュートンに分からなかったのは一種の自主規制によるのではない、かれは自己のうちに存在したかも知れないアインシュタインの言葉を遮断しなかったはずである、ただそのことを考えなかっただけである。意識しないことが無意識ではないように、考えなかったというのは考えられなかったのとは違う。未来の学者や革命家が行うような発見は、われわれが耳を貸すようになるまで、すでにわれわれのまわりをただよっているのではない。[63]認識の認識はなく、未来の言説の言説もない、とプラトンは言った。ある精神が、少しの批評眼をそなえていれば他人に先がけて、あっさり解決してくれるのを待つように、すっかりそろった問題は存在しない。人間には鼻先のことしか見えない、その問題に直面するまでは問題が分からない。

異教の人間は市民的思想体系にとらわれていたので、慈善の問題を先取りできなかった、なぜなら慈善もまた他のすべての思想と同様に限定されていて、その考えを思いつくのも他の考えと同様にまったく必然性がなかった。それだけ、歴史の唯一の主体であるべき思想の枠外の活動を認めたり、人間的主体を純粋に受動的なものにしてその存在を否定することは問題ではない。ただし、あの革新派（フーコーから舌足らずと言われる人々が構造主義と呼ぶもの）を警戒するよりは保守派に警戒するほうが緊急である、それほどアカデミズムの反撃は手厳しい、つまり人間の事業と活動が必ずしもすべて意義的あるいは意図的でないという考えはフーコーには耐え難いものである。

アカデミーは、たとえば芸術家がその素材に限定されるが（聖トマスは、「さまざまな素材に適したさまざまな形式がある」と書いている）、その代わり、芸術家はその素材に完全な形を与える、ただし安全な二元論に戻るという条件をつけて容認したがる。そこで素材（絵画上の慣習、詩の韻律法、など）は「反抗」とか抵抗面[64]にすぎなくなる、そして芸術家は抵抗に打ち勝って高くとびあがれることになる。ところがヴェルフリンはまったくそうではないと主張する。十七世紀の画家たちはいずれも異なる個性であり、作品の内容もひどく違っているが、この画家たちは共通してある種の特性（自由形式、点描のために線描の低下……）が前世紀の画家と対立し、共通な特殊性が独特の表情をしているので、われわれははじめて見る絵でも、それが「十七世紀のものに違いない」と分かるし、またその特殊性がもっと非個性的で意味の浅いものであろうと作品の上にありありと現われている。世紀の申し子のようなこの特殊性はその画家らにとっては「自明のもの」であり、自分で選んだのでなく、自律的なビジョンの歴史とともに形成されるか、受けつがれたのだろう、とヴェルフリンは言いたいのだろうか。ヴェルフリンの独創性をよく知らないパノフスキーは、ただちに反論した、つまりその特殊性そのものが作品の表現力に寄与していた(それに違いない、というのもそれが表現の特殊性なのだから)。たとえば自由形式は、画家の個人的スタイルの特徴が許すかぎり、その芸術家に求められた表現を助長したか、拘束した。これで二元論は除かれた、つまり作品においては表現がすべてであった。パノフスキーは、ヴェルフリンにとって問題は画家によって選ばれた表現の特徴、また画家が受けた表現の特性がいかなるものかを知ることであったということを理解しなかったようだ。だからかれは矛盾しながらも、本質的なことをヴェルフリンに譲るような文を書いている――「ある芸術家が点描でなく、線描を選ぶということは、しばしば、全能なる時代の意思に押されて自己を限定し、そのために、表現の可能性において、その時代の意思を意識していない[65]」。かくて点描あるいは自由形式は、絵が最終的に表現するものを形成するのに寄与するが、画家によって選ばれたものではなく、恐らく画家が描こうとしたものを限定する。換言すれば、絵画が表現しているものは画家が表現しようとしたものの反映だけではない――人間は主体として存在するが、完全に主体ではない。キリスト教徒には、優しさのある正しい人の行為は神と共同で行われると思われるように、「全能なる時代の意思」はその絵画の共同制作者である。ある有名な言葉によれば、人間はその歴史をつくるが、必ずしも思い通りにはつくれない。われわれは、政治のような活動なら真実と思いやすい、だが、ひとたび作品や表現の問題になると、いたるところで意味されるものに張りつく意味するものの二元論にしがみつく。芸術家は手当たり次第に何かを通して何かを表現できない、そのとおりである。たとえば同じ画家が同じ感受性をもって同じ「メッセージ」を表現しようとしても、その表現が自由形式によるか否かで、同じ表現にならないか、同じことを言わないだろう、その絵画は多少表現力があっても、歪んだものになり、恐らく失敗作になるだろう、——言葉はメッセージを変えるし、中性ではない、どんなメッセージも変化されることなく、いかなる言語にも表わされない。そのことは、われわれすべてが喜んで賛同する。われわれがはるかに認めがたいのは、上手であろうと下手であろうと言葉の選択がまったく画家のものでないという考え、つまり画家がその時代の影響を受け、たとえば自由形式がいくら表現力に富んでいても、芸術家よりはむしろ時代を表わしているという考えである。

一見、慈善の問題から離れたかも知れないが、明らかに同じ問題である。つまり恵与指向と慈善の場合、われわれは同じような別の二元論にしがみつく、つまり事業と意図の二元論である。おかげでわれわれは各時代を通じて慈善「なるもの」、あるいは施し「なるもの」の歴史が書ける。だが、それらの美徳を幾千年のあいだの変化を通じて、どこで見分けることができようか。どこに不変要素があるだろうか。慈善の事業にあるのか。篤志家に染みついた意図、つまり慈悲の心にあるのか。異教的市民の連帯感は、すべての市民、そしてその市民だけ、つまり貧しい市民のあいだにのみ、助け合い、援助の恩恵を保存していた。それは市民でない貧民層には見られなかった。この失念から慈善事業を判断してよいだろうか。否、なぜならその失念は主体者そのもののせいにできないからである、むしろ市民的視野の狭さのためである、それが粘着性によって維持されてきた古代都市の遺産である。視野を制限しているのは善意が足らなかったからではなく、視野が「客観的に」意図を限定しているのである、つまり事実上、われわれの知的解放能力は限られている。その視野にはそれなりの歴史があり、情け深い魂であっても、その歴史を点検することができず、気づきもしなかった。

それでは心を探らねばならないのだろうか。主体者にまったく責任のない事業はないので、慈善をその視野や表現とは別の慈善的精神に認めたらよいのか。たとえばもっとよく分かっていても、あまりその気にならないような現代の慈悲心に見られる心理的状態に。それもまた不可能である。もちろん、あらゆる行動について、永遠の観点から漠然としたことは言える、つまりその行動が立派か、俗っぽいか、正しいか不正か、美しいか醜いか。しかし個人の動機は目標を狙う、それが歴史的なものである、つまり目標が慈善になるか、それとも単に恵与的で市民的になるか。歴史的なのは「心理的」でしかない、つまり古代の博愛者は同じ市民の不幸については同情するが、その目はよそ者のボロ着を見ても乾いているので、われわれの反応とは違うだろう――情け深くて「人種差別主義」であるとはわれわれには考えられない。われわれならたまげるような心理的奇妙さと思うだろう、ちょうど情け深く敬虔な別の魂の持ち主マルクス・アウレリウスが闘技場で剣闘士の試合や罪人の処刑を見物する態度を見るように。この皇帝は退屈していた、なぜならその種の見せ物はいつも同じように見えたから。(66) 価値観、「貴族」または「正義の人」、それらは恐らく永遠であり、同時に具象的である――残念ながらわれわれに重要な目的は歴史的なことである。

慈善――間違った概念と現実的宗教性

さて、いまやわれわれはキリスト教的慈善において確かに宗教的なものへ移り、その宗教性がいかにして歴史的な効果を挙げることができたかが理解できる。だがまた慈善の美徳と慈善事業の関係が、想像されるほど直接でもなく、密接でもないことも分かる。

慈善は、その固有の立派さによるというよりもむしろ道徳を宗教に結合させることで市民的観点の自律的歴史を転覆させた。それは異教の神々がかれらの信者の道徳観念と無関係であったからではない、なぜなら多くの資料がその反対を証明しているからだ。つまり神々は立法者というよりはむしろ人間のように道徳的主体であった、つまりかれらは人間のように人格を持ち、その弱点、その憤慨、そしてその道徳観念を人間と分かち合っていた、なぜなら死すべきものであろうと、不死のものであろうと、理性的な存在はすべて道徳に無関心のままではいられないからである。ただ異教の神々は人間のように宇宙を満たす被創造物に属していた、つまりかれらは創造主でなかった。神々は宇宙を担っていなかった。かれらは道徳的秩序の存在を認めても、それに支配力を与えなかった。かれらは神殿の神聖な掟の声によって、自分らのいるところ、つまり聖域から不浄な存在を閉め出すだけで満足していた。キリスト教の神のほうは、創造者であり、立法者である。救済の条件は神の掟に従うことであり、その掟はユダヤ教会の場合と同様に、施しと愛を命じる。公開の剣闘士試合は糾弾される、なぜならそれは残酷な見せ物であり、隣人愛に背くからであり、また劇場や競技場のようなくだらない見せ物であり、神への愛を妨げるからである。その代わり、公開の罪人処刑は続けられる、なぜなら聖アウグスティヌスが好んで繰り返すように、懲罰は慈悲であるから。

だが神への愛と隣人愛の関係はどうか。神聖なものをうっとりと観想するのは他人を愛することと同じではない。勿論、神に対する真の愛は観想ではなく、それは人類全体の上に神がつくったプランに参加し、世界の救済という神聖な計画に専念することである。キリスト教は新信者の戦闘的態度 *militia Christi* である。だが隣人の救済に専念することと地上における隣人の不幸に同情することとは別である。すべての人間は同じ神を愛し、愛させようとするから、互いに愛し合っている[67]、とはいえキリスト教は、福祉国家が市民の形而上学的救済を保証しないように、福祉国家的事業ではない。言うまでもなく、人は一体のものである、どうして自分の体を忘れ、未来の選ばれた者の魂に関心が持てようか。それでも魂の救済は現世の暫定的な悲惨よりも直接に重要である。慈善の概念は、言葉の上で、つまり漠然とした言葉で、心理的には別として、論理的には関連のない二つの歴史的な部分を併せているような印象が残る、つまり一方では、人類に対する神の霊的計画の実現に参加し、他方、「貧者や貧困者を思いやる者は幸いなるかな！不幸な時はヤハウェ〔エホバ〕に救われ、地上で幸せに生きられるだろう」(68)と説いたユダヤ教に発する慈善事業を実践することである。神のプランに専念することと隣人を一時的に援助することは、つぎの二方法を除いては同じ概念に包括できない。つまり愛、無償性、無私無欲というきわめてあいまいな概念で満足するか、それとも愛する神、そして隣人を愛せよと命じる神への服従の証と見なすか、である。不幸にも、あいまいな概念で我慢するとすれば、ありのままの政治・社会的な風潮として「慈善」をイデオロギー的に決定することになり、「慈善」は「行動の目的論的性格」を意味することになる。その場合、行動の合理的規準（他人の幸福を最大にする）と、われわれの動機づけ（命令・抑圧の願望、安心感の付与、等）とを混同させることになろう。慈善は世界を説明することも設定することもできない、つまり慈悲の余裕がなくなれば虚しい言葉になってしまう。いつの時代でも、キリスト教徒であろうとなかろうと、権力者たちは人民愛のために人民を束縛すると言った。聖アウグスティヌスの悲しくも有名な「なんじの欲することを愛し、行え」という言葉は離教者らを慈悲深く迫害する口実になった(69)。

その代わり、宗教的心理が論理に代われば、二つの歴史的部分の関係が理解できる。

〔一〕宗教的感情、つまりわたしの考えでは、神の事柄に比べると、人間のことは無意味になるという感じ方は、魂をこの世のことやきょうだいの心配からそむけさせる。だが他方では、市民的自尊心を砕き、権力者を優しくする、つまり慈悲を可能にする。〔二〕すべての人を神のプランに参加させることは、各人の品格を尊重させることになる、なぜなら神はすべての人に対して次のような計画を持っている、「そのために、慈善への愛はわが敵にも及ぶ、つまり神のために敵を愛し、敵を慈善の主要な対象にする」[70]。〔三〕救済という共同事業はきょうだいのあいだに連帯感を生みだし、その連帯感は衒学的に単なる霊的関心に限定されない、なぜなら人間は一体のものであるから。「この世で、財を有する者がきょうだいの窮乏を見ても心を閉ざすなら、神への愛はどうしてその者のうちに宿れるだろうか」[71]。〔四〕神の掟と魂の救済の願望へ謙虚に従うことは、隣人愛の掟に文字どおり素直に従うことになり、隣人愛は慈悲の七つの業《わざ》の規準になる[72]。〔五〕神への愛は何かを神に捧げさせる、したがって隣人に捧げることになる、なぜなら少なくとも、この地上においては、何かを犠牲にしなければ愛することにならないから。愛は天国でしか無償にならない。それこそ寄付のすばらしい社会学である、つまり施し、一般的に寄付は誇示的関係において物質的利益を犠牲にするか罪をあがなうか、あるいはその利益を救済と交換することにある。〔六〕愛によって自分の子をわれわれのために犠牲にした神を敬うことは、神を真似たい願望となる――「隣人の重荷を代わって背負い、恵与者となるために他人より多く持っているものを役立てようとする者、神から貰ったものを貧困者に提供する者、それらの者は恩を受けた者から神のような人だと思われ、神の模倣者となる」[73]。

慈善の歴史的効果

総括的に見ると、慈善にはその功績として二つの歴史的実現がある、つまり市民的観点の消滅と普遍主義、つまり慈善事業である。それは興味ある社会学的小問題を解決してくれる。ある分野（宗教性、残虐行為に対する感性、恐らく愛情的嫉妬も……）においては、どの社会でも個人間の隔たりは大きい、だが明らかな大多数はどの意味においても現われない。その分野では凡庸な一般人のあいだでほとんど共通の一致が見られない、かれらは曲線の両端に付けられた小さな飾りのような大物を残すだけである、いや、それはむしろ二つの党派であり、それが向かい合っている（あるいは、もし支配的順応主義が一方を沈黙させないなら、そうなるだろう）。これらの党派の一方は確かに多数派であるが、他方も数の上ではそれほど劣らない。当然、結果は現われる——ある時は一方の党派が勝ち、ある時は他方が勝つ。勝った方はその特殊な感性あるいは独特の厳しさを社会全体に押しつける。勝った党派によれば、どの集団も互いにきわめて異なる、たとえば残酷な人民、信心深い人民、嫉妬深い人民というように。

　キリスト教の勝利は、ごく少数派によって社会全体を貧困に感じやすくさせたことである。もし慈善のための慈善を説いていたら、その少数派は決してそこまで成功しなかっただろう。だが施しは大多数が改宗した信仰の結果にほかならない。神の掟に従うために施しが行われる。こうしてユダヤ人の民間道徳がローマに受け入れられた、そしてその道徳はすでにローマ固有の慈善的余裕を支配し、施しを義務制とするだろう（いずれイギリスで起こる救貧税と同様である）。

　その勝利の結果はきわめて顕著である。異教は飢えた人、老人、あるいは病人をあっさり見捨てた。養老院、孤児院、病院、等々はキリスト教[74]時代になってはじめて現われる施設である。これらの施設の名称もラテン語やギリシア語では新語である。異教徒は多くの病める奴隷を神殿にあずけたが、それはもっぱら病人を神にあずけて厄介払いするためであった。異教には慈善事業がまったく知られていなかったので、「背教者」ユリアヌス帝は自分の武力でキリスト教（かれはキリスト教を無神論と呼んでいた）を倒そうとするときには、すっかり下地ができあがっているだろう。かれは書いている、「どうして無神論の評判があがってきたのか、分かるか。よそ者に対する博愛だ、つまり死者を埋葬する心遣いだ」（実際、社会的身分がどうであろうと、死者を儀式でもって埋葬するのが当然だとしたのはキリスト教である。異教徒のあいだでは、奴隷や貧民の遺体はごみ捨て場に投げられた)。ユリアヌスは続けて言う、「われわれの聖職者が貧困者を気にかけず、構わなかったので、あの不敬虔なガリラヤの徒が博愛ということに専念して、憎むべき事業を普及させることができた[75]」。ユリアヌスのような純粋派には、慈善というような党派的隠語よりは「博愛」のほうがましなギリシア語に思われた。

産業革命前の社会（十七世紀フランスやイギリスでは、人口の五ないし十パーセントが援助を受けていた[76]）に貧困者が大勢いたことを思えば、異教の社会では恐ろしい状態であったに違いない。一世紀前、中国帝国がユック神父に見せた実状は次のとおりである、「大勢の貧者たちは悲惨な様子だった。裕福な中国人は進んでいくらかの銭を与える。しかしかれらは貧者のことを思う慈善の感情を知らない、つまり障害者や不幸な人に小銭や一握りの米を与えるが、それはただ厄介払いをするためである。中国人は各種の協会を組織する立派な能力と経験がありながら、貧しい人や病人のための援護協会をつくれなかった。やっとある地域で見つけたのは、縁者のない死者の葬儀を出してやるために無料で棺を提供する団体だった[77]」。確かに古代ローマ人はこの中国人と同様に各種の協会を組織するのがうまく、それらの協会の内規も知られている。またその会員の会費や、集まった基金の配分も詳細に確認されている。ところがこれらの協会のうち、どの協会も、基金を不幸な会員や病気の会員の援助に当てられなかったことが確認されている[78]。

慈善と恵与指向には一つの共通点しかない、それは支配階級の責任感と誇示を示す態度であり、また古代社会が不平等であったという事実である。だから施しや恵与を、寄付やポトラッチや社会保障を伴う再配分の概念に置き換えようとしても、あまり明確にならないかも知れない。

六 「再配分」

これについて少し説明しておかなければならない、なぜなら再配分の概念は今日、流行しているからである。本当のところ、それは少し混乱した概念であり、二つの異なった現実に関係している。まず、国民経済計算という意味であり、そこでは再配分という語は移転的所得を指している。いずれこの意味での概念は明確で有益であることが分かろう。別の意味では、まったく違った概念となり、再配分は古代経済史学者カール・ポウラニーのおかげで有名になった。[79]かれの話はまことに真実である。新説だろうか。有益だろうか。歴史家や民俗誌学者は今後、古い古典経済を、寄付や慣習的供与があまり重視されない取引経済にしか役立たないとして無視できるだろうか。

取引、または寄付

ポウラニーは、産業革命前の経済が取引に従って（あるいはプラトンに従って）組織されたのでなく、相互性あるいは再配分の組織によると確認している。相互性は釣り合いである、たとえば甲が乙へ贈り物をする、すると乙は何らかのやり方で甲にお返しをする。再配分はある中心から広がる、たとえば勢力者が手中に集めた財を多くの受益者に配分する。[80]「ここに未開人がいて、猟または採取から戻り、同居人らと獲物を分ける。ここまでは相互性の考えが優先している、つまりきょう与える者は、あす貰えるだろう。ただ、他の種族においては、仲介者、つまり首長がいる。この者は獲物を受け取り、その財がストックされたら分配する。それがいわゆる再配分である」。このシステムは制度あるいは習慣によって機能し、経済的なメカニズムによらない。ポウラニーとマルセル・モスの違いは明らかである。『寄付試論』の作者はミクロ経済的な視点である。かれは寄付と見返りを交換する個人を述べている。ポウラニーの観点はマクロ経済的である。かれは富と主体者を併せて検討し、富が社会を通して循環する循環組織網の図式を描く。事実、社会は何らかのやり方でその構成員の需要を満たさねばならない。それを確保しないで経済はあり得るだろうか。われわれにとっては、この最後の問題から理論の困難さが始まる。

ポウラニーには、三つの真実を暗黙的に示唆しているという功績がある。知られているすべての社会において、富は不平等に分配されている、でなければ一人の者が多くの人に再配分できるはずがない。経済的主体は完全な自家消費で生きているのではなく、与えるべき余剰があったり、余剰あるいは生計の一部を交換している。最後に、取引がある、この高文化システムは最近の時代になってようやくすべての範囲に及んだ(獲得できる財の種類全体が取引範囲と呼ばれる、だから売却できない財もある)。もちろん、交換なしでは経済は存在しなかったかも知れない。しかし取引なしの経済も多い、それは物々交換しか知らない大部分の社会の場合である。真に取引が成立するのは、多くの交換を成功させる条件が自由に、常に比較できるようになってからである。つまり一定の値段が定まり、今、ここで牛百頭の値段が隣の町では五十頭分にも当たらないということが起きる。取引の範囲というのは最近のブルジョア的な現象である。商業や賃金制度が助け合いや援助関係ほど普及していなかった時代、貧者どうしが互いに助け合った時代、そしてお偉方が多くの忠実な者を養い、この者らはお偉方の庇護の下で暮らし、たまたま疲れても文句を言わず、たまたま怠けても問題が起こらなかった時代、そのような時代はわれわれからそれほど遠く隔たっていない。

この点について、アダム・スミスはあまりにも生きいきした簡潔な文章を残しているので、そのまま引用すべきだろう(82)――「外国との通商もなく、大きい手工業もない国では、大所有者は小作人の生計に必要な量を越える収穫物の大半を交換できないので、一種のひなびた宴会を催して大部分の作物を自宅で消費する。だからかれはいつも大勢の客や人々に取り巻かれている、これらの者はその生計に相当する見返りとしては何も贈らず、完全にその人の恩恵の下で養われている、そしてその人の命令通りに動く、ちょうど飼い主である君主の命令に従う兵隊と同じである。まさにタタール人の首長が家畜の増殖によって千人の暮らしに充分な収入を得るが、その収入を千人を養う以外の使い方を知らないのと同様である。このような社会の原始的状態では、どんな加工品も提供されない、つまり消費を越えた生《なま》の産物を加工品と交換できない。かれにすっかり頼って生きている千人の者は、当然、戦争に行くだろうし、平和な時にはその人の言いなりになっている。文明化され、豊かになった社会では、はるかに大きい財に恵まれた人でも、十二人の者すら、かれの言いなりに動いてくれないだろう。かれの財産の収入がたとえ千人を越える者を養うことができ、また実際に養っているとしても、その人らは受けているものに相当するだけのことを返している、またかれのほうも見返りとして受け取るものと同等の分以上を絶対に与えないから、だれもかれの負担になっているとはまったく考えない、またかれの威光も数人の使用人の範囲を出ないだろう」。

ドイツの歴史主義も、取引の拡大が最近の現象だと知らなかったわけではない。モスが寄付を交換の起源だと見なしたとき、オーギュスト・コントを思い出していたに違いない、つまりレイモン・アロンがわたしに言ったところによれば、コントは寄付、交換、遺産、そして征服を所有の起源として挙げている。この点については、寄付と一対にされる前に、交換は略奪と一対だったことを指摘しておこう。バンジャマン・コンスタンは書いている――「商業は、所有願望者が所有者へ捧げる敬意以外の何ものでもない。

したがって戦争は商業に先立つものである」[83]。最後に、この点をはっきりさせよう。もし取引の範囲が拡大したら（賃金労働者は臣民の存在につづいて現われた）、もし財のもっと大きいリスト、もっと多量の財が取引で交換されるなら、相対的にも絶対的にも成長になる――われわれはより多くを交換する、それでもより多くを生産するから部分的である、われわれにはそれほど多くの財があるので、無償でその一部を移転し続ける。

ポウラニー批判

交換が行われるようになり、まだいたるところに取引が存在しないなら、再配分が起こるだろう。再配分はいつの時代にもある。だからポウラニーは再配分の中心地としてシュメール神殿、「大物」のいる部族社会、領主、古代オリエントの宮殿、東ローマ帝国、ソビエト連邦を列挙している[84]。なぜ再配分がいたるところにあるのかは分かる――それは特に消極的な概念であるからだ。それは何でも含んでしまうので、もはや何も含まない。取引のないところに再配分がある、ちょうどギリシア人でない者はすべて「野蛮人」であるのと同様である。しかしギリシア人は一つの人種だが、他に野蛮な人種もさまざまである。取引はひとつだが、再配分は無数にある。

したがって、もし再配分をすべての世紀において研究すれば、経済史の大部分を書き直すことになろう。いや、歴史の大部分も。ここに単純な生計の規準を越えた社会があるとする。その社会の余剰はどこかの「大物ら」の倉庫に積み上げられる。この者らの食欲がいずれ飽和状態になるので、かれらはその余剰を浪費するか、寄付するしかない[85]。だが、かれらがその町全体、乞食、芸人、神殿、戦士、あるいは奴隷のいずれに寄付するかで、その集団の社会的にして文化的な生活はまったく違ってくる。

社会学的に見れば、再配分という概念の下では、利欲のからんだ物々交換、象徴的贈り物、イデオロギー的偽装が混ざっている。金持が戦士を養い、戦士はその金持のために戦うなら、それは物々交換であり、簡略な形の「利己的消費者」の合理性に所属する――その金持は、いわば見積りの比率で財とサービスを交換している。同じ金持が代償という利己的な考えなしに町中の人を婚礼に招待して、喜びを表わそうとしたら象徴的な行為になる。権力者が部下から、だれでもするような「無償の寄付」を貰ったり、あるいはかれが感謝の「しるし」として優秀な部下に金貨を分けてやるなら、無償というイデオロギー的口実の下で税制と有給公務員制を動かすことになる。かれは政治的権力を行使しているから再配分を行うのである。

経済学的に見れば、再配分の概念は截然としない。それは物々交換と貨幣交換のあいだからすり抜ける、だがこの両者は、よく調べないと見分けがつかない。相互性あるいは再配分が象徴的行為またはイデオロギーである場合を除こう、そして利己的に合理的な行為の場合だけを考察しよう。物々交換は取引の部類に入るか、それとも再配分と相互性の部類に入るか。わが金持たちの話に戻ろう、つまりかれらは手下の奉仕に対して食べ物を与える、これは物々交換である、だからポウラニーはそれを再配分だと見なすだろう。だがこの物々交換の原則は取引の場合と同様である――両者の満足を増大させる、両者は逆説的に等価の財を交換しながら、ともに利益を受ける（それはありうる、なぜなら価値は財の中の労働に基づくのでなく、主観的効用から生じるからである）。両者はそれぞれ足らないものを得るために余ったものを手放す。物々交換と交換の相違は単純に程度の問題である――ミシェル・サン－マルクの分析によれば、物々交換には無知が多く、不安定さが大きいだけである。[86] ここにモスリンが欲しいが錫の塊を持て余している者がいるとしよう。かれはモスリンを持っていて錫を欲しがっている人を見つけだせるかどうか分からない。もしそんな相手を見つけたら、嬉しさのあまり厳しい交換条件を出さないだろう。さらに一般的に、錫とモスリンの交換の比率が分からない。比較も競争もないので、その交換条件は物々交換のたびごとに変わるだろう、だから一般的な取引にならない。[87] それでも物々交換と取引には同じ合理性がある。

ただ、もしその合理性を見誤れば、物々交換のうちに習慣や制度しか見えない。その錯覚の原因は推測できる。物々交換では、いま見たように、あまり選択ができない、したがって比較ができない、だから交換条件の柔軟性はさかんな取引より乏しくなる、つまり条件を黙って承知するしかない。この柔軟性の乏しさがポウラニーを誤らせたに違いない、つまり間違って物々交換に制度の安定性を与えている。用心棒が奉仕したい主人を探しているとしよう、かれは「労働の取引」条件では雇われないだろう。むしろ自分を引き取ってくれる主人に対する忠誠心を売り物にする、だがこの主人が他の主人より自分を大事にしてくれるか、それともいっそう悪い待遇を受けるかは分からない。かれは見つけた主人に服従するだろう、つまり選択の余地がないから、国の制度や時代の災難を堪え忍ぶのと同様である。

結局、見積り制になり、行動の合理性は習慣性の背後へ次第に消えて行くように思われる。隣り合った二軒の農家は収穫のときに助け合う。交替に刈り入れを手伝う、ところが一方が他方より広い農地を持っていて、両者の作業が平等でないことがある。しかし農民はそれほど細かいことまで検討しない、かれらに重要なことは隣同士であることだ、だから気安く奉仕を交換できる。かれらは助け合いながら習慣的な命令に従っている。実際、かれらは物事をおおまかに計算して満足したのだ。かれらは時間的余裕の計算の尺度で測定しなかった。かれらの行為は、奉仕か財を物質的に移転させるという意味、および利益関係にあるという意味で経済的であるが、その行為が完全に合理的でなく、また利益を正確に計算していないという意味では経済的でない。

「経済」という語の三つの意味

こうしてポウラニーの理論における難点が分かる、つまりかれは仕方なく「経済的」という語の三つの意味を混ぜてしまった、つまり経済的とは「物質的」か、「利益的」か、「合理的」かを意味する。

まず、ある現象は、財とサービスに物質的に関わるときは経済的である。労働、浪費、瞑想生活、そして芸術も経済に属している、なぜならいずれも経済的材料に関係しているからである。この意味において、経済ほど重要なものはない、歴史全体も経済的である、なぜなら財によって実現されない人間活動はほとんどないからである。また歴史全体は精神あるいは言葉だとも言える、なぜなら精神または言葉が行動の材料の中になければめったに行動は起こらないから。とはいえもっとも重要と見なされるのは経済だろう、それには二つの理由がある、つまり経済的な財は本質的にはまれであり（財より観念や言葉のほうが見つけやすいようだ）、またまれな財は他の目的のための究極財と手段になるから。それで充分だろう。要するに、人間がしたことは総体的な社会的事実であり、そこに経済、政治、宗教、等々が連動し、「物質的な」財はそれらの事実の構成の中に、少なくとも材料としてほとんど常に現われる。

次に、究極因に関係するが、もはや物質的原因に関係しない第二の意味では、ある行為は利害に動かされ、直接に財またはサービスを得ようとすれば経済的である。生産、物々交換または交換は利益に動かされ、慈善ではない。

第三の意味では、ある行為は合理的規準に合致すれば経済的になる――交換は相互性より正確に計算し、より合理的となる。人間は経済的に合理的である、なぜなら人間は目的を追求するとき、その目的が利害の如何にかかわらず、漠然とその手段を節約しようとするからだ。だから経済学は規準的であるとともに記述的である。

何もしない臣民を養うのは、いつかその手を借りる必要があるからだが、それは物質的見地と目的の上から見て経済的行為である、ただし合理的見地からすれば、必ずしもそうではない。好んで散財したり、慈善をすることは物質的に経済的行為である。最後に、よく組織された慈善、あるいは福祉国家が、救済しようとする悲惨の程度に合った援助の限界効用を平等にしようとして援助金を支給したり、またそのようにしてすべての不幸な人が程度の違う困窮状態から平等の緩和を得られると想定してみよう――そのような再配分は、利害を越えた目的があっても、その材料とその合理性によって経済的になるだろう。われわれの文明社会では、経済は古い社会と違った位置を占めているとよく言われる。「経済」と宗教「なるもの」が切石のように積み上げられ、時代によっていずれか一方が優位に立っていたというようなまずい小説も書かれた。といっても、昔の人間が今日の人間より無私無欲であったとか、昔は必ずしも人間の行動の材料に稀少な財が含まれていなかったと信じるべきではない。ただ今日では、経済的に利害を伴った行為は昔以上に合理化され、したがって後述するようにいっそう自律的になっているだけである。

ポウラニーは「経済」という語の複数の意味を充分に見分けただろうか。かれの定義によれば、生産と富の配分に関わることが経済である。それではポトラッチ、あるいは修道院生活は取引と同様に経済的になるだろう。それでも構わない。ただ、さらに論を進めるにはこの広大な主題において、避けられない経済的、社会学的な区別から始めなければならない。ポウラニーはこの問題に手間をかけず、ただ組織網が両極的か中心的か、また主体は二者かそれ以上かで、相互性と再配分を区別するにとどめている。芸術の歴史家は研究対象として、神々、テーブル、洗面台の如何を問わず大理石の作品を選ぶだろうか、またその作品が丸いか尖っているかで作品を区別するだろうか。再配分は経済的目的を持つ物々交換、および死にぎわの人がおのれの魂を救済するために教会へ贈るという経済的材料にすぎない遺産遺贈の側面を表わし、相互性と取引は二者択一のシステムとして相容れないように思われる、ところが一方、実際には、相互性はしばしば発生期の取引であり、また、そうでないとき、つまり相互性が好意や夕食への招待というような象徴的交換であるなら、それは取引における相互的解決には適さない。

もちろん、ポウラニーはわざわざ経済という語の物質的意味と形式的意味を区別している、つまりかれはその区別でホモ・エコノミクスの神話を批判している。恐らくそのとおりだろう。だが経済全体が必ずしも経済的でないからには、経済は他のものであるはずだ、たとえば政治的、文化的、あるいは宗教的である。ポウラニーは経済をそのように概念化しようとして、世界史を書き直しかねない。しかしそこに再配分の制度を認めるよりは修道院について言うべきことが多いだろう。かれの指摘によれば、経済は取引より制度であるほうがはるかに多い。確かにそうだ——修道院は財を材料として利用しながら独自の目的のために機能している、そして他方で、修道院は制度である、なぜなら宗教的であろうとなかろうと、制度は歴史上、珍しいことではないから。ただ、経済的角度からでも修道院制度をうまく説明するためには、その角度から検討してはまずいだろう。むしろ宗教的、正統的、または必要な目的がいかにして経済的手段を発見し、経済的結果を招いたかを自問するほうがよいのではないか。もし物質的に経済的でない現象を形式的に経済的だと見なすなら、もはや何も言うべきことはない。たとえば恵与指向は再配分である、なぜならそれは取引でなく、一人の恵与者のまわりにたくさんの平民がいるから、というのであれば、本書は終わってしまうだろう。

もし人類が、餌を求めて汲々とする動物のように、生き残るためにもっぱら働く生物であるなら、そのとき経済は唯一の機能を果たすだろう、つまり「まず生活」*primum vivere* である。それは「歴史上、もっとも重要なこと」であろう。ただし、それしかない、またそれが唯一の合目的性にしか役立たないから、という意味においてである。あるいは少なくとも、他の目的はいわば存在論的に劣り、上部構造であり、大した存在理由がない。だが、もし人間が複数の原則に従って生きているならどうだろうか。マルクス主義者でないポウラニーはそれを否定する最後の人になるだろう。かれ自身、経済は必ずしも経済的なことすべてでないと言っている。そこから結果を引きだしてみよう――再配分のことはさておいて、寄付の経済学のように寄付の社会学を研究しよう、そしてこの研究のために古典経済学を信頼しよう。

七　寄付の社会学

交換を行うとき、財を与えようと受け取ろうと、財そのものが必ずしも目的ではない、つまり財に含まれる人間関係が目的の場合もある。事実、寄付には、その二つの構成要素が含まれる、それは与えるものと与える行為である。与えられたものは一種の財であり、与える行為だけに満足感をもたらす。与える行為のほうは二人の私的関係の存在を想定させる、その存在は二人の関係から生じるか、創造されるか、象徴化される。その関係はきわめて変化に富む。最後に、財がもたらす満足と、与える行為そのものが受益者にもたらす満足には、場合によって大きく変わる相対的な重要性がある。交換では、財が最重要である。それに反して、寄付がほとんど象徴的な献呈にすぎないときは、与えられたものは価値のない財になる場合が多く、与える行為のほうが与えるもの以上に価値がある。

寄付の各行為を整理するなら、次の事柄を区別しなければなるまい、まず、主体者が財の物質的満足を求める交換。わたしが受益者との関係によってもたらされる満足のために利己的な物質的満足を犠牲にするような贈り物。以上の関係の存在を象徴するためにその犠牲を行うような献呈。最後に、暴力または権威筋から強制されて財を他へ移転させるが、その再配分からわずかの個人的満足も、明らかに物質的満足も得られないという供与義務。この分類が必ずしも語彙またはイデオロギーに一致しないことを付言すべきであろうか。交換と呼ばれる寄付もあり、無償の寄付に変装した供与もある。

交換、贈り物、献呈、給付義務――ラテン語学者なら、そこに *munus* という語とそのインド・ヨーロッパ語群的語源の四つの意味を認めるだろう。ただちに言っておくが、恵与指向は何よりもまず贈り物であり、象徴的な献呈であった。再配分になるのはごくまれでしかなかった。

寄付か交換か、だが両方ではない

金銭または現物の交換、明らかにそう見えるか、わずかにそう見えるか、あるいは寄付と見返りの連続のうちに隠れていようと、とにかく交換において、各当事者は財そのものから来る喜びを大きくする、それは経済学者から「消費者の収益」と呼ばれている。交換はゼロでない代数和の賭けである、つまり交換の後で、交換された財から生じる満足の総和が前より大きいこともあり、一方が他方に損をさせないで得をすることもあり、したがって無関心の曲線は関心のほうへ上昇する、さもなければわざわざ交換などしないだろう。

それが実際の交換と、たんに象徴的な交換とを区別する。もし二つの家族が夕食への招待を「交換」し合い、両家の主婦がそれぞれ同じ値段と思われるもも肉料理を出したら、物質的満足は増加せず、もも肉に対してもも肉ではまったく同じであり、無関心曲線は動かない、そのかわり両家の私的関係から来る満足は増大する。これは交換にならず、贈与になる。さらに進んで、こう仮定しよう、つまり客が習慣どおりテーブルにつき、話題を交換する、この「交換」は換喩にすぎない、ただし客たちが、ただとりとめのない雑談という形で情報を交換する場合は除かれる——各自は秘密にしておくほうが自分のためになるような情報を相手に伝える場合である、ただし相手の秘密と交換して共謀者になるほうがもっとためになると判断しないならである。最後に、こう仮定しよう、すべては結婚で終わる、つまり客の一人が相手の妹と結婚する。二つに一つ——近親相姦の禁止令がすでに制定されている場合、その時、この結婚は間接交換に等しい、なぜならその男は自分の妹と結婚できないから、きわめて有効に、他人の妹で間に合わせることになる。あるいはその禁止令が制定されておらず、その男がつくりつつあるとする——自分の妹と結婚するよりはむしろ妹をだれか他の男に譲って、その男と私的関係をつくろうとする、だがその場合は贈与であり、交換ではない。贈与は禁止令を説明するが、そのときは贈与となり、交換にならない、あるいは交換が禁止令を説明するが、その交換は贈与でない。

贈与、つまり贈り物は財を得ようとするのではない、それどころか、私的関係を満足させるために物質的満足を提供する。たとえその犠牲が相手のほうに精神的に献身したいと思わせたり、わたしの贈り物のお返しをしたり、わたしに物質的満足を得させようとしても、真正の贈与になり、ごまかしの物々交換ではないだろう、もし相手とわたしの現在または未来の関係が見返り以上に大切であるならば。わたしはその関係のために贈り物をする。与える行為は、相手から受ける気持ちのために物質的な喜びを犠牲にするという関係の出来事にすぎない。相手に対して、わたしは愛情、熱意、賛美、好意を感じる。真の贈与は友情、尊敬、保護、尊重……の関係の出来事である。

このようにきわめて変化に富んだ贈与〔または寄付〕の関係がある。贈与は下の者から上の者へ、同様に上から下へ、あるいは対等の間柄で行われる。国王は臣民に贈り物をし、臣民は国王へ捧げ物をする、それが古代ローマの場合である。贈り物は丁重なもの、尊大なもの、対等のもの、無礼なものがあるだろう。だが贈り物をして受けとってもらったら、精神的に得をするのは、贈ったほうか、貰ったほうか、よく分からない。なぜなら贈り物を契機とする関係はさまざまであるが、すべての関係は共通して私的関係である。もし国王が寄付をするなら、かれは父親のように支配している。もし臣民が国王に贈り物をするなら、王国の政体に純粋な敬意を示すというよりは、子供のように仕えていると思われる。かれらは義務、「善」、または規則に献身するのでなく、絶対君主の私的満足のために富を献上する。逆に、関係が規定されているか、倫理的、宗教的な高い価値観に属している場合は、もはや贈与はない、でなければ聖職売買とか不遜になるだろう。わたしの場合なら、役人を買収したがっているとか、服従が好きで上司に仕えていると匂わせているように見えるだろう。

同様に、物々交換は交換ではなく、単なる相互的贈与の連続である、ただしその交換が思いつきか象徴的な行為である場合、たとえば規則、および公式または非公式の制裁を含む商業的慣習が存在しないかぎりである。またそのような慣習がなく、見知らぬ者が信用できないかぎり、いつまでも、贈与は交換の原始的形式のままであり、物々交換は贈り物交換か、少なくともそう見えながら、見知らぬ者にいま個人的に知り合ったばかりの人のように相手を扱わせようと試みるだろう。交換の原始形態としての贈与は、われわれのあいだで業務上の友情と呼ばれているものを遠い子孫としている。(88) 交換したい産物を贈り物として提供するなら、一石二鳥である、つまりある商品を市場へ出し、たまたま買い手と個人的な絆がつくれるなら、それが誠実な交換の唯一の保証になる。

要するに、どんな贈り物も何らかの私的関係を伴う。わたしは与える、なぜならわたしにとって、その関係の興味のほうが与える財への興味よりまさっているから。だから贈与がこれほど一般化しても不思議ではない——人間の唯一の関心事は直接に財を手に入れることではない。人間は権力、栄誉、その他、多くのことに執着している、たとえば将軍はたとえ戦利品を独占できなくても戦いに勝ちたがる。人間の利益は無数にある、わたしが利益と呼ぶものは、言葉もだが、それ以上に行為の結果として、すべての人の興味をひくものである。「利益」とは、ここでは、階級的利益について話すときのような説明にならず、たんなる確認事項であり、いわばその古い同義語「財」Bienのように類語反復である。当然、人々は自分の利益あるいは「財」しか求めない、ちょうどミダスの触れるものすべてが黄金になったように。したがって人間は利己的である、なぜならかれらは関心のあることしか行わない、また利他主義である、というのもかれらは必ずしも財の物質性にこだわらず、他人の利益と喜びを自分のことのように思うことができるからである。

象徴的贈り物と徴候——「象徴的」という語の二つの意味

そこで、常に私的関係の出来事としての贈与は人間関係の個性の徴候のひとつになる。ところで、徴候から象徴までは遠くない。煙は燃焼というプロセスから生じる、地平の彼方に見える煙はそこに火が燃えていることを示す徴候である。だから画家なら煙を火の象徴と見るかも知れない。徴候は証明し、象徴は確認する。とうぜん徴候であった贈与は、もし誰かが贈り物をすれば、それは象徴となる、というのは誰かと私的関係にあるからでなく、その関係の個性を確認するためである。

そこで、「象徴的」という形容詞に気をつけよう、これは恐ろしくあいまいな形容詞である。まずその二つの意味をはっきりさせねばならない。ここに強力な絶対君主の支配する国があるとしよう、かれは威光によって臣民に忠誠を尽くさせ、その玉座の下に山積みされた進物は他国の人には臣民の真の徴候と見える。その跡継ぎが弱体であり、側近の者が影で支配しているという噂が流れる、だが実際のところ、宮殿の閉ざされた門の内部でだれが支配しているのか、よく分からない。それでも進物は減らないだろう。それは王権と公共秩序を守るために、現実的には怪しくなった君主の権威を象徴的に確認するためである。その進物は象徴的贈り物だと言われるかも知れない。だが無能な国王の権力がもはや象徴的でしかないとも言えよう。なぜならその権力は、贈り物によって象徴されるとおりの象徴を指向するのでなく、もはや真の権力の影にすぎないという意味で象徴を指向している。権力はそれ自身の象徴になっている。したがって「象徴的」というのは「他のものを象徴する」とか、「それ自体、観念的な」という意味になる、少なくとも、虚栄や誇りの満足、あるいは他人の意識との関係を観念的と見なせる合理主義者にはそう思われる。

残る問題は、いかにして象徴的なもの、さらには観念的なものが社会生活に大きい位置を占めるようになったのかを検討することである。そのようなものが現実にとって代われるだろうか。象徴性がまかり通るには公共生活が透明であってはならない。宮殿の扉の中から支配しているのは本当の国王かどうか分からない。象徴性が蔓延するのは躊躇や疑惑が蔓延しているからである。国王が臣民の愛を確認したいなら、臣民は思いつきの愛の表明よりは儀礼的な態度やおきまりの進物のほうが気楽だろう。

だが、そうだからといって、餌食と影が同じものだと考える権利があるだろうか。またどんな社会的事実も二種のあり方、つまり一つは現実的で、他は象徴的（つまり観念的）というように存在できるだろうか。イエスでありノーである、つまりすべての場合では不可能である、つまり象徴は現実の完全な分身でなく、また二元論はうまくいかない。象徴的な贈り物には、一定の説明可能な場合しか現実にとって代われる特権はない。次に三つの例を挙げよう。

たまたま不幸にも、政治的現実が大原則から逸脱しても、やはりその大原則は存在することがある。共和国ローマという民主主義的都市は寡頭制で統治された。帝政ローマは、元老院によって政権の半分が分担されると見なされ、皇帝または皇帝顧問団によって統治される帝国である。そこで、寡頭政治家がその選挙人へ与える恵与は、「立派な」皇帝の共和主義的態度と同様に、原則は存続し、寡頭政治は人民を愛し、皇帝は共和主義的謙虚さを保持していることを象徴的に表明することになる。この表明は無駄ではない——もし不幸な時代が来て、君主が望むような共和主義的行動ができなくなっても、少なくとも原則を象徴的に喚起させることによって不幸の限界を越えず、「悪い」皇帝にならず、独裁化しないという約束にはなる。

物事の現実が評価しにくい場合もある。主人は強く、好きなことができる、だがかれはなじみ客の幸福のために尽力しているだろうか。なじみ客はそう自問する。われわれはローマにいるとする、あるいは他のどこでもよい、そこに店主がいて、客にサービスがよい、サービスの悪い店主がいるだろうか。この店主が客たちに配る景品はかれの気持ちを象徴する。だがかれはそのように明示するほど、本当にサービスのよい人だろうか。それ以上のことができるだろうか。その判断は困難だ、客も諦める。だが仕方がない、店を変えることは考えられないからだ。客たちは何でも信じる、なぜなら選択肢がないから。このあいまいな状況では、店主の気の利いた象徴的な振るまいは評判をよくし、人気を高めるだろう。景品が決定的な役割を果たす、なぜなら客にはそれしか判断の規準がないから。ここでは、象徴が証拠の端緒である。その逆を見ればよく分かる——もし店主がどんな景品も出さないとする、するとかれはもともとサービスの悪い奴だと当然決められるだろう。でなければ、かれが吝嗇のために嫌われたことは説明できない。

最後に、象徴がほとんど現実であるような分野がある、なぜならその分野では「行うとは言うことである」、またすべてが主体者の頭の中で起こるからだ。たとえば、軽蔑と蔑視的象徴。軽蔑のすべては頭の中にあり、他の頭を軽蔑する。軽蔑されたほうは悩む、というのも何かされたからでなく（恐らく何もされないだろう）、どう思われているかで悩む。ところで、その人が軽蔑されていることをどうして表わすか。そう言うだけでよい、それ以上は無用である。軽蔑は「あなたを軽蔑する」と言うか、そのような象徴的態度を示すことにある。同様に、尊敬も尊敬の外面的なしるしで存在する、そのしるしは無駄ではない、なぜなら言葉に喉を引っかかれることなく、だれも嘘をつけないからだ。われわれが行うどんな公式表明もわが身を危険にさらすことがある、だからわれわれは急いで自分の行動と思想を言葉に一致させようとする。(89)

したがっていかなる場合に象徴が象徴化された現実に代わりうる不思議な力を持つかが分かる。それは象徴が象徴以上になるときに起こる、象徴が象徴性を越えて同時に他のものになるときである——象徴は約束、証のはじめ、あるいは尊敬の現われである。決して記号化は記号化としてはメッセージに及ばない、また現実を示して魔術的にそれを出現させるにはひとこと言うだけでは不充分である。われわれが象徴的な満足で結構だと思うとき、それはわれわれが影を現実だと見なすからではなく、象徴を示す態度そのものに充分な現実性があるからだ、もしわたしが無能な国王だとして、ありもしない権力に象徴的な敬意を示され、わたしが観念的に満足するとすれば、それは恐らく、わたしにとって権力の威光のほうが権力の行使より魅力があるからで、その代わりわたしの黒幕たちを大いに喜ばせる。

結局、そのようなことは社会生活において象徴性の場を広げている。そのために象徴的贈り物と恵与指向が古代社会において大きい場を占めていたのであろうか。必ずしもそうではない、なぜなら説明は必要だが、充分ではないから。さらに古代社会はあらゆる象徴の中で寄付を選ばねばならなかった。象徴性はそれ自体、人類学的なものである——すべての人は、どのような形であろうと軽蔑や尊敬のしるしに敏感である。すべての人は、やむを得ず、証拠の象徴的端緒で満足している。だが象徴としての寄付は考えられるほど人類学的ではない、それは広く習慣的であり、歴史的である。古代社会は贈り物を敬意でなく、侮辱的な施しか買収のたくらみだと考えたかも知れない、あるいは尊敬の象徴でなく馬鹿丁寧と思って満足したかも知れない。われわれのあいだでは、ある大使は敬意を要求する。ヘレニズム時代の大使は贈り物、つまり *xenia* を期待し、受け取った。これら両社会は社会的、経済的にきわめて比較しやすいだろうが、寄付にはきわめて異なった重要性があることが容易に想像できよう。

要約しよう。寄付は、当該社会がそれを象徴として受け入れたら、提供されたもの、または人格的関係の出来事または象徴として価値がある。そこで恵与指向の研究には二つの問題が生じる、その第一は付随的問題であり、第二は主要なものである——古代社会が寄付を象徴として受け入れた理由は何か。いかなる人間関係から恵与が付随的なものになったり象徴になったのか。いま、われわれは寄付と交換、つまり偽装された交換を含めて、いかなる深淵が両者を隔てているかを知っているが、われわれは恵与指向の問題で、交換の原始的形式としての寄付の反対側に来ている。恵与指向は恵与者と平民との私的関係の問題であった。恵与において、与えるという行為は、恐らく与えられるものの物質的価値より重要であった。

移　転

だがもし恵与指向が寄付でも象徴でもなく、再配分であったら、どうか。その場合、われわれはポウラニーの意味での再配分という言い方をしない。むしろかれが国民経済計算について所帯の間の所得の移転、たとえば社会保障が行う移転を指す場合の意味である。もし過去に、われわれの世紀のような制度に当たるものを探すなら、昔のイギリスにおける有名な救貧税を再配分だと考えてもよいだろう。恵与指向はそれに似ているだろうか。まず、再配分とは何か。社会学的な部類にはいるか、それとも歴史的な制度であるのか。

それは寄付でも交換でもなく、象徴でもなく、個人の立場から見れば供与である。社会保障あるいは救貧税のための負担金は義務であり、社会的制裁を含んでいる。その料金は直接の代償なしで支払われる。それとは対照的に、移転の受益者は貰ったものと引き替えるべき供与の義務がまったくない。支払い者らには所得の一部を移転する個人的動機がまったくない。かれらは庇護者や博愛主義者というよりはむしろ一種の納税者である。だから再配分は法律によって定められ、その法律は利己主義や経済的メカニズムでは得がたいことを実現する。

一見したところ、再配分は社会学的な現象に見える。国民経済計算は再配分を他の義務的移転、特に税金と区別させる、また私的な慈善とも区別させる。支払い者側から見れば、消費の個人的性質のものである。最初の見方では、税金と社会的負担は移転として一緒にされる、というのはいずれも強制的に支払い者の処理可能収入から差し引かれる。それに反して、受益者から見れば、税金と再配分は明らかに違う——再配分は受益者の処理可能収入に加えられる、他方、税金は行政機関に公的サービスを行わせる、だがそれは個人的に移転されたり、個人的に消費されない。そのサービスは国民生産に加えられ、そのサービスごとに支払いを払いこませることにはならない。再配分は義務的な移転であり、ある個人らに対する特別の恩恵に当てられる。再配分は私的な慈善とは異なる、つまり私的な慈善は義務的移転を差し引いた後で処理可能な財で行われる。したがって慈善は消費の一部である。しかも国民経済の会計士はほとんど関知しない、なぜなら自発的な移転は大部分の経済的主体の処理可能収入の無視されるべき部分を表わしているから(90)。

この区別には、会計上の範囲を越えるものがあるだろうか。再配分の概念は一貫性があるか、それともその歴史的起源を考慮しないでは限定できないだろうか。その概念が慣習的であり、歴史的であることは容易に考えられる。

まず、公的サービスにおいて、中間的なものと究極的なものを区別しなければならないだろう。前者は行政機関が無償で企業に対して行うサービスである、つまりその都度、値段に応じて売却するサービスではなく、企業の生産とともに国民生産に繰り込まれる(91)。究極的サービスのほうは、消費者の幸福を改善する、つまり教育、無料の見せ物、公園、運動場などがある。それらは、社会的利益、公共の幸福やサービスだからといっても、個人的な財には加わらない。移転として国民所得に入れられるべきだろう(92)。このような不統一の原因は歴史的であり、行政機関は自由主義国家以来の存在であり、社会保障は革新であって福祉国家の時代以後のものである。

次に、報酬。報酬の率が労働の究極的効用の利潤によって決定されるのでなく、その率は「制度的」であり、法律、習慣、組合活動によって定まることは周知のとおりである。その報酬率は独立した変数である――その率で費用を出せる企業だけがスタッフを雇う。他の企業は門を閉ざし、自分の設備を完成するだろう。だが法律によって最低賃金が規定されているなら、どうして再配分の話をしなければならないのか。それは部分的に個人の収入に加わる義務的移転だろうか。確かにそうだ。だが報酬のどの部分に移転の性質があるのかを計ること、つまりあるがままの報酬を他の経済的世界ではどれほどになるかを比較することは、だれにも頼めない、会計士にも、経済学者にも。会計的、理論的な困難に加えて、恐らくイデオロギー的な遠慮もある――取引経済においては、法律は経済を指導するとは見なされていないはずである、せいぜい経済の自発的歩調を修正するくらいである。

再配分の会計的定義は歴史的に移し替えられない。それは社会保障という最近の勝利にぴったり当てはまった。しかし、社会保障からの払い戻し、保証された最低賃金、慣習的な報酬の率、社会的優遇または恵与のおかげで個人の収入が改善されることなどは、実際にはどうでもよい。こうしてわれわれは再配分の倫理的概念へ滑り込む、つまり何らかの必要（社会によって異なる）は、個人の個人的な財では足らない場合、正義、慈善、市民精神、連帯性の名の下で満たされなければならない、事実、その必要は不可避的なものとされる。再配分という考えの奥には、移転その他の何らかの流通過程によって、社会の構成員のあいだの最低の正義を回復させようとする考えがある。

それも当然である。ある経済が、奴隷制的なものであろうと、寄付または取引、または計画的なものであろうと、結局、その経済は正義の理想を満足させないのと同様に当事者をも満足させない所得の配分になってしまう。人々が自分の運命を宿命か功績に委ねなければならないと感じるかぎり、その配分は受け入れられる。しかし実際に、個人の所得がその個人の所属する社会の各集団の圧力に左右されることが分かれば、より多く獲得するために、既成の秩序への服従に代わって闘争が起こる[93]。なぜなら配分が如何にあるべきかを先験的に言えるような共通的規準がないからである（利潤計算は、現存する配分から、もっとも悪くない利益を引きだそうとする手段にすぎない）。

再配分と配分をどのように区別すればよいか。何が「再」という接頭語を正当化しているのか。その区別は年代的にも、論理的にも不可能だ、つまりいつの時代でも、各国の国境は過去がつくったものである。国境は長いあいだ安定するかも知れない、だがもし争いや談判によって、ある国のある地方が他の国へ移されたら、その変革は紛争以前の状態で決定されるだろう。しかしながら新しい国境と古い国境は日付によってしか区別されない、つまり両者は違った種類のものではない。そこでわれわれは慣習的で形式的な方法で再配分を定義しよう。つまりもしある社会において、移転が義務的で、かつ代償もないか、またもしその移転の目的が、その社会にとって欠かせないと見なされた必要の充足を恵まれない人々に確保することであるなら、その場合は「再」は倫理的な意味を持つ、つまり社会的性質に対して少し正義を回復することになる。その概念の内容は常に歴史的である、つまりある時代における再配分は、他の時代においては、収入の伝統的な配分に属している。

もし義務とともに正義の理想があるなら、再配分である。その意味において、キリスト教的慈善は再配分でなく、自由な寄付であった。ではエリザベス朝の「救貧税」はどうか。その原因の一つに慈善の理想はあったが、乞食集団に対する社会的恐怖、臣民にすべてのキリスト教的美徳の実践を強制しようとした玉座の特権、浮浪者を政治的に統率しようとした願望もその原因である。恵与は、再配分とはほとんどまったく異なっている。階級闘争によって所有者から勝ち取った社会的譲歩であろうか。その問題は、やがて分かるように、古代においては未知どころではない。だが確かに恵与指向はそれではない。義務化であろうか。そうだとしても、せいぜい、穏やかな圧力である。恵与指向は、集団であろうとなかろうと、余計なことであろうとなかろうと、何らかの必要が完全に満たされねばならなかったということにはなく、その必要なことを庇護者にやらせたと言うべきである、そしてその庇護者らはそのために多少の圧力を受けるにしても、鷹揚なところを示すためにきわめて強力な個人的動機に動かされていたのである。

だが事実、恵与指向について別の見方もある。つまり人民が特権階級に押しつける要求でなく、特権者が人民を堕落させようとする試みだと見なすこともできる。

八　「パンと競技場」

「ローマ人は昔、高官や執政官や軍団の配分をしていて、もっと質素だったが、いまではただ二つのこと、パンと《競技場》のことしか熱望しなくなった[94]」。ユウェナリスはこの有名な詩句において、ローマがかつてその市民によって統治されたはずの都市国家だったが、いまでは君主国の首都にすぎないことを嘆いている。この詩は別の意味で、いや二つの意味で諺のように言いはやされた——ローマでは、支配階級の権力と引替えに、または所有者階級の特権と引替えにパンと競技会が提供された、それは漠然とした非政治化意識である、と。

非政治化

ユウェナリスのような保守派から見れば、人民は物質的満足のために自由を忘れた醜い唯物論に陥る。しかし革新派から見れば、適度な満足または虚しい満足は一般大衆に不平等への闘争を忘れさせる。いずれの場合も、権力または所有者の階級はマキァヴェッリ的策略によって人民に満足を提供する。あるベストセラーの社会学書では、こう書かれている、「民衆の快楽と大衆の娯楽を、人民に対する支配階級の策謀だとする理論は古い昔から存在し、《パンと競技場》という言い方で要約される。ヴェブレンはもっとうがった解釈をしている——現代のアメリカは、もっぱら快楽の大量生産のおかげで絶えず麻酔状態にしてもらうために支配階級を養っている[95]」。

これは説明というよりは、むしろ規準的判断である。人間の理想は自治的市民になることだとされる。各人は政治に参加し、政府の勝手にさせるべきではない。ところで人々はそのような理想に順応しない。もしかれらに誤りがなければ、政府の陰謀だということになるだろう。

その説明は、パンのことならパン屋を信用するように専門家を信用しないで、すべての人が政治に熱中するなら受け入れられるだろう。人々が平等を原則の問題とし、たとえば暴力を肯定するようには不平等を認めないことも想定しなければなるまい。以上二つの想定は不幸にして間違っている。「政治的無関心は大部分の人において自然のことだと思われる。各人が政治に対して強烈な関心を持つように期待することは、室内楽や電子工学や野球に熱中せよというのと同じほど馬鹿げている」(96)。政治的関心は、政治を自分でやるというより、むしろ政府によい政治をしてほしいと願うことにある。

多くの諺のように、ユウェナリスの言葉は残酷な真実を不当にも明らかにしている。「競技場」は明らかに政府の陰謀の道具ではなく、ユウェナリスの言葉は張本人を間違えている。プロレタリアに恋愛マガジンを読ませても非政治化できない——そのようなマガジンが存在しないなら、女性読者は退屈し、いっそう闘争に励むわけではないだろうし、読めても闘争はするだろう。だが政治は、政治家の立場から見れば、国民にできるだけ自分らの問題に口出しさせないようにすることにある。もっと正確に言えば（またすべてはこのニュアンスにかかっている）、政府はその問題を単独でやるようになる、なぜなら国民は、操られるとは言わないが、政府に任せておくほうがむしろ自然であるからである。もちろん、それには条件がつけられる——比較的警察国家的で、欺瞞的な国もある。だが独裁に好都合な非政治化は本来的非政治性の当然の所産にほかならない。

「非政治性」とは、一方で単に政治に無関心となるだけでなく、他方、統治されやすく、統治されるがままでいることを意味する。最初に挙げた格言は、両陣営の片方、つまり支配者陣営が他の陣営より、その種の事柄からより多くの利益を引きだしていることを残酷にも指摘している――統治者と人民との立場は釣り合っていないのである。ある時、喜劇役者プラデスはアウグストゥス帝から芝居がかった秘術で人心を惑わしていると非難されたのに対して敢えて抗議した、「陛下、人民がわれわれの芝居を見て面白がり、暇つぶしをしているのは、あなたにとって好都合ではありませんか」(97)。これは間違った大胆さである。プラデスは忠実な臣民として喋っている。せいぜい自分の実力を誇張しているにすぎない。人民が真に重要なことより快楽を重視するから政府はほぼ思いのままに支配できるのである。

「行なったのは、自分が得をするからだ」*Is fecit cui prodest* ――非政治性でいちばん得をするのは指導者であるから、指導者が張本人なのか。だからかれらは競技会を開くのか。それはアウグストゥスの非政治化政策の目立った効果を問題にすることになる。つまり長い内乱の時代が終わったばかりである。一般の疲弊につけこみ、独裁的君主制が活動し始めた。その君主制は政治の場から一般大衆をうまく追い出し、世論を操作する。今後、各人は逆らっても無駄であり、政府が単独で政治をやる気だと感じる。日常生活は平和で、虚しく見える。人民にまだ残っている唯一の情熱は競技会である――もはや政治の話はあまり聞かれず、見せ物の話題は絶えない。それを見て、政府は見せ物をさかんにするだろう、それは君主の親心が人民の楽しみを忘れていないことを示して、人気を集めようとするからである、となる。ところがわたしとしては、見せ物の開催の頻度が目に見えて高くなったとは思われない。恐らくローマの革命時代においても、この時期と同じほど闘技場は満員だった。ただ政治的集会も満員の盛況であったから、市民が見せ物に押し寄せたからといって、市民の非政治性を皮肉るような風刺的常套句をつくろうなどとはだれにも考えられなかった。その常套句は社会契約の規準を無意識に尊敬して、交換という規準的形式をとっている——人民は競技場の入場券と引き替えに投票用紙をわたす、ちょうどエサウがレンズ豆煮の皿と引替えに長子相続権を譲ったように。こうして政府はこの交換で得をする、したがって人民は騙される。

この交換の神話はきわめて自然である。人は社会が本質的に正しいと思いたいし、また人民がほとんど同じような従順さで、違った喜びを与えてくれる違った政治体制に従うことも確認されている。とすれば人民は今日の喜びのために昔の喜びを引きわたしたと考えなければならない、それは悪い取引であり、不正の契約であるが、契約には違いない。

もちろん、「競技場」がしばらくのあいだ政治を忘れさせ、このとり替えが説明的フィクションでなく、現実的時間において展開することがわれわれの目で確かめられることもある。われわれの国でも、さまざまな革命が週末のあいだに停止するかも知れない。マキァヴェッリが『フィレンツェ史』の中で語っているところによれば、一四六六年、フィレンツェ人の紛争がローマ共和国を内乱へみちびく恐れがあったので、「都市の内紛を憎む人々は、人民を新しい大祭に熱中させて騒乱を止めようとした、なぜなら暇は暴動の母だから。そこでかれらは暇をなくし、国事への関心を他へ振り向けようとした。フィレンツェで見られる二大祭を命じたのである、その一つは東方の三博士を演出して、その準備には何カ月も要するほどの豪華さであった」。しかしマキァヴェッリはこう結んでいる、「祭りが終わると、以前の問題が蒸し返された——だれもがこれまでに見られないほどの激しさで自分の意見に固執した」。これは論理的である——人間は偏執狂ではない、つまり多くの関心や観念を同時に持っていて、唯一の大きな感情に捉えられることはまれである。だから生活はきわめて日常的である。関心のさまざまな中心を連続させることで関心を調整する。

非政治性

非政治化はそのように理解されない、むしろ人民を堕落させる独裁的で狡猾な体制が市民に意気地なく受け入れられることを示している——その消極性と引替えに娯楽が供与されるのである。もしこのフィクションが信じられるなら、その意図とは反対のことが証明されるだろう、なぜなら取引が成立したからその取引が正当だと見なすようなものであるから。「明らかな好み」に従って交換された喜びの価値から判断すると、「競技場」の催しはまさしく投票用紙と引き替えられる値打ちがあると結論されるかも知れない。ところがまったくそうではない——フィクションはフィクションでしかない、「競技場」の入場券を貰うために投票用紙をわたしたり、大砲と引替えにバターをわたすだろうか。それではどんな取引になるのか。みずから選んだわけではないので、消費者の「明らかな好み」はだれにも分からず、第一、本人たちにも分からない。政治とは国民が同意したり拒否したりできる契約ではない——ただ国民は従うだけだ、でなければ反抗するだろう。国家と市民の相互性はありえない、人民のために大砲を選ぶか、バターを選ぶかは政府の仕事である。人民はそれに順応する、広い範囲で順応する、なぜなら権力には思想にいたるまで同調させる力があるからだ。だから民間の風潮はとうぜん政府の方針どおりに従う。それは権力の定義にもなる——権力とは、人民に強制することなく（ただし恐らく「象徴的な暴力」はある、つまり見えざる暴力である）、また毎回、説得することなく、人民にやらせることである。要するに、人間は統治され易い。操作されるからだろうか。はっきりさせねばならない。あるときは、操作や象徴的暴力は価値判断である（わたしとしては、その判断に賛成だ）、つまりそのことすべてが不正であり、人間がそのような存在だとは嘆かわしいという意味である。それとも、それは事実的判断である——それでは操作や非政治化はいたるところにある（ということになる）、つまりどこにもない。つまり政治権力が存在するやいなや非政治化が起こる、非政治化は世界史において共外延的である。それでは非政治化を説明するためにわざわざパンと「競技場」をとり上げるまでもない――ローマが政治的社会であった、と言うだけでよかった。

権威に対する人間の服従を説明することは崇高でも神秘的でもない。存在する社会は独占的地位を享有している。社会が不可欠なこととしている奉仕は、他の提供者に頼むことができない。また他の世界へ行って社会の拘束を逃れることもできない。したがって広い範囲で社会の条件を受け入れなければならない。さらに――必要なことが美徳になり、その社会の連帯性が感じられる(マックス・シュティルナーの名を挙げないかぎり)。たとえば各自が生まれたときから生きている社会は、すでに不平等に分けられたケーキのようなものであり、明らかに二者択一の余地がないので、その不正を当然のこととして諦めることが多い。だから隣の人の一切れの分け前の再配分がすべての社会で要求されるようになるか、パンと「競技場」が普遍的に必要であるかはまったく定かではない。

しかし非政治性が社会の独占から生じ、なんらかの同意があると推測されるからには、その非政治性は無制限ではない、だが人民がまるで蠟に刻印が捺されるように受動的に、協力することなく言いなりになることがもっぱら政府の責任においてであるなら、その非政治性は無制限であろう。人民はその思想にいたるまで現状に同調する、それは事実だ、しかしそれでも人民になんでも受け入れさせることはできない、ただし文字どおり暴力に訴えないかぎり――だが確かに「競技場」は暴力ではない。アメリカの大衆が消費的社会の悦楽と引替えに、長子相続権を大資本に売りわたすには、その大衆がそれを望まねばならない。「扇動者」がプロレタリアを蜂起させるには、プロレタリアのほうに扇動者の話を聞きたいという理由がなければならない。マキァヴェッリ的な解釈の弱点は、まだ練られていないプラン、あるいは直観的につくられたプランをまるで練られたプランとして提示するというよりはむしろ魔法の杖のひと振りで非政治化ができると思うことである。権威は全能でない。もし人間の本性に「そのブドウの実は青すぎる」〔手に入らないときの負け惜しみ〕と自分に言う可能性が含まれていないなら、権威は存在しないだろう。ブルジョアジーまたは扇動者という問題では効果的な大義は素材の中に形をつくれない、つまり素材からすでに潜在的に存在していた形を引きだすのである。こうしてすべての社会は不正であるとともに比較的安定している——不遇の人々も、たとえいかなる権威にも屈服しないという苦悩から逃れるためであろうと、協力する。非政治化という考えは矛盾から矛盾へ向かう、まず人民を理想化することから始める——政治的自律は人民の本質に刻み込まれるだろう。それから人民を地面より低く置く——人民を変質させるには「競技場」を提供すればよい。それから人民を持ち上げる、つまり人民の自己喪失を専制君主の魔法の杖のせいにする。非政治化は政治的自律という夢のために人民の人間的自律を否定している。

規律の二つのあり方

非政治性と権威という問題では、すべての人、すべての体制は同等であり、どの社会も国家と市民の不均衡を含むことになる。違いはそこから始まる——どの体制も権力主義的であるが、権威のあり方は多種多様である。古代では、確かに恵与指向は権威をめぐる議論の的になった。というのも哲学者たちがこの問題で理論を発展させたからではない（たとえばアリストテレスにとって、権威と、市民の抵抗を打破する権力とは自明のものであるから、その点についてあまり語っていない）(98)。しかし理論家や思想家にはその問題についてそれぞれの見解があった。支配者自身もその経験や偏見を方針にまとめて世代から世代へ伝えた。ローマの寡頭制はそのようにしていた。

パンと「競技場」について古代が示している見解はわれわれが考えるようなものとはまったく違う。つまり次のような問題を挙げていた――人民に娯楽を与えるべきかどうか。人民に人民の権利があるかどうか、それとも都市への義務しかないか。ある論者は人民に娯楽を残すべきだとし、他の論者はできるなら禁じるべきだとするが、どの論者も人民に娯楽を推奨することはしなかった（すでに習慣上、人民に娯楽はあった）。さらにだれも人民を非政治化せよとは教えなかった。ここで、体系的に諸説を示すべきだろうから、それらの断章または異文を紹介しよう。

〔一〕まず第一に考えられる政策は、支配者が強気で権力を行使するために、人民を騙すというよりはむしろ指導者を正当化する愛国的イデオロギーの名において、あらゆる面で人民を抑圧することで人民を掌握するというものである。したがって「競技場」や恵与指向は人民を甘やかして自信過剰にし、ただ祖国への義務のためだけに生きるべきでないと思わせるようになる。

〔二〕だが規律を守らせる最良の方法は、用役財の必要に迫られないかぎり人民を抑制し、それから人民に伝統的な娯楽を与え、さらには長官らが人民の娯楽に関心のあるところを示すことである。それが「競技場」について、ローマにおける共和制的寡頭政治の方針であった。

〔三〕最後に、君主制的な古いやり方がある――人民を怠慢にし、「競技場」を楽しむ権利を認めて人民を喜ばせ、人民にとってはもっと重要なイデオロギーを植えつけないことである。権力がなすべきことは、あまりはりきりすぎて人民を刺激してはならない（ポンテオ・ピラト総督は過激にならないように、キリストの処刑をエルサレムの貴族階級に拒否しなかった）[99]。それがローマ帝国の黄金時代であった。君主制のやり方は人民を自然的な非政治性に投げ込んでおく。国王は臣民が暮らしに困らないことを願う、だからといって家禽を与えるという意味ではない（あまり経済的でないこの時代に、どうすることができただろうか）。国王としては、自然の恵みで家禽が人民の手に入ることを念願しても、原則違反にはならない。国王は、臣民らが輪になって踊ろうと、「競技場」へ行こうと構わない、君主の意思とは無関係のことに臣民が興味を持ってはならぬとは言わない。

したがって古代の政治は、たとえ「競技場」の問題があっても統治できるか——人民に共益以外の関心を持たせてもよいか、それとも人民を市民的美徳に励ますために非政治性から引きだすべきか——という問いに答えている。上の第一と第三の見解は、二者択一の対立項を選び、第三の共和主義的意見は中庸説を選ぶだろう。事実、次のように解釈されやすい——最初の説は寡頭制的であり、第三のものは君主制的である。ところで寡頭政治の都市には人民の支持が必要である、というのも市民軍団がいるから。だから市民的義務がなければ都市は壊滅するかも知れない。逆に、職業軍人と役人のいる君主政体では、人民は娯楽に浸れる。実際、寡頭制には王国に見られない手段がある、つまり指導的有力者たちは小作人または隷属者と接触しながら暮らしている。そのようにしてかれらはすべての住民を統率できる、また道徳的秩序も維持できる。この有力者らとともに国家の力は隅々まで及ぶ。

それは幻想である。日常的現実は寡頭制でも官僚的君主制でもあまり違わない。元老院または皇帝がいても、非政治化率はあまり変わらず、大衆は共和国の下でも、帝政の下でも同じように無気力である。また人民には、どの体制の下でも、同じ程度に「競技場」があった。ただ論者によっては、過激な言葉でその逆を信じさせるかも知れない。たとえばポリュビオスやキケロは第一の説の論者を代表し、恵与指向に対して批判的である、ちょうどヴィルフレド・パレートが、プロレタリアに対して強硬的でなくなったブルジョアジーの臆病な人道主義を攻撃するのと同様である。だがこの論者らの反‐恵与的政策は一度も実現しなかった——共同的娯楽は古代のギリシアとローマにおける古い慣習であった。

共和制と君主制のいずれのほうが支配者と人民のあいだの不均衡を減少させるかは問題でない、問題は人民の非政治性がどんなソースで食べられるか、そして支配者が権威をどう考えているかを知ることである。この観点から見れば、上の論者らのユートピアと、君主制ならびに共和制のやり方は別のものである。

問題はこうだ——服従が、全面的でないのでないかぎり全面的であるというのは真実だろうか。たとえば、人は政治だけのためには君主に服従できず、また宗教を選ぶのに自分の意識に従えない、だろうか。その返答次第で、個人的権利と「競技場」が、都市を転覆させかねない亀裂として、あるいは不可欠な減圧室として現われるだろう。この政治のいずれが勝利をおさめるかは、下部構造または大決断によるのでなく、それどころか、君主または寡頭政治家たちの偏見と習慣によるのである。国教は、イデオロギーとして役立つが、君主制的秩序を正当化するために制定されるのではない——国教が制定されるのは、専制君主にとって、臣民がおとなしい子供のように万事、言うことを聞いて貰えないとは考えもしないときである。つまり国教は支配の象徴的道具でなく、規律を全面化しようとする権威観の結果である。

この権威観は、危険と不安に対して、過度で余計な安全の余裕をとっておこうとする概念である。それは外交政策において一方的決定を選択するのに似ている。相手、つまり臣民または外国との関係が不安定になるごとに二つの解決法から選ばねばならない——一部を犠牲にして残りを防ぎ、相手とともに安全と権利を分け合うか（この共謀は着実に安全の半分を保証してくれる）、それともすべてを独り占めして危険から逃れられると考えるか——国王は全面的な規律を与えても人民から背かれる心配はないだろうと思う。

規律のあり方は偶然のものである

いうまでもなく、全面的な規律は、部分的か機能的規律を越える安全性を君主に保証しないが、君主には輝かしく、好都合に見えるかも知れない。強硬な体制は、政治的または社会的な利益を尊重させるというよりは、むしろ楽に、文句なく服従させるという利点だけで権威主義的な場合が多い――その体制は、権威が違った働き方をするとは考えない。またそのような権威のあり方はそれだけで国民を激昂させることもある、たとえ国民の利益を脅かさないとしても。換言すれば、ある体制の性質は少なくとも三つの質問をさせる[100]――「だれが支配するのか」、なぜなら権力の配分はそれだけでも争点になるからだ。そこで君主制、寡頭制、デモクラシーの体制に分けられる。「だれが支配されるのか」、なぜなら権力の命令には、国民の利益に関わる内容が含まれるからだ、そこで利益に恵まれた社会層に応じて体制が分類されることになる。最後に、「どのように支配されるか」、父親のような、しかも平等的な方式か、それとも独裁的な方式か。規律はどのようなあり方になるのか。

三番目の質問は前の二つの質問に帰着しない、三つの体制という変項は結ばれていない。もちろん、「あり方」という変項は各体制をそのままにしておくために他の二変項と関係する。全面的規律は一時的に政府を助けて社会的利益を勝利させるか、または権力を維持させる、だがそれはなんの役にも立たないこともあり、また他の二変項の必然的な結果にならない。

事実、規律のあり方は権威のテクニックであり、さまざまなやり方が含まれる（「締めつける」か、減圧室か）、また効果はかなり等しい――それらのやり方は常にではないが、しばしば同じ利益に役立つことがある。ただ、それぞれのやり方にはその内的論理、つまり独自の要求があり、それが必要な利益を乗り越える。フロンドの乱のようなことを心配して一方的に支配しようとすれば、権威にとって無益にプロテスタントを迫害することになる。平民を掌握しようとして娯楽を禁じても、せいぜい名目的となり、得るところはない。こうしてどんなテクニックの自律も体制をそれ以上のものへ押しやる。だが他方、どのテクニックも等しいので、規律をすっかり変えるには、ただ体制を変えるだけでよい場合が多い。そのすべては歴史に、利益だけの問題に期待される以上の際立った断続性と偶然性を与えることになる。

それは、無謀にも、しばしば規律のさまざまなあり方から選択させる小さな理由になることが多い――支配者に対する個人的な好み、国民的な過去の重圧……ブルジョアジーの一部、または大部分は混乱に対する恐慌的恐怖と支配能力の欠如という秘かな感情のために強力な体制を好む。絶対君主は最大の栄光のため、または支配すべき人民という大きな動物が扱いにくいために専制的に支配したがる。思想家にとって、全面的規律を好むのは知識人的独断論になるかも知れない、つまり知識人は生活が日常的であることを忘れ、全体的社会と大政治には偉大な感情が応じるべきだと考える。かれらは人民にダンスを禁じるかも知れない、なぜならダンスの趣味は小さな感情であるから。

その代わり、本当の指導力を持つ者、たとえばローマの寡頭政治家にはそのような偏見がない。世界中の海軍はその秘密をよく知っていた――乗り組んでいる水兵に対する将校たちのやり方は、「競技場」に対するローマの政策に似ている。艦上では、鉄のような規律が支配している、だがひとたび上陸すれば、すべての者は好きなことをしてもよい。水兵はたとえ騒ぎを起こしても、非政治的である――ひとたび軍艦に戻ると、全体的社会の権威と各グループの下に戻るだろう。

なぜならそこに規律と「競技場」の問題の核心があるからだ――社会は個人の美徳のおかげで存続できるのか。社会は個人的意識のレベルにあるのか、それともわれわれのために考え、われわれを取り巻く各集団のレベルにあるのか。社会を存続させるのはわれわれの善意ではないと言うべきだ、なぜならたいていの場合、われわれは何も考えず、ぶつくさ言っている、またもっと考えるときでも、物事はわれわれのまわりでそのままの状態でいるだろう。

もちろん、既成の秩序は多少とも個人の美徳に従ってどうにか機能している、だがその美徳は要請されたものではなく、わざわざ教えこまれたものでもない。おまけに、サブグループでの指導は全体的社会と同じほど重要である。プロシアまたはフランスの教師はそれぞれの国民全体を愛国者にしたと言うなら、それは単一の要素を全体の原因だと見なすことになるかも知れない。サブグループ、たとえば戦場における軍隊の指揮は確かにそれなりに重要であった、さらに、その時代では、外国の脅威が現実のものと感じられた。それに国民的自尊心も加わった——どれほど低い階級の戦闘員でも、自分がこの世界の舞台で大きい役割を果たしている国民の一人だという自覚があった。それがなければ、教師の授業を聞いても一方の耳から他方の耳へ通り抜けただろう（一九三八年ごろの授業の様子が思いだされる）。したがって社会生活が意識のレベルで機能しないなら、平民を「競技場」へ行かせてもよい、そのわがままが前例になって一般化する心配はない——平民は「競技場」から出たら、また集団に戻るだろう。

結論——政府は人民を非政治化するために、人民のために「競技場」を提供したのではなかった。だが、「競技場」を拒否していたら、政府に反対するような政治化を招いたかも知れない。パンと「競技場」は、社会契約の安定という永遠の必要性から人民に提供されたのでなく、いずれ分かるように、古代社会固有の歴史的な協定のためである。その協定は恵与指向の変化全体の帰結点にすぎない、つまり恵与指向の起源でもなく、説明にもならない。

九　「誇示的消費」

与える、または消費する、これはほとんど同じことである——いずれの場合も、金持でなければならない、またそれからえられる栄誉も同じ種類である。誇示があるとすれば、誇示的な寄付は誇示的な消費に等しい。豪勢な出費と庇護は上流社会に課せられた身分的義務に属している。貴族は貴族らしく、である。ウェーバーは書いている、「消費を合理的に決めない、という意味での奢侈は封建的貴族階級にとっては、いささかも贅沢なことではない、それはその階級が自己を確認する手段の一つである」(101)。贈り物（中世的な美徳の中の美徳）、慈善、寄付する鷹揚さ、または庇護という名において、気前のよいことができる者はすべてそうしなければならなかった、でなければ失望を招いた。変化するのは、ただ寄付の目的とその受益者、およびその正当化の仕方である。金を出し、与えねばならない、だがどのように？　パニュルジュはサルミゴンダンの城主となり、どうすればよいかと迷う、「修道院の設立、聖堂や校舎や病院の建設に金を使おうか」、それとも「だれでも招待できる楽しい小宴会や饗宴を多く開くために金を使おうか」。アダム・スミスの時代の紳士階級 *gentry* にもそんなジレンマがあった(102)。財産を食べないよりは食べるほうが気楽である。毎日、二十人の客を招待して愉快な暮らしをしてもよいし、城の建設にかかってもよい、その城は相続者たちが完成して破産するかも知れない、それとも慈善事業や文化事業を起こして、高邁な精神の証《あかし》を後世に残してもよいだろう。

誇示と自己陶酔

不平等な社会において、上流階級には威信があり、その威信は金を使うか、寄付をしなければ保てない[103]。そこで恵与指向に関する見事な理論、ヴェブレンの理論、つまり「誇示的消費」*conspicuous consumption* の理論を展開してみたくなるのかも知れない――金のかかる品を手に入れたり、破壊したり、あるいは誇示的に寄付することは、消費者または庇護者にそのような出費ができるという証になる。金持は誇示的な消費によって自分の富を披露する。かれは何のために出費したかというよりは、むしろその高価な値のために格が上がったと思って喜ぶ。「高価な消費だということを見せつけることは、暇人にとっては名誉を獲得する手段である[104]」。

恐らくその証拠に、金のかかる財とサービスは必ずしも金額に比例した物質的満足をもたらしていない。したがってその主要な利点は所有者の富を証明することであるはずだ。誇示的な消費の最たるものは財産をきれいさっぱり蕩尽してしまうことである。そんな例もあった。ポトラッチで富が消滅したこともあるのは知られている（環礁のサンゴの中に沈んでいた寄贈の錫板）。マルク・ブロックは『封建社会』の中で、リムザン地方で行われた浪費くらべを語っている[105]――ある騎士は耕地に銀の硬貨をまき散らし、他の騎士は「これ見よがしに」自分の馬、三十頭を殺させた。この「有閑階級」、ヴェブレンによれば気取った階級の貴重な暇または無為は時間の浪費である、ところで時は金なり、だ。

ヴェブレンの理論は、はっきりさせるか、限定すべき理論に属しているが、その核心は確実なものだとされている。誇示は階級的計算による場合が多いとされる、つまり金のかかる奢侈は古代ふうに、丁寧なやり方で柵をつくる、あるいは奢侈の威光で、抑圧された階級を感激させることができる。ヴェブレン自身はそのとおり言っていないが、以上のようにかれの考えを補足するのは易しい。次いで、「誇示的消費」

が経済学者たちの興味をひき、その解釈が進んで示される。かれらの主張によれば、奢侈の財は、需要が価格の低下を招くという法則に例外をつくらせることが多い、あるいは少なくともその価格‐弾力性が弱くなる。高価なものは購買者を惹きつけるようだ、少なくとも購買者を逃がさない。この「ヴェブレン効果」は経済的合理性に例外をつくらせる。ある商品は貧乏人の手がとどかないという理由だけで尊重される。金持はそれを買う、というのも巨大な出費をすることで評判になりたいからだ。そこで問題は、奢侈のすべてがヴェブレン効果に落ちつくかどうか、また別の理由がないかどうか、さらに富がもたらす社会的威光をもっと検討すべきかどうかを知ることである[106]。

ヴェブレンによれば、金持は金持であるだけでは満足しない、それを見せたい。では、なぜかれらは威光を獲得し、目的を果たすのか。そこで富がすばらしいものだと見物人に分からせなければならない。レモン・リュイエールが言うように[107]、「誇示的消費は誇示する者だけでなく、見物人の要求に応えなければ慣習として維持されない。見物人は祭りやポトラッチや浪費を期待し、要求する。奢侈は外見上、国王、金持、貴族らを示すが、その相手の見物人もそれに興味を持つ」。金持は自他ともに立派だと思われる。

実際のところ、ヴェブレンは理論を明確にしていない[108]、つまり風刺を強めるが、思想的な個所は少ない。たとえば次の文は若干の問題を暗黙裏に提示している、「人々の尊敬を集め、保持するには、富や権力を所有するだけでは不充分だ、つまりそれを明白なものにしなければならない、なぜなら尊敬はこの明白さにかかっているから」。そこで貴族的生活には顕示、豪奢の部分が含まれる。おまけに、物質的な財を単独で楽しむことは、富がもたらす唯一の満足ではない、富はまた威光をもたらす、それは物質的満足と同じほど重要である。ヴェブレンは続けている、「自分の富を目につくようにすれば、その人の偉さを他人に感じさせるだけでなく、あまり役には立たないが、自己満足できるすべての理由を確保し、保持する」、かくて金持は自分の繁栄に見とれる。ヴェブレンが誇示と見なすものは自己陶酔とも呼べよう、かれの本のいたるところにおいて、自己陶酔という語を誇示に置き換えることは簡単であろう、なぜならヴェブレンは見物人の反応をまったく考慮しないで、ただ誇示者のことしか話していないからだ、だから誇示者は奇妙に孤独であり、砂漠の中で光っている。ヴェブレンが誇示の理論を作ったのは、恐らく自己陶酔という言葉がかれの時代にまだ存在していなかったためであろう。誇示者は富の威光を感じる最初の者である。したがって誇示は、蛇が小鳥をにらむように見物人を狙った金持の行動ではない——金持も見物人も第三のものに魅了されている、それは財であり、一方の者にあるが他方にはない。

富の卓越性、および豪奢

ヴェブレンは誇示の名において二つの真実を認めて、混同した——富は物質的満足のほかに威光ももたらす、なぜなら富は、その所有者に優越性を与えるすばらしいものとして異口同音に認められるからである。さらにどんな優越性にもなんらかの豪奢が必要である、なぜなら奢侈はその豪奢の一部だから。豪奢は他人を目当てにするのが普通だから、ヴェブレンはそれが誇示になると考える。かれは富の威光を同じ特色に入れてしまう、というのも威光は他人に感じられるから。誇示も威光も観念的で「象徴的な」満足であり、頭の中で消滅するから、ヴェブレンはそのすべてに虚栄しか認めない。

ウェーバーによれば、奢侈は合理的に消費を決定しないことである。それでは、どんな目的なら合理的だというのか。節約と生産的投資のピューリタン的理想ならよいのか。それでは奢侈全体が非合理的だと認めねばならない、なぜなら奢侈は他の目的、しかも多種多様な目的を追求し、誇示はその目的の一つにすぎないから。それでは消費された財から得られる物質的満足において合理的であろうか。それならヴェブレン効果に属する誇示または豪奢に奢侈という語を当てることになる——それなら奢侈という語で常に示されたものはほとんど奢侈と呼べなくなる。奢侈、誇示的寄付、庇護、富の威光はあいまいな言葉の集まりになるので、事柄をはっきり区別しなければならない。

〔一〕率直に言って、奢侈と富はまず楽しい、なぜなら何もしないで豊かに暮らせるのは心地よいから。おまけに、富には文化変容が生じ、文化変容は誇示的自己陶酔を排除する。金持は、ペルシア人がペルシア人であることに驚かないように、豊かに暮らすことにすぐ驚かなくなる。かれらは、われわれと同様に、他の者より優れていると思い続ける、だがその優越性を見せびらかすためにペルシア人のような格好をしない、いつもの習慣どおりの服装をしている。

〔二〕金持はまた、同じ意見を持つ他の人々より優れていると思う。かれらの自己陶酔、そしてかれらの豊かな暮らしが、誇示であってもなくても、見物人のあいだで収める成功は、英雄の生活か信仰の生活、その他の生活と同様に優秀だと思われていることを裏づける。もし誇示があるとすれば、それは広く認められた優秀さに対する私的な悪い癖からの表敬である。ヴェブレンは善良なピューリタンとして、寄付する鷹揚さをポーズかスノビスムと見なす、つまりブルジョア的見地からすれば、ロマン派の芸術家がブルジョアをたまげさせるような暮らし方をしていると見えたり、オスカー・ワイルドの同時代人がワイルドの趣味をポーズ（「ホモらしく振るまうこと」）だと見なしたのと同様である。

ヴェブレンの混乱は理解できる。優秀性からその優秀性の誇示へかんたんに移動できるから。みずから立派な者にならなければ、立派な優位、富、英雄的行為、または天才を獲得することはできない。金持は栄華に暮らしながら、金の力で客観的に立派な鷹揚さの可能性を現実化する（われわれは歴史的記念物になっている個人の邸宅を観賞する）。わたしは他人の場合でも自分の場合でも立派に見えるような生き方を逃したくない。聖トマスが言ったように、「魂の偉大さは二つのことから生じる――内容的に威光があること、そして目的が大事業にあること。ところで、幸運な財はその両方に役立つ。そこで優秀性は、賢人の目にも、また外見的な財を最高のものと見なす大衆の目にも威光がある、したがって金持であるとともに有徳な人々は有徳なだけの人々よりも威光がある」[109]。したがって「外見的な財を善行に生かすべきである、なぜなら必要な資金のない者には善行を全うすることができないから」[110]。富は、それがもたらす喜びのため、それで開かれる可能性のため、さらに上の二つの利点から生じる威光のために望ましいものである。ヒュームはこう結論している[111]、「われわれが人を尊敬する理由として、その人の権力と富に勝るものはない、また軽蔑するのにその貧しさと愚かさに勝るものはない」。したがって個人的長所、たとえば美徳または偶然に生まれついた知力も富と同様である。このさまざまな利点が個人によって不平等に配分されているとき、あるいは優秀性が機能的役割に帰せられないで、優越性になるときは不平等がある。

金持はすばらしい、自分で感心し、他人から感心される。それは誇示と自己陶酔だろうか。次の二つの場合ではそのとおりである――ある金持が個人的な欠点によって、虚栄心から滑稽になる場合、またはある社会学者が風刺的な換喩で、威光と豪奢という普遍的現象に個人的欠点つまり誇示という名をつける場合である。その欠点はあるときは堕落となり、あるときは行き過ぎとなる。ある者が感心されようとして立派に振るまい、威光を目的とするときは堕落となる、威光は優秀性の結果にほかならない。誇示は、優秀な者が、優秀性とは釣り合わない豪奢を誇示するときは行き過ぎになる。したがってヴェブレンが誇示と見なしたもの、つまり個人的欠点はこの豪奢であり、一種の衒いである。

〔三〕優秀性が優越性と見なされたり、ある者が機能的な役割を越えて支配しようとするなら、その者は、優越性が何であろうと、その優越性において、自分の役割を越えたものを正当化しようとして豪奢を誇示する。その時までは、ほとんど例外なく、どんな優秀性も何らかの豪奢を誇示しなければならなかったと推測される、同様に、その時まで、どんな社会も不平等であった。

奢侈のすべてが豪奢ではない、それどころではない。たとえば、大きい屋敷は、その家風の一定の方針によって大金を使っている。[112] 金持は、獅子が獅子らしく生きるように、金持らしく暮らしている、おまけに面目を保たねばならない。そのことはもっと上層の実体、たとえば教会や国家についても真実である。豪奢は奢侈を使って富を引き上げるが、他の優越性、たとえば政治的か社会的か、または宗教的な優越性をも引き上げ、富はその一部分か一つのしるしになる。しかし奢侈は豪奢の唯一の手段ではない。儀礼や所作が同じ役目を果たす。最後に豪奢は、すでに特権を握っている者らにその特権を守る柵の役割を果たす。このことはよく知られているので強調するまでもない。

なぜそのような豪奢が必要か。どのような優越性も実際に示さなければ怪しまれる――奪われるかも知れない。誇示的消費は、ヴェブレンが言うように他人の尊敬を集めるというよりはむしろ尊敬を失わないようにする――自分の体面を「保持」しなければならないのだ。豪奢は見物人の気持ちに大したものを追加しない、それでも見物人はそれを期待し、それが欠乏していたらがっかりするだろう。豪奢は一般の期待に応えるという意味で一種の衒いである。

豪奢な行為は優越した行為そのものにほかならない――自分の富の豪奢を誇示するには、金持は金持らしく振るまうだけでよい。だから豪奢が欠如すればがっかりされるだろう――優秀性そのものまで欠如しているのではないかと疑われよう。豪奢も優越性も、なすべき行為は同じであり、違うのはただ意図だけである。だから豪奢と優秀性を区別しにくい。豪奢は見せておく偉大さであるが、もしその偉大さが真正のものであるなら、まず自己満足する。貴族は自分の理想像によく似合う立派な服装をする、ロビンソンは恐らく自己陶酔のために派手な格好をするかも知れない、それを見る者は豪奢と思うだろうが、ヴェブレンなら誇示と見なすだろう。まず自分で満足しようとするので見物人への効果がよく分からないのだ——その派手さは行きすぎるか、理解しにくいままである。その象徴的言語はしばしばあいまいである、なぜなら他人と交流するよりはむしろ自己の表現に熱中するから。そこで、恵与者らの庇護に関して、本書では、自己実現、誇示、豪奢、優越性の表現をほとんど無差別に語ることになろうが、そのたびごとにそれらを区別しようとは思わない。それぞれの場合に、適当に解釈していただきたい。

庇護

まったく豪奢もなく、また他の意識からまったく認めてもらえないとしても、自分の慈善事業にいそしむことはきわめてまれな英雄的行為である。派手な行為には同時に多くの動機が存在する、豪奢もその一つである。それでも庇護には、たとえ不純であろうと、その特殊性がある。庇護は、その庇護者に直接関わらない目的のために物質的な財を供与する、ただし庇護者はその目的に共鳴しているか、賛同していることを示す。

「家の所有者がその正面を塗り替えるとき、借家人が窓に花を飾るとき、かれらは富を見せるため、あるいはほとんど本能的な都市計画のために、自分の分を支払うつもりでそうするのだろうか。夫人が粋な服装をするなら、それは夫の富を見せつけようとするのか、あるいは格好のよい姿を見せようとするのか」(113)。金持は、もし庇護者なら、割り当て以上のものを価値あることに支払う、なぜならそれだけ支払える資力があるから。また支払うことができるからには、自分の潜在力のすべてを現実化する気なら、支払うはずである。もしその人格の可能性すべてを発揮できないなら、肝っ玉の小さい証拠になるだろう。

庇護には、価値あるものに対する「利害を越えた」なんらかの関心と自己を大きく発展させようとする者の傾向が含まれる。

肉体と精神を問わず、そのように自己を発展させようとする傾向があり、またその傾向は無欲と衝突することがある。庇護は、庇護者自身の思惑とは別に、無駄な実現化に終わり、ただ施行者の能力を発揮するだけに終わることがある。恵与者は同じ市民たちに贈り物をしても、市民の喜び以上に自己満足する。資本主義的企業の機能は利益を上げることであり、それとも活動範囲を広げることである。しかし企業もまた一種の人格であり、生きているものすべてに共通した現実化的傾向を備えている。その企業は、経済的合理性にもかかわらず、庇護を会社組織にするかも知れない。[114] 最後に、国家は機能を有するとともに一種の人格である、したがって非機能的な事業、たとえばブダペストの地下鉄やサラザール橋などを建設することもある。どの庇護者も一石三鳥を狙う。つまり大金を出して他の個人たちに多少とも大きな役に立てる。その出費は庇護者の魂の偉大さを示す堂々たるしるしとなる。そして結局、決定的にそのしるしは象徴として求められ、かくて庇護者の豪奢を高めることになる。

そのように理解されるなら、庇護は「呪うべき割り当て」と反対である。後者は逃避的行為である――金持は、富に対する人間の態度に両面があることを知らないわけではない。その態度は、すでに述べた称賛と、百五十ページにわたって述べるはずの妬みのあいだで揺れ動く。そこで金持はなんとなく不安だ――金が手のひらを焼くようだ、その金を無償の目的か、利他的な目的か、それとも高尚な目的のために提供して、悩みから逃れようとする。それは象徴的な行為になることが多い。一般の道徳は、自分の富を食ってしまうか、飲んでしまうような悪い金持か自分の贅沢のために出費する金持と、修道院や病院を建設する立派な金持を対比させるだろう。

呪うべき割り当ては日常的な行為である。三連勝を当てた者は運の悪かった友達たちに一杯おごらねばならない。そのような日常的な経験から、諺のような真実が引き出された――多少とも象徴的な割り当てを支払うことで自分の富を赦してもらわなければならない。そこから次のような一般的な考えが生まれる、つまり上流社会は恵与することでその特権を赦してもらえる。残念ながら、物事はそう単純ではない。恵与指向は諺では説明できないほど複雑で、古い総合的なものである、だからまるごと一冊の本が必要だ。庇護についても簡単には説明できない、それは妬みに対する償いではなく、庇護者の価値観や人格に関わる積極的で自己中心的な行為である。貴族が自分の収入を文芸や芸術の保護や、馬の血統の改良のために提供するのは事実である。技師や高級官吏がその余暇を割いて好きな仕事に当てるのも事実である。それは自己陶酔の有無にかかわらず、立派な理由になる。

とはいえ、庇護と言われるのは、庇護者が財産を犠牲にするのが自分のためでないか、または完全には自分のためでない場合に限られる。自分が所有する会社に自分の余暇を捧げる企業家は庇護者ではない、ちょうどかれが妻にミンクのコートをプレゼントする場合と同様である。店主 *patronus* が客にわたす景品は庇護に入らない。どの瞬間から大義がもっぱらわたしの立派な動機になるのか。唯一の軍神とうたわれたヴァレンシュタインは今でも戦争の庇護者だろうか。

逆に、ここで問題になる動機は偶然の庇護者にも閉ざされていないはずである、それは国営化されていないはずである。庇護の歴史は事業の国営化の歴史と逆である。文芸や芸術は、政策や軍備ほど国家から援助されないので、庇護者は、ローマのためにヴェリ〔ヴェイオ〕の都市を包囲したり、シュタイエルマルクにおけるフェルディナント二世の軍団を雇うよりは芸術家を庇護する場合が多い。人間は百種の役割において義務以上のことをしている。庇護者もそれ以上のことをしないが、国家が関与しない領域においいて義務を果たす。企業を国営化するように庇護者を国営化したり、庇護者を将軍か大臣に任命すれば、庇護者はもはや庇護者と呼ばれなくなり、国家への大奉仕者になるだろう。庇護者はもはや寄付に鷹揚な人だとは言われず、義務以上のことをしていると見なされる。いつから活動が完全に国営化されるか。前世紀まで、高級官吏はまだ少しは政治の庇護者であった、かれらは報酬をあきらめていたか、君主への奉仕の負担で破産していた(115)。

庇護者はすべて自分の潜在力、もっと正確に言えば社会的役割の潜在力を現実化する——庇護者は貴族であり、大臣であり、有力者……である。そこから庇護についての歴史的変化が起こる。富を示さねばならない時代では、庇護は誇示的となる。ルネサンス時代の庇護者は王侯のような華麗さを発揮していた、他方、豪商の階級は信心という口実で富を誇示し、教会堂の装飾を寄進していた、なぜなら神への奉仕には、なんらかの華麗さが必要であったから。それにひきかえ、アメリカのある億万長者は人並みの市民にすぎず、市民的美徳だけで同輩に勝る——公益のために富を提供するから。昔は、貴族にすべてを決裁する権限があった、また当然の権威が社会活動すべてに及んでいた。貴族は総指揮権でもってラシーヌやプラドンを庇護した。庇護には、権威の観念がしばしば現われている。もし絵画が好きなら、自分の果たす社会的役割を重く見ないで、絵を買いあさってもよい、しかし絵画を庇護することにはならず、庇護者として誇れる権威は認められない。だからこそ多くの庇護者は庇護する芸術家に対してしばしば権威的で情熱的な関係になるのである。かつての庇護者は芸術家の「保護者」であった。かくて庇護は、庇護者がそれぞれの社会において果たしている役割によってしばしば変化する。たとえば、ギリシアかローマの有力者、つまりその都市の支配階級の構成員はどうして恵与者になるほどその都市の生活に責任を感じていたのか。

一〇　ヘレニズム時代およびローマ時代の都市

恵与指向は古代都市を離れては考えられないだろう。有力者である恵与者は当然、一般市民の指導者である、そのことからかれらの恵与指向、つまり自由な庇護として最初のテーマが説明される。他方、その有力者たちは都市国家としての都会に住んでいる――かれらの町は領土つきの政治団体である。有力者たちは政治的指導者として、すでに区別した第二のテーマ、つまり自由または「名誉」恵与指向というテーマを実践するものと見なされる。

都市国家は都会としては自由恵与指向の主要な枠である、また都市として政治的な恵与指向の第一原因である。他の枠にも、事実、庇護者的役割は含まれていた――地方では、地方民会と皇帝礼拝儀式が行われたり、文化的もしくは職業的な名称を持つ私的な団体があった。しかしこれらの研究は特殊な専門分野に属するようである、だからわれわれは都市における恵与指向を検討することになろう。

本書で検討される時代を通じて、社会生活の枠は国家でなく、都市であった、ただしこの都市は独立した都市、「都市国家」である、つまり古代ギリシアやヘレニズム時代の若干の都市と同様であるか、ヘレニズム時代の王国におけるたんなる自治体であるか、ローマ帝国の地方である。わが恵与者たちは一定の都市、一般的には市民都市における篤志家である。その時代の国家について言えば、ある国はきわめて小さく、まさしく都市国家であり、またある国はきわめて大きく、王国か帝国である、だからその組織の大部分は自治都市のような細胞から成り立っている、ちょうどローマ帝国におけるアテナイかポンペイのような都市である。少なくともそのことは開化された地方については事実であるが、他の地方も文明に達し、ヘレニズム化されるにつれて都市として形成された。かくて都市体制はヘレニズム時代の東地中海と近東の大部分に広がった、それからローマ時代になると、ライン川やダニューブ川からサハラにいたるまで、ラテン西洋のほとんど全体に広がる。興味深いのは、歴史における人間集団の絶対的な規模の問題である。かつては都市、今では国家というように規模の相違は大きい――都市は千単位の人口であり、国家は百万単位の人口である。各時代において、競争意識や模範が、恐らく標準的規模を一般化する要因となる。

産業革命前の都会

都市は都会であるとともに、政治的または行政的単位であり、社会生活の枠である。人口集中、地域的自律（最高権者のいない場合は自給自足経済体制と言ってもよい）、さらに自治都市精神、それが都市である。だが、まず、なぜ都市があるのか、なぜ都市で暮らすのか。第一の問いには空間的経済、つまり中心地の地理が答え、第二の問いには歴史が答えるだろう。経済はそれに答えない、絶対に。都会的現象、あるいは地上の地理的管轄区域としての地方の各中心に、都会が漠然と規則的に分布されていることは、都会がその管轄区域において果たす諸機能、およびその地域に依存しなければならない都会生活によって説明される。[116] 技術的、経済的な輸送問題、都会が与えられる公益の限られた範囲、さらに情報の不透明も地上を分割するが、この点の研究についてはチューネンの功績が大きい。[117] ところで、各地方には中心地、つまり都会がある。もちろん、その地方全体に機能を及ぼす個人――有力者、聖職者、手工業者、小売業者――はその地域全体に広がって散在していることもある。だが（またこれが都会というものの本質だが）その個人らは集まって暮らす傾向がある、なぜなら近隣在住ということは相互関係を最適化し、対外経済をもたらすからである。すべての人は都会的環境とその快適さを利用する。手工業者は有力者の近くに住み、有力者を顧客にする。有力者は名誉と魅力のためにかれらどうしで暮らしたい。田舎の人々は都会へ行けば商店を見て回る。

したがって都会というのは合理的な手段である、だがある社会が理性に耳を傾けるかどうかを決めるのは歴史だけであろう。支配者階級すべてが集合的居住を選ぶ[118]とは限らない、古いフランスの田舎貴族と中世・近代イタリアの都会貴族を対比させるのは古典的である。逆に、農民は村より都会を好むかも知れない。今日でも、イタリアの南部では、都会は巨大な村であり、荷馬車の長い行列が毎朝、かなり離れた畑へ向かう。集合的居住は歴史的事実であり、モスの言う「恣意的」なものである。

都会の機能は必ずしも経済的ではない。産業革命前の都会は集合居住の伝統に応えている。都会は支配者または所有者の階級の中心地であるが、生産活動はなく、まれに商業的中心地である——どの都会もジェノヴァやヴェネチアのような商業地になることは望めなかった。その機能は経済的であるというよりはむしろ社会的であり、共同生活、たとえば政治的、宗教的、さらにはレジャーの生活に必要なものはすべてそろっている。都会には、世俗的であれ文化的であれ、公共の建物がそびえている。[119]

古代史は、中世史研究家のあいだの中世都市に関する議論から多くを学んでいる、たとえばゾンバルトはピレンヌと正反対である。ピレンヌにとって、中世都市は「商人がつくったものであり、商人のためにしか存在しない」。[120]都会は取引から生まれ、商業的資本主義の萌芽である。正否は別として、フランスでは古典的になっているこの見解に対し、ゾンバルトは大きさの問題を考慮していないとして批判した——商業は都会人全体には当てはまらない収入源である。ゾンバルトは、生彩はあるが時には尊大な文体で書いている、「非専門家（都会の起源について書いた大部分の人々は経済の専門家ではない）は、都会にはいり都会から出て行く商品の波が一羽の雀さえ養えないことを明瞭に理解していない」[121]。その波から都会が獲得するものはすべて商人の利益になる、その利益がいくら増加しても都会全体を養えない。ゾンバルトの結論によれば、中世都市は商業から生まれたのではない。都会が商業を存続させるのは、まず都会が形成され、その住民が商業を必要としなければならない。その住民と言えば、まず土地資産生活者または政治的指導者（国王、世俗的または聖職者的な領主）であり、これらの者が農地の収益またはその地方の税金をほしいままにする。かれらが必要な職人をはじめ、職人に必要な小売業者を都会に落ちつかせる。イギリスの国王一人で、商業地やハンザ都市、たとえばリューベックかレバル〔タリン〕の人口の十倍から三十倍の人間を養えたのである。

大きさの問題は、古代でも中世と同様に重要である。直径数十キロメートルの範囲の中心で、古代都市には数千人、時には数万の人口がある。その住民は、まず第一に土地の有力者であり、かれらは伝統的に都会で生活し、所有地からあがる収益を使う。そのまわりには有力者に養われる職人らがおり、さらに有力者に奉仕する者、一般的には奴隷たちがいて、それだけで住民の大部分を占めていた。貴族とその貴族に仕える召使いと職人――カンティヨンが都会と見なしたのもそのとおりのものである[122]。ポンペイは三種の建物で成りたっている、つまり公共の建物、町の大部分を占める個人の家、最後に商店である。若干の巨大な都会は政治的な首都か商業地であった、この商業地は周辺の土地よりはるかに多くの商業または税の収益をあげていた。だが海上交通や中央アジアの隊商だけではアンティオキアやアレクサンドリアのような大都会を養えたとは思われない。これらの都会はまず、その土地の収益で暮らさねばならなかった。それらの都市の商業が有名であったにしても、今日のブルターニュ地方の漁業と同じである――それらの土地の経済の有名な特色があるが、数字的に見れば、多くの人を養ってはいない。結局、有力者やその奴隷たちのまわりに、土地を持たない農民のルンペン・プロレタリアートがこびりついていたのである。

都市

以上が産業革命前の都会の実体である。ただ産業革命前の都会のすべてが都市ではない、都市どころではない。なぜなら社会的に支配する所有者階級は都会に集まっていても、そのまま貴族や有力者のような指導者的階級にはなれないからだ。都会は田舎の過剰から生まれ、商業から生まれたのでないから、土地資産生活者を集める。都会はその資産生活者が政治階級であれば都市になれる。だが都市になれない場合もある。古代の中国は多くの点でローマ帝国に似ている（たとえば中央権力の構造、堂々たる鎖国主義の対外政策、国際的交換経済、等々）、ただし中国の都市は都市国家ではない。マックス・ウェーバー[123]はその著書の有名な個所で、西洋古代の自治都市を中国やインドの都会にくらべている。かれによると、中国では、都会に自治権がなく、都会は中央権力の出先機関としての官人の居住地である――むしろ村に自治権があり、村には官人はいない。

それに反して、古代西洋では、村はあまり問題にならない――われわれの資料を通じて、村の名は都市の名よりもはるかに知られていない。司祭や城主のいない村がどうして重要だろうか。村はただの家の群れであり、行政的役割もなかった、でなければせいぜい自治制度の萌芽を持つ誕生期の都市である。田園空間の真の枠はむしろ広い領地であった[124]。その空間における人間の住み具合はほとんど想像し難い、たとえば、どこに村があったのか。住居の散在は普通のことである。皇帝は、軍団の老兵の退職手当として老兵らを一定の土地に住まわせ、村のように分散させなかった。つまり老兵のために都市か植民地をつくるか、あるいは古い都市をあてがった、そしてその都市は土地を失う代償として植民地としての名誉ある資格を受けた。老兵らは農民となるが、村民でなく、市民であった。田舎の大地主は都市としての行政を行い、その都市のおおよそ全体の行政権を行使した。この点に関して、ローマの自治体組織の本質的特徴は田舎と都会の合併であった。(125)それは都会か都市国家か。経済的地盤は同じであっても、各社会が行う選択は政治的である――地方自治を選ぶか選ばないか。もし選ぶなら、政治権力は地方の有力者の手に落ちる。

都市は、中央権力に対して独立していたり、それとも単に自治的であるが、たとえローマ帝国が政治生活の最終的な枠であろうと、社会的生活の最終的な枠であった。なぜなら都市は日常的な事柄すべてを決定する中心であり、社会的格差をつける基準地であった、だから都市と都市が比較された。恵与者はそれぞれ地元で寄付する鷹揚さを示して光彩を放った、また近隣の都市を尻目に、つまり『学説彙纂』にあるように(126)「他の都市より優れようとして」見事な建造物を建て、自分らの都市を際だたせたのである。社会的に、心理的に、また少なくとも行政的に、都市はそれだけで充足する――都市はアリストテレスの意味で自給自足経済体制である。ローマ帝国に従属するローマ人やギリシア人は祖国の話をするが、この *patria* という語はかれらの都市を指していて、決して帝国を意味しなかった。ローマ・ブルジョアジーは存在していなかったが、ポンペイやアテナイやエフェソスにはブルジョアがいた。同業会に所属する職人たちは国際労働者同盟〔インターナショナル〕とか組合のメンバーではなかった――地域的な会しかなく、たとえばリヨンの大工、セティフ〔スティフ〕のパン屋の「会」に属していた。(127)

破産、戦い、奢《おご》りも都市の範囲内にあった。都市は生きた細胞のように増加できたし、また多くの都市が王国や帝国という超越的存在に服従させられることもあった、しかし都市が合併させられることはなかった、あるいはそれは少なくとも多くの個人や諸国民を合併させるのと同様に困難だった。祖国の存在は目に見えるように明らかである、なぜなら祖国の人々をすべて物理的に公共広場に集めることができたからである（古典ギリシアでは、都市が文字どおり引っ越すこともあった）。その時代には、われわれが村についても言えるように、「だれもが互いに顔見知りだ」というのが都会であった。(128) その時代の社会はそのとおりであり、すべての人が少なくとも顔見知りであるか、名前で知り合っていた、そしてすべての人が同じ問題を分かち合っていた――またいたるところで、かれらのまわりには、恵与者のおかげで大建造物の偉容があった。

トクヴィルは『アメリカにおけるデモクラシー』の中で、民主政治 *self-government* を賛美しているが、それは古代都市を理解するのにたいへん役に立つので、読者のために引用しよう、「自治体は見事に構成された単一団体であるので、人が集まっているところには、どこにも自治体がおのずから構成される。王国をつくり、共和国をつくったのは人間である。自治体は神の手でじかにつくられたかと思われるほどである。中央政府はその指導者らに権力と栄光を与える、だが政府の運命を握る人々の数はきわめて少ない。いくら野心家でも、それほど高度の機能を自分の絶え間ない努力の目標にすることはできない。自治体、つまり生活の普段の関係の中心にこそ、尊敬されたい気持ち、現実的利益への欲求、権力と名声への関心が集中する。山国の住民がその国を愛するのと同じ理由が人々を都市に執着させる。都市は他の土地よりも表情に富んでいる」。

主権または自給自足経済体制

都市は自給自足経済体制であるので、都市が独立していようと、単なる自治体にすぎないとしても、大きな政治が行われても、自治体選挙が行われても、あまり問題ではない――都市はそれだけで充足し、完全である。それは単に自律的であるというよりは、その都市を規定するのに重要である。ギリシアの都市の有力者にとって、ローマの皇帝に服従することは外国の権力に屈服することではなかった、というのも他の都市に従うことではなかったからである。一世紀に、ギリシアの雄弁家、プロウサのディオンは頑固な民族主義者であるとともに帝政権力の絶対的な支持者であるが、かれはヘレニズム時代の民族がその独創性を保持し、誇りを失わないように熱望している、だがローマの主権に対するかれの富豪としての政治的忠誠は確固としていて、分かりやすい。

主権のない自給自足経済体制――それは奇妙に見えるかも知れない、なぜならわれわれは国家をその主権によって規定する習慣があるから。わが国の気むずかしい国民主義は単なる自給自足経済体制を失格させる。だが現実がもっと柔軟であり、国家というものが本質でなかったらどうだろうか。ヘルマン・レーム(129)はアリストテレスの政治思想を研究し、従属しているが主権が不在であることは、アリストテレスにとって、国家の唯一にして真の規準である自給自足経済体制を妨げるとは思われていないことを証明した。アリストテレス的国家の理想はもちろん独立であるが、その願望は国家の自給自足体制から来ている――自給自足している個人にとっては、従属よりは自由のほうがよいが、従属しても個性の完成は妨げられないだろう。都市が自治体にすぎなくても、やはり完全な存在であり、抽象的な存在ではない。他のどんな共同社会も同様に完全である（皇帝は外交政策の専門家でしかない）。サブグループ、各種の同業会も都市の存在の一部に関わるだけである。

われわれが外交政策、つまり国家主権を想定させるような「大政治」に力点を置くか、それとも逆に、自給自足経済体制に力点を置くかによって、時にはヘレニズム時代が都市の衰微を招くと言い、時には都市の勝利的な拡散（と同時に、都市化現象の勝利――ヘレニズム化された近東はヘレニズム時代から都会に満ちみち、西洋も帝政時代に都市化が進んでいる）によって特徴づけられると言うだろう。新古は問わず、各都市は、ヘレニズム的王国が決定権を握っていたときは、大した存在ではなかった。二、三の例外はあるが、国際的な場において都市が何らかの重要性を帯びるのは、ただ同盟都市を結成する場合だけであった。その時は、主権的都市の時代は閉じる。だが、都市は自給自足体制的実体として、ヘレニズム時代、さらに帝政時代に繁栄する、その帝政時代には、地中海世界はやがて都市化され、地方的自治体制として生きる。(130) C・B・ウェルズが、ある意味では都市の隆盛時代の始まりをアレクサンドリア征服以後だとはじめて指摘したとき、この逆説に対して多くの反論が起こった。とはいえ生活の社会的、精神的な枠は王国や帝国ではなく、小さな祖国であったことは事実である。約五百年のあいだの幾千万の人々の生活は次のように要約されよう——王国または帝国を支配しているはるか遠くにある権力への忍従、都市の行事に対する強い関心。要するに、帝政権力は、主権が外国にあるから、各都市の住民にとっては多少とも外国的存在であった、ちょうどわが国において、同じ国民であっても為政者と国民との関係のようである。

すべての人が顔をつき合わせながら生活している都会という狭い環境においては、集団的力学が個人を取り巻き、ちょうど今日の企業や事務所の中と同じである。ルイ・ロベールがわれわれに教えてくれたように、ヘレニズム時代を個人主義または普遍主義の時代であるとは言えないし、またあまりにも大きい王国の中で人々は自己を喪失するように感じるとも言えない。むしろかれらの文化的、宗教的な生活が、ある意味ではきわめて窮屈な自治体的環境を完全に乗り越えたことに感服すべきだろう。それは恐らく言語共同体ということだけで説明がつく。

しかし主権が本質的なものでないとしても、また大政治がすべてでないとしても、その大政治を行なっている者はその政治がすべてであると考えたいから、みずから中心となる。したがって恵与指向が、自給自足体制の都市を舞台にするか、またはローマのような主権的で覇権主義的な国家を舞台にして行われるかで、まったく違ったものになろう。大政治の原動力は対市民のものではない。ローマの元老院議員や都市の高官はいずれもパンと「競技場」を提供するが、その理由は大いに違う。寡頭政治家という名は大政治を行う支配者グループのために残しておこう。自治都市のエリートには有力者という名がふさわしい(131)。

一一　有力者体制

ウェーバー流に言えば、有力者の政治的理想型は、もし社会的分野に敷衍されるなら、ここで問題になっている時代すべてを明らかにしてくれる。

有力者の政治権力

政治的に見て、有力者はその経済的立場から付随的活動として、無報酬または純粋に象徴的な報酬だけで何らかの団体を運営できる人々である。つまり集団の指揮を任されている、なぜなら有力者はその肩書きの如何を問わず、一般から尊敬を受けているからだ。有力者は政治のために生きているのであり、政治で食っているのではない。したがってその収入は別途にある、つまり土地や奴隷の所有者であったり、自由業、つまり社会的に尊敬される活動を行なっている。有力者は公職にもつくが、無報酬であり、かえって金がかかる——「経費は仲間から支給されるか、それとも自分の財でまかなう(132)」。

ヘレニズム時代とローマ時代の都市は独立していても自治体であっても、有力者や、金持で威光のある個人の階級または集団によって導かれた。この者たちは政治を職業とせず、むしろ身分的義務と心得ていた。現代人にとって驚くべき体制としては、所有者階級そのものが支配階級であることだ。われわれのあいだでは、資本家は代議士と同じ人ではない。われわれのあいだでは、政治は職業である。ところが有力者は無給の活動に余暇を割く素人《しろうと》であり、その点で役人や専門家と異なっている。とはいっても有力者は特権者でも貴族でもない、つまりその活動を定め、他の一般人と区別する形式的規定は、記述の有無を問わずまったく見当たらない。したがって有力者らを先頭にする多くの集団は正式に民主的である。

要するに、有力者体制は、すべての市民を自由に政治へ参入させることを形式的条件とし、物的条件としては協賛できる人々だけの富がある。その場合、予測される可能性が二つある、つまりある時は収入の配分に格差が大きく、政治への参入はごく限られた金持にしか開かれない、そこに有力者体制がある。またある時は、収入がもっと平等に配分される、そうなれば政治屋は多くなろう、その場合、政治は政治活動の好きな個人たちで行われる——後者の場合は専門家による政府ができる。ひとことで言えば、すべての人に政治をする権利があるときは、能力のある人や好きな者が政治を行う。

有力者体制は特に都市制度において採用される、その体制は特に緊密な集団や地域行政、または小国に適しているからだ。実際、運営の仕事はそれほど煩瑣でないと想像される。任期は短いはずだ、というのも専門家グループができたら他の有力者らが妬むだろうから。あるいはごく単純に、素人たちをうんざりさせないためである。結局、高官の権限は有力者会議の権限によって制約されるはずである、つまり有力者らは自分で統治したがり、同輩のだれかに勝手な振るまいをさせたくない。ローマの各都市では、都会のトップにいる四名の高官は評議会のメンバーの中から一年任期で任命された。また都市評議会の議員は普通、百人ほどの有力者で構成されていた。重要な決定はすべて評議会の法案にされる必要があった(133)。

このような体制は、政治の継続が要求されず、また業務があまり専門的でないときしか機能しない。有力者は都市を運営する素人である、なぜなら有力者にはその暇があり、またその社会的優越性が一般の尊敬を集めているからだ。そこで有力者には二種類の活動がある（その活動は仕事とか職業とは見なされない）、まず第一に、かれらの経済活動は豊かな生活をもたらし、第二に、政治活動は本当の威厳と見なされる。かれらの身分的義務は都市の運営、つまり *bios politikos* のために手間と財を提供することである。かれらは政治（*politeuesthai*）をしなければならない。政治という語は、ここでは英語の *policy* に対する *politics* という意味で用いられている――政策を選ぶのではなく、何もしないというよりはむしろ公務に励むことである。都市の独占的な支配者になる所有者らはかれらの属する階級から徐々に公式または非公式に集団となる――かれらが都市の実権を握っていると見られているうちに、結局、世論もそれを正当だと認め、その実権が他の者にわたらないだろうと認めるようになる。その政治的特権は所有者階級の利益の一部になる。事実、ある階級、ある集団、またはある個人が社会的格差をつけると、その格差のすべての面とすべての手段に強固な関心を持つようになる（当然、経済面での手段とあり方も含まれる、ただしそれは独占的または優先的でなくてもよい、なぜならその必要がないだろうから）。

有力者は都市の独占的支配者になると、一般の特権者のようにその社会的格差から一種の義務と主張をつくる。かれらは独占する都市に強烈な愛を感じ、同僚に対する義務に燃え、互いに身分的な義務を果たそうと励ましあい、できるだけ少数の仲間で特権を保持しようとし、その価値を守るためには自分らが不可欠な存在だと判断する。地域的自治はかれらの社会的格差の砦である。

社会的権威と庇護

次のことをつけたさねばならない――有力者は富から生じる威光のおかげで権力の座についている。ところでウェーバーの言う政治的権威にふさわしい同じ富が、他のすべての分野においても有力者らに権力を与えている。約二、三百万平米の土地を所有する者は物質的にも精神的にもある地域全体の支配者である。日常生活にも権威的現象や支配する者とされる者の差別がある。有力者の政治権力は一般に社会的権威の一面にすぎない。その権威が有力者らの自由恵与指向を説明する。

有力者の自由な庇護（今度は社会的意味において）はほとんど普遍的な事実である。十九世紀のヨーロッパには、まだ土地所有者のエリートに任された自治体が存在していた。次に、テーヌ（パリ・コミューン以後のテーヌ）がどれほど感激しながらイギリスにおける農村の共同生活を描いているかを見てみよう(134)――「選挙も無用であり、上からの指名の必要もない――町では、大地主が立派で著名な首長になっている、かれは地元の古い住民であり、友人や保護している人々や小作人らがいるので勢力があり、大きな財産があるので地域の問題についてはだれよりも関心が深く、幾世代も前からその家族が動かしてきた利権と実力では熟練者であり、さらに教養があるので有益な助言ができ、影響力があるので公共事業を成功させている」。さらにテーヌがつけたしている説明は、ギリシアの教養ある有力者や、たいていはギリシア語に通じている多数のローマ有力者にぴったり当てはまる、「加えて、他の貴族階級の者らと違い、かれらは教養が高く、リベラルで、よく旅行をし、ギリシア語、文学、修辞学を心得ていて、よく本も書く」。かれらは恵与者でもある、「ある者は自費で橋を造り、ある者は礼拝堂や学校を寄贈する。要するに、かれらは自費で、無知な者や貧しい者に正義と行政と文明を与えている」。

テーヌの結論はこうだ、「法形成の上に社会形成が広がり、人間の行動は既成の堅い鋳型に無理やり押しこめられる」。そうかも知れない、だがその鋳型はどこからくるのか。特に産業革命前の社会において、政治的、社会的権力が土地所有者の手にあるというのはどこからくるのか。ユスティニアヌス帝は書いている、「かつてわれわれの制度を築いた者たちは、各都市に有力者（*nobiles viros*）を集めて評議会を組織し、公益を手際よく運営させる必要があると判断した」[135]。ローマ帝国において、大所有者たちは公職の身分をつくった、したがって裁判官職もつくった。国家機構は各社会団体の力関係を表わすが、いかなる過程でそれらの団体が表わされるのか。

所有者の権力はその「物質的」優位からくる、それは分かる（経済的手段は希少な材料であり、ほとんどいたるところで必要不可欠である）、だがそうなる理由は多様である。富は多くの時間を自由にさせてくれる、有力者は暇人であり、その土地の農民（奴隷と、それ以上に多い小作人）が有力者のために働く。有力者には才能があり（テーヌが強調するように）、また特に偉そうに命令する。そのような権利があると若い頃から覚えたのがかれらの主な優越性になっている――ガエタノ・モスカは、政治的貴族階級が永らえたのも、子供の知性を育てるよりも命令できる性格を子供にたたき込むほうが易しいという事実からきているとしている。さらに、有力者が仕事を覚えたのは、教育を受けたからではなく、家庭において職人のように見習ったからである。しかしかれらだけに行政能力があるというわけではない――ローマ帝国の都市では、公職奴隷（経験豊かな役人であり、書類の専門家）あるいは大所有者の番頭なら、確かにその能力はあった。ただ、有力者は金持だから、自分のためにも行政をやってみたい、なぜならそれは名誉であり、さらにその仕事を続けられる資力もある。古代都市はそのように形成されているから、農地では小作人、町では召使いや職人たちが有力者の指揮下にあって命令を受け、町の人口の大半を占めている。どの有力者も実際に自分に依存する人々にしか権力を振るえない、しかし有力者全体は他の者の総体よりも権力が大きい、なぜならいつでも有力者どうしで結束できるからだ。

おまけに、有力者の権力は機能的ではなく、社会生活全般に及び、すべての偉さを集めているからその権力は威光に包まれている。だからかれらは金を乱費して、金権の及ばない領域をも支配しようとするような卑しい金持ではない——かれらはどこから見てもエリートであり、恐れられるというよりは尊敬されている。金持は優れた身分の者である、つまり仕事の分割がおおまかで、威光の尺度が多様でないあいだはそのとおりである。威光だけでも、富があるので政治権力を持てる、だがそれは富の物質的効果によるのではない。かれらには当然政治的権力がもたらされる。どの団体においても、その組織が厳密に機能化されていないときは、最低の公正さ、つまり個人的利益の最低限の均質性が確保されるや否や、長官と見なされるのはもっとも逞しい人物、もっとも賢い者、またはもっとも金持である。プロヴァンス地方のブドウ栽培者、つまり誇り高く独立した人種の村々では、村長はもっとも裕福な所有者の一人であることが多い。かれの同輩は村長に対して何の弱みもないが、自分らの優秀性の勝利者として村長を敬っている。機能的にもっとも優秀な人に統治されるというのは高い教養の考え方である。素朴な時代ではもっと非合理的である。最高で優秀な者に統治されたいとしても、それをもっとも一般的に代表するのが富なのである（別の場合には、私生活の立派さ、人道的または儒教的教養、科学者的名声などもある）。かくて威光だけで、非機能的な結果と格差に到達できる——威光のある者は下から見上げられ、たんなる主体者とは見られない。その優秀性は美しい絵を鑑賞するようには賛美されない——そこには優越性があると思われ、その優越性が威光のある者に権利を与える。

威光または能力の尺度のあいまいさは経済的圧力の手段と合体して、有力者に、政治に限らず、その威光を介して社会生活全般に及ぶ権威をもたらす。社会生活は自発性と権威をさまざまな状況において想定させる——権威ある者だけが何かを始めたり、正当化する権利がある。川に渡し船を設置すべきか、沿道の地主の自発的事業で村道の建設を企画すべきか、典礼問題を解決すべきか、公共的祭典を準備すべきか、よい改革か滑稽な改革かを決定すべきか、などを決める。人間は基準を守る動物である。ある事柄にほとんど同等のやり方が沢山あっても、どれか一つがよいとされるだろう、だがどのやり方か。村または都市においてそれを決めるのは有力者である。その人だけが知っていて、他の者たちは耳を傾けるだけでよい、発意が期待される、だれも先を越さないだろう。ただ有力者だけが妬まれないでそれができる。この社会的リーダーシップは有力者の財布を空《から》にすることが多い――介入する権利と資金があるからには、その町で行われるすべてのことに責任があるからだ。

ところで、われわれの研究領域内では、とるに足らない個人に起こることでも、それが普遍的な価値に関わる場合は、すべてわれわれの関心事になる。政治や宗教が問題になるや否や、他人の頭にひらめくことは、たとえ観念的なことであってもわれわれの気にくわない。同様に、もし傷んだ藁ぶき家の屋根の下で見るに忍びない悲惨があるなら、慈善に対するそのような侮辱は公《おおやけ》のスキャンダルとなり、有力者が介入しなければならないだろう、なぜならかれはどんな場合でも、堪え忍ぶのでなく行動する階級に属しているからだ。かれのほうが役人より介入しやすい、なぜなら役人は国家の伝統的な職種別に活動が制限されているから。したがって、もしわれわれが目的原因論者的気分になれば、庇護や恵与指向についてもお役所的な説明をするだろう――それは目的によって説明されるだろうから、結局、国がしないことをするということになる。

人々がアメリカ流に自分で組織しないかぎり、また中央権力が遠くで繁栄しても日常生活に直接介入しないで、ただ想像力に話しかけるだけなら、有力者に任された庇護は続けられる。そうでない場合、自発権は聖職者か活動家に握られる。さもなければ政府だけが平等主義的感情を損なうことなく自発権を持つ。

権力の三つの起源

有力者の社会的権力を考察すれば、社会は、国家的機構を有さなくても「自然な長官」のおかげで単独に存続するというオルレアン派的観念に達する。それは、もし間違いでなければ、モーラス的観念である、つまり周知のようにモーラス主義は産業革命前の残存物であった（その主義者たちの社会的構成員にいたるまで――土地所有者、自由業の人たち）。

自然な長官と言った。もしわたしの計算に誤りがなければ、権威に到達する道は少なくとも三つある、そしてそのうち、二つは恵与指向へ向かう。

〔一〕ある時は、たんなる委任を受けて権力を掌握する。主権的人民から選ばれた者、あるいは国王から指名された首相は委任された期間だけ権威の実権を掌握し、統治する者とされる者とのあいだの避けられない格差は、主権が人民にあろうとなかろうと、統治する者らのほうへ有利に働く（選挙はすべての人の意志を反映する受託者を選ぶのにほとんど役立たない、なぜなら選挙のやり方ほど気まぐれで、いい加減なものはないからだ、それでも受託者が権威の保持者であると思いこむのはさまたげない）。受託者は思いどおりに権力の座についておれない、つまり君主から委任を解かれたら何者でもなくなる。こうして委任された権威はカリスマ的な後光に包まれることは絶対にありえない。またその権威には個人的性格もない――個人はその役目の背後に消えなければならない。そのような人は決して恵与者にはならない。

〔二〕またある時は、世襲国王流に権力を掌握する、つまり法学者の言う主観的権利によるのである。国王はすべての人の幸福のためにその権力を行使しなければならないが、それでも農地や家を持っているようにその権力を所有することになる。命令するのはかれであり、他の者ではない――そうだから、そのとおりである。統治される者は国王の権利の物件でしかない。この王国の持主は個人の名において命令するのであるから、より高い機能への奉仕者にはならない、もしそうなればかれはその機能のうしろに消えてしまうだろう。そこでかれはカリスマ的後光に包まれる。これがローマ皇帝の場合であり、皇帝は自己流に恵与者となるだろう。

〔三〕最後に、権威が「自然な長官」の手に落ちる場合がある。ちょうど熟した果実が落ちるように自然的である。その権威は与えられるものでないように奪われることもない。この長官たちの権威は客観的理由、経済力、威光、さらには政治力から来ている（つまりそのカリスマ性から来ているのであるが、このカリスマ性という語の恐ろしくあいまいな意味とは違った意味においてである）。自然な長官はその地域または都市に関する責任を委ねられているのではない――実際的にかれにはその責任がある。かれは、なんらかの職務に任命されて、それを果たすために財政その他の手段を提供しなければならないような存在ではない――その地域はかれの問題であり、かれは必要なことをすべて行わねばならない、なぜなら現実そのものがかれになすべきことを言いつけるからだ。かれは運命共同体である――かれは恵与者にならねばならない。

優越性の累積、または専門化

有力者の社会的責任は、その責任の結果にすぎない政治権力をはるかに越えるので、その権力がなくなっても存続するだろう。自治都市としての組織を知らなかった中国[136]においても有力者は公共事業の庇護者であった――灌漑はかれらの仕事であり、ヴィットフォーゲルの説にもかかわらず、それは帝国的独裁主義の仕事ではなかった。中国の紳士階級は地域経済の運営を監督し、財政が不足したり、官僚に横領されたときは支払った。地方の専門研究では、公共事業への紳士階級の参加の例がきわめて多く提供されてい

体面を失わないために金持だけが集団の利益を守る資金と権利と義務を有している。すべての優越性が金持に独占されていた時代には、一般の要望に応えることは自由恵与指向の動機になる。そのことは十一世紀でも十九世紀と同じほど確認されている(137)。

そこにロベール・ダールの意見が認められる——産業革命前の社会では、優越性が累積される。土地所有者なら、だれでも権力、文化、さらにすでに見たように影響力も掌握する。経済発展とともに利益がよりよく配分され、いっそう格差が生じ、専門化が進むなら、そのような優越性の累積は終わる(138)。古代社会における不平等は土地所有と身分に関係がある、だが近代社会では、仕事の分担に関係する。産業化以前の社会は金権政治であり(139)、貴族には富があると思われ、その富が威厳によって尊敬と正当性を引きよせる。政権のない最初の所有者階級はブルジョアジーであっただろう。われわれのあいだでは、富と権力と威光と影響力はある程度切り離されている、われわれの主権的議会は主要な土地所有者によって構成されていない。

だがなぜか。なぜなら各種の役割の累積が当事者には重すぎるから。だから活動は専門化され、威光の尺度も多様化する。大臣と会社社長のどちらが偉いか。同時に二つの道を選ぶことはできない、なぜならいずれもフルタイムで働かねばならない難しい仕事だからだ。昔、貴族は別に勉強をしなくてもすべてを心得ていたが、いまはすべての優越性を累積できない。さまざまな活動があまりにも多忙となり、またあまりにも複雑化したメカニズムを活気づけるようになれば、それらの活動は分割され、それぞれの活動は威厳でなくなり専門となる。各自は自分の威光の尺度で優秀になればよいだろう。ある活動が威厳を持つのは、ただ閑職か、それともせいぜい素人仕事の場合だけである。威厳か専門か。当事者も迷うときがある。それが威厳だとしても、有力者でない者にはふさわしくない、でなければ有力者は面目を失うだろう。

またそれが多忙な業務なら、逆に一般の人に任せるかも知れない、時にはその人のほうが有能である。古代の有力者は公務に参加するのを身分的義務と心得ていたから、その唯一の威厳を他人にゆずらなかった。もしその時代に経済が本当の専門職を必要としていたら、かれらはその専門に没頭して、都市の運営を政治家階級に投げだしていただろう。

あらゆる職業のうちでもっとも新しいのは経済であり、もっとも古いのは恐らく軍職であろう。政治活動は長い間たんなる威厳にすぎなかった。すべての有力者が政治活動に尽力すると見なされていたので、政治はだれの職業でもなかった。だが威厳はあった、なぜなら命令は威光であるからだ。古代の有力者は自分が大地主だとか大商人だとは決して墓碑銘に書き残そうとは思わなかった。そのかわり、自分の都市の元高官であったと述べることを忘れなかった。そこから古代社会における明らかな政治的固定観念が来ている。そこから有力者が暇人であるという別の体裁も来ている。

一二　仕事、暇

そこで多くの混乱した問題に突入することになる。

有力者は暇人であり、それを誇っている。かれは政治に尽力する。だが「働く」とはどういう意味か。どの有力者も多少は忙しい経済活動をしている。かれは領主のようにそれを軽蔑しているだろうか。領主的精神とブルジョア的精神は両立するだろうか。仕事と利益を軽蔑すれば経済を阻害しないだろうか。また恵与者精神とブルジョア精神は両立するだろうか。資本家は庇護者になれるだろうか。経済的合理性と寄付をいかに妥協させるのか。贈り物をする人は見返りを当てにする、少なくとも感謝か威光という形で。かれは時を「当てにする」、だが時は質的で、弾力的で、不安定である。ただ高利貸しだけは領主でないから年月の数え方を知っている、つまり金利……を引き上げて危険を回避できる。

読者はなじみ深い問題性を認めるかも知れない。それは部分的にゾンバルトの作品、つまり豊かさと明晰さとともに理論的強さのある傑作『近代資本主義論』ではなく「ブルジョア」に関する小論である。古代の有力者たちが何で食っていたのかはほとんど分かっていない。かれらの像の台に刻まれた碑銘や表彰的な碑文にも書かれていないし、文学作品でもほとんど触れられていない。ただ疑えないことはかれらの主な収入源が土地所有であるが、それだけだろうか。原資料の沈黙、さらに金儲けに対するほとんど一般的な蔑視から考えて、有力者らが絶対に商いをせず、農業に頼っておれば働かないですむと思われていたと結論すべきだろうか。社会的面子、仕事の軽蔑、政治だけの威厳、それが古代資本主義を阻止したと言われる。ゾンバルトは書いている、[140]「二つの基本型がある、つまり金を使う者と貯める者、領主的気質とブルジョア的気質」。前者、領主は「外見的な財産に無頓着だから、それを投げ出す、なぜなら自分の立派さを意識しているから。他方、後者はその財産を蓄える」。領主または有力者は、資本家精神の基準とされる無制限の利潤追求でなく、家名の政治的名誉を狙う。「仕事を蔑視した古代貴族階級は、金持が経済的なことに興味を持つべきではないという考えに支配されていただけでなく、その財産も体面上の出費がかさんで急速に減少するという危機にさらされていた。まったく生産的な仕事をしないで、土地からあがる収益で生活する階級は消滅する傾向にある」。[141]

以上の考えは不正確というよりはむしろあいまいである――図面はおおざっぱであり、解剖はぼんやりとしか分からず、歴史の筋肉も弾力性も見分けにくく、分からない。その歪みを修正し、暇の観念と仕事の関係をはっきりさせてみよう。そうすれば、領主が企業家になれず、ブルジョアが庇護者になれないことが本当かどうか、分かるだろう。

本質、活動、威厳、職業

観察者がクロノメーターを持って、人々の日常の行動を追って分かることは、その人らが何をしているかという評判とはほとんど関係がない。仕事という語が活動を示さないで、一般大衆の儲けの薄い労務を表わすことは今さら指摘するまでもないだろう。「暇」は無為や清貧と同じではなく、富と同じである。「働くことを軽蔑する」とは「あなたの経済的利益を無視しなさい」ではなく、「あなたの富で独立しなさい」という意味である。ここで六、七の概念をはっきりさせておく必要がある。個々の有力者には客観的な活動があった、そのおかげで有力者は金持であり、また普通の労働者と同じほど忙しい、だがそれは仕事のうちにはいらない、なぜなら有力者の本質は暇人であり、独立し、完全に人間であった。紋切り型で言えば、その活動は農業以外には考えられない。しかし有力者は他の職業につくこともできた、たとえば修辞学者、哲学者、詩人、医者、闘技者。一般に有力者は政治生活を送った、それが唯一の威厳だった、だから社会的に尊敬される称号を手に入れ、それだけを墓碑銘に残した。社会の枠から引退して、臨時かどうかは別として、何らかの任務、たとえば皇帝に仕える個人の場合は除こう。有力者には暇人としての本質、経済活動、政治的威厳、さらに文化的職業を持つ場合もある。この有力者を当時の商人に対比させるなら、商人は経済活動を本質とし、それは社会的に認められる職業でなく、たんなる専門である。

暇を本質とする者だけが完全に人間であり、市民である。プラトンは書いている、「仕事をすべてほかの者にやらせ、農作業は農奴に任せ、立派な暮らしができるほどの分け前を取っていて、生活に必要なものに困らないような人々のためには、どのような体制を制定すればよいだろうか」。これは『法律編』[142]の準ユートピアである。現実派のモラリストもおなじような意見である。アリストテレスによれば、どこに幸福があるかを言わねばならないとすれば、ある種の生活は問題にならない、つまり暮らしに追われている人々だ、奴隷、農夫、職人、小売り商人らは幸福になれないだろう。だが気ままに暮らせる資力のある人々は幸せだろう。そこでかれらは次の三種の暮らし方から選んでいることが分かる[143]——生活に理想的目標を持たない享楽的な生活、政治的生活、最後に、文化人となる哲人的生活がある。暇人だけが最高の市民である。「市民の完全なタイプはたんに自由人を指すのでなく、必要な仕事を農奴や職人や作業員にやらせて自由な人だけである。この働く者らは美徳や功績によって公的な名誉を受けるような制度の下では市民になれない、なぜなら労働や作業をしていては美徳にはげむ余裕がないからだ」[144]。この考え方が通用するのは産業時代のはじめまでである、だからカントもヘーゲルも同じような言い方をしていた[145]。

暇は経済的独立を意味するから、古代における農業の礼賛は土地所有の礼賛である[146]。大きな富がなければ立派な家柄はない。有力者であることは最低の富を前提とし、富を失えば長く生き残れない。また優性は累積できるし、威光の規模も分割されていなかったから富だけが社会的格差をつける手段だった。富は職業的階級制における成功のしるしではない。富があれば有力者階級に参加できる、この階級には金権政治の様相はない、なぜなら富は他の優秀性も併合するから。この階級に属する者はすべて働かない、なぜなら働くというのは農奴のように体を使うことを意味するか、管理人のように他人のために働くことを意味するからである[147]。有力者は多忙でないというわけではなく、その財産の管理具合を監視したり、独立を確保するための活動を行なったりするとき、あすの心配をしないでそうしている。経済的に何事かに依存していなければ、人は働かない。有力者の活動は職業的ではない、というのも経済は経済として認められていなかったからだ。その活動は専門でもなかった、なぜなら専門は有力者の本質にはないから。有力者は専門によって定義されない、有力者はソクラテスかクリトンであっても、船舶艤装業者やオリーブ畑開拓者ではない[148]。

各有力者がその独立を確保するための非本質的な活動は、食べたり呼吸したりする必要と同様に、伝記的価値のない必要性にすぎない。しかも原資料ではほとんど語られていない、ただその活動が特に際だっていたり、優れているときは例外である。ちょうどわれわれのあいだにおける作家や芸術家の伝記と同様である。有力者の事業は主として農業であるが、その事業は時には二次的、三次的である。歴史を通じて、貴族の銀行家や商人がいた。フェニキアの領主は海賊であり、同時に同じ自発性と熱意をもって交易をしていた。加えて「臨時商い」*Gelegenheitshandel* という臨時収入もある[149]、これはしばしば上流階級の資金源としてきわめて重要であった。ある時、トクヴィルはボーモンに宛てて書いた——仕事をしなければならないが、仕事におぼれるのはいけない、と。経済活動がほとんど組織されていなかった時代では、お偉方たちは思いがけなく金が転がり込むチャンスを探し回っていた（そのようなチャンスは絶えず見つかった）。それはわれわれのあいだでは、抜け目のない商人と見なされるものである。

有力者には、そのような活動のほかに政治上の威厳がある。終身のローマ元老院議員または自治体の評議会議員になったり、生涯に二、三度、一年間の高官か神官につき、それだけの肩書が墓碑銘に刻まれる。ある活動が職業的に社会的な感謝を受けるだけでなく、公的な制度の上でも感謝されるなら、その人には威厳が備わる。それは常に認められる威厳である（だがこの威厳は職業を示さない、なぜならその公的責任性は個人的選択の領域を越えているから）。その威厳は素人に示される場合が多い。われわれのあいだでは、死亡通知書に「元大臣」とあれば、故人が職業的政治家だったと思われる。古代では、「元行政官」

ということは、故人が大商人であったが、一年間、行政官であったという意味である。その人はクラブへ出かけるように自治体の評議会へ行くが、頭の中は商売のことでいっぱいだった。

政治以外に社会的尊敬の尺度はなかった、例外的に職業としての文化活動がある、たとえば「プラトン学派哲学者」、「修辞学者」、好きな神様の私的な神官。暇人は経済的、政治的な活動をしても、まだ暇な時間が残る、だから名誉ある独立を楽しむだけでは満足できないで、社会から認められる職業に余暇を当てることがある。その職業は、経済的束縛なしで自由に選べる。その職業は、有力者の独立を確保するような経済活動を兼ねてもよいし、反対に、まったく収入にならないので、収入源を別に求めなければならないこともある――重要なことは、その職業が名誉あるものだと認められることであり、必要に迫られてやらざるをえないなどと思われてはならなかった。またその職業が収入を増やし、独立して暮らせるようにしてくれることも重要である。

「生活様式」、分類、紋切り型

だから有力者は社会から認められない専門を選ぼうとはしないだろう。十九世紀まで、経済は、ある時は非本質的な活動であり、またある時はたんなる専門であった、またその専門は事業主を領主と同じ身分に昇らせなかった。事実、有力者が商いをしても、商人だとは思われない、なぜならこの場合、商売は非本質的なものにすぎないからである。かれは職業としては商いをしないだろう。それは生活様式や活動の認定問題ではなく、個人そのものの分類の問題である。(150)

古代の墓碑銘は、現実的活動については誤った考えをもたらすが、集団的表現については正しい考えを与える。墓碑銘は一般人の場合でもめったに職業を述べない。墓碑銘はただ政治的肩書だけを列挙し、それで故人が有力者だったということを示すのに充分だった。同じ経済活動でも、本人が有力者であるか、ないかで、非本質的か専門的かに分けられる。われわれのあいだでは、鉄工所の主人は鉄工所の主人でしかない、一方、鉄工所の主人たる公爵は本質的には公爵のままである、なぜなら経済活動より貴族のほうが偉いから。ヘレニズム時代と古代ローマの社会では、一般人は有力者を「船舶艤装業者だ」とは言わず、「この都市のお偉方だ」と言い、それから「船の艤装をしている」とつけたしてもよい。メディチ家は、銀行家というよりはむしろ銀行で食っている貴族だと見なされていた。それはマックス・ウェーバーが言うような生活様式によるのでなかった、でなければメディチ家は貴族的な暮らしをしている銀行家と見なされただろう。それは集団的表現に基づく純粋な分類問題である。いずれ分かるだろうが、経済発展は近代社会を転覆させたが、それは内面から個人の経済観念を変えたというよりはむしろ個人の分類尺度を多様化したからである。古代の有力者が農業開拓者でありながらそのように見なされないために、貴族的な生活様式をとる必要はなく、また社会から尊重されている農業活動を貴族的な傲慢さで蔑視する必要もなかった――そんな真似をすれば、かえって事業が下手だと思われてしまい、だれの口からもお世辞が聞けなかった。かれが農業開拓者だと思われないためには、有力者であれば充分だった。それにひきかえ、一般の解放奴隷はその仕事、つまり開拓の仕事をする者と規定される。

では裕福な農民はいつか自治体の評議会に入り、有力者になれるだろうか。この金権社会では成功するチャンスはある。したがって社会的障壁は血統正しい貴族の存在ではなく、本質主義的表現であった、だから儲かる経済活動はあまり軽蔑されなかった。キケロは書いている、「商いは小規模ならくだらないが、大規模で行われるならあまり軽蔑すべきではない(151)」。すぐ、かれはつけ加える、「あらゆる収入源のうちで、農業ほど自由人にふさわしいものはない」。確かにそうである、というのも、ほとんど初期段階の経済において、自由人、つまり有力者の大部分は土地所有によって独立を獲得していたから。本質的に、有力者ならすべて土地からあがる収益で暮らしていると見なされた——それは言うまでもないことだろう。だが、もし有力者がそうしない場合はどうか。もし商取引か、何か生産活動で財産をつくるならどうか。それはもうわれわれの原資料からでは分からない——個人の分類は紋切り型で片づけられる。たとえば、かれは有力者であるからには、商売をしても大したことではなく、有力者の本質もその本人も信用を失わない、その人が何をしようと変わらない。

現代人は、有力者には土地以外の財産がなかったと結論することもあった。ポール・プティはその優れた本の中で、リバリウスを読むと、アンティオキアの有力者すべてが土地所有者である、と書いている。[152] だがリバリウス、この気取り屋で、自分の階層と同輩の尊厳のことしか念頭になかったリバリウスの沈黙をそのまま信じるべきだろうか。他の原資料、たとえば文学または碑文の資料はそれほど無口ではない。古代の農業は自家消費的どころではなかった。農地は、その生産規模から見て、輸出向けに開発されていたものもある。申すまでもなく、土地所有者は自分で専門の卸商に土地の産物や産物の余剰を売っていた（元老院議員プリニウスは書簡の中で、自分が仕事に就いている様子を語っている）。さらに鉱山や石切場、あるいは製陶の産物が農業に付随した活動と見なされた、なぜなら所有地から取れる材料が用いられ、農閑期が利用されたからである。[153] だが行動することと存在することとは同じではない、つまり実際に農業経営者であっても事業は行える。土地の収益が二次的、三次的な企業に投資されたから、有力者はほかに資本を求める必要がなかった。「臨時商い」についてはすでに述べた。[154] 土地所有者は土地の収益を多目的に活用した。有力者の中には、商取引を専門とし、習慣的、継続的に行なった者もいる。アテナイ人になった文化人で富豪のナウクラティスのプロクロスはエジプトからの輸入で巨大な財産を築いた、つまり「エジプトから香料、象牙、ミルラ、パピルス、書物、その他、あらゆる種類の商品を輸入し、それらを専門の小売商へ卸していた」(155)。結局、古代のある都市は他の都市と異なり、アキレイアやパルムーラ(156)のような都市もあった、つまり商業地であり、その土地の上流社会は未来のヴェネチアやジェノヴァの貴族階級のように商取引に励んでいた。若干の碑文が示すように、都市の有力者になった職業的商人、あるいはそのように自称している者は除こう(157)。有力者とその二次、三次的事業との仕切りは明確でなかった、原則的ではないが、人間と活動はその両面にまたがっていたのである。

なぜなら言葉の上では原則があった。ナウクラティスのプロクロスについて言えば、「かれは決して強欲でなく、非自由主義的でもなく、法外な儲けを追わず、利益を要求せず、資金で満足していた」と言われている。プロクロスが有力者の名に背かなかったことは知られている。プリニウスも名誉を失っていない。かれは自分の土地の収穫物を買いに来る商人と取引をするときには折れ合いがよく、あっさりしていると自分で述べている(158)。といっても、速急に、領主的気質が資本家的反応を抑制したとは結論できない、なぜなら以上の証言は模範的すぎるのであまり役に立たないから。金銭が問題でないときはきわめて上品な貴族はいるが、それと反対の貴族も常に存在し、そのほうが現実的かも知れない。だから有力者はその功利的な行為を貴族的紋切り型と妥協させるために気取った真似をしていたと結論するだけでよい。[モリエールの喜劇の」ムッシュー・ジュルダンも友人らにたくさんの商品を売っていたではないか。

商売蔑視

さらに第二の紋切り型がある。それは商売や商人を軽蔑するタイプである。有力者は商人が富の唯一の競争相手だからいっそう軽蔑を感じていた。すでに千年の歴史を持つこの蔑視は、経済発展につれて第二次、第三次産業が小規模でなくなり、富の主要な源泉になる時まで続くだろう[159]。商業活動が評判を悪くするのは奇妙な現象であり、すでにプラトンも興味を持っていた[160]、「売買という商売がもともと都市に少しも被害を及ぼしていないのは事実である。それどころか、つまり均等と調和のないすべての財を調和させることで均等化する人ではないか。篤志家ではないか、つまり均等と調和のないすべての財を調和させることで均等化する人ではないか。さらに貨幣の機能はその結果を現実化するものであり、それもまた商人の特徴的な役割である。そのような役割が不評で威光がないというのはどうしてだろうか」。

その答えは易しい。農業は自然が相手である、だが商業は他人を食い物にする。農業は本質的には投機でない（つまり自家消費するか、それとも余剰しか売らない）、他方、商業は最高に投機的である——商人は余った物を売るのではない。人は生きるために土地を耕す、他方、商業は人による人の開発であり、金儲けを狙う、つまり目的のための手段である。「営利業は自然に反する、なぜなら富はわれわれが求める善とはならないから。ただ便利なものであり、善以外のものを目指す手段である[161]」。

商人は金儲けのために物の価値をごまかす。商人は空間、つまり無形の実体、つまり自分のものでないものを売る。時間もまただれのものでもない、だから利息をつけて金を貸すのは不正である。同じく商売も不正である。おまけに商人は仲介者としての立場を利用し、途中で価格をふくらませる——そこに利潤がある。事実、仲介者はつり上がった値を利用する犯人だと思われる。われわれなら、物事はそう単純でないと知っている。限界効用学派は希少性と取引だけが財の価値をつくると教えた。専売とカルテルの場合を除いて、仲介者は価格が最終段階まで上昇したレベルから利益を得るのであって、その中間で価格を上げるのではない、なぜなら価値は生産者から小売商にかけて上がるのではなく、逆に販売と生産の段階を引き下げるからである——買い手の見つかるものを、買い手を見つけるときの価格でしか生産されず、販売もされない。財の価値は仲介者のレベルに来て、すでに減少している、なぜなら買い手はみずから出かけてゆかねばならないような財のために高く支払うはずがないから。この価値の差が商人の利益の元である、つまり商人は高値と不足につけこむ者である、ただしその犯人ではないが。ところが単純な意識はそのような見方をしない、つまり商人は中間価値を隔てる差につけこむのでなく、勝手に価値の差をつけていると見なされる。なぜなら単純な意識は、価値は下から上へ上がるものだと信じるから――価値‐労働を信じるからである。何の役にも立たないがらくたをつくっても、「それには大変な手間が掛かっている」というだけで高い価値がつくと思われる。ただ労働価値は「正当な価格」*justum pretium* の基礎である。商人は正当な価格をごまかす、なぜなら商人はその品物にまったく超過労働を加えないで正当な価格を引き上げるからである。もちろん商人は何もしないのではないが、その労力が疑われる――かれは旅をする、落ちついていない、またその労力の(162)対象も変わらない、つまり真面目な職人と同じ疲労がとけ込んでいる、だが職人のほうは大金持になれない。

加えて、商人の不正は、それだけで貴重な独立が得られない、つまり商人は客に依存し、たえず競争者と戦わねばならない、さもなければ息の根を止められるかも知れない。他人を開発するが、その他人の奴隷でもある。商人の考えはもっぱら生き残ることである、つまり動物の考えと変わらない。逆に農業では、限界下企業は破産しない――土地所有者は自家消費で生きるだけだ。農業経営者は取引で強引な立場を維持する必要がない、ただ物理的に生産を計画し、自然からもたらされる物を待つだけでよい。商品の価値は取引に依存する、つまり相手次第である、他方、土地の収穫物の物質的な価値は、それを食べる人に感じられる。農業経営者は自分の運命を握っている、商人のほうは賭博人か酒飲みに似ている、つまり競争に駆られて絶えず勝たねばならない、完全な敗者にならないように賭台から離れられない、結局、仕事の奴隷になる。

以上のような非難が三千年も続いたが、商人は商売を止めないし、有力者は取引を止めない。つまり「交換経済を阻止すること」はできなかった。ちょうど、それとは違った非難があっても、政府は統治を止めなかったし、警察は職権の濫用を止めなかったのと同様である。古代における有名な仕事蔑視も貧しい人に仕事を止めさせることはできなかった。すでに見たように、仕事という言葉は多様な種類のものを混同し、あるものは見かけだけであったり、あるものは有益な現実と多くの妥協をしている。もちろん手作業への蔑視と土地所有への尊敬はいつの時代にもある。それでも各社会はそれなりに諸活動を分類しているが、その分類と現実との関係はあいまいであり、分類の原則自体も同じだとはかぎらない。われわれは仕事を軽蔑するが、暇に意義を与えない、したがってわれわれが富を尊重するのは古代の独立理想とは異なる原則によっているはずである。

だが別の問題も発生する。経済活動が社会的に認められないとき、つまりその活動が、以前の農業がそうであったように沈黙のうちに行われるとき、その活動は必然的に無視されるのではなかろうか。また土地所有者が同時に有力者であり、恵与者であるなら、かれのことを熱心な企業家であるとか、あるいはひょっとして、がめつい資本家だと見なせるだろうか。

一三　恵与指向と資本主義精神

言い換えれば、領主とブルジョアを兼ねることができるだろうか。またブルジョアであり庇護者でありうるだろうか。答える前に、まずブルジョアがいかなるものかを知る必要がある。資本主義精神はピューリタン的禁欲であろうか。その精神は、ゾンバルトの言う(163)「経済的合理主義と結合した利欲」であろうか。この合理主義という言葉はぴったりだ。ただし「無制限の利欲」でなく、むしろ「経済的合理主義が専門に行う自律性」と書こう。そうすればもっと真実に近づけるだろう。とにかくそのおかげで有力者とブルジョアと庇護者の関係にとっては、すべてが変わるだろう。

資本主義は年をとらない

まず、確認しなければならないことがある——経済的合理主義と企業精神、要するに資本主義精神は、近代西洋の珍しい特権でなく、そのユニークな幸運を説明するものでもない、これらはすべての世紀を通じ、またすべての地域において、ややいたるところに出現し、消滅している。

有力者が有力者らしくなろうとしたり、そのように見せかけようとして、企業家的な活動をするとき、能率は、仕事と社会的評価の分離によって経済が職業と見なされる専門になった時代と比べて確かに低下する、有力者は自分の社会活動の中心でない活動にはあまり関心を持たないだろうから。今日、発展途上国において、裕福な階級の相続人は「経営者」よりはむしろ弁護士か政治家になる。それはそれとして、自分の利益を守り、管理人を監視する貴族と、窮乏に甘んじるか、すばらしい怠惰に生きる貴族とのあいだには大きい空白が残る。

ところで、後者の場合は決して通常ではない。金銭的問題を軽蔑する振りをしたフランス貴族はむしろ例外である。さらにその気取りの面も考慮しなければならない。アリストテレスが、経営の術はまったく感心すべきことではなく、また大部分の所有者は執事に一切を任せて自分は政治か哲学に専念すると書いたとき、かれは同輩を評判どおりに描き、ありのままの自分を描いたのである。[164]トクヴィルが「貴族はたえず公の重要問題に気を遣い、商業や産業のつまらない世話から逃げている」と指摘するとき、かれも自分の階層を理想化している。実際には、きわめて少数の貴族しか公の重要問題に関わっていなかった。むしろある貴族は上等のワイン、狩猟、そして作女《さくおんな》に熱中し、他の貴族は領地の開発を注意深く監視していた。

歴史上、後者の場合のほうが多い。貴族の家族 *oikos* の経済がブルジョア的、精力的な企業へ向かい、売るために生産し、余剰を売るだけにとどまらないのはいたるところで見いだされる。ヘレニズム時代の有力者や寡頭政治家らは世間体をかまわず商売をし、商売の話をした。事業に成功する者の才能は高く評価された。幾世紀か前の中央ヨーロッパで、貴族階級はもはや軍事的な役割を果たさなくなり、新しい国家機構の職務や領地の開発に力を注いだ。農業大領地の制度には事業家としての貴族が適合する、つまりシュンペーターが言うように、自分の財産管理そのものが目的となる。[165]フランスでも、古い貴族は領地から遠く離れて暮らし、管理人の横領にまかせるが、一方、法服貴族は土地が収益を生むと見なし、土地の開発を監督していた、それでもパリ、エクス-アン-プロヴァンス、ディジョン等の高等法院における仕事上の威厳を保つ妨げにはならなかった。[166]古代では、恵与者たる有力者階級はアジアやアフリカにおけるローマ帝国の属州に信じられないほどの繁栄をもたらした、そのことは都会や田舎の遺跡をはじめ古代領土の航空写真によって明らかである。今日のチュニジアやトルコはまだその時代の繁栄にまで復帰していないほどである。確かにその有力者階級はぼんやりした庇護者ではなかった。

そこでゾンバルトの言う資本主義の概念に含みを持たせるべきだと結論しなければならないだろうか、なぜなら現実は汲みつくせないから。そうは思われない。もちろん、どの理想型も単純化される、だがそのためにこそ、決して含みを持たせるべきではない――理想型は詳細を様式化するのでなく、詳細に触れない。たとえば犬の概念は、その動物が灰色でなくむしろ黒色だとは説明しない、ただ犬は哺乳類に属すると言うだけであり、毛色のことまで述べない。概念は、歴史的印象主義によって含みを与えられるのでなく、修正されるのである、そして修正されるのはその概念が間違っているからである。また、間違っているとしても、その表現がまずいからではなく、間違った判断に基づいているからである。ゾンバルトによる資本主義の定義は間違っていない、でなければ適合しにくいだろうし、多すぎる例外をその余白につめこまねばならないだろうから。その定義が間違っているのは、ゾンバルトが企業精神をよくない動機のせいにしたからである、だから規則も例外も説明できなくなる。

歴史がそのことを証明している――経済活動を理想とせず、何よりもまず特権と派手な出費でもって格差を保持しようと心がけた階層は、それでも企業精神に動かされることが多かった。だがそうでない場合もあった――管理人から生計を維持するのに充分な金を引き出すだけで満足し、それ以外は、領地の半分を荒れるがままにしておいた。だから資本主義精神には主体者の目的または主体者の生活様式とは関係なく独自に発展するという奇妙な特性があり、また単純な偶然を含め外因的ファクターだけで発展するかどうかが決まるに違いない。

合理主義と自律

もし資本主義精神が、社会的目標、あるいは実存的態度、つまり力への意志、禁欲、または利欲以外のことで説明されるとすれば、そのとおりだろう。この精神はもっぱらわれわれを何事においても合理的にやらせようとする普遍的傾向を現実化する、たとえば戦争、政治、哲学、スポーツ、あるいは西洋将棋でもよい。この傾向には自己を満足させようとする目的しかなく、成功欲では説明できない。ところで、すべての分野において、手段の合理化は、目的に対する自律を手段に与えるという結果を招く――結局、管理のための管理をすることになり、常に政治目的に奉仕するはずの目的から独立して戦術を育成するようなものである。ゾンバルトが精神性の特徴と見なしたもの、つまり利益愛はその手段の自律にほかならず、その自律は十九世紀における経済変化とともにやがて経済の専門化となる。資本主義精神、つまり企業精神はすべての世紀を通じてあちらこちら、いたるところに見いだされるものであり、合理的に結合された諸活動が内的な発展法則に従って無制限に発展する能力として説明される。それは無制限な利益愛ではない。わたしは十九世紀の大資本主義がそのように説明できるとは言わない。それどころか、別の要素が働いたというよりはむしろ絶対的な新しさであることが分かるだろう。だが物事を勝手なやり方でやるよりは合理的に行う趣味だけで、過去に散在する企業精神の群れを説明してくれるだろう。その精神は平凡なものである。一定の歴史時期の産物ではない、不規則に現われたり、消えたりする。合理性の他の分野でも同様である。アルフレッド・マーシャルによれば、古代ローマ人は征服するために近代資本主義的といえるような腕を振るった[167]。同じく、国家の自律や継続性の観念も不規則に現われたり、消えたりする。シャルルマーニュ大帝〔カール一世〕またはアッバース朝にはその観念があったが、弱小カロリング朝や〔トルコの〕セルジューク朝には見られない。

もし企業精神が利益を動機とするなら、庇護や無償の行為を抹殺するだろう。だから中世の商人は晩年に財産の一部をキリスト教会へ寄進し、すべての財産を再投資しないのを見れば、その商人はまだ完全に資本家でないと決められるだろう――その心は分裂していたということになる。資本主義は利益を唯一の目的とするはずである。ポウラニーはアリストテレスを称賛する、なぜならアリストテレスは「人間の目的を生産にあるとする近代世界に反して、人間を生産の目的にしている」からである。

それは確かだろうか。わたしが今までに出会ったいく人かの資本主義的企業家は利欲愛に動かされていたとは思われない。モリエールの「守銭奴」、シャイロック、コール・ガール、その他、前資本主義的ほどでないことは確かである。企業家らは何よりもまず職業的成功を追求したと思われる。かれらは利益を最大にしようとはしなかった、むしろ資本の予備をとっておき、適度に短期で、あまり不安定でない期間内に投資した資本の返済をしてもらおうとする。要するに「頭を水面に出しておく」ように心がけたのである。バルザックの作中人物というよりはむしろ用心深い専門家であった。利益への情熱がないときは、かれらのうちのだれかが文化センターを設立し、修道院を復元し、代議士に選ばれ、あるいは日常生活または派手な情婦との生活で金を蕩尽したことも容易に想像されよう(168)。同様に、中世における商人の生活は二重生活であった。表舞台では経済の専門家であったが、町では最後の日に創造主から罰せられそうな人間だった。経済を度外視した行為は今日のほうがアリストテレスの時代より名誉があり、はるかに高い名誉である、なぜならはるかに多くの費用がかかるし、その金がどこかへ行ってしまうはずだから。

資本主義精神が手段の自律となるからには、その精神は人間の心と社会の目的を自由にしておく、だから社会の目的は当然、経済を度外視したものであり続ける。近代社会を特徴づけるのは、生産を目的とするのでなく、生産する者らをもはや目的に専念させず、手段と方法に熱中させることである。それは仕事の分割である。庇護、政治、または慈善事業は生産と金儲けの熱情に置き換えられない――人は生産という部分的業務に制限され、目的に参入しない、その目的が信仰、政治、あるいは誇示のままでもよい。資本家は、すべての専門家のような機械的動作で生産するために生産するロボットであり、ちょうど役人が規則に従い、規則をそれ自体の目的としているように機械的である。方法を計画的に適用すれば能率が上がる、だから多くの金が再投資に使えるし、非経済的な目的にも使えるだろう。要するに、中世の商人が資本家であったかどうかを知りたいなら、その商人がキリスト教会へ財産を遺贈したかどうかを調べないで、方法を合理化したかどうかを検討すべきだろう。

利益、力への意志、禁欲か遊びか

経済の自律性および十九世紀以来の専門化――それは資本家が日常的な意味で利益に動かされないという意味である。社長は利益に動かされていない、自分の職業的成功のほうに関心がある。利益に動かされた行動とは、いったいなんだろうか。それは実利を目的とする行動であるかも知れない――わたしは財産を手に入れようと励む。それは合理的な行動であるかも知れない――わたしは自分の財政を安定させたいのだ。最後に、それは飽くなき欲望かも知れない――わたしはみみっちく銭を貯める。経済的職業は二番目の意味に関係がある（合理的だ）、また、次の四番目の意味にも関わる――その職業は自分の成功に関心がある。

ところで、それは古代の有力者の場合ではない、この有力者はたとえ合理的に振るまっていても、経済の専門家ではなかった。有力者は合目的性に関心があった、なぜなら自分の社会的地位を維持または向上させるために土地からあがる収益を必要としたからである、だがその生産に成功しても職業的にうぬぼれるようなことはまったくなかった、そんな感情は自由人にふさわしくなかったからである。土地の収益は他の活動、たとえば政治活動か文化活動、つまり自分の職業または威厳で成功させてくれるか、それとも自分の本質にふさわしい独立生活に役立った。職業的商人が合目的的な効用を狙うのは当然である――かれは商売で生計を立て、立派に暮らしている。だがかれは商売で得られる喜びのすべてとともに商売の成功も狙う。その点では、商人も他の職業人、たとえば役人や軍人と変わらない、この人たちは公金を節約したり、戦いに勝つことにすべての職業的関心を注ぐ。

その職業的成功への希求が力への意志と見なされた。資本主義も力への意志と見なされる名誉を得た。それはあまりにも名誉すぎる、なぜなら帝国の建設者たちは経済においても政治においても例外であるから。それでも「力への意志」はまことに不適切ながら三つの真実を明らかにしている。資本主義は、欲求において自律的であり、また欲望より複雑化しているという点で不合理に見えるかも知れない。企業はそれ自体のために発展し、その政策も国家の政治と同様に複雑である。その政策は可能なかぎり金を蓄えることにはない――事業上の友好や著名なイメージもまた重要である。しかも「経営者」は、ほとんど一般的に、部下に命令をするのが好きである、だからどこの事務所、小教区、大学、またはコルホーズでもニーチェ的な英雄を頂点にいただくだろう。結局、取引の法則は資本主義に野生ジャングルの様相を与えることが多い。だが常にではない――闘争的寡占は法則でなく、会社は一般に戦いより協定を好む。

またとりわけ、ある活動の実施とその結果を区別しなければならない。ある種の活動は力を生みだすが、その活動の実施には、力への意志よりはもっと繊細な能力に訴える。専門であるかどうかを問わず、各自は企業からできるだけの喜びを引きだす――成功すること、有名になること、繁栄すること、競争相手を支配すること、配下を振り回すこと、人間と物に対して戦うこと。だが資本主義の起源（社会主義の起源も同様）は、何らかの活動分野がある程度複雑になるや否や、合理的能力を発揮しようとする人間的傾向である。一言で言えば、「経営者」の仕事はおもしろい、ちょうど西洋将棋をしたりバイクのエンジンを修理するのがおもしろいように（修理工の仕事がもっとも退屈しない仕事の一つであり、流れ作業の仕事がその反対であることは周知のとおりである）。

どのような合理的活動も喜びをもたらす。逆に成功の追求は合理化の根源にはない。ある行動の合理化には真の転換が含まれる。すぐ支払われるような単独の新技術を採用するのとは違う。合理化のほうは競争に促されない、むしろ競争の法則を変える。単純な成功欲はあまり行き過ぎない、平凡な道をまっすぐ進み、脇目もしない、だから方法の迂回、つまりその王座とともに新しい王国を開いてくれそうな合理的展開の領域が見えない。だがその欲望はそんなことを望むだろうか。生産のどんな迂回も当初の遅れと金のかかる投資のおかげで未来に成功がもたらされるかも知れない、だが賭けの法則にしたがって「その場で」儲けるほうがましだ。いやでも合理化が必要になれば、そのときはじめて成功したがる者はやっとそれに興味を示す。その時には、競争に押されて他の者と同じように一定の方法に従わなければならなくなる。方法をとらねばならない、だが仕事を台なしにして、嘆くことになるかも知れない。

きっかけとしての一定の方法への転換は、歴史という歯車に「遊び」があることを証明している。すべての合理化はきっかけで行われる。幾千年ものあいだ、概念には目もくれず、ひたすら「知恵」の道、聖書またはヘシオドスの英知の道を駆けめぐってもよい――だがこの転換だけが哲学を生みだすことになる。合理化には不十分な条件として、成功の追求も必要ではない。革新者は方法を「遊びと見なす」、なぜならすべてのおもしろい遊びと同様に、方法は複雑で合理的だから。「遊びの」という形容詞があまりにも使いやすいことはわたしにも分かっている。もしそれが「不自然」を意味するなら、無限に拡張する、なぜなら偏見のない精神にとって、自然な目的は存在するだろうか。ただ動物だけが自然的である。だが「遊び」は、ある活動がその目的のほかにそれ自体で満足が得られることも意味する。戦争は、その政治的目的が勇ましい戦闘意欲ほど重要でない場合は遊びである、ただし理論的には政治的手段であるかも知れないが。どんな仕事も個人がだれにも何にも従わないなら、慣習的な場合を除いて、遊びと変わらない。

企業から得られる満足は、満たされない欲求を埋めることにはならない、つまりマイナスの除去にならない、その満足は自己を合理的なものとして現実化する喜びである。なぜなら喜びは「プラス」となりうるし、また欲求の有無にかかわらず、われわれの能力を発揮することにあるからである。合理化は遊びである。したがって禁欲ではない。

だからウェーバーの有名な説による資本主義とピューリタニズムの関係は偶然のことになり、恐らく牛の前に犂をつけるようにあべこべになる。企業は利欲でもなく、力への意志でもないように禁欲でもない。ピューリタンの資本家は信仰によって資本主義に鍛えられたピューリタンでなく、都合よく解釈されたピューリタニズムに改宗した資本家である。もし資本主義とピューリタニズムとのあいだに密接な関係があるとすれば（少なくとも両者が向かい合って存在する地方では）、資本主義がピューリタンの信仰と妥協したか、それとも信仰を名誉の飾りにしたに違いない。そのピューリタンは「投資はわたしの使命であり、神の思し召しだ」と思うが、それでも「神の思し召し」はあいまいである。本当はこう言いたいのだろうか――「禁欲によって、節約と投資に励もう」。むしろ次のような意味だろう――「わたしが好きでやっている投資の仕事は、やはり神聖であり、祝福されている。だから好きなことを厳粛にやろう」。敬虔な実業家はカルヴァン主義を資本主義に適合させた、そうなるとカルヴァン主義は大きく変わり、ついには功利主義に近い経済的個人主義になった(169)。国民全体が「暗い顔」の騎士に変身し、自他ともに厳しく、施しを怠惰への奨励金と見なす。ピューリタニズムは資本主義を生んだのでなく、それを悪化させた、つまり無駄な禁欲主義である、なぜなら合理的活動はそれほど主意主義的緊張を要求するのでなく、客観的拘束と目的があればその主体者を鍛えるのに充分であり、行動の仕方も教えてくれる。主体者らが企業を続けるというよりはむしろ企業のほうがかれらに続行を要求する。

変化——職業としての経済

それでは、もし資本主義が合理性にほかならず、また合理性がどの世紀においても現実化される潜在能力であるとすれば、われわれは歴史上のすべての時期を混同するのではないか。歴史上のきわめて対照的な事柄を過小評価するのではないか。十九世紀のブルジョアと、土地の収益を上げようと努力した古代ローマの有力者とのあいだの相違はなくなるのではないか。著しい相違があるが、それは両者の精神性から生じるのではなく、またいわゆる資本主義とも関係がない、それは第二次現象、つまり資本主義と混同されてはならない十九世紀の経済発展に関係がある。その点では、決定的に唯物論者になろう——その相違は精神性によるのでなく、客観的なものであり、いろいろな事情から来ている。有力者とブルジョアはいずれも着実に経済活動に専念できる——だがその活動には、それぞれの時代によって異なるステイタスがある。

十九世紀の絶対的な新しさは、前例のない豊かさ、つまり西洋において三倍に増えた人口に対し二十倍も生産を増大させ、それまで萌芽状態だった第二次、第三次産業に社会的活動分野の大部分を占めさせるほど豊かにした現象にある。それが諸活動の構造と威光の尺度を転覆させた。上流社会はもはや土地所有者ではなくなり、特にもろもろの優越性は累積的でなくなった。専門化である——経済活動はあまりにも旺盛となり、他の活動を兼ねることができない、つまり政治のように専門となる。その専門は社会的にも認められる職業になる——職業化である。どの時代にも、合理的に開墾する土地所有者がいた。どの時代にも、専門的な商人がいた。だが前者は立派な耕作に職業的な誇りを持たず、後者は社会的に尊敬されなかった。今では、経済的職業における職業的成功は社会的に評価されている。その結果、評価の尺度は多様化する。政治的威厳あるいは暇人の本質だけが威光ではない。それ以来、墓碑銘や死亡通知書に「社長」と書かれていても、「元大臣」あるいは古代において暇人を示した空白と同じ響きとなり、やがて墓碑銘には故人の名前しか書かれなくなる。

この社会的変革は資本主義精神とはまったく関わりがない。それは経済発展の結果であり、その発展には問題となるべき独自の原因がある（農産物の多量の余剰、技術革命、等々）。その結果、もはや十九世紀資本主義の起源は問題にならなくなる――ただ回顧的な幻想だけが中世の商人を祖先だと思わせる。この商人らは歴史のほぼいたるところで見つかる経済的合理性の核心の一つにすぎない。十一世紀以来、資本主義が存在し、それが徐々に上昇し、ついには十九世紀において勝利するというわけではなかった。ただ十九世紀に、資本主義精神と外因的なその爆発的発展のあいだに出会いはあった。零細でも頭がよく勤勉な商人が、ある時、富くじで大当たりをとり、そのおかげで生活も事業の規模も一変したとする。この大変化の原因は大当たりであり、かれの頭のよさではない(170)。

経済発展は量的な面で社会をひっくり返した――第二次、第三次産業は少数派でなくなった。ところで、政治と同じく経済においても少数派は圧迫されることが多い。十九世紀以来、経済領域は巨大になり複雑化する、それはちょうどわれわれのあいだに駐屯する本物の軍隊のようなものである。この巨大で、強力で、豊かな集団に、完全な生存権利と独自の威光尺度を拒否できようか。ローマの商人は一握りの孤立者であり、片隅でその専門に励んでいた。十九世紀の企業家は巨大な軍隊の将校である。一般人には、その将校が軍服を着て階級章をつけているのが分かる。この軍隊が職業的成功を誇りとし、独自の目的のために活動している、とつけたす必要もないだろう。すでに述べた経済の自律性も同様である。

結局、そのすべてが古代の経済について、いっそう明確な考えをもたらしてくれる。古代社会において、経済の進歩は集団的表現、たとえば労働蔑視、政治活動の重視、社会的身分への希求、豪勢な出費……によって阻害されたと一般的には指摘されている。それは不正確というよりもあいまいな指摘である。まだ経済が専門化と自律性に達していなかった古代社会は普通の状態を表わしている。その点で独創性を示すのは産業社会である。「経済」あるいはむしろ専門家の手に握られた経済の自律性は、まだ生じていなかった革新であり、事件である。経済活動における専門的成功を輝かしいものと見なす集団的表現はまだ存在していなかった。いや、存在できなかった、なぜなら経済をしてそれ自体の尺度を有する巨大な軍隊たらしめる爆発的な発展が生じていなかったからである。経済と集団的表現が人々の心中においてコルネイユ的葛藤をまじえるか、麻痺してしまうかするためには、経済が年をとらない傾向になるか、それとも永遠の利欲でなければならない、この場合、守銭奴または庇護者の心中では別の傾向と葛藤することになる。

事実上の一種の時代錯誤によって、今日、経済と集団的表現とのあいだで人為的な闘争が想像される、つまり第三世界の古い社会を別の経済、つまり年齢の違うわれわれの経済へ引き込もうという試みがあるからである。だがこれらの古い社会は接ぎ穂を捨ててしまい、経済的職業に熱中するまでにいたっていないことが確認されている。それらの社会が新しい経済を採用するためには変化しなければならない、また領主が実業家にならねばならないだろう。ところがそれらの社会は変身を嫌い、これまでの習慣どおりに暮らしたい。かれらの頭に巣くっているこの頑固さ、つまりその「集団的表現」を槍玉に挙げることができる。経済と集団的表現は抽象概念であるが、われわれはそれを現実的な物事と見なす。両者は紙の上でも戦えない、なぜならそれらは唯一で同じ過程の両面（アリストテレスの意味では、二つの「原因」）である――どのような社会にも何らかの活動がある、それは物質的効果から見れば経済的であり、その主体者の動機と目的から見れば精神的である。

すべての悪は「経済的」という言葉から生じる、それがあいまいであることは分かっている、また場合によっては物質的、利害的、合理的を意味する。今日、大商人は合理的なやり方で物質的な財を扱っているといっても、古代のアテナイ人より利にさといということにはならない。この大商人も社会的格差や職業的成功等の目的を追求している、つまりアテナイ人が修辞学者であったり、恵与で破産したりしたときと同様である。経済は決してそれだけが目的ではない。ある経済が多少発展していることは、人々が経済以外の目的を追求しているということにはならない、なぜなら人々は常にそうするからである——問題はかれらが方法を合理化しているかどうかである。

領主、ブルジョア、そして庇護者

いまやわれわれは努力の終わりに来て、領主とブルジョアと庇護者の衝突を解決することができる。われわれの大きい誤りは、日常性が人間的現実の本質的性格であることを忘れていたことである。領主、ブルジョア、かれらは確かにエピナル版画に似ている、だがいつエピナル版画になるのか。それはある社会に主軸があり、その社会がその本質的な活動で規定され、同じハビトゥス *habitus* がその態度をすべての領域に伝えていると思われるときである。これほど普及した錯誤は少ない。実際、いかなる社会、全体主義的社会にも日常性はある、なぜなら、多少ともうまく妥協しあい、多少ともやむを得ないさまざまな利害が常に存在するのは人間に本質的なことであるからだ、つまり人間はただ一つのことを考えるのではない。どれほどひどい絶望に陥っても、歯痛を忘れることはできない。同様に、暇人の本質に徹しようとしても、金の必要はあるし、経済的合理性自体に心を動かされるかも知れない。この合理性も、経済自体が決して目的でないように、社会的目的または庇護のすばらしさに惹かれてもよい。最近、一九四〇年から一九四四年にいたる本当の雰囲気について議論が起こった。これはまずい議論の始め方である、なぜならすべてが日常性を消し去る致命的な回顧的錯誤から出発したからだ。その結果、この日常性の素朴な再発見は別の方向に誇張された結論となり、映画人に、世にもすばらしい意図でお粗末な占領下を再現させている。

人間的凡庸さのために、時代によって、あるときは企業精神に長けた有力者もいたが、あるときはそうでない有力者もいた。有力者であろうとなかろうと、庇護者として行動した企業家がいたし、そうしなかった企業家もいた、なぜならある時期は他の時期と異なっているから。古代の有力者は企業家であり、庇護者であった。両者のあいだには矛盾はなく、習慣的関連もない、それはいずれ分かるだろう。

〔二〕古代の有力者は社会的格差を保持しようとして鷹揚に寄付をするから、金持にならねばならない。ところがかれは事業を発展させようとしただろうか。その社会的格差にふさわしい地位についたとき、そこで止まらなかっただろうか。

そうかも知れない、もし自由に止まることができたら、もし満足の程度がはっきり定まっていたら、またもし生活構造が日が経つにつれて大きな利益よりもますます小さな利益に向かなくなれば。日常生活は細かな技術や規律で満ちていて、それが一日のささやかな喜びである。毎日、有力者は二、三時間を割いて、土地を見て回る、それが日課の運動になるかも知れない。当然、かれはそんなことに職業的な熱意を注がないだろう、だがそれに自尊心と配慮を向けることはできる。そのようにして多くの所有者らは日々を送った。世襲財産があれば、それ以上、財を築く必要がなかった。

それだけではない――有力者が定める目標は自分にも不確定である。かれは物質的な安定と家名を守りたい。だがこれで充分に立派だということは決してありえない、なぜなら他人のほうが偉くなるかも知れないし、また安定も決して確実だとは言えないから。しかも、ひとたび機械が動き始めたら、もう止めることも、調節することもできない。投資を縮小することはできない。もし企業が農業であるなら、未来の収穫を予測できない。土地を活用して、安全な余裕を確保しておくしかない、そうすれば土地から与えられるものを期待することができよう。(171) 経済的計算が不可能だから、手遅れにならないためには、余計な手を打っておく必要がある。

それだけではない。合理的に組織された企業は、発展させないで維持することは困難である、なぜなら財産は、手をこまねいていては維持できないからだ。主要な財の現在の蓄えは、偶然的な歴史的経過の結果である。その蓄えは消費されるから、更新しなければならない。ところで、改良か増産なしでは更新できない。消耗した畑のかわりに、広い開墾地をつくる。まずい造りの家畜小屋は、歴史的建造物を復元するようには忠実に建て替えられない。資本を単純に保持するとしても、それが丹念に行われるなら、投資が必要になり、成長と区別がつかなくなる。

〔二〕庇護、恵与指向について言えば、それが合理的態度に妨げられることはないだろう、ただし有力者の財布の中身が無尽蔵でないという点を除いて。もちろん、吝嗇と庇護は両立しない、確かに合理的な人間は吝嗇でない。所有者階級は豊かな暮らしをする、ところで奢侈と誇示は容易に庇護へ移行する。ル・プレー、モス、ウィクセル、あるいはマーシャルらは現代社会の利己主義が寄付の感覚を失ったとして嘆いた。本当に失ったのだろうか、それとも無償性がたんにその対象とあり方を変えたのか。とにかく、もし失ったとしても、資本主義精神が悪いのではない。確かに、競争のためには資本を再投資しなければならない。私的収入と企業資金とは切り離さねばならないので、派手な出費は制限される。たいていの場合、「経営者」はたんなる管理人であり、企業は経営者のものではない。ところで、収益の管理を任されている者には、その所有者を犠牲にして寄付を行う権利はない、というのも主人の金を守るのが勤めであり、主人の名誉を守るように頼まれていないから[172]。

それでも資本家の庇護は存在する。億万長者は、破格的耽美主義者、キリスト教徒、または市民として気前のよい寄付をする。また大会社の庇護もある、それには二つの理由がある。会社は人格であり、その人格を発揮し、誇示しようとする傾向がある。会社には経済的合理性があり、それは会社が高い名声と業界の友好を促進させようとする。このようにして、けちな根性は、委任された財産の管理をくそ真面目に勤めようとする単純な財産管理人のほかにはあまり見られなくなっている。実業家のほうは、もっと複雑な人物を演じている。

庇護の本当の後退理由は資本家とは関係がない。派手な出費は減った、なぜなら収益の格差が比較的減少したからであり、またとりわけ政治的普遍性が上流社会に対して、優越性を正当なものであるかのようにひけらかすことを禁じたからである。したがって利己的な奢侈が寄贈に勝つ。ただ国家だけは、篤志家を侮辱することなく寄贈をすることができる。結局、十八世紀以来、宗教は信仰、道徳性、節度を誇示的事業よりも優先させる。だからキリスト教徒の大商人たちはもはやキリスト教会に財産を遺贈しなくなる、それはかれらにおいて十五世紀の祖先より資本主義精神が成長したからではない。

だれも生産のために生産をしない、つまり食べるため、着飾るため、寄付するため、または生産で成功するために生産する。その時以来、もし経済的目的と社会的目的とのあいだに衝突が起こらないなら、その代わり目的と経済的手段とのあいだで衝突が起こるかも知れない。有力者は、心の中で企業家であっても、心の中で庇護者にもなれる、だがあまり恵与をしすぎると、投資できなくなる。そこに新たな問題が生じる——恵与指向は経済的合理性と両立できるだろうか。

一四　豪勢な出費の経済的分析

恵与指向、あるいはもっと一般的に言えば豪勢な出費、つまり「浪費」は経済の成長がなければ不可能だっただろう。ヘレニズム時代と前期ローマ帝国時代は古代のもっとも繁栄した時期である。遺物のある古代都市の遺跡を見れば充分に想像できることである。アレクサンドロス大王の死から三世紀まで、帝政の危機とキリスト教の普及にいたるまでの五百年のあいだ、地中海世界には幾世紀も後でなければ見られないほどの生活水準の高さがあった。この成長が豪勢な出費や恵与を可能にした。その成長はどのように説明されるだろうか。逆に、豪勢な出費はその成長を助成したか、妨げたか。

その二つの問いに答えるためには、世紀と地方を区別する必要があろう。また古代の経済史が書かれなければならないだろう。だから推測によってその両問題を扱うほかに手段がない。われわれはこの五百年間の経済史を間に合わせにつくる考えはない——ただ、一般的に産業革命前の成長にはいかなる可能な道があるか、そして豪勢な出費がその成長にいかなる影響を及ぼすかを喚起するだけにとどめたい。古代ローマの経済がどのように成長したかは分からない、どのように成長できたかを確かめよう。経済知識をまったくお持ちでない読者には、以下のページを読まれても得るところがないことをお知らせしておくほうが礼儀だろう。

浪費と集中

ジルベール＝シャルル・ピカールはこう書いている[173]、「ローマ帝国史の根本問題は生産的投資の可能性が乏しいことであった、だから帝国は気ままに収益を使いながら、その日暮らしをしなければならなかった」。事実、その点では「帝国の状況は十八世紀までの人間社会全体の状況と根本的には変わっていない」、つまりこれらの社会も古代ローマ人のように「余剰を記念建造物の装いに石化させてしまったので、経済的見地から見れば、それは見かけは豪華でも不毛であり、付帯現象にすぎない」。この鋭い文章が指摘するように投資のチャンスはなかったのであろうか。産業投資については考えないでおこう——十八世紀にいたるまで、農業は成長の動力源のままであるから。ところで、古代の農業には投資のチャンスがなかったわけではない——ローマの世界はまだ森林や牧草地におおわれていて（その牧草地のなかにはその後砂漠になったのもある）、効果的に利用されていない。とにかく、それらの可能性は利用されていなかった、ただし可能性があるとすれば——ローマ人は、ピカールが言うように、記念建造物的付帯現象という形で余剰を浪費するほうを選んだのである。

それが価値判断であろうか。そうだ、「浪費する」というのは多様な意味に用いられる——富の源泉を活用しないこと、それを比較的非生産的なやり方で使うこと、それを投資するというよりは消費すること、それをわれわれには正当だと思われない用途または目的のために使うこと、など。ところでいかなる目的が正当なのか。国民所得を一義的に規定することはだれにもできなかった——ある集団が宗教的事業を重要視したり[174]、牝牛を神聖な動物と考えたりすれば、大聖堂や非生産的な家畜の増殖を浪費だと言えないだろう。だが幸いにも、そのような難しい問題を提起する必要はない——われわれとしてはピラミッドが本当にエジプト人に不可欠なものであったかどうかは問わない、ただピラミッドがピラミッドに代わるほかのものをつくらせないこと、またそのかわりにピラミッドがその建設者またはエジプト王に有益なものであることを確かめるだけにしよう——目的としての効用性を判断する必要のない経済学者にとってはそれで充分である。

したがって浪費とは、金持階級が余剰を投資するよりはるかに多く消費することだと理解できよう。そこで付帯現象が問題になる——収入の格差によって、余剰の大部分が所得者階級の手に集中する。ところでこの階級はその余剰を寄贈に当てるが、だからといってそれが社会全体の繁栄の水準を表わす見本にはならない。要するに、きわめて不均衡な収入と投資以上の消費を表わすだけである。

それは驚くに当たらない、今日でも、もっとも貧しい国は所得者階級がきわめて贅沢な暮らしをしている国である。収入の格差はアメリカやヨーロッパより第三世界の国々のほうがはるかに大きい。低生産経済における収益の集中は累進的な成長活動にはならず、各社会層における消費の著しい不均衡となる。住民の大部分は自家消費の域を出ないが、金持は贅沢な消費、豪勢な出費に金を使う。収入のごく一部しか生産費に当てられない——投資を行なっている開発途上国は、民間の貯蓄でなく公債によるか、あるいは企業の自己投資のおかげでそうしているのである。(175)

収入の不均衡は結局、集中作用、見せかけの付帯現象となって現われる。社会全体の総収入の一部が少しでも一定の目的、たとえば記念建造物の装い、または核装備に集中されるなら、その社会が農業国で貧しいとしても、個人的尺度では巨大に見える。見せかけの巨大さである——考古学者や観光客から記念建造物の豊かな高文化と呼ばれるほうが、ほとんど餓死状態にある国民を養うよりもはるかに安上がりである。すべては所得者階級にかかっているのだ、この階級が余剰を集め、しかもその余剰の配分を決めている。記念建造物の立派さも疑惑を生じさせる。一般の用途に当てられた建造物も不滅の様子をしているが、非合理主義の証《あかし》である。すべてが永遠のために建てられる、つまりすべては堅すぎて機能を果たさない。かんたんな水道橋でも威光を示す事業であり、有力者階級がその財力を見栄のために使っていることを示している。恵与指向は余剰の不公平な配分と不公平な配分権に基づいている。

集中化は、われわれの場合よりも古代社会のほうが容易である、われわれなら、経営資産、たとえば宿舎、施設、工場、そして在庫品という巨大な資本を減価償却するために再投資しなければならない。古い文明における富はその奢侈と文化事業から見て、われわれの富とはなじまないようだ、なぜなら古い文明の社会はほとんどすべてを消費してしまうが、われわれは消費し、再投資するから。しかも減価償却は、先を見越すには貧弱すぎる古代社会にはあまり考えられないことである。豊かな収穫は天から授かるか、それとも恵与者の思いがけない恵みである。劇場や水道橋の建設があっというまに決定される、それから資金が不足する、するとそれらの建造物は永久に完成しない。建造物の耐久期限がきても補修する資金がない。もし時をさかのぼり、ローマ帝国を訪問できるなら、建造物の装いが手入れされず、破損し、壁面もぼろぼろになっているのが見られよう。

だが余剰とはどういう意味か。この言葉は価値判断を含まない。奢侈を定義し、必要と余剰を区別することは控えよう。区別をしても経済的な興味はないだろう。ただ、消費を貯蓄や投資に対比し、消費においても生活財と余剰を区別しよう、その余剰が贅沢に使われようと節約されようとかまわない。種の生存にとって最低の食料を越える部分をすべて余剰と見なしてもよい。

生存、余剰、成長

「まず生活だ」——社会が生存以外の活動に専心できるには、つまり社会に統治者、戦士、暇人、職人を置くには、農業経営者が自家消費に必要な分より多くを生産しなければならない。暇人や職人も農民に養ってもらわなければ生きていけない。歴史上のある時期から農業経営者は自分の生活に必要な分量以上に生産をするようになった、だから食料以外のものを生産できるようになったのだ。高文化の存在はわずかの数字的な差による——各農家が三、四人、つまり自分と家族を養うか、それとも五、六人を養うか。生活財に代われるものは何もない、だから重農主義者は、土地だけが純生産をもたらすと言った。このような時代ははるかに遠い、だが一八八〇年の日本でも、一軒の非農家を養うためには四軒の農家が必要だったし、一九四〇年にはその半分弱が必要であった。[176]

われわれの国では、成長は生活が確保されている社会で、より多くの加工品をつくらせることにある。余剰は余剰を増やし、第二次、第三次産業に対する投資は、同じ領域の産物から一部を消費以外へ回すことで行われる。古代の経済では、成長は農産物を増産し、手間を省き、他の領域への投資を逃れることにある。実に農業はすべての富の源泉である。農業だけが総生産を増大し、その収益を増やし、他の領域にも農業経営者の生産に加える生産を可能にする。ここに、読者はケネーの『経済表』、つまり産業革命前のマクロ経済に忠実なイメージを認めるだろう。古代社会の生活水準は直接または間接に土地の生産性だけに依存している。この社会の成長は第一次産業において、より多くの生活財を生産することにあり、その財は常に安定している。反対に、われわれの時代においては、成長は第二次産業で行われ、またそれは微妙である。余剰は余剰と交換されるが、生産と消費のあいだの調整を前提としている。このような微妙な経済は経済的循環を含んでいる。

古代の各時期における生活水準がどうであったかを評価することは必ずしも不可能ではない、テキスト資料、遺跡、さらに数字的なことも分かっている。おおよその見当で、たとえば恵与指向のはじめより前、つまりペリクレスの時代から、恵与指向の頂点に達するアントニヌス朝の世紀へ移れば、絶対値において、ちょうど聖ルイ王の世紀からルイ十四世の世紀へ移るのとほぼ同様である。ただし近い将来、経済学者か農学者、それとも発展の専門家が小アジアかローマ帝国領のアフリカを調査して、その現場か航空写真によって農地占有の密度を調査してくれることを希望したい。そのような専門家ならそれらの事業に要した費用を評価できるだろうし、不ぞろいに発達した多くの国々を認めるだろうし、また各都市の様子をそれぞれの国民所得の数字に一致させるだろう。この専門家なら、豪華絢爛な構えのうしろにどんな貧困が隠されているかを知らないはずがない、そして本能的に、考古学的廃墟としての意図せざる「ポチョムキン流の村」を信用しなくなるだろう（時の流れに耐えるものは過去の表象的な見本ではなく、滅びない物質でつくられたものである）。かくてその専門家はわれわれにもっとも欠けているものを提供してくれるかも知れない、つまりそれがなければ古代は現実性と相対的時間の外で浮いてしまう——それは国民生産の絶対的な尺度、あるいは同じことになるが、古代の世紀と今日の開発途上国、それとも古代のある世紀と近代のある世紀のあいだの同等性である。そのほうが遺跡を一つ多く発掘するより緊急なことである。

ほとんど表象的に聖ルイ王やルイ十四世の名を挙げて、わたしは自分にできることをしている——恵与指向の発達は経済の成長と並行していなければ起こりえなかったと言えよう。ではその成長をどのように説明すればよいか。

ある経済的事実は、補完し合う二つの説明にかかっている。その一つは内発的であり、モデルで表わされるが、他は歴史的または社会学的なものである。たとえば、そのモデルは人口の増加率が資本係数による貯蓄性向の指数を上回らなかったという事実でもって成長を説明するだろう。それではいかなる社会的、精神的理由で貯蓄性向が効果的にしかじかのものであったかを説明しなければなるまい。もし開発途上国がそのモデルで示される最適貯蓄率に達するなら、またもし金持階級または政府が効果的にその率を確保するなら、その国は上昇するだろう。

成長は、いたるところで常に、消費または余暇の一部が蓄えられて生産資本または労働に投資されることを前提にしている。人民の大多数が生活水準すれすれのところにある場合、有力者の消費とその豪勢な出費がなければ貯蓄は不可能だろう。貯蓄ができるような成長の過程で、まず古典的な説明が考えられる――その社会は余剰の多くの部分を投資したこと、労働人口の比率が大きくなったこと、生産機能が改良されたこと、さらに投資、「休眠財」の放出、開拓と人口的圧迫、耕作法の進歩……。

逆説――投資なき成長

以上の図式を唯一の可能性として古代に当てはめる前に、もっと低次元の仮定のもとで成長の生じる可能性を探ってみよう、つまり貯蓄率も、人口も、技術も改善されずに生じる逆説的成長の可能性である。そのとき、われわれは人間や資本の割り当て方の改良、技術よりも「マネージメント」の改善、不活動時間への現物投資を考えてもよい。外因力としては、人間に対する人間の権威、労働の勤勉、帝国主義の経済的影響がある。これらの単純な仮定だけで歴史上の有名な成長を理解するのに充分かも知れない。

〔一〕限界収益を均等配分するためには、「投入」と人口を分けるほうがよい。処女地の占領、敗戦国民の追放と殺戮、征服地の植民地化、それらは労働人口のいっそう「合理的な」割り当てによって勝利者集団に絶対的な生産的成長をもたらすことが多い。この征服の利益は確かに略奪の場合よりはるかに大きい。そこで労働人口の配分は天然資源の局地化と一致する、それはもはや植民の歴史だけでは説明できない。アレクサンドロス大王の征服後の東ギリシアの植民地化、ケルト人国、スペイン、ローマ領アフリカへのイタリア人の植民、満州国のはじめから起こった南モンゴルと満州における中国人の植民地化がある。国民的レベルにおいて、農業経営者が割り当てられた開墾しやすい土地に満足しないで、もっとも肥沃な土地を開拓しなければならなくなるとき、人間に対する人間の権威によって財源の割り当てが改良される、なぜならリカードの説に反して、肥沃な土地よりはむしろ耕しやすい土地から手がつけられるからである。耕作者は面積当たりの生産性よりも少しの時間で耕しやすい土地から上がる就労時間当たりの生産性を好むからである。[177] つまり自分の収入または主人の収益を増やすことより労働を緩和したい。

要素の割り当てを最適化することで、利益に比例して地方の労働を配分するとともに、比較された両地方の生産向上をはかることができる。

〔二〕技術を適当に革新しなくても、合理主義にならない「マネージメント」[178] 型の改良で生産を向上させることができる――そのためには仕事にとりかかる前に少し考えなければならない。労力を節約する、体の使い方を合理化する、耕地を整備統合する、時間のロスをなくすために農場に小屋を配置する、あまり費用がかからないように工夫された機具を利用する、最良の機具や小屋を利用する。そのような改良が古代の農業経営者から重視されていたことは知られている。完全雇用という概念はきわめて合理化された経済でしか意味をなさない。古代社会においては不完全雇用が絶えず存在する、なぜなら時間的、金銭的追加投資をしなければ現状は改善されないだろうから。

〔三〕労を惜しまないというのはもっとも欠如した資力である。成長の歴史は主として労働と束縛の歴史である。労働力は歴史的であり、ある人民と他の人民では大きな変化が見られる。アメリカ人はロシア人より効果を挙げ、アルザス人のほうがオック人より効果を挙げている。仕事を強化し、一般に仕事に追いまわされている婦人と同じ程度に男性を働かせる、それが今日までの成長の歴史である――（これはフェミニスト党宣言の最初を飾る言葉になるかも知れない)。

労働の強化は幾世代にもわたる束縛を想定させ、労働の激化は主体者に意識されない。だから特に不活動時間が利用されたり、農業の[179]一時的失業が起こったりする。周知のように、第三世界における未開発の巨大な富は遊んでいる手である。加えて、労働の不手際な割り当ては、必要であっても完全には雇用できない専門職を養わねばならなくさせる。村の鍛冶屋に充分の仕事がないとする、だがどの村にも鍛冶屋は必要である。だから遊んでいる[180]鍛冶屋を養わねばならない。限界効用論はいまでも許しがたい贅沢である。シスモンディーによれば、古代人は営利的生産物の余剰を使って公共建造物を建てるために労働者を養ったが、その労働は無償であった。

農作業の非活動時間は依然大きな資力である、植物をもっと早く成長させることはできない、だが自然の余暇でピラミッドを建てることができる。処女地を開墾するか、それとも時計の部品をつくるか。ピラミッドと開墾は生活水準にきわめて不均衡な影響を及ぼすだろう。

このような改善策の合理性はきわめて特殊なものである。所有者が思い立って、配下のものに犠牲と労働を強制し、後日の現物の収益で「支払う」とすれば、見かけ以上のものを要求することになる。つまりその変更の心理的代償は質的なものであり、また後日の収益も現在の不愉快さの一種の「利益率」に合わない。金額的比較が不可能である――労働に対する生活・待遇様式を変えねばならない。

そこで企業家でなく他の性質、つまり土地を改良する人々を統率できる性質が要求される――統率者の仕事は技術的でなく、作戦的でもない――かれは配下の者を仕事につかせ、かれらを組織しなければならない。[181]かれの経済力はその政治的、社会的権力の付属にすぎない。たとえば収穫の一部を蓄えて作業人らを養おうと決めるが、作業人らは自分らが消費する小麦の量に相当する土地を耕さないで新しい土地を耕すかも知れない。経済成長は既存の生産を組み合わせながら進行する――主人は何らかの財をそれまでとは違う使い方をしようと決める。

古代の奢侈礼賛

成長から生じる常に多量な余剰は所有者で支配者である階級の手に残り、この階級はそれを贅沢に使ったり、他の投資に当てたりする。その豪勢な出費は成長に幸か不幸かの結果となって戻ってくる。恵与は成長を阻害しただろうか、それとも反対に、投資の不足を補っただろうか。それは奢侈に関わる古い問題であり、マンデビルの『蜜蜂物語』までさかのぼれるが、現代ではケインズが蒸し返した問題である。恵与指向、ピラミッド、大聖堂などのために、それに関わった社会は破産したか、裕福になったか。

十八世紀の古いやり方では、奢侈の礼賛は三つの点で考えられる――奢侈は職人や商人を食っていかせる、奢侈は貯蓄に勝る、そして奢侈は地代の高騰を防ぐ。その考えが長いあいだ学問の「究極」であった。だがはじめの二つの説は浅薄である、つまり現実はもっと複雑だ。

〔一〕もし金持が恵与者でなかったら、地価は上がるだろう――確かに、余剰が特にある種の財の獲得に役立つなら相対的価格は変動する。ところで、すべてのことが地価を上昇させた――人口の増加、社会的格差の追求、安全願望。一世代全体の貯蓄は、一家の資産を増やすために隣家の土地の購入に当てられた。その結果、土地所有者のあいだで不動産の無駄な交換が行われただけである。地価は土地収益以上に土地の希少性によっていたから、土地収益の資本高を上回った[182]――要塞の建設費は要塞から上がる収益より高くつく。かくて土地は別途の経済的流通に乗せられ、金持の手持ち金はこの唯一の財の獲得に当てられた。そして危惧された結果として、このように高価な財を入手できる富裕な人々の手に土地が集中した。

ある国では、この社会的危険の抑止力として高圧的に公定歩合を引き上げた、なぜなら利息と土地価格は逆方向に変動すると思われたからである[183]――利息つきの貸し付けが得になると分かれば、金持が手持ち金を不動産獲得に回さなくなるだろう。

その結果は、もし金持が奢侈で破産するなら良好となるだろう。土地所有がそれほど金持でない者にもできるようになり、土地の配分がますます平等になるから。

〔二〕奢侈を弁護する強力な別の議論が別の社会的活動面に応じていた――もし金持の奢侈がなかったら、商人も職人も餓死[184]しなければならない、なぜなら金持階級はこの種の業者を生活できるようにする唯一の階級だからである。すべての人を養う農業経営者は、自分のためには生活に必要な分しか残さない。都会の業者には、金持の土地から上がる余剰が必要である。農民はすでに分け前をもらっている――明らかに余剰は職人の手に入らなければ、どこかへ消えてしまう。一六六二年、ウイリアム・ペティは「祭典、華々しい見せ物、凱旋門」を正当化し、その費用の金がビール醸造業者、仕立屋、靴屋、その他の業者のふところにはいったと指摘した[185]。アテナイやローマでは、ペリクレスやウェスパシアヌスがアクロポリスの建造物やコロセウムの円形闘技場の建設事業で人民に仕事を与えた[186]。

その理由は明らかである――職人と商人は住民の中で、その存在が定まり、本質的にあるがままの範疇に属している――他の業者は職人に代われないだろう。各種の財からなる国民生産の構成は労働人口の構成と同じように固定している――金持の出費がないと、職人は飢え死にし、手工業生産は存在しなくなり、したがって国民生産は減少し、社会はいっそう貧しくなるだろう。そうならないのは奢侈のおかげである。なぜなら「財の要求は仕事の要求になる[187]」から。職人は道具とともにすでにそこにいる、もし金持が余剰を手持ち金か貴重品として蓄積したら、職人は失業するだろう。要するに、古代における奢侈礼賛は短期から長期にわたって一般化する。もしある年に、金持階級が前年ほど浪費しないなら、現在の職人は貧しくなる。そこで結論としては、職人は常に存在するが、もし金持がいなければ貧しくなる。古典経済が逆の偽推理を犯していることがいまに分かるだろう。

この論理に対して、奢侈の敵もいる、なぜならそのような敵はかならずいたから。かれらは、国民生産は労働者の数と同じく不変であると認めるが、生産と労働人口の構成は固定していないとした。職人を生かすことは農業から人手を奪うことである。建造物を建てることは小麦の生産を減らし、貧しい人からパンを奪うことになる。[188]一七八九年でも、セナック・ド・メランは、奢侈が生活財の供給を制限し、国民を飢えさせると書いていた。もし奢侈がなければ、それだけ職人の代わりに農民が増えるかもしれない。

そのような論者、または奢侈の敵は二つの幻想に惑わされている――かれらは国民生産を不変だと見なす、あるいはむしろ問題表明に備わった与件と見なしている。さらにかれらはミクロ経済の尺度をもってマクロ経済の尺度で決定できると信じた、いやむしろ両尺度を区別していなかった。

ある金持が宝飾店で買い物をするとする、かれは品物と引替えに現金をわたす。この金持がいなければ宝飾商は失業するだろう。だがこれをマクロ経済の高い視点から見れば、失業しそうな宝飾商の代わりに、いままで失業していた仕立屋が仕事につけるかもしれない、なぜなら金持の金はどこかへゆくはずだから。たとえ金持がどうしても金を使わずに貯蓄するとしても、かれ、またはその相続人がいつかは金を引き出すだろう。またたとえその宝が地下に埋められ、未来の考古学者に発見されるのを待つとしても、絶対に何も変わらないだろう――その金の埋め合わせになる財が存続するからである。他の住民はわずかに減ったくらいでは問題にならない多くの貨幣を使うことでその財に換えるだろう。ポーカーで、少し減ったチップでも大勝負ができる。習慣的にその価値を変えるだけでよい。重要なことは、ポーカーのチップが真の貨幣を包んでいるヴェールにほかならないことを理解することである。いま問題の貨幣も財を包んでいるヴェールにほかならない、マクロ経済の尺度では、すべての交換は物々交換である——金と引替えに財をわたすのでなく、すべての生産物は通貨によってすべての生産物と交換される。金を蓄積しても財を破壊することにはならない。もし宝飾商または仕立屋がこの財の一部を獲得できないなら、その破壊されない部分は農民の手に入るか、残留するだろう。

古典経済と奢侈

かくてミクロ経済の幻想は消えるが、総生産を与件と見なす幻想がなお残るなら、「販路法則」に帰せられる——すべての生産物と交換されるのは生産物である。[189] この法則はマクロ経済、あるいはむしろ国民経済計算（国民生産と国民所得は同じメダルの表と裏である）の基礎である。その法則は数量説の基礎でもある——貨幣は物々交換の現実を包む中性的ヴェールであり、チップの使用とポーカーに賭けられる総額とのあいだの誤差以上の狂いがない。

販路法則のために、古典経済は奢侈を非難も肯定もしない——何も言えないのだ。その法則は、市場の研究のための地ならしとして、貨幣についてはマクロ経済に頼る。だがその法則はケネーの社会的マクロ経済を忘れていた。だからこの法則は余剰財と生活財との区別ができない。生産物は生産物と交換される、ただそれだけである、それが奢侈的であろうとなかろうと関知しない——何が必要かを知るのは消費者になる。こうして交換された財の総量が与件である。もちろん経済ではすべてがすべてに依存し、また古典的学者も最初にそのことを教えているから知らないわけがない、だがとにかくその問題にとりかからねばならない、まず生産から始められる。生産は常にそのままであるから、分析は時の外で展開する。

分析がまだ抽象的なこの段階に達したら、大きな一歩が踏み出せる――贅沢な出費は労働人口の配分と生産物の配分を変化させるという効果がある。大聖堂の建築は中世を破産させず、豊かにもしなかった、そして農民を犠牲にして職人を養った、あるいはむしろ職人を生みだした。マクロ経済においては、奢侈についての賛否論は消滅する――ある者は他の者が失うものを手に入れるからだ。ケーキの大きさは影響を受けないだろう、なぜなら問題の進行がその表示を変えるとは考えられないからである。

きわめて異なる二つの社会を想像してみよう、最初の社会は奢侈の中で暮らし、後の社会は反対に厳しく、倹約に励んでいるとする。どちらのほうが豊かになるだろうか。それは予言しないでおこう、なぜならわれわれは国民的なケーキの大きさと他の経済的事実とのあいだにいかなる関係があり得たかを一度も研究したことがないからである。だからその大きさをあるがままに受けとるしかない。われわれに確かめられることは、その大きさがどの瞬間においてもそれ自体に等しいことである――生産物は生産物と交換されるからだ。古典経済学は非時間的で抽象的である、なぜなら瞬間の理論だから。

〔三〕マクロ経済的尺度において、また各瞬間において、蓄財は、古代経済と、時にはその歴史家から危惧された災いとされたが、これもまた幻想にすぎない。

個人が蓄財し、その収入の一部を流通から引きだすが、それ以外の財は破壊されないから、蓄財しない人々は自分らの金のためにいっそう多くのものを獲得し、かの蓄財者の部分を分け合う。だから何事も起こらなかった。もし瞬間の代わりに、景気の変動でなく瞬間の連続からなる時が考察されるなら、その場合も何も起こらない――守銭奴が年に百万フランを使おうと、貯蓄しようと問題ではない、また三十年後にかれ、またはかれの相続人が貯蓄をはたいて、一挙に三千万フランを使おうと問題ではない、かれらは延期していた消費をそのときになってやり直すだけだ。(190)

貨幣的見地から見れば、マクロ経済的な蓄財はどの瞬間にも存在する——貨幣流通高の一部は永久に凍結される、つまり決して同一人が凍結するのでなく、ある者が貯蓄するあいだ、他の者が貯蓄をやめる。財の交換の賭けはより少ないチップで行われるだろう。額面価格が下がるだろうが、それだけである。蓄財とは紙幣を焼くようなものである——自分の紙幣が焼かれたら青くなるかもしれないが、共同社会には影響がない。ながいあいだ地下に埋蔵された金塊と、買い物のためにいつもポケットにいれているお金とを区別するものは何もない、ただし流通速度を除く（この速度は、動きの導関数であり、瞬間的な量を表わす）。財宝は存在しない、ただいずれは腐食する金銀貨[191]があるだけである。蓄財とは速い流通で回転していた貨幣流通高を遅い回転の流通に乗せることである。それでもやはり貨幣流通高の一部は常に他の部分より遅く回転する、全体の平均速度はその影響を受けるが、その結果は、同じ量の財が減少した正貨量と交換されるだけである。相対的価格の一般差は[192]可処分貨幣に対してゼロに等しい——旧フランで数える代わりに新フランで数えるのと同様に苦にならない。

古典経済学と時

他人が蓄財をやめたから、こんどは自分が何か蓄財し始めても、蓄財の総計は変わらない。だが、もしある年に蓄財が増加したらどうか。蓄財が前年より多くなればどうか。経済情勢はその影響を受けるのではないか、また例の瞬間の紋切り型が国民的ケーキを小さく示すのではないか。それを知ろうとは思わない、なぜならそのケーキを表示と見なし、また当然、変化の真の原因である時の作用が、いかに瞬間的なものを関連づけたか、またそれらの相違をいかに説明したかは問わないことにしたからである。

要約しよう——金持が余剰で土地を買うなら、その結果、他の財に比べて土地の相対価格は上がる。その余剰がすべて消費されるなら、その結果、第二次、第三次産業を利するために国民生産の配分に変化が起こる。余剰が貯蓄されると、なんの結果も起こらない——物価と報酬の絶対額は一律に低下し、両者の関係は不変のままである。ただし少なくともここまでのわれわれのように瞬間主義的仮定に従うならばである。その仮定を越えようとすれば、これから示すように奢侈と貯蓄に関する国民の英知という迷信を繰り返さないですむ——ただ、いかなる予測も不可能となり、問題の全般的解決は不明確になる。これから分かるように、特殊な場合しか存在しなくなる。経済過程は無限によりよく解釈されるが、何も結論されない、つまり概念は多くなっても、真実は増えないからである。

古典的な考え方では、国民生産は与えられているものである。何によって与えられているのか。どうして相互に交換された生産物の量がしかじかの量であるのか。必然的に国民所得が国民生産に等しいから、すべてがぴったり当てはまるというのは確かにすばらしいことだ。同様に、毎日、新聞のページをいっぱいにするほどの事件が起こるというのは子供でもびっくりした。だがどうして新聞はそれぞれ決まったページ数を持っているのか。編集者がニュースを引き延ばすのか。それとも多すぎたら圧縮するのか。また、もし時事の圧迫が強すぎたら、結局、編集者はもっと多くのページに書かせる決心をするのではないか。情報はページ数に依存し、ページ数は情報に依存する。それはきわめて複雑だから、議論を進めるには定点から出発するのがよい——古典経済学はページ数を日常あるがままの数と見なした、だから情報とページ数が釣り合っていると確信した、ただし例外的に、その決まりを破るような純粋に外因的事件の場合は除かれる。

いかなる定点も捨て、なぜ生産がそのようであるのかを考えよう。よい年であれ、悪い年であれ、年の流れにしたがって、生産は経済の過去全体から生じる。その過去は常に景気に動かされ、決して均等ではない。生産は消費と投資に依存し、この両者は生産に依存する。貨幣価値は生産量に依存し、生産量は通貨変動に依存する。ビリヤードの球を口の広い盃状のものに入れ、パリの環状線の歩道に置くとしよう。それらの球はたがいにくっつきあい、絶え間ない自動車走行の振動につれて器の底にかたまり、動き回る。まず確認されることは、各瞬間において、また球の居場所において、それぞれの球の位置が他の球に依存し、どの球も他の球に対して位置の優先権がないことである。またすべての球の中で安定した位置はその器の底で動かない球の位置だろうということも確認される。この安定した位置をフィクションだと反対する者はいないだろう。なぜなら振動は止まらない、またその振動が球の位置を説明するからである、球は次第に器の縁へ盛り上がる。

活力ある経済学（むしろ一時的な経済学と呼ぶべきだろうが）はまだ存在しない――構想中であろう）。その父と母はケインズと成長理論かも知れない。そのおかげでわれわれは、いかにして国民生産が与えられ成長できるかを理解できる、だが一般論としては何も真実でないことも分かっている。ある時は需要が生産を増大し、ある時は需要が物価しか上げない。急激な一般的貯蓄解除は生産を促進したり、あるいはインフレを招く。奢侈的消費が国民生産の増加に役立つには、生産者が需要に応えようとする気にならねばならず、また貯蓄によって投資する資金をつくらねばならない。ヘレニズム時代は成長の時代であった、その兆候の一つとして恵与指向がある。確かに、その成長の利益は貯蓄されるよりはむしろ消費されるほうが重要であろう、なぜならそのおかげで事業が促進し、したがってチャンスをねらう事業家も現われる。だが貯蓄されることもまた重要かも知れない、なぜなら投資は成長の必要条件だから。奢侈と恵与指向は最善であるとともに最悪のことでもある。両者は消費することで、投資をひきおこしている、それは称賛しなければならない、だが投資をするためには消費を減らし、貯蓄を増やさねばならない。経済の未開人にとっては、奢侈は完全に善か、完全に悪かであった。古典的学者には無関心、そして近代学者には、経済情勢に応じて善になり悪になる、なぜなら経済情勢しかない、それが時の別名である。

ケインズとピラミッド

そこで活動家は経済情勢に応じて、ある時は貯蓄を礼賛し、ある時は、ケインズのように、私的または公的な支出を礼賛するのが適当だと見なす。なぜならケインズ時代のイギリスでは、繁栄の源泉として貯蓄を礼賛する強固な傾向に対し、また公共財政を安定させようとする政策に対して反発することが時宜を得ていたから。だがケインズとしては、もしイギリスの情勢が要求するなら、ピューリタン的貯蓄をも礼賛しただろう(193)。

だがケインズは、もっと積極的に、完全雇用の復活を同胞に説得しようとして、祖先を探し、ウィリアム・ペティを引用し、古代の奢侈礼賛を蒸し返す振りをしながら、エジプト、ファラオ統治時代の浪費を礼賛するほどである。その言葉は有名である(194)、「借財での出費は、たとえ無益であろうと、結局、集団を富ませることになる。ピラミッドの建設、地震、また戦争も、もし古典経済学の原則を学んだ政治家たちがよりよい解決をしないなら、富の増加に寄与することができる。実際には、家か、何か有益なものを建設するほうが道理だろう、だがそれには政治的または実行上の困難があるなら、何もしないよりは先の方法がましだ。古代エジプトには、二つの特権があった、それが恐らく巨万の富を説明する、つまり二種の活動――ピラミッド建設と貴金属の採取であり、この貴金属の利益は消費されることなく人間の要求に役立つから、いくら豊富でも価値は下がらない。中世では、大聖堂が建てられ、賛歌が歌われた。億万長者が喜んで、生涯の住みかとする大邸宅を建てたり、死後、自分の遺体を安置させるピラミッドを建造したりするかぎり、あるいは億万長者が罪滅ぼしのために大聖堂を建てたり、修道院を寄進するかぎり、資金の豊富さが生産の豊富さに対立する時期は遠のくかも知れない。貯蓄をはたいて工事を進めるなら、雇用のみならず、財とサービスにおいて実際の国民所得をも増加させる」。

一時的な経済理論は経済情勢を考慮せざるをえないし、理論的瞬間性と短期、成長と均衡を区別しないで、振動を含むすべての動きを統合するだろう。それは体制の中途の状況を説明するかもしれない。ケインズは短期の説をたてたが、それは現実的な経済的時を側面から扱っている――かれはすべての時における体制の状態を説明しようと努めないが、少なくともある時点で、なぜ体制がある状態、たとえば不完全雇用の状態にあるのかを問題にしている。またかれは短期において、いかなる力が完全雇用の状態へ導くかを問題にしている。短期の経済的「回復」から長期の成長にいたる隔たりは大きい、だが克服できないわけではない――経済情勢において完全雇用を回復できる力は、成長を確保する力、さらに常時、国民生産を現状維持させ、時を通じて体制のすべての変動を説明する力に似ている。名案は生産物を言説の与件と見なさないことであった。そうすれば成長の理論、均衡の理論、さらに流通の理論は現実的な時における経済学の理論によって統合され、止揚される日が期待されるかも知れない。

とにかく、ケインズは経済分析を均衡と瞬間という厄介なものから解放した。だが同時に、経済問題はもはや決定的な回答を含まなくなる。事実、われわれはピラミッドと大聖堂の問題に戻ってしまう。どうしてある集団が余剰を浪費しながら信じられないほど裕福になれるのか。ケインズは答える――その集団がそのような建造物を建てられるのは追加報酬のおかげである、と（ケインズは一九三〇年のイギリスにおける失業を思い出しているのだろう）。その出発点は受け入れよう。それでも生産的または非生産的な支出が成長と増大をもたらすためには、必要な条件がそろわねばならない、ところがその時代に通用したケインズの楽観論は他の時代、他の場所ではうっかり適用できない。生産機構の投資がすでに行われていなければならず、またその機構が暫定的にゆっくり回転しなければならず、さらに技術者がその速度を上げるように要求するだけでよいようにしなければならない。強力な産業と資本主義的精神が存在しなければならない。でなければ出費の追加は投資を殺し、価格を上げるだけだろう。

大聖堂建設の「悪影響」

具体的な場合を挙げよう。ある恵与者が、ある時、自費でその都市に神殿を建てようと決心する。かれは作業者らに現金か小麦で報酬を支払うために、長いあいだかかって貯めた金塊を手放すか、または穀倉を空《から》にする。その報酬が最低の生活費を少し上回るとしよう。この恵与者は確かにその都市の労働者のふところ具合を豊かにする。だがそのあいだ、となりの都市では、未来の恵与者が十年後に神殿を建てようとして金を貯めているが、まだ出入りの業者に発注していない。それではこちらとあちらで埋め合わされることになり、結局、生活水準は変わらないことになる――一定の貯蓄率と新規建設の年平均率はその時の経済生活の一部である。最初の恵与者に雇われる労働者は二番目の恵与者の未来の労働者がまだ消費していないものを消費する。

しかし恵与が流行し、前より多くの建造物が毎年建てられると仮定しよう。あるいは、他の世紀に、フランスじゅうが短い期間で新しい教会堂の白い装いで満たされると仮定しよう。貯蓄の平均率は下がるだろう、またこの全般的な貯蓄停止は延期された消費に等しくなく、新通貨の創造に等しい――事実、生産は新しい通貨提供に応じて増加するはずである。もちろん貨幣鋳造は増加しないだろう、通貨数量は一定である、だがその流通速度が速くなる――すべての手持ち現金が今や速い軌道の上を流通する。生活水準にどのような影響を与えるだろうか。労働者は親より多くの食料を買おうとするか、それとも胃袋がいっぱいになれば、残りの小麦を衣類に替えるだろう。だがかれらは余った食料や衣類をどこで見つけるのか。神殿は建った――処女地は開墾されていないし、織物工業には投資されていないではないか。

しかし多くの神殿が建つのを見て、有力者や織物業者らは新しい繁栄の時代が開かれ、金儲けができると思ったかも知れない、なぜなら建物が好調なら、すべてがうまくゆき、またうまくゆくだろう。だがそう思わなかったかも知れない。たとえばそう思ったとしよう。かれらは「短期で」すでに投資した生産資金をフルに使うことから始め、遊ばせておいた奴隷たちを働かせる。次に「長期」が始まった――処女地を耕し、新しい織物機材を購入するために貯金を投資しなければならなかった。それは成長である。だが、もし、反対に、有力者や職人が金儲けを考えなかったら、もしかれらの生産力が低かったら、そのときは教会堂の白い装いもインフレを引き起こすだけであり、買い手は財布を持って、わずかの可処分財を奪い合うだろう。

インフレか成長か、すべてはその社会にかかっている、おまけに消費は成長要因として投資に代わることができない――それどころか、消費は投資を前提とする、または投資を誘発する。もし開発途上国またはその政府に融資が行われても、生産の弾力性がないために、その融資はインフレか、奢侈品の輸入で消えてしまうだろう。ベルナール・シュミットが言うように(195)、ピラミッドに対するケインズ的礼賛や乗数理論は、実現した規模と予測された規模を、恐らく頑固に混同したままでいるのだ。ピラミッドの建設は生産活動の成長を想定させるが、それでもなお生産者は期待された成長を実現しなければならない。なぜなら生産は人的過程であり、その過程は生産者から予想された需要からきている、生産者は未来を予測し、予想される需要に応じて生産を発展させる。ピラミッドは何も発展させない、だが当事者らに発展を促すことができる。

結局、消費の促進効果は、交換が行われる場合、労働者が最低の生活水準を越える報酬を受ける場合しか生じない。たとえエジプトに生産資本があって、チャンスを狙う企業家階級がいたとしても、ピラミッド建設の「誘発的需要」[196]は少なくとも三つの場合では皆無であっただろう——エジプト王が農閑期の農民を働かせた場合、王が飼い殺しにしている奴隷を仕事につかせた場合、そして王が新しい労働者を雇い、その報酬として最低の生活費を支払った場合である。この最低というのは弾力的である——腹いっぱい食べるかも知れないが、食べないかも知れない。だが労働者は腹いっぱい食べるだろう、小麦は全部消費される、だからその一部分も取引材料としては流通しなかっただろう。今日、このような開発途上国において労働者を雇おうとすれば、たとえ考古学的発掘作業であろうと、作業をさせるには、まず食べさせることから始めなければならない、でなければかれらには掘る力も出ないだろう。エジプト王の労働者が食べた小麦は農民の口から奪われたものであり、手工業生産にはいかなる成長ももたらさなかっただろう。

消費は心理的には投資を促すが、実際には投資に代われない。それがケインズ[197]の有名な乗数理論の意味であり、もしこの理論を違ったふうに解釈すれば、パン増産の奇跡が起こるだろう。投資に代わるものがないなら、旺盛な消費を手放しで称賛することは美辞麗句にすぎなくなるだろう。ある経済学者はケインズの名において、大聖堂（それだけで充分な弁護になるのに）を弁護した、そしてこう書いている[198]、「利益を超越した経済は必ずしも非生産的ではない」、ただしこの利益をいかなる意味で使っているのかは説明しない。かれはさらに続ける、「そこから次の逆説が理解される、つまり大聖堂建立熱は中世の繁栄と一致し、ちょうどペイシストラトスやペリクレスの大事業がアテナイの富を支え、古代ローマの大事業が初期ローマ帝国を支えたのと同様である」。このような歴史的見解の責任は作者にとってもらおう。だが

「外見は逆説的に見えるこの出費は現代の経済理論に通じる」とは信じられようか。そうは思われない。ケインズにはユーモアがあるので、ユーモアを持って読まねばならない。

大聖堂建築の「悪影響」は、乗数効果の有無にかかわらず、多くの条件が満たされないかぎり経済生活を活発にできなかった――報酬が交換の流通に回されるか、利益が貯蓄できる人々の手に集まるか、その貯蓄が投資になるか……どんな追加出費にも少なくとも四つの作用があるだろう――もしある財が必然的に制約されるか、あるいはその生産があまり弾力的でないなら、その財の価値を高める、物々交換のかわりに通貨交換の範囲を拡大する、需要に働きかけて生産を促進する、投資を促して生産性を高める。つまり、あまりにも多くの条件がつくので、もし生活水準を高めるが神の栄光を称える気がないなら、大聖堂を建てるより処女地を開墾するほうが安全だっただろう。

投資の社会学

それだけではない。「悪影響」から生じた投資は主として第一次産業に当てられるべきだった。なぜなら当時、農業投資に代われるものはなかった、というのも土地は他のすべての投資の源泉だったから。でなければ食料は不足しただろう、そして奢侈も尽きただろう、なぜなら土地は第二次産業に資金を回さないからだ。古代の経済にとって、「生産階級」と「非生産階級」のあいだにおける収益と投資の適当な配分は恐らく死活問題であった[199]。もし古代ローマに経済学者がいて、皇帝顧問団から帝国の成長のモデルを作成するように命じられたら、その経済学者は二つの産業のためのモデルを練り上げようとしたに違いない。

ところで、事実は語る――ヘレニズム時代の経済成長は事実であり、その見事な建造物や恵与指向もまた事実である。最初の事実は次の事実を可能にした、また後者は前者を破滅させなかった。だから両産業のあいだで余剰の配分が適当に行われたのだろう。またヘレニズム時代とローマ時代の経済は、公的、私的の過剰な豪華さと投資のあいだを通る「危険な道」をたどったに違いない。したがって社会的で精神的な条件がそろったのだ。ケインズの主旨に合致して、投資の増加と消費の増加が両立できたのである。

投資と貯蓄は「事後で」等しくなる、だが社会によっては投資者と貯蓄者がどこにおいてもおなじ者とはかぎらない。もし生産し、余剰を保持する者が投資家であるなら成長があるかも知れない。もしかれらがすべてを消費するが、多少にかかわらずかれらの出費から生じる利益の移転が豪勢な消費者性向に上回る投資性向を持った主体を益するなら、同様に成長があるだろう。事実、ケインズが消費者と投資家の社会的範疇を区別しないで、需要または投資を総体量として扱うときは、ケインズに従わないことが大切である。ある社会的範疇と他の範疇とでは、誘発効果がきわめて異なる場合が多い。したがって大聖堂(さらに教会堂)の建設に賛否を問うべきではない、むしろ建設工事の仕様がどうなっていたか(大工と石切工自身が材料を提供したか、それともかれらは準備するだけで、発注者が買い入れなければならなかったか)を問題にしよう。[200] その建築費をだれが支払ったかを問題にしよう(司教か、教会役員か、それとも聖職にある領主か世俗的な領主か)。だから「仮定による」経済分析はただちに社会学に席をゆずらねばならない。ヘレニズム時代においては、寡頭政治のメンバーまたは有力者の同じ人物たちが国民生産の余剰を掌握し、投資または「マネージメント」的改善によって農業生産を増加させる力を持ち、記念建造物の建設や恵与を含めて、直接に生計と関係のないすべての消費を決定している。かれらは生産者であり、投資家であり、恵与者である、他方、一般人は稼ぎのすべてを消費せざるをえないので、経済の活動主体ではない。

最適化するか、満足させるか

ところで活動主体は先験的に二つの態度のいずれかを選択しなければならない、成長させるか維持するか、つまり最適化するか充足させるか。(201)

経済的主体をその欲求とともに想像してみよう。(202) その主体は必要なものを獲得するために何らかの過程、「道」をたどる、そしてかれらの探求には、少なくとも心理的にいくらかの負担がかかる。選んだ道からもたらされる利益がその負担を上回れば、満足を表明するかも知れない――かれらは必ずしも最適の道をさがさない。その道を進むにつれて、財力を獲得し、欲求が満たされたら、利益を最高にしようとしないで、停止するかも知れない。主体が金持なら恐らくそうするだろう――それ以上、利益を増やそうとしないだろう。もし貧しかったら、それはできない、かれらがたどる道はぎりぎりの生活費を満たしても無駄だ、もっとよい道を探すためには、不可能な投資の必要に迫られる。

歴史上、富める社会と貧しい社会があった、その両社会の異なる運命は、きわめて単純な選択にかかっていたと想像される――成長の努力をするか、成長を考えないか、つまりイエスかノーの問題である。われわれにおいては、この選択はイエスとなって現われた、だから成長はプラスかマイナスの問題となるように思われる。われわれは絶えず率を比べる、投資、貯蓄、そして成長の率である。われわれはより多く、またはより少なく投資をする、だが結局、投資をしている。ある社会的範疇、ある実体がそれを専門とし、そのための制度がそろっている。だが他の社会は成長を考えようともしない、ただ決まった道をたどり、持てるもので満足する。そのような社会は必要に締めつけられる、まさしくその必要が最適化というすばらしい態度へ向かわせないのだ。(203)

社会的理由が単純に満足できる道を進ませているだけかも知れない。経済的企業は富裕化の手段であるが、それはあまりにも難しく、間接的であり、戦争や政治の利益、またはごく単純に貯蓄ほどおもしろくない。国璽尚書ベーコンは書いている、——もしあすのことを心配したくないなら、収入の三分の一を貯めておくべきだ、だが金持になりたいなら、半分を貯めなければならない(204)。浅ましいほど吝嗇に暮らす貴族の家族がいたるところにいた、かれらは土地を広げるために貯蓄をした、そしてかれらの城の飾り気のない城壁がかれらの唯一の贅沢だった。かれらの吝嗇は小作人を犠牲にして、他の貴族に比べるといつまでもかれらを裕福にしたが、国民生産の水準をあげることはなかった。かれらには、それが満足できる道であった——かれらは競争者らに差をつけ、これで充分だと思われる安全幅を確保すればよかった。すべての所有者階級には、古代の有力者のような企業精神も、資本主義的精神もなかった。

古代社会において、投資は所有者の仕事であり、制度に頼る専門家の仕事ではないから、成長には精神的な土台しかなかった——成長は有力者の頭のひらめきにかかっている。したがって、たとえば政治的不安があれば、われわれのあいだの景気後退のような経済的影響をもたらす。有力者と企業家は同一人物であり、前者の心配事は後者の活動に影響する。それが若干の奇妙な現象を説明する。今、国境付近で、異国人との戦争が決定的勝利にならず、長引くとする。軍隊の運命に不満を抱く兵隊は皇帝の権力をなじり、抗命宣言をする。このような政局の不安は経済生活を脅かさない——異国人は遠く、祖国も遠い。野では農夫が収穫をとり続けている、ちょうどわれわれの国における戦時の夏と同様である。だが有力者のほうは、もっと平和な日を待っている。われわれのあいだで、国際情勢が悪化すれば、別荘の建築をあきらめる者があるように、有力者らはもう開拓をせず、改良せず、建築もしない（建造物の装いは幾年も、幾十年も中断されるだろう）。これは経済危機だろうか。いや、それは精神危機である。まず影響を受けるのは恵与だろう、もし有力者らが政治の行く先を懸念して蓄財に励むとすれば。

恵与指向の影響

結局、有力者と企業家は同一人物だが、有力者と恵与者も同一人物である。かれらの恵与は投資をかじりとらなかっただろうか。その回答は仮定の仕方によって異なる。

〔一〕もし恵与者が収入のすべてを、パンと「競技場」を求める民衆によってはぎ取られると思ったら、資産の収益を増やそうという気を失うだろう、なぜなら恵与指向が生産に対する税金だと思われるからである。

〔二〕反対に、もし恵与者が自分の身分を高め、社会的格差を大きくするような恵与を率先して行おうとすれば、自分の収入を増やそうとするだろう、なぜなら富は有力者の資格だから。そこで恵与指向は先行的誘導効果を持つだろう。

〔三〕しかしながら、もし恵与者が自分だけの発意による寄贈を競争者より偉くなろうとするのでなく、同輩のあいだの地位を保つためだけの奢りと見るなら、誘導効果は働かない。なぜなら自分の地位を守るだけなら、現在の余剰を豪勢な出費に当てるだけでよいだろう。したがって自動的にその豪勢さは決まった富に相当する。つまり現在の地位から競争者を見下せるような寄付をしようとして、現在より多くの余剰を獲得しようと努力する場合とはまったく違う。

〔四〕誘導効果どころか、反対に、恵与指向が貯蓄と投資を減少させることもある、それは恵与が一種の税金と見なされ、消費の出費と区別され、追徴される場合である。そのかわり、もし恵与が義務的でなく、自由な出費と同じ動機を持つなら、普段の消費の一部となり、その他の部分が代わりに減少し、貯蓄は生活水準の維持のために減少することはない。要するに、恵与は消費に繰り入れられ、貯蓄に回されない。

〔五〕少なくとも、共同社会にとって、もっとも深刻でないのは、恵与が、(それから逃れようと試みても、うまくいくかどうか分からない)、病気や災厄のように予期しない義務と感じられる場合であろう。この場合、恵与の立場は、消費を犠牲にするか、貯蓄を犠牲にするか予測できないかも知れない――不幸が起きたら土地を売ってでも、なんとか切り抜けるだろう。

時、場所、そして個人によって、恵与指向には以上のような効果があったに違いない。この問題については、もちろん資料は何も語ってくれない。推測による分析がなんとかその絶望的な沈黙に代わって、知識とまではゆかなくても、おおよその観念を与えてくれることを期待しよう。

次の逆説から可能性の条件が引き出せたら、われわれの目的は達成されたも同然である――恵与指向、この浪費は想定される繁栄に予盾しているように思われる。ヘレニズム時代と古代ローマ時代の社会は現代人から見て、やはり逆説的に見える――その社会はブルジョアジーも職業的経済人もいないで繁栄しているように見える。かつて大いに議論された問題も、結局、そこにある。古代の世界には矛盾する特徴が集まっている――生活水準はわが国の十七世紀、さらには時期と地方によっては十八世紀の水準に達していた。恵与指向の発揮、その多さ、そして少なくとも一見、アルカイックに見えるものは、一瞬、原始的精神を思わせ、ポトラッチを話題にさせる。繁栄を確保している有力者階級がいることは、もしその繁栄が経済的企業精神に動かされていなかったら考えられないことである。しかもその同じ階級が義務または趣味から恵与者であっても、経済活動によって規定されることを拒み、そのような活動を軽蔑する振りをしている――したがってロストフツェフがその階級をブルジョアだと呼ぶとき、その言葉は調子はずれに聞こえる。

第二章　ギリシア人の恵与指向

すでに見たように、恵与指向は、交換の基本形式としては寄付と大いに異なっている、それは非公式な交換によって財とサービスを得させない。それは別種のもの、つまり政治的寄付に属し、ある意味では（この章で明らかにされるように）権威筋と関わる（また、同時に威光にも関わることを忘れないでおこう）。政治的寄付は象徴的な寄付である。

おなじく、恵与指向が三つのテーマにつながり、そこから歴史的変化を形成していることもまた見たとおりである。まず第一に、庇護はヴェブレンから誇示だと皮肉られたが、むしろ個人または集団がその可能性を現実化しようとする傾向の現われであり、またかれらの優越性を示そうとする傾向の現われでもある、たとえそれが自己満足であっても、また一人も観客がいなくてもかまわない。第二のテーマは、われわれが「名誉」恵与指向と呼んだものである――すべての高官職、すべての顕職は責務として都市に恵与をしなければならないが、それは身に帯びた公職の代償であろうか、政治的権利を放棄した人民への慰謝料であろうか、というのも各都市の平民は有力者のために統治権を放棄したからであり、またこの章で取り上げるはずの恵与者すべてが有力者だからである。それとももっと複雑な説明になるのだろうか。暫定的に挙げた第三のテーマ（この暫定的というのはこの章の終わりにも現われるだろう）はあの世の心配であっただろうか。事実、多くの恵与は遺言によって行われた、だから恵与をキリスト教会への遺贈の場合と比べられるかもしれない。

この章では、ヘレニズム時代から、ギリシアとギリシア領オリエントがローマの覇権に屈してローマ帝国の一部になるときまでのギリシア人の恵与指向を分析する。それはおよそ紀元前三五〇年の年代から紀元四〇〇年ごろまでの期間である。ドラマの舞台は独立または自治体のギリシア都市であり、登場人物はそれらの都市の有力者である。恵与指向がいかなるものかをうまく説明するために、まず、恵与指向でなかったことから始めよう、そのためには古代アテナイから話さねばならない、つまり恵与指向が知られていなかった国である。もし恵与指向の実現にいたる経過を検討すれば、恵与指向の始まりは三種の体制の下に並べられる――寡頭制または直接民主制から有力者の制度へ移るのである。恵与指向は、課役というアルカイックな税制に加わったのである、結局、階級に分かれた社会から、公式または非公式に、または象徴的に(「恵与者の名誉」という体制のおかげで)有力者が一つの身分を構成する社会へ移る――世論はこの身分に統治権と庇護義務を認める、つまりローマ支配の時代になると公権によって追認されるものである。

この章の執筆にあたっては、レイモン・アロンに感謝しなければならない、というのも歴史社会学研究センター(Centre de sociologie historique)において、かれから注意を受けたおかげでこの章を終える政治学的分析をやり直すことができた。また恩師ルイ・ロベールにも感謝したい、かれの手厳しい批判のおかげで第三節を手直しできたからである。恵与指向は直接税の代わりをするものでなく、再配分でもない。すでに非政治化されていた人民をいまさら「非政治化」するためでもなかったと言う必要があろうか。では、恵与指向とはなんだろうか。

一　恵与指向以前——古典期アテナイ

紀元前五〇〇年から紀元前三五〇年にかけてのアテナイ、つまり政治的、文化的繁栄の時代におけるアテナイでは、まだ未来の恵与制度は存在していないが、予告されている。まず、大部分の「原始的」社会に認められるような共同社会への寄付があったことは確認されている——金持の贈り物、集団的宴会。特に政治・税制機構において恵与指向への道が開かれる特徴がある。結局、ある制度、つまり課役が寡頭制を予示している——課役は民主制の都市を貧民と金持に分け、金持の恵与精神を表わしていた。一般大衆の非政治化とともに、恵与を行う有力者による寡頭制への移行はほとんど自然に行われる。このように本論がアテナイの例に限定されるのは残念である——古代ギリシアの都市はいずれもまったく異なっているからであり、アテナイはその一例にすぎない(1)、それでももっとも知られた都市である。

クセノフォンの『家政論』のある箇所では、古典期のギリシア世界に見られる共同社会への寄付の種類がほぼ完全に収録されている。「きみの富でも足りないだろう」とソクラテスは若いクリトブルスに言う、「まず、きみはたびたび大きな生け贄を捧げねばならない、でなければ神々や人間とうまくやってゆけないだろう(2)、それに外国の客をたくさん接待しなければならない、しかも豪勢に、だ(3)。さらに、きみの町の人々を供応しなければならない(4)、でなければ、だれもきみの味方になってくれないだろう」。これはありふれたことだから、ほとんどすべての「原始的」文明において見られる最初の寄付である——接待、同じ集団の者たちが交代で市民にふるまう饗宴、貧者に対する町の「大物」の寄贈と保護、など。それに反して、第二の寄付はもっと特徴的である――各種の課役だ、「さらに」とソクラテスはつけ加えている、「この町はこれから大変な負担をきみに押しつけることになるだろう――馬の飼育、合唱団や体育祭の費用をはじめ、要職の負担[5]がある。そこで、もし戦争でも始まったら、きみは軍船の艤装費や特別協力金[6]を支払わねばならなくなる、そのような出費は大変だよ」。特別「協力金」*eisphora* はもとより、馬の飼育、合唱団費、体育場費、艤装費、それらがアテナイの一般祭典や国民的出費に際して、身体的、金銭的に金持に課せられる義務である。その課役は富裕税というよりはむしろ名誉として果たさねばならない。それには特殊な精神状態があるはずである、つまり有力者がいかなる出費であろうと、稼ぎより優先して出費に励む精神状態である――「きみがそのような義務を立派に果たさないように思われたら、アテナイ人はきみが市民の財産を横領したかのようにきみを厳しく罰するだろう。その点については、きみは自分が金持だと思っているし、金儲けに無関心であり、きみの身分にふさわしく若者の話だけを考えていることが分かるよ」。「原始的」寄贈、民主的課役、それがアテナイの金持の宿命である。

アルカイックな寄贈

いつの世にもある寄贈――それはギリシア世界にも常に存在し、いつまでも続くだろう。その寄贈は都市に対して行われず、もっと狭い、身近な集団、たとえば部族または行政地区である。都市の古い行政地区では、社会的現実、つまり金持と貧者、自然な長官と一般人が制度より優先していた。くじ引きで決められる都市の高官を行政区に配分すること[7]はあきらめねばならなかった、なぜなら行政区の市民は高官職を売り物にしていたからである。各地区には、金持が交代で提供する定期的な饗宴の習慣が残っていた。それが本当の課役 *hestiasis*[8] となる。しかしその古い呼び方 *phylarchie*[9] が示唆的である、つまり饗宴を開く招待者はその地区長を指していた。そのような地位の就任披露宴は世界のたいていの地域で知られていて、地区長の実際的な役割は自費で供応することである[10]――そのために地区長に任命されているのである。そのような地区の長官の有無にかかわらず、農民の宴会ほど広く普及したものはない――フランドル地方の祭りでは農業経営者が交替で村じゅうの人を供応している、なぜなら村ではだれもが顔見知りであり、村の司祭は年に一度、その小教区の農民すべてを夕食に招いている。

ある集団（または、少なくともすべての金持）のメンバーが交替で供応するような一種のトンチン年金の頻出には少なくとも三つの理由が考えられ、おなじ理由がおなじく多くの恵与的事実、つまり本書の残りの部分で述べるような恵与の事実を裏付ける。まず、この集団は小さいから、裕福な人は、その余剰の一部をせびりとろうとする貧しい人らの要求を断りにくい。だが要求という言葉はあまりよくないだろう、なぜなら金持は遠慮または用心から、貧困を相手に面倒な対面をしたくないから先手を打つ。おなじく集団が小さいから、犠牲者の順番が決まっているトンチン年金のほうが各自の割り当てを集めるような分担制より決めやすい、なぜなら管理上、税制のほうが課役より複雑だからである。また心理的にも、金持は自分の金がどこで使われるかを知るほうが快く支払えるからである、もしその金が何かの事業、たとえば建造物とか饗宴で、自分の名が残るなら。結局、小さな集団、あるいは都市で（大国家の場合を除けば）、各市民の行為は同じ市民によく分かり、予想もされやすい[11]。各自は自分の寄贈が他に影響を与えるだろうと知っている。艤装費の負担や地区住民の宴会費負担から逃げることは悪い前例になり、社会秩序を破壊する（現代国家では、税務署をだましても、社会秩序を破壊するという気持ちにはならない）。そのかわり、引き受けることは、他人にいずれあなたの番がくると教えることになる。この透明さが大きい集団の場合より協力しやすくし、交渉もしやすくする。

対面の面倒さは、もう一つの現象をも説明する。その現象とはわれわれのテキスト資料では自明のように見えるが、実はそれ以上の重要性があったはずである——同等者のあいだの永久の借金である。テオフラストスの「自慢家」[12]は「飢饉の時、困っている市民の救済のために、五タラント以上も金を使った」。かれは、恐らく、ヘレニズム時代はじめからよく知られている募金（*epidosis*）名簿にその金額を書き込んだのであろう。それが互助形式であった。だがこの「自慢家」は友人への貸し付け（*eranos*）にも十タラントを使っている、なぜなら「かれはいやとは言えない」からだ。ある喜劇作家が書いている、「金持になっても仕方がないではないか、友人を助けたり、感謝の種をまくだけではないか[13]」。

もっと知りたい人のために述べよう。少なくとも、*eranoi* と言われる友情的金融組合の存在が知られている、それは一種のトンチン年金であり、メンバーは共同で資金を出し合い、交替で無利子の貸し付けを行う。このような制度は多くの貧しい国にそっくり同じものが存在するが、恐らく兆候としての価値がある。アテナイは、だれもが一度は金を借りる必要に迫られたり、だれもが金を貸したくなり、すべての人がすべての人に何か借りのある社会であったに違いない、それが一種の平等をつくりだし、各当事者にむかって高利貸しから示してほしいほど寛大になるように示唆している。だれも請求されないかぎり借りを返さない。返すとしても、幾度か請求されてからである。それも当然である——要求または拒絶で、もっとも頑固な態度を示す者がもっとも金に困っている者であったと思われる。ところで、その点では貧乏人のほうが勝つというのが寛大と公正にふさわしい。もしアテナイで物事がすべてそうなったら、われわれの研究には教訓となるだろう——その社会では、経済的主体者は活動を徹底的には進めなかった、つまり貸し金の返済を全額は要求しなかった。

時代を越えた寄贈の最後のタイプがあるが、この寄贈については充分に立証されていないのが残念である――多くの隷属者を養っていた権力者の寄贈である。アリストテレスの『アテナイ人の国家制度』では、次のような意味深い文がある、「ペリクレスは法廷に出席する市民に手当を支給させた最初の人である、実はキモンが財産にものを言わせて民衆を扇動していたから、それに対抗するためであった。つまりキモンは僭主の息子にふさわしい富があったので、課役を豪勢に果たした上に、地区住民の多くを養っていた――地区のどの住民から頼まれても、毎日、訪ねていって、生活の面倒をみていた。おまけに、かれの土地には囲いがなかったから、だれでも自由に出入りして、収穫物をいただけた。ペリクレスのほうはそれほど豪勢に振るまえるほど裕福でなかったから、民衆に持っているものを分配（させた）――そこで裁判に関わる人々の手当を定めた」[14]。貴族のキモンはその階層の代表者にふさわしく振るまっている[15]――手下の者らを養い、外国人を歓待する[16]、それが貴族の古いモラルである。読者は前章のあるページにおいて、アダム・スミスが、手下の者を気前よく養う「大物」のことをどれほど見事に分析したかを見たはずである。アテナイの民主制はそのような隷属者組織網の外で成立していた、そして――われわれのテキスト資料で立証されるように――その隷属者組織網に対立していた。たとえ資料が沈黙していようと、その隷属者組織網は決して消滅しなかったし、また未来の恵与指向は、しばしば市民の衣装を着たその変装だと想定されよう。

いま、変装と言ったが、なぜなら決定的な点において、恵与は外国人、友人、客、初対面の人らに示すアルカイックな鷹揚さとはまったく異なるからである。それどころか、恵与は都市全体、また都市だけに提供される、つまり市民的である。恵与者は隷属者を抱えていない――都市、つまり同市民という集団へ敬意を表わす。いずれ分かるが、恵与者は高官であり、無私無欲であることを証明するために自分の金を使う、あるいは恵与者は有力者であり、公職を名誉と見なすか、都市の統治を権利、義務と心得る身分に属している。この三つの場合において、恵与者は都市そのものに尽くす義務がある。もしその恵与が特定の人々に限られるなら、腐敗または支持者の買収になるだろう。それは事実、ローマではっきり現われる――ローマ共和国の公法では、もし恵与をしている候補者が選挙戦の期間に市民団体の一部の人を供応したり、個人的招待状（*viritum*）をばらまいたりしたら、選挙違反になる。そのかわり、すべての人を饗宴や見せ物に招待しても選挙腐敗にはならない。したがって都市は、ローマであってもアテナイであっても、どこから寄贈を受けても恥ではない――寄贈は寄贈者と市民のあいだに個人的な関係をつくらない。市民全体は明らかにどんな金持よりも優位にあるので、恵与は天から降ってくるのでなく、都市へさしあげる敬意と受けとられる。恵与指向は古代の末まで、市民的、さらには表敬的な様式として存続し、下から上へ差しだされる。その与え方は寄贈自体よりも価値が高いので、恵与者は傲慢や自慢を慎まねばならない――恵与者はまず市民の一人である。

課役と自由

一見したところ、課役ほど市民的なものはない、つまりその義務は金持に身体と財布で公共的祭典や都市防備に貢献させる。これほどの恵与はないと言われるかもしれない――課役は義務であり、庇護ではない。金持であるからこそ他の市民以上に納税義務があるとわれわれには思われるかもしれない。だが不幸にして、事実、ギリシア人には税金とか納税者という観念がなかった――ギリシアの各都市では、ある現代人によれば、市民は完全に都市のために尽くすという義務を負っていたから、一般の直接税を赦しがたい暴政だと思っただろう。だれも自治体の経費を負担しない、ただ金持だけに課役があった。そこで金持は、納税者というよりはむしろ庇護者、恵与者の心構えになっていた。この点について基礎から考え直そう――まず、課役は市民としての責務であった、それは税金と見なされるはずがなかったから、エリートの名誉と考えられた、これはあまり市民的ではない。課役が責務と考えられたのであれば、どうして税金だと思われなかったのであろうか。なぜならアテナイの民主制では、ある人に課せない責務を他の人に課すことができたからである。その民主制は法律的形式のない直接性に生きていたから、公権力は実体ではない。問題の権力は存在しているが名づけられていない。また課役は税金にならなかった、なぜなら当局は常設的な課税を制度化できなかったから――古代ギリシアに自由は存在していたが、名づけられていなかった、われわれの自由と同じでなかったからである。

直接性とは幼年期の新鮮さを喚起させる――人間の集団は法律をつくり、都市が自分らの集団以外のものになるとは一瞬たりとも考えられない。都市はその構成員、実体、国家と区別される法人ではなく、市民の集団である。祖国とは、この市民が自分とその国について抱く理想的、感情的イメージであり、ちょうど古い家族がその家族とその住みかを崇敬するのと同じである。もちろん公権力は存在し、同じく強制も存在する。支配する者とされる者は截然と分かれ、毎日のように、アテナイ人は公的な命令に従ったり、まったく是認した覚えのない政治において自分の役割を果たさねばならないこともあった。だがかれらはそのことを考えてみる気にならないだろうし、代わりに考えてくれる公法の理論家もいなかった。哲学者はどうかといえば、かれらは人間性から社会生活を演繹するだけで満足していた。かれらは明らかにこの世が牧歌的でないこと、また強制も当局も存在することを知らないわけがなかったが、物事は自明のことと思われた。だからアテナイ人は当局そのものが各市民の意思と一致していると信じるふりをすることができた。当局は集団としての市民から出ていなかった――この直接民主制では順番制になっていたのである。「われわれの都市は一人の権力に握られているのではない、つまりわが都市は自由であり、人民が支配者である、なぜなら高官たちは毎年交替するからだ。富が勝つのでない、それどころか、富と貧困は公平に分け合っている」――『救いを求める女たち』[17]の中でテセウスがそう言っている。完全な民主制では市民は平等である、なぜならそれぞれ順番に服従し、命令するからである[18]。それほど順番制だから、公職を配分するための、もっとも単純な方法はくじ引きで決めることである。法律については、必ずしも形式的な基準で定められてはいない、つまり法律は市民が法律として望んだすべてである。「都市の法律」はわれわれが考える意味での法律であるが、それはまた不文律の法律でもある、つまり慣習である[19]。

言わずもがなのことを言えばもっとうまくいくかも知れないし、法の精神は概念化を前提とする。ギリシア人はすべての点において、都市と市民全体を区別しなかったし、また体系的に市民の権利と義務についても述べなかった、ちょうど一体になった家族の中で各人の義務を定めないのと同様である。あるアテナイ人がアテナイに献身する、そして他のアテナイ人よりも献身的だ、それほどかんたんなことがあろうか。市民がその都市の恵与者になったという話はヘレニズム時代になってからである。それ以前は、恵与者、つまり公共の恩恵者という称号は外国人にしか与えられていなかった。テミストクレスはケルクラの恵与者であった[20]、その称号は保護者の称号とともに辞令で授与された。

都市が大家族であるからには、その経済は家庭経済 *oikos* に類似することがある。キクラデス人はその島の地下から金銀の鉱脈を発見した――毎年、島民たちはこの鉱山からあがる収益を分け合った。もし都市に余剰があるか、「同盟都市」から貢ぎ物をもらうなら、どうしてその金を国庫に残す必要があるのか。そこに中流のアテナイ人が望んでいたことがある――「扇動家が民衆に生活の糧を得させようと本当に望むなら、それは易しいことだ――われわれには千の同盟都市があり、そこから貢ぎ物をもらっている、その都市の一つ一つに二十人のアテナイ人を養うように命じたらよいではないか[21]」。時には捕食的精神がこの市民的家庭をとらえる、するとアテナイのシチリア遠征という信じられないような冒険が起こる。もし現代国家において市民のあいだで利益を分けるなら、その配分は客観的権利の反映か、上部決定の結果か、上から来る一種の恩恵を見ることになるだろう。もちろん、ギリシア人は国庫の余剰をいつも配分していたのではない――都市は実体として存在していた、ただし完全にはそのように見えなくても。だがまさしくそのように見えなかったから、ギリシア人は公共財の配分を、その財に対してだれもが抱いていた主観的権利の行使と見なしたかもしれない――その権利が行動となって現われても早すぎなかっただろう。

課役の起源と進化はその法的根拠のあいまいさで説明がつく。本来、課役は責務であり、都市はその責務を果たす能力のある市民に課した。だからといって集団生活における市民全体に支払い能力に応じて課税の原則を体系化し、制度化しようという考えはなかった。毎年、アテナイの人民は裕福な市民に何百件もの課役を割り当てていたが、その分担をどうして公平にできようか。軍船に艤装を行なったり、演劇会や音楽会の開催を引き受けたりする費用の分担を定める共通の尺度はない。一体になった共同社会においては、各自は自分にできることをし、権利も義務もない。課役はちょうど高官職のように一種の責務である。命令することは権利であろうか、それとも義務であろうか。いずれでもない、たんなる公共奉仕である。

不幸にも課役は責務であったので、急速に名もなき税金となり、それがもっぱら一部の住民にのしかかった。当初、課役は身体的または現物的奉仕であった。それを負担する市民は催事を組織したり、造船を指揮した。都市は国庫収入の中から必要な資金をわたした。(22)課役を負わせられた市民は身体で支払うだけでよかった――*sômati* と言われる――ただしその時代では、と言っておこう。だがそのような責務は、特に、海の経験があるか、指揮と組織に熟練しているか、祭典や文化に興味を持っているか、または著名になりたい金持や有力者に割り当てられた。公的資金が足りなくなると、課役を果たす市民はとうぜん自腹を切るだろう、なぜなら身分にふさわしくなければならないからだ。そこで人民はきわめて不充分な予算、さらには純粋に象徴的な予算を組む習慣をつくった、そこからやがて「破産的課役」という表現が矛盾語法的な言い方として現われた。

ところで、課役が責務から税金になってゆく一方、アテナイの人民は市民である者はとうぜん自分の時間と生命を都市へ捧げるべきだと思うが、都市へ金を支払うのは当然のこととは思わなかった――それほど自己矛盾することはできなかった。だが越えられない精神的障壁があり、市民に対する継続的な直接税の原則を認めることができなかった。税金は間に合わせの解決策、重大な危機の場合の応急策でしかない、でなければ国民が他の国民へ隷属するしるしとしての貢ぎ物であり、奴隷の烙印のようなものではないか。都市は市民と同様にその都市の収入でやってゆかねばならない、その収入は間接税であり、属国からの貢ぎ物であり、非市民居住者に対する税金、さらに領土の生産物である。直接税がないことはわれわれには奇妙に見えるかもしれないが、歴史的な事情から来ている、いずれその問題に触れるだろう。だが直接税の不在は、市民がすべてをその都市に負うという、あまりに普及した考え方に対して疑いを抱かせるはずである。むしろ市民の献身の限度、および個人的圏内への共同社会の干渉の限度があらかじめ決定的に定められていなかったと言おう。その限度はわれわれにおいてもあまり変わらないではないか。自由の観念は純粋に歴史的な内容を持つ原則である。またその原則は概念化されないままでギリシア人のあいだに存在していた、と言おう。

ギリシア人は、すべてを行う権利が都市にあるとは言わなかった、事実、都市はすべてを行なっていなかった。バンジャマン・コンスタンが公共生活への参加と自治体への献身と思われる古代的自由を近代人の自由に対立させたとき、かれは主として兵役の義務を考えていた——十九世紀はじめの自由主義者にとっては、古代都市が容赦なく要求した兵役は極端でアルカイックな要求に見えた。今日では、われわれは別な判断をするだろう。ギリシア人にはそれなりに自由があったが、われわれの自由とは違っていた。総じてギリシア人のほうがわれわれより多くの自由を持っていた。古代都市は高等教育も利息も管理しなかった（あるいは少なくとも、われわれの資料によれば、ほとんどそのとおりである）、もちろん古代都市にはそれができたかも知れない——だがわれわれのあいだでも、国家の制限は国家の自己制限である。もしギリシア人に自由の観念がなかったとしても、それでもかれらは、都市が、被支配者と支配者すべてに課せられる法律という一般的手段をとるべきだと表明していた。現代市民と同じく、古代の市民も自由であり、国家から独立した活動領域を持ち、ある点では（まさしく税金の問題でも）、その自由は今日、過激な自由主義者でもあこがれるような自由をはるかに越えていた。原則の違いとしては、ただ、現代の自由がはっきり法律に定められているのに対し、古代の自由は自明のものであった。ギリシア人には権利があった、だが権利の理論がなかった。その後、かれらは歴史的に、絶対君主制やキリスト教会に対して自由を表明できなくなった。それだけに語と事柄、つまり自由観と自由の現実を混同してはならない、また自由の原則と変化してやまない自由一覧表をも混同してはならない。

課役の社会学——プラトン

だが都市アテナイは税金の原則を認めなかったのに、どうして課役という無名の直接税を考えたのだろうか。原則なしで横滑りにそうなったのである——金持がどうしても負担したいというから、人民は勝手にやらしておきたいという誘惑に負けたのである。

事実、課役制度は恵与指向の場合のような精神的衝動に訴える――自分の富を誇示し、著名度を高め、人民から突出して先頭に立ちたい（特に金持が政治的雄弁家の道をめざすとき）、つまり何かの事業に自分のしるしを残したい願望であり、結局、競争心である。金持だけが課役の義務を負っているので、課役は税金でなく、使命である。それは現物寄贈であり、課役の金は国庫において他の市民の税と混同されず、それどころか都市全体が祭典または軍船の負担を個人的な課役に負っていることをしっかり見届けているので、課役は庇護である。だから総じて課役制には恵与指向を喚起させるようなあいまいな性格がある――ある時は強制され、ある時は自発的である、なぜなら身分に恥じないことをすることほど易しくもあり、難しくもあるものはほかにないからである。ある時は、アテナイの金持は課役から逃れようとして「身代わり」*antidosis* の手を使った、またある時は、その破産的な名誉が喜んで引き受けられた。合唱団長に任命すべき人が見つからなかった年、祭日が迫り、民会において合唱団長の問題で議論が沸いていたとき、デモステネスは「演壇にあがり、合唱団を喜んで引き受けようと申し出た」(23)。課役のベテランもいた。弁護士ルシアスの一人の客は、裁判官にむかって、九年間で七万二千ドラクマ以上の金を使ったと自慢できた、つまり悲劇合唱団、男性合唱団、パナテナイア祭の舞踊団、定期合唱団、三段櫂船艤装、体育場、喜劇合唱団、戦時の特別協力金など(24)。なぜなら多くの課役はすでに述べたように競合であり、大金を出して賞を狙うことであった――ギリシア人の競争心、「闘争心(25)」は燃えていた。「名誉を獲得するために大金を使う、出費と名誉を競い合う――この昔ながらのギリシア人気質(26)」、それが恵与指向と同様に課役の動機であった。

実際、競争好きがすでにギリシア人の国民性であったとすれば、課役の制度の特徴をかき立てるだけでよかったかも知れない――歴史を通じて、ポトラッチの社会からヨーロッパの中世にいたるまで、共同社会への寄付と競い合いの関係ほど頻繁に見られるものはない。庇護の動機は何か価値ある趣味と同じく、いや、それ以上に傑出したい趣向である、おまけにギリシア国家は単一体ではなかった。古い貴族階級が傑出したいと思うのは生まれつきである、だが民主制を生みだした社会層はそうではない。民主制的競争心がギリシア的だからといって、貴族的競争心を受け継いではいないことは明らかである。競争心と寄付する鷹揚さの意味において民主制が貴族制に匹敵すると確認されるのは確かに同時代人には驚くべきことであった。もちろん、プラトンには分からなかった――『国家編』では、競争心は貴族性の特徴であり、あるいはその用語では、名誉を重んじる性格の特徴である、しかしクセノフォンは商人でも庇護を行えると述べている。

『国家編』の巻八と巻九は社会学である、ただしこの語が慣習的に政治哲学を指し、政体と政体が表わす社会構造を関係づけるならば、である。そこでプラトンは政体のタイプとそれに照応する人間タイプとの相互の類似と因果性を関連づけている。[27] 現存する無数の社会は四つの理想型にまとめられる――貴族政体またはむしろ名誉政体、金権政体またはむしろ「寡頭制」(ギリシア人にとって寡頭制は金持が金持として権力を確保する体制である)、民主制、および僭主政体である。したがって人間も基本的に四つのタイプに分けられる、つまり寡頭制では、共同社会に無関心で、もっぱら金のために暮らす寡頭制的人間がおり、名誉政体では、勝利と名誉を追求する権威主義的人物がいる。一見、この社会学は『法の精神』巻三を思わせる。しかし非常に違っている、それでもいっそう社会学的である。モンテスキューは政体が機能するにはいかなる特殊な心理的特質が必要であるかを問題にしている。たとえば民主制は上部からの束縛がないから市民がそれぞれ公共の利益を尊重しなければ機能できない。反対に貴族政体では、人民はそのような市民的美徳を必要としない、なぜなら支配する者に掌握されているから。そのかわり支配者は掌握するのに別の美徳を必要とするだろう。プラトンのほうは、機能でなく因果性を語っている、つまり各政体はその政体のイメージどおりに人間の全体像をつくる。モンテスキューにとって、機能的美徳が社会によっては欠落することがある——体制は機能しなくなる、それだけのことである。プラトンにとっては、政体はそのイメージどおりの人間をつくりださずにはおかない、この人間が政体を再現することになるのだ。政体は「それぞれの国家に居住する市民の性格から生じ」、市民も「幼いときから国家に似るように育てられる」。子供は父や母や召使いや他の人々から聞いたことを身につける。だが、もし政体がそのように人格全体をつくり、単なる個人的美徳を要求しないとすれば、そのために人格のすべての特色を創造できない——人間の心の潜在能力を知らせるだけである。事実、生活している政体の下で、子供は社会化されることによって「名誉に励み、軽蔑を避けるように[28]」しつけられる。たとえば、金権政体の下では、生まれついた富への愛着が周囲の者らの話から子供のうちに強化され、やがてその子供の人格全体を示すようになる。他の潜在能力は残っていても、多少はもみ消される。言うまでもなく、この「多少は」が混合タイプや実際の性格の多様性を与えるのであるが。

庇護または競争心のことに話を戻そう。この傾向を人格に与えるような政体はいかなるものであろうか。それはただ金権政体だけである。「この政体で明らかなこと、また感情の熱意を原則とするこの政体の特色は、稼ぐことと尊敬されることである（*philonikia, philotimia*）」、なぜなら金権政体は明らかに熱意*thymos*としての心理的潜在能力を勝利させる。反対に、寡頭制ほど狭量なものはない。金権派はどうにか欲望を抑える人間である、「なぜなら持っている財のことが心配であるからだ」、かれは「自己の中で分裂している、欲望と欲望とが戦っている二重人格である」。ところで『法律編』が教えるように、「金持になりたい情熱は、暇をつくったり、個人の財以外の何かに興味を持たせない。市民は富という目的に熱中し、日夜、利益のほかは考えないだろう、ほかのことはすべてたわごとにすぎないからだ」。したがって寡頭派は「一般的に言って、栄光や尊敬に関わることにはあまり競争心を示さない、栄光や名誉を競うことには金を出さない、なぜなら金のかかる欲望が生じたり、そのために儲けたい欲望を損ねるのが恐ろしいからだ」(29)。寡頭制は破産が恐いから、豪勢な寄付ができない、というのもこの政体では金が万能だからである(寡頭制の構成は納税額に基づいている)、子供はその政体の下で、名誉に輝くより金を貯めるほうが大切だと学ぶ。民主制では、競争にあこがれない。この政体は熱意や吝嗇とは違った潜在力を勝利させる――それは欲望である、むしろたくさんの欲望である。この無政府的体制は人心を無政府主義にする――道徳的秩序はまったく消えるから、個人は自制心を失い、欲望を満たすために浪費する。

したがって闘争心は好戦的な貴族階級と「金権政体」だけの問題となる、なぜなら熱意(*thymos*)を抱かせるからである。それは商人の美徳にはならないだろう。ここでプラトンが考える伝統的なものの見方がある、かれによれば社会化は政体の包括的社会レベルで行われ、各人が生まれ、生活するサブグループのレベルでは行われない。プラトンが人格全体を政体レベルで行われるとする政体の範囲内であるが、その人格を個人の社会的「条件」でなく政体によって説明しようとするときはモンテスキューより社会学的ほど社会学的でない。そこから結論できることは、何よりもまず、金権政体的人間は知らずしらず、実は単純なサブグループ、つまり金権政体の支配者層を映しだしている――被支配者というサブグループの教育と人格は確かにそれとは違っていた。

ところで、もし分析をサブグループや個人の条件まで進めるなら、民主制における競争的美徳の可能性が現われる。アテナイの一商人が課役の義務を引き受ける気持ちになれば充分だろう。それがクセノフォンのソクラテスが認めていることである――アテナイの商人で課役のおかげで有名になり、破産した者が一人ならず存在している。ソクラテスは言う、「ナウシキデスにとっては、製粉業でも、召使いをはじめ多くの豚や牛を養うには充分である、だからたびたび課役を引き受けられるほど貯蓄をしている」(30)(この独創的な文明の極度の貧困、そのつつましい奢侈、その貧者の贅沢さが分かる(31)。ヘレニズム時代の繁栄した時代やローマの華やかな時期とはあまりにも対照的である)。他のところで、ソクラテスは思いがけない明瞭さでこの問題を語っている(32)。一商人は軍団を指揮できるだろうか。それを疑う貴族がいて、こう言った、「商人は金を集めることができても、兵隊を動かすことはできない」——ソクラテスは答えた、「だが商人にも勝ちたい気持ちはある、それは将軍の能力ではないか。しかじかの商人が合唱団長の課役を引き受け、そのたびに賞を受けているではないか。だからえり抜きの合唱団員を指揮できたように、えり抜きの兵隊を見つけ、選ぶことができたら、商人でも戦争に勝てるだろう。なぜなら団員とともに合唱団の賞を勝ち取ることより、都市全体とともに戦争に勝つためならどんな出費も惜しまないだろう」。

寡頭政治家

しかしアテナイには、民主主義者のほかに、課役に対してきわめて異なる態度を示した一派がいる、別の見方からすれば本論の続きの主要な部分を占め、きわめて示唆に富んだ存在である——寡頭政治家であり、自称、善良で、貴族で、金持であり、悪人、貧者、平民と対立している。プラトンのいう富に汲々とした寡頭政治家的人格は、ここでは考慮しない、またその人々が共和制の犠牲になった古いアテナイの貴族の末裔だとも考えないでおこう。かれらはその階層の物質的利益を守るために団結もしない。かれらの努力目標は別の満足、つまり権力であるが、かれらは権力をそれ自体のために追求し、権力は当時の社会闘争の争点であった。かれらはアテナイのすべての人が政治に関わっているのを見て、醜悪または破滅的だと思っていた。かれらはその富や影響力にふさわしい権力を手に入れる、つまり都市の統治権を確保するか、それとも平民から奪いたかった。この平民は正しく政治を行う能力のないことが歴然としていた。だから指導的役割を果たす能力のある自分らのような階級に統治権を任せてほしかった。かれらの闘争の原則は産業革命前の社会に固有の考え方であった——富には権力を持つ権利がある、だから権力はとうぜん金持に与えられる（われわれには、とんでもない主張に思われる、だからまず、寡頭政治家には階級の物質的利益を守ることしか念頭になかった、と想像してしまう）。またアテナイでは、金持は権力を握っていなかったから、寡頭政治家はいつまでも不公正の犠牲者であり、ある党派から抑圧されていると思っていた。民主主義者は自分らの都合のよいように絶えず正義を踏みにじり、社会契約は破棄されているので、都市になんの恩義も感じない——「やつらから侮辱も名誉も受けたくない、やつらとわれわれはとうてい共存できない」[33]。

そこで課役に対するかれらの態度もあいまいである。一方では、課役は余計な暴政であり、他方、かれらは、下層階級が自分らの才能と富なしにはすまされないではないか、と嫌みをこめて言う。テオフラストスに描かれている寡頭政治家の一人は言う、「議会において、不潔な乞食どもと並んですわらされるとは、あまりにも屈辱的だ」、さらに続けて言う、「いったい、いつになったら課役や艤装で押しつぶされないですむのだろうか！」。ここでは、プラトン流の寡頭政治家の吝嗇を考えないでおこう。いま示した人物は、乞食どもが権力をわたさないからには、そんな連中のために破産したくないというわけである。そのかわり、有力者らの寡頭政治家が権力の座についたときは、恵与のために破産することになろう。それまでは、税金は存在しなかったから、課役は税金ではないので、課役は圧迫になるか名誉職になるかによって、貢ぎ物か名誉にしかなれなかった。つまり寡頭政治家は、自分や同輩がエリートとして尊敬されるなら課役を名誉と思うだろう。なぜなら政治を行う者はエリートとしての名誉であるから——これはすでに階級の権利としての統治の概念であり、これが恵与指向の原則になるだろう。

かくて、他の場合は、寡頭政治家は課役を行うことで民主政体から優越性を認められていると信じた。もちろん「扇動者らは有力者（*gnôrimoi*）に課役をさせて収入を吐き出させることで嫌がらせを繰返す[34]」、だがそうしながらも有力者が必要不可欠な存在だと認めている。クセノフォンの作品に紛れ込んでいる『アテナイ人の共和国』と題された小冊子の作者であり、ペロポネソス戦争の時期を生きた人物は確かに才人である（かれは特に、主導権について興味ある理論を制海権によって展開している）。この作者は課役について皮肉たっぷりに言う、「アテナイの人民は貴族階級の権力を打倒した、つまり体育と音楽に熱中する人々の権力を。人民はそのような教養を立派だと思わない——自分にできないからだ。そのかわり、合唱団、体育場、そして艤装の費用は金持の負担だと思っている——人民のほうは金持の指揮下で参加するだけだ。人民はそのおかげで報酬がもらえる、そのかわり金持が貧しくなる。人民の仕事はむしろ出席手当を貰うことである[35]」。

課役の制度は有力者の体制を予示している。その制度は都市を二集団に分ける、つまり課役を負担する者とそうでない者である。この課役制度が存在できるのは、課役を負担する者が謙虚な納税者というよりはむしろ有力者か庇護者の精神を持つからである。課役を負担する者は、それが大部分のアテナイ人にできないが、自分らにはできると分かっているからである。富と教養によって、かれらだけが、『ニコマコス倫理学』で寄付する鷹揚さと呼ばれる恵与者としての美徳を発揮できるのだ。金持の有力者が権力を行使するのは当然である、なぜならそれができるからだ。ところで、いずれ分かるように、人民としては、人民の政治不参加によって権力を有力者の手に滑りこませる。こうしてアテナイまたは他の多くのギリシア都市において、ヘレニズム・ローマ時代を支配する制度が制定され、存続するようになる、それが恵与指向の時代である——有力者の政体である。民主制から寡頭制への復帰は可能であった、なぜならその社会は民主制であっても普遍主義的でなかったからである。

二 有力者の寡頭制

有力者の体制はどのようにして制定されたのか。アリストテレスは書いている[36]、「民主制が寡頭制に変わるのは、金持階級が一般大衆より優勢になり、大衆が国事に無関心になるときである」。マックス・ウェーバーのほうではこう書いている[37]、「どんな直接民主制も有力者の統治に変わる傾向がある」。この政体が民主制に続いて現われるアテナイは少し特異なケースである——ギリシア都市の大部分は常に寡頭制であったかもしれない。それは問題ではない——アテナイにおいて有力者が次第に権力を掌握していったことを説明できるような理由は、同時に、はじめから人民に権利がなかった都市において、有力者がどのように権力を獲得したかをも説明できよう。その理由はいま示したとおりである——すべての直接民主制が厄介であり、他方、不平等は累積するから、金持階級はとうぜん支配者階級になる傾向がある。

有力者

古い戦士軍団、つまり騎士の貴族階級は消滅していた。いまや経済的不平等のおかげで社会の先頭に立つ有力者階級には、あまり典型的な表情はなかった、だからヘレニズム時代に関する歴史家たちはこの階級を好んでブルジョアジーと呼んでいる。いたるところにおいて、政治の実権はこの比較的狭い階層、この主流派、モリス・オロー[38]の独特な言い方では穏健派という支配者で所有者でもある階級の手に握られていた。これらの都市のブルジョアジーは、自分らが権力を行使するのが当然であり、才能も劣り、社会的地位も低い他の人々から統治されるいわれがないと思う。ではこの階級は権力を追求したと言えるだろうか。むしろ権力がおのずからこの階級に落ちてきたと言えるだろう――権力は物質的、精神的な能力にふさわしい、一般にその能力は富の特権となっている。それがまさしく有力者の統治と呼ばれるものである。無理やり実力でもって権力を奪おうとした戦闘的寡頭体制の時代はすぎた。制度はなんの役にも立たなかったし、金持の残忍性も権力の横暴を防げたかもしれないが、役に立たなかった。制度はヘレニズム時代の都市ごとに異なっていて、異なった都市が比較的民主的であったり、いくらか制限選挙制的であったが、都市の構成は全体としてはまったく進化していない（ローマ人に征服されても、この点については、いかなる断絶も示さないだろう[39]）。せいぜい、あちこちの都市において、評議会または執行部（*synarchiai*）が民会の代わりに強化されたくらいである。しかし体制としては依然として民主的であった（寡頭制はその時代の精神に背いていた）、ただし体制の機能はそれほど民主的ではなかった。ルイ・ロベールが指摘したように、政治は、デモステネスの時代のように、雄弁家によって続けられていた、したがって才能のある者には道が開かれていた。たとえば一世紀に、カリアの都市ムラサでは修辞学教師で政治家でもある有名な雄弁家が一人ならず存在していた[40]。その中の一人エウトゥデモスは「祖先からたくさんの富と名声を受け継ぎ、それに自分の才能を加えた。こうしてかれはその国の重要な人物になった、さらにアジアでも一流の名声を博した」。別の雄弁家フブレアスはまったく違っていた――かれは自分で金を稼ぐことから始めなければならなかった、「父から遺されたものは木を運べるラバ一頭、その御者、つまり奴隷一人であった。これはかれ自身が学校で打ち明けた話であるが、同じ市民らもそれを認めている。しばらくはそのように暮らしてから、やがてアンティオキアのディオトレフェスについて学び、帰国すると、市場警備官のそばで雑務についた。そこで暮らして、少しの金を稼いでから、政治活動にのりだし、弁護士とつきあった。かれの名声はいち早くとどろき、エウトゥデモスの死後、かれは事実上、その都市の支配者になった」。金がないと、政治を行える暇も社会的地位もない。恵与指向自体も、金を払わないと高官職にありつけないようになっているから、ますます金の障壁を高くした。ルイ・ロベールが書いているように、「ギリシア都市の体制は恵与、つまり経済的負担と高官職を引き受け、さらに名誉職をも兼ねる篤志家の制度にますます動かされる行政において変化を受けながら存続する(41)」。要するに、政治家への道は功績に開かれる。血統、納税、金持の誇りも役に立たない。必要なのは暇であり、教養であり、恵与である、だが何らかの余裕を受けつぐか、または余裕を獲得した者でなければ功績も役に立たない。かくて民主制は有力者の手に落ちる。だれも文句を言わない――階級闘争の目標は、もはや権力の配分とか民主制派と寡頭制派との闘争ではなくなり、今度は借金の帳消しと土地所有の再配分になるだろう。

有力者体制は、僭主政治がなく、伝統的権威を行使する貴族階級がいないなら、直接民主制の当然の帰結である。社会的不平等が才能、暇、威光の不平等をもたらすから、賽は投げられたも同然である。アリストテレスによれば、制度の多様性はその制度から与えられる社会的材料の多様性による(42)。ところで、直接民主制においては、社会的不平等は代議制的民主制よりはるかに重大な影響を及ぼす、つまり代議制の下では、市民の政治参加は市民にとって四、五年に一度、数分間の面倒ですむ。ギリシア都市の平民は有力者だけに政治を任せただけではなく、直接民主制における政治参加は市民の重荷である、だからといってわれわれの社会の選挙人に比べて、明らかにより多くの満足を個人にもたらすわけではない。

参加せず

有力者体制は、社会的不平等以外に、一般大衆の政治的怠慢からも説明されよう。一般法則として、直接民主制、あるいはもっと広くすべての「参加」方式は政治の役者には荷が重すぎる、だからいずれは舞台を金持のもの好きにゆずることになる。「貧しい人々は顕職につかなくても、強制を受けず財を奪われないかぎりは、平穏無事であるほうがよい。各人は、政治に関わったり高官になるより、自分の土地を耕しているほうが楽しいと思うだろう(43)」。もしギリシアの民主制と時代錯誤的でない非政治化を判断しようとすれば、能動的市民は今日の活動家と同じほど多忙であったと思わねばならない、だれでも忙しく活動したくないはずだ。賭けてもよいが、民会には常に同じ顔ぶれしか見られなかっただろう、それが献身的な市民の顔ぶれだっただろうか。それとも政治という見せ物を見物したい人々だっただろうか。とにかく、大部分の市民にとって、政治は単純な委託 *trustee* であった。市民は仕事を配分して政治のことは専門家に任せた(44)。

アテナイでは、民会に多くの市民を集めることは困難だったと知られている。欠席率は総数の三分の二から十分の九であった。市場でぐずぐずしている暇人すべてを民会場のあるプヌックスへ駆り立てねばならなかった。朱砂を塗った縄が用いられた、それが有名な σχοινίον μεμιλτωμένον と言われる——塗料をつけられた跡が見つかれば、その市民は出席権を失った。このような不人気の原因は二つある——暇がないことと興味がないことだ。

暇がないとは金がないことであろうか。「極端な民主制では、市民が大多数であり、この市民らにとって、手当なしで民会に出席することは困難だった(45)」。無償のままで、公民精神によって市民の参加を要求しようとすれば、その参加を金持に任せることだった。マキァヴェッリがどこかで書いているように、

「自由の恩恵に浴そうという性向に乏しいのは、間違いなく極端な不平等が原因である」。ペリクレスはまず、陪審員の手当を定めた。プラトンの見解によれば、「ペリクレスはそうすることでアテナイ人を怠惰にし、無気力にし、おしゃべりにし、貪欲にした(46)」。紀元前四世紀はじめには、別の手当が人民の民会に出席する者に与えられる。それは市民の出席を促すためであったか、それとも貧しい人を援助するための口実であったか。アリストファネスの『蜂』を見れば、陪審員の手当は幾千の貧しい人の主な収入源であったことが分かる。このやり方は、口実であろうと本当の理由であろうと、必要なことであったに違いない。だがこれが激しい論争を引き起こすことになる、つまり正当な動機とそうでない動機が混じりあっていたからである。イソクラテスよりはむしろもう一度ソクラテスを引用しよう(47)——市民の手当に対するプラトンの憤慨には、ソフィストたちの授業料に対する憤慨と同じ根拠がある。指導を要する技術、建築、あるいは医療は報酬に値する。それに反して(48)、恩恵、「恵与」を弟子や市民に教える道徳教師や政治家は感謝以外の報酬を当てにしてはならない。中流のアテナイ人、あるいはむしろ金持のアテナイ人に対するプラトンの憤慨には(49)、もっと単純な理由があった——貧しい人に支払う手当は、税金という形で金持の負担になったからである。この手当は、痛恨の極みであるが、金持だけが公務に携わる資力、したがって権利を持つという事実を忘れさせるのに役立った。

手当が出ることは民会へ行きたくない人々を引きつけたかもしれないが、欠席の本当の理由はむしろ心理的なものであった。アテナイの政治生活にとって不幸なことは、その政体がクレイステネスの革命の時に「熱した状態」から生まれた政体であり、市民にある程度の政治参加を要求していたが、それが続かなかった。それがきわめて一般的な事実である——「個人と組織とのあいだで、広く暗黙のうちに成立する心理的契約の枠内では、それ以上の参加を含むような変化はすべて不評を買う(50)」。そこから巧妙に理由が引きだされた——直接民主制において、多人数の会議に出席する市民は多くの時間と労力を失う、さらに市民は自分の意見とは異なるような共同の決定事項に責任を持たされる、そしてもはやその決定事項に不服を唱える権利がなくなる、だから市民は労力と、意に反する責任と引替えに、ただ、満足の代わりに、会議の頭数をそろえ、他人の意見の票に一票を投じただけである——協議の結果に対して自分の個人的なしるしを残せないではないか。[51] すべての直接民主制は、権力を狙う寡頭制派、および真面目であるが公共生活には自分の無力感によって各自が味わう不満ほども関心を示さない民主制派との統合に絶えず脅かされることになる。そこでアテナイ人は民会へ出かける熱意を失うので、制限選挙制的寡頭制への復帰にあまり後悔しないはずである。現代の民主制ならまったく逆であろう——政府にとって、普通選挙を納税額に応じた選挙制度に置き換えることはとうてい不可能である。普通選挙をあっさり廃止することはできる、普通選挙をごまかし、その意義をすべて奪うことはできる、だが選挙権を金持だけに与えるという原則を復帰させることはできない、その理由の一つとして、投票所へ行くという政治参加が投票者にほとんど負担をかけていないからである。

逆にギリシアでは、みずからの政治権利を廃棄するにまかせたのは市民大衆である。歯止め効果もなかった。明らかに制限選挙制的寡頭制が復帰できたのである。アテナイでは紀元前五世紀の終わりごろ、四百人評議会が支配した短い期間、市民的顕職は「課役を最高に負担できるアテナイ人に与えられた」[52]。紀元前四世紀の終わりごろ、ファレロンのデメトリオスの時代には、アテナイで適度な制限選挙制的民主制がたてられる[53]。

普遍主義にあらず

第二のもっと微妙な理由もあった、その理由のために歯止め効果がなかったのである。ギリシア社会は民主的であっても普遍主義的ではなかった。ここでは奴隷制度の存在についてはまったく考えないことにする、なぜなら人と人との個人的関係は公権外であったから。われわれとしては、ギリシア人にとって、都市、つまり市民団は組織された集団であり、自然体の集団ではなかった、と言いたい。その集団は、多くの都市において、事実上、その土地に居住する自由人の自然集団と同じ規模であっただろう。また「民主制では市民であろうと、寡頭制では市民でなかった」[54]こともある。とにかく、いたるところで、市民権はかなり多くの有資格者の特権と思われていて、地域住民のとうぜんの身分とは感じられなかった。ギリシアの市民権とわれわれの市民権の相違は歴史的な理由による。われわれのあいだでは、普遍主義は君主制から発している（キリスト教的普遍主義から来ているというのは誤りである）――現代の市民は国王の臣民の跡を継いだ、そこで王国に生まれる者、つまり王国の住民がどうして国王の臣下でないと言えようか、またその羊飼い王国の羊の群れに属さないことがあろうか。反対に、ギリシアの都市は自由人または重装歩兵の集団であり、みずからそのように選択し、組織されている――その集団は自由にそのメンバーを選べる。実際には、これから述べる理由によって、市民権に関する二つの概念の相違から生じる実際的な影響が過小評価されている（それが誤解の深さをごまかしている）、だが精神上の影響はかなり大きい。というのもすべての原住民が市民団に属している（たとえ属していても）とはならず、また市民権は「生まれながらにして」というよりはむしろ「慣習的に」存在し、その慣習がよく変わった。慣習は拡大されたり、制限されたりした――制限選挙制的寡頭制への復帰は心理的に可能であった。

二つの概念の相違をごまかしているのは、今日までいかなる社会も普遍主義的でなかったことである。

市民権の二つのタイプはまったく異なった起源から発しているが、両者は隔てられている深淵のどこかの箇所で出会っている。ギリシアで政治的権利を奪われたある市民は十九世紀の受動的市民によく似ている。市民の名にふさわしい市民だけが能動的市民だろうか。アリストテレスはそれを問題にしている。[55]かれはそうだと言う――現代人なら、人口の過半数を占める原住民を排除できないだろう。われわれのあいだでは、まず、すべての住民を市民団と見なす――市民団は所与である。もしなんらかの制限があるとすれば、それは二次的に生じることである――原則を尊重しなければならない。たとえば、市民のすべてが投票しないこともある、つまり投票権は国から一定の市民らに委ねられる機能であって、市民としてすべての市民が有する主観的権利ではないと主張されるだろう。それぞれの国民にはそれぞれ違った制度があるが、それらの国民は元首の市民だという普遍主義的概念においては一致する。それに反して、ギリシア人においては、幾世代も前から同じ都市に住んでいても居留外国人と小作農が市民になれるとは考えられなかった。フィリッポス五世は確かに怠惰な国王でなかったので、かれの愛するラリッサでは、たいへん苦労してそのような待遇改善を獲得した。[56]アメリカ、あるいは南アフリカの人種差別はその国々の植民地的起源から来ているのではないかと思われる――市民団は最初に選ばれた移民団である。同様に、ギリシア人においては、まず、だれが市民になれるかということが考えられる――市民団体は制度であって、所与ではない。市民であるというのは市民に生まれついたのではなく、市民の息子だからである――市民団は慣習的集団であり、閉鎖的であり、世襲的である。したがって都市によっては、その集団の範囲は制度によって非常に異なっていた。

その二つの概念を根本的に隔てる深淵がよく現われているのはプラトンにおいてである。『法律編』のユートピアには一つの特徴があるが、それはあまり注目されなかったようである。現代人がユートピアを書くとしたら、所与と見なされる住民から出発し、その市民全体をいかに組織するかを問題にする。プラトンのほうは、だれとだれだけが市民になれるかを問題にし、住民の大部分を強制労働者とし、まったく法的人格を持たない身分として片づけてしまうだろう。プラトンにとって、真の目標は人間をいっしょに生活させることでなく、できるだけ立派な国をつくることであり、そのために人選することになる。明らかにプラトンは国家をそれ自体の目的としたのでなく、また全体主義者でもなかったからである。だがいかなる人間も、プラトンを含めて、人間を社会化した文化という前提、たとえその前提が概念化されていなくても、その前提とかんたんに手を切れない。しかもわれわれが無意識のうちに気まぐれに人間を二つの部類に分けるなら、当然自分を都合のよい部類、有利なほうに入れるだろう。だが事実はそこにある――たとえ古代思想家と近代思想家が同じ言葉で話すように見えても、その理論またはそのユートピアを論じ始める最初の態度が根本的に違っている――近代思想家なら国王のすべての臣民（あるいはすべての「キリスト教民」*populus christianus* と言ってもよい）をひとまとめにすることから始めるが、古代思想家なら選別から始め、市民を選り分け、その市民だけを幸福にしようとする。

「受託」としての政治

かくて、普遍主義もなく、参加意欲もないので、社会的不平等はヘレニズム時代の都市、さらにはかつて民主制であった都市をも有力者の共和国に変えることができた。しかしどの政体も存続するためには正当化されねばならない――いつまでも続かないからだ、あるいは少なくとも束縛を受けて順調には続かない、なぜならトクヴィル(57)が言うように、「人民主権の原則はすべての政体の基礎にあって、どれほど自由でない制度にも隠れている」からである。とにかく、人間は社会的存在である。アリストテレスによれば、社会の目的はもっぱら人間を社会的に暮らさせることではない、なぜならそれだけなら勝手にさせておけばよいからである。そうではなく、人間に「立派な生き方をさせる」ことである——国家はよくもなり、悪くもなりやすい事業である。ところで有力者の体制は「受託」*trustee* である。被支配者は受動的市民にすぎないから、支配者は市民の信任に応えなければならない。支配者は、たとえ権威を濫用し、仲間の連帯にものを言わせ、みずからを抑制するよりは被支配者を抑制しがちな傾向を持っていても、それでも自制することを学ばねばならないだろう。国家が経済を管理していなかったこの時代、したがって市民が非常事態の名目でなければ直接税を支払わなかったこの時代では（だから支配者が委託を濫用して、重い税負担を弱い者に転嫁する機会はあまりなかった）、階級的政治は世にも易しいことであった——その政治は公共財を横領することにあった。ポリュビオスによれば、それもギリシア人すべてのうちでいちばん愛らしい罪であった。

アリストテレスはそうした濫用を阻止しようとする(58)——「法律その他の制度がきちんと守られ、国の仕事が決して儲け口になってはならない。一般大衆は権力の行使から疎外されても不満ではない（むしろ自分の仕事に励む暇ができて喜んでいる）。大衆が怒るのは、高官が国庫を略奪にまかせていると思うからである。そのときは二つのことが同時に大衆の不機嫌をかき立てる——顕職から除外されていること、利益から除外されていることである。貴族制と民主制を共存させる唯一の方法は公的手段に訴えて裕福になるのを禁止するしかない。その禁止のおかげで有力者と一般市民を同時に満足させることが可能になる——一方では、だれでも公職につける、これは民主的だ、他方、政府の中心に有力者がいる、これは貴族制になるだろう。それがうまくいくのは、公職から利益を引き出せなくする場合である。そうすれば貧しい者は公職につきたがらないだろう、なぜならどんな利益も当てにできないからだ、だから自分の仕事にはげむだろう、そして金持は公職を果たせる、なぜなら自分の財産だけで充分であり、公共財をまったく必要としないからである。

そこで、この体制の論理は、有力者らに自制することを学び、権力の濫用をやめ、委託されたか、それとも放棄された「受託」をまじめに遂行することを要求する。かれらはそれを学んだだろうか。それは怪しい、だが、いずれにしても、この論理は明らかに有力者に対して、恵与者になれとか、民衆にパンと娯楽を提供せよとか、まして公共財というよりもむしろ私財を投じろとは要求していない。たとえ寡頭制でも、支配するために支配者が被支配者へ金を払うというのは政府の本質ではない。したがって恵与指向は政治的論理とは無関係であるはずだ、あるいは少なくとも政治家が恵与者になるとすれば、それは政治家の本質の副次的なことであり、またその恵与は象徴的な機能にすぎないはずである。恵与指向は統治の永遠の秘訣ではないから、歴史上、ほとんどユニークな現象である。それはいくつかのテーマの集合からなり、歴史の他の時代では違った形の下で違った集合に見いだされる。さらにギリシアの過去の独自性が加わる、つまりこの国民に適した若干の慣習と風習の影響である。紀元前四世紀における恵与指向の始まりを詳細に検討すれば、それが分かり始めるだろう。

三　恵与の起源

恵与指向は三つの「テーマ」の集合である、つまり庇護、政治家の職務の「名誉」職（*ob honorem*）として自腹を切って行ういくらか象徴的な寄贈、そして寄付と葬儀基金である。紀元前四世紀を通じて、特に紀元前三五〇年以後のギリシア世界におけるこの恵与事業の始まりを述べることになるが、それはこの世紀の後半が恵与指向の萌芽期に当たるからである。事実、葬儀基金はその世紀の終わりごろ以前では確かめられない(59)、そのことについてはいずれ説明することになる。恵与指向は寄贈または信仰的基金によって示されるが、さらに課役負担者が庇護者となって建物のうちに自分の名声を表わし、不朽にしようとして建設した合唱団のための記念物や、「寄付申し込み」(*epidoseis*)、職務費用の自己負担、あるいは公職の名誉のために寄付をする高官の鷹揚さに現われる。

庇護の始まり

〔一〕神々への寄進はいつの世にもある。個人の場合と同様に都市にも神々や祭事があるので、信仰または一種の庇護によって都市の祭礼費用を個人的に寄進するときは、公費に協力した(60)。有名なアルクマイオン家がデルフォイ神殿の建設をその仕様書よりはるかに立派なものを建立したとき、その家族の信仰と貴族的誇りをどのように考えればよいか。パルテノン神殿やクルセファンティノス像の記録で(61)、多くのアテナイ人が都市の募金につつましい寄進を追加したので、アテナイの人民がアクロポリスの建設を行い、その都市の女神を祭ったと知るなら、信仰と愛国心をどのように考えればよいか。その動機はすべて、恐らくわれわれの資料が語るより早く、信心深さからか、または信仰の名において、神官職にある公人なら公費になにがしかの金を追加することが期待されたことを説明している。たとえば、ディオニュソス大祭の行列を見てみよう、この祭りの経費は篤志家や課役負担者でまかなわれ、財務官(クラトル(62))によって組織された。理論的には、祭事世話人は納税者と同じではない――この世話人たちは「かつては行列の費用全体を負担していたが、今では人民がその組織のために一万ドラクマを拠出(διδωσιν)している」。申すまでもなく、祭りははるかに多くの金がかかった。信仰の名において、この世話人らは課役を果たしているのである、つまり公職についていると課役を引き受けなければならない——それが「名誉」恵与者である。

〔二〕信仰、さらに競技会は庇護行為を育てた。前ルネサンス期のイタリア人がバルディ聖堂やスクロヴェニ家の聖堂で有名になったように、ギリシア人は文化施設や闘技場の建設がその寄贈者を公共的な人物とし、その名を不朽にすると知った。古典期の終わりころに、君主や僭主はデルフォイ神殿に豪勢な寄進をして、その名を輝かせた。ヘレニズム時代の国王たちは自由都市をはじめ、属領都市にも宗教的、世俗的な建造物を寄贈して自由都市を政略的に買収したり、さらには国際舞台において名を挙げることになる。アテナイの有力者はその都市を舞台にして同じことをするだろう、だから紀元前四世紀の後半になると、合唱団のための記念物が多くつくられ、「奉納物」*anathema* から「建物」*ergon* まで見ることができる。(63)

競技会の優勝者にとっては、獲得した賞品を神々へ献上するのが習慣だった。アテナイでは、優勝者で課役負担者は三脚床几をもらい、それをアポロン神殿やトレピエ通りにあるディオニュソスやアポロンへ献上した。弁護士イサイオスはアテナイの若者たちに言っている、(64)「祖先の課役を見てきたきみたちには、立派な祖先を記念する《奉納物》がある——ディオニュソス境内にある三脚床几だ、合唱団で優勝した賞品だ、アポロン神殿の《奉納物》だ」。三脚床几は戸外で、優勝者の名かその一族の名を刻んだ台の上に置かれた。支えのついたその台が基礎になり、記念物になるほどの高さになる。こうして紀元前三三四年の優勝者ルシクラテスの塔は高さ十二メートルほどの円形記念物になった。紀元前三二〇年度の優勝者ニキアスとトラストスの合唱団記念物はいずれも小さな神殿であったが、いまではその基礎しか遺っていない、つまりディオニュソス劇場の頂点にある自然のままの洞窟の正面をかたどる柱廊になっている。優勝者にとって、三脚床几の奉納は、町を飾るとともに、ペリクレス時代に人民がアクロポリスにおいて大規模に行なったことを小規模で行うことで、自分の名を顕揚する口実にすぎない」。

同じく、ある恵与者の名が刻まれた最初の建設と思われるものは紀元前三二〇年の日付がある――アテナイとエレウシスのあいだのケフィソス川にかかる橋である。事実、『ギリシア詞華集』に次のような短詩がある、「おお、入信者らよ、女神デメテルの神殿へ行きたまえ。さぁ、行きたまえ。入信者らよ、嵐が来ても増水を恐れることはない――クセノクレスが大川にかけた橋がどれほど丈夫かを知るだろう[65]」。この碑詩は詩的というよりは説明的である。その詩は、橋を寄贈した功労者を旅人たち（特に、エレウシスの密儀に通じた人々）に分からせるように実際に橋に刻まれていないとしても、やはり味気ない詩と思われる、それは詩的フィクションというよりはむしろ現実的な「碑詩」（つまり碑文）であり、この『詞華集』にある「碑詞」の大部分と同様である。実際、その橋は存在し、クセノクレスも実在した、そしてエレウシスでは、ある公文書が発見されている、それによると、クセノクレスは恵与者としての人柄をしのばせる他の碑詩的な資料とともに、その橋を建設したこと[66]が称賛されている。ヘレニズム時代のアテナイは、有力者からなる寡頭制を行う富豪たちに統治されていた。クセノクレスはとりわけ体育場長であり、競技会長であった（両方とも金のかかる課役であった）。かれが気前のよいところを示し、名誉を求めるのはエレウシスの密儀官であり、同じ公文書はかれを称賛しながら続けている、――かれは、アテナイからエレウシスまで「神々の姿と神聖な物がつつがなく行けるように願い」、また「エレウシスへ、そしてその神殿へ行くギリシア人巡礼の群れが無事に通れるように、自分の財布から資金を前払いして大理石（λιθίνην）の橋を建設した[67]」。その後、かれは資金の返済を一度も求めなかった、だからその名が橋に刻まれたのである。このように、ヘレニズム時代には、金持、高官、または課役負担者が、愛国心からその名を刻まれることを条件に都市に代わって公共的、文化的、または市民的な建造物を建てているのが分かる。

政治的寄贈

〔三〕なぜなら愛国心は恵与者の三番目の動機だからである――かれらは信仰によって寄贈する、名誉が欲しいから寄贈する、また何かに関心があるから寄贈する。アテナイや他の都市でも、愛国的寄贈は古くから存在している。集団的事業への参加はじかに感じられ、国家のメカニズムも単純だから、もともと自然な寄贈はなんら抵抗がなかった。国家の規模は小さいから、個人的な寄贈も集団的事業と大差なく、また寄贈者は大海に水を一滴加えるような印象も受けなかった。両替・貴金属商パシオンは仕事場で製造した盾千個を都市へ寄贈している。[68] 別の両替商は軍隊の遠征に際して金を寄付している。[69] アグリゲントゥムの富豪ゲリアスは五百人の騎兵を宿泊させている。[70] 都市へ贈り物をしないなら、都市と商取引をするときは、せめて利益抜きにするのがよい――アンドキデスはアテナイ国家に原価で櫂用の木材を売っている、[71] 銀行家や有力者は都市へ無利息で融資している。[72]

以上のような愛国的な態度はヘレニズム時代を前にした新しい制度への通路になる――公共的寄付または半ば「寄付申し込み」*epidoseis* は集団的、組織的な庇護の手段である。[73] 紀元前四世紀には、アテナイは貢ぎ物をする「同盟国」もなくなるので、特別の義務的な課税または自主的な寄付に頼らなければ大規模な政策も、戦争も、建設もできなかった。紀元前四世紀の代表的な建設としては、ただゼア港の改修工事、石造劇場、そしてパンアテナイア祭の競技場が「港湾防備のため」と「競技場建設のため」[74] の寄付で、少なくとも部分的に完成した程度である。というのもすべての「寄付申し込み」には決まった目的があるからだ――エウボイア戦役[75]、飢饉[76]、戦争など。「都市の市民や住民は祖国救済と地方防衛のために寄付を申し込む」[77]。なぜなら「寄付申し込み」は自主的なことであり、各人の良心と世論に訴えるだけだから。「エウボイア戦役のとき、最初の申し込み者の中にミデイアスの名はなかった、二度目のオルントスの時も、かれの名はなかった」[78]。「ディアカイオゲネスは、クレタ島のクレオヌムスの寄付より少なく、三百ドラクマしか申し込まなかった」[79]。「悪い市民め、演壇で一度もしゃべったことがない者でも都市救済のために申し込んでいるというのに、おまえは申し込まなかったではないか」。この悪い市民とはほかならぬアイスキネスであった。かれを非難するデモステネスは[80]、いやしくも政治家たる者は他の市民より寄付を心がけるべきであり、政治家はたんに雄弁家であるのみならず、金持であり、恵与者であることを強調している。少なくとも、政治家は愛国的な寄贈によって自分の信念の誠実さを示すべきだ、と言おう。

〔四〕他方、「寄付申し込み」はヘレニズム時代における恵与という大規模の制度の萌芽を表わしている――恵与の約束、または寄付申し入れ（ἐπαγγελίαι, ὑποσχέσεις）である。

ヘレニズム時代には、多くの恵与に先だって、民会か評議会に対して申し入れまたは厳粛な約束が行われた、また書簡形式で一般にも公開されたので、都市では、それを大切に約束文書として保管所で保存した、またそれが実現されるまで長く待たされた。その意思表明は少し芝居がかった儀式となり、恵与が絶えず行われるようになってもその儀式は続いた。*pollicitatio* という名称で、ローマの恵与指向もそのしきたりを採用することになる。ところで、紀元前四世紀はじめから[81]「寄付申し込み」はすでに約束と実行を併せて表現している。この二重性には一つならず理由があった。まず、約束のなかには条件づきのものがあった。紀元前三三〇年、アレクサンドロス大王が中央アジアを征服しているとき、ギリシアはこの機会にマケドニアの束縛から解放されようと試みた——そこでアテナイでは「寄付申し込み」が受けつけられ、申込者らは「非常事態」として寄付を約束した(82)。ところが寄付申し入れの大義は、「寄付申し込み」が民会において法案として提出され、不意打ちの効果と群衆の圧力で金持たちを追いつめた(83)。いつも思いがけない雄弁家が現われ、目立たないようにしている金持に呼びかけた(84)。大勢の市民を前にして、現金がないとしても(なぜなら明らかにそんな大金を身につけている者はいなかった、恐らく金をつくるには宝を掘り出すか、土地を売らねばならないだろう)、せめて金を調達するという約束をしないわけにはいかなかった。この民会の作戦もまた大いなる未来を約束することになる——そのような群衆の圧力によって獲得される恵与は数え切れない。だがそのように申し入れをした者でも、一人になるとそんな約束を忘れたいと思う者がいたに違いない——だから人民は集会場(アゴラ)に汚名告示板を掲げねばならなかった——「以下の者たちは都市の救済のために自発的に寄付を約束したが、支払わなかった(85)」。

「名誉」寄贈

〔五〕さらに、華やかな未来に開かれた別の慣行があった——高官または財務官(クラトル)が職務の費用を全額または部分的に負担した。デモステネスがその証人である、というのもそれが原因で有名な「黄金の冠」事件が起こっているから。デモステネスの業績は暇人、課役負担者、あるいは政治雄弁家がいかにして有力者、政治家、そして「名誉」恵与者へ発展したかを示すものである。

デモステネスには、確かにアテナイの古い理想が認められる。「わたしが都市のためにどれほど尽くしたかを尋ねられるなら、軍船の艤装、合唱団、特別寄付を挙げよう、また捕虜になった戦士らの身代金も払ったし、そのほかにも博愛事業をした」と言う、さらにつけ加えている、つまり人民のために尽くした最大の功績は市民によい助言をしたことであり、民衆の扇動者でなかったことである、と[86]。このような政治的雄弁家は文化人でもあり、暇人でもある、名誉願望、つまり *philotimia* に動かされていて、公の名誉を真の報酬だと信じている。有名なかれの言葉[87]を思い出そう、「アイスキネスよ、わたしは幼いころに適当な学校へ行けたし、卑しい真似をしなければならないような必要に迫られたこともなかった。大きくなったとき、わたしは受けた教育にふさわしい行動をした——合唱団費や艤装費を負担した、特別寄付もした。公生活においても、私生活においても、何か名誉に値することがあれば率先して行なった——それどころか、わが都市やわが友人にも有益なことをした。公生活にはいろうと決意したとき、祖国をはじめ多くのギリシア都市からたくさんの黄金の冠をもらえるような政治を選んだ」。

有力者の善意にふさわしい政治家の「名誉」恵与指向である——われわれの知るところでは、黄金の冠事件のとき、デモステネスは要塞建設の視察官に任命され、国庫から金十タラントを貰ったが、その十タラントは直接に受けとった(それが当時の会計上のならわしであった)、だがかれはその要塞のために[88]、さらに一万ドラクマを追加した、それは自分の財布から支払ったのであり、国の会計に請求しなかった。このような行為は例外でなかった、つまり規則化される傾向であった。デモステネスは他の財務官(クラトル)、高官、将軍をも任命しているが、いずれの人物もみな、かれと同様に度量が大きかった——「将軍ナウシクレスもみなさんのために私財を投じて尽くしたので、人民から幾度も黄金の冠を受けた[89]」。デモステネスは寄付申し入れに続いて一万ドラクマを支払った、——「わたしは私財を投じることを人民に約束した、そしてその約束を果たした[90]」。かれは視察官に任命される辞令を示されたとき、金額を言わずに特別予算を自費で引き受け、その特別予算の請求をしないと約束したのだろうか。それとも、とにかく数字を示して一万ドラクマの追加を支払う約束をしたのだろうか。いずれの場合においても、別の理由があったと思われる、つまり恵与は実行以前に公約される場合が次第に多くなっていく傾向にあった——未来の高官、未来の財務官は、選ばれるか、任命されるとき、あるいはその直後に、在任中にどれほどの恵与をするかを公約している。かくて寄付の申し入れは一種の選挙公約となる。

デモステネスの時代から政治生活は有力者の特権になってゆく。『栄冠論』(91)の中の有名な箇所によれば、すべての市民にとって平等な民会が実際には富と課役によって階層化されているとだれにも考えられていたことが分かる。その舞台はエラテイアが敵に占領されたとアテナイに伝えられた時の危機を迎えていた。あわてた人民は民会へ駆けつけるが、この劇的な非常事態に当たって、だれも権力を振るう勇気がない。だれも演壇にあがろうとしない、だが、とデモステネスは言う、愛国的な市民が一人で足りるなら、どのアテナイ人も有名人になれただろう。「むしろ富豪たちが必要だったら、三百人に最高の課税ができただろう。もし金持で献身的な市民が必要だったら《寄付申し込み》の多額申込者がいただろう」。だが必要なのは献身的で、金持で、しかも明敏な人物だった——それはデモステネスしかいなかった。ここに新しい社会的タイプの姿が浮かんでくるようである。政治的雄弁家の才能と財力のおかげで都市の役に立つという初期ヘレニズム時代の恵与者である。そこで一般市民は事実上、有力者たちから恩恵を受けることになる。そこで——紀元前三世紀を通じて——恵与者という肩書と、都市の「ためにつくす」という動詞は、法令書式において、同市民、また特に外国人と賓客外国人に対して用いられるようになる。アテナイにおいてはじめてそのような資格を与えられたアテナイ人のなかに「寄付申し込み」として豪勢な寄付をしたクセノクレスという名があるが、それはまぎれもなくクセノクレスの孫にあたる同姓の者である、かれの名はエレウシスから遠くないところにかけられた橋に刻まれている(92)。

〔一八〕最後に、紀元前四世紀には、別種の「名誉」寄贈が現われる——高官の就任、またはそのような名誉ある叙任への感謝のしるしとしての寄贈である。アリストテレスの『政治編』巻六のあるページで、その事実が語られている。そこで列挙されている事実は、すでにはっきりヘレニズム時代の香りがする（しかもこの巻六が執筆された時は、紀元前三三五年以後のアリストテレスの二回目のアテナイ滞在の時と一致する）。この哲学者は高官の象徴的な寄付を標準的行為としているが、一般的には普及しない。「まだ」と言いたいくらいである。この箇所全体を引用したい――寡頭制において、「支配者階級に占められるはずの最高官職の任務には課役が義務づけられるべきである、そうすれば人民もそのような真似ができないと分かるし、また高い金を払って責務を果たしている高官らにまったく恨みを抱かなくなるだろう。さらに高官は就任に際して豪勢ないけにえを提供したり、公共建造物を建てたりする、おかげで人民は饗宴にあずかり、都市は神聖な奉納物や建造物で美しくなり、既成秩序を継続する。おまけに、有力者には、散財の記念物が残せる」(93)。それこそ、付帯的かも知れないが、「名誉」寄贈の理由になる――寄贈をすることで有力者らは庇護者的本能を発揮し、個人的功績を不滅のものにできる。この続きの部分で主要な理由が暗示されている、「今日、不幸にして、寡頭政治家はその反対のことをしている、なぜならかれらは名誉とともに利益を追求しているからだ。だから縮小された民主制と言われても仕方がない」。寡頭政治家は金を愛しすぎる――それがかれらの人格の特色である。それでは寡頭制と矛盾することになる、なぜなら寡頭制の論理に従えば、指導者集団は寄贈と引替えに権力を独占させて貰うからである。そのような引替えを無効にするのが民主制にほかならない。寄贈が権力詐取の埋め合わせになるという理由についてはいずれ説明することになる。いまのところは、「名誉」寄贈が寡頭制固有の特性であり、庇護のことは別にして、象徴的代償の役割を果たしているとだけ言っておこう。

その寄贈には二通りある。まず第一に、職務に金がかかるようになったので、「課役」は高官職の務めに入れられる。公職の任務にまったく関係のなかったアテナイ式の課役については考えないでおこう――ここで、課役というのはヘレニズム時代によく用いられる言葉の意味である。それは恵与とほぼ同義である。高官の「課役」は、たとえば職責を果たすのに必要な経費に私財を当てる。第二に、公職は顕職になったので、高官は名誉を贈ってくれた市民への謝礼として大宴会を催す、これはいけにえの儀式につきものである、それとも名誉を記念して神殿に高価なものを寄進したり、自費で公共物を建てたりする。寡頭制が続くかぎり、それが古いギリシア的慣習であり、寡頭制が引き継ぐことになるが、その性格と意義を変える。公式の年度は規則的に都市評議会と新任高官によって祝賀される公のいけにえの儀式で始まった。その就任のいけにえの儀式、つまり *eisitēria* には当然饗宴がつきものであり、いけにえにされた肉が食べられた。この貧しい文明においては、厳かな行事のあるときでなければ肉が食べられなかった。かくて公のいけにえは貧しい人々のあいだでは人気があったが、信仰だけが動機でなかった。それは偽クセノフォンの名で知られる寡頭政治家のある老人の言葉が確認させてくれる、――「貧しい人々はいけにえを捧げたり、饗宴を開くことができないので、……人民はその楽しさを手に入れる方法を思いついた。都市が公費でもって沢山のいけにえを捧げるときに、人民はその饗宴にあずかり、くじ引きで、いけにえの肉を分け合う」。ある都市では、公職を離れるときも、宴会が行われたが、そのときは退職する高官らだけが出席した、ただし遊び女《め》たちを呼ぶことはあった。アリストテレスが述べているような寡頭制の論理では、公式の年度はじめに催される公のいけにえはすべての市民(94)を饗宴に招く口実となり、また恐らく新任の高官は「課役」という名目でいけにえを自弁で買うことになる。

　高官が神々へ捧げるいけにえと公共建造物の建設もまた古い伝統である。一都市ならず、役人は退職にあたって神殿にささやかなもの、たとえば盃や小像を奉納して神々に感謝したが、それは恐らくかれらが会計報告をし、都市もまたかれらの管理業績を承認したことを証明するためであった。やがて聖職者も退職の年には、自分の肖像を神々へ奉納するようになる（よく知られたギリシア的習慣による）。アリストテレスの教えに従うなら、高官は神々を喜ばせるとともに都市を飾るような立派な奉納物を献上すればよかった――多くの碑文に見られるように(95)、その記念物の献辞において、その建造が「神々と都市へ」捧げられるという文句が刻まれるだけでよかった。

恵与指向は再配分ではない

われわれは事実を一覧してきた。読者は恵与指向がどのようにして現われ、またその動機が多様であったことを知った。この機会に、恵与指向が高度の政治的理由や要請に応えるものではないと分かったはずである――恵与指向は名もない税金ではなかった。社会的均衡、寡頭政治家または金持の支配を確保するものでもなかった。社会的再配分の例でもなかった。それはヘレニズム時代の社会問題と社会闘争の埒外にある。よく理解していただきたい――恵与は、ある場合には、都市の少ない税収入ではできないことを行うことができた、またある時は、貧しい人々に物質的な満足を与えることができた。だが恵与はそれだけに、常に役に立ったのではない。恵与には、きわめて多様な目的があった――恵与者は都市に像や饗宴を提供したり、都市のために職務上の経費も負担した。その対象は「社会的」であったり、都市が税収入でまかなうべきものの代わりをしたり、しなければならなかったりした。したがって恵与指向は必要に応じて税または再配分の機能を果たしたが、それは二義的なことであり、同時に宗教的な役割も果たした。もっと多くの場合としては、恵与は都市に無駄な像を多く立てたり、余剰を赤貧の人らに与えた、なぜなら恵与者らはまず自分で楽しみたかった――かれらには、たんなる納税者や「福祉的なことをしている」

事業主とは違った寄贈動機があったのである。

恵与指向はその動機、その事業、その結果から見て社会問題の外にある。ヘレニズム時代の社会闘争は、古典期における権利の配分をめぐる民主制派と寡頭制派の闘争と同じほど騒がしかった。その闘争の争点は借金の帳消しと土地所有の再配分である、さらに困難な状況もある、つまり飢饉である——（小麦が欠乏したり、あまりにも値上がりしたときには、都市で暴動が起こった）[96]。そのような場合には、恵与はあまり救済できなかった——貧しい市民に収入を与えようとして「寄付申し込み」を申し入れる市民の長い列ができ、金持の篤志家は穀倉の小麦を安い値で売った。だが社会問題は多少とも象徴的な慈善では解決されない、つまりもっと大きい規模、集団的な規模の救済が必要である。だから「扇動家」がある都市で政権を取ったとき、社会問題を解決するのに公費を使い果たしたり、金持の土地を没収したことがある。かくてプロポンティス海に面したキオスのモルパゴラスという者は次のように行なった、——「かれは雄弁家で辣腕の政治家であったが、野心のために扇動へ走った。かれは下層民にへつらい、裕福な市民に対する一般大衆の恨みをかき立て、金持のある者らを処刑し、他の者らを追放し、財産を没収して人民に配分した[97]」。

恵与指向は社会問題について描ける図面の余白にしか現われない。もし恵与精神と社会的「扇動」とのあいだに関係をつけようとしても、その関係は観念的にしかならない——保守派、つまり権威主義的な強硬派にとっては、社会政策と恵与が共に健全なしきたりに反しているように思われた。かくてポリュビオスのテキストには、別の観点からすればきわめて示唆に富んだ箇所[98]があるので、その全文を引用する価値がある。舞台は紀元前二世紀はじめころのボイオティア地方である。民衆の扇動が支配し、裁判の機能は麻痺し、各都市は公金を使って寄贈を行い、子供のいない金持は基金を設立し、その利潤は金持を記念する宴会費に当てられる、「ボイオティアの政権は地に落ち、重大事件についても、私的な異議申し立てについても、二十五年間近く裁判が行われなかった。なぜなら将軍のあいだで、ある者は警備隊を召集し、ある者は軍隊の総動員を命じたからである。かくて裁判は絶えず阻止された。しかも将軍の中の、ある者たちは公金を先取りして貧困者に手当を支給するほどであった。その結果、人民は将軍たちだけを信頼し、その人らを高官職につけるべきだと思った、つまりそのほうが違法行為や借金のことで裁判される心配がなく、もしその将軍らが高官になれば、堂々と公金から新しい手当がもらえると考えたからである。それに加えて、いっそう不都合なことがつづいて起こった。子供のいない人々は、死後、遺産を父系親族に与えるというそれまでの慣習が廃止され、その遺産が知り合いの共同所有にされ、ご馳走を食ったり、酔っぱらったりする費用に当てられた。さらに、子孫がいても、多くの者は財産の大部分を会食仲間に残し始めたので、多くのボイオティア人は毎月、昼間の数より多い晩餐会が続いた」。

遺言者が自分を記念するために設立する基金の流行は、ポリュビオスによって再配分的社会政策とともに非難されている、なぜなら両者とも、ある社会階層を自暴自棄にさせ、自分の階級とそのプロレタリアにへつらうからである——権威主義的で厳格な寡頭制に支配された貧しく古い社会に続いて、もっと豊かな社会が現われるが、この社会では、権威主義的原則も穏健になり、階級闘争が社会的妥協を獲得し、富の利用もしやすくなり奢侈つまり誇示的消費や恵与指向つまり誇示的寄贈を可能にする、そうなれば民衆の扇動も公金をいけにえの費用に浪費させ、人民すべてを饗宴に集めたり、各種の集会に出席する市民に手当を支給させることができる、この手当は変装した施しであった(99)(これはいずれ分かるように、アテナイでは古くから行われていた)。裁判の中断もこの社会闘争によって説明されよう——支払い能力のない債務者に対する裁判は望まれなかったし、もっと一般的には階級的な裁判権が信用されなくなっていた。

ポリュビオスがもう少し後のページで述べているところによれば、(100) おなじボイオティア地方において、アンティオコス大王に対するローマの勝利は「革命を望んでいたすべての人の期待を裏切った。そこで一般生活はいたるところでもとどおりに戻った――二十五年近くも、その地方の法廷は麻痺していたが、そのような状態から脱出すること、そして訴訟問題は解決されねばならないことが口々に言われ始めた……そして激しい論争が続いた、なぜなら楽な暮らしをしている者より困窮している者のほうが多かったからである」。さらに典型的な扇動のやり方は、裁判官に支払い能力のない債務者を投獄できないようにすることであった。(101) 裁判の中断はボイオティア地方だけの現象ではなかった。いたるところで、社会的危機におそわれ、法廷は不公正の疑いをかけられ、麻痺状態に陥った。(102) そこからヘレニズム時代のきわめて興味深い慣習が生じる、つまり裁判官の派遣を他の都市へ依頼する――都市という狭い集団においては、だれも同じ市民を信用できない、だからよそ者の裁判官の公正さに頼るほうがよい、そこでこの要望に応えて、他の都市は喜んで裁判官を派遣することになった。(103)

再配分

階級闘争は裁判を中断させ、貧困者のために手当を引き出し、金のあるところから金をとる――もっとも多い例は公金からであり、他の場合は金持の金庫からである、つまり金持は慈善のため、あるいは階級のゲリラ戦、つまり騒動に脅されて「寄付申し込み」を申し入れる。「あるとき、アテナイ人は公式のいけにえを開催するために《寄付申し込み》の申し入れを要求し、すべての人が寄付をした。フォキオンはたびたびその要請を受けた」、このフォキオンは裕福な政治家であったが、旧式の意見を持っていた、「かれはこう答えるばかりであった、――わたしより金持に頼みなさい、と。あまりしつこくせがまれ、騒がれると、こう答えた、――勝手にどなるがいい、いくらわめいても、わたしの命はとれないよ、と」[104]。ローマにおいて、恵与指向をめぐって騒動が起きるのは、頑固にいやがる金持に対する人民の非常手段となる。

公金から引き出す手当と個人的な富の「寄付申し込み」――前者は民主的な都市の伝統であったが、アテナイは破産しなかった。アテナイでは、はるか以前から非常時の場合（ペルシア軍の侵攻、ペロポネソス戦争[105]）、都市が貧困な市民に小麦、肉、手当を給付することになっていた。また都市は一般市民の家族が困ったときには、常にではないが、都市の収益の余剰を分け合うことを認めていた。ただ一つの例、つまり「手当」*théôrique*[106]の場合だけを挙げることにしよう――芝居の見せ物や一般的祭典にあたって、アテナイの財源の余剰は市民のあいだに配分された。詳細にわたることは不正確でもあるので避けるが、ただ、少なくとも原則的には手当は生活保護でなく、慈善でもなく、社会的正義でもない――古代全体の不変の法則によって、これらの配分は貧しい者へ行われたのでなく、市民全体、つまり貧者であろうとなかろうと、とにかく市民だけを対象にしたのである。金持でも子供のいない者なら、貧しい家父と同じ手当がもらえる、ただしその金をわざわざ受け取りにいくつもりならば、である。居留外国人、そして当然、奴隷[107]は何ももらえない。古代の援助は貧者の範疇に合致しない、つまりまとめて市民全体を対象にしている。金持は必ずしもその分け前をもらいに行かなかった[108]。実際には、以上が援助ということであった――なぜなら貧しい者は金持より多かったから、援助の恩恵に浴するのは主として貧しい人々であった――同時代の人々の意識においても、それが援助であった、たとえばデモステネス[109]が手当のことを話すとき、「困窮の市民」または「貧しい市民」という言葉がたえず繰り返されている。手当のおかげで、都市の収益は広く市民団のあいだに分配されることになった――金持は、都市の収益の余剰が手当へ回されるのであって、金持の納税者や課役の負担を軽減するものではないという意味で、貧しい人々のために金を払っていた。(110)それが民主制を「強化する」(111)協定であった。

金持にはそのことがよく分かっていたから、憤慨するときは、金持が本当に貧しくなったと言明した——クセノフォンはそのような論議を展開するのが巧みだった。(112)かれは、これからの都市が金持を貧困化させることなく貧しい人を援助でき、(113)また金持が税金から解放されるために新しい収入源をアテナイのために必死に探すことになる。民主制派は、都市が大家族だと言って反論した。(114)そして金持と貧民とのあいだの妥協策をアテナイ民主制へ提案した——金持は手当の存続を認容する、また貧民は配分に当てられる余剰の一部をむしろ金持の税負担の軽減に当てられることを承認する、というものであった。(115)それが当時の社会問題であった——民主制においては、「扇動家たちは大衆に手当を認め、三段櫂船艤装監督者には義務的経費の支払いをさせなかった」と『政治編』で確認されている。(116)それは「偽装された形式で」(117)収益の再配分を行うことであった——人民に「手当」が支給されるとき、それに必要な財源をつくるには資本に対する税制が制定されねばならない。(118)そこで穏健を維持したい民主制は次のような協定を定めることになる——金持は援助金の支払いに協力するが、その代わり、有益というよりはむしろ破産的とも言うべき課役から解放される。(119)

恒久的貧困と階級間のゲリラ戦のために、金持にとっては収益の再配分からのがれることは難しい。またそうするための公共財がない、つまり権威と課税の手段で再配分を行うことができない——この二つの障害がヘレニズム時代の障害である。有力者は祭りの費用は申すに及ばず、貧民を養い、小麦と肉を配給しなければならなくなる、それは半ば自発的な税金の形で行われる——かくて恵与指向、いや、少なくとも恵与指向の一面は、庇護精神とか自分の名を不朽にしたい願望というよりは、むしろ社会的圧力から生じることが分かる。

無料のパンはヘレニズム時代の都市ではよく知られた制度の一つである。これほど恵与指向の問題にふさわしい例はないかも知れない。ストラボンはこう書いている、「ロドス島は民主的な都市ではなかったが、人民に心を配っている――都市は貧しい人民をてなずけておきたい、だから人民は配給をもらう、また金持は祖先伝来の習慣として貧民を養っている」。だからロドス島では、貧困者の世話と都市が必要とするもの、特に必要な船団のために課役が割り当てられた。[120] かなり詳しく述べている碑文によると、サモス島で無料のパンの配給がどのように組織されたかが分かる。紀元前二世紀を通じて、百名ばかりのサモス人が返してもらう当てもなく百から千ドラクマの提供を申しこんでいる。そのように設定された基金で、利息付きの貸し付けが行われた――これが古代における典型的な利殖法であった。利息で小麦が購入され、「無料で、市民に」配給された。毎月、ストックがなくなるまで。他の都市では、安価なパンまたは無料のパンは継続的な基金で確保されず、飢饉が起こった年には、都市は寄付者名簿をつくって恵与者の篤志に呼びかけた――ある年には、プリエネーにおいて[121]、「小麦の供給が絶えたとき」、モスキオンという市民が「逼迫した事態で」、援助を頼まれるのを待てないほど人民のためを思い、一升《ます》、四ドラクマの値で小麦を配給した（当時としては、安値以下の値段であった）。かれは慈善的に安い値で売った、それは *paraprasis* と呼ばれた。またほかの年には、おなじモスキオンはきょうだいといっしょに「弁済してもらえる望みもなく小麦を都市へ提供している、と公文書に記されている」（この表彰の文書を書いた者は、尊敬される人物だから、その小麦の代価を請求しようという考えをおこさないように、この詳細を強調しているのである）。三番目の年には、「小麦の供給が絶えると、モスキオンは今度はみずから模範を示そうとし、また事態が切迫しているのを見て、欠乏している小麦の調達を引き受け」、「女、子供を含め」すべての市民を救うために、数カ月にわたり、通常価格またはそれ以下で市民に小麦を供給すると「約束している」(専門語では「申し込み」をしている)。恐らくこの恵与者は飢饉の時の高値で小麦を商人から買い入れ、それを安値で売ったのであろう。また恐らく、かれは自分の穀倉に小麦のストックがあったのだろう(それはよくあることであった)(122)、そして暴動が起こるのを防ぐために小麦を安値で配給したのだろう。

恵与指向は税金ではない

こうして非常事態に際して、個人的または集団的な恵与指向は都市の弱点を補った。常に都市の正常な責務の一部と見なされ、しばしば専門的な高官たちに管理される特別会計に当てられている穀物補給は、「寄付申し込み」または個人的恵与によって確保された。ここで、恵与指向は公費を立て替えたり、補ったりしている。おまけに、毎年、新任の高官による「名誉」寄贈が通常の財源として国庫の正規の収入に加えられた。そのことから次のような結論が生じるのも仕方がないかも知れない、つまり恵与指向は税制の機能を果たしていた、と。だが、これから分かるように、そのような結論に誘惑されてはならない。ただ恵与指向に関するそのような機能的解釈はまったく誤りであるとしても、ある対照的なものを浮かび上がらせるというメリットがある——税制をつくるよりは恵与指向を促すほうがやりやすいということである——なぜなら決してだれも税金を払いたいとは思わないが、他方、恵与をしたがる人はいる、それは税の理論と歴史にとって興味ある問題である。

恵与指向は税金のようなものではない。恵与指向と税制は双方からつながらない。恵与指向は、その動機、提供される資金の用途、その金額から見ても直接税に相当しない。つまり国庫収入の不足に代わることはない、それどころか、都市は豊かになれば、それだけ収入も増える、またそれだけ同時に大恵与者も現われる。恵与の収益は賦課または定率税の収益とは比べようがない――恵与の量は不安定であり、変わりやすかった――ときには経済情勢の悪化を救ったり、思いがけない公費節減になった（たとえば高官が自費で職責を果たしたとき）、あるいはかなり無駄な余剰しか都市に提供できなかった。恵与指向は都市の必要度に一致しなかった。多額の金を提供しても、それは恵与者自身の動機で出資するので、恵与者の好きな用途に当てられた。例外として宗教的祭典があり、それは正式には神官が全額または部分的に負担した（ローマ帝国時代の国家行事としての祭事がそうなるだろう）――恵与指向は祭りを手伝う。だが戦争のように重大な問題になると、庇護よりむしろ強制的な資金調達法が復活する。ラゴス朝のエジプトは、外国にある属領においてその都市に課役つまり三段櫂船艤装負担を課して船を手に入れた[123]。紀元前一四六年に、それまで長い間ローマ覇権の支柱だったアルカイが、ついにその外国支配者に対して反乱を起こしたとき、権力の座についている「扇動家ら」は戦争を維持するために確実な資金徴収法に訴えた――特別税（*eisphora*）と「寄付申し込み」を約束（*epangelia*）させたのである[124]。そのかわり、ヘレニズム時代に栄えた祭りや競技会は篤志家に支えられた――ボイオティア地方では、紀元前三世紀末に発展する「闘技活動」は地方の庇護者と外国の国王たちの寄付のおかげでなんとか続けられる。テスピアイのモウセイア演技会のように体育や芸術の大会は寄贈でまかなわれる[125]。

一都市の収入に占める恵与の割合を計ることはきわめて難しいが、確かなことは歳入額が都市によって大きい差があることである――都市には金持もいるし、貧しい人もいる、また貧しい都市はもっぱら庇護でまかなわれていた――恵与指向のおかげで、時には建物や像や饗宴もできた。また長い間中絶していた競技会が再開され、また休業中の公衆浴場も再開され、重要な建造物の修復（ἐπισκευάζειν）もできた。だが豊かな都市の収入はかなり大きかったに違いない。さらに恵与者が公共的な奢侈を増大させた、つまり祭りや建造物である。また恵与者の公的な名誉の象徴として寄贈されるささやかな記念物も増加した。たとえ直接税に対するギリシア人の嫌悪がわれわれにひどく奇妙に思われるとしても、その嫌悪のために都市の財源が減るという結果にはならなかった。都市の主要な収入源は、われわれの場合と同様に、間接税であった。[126] 都市によっては、広大な土地があったり、鉱山に恵まれたり、大陸の属領から貢ぎ物を取り立てた。もし財源が乏しくなれば、いかなる反感も無視して普通の直接税に訴えた――このような解決は想像以上に珍しいことではなかった。[127] アテナイでは、「寄与」eisphoraは一種の税であり、原則としては特別の場合に課されたが、常時のことになる傾向にあった――それは長年にわたって徴収されたこともある、つまり戦時のときである。しかし「寄与」は通常予算に含まれず、常に一定の用途に当てられ、また事由がつけられた、たとえば戦争、海軍工廠の建設というように。その金を払うことは義務であり、功労でもあった――アテナイの雄弁家の弁論では、告発された者または被告人は「寄与」を課役と主張している。だからこの二つの語は一対になっている。「寄付申し込み」[128] についても同じことが言える。

一方では恵与指向、他方では「寄与」または「寄付申し込み」である。つまり税金と一般寄付申し入れは集団的利益を目的とすることで恵与より優れていた、というのもそれは必ずしも恵与の場合ではなかったから。恵与指向の功績を過大評価してはならない。これは「浪費」になることが多かった、つまりあまり役に立たない出費という意味であり、また個人や庇護者をして公共財の選択を決定する裁定者にした。しかし一般的に恵与者のほうが税制や公共的寄付申し入れ（この場合には、大勢の人選をしたり、またその人々の個々の役割は数の中に消える）ほど厄介でないのは、恵与者が広い範囲で思いどおりに決定できるからである。

税の起源

もっとつっこんで考えてみよう——税は、上部の権威から強制されないかぎり、合理的であっても歴史的にはきわめてあり得ないものである。もし共同社会が民主的にみずからの運命を決定し、また、もし税がまったく適切な解決策として現われている常態（長いしきたりからでしか生じない常態）の「兆候」と思われないなら、共同社会がみずから課税するのはきわめて困難だろう。民主的な共同社会は常に重荷を、篤志家か、一定の犠牲者か、恵与者か、課役負担者に負担させようとしたがる。「取引」、つまり自由に、利己的に行動する孤立した歴史的主体者の行動を意味するものであるが、その取引は、前章で見たように、集団サービスを確保できないように、満足できる方法でもって共同社会の収入を国家に確保させることができない。この税というのは、もっとも合理的な解決にはなれない、むしろ共同社会が公有財産の資源で細々と暮らすのを見るほうがましだろう、それとも徴発の手を使うか——それが課役である。税の考えは高文化の発想である。イデオロギーがいくら個人は共同社会のために献身すべきだと叫んでも無駄である、むしろ各個人は、自分を犠牲にするよりは他人を犠牲にして、都合が悪くなるよりはむしろよくなるようにこの立派な原則を持ち出す。

ところで、恵与指向と税の違いはなんだろうか。まず、恵与は法的に要求されるものではなく、拒否しても公権力から罰せられない——それは習慣、つまり個人的なモラルか、世論によって課せられる。さらに税制の下では、すべての有力者は一度に少額の金しか払わなかっただろう。恵与的制度の下では、一握りの有力者らが毎年、大金を払う、また恵与の金額は明確に定められていない——有力者と共同社会のあいだで話し合われる、恵与指向は一回ずつ行われる賭けのようなものである。幾年か経って、恵与指向がどうなるかを調べると、ほとんどすべての有力者が順番に犠牲になっている、ある者は多く、他の者は少なく。全体としてはそれで相殺される。だがそのような総合的見地は当事者のものでなく、社会階級全体のものでもない。なぜなら一回ずつ行われる賭けにおいて、各個人はできれば自分の番がこないでほしいし、他の者よりうまくやって他の者より軽い負担で済ませたいだろう。税法に照らせば、すべての市民は平等に税金を支払う義務がある。それに反して、世論が相手なら、各人にはどんなチャンスがあるかも知れない。もしある庇護者が慣例より多くの金を出せば、それだけ他の者の負担を軽くする。たまたま恵与者になる者は他の者にも共通の負担を分担してもらいたい。恵与指向のほうが税制より好ましい、なぜならくじ引きに似ているからだ——儲けることもある。

金持階級は全体としては、税金より恵与指向を好むという別のもっともな理由がある。恵与指向は税金のような法的義務でなく、たんなる道徳的な義務である。恵与者になることは立派であるが、そうでなくても違法にならない。有力者は、経済成長から生じた新しい共同社会的必要のすべてを満たすようには定められていない。貧しい者も有力者に要求する権利はない——贈り物を義務づけることはできない、あるいは少なくとも寄付者はその機会を保留し、話し合うことができる。もちろん有力者は集団的な財とサービスの大きい発展の費用を負担することになる——かれらはヘレニズム時代の祭りや建造物の費用を支払っている。だが、もしかれらが恵与より税金のほうを好み、一回ごとに話し合う方法をやめていたら、恐らくもっと多くを支払っただろう。かれらはたぶん十九世紀の自由主義者のように考えた——ティエールはこう言っている、——貧者の権利はない、あるのはただ慈善を行う金持の道徳的義務だけである。換言すれば、ギリシア都市の平民には恵与をさせる主観的権利はなかった——恵与は、有力者の庇護という客観的な制度の反映にすぎなかった。

古代末まで、ヘレニズム・ローマ時代の都市は、上部当局、つまりヘレニズム時代の君主制に依存するギリシア都市のために諸王当局へ、あるいはローマ皇帝当局へ税を支払う。なぜなら税が制定されるのは、共同社会の内部でなく、その社会より上部の権威によるからである。だがこの良識的真実は別の真実によって補足されなければならない――既成の習慣と一定のやり方が一種の歴史的無気力のおかげをこうむっている。たとえば税というやり方が長い間、問題の解決に適用されてきたのであれば、やがてそのやり方が正常で正しいものと見なされる。おまけに、知的な視野は制限されている、だから必要な場合に、ほかにもっとよいやり方が考えられないで、既成のやり方が機械的に踏襲される。こうして恵与指向は不活発の六世紀間を招き、税はそれよりはるかに多くの世紀にわたる不活発を見るだろう。こうして税の伝統がヨーロッパで制定されたのも、実はローマ人の征服という偶然から生じる――ローマ人は多くの国民を征服し、貢ぎ物という隷属の象徴を課した、かくて税の習慣が西洋の大部分に植えつけられた。その習慣はローマ人の征服の思い出が消えた後にも存続し、中世でも保存された。それは奇妙な事実を説明してくれる――イタリア中世の都市共和国は恵与指向を知らなかった。フィレンツェ人には、ギリシア人やローマ人のような愛国心と寄付する鷹揚さがあった、だがかれらの高官たちは決して「名誉」恵与者にならなかった。個人的な寄贈については、それはキリスト教会のために寄贈されたものである。その理由は、フィレンツェの民主制には税の伝統が保存されていなかったからである。この章のはじめから検討してきたことを要約すれば、直接民主制には有力者の政体へ変わる傾向があり、また有力者に支配される自治体はすべて必要な財源を恵与指向に求める、ただし税の伝統がすでに存在する場合は別である。

この歴史の続きとして、都市における直接税の希少性から重大な結果が生じた。有力者にすべてが期待されたのである、というのも都市は有力者のものだから。公共財が不足すれば有力者が支払ってくれると期待された、だから有力者はこう答えることができなかった、「われわれは個人の名において納税者のように金を払ってきた。しかも公共的財政は、施しでなく寄付金でまかなわれる重要にして合理的な事業ではないか」と。

四　ヘレニズム時代における恵与指向――概観

気前がよいこと、または当時の言い方で鷹揚な心[129]ほど立派な美徳はない、ただし恵与者自身が偉い人物であることが必要である――奴隷とか、卑俗な人、通りがかりのよそ者ではなく、神のように尊敬される人、他国民、または都市でなければならない。とはいえ、そのような美徳の発揮は、各種恵与者の政治的身分または社会的役割が考慮されてこそ動機および対象の選択において理解されよう、でなければ当時の人々はわれわれと違っていて、当時の人々のほうが一般に無欲だと思われるかも知れない。

国王の寄贈

国王には有力者以上に鷹揚な心があるが、理由が違う。寄付すること[130]はこの上なく王者にふさわしい行為であり、第一にその恩恵を受けるのは国王の廷臣や兵士たちである。ヘレニズム時代の国王が都市や外国に行なった寄贈は、[131]一章全体を使っても列挙しつくせないほど多い――宗教的、または世俗的な建造物、鋳造貨幣、船積みの小麦……このような寄贈には三つの主な理由があったとだけ言っておこう――有益な政治関係を維持し、君主制の栄光を無償で表示し、従属関係を象徴すること。ポリュビオス、巻四では、ペルガモンのアッタロス王は堅固なエラオス要塞の城壁を「建設する費用をアイトリア国民に提供した」

と書かれている。だから同じ巻九において、アッタロス王とその同盟国アイトリアがマケドニアのフィリッポス五世に対抗した理由が分かる。[132] もっとかんたんな場合は、国王がその友好国に金か小麦を供給して戦争を支持し、傭兵の給料を支払う。[133] 二大政変、つまりアラトスによるシキュオンの解放、およびアテナイからのマケドニア駐留軍の撤退は、外国の金のおかげで可能になった。アラトスとスパルタのクレオメネス王はしばらくのあいだラゴス朝の財政に支えられた。[134] だが国王や国民の寄付も私欲を抜きにして行われる場合が多い――国際社会も恵与を行なった。アレクサンドロス大王によって破壊されたテーベの町はギリシア全体を加入させた真の「寄付申し込み」のおかげで再建された。[135] これは間違って宣伝のためだと言われるが、それは打算をほのめかしているように思われる――だが光輝を発揮したい、栄光を示したいという欲求は個人でも社会集団でも自然のことである。もしヒエロン二世が「ギリシア人のために思い切った恩恵を施し、自分の名声を大事にしたとしても[136]」、それはかれが遠い国シチリアにおいて、ギリシア人からたっぷりお返ししてもらおうと期待したからではない――ただ遠くにいる自分のことを忘れてほしくなかったからである。アテナイやロドスのような中立主義または独立心の強い都市は国際的誇示の「ショーウインドー」になるが、それ以上に偉大な聖地であり、そこには国王らの勝利の記念碑や、隷属または同盟の記念像が建てられている。[137] 結局、外国の贈り物は隷属の象徴かも知れない。それを受けとる国民は、代償として身を売ることはしないが、ある程度は服従するという約束を意味する。だからこそアカイア人はある国々の王から寄付を受けとろうとしなかった――かれらの考えでは、その王たちに自国の利益を犠牲にしたくなかったし、金の提供者の期待に背けば、恩知らずと見なされるからである。[138] 寄付を断るのは友好関係を拒むことになるが、その友好が侵略的になるかも知れないではないか。フォキオンはアレクサンドロスの贈り物を断わったとき、怒ったアレクサンドロスは何も受け取らない連中を真の「友人」

とは見なさないと伝えさせた。事実、フォキオンは無条件の友人を望まなかった[139]。贈り物を受けとりながら言うがままにならないのは約束を守らないのと同然である。象徴としての寄付は逆の場合、つまり下から上、自分の保護者に行うこともある。ビテュニアのプルシアスはビザンティウムが[140]約束どおりに像を建てず、ビテュニア君主国の宗教祭に宗教大臣を寄こさなかったことを重大に受けとめた。かれはビザンティウムに一種の否定的保護、つまり「フィンランド化」をしかけるつもりだった、つまりその都市がビテュニアの敵国と同盟を結ぶことができず、また海峡の航行に課税できなくなるのだ。ビテュニア人の欠礼には大きな政治的意味があった。要するに、国家から国家への寄贈は、ある時は無償の光栄または国際的恵与指向となり、ある時は隷属または保護の象徴となった。それをどうして区別できるか。寄付を受ける時は、あいまいさを残さないために機転が必要であった、ロドス人はそれが得意であった。かれらの島は地震の被害を受けていたので、外国に援助を求めた、だがかれらの使節は明白な態度で、立派に、堂々と役目を果たしたので、ロドス島はあとくされなく援助を受けることができた[141]。

有力者、および寄付の強要

有力者とその都市の問題に戻ろう。国王と同じように、有力者は無償で栄光を発揮するため（この場合は自由恵与または庇護になる）、あるいは象徴という形で（この場合は「名誉」恵与となり、その理由は後で分かる）寄贈を行う。ただ寄付する鷹揚さにはきわめて特殊な性格があり、それが恵与指向の「指向」という語がつくられたことを正当化している――自発的であると同時に強要されている、つまり自由で、かつ強制された行為である。すべての恵与は恵与者の気前のよさ、つまり本人の動機で行われるとともに、他人の期待、世論、つまり恵与者が果たすべき役割に要請される。この二重性は恵与指向をほぼユニークなものにしている。もし強制だけなら、恵与は税金か課役の部類にはいるだろう。またもし自発的な行為だけなら、庇護が道徳的義務でない勝手な寄贈になるようなアメリカの庇護者と古代の恵与者との区別がつけられなくなる。恵与指向には与える喜びとともに義務感もある——都市はかれらの寄贈を期待している。この自発性と強要をいかに妥協させるべきか。強要は非公式である——規則もなく、定められた命令もない、だが非難があり、ときには報復もある。恵与指向は、都市にとって、ある社会階級が自発的に行う寄贈を有効に利用し、それを義務と心得させることにある。だがその義務は純粋に道徳的であり、非公式である、というのも金持に寄付願望を失わせないためである、でなければ金の卵を生む鶏を殺すようなものである。すでに見たように、恵与指向のほうが税制をつくるより易しかったとすれば、それは有力者らが誇示的寄付を心得ていたからである——抵抗はいかに弱い鎖の輪にも負けた、というのも有力者らは、市民全体に税金を払わせるよりは寄贈をする気になっていたからである。もし寄贈の心構えがなかったら、恵与指向もまったく存在しなかっただろう。もし非公式の強制がその心構えにつけ込まなかったら、どの社会にも見られるような単独の庇護行為はあったかも知れないが、永続的な制度、つまり恵与のような共用財の豊かな永続的源泉はなかっただろう。

非公式な強要、つまり他人に期待することは別の強要、つまり階級闘争とは違う、というのも有力者の生来の気前のよさを助長するだけであるから——恵与指向は半分しか強制されたものではない、だから恵与はごく一部で階級闘争と混同されるだけである——恵与者は小麦を安い値で売るが、自分の資産を配分したり、債権を帳消しにしたりしない。階級闘争が有力者から社会的妥協としてむしり取れるのは、ただ庇護者として、また気前のよさから与えられるものにすぎない。金持が進んで寄付をする社会では、金持の穀倉は荒らされない——穀物の寄付をお願いする。金持に庇護を願う限りはすべてがうまくいく。だがもし金持の所有権を攻撃したら物事はおだやかにいかなかっただろう。恵与の要請は金持が自発的に行うのと同じ種類の寄贈を要請し、それ以上はやらない――その階級の利害に触れることは避ける。だから恵与指向は社会闘争の一時しのぎの方策になったことがない、この闘争はまるで恵与指向が存在しないかのように継続した。

だが、もし金持が自発的に庇護を行うのであれば、どうして強制する必要があろうか、たとえ非公式にしても。それは個人的レベルでは、他人の期待が庇護者の満足を高めるからであり、また集団的レベルでは、庇護は身分的義務になるからである。自発性と強制は衝突しないし、重複もしない――両者は互いに結ばれる。事実、庇護者は使命感に燃えるので、その心が名誉の喜びと守銭奴的欲望に分裂するのは稀であり、また現在、所持している金銭のほうが寄付で得られる名誉という未来の財より高く評価されることもまれである。少しの強制があれば難関を乗り越える助けになる、その後は難しいことができてすっかり幸せになる――強制は自分の心のままに動くようにさせたのである。古代の終わりに、聖ヨアンネス・クリュソストモスは、ある恵与者が都市全体の人々から熱烈な称賛を浴びて幸せになるが破産してしまう様子を実に生きいきと描いている(142)。古代には、今日のアメリカ以上に多くの庇護者がいたとすれば、それはわれわれの社会において共同社会の役割が自発的行為を行いやすくするだけであり(アメリカでは、庇護行為は減税の対象になる)、あるいはすっかり準備された機会を提供するからである(たとえば、募金、慈善協会の設立)。ところが古代では、庇護者の密かな願望の一部にかなうような圧力がかけられた。しかもどの恵与者も他のすべての人から要請された――集団的期待は庇護を階級の身分的義務にしていた、というのも都市は有力者階級の寄贈を期待していたからである。もし守銭奴の有力者がいたら、その人は階級の理想像を汚すだけでなく、同輩を巻き添えにし、恨みをかっただろう。したがって有力者らは互いに強制しあうことになる。

有力者の庇護

恵与指向は強要によって増大する自発性であるが、無償の誇示であろうと、象徴的な「名誉」出費であろうと、常に二つの性格をもっている——市民的であるから都市または市民全体の利益へ向かう、またある階級、つまり寄付をする階級的事実である、なぜならその階級は人民の集団より偉いと思っているからだ。それが本質的である——恵与指向は政治的優越性の表われである。都市は二つの陣営に分かれる、つまり受けとる側と与える側である。すべての優越性は、マキァヴェッリ的術策によるのではなく、一種の自然的栄光によって自己を表現する傾向がある。恵与指向の本質的にして必要な条件は有力者体制の設定である。人は他人より偉いと思えるときにかぎって誇示をする。アテナイの民主制では、その優越性は個人的なものである。アルキビアデスはその個人的優秀性または滅びゆく集団、つまりかれの出身である古い貴族階級の威厳を示した、というのもかれは合唱団長の役目を立派に果たし、市民から妬まれたほどであり、またかれひとりで七台の戦車をオリンピアまで駆けさせたことがある。[143] ヘレニズム時代の都市では、恵与指向は有力者階級全体の優越性を顕揚する——有力者としてふさわしくあるべし。そこで当時の歴史的特色は、有力者の社会的格差に、誇示的消費でなく、誇示的庇護によって自己顕示をさせるものである——集団的目的のために個人的支出をさせるのである。その目的自体が市民的となる——恵与は都市への寄付であり、だから貧者、芸術、文芸のためではない。つまりそのように自己の優越性を誇示する階級は政治的階級のように行動する——有力者は行政へ参与するものとされる。ある恵与者の寄贈を記念する表彰辞令という若干の資料の表現がその証拠となるだろう。だから有力者の仕事ぶりを見てみよう。

これらの辞令を通じて、ヘレニズム時代の恵与者が完全な政治家として現われている、つまりその人は助言と権勢関係と富によって都市の役に立っている。十五年前に発見されたミレトスの辞令は[144]、そのような政治家の一人を完全に理解させてくれた、つまりかれ、金持イレニアスはペルガモン派のリーダーであり、自分の都市とペルガモンのエウメネス王とのあいだの必要な仲介者となっている。すでにかれの父は鷹揚な寄付の手本を息子に示していた（階級的行為としての恵与指向は宿命的に家族的な伝統になる）。かれ自身もエウメネス王に鷹揚な振るまい方を進言できた、だからその辞令ではこう書かれている、「イレニアスはわが都市の利益のために絶えず絶大なる熱意を示し、わが祖国へ常に栄光と名声をもたらしている。かれはエウメネス王に謁見し、かれを信頼する国王がわが都市に対して体育場の建設のために必要な木材とともに小麦（六千トン）を寄付するようにはからった。そこで人民はその寄贈にふさわしく国王の名誉を称え、その報告の伝達の役をイレニアスに依頼した」。イレニアスはエウメネス王が約束した寄贈を増加させたばかりでなく、都市ミレトスから授かった名誉の費用を自費で負担した。このような鷹揚さの再燃は当時の政治様式にかなっていた。イレニアス個人としては、その都市に対し、また同じ市民すべてに対して鷹揚であり、利息なしで、また返済能力がないと分かっていても金を貸したり、課役または「寄付申し込み」をいくらでも引き受け、「その時期の困窮が続いたあいだ」、公共財政を支えた。

恵与者は国庫をうるおし、人民を養い、楽しませる。プリエネーの集会場（アゴラ）では、北側の柱廊の壁全体に長い表彰辞令が記されているのが読みとれるだろう。それらは資料保存の不手際をのがれた選集である。その辞令の一つにはモスキオンについて述べているものがある、つまりすでに述べたように、モスキオンは三度にわたって市民に小麦を供与し、安い値で小麦を配給している。だがモスキオンは他の多くの慈善でも誇ることができた――「かれは自分の財産を同じ市民全体のものだと心得ていた」[145]。かれは神々に対して敬虔な暮らし方をし、両親、側近、市民に対して申し分のない生き方をし、祖国に対して正義感を持ち、名誉を重んじた。[146] 要するに、かれは自分の祖先に劣らない値打ちと名声をそなえた人物であった。少なくとも四度にわたって公共財政が困難に遭遇したが、その度ごとに、かれは町へ金を融通したり、寄付している。小麦の配給以外にも、かれは母の名誉のために千ドラクマの金をふるまっている。[147] かれは体育場の建設に寄付している。さらにその建設の完成時に都市の財源が乏しくなったときというのも、その建設費を町に約束していた国王たちが考えを変えたか、退位したからである）、モスキオンは再度、その急場を救っている。アレクサンドロス大王の聖所の修理が必要になったとき——モスキオンはその費用を融通する。かれは政治職についていないが（一度も将軍にならない）、そのかわり、金のかかる仕事を引き受けている——三度、宗教的な使節に任命されたが、自費で公的ないけにえを提供し、使節費用を都市へ返還している。最後に、オリンポスのゼウスの神官になるが、それは最高の栄誉である、なぜならプリエネーでは、神官（*stéphanéphorie* と呼ばれた）の名にちなんで年号が付けられたからである——そのとき、[148] モスキオンはプリエネーの住民、つまり外国人も奴隷も含めて、すべての住民に甘口ワインをふるまい、自分の就任と新しい年のはじめを祝い、つづいてゼウスに毎月のいけにえを捧げた後で、毎月、市民に饗宴をふるまっている。[149]

したがって恵与者らは公共財政の困窮を救済している、そのことは若干の碑文で語られている。[150] かれらは人民に、われわれなら民俗行事と呼ぶような娯楽も提供する。かれらは職務に関わる経費の全額または一部を自己負担している。最後に、かれらは政治活動を記念して町に何か建造物を残している。ヘレスポントス海峡に面した都市セントスから出された最後の表彰辞令で、そのことが確認される。[151] 恵与者メナスはごく若いころから祖国の役に立つことが一番立派なことだと信じていた。そのために、かれはどのような出費も、寄付も惜しまなかった。たとえば、使節にともなう危険や費用を無視した、そのようなものは献身によってもたらされる名誉に比べると二義的なことに思われた。だからかれは幾度も使節団に参加した。その後、亡きアッタロス王を祭る神官になり、その祭司の多額の費用を負担した——事実、かれの気前のよさは市民だけに限らず、すべての住民や通過する外国人にも及んだ、だからこの都市は外国でも評判がよかった。またかれは体育場長になり、若者らのために浴場を建てた。総じて、かれは高官職にあっても、課役負担においても、自己に忠実であり、市民の期待を裏切らなかった。最後の仕上げとして言うなら、都市がメナスのためにブロンズ像を建てることに決めたが、メナスは公共財政の苦しさを察して自分の像の建設費を自己負担した(152)。

これらの例(153)だけでも、恵与の習慣性を読者に感じてもらえるだろう。慣用語そのものも、その紋切り型によって意味深いものとなる。碑文の文体、あるいはむしろ外交文書独特の文体は公式の決まり文句で表わされるが、その文言は辞令から辞令へ多少とも文字どおりに繰り返される。この美しいヘレニズム的文章は明晰で、洗練され、誇張なく（帝政時代の辞令のバロック調とはまったく異なる）(154)、われわれの敬語的表現に劣らない「反復連続的な」表現に満ちている。その目的は表彰であり、教訓である。各恵与者について、功績の程度を正確に示すために、前例を考慮して言葉遣いが配慮される。出来合いの文章が恵与指向の概念を定義し、基準を設ける。辞令に表われているまじめさと熱意から、恵与が国事に当たり、またその年の地方的イベントであったことが分かる。

評議会の面前で、つまり有力者らが見ている前でしたためられた辞令はその階級の自覚や、当然の身分的責任を表わしている。ここで、われわれの資料から生じる難しさを読者に告白しておくべきだろう。ギリシア語辞令の文体は寡頭制的というよりははるかに市民的であり、この点は古代ローマの資料の文体についても同様である。都市は恵与者に対してへりくだらない。都市が与える表彰は上から下へ与える態度であり、市民はいくら功績があっても都市の一員でしかない。ギリシア語とラテン語の辞令はローマ帝政の時代でも平凡というよりは、いくらか誇張が含まれている。だがその市民的威厳には隷属者に近い社会的現実が隠されているのではなかろうか。篤志家プロトゲネスを表彰するオルビアの偉大な辞令を検討しよう。[155] 黒海に面し、ブグ川河口から遠くない都市オルビアは異国人とその王サイタファルネスの脅威にさらされて不安な生存を続けながら、その王に貢ぎ物を支払っていた。[156] その表彰辞令によれば、町は市民プロトゲネスの寄贈のおかげでなんとか生きのびている、というのもプロトゲネスがその王への貢ぎ物の費用をみずから負担し、異国人の活動ですべての食料補給が断たれたときには小麦を安値で仕入れたり、ケルト人の侵入の脅威が迫ったときは城壁を整備している。人民は習慣的にかれの好意に頼り切っている、その例を挙げるなら幾ページも費やさねばならないだろう。その辞令を読んでゆけば、プロトゲネスが個人的財産だけでも都市全体より裕福であり、またその都市の絶対的権力者だと分かる。ちょうどコジモ・ディ・メディチがその富によってフィレンツェの支配者だったのと同様である、つまりコジモは封建領主のようにその土地を自費で支えていた。だが辞令の文面はそのような依存性に触れてはいない——文体だけから判断すれば（内容は別にして）、共同体はよき市民として振るまったにすぎない篤志家を表彰している。

その庇護の理由

オルビアの場合は特別であり、むしろ極端である。だがギリシア世界のいたるところで、どの時代でも、[157] 生活様式も名もない隷属者のような経済的、道徳的依存関係の存在が資料のあちこちに現われている。それでは、いかなる社会的関係が恵与指向を裏づけるのか。すべてを推測することができる。読者には、われわれが思考の実験をするのを許していただきたい。およそ一世紀あまり前、フレデリック・ル・プレーは当時のモルヴァン地方の村落の社会生活を描いたとき、[158]恵与者の見事な肖像画をつくっていて、その恵与者の気前のよさはそのまま古代の恵与を喚起させるものである――「村の主だった地主は古いしきたりに基づいた寛容さでいろいろな助成をしている。地主は自分の土地で他人が乳牛を放牧しても金を取らない。自分の森に倒れている枯れ木や開墾後の木くずを与えている。自分の農地をはじめ、公営事業として耕作している土地における落ち穂拾いを許している。娘たちに学校教育や宗教教育を無料で行なっているサン・ジョゼフ三姉妹に助成金を支給している。[159]疫病や失業、食料費の値上がりに襲われた地方住民の援助に駆けつける。そんなときは、二通りのやり方で対処する――あるときは直接、救援物資を届け、あるときは公共の土木工事を起こさせるが、実際にかかる費用が総額の三分の二に達することはまれである」。[160]このような書き方で恵与者の市民を表彰するなら、ヘレニズム時代の辞令はどれほど美しく作れただろうか！

少し付言するだけでよいだろう。まず社会的現実を市民的様式に着せ替える――ギリシア的方式とギリシア的調子は常に平等主義的で、民主的な性質のものであった、たとえばローマ方式に比べると一目瞭然である。次に、このモルヴァン地方の恵与者が「村の主だった地主」であり、平素、その地方を養い、支配者であったことを無視すればよい。[161]最後に、恵与の舞台が田舎でなく都市であり、自治体だと思えばよい――表彰辞令はこの善良なる市民について「ポリス」に対する献身ぶりを祝福するだろう、そして事実、その恵与者はその村の農夫のみならず、直接かれに頼らなくてもよいような村の住民である農夫にも援助を与えたに違いない。そのようにしてかれは都市全体の篤志家になり、経済的にも政治的にも助言を惜しまなかったに違いない。かれは都市の篤志家であるが、貧者の救済者ではない。もちろん市民の中には貧しい者もいる、だから恵与によっては、他の市民よりも貧者を優遇することがある、だが市民でない悲惨な人々がいる――これらの人は何ももらえない――、とはいえ余剰として寄贈される恵与の大部分をいただいてもっとも喜ぶのは、ゆとりのある市民らである。飢えた者、老人、病人らには恵与指向の「悪影響」しか残らない。『ニコマコス倫理学』によれば、寄付する鷹揚さは、些細なこと、または中途半端なことに相応の金を使うことではなく、したがって「放浪者によく施しをしてやった」と言えることではない。キケロも同じ見解である――著名な家は著名な客を迎えるべきである。(162) 古代では、慈善も施しも知られていなかった、つまり有力者の身分的義務が寄付する鷹揚さであった。

寄付する鷹揚さで一般人とのあいだに格差をつける有力者タイプは、いまやその全容が明らかであり、またその自由な恵与指向の理由も分かる――金持はたんに政治的使命を担うばかりでなく、共同社会に関わるすべてのことに責任がある、なぜなら古代社会では、政治的役割とそれ以外の社会的生活を切り離すことができないからである。有力者の権威は父親のように全面的である。有力者には、あらゆる分野において自発的行為が期待され、手本、助言、援助が期待される。今日でも、フランスの小さな村で、農民は金をどこへあずけたらよいか分からなかったり、妻に裏切られたりしたら、当然のように村長か代議士のところへ相談にゆくが、どうしようもないだろう――勢力家はなんでも知っていて、他の者は耳を傾けるだけでよい、そこから勢力家に責任が生じる。ギリシアで、すべての人が有力者に期待したことは、有力者がすべての人、すべてのことに関心を持つことであり、また必要な場合には財布を持参してもらうことである。そのような期待に応えて、金持は可能性を実現し、社会的人間として当然の優越性を示すべき性向を庇護に注いだ。政治的指導者としての有力者はすべて、集団生活の組織者であり、推進者でもあった。

有力者は金を貸し、差別なくすべての人を助け、市民の有能な子息に関心を持ち、祝典を主催し、すべての人を招待し、権威者としてどこにでも姿を見せた。自由恵与指向は有力者の権威が専門化されていなかったことを示している——その権威は社会そのものと同様に分化されていなかった。今日では、社会的、宗教的、文化的な各分野によって権威ははるかに多く分割されるか、政府に委ねられる——もはや有力者は存在しない。

そこで恵与者たる有力者がその社会的権威を行使する場合、政治的権限を行使する場合と同様に不満を招くことがあろうと想像される。たとえばその有力者は人民が祭りを望んでいるのに建造物を寄付したり、あまり芳しくない祭りを開いたり、華々しい祭りを提供して自慢しすぎたりする。共用財を自由に選んで、すべての人の気に入るようにはできない。恵与指向は社会的緊張を緩和するどころか、その緊張が恵与者自身にふりかかるかも知れない。結局、恵与者は人民を喜ばせ、すべての人の期待に応えるために寄贈する——たとえば、かれは自分の魂を救うため、あるいは文学同人会に所属するから寄付するのではない。そこからいかなる共用財の使い方が好まれ、その他の使い方が恵与者から無視されることになるかは予想されよう。

愛国心か

古代人にも現代人にも、この庇護を別の言い方で表わす習慣がある——愛国心または連帯感であり、これは古代ギリシア人においても、今日の人においても激しいものである。この表現は半分、真実である——半分では、「愛国心」はすでに見てきたものと同義であるが、あいまいさが加わる。他の半分では、儀礼的解釈、またはイデオロギー的な口実である。

申すまでもなく、ヘレニズム時代の表彰辞令は、恵与を二つの美徳に帰していた——都市のために何かめざましい奉仕をして注目を浴び、名誉を得ようとする善良な市民どうしのライバル意識または競争心(*philotimia*)、および愛国心、つまり共同社会への善意である。そしてもちろん、都市を所有物視し、同輩の所有物と見なす有力者は都市を愛しているはずである。ところがこの愛国心という概念にはきわめて異なる態度が秘められていることが分かる。自分の都市の大義と一致し、ギリシア都市固有の強烈な愛国心と、自分の個人的な誇りを一致させる支配者の態度もある。危機または勝利に際して一心同体となる共同社会のすべての市民、卑しい者も偉い者も感じる「われわれ」という感情もある。さらに人民の父として従順な子供らに責任を感じる慈愛もある。愛国心という船旗は実にさまざまな貨物を保護する。愛国心という空っぽの形式には、個人が集団とのあいだに有するさまざまな関係や利害と同じほど多様なものが含まれる。したがってもし有力者に連帯感とか「われわれ」という愛国心を無理やり押しつけようとするなら、船旗のあいまいさを濫用して心理的な誤りを犯すことになるかも知れない。

公式には、ギリシア人の愛国心は善良な市民の愛国心である、つまり同輩の中の同輩にすぎず、他と異なるのは、ただ公益のために多くの貢献をするだけである——そのことは表彰辞令やアテナイの雄弁家の弁論の中で繰り返されている。「われわれ」という愛国心の理想は、要するにアテナイのシラクサ遠征出発のときの一体感と競争心の時かも知れない。そのとき、ツキディデス〔トゥキュディデス〕はこう書いている、「すべての人が例外なく、この壮挙に燃えた」、そして「各自が自分に割り当てられた持ち場において、われがちに働いた」。その日は、どれほど身分の低い者でも恵与者の気分を味わえたのである。

ただしその一体感だけが愛国心に属しているのではない、それは理想でもなく、限界でもない。「われわれ」という気持ちは、実際には、一時的または目的によって、全員に定められた平等の責務と危機に直面した集団において現実的に感じられるものである。それはザイルで体を結びあった登山隊のような一体感である。ある坑夫からじかに聞いた話であるが、坑内へ降りて行く坑夫たちが毎日、味わっている気持ちである。その話し手は、どんな危険があろうと、この無政府状態を懐かしがっていた、つまり責務だけで全員の一致がつくりだされ、正義の行動は消えているのである。だがそのような一体感は特殊な集団に向いている。もっとも一般的な集合体としての国家においては、一体感はたびたび現われない。集団の大小はこの問題にまったく意味がなく、またその点について、市民が顔をつきあわせながら暮らしていた古代都市と、あまりにも規模の大きいわれわれのような国を比較しても無駄であろう。重要なことは、支配階級とその他の階級とのあいだの格差の存在であり、外因的効果である。もし公共的危機が各個人とともに社会集団を脅かすなら一体感が生じ、危険な、または金のかかる使命でも喜んで引き受ける者がいるだろう。そのような時には、だれも全体的な難破から生き残りたいとは思わないだろうし、だれも他人の献身的壮挙を当てにして、他人の献身に任せておこうとも思わない。

だがこの「われわれ」は危機がだれにも等しく迫る状況に適している――それは普通の政治的状況ではない。政治的日常性においては、各個人は群衆の中に紛れこんでいて、支配者と被支配者の格差が歴然としている。この両陣営のいずれに各自が所属するかによって愛国心も同じ中身ではなくなる。アテナイの民主制における課役を思い出そう――公式の見解では、課役は愛国的献身に基づいているとされたが、寡頭政治家たちは苦々《にがにが》しい満足感をもって、かれらの課役に社会的優越性が当然示されていると思うが、その優越性だけでは政治権力を掌握できないと知って、いっそう苦々しく感じた。

しかし人間を実際以上に嘘吐きだとは考えないでおこう。「われわれ」というイデオロギーには本当の地方色の一面が含まれていた。そのイデオロギーはマキァヴェッリ的というよりはむしろ懐古趣味的であった。それは、もちろん社会的格差をぼかすことで、金持の篤志家に対する都市の面目を守ったが、都市国家という脅かされている集団においては一体感を味わう可能性が絶えず迫っているという感情を表わしていた。国際的政治がかなり不安定であったので、どの市民も一生に一度は「われわれ」を感じなければならない羽目に陥ることもあった。そのような一体感を喚起させることは恵与者の心を燃え上がらせるばかりだった。

なぜなら恵与者もまたそれなりに愛国者である、つまり有力者としてである。かれは都市に対して責任を感じ、国民的誇りにきわめて敏感である。ただしかれを恵与者にするのはそのような愛国心ではない。愛国者としての恵与者は都市が偉大であるか、少なくとも独立し、最低の場合でも自治体であってほしいと願っている、しかし、だからといって市民に饗宴をふるまうことにはならない。その愛国心は熱意の点では「われわれ」の愛国心や人民の父としての親心に匹敵するが、その結果および一般市民の参加によって別のものになる。ヘレニズム時代におけるアテナイの愛国心の誇りは国際的舞台で効力を発揮した。この古い都市は大君主国を互いに対立させるように働きかけ、強力な同盟国、ただし遠隔の同盟国を求めた。かつての偉大さへの郷愁（ツキディデスなら「画策」*polypragmosynè* と言うだろう）のために同類の都市、近隣の都市との同盟に参加することを拒んでいた、つまりそのような都市のあいだでは、独立を維持できても出来事に都市固有のマークをつける可能性が望めなかったからである、その都市は自分の可能性にみあった役割をつくりだしていた——文化的中心になったのだ、そして他の都市がノーベル賞を与えるように、その都市は世界中に派手な表彰辞令をばらまいたので、ポリュビオスをいらだたせたが、その辞令は篤志またはギリシア独立支持の証明になった。それも愛国心のひとつの考え方である。

しかし有力者が同じ都市に饗宴か建造物を寄付するときは別の愛国心が問題になる。もちろん、「われわれ」という感情は「寄付申し込み」の理由を説明してくれる、ときには幾千という市民が祖国を救うため、または共通の避難所になる城壁を建設するために寄付の申し込みをするだろう。だが個人的な恵与は違う。恵与者は「大物」*big man* であり、「われわれ」というよりは「わが一族」と言うだろう。群衆はかれの一族であり、かれは管理できるかぎりは群衆を愛するだろう。だが次のように白状しよう、つまりこの場合でもやはり表彰辞令の言葉には本当の地方色がある——寄付する鷹揚さはギリシアの有力者たちの歴史的美徳であり、同じ市民大衆に対する好意は他の国の有力者より厚かった。それでもかれらは有力者としての篤志家であった——すべての人に対して義務を感じるためには、自分と自分の使命について高い自覚が必要である。ここでは愛他主義と使命達成意欲は不可分である、なぜならその使命には明らかに愛他主義が含まれているから——有力者にふさわしくなければならない。また確かに、個人とその集団との関係は「われわれ」と異なるとしても、やはり一種の愛国心である——それほど愛国心の種類は多いのだ！

弔いの恵与指向

キリスト教世界の慈善事業、つまりキリスト教会への寄付や慈善基金の巨大な金額とはきわめて対照的である。確かにこの対照的な相違は、すでに市民的庇護について語り、「名誉」恵与を説明する前に、異教的制度を分析するよい機会になるはずである、この制度にはキリスト教の敬虔な基金といくらか表面的な関係があり、また恵与指向と別の関係がある——遺言による基金にはきわめて大きい重要性があった。すでに述べたように、ボイオティア地方では、ポリュビオスの見方ではあまりにも多くの人々が自分らを思いだしてもらうための宴会を開いてもらおうとして財産の一部を飲み友だちへ遺贈していた。これは死後の庇護であろうか、市民的か否か。何よりもまず、あの世の心配だろうか。栄誉というものを特に微妙な動機において多様化することになる。ここで、フィリップ・アリエスに深い感謝を示しておきたい――この優れた歴史家はキリスト教的世界における死に臨む態度に関する現在の研究成果を語ってくれたからである。

まず、現場の地図をつくろう。〔一〕恵与者は生前に寄付をすることがある、また遺言によって都市へなんらかの寄贈を遺すこともある（動機の如何にかかわらず、都市への遺贈はかなり古い時代から確認されている）(163)。遺贈は特定の人に委任され、その者が勝手な使い方をすることもある。だがまた遺言者は不特定の個人（ある集団か、その集団の終身相続人、またはある団体）に財産を遺贈し、その基金の用途を一定の永続的な目的に当てることもある――この場合は永続的な基金となる。言うまでもなく恵与者は法的手続きによるほうが適当だと思えば、生前に基金を設定しておくこともできる。だが確かにすべての基金が恵与であるとはかぎらない――多くの場合、宗教的な目的に当てられ、それがもっとも古くから存在している。その他の多くの場合、都市でなく、団体に当てられている。恵与的基金初期はヘレニズム時代からすでに多様化し始めている。恵与者夫妻が基金をつくり、その収益はディオニュソスへ捧げる音楽コンクールの開催費に当てられる。その世話はケルクラ島の都市にまかされ、この敬虔な事業は神と人民を楽しませる(164)。紀元前三世紀、つまり他の時代に劣らず好戦的な時代以降、愛国的市民は生前または遺言において、都市へ基金を献呈し、その収益が城壁の補修費に当てられている(165)。同じ時代に、もっと「社会的」性質の基金も現われるようになる――当時の通念によれば、若い市民ら（*neoi*）の会にとって保健上不可欠のオリーブ油を提供するため、あるいは同じ若者が体育訓練後に使う熱い風呂のための基金がつくられたり遺贈されたりしている(166)。だがもっとよく知られた基金（他の基金と同様に典型的なものである）

は教育の維持と改善を目的にしている。[167] たとえばテオスの篤志家は寄付申し入れを実現させるために遺言書で基金を遺し、自由な生まれの少年少女の教育費に当て、それは「かれの名誉愛のもっとも美しい記念」になる。その基金の年収入は書き方、音楽、そして体育の教師の給与に当てられる。基金の法体系は広く創意に委ねられ、庇護者にさまざまな公共事業を起こさせるようにしているので、制度的な枠は存在しなかった。そのような篤志家の動機については碑文が明らかにしている――愛国心、名誉愛、そして偉大な思い出を残したい願望である。[168] あるミレトス人は、生前の提供によって学校設立の基金を寄付し、「人民の役に立とうと決心して名誉愛の最高の思い出を永久に残そうとした」。[169] 帝政時代には、「不滅の体育場長」または「不滅の競技会長」という肩書は課役負担者の褒賞になるが、これらの人はその任務の一環として課役の実践を永遠のものにし、発展させるために基金を設けている。たとえば、もしレオニダスのような人物が競技会長として優勝者に褒美を手渡すような地方競技会（*themis*）を開催すれば、かれは不滅の競技会長という肩書を公式に受け取り、競技会もかれの名をつけて呼ばれるようになる――「レオニダス競技会」である。[170] 基金も同様にその創設者の名を冠せられる。[171] かくて絶えず公共事業を確保し、将来にわたって意義あること（なぜならわれわれのためになる領域はわれわれの生命の限界によって制約されるから）に助成しようとする恵与者は、その人自身の思い出を不朽のものにすることができる、なぜなら都市はその功績を称え、不滅の表彰によって感謝を表わすだろう。恵与指向は本人の名前を不滅にする。

だが、(二) 逆に、あの世の心配が、初期ヘレニズム時代から自分の思い出を不滅にしたい願望や弔いの恵与になった。死すべき人間はあの世における自分の魂の世話を確保しておきたい。古典期ギリシアでは、子孫は死者を祭り、毎年、祖先の墓にいけにえか御神酒を捧げねばならなかった。[172] 事実、死者の将来は生前の行為によらず、生存者の世話にかかっている。さらに、遺体のそばには死後の世界へ携えるべき品が添えられる。だがそのような葬儀的調度品の豊富さと豪華さは死者の富の多少というよりはむしろ時代と地方によってかなりの差がある。[173] そのような一般的風習に加えて、遅くとも紀元前三〇〇年代から上流社会に広がる新しい慣行がある——弔い基金である。基金が設けられ、その利益で故人に毎年捧げるいけにえの費用がまかなわれる。故人はそのいけにえを受けることができる、なぜならかれは神に祭り上げられ、神々に加わるからだ（これはヘレニズム時代ではまったく驚くにあたらないことであった、というのも不滅の人と死すべき人との対立はそれほど急激なことではない、[174] なぜなら新たな信仰がいたるところに神的なものをつくりだすから）。いけにえの儀式にはパーティーまたは饗宴がつきものであり、[175] これは故人が定めた祭りをその故人に捧げるために基金の運用を任された会のメンバーにふるまわれる。この会は基金そのもののために組織されたと思われる——その会は故人の家族と未来の子孫、あるいは基金の出資者から選ばれた友人のグループに違いない。[176] こうして弔い基金は死者の家族的礼拝を続けさせることになる。だが故人が既存の団体に基金を委ねることもある、たとえば、もっとも裕福な人々にとっては都市自体ということになる。他の者には都市の一部、たとえば評議会か老人クラブ（*gerousia*）[177] である——これは少なくとも帝政時代には慣行となる。また基金は職業的な組合に委ねられるようにもなる——[178] 小商人または職人の団体が故人の思い出を尊重し、出資者から基金を受けとり、その収益で故人を偲ぶ宴会を開くこともある。もし出資者が富豪の場合は、基金の管理と収益を都市自体に委ねるだろう、そしてすべての市民が毎年、饗宴に招かれることになる。[179] それがヘレニズム時代から起こっている——紀元前二世紀に、クリトラオスという者はアエギアレの都市のために基金を設定したので、この都市は感謝のしるしとしてクリトラオスの亡き息子を辞令でもって神にしている。基金の収益のおかげで、ギリシアでは、毎年、祭事を行うことができる——宗教行列、競技会、饗宴、そしていけにえ（だれに捧げられるいけにえかは述べられていない)。神々か、故人への礼拝であろうか。これは宗教か、恵与か。ヘレニズム時代の心にとっては、これら二つのあいまいさはそのいずれでもない。別のいけにえ、つまり競技会を始める前のいけにえは神にされた子息の像(*agalma*)の前に捧げられる。その饗宴にはすべての市民、居留外国人、外国人、在住ローマ人(これは後期ヘレニズム時代のはじめである)、そして婦人も参加することになる。饗宴の規定はいけにえの規定よりはるかに詳しく伝わっている。その規定では、どのような料理が出され、どれほどの経費がかかるかも明記されている。

アエギアレのクリトラオスは息子のために永代供養を確保し、その礼拝には多くの人が参列している。恵与指向は弔いの手段となり、手当となる。礼拝をしなくても、故人を偲ぶことができる。紀元前三世紀の終わりごろ、哲学者リュコン、つまりアリストテレスとテオフラストスの後継者であり、ペリパトス学派の代表者は遺言によって学校の子供たちへオリーブ油を提供するために若干の土地の収益を当てている、「その効果で、わたしの思い出が名誉にふさわしいように」[180]。本質的なことは、もはや死者の弔いではないことである、なぜなら基金はそのような典礼を行う代理人を設けることしか狙っていないからである――重要なこと、それは恩恵にあずかる人々が故人とその気まえをいつまでも忘れないことである。帝政時代になると、多くの基金が設けられ、出資者の記念日に、その墓の前で宴会を開いたり、硬貨をばらまいてもらうために、都市や評議会や、なんらかの会にその基金が委託される[181]。さきほど庇護者が基金を設けて不滅の存在になると述べたが、ここでは、死すべき人間が基金を設けておいて不滅になる。この二つの行為は合致している、そして基金が都市へ委託されるときは、両者とも恵与指向に一致する。

それらは偶然の一致であろうか。それとも弔い基金と恵与指向の類似のほうが深いのであろうか。その回答は基金の起源の考え方による。つまりブリュックが言うように、基金は古くからある死者の家族的礼拝を続けさせるためであった、つまりあまり信用できない子孫に代わって都市や組合に引き受けてもらう、なぜなら宗教感情の衰微にともなって死者への礼拝がなおざりにされることが多すぎたから——これはブリュックがその立派な研究で発展させた解釈である。[182]あるいはむしろ、基金は宗教の衰微というよりは精神性の一般的変化を示す改革であり、奢侈の趣味と他人への思いやりが何らかの役割を果したとも考えられる。

死にのぞむ態度

ブリュックはこう書いている、「弔い基金の起源は定期的な死者の祭りにある」[183]。基金の提供者は権利を設定することで、かつては習慣の尊重だけで死者のために確保できたのと同じ典礼的表敬を確保したいのである。その原因は「ヘレニズム時代の懐疑主義」にある——いつか死ぬ者はもう相続人を信用しなくなり、自分しか頼れない、なぜならいくら懐疑的でも、各人は自分のことになると死を恐れ続けるからだ。古い信念が残っている——歴史的に、この「終末論的矛盾」*eschatologische Inkonsequenzen* ほどありふれたものはない。それに加えて、もっと実際的な理由がある——「ヘレニズム時代の個人主義」である。[184]個人は自分の値打ちを自覚し、もはや集団の中で他人と混同されたくない。個人は自分の存在をしるしたい。それがブリュック以来の古典的な学説である。

その説は確かだろうか、また基金の起源を他に求めてはいけないだろうか。古い家族的礼拝に血のしたたるいけにえがよく用いられたというのは確かではない（普通は、供物か献酒になっていた）。基金の提供者としては、いけにえを捧げる儀式で、さらには饗宴や競技会を開催すれば革新的になる。他方、われわれには示唆に富む詳細であるが、その提供者らは自分らの弔いにいつも神々を結びつけていた、あるいはむしろただ神々と結びつくだけである——弔い基金は昔のような死者礼拝からきているのでなく、いわゆる神々を礼拝するための基金からきている。結局、かれらが自分の相続人を信用しないということはどこにも見あたらない——かれらの念願はむしろ古い習慣（確かに奢侈令は葬儀や墓の贅沢を制限していたし、また制限しつづけるはずである）以上に派手な弔い方をすることである。もっとも古い基金の一つ、たとえばエピクテタの基金[185]を例にとってみよう。このテラの婦人は自分の家族を会組織にして、それに基金を託し、孫を神官に指定し、またその孫の死後は子孫の最年長者を当てている。礼拝が行われる神殿はミューズの女神たちへ寄進されるので、女神たちは祭られているその婦人とともにいけにえを受けることになる。饗宴も忘れてはならない。神格化、奢侈、だがいささかも子孫に対する不信感は見られない[186]。他方、もっとも古い弔い基金はいつも神を祭る基金という回り道をする。コオスのディオメドンも自分の家族をヘラクレスを祭る会とし、ヘラクレス・ディオメドンテイオスと名づけている。このいけにえはヘラクレス、ディオニュソス、アフロディテ、その他の神々へ捧げられる。子孫の最年長者がこの礼拝の神官になる。ディオメドンとしては、神々へいけにえが捧げられているときに自分の像に冠をかぶせてもらうように指示するだけで満足している。饗宴にはヘラクレスが招かれ、この神は家族会の一同と一緒に食事をする——それが祭宴（*xenismos*）となる。

もし神々へ捧げられた最古の基金を想起するなら、弔い基金の起源は、それが表わす精神性の変化とともに明らかになる、つまりその創始者はアテナイの政治家ニキアスであり、信仰の篤さで知られているが、ちょうどペロポネソス戦役のときである。ニキアスはデロス島へ派遣されたとき、「一万八千ドラクマの金を出して土地を買い入れ、それを献呈したので、デロス島民はその土地の利益をいけにえと饗宴の費用に当て、ニキアスに特別の恩寵があるようにと神々に祈った[187]」。これが弔い基金の始まりである。クセノフォンという、これまた有名な人物は、あるとき、土地をアルテミスへ献上した——いけにえの後に饗宴が続き、「スキロウスのすべての市民が参加した(188)」。

ニキアスが生きていた世紀では、まだ神々が現実の人間と同じように考えられ、個人と同じように実体的な存在と信じられた。他方、ニキアスは典礼の効力を信じていた——死者への伝統的な礼拝だけで充分だったのだろう。結局、かれは「自分を知っていた」、つまり自分が死すべき人間にすぎないと自覚していた。かれは、死後であろうと神々と同格になろうとは思わなかった、ただこの世で神々の恩恵を受けられるようにと神々に祈ってほしかったのだ。だがヘレニズム時代になると、すべてが一変する。死者も神々も崇高な性質、つまり神格を授かり、そのために宗教的基金も弔いになり、故人は神格化される。不信心と個人主義の進歩だろうか。ブルクハルトから受け継いだ個人主義の概念はあまり正確でないので、ルネサンスを通じて、さらに中世においても、どの時代にも個人主義の異説が見られる。それがヘレニズム時代にも、さらには熱烈なアキレウスの時代にも見られるのである。不信心の進歩だろうか。それほどではない。ギリシアの古い宗教からもっと「近代的」宗教性へ移っても、宗教的感情が喪失したのではない、たとえ欄外に不信心のマークをつけられても。それでも新しい宗教性はキリスト教を開花させた。もはや典礼の自動的な効力は信じられなくなり、経験的感情が要求されていた(基金によって確保される生者の思い出のほうが、典礼偏重的な古いしきたりより望ましいものになっていた)。またその宗教性は神話的というよりはむしろ古い信仰であった——神はもはや子供が信じるような架空的存在のような想像上の存在でなくなった。神は力であり、保護であり、さらに合理的で、さらに興奮させる半抽象概念であった、なぜなら神的なものがいたるところ、つまり人間にも、観念にも、神にも見いだされるという感情には当然、興奮がともなうだろう。ほとんど詩的なその興奮が、典礼に対する不信、つまり信者の形骸化した感情の意味するものにすぎないものと重なるとき、礼拝と、崇拝または敬意との区別は消滅しやすい——死者、神々、偉大な観念、神秘力、偉人、すべてが同列に並び、同じようにいけにえと礼拝を受ける、なぜなら礼拝は興奮の表われにほかならないから。神の世界はくつがえり、位階は混同し、かつては位階をつけられていた古い儀礼方式も、いまではゆきあたりばったりに用いられる、なぜなら信者は虚礼を軽蔑し、虚礼を通じて伝わる本当の感情しか尊重しなくなる。まず基金の設立者としての人間を守ってくれるように神々に祈願することから始まった。そして本人が亡くなったとき、その人もまた神と同じではないだろうか。だからその人も神格化され、神々といっしょに祭られる。

だが神々または死者らには人間が必要である。もはやかれらに実体がなくなり、またかれらがそれ自体、神話的存在でなくなれば、かれらの存在にはかれらのことを思ってくれる人間が必要になる。死者は生存者の信仰心の中に生き続けたい、しかも典礼偏重のように機械的に扱われるのではもの足らない——思い出の中に生きながらえたいのだ。ここに基金の第一の理由がある。第二の理由はもっと散文的である——奢侈の願望だから。基金は金がかかるが、死者に豪華な礼拝を確保するという考えを忘れてはいけない。基金の設立者には立派な墓も建てられただろう。かれとしては、人間の集団の思い出の中に生きたかった。さらに恵与精神は誇示的消費よりは誇示的寄付を好み、利己的奢侈よりは庇護を勧めていた。

思い出の中に生きる願望、誇示的な寄付——弔いの行事を宗教だけではないものによって説明しているので、読者は驚かれるかも知れない。つまり第一に、ある国民の弔いの慣習はすべてあの世を信じることから来ているのではないか。だがフィリップ・アリエスによれば、宗教を文化と共通外延的だと考えるのは間違いだということになる。つまりあの世を前にした態度の一部は信仰によって異なる、ただ一部であるが。個人の不滅を信じることはキリスト教徒がその子孫のうちに生き残りたいという願望の妨げにはならなかったし、またもう一つの「虚栄」、つまり葬儀の豪華さを排除もしなかった——形而上的な出来事としての死は社会的な出来事でもあった。わが国の旧体制の下では、「富農」が「臨終に際して」秘跡を受ける部屋の中の様子は公衆の面前、つまり葬儀の誇示とは別である、だが誇示的であろうと、葬儀が宗教性を帯びてもかまわなかった——それこそ、全体的出来事、つまり混然たる「全体」の理論的に異なる二面であった、その相違を区別してはじめて「終末論的矛盾」が理解されよう。この区別がなければ、たとえば多くの弔いのテーマの一つ（また、別のテーマの一つでは宗教は考慮されない）である誇示的奢侈のせいで非キリスト教化というような全面的診断がくだされる恐れがある。もし宗教がいたるところに存在すると思われるなら、ついには宗教がいたるところから追い出されたと思われるようになるだろう。

　弔いという混然とした「全体」を解明するためには、少なくとも四つのテーマを区別しなければならないように思われる、それらのテーマだけが真の「歴史的対象」としてふさわしい候補であろう。八十歳の人が孫のために木を植えることもあり、魂の不滅を信じることもあり、天国行きをできるだけ遅らせたいと願うこともあり、哀れな人のようにあきらめて死ぬこともあり、後世の記憶に生き残りたいと願うこともあり、大事なものを最後の住みかへいっしょに葬ってほしいと言い残すこともあり、自分の地位にふさわしく立派な葬儀の豪華さをあらかじめ決めておくこともあり、遺贈をすることで生前に財産を享楽していたときには知ってもらえなかった無欲さを表明することもあり、もっぱら緩叙法を乱発して故人の話をするが、周囲の者には気兼ねなく、また人を困らせることなく最後の気持ちを語ったり、墓の贅沢さを話したり、最後に、死がよりよい状態へ移るという気持ちに浸っているかどうかによって他人の死を恐れたり、恐れなかったりする（親族が亡くなった夜に、自分の部屋でランプをつけないで過ごせるか、過ごせないか）。したがって「不滅の欲求」(189)、あるいはむしろわれわれの利益を限定するような時間的限界感情の不在、矛盾があろうと共存している矛盾し合った信念と結ばれる形而上的な出来事としての死、社会的出来事としての死、最後に、フィリップ・アリエスから死のおぞましさと呼ばれるものを前にしたときの他人の困惑、それらを明確に区別しよう。

〔一〕だれも「あとは野となれ、山となれ」とは言わないし、誇れないような利益または価値観のために死ぬことはできない。われわれが未来を思うとき、ちょうど過去をふりかえっても意識される人生のはじめが見えないように、またわれわれの肉眼が視野の縁を見ることができないように自分の生命の限界も見えない。生前に恵与者になるのと同じ動機で死後に恵与者になることもある。有力者として死ぬとしても、相続人を犠牲にすれば、もっと気前のよい恵与者として死ねる。異教徒的恵与指向における寄贈の巨大な金額は、有力者がその政治的優越性の誇示で説明されよう。キリスト教会への遺贈も劣らず巨大な金額であるが、それも同じような誇示として説明され、死後に気前のよさを示すほうがはるかに易しい。

〔二〕その巨大な金額はまた、第一に、むしろ、申すまでもなく、形而上的な出来事としての死についての信念によっても説明されよう。「信念の一つ」と書くべきだろう。形而上的な死については多くの矛盾した経験資料があるが、それらはみな信じるに足るものである、なぜならそれらの信念のあり方が異なるだけであるから――他人の話を信じて天国が信じられたり、あるいはわれわれが死体を見る経験とは同じでない内面的経験から天国が信じられたりする。その経験は、われわれの意識が自分の非実在をたんなる眠りとは違うように思うことから体験する不可能性とも同じでない。われわれの感受性は、やがてそこに見られなくなるものへの執着を捨てることができない。これら四つのあり方の最初のものだけが宗教的信念の衝撃を受ける、だが「復活」を信じる国民のあいだでも他の三つの経験が残存している。そのために明らかな「矛盾」がブリュックを驚かせているのである(190)――あの世についての信じ方の多様性の背後、さらにはヘレニズム的な懐疑主義の背後にも、死者礼拝が依然として続いている。天国を信じる、死体になるのが恐い、未来の死を眠りと感じる、犬のように見捨てられ、忘れられたくない。サンタヤナはこう書いている、「魂の不滅に関して世界に存在するすべての教理は、死にのぞんだ人間の自然感情に辛うじて触れている」。もっと正確に言えば、その四つのあり方の一つに触れたのである。サンタヤナはさらに続けている、——「言葉の上のしきたりがどうであろうと、神話が経験的な真実として受けとられるような意味で受けとられることはまれである」。というのは神話的な説話を信じることが欺瞞だというのではない——だがその信じ方は断片的な経験にしか基づいていない、つまり他の経験または他の信念によって反対される、ただし消し去られることはない。個人は自己の消滅を徹底的に考えることができない、だが死体を見た経験でその消滅は明らかである。同じくなお個人は、死後、死んで忘れられることを心配するだろうと考え続ける、ただし理性はそんな考えが矛盾していると言うだろうが。そこで死者のそばに、遺体には必要がないと分かっていても故人にゆかりのある品々が添えられる。あの世に死後の生があると信じることは一種の隠喩にすぎないが、その隠喩の現実性のすべては死体がまだ人間だとする感情から来ている。そのような感情を合理化する説話は、感情と振るまい方が変わらなくても変化することがある。支配的な宗教がいかなるものであろうと、死体は敬われる死者であり、魂のない体ではない、だからだれも忘却の彼方へ捨てられたくない。だから墓には永久に人目につかない弔いの豊かな調度品や絵が備えられる。だから故人の思い出のために基金が設けられる。未来の死者はそれらの絵を見られるとは考えられないが、自分のことを思い出してもらえると思うだろう、だがその逆は想像しにくい。

〔三〕葬儀の豪華さは別のことである。死もまた社会的出来事である。葬儀は、本質的には生者が生者として最後に姿を現わすことである、しかもその人の生涯の最高の日である。その人を見送る豪華な儀式、またその人がこれから行く最後の住みかは、その人およびその人が所属する集団のメンバーとしていかなる存在であったかを表現するはずである。それが誇示的な消費または寄付である。

〔四〕このように死者が自分のことを語らせ、死ぬことと葬儀とが典礼に従っていることが社会的に承認されるなら、死の観念はなじみやすくなる。もはや煩わしいことではなくなり、おぞましいこととして禁忌されることもない。ヘレニズム・ローマ時代の社会は緩叙法で死者のことが多く語られた。各都市は、恵与者の遺体が薪の山にのせられるとき、その人がどれほど公的な名誉を担っていたか、また火葬されているあいだ、国費でいかなる香料が振りかけられたかが細大漏らさず知らされ、最高に立派な感謝が表明された。(192)

死の社会化と儀式化は、民俗誌学者によく知られているとおり、死者に対する恐怖への防御手段であり、死の恐怖でなくて、超自然的なものへの恐怖であった。

弔い基金としての以上の指摘をまとめてみよう。本書のはじめで、われわれは暫定的に恵与指向を三つの「テーマ」に要約した——誇示または庇護、あの世の心配、政治的責任である。また、異教において、第二のテーマは第一のテーマに帰着することも確認したとおりである。死にのぞむ態度は仮の歴史的対象であり、そこでは明らかに現実の中に混じっている多くの概念を区別することができる（たとえば、葬式は死の社会化に属するとともに形而上的な死にも属している、なぜなら葬式もまた、あの世への通過儀礼であり、一般的で宗教的なものである）。ところで、大部分が宗教に属しているキリスト教的な敬虔で慈善的な基金とは異なり、異教徒の基金は形而上的な死にはあまり関わっていない。異教徒は死のために、また魂の救済のためには遺贈しない、むしろたとえ死ぬとしても気前のよいところを見せる、と言えよう——異教徒は、地上の生命の限界を考慮することなく、生前に有力者を恵与者にした世論に向けて同じ利益と同じ感性を無限の未来へ投影する。

「名誉」恵与指向

さて、第三のテーマ、つまり政治的責任、換言すれば「名誉」恵与指向に達したが、これは別の問題であり、誇示にはならない。「名誉」恵与指向は政治の本質から生じる副産物であり、次の問題に含まれる——都市を治めることは報酬に見合った仕事になりうるだろうか。

治めるということは義務、権利、または専門になる、なぜなら金儲けに惹かれる人には統治の任務を任せられないからである。反対に、治めるということは義務であり、務めであり、民主的集団がそのメンバーに委任することであり、君主が臣民のだれかに委任することである。この場合、「名誉」恵与指向が現われる可能性は少ない——責務を全うするのに報酬やチップを支払う習慣はない。治めることは個人が自由に選ぶ専門であり、活動である、なぜならその人はその活動自体に興味を持っていて、そのような無欲の使命感を集団が利用するのである。その専門家は確かに活動の報酬を受けとらない、つまりかれはそのような活動をしたいのである（受けとるとしても、せいぜい手当程度である）、またかれは気前のよさを示すか、貸しの返済を要求しないで、公正無私であることを証明するように期待される。結局、治めることは権利であり、所有権に似た主観的権利である。王朝または貴族か有力者の身分はみずから権利の所有者と考え、その権利は被支配者から承認される——これは珍しいどころか、確かにヘレニズム時代の有力者の場合であった。被支配者は教養ある暇な金持に指導されるのを当然だと思っていた。政治は、有力者体制とともに、まず、責務を果たす余裕のある幾人かの個人が選んだ自由業であり、ある身分の主観的権利である。

「名誉」恵与指向は主観的権利としての政治的副産物である、なぜなら治めることは仕事と同様に権利になりにくいからである。支配者に対してどれほど慎ましい人民でも、羊飼いは羊の群れに義務を果たし、いかなる権力もせめて言葉の上でも正当化されるべきだと思いたい。君臨する権利と国王としての義務とのあいだに差が生じ、そこで付随的な情動が破裂するので、それを象徴的に静めなければならないだろう。その象徴的役割を果たすのが「名誉」恵与指向である。それは公職を買うのではない——一種のチップを表わしている。もし治めることが主観的権利であるなら、権力はその権力を行使する階級または身分の所有となり、特権となり、名誉となる。所有者が企業の費用をだし、特権が代償を払い、名誉がなんらかの寄贈をしなければならないのは当然である。それこそ、恵与が人民の政治的失権を慰める、非政治化を行なって、その償いをする、そして公的名誉の代償になる、というような混乱した考え方の真の内容である。だが、もう少し詳しく検討しよう。

〔一〕「専門」だろうか。そのとおりである——政治は専門であり、医師や聖職者や「教授」と同じ身分である。それは自由な活動であるが、金儲けの仕事ではない。『ゴルギアス』では、政治家も哲学者も、助言をして金をもらうなら、支払う者の気に入るようにするから、最良の助言ができないと疑われても仕方がない、と述べられている。だからこそ産業時代になるまでは、生活費を稼ぐために公益に奉仕するという本当の役人は存在しなかった。アメリカ合衆国の大統領が「アルバイト」として働いていると見なすには、よほど気の利いた理由が必要だった。命令されるために金を払うのは不合理である。長官として信頼される可能性とか、権威というものは金では買えない。長官は全力で献身すべきであり、あなたが支払った分だけあなたに返すのではない。さらに、レオン・デュギが書いたように、どれほど低い役人の「俸給」も、その仕事の報酬ではなく、その役人が職務にふさわしく地位を保つために国が定めた金額である。

だから役人の俸給は巨大であったり、僅少であったりした――あるときはナポレオン配下の元帥またはソビエトの将軍のように巨額な俸給をもらったり、あるときは公職は無給であり、ただ手当か交際費のようなものを受けとるにすぎない有力者によって無報酬でつとめられるものだと思われた。

政治は、都市側から見れば信任した任務であるが、政治を行う者の側から見れば専門である。公職は交換でなく無償になるので、都市は任務を果たす者に何も借りがない、ただし名誉という純粋に象徴的な値打ちはある。一四二七年、マキァヴェッリは『フィレンツェ史』の中で、フィレンツェ人が課税基準を改革しようとしたとき、有力者と一般ブルジョアのあいだで論議が持ち上がったことを語っている。前者によれば、「共和国の仕事をするために自分の仕事から離れる人々は、他の市民より税を軽くしてもらうべきである。税を払う代わりに体を使っているだけでよいではないか、共和国へ財も時間も捧げねばならないというのは不当である」。それに対して、公平を主張する者らはこう反論した、「もし《偉い人々》が共和国のためになんらかの犠牲を払いたくないなら、公務に関係しなくてもよい、苦労しなくてもよい、なぜなら共和国自体、共和国へ知恵と金を提供して奉仕するのにぐずぐず言わない献身的な市民を見つけるのはたやすいことだから。税金から逃れようとしないで、国から認められる優越性と栄誉だけで充分ではないか」。

この論拠は堅固であった。政治において交換条件は最後の手段にすぎない。もし都市が楽しみで委任の仕事を引き受けてくれる有力者を見つけられないときは、役人が報酬と引替えに仕事をする。その役人は都市に感謝する必要がない、なぜなら都市のほうがその人を必要としているからだ、また都市もその人を表彰する必要がない、なぜなら都市は無償のことしか敬わないから。官僚制がなければ交換はない――有力者は統治する特権と引替えに恵与を行うのでなく、名誉を授かるために金を出すのでもない。寄付がみずから見返りを求めるのは変である――人は世話をしたがる者から遠慮なく世話を受ける。つまり養ってもらい、保護してもらい、無料で治めてもらう、またとうぜん、楽しみで治める人々はその楽しみで充分に報いられている。

専門、そして企業としての政治

何か専門的なことをする人はだれでも無償で行い、無欲さを裏切るような真似はしない。医者や弁護士も同様である。周知のとおり、ローマでは、弁護士が金をとるという考えは長い間スキャンダルであり、判例でも、それを認めるまでには長いあいだかかった。医者について言えば、ヒッポクラテスの『教義集』の「規則」では、「貪欲にならないこと、患者の財政状態を考慮すること、さらには無料で手当をすること」(193)が医者に勧告されている。医者は特に貧しい人を助けるべきである、なぜなら「人間愛のあるところに術の愛がある」。多くの社会には私欲を離れた人間的役割が存在し、あらゆるたぐいの重大なときにはそれが頼りになる。アメリカ合衆国においては、カトリックの聖職者がそのような役割をしばしば果たしている、プロテスタントに対してもである。政治的な組織と権威がとうぜん知られている多くの原始的な社会には、それでも国家機構や元首が存在しない――政治問題が起こると、家父長らが集まって勝手な長談義を行い、とるべき方針を決定する。確かに、偉い指導者、または少なくとも植民地政策でそのように見なされた人物は存在する、だがかれには精神的な権威しかなかった――家父長たちは、解決できないか、または妥協できない紛争に直面して、だれからも尊敬され権威もある人物にしかまとめられないときには、窮余の一策としてその人物に相談した。そのカリスマ的指導者は非常時の場合にしか相談を受けなかったが、その権威ある決定に従うしかない、なぜならとにかく問題にけりをつけねばならないからである。もしその指導者が権威を保持し、信頼して貰おうと思うなら必要な条件があった、つまりかれは気前よく、貧しい人に恵み、老人にタバコを進呈し、近親者のだれかが殺されても復讐する権利をあきらめねばならなかった。かれはその実権をタバコと交換したのではない――無私無欲の証拠を示したのである。(194)

証拠というあまり哲学的でない考え方は一人ならぬ哲学者に貴重なものとされている。ある哲学者の主張によれば、本当の証人は死ぬ覚悟をしなければならない。他の哲学者によれば、政治党派を批判するには、まずその党派と連帯しなければならない。恵与指向は証拠として始まる――皇帝はその妻とともに容疑者であってはならない。専門家は都市から何も受けとってはならない、また必ずしも都市に寄付をするとも定められていない――それでも都市に何かを拒むことは難しい、なぜなら利害に動かされていると疑われるかも知れないからだ。デモステネスは国防政策を望んでいたので、私財を投じてアテナイの城壁を整備した、というのも言行を一致させねばならないからである。まず何も拒まないことから始め、寄付することで終わる。市民からの受託者でなく、みずから権力を掌握する者にとってはなおさらのことである。〔二〕デモステネスは権力の行使を自由業のように考えていた、というのもかれは個人的に裕福であり、教養も高く、したがって尊敬される人物であったから。ところが政治が有力者の仕事になり、身分的義務となり、問題なく完全に権力が任されるようになると、有力者らは一団となって支配権力の所有者となる。都市がかれらの仕事になる。そこでかれらは必要に応じて職務の費用を負担するようになる、つまり企業家が事業に金を使うのと同じである。恵与者はもはや自分の無私無欲の証拠を示さなくなる――自分の仕事であり、そのために頼りにされている機械を動かすために必要な金をだすのである。

個人的な任務から身分的義務へ、証拠から職務の費用負担へという、この進化は微妙であるが、ほとんど避けられない――恵与指向は、大部分の有力者体制において、あるいはル・プレー時代のモルヴァン地方において、またテーヌ時代のイギリス伯爵領において、少なくとも萌芽状態で存在している。要職には、そもそもはじめからまったく手当がついていない、有力者もまったく金を使っていない——国庫がすべての職務の経費を支払い、恐らく有力者も自分の個人的な仕事につけない期間の手当をもらう。要するに、有力者は儲けもないが、損もしない。しかし知らないうちに失い始める——ひとたび高官につくと、整った経理・出納課が存在しないなら、常時現われる多くの思いがけない経費を補うために自腹を切る、つまり身分にふさわしくしなければならない。その点では、そのような人物が国家財政と自己財政を細かく区別していたとは考えられない。自分の金庫のように国庫を使い果たすこともあろう。デモステネスはアテナイの城壁の一部を自費で建設し、またパルパロスの金を自分の金のように使い果たした。役人がその地位で恵与者のようにふるまうなら、都市もその経理のあら探しをしようとしないことは、黄金の冠事件[195]に際してデモステネスとアイスキネスの弁論を読み直せば充分だろう。恵与指向は公金横領と腐敗へ走りやすい。「紀元前一六九年、アカイア同盟国軍の将軍アルコンは「職務上、巨額の金を使ったので[196]」、エウメネスから賄賂《まいない》を貰うためだと思われないために、アッタロス朝の栄誉を称える決議を支持できなかった。他の者らはそれほど疑っていなかったのに。とにかく人民は有力者らにおのずから従順で、信頼しきっていた、そこで有力者らは都市を自分の企業体だと思うようになった。そのような社会的、政治的な精神性の変化は、かなり早くから恵まれた個人の場合に現われていて、この者らはその都市の議長か保護者になっている。オルビアのプロトゲネスについてはすでに見たとおりである。ポルダマスの話も似ている、つまりかれは紀元前三七五年ごろ、ファルサラの元首であったが、その都市と財政を掌握していた。ポルダマスは「テッサリア全土でたいへん評判がよく、同じ市民らはかれを敬っていたので、紛争が起これば、そのアクロポリスをかれの掌中に委ね、収入の徴収をはじめとして、いけにえや行政全般にいたるまで法に定められた支出命令をかれに委ねたほどである。その収入のおかげで、かれは市民のためにアクロポリスを守り、維持できた、またすべての業務を管理し、毎年、会計報告をした。もし資金が不足すれば自費で補い、国庫に余剰ができたときに清算した。さらにかれはテッサリア人らしく、客を歓待し、気前がよかった」[197]。ポルダマスは自分のものになった権力を行使するためなら、必要に応じて、返して貰う気もなく金を前貸ししただろうと思われる。有力者体制は、ひとたび世論で認められ正当化されると、エリート族の集団的所有になるから、都市を私的企業のようにうまく機能させるには必要な財政的犠牲も負担しなければならない。同様に、有力者が恵与と引替えに権力を所有するのでないことも分かる――有力者は治めるのに金を払うのでなく、治めているから金をだすのである、また有力者が治めるのは、すでに述べた理由によって権力を委任されたからである。

名誉特権としての政治

〔三〕したがって恵与指向の第一条件はヘレニズム時代史の重要事であった――都市に有力者体制が設定され、有力者らは公職を私物化し、また自分らの体制にとらわれているので、身分の証拠を示し、そのために高い金を払う。だが、恵与指向が最高に発達するためには、またいっそう金のかかることだが、公職が名誉や特権と見なされるためには、第二の条件が必要になる、これもまたこの時代の重要事である――国際面での都市の衰退によって公職は、ほとんど自治体レベルの責任しかなくなり、もっぱら金のかかる社会的栄誉になる。おまけに、国際的衰退の如何にかかわらず、これらの公職の大部分が縮小され、テーヌによって語られるイギリスの伯爵領の行政機構と同等になる。もちろん相違はある――イギリス伯爵領の有力者は国王から任命される（検視官は選挙されるので、除かれるが）、他方、ギリシアの高官は都市から指名される、だから都市に借りはあるが、上から命じられる責務は帯びない。

その代わりギリシア都市の高官たちは大臣に相当すると考えていただきたい、それとも都市の命運をかけた悲劇的な選択を迫られる重大な政治的状況にあると思っていただきたい――そのときは都市の高官らの気取りや、たいていその結果としての恵与指向も考えられなくなる。像の建立や就任の饗宴と引替えに大臣の職は得られない、なぜなら職務の重要性のほうが見せかけの栄誉より優先するからである。パルティア人たち、ポンペイウス、ブルトゥス〔ブルータス〕、オクタウィアヌスらに脅かされて都市の運命は宙に浮いているとすれば、政治は雄弁家らに動かされる重大問題になる――デモステネス時代の再来である。混乱の時期には、恵与者は助言で都市を助けるところで都市の救い主に心づけを要求するどころではない。ころ、その影響力は財力と同様である(たとえばムティリニのテオファネスは都市のためにポンペイウスの保護を得て、自治権を取り戻した)[198]。だがすべての時期、すべての要職が混乱しているのではない。政治が平凡な状態になれば、それだけ恵与者は自分の財布を開いて本質的に都市の役に立てる。ローマ元老院とギリシア都市の高官職を比べてみると、恵与指向と自治体的公職規模との関係がはっきり分かる。もちろんローマ時代の自治都市にも、ギリシア人の場合に匹敵する恵与指向は存在した。だが、ローマでは、元老院議員には恵与者的なところがまったくなかった、かれらは寄付行為をするが、きわめて異なった行為になる(たとえば選挙の買収である)。だが巨大な都市の長官たち、たとえば元老院議員、執政官(コンスル)、法政官(プラエトル)、つまりイタリア民族の指導者らは広大な領土を治めるために派遣され、他の民族、つまりカルタゴ人やギリシア人、さらに三大州に対して非公式な覇権を行使するので、名誉職や恵与はどうでもよい――かれらには現実的な権力があり、かれらは命令する。

よく理解していただきたい――たとえ都市が一般的にあまり多くの国際的重圧を受けなくなるか、またはたんなる自治的共同体にすぎなくなれば、都市は心理的に本来の生活環境にとどまる、だからこそ明らかに恵与指向がそれだけ重要になる。一般大衆にとって重要なことは外交、つまり独立の問題ではなく、日常生活全体であり、自給自足体制であり、そのためにはささやかな自主独立で充分であり、また恵与が物的または精神的な効果を生む。有力者らにとって公職は社会的な格差をつくりだす――有力者らは血統的に貴族ではなく、地域的政治に参与することで一般平民と区別される「政治をする人」*politeuomenoi* であった。したがってかれらのもっとも大きい階級的（またはむしろ身分的）利益は都市の体制に結びついていた。

ところで、公的な要職はほとんど、たいていの場合、自治体的な役柄にすぎない、だからどんなものが好きにもつとめられる要職である。もはや政治的職務は才能や個人的適性を前提としない。要職は社会的優越性から自然に生じるものであり、交替し合えないような有力者を際だたせる、だからこそ名誉職である。ある公職は、エリート族に任してもそれほど危険でないときは名誉職になる。公職は、ギリシア民主制が例外なくすべての市民にその職を任せるかぎり、恐らく軽い責務であることが多く、名誉職でなかった。いま検討したばかりの二つの条件にほかの条件を加えてもかまわないだろう。まず、要職は、アカデミー・フランセーズの会員のように個人的功績を認めるものではないはずである。またそれは純血貴族の世襲権でもない、つまり生まれるだけで揺籃のころから主観的権利としてあるのではない。最後に、名誉を与える権力は新任の高官や同輩たちより上位にあるわけでもない。イギリス伯爵領の有力者らは恵与者であるが、「名誉」恵与者ではない。かれらは庇護者であり、地域的篤志家であるが、その地位につけてもらうために賄賂《まいない》を支払う必要がない。かれらはギリシアの有力者のように次のようには書けないだろう、「わたしは金の分配と引替えに、第一期高官職をつとめた」、さらに（規則にある例外であり、当事者は例外的な名誉職を誇る）「わたしは無報酬の将軍であった」、つまり都市は無償でわたしを名誉ある地位につけてくれた、という意味だが。したがって完全に発達した恵与指向の条件は多くあり、だからこそこの現象は、歴史的に珍しく、ユニークでもある。

象徴的な対 - 情動としての恵与指向

ところで、ある職務が、暇な要職であり、また個人的には権利がなくても交替可能な特権者に同輩からまわされるときは金がかかる――こうして「名誉」恵与指向が生まれる。金がかかるというのは、それが精神的な副産物を生むので、象徴的に報いる必要があるという意味である――その職務は特権であり、名誉である、したがって心づけが必要になる。もちろん、有力者らは完全に公職から離れていても自発的に気前のよい寄贈をする。だがここに、新しい事実が現われる――公職には心づけが義務づけられるのである。恵与指向は、まずはじめに、デモステネスの時代では、政治的地位の代償でないとしても、少なくともその結果であったが、いまでは恵与指向は代償でないとしても、少なくとも公的名誉の条件になる。

名誉には値段のつけようがないほど価値がある、だが尊敬されなくなる心配がある。そのかわり名誉は、名誉ある人物が交替可能なときには心づけが要求される――「このような名誉はわたしだけでなく、ほかに百人もわたしと同じ功績がありました。これほど大きい名誉に正しく報いようがありません、そんなことをすればかえってみなさんに失礼になるでしょう。でもこのような格別のはからいで選んでくださったお礼として心ばかりのしるしを受けとってください」。このやり方は恵与が多ければ多いほど、いっそう象徴的になるだろう。ある恵与は有益か楽しい贈り物になるが、他の恵与は特に美観となる。ギリシアとローマの都市には、「名誉のために」建てられた像でいっぱいになるだろう。かくてわれわれのあいだでは、金で買えないサービスに報いるために花束を贈呈する、篤志家は売り物でないからだ。要するに、名誉のあるところに象徴的な感謝がある、そのとき要職はある階級に当てられた特権であり、しかもその階級のメンバーは交替可能である。古典期のギリシアは、義務以上のことをした人を表彰した、ヘレニズム時代の世界は政治的義務そのものを名誉とする、なぜならそれが一般市民と有力者を区別することになるから。だが、もし有力者らが権力につけば、あとはだれが有力者になるかを知ることである——それは生まれや富だけでは資格がない、そして都市は丁重に指名する人々に名誉を贈る。

〔四〕したがって名誉ある公職は同じく特権である。ところで、その特権は恵与で「支払われる」と言われ、そこからパンと「競技場」が一般人の非政治化と引き換えられる交換貨幣になるという考えが生じる。その考えはおおざっぱであり、明確にしないかぎりは真実でもなく嘘でもない。どうして特権が「支払われる」のかをはっきり説明すること、それは、まさしくギリシア碑文の正確な復元が事実であるように事実、つまり実質的な事実を明らかにすることである。また、碑文の復元がたんなるギリシア語の練習ではなく、また、いい加減なものを復元するのでないように、特権または名誉とその支払いとの正確な関係についていい加減なことを書くことはできない。

思い出されるように、アリストテレスにとって、恵与は交換貨幣でなく、情動を静めるのに役立つ——恵与のおかげで「人民は行政に参加できないことを了承し、高官が職務のために多くの金を使うのを見て、その高官にいささかも恨みを抱かない」。「名誉」恵与指向には、官職売買とはまったく共通点がない。フランス旧体制の下で官職が買われていたとき、あるいは教皇から伯爵の称号を買うとき、支払われる金は国王やローマ教皇庁の情動を静める役には立たない。だが、一方、きれいごとでは農民一揆や飢えた人民の不満を慰めることにはならないだろう。日常生活は、いかなる情動が象徴的な好意によって静められるかを教えてくれる。もしバラの花束で夫婦喧嘩が収まるなら、それは少々の諍いはあっても夫婦生活がうまくいっている証拠である。もし競馬の三連勝式で当てる者がいたら、その仲間たちはそれも競馬の規則どおりだと思い、いつか勝ってみせると思っても気は収まらないだろう。やはり憤懣が残る、だから儲けた者は仲間に一杯おごって慰める、それだけで仲間たちが慰めてもらうことしか望んでいなかったという証拠になる。おごりという象徴的な行為だけで不快感を静められるときは付随的な情動である。社会的均衡、そしてもっと一般的には行動学の名において、いかなる社会問題にも完全な解決はない、ちょうど摩擦のない機械が存在しないように。もし当事者らが解決の原則に賛同したままでいるなら、避けられない摩擦が付随的な情動として破裂する。民族学で研究されている非合理的または象徴的な行動の大部分はそのような情動を静めるためだと教えてくれる（ほかの行動は安心感の付与として説明がつく）。

原始的社会においては、状況に応じて、商品価値にはかえられない贈り物、あるいは習慣に要請される何かの贈り物をしなければならないことは周知のとおりである。殊に、ある種の財、またはある種の奉仕の費用は二つの支払い方で行われ、その一つは現金であり、他は現物供与である。古代も今日と同様に小作料には二通りある――分益小作と伝統的な贈り物、つまり現物であり、たいして価値のないものであり、小作地の産物であり、（樽詰めのワインや鵞鳥）、それを小作人はうやうやしく地主のもとへ届けた。どうしてそのような贈り物が必要なのか。法学者の中には、その贈り物を小作人の依存性または地主の所有権の象徴と見なす者もいた。だがその習慣は今日でも続いていて、法律万能主義から無駄な象徴性だと批判されている。それではこの贈り物はたんなる残存的存在だろうか。いや、違う、なぜなら今日でも、その贈り物は地主に格別の喜びを与えているからだ。内観法でも、それがどういうことかが分かる――自分の土地を貸している地主は常にその土地とその産物を惜しんでいる、かれが現金で借地料を受け取っても満足できない、地代はあまりにも合理的すぎて、完全には満足させることができないのだ。そこで小作人は地主のかけがえのない産物を地主に賞味させる、だからこのまったく象徴的な支払いが感情的側面を和らげることになる。われわれのカフェにおいても、チップは金で買えないものを払っている、つまりサービスの人格化された人間関係の側面を支払っているのだ。さまざまな会の就任の引き出物についても同様である。もしある集団がその目指す目的のほかに、会員たちに新しい仲間を迎える喜びと気取りを抱かせようとしたら、会員らはその新入会員らをしぶしぶ迎えるだろう、たとえ新入会員が会費を払っていてもだ。だが一樽のワインを提供すればそんな情動も和むに違いない(199)。

政治は「受託」であり、公職は売り物ではない――預かりものである。だから正式のお返しはない。恵与指向は付随的な返礼であり、一種の心づけである。恵与指向は公的な要職の見返りではなく、人民に政治的権利をあきらめさせるための代償でもない――それは指導者が無私無欲と感謝を表わすことで人民を安心させる。かくて恵与は象徴的な満足をもたらす、というのもパンと「競技場」(もしその費用が公共財でまかなわれたとしても満足は同じだっただろう)のような実質的な満足に加えて、有力者がその恵与を自弁で行なっているからである。人民は明らかに、そのような気前のよい振るまいに満足し、政治的権利のいっそう平等な配分を要求しなかった。だが人民は喜んで満足だと言ったのか、あるいは仕方なくそう言ったのか、それは後で検討する問題である。

恵与者の表彰

公職と恵与――この二つの言葉は一対であり、有力者を特徴づけている。誇示的な庇護、自由恵与指向によって高い階級に属していることを示さない有力者はほとんどいない。高官または課役という公務を果たさない有力者はいない、また「名誉」恵与者でない有力者はいない。エリート族に入るには金持であるというだけでは不充分である——上流階級を特徴づけるのは富や家柄というよりはむしろ公的生活である。政治から離れているような金持の生活は影が薄く、その地位も保てなくなるかも知れない。この政治的理想は、政治体制が王国や帝国においても地域的自治体になったときから必然的なものであった——地域的統治はだれにでもできるから、上流階級はそれを他の階級にまかせたり、みずからの社会的重要性にふさわしい政治的重要性を求めないなら失墜するだろう。人民は権力をその上流階級に委ねた、つまり決定的に手放したことが分かる。ところで、恵与なしでは権力もない。だから都市は二つの陣営に分かれる、つまり与える側と受ける側に。ローマ帝政時代のギリシア都市にある碑文を読めば、住民が二つの階級に分かれている、つまり有力者とそうでない者（あるいは三つの階級、つまり皇帝への奉仕に生涯を捧げる者を加えるなら）。有力者の碑文がもっとも多い（それ以外の住民は金もなく、自分の思い出を永久に残したいという自負がない）、また碑文は何を述べているのか。故人の活動にはまったく触れず、またその人格でもなく、ただ一点のみである——かれの公職と恵与だけ。そこに社会的格差があった。碑文が述べているのはそのことである、他の時代なら、貴族の称号が述べられるように。

公職と恵与——さらに三つ目の言葉、つまり恵与者に対する公的な表彰を加えなければならない、それをこれから検討するが、それで全部になるだろう。恵与者は寄贈と引替えに辞令によってさまざまな栄誉を受ける、たとえば公的な賛辞、黄金の冠、像、等々。ところで、都市が恵与者に与える多くの表彰はわれわれの資料をいっぱいにしていて、当時の精神性において表彰が果たす役割の重要性はあまりにも大きく、確かに外見以上のものである。表彰は体制における歯車のようなものである、だがいかなる歯車か。表彰は、われわれの民主制または古典期ギリシアのような表彰の仕方で功労者に報い、競争心をあおるだけではなく、有力者身分への加入を公認し、その身分の優越性を表わし、恵与者に名誉を与えるという口実で、階級の象徴的格差を示している。その量、その燦然たる輝き、そしてそのイデオロギー的格差の上では、わが国の旧体制時代における貴族的象徴への執念に比較できよう、たとえば家紋、切り妻、風見鶏、特権。聖ヨアンネス・クリュソストモスが語っている見栄っぱりの金持は盛大な拍手喝采を受けたいばかりに恵与で破産しているが、この者は生まれただけでは満足できず、多くの称号に執着する田舎貴族かスペイン小貴族と同じである。

　恵与者に与えられる表彰を詳しく研究すれば、それだけでたっぷり一冊の本になるだろう――象徴的表彰の仕方ほど人間の発想力の豊かさを表わすものはない。それでも有力者体制がつくられる以前には、表彰にはその後のような光輝あるスタイルはなかった。表彰は「階級的な」意味を持つどころか、個人としての公共的篤志家に報いたのであり、ちょうどわれわれが英雄または偉人と呼ぶ人々を称えるようにギリシア人らはその個人を称えていた。『ニコマコス倫理学』ではこう書かれている(200)、「美徳と恵与には、その報酬として名誉がある。政治組織においても同様である――集団に何も貢献しなかった者は尊敬されない、なぜなら集団的なものは集団のために尽くした者に与えられるからである。ところで、名誉は集団的なものである。集団から金と名誉を同時に引きだすことはできない……」。集団のために「私財を減らす者には名誉が与えられる」、なぜなら何事も報いられなければならないからである。『修辞学』ではこう確認されている(201)、「表彰は恵与者の名声のしるしである」、ところで、「恵与は他人の救済、あるいは生きるために必要なもの、つまり富、その他の財という手に入れがたいものに充当される」。なぜそれほどの名誉が恵与や篤志にあるのか。なぜなら普通の人にとって、つまり修辞学者の読者たちにとっては、「もっとも偉大な美徳は必然的に、他人にもっとも有益なものである、なぜなら美徳は善を行える能力であるから」。

さらに『修辞学』では、多くの名誉が列挙または例証されている、「名誉には、いけにえ、韻文または散文の碑文、名誉的特権、神聖化された場所、上席権、国葬、像、迎賓館（プリュタネイロン）での会食が含まれる」[202]。この沢山の名誉の中で多くは葬儀に関係していて、それもたんなる庇護者にではなく、祖国のために亡くなった市民に当てられ、都市から盛大に葬られる、それとも都市の創設者として英雄視された恵与者に捧げられる葬儀であり、公的な拝礼が行われた[203]。もっと普通の恵与者、たとえば助言、使節、あるいは献金で都市のために尽くした人々には、比較的かんたんな名誉が与えられる、たとえば賛辞、像、黄金の冠が辞令で授けられている。これらの名誉は紀元前四世紀を通じて増加している。この名誉には特筆すべきことがある。それらの名誉は古いギリシアから幾世紀も、はるか後になって再現するからである。千例のうちの一例として、ヘレニズム化されたカリアという原住民の都市において、紀元はじめに建てられた像の土台に次のような文が読みとられる、「人民は、マルスアスの息子で、アポロニオスの孫アポロニオスに対し、救済者、偉大な恵与者、さらに二回目の塗擦油の購入に必要な費用を寄贈したので、賛辞と黄金の冠と黄金像、さらにすべての競技場における特別席を与えて表彰した[204]」。

賛辞、黄金の冠、そして像はそれ自体、表彰であり、さらに他の表彰も含まれる――黄金の冠は劇場または集会所において、市民を前にし、さらにその劇的な光景を見物するために訪れる外国人を前にして、伝達者から公式にわたされた[205]。名誉の辞令は理由を述べるに当たり、あるときは紋切り調で、あるときはきわめて詳細に篤志家の功績を述べる。その事由書は像の土台に碑文としてそのまま刻まれたり、要約されている。その像は、ローマ人や現代人の習慣のように、市民的かつ人間的な謙虚さから偉人に対して建てられない。像は神に捧げられるもの、つまり「奉納物」であり、聖所か公共の場所に建てられる――「都市は《しかじかの者》（の像）をアポロンへ捧げた――」、あるいは一般的に「神々へ」というあいまいな表現もある（宗教的な言い方は決まり文句になっていた）[206]。表彰辞令の慣用話法は習慣に深くしみこんでいたので、プラトンは『大ヒッピアス』のはじめで[207]、それをおもしろく模倣している。ソフィストであるヒッピアスはこう言っていた、「わたしは各国へ、とくにラケダイモンへは、きわめて多くの要件で幾度も使節として赴いた」、そこでソクラテスは同じことをこう書いている、「あなたは個人的に青少年から多額の金を受けとり、その金以上の重要な奉仕をやり遂げた、また同時に、公的生活では、あなたは自分の国の篤志家になることができた」。両者は表彰辞令のように語っている、それぞれの語や文章のバランスは、われわれが今日でも、紀元前四世紀の碑文の中で読みとれることをパロディーふうに喚起させている。その世紀を通じて、表彰辞令が公立資料館の中に眠ることなく、ますます頻繁に堅い材質に刻まれ、そのコピーが都市の決定か名誉者自身のはからいで公共の場所に掲げられるようになっている[208]。同じ世紀を通じて、黄金の冠の授与はますます多くなる――心ある人々はそれを嘆いている――しかも葉形飾りがついていた、今日では貴金属でつくられることが多い[209]。像のほうは、その世紀のはじめに別個に現われたが[210]、その数はついには無数になっている――ファレオンのデメトリオスには、三百六十体もあるそうだ[211]。すべてはその時代精神に合致していた。紀元前四世紀から国内的、国際的な生活はますます洗練され、馬鹿丁寧になる。

表彰の激増

われわれが習慣的に使うような限定された意味での恵与者、つまり私財を投じて都市を援助する人々はやがて主要な篤志家になる。ローマ帝国時代のギリシア都市は三種類の人物を造像でもって顕彰している（または「像」を捧げている）、つまり当代の皇帝、地方の執政官（*hēgoumenoi*）、そして一般の篤志家、[212]

つまり言い換えれば一般的有力者、またはある種の有力者である。もちろん、すべての有力者が公的な名誉を受けるのではない。名誉を受けるには、「すべての高官職やすべての課役を果たした」だけでは不充分である、なぜなら帝政時代にアジアからローマ領アフリカに残っている多くの有力者の碑文においてギリシア語やラテン語で書かれた慣用的表現によれば、そのとおりであるから。つまりそれ以上のことをしなければならない、また事実、多くの者は個人的財産や都市での要職に比例してそれ以上のことをしていた。有力者が一生に一度くらい庇護的行為をしたり、公共の建物を建てたり、住民に饗宴をふるまうのは格好がよい、それは名誉になるだろう、なぜなら慣習はそれを厳密には義務づけていなかったから。同じく、公職に任命されるか、または公職を志願して、その機会に庇護を行い、「名誉のために」慣例以上に、または巧みに多くの心づけを払っても名誉になるだろう。自由な庇護、義務的心づけの競り合い――それだけ多くの黄金の冠や像にふさわしい資格になり、どの都市もそのような資格をますます多く与えるようになる。表彰したからといって売春的行為にならず、その値打ちも下がらない、依然として表彰であり、奨励になる、だが多くの有力者がその表彰に値し、また有力者だけがその名誉にふさわしくなろうと心がける。かくて有力者の中の正確に幾パーセントが庇護行為をしたかを知る（できるだけ推定する）ことはあまり問題ではない――恵与指向は上流階級の典型と見なされた、ちょうど他の時代なら慈善義務と同様であり、だから高く評価される。それは分かりきっていることだが、われわれは社会生活を類型、つまり本質によって考える、そこから国民的、人種的、または社会的偏見が生じる[213]。それは確かに間違っている、それでもきわめて現実的な結果を招く。有力者「なる者」は恵与者であり、表彰されるというからには、すべての有力者がそうでなければならない、またはそうあるべきだとされ、表彰はその値打ちのある者の中から階級の典型となるような寄贈に報いるものである。恵与と表彰はイデオロギー、つまりそのような行為をさせる信念の材料となる。都市、つまり有力者らの集団は、像や黄金の冠を与えることによって、その集団のメンバーのだれかを表彰する機会に、集団全体の名声のために寄贈が身分的義務だと他の者らに喚起させる。人民は恵与者を絶賛することによってほかの有力者を励まし、後に続くように励まし、強制もする。有力者は庇護者を表彰することで、その集団全体の功績を人民に知らせ、かれらが本質的に名誉ある存在だと教える。表彰はすべての人にいかなる身分が確立しているかを分からせる。

かくて両陣営はこの馬鹿丁寧を喜び、その巧妙さに新しい道が開かれる。造像は丁重さと新しい恵与を交換する口実となる。像を献呈する辞令の文言にはできるかぎり多くの彫琢が施される。都市はわざわざその像が町でいちばん「目のつきやすい場所に」立てるように定めたり、または恵与者に場所を選ばせたりする――「お好きな場所に[214]」像を立てるのだ。だが像を立てるには費用がかかる。立派な恵与者は自分の像の製作費を負担して公共財政を安心させる。それとも授かった羊皮紙の名誉ある辞令だけで満足し、辞令の文言を大理石に刻ませて、実際の造像費用を人民に免れさせる[215]。ついに像が完成すると、除幕式の日には、ふたたび恵与者のふるまいで町をあげての祝賀会となる[216]。新しい表彰も考え出され、それが当時の生活を彩ったり、社会現実を表わす。公的な篤志家が町に来るときには、地域住民全体から正式の歓迎を受け、歓呼の声で迎えられ、さながら君主の堂々たる入城のようである[217]。人民は篤志家や篤志をさせたい人々[218]を迎えるのに奇抜な歓声の言葉を考え出す――「養いびと」、なぜなら歓迎される人々は住民を養った（または養うはずだから）。「大海！」、なぜならその人は尽きない恩恵の大海であるか、そうなるはずだから。「大河」という言い方もあった。このような人民の叫びは表彰辞令の表現においても真似られる、つまり文章の変わり目で、恵与者を、その年齢と性別によって、養いびと、創設者または再建者、愛国者、町の誉れ、都市第一人者、さらには都市の父、母、息子、娘と呼ぶ――そのような言い方は、後期ヘレニズムから家族の情意的な語彙が市民的な語彙に影響していることを示すようになる。[219]

有力者の資格は法的には世襲的でなかった、これはすでに述べたとおりである（肝心な問題はむしろ身分が偉くなくても、また商売に励んでいても、金持であり、課役を引き受けそうな人々で評議会を満たすことであった）。だが有力者の資格は、遺産によって事実上、世襲的になることが多く、後期古代には「親譲り」*patroboulos*という称号を生み出す、つまりすでに評議員であった父を持つ者を指している。[220]父が若い息子の恵与をみずから支払い、恵与者への道を開くことも珍しくなかった。初期ヘレニズム時代から、多くの表彰辞令では、恵与者が父の跡を継いだことや、父と同じ篤志を都市のために行なったことが述べられている。かくて愁傷辞令という表彰辞令の変わり種も生まれる。[221]もし有力者の家族が子供を亡くしたら、すでに都市から期待されていた後継者の逝去に対して、辞令は深い愁傷を表わしている。

ローマ時代における都市の制度はますます金銭問題または恵与指向に合わせてゆくようになる。いわゆる民主制は消滅する、というのも有力者が人民から民主制を奪ったのでなく、町を指導できる人物、つまり有力者または人民からそんな人物を選ぶことが問題でなくなるからである――問題はむしろ破産的な職務に献身してもらえる人物を見つけることだけである。ところが「民の声」（*vox populi*）を徴することもある――それは公共的な篤志家を表彰している辞令を人民全体に歓迎させるためである。後期ヘレニズム時代から紀元前二世紀にかけて、表彰者決定の人民投票の票数が特別に表彰辞令の末尾に記載される。[222]やがてその投票は歓声だけになる、そして民会が一般市民となり、その出席が儀式の光輝を高めることになった。紀元三世紀におけるエウボイアという都市の辞令がきわめて生きいきした実例である。[223]その時代のギリシアの各都市はゴート人の侵入に脅かされていた――エリュル族がやがてアテナイとスパルタまで侵入するだろう、どの都市も防備を固めるために、まず自力に頼らねばならなかった。ところで、エウボイアのカルキスでは、都市の終身神官は女神の聖域に城壁をめぐらし、さらに美観と信仰のために建造物を加えた。そのかわり、かれは「永久」神官の称号とともにその神官職を貴族の称号のように子々孫々に伝えられるように希望した。それは認可され、またその承認を祝い、確実にするために評議会と人民の両方で票決した。その次第はこうであった——上級評議員の一人パンフィロスは神官職世襲権をその恵与者一家に与えることを提案した。「他の評議員らは《パンフィロス万歳！　賛成だ！》と叫んだ」。そこで書記がその提案を票決にかけ、満場一致が期待された——「《みなさんの意志にしたがい、同僚パンフィロスの提案について、その名誉が子々孫々に伝えられることに賛成の人は挙手をお願いします》。評議員たちは叫んだ、《賛成だ！》そこで舞台は人民のほうへ移される。書記は人民に宣言する、《功労者には、善には善をもって報いなければなりません。そして功労者の名誉を功労者のみならず、その子孫にまで伝えるべきだと思います。そのようにしてこそ、他の人々にもわれわれのために尽くしてもらうことができます。すでに評議会では可決してもらいました。もしみなさんも同じく賛成してくださるなら、どうか挙手をお願いします！》人民は叫んだ、《賛成！　あの神官一家はとこしえに！》」

だがすべての名誉の中で、もっとも恵与者の心にかなうのは表彰自体よりはむしろ刻まれた表彰辞令が後世の人に読まれることである。今日、古代都市の廃墟あるいはその跡地の現代の村を散歩するとき、そのままの場所または近代的な壁に残された土台、石柱、碑銘板または台輪に昔の恵与者の名が刻まれたままであるのが分かる。また同じ名が幾つもあるのを見て驚かされる——小アジアの南にあるペルガでは、いたるところにプランキイという名が見られ、アブルッツォ地方のサエピヌムではネラティイという名が多い。この効果は古代の通行者にはもっと雄弁に語っていた。われわれの参考資料も同じ展望である——碑文は当時の精神性においてあまりにも重要であったので、われわれの資料全体と同じような価値があった。由緒ある家はその名が町のいたるところで読まれるようにした。また表彰辞令が公共の場所や先祖代々の墓に刻まれたら、当然、人目についた。事実、古代人にとって碑文は書物に匹敵するほどの権威があった——刻銘（*epigraphē*）と出版とは同等の発表法であった、だから「文書」が刻まれたのではなかった、もしこの語がわれわれのポスターや官庁の書類に当たるとすれば。そうではなく、後世の人に読んでもらうべき記念[224]が刻まれたのである。また読者は絶えなかった——ギリシア人またはローマ人が何かを読みたくなれば、図書館へ行けたが、公共広場にある聖所または道路に沿って散歩してもよかった、その道ばたには墓地があり、奉納物、表彰辞令、像の土台、または碑銘が読めた[225]。どうしてペトロニウスほどの偉い人が庶民の風俗を知り得て、それを明快に描けたのか。かれの『サテュリコン』にはその回答が含まれている、——確かに、かれは卑俗な連中とつきあいながら、またわれわれが読めるような人々の碑文も読んでいたからである。

したがって篤志家に黄金の冠を与えることより、その冠を与えたことをすべての人に読ませることもまた表彰になった。したがってだれかを表彰するにはふたとおりのやり方がある。一つはその人を称え、黄金の冠を贈るか、像を立てる。他は本人にむかってただ「あなたを表彰します」と言うだけ。表彰辞令の中には、たとえば土台に称賛の碑文を刻んだ像を授与したり、またはそれに加えて、辞令の写しを土台に刻み、公共の場所に立てることもある——その写しを、今日、われわれが読んでいるのである。同じく、表彰された人物が自分でその辞令を刻ませることもある。だから碑文学者からギリシア（またはローマ）の「辞令」とあっさり呼ばれているものは、実は写しであり、それも多少は省略されたものである（原文は永久保持のできないものに書かれていて、町の資料館に保存されている）。表彰辞令が刻まれるとは限らない、だからなぜ刻まれたかを常に検討しなければならないから、というのはその答えは常に意味深長であるからだ。十に一つは辞令が表彰であり、その彫刻はさらに名誉を加えることになる。もし公的に刻まれるなら、集会場（アゴラ）、体育場、あるいは聖域に立てられた石柱の上にその辞令が読めるだろう。もし本人が勝手に刻ませたのなら、たとえば墓の上で読まれるだろう。公的な刻銘は恵与者の功績と一般の感謝の「証明」(*martyria, testimonium*)である。[226] 後期ヘレニズム時代には、名誉を授与するのに「あなたを表彰します」と述べるだけになり、個人的な名誉の特徴に触れない辞令が現われる。この種の証明書は証明辞令と呼ばれるようになる。[227] 都市が国際的な競技者あるいは外国人裁判官を表彰するときは、その競技者または裁判官に授与した表彰辞令の本文をそれぞれの出身地へ伝達することでその功労を証明し、周知させる。その証明をするのは都市だけではない。州総督、さらには皇帝自身も功績ある人物を書簡で証明することがある。帝政時代に、偉大な恵与者、たとえばオプラモアス――後述することになる人物――のような恵与者はその庇護者としての生活を通じて受けたすべての表彰辞令、表彰書簡からなる真の碑文文書を記念すべき墓の上に刻ませている。これほど長い碑文のある墓はまさしく弔い基金に相当するだろう。

有力者たちが同輩の一人を表彰したり、自分で自分を表彰することによって、そのような身分全体を表彰する。アテナイの民主制によれば、黄金の冠の授与宣言は教育の手段になるとされた――「表彰式に出席する者はすべて都市のために役立ちたいと思うようになる」。[228] これは教育的効果だろうか。いや、むしろ有力者の身分が同じ身分の人々に作用する道義的拘束と言おう。表彰辞令は、碑文学者から奨励体と呼ばれる文言で結ばれるのがきまりである――本文は次のように述べる、つまり都市は恵与者を表彰することによって、感謝を忘れず、あわせて市民の篤志家たちに敬意を表し、市民のあいだから多くの後続者が出ることを期待し、市民各位も篤志家となって、より以上の貢献に励んでいただきたい。[229] 一見、これ以上に市民的な文体はない。都市はへりくだって強力な篤志家に感謝をしているのではない、都市はすべての市民より上位の存在として行動する、だから市民が有力者であろうと恵与者であろうと問題ではない。都市はすべての市民が最善を尽くすように期待し、悪人を罰するように善人を称賛する。都市は支配権を保持している。たしかにそのとおりだ、ただし都市を治めている有力者らがその身分全体の利益のために、たがいに圧力をかけ合っていることを忘れてはならない。もっとつつましい文体を見つけたいなら、都市が市民でなく帝国の権威者らを称える辞令を見ればよい。有力者の場合なら、もっとも裕福な者であろうと、他の有力者らはその人を同輩として扱い、かくて市民的体面が保たれる。

かくも多い表彰の真の理由

この長い列挙の最後にあたって、木を見て森を見ず、ということになってはならない。有力者を偉くしたのは表彰であったのか、それとも有力者の権威が表彰の真価をつくったのか。各例に当たると、さまざまな表彰は、古典期ギリシアでもローマでも、さらにわれわれのあいだでも、名誉的な地位と同じ役割を果たしているように思われる。だが、一般的効果から見れば別であり、独自の歴史的事実が現われる。多くの表彰はすべての功績のある市民に与えられていたのでなく、貴族の称号と同じように、しかるべき身分を表わしていた。われわれのあいだでも、大使の服につけられた記章は個人を表彰することにはならない。つまり大使という官僚の権威に敬意を表わし、その官僚が名誉の値打ちをつくっている。

公職、恵与、そして表彰が重なり合い、市民のあいだの二つの陣営、つまり表彰された者とそうでない者を見分けたいなら、ローマ帝国時代のギリシアの一都市にある碑文を見て回ればよい。もし表彰が多すぎて、名誉ある階級がまったく見分けられなかったら、インフレ現象で早く値打ちを落としただろう、そしてたんにお世辞の称号か儀礼的な文句にすぎなくなっただろう――あまりにも多くの者が表彰を受けていたからである。だがその人々はすべて尊敬される身分に属していて、その身分はみずから栄誉を与えることで公認の優越性をすべての人に顕示するだけだった。そのかわり、表彰はますます多くなり、趣向が凝らされる、なぜならそれが階級的栄誉になっていたから。

したがってその栄誉は普遍主義的な外見に背いて存在していた、だからこそ、恵与者の表彰はたんなる碑文学的好奇心の対象でなく、ヘレニズム時代とローマ時代の重要な政治的事柄である――理論的に市民的な栄誉のしるしは個人を称えるものであるが、ひそかに威光の栄誉をもたらしたから、有力者の身分を市民団の中の例外的存在にすることができた。都市の首位に置かれるという有力者の特権は世論に了承されていても、たいてい、公民法では認められないという事態があった。そのことは法の前の市民の平等に矛盾しなかった(十人組長の身分は事実上、世襲的に保持されていても、法的には決して認められていなかった)。しかも市民的平等主義はそのような事実上の優越性を禁じていた、つまり他の時のように平民に対する生まれの優越性を誇れなくしていた。恵与者の表彰はその難しさを回避させ、威光の不平等をつくり、たとえ象徴的手段に訴えても有力者グループがその優越性を示したいという欲求を満たすようにした。その優越性の非合理で象徴的な性格(ある身分、栄誉のしるし)は古代政治の慣習的合理主義との訣別と言わねばならない。恣意的で明白なこと、つまり特権とその象徴を尊重するようなわれわれの習慣は古代には認められない。有力者の身分は世襲的でない一種の貴族であり、恵与者の表彰は貴族的な肩書になったが、世代ごとにふさわしい功績を挙げねばならなかった。有力者一家の子供は家族にふさわしく公的名誉を受けなければ家名を汚すことになると知っていた、だから当然のことをした――たとえば自由庇護を行うか、普通以上に多くの「名誉」心づけを支払った。

恵与指向を名誉勧誘として扱い、その勧誘を人間的または国民的な心理的特質あるいは競争心として説明することは明らかに非常識のそしりを受けるかも知れない。黄金の冠に対するギリシア人のあこがれはなんの説明になるどころか、それ自体が説明されなければならない。なぜなら、結局、聴いてもらうために人をそそのかすだけでは駄目であり、社会全体に望ませようとして表彰をちらつかせても無駄である――ひと握りの貴族的な気取り屋をのぞけば、すべてのギリシア人は冷淡なままでいられただろう。その理由は心理的に説明できないかも知れない。「虚栄心」で個性的特徴を説明できないとき、またそれが社会的現象であるとき、虚栄心には性格的偶発と共通したものしかなく、その理由は社会学的である――それでは、ただ表彰だけがすべての人にうらやましく思われるかも知れない、それが虚栄心からかどうかは別として。もし表彰がはるかに名誉以上のものでなかったら、表彰は、われわれのあいだのように話題的な効果しかなかっただろう、だがそれは社会的格差のある体制の一部であった。ギリシア人はそれを評価していた、というのも競争心があったからではなく、有力者体制が都市を二分していたからである――その結果、賭け金は虚栄の喜びよりはるかに高くついた。表彰されるために破産を覚悟する者はわれわれの場合と同様にそれほど多くはいなかっただろう、だがそれ以上に大きい問題があった――地位を保つことである。名誉欲は恵与指向を説明するどころか、恵与指向によって説明される。

五　事実の詳細

これから述べる事実の詳細の大部分は、明らかに恵与指向の黄金時代とも言うべき帝政期に起こっている。事実、ギリシア的オリエントにおける経済発展の頂点は初期帝政時代にある。

三種の恵与に分けられよう。一方で、民衆的要求に動かされて金持は寄付を行い、すべての平民が歓迎する、つまり祭りや見せ物や娯楽が催される。他方、都市の指導者らは機構を動かすために公的費用を負担しなければならない、またその費用は人民に娯楽を与えたり、もっと有益なことに当てられる。そこですべての公職は課役になる――統治するために金が支払われるからである。やがて公職は金を引き出す口実にすぎなくなるだろう――金を払うために統治することになるからだ。結局、金持は統治し、同じ金持がすすんで庇護者になる――かれらは政治家または有名人になるために自分の生活全体を課役と見なし、財産の一部を投げ出して功績の思い出を残そうとする。そこでまもなく高官職と課役との区別がつかなくなるように、自由な恵与指向と「名誉」恵与指向との見分けができなくなるだろう。治めること、金を出すこと、それが同じことになるからである。

名誉の代償としての職務費負担

発達の出発点は、初期ヘレニズム時代から高官が自費でもって職務を遂行することがますます多くなるという事実に現われている、つまり無数の碑文に認められる言い方では「自費で」*ἐξ ἰδίων δαπανημάτων*となる[230]。同種類の寄与として、多くの使節が進んで旅費を自弁でまかなった[231]。また多くのボランティア役人――たとえば評議会の書記――は報酬を受けなかった[232]。このような恵与のメカニズムを理解しようとするなら、ギリシア都市の予算システムを知らねばならない[233]。各高官は、われわれの国の大臣のように、職務遂行に必要な一定の金額をもらった（相違点としては、われわれにおいて、経費または経費の限度額の承認が毎年、票決されているが、一方、ギリシア人においては、現行法で定められていた、そして法令で変更されることがあった）。たとえば体育場長が使える資金、つまり「体育場長費」*γυμνασιαρχικὰ χρήματα*と呼ばれるもの[234]は、都市によってはデナリウス銀貨一万五千枚（バルザック時代の約三万フラン）に達することがある[235]。そのように予算が定められていても、高官はその金になるべく手をつけたくない。経費の限度額は決まっているので、超過分については自己で負担したくなる[236]。ここに一人の体育場長がいて、かれは「栄光ある祖国にオリーブ油を自費で供給し、国庫から支給されるはずの予算に手をつけなかった、しかもその金額はデナリウス銀貨一万五千枚に相当した」。同じ体育場長の父も、すでに、同じ経費が支給されるはずだったが、息子と同じ鷹揚さを示していた――かれ[237]は「通例によって都市から体育場長に支給されるはずの資金、つまりデナリウス銀貨一万五千枚を町に寄贈した」。つけ加えておくなら、公的任務がある財務官（クラトル）に与えられると、この財務官は費用を自費で前払いし、その決算報告が都市で承認されるか……またもし請求するときは払い戻しを受けた。

上で引用した碑文は帝政時代のものである。この時代には「自弁で」公職を果たすのが決まりになる傾向にあった、またとにかくそれが理想であった[238]。すでに述べたように、デモステネスの時代に始まった進展の完成である。きわめて早い時期から都市は公金の前払いを金持に期待する習慣となり、その前払い金は都市に余裕があるときは返済され、あるいは金持が税金から差し引く[239]。都市は財政に困るときが多かった。予算編成の不手際なこともあった。予算の非単独性と特別予算の増加で、収入の全容がつかめなかったので、その日暮らしにならざるをえなかった。一定の経費に入金を当てていても、その入金がなかったら都市は混乱に陥った。結局、特別予算が山のような障害になった。思いがけない必要に迫られたら国庫は空っぽになる――そこで金持に頼らねばならない、しかも金持は高官である[240]。だが組織上の欠陥や収入の不足以上に巨額の費用が必要になることもある――都市は高官を犠牲にしてその場を切り抜けるのが普通である。

こうして気前のよい高官はその職務、あるいはいわゆる「名誉」の費用を支払うことになっていたから、高官がとにかくその職務に当てていた金額を都市がもっと緊急を要すること、またはもっと大きい公共の娯楽のために使いたいと頼むことも起こる。都市がローマへ使節を派遣する必要ができたときは？ 将軍はその職務の名誉にかけて自費で出張するだろう。[241] 都市が何か建造物を必要としたり、望んだりするときは？ 皇帝祭司は[242]「先任者にならって祭司費の金でオリーブ油を買わないで、建造物の費用として都市へ寄贈することになる」[243]。このような回り道をして、高官も都市に対して何かを寄贈するという考え方が次第に植えつけられた。その何かとはもはや本来の職務とは関係なく、一種の心づけのようなものになる——毎年、各都市は公務の名誉を受けた者らにどのような贈り物をしてもらうかを決めた。公職の多様化は恵与の多様化に照応している。唯一のルールは[244]公職が無償でないということであった。たとえ自己負担しても、職務は全うせない——名誉は買いとられるものである、それとも都市から買うように強要される。

さらに量的進化が加わる——都市は高官の後任者にも高官としての恵与をさせる権利を持つ、ところが後任者らも前任者と同様に、あるいはそれ以上のことをしようとする。しばしば表彰辞令で述べられているところによれば、恵与者が鷹揚な寄付をするようになったのは、だれにも負けたくなかったからであり、祖先の跡を継ぎたかったからであり、それとも気前のよさを最高に示したかったからである。[245] それ以上のことが述べられていることもある——ある体育場長は「前任者の提供に劣ることを心配して、自前で多くの供与と出費」[246]を行なった。体育会や新記録保持者を語る碑文に見られるような競技的文体は恵与者の場合にも用いられる[247]——いずれの場合も同様に、かれらは回廊を暖める費用を確保し、オリンピアで輝かしい勝利を獲得したときも、「常に優勝者であり、常に第一人者であった」と述べられる。寄贈趣味と競争心が結びついて、寄贈が滝のように相次いで起こる、そこで次のような型どおりの図式になる——恵与者は寄付の約束を立派に果たし、約束以上のことをふるまい、その結果、都市から名誉ある像を立ててもらうことになると、自費でその像を立て、献呈の除幕式には市民総出の祭りを催す。[248] つけ加えるなら、この図式はローマ時代の恵与指向にもまったく同じように再現される——加えて、ギリシア的恵与指向のすべての特徴がほとんどそのまま踏襲されるだろう。

以上のことから結果として二つのことが現われた——今後は高官と課役の区別がつけられなくなり、また自由な恵与指向と「名誉」恵与指向を区別しても無駄になる。

以後、いかなる公職にも恵与が含まれるか、それとも約束される。将軍は都市が財政困難[249]になれば援助する。神官や皇帝祭司は人民に祭りを提供する。競技会長は自費で優勝者の記念像を建てる。体育場長は、入浴者や体育場に通う者や入浴愛好者すべてに必要なオリーブ油を供与する、それも栄誉あるその任務を記念して建造物を建てない代わりである。市場警備官は人民に安い値で小麦を売り、市場を飾ったり、公共建物の修理を引き受ける。行政官(アルコン)または行政担当官(デミウルゴス)も将軍と同じく無料で役目を勤めるだけでなく、碑文によれば、「細心に」(ὁσίως)、「非の打ちどころなく」または「誠心誠意」義務を果たすだけでなく、「気前よく」「鷹揚に」(φιλοτίμως)「輝かしく」義務を果たしたとあるから、どの形容語も黄金の光を喚起させる。最低でも、かれらは自弁で職務を果たしている。最後に、ローマの影響下で、評議員の就任、つまりその肩書は名誉と見なされ、したがって金がかかる。このような条件の下では、高官職と課役負担者の区別をつけるのは不可能である。[250]

事実、古典期アテナイの体制はどうなったのか、つまり当時、高官は無給であり、課役は裕福な個人に課された奉仕であった。その後、高官職に金銭的奉仕が含まれるようになる(将軍や行政官や評議員のような高級監督官も同様である）。一方、古い課役には、いつも直接的な活動の部分が含まれていた――競技会長は体育会を開催し、その費用の一部を負担し、体育場長は青少年の教育を指導する。結局、高官職と課役は見分けがつかなくなる――ヘレニズム時代の体育場長の地位は高官職か課役か、それは歴史家にも分からない、ましてギリシア人にもあまり分からなかった(251)。ギリシア人はそれを高官だと呼んだことがある。だが逆に、正当な高官が課役負担者だと思われることも多かった(252)――両語は、支配階級と混同されるようになると同義語になってゆく。ヘレニズム時代の課役、たとえば体育場長とか競技会長は古い高官職と並んで、すべての政治職の序列となる――同じ人物、つまり有力者が課役も高官もつとめるのである。

以上が進化の現実である。課役は、ヘレニズム時代のはじめにアテナイにおいてファレロンのデメトリオスによって廃止されるころには消滅していたと教えられることがある。それは正確ではない(253)――ヘレニズム時代、さらにローマ時代においても課役はアテナイをはじめ各地に存在している。デメトリオスは三段櫂船艤装費の負担制を廃止した、あるいはその課役はアテナイの政治力とともに自然消滅した。そしてデメトリオスは演劇コンクールを復興させ、その経費に公共費を当て、またその運営を担当官、つまり競技会長に委ねた。だがこの会長は名誉のためにその公共費にいくらかの自費を加えた(254)。こうして消えたばかりの課役は蘇生したのである。事実、ヘレニズム時代において、すべての公人、つまり高官または担当官も課役負担者である。

そこで古代都市の命運にかかわる大転換が始まる――もはや公職は金持に金を払わせる口実でしかなくなる。管理能力のある人々を任命するよりはむしろ公職につきたい庇護者らをつくりだすほうが重要になる(255)。その結果、公的生活の堕落が起こる。あるローマ総督は嘆いている、つまり神職も戴冠職も「競売のように売られ、だれかれなしに売りつけられる。官職にもっともふさわしい人は選ばれない。ただその冠をできるだけ高く売りつけることしか考えられない[256]」。

　このような公職売買はすっかり習慣化し、碑文でもそのことがあまりにも圧縮された書式で述べられているので、時には難解な文句になっている——たとえば、しかじかの有力者は「配分によって」名祖《なおや》行政官（アルコン）になった、とか、あるいは反対に、その有力者は「ただで」建造物を装飾した、つまりそのとき本人は公職についていなかったが、自由な恵与で行なったというわけである[257]。公職は支払われた代償の大きさで評価される。都市に皇帝が滞在した期間、軍隊の通過、総督とその随行員たちの滞在、さらに法廷の開催に際して訴訟人らの滞在によって物価が上昇したとき、職務を充分に果たせるような気前のよい人々は称賛される[258]。ある種の職務は破産するほど経費がかかるので期限は一年でなくなる——六カ月または一カ月……の職務に分けられる[259]。その後は当面する財政面が公権を支配するようになる。だから高官職は時には神々、婦人、子供、故人、さらに国の元首に与えられる——都市は、候補者が見つからないときは神殿の神官を説得して神殿の宝物の名目で恵与を行わせ、その神は高官に任命された。子供でも、父が子供のために輝かしい政治生活を準備するために金を出しておれば高官になれた。若死にした子供の親たちはその子供の名前が年代記の中に永久に保存されるようにその子供を公職につかせることができた[260]。最後に、ヘレニズム時代の国王[261]やローマ帝国の皇帝がどこかの都市の最高官になるということで、その都市に恩恵をふりまいたこともある[262]。しかしいつも庇護者がいるとはかぎらない、だから高官が空席になることもあった——「無政府状態」の年も覚悟しなければならなかった。

　そこで新しい名誉職が売り物としてつくられるようになった。ギリシア人は一定の高官の名を年号につけていた。そのような名祖《なおや》高官の地位につくことはたいへんな名誉であった。ヘレニズム時代には、この名祖高官の地位は普通、地域的な偉い神か神官に与えられ、その神官は名祖の象徴としてその神の冠をかぶる（そこから冠を戴く、つまり戴冠者という肩書が生まれる）。その見返りとして、かれは人民に饗宴をふるまうか、それとも何かを寄贈して気前のよさを示さねばならない。こうして戴冠者の職務は金持の見栄に課される課役となった(263)。

金を出すように「仕向ける」

公職は取引としての売り物になる(264)、だが買い手は必ずしもそれほど急がない、だから買わせるように「仕向ける」ために少々手荒な真似をしなければならない場合が多い。すべてがその点にある、つまり「仕向ける」*protrepein*(265)は大げさな言葉になる、それも当然である――恵与指向は、金持に対する都市の権利ではなく、都市に対する金持の道徳的義務だから。都市は金持に強制できないが、金持のほうでもきっぱりと義務をはねつけることはできない――金持は口実を設けねばならないだろう。あとは決まりきっている。その口実は嘘だろう、都市には分かっている。また都市が分かっていることを金持も知っているはずである。だから二つの障害のあいだをすり抜けることが問題だ――ぞんざいに断わってはならない、また恥知らずな嘘もつけない。そこでそれぞれ相手方の作戦は、金持を追いつめるか、恥知らずな嘘を言うか、課役を引き受けるかということになる。どのような取引をしてもよい――金持は高官にならない権利を完全には守り通せない、なぜならそんな冷たい法的権利の主張は同じ市民らに対して不作法になるかも知れないから。そこで自分の権利の一部を犠牲にして、ある程度は相手方に歩み寄らねばならない、それで双方とも和解しやすくなる――だれも世論に向かって文句が言えない、たとえその権利の一部を隣人に託することが正当な権利であろうとも。

偶然、若干の資料を参照することで、その「仕向ける」方法の見本を、難しい暗示ながらも、わたしに分からせてくれた。帝政時代に、高官職または課役負担者を任命しなければならないとき、その選択は都市の評議員に限られ、裁決もまた評議会が行なった。ところで、同じくこの評議会は都市の所有者階級が国家に支払う税金に責任があった――というのはすべての評議員はたがいにそれぞれの世襲財産についてよく知っていた、おまけにこのような都市国家はたいてい、村落であり、すべての人が顔見知りであった。評議会はだれがいちばん金持であり、だれから犠牲にすべきかをよく知っていた。だが儀礼上、それは面と向かって言えないことであった、そのかわり、帝国の繁栄が暗示される、つまりよき皇帝の御代《みよ》、それがわれわれの現皇帝である。このように全般的な豊かさを喚起させることは話し相手の個人的な富を巧みに暗示することになる。金持に、入浴の際に必要なオリーブ油を配給させたいときはどうするか。トラヤヌス帝の下で、すべての人が恵まれた幸福を称賛するだろう。公認解読官の任命が必要なら？　現在の治世の繁栄を重々しく暗示するだろう。実際、金持はあまりあつかましい嘘をつかなくても言い返すことができる――「見かけは裕福に見えても、内情は苦しい、だからあまり寄付を頼まれると乞食の身分に転落するかも知れない」(266)。このように無理やり、恵与者にならせるのでなく、「自発的に」、「自然に」(267)候補になりたがる人々をおだてるときもある。この模範的候補者としては、当然、自分の自発的行為を碑文の中で誇るに違いない、つまりその碑文では、かれの政治生活が要約される、それとも都市からの表彰として立てられた像の土台に碑銘が刻まれ、その文言も都市の手で書かれるか、または都市から認可されるものである。

最後に、金持が公職を背負い込む羽目になっても、喜劇はまだ終わらない、なぜならその金持が約束した恵与はまず第一に、約束または申し込みの状態にすぎないからである――犠牲になった者は金を持っていなかったかも知れないし、また約束された寄付が将来の祭りの開催費に当てられるか、それとも約束が建造物の建設であるなら、その建物は一日では建たないからである。「名誉」恵与の大部分は、公職任命の当日に都市が本人と取引をして獲得する申し入れとして現われる。そこで高官の人々、たとえばゼウス・パナマロスの神官は「申し入れによる神官」[268]という意味深い重みのある表現で任命された。あとはその申し入れが守られ、あまり遅れずに実行されたかどうかを知るだけであった、なぜならどんな約束の実行にも決して猶予期限が定められていなかったから。[269]都市側の唯一の保証は、都市に対して恵与者が申し入れを行い、都市はその文書を資料館に保存するという正式の声明を発表するだけだった。プリエネーにおいて、ある申し入れ者は「就任の日に、文書でもって約束した」が、他方、ある基金の設立者は「その約束には証人も、書かれた証拠もあるから、基金については書簡でもって周知させる」[270]。ところが、父の申し入れがその息子か相続人の代になってようやく実行された例はあまりにも多い。[271]恵与者が公職についているあいだに約束を果たすのは立派なことであった。[272]即座に申し入れを実行する、つまり恵与が申し入れの形式を踏まない篤志家は格別の熱狂で祝福された。[273]

金持に支払うように「仕向ける」ことができるかどうか、つまり現金で払わせることができるかどうか。それが問題であった。それがある資料において、如実に演じられている。舞台はエジプトのエルモウポリスであり、紀元一九二年のことである。地域の首位にたつ将軍の前で、地域住民は民会を開いた（なぜなら当時のエジプトの都市にはまだ評議会がなかったから）。[274]そして議題は体育場と青少年の指導に当たるべき監督官を任命することだった。「その場にいた町の人々はこう叫んでいた、《アキレウスに体育場長の名誉を与えよう！　おまえの父、あの鷹揚で偉い老人のようになりたまえ！》ところがアキレウスはこう宣言した、《わが祖国に従うために戴冠者としての公認解読官の職務なら引きうけて年間、二タラントを寄付しよう、その代わり、賃貸公共物の責任者は免除していただきたい(275)》」。この人物の選択を理解するためには、体育場長より公認解読官のほうが名誉であり、また金もかからないと知るべきである——だから公認解読官の候補者は多かった。ところがアキレウスの作戦ははずれることになる——「その時、オルンピオドロスが発言した——《わが元首、皇帝の女神はわれわれわれが高官職につくことを認め、わが都市を発展させている。ラルキウス・メモールはエジプトの長官になり、民を喜ばせているから、それがいちばんよいだろう。そこで、アキレウスが公認解読官の栄誉を望むのであれば、それもよろしい、だが即座にその就任の費用を払うべきだ(276)。さもなければ支払い拒否によって、いやでも体育場長に任命されるぞ！》」作戦は明らかである——単純な申し入れを拒否して現金払いを要求している。アキレウスはこう答えるしかない、《公認解読官なら、一タラントで承知した。体育場長にはなれない》。そこで議論が混乱する。出席者の一人はアキレウスにやられたことをぼやく。他の者らは勅令に訴えてはどうかと言う。結局、元体育場長が権威と自分の責任においてアキレウスを体育場長の栄職につかせようと受け合う——もしアキレウスが拒否すれば自分が払うことになる。恐らくかれには、アキレウスに支払わせる算段があったのだろう。こうして出席者たちの喧嘩腰が理解できる——もしアキレウスが体育場長にならなかったら、その場のだれかに回ってくるからだ。

有力者から寄付を引き出すのに、どれほど拘束が働いたか分かるだろう。有力者のあいだでたがいに負担を押しつけ合うか、それとも相手に断れないようにするか。お偉方と人民とのあいだの対面の気詰まりとおなじことが有力者たちのあいだでも演じられることになる。この気詰まりは状況に応じてさまざまな形で現われる——同輩が行なっているのに自分だけが犠牲にならないという恥辱、自分の代わりに同輩を犠牲にするという恥辱、同輩の尊敬を得たいという願望（なぜなら尊敬される満足感、つまり有名になりたい願望は権力や金銭、あるいは社会的格差の満足感と同じほど重要だから)。謙譲の義務、同輩より上に立ってはならない義務、恥知らずな嘘をつかない義務、正しく善だと認められることを拒否しない義務、分派をつくらない義務。要求されていることを自発的に行う好意、同じ感情でなくても、他人の感情を傷つけてはならないこと、最後に、未来に受けるかもしれない漠然とした制裁への恐怖、また確実な制裁への漠然とした恐怖。

「合法的金額」

このように精神的葛藤が激しいので、何らかの規則を設け、少し整理し、たとえば一方で順番制を設け、他方で(後にローマ人が行うように)「名誉」恵与を定めるほうがよかったのではないか。確かに、外見上はそのとおり行われたのである――「名誉」心づけが定められ、最終的には金額の数字も決められた。この定められた義務的な恵与は、後にローマ人が恵与制度において「名誉金額」と呼ぶものに相当する、つまり新しく高官職に就任した者はその名誉を与えてくれた都市に対する感謝のしるしとして支払う金である、それは「合法的金額」とも呼ばれる、なぜなら法律がその金の支払いを義務づけ、金額を定めているからである(もちろん、庇護精神のある者はその金額を越えて支払ってもよい)。

したがって、まったく外見的には二種の「名誉」寄贈が存在した、それはギリシア世界でもローマ的西洋でも変わらない――資料ではあまり触れられていない合法的金額であり、その金額を自由に越えて支払うことは新任の高官の公的な名誉になった、だからそのような例外的な超過の場合だけがわれわれにも分かっている、ただ規則上はほとんど分からない。ただしその規則は存在したように思われる、つまり紀元一世紀から普及したようである、というのも立派な行政上の理由で、その慣習を法制化しようとしたローマ当局の働きかけによるところもある。ラテン語でこの心づけの金額の定めは *taxatio* つまり「とり決め」と呼ばれ、ギリシア語では *timêma* つまり「評価」と呼ばれる。[277] 何がそのようにとり決められたり、評価されたのだろうか。それは「名誉」心づけであり、それまでその金額は当事者と評議会のあいだで取引されなかったときには、それぞれの高官の評価に任されていた。そこで三つの問題が生じる。心づけは、ひとたび定められたら恵与指向の外へ出てしまう――碑文の中で、有力者は支払ったことを誇りとしなくなる（同様に、ローマ的西洋においても、合法的金額は超過する場合を除けば記録されない）。他方、心づけは恵与指向の論理にしたがい、高官や神官だけに要求されなくなる――その義務は普通の評議員にまで要求されることになる、だから都市の評議員になるためには、つまり有力者の資格を得るためには合法的金額を納めなければならない。結局、恵与指向を門から追い出しても窓から戻ってくることになる――名誉金額が定まれば、鷹揚な有力者はそれ以上を支払うことが多くなる、それほど恵与者の心の中では自発性と拘束とがいつもうまく折れ合っていた。合法的金額は最低額しか示さないだろう。

その最低額はどのように決められたのだろうか。推測されたように、公費の金額は各種の公職の所轄であり、高官たちはそれを負担することが多かったのだろうか。そうは思われない。職務の経費を支払うことは恵与指向の発展上の一段階にすぎず、いまやその段階が乗り越えられている。新しい原則が生まれたのである――名誉ある特権はすべて心づけを払うことになる。したがって合法的金額は、職務上の支出でなく、その職務の光彩に比例する。イストロスの辞令では、[278]〔大地の女神〕キュベレに仕える巫女であっても、当時期待されていた金額以上の「大いなる名誉として」ふさわしい寄贈を行なったとして称賛されている。評議員の地位もまた名誉とされていたから合法的金額が課される、しかもこの職務には公的経費がつけられていなかった。有力者になる名誉が支払ってくれる。

不幸にして、たいていの場合、表彰的な資料においてそれらの支払高は滅多に語られていない。ある金額が都市へ支払われるとしても、その金額は必ずしも合法的な額ではない――同じ職務にいても、ある高官と他の高官とでは金額が異なっていて、一般的に概数ではない、つまり最終的に立法者によって金高が定められたら確かに概数になるだろうが。(279) 実際、高官職の合法的な金額は小さい村落の場合しか分かっていない――その場合、村民には恵与にすぎなかった。紀元三世紀におけるリディアのカウストロスという谷あいで、村の最高官になるためには千セステルティウムが必要であった。(280)

もっと明らかなことは、ローマ当局は「名誉」心づけの金額決定を奨励した。あるパピルス古文書から類推できることはその動機とやり方である。(281) トラヤヌス帝統治の終わりごろ、エルモウポリスの行政官(アルコン)はエジプト長官の命令を受けて、体育場長の経費がどれほど縮小できるかを地方総督に指示している――そのテキストによれば、その経費を縮小できれば、将来の体育場長がその重任にもっと専念できるだろう、つまり都市としては、この公職の候補者を見つけやすくなるということになる(これは当時、しばしば表明された希望である)。その結果、長官は独断で未来の新しい金額を定めた。その動機は明らかである。この高級役人はローマ帝国の画一化のためになるか、あるいは地方的自治に背くような先入観を少しも抱いていなかった。ただ、きわめて実際的に、かれは各都市の財政に責任があるので、その財政が健全であることを望み、そのために必要なことをしているだけである――かれは規定を定め、金額を決めている。

おまけに、ローマ当局は現金払いを歓迎する、というのもそのほうが都市としては自由に使えるからであり、現物供与ならあまり役に立たない贈り物になる恐れがあったから。皇帝の代理にとっては、合法的金額がますます各都市の通常収入になると思われるので、できるだけその財源が豊かに流れるように努力する。そこから評議員就任に対する合法的金額が生まれる。評議員の名誉は渇望された、したがって新しい評議員の選挙または任命に際して、クラブや「政治結社」の争いが激しくなることもあった[282]。幸い、当選した者はその感謝を生きいきと表明せずにいられようか。そのような新評議員は「評議会にはいれる代わりに[283]」都市へ立派な建造物を寄贈する。遅くとも紀元二世紀のあいだに、合法的金額はすべての都市で義務化されている。ハドリアヌス帝は功績ある航海者に報いるために、アジアの属州首府エフェソスの評議員にしようとして地方当局に推挙している――「かれを評議員にするのは諸君に任せる、もしなんら支障なく、またかれをこの名誉にふさわしいと考えられるなら、かれの任命に当たって、評議員が支払うべき金はわたしが支払いましょう[284]」。当時、このように、特別の名誉は「無償で評議員[285]」になれることである。

恵与指向は、公職、高官、課役、神官職を中心にして発達した。それが評議員の地位まで広がるときは、政治活動はもはや社会的名誉のしるしでしかない。有力者の集団に加えられるために金を払うのと同様に、評議会に入れてもらうために金を払う[286]。評議員の合法的金額の金は通常収入になり、当局はできるだけ多くの人数に支払わせようと努力する。ビテュニアでは、ポンペイウス法に従い、評議員は監察官（ケンソル）から任命され、金を支払わなかった。トラヤヌス帝の時代では、定員外の評議員を選んでもよいことになった、そこでその幸運な特権者らは就任のために金を払わねばならなかった、またその合法的金額の金は、たとえば公衆浴場の建設に当てた都市もある。「さらに、都市によっては、監察官から任命される評議員にも金を払わせた[287]」――特権には濫用がつきものであったので、行政当局はそれを規則に変えてしまうことが多い。ついには規則が一般化する。アントニヌス・ピウス帝はマケドニアに都市をつくり、その建国憲章で、評議員の定員と評議員が支払うべき金額を定めている[288]。評議員は都市の乳牛と同じようなものである、というのも評議員は就任の税金を支払うだけでなく、未来の高官、未来の課役負担者となるように定められているからである。都市に新しく評議員の増員が認められることは新しい収入源を認めることである。都市の繁栄は評議員の繁栄に比例している。そして皇帝は新しい都市をつくるに際しては、その地域において、評議会をつくって新しい都市が生活できるほど金持の数がそろっているかどうかを確かめた。[289]

しかし合法的金額は合法的最低限にすぎない、だから恵与指向に終止符を打たない、つまり恵与指向には独特の動機があるから、その最低限を越えるか、それとも自由な庇護として合法的金額と並ぶ。もちろん、多くの高官にとって、取り決めや、さらには契約が出費を制限する手段になった。イアソスの辞令では、カニニウス・スナラッソンという者が戴冠者になることを希望して「戴冠職の費用全額としてデナリウス銀貨五千枚を支払う」。これは評議会で白熱した議論を反映している――最後にデナリウス五千枚で決着がついたのである、そしてカニニウスはそれ以上、びた一文も支払わないことを確認したのだ、たとえ経費が予想を超えようとも。これは最終的に決められた合法的金額ではなく、たんなる契約である。恐らく次の年には、新しい戴冠者とのあいだで改めて金額の議論が行われただろう。「費用全額として」という言葉は、その名誉金額が公職費用の決定額だとはまったく言っていない、ただカニニウスは丸一年を通じて同胞の乳牛になるつもりがないことを明記しただけである。だがほかの高官らはもっと鷹揚であった、つまり最低限を越えて支払った、また当然、かれらは最高に著名な人たちである。たとえばゼウス・パナマロスの一組の神官は「神官職費に加えて」、「ヘラ神殿の床をモザイクで飾り、柱廊の壁を象眼細工でおおった」。[291]

民衆の歓楽

もっと一般的に、自由な庇護は従来どおり存続し、紀元前二世紀に合法的金額が一般化するときに頂点に達する。事実、この世紀は明らかにギリシア的オリエントの黄金時代である。庇護も恵与者の各個人的傾向とともに変化する。それでもある種の寄贈は他のものよりはるかに広く普及する――民衆の歓楽と建造物である。ルキアノスはどこかで一人の夢想者を描いている、つまりその人は空中楼閣を建て、もし金があれば何をするかを考える――アッチカ地方より広い土地を手に入れ、金持連中を招待するために客間をつくる、また二千人の奴隷にかしずかれる、「都市には特別の恩恵を与えよう――毎月、市民一人当たり百ドラクマ、居留外国人にはそれぞれ五十ドラクマを支給しよう。おまけにすばらしく美しい劇場や浴場も建てよう」(292)。一方では、配分と饗宴、他方では、世俗的または宗教的な建物、それが後期ヘレニズム時代とローマ時代における庇護の主要な対象である。さらにもっとも野心的な恵与、最高の「名誉願望」*philotimia* を加えるべきだろう(293)――皇帝礼拝の大祭が地方全体の規模で開催され、神官を兼ねた高官、たとえば皇帝祭司または大神官が君主を祝って破産的な歓楽催事、つまり剣闘士の見せ物を開催する。自発的な庇護が生き残っているなら、それは名誉金額と並行して規則的な順番制が設けられていない証拠である――いつでも、もっとも鷹揚でない者がもっとも鷹揚な他人に負担をまわすことができた。

庇護者はその偉大さを示すために公共建造物を建てる。庇護者は人民に喜びを提供する、なぜなら人民がそれを望むからであり、また自分も祭りの王様になって偉大さを示すことになる。(294)だから庇護者は同じ市民らに饗宴をふるまったり、無料または安い値で入浴に必要なオリーブ油を供給する。それとも、あっさり一人当たりいくらかの金を配る。このような寄贈には多くのいきさつがある。だがいつも敬虔さから、神官または担当官がその使命にふさわしい感情を示し、神々に対してけち臭くしないようにしなければばならなかった。たとえば神官は自腹を切っていけにえにするものを購入した。[295] その他の寄贈は祭り気分のものであり、具体的な集団でたがいに向かい合う関係で説明されよう（たとえば、われわれが「みんなに一杯おごる」とか「出席者すべてを招待する」とかいう場合に似ている）。新任の高官は、はじめて公衆の前に姿を現わすとき、自費ですべての人を饗宴に招待した。[296] 有力者は家族の祝いに身内、つまり町じゅうの人を招待した。[297] ビテュニアの習慣では、町の評議員と多くの市民が招待され、次のような四つの場合には、金が配られた、つまり男子成人服（トーガ）を着るとき、結婚のとき、高官に就任するとき、公共建物の落成式のときである。[298] 後期ヘレニズム時代からは、表彰辞令で一般饗宴が喜ばれている記録が多い。[299] あるときは市民だけが招待され、あるときは居留または通過中の外国人も招待され、また帝政時代には、奴隷も招待された。さらに市民の妻たちも招待されるか、少なくともおやつをもらった。

もっとも手っとり早いことは、きわめて生まなましい資料、たとえば紀元はじめにおけるボイオティア地方のアクライフィアの辞令を訳してみることだ。金持の有力者エパミノンダスは「自分の順番が来て、最高の高官に就任したとき、次から次へと気前のよさを示した。一頭の雄牛を皇帝に献上してから、都市の人々に丸一日間、宴会をふるまった、そこでわが町や周囲の都市でも、かれの出費のけた外れに大きく、続けざまなのが称賛された」。プトイアの祭りやコンクールは「三十年間絶えていたが、エパミノンダスはコンクールの会長に任命されると、喜んでその務めを引き受け、名誉にかけてその古いコンクールを復興し、こうしてかれは大プトイア・ケサレア・コンクールの新創始者となる。かれはその職務につくと、すぐ神の神託の命令を実行しはじめ、高官や評議員に年五回の晩餐を提供し、いけにえや支払いを決して延期することなく、任務についてから四年のあいだは市民に昼食をふるまった。八年目には、コンクールが続くあいだ、間近い祭日用として、都市のために、すべての市民、居留外国人、さらにその地方の財産家へ食料を配給し、また一人当たり、小麦十リットルとワイン四分の一リットルを配った。さらに伝統的な大行列や《スルト》(300)の伝統舞踊をつつしんで開催した。また神々や皇帝へ雄牛のいけにえを捧げ、その肉を配給しただけでなく、昼食、おやつの甘口ワイン、晩餐も提供した。おまけに毎月、二十日から三十日のあいだ、かれの妻は毎日、階層別に、市民の子供、成年の奴隷、市民の妻、若い娘、また成年の奴隷妻に昼食をふるまった。またエパミノンダスは野宿している巡礼たちもほうっておかず、巡礼たちを出席させて祭りに光彩を添えた。かれは布告役人の特別声明で巡礼たちを昼食に呼ばせた、これはまったく前代未聞のことであった――かれは博愛を衆に及ぼしたかったのである。劇場で催事があれば、その劇場のすべての観客、近くの都市から来ている者らにもおやつを提供した、またかれは観客に甘いものをばらまいた(301)、だからそこで周辺の都市でも、かれの出費が評判になった。コンクールの開催中、かれはすべての人民に晩餐をふるまってからも、出費を惜しまず、改めて食事台ごとにデナリウス銀貨十一枚を配った(302)、さらに残った金で、料理一皿ごとに一壺の古ワインとデナリウス銀貨六枚を添えた。それが済み、かれは神域から町へ下りて行くと、市民たちは群がってかれを出迎え、心からなる歓迎と感謝を示そうとした。そのとき、かれは町なかで保護神ゼウスへいけにえを捧げ、礼を言うために集まった人々にさっそく饗宴を催した(303)」。

飢餓、信心、豪奢と盛大さへの趣味、口実をつくっていっしょに集まる喜び、わずかの余剰から最大の喜びを引き出して一気に消費する短期集中主義――そのすべては貧しい社会における集団生活の爆発的なリズムと饗宴が占める重要な役割を説明してくれる。その場合、饗宴はどんな組み合わせも可能な真の制度であり、また宗教はその主要な動機であったり、口実であったりする(304)。祭日にしか肉を食べられない社会、あるいは肉を食べられる日を祝う社会もある、つまりご馳走に熱中する、ちょうどわれわれが戦時中に闇市へかよったのと同様である（わたしの世代の多くのフランス人は一九四一年から一九四五年まで絶えず空腹を感じていたことが思い出されるはずだ。ところで経済学者の計算によれば、戦時中のフランスの生活水準は一八五〇年ごろ、つまり産業時代はじめまで落ち込んでいた(305)――そのことから産業革命前の精神性が理解されよう）。もう一つの喜びは饗宴になんらかの豪華さがあることだ――恵与者は食事台を招いた客たちの自由にさせる、だからその日は貧しい人々も寝転がってご馳走が食べられる、ちょうど金持がそろった家具を持っているのと同様である。結局、現実の集団にはいくらかの楽しさと、いっしょにいる喜びが味わえる。人々はブルジョアのように内輪で暮らしていない、つまり集団全体が役者であると同時に観客である――かくて貧しい子供たちも、おもちゃがないのでいっしょに遊ぶ、お互いがおもちゃである。だがまったく遠慮なくいっしょにいる楽しさを味わうには、やはり落ち着き払い、たがいに喜びを口にしないですむ口実が必要である。饗宴はそのような冷たい告白を回避させてくれる（同じような複雑な情動性は、ダブルベッド、社交的施設、たとえばカフェ、あるいは公衆浴場の全般的な普及を説明してくれる）。

ヘレニズム時代とローマ時代において、真の宗教性は集団的宗教から次第に転向し、セクトに吸収される。ギリシア人は公的ないけにえが人々にご馳走をふるまう口実にすぎないことをよく知っていた。辞令によれば、いけにえを行う(306)神官または担当官は神々を祭るとともに人民を満足させた、つまり信仰とともに愛国心を発揮したのである。恵与者としては拍手されるのはうれしい。あるとき、哲学者ペレグリノスはパロスの人民の集会に姿を見せ、「亡き父からもらった財産をそこにいる人々に投げてやると言明した。それを聞いて人民――その金をもらって唖然としていた連中――は、ペレグリノスこそ哲学者としてユニークであり、愛国者としてもユニークな人物だと叫んだ(307)」。

寄贈は多くの公職の本質となる。一例だけで充分だろう、つまり体育場長の場合を挙げよう。その歴史は、次のように要約できる――もともと、体育場長は体育を指導し、青少年の指導と教育に当たった。親たちは体育場長が若者らに正しい訓練と礼儀作法を覚えさせてくれるのを期待していた。さらに多くの資料[308]を読めば、立派に責務を果たした体育場長が美しい文体で称賛されている。体育場はスポーツ場にほかならず、さらに教育と、体育または身体的ケア[309]、特に入浴の施設が付属していた。入浴問題は体育場長の義務の一つであり、青少年の浴場の暖を確保し、入浴に必要なオリーブ油を供与しなければならなかった。ところで、ヘレニズム時代には入浴[310]が流行したので、その間、各界の高官らはますますその地位にふさわしく金を使わなければならなくなる。やがて「体育場長になる」というのは「体育場の監督をする」というのでなく、「公衆浴場の暖とオリーブ油を提供する、しかも青少年のためだけでなく、すべての住民[311]のために」、つまり老人も含めて、という意味になる、ただしその体育場長が鷹揚な人であるならである。ローマ帝政時代になると、*gymnasion* という語は必ずしも「体育場」を指すのでなく、「公衆浴場[312]」も示すことになる。また *gymnasia*（ラテン語でも同じ意味）はオリーブ油の供与を表わす[313]。体育場長は十日間の勤務に当たる、つまり十日間、風呂を暖め、オリーブ油の費用を負担する。その職務は一年続いたときは破産するほど金がかかったが、ギリシア住民[314]は入浴をあまりにも重要視していたので、エジプトの体育場長は都市でいちばん偉い人物と見なされた。そのおもしろい証拠がある――イソップの寓話で、エジプトの鰐が体育場長の家柄だと自慢していることである[315]。

公共建造物

なぜなら家族ごとに恵与者であるからである、というのも相続するときに有力者の資格が子孫に伝わるからである。実際、一種の世襲的貴族になる傾向がある。帝政時代の辞令では、規則的に篤志家の祖先が称賛され、祖先の偉業を受けついだ、あるいは祖先の手本にならった、と述べられている[316]。恵与者の家系があるからには恵与指向はたんに一日の寄贈では済まされない。もっと長続きする記念を残さねばならない。庇護者がコンクールを創設したり、復興したりする、永続的な基金を設立したり、公共建造物を建設したりするような個人的なすべての理由のほかに[317]、もう一つの理由が加わる——都市に名誉ある家系を築くことである。なぜならコンクールや建物や基金（さらに基金の収益）は恵与者の名を残し、後世に伝えるから。だから子孫は祖先が行なった建造物（*ἔργα προγονικά*）を完成するか、修理するか、それとも増築して家名を伝える[318]。ちょうど領主の城が幾世紀にもわたって村や景観を支配するように、フィレンツェ、ローマ、ディジョン、エクス‐アン‐プロヴァンスにある名家の邸宅がバルディ礼拝堂やメディチ礼拝堂に劣らない家名の記念物であるのと同様に、有力者の家名はすべて、ミレトスかディドゥマ、ストラトニケイアかパナマラにおいて、都市や都市の聖域に公共建造物を持たねばならなかった。

　有力者の家は都市の顔に、その地域社会におけるふさわしい身分のしるしを刻み込まねばならない。都市のいたるところに自分の家名を刻んだ建造物がなければならない（当時、建造物の献納碑銘に名前を刻みこむ権利、つまり寄贈者の権利がいかに重要であったか、またそのためにいかなる法解釈、いかなる優位争いを引き起こしたか、信じられないほどである[319]）。大都市エフェソスでは、ハドリアヌス神殿に寄進者で大恵与者ウェディウスの名が読まれる、つまりこの神殿をはじめ広い「体育場」や音楽堂（オデオン）で建立申し込み者としてのかれの名が読まれる[320]。かれの家族でダミアノスという有名な文人は「東体育場」（その遺跡発掘で、かれの像とその妻の像が発見された[321]）をはじめ、世俗的、宗教的な多くの建造物を建てた[322]。エフェソスでは、金持が自費で公共建造物を建てるものと考えられていたので、もし例外的に都市自体が公共の建物、たとえば劇場を公共用地に建てるとすれば、その献納碑銘には、劇場を「都市固有の資金で」[323]建てたとわざわざ明記される。都市の創設者、つまり *oikiste* の古いギリシア的理想は失われていない。「都市を飾る」[324]、つまり *cosmopolis* というのは都市を建設する、または再建するという意味も含まれ、*κτίστης* つまり創設者という肩書にふさわしいことである。

都市を飾るのは有力者の義務であり、独占権[325]でもある。もし平民が献呈碑銘にその名を刻ませたいと望んだら世論から傲慢すぎると批判されただろう。有力者の偉さは公共建造物によって表現される——建造物は、自分の偉大さを象徴化しようという願望に照応している。したがって建造物は平民を相手にして建っているのではない。それは階級の心理を表わしているのであり、階級の利益になるのではない——建造物は人民のあいだに有力者らの人気を高めることにはならず（人民はむしろ歓楽を歓迎する）、庇護者の家族を破産させる。

個人の財を集団的に要求できるか

恵与者は公共建造物を建てたり、歓楽を提供することで、自己満足したり、人民に喜ばれようとつとめる。いずれ分かるが、この両方の目的はある程度両立するからである。恵与指向は民俗的、階級的な心理に属している——有力者は都市の顔にしるしをつけたい、祭りの王様になりたい、また人民は場合によっては騒動を起こしても有力者らにそのような行為をするように激励する。恵与指向には機能がなく、またそれは社会的均衡の要因にもならない。それは本質的には恵まれない集団に財を分配するのでもなければ、自治体にできないような公共的務めを果たすのでもない。恵与指向は個人的な動機と一致するかぎり、部分的にそうするだけである。またその動機もたいてい、平凡なことである。たとえば学校を建てたり、貧しい家の娘たちに持参金をつけたりする基金の設立[326]というような高い動機を持った恵与者は、祭りや建造物の場合に比べると例外的に少ない、またその絶対的な頻度は、今日のアングロ・サクソン世界の庇護者と同程度である――美術館、大学、または病院を建てることは一般的に認められ、奨励されるが、それでも庇護者における個人的指向、性格的特徴、高い価値観への個人的関心をうかがわせる。それは恵与指向のように非公式な強要と市民的期待で強化される階級的心理現象ではない。古代人自身は高尚な恵与とそうでないものをはっきり見分けていた。小プリニウスは貧しい市民の子息たちを援助する基金の設立をコモに約束するが、その申し入れは当人が正当に誇れるものである――もし競技会や剣闘士の見せ物を約束するなら同じようにはならないだろう。[327]それこそ、たいていの恵与者が行なっていたことである。聖ヨアンネス・クリュソストモスが語っている名誉ある金持は丸一日、祭りの王様になって破産している。幾千年を通じて、無数の有力者または貴族が同じ原因で破産している。祭りを開催するのはもっとも普及した誇示的消費の一つであった、だからギリシアの有力者のあいだでも、リーニュ公の『回想録』や……ゲルマント家の場合のようにしばしば問題になったのである。確かにゲルマント公爵夫人は慈善や芸術や文芸の庇護よりもはるかに多くの金を宴会に使っている。

有力者が、社会的格差の追求と、自己および自己の義務について抱く野心的な意図の表明は結局、たいていの場合、平凡な名誉欲からきていた。[328]ところで人民の願望もこの指向と一致していた。人民は有力者から受ける恩恵を権利とし、当然のことのように要求した。プルタルコス〔プルターク〕はこう書いている、[329]「大金を払って名声を買う人々は群衆の力を強め、群衆をあつかましくする、というのも名声が高価な値段の幸せであり、それを奪うのも与えるのも群衆次第だと思いこませるからである」。人民は必要に応じて騒ぎを起こし、有力者に誇示的鷹揚さという固有の理想を実現させるように仕向けた――そのような階級的ゲリラ戦術を表わす資料は多い。(330) ローマ時代の西洋では、有力者が亡くなると、平民は弔いの見せ物という名目で剣闘士の闘技の開催を要求した。(331) また、あるときは、ポレンティアで、平民は公共広場において高官の葬列を阻止し、その相続人から剣闘士の見せ物の開催を弔い見せ物という名目で無理やり、承諾させてからようやく解放した。(332)「上流階級の吝嗇」(333) がこの暴挙の原因だった。ローマ時代のエジプトで、婚礼の時や男子トーガ着衣の時には、人民に銀貨を配るのが習慣になっていた（同じ習慣がビテュニア地方にもあったことはすでに見たとおりである）。息子の婚礼のときに五万セステルティウムの金を配ったばかりの未亡人は、自分の再婚に際して、もう金を配りたくなかったので、田舎で結婚することにした。(334) このような民衆の要求は当時の災難とも言えることであったので、それに反対して立ち上がる政論者も現われた。その一人によれば、(335) 皇帝は「人民の行き過ぎを抑圧すべきであり、無理な行為や出費を強要しようとして暴力を振るうのは止めさせるべきだ」、たとえその口実が皇帝を礼拝する儀式であろうとも。結局、法律家たちは、民衆の暴力を禁じるユリウス法をもって都市へ見せ物や金を寄贈する約束を無理強いする人々を告発してもよいという決定をくだした。(336)

人民は見せ物でなくパンを要求することもあり、そのとき恵与は階級闘争の標的にされる。飢饉とパンの値上がりが一年も続いたとき、雄弁家プロウサのディオンという有力者で恵与者は危うくリンチを受けるところだった、いや少なくとも、かれの別荘が焼かれそうになった(337)——かれは金持だと知られていたが、小麦の購入費に当てられた「寄付申し込み」に応じなかったからである。このような例は規則というよりは例外である——たいていの場合、民衆の暴力はパンでなく歓楽を要求している、またそれは偶然ではない。人民は歓楽を要求したいときには富裕階級を相手に戦わない——人民は金持に個人的な庇護の趣味を義務づけて伝統的な歓楽を要求する——それ以上、伝統的なことがあろうか。どうしても出したくない金を金持からむしり取ろうとするのは別である。すでに見たように、小麦は伝統的な恵与の対象であった。一般庶民が多くの場合、歓楽を要求することで一致していたとすれば、それは歓楽が庶民を集団的本能にしたがって集めることになるからである。個人的利益を守るために団結するのは難しい、また群衆が騒ぎ立てて、貧しい人々に慈悲を施すようにと有力者へ要求することも考えられない。集団的満足は群衆がもっとも集まりやすい催しを要求することであり、特に、その満足は歓楽であり、その場合、庇護者は祭りの王様になれる慰みも得られるだろう、そのほうが庇護者には受けいれやすかった。

そこで人民は多くの場合、有力者に本来、あらかじめ人を集めてくれること、そして有力者も寄付してくれることを有力者に要求した、こうして無料の饗宴を頼んだ――その代わり、無料の葬儀を要求しようとか、有力者が庶民の葬儀代を払ってくれようとは思いつかなかった。このように饗宴と葬儀の並行は奇妙に見えるかも知れないが、それは外見にすぎない――当時の一般的な二大関心事は饗宴の開催と儀式的な葬儀の確保であった。死を宗教的出来事とするキリスト教はまだ到来していなかった――もしキリスト教徒なら、だれも犬のように死ぬことはないだろう、つまり魂の存在が認められるだけでよい。異教徒はそのような死の民主制を知らなかった――死は金銭問題と無関係でなかった。奴隷や貧しい人、つまり火葬や墓のために必要ないくらかの金もつくれない者の遺体はごみ捨て場に置かれた。死にはなんの宗教的意味もなく、葬儀の豪華さだけが唯一の厳粛化であった。したがって、一庶民は緊急の必需品、つまり日常のパンが得られたら、次に感じるもっとも切実な欲求は、まず饗宴であった、なぜならそれは人間らしく生きるための物質的、精神的な幾ばくかの余裕がそろっていたからである。その次が墓の欲求である。

この二つの欲求は確かにこの時代のもう一つの重要事、つまり集団現象であり、あらゆる種類の会組織または「組合」の激増を如実に語っている。宗教的または職業的名称（しかじかの神の信心会、大工組合）の下で、これらの会はさまざまな目的のために結成され、しばしば本当に宗教的であり、またときには政治的であり、その正式な目的によって異なっていた――周知のとおり、多機能性がそれらの会の性格であることが多い、なぜなら会員たちは身柄とも、またすべての欲求を引っさげて加入するからである。[338]だがそのような会が多く果たすべき表面的または潜在的な二つの機能は、まず、会員全体に饗宴をもよおすチャンスを確保すること、そして次に互助的組織のおかげで葬儀が確保されることであった。ところで、恵与者らはその一番目の満足を喜んで提供した、というのもそれで虚栄心が満たされたからである、だが二番目の満足を与えるのは好まなかった――哀れな者の葬儀を引き受けても有力者の栄誉にならず、また人が死んだときは、当然、饗宴の場合のように多くの者が集まらなかった。帝政時代を通じて、まれには無料で葬儀を行わせる基金が確認されるが、そのような恵与者の行為は高い庇護行為に属し、すでに述べたようにエリート族の個人的な選択によることであった。そのようなことは五本の指に数えられる程度である（だから不幸にして、帝政時代のギリシア地域では、まだ一例も発見されていない）。[339]それに反して、幾百例も饗宴や建造物が見つかっている。このような条件の下で、人民の大部分は、墓を確保したいと思うなら、神を祭るか、同業者（なぜなら大工は大工とつきあい、靴屋は靴屋と話す機会が多いから）を集めるような公共的目的で少数の人を集める多くの会のどれかに加入するしかなかった。それほど古代人が亡骸を敬う必要を感じていたと思われても、それは古代人の精神性がその点においてわれわれの精神性と違っていたというのでなく、ただその必要性が自動的にかれらの宗教によって確保されていなかったというだけである。

ところで、文化的、職業的な会の組織は会員たちに饗宴や葬儀を行うように定められているように思われる。会員は互いに熱い交誼で結ばれ、飲むという即物的な口実の下に集まる楽しさを味わう。また同じ会員が亡くなったときも、互助的感情を表わすことなく死出の旅へ出立させることもできない。たとえば、中世末期において、キリスト教的フィレンツェで同じようなことがあった――人民のあいだで、聖母マリアか聖人を礼拝する信心会が栄えていた。その会は会員の葬儀を盛大に行い、会に所属する共同墓地もあった。デイヴィッドソンによれば(340)、その信心会は饗宴が大好きであったことでも知られている、つまりその信心会に残してくれた基金の創設者を記念して饗宴を催すことが多かった。ヘレニズム時代とローマ時代の「組合」についても同じことが言える――その組合は名目上の機能を果たすよりはむしろ生きるために生き、いざという時には会員全体の生活を守り、特に犬のように死ぬことがないように心がけた。だから多くの人は、恐らくあまり意識することなく入会して、特に会の潜在的な機能である互助性を利用しようとした。そこで宗教的または職業的な組合が多く結成され、大多数の者が感じる欲求のまわりに多くの少数グループを集めることになる。それは驚くに当たらない――よく考えてみれば、一つの会が何か欲求を感じ、それが広く一般的なことであるとしても、同じ欲求を感じる無数の人々を寄せ集めることは難しい。ある集団が、たとえばすべての納税者または隣人と交際したいすべての人を集められるとは考えられない、なぜならそんな大勢の人をどうしてまとめられようか。どうして細分化に抵抗できようか。そのような場合は、むしろ小さい集団がつくられるだろう、その大きさは会員を選ぶ名目上の目的によって人為的な制限を受けることになる――だから多くの会はますます多機能性を発揮することになる、それともその疑似機能性を増大させると言ってもよい(341)。

要するに、以上のような会についても、すでに恵与に関して指摘したような困難さが見いだされたのである――集団的な財でなく墓のような個人的な財が要求されるなら、たとえそれがきわめて一般的な欲求であっても、その要求は通りにくい。人民は墓を確保しようとして、狭い集団の中で、あまりにも広い範囲に薄められたような互助的感情を求めようとしていた。人民は未来の死の互助組合に結集することができなかった。恵与者に墓の費用を出させるような圧力団体もつくれなかった。そこで恵与指向としては、集団的な財なら提供するだろう、しかもそれが庇護者の虚栄心を満足させてくれるから。

不幸にして、庇護者は自分の気に入ることをしたい——かれが提供する共用財は必ずしも人民が望んでいることと一致しないかも知れない。庇護者は自分とその都市の理想像に合った建造物を建てようとしても、それは同胞が喜ばない建物を押しつけることになるかも知れない、つまり同胞はむしろみんなの歓楽を喜んだかも知れない。ディオンは、プロウサの町のなじみ深い表情をつくり変えようとして暴君的にふるまい、同胞の不興を招いた(342)。ウェディウスは、人民に見せ物や金の提供をしないで、エフェソスに自分が建てたいくつもの建造物を装飾するために金を払ったので、都市と喧嘩し、結局、皇帝の個人的な仲裁のおかげで勝利する(343)。庇護者に勝手な選択をさせることは必ずしも共用財を決定する最良の策ではない。各都市の年代記は複雑な歴史に満ちている、つまり基金、寄付の申し入れ、または公共財(344)が、都市の欲求や人民の願望、あるいは恵与者の意志によって当初のものとは違ったものに当てられている。恵与指向は必ずしも宝の国ではなく、しばしば悶着の王国である。

役割、選択、そして「完成」

総じて、恵与者が豪勢な振るまいで偉さを示したり、寄贈によって名声を博したり、あるいは自費でもって都市の政策を進展させたりしても、やはり恵与指向は社会的格差のおのずからなる表現であり、また有力者体制の付随的効果でしかない。だが有力者の鷹揚さは世論の期待によって励まされ、強制される。その結果、恵与指向は役割となり、選択となり、完成となる。役割とは、寄付で破産できない個人的利益と有力者としての身分的義務とのあいだの微妙な均衡を維持しなければならないということである。また庇護に優れた者はその義務にすっかり打ち込んで名声を挙げることを選択し、恵与指向の完成者となる。最後に、政治の副産物として、寄贈はその寄贈者の名声を上げ、政治家の補充の際の基準となる、これはそれほど最良の選択でないかも知れない。

〔二〕恵与指向の始まりから、それがどのような経路をたどってきたかは見たとおりである――紀元前四世紀にはまだ逸話的であり、個人的な選択の対象（さる高官が公的予算に追加分を支払い、さる神官はいけにえにするものを自費で買う）であったが、それが集中的に唯一の同じ役割となり、有力者の身分的義務となる。そこで有力者としては、自由な恵与指向と「名誉」恵与指向を区別することは無用になる。どの有力者も気前のよさを示さなければならないし、どの有力者も高官か課役負担者にならねばならない。自由な庇護行為は「名誉」恵与に代わることができる。自由恵与者は都市が支払い不能のときは国税を支払う[345]、あるいは自分が高官でなくても、高官職の経費を払える基金を設け、その高官職が候補者を失って空席にならないようにしてくれる[346]。われわれには詳細とともに年代記的な推移も分かっている公職の職階は[347]、すべての人に同じような「序列」にならず、高官職、課役、褒賞、「名誉」寄贈、そして自由な庇護を、まるでひと束ねのように混ぜ合わせている。高官の基金や寄贈と非高官の寄贈を識別することも不可能である、なぜならそのような個人的鷹揚さは高い地位を狙ったものかも知れないし[348]、また、ひとたびその地位についたとき、新たな寄付の申し入れをしなくてすむこともある。

そこで有力者の地位を維持するためには金がかかり、また同じようなことを子孫に続けさせるために必要な財産を貯蓄しなければならない[349]。貯蓄をすすめ[350]、適宜に寄付をするにはうまく調整しなければならない。プロウサのディオンはこう書いている、「わたしの祖父は必ずしもわが都市の恥にはならなかったし、自分の財産を少しも寄付しなかったとも言えない――かれは祖父と父から富を受けついだが、それをことごとく鷹揚な寄付で使い果たした、それから自分の学才と皇帝の保護のおかげで改めて富を築いた」。この家族的な叙事詩を次のように訳してみよう、「この祖父は自分の世襲財産を恵与で使い減らしたが、皇帝の恵みと自分の修辞学者としての活動で散財の一部を取り戻した」。

〔二〕ところで、紀元二世紀から、ラテン西洋と同様に、ギリシア世界にもいくらかの庇護者が存在した、つまりかれらの寄付はあまりにも巨額であるので、庇護[351]の均衡政策とか個人的趣味[352]では説明されず、まぎれもなく恵与指向の[353]大家として特殊な種族を形成している。ヘロデ・アッティキスよりはむしろロディアポリスのオプラモアスを例にとろう。前者の名は、今日の億万長者の庇護者のように古代ですでに有名であり、すべてのギリシア人に対する鷹揚な寄付と堂々たる威風で知られていた。後者は恵与指向のチャンピオンとして現代の碑銘学者のあいだで知られている。紀元二世紀後半を生きたこのオプラモアスの墓はリュキア同盟の小さな都市で発見された。その墓の壁面は碑文でいっぱいであり（今日の大型本の二十ページ分）、その碑文は富豪の庇護者が行なった寄贈や栄誉を称えている――かれの功績を証明する皇帝や総督の書簡、同盟都市からの表彰状である。オプラモアスは自分の墓に、生涯を通じて恵与者だった自分の使命のあかしとして、これらすべての碑文の文書を刻ませた。かれの篤志行為の金額はたまげるほどである――百五十万セステルティウム（十億旧フラン〔現一千万フラン〕）を越えるが、さらに多くの金額は碑銘の欠損で分からない。ところで、オプラモアスには子供[354]がいたが、かれは使命を優先させた。

このような大家の場合を説明するにはマルクス・アウレリウス帝の示唆に富む文から始めるべきだと思われる――この哲人皇帝は、自分が若かったころ、禁欲者や恵与者の真似をしたいとは一度も思ったことがない、と書いている。これは紀元二世紀ころには「完成」（この語がキリスト教神学で用いられる意味において）の理想が存在していたこと、および恵与指向がその完成の一つであったことを教えている。お偉方は恵与者になり、世襲財産を犠牲にしたが、ピタゴラス主義または新プラトン主義に改宗して禁欲生活をすることもあった。ちょうどキリスト教徒が修道会に入るか、聖フランチェスコ会の第三会員になることができるように。十八世紀のある公爵はフリーメーソン団員となり、『魔笛』のタミノの美徳を真似るだろう。完成は専門と同じではない、つまり哲学者や修辞学者等のような専門ではない。後者は一種の専門化であるが、一方、完成はすべての[355]人の手本である――すべての人がなるべきものを実現することである。どんな信者も聖性を約束されていて、この名にふさわしい人はすべて恵与者になるべきであり、さもなければ禁欲者として生きるべきである。したがって完成は宗教的または道徳的な理想である、なぜなら倫理・宗教的な価値観だけが普遍的に義務だと思わせているからである（その代わり、だれも文芸のために尽くす義務はない）。しかし実際には、ごくわずかの大家しか完成のために生涯をささげようとはしない。オプラモアスはそのまれな一人であった。

したがってオプラモアスは恵与指向の「レギュラー」として、最高の恵与者である。他の有力者らが時には自由な恵与を行なっても、それはたんなる篤志家にすぎない、それとも公職につきたくて仕方なく「名誉」恵与を行うときは出世主義者である。これで輪は閉じられる――ヘレニズム時代はじめでは、庇護者はただ寄贈をするだけで満足し、高官はポケットからなにがしかの金を公費に加えて評判になった。いまや、だれもが恵与者である。傑出するには使命に燃える恵与者にならねばならない。

〔三〕ただ、自治体生活というグラウンドは政治という専門に支配されていた。恵与指向と政治は両立できただろうか。両者は力で結ばれていた――恵与はあらゆる政治職の条件になっていた。ところで、政治活動にはそれなりの論理がある、なぜなら結局、果たすべき職務、つまり統治があるから。よい政府が常に寄付の政治と両立できるか、また寄贈や名誉欲が必ず立派な政治家を選出できるか、それは定かではない。プロウサのディィオン、[356]あるいはプルタルコス〔プルターク〕はこの二つの難問を痛感した。プルタルコスはその考えに興味を持ったから、なおさらその問題を深く痛感した。プラトン学派ポリュビオスのように権威と道徳の政治（外見上のお人好しにだまされてはならない）を支持したプルタルコスは原則的には恵与を敵視した。だがかれは、当時においては、人民に利益を与えなければ統治ができないことを知らなかったわけではない。そこでこの哲学者は妥協策を探求した、また他方、かれは『ペリクレス伝』の中で慰謝的神話を発展させた。次の章において、キケロが同じ原則から出発して同じ中庸に達したことが分かるだろう。

プルタルコスには分かりすぎるほどよく分かっている――各都市において、大部分の野心家が人民に饗宴や寄贈[357]や配給や剣闘士の試合や、あらゆる見せ物を提供して評判を高めている。[358]ところが出世の道は、あまり富裕でない有力者にも開かれなければならない。この有力者らはただ誠意と忠実さだけで人民の気に入られるだろう。[359]そこで公生活はプラトンの饗宴に比べられる――恵与者の席はあるが、それはソクラテスの席かも知れない、またソクラテスは何も支払わないが、聴衆から耳を傾けられる。[360]この理想はまれに実現したが、恵与指向は結局、政治家補充のゆがみをもたらした。マックス・ウェーバーが言うように、どの社会体制を評価するときでも、次の角度から検討しなければならない――その体制はいかなるタイプの人物を選びやすくしているか。[361]

政治的人間は、能力があり、必要だから寄付もする、だが少なくとも恵与に何か高尚な口実を設け、ある種の原則には妥協しないで名誉を守るとしよう。かれは民衆を馬か子供のように引っ張り、民衆が離れすぎると、引きとめ押さえつけるために、些細な欠点には目をつむることを知らねばならない。ころ合いを見て手綱をゆるめ、人民に進んでいけにえやコンクールや演劇の見せ物、[362]さらには、宗教的な祭りや神の礼拝が口実になるなら金を分けてやらねばならない——ペリクレスもそのようにした。[363]なぜならそれが「巧みで名誉ある口実になるから。神を敬うのは民衆を敬虔へ導く、そのとき民衆は、立派で偉い人々が神のために鷹揚さと熱意を競っているのだと知る」。[364]だが恵与が人民の権利ではないという原則は曲げられないだろう、したがって公共財の配分は拒否されよう。[365]

夢のような理想としてはペリクレスのようにすることかも知れない——最初は寄贈で一般の名声を博し、次いで、民衆を掌中に収めてから手綱をゆるめる。『ペリクレス伝』では、[366]この政治家は一種のローマ皇帝か、創始者か、歓楽の提供者かと見なされ、恵与指向という良俗の寓話の主人公にされる——ここで、わが友人ピエール・ヴィダル＝ナッケに感謝したい、というのもかれがテキストのこの面を強調してくれたから。ペリクレスは王冠のない王者であったが、まず、金権政治家の寡頭制に反対して人民に頼る。この当初において、「かれは人民に対する手綱をゆるめ、人民の人気をとるように統治し、絶えず大祭や饗宴や行列を考え出した」。かれは町を飾り、建設事業を起こして「あらゆる種類の産業と各種の需要をつくりだし、それですべての技術を復興させ、すべての腕を働かせ、ほとんどすべての住民に報酬を提供した」。[367]さらに、ひとたびかれの権力が確立すると、「かれは一変した——もはや人民の関心を惹くようなことをしなくなった」、そして「政府の力を引き締め、いままで甘く悩ましい音楽のように軟弱で、ときにはたるんだ民主制を、こんどは貴族的で王政的な制度にした」。[368]

だが、どうして「ペリクレス」の権力、つまり有力者の権力がそれほどおとなしく人民に受けいれられたのであろうか。恵与が権力を正当化したのだろうか。また有力者らが都市にそれほどの代償を払って統治することに、どれほどの「階級的利益」があったのだろうか。

六　妬み、正当化、社会的格差

以上が恵与指向に関する最初の説明、あるいはむしろ最初の設立経過である——人民は御しにくい動物であり、ときどき手綱を緩めながら引っ張ってゆくか、それとも面倒を見てやらねばならない。この権威主義的概念のために恵与指向は群衆性の無謀で、わがままな面と戦う。ポリュビオスに、その教訓のもっと権威主義的な例を見たはずである——一瞬も手綱を緩めてはならない、なぜなら少しでも手綱をゆるめたら、この意地悪い動物から弱さの兆候と見なされるから。そうなればその馬はしたがう義務しかないのに、多くの権利があると思いこむだろう。

恵与指向には別の解釈もあった、それが現代人には好評を博した——恵与は、人民の悪い癖に対する策略であるどころか、個人または集団の永続的な権利を満たすものであり、また恵与は支配階級と被支配階級のあいだで社会的利益を再配分し、したがって共同体の均衡が確保される。人民は富と権利の不平等な配分を償うべき公共財を受けとる。非政治化の理論はこの均衡化再配分説の風刺的にしてマキァヴェッリ的なつくりかえである。

これら両論には、共通した基本的前提がある、それによれば恵与指向は政治的、社会的な機構の一部であり、緩和または再配分の機能を果たすことになる。そのようなことはまったくなく、恵与指向は有力者の権力を保証したのでなく、また所有者の財産所有を保証したのでもなく、有力者体制や金持の権力は恵与指向とまったく無関係であった、つまり恵与指向は興味ある特殊性、さらには上流気取り（スノビスム）にすぎないことが分かるだろう。恵与指向なしでも、有力者体制は立派に機能しただろうし、また有力者は人民の利益をはかっても得るところがなかった、なぜなら社会的均衡の概念はまやかしの隠喩にすぎず、階級的利益の概念ははるかに強固だからである。

個人の利益

この機能主義についてはゆっくり議論し、ヘレニズム時代の都市をセメントのように固めていたものを明確にし、また恵与指向がそのセメントであったかどうかを確かめよう。それには、まず、いま要約した両論がどの点で対立しているかを示さねばならない——両論が個人に与えている地位についてである。権威主義論は形式主義的である——正義が確立しておれば、立派な社会ができる（これはプラトン的な「全体主義」である）。それに反して、均衡論は正義が正義以外の内容、つまり個人の利益に適用されることを前提とする。正義は、どうにかこうにか利己主義を妥協させせながら人間をいっしょに生活させようと試みる、また社会を規制するが、組織しない。

〔一〕社会の面倒をみながら人民との格差を味わっている有力者階級を想定してみよう。平民の自然な尊敬はこのエリート族に向けられる、またエリート族は平民を見おろしながら平民を永久の未成年として手を引いてやらねばならない。エリート族には長官のような態度があり、そのために序列に秩序が支配し、したがっていかなる個人も集団的利益と一致しないような利益を要求できないようにしている——規律は全体か、それとも存在しない、とエリート族には思われる。個人は道具にすぎず、服従以外に何もすることがない。共通の利益に関わらない願望はすべて自律の証拠であり、不服従の兆候である。恵与指向は、それが権威の行使でなく、権威以外のものが存在すると思わせる、ただそれだけの事実によって不服従を助長する。つまり悪い例を与えるのである。恵与指向は、隊長が部下に与えるような緊張緩和と見なされるのでなければ回復できない。恵与指向を回復する別の方法は、プルタルコスの好きなやり方である、つまり信仰に奉仕させることである。プルタルコスは師プラトンを援用している、つまりプラトンは競技や祭りを神々への礼拝に結びつけていた、そして人間は神の手の中のおもちゃか操り人形でしかない、と言った。人間が自分のために遊んでいるように見えても、実は神を喜ばせるために騒いでいるのだ。ただしプルタルコスは、恵与者が好んで祭りを開催するのは神々に当然の敬意を捧げるためだとは明言していない――ただ人民を教育し、信仰を教えるために開催するのである[369]。というのもプルタルコスは、宗教を人民の精神を抑制する良策だと見なしたポリュビオスのような無信仰者ではないからである。プルタルコスは信仰者であるとともに権威者であり、人民に信仰を説きながら、常に決定権を持ちたい。

かくて、もし有力者がすべての個人主義的表明を不服従の脅威と見なすなら、有力者はプラトンの哲学に願ってもないイデオロギー的口実を見つけるだろう。プラトン的な都市では、奴隷の群衆は、もっぱら「全体」のために生きる市民のエリート族のために働いているので、そのような都市は不正な社会というよりも、正義そのものの社会のイメージである――個人的利益も、利己主義もまったく考慮されない。下級のものは上級のもののためにしか存在しないこの全体主義的都市は、正義の形式的なイメージであり、個人的な内容がなく、個人が参加しても、それは自分の利益のためではなく、立方体モザイクのように美しいイメージをつくり出すために、各自が好きな場所にいないで、工芸品に要求される位置を占める。

〔二〕プラトン的形式主義に対して、社会的物質主義、個人の利益をもっとも強硬に主張したのは、独創的で辛辣な思想家カルネアデスである。かれはヘレニズム時代のもっとも優れた哲学者の一人であった[370]。かれが不正を賛美したことは、ある点では、マックス・シュティルナーによる「独自性」、利己主義の賛美を想起させ、同じく物議をかもす誤解を生んだ。カルネアデスが言いたかったのはただ次のことである、つまり社会を形成するのは利己主義であり、また正義は、利己主義のために、多数の利己主義を少なくとも不手際に規制するだけである。だからカルネアデスは表面的に矛盾するだけの二つのことを確認できる――正義は、利己的利益を追求する実践的英知と衝突することが多いが、同じ利益に立脚している（カルネアデスは、帰着するとは言っていない）。人間は弱さから正義に助けを求めて、圧迫から解放されようとする。正義は人間にとって重荷であるが、人間は正義なしにはすまされない。カルネアデスは多くの例を挙げて、正義の実践が利己的英知、個人の生活意欲にどれほど犠牲を強いているかを示そうとしている。

　この立場は、その当時としてはきわめて独創的だと言える。ユダヤ人の一般的英知ではあまりにもよく知られていたが、この悩める「正義」という観念ほどギリシアの貴族的倫理になじまないものはない。ギリシア人は、功を得ようとすればなんらかの利益をあきらめねばならぬことがあまりにも多いとは思いたくなかった。周知のように、[371] ヘレニズム時代の幸福論は、われわれが道徳問題と呼んでいるものを幸福の問題と混同していた――古代の道徳は幸福論である、なぜなら美徳の実践は至福の要因の一つ（時には、唯一）にほかならないから。この混同はわれわれには奇妙に見えるが、この混同を理解するには、「美徳」を「優秀」と読み換え、「幸せな」を「うらやましい」と読み換えればよい――幸せな人はうらやましい、だがわれわれは幸せな人非人をうらやましいとは思わないだろう。アイヒマンの体で蘇生するよりはガスで殺されたユダヤ人の体で蘇生するほうがましだろう。たとえアイヒマンが絞首刑を逃れても、かれが幸せでうらやましいとは、だれも言わないだろう。禁欲主義的逆説（賢人は苦痛の下においても幸せである）の逆説性は確かにこの奇妙な問題設定から来ている――禁欲主義者はその時代の暗黙的な枠内で考えながら、道徳問題を幸福の問題の枠内に置いているのである。

だからギリシア人は正義の社会と幸せな社会は同じだと思いたがる。ところで、この等式は次のように解釈される――正義だけの社会をつくろう――そのような社会は幸せでもあると言われるにきまっている。かくて幸福論と倫理的問題の混同は幸福を正義の犠牲にしてしまうことになる。そのような暗黙的前提に対して、カルネアデスは道徳と個人的利益は別々だと主張する――幸せになりたい者は不正になるほうがよい、そして正義に戻るのもただ幸福のためである。人間は自分の利益を追求するために社会生活を営んでいるのであって、正義の人になる喜びのためではない。社会は利己主義の「不調和的一致」*concordia discors* であり、もし個人とその力への意志が抹殺されたら、社会生活と正義そのものは不可解なものになる。正義はその特性を保持するかも知れない（正義は利益と混同されないだろうし、またそれだけ欺瞞的にもならないだろう）、だが正義は目標と存在理由、つまり利己主義の多様性を失うことになり、宙に浮くだろう。

〔三〕そこで、あとで確認してもらうことにして、各個人が合理的に自分の利益を監視し、またそれで社会も満足すると期待していると仮定しよう――個人は利益が正しく配分されなければ満足しないかも知れない。個人の態度は企業の株主に似ている。そこで恵与指向が不可欠な機能を果たすと推測されよう――恵与指向は受取人に均衡のある再配分を確保するように利益を再配分する。この均衡化のおかげで、社会は統一された状態にとどまることができる。そこに恵与指向の古典的解釈が認められる。

ジェリンク(372)はこの恵与指向に完璧な形式を与えた、「寄贈の深い理由は、所有者階級には現体制からもたらされる自分らの優越性を消しさることで、不遇な階級とのあいだに均衡を回復する社会的義務があったことである。だからこそ、その寄贈はある階級の人々全体に当てられていた。だからこそ、その寄付は明らかに《身分的義務》に属し、そこからの逃避は恥辱になると見なされたのである。寄贈は本質的には富の流通システムを完成するのに役立った。上流階級固有の利益はそのような寄贈を要求していた、つまり寄贈は人民に畏敬の念を抱かせ、《妬み》を消滅させるという、まぎれもなく貴族的な姿勢を示すことによってその地位を確保しようとする本質的な手段になった」。

このような機能的解釈がきわめて興味深いものでありながら、実はあまりにも単純であり、大間違いであると思われる理由を述べよう（妬みと身分的義務については改めて議論しなければならない）。とはいえこの解釈が恵与指向についての古代人の説明にかなり近いことも打ち明けておこう——それはわれわれの精神と同じほど自然に古代人の心に現われた合理化であると言えよう。この合理化を体系的に述べているギリシアまたはローマのテキストは見つかっていないが、散在する断片では発見されている。『夢の鍵』[373]では、こう書かれている、——金持は「都市の長官になるだろう、公共費のために鷹揚に大金を支払うだろう」、なぜなら、とある哲学者が確認している、[374]「すべての都市、特に大きな都市では、通常の経費を寄付してもらうために金持が必要である」からだ。その代わり、金持は名誉を受ける——「民主制の下では、多くの人が進んで大金を寄付し、その代わり名誉を受ける」。この著者は民主制を都市だと解釈している、つまりこの場合は君主制に対立させている——この著者は都市に恵与を行い、その代わりに名誉を受ける場合と、皇帝に支払うべき見返りのない税金を対比しているのである。[375]そこでどの都市も金持に統治されるようになる——ある雄弁家は叫ぶ、[376]「タルソス人たちよ、あなたたちの民会に出席して話してもらえ、だれでもよいのではなく有力者か立派に課役をつとめた人に来てもらえ」。金持はいる、かれらは統治する、金を出してくれる——それが社会的協定であった。もし金持が金をださないなら、その特権は不当なものになるだろう——「この人らは公共の土地を手に入れた。われわれの財で太った所有者らは決して公職を全うしたとは思われない——かれらは都市から奪ったものを少しも返さなかった[377]」。かれらは支払いを拒んで、敵意や「妬み」をかき立てる、というのも損失というよりはむしろ拒否によってひきおこされる軽蔑のためである――「都市は、国庫から盗む貧者を恨むよりも、自分の富を少しも寄付しない金持のほうを憎む、なぜなら都市は金持の行為を傲慢、軽蔑と見なすからである」。(378)

社会は完全な市場《しじょう》ではない

しかし、これは俗っぽい合理化にすぎない。均衡は確保され、人民は幸せになり、社会は、収益が正しく配分または再配分されるならすぐ安定する、でなければ安定しないのか。もしそうなら、もし社会構造がそれほど単純で論理的なら、反乱や革命には透明な原因があるだろうから、確実に予知できるだろう。正義の社会だけが生き残り、そうでない社会は明白な搾取か、それとも純然たる盗賊生活に似るだろう――あいまいな制度は存在しなくなる。長い期間のあいだに結局、収益の正しい配分が確立されるに決まっている。そこで残るのは難しい問題だ――金持はその富の幾パーセントを再配分しなければならないのか。査定額か、象徴的な僅少か、それとも恵与指向全体か。だれがその額を決めるのか。だれが計算するのか。どのように？　決してそのような問題が起こらなかったとだれに分かろうか。

再配分の理論は、社会生活を株式社会のように見なすフィクションにすぎない。そうなれば人間は敏感な利己主義者になり、株主に似てくるだろう――人間はその社会に加わる前に利益を計算するだろう、その定款を調べるだろう、それが公正かどうかを判断し、言いなりにならないだろう。だがもしそうならなかったら？　もし人間が生まれる社会を選択しないなら？　もし人間が、どこにも書かれていない定款や決算報告を知ることができないなら？　もし鋭い一瞥を社会「全体」に投げかけてその社会の正義を判断できず、偶然に生まれた片隅から、地面すれすれのところから物事を見るとしたら？　また人間の利己主義が既成の事実か敬意から言いなりになるとしたら？　もし人間が正義というブドウがまだ青すぎると思ってあきらめ、運命からもらった分け前でなんとか満足するとしたら？

われわれ各自の社会ビジョンは地面的ビジョンに似ている——宇宙飛行士でなければ、外部から全体的に把握できない。われわれの置かれている場所から、われわれの視線がとどき、当然われわれが中心となる視界の果てまでしか見えない。われわれの社会が立派につくられているとか、一般大衆が都合よく配置されているとかは問わない、問題はわれわれ自身の境遇があまり快適でないかどうか、また金持が隣にいて、金持の運命と自分の運命を比べて不満を感じるかどうかである。社会的な「全体」の配分が悪くても革命は起こらない（なぜなら、そうなれば革命が尽きないから）、ただわれわれが生きている運命が耐えられなくなれば革命が起こる。耐えられないというのは、理性に照らして不正だというのでなく、ただそう感じるときである。

だが、われわれがそう感じるときはまれである——どの社会もときには不正であった、だがたいていの社会はどうにか受けいれられ、合法化された、なぜなら利己主義がまかり通っているからだ（これはすでに引用したマックス・シュティルナーの説の第二点である）。各自は「あのブドウはまだ青すぎる」と思い、当然、どうするか、またはどうせざるを得ないかを考える、そして自分の願望と能力のあいだの「不協和音を減らそうとする」。かくてどうせざるを得ないかは自由な選択となり、現体制はすべて合法的となりやすい。反乱が起こっていないときに、どうして安定した社会と不正な社会を見分けられようか。社会契約論と均衡論は、経済における完全競争市場の理論と同様に基準値のある合理的フィクションである。もし人々が、理想的な経済主体者と同じほど完全に精通し、一貫した社会的主体者であるなら、それはあまりにも立派すぎるだろう——そうなれば歴史を通じて、あらゆる社会はかの有名な「見えざる手」〔資本主義的自由経済）によって動かされ、ついには正しい均衡に落ちつくかも知れない、ちょうど完全市場のように（これは確かにシュティルナー説であるが、この思想がアダム・スミスの思想につながっているとも知らず、無政府主義的学説とされた）。[379]

だが、そのような考えはすべてあまりにも楽観的なフィクションにすぎない。人間は均衡なしでもすまされる――かれらは視界内しか見えず、それに順応しようとする。したがって恵与指向の機能は、人間には分からず、人間が要求せず、また人間が自分に定められた運命を判断しないような均衡を回復することではない。だから歴史を通じて、各種の再配分がそれぞれの場合において（慈善は恵与指向ではない）、さまざまな理由によって説明されるのである。またそれらの理由は大法則には似ていない――その都度、人間性の無数の小さな動機である。たとえば、ある公職が少なくとも閑職であり、もし上部の権威筋などから任命されるのでないなら、支払いでなくとも、少なくとも心づけが必要になることはすでに見たとおりである。文化は自然と同様に単純ではなく、ただアルカイックな物理学と社会学だけが、哲学体系のように見事で、分かりやすいわずかの大法則に還元される。

妬みの分析

確かに、ある事柄が、人間は均衡または平等を原則問題にするのでなく、自分の具体的な状況を感じるのだということを確認している――それは無数のテキスト資料で恵与指向と見なされている美徳、つまり妬みを和らげるものである。ところで、妬みは上から見た社会の不調和を批判するのでなく、ただ各自が片隅で感じる憤懣、つまり金持の傲慢に対する心理的な反応にすぎない。少なくとも金持は恵与にその緩和的効力が含まれていると思いたかった、しかし寄付は一方で憤懣を和らげるとともに、他方、それをかき立てるということが忘れられていた。金持は寄付または自粛（富を見せびらかさないこと）の行為が万能薬だと思いたかった。だから金持としては、問題の根本を解決して実際に公平な割合で富を再配分することが問題でなく、ただ機転を利かせて立派な象徴的行為を示すだけでよかった。だからこそ、すでに見たように、再配分の現実的な金額の計算は問題でなかった。

富はしばしば漠然たる反感、つまり「妬みの女神」[380]を怒らせる、その女神は人民から現実または人格神と見られるのでなく、われわれの「感興」のように現実ばなれした「意志」と思われた[381]。その反感は、富そのものから引き起こされるというよりはむしろ金持が見せびらかすからであり、その結果、生じる感情である――金持が他の市民より偉いとうぬぼれているのではないかと疑われるのである。デモステネスの一ページはそのことをあまりにも雄弁に語っているので、全文[382]を引用しなければならない、またそのような嫌疑をかけられたくないなら市民団に対して鷹揚な寄付をすればよかった。「わたしのライバルが自慢している鷹揚な寄付、課役、豪勢な公共的出費、それらはどうしてなのか」と、この雄弁家は問う[383]、「次のようなことしかわたしには分からない――かれはエレウシスに豪邸を建て、その家が大きすぎて、ほかの家々はその影になっている。またかれは二頭立ての馬車に妻を乗せ、エレウシスの《密儀》や、その他、いたるところへつれて行く。三、四人の従者といっしょに広場でみんなを突きとばす。かれは通行人のすべてに聞こえるような大声でグラス、酒壺、角杯（リュトン）のことしかしゃべらない。わたしのライバルが個人的な贅沢のために買うものは、あなた方、多くの人のためになっているかどうか、分からない。だが、よく分かることは、このような贅沢でいい気になっているかれの傲慢さが通りすがりのあなた方を圧倒していることだ。ところで、そのようなことはまったく名誉でもなければ、褒められることでもない。偉いということは家や多くの奴隷や立派な家具を持っていることではない。正当な輝きは、むしろあなた方の共同社会に役立つような財のあるところに現われる。模範的な有力者は、プルタルコスの期待によれば、「多くの奴隷を引き連れて浴場へ行ったり、劇場の席を独り占めして他人の気持ちを害したり、他人を邪魔したりしない。着ているものも、生活も、子供の教育も、妻の化粧も質素で、ほかの人と変わらない。次に言えるように公益よりは私生活のためない」。次に守るべき規則は、恵与者になることである。次のように言えるように、公益よりは私生活のためにつつましくする者は当然、称賛される。キケロはこう言うだろう──ローマの人民は、偉い人が人民「わたしは課役で使うほどの金を自分のために使っていない。わたしのように、一般人への鷹揚な寄付を好む」。に気前よく振るまうことを望み、「私的な奢侈を憎み、一般人への鷹揚な寄付を好む」。

もしこのような漠然とした感情が体系化されるなら、そのイデオロギー的な口実はこうなるだろう──社会は自然のように安定しているので、国民の富はほとんど一定の水準にあり、したがって社会組織はまったく代数的厳密さのない金額をめぐっての戦術的な駆け引きとなる──ある者は他の者が失うものを手に入れる。分けられるケーキは大きくなるはずがないので、ある者は他の者を犠牲にしなければ大きい一切れがもらえない。そうなれば、理想としては、そのケーキをすべての市民と平等に分け合うべきだろう。一人が他の者たちより金持になれる権利があるとすれば、それは個人でなく都市自体である。だから都市はすべての人である。アリストファネスのある喜劇で、富の神プルウトスは立派にも特定の市民の家に宿るのをあきらめる⁽³⁸⁷⁾──それ以来、すべての人のつつましい幸福のために公共の「金庫」がこの神の唯一の住みかになるだろう。

アリストテレスのユートピアは、不平等を当然の宿命と思ってあきらめるアテナイ人を想像の面で慰めることになる。アテナイが、妬みを和らげる融和剤としての課役と恵与の社会だったというのは間違っている。富の不平等は寄付では赦されなかった、というのも、ただ、赦してもらう必要がなかったからである――不平等は恵与がなかったとしても許容されているからだ。なぜならだれも手の届かないものを惜しまないから。そこで妬みは、各社会の「歴史的契約」に応じて歴史的に条件づけられる。妬みは正義の要求ではない（われわれは決して功績を妬んだことがないと言えば嘘になる）。(388)妬みは、不平等そのもの（それが正当であろうと、なかろうと）のマクロ社会学的な事実によって生じるのでなく、ミクロ社会学的なレベルでしか説明がつかない。恵与指向と妬みは通じ合っていない。

〔一〕不平等に対する反応は、往来ですれ違う成功者と不幸な人のあいだでの無関心から、お偉方の富を称える農民の卑下や、また恨みと分け前欲しさのあいだで揺れる比較にいたるまでさまざまである。不平等は、それが必然的と思われるときは自然に見えるが、正当か、決まったことだと思われないときはそう見えない。上流階級の富は、特権者が奉仕をすることで正当化され、また特権者が一七八九年のフランス貴族のような寄生虫的存在でないかぎり、人民から是認されるというのは真実でない。特権者は、譲歩をしてその特権をあまり憎まれないようにすれば、かえって自分の弱みを見せ、赦しがたい存在になる。金持のほうは、自分の特権が自然のことのように思われるので、功績を示してその特権を正当化しなければならないとは思わない。恵与指向の動機は社会的責任感でなく、優越性を表明する性向であった。妬みは結果であって、正義または平等の原則をつくらない。だから妬みは階級や社会によって異なる。どの社会階級も社会的格差を求めない（多くは求めにくいだろう）、またどの階級も他の階級に格差を否認しようとは思わない。

〔二〕そこで妬みは歴史的な態度になる。すでに引用したデモステネスの文には地方色がある。そこには、他人より優れていると信じる市民の平等主義的で、妬みやすく、自分の物質的優越性そのものよりはむしろ念頭にある自尊心で傷ついた民主主義の精神が認められる。他の民主主義なら、それほど平等主義的でないだろう。その「歴史的社会契約」なら若干の不平等も認めるだろう。本章の終わりにおいて、妬み、さらには恵与指向も大原則からでなく、歴史の偶然の結果としての暗黙的契約によって理解されることが分かるだろう。

〔三〕妬みは、一般的に不平等の存在からではなく、一定の社会的役割の不快感によって説明されるミクロ社会学的な反応である。この不快感は必ずしもわれわれに割り当てられた物質的満足度だけによるのでなく、その役割の構造全体に関係し、その不快感は恐らく社会的階級制における相対的な地位に関係し(389)、同じく安全性、依存性等にも関係している。人々が自分の運命に満足しているかどうかを知ることは常に細かい問題である――主人の立派な城を誇りに思う小作人(390)、杜撰な昇進規定に不満な役人(391)。したがって妬みは必ずしも一般的危機の兆候ではない。アリストファネスはアテナイ人を全般的不安から解放する(どの社会も夢想の中では不平等に驚いた)、それでもかれはヘレニズム時代の社会的危機を予感させる。妬みは普遍的でも原則的でもないので、革命的感情というよりは無力の苦々しさであるほうが多い。それは通常、道徳的非難へ転じやすい、というのも、われわれにはわれわれを苦しめるもの、不快にするものを精神的に非難する傾向があるからである。金持は搾取者として非難されるのではなく、堕落した生活態度で嫌われる(絶望から生じる反乱はピューリタン的であり、美しい物を壊し、引き裂く)。庶民感情をうまく表現しているキリスト教徒の詩人コモディアヌス(392)は、恵与指向が不平等を想定させ、また金持が貧しい人々から搾取して、その一部しか返していないことをよく知っている。だから金持を罪人《つみびと》だと決めつける。

〔四〕したがって恵与指向が物質的満足を均等に配分することで妬みを減らし、社会的平和に貢献できたという考え方は真実ではない。権利の均衡は事実上の均衡を保証しないし、正義と社会的平和は別のことである――奴隷であることが独立より快適なこともあり、平等は各自の優越感にとっては不快である。妬みの問題をうまく表現する言葉は個人的「効用方程式」が独立していないということであり、それが福祉国家経済の数理経済学者を大いに悩ましている〔所得が増えると、それだけ満足も大きくなる、という数理経済学上の定理。たとえば工場が繁栄して、工場長と工員の所得をそれぞれ倍増すれば両者とも等しく満足するはずだ（y＝1x→y＝2x）。ところがそうではない。たとえば工員から見れば工場長の俸給が上がりすぎると思われる。工場長にも不満が生じる。つまり効用方程式は独立していないで、他に依存している。もし独立しておれば、妬みや嫉妬も生じないはずだから、福祉国家の数理経済学者は仕事がしやすく、たとえば工場長と工員の俸給をそれぞれ倍増するだけで済む〕。もしそのとおりであるなら、つまりもし各自が「利己的」な消費者であり、利己的という形容語に含まれているように隣人の存在と比較しないなら、パレートの言う最適条件は満たされやすくなるだろう――わたしは、隣人がわたしの地位を害さないなら、勝手に自分の地位を向上させても気にしないかも知れない。ところがそうはいかない――わたし自身の満足は、いくらかは隣人とのあいだの距離から来ている。もしその距離が近くなったり遠くなったりすれば、わたしは以前に下にいた弟たちを嫌悪するか、それとも昔の同輩をうらやむかも知れない、わたしの絶対的な地位は変わらないとしても。

個人的効用は独立していないので、もし参加がなければ、たとえば下僕が主人の家に所属していると感じなかったら妬みが生じるだろう。身分の低い者が権力者の特権に従うのは愛（もし愛することが他人の幸福を喜ぶという意味なら）ではなく、共鳴による一体感でもない、それはたんに所有または特権の概念が心理的以上に法的だからである。貧しい者がある組織に入れられたら、その富に参加することになる、その富は組織全体を向上させる、たとえその富が、法典の言い方では唯一の人に所属するとしても。

ところで、恵与指向には恵与者と市民一般とのあいだに個人的で永続的な関係をつくらないという不利な点があった。市民は庇護者の隷属者、崇拝者にならなかった。ある有力者があるとき見せ物を提供して、大いに拍手を受けるとする。次の月には、別の有力者が同じ歓迎を受けるだろう。有力者らは一つの階級であり、市民は保護を受ける者ではなく、ある階級全体の隷属者でもない。

満足の相互依存、ミクロ社会学的反応、参加の欠如——そのすべてから恵与者と人民の精神的関係があいまいになり、さらには重層決定を受ける。人民は富に対する妬みと感嘆のあいだで迷うが、有力者のほうは、誇示的消費を振るまったり、誇示的寄贈を行なったりして、贈り物で妬みを和らげようとする。だがかれらの恵与はただ人民のあいだに感謝すべきか恨むべきか、迷わせるだけである。金持がプルタルコスの助言を文字どおりに守るか、有力者の生活様式が意識的に変えられたとは考えられない。かれらの個人的な奢侈はかれらの公共的寄贈と同じほど大きかった。「誇示的消費」*conspicuos consumption* が人民に尊敬の念を起こさせないで、人民をほほえませるか、歯ぎしりさせるかはちょっとしたことで決まるが、誇示が明白な優越性を正当に象徴するものだとして称賛されるのも同様である。富をひけらかすことは恵与と同様に効果的な精神支配手段になるかも知れない。そこで有力者は寄贈をして人気を博し、同時に私的な豪勢ぶりを発揮したが、それもみずからの地位を保持していなければ、軽蔑するかも知れない人民の心に有力者の優越性の観念を植えつけるのに必要だったからである。

他方、かれらの恵与は人民のあいだに妬みを和らげるのと同じほど恨みも生じさせていた、なぜなら恵与は上流階級から行われるので上から下りてくるように感じられたからである。アテナイでは、アルキビアデスのあまりにも豪勢な課役負担が同市民の敵意を招いた(393)。恵与者は、たとえば饗宴を振るまうなら格好よく見えるが、かれが金持だということは忘れられない。だから飢饉が起これば憎まれる。またかれが立派な屋敷や美しい衣服を持っていることも忘れられない。結局、かれの寄贈そのものも、身分の違いをはっきりさせるので、その恩恵を受けながらも、金を犠牲にするより傲慢さを犠牲にして欲しいと思う人々からひそかな恨みを買う。[394]人民は「われわれはあんたに何も借りがない」と言いたいかも知れないし、またペトロニウスの小説のある主人公が剣闘士の見せ物を提供してくれた有力者に反撥するように、こう言いたい、「あんたは見せ物を開いてくれたが、われわれはあんたに拍手を贈った。それであいこだ――もらったもの以上に返した。あいみたがいだ」[395]。

このような忘恩は人間的卑屈によるのでなく、またあまりにも大きい恩恵に報いられないという気まずさによるのでもない。人民はただ、実際には、恵与者が有力者として充分に報酬を受けていて、その寄贈も社会的格差という誇りであらかじめ支払われていると思うだけである[396]。それ以上、人民は恩恵者に熱烈な気持ちを抱く必要がなかった。拍手を贈り、それで帳消しである。それとは反対に、アメリカの庇護者の場合は、同市民の自尊心を傷つけない、なぜならその人も市民の一人にすぎないからだ。もしギリシアの恵与者が自分の恩恵に対して人民になんらかの熱意を期待したら間違っていただろう――恵与者は与えることで義務を果たしただけである。ただこの身分的義務の非公式性が恵与を無償の恩恵だと思わせ、選挙目的でないはずの寄贈の代償として不正に選挙感情を要請させるようにした。これが隷属関係の通常的なペテンである。

換言すれば、寄贈そのものには意味づけはない――それは下から上への表敬であり、与える側の性質と受ける側の性質によっては上から下への施し、あるいは同等のあいだの寄贈になる。寄贈は、階級的関係を生み出すどころか、その関係によって特徴づけられる（寄贈は、せいぜい、その関係を象徴するだけである、つまりその関係がつくられるとき、あるいは年と共にその関係が固まるときである）。同じく、誇示的消費は、その消費で示される優越性が尊敬すべきものと見なされたら、人々の尊敬を招くだろう。恵与は有力者の社会的格差を生みだすのではない、その反対である、つまりその社会的格差が恵与にそれ自体の誇示的性格を与えるのである。

合法化と物質的関係

要約しよう——社会生活は個人の利益を中身とし、正義によって規制されるはずだから、有力者体制は、恵与指向で満足を再配分することによって均衡を回復し、妬みを和らげるからこそ安定し、合法化されると推測されるかも知れない。だがもし社会が均衡づけられるか、均衡を回復されるだけで安定するとすれば、そのとき、恵与指向は普遍的な現象となり、歴史は田園恋愛詩のようになり、どの体制も数カ月と続かないような大騒動と化さないなら大部分の社会は公正なものになるだろう。まったくそうはいかない。そこで何が有力者体制を固めていたかを理解しなければならない、というのもその体制を固めるものは恵与指向ではないからである。その説明となるのは、この体制が利益を満足させたからではなく、普遍的に、利益は現状と支配関係に一致するからである。人間は心の中で自分に与えられた運命を合法化するのであって、利益にさとく固執しない。そこでわれわれはいま新しい謎、つまり合法化という謎を前にすることになる。それを説明するのに力関係の重要性、有力者の勢力と富を喚起させてもまったく役に立たない、なぜならその謎は、強制への服従が同意的服従の形になるからである。社会関係の材料も、習慣の重みも、定着した異常な状態が一般に尊重されていることを説明するには不充分である。ここに有力者がいて、誇示的な庇護をするとする、なぜならかれは人民の集団より偉いと思うからである——だがどうして人民はその偉さを合法的だと認めたのか。

人民は自発的に有力者に服従し、その富を自分らの権利と見なしていたが、有力者を相手に権力を競おうとはしなかった。この体制はたっぷり五百年も続いた。この体制の権威はどこから来ていたのか。ギリシア都市の生活は外国の軍隊に占領された生活でなかったのか。そこで人民は現状に順応し、行動によって思想を規制し、リーアン・フェスティンガーが言うように[397]、願望と束縛のあいだの「不協和音を減らして」いたように思われる。それはきわめて人間的な現象である――少なくとも、ある条件の下では、人々は誘導された行動に思想を一致させる傾向があるので、同意的服従と困難な不服従との見分けがつけにくい。有力者体制は、他の体制と同様に、喜んで受け入れられたか、それとも戦い疲れて受けいれられたか。それは当事者らにも分からなかった。原則として、君主に従うときの服従は同意されたものであるが、それは君主が強いからでなく、合法的だと見なされるからである。そこで強制力が、まるで銀行の金庫の中にある金保有高のような役割を演じる――金庫の奥の存在物が、だれの手にも触れられないままで社会関係を保証することになる。そのとき、従順さと警察への恐怖との見分けがつくだろうか。社会契約の理論家たちがいくら立派な楽観論を述べようと、権威、権力、そして説得ほどあいまいなものはない。原則的に、これら三つの言葉は排斥し合う――権威はその都度、説得する必要がなく、また強権に訴えることなく、して欲しいことを他人にやらせる神秘的な力である。だが引きずられないで自分の足で処刑台へ向かう死刑囚は権威に服従しているのか、それとも強制執行に先んじているのか。

　合理化の現象はあまりにも見すごされることが多い――この現象はあまりにも一般的だから、あまりにも自明であり、もっと明瞭な中身よりもむしろ社会関係のあり方に重点が置かれる。だからことさらにその内容が述べられたり、支配階級の政治的、社会的な力、その誇り、その威光、その発展と再現の道が語られることになる。だが素材は形を説明しないし、階級の力は服従が同意されたことを説明できない。わたしとしては、力はたいていの場合、合理化をもたらし、一般的に、服従が同意されるには軍事的占領が長く続くだけでよいとしたい。だが、たとえ多くの場合、権力に合法化がつきものだとしても、両者はそれぞれ違った現象を生じさせる——強制に屈することと強制がなくても服従することは同じではない。後者の現象は起こらないかもしれない、その場合、歴史は絶え間ない力の行使となり、絶えない騒動になるだろう。合法化がたいてい可能なように、合法化が起こるためには、独特の原動力、つまり不協和音の減少が必要であるが、その原動力はある種の条件の下で機能し、その条件が生じないこともある。

不協和音の減少は自動的でなく、状況にかかっている。ある制度は決して受けいれられないか、それともいつか受けいれられなくなる。そのいつかというのはその制度が利点によって正当化されなくなり、変更される可能性が現われるときであり、そのときは制度が変えられるかも知れない——そのとき、その制度は自然な現象とは見なされなくなる。生化学が人間の生来の才能を平等化できるなら、そのとき生来の不平等は不正になるだろう。人間は平等と正義を絶対必要な条件としない——人間は熱望と可能性を調和させる。各社会の相対的安定性は、田園恋愛詩と混沌のあいだで、社会構成員のあいだに実現されたかも知れない正しい均衡から生じるのでなく、人類が問題とするのはその問題が人類に解決可能なときでしかないという事実から来ている。ヘレニズム時代の有力者体制は恵与的な再配分のおかげで続いたのでなく、経済的な不平等を前にして、ばらばらで、互いに不平等でもある平民の集団が団結できなかったからである、ちょうど農民が組織されていないで、受ける脅威の程度も異なる状態のまま大河の氾濫に直面し、長年の消極性から脱皮できないのと同様である、つまりこの群衆は土地を災害から防ぐのをあきらめる——さらに示唆に富む詳細として、その群衆は増水の水域より少し高いところに居住している。

身分階層のある社会と社会移動

なぜなら力と威光は服従の直接原因でないからである――それは精神的作用、合法化を経ている、これが可能性と協和させる。だから現実的社会関係〔たとえば農民とブルジョアという社会的階層〕は正確に力関係〔たとえば財力、蔑視〕と同じ〔階層間の〕境界で設定されないのである。精神的作用によって境界の少し手前か、少し行きすぎる――あるときは権利が要求され、あるときはかえって服従が誇張される。この誇張が身分階層のある社会を可能にし、その社会である種の利益がたんに一集団の事実的所有になるだけでなく、残りの社会からその集団の正当な特権として公式、または非公式に承認される。「有力者はわれわれより優れた本質を有している」と都市の平民は思った。このつつましいあきらめで特権づけられる社会では、社会移動が隷属者または個人的な運によって生じ、普遍主義的な基準によっては生じない。そこでよほど恵まれた運がなければ越えられない境界ゾーン、つまり希望より不満の多い境界ゾーンを避けるようになりやすい。むしろ生まれたときからの条件にとどまり、奇跡を当てにしないほうが望ましい。このような精神的に回避される〔階層的〕境界ゾーンのある社会は身分的階層のある社会になりやすい。

ヘレニズム時代の社会がそうなろうとしていた。統治は有力者の権利と見なされていた。ある修辞学者はこう書いている、「わが人民は父に対する子供のように行動し、われわれは子供に対するように振るまっている」[398]。金持は人民に向かって、おだやかな横柄さで話す、その口調は富の特権者らしくなく[399]、むしろ部下の兵卒を手荒に扱い、階級序列が軍隊の主要な力であると思わせる隊長のような口調である。この他律的関係は暴動を防げなかった、だから、すでに見たように、プロウサのディオンは人民の飢餓を招いた張本人として危うくリンチにかけられるところだった。その結果、ディオンは暴徒に向かって将校のように振るまった、つまりかれは群衆に訓示し、義務に復帰するように、脅迫と勧告を行なった[400]――かれは命令する権利を信じ、平民を権利要求者としてでなく、生まれながらにして服従する者として扱った。また疑いなく、平民は暴動を起こしても、うやうやしい態度を失わず、卑下と好意と信頼と称賛をこめて有力者のことを話していたはずである。このような他律的関係、家父長主義は階級間の物質的関係だけでは予想できなかった。平民が暇も教養もないので、統治権を有力者に委ねるのはもっともなことであった。だが平民はその状況に満足して、あたかもアメリカの勤労者が「社長《ボス》」に対するような対等の調子で支配者に接したかも知れない。物質的関係ではそのような幼児化を予想できなかった。すべては、まるで権威が自律と他律の二方式に動かされているようであるが、他律的方式のほうが古い社会で普及していたように思われる。有力者の優越性は自然のことのように受けいれられた。人間には二種類の生き物と同じような違いがあると思われていた。恐らくだれもが自分の運命を向上させ、さらに身分を変えようと努力したに違いない——だれも自分の身分を告白も自覚もしないでおこうとは思わないが、上流階級と比べて悩まなかった[401]。不満がないのは、身分階級のある社会が階級の序列でなく機能の専門化を提供しているからであり、各役割は明示されるが、比較されないからだと信じるべきだろうか。そのようなありがたい考察は脇へ置こう。社会がよくできているなどとどうして分かるか、またいかなる奇跡によって、歴史から生じた社会分裂が理想的な組織図に一致できようか。不満の不在は身分的分裂によるのではなく、むしろ社会移動の非普遍主義的な性格であり、その移動性は同時に可能性との調和をみちびき、不満の原因となる野心を捨てさせ、特権の合法化と、公式または非公式の身分分裂をもたらす。身分階層のある社会は勝手につくられるのではない。

　その社会がつくられるためには、移動が階級から階級へ起こったり、ある階級の組織が世襲的であって、ほとんど一新されないという必要はない、むしろ社会的地位の向上が保護または援助によって生じるか、または非合理的な基準によって生じなければならない（たとえば、ある地方またはある家柄に政府要員が割り当てられるという地理的特権）。その基準が無茶であればあるほど自然の現象に似てくる——王位の世襲制がその最適例である。反対に、もし地位の向上が取引の法則によって生じるか、規則に従うか、または他のなんらかの合理的基準に従って生じるなら身分的階層のある社会は心理的に不可能である。

不協和音の緩和、可能性への忍従は基準が合理的でない場合しか起こらない。もし幸運な成り上がり者がどこかの皇族の恩恵で上流社会へ滑り込むことができるとすれば、それはくじ引きで幸運な札をひいた当籤者に似ているかも知れない。その場合は代表的なものではない。可能性の領域よりはむしろ偶然に依存する。そこで社会的身分には自然的事実の明白性、確固たる性格、そして不条理性があるように思われる。自分が生まれた年を恥ずかしく思わないように運命を恥じることはない。髪が褐色かブロンドで生まれるように、またフランス人かドイツ人に生まれるように、有力者として生まれたり、平民として生まれたりする。このようにして身分階層のある社会の安定性をはじめ、サブグループの無気力、家族的または種族的な伝統、さらには国民集団の安定性も説明される。国民がオリーブの木のように、決して、あるいはほとんど滅びないのはなぜか。それはわれわれが偶然、フランス人として生まれ、いかなるときでもなぜフランス国籍を選んだかが問われないからである。

人民が有力者を偉い人だと見なし、当然の指導者と見なした瞬間から、有力者階級は非公式な身分になった。誕生という富くじで引き当てた自分の身分を嘆く者はいなかった。なぜなら籤に当たらないといって恨む者はいないからだ。せいぜい、籤札を買わないでおくくらいである、つまり何か恩恵か幸運のおかげで自分の境遇から抜けでるのをあきらめる。そうなれば政府はわれわれの断念を公式の禁止に変形し、われわれが求めない籤札の購入を禁じるようになってもよいではないか。われわれにはどうしても手に入らないと思った富を失っても腹が立たない。こうして帝政は有力者体制を形式的な身分につくりかえることができた。帝政下におけるギリシア都市の有力者は、ローマ時代における西洋の都市の十人組長、つまり「クリア」*curiales* のメンバーに似ている。同じように有力者にも統治する特権とそのために金を払う義務がある。ギリシア都市とローマ都市は細かい点では違っていても、同じ寡頭制的な型にはめられている。恵与指向がその寡頭制を解く鍵である――金を払えるほど裕福な者だけが統治権を持っている。寄付をする義務は登竜門と同じであり、有力者のために統治の特権とともに、政治権力から与えられる社会的格差を割り当てる。特権の受け手が少ないときはそれだけ特権に金がかかる。寡頭政治家らはその地位にとどまるために常に高価な理由を見つけている。

　あまり驚くに当たらない進化である。公職はすべて課役になった、というのも公職はすべて財政上の負担義務をともなうからである。選挙が行われていたところでは選挙は廃止された、というのは評議会の寡頭政治に負けたからではなく、選挙に意味がなくなったからである――候補者のあいだから選ばれなくなり、なんとか引き受けてくれる犠牲者が探される。内輪で犠牲者を指名するのは評議会である、というのも有力者は身分的義務によって交替で恵与者となる義務があるから。市民の民会はただ拍手をおくる団体でしかない。評議会にはいれるのはただ金持とその相続人だけになる。人民はこれらの人に統治権と支払い義務を任せてしまう。帝政下では、辞令案を提出できるのは高官だけになる[402]。ところで、同じ時期に、同じ理由で、市民‐帝王という自治制度やローマ都市政体も本質的には類似していたことになる。それらの都市で恵与体制が発達したが、それは想像されるようなギリシア的影響のためではなく、同じ結果を生みだした同じ原因のためである――ローマの諸都市は有力者のいる都市であり、そこの公職は自治都市としての重要性しかなかった。そこでギリシア属州のローマ総督たちはなじみ深いローマ都市の制度をギリシアにおいて画一的に適用する行政的趣味に専念することになる。両制度の類似がそれを容易に思いつかせたのである。ハドリアヌス帝がアンティノウポリスを建設するとき、その都市にヘレニズム時代的な表面の裏にローマ制度を与える(403)。

そこで帝政時代全体を通じて、都市の政体は次第に統一される。恵与者である有力者の体制はローマ都市と同様にギリシア的体制を形成する。ヘレニズム時代から受けついだ古い体制はもはや哀れな残骸でしかない。もちろん、ローマ人は帝国の都市全体に決して画一的な組織を強制しなかった。どの都市にも祖先伝来の制度があり、保持されていた。だがすべての都市は少しずつ同じ社会的、政治的体制へ移っていった。そこで古代の末ごろには帝国の法律から明らかに想定できるのは、ラテン西洋の自治都市でも、ギリシア属州の古い「町」*poleis* でも、帝国のすべての都市の構造が類似していることである(404)。いたるところにおいて、評議員になり、そこから公職を狙う者はすべて最低の財産、納税額が要求された。いたるところにおいて、評議会だけがその公職を任命した。こうして法律は明瞭に一般市民と恵与者的有力者の身分、つまりラテン人のいわゆるクリアの身分とを差別して定め、このクリアが都市の評議会を構成する(405)。この評議員らは財政上の負担に苦しみ、それを呪い、破産しそうだと抗議し、都市から逃げ出すか、自分の土地に帰って個人の資格で負担をのがれようとする、だが集団的レベルでは、かれらはその金のかかる特権を放棄する気はまったくなく、ただ多すぎる新参者らと特権を分かち合うことが気にくわない。とりわけ、帝政の法律は絶えずクリアの身分が裕福な平民まで広げられるように要請するはずである、そうなれば裕福な平民がその(406)課役でやすやすと都市を養ってくれるだろうし、また有力者も評議会で隣り合うことを気にしなくなる。

階級の利益か、社会的格差か

こうして金持の有力者という公式、または非公式な身分が生まれ、この身分は排他主義を固執し、そのために代償を払うつもりである。この身分の者が金を払って統治するのは階級の利益のためだと言えるだろうか。この待ちかねた言葉が現われるのは、われわれにとって、歴史的分析の最後の封印（最初でなく最後だと仮定して）をあける黙示録の獣の出現になるだろうか。そうだと言えば、階級的利益の概念をあいまいな意味で解釈することになり、したがってどの階級も利益になると思われるものを擁護すると理解しなければならない。またそうではないと言えば、有力者が統治し、金を払うのは、もっぱら物質的な生産関係を擁護するためだったと想定しなければならない。マルクス主義者だと思われてもよいが、前者の場合は階級の利益を語ることはなんの責任も負わない――有力者の利益になるものを明確にするのはわれわれの仕事になるだろう。後者の場合、われわれとしては、人間は本質的に生産関係の擁護に努めるのでなく、もし社会的格差が存在し、その格差から何を得ようと、その格差を擁護するものだと反論しよう。有力者は不動産を守るために高官や恵与者になるのでなく、有力者の資格で一般市民とのあいだに格差をつけるからである。重ねて言うなら、機能主義的解釈は間違っている――恵与指向は政治社会を安定させるためにも生産関係を維持することにも役立たなかった。

なぜなら有力者には、そのような関係を擁護するために都市を統治する必要がなかったからである。もし都市が「国家」であったら、都市は支配階級の道具だったと主張できるかも知れない。だが都市は自治体にすぎなかった。都市は社会的格差を得たり、誇示したりする場所であったが、その格差の本質でないとしても主要な条件としての「物質的」特権が擁護される場所ではなかった。皇帝とその軍団、総督とその裁判権で保証されたような社会的身分を擁護するためであっても課役負担者や自治体の高官になってどのような物質的利益が得られるか、考えても無駄だろう。今日、われわれの国で、生産関係は市長や市議会議員に依存しているだろうか。プロウサのディオンは人民を飢えさせる張本人としてリンチを受けそうになったが、かれのほうでも、ローマ総督へ人民を告発するといって脅している[407]。都市の平和は小麦のための暴動やストライキによって乱されるが、それに対して有力者は無力だった、なぜならその時代には、それほど警察力がなかったから。都市はまた騒ぎによって乱されたが、騒ぎの狙いは恵与を求めることであった。さらに、もっとも勢力の強い有力者の傲慢や、カペレッティ家とモンタイグス家のあいだの有名な確執のような氏族間闘争によっても都市は乱された、それに加えて、国境問題、地方民会における優位問題で都市どうしの争いもあった[408]。ストライキも含めて、そのすべてがローマ当局によって規制され、弾圧された。有力者は一般市民と同様に、ただ服従するしかなかった。要するに、都市は「国家」でなかったので、恵与者たる有力者と所有者たる有力者は少しも重なり合っていない。金持が都市を統治することで得られる唯一の「物質的」利益は生産関係よりは汚職に関わっていた――有力者らは明らかに都市の財を横領し、互いに公契約と農地を分け合った[409]。帝国税という重い負担の多くを貧しい人々に押しつけた[410]。その代わり、有力者には恵与と課役が高くつき、P・プティが指摘したように[411]、帝国税以上に重い負担になった。それでもこの帝国税は最高に有力者の不満をかき立てていた、なぜなら恵与と違って、この税金は社会的格差をもたらさなかったから。

都市の自治だけでは都市を社会的戦場にするにはいたらなかったが（そのような場は国家機構だっただろう）、自治政治の威光を高めるには充分だった、というのも金持はその威信を他の都市に奪われたくなかったし、威光のおかげで金持の社会的格差が増大したからである。だから有力者は必死に二つのことにしがみついた――富と都市最高の地位である。だが有力者は前者を守るために後者に固執しなかった。かれらの利益は明らかに多種多様であった。事実、階級の利益は単一であろうはずがない。したがって政治は有力者の階級的利益の半分である、もしこの表現で当該階級の利益になるもの、つまりその階級が必死に守ろうとしているもの、あるいはもっとも巧みなイデオロギー的策略で正当化しているものが示されるなら。それが、まさしく習慣的に階級的利益と呼ばれているあいまいで、暴力的な現象である。この表現のあまりにも直接的で、あまりにも狭い意味で経済的すぎる暗示的意味を消し去るためには社会的格差という表現のほうが望ましい。そこでこの時代における政治はこの格差のテーマの変形であった。この格差は、マルクス流の利益のように、生産関係を保持しようとする真の本能ではない。それはたいてい歴史的状況によって一定の社会における一定の階級の利益になるものすべてであるようになるすべてのものである。

この格差がたいていの場合、経済的優越性と引換えに獲得されることは、だれも否定しない（ただし、ときには文化的、宗教的な卓越性という、まれな例外を除くが、それもどうであろうか！）なぜなら、まず、経済的優越性は、それ自体、もっとも一般的に分かる優越性であるから（だから有力者は富に執着したのだ）。次に、格差と卓越性についても同様である、この世のほとんどすべてのものと同様である――いずれも「物質的」手段、つまりまれに見る巨額の財を使わねばならない（有力者になり、都市を統治するには資金が必要だった）。もしこの自明の理だけでマルクス主義者になれるなら、だれでもなれるだろう。富はほとんど常に格差の条件であるが、格差そのものではない。この微妙な違いが無駄なことと思われるなら、富は常に富のために追求されると信じられ、それ以外のものも富の追求と考えられるだろうから、各時代において、人々が同じ経済的卓越性によって異なった格差のあり方を追求したことは理解される見込みもなくなるだろう――有力者の資格、経済力、貴族的身分、宗教的卓越性、政治、等々。すでにマルクス主義の発見的価値は底をつき、それが分析のあいまいさをごまかすことにしか役立たなくなって久しい。われわれとしては、有力者の政治的格差が象徴的な満足であったとも思えない、なぜならその格差が何を象徴できたのか、分かりにくいからである。権力は「物質的」利益または宗教的威力と同じほどの満足であり、また権力以外の何ものも象徴しない。

人間のきわめて多くは、ある種の卓越性に対して弱いことがある——たとえば富、権力、または権威に。また社会の上位に置かれている卓越性を有することは格差をもたらし、その格差を有する者は必死になってその格差に執着する。だれにも格差があるというわけにはいかない。大部分の人々にとっては、平凡な身分、平凡な利益しかなく、一般大衆と変わらない——われわれはわずかの利益、日常のパンを守るが、卓越性を守るのではない。他方、この卓越性を有している人々は奇妙なことに、その卓越性を示そうとし、豪華さ、消費、または誇示的庇護を見せびらかして自分の格差を示すこともある。さらにかれらはその格差を保持するためにはなんでもする気だ、たとえば、その人にとって格差が都市の先頭に立つことであったり、また公的な閑職につきたいために象徴的な心づけが必要なら、人間性の多くの動機の一つからその心づけの支払いを拒まないだろう。われわれはすでに恵与指向のすべてを説明してきたつもりである、それが自由な庇護か「名誉」庇護かはどうでもよい。ただし細かい一つの点を除いて——恵与指向は個人的な態度でなく、集団的なものであり、身分的義務だということ。それ以外のすべて——ポトラッチ、再配分、無名の税金、衆愚をなだめる策略、社会的均衡、非政治化、そして階級の利益はすべて不適切な説明であり、合理化でもある。

階級的利益は客観的なものか、集団的なものか

本当のところ、あることが階級的利益の客観的概念に外見的な正当性を与える――この利益は確かに階級の利益であり、各個人の利益と混同されない。だからその利益を支えるのは意識やその介入でなく、そのような階級であり、またその階級を構成するものである、つまり標準的規定によれば、生産関係である。そのメンバーを犠牲にすることもある、だからブルジョアジーはその子息たちを戦時中の資本主義祖国へ捧げた。利益は主観的なものではない。マルクスは「共通的状況」と「共通的利益」を同等のものにした。事実、社会学的分析によれば、利益は心理的でなく、構造に依存する態度が主体者に要求されるのも至極当然である。[412] ただ利益は、個人的でも主観的でもないとしても、だからといって客観的でもない。利益は集団的である、つまり同一のものではない。ブルジョア集団がそのメンバーに身分的義務に殉じることを強制するのは単純な真実である。だがその義務が自動的に客観的な生産関係から生じるというのはもはや真実ではない。政治家で恵与者としての義務は有力者の経済的特権から生じたのではない。それがジレンマである――非主観的〔物質的〕な利益は生産関係という超歴史的なもの〔物質的利益、経済的支配、富〕に依存するのか、あるいはそのときの歴史的状況の集団的産物に依存するのか。

〔階級的〕利益は、生産関係から必然的に生じるのであれば超歴史的関係に依存する、どのような時代が検討されようと、利益は常に予知できると見なされるだろう――利益はその関係を維持することにある、と言われるかも知れない。マルクスにとって、階級的利益は対自的様式での生産関係にほかならない、同様に古代の唯物論者にとっても本能は器官の対自であった――エピクロスによれば、動物は自然から爪やひづめを授かっただけでなく、それを利用する本能と使い方を知っている。階級は存在するだけにとどま

らない——そのまま存続しようとする。あとはその階級がどのように純粋な現状を持続できるかを知ることである。ＡがＡであるかぎりＡであるというのはＡがそのままでいるしかできないからである、だがどの唯物論もそのような哲学的強硬手段を避けられない、つまり思想を材料の形態に変えるか、あるいはマルクスのように「関係が存在するところで、その関係はわたしのために存在する」[413]と書かねばならない。要するに、そのように見なされる利益と階級の関係はちょうど自己保存本能と動物の関係に等しく、本能のように確かである。選択や議論の余地はない、なぜなら利益は固有の生存本能のように階級そのものであるから。間違うことはありえない、というのもＡはＢと間違われないから。マルクスとエンゲルスは、支配階級がその支配を脅かすような観念を遠くから察知する確実な本能に感嘆している。利益は一貫している、なぜならＡは一つだから。利益は歴史に巻き込まれて客観的な矛盾に苦しむかも知れないが、多くの利点に分裂することはない——宗教や祖国は利益にとっては手段にすぎなくなる。結局、利益は保持される可能性がすべてなくなるまでは存続するだろう、なぜならＡはみずから実体のかけらでも残っているかぎりＡであり続けるだろうから。

事実の現実性はそれほど強固でないことは周知のとおりである。利益が階級と生産関係のレベルにあるのでなく、多くの集団や役割のレベルにあることも周知のとおりである。生産関係だけで利益として挙げられるものはきわめて単調、茫漠、不充分であろう。役割そのものも一つでなく、同質でなく、めったに一致しない利益の絡み合いからなっている。恵与者、庇護者、政治家、そして土地所有者というような有力者としての役割をつくるが、すでに見たように軋轢なしではすまされない。階級は一種類でないから、これらの利益そのものも個人的な反応の問題である——人間的平凡性に比例して役割保持者の大部分にその役割の利益があるが、それでも個人によっては利欲に固執する者がいたり、利他主義の者がいたりする。

結局、利益には本能とされるような合目的性も自動性もないから、利益はなんの役にも立ってくれない(優越性の表現は、その表現が意識的に効果を狙って利用されるとしても、やはり無償の趣味である)。利益は間違うこともある(どこかでグラムシは、ある社会階級が真の利益を見誤ることがあるのではないかと自問している)、だから利益は慎重に考えなければならない(一般的に、ある社会的集団は有利な政治路線でためらったり、そのために分裂したりしている)。要するに、階級を生産関係の上に設定する独断的概念または恣意的な決定論がひとたび排除されるなら、利益の概念はもはや「財」の概念のように類語反復にすぎなくなる――純粋に形式的な概念としての階級的利益はなんの意味もなくなる。もし一集団がなんらかの社会的格差を追求しようとすれば、当然、その格差はその集団の興味を惹く。有力者は、民衆がパンを守ったように頑強に格差をまもった。この階級またはむしろその特権的な身分は一般的レベルに落とされないように心配[414]していた。なぜならどの集団も個人と同様に本来、平等だとは思っていないし、またすでに述べたように、差別における平等は社会的存在には異様に見えるからである。社会は自然より優れたものでなく、また見事な出来映えの芸術作品のように機能しない、というのも芸術作品では各要素が異なりながら不可欠な役目を果たすように構成されているから。イデオロギーにおいては、胃は手足がすべて平等に、等しく働いて生みだした利益を手足に配分または再配分する。

この利益の概念について、最終的に説明しなければならない、というのも本書において、われわれは、たとえば個人的役割または集団的利益、さらには客観的利益というものよりはむしろ個人的利益と呼ばれる心的力域についての歴史的分析を中止することにしたからである。

階級的利益の概念のほうは、いくら漠然としていても、強烈な説得力があるように思われる――どの世紀を見ても、大多数の人民は音楽趣味や博愛のために戦うよりは金や土地という階級間の不平等に関わる物質的な財に惹かれるだろうと、間違いなく予言できる。他方、「経済的」という語はすべてを意味し、この語は物質的原因、希少な財力を示すためにいたるところで用いられるので、いたるところで経済が見つかるだろう。それに加えて二つの素朴なことがある。その一つは権力愛または虚栄を含めてすべての利益を言葉の上で経済的利益に帰してしまう。第二の素朴さ、これは言いにくいことだが（だが言わねばならない、なぜなら予想以上に珍しくないから）、それは「経済的原因」が歴史上、単純で明白な理由で他の原因より重要であること——何よりもまず、食べるという必要を満たさねばならない。したがって、あるブルジョアが私的所有（つまり歴史的に、もっとも恣意的で精巧な制度の一つ）をまもろうとすれば、生存をまもる動物の延長と見なされるだろう。平民に対して格差をまもる領主について言えば、その格差に物質的財力が含まれていると指摘し、また根本的にはその財力が真の目的だと想定すれば充分だろう。もっと繊細に見れば、社会構造の中には、純粋に象徴的で、なんら経済的なものを含まない利益を一種の堕落によって擁護している階級と同じようにつくられているものがあると認められよう。そこで、もしそのようにつくられた社会が「最終的分析で」経済的な原因のためだとつけ加えるなら充分だろう——このナンセンスのおかげで独断論は救われよう。そのすべては次のことを示すことになる——利益の頻度と強度はきわめて変わりやすく、経済的な利益はもっとも多くの人を熱中させる。かれらにとって、利益はあまりにも広がっているので、ブルジョアジーという名の下に、フランス青少年音楽連盟よりもはるかに大きい団体を集めている。そこでこの頻度は人類学的特徴を示すと推測されよう——人間的条件の中核は経済的である。

どの時期を見ても、確かに、すべての個人は通俗的な利益のまわりに客観的で主観的な階級として構成されるだろうと予言できよう。ただ不幸にして、その利益をもっと明確に予言できない、なぜなら歴史がいかなる役割を生じさせるかを決して予言できないからである――産業革命あるいはフランス公務員の身分は予見できなかった。ただ、それらの利益がたんに経済的だけでないことは予言できる――たとえ財の希少性が豊富さに転じるとしても、やはり社会的闘争はのこるだろう、なぜなら多数の意識とその内部関係がのこり、それとともに権力と「威光」への闘争ものこるだろうから。扱いにくい利益は数多い、おまけに常に変化する――今日までのすべての社会の歴史は決して階級闘争ではなく、役割闘争であった。奴隷制は法的関係であって、生産関係でなく、封建制ははるかに経済関係以上のものであり、親方と見習い職人の関係は単純な役割である。だからどの「階級」またはどの役割にも利益はない――流れ作業の労働者はあまりにも面白くない役割であるので、その唯一の利益は役割を変えることだ。私的所有は、ブルジョア的利益の中核でなく、ブルジョアが享有し、一般人にはないさまざまな満足をブルジョアに確保する手段の一つである。ブルジョアは私的所有を強固に擁護するが、それは基本的な重要性のためではなく、戦略的価値のためである――都市の城壁の崩れかけた地点を、包囲された都市とそこにある快楽の全体だとは見なさないでおこう。

すべての利益を唯一のものに還元したり、すべての役割を予言したりすることはできない。しかし、もし、ある役割の詳しい記述が提供されるなら、わたしはその役割にどんな利益があるのかを予言できると思う――金、権力、虚栄心、安全性、等々。百姓になるよりは有力者になるほうがましだと考えられる。マルクス主義者でもわたしと同様に、そのことはよく分かるはずだ――マルクス主義者もわたしも、人間が貧乏、無力、屈辱等を好まないということは分かる。要するに、現実的で予知できない歴史的変化の背後に認められる人類学的テーマはあまりにも漠然としているので、それは国民の英知の言語でしか表現できない。その根底に経済があると常に指摘できるが、それを予言したり、もしくは明確にしたりすること、それはだれにもできなかった。

打ち明けて言えば、われわれは個人的利益の概念について触れないことにしたが、それはこの概念はあまりにも漠然とし、恣意的だからである。それがテーマとその変化を示すだろうか。どうしてあちらの心的力域でなく、こちらのか。なぜなら中止すべきであり、また中止したその場で、分析されなかったすべての混乱が足下にあるからである。個人的利益は「役割」の領域を越え（役割は興味深いか、それとも興味ないものだ）、さらに個人的利益を客観的利益と見なさないでそれから生みだされるはずの集団的利益の域をも越える、つまりそれは客観的利益と見なされないで、自分で生みださねばならない。

集団的利益、身分的義務

社会的格差という個人的利益に客観的外観を与えるのは、それが集団的であるからである——どの有力者も個人的には同輩に身分的義務を果たすのを見たいと思った。だからすべての有力者は一人ひとりが身分的義務を果たすように圧力をかけた。恵与指向はもはや個人的利益と結ばれていないように思われる。恵与指向は犠牲を要求する理想に似ている、またその歴史のすべての時期において、自発性と同じく強制からなっている。ある集団全体がその集団の面目にかけて困難な理想に献身するように、恵与指向は多くの個人的動機、つまり負けたくないという欲望から非凡で利他的な価値観を発展させる。また人民のほうでは、いまや、元来個人的な自由寄贈であった恵与の当然の支払いを期待する。恵与指向は発展の最後に、身分全体の身分的義務になったとき、決まった様相を呈する——それは均衡の契約の協定のように、ある階級が統治し、寄付し、他の階級は服従し、受けとる。

この協定は、たとえ基準的なフィクションとしても定められたことは一度もない。人民は交換を受けいれなかった、なぜなら交換は公平と思われたからであり、むしろ現状、つまり有力者の勢力に順応した。また有力者は身分的義務として私的な庇護を設定したが、それは契約の条項を双方で実行する義務を負うためでなく、だれもが現状を維持して、各自に喜ばしい優越性を確保するためであった。ある集団がそのメンバーに対して個人的犠牲を強制するときは身分的義務となる。有力者の身分を、他の陣営のあいだで利益や特権と交換するような陣営に比べてはならない、むしろ軍隊、大学、医師会、官僚というような団体精神によって機能する集団に比べられる――そのような集団の一つに所属する個人には身分的義務、職業的意識のほかに出口はなく、個人的動機（出世したい、のけ者にされたくない）から理想的目的を果たすことになる。(415)

集団の内部において、身分的義務はすべての者に対するすべての者の協力であり、その協力はすべての者からすべての者への順応によって生まれる――各自は漠然とした経験から同輩がやりそうなことを知っているから、同輩の大多数の反応も予想でき、あらかじめ自分の行動を合致させることによって同輩の大多数を強化できる。恐らく紀元前二〇〇年ごろには恵与指向がまだ決定的に身分的義務になっていなかった時期があったはずである――その時代には、有力者のなかには、恵与者を扇動者と呼んで非難し、仕事を台無しにするものとして恨み、またそのような不都合な寄贈をひかえる者もいた。そのうち、あるとき、ページがめくられ、そのような強硬論が下品で、まずく、同輩に対して失礼だと思われる時が来た。このような協力の過程は外見的な難問（アポリア）を解決してくれる――恵与指向が順応主義へ移り、その順応主義が行われることになっていることを行うことにあるからには、どうしてことさらに順応主義が成立するのか。どうして順応主義にまだ行われていないことを行うことができよう。ひとたび恵与の協力が生まれたら、行為者の動機も変わる。恵与指向を持続させる理由は、それが生まれたときの理由と同じでないが、もし恵与指向の話を聞いていなかったら、多くの者は決して恵与者にならなかっただろう。はじめに、庇護者は庇護を行い、ついで庇護が庇護者を生みだす。この庇護者は、鷹揚な寄付をする理由を尋ねられたら、こう答えるだろう、「わたしの地位を保つためだ」、あるいは「そういうことになっているからだ」。

そこで、両陣営のあいだで不協和音が減る。人民は政体と有力者の恵与に満足し、有力者はその身分的義務を内在化する。結局、恵与の協定は正当なものに見えてくる、なぜならその時代の条件では、もっと正当な協定を望んでも政治的に不可能であったから。もし平民のうちで、金持が人民から搾取した金で人民に贈り物をしていると言って金持を非難する者がいたら、こうやりこめられるだろう、「他人に寄付できるほど金を持っているものがわれわれのうちにいるだろうか」。ある小作人が町に来て、田舎の恵与者は情け容赦もない大地主だと言ったら、「そんな小作人の話など、聞きたくない。われわれとしては、公衆浴場を暖め、オリーブ油を配給して欲しい」と言われるだろう。

有力者のほうでは、一人ひとりが生来の利己主義と、恵与指向のための無欲のあいだで葛藤があった。なぜなら有力者の集団が集団としてその社会的格差を保持し、示して、そのために金を払うことがすべての有力者のためになるとしても、そのような理想に殉じないで、他の者を身代わりに輝かせるのも各有力者のためになったから。寄贈をするという義務が柵を設け、できるだけ緊密な集団に格差を保持させることは集団全体のためになった、だが有力者の数が増えて負担をもっと多くの仲間と分け合うのも各人のためになった――帝政時代における恵与指向の歴史はこの葛藤の歴史であり、それが中央権力によって解消される。有力者のなかで、ある者は野心家的な道徳的健全さで鷹揚な寄付の義務を果たす（プルタルコスは『政治的提言』において、寄贈によって都市の長官になる人々について語っている）、また他の者は寄付を免れようとする、たとえば銀行家クリュセロスがいる、この人物は、ギリシア語から翻案されたラテン小説の中で述べられている。(416)この財政家は富豪であるが、名誉職を当てられて恵与や課役を押しつけられないように、(417)きわめて巧妙に巨大な富を隠した。だが他の者らはもっと良心的だった。同じ小説の中で、こう書かれている、「われわれがプラタイアに着いたとき、デモカレスという者が剣闘士の見せ物を開催しようとしているという噂だった」(もっと正確に言えば、闘技場または劇場における野獣狩りの見せ物である)、「かれはその土地の上流家庭の出身であり、富豪であり、極端な自由主義者であった、またその富にふさわしく豪勢に大衆の喜ぶことを提供した」。この人物は完全に義務を果たしている――それは偉大な良心である。偉大な良心の役割は専門家的役割と反対である。後者は個人的な選択で機能を果たしているから。偉大な良心のほうは、少なくとも相対的には同輩と同じようなことを行なっているが、目立つほど熱烈な義務感から行う――偉大な良心はすべての者どうしの強制を内在化して身分的義務との葛藤から解放されている。だれもがやっていることを行う、でなければ自分にとってその役割の主要な満足になる模範的価値を失う、だが偉大な良心はまじめに、嫌がらず、楽しくなくてもそれを行う。もし行動と感情を一致させようとする傾向が不協和音の減少と呼ばれるなら、自分の身分的義務と見事に一致できた者は偉大な良心と呼ばれるだろう。

歴史的契約

かくて寄付する側の陣営は与えることを義務とし、楽しみとし、人民のほうは有力者体制に満足し、有力者から恩恵を受ける権利をもらう。帝国当局も公共の秩序のために機会あるごとに有力者へその義務をうながし、恵与者になることを法的に義務づけていることを述べるとすれば、あまりにも話が長くなりすぎるだろう。ここで、われわれは恵与指向が政治的または社会的均衡を確保したという社会通念に秘められた真実の部分を示して結びたい——結局、有力者と平民のあいだに暗黙の契約が結ばれたが、その契約は歴史的であり、モスの意味では「恣意的」、慣習的、イデオロギー的であるかも知れない。換言すれば、日常の政治的反応と政治性の本質とのあいだに、歴史的契約と呼べるような中間的レベルの存在を認めなければならない。この契約は政治性の本質から来るのではない——第一章において述べたように、恵与指向は政治的均衡を確保する役目を果たしたのでなく、いま述べたように、社会的均衡もまた劣らず不明瞭なものである。だが契約もまた日常的反応に還元されない、それどころか、日常的反応を説明し、限定し、その前提になる。たとえば平民は社会的不平等の原則に反抗しないが、もし金持が一般大衆に寄付をするという歴史的協定を破ったら騒ぎを起こすだろう。「妬み」はこの暗示的協定を機能させる。各社会に、このような中間的レベルがあることに驚くことはないだろう。帝国の任務の理想のすべて、または外交政策の基本も同様に不確定で、歴史的である。恵与指向が五百年も均衡と平和を確保したという考え方には真実の面と虚偽の面がある——確保したというのは、恵与が契約の主要な条項になっていたから、もし有力者がその契約を破れば騒乱が起こっただろうという意味においてである。それに反し、他の社会、つまり本質的にギリシア社会と似ているか、または同じような社会が同じ契約を受け入れ、そのおかげで平和になるかどうかは確かではない、なぜならこの非本質的な契約はギリシア社会またはその固有の過去の特殊性の結実であったから——結局、ギリシアの平民はその歴史によってつくられた運命と、そこから得られたささやかな利益に満足していた。同じ歴史を持たない国民なら、もっと要求がましいか、それとも、もっと協調的であったかも知れない。

イデオロギーというがらくた入れにしまい込まれやすい歴史的契約は、一般的に前概念的なものであるか、あるいは少なくともその恣意性は現われていない。もちろん、フランスでは、第三共和制の契約の「イデオロギー」性（国民主義、法の前の平等、新しい社会階層の政府、「能力」に応じた社会的移動を保証する国民教育）は決して無視されたことがない、なぜならその契約は極右派と極左派の反対によって抗議されたからである。ところがアメリカ合衆国では、最近でも、合意された服従、および個人的チャンスの自由競争という教条についてのきわめて一般的な同意が、この契約の純粋に一国だけの性格を隠蔽した、そしてその契約はデモクラシーの本質と見なされるようになった。だから今日でも、現代人はパンと「競技場」が社会平和を確保したとあっさり信じているが、実は、その平和を乱さなかったというだけである。

第三章　ローマにおける共和主義的寡頭政治

寡頭政治とは？　この語はあいまいである。ヘレニズム時代の都市の有力者、およびおなじく次の章で述べるはずのローマの自治都市における有力者は、一般市民団に対して一種の特権的身分を形成していた。だがローマの大寡頭政治家、つまり元老院議員はローマとイタリアと世界の支配者であり、たんに富と影響力と威光で特権化されたような身分ではない、ただしそのような身分はローマに存在した、つまり騎士階級と呼ばれたのがそうである(1)。元老院議員のほうは補充制である――この議員らは指導者的身分というような、いわば社会階級と同延的な身分を形成するのでなく、数百名からなる支配者集団であり、専門家団体であり、共和制の末期には世襲制になっている（その集団に他から割り込める新参者は片手で数えられるほど少ない）。元老院は、有力者のような社会的属性（これは必要なことだが、まったく充分ではない）によってではなく、その機能によって規定される――元老院は、本来、現役の任期一年の高官の会議を組織し、すべて高官経験者で構成され、また実際、未来の高官はすべて元老院議員かその子息から補充される。元老院、それはローマの政府である（ポリュビオスによれば、あるギリシア人がローマの国を思うとき、元老院に統治されている国と思われた）。もっと正確に言えば、元老院は、諮問を義務づけることによって高官たちが先輩や後輩の意見や希望をあまり無視できないようにうながしながらその年度の高官たちを監督する集団である。元老院は支配階級の連帯性、さらにはその協力を具現している。モンテスキューによれば、貴族政治の政体は人民を抑圧しやすいが、それだけ自制しにくい。

そのすべてが恵与指向にとっては重大な結果を招く。元老院は社会的属性でなくその機能によって規定されるから（ローマ人は、元老院議員を当然、金持だと思っていただろうが、同時に、そう言うのは不謹慎だと思ったに違いない）、元老院議員は富より役職を誇っている。元老院議員はローマの恵与者になれるだろうか。そのようなことをすれば品格を下げるかも知れない――たとえ恵与者になっても、元老院議員としてでなく、一介の金持としてである。だから元老院議員の恵与指向には、有力者の場合とは共通の名目と内容しかない――動機はまったく違っている。元老院議員が鷹揚な寄付をしようとするときは個人の資格においてであり、個人的な関係にある隷属者に恩恵を与えるためである。

ローマの元老院議員、この執政官（コンスル）にして法政官（プラエトル）は、当時のしきたりによれば、ヘレニズム時代の国王と同列にいたので、(2) 都市の有力者と考え方が違うのも当然である。かれらは緊密な集団の力学にとらわれず、同市民、むしろ平民と向き合っても気詰まりを感じない。ローマ、つまり都市ローマは、かれらの政治の唯一の目的であるのみならず、かれらの首都、あるいはむしろかれらの選挙舞台である――一国を統治する政治家である。平民にとって、この寡頭政治家の屋敷を包囲して娯楽やパンを出させるなんてとんでもないことである。ローマの平民自身、愛国者で帝政主義者だから、かれらを政治家として判断し、だれがなんと言おうと、主としてかれらが催した競技会の豪華さで判断して、かれらを選出したのではない。確かに、かれらは自分の財布でローマの平民に競技会を提供していた――もし外観から判断すれば、かれらはこの都市の恵与者であった。だが現実の上から判断すれば、かれらが人民に娯楽を提供するのは高度な政治的理由または選挙的配慮からであり、そのような行為はアテナイの民主制の下だったらスキャンダルになっただろう。各階級のゲリラ戦だろうか、そうではない――だがまさしく階級闘争であり、これが保守的な大貴族から国費のパンをむしりとったのである。

かれらは大貴族であるが、ブルジョア的金持ではない――この章全体を通して、読者はわれわれの引例が前章の有力者よりはるかに大きな獣《けもの》に関していることを忘れないでいただきたい。ローマの寡頭政治家は集団を形成しているが、この集団は財力の上ではヘレニズム世界と比べものにならない、だからかれらの誇りも一部はそこから来ている――「元執政官」（プロコンスル）の誇りであるが、スペインやオリエントを旅行した十九世紀のイギリス貴族の誇りに似ている。前章での恵与は、だいたいバルザック時代の十フランから百フラン単位、つまり数万フランから数十万フランだった。だがローマの寡頭制での恵与は数百万フランから数千万フランに及んでいた。元老院議員という身分の富と寄付行為は、都市というよりは国家的規模のものである。

この共和主義的寡頭政治における恵与指向には多くの動機があるが、前章で検討したような動機とはまったく異なっている。寡頭政治家は、高官職についているときは人民に娯楽を提供し、人民から愛され、自分の権威の行使をしやすくする（このデリケートな問題については後で詳しく述べる）。おまけに、かれらはローマとローマ時代のイタリアに選挙支持者をはぐくみ、さまざまな口実で歓楽を提供する。ついには建物まで建てることになる――かれらが軍隊を指揮して敵に勝ったときは、その記念に公共建造物を建てる、それも（原則として）宗教的なものである。それでほぼすべてになるかも知れないが、ほかに二つのかなり特殊な現象があった――寡頭政治家個人からでなく、寡頭政治の政府からむしりとられた国費のパン、および公費の庇護があった。なぜなら共和制の末期には、帝政の君主制が大股に近づいてくると、大貴族らはますます公的な任務を個人的な企業と見なし、そのために費用を負担するからである。中でも、いちばん幸せな者が最初の皇帝になる、つまりアウグストゥス帝であり、本当の国家庇護者になる。結局、都市ローマには、ギリシアやローマ時代のイタリアで見られた有力者に比べられるような本当の恵与者はまったく存在しなかった。共和主義的寡頭制、次いで皇帝らが多くの恵与を行なったが、それは国家的理由または国家的手段のためであった。

したがって世界の首都、帝国‐都市としてのローマと、すでに検討したギリシア都市との対照的な相違は完全に近い。それは次のように図式化できよう――

〔一〕すでに見たように、恵与指向は、権力が専門と見なされ、特に政治家の所有と見なされるときに始まる――この政治家らは企業家に似ている。確かに、そのときローマは恵与指向の萌芽を知り得たかも知れない――ローマの元老院議員らはローマと世界を統治する主観的権利、さらに独占的権利を深く確信していた。そこでかれらは自分らの金庫を空《から》にするつもりであったかも知れない。だがそうはしなかった、それも偶然の理由からである――ローマ共和国には、スペイン鉱山の黄金郷と、占領地における略奪のおかげで金があり余っていたので、元老院議員は公金を補充するどころか、個人的な利益のためにたっぷり公金をいただこうと懸命だった。加えて、ローマでは、公的生活は真に市民的であるよりもはるかに寡頭制的であった。元老院議員と平民とのあいだのへだたりはギリシアの有力者と一般市民とのあいだよりも無限に大きかった。そこで専門家的無私無欲だということを人民によく分からせるために寄付を行う必要を感じる元老院議員は想像できない。

〔二〕恵与指向が完全な発展段階に達するのは、公職が名誉的特権にすぎなくなり、政治があまり重要な問題でなくなるときである。ところで、ローマの世界的政治ほど重要なものはない。元老院議員はまさしく権力であるから社会的格差を考える必要もない。大規模な政治の尺度では、「名誉」心づけの問題も消滅する。

〔三〕同じ尺度の理由で、ローマは、ギリシアが行なったような恵与者の表彰も促進させない。元老院議員には、もはや何も実証する必要がなく、終身貴族の肩書を狙うこともない。娯楽を提供したからといって平民の手から表彰の像を受けとる元老院議員も想像できない。元老院議員がなんらかの栄誉を望むとすれば、大政治における個人的な功績で栄誉を得ることだろう——勝利するか、それとも執政官（コンスル）に選ばれたい。

〔四〕最後に、元老院議員が恵与者になるのは、ただ政治的栄光を示すためであり（だから成功者は平民に寄贈をした）、あるいは巧妙な政治的関係を象徴するためである——「選挙の買収」は支持的関係を示すのに役立つ象徴的な贈り物の典型となる。

一　寡頭政治の政府

紀元前三世紀はじめから、ローマ最古の歴史の物語を小説風に書いたギリシアの詩人や政治論者の言葉を信じるなら、ローマの最初の恵与者は二人の遊び女《め》、一人の巫女《みこ》、そして一人の僭主だったらしい。毎年、十二月二十三日にローマ人は町中《まちなか》にあって、今ではだれにも分からない古い神様の墓の前で「ラレンタリア」と呼ばれる祭りを行なった。アッカ・ラレンティナ——ギリシア人はこの女神をローマ人に土地を遺してくれた遊び女としていた(3)。ギリシア都市の創設者や恵与者を町中で埋葬したり(4)、記念するためにその人らの名をつけた祭りが行われたことが思い出されるだろう。伝説の作者だったヘレニズム時代の歴史家がエウエメロス流にこの女神をただの女としてアルカイックなローマに固有の社会的風習を付与したのである――この歴史家はいくらかの事実と自分の偏見から遡時的予言によって「信じられそうな話」をつくり、特に読者の興味を惹こうとした。(5) 二番目の遊び女《め》の話は女神フローラに違いなく、いっそう明瞭にヘレニズム的な特徴を表わしている。(6) 巫女については、読者のために省略しよう。僭主については、奇妙なことに、その伝説がどの点でヘレニズム時代の恵与指向から移ってきたのか分からない。その名はスプリウス・メリウスと言った。普通の騎士であったが、富豪で、紀元前四三五年に起こった飢饉を利用して自費で小麦を購入し、それを平民に寄贈して国王になろうとした。(7) この詳細は紀元前五世紀のアテナイでも時代錯誤であろうから、まして異民族の西洋においてヘレニズム化されていない都市ではなおさらのことである。その代わり、――読者には思い出されるだろうが――ヘレニズムの都市または――この章の終わりで見られるだろうが――紀元前二世紀間のローマにはぴったりする、つまりこの時には「人民」派の政治的人間が平民に寄贈をすれば、是非はともかく、僭主になりたいのだと思われて非難された。

以上のような幻《まぼろし》を消滅させるには、恵与指向の年代を検討するだけでよい。もっと確実な現実に戻ろう。ローマという国家‐都市において恵与指向は発達できただろうか、できたとすれば、どのようにして？ ローマは「ポリス」であったが、寡頭制的「ポリス」であり、その支配階級には、高官職と公共財政においてきわめて特殊な態度があり、それは共和制末期まで続いた。

都市と寡頭制

アルカイックなローマは「ポリス」であり、公共的な決定や任務に参加する市民団、(8) つまり「人民」(*populus*) である――ローマは近代国家のようにその領土によって規定されるのではなく、全体の人々、つまりローマ市民として規定される。市民とは、国王、さらに個人的企業家または一種の庇護者が私用のため、または集団をまもるために傭兵を集めているあいだ、それぞれ、片隅で暮らしている個人の集団ではない。ギリシアと同様にローマでも、軍隊を召集する必要が起こったら市民は動員され、高官によって召集される。なぜならすべての市民は共通の責務、つまり「贈り物」munera（この語はよく出てくるはずだが、ローマの歴史を通じて多くの異なる意味を持つようになる）を行う義務がある。税金は例外だが、やはりこの「贈り物」の一種であり、賦役も同様である。賦役はローマが早くから「ポリス」であったことをよく表わしている。サロモン以来、イスラエルの国王が臣民に賦役を課すのにどれほど苦労したかを思い出していただきたい。これらの「贈り物」、それはギリシア人の課役である。市民は「命令権」imperiumを有する高官に服従するが、この高官は人民の民会において選出される。また民会は平和や戦争、または市民の死刑執行などに関わる最重要な決定権を保有し、罪を犯した高官を喚問することもできる。[9][10]

ただ、実際的には、寡頭政治の支配がこの図式を変えた。形式上の主権在民と元老院的寡頭政治の事実上の主権とのあいだには、いつまでも矛盾が続いた。原則的には人民が主権者であり、高官も人民から「命令権」を受けとった。この理論は決して忘れられたことがなく、帝政時代においても、法学者はその理論を君主の権限にさえ適用するだろう。この公用語はローマの人民を政治の主体としていた。だが政治的現実において、高官に対する人民の態度において、また寡頭政治を広めたり表明したりするイデオロギーにおいて、まったく違った方向へ進んだ――モムゼンがその『ローマ公法』において、人民でなく高官から論じ始めているのも至極当然である。示唆に富む細事であるが、「高官職」magistratusにはἀρχήというギリシア語の同義語があるが、「命令権」にはそのような同義語がない。ローマの高官は長官だと自任し、またそのように見なされたが、都市から委任を受けた公職についているのではない。公務を決定する権利と義務があるのは高官だけである——もしかれらの決定事項を知らされ、意見を求められたら、それを承認したり拒否したりできる——イエスかノーで答える。なぜならローマの人民はアテナイの人民のように議論しないから——人民は民会に来て、高官の話を聞き、高官は票決させる。坐っている高官の前で人民は立ったままでいる（これこそ、ギリシア人を驚かせた特殊性である）。ただ、高官だけが人民に話し、当座の命令を決め、法案を提出する権限がある。要するに、高官が法律をつくり、人民に諾否を求める。ある法学者なら、人民は高官を選出するとき、「命令権」を持つべき者を決めるが、選ばれた者に「命令権」そのものを委任していない、と言うかも知れない——だから人民はその命令権を取り戻せない、なぜならその権限は選ばれて高官になった者に属しているから。高官が主役であり、人民は高官職の機関の一部、つまり承認し、選出するという機関にすぎない。長官には服従しなければならない、なぜなら長官だから。「命令権」は、それを有する者の主観的権利である。[11]事実上、人民全体は身分によって分けられている——元老院議員、騎士、平民、解放奴隷であり、法の前で不平等である。ギリシアの民主制では、すべての者が平等であり、各市民は公共問題を議論し、高官は名誉のしるしがあっても同市民より上位にいなかったから（名誉は功績のある市民に与えられ、その市民は人民から名誉を受けた）、ローマ人から見れば無政府状態にほかならないと思われた。キケロも、「平等は不正である、というのも平等には威厳の違いが含まれないから」[12]と言う。ローマは戦闘的な寡頭政治によって独裁的に統治された都市であり、厳格な規律精神を有している。[13]ウェルギリウスは「偽善的な決まり文句」と間違えられそうな詩句で述べている、「気高い人民のあいだで、暴動がしばしば起こる。名もなき群衆には心が猛り狂い、まもなく松明《たいまつ》や小石が飛び散り、激怒が武器を取らせる——だが、平静を取り戻し、すべての人に耳を傾けさせるには、まじめで、業績があって影響力のある人が現われるだけでよい」[14]。ローマの群衆も同じだった、ちょうど十九世紀の「支配階級」に対するイギリスの群衆と同じである。ローマの人民は高官との接し方において潜在的に君主主義的であったと言える、なぜなら君主制は他律的態度に最適な制度であるから。ローマ、あるいはむしろその寡頭制が王政と国王に対して抱き続けた憎悪はあまりにも有名である――寡頭制は、君主制がいつ起こるか知れない危険だと感じていた。

恵与指向の歴史にとって、寡頭政治の支配には、三つの興味ある側面がある――

〔一〕金持は統治する権利を精神的に有し、またそれを有するのは金持だけである――それは、現状以上に世論で認められた現実である。この寡頭政治を地主や戦士の集団、アルカイックなギリシアの有力者とあまり変わらない集団、あるいは「支配者民族」としてのゲルマニアの有力者の集団と考えよう――そうすれば、キンキンナトスのことを思う以上に正確な概念が得られるだろう。国に奉仕する者には報酬がない、また地主的生活者だけが高官や元老院議員になれる。権力の集中化は極端である[16]――誇張なく言えることだが、紀元前二世紀において、二十家族ほどの者がローマの政治を行なっている。選挙制度が「中流階級」（イギリス的な意味で）をうるおしていたが、この中流階級は同じ階級から代表者を選出できなかった、つまり寡頭政治家から選んでいたのである。民主制時代のアテナイには正当な権利としての支配階級は存在しなかった。それがローマに存在したのである。ローマでは、一時的にアテナイを統治し、また人民の民会で雄弁を振るったおかげで政権の座についた中流階級の者――富裕な製革業者クレオン、羊商人リュスクレス、ランプ製造業者フペルボロス――に相当する者は決して見つからない。元老院議員と高官は、権利としてでないが、事実上、もっぱら騎士身分と呼ばれる上流階級の集団のなかで補充された。この金持の寡頭政治家、つまり「貴族」*optimates* は実際に統治の特権を有していた。他の市民はただ投票するだけでよかった。現代の歴史家から人民派と呼ばれる党派のリーダーはこの「貴族」のあいだで補充された――これはギリシア的な意味での「扇動家」というよりはむしろ野心的で、頭がよく、あるいは気前のよい元老院議員（この三種が存在した）であった。事実、ローマ人は決して寡頭政治に対立する人民派について語らなかった――「人民派」*populares*という名称はいわゆる党派のメンバーを指していたのでなく、政治家あるいは当然、元老院議員を指していたのであり、かれらは元老院に対抗して人民の民会に頼っていた。(17)

寡頭政治家の面子《めんつ》

〔二〕寡頭政治家にとって、公職につくのはまったく公務のためではなく、文字どおり個人的な面子であり、中世的名誉心と同様に要求がましく、ドン・キホーテ的であった。これらの寡頭政治家を共和国の義人や偉い奉仕者とは考えられない――かれらは政治的面子からローマを戦火と流血の渦中に置いたり、共和国を崖っぷちまで追いつめたこともある。

かれらの面子は、家柄がほとんどすべて執政官（コンスル）や法政官（プラエトル）であったように最高の高官職につくことであった。なぜなら古いロシアの「ミエストニチェストホ」のように、ローマの寡頭制内での高位は祖先の高官職から来ていたからである。もっと一般的には、各寡頭政治家の面子はその「威信」*dignitas*つまり政界での地位であり、栄誉であった。(18)「威信」は「威厳」というようなブルジョア的美徳でなく、「栄光」*decus*であり、貴族的理想である。ローマの寡頭政治家は、ちょうどル・シッドが家名を重んじたように自分の政治的「威信」にこだわる。ただ、中世的名誉は最低限の要請（特に、勇気があること）に背かなかったことにあり、いかなる貴族もその要請を、反対の証明にいたるまで満たすべきだと心得ていた――名誉を得るか、失うかである。ローマの「威信」のほうは、獲得され、維持され、元老院議員の政治的重要性が増すにつれて偉大になる。キケロがそうである、[19]――生涯、かれは貴族が名誉を重んじるように自分の「威信」を尊重した、そしていままで驚異的に巧みで、勝ち誇っていた人生の途中で追放される――かれは絶望する、もはや「威信」はない。その追放から呼び戻される――これで、かれの「威信」が回復された。そこで分かることは、このような寡頭政治家たちは国につつましく奉仕するような任務を果たしていなかった――高官に就任できた者は、それを栄光とし、ちょうど国王が王冠をまもるように自分の特権をまもることが認められていた。このように必死に自分の「威信」をまもろうとする執念は、世論のうちに免責宥恕を見つけた。世論は、カエサル〔シーザー〕が国や共和国と対等で話しても、内乱を引き起こしても、まったく文句が言えない、なぜなら元老院がカエサルの「威信」[20]を傷つけたからである。かれは何よりも、つまり自分の生命よりも名誉を選ぶと知らせていたではないか。ル・シッドが国王配下の名将軍を殺しても文句は言えない――名誉がさせたことだから。この政治的な「威信」崇拝はよく分かる――ローマの高官はごく少数だったから。紀元前二世紀を通じて、毎年、三十名しかいなかった、そのうち、多くとも十二人が軍団を指揮し、属州を治める要員に当てられ、他の者はローマで忙しかった。アテナイはローマの二十分の一も小さい都市だったが、十名ほどが公務についていた。さらに、任期一年の三十名ほどの高官は政府を形成していなかった。各自は自分の領地[21]、自分の「地方」を所有していて、だいたいそこの長官になっていた。だから高官とは多数の長官であった。

そこから矛盾した結果が生じる――高官らは名誉にかけて帝国を支配しようとし、また面子にかけてその帝国を引き裂いた。寡頭政治は、何よりもまずリーダーたちの個人的な利益によって左右された。献身的に国家のこと、つまり「国事」*res publica* について話されたが、もっぱら、その名において古い体制を維持するためだった、つまり寡頭政治のすべてのメンバーに「威信」を確保するため、あるいは土地やパンの寄贈という「鷹揚さ」を平民に拒否するためであった。それ以外の者、たとえばセルトリウス、カエサル、アントニウス、また古くはコリオラヌスは祖国を引き裂いたり、攻撃したりして、ペルシアの王に奉仕するテミストクレスやアルキビアデスと変わらない。ギリシアの個人主義を国家のローマ的意味に対比しても無駄だろう。大カトーは、政治の狙いが政治的人間の「栄光」と「名誉」にあると考えていた。[22]政治家にとって、栄光とは自分の屋敷の玄関の部屋に高官職を象徴する束桿や勝利の飾りを展示しておくことにあった。今日の資本主義企業家は住民の安寧を増大させようとは思わず、ただ金を儲けることしか念頭にない。そうすることで生活水準を高めているのである。ローマの寡頭政治家は家名を上げようと努めた、そうすることによってまったく本気で帝国を強大にしたり、破産させたりした――権力を独占し、個人的な競争心に駆られた支配者層は、それでも自分が権力の座にいることが国家の利益に関わっていると自覚しない者がいただろうか。

われわれとしては、ローマにおける寡頭制度の起源を探ったり、その精神性、つまり名誉崇拝の系譜を明らかにしようとは思わない。ただ、ローマは幾世紀にもわたって「帝政主義」国家であった――あまりにも内在化されているので、本気であるが、自分が分からない帝政主義である。一国家の外交政策は、たんに力関係だけでなく、動物的欲求によっても決められる、つまり周囲の世界に敵意がなく、たとえ敵意があっても脅威にならないだろうと感じるのである。ローマの無意識的な帝政主義はこのレベルにある――それは外部の脅威に対する極度の敏感さ、激しい不信感と安全欲求になっていた。この特徴が恐らくローマの寡頭制機構とその戦闘的な寡頭制的精神性を決定したのである。

〔三〕最後に、ローマ人は、公共財政についてはギリシア人と同じか、それ以上の国家意識がある――「国庫」は当代寡頭政治家の金庫ではなかったか。

寡頭政治家と国庫

国庫が存在するというのは自明のことではない。クルト・ラッテによれば[23]、ホメロス時代のギリシアには税金がなかったし、国王の金庫と別に公共的な金庫はなかった。国王は「自発的な」寄付を受け、それで暮らし、戦士への報酬を支払い、代表者としての義務、特に歓待の義務を果たした。なぜなら歓待と施しは共に、いつかは恵与、慈善、社会的互助、再配分と呼ばれるものになるアルカイックな二形式であるから。王政の時期が終わったとき、寄付も何もかもなくなった。都市には金がなかった。都市が金を持てるのは、戦利品ができ、罰金を課しはじめ、追放者や反逆者の財産を没収するようになってからである。だが都市はそのような儲けものをどうしたか。市民たちのあいだで分けたのである。ヘロドトスはこう書いている[24]、「シフノスは繁栄している、これは他の島より豊かな島である――その島で金銀の鉱山が多かったので、その鉱山の十分の一を記念品（*thesauros*）としてデルフォイへ献上することができた。シフノス人は毎年、鉱山の収益を分け合った」。集団的私有財産主義である――都市の金は市民のものだ。クレタ島では、集団の金はこの島の習慣で共同の食費に当てられた――「公共の領地から産出する果実や家畜のすべては、農奴が支払う貢ぎ物といっしょに、一部は礼拝と各種の儀式に当てられ、残りは共同の食事に当てられたから、すべての者、男も女も子供も集団のおかげで食べ物が手にはいる」[25]。さらにアテナイでは、市民はラウリオンの鉱山の産物を分け合った、またそれはテミストクレスがそのような配分を中止させ、鉱山の収益で艦隊をつくり、サラミスの戦いで勝利するまで続いた。物事をアレゴリー風に極言するなら、テミストクレスが艦隊をつくらせることに成功したとき、国家という西洋的概念が生まれたのである[26]。

では、ローマはどうか。「国庫」*aerarium* がまだ存在しなかった時代の思い出が暗黙的なしきたりとして残っていた。事実、この伝統によれば、騎士は未亡人や孤児から装備一式を直接もらっていた、という[27]のもその支度が未亡人らの課役になっていたからである。[28]国庫と財政の制度は「国事」の観念の形成にとって本質的な段階であった、だがこの段階は少なくともアルカイックな貨幣、つまりインゴットの存在を想起させる（ローマがはじめて本当の貨幣を持つ紀元前三世紀よりはるか以前のものであろう――ヨシュアの時代から、ヤハウェ教団には金、銀、銅、鉄などで一杯になった「金庫」があり、その重量はタラントやシケルという単位で数えられた。罰金として家畜が国へ支払われ、没収した財産としても奴隷や角のある動物であった昔では、経理官や「財務官」（クアエストル）の事務所があったとしても何もすることがなかっただろう。「国庫」という言葉自体、青銅 *aes* という語から来ている。ローマ人が、いわゆる貨幣をいつから使い始めたか、あるいは貨幣を鋳造し始めたかを決定することは古銭学や政治思想史では重要だろう。だがその時期が経済史において画期的であったかどうかは定かではない。ふたたびクルト・ラッテによれば[29]、国庫の創設は財務官職の制定と一致するはずである、とすれば紀元前五世紀半ばである。だがそういうわけにはいかない――伝統的には、もともと戦利品は凱旋将軍やその兵隊のものであった。その確かな発端は紀元前三九一年、カミルス将軍がヴェイイ占領のときの戦利品の処理を元老院に任せたらしい[30]。古典期以前の大抵のアルカイックな社会では、征服された土地は戦士たちのあいだで分配されたか、集団のメンバーのあいだで分けられた――ローマでは、いくら古い伝統にさかのぼっても、ローマ軍団に征服された土地は元老院に所属し、公有地 *ager publicus* となる――戦利品の処理だけが将軍に任される[31]。

共和国が国庫を使うようになったとき、二つの原則が立てられた、つまりギリシア人もその原則を発見[32]することになる――共和国は独自の収入で生きなければならず、税金をかけるのは例外であり、どの公務も国庫から支払われなければならない。地租(33)は紀元前一六七年までは不規則に課された。この年以来、ローマは、ヘレニズム国家を次々に略奪して太り、イタリア市民に課税することなく、領土と属国の貢ぎ物で生きてゆける。イタリアが改めて地租を課されるのは、それから四世紀以上も経ってからであり、前期帝政時代の末期、ディオクレティアヌス帝のときである。すべての公共費は国庫でまかなわれる——高官や担当官は共和国のために出費が必要なときは国庫から支払いを受けるが、それも支払い前に即金でもらうときもある。その金はローマ人民の所有である——高官の金庫は国庫と区別されない、なぜなら高官は管理を任された国庫の財務官であるからだ、そして残った金は国庫へ戻される(34)。

ただローマは寡頭政治の国である。そこから次の二つの結果が生じる——国庫の費用で行われる「寄付」に対する反感、および課役負担精神の欠如。寡頭政治から見れば、「国庫」は高官にも市民にも属さず、共和国という実体ににぎられ、元老院の寡頭政治がその後見役をつとめる。後見人は被後見人の私有財産を使って寄贈する権利がない(35)——同様に(36)、高官と元老院議員は、寡頭政治から扇動的寄贈と目されるようなことに公金を使ってはならない。それが「貴族派」と「人民派」のあいだの争点になり、公共的な小麦の問題となる。元老院権力の最強の基盤は、いかなる高官といえども元老院の認可なしでは国庫の金を使えないということにある。すでに見たように、同じ寡頭政治家は高官職、いわゆる名誉職につくことが面子に関わっている——豪勢な課役負担で破産することは「威信」にならない、だから「贈り物」は、アテナイにおける課役のような輝かしい発展を見ることはない。それどころか、少し汚い押しつけだと見なされるだろう。「贈り物」は高官から課せられる賦役か税であるので、「名誉」であり、人民の投票で決められ、人のあいだの格差をつける。

このような鷹揚というよりは誇り高い寡頭制において恵与指向が出現できたのはどうしてであろうか。

それは誇りそのものと、公的領域と私的領域とのあいだの若干の軋轢から来ている。寡頭政治家は「威信」のために、自分らの地位を公務というよりはむしろ個人的名誉と考える。(37) 名誉がかかっているなら、かれらは栄光のため、あるいはただたんに再選を確保するために職務の負担で破産も辞さないだろう。かれらは政治的成功に威信をかけているので、もし成功すれば歓声をあげて勝利を宣言するだろうし、またその勝利を示し記念するために建造物でも喜んで建てるだろう。高官職は個人的な野心の踏み台にすぎないから、その野心がかれらを国家庇護者にすることもある、もしその国家がかれらのものであるなら。とはいえ、征服と略奪のおかげで国庫にはあふれるばかりの金があるので、そのような傾向に対して二重の歯止めがかかる——国庫は支配者的寡頭政治家の集団とほぼ一体であるからには、どうしてその集団のメンバーは自分の財布を使う必要があろうか、公共財を自由に使えるではないか。また、もし平民がパンを要求したとき、寡頭政治家が自分の金を使わないで国庫の金を当てるとしたら、そのパンは国家の事業になり、政治問題になる。

紀元前三世紀に、ローマの政治はまだそこまで達していない、だがすでに際立った三つの問題点があった、つまり原則として公金は高官のものでなく、また逆にいろいろな難題を引き起こした——高官から課せられた罰金の収入は何に使われるのか。元老院から戦利品の一部の処理を任された将軍は何をなすべきか。さらに高官が人民のための競技会開催費をもらったとき、自分の財布からいくらかを追加してもよいか。この三問題は難問だということが分かる。罰金の収入はその罰金を課した高官自身の手に余る問題である——もし国庫をうるおすために無実の人に罰金を払わせたと疑われたくないなら、その金を神々へ献上する、つまり建造物を建てたり、見せ物を開催する。この問題については、次の章において詳しく検討しよう。戦利品や競技会開催費について言えば、両者とも恵与指向のもっとも古い出発点である。戦利品もまた勝利者の手に余る問題だから、私物化しないで神々へ捧げられる。人民の競技会については、ローマ人の精神性と政治的心理にとってきわめて重要なことであるから、この領域では後で詳しく検討するように、高官はやがて恵与者に変身する。

二　なぜ高官は競技会を提供するのか

だれが競技会費を払うのか

毎年、共和国は公式に、期日を定めて、神々のために祭典を催していたが、それは一般競技会と呼ばれた。主として、「競技場」における戦車競走や演劇会であった。これらの競技会は、その年度の高官、つまり歴史的次元の理由で監察官（エディリス）や法政官（プラエトル）によって組織され、実施された——この執政官ら（コンスル）はまったくそのような義務を負っていなかった。かれらは監察官や法政官としての義務を果たすために国庫から一定の金を受けとっていたが、[38]その予算ではまったく足らなかった——祭典を盛大に行なって評判をよくするためにこの高官らは競技会を「発表」〔開催、主催〕した——それがラテン語的表現である——かれらはその費用の大部分を自分らの財布から支払わねばならなかった。紀元前二世紀から競技会は破産させるほど金がかかった、それでも高官たちは喜んで、いや、感激しながらその責務を果たした。われわれの仕事は、そのような恵与者の感激を説明し、ローマ人から見て、高官が競技会を開催し、主催し、みずから戦車競走のスターターをつとめ、きわめて大衆化した祭典のために破産するのは普通のことだと思われた理由を明らかにすることである、他方、もしわれわれの国の大臣が同じような責務を果たしたら奇妙に見えるだろう。その理由は多く、また競技会の宗教的性格はもっとも表面的な理由のひとつにすぎない。非政治化を持ち出すのも止めよう――一般競技会は、紀元前二世紀の農地危機や国費パンの問題を解決するものではない。それどころか、もしローマの平民が無料のパンを獲得したといっても、そのパンは平民にとっては競技会の代わりにならなかっただろう。これ以上、ローマの高官による競技会の開催と、ヘレニズム時代の都市における高官による「名誉」寄贈を比較しないでおこう。この「名誉」寄贈は多様であり、高官が市民から受ける名誉の代償であったではないか。それはかれらの負担義務でなかった。反対に、競技会の開催は監察官の二つの責務の一つであった――このいわば建設大臣はスポーツ・宗教大臣をも兼ねていた。かれらにとっては、人民に盛大な競技会の喜びを提供することだけが問題であり、またローマ人も競技会の開催を高官職の代償とは決して考えなかった。ローマの高官の恵与指向は特殊な事実であり、多くはローマ固有の数ある特性が集中したものとして説明されよう。

まず、財政的進化を再現してみよう。ローマ人は公費については、きわめて明確な観念を抱いていた――元老院から高官に託される金は国の所有になっていたが、その原則には、モムゼンによれば、一、二の例外、つまり競技会費と戦利品があったということになる(39)――競技会費は、それを受けとる高官の所有になったが、財務官（クワエストル）に管理されず、したがって会計報告をしなくてもよかった――高官はただ、受けとった金額と同等の金額を、いまや増えた自分の財産から支出することが集団への義務にされた。もし少なく支払えば、公金横領の告発を受けるかも知れない。確かに論理的ではあるが、まったく資料にはないこの理論は、何が狙いなのか。それは次の事実を正当化する（特に現代人の目に）ためである、つまり高官は競技会のために国庫から受け取った金を上回って支払ったということ――もし公金がかれらの私物となり、計算書もつくらなくてよいなら、かれらはその金を好きなように使える、したがって公人が職務を果たすのに自分の財布から支払っても不思議ではない。言うまでもなく、モムゼンの理論はフィクションにすぎない、つまりローマ人になかった法的懸念に答えているからである——ローマ人は、高官たちが娯楽の費用を支払うのを見ても気をもむことはなかった。ではどうして寡頭政治家がもっぱら競技会のために寄贈をしたのか、また歴史的に見て、どうして寡頭政治家が国庫から受けとる金額より多くを支払うようになったのか。

この進化の詳細は、モムゼンの理論に反して、競技会に当てられた予算が他の公共的予算と同様だということが認められるなら再現しやすい——その予算を自由にできる高官は必要なだけの金を受けとっていなかった、またその管理を担当していたのは国庫の財務官であった。ところで、競技会の予算について何が分かっているか。少し詳細の説明が衒学的になるのを許していただきたい。まず、資料から分かることは、「競技場」の競技会のために、競走馬は国庫で借り上げられる[40]——この件について、国庫はみずから馬を選び、その提供者に金を払った。見せ物の公演費はどうか。古い語「出場手当」*lucar* がある、これは今日、見られるラテン語資料で五、六度、証拠が認められていて、国庫から公開競演を任された高官の手にわたされる予算だと一般的に考えられる。その資料では、たとえばこう書かれている[41]——オスティアのある恵与者は、競技会に当てられた「出場手当」を都市に代わって支払った、あるいは悶着（喜劇役者が公演のために、あまりにも高い出演料を要求した）のあとで、ローマの元老院は「出場手当」の上限額を定めた[42]。だが、この資料をもっとよく調べると「出場手当」は見せ物の公演に参加する役者や芸人の出演料を指していることが分かる——かくて国庫は「出場手当」という名目では高官に金をわたしていない[43]——国庫が役者か興行主に「出場手当」を支払っているのである。したがって結論としては、進化のはじめにおいて、高官は担当の競技会を主催し、組織するだけでよい、一方、役者や馬の提供者には国庫から支払われると言えよう。国庫の支出を認可するのは、規則によれば元老院の仕事である——資料によれば、競技会ごとに、問題の支出額は、最終的には二十万セステルティウムに決められていた(44)——また、三十三万三千三百三十三セステルティウムになることもあった、これは迷信によるものであり、そのギリシア的起源も証明されている(45)。高官はびた一文も支払う必要がない。

しかしそれも長いあいだではない。やがて高官は祭典をもっと盛大にするために多くの金を支払うことになり、国も市民もそれを当てにするようになる、なぜなら一般競技会は宗教的儀式であり、祭典であり、神々だけでなく、人間も楽しんだのであるから。事実、競技会とは何か。それは都市が神々へ捧げる祝賀行事であった(46)、なぜなら神々も人間と同じように楽しんだと信じられていたから。都市は神々を饗宴に招待し、いけにえを捧げ、信者は貴重な品物を奉納したり、あるいは信者は丸一日(「祭日」)と、その日に働けば儲けられるものを犠牲にした。神々も競技会において人間と同じ喜びを味わったから、人間も祭典ができるだけ長引くことを願わずにはいられない——歓喜と信仰は切り離しがたいものであった。国庫に手をつけないで祭典を長引かせるには、何かまともな口実が必要であった。そこで二つの口実が見つかった。

祭典か「宗教」か

まず、「手直し」がある。ある宗教的祭典が決まりどおりに完了しなかったら、それがたとえ不本意であろうと、その不備を補うにはどうすればよいか。責任者の負担で、やり直しをさせるのである。競技会を「手直しする」とは、決まりどおりに終わらなかった祭典の一日、または数日をやり直すか、競技会全体、つまりその期間を延長するか、倍にするか、さらにはもっと多くすることであった。典礼を重んじる宗教では、どんなに無意味な不備でも充分、問題になる。ティトゥス・リウィウスによれば、「その年、ローマの競技会は三度、手直しされた、また平民の競技会は全部で五回、手直しされた」[47]——年代記編者は伝統的に、そのような特異性を大事に覚えていて、その特異性が平民にとってはすばらしい思い出になり、高官の恵与指向を絶賛した。なぜなら明らかに高官はその手直し費用を負担したからである、というのも高官には競技会の成功に責任があり、またすべてをやり直すかどうかを決めることができるのはただ高官だけであったから。この駆け引きについては、ヴォルテール的な見方をしないでおこう——この宗教の扱い方には偽善がない[48]。ここで宗教全体がごまかしにすぎないということにはならず、宗教と呼ばれるもの（また典礼を尊重する宗教では特にそうであるが）は一般に多くの機能を果たし、それぞれの機能は必ずしも一致せず、一定ではない。いわゆる宗教感情を満たすことはその機能の一つにすぎない——ローマの宗教は、たとえば安心感の付与や厳粛化に役立った。宗教の歴史家たちのあいだの多くの論争や反目（たがいに宗教感覚に欠けているか、逆に、通俗的な逸脱を本物の名残りだと見なしているとして非難し合う）は誤解にすぎない——物事をおおざっぱに見たり、宗教の多機能性を見損なったという過ちを犯している。疑いもなく、宗教的なものは確固たる人間的側面であり、逸脱、浄化、または投影ではない——宗教的なものの特性を否定することは人間を損なうか、または損なわれた人間観をつくることになる。すべての宗教は滅多に等しくならない多機能性を呈している。宗教が、すべての歴史的現象のように変化した形[49]、つまり「歴史化」された形でしか現われないので、宗教的なものに一定の内容を与えることはできず、またそれがどうなるか、あるいは逆に何がその神秘的な本質に背くかを予言することはできないと言うのも充分ではない——せいぜい断言できることは、すでに述べたように、宗教的なものの非還元性である。だがそれもなんにもならない、要するに、狂気、国家、政治的なこと、さらに何事も等しく変化した状態でしか存在しない。もっとも重要なことは、宗教にはさらに多くの用途に向いた適性があるということである、たとえば、すでに述べたような安心感の付与、(50) あるいはローマにおける集団的娯楽の厳粛化である。競技会は神々への表敬とともに人間の喜びでもあった——この後者のために競技会が利欲に動かされやすかったので、信心深い心に衝撃を与えたことだろう。

国庫でなく、むしろ高官に金を払わせる第二のまじめな口実は募金をすることであった。次に述べるとおりである。ティトゥス・リウィウスによれば、紀元前二一二年、アポロン大会が創設されたとき、その創設を命じた神託は同じく次のことも命じていた——国庫は閉会のときのいけにえの費用を支払うが、観客は見物料をだし合う。実際には、元老院令によれば、いけにえの費用は見せ物を主催した財務官が一万二千アースを払うように定めていた。財務官のほうでは、人民各自の資力に応じて金を払うように命じた。(51) 公金と募金である——徴収の仕方はギリシア人から学んだに違いない。紀元前三世紀に、アモルゴスにおいて、イトーニア人の祭りの費用は、一部が都市、一部が巡礼の寄付でまかなわれていた。つけ加えると、恵与者は「祭りを見に来た五百人にのぼる人々からの寄付を断る」(52) ようなことはしなかった。それこそ、ローマの財務官に期待されていたことである——なぜなら、その後、この種の募金は問題にされなくなるか、あるいはむしろその習慣は完全には失われず、特別な場合には、観客自体が高官を祝うために率先してその習慣を復活させたことがいずれ分かるだろう。共和制の末期には、アポロン大会は国庫の財政でまかなわれ、金額は三十八万セステルティウムになり、財務官が支払う。だが、紀元前二一二年以後、財務官は自分の財布から支払わねばならなくなった——確かに、経費は国庫から返還されるはずの一万二千アースを超過したからである、というのもたとえ募金で集まった金を加えても、自分の出費の埋め合わせになるという保証はまったくなかったから。

このような二つの駆け引きから原則が生まれ、それが全面的に共和制の最後の世紀を通じて存続した──一般的に、またまわりくどいことをせず、どの高官も競技会を主催するときは予算以上に多くの金を支払わねばならない。祭典を「手直しする」ときに延長をしないとしても、せめて費用をかけて立派な祭典にする。それは恵与指向か、信仰か。両方である。幸いにも、神々は人間と同じように祭典が好きであり、理由も同じだから、(53)三つの満足が一致する、つまり信仰と歓喜と厳粛化である──すべては信仰のためというまじめな心がけがあるからだろう。(54)信仰は確かに現存している、またときには偶然に単独で現われることもある。ジャン＝ピエール・セーブが親切に教えてくれた逸話によれば、紀元前二一一年のことである──アポロン大会のとき、(55)人民はある芝居の公演を見ている、(56)それは無言劇である。そのとき、敵の襲来が告げられる。(57)観衆は武器をとりに走る、そして警報のあとで戻ってみると、舞台ではまだ無言劇が続けられていて、フルート奏者の調子に合わせて踊り続けていた。観衆は「すべてが救われた」と叫んだ、というのもその演劇を中断させたら儀式上の「不安」(*religio*)があったからである。この言葉は諺になった。(58)人間はその場にいないで、観劇どころではなかったが、神々には楽しむ権利があったのだ。

人間はもっぱら神々と同様に楽しむだけだ──人間は集団的な歓喜を厳粛にする、厳粛化しなければならないからである、なぜなら集団的なことは、とにかく組織されたら、祭典か、何か儀式的なことが必要であるから。ところで、儀式的なことは宗教から来ていた、したがって宗教は公私を問わず、いたるところに現われていた（宗教の多機能的な性質は、宗教が多くの社会において占める大きい役割を説明している）。集団的な祭典は厳粛な気分、つまり偉大な企画に参加するという確信をもたらす、つまり偉大な企画であるので、その意味深長な目的は確かに各人が味わうような見物の喜びを超越している、なぜならわれわれ個人は自分の活動に見合った目的しかつくれないから。遊びたいと思う一万人の人が、それぞれ片隅で気晴らしをしないで、集団的な祭りを組織したら、結果はあまりにも感激的だから、その集団的効果と個人的動機の総和のあいだの間隙を埋めるために少しは儀式的なことが必要である——各自は少しは混乱して、自分の個人的な気晴らしのために怪物レビアタンを動かしたとは信じがたいだろう。

信仰、歓喜、厳粛、そこにすべての不安定な状態の機能の均衡がある、それを持続させるにはよほどの機転が必要だろう。後の二つの機能を使って祭礼を工作しすぎたり、信仰を満たすために競技会を「手直し」しすぎたりすれば、機能の混同を不可能にする——そうなれば、人間は気晴らしをするため、また大衆の厳粛な雰囲気を味わうために見せ物を見に行く、それでは見せ物の宗教的な起源は、もはや残存物か口実にすぎなくなる。各機能は分離し、信仰はいっそう純粋になるが、信仰を固く社会的地盤に結びつけていた複雑な根の多くを失うことになる。共和制の最後の二世紀のあいだ、そしてもちろん帝政時代には、競技会の主催者や観客の心には宗教的な意義が失われていた。だからといって、もともと強烈だった信仰が徐々に磨耗していったとは結論しないでおこう。われわれとしては、歴史的時代に一度も証明されたことがない原始的精神の特権のような熱意を「さしあたって」民族学的な神話によって映しださないでおきたい——衰微した強烈さが問題ではなく、分離した多くの機能が問題である。原始的感情は、神聖なものにとりつかれた心ではなく、ピューリタン的気づかいなく、典礼の多機能性を受けいれる無邪気さであった。この多様な機能が信頼を失うとき、競技会は典礼というよりも人間の喜びになることが発見される——これが気晴らしと呼ばれるものの概念化であり、ローマ人から「歓喜」*laetitia* と言われた。宗教の諸機能の分離は世俗化と呼ばれるが、世俗化という語の一つの意味にすぎず、他の意味もある——この語は宗教と国家の分離をも指すからである（たとえば、国家に国教がなくなるとか、国家が一般に宗教を支配できないとか、または国家が市民に宗教を押しつけない場合である）。この語はまた、あえて言えば、人民全体が「定食」として受けとる集団的宗教から、各自が神を選ぶか、好きな宗教を選ぶというような「ア・ラ・カルト」としての宗教への移行をも指す（古典期ギリシアの宗教からヘレニズム時代の宗教性へ、ローマ共和制の宗教からローマ帝政の宗教性へ移るとき、あるいはバラモン教からヒンズー教へ移るときと同様である）。最後に、この語は、信者の数が減り、信仰がいっそう個人的な理由によるものとなって、「社会学的キリスト教団」から遵奉主義的でない信仰への移行をも指している。

恵与指向

ローマの競技会の世俗化はその競技会の多機能性の最後であった。競技会は気晴らしだが厳粛な歓喜でしかない。競技会がそれほど人々を喜ばせるとすれば、高官は気前のよい寄付をして競技会を「発表する」なら好評を博するに違いない。かれは同じ顕職でもさらに上位の別の高官職に立候補すれば当選するだろう。もしけちな振るまいをすれば落選するかも知れない。競技会の観客は選挙人であった。元老院は公費から競技会に割り当てる予算を増やさなくても非難を受けなかった——元老院は、高官が自分の財布から金を払うだろうと知っていたから。共和制末期のローマの競技会の歴史を語るなら、その競技がますます高くつき、ますます盛大になってゆく経緯を話すことになる。高官職に選ばれるためには、「発表」の期間中に平民へすばらしい競技会を提供したということが必要な条件になったり、また充足条件になることが多かった——恵与指向は政治職の道具となる。紀元前二世紀はじめには、もっとも金のかかる競技会の「発表」を含めて監察官を経験していない者は決して財務官や執政官に選出される見込みがなかった。かくて恵与指向は名誉職を獲得する手段となり、立派な競技会を開いて監察官に就任し、次いでまた競技会を開いて法政官（プラエトル）となり、それからでなければ執政官になれなかった[59]。だからどの政治家も「人民にすばらしい贈り物をして、前任者より勝れようと努力する」[60]――なぜなら前任者も恵与者としての精神と話し方を身につけていた――競技会はもはや公共的な儀式ではなくなり、主催者の「贈り物」と見なされた[61]。原則としては、各種の競技会を組織したのは監察官団または法政官団であった。公的な予算はその団体に与えられ、高官個人にはわたされなかった[62]。だが各高官は当然、その資金に好きなだけ追加をしてもよかった、また同輩よりも気前のよいところを示してもよかった――観衆は高官らが払った金額を知らないわけではなく、まただれがいちばん鷹揚であったかを区別した――監察官スカウルスとフプサエルスが共同して開いた競技会では、スカウルスの名前しか評判にならなかった[63]。なぜなら特別に豪勢な振るまいをした監察官の思い出だけが年代記に記録されたから（監察官スカウルスとルクルスの名声が記録に残っている）[64]。共和制の最後の世紀の貨幣は、過去または伝説上の監察官を記念して発行されている、その人物は「最高に」フローラ大会またはケレス大会を「発表」した。あるいは、ある法政官はスッラ競技会をその創設の年に「最高に」開催した[65]。というのも恵与指向に関しては、最高の恵与をすることが重要であったから――ギリシア人やローマ人はこの種の優位を非常に重んじていた[66]。高官らは盛大な大会のために破産する――ミロは三代にわたる遺産を使ったと言って自慢するだろう[67]。元老院議員階級の友情の掟として、監察官になれたら友人らに大盤振るまいをすることがあった[68]。つけ加えるなら、競技会の「発表者」は支配下にある「同盟都市」の人民から遠慮なく金を強奪した[69]、またアジアで徴集された特別税が監察官の主催する競技会費に当てられ[70]、最後に、監察官や法政官は属州の総督になると、住民から略奪し、交際費と称して国庫収入から多くをむさぼりとっていた[71]。

人情的に見れば、元老院議員の恵与指向の動機は名誉欲と監察官志望であるので分かりやすい。だからむしろ説明しにくいのはその役割の構造そのものである。その役割は二つある——高官は、監察官でも法政官であっても、「重要な」職務を果たすとともに、人民のために競技会を催す。[72] ところで、その職務より競技会のほうが人民に喜ばれ、また同輩より優位につける手段となる。すべての人が訴訟をしたり公共農場を持っているはずはないが、すべての人は競技会に参加した。だから高官は人気をとることができ、いわゆる「大衆のひいき」[73] を獲得することができた。このひいきは観客の拍手喝采の激しさで評価されたが、その拍手はそのまま名誉になり、観衆が意識的に贈った拍手であり、政治家から見れば世論のバロメーターとも言えるものであった。[74]「三月十五日」の翌日には、人民の競技会は政治的デモのようなものになった——ブルトゥスはアポロン大会を共和国のためのデモにしようとしたが無駄だった。オクタウィアヌス〔アウグストゥス帝〕のほうは競技会を皇帝派のためのデモにすることで大成功した——人民の心は暗殺された独裁官に忠実だったことがよく分かる。[75]

ところで、スターになりたい元老院議員的趣味をきわめて人間的な虚栄心の面から説明することはしないでおこう。この権威主義的寡頭制にあっては、人気を得たいという趣味は命令の趣味を表わしていた。真の長官が部下の中にまじり、部下が言いなりになり、部下から愛されていると感じ、自分の力の香りを味わうことによって、どれほど満足かはよく分かる。だからその趣味は選択できるものであった。寡頭政治家は見せ物を提供してローマの人民から拍手をしてもらおうと努めるが、自分が統治する属州において、正義と無私無欲を示して住民から拍手をしてもらおうとは思わない。だがローマの人民は完全に政治の対象にすぎなかったのではなく、法的な役割を果たしていた——人民はトリブス民会に集まり、平民の護民官から法律の票決をさせられた。選挙のほうは、「中流階級」つまり百人組長会を管理する騎士団の手に握られていた——だが騎士団はまさしく人民の競技会に出席して、ときには拍手喝采の合図をすることで意見を表明していた。[76] 公共的競技会は大衆的な娯楽ではなかったのである——平民の娯楽と上流階級の娯楽の断絶はまだ生じていなかった。住民全体が見せ物に興味を持っていた。[77]

競技会の人類学

現代人をすっかりたまげさせるのは、競技会が国の行事であり、その政治的影響力が大きかったことである。われわれのピューリタニズムや合理主義にとっては驚くべきことである——高官ともあろう者がどうして娯楽の担当者に成り下がり、人民に対する面目を丸つぶしにしなかったのか。その点を明確にして、ローマ人とわれわれのあいだの誤解を解いてみよう。

〔一〕市民も、すべての人も、自由な身分であろうとなかろうと、共同社会には敬うべき神々がいる。都市の神々は必ずしも個人の神々と同一ではない。アテナイ人は女神アテナだけを敬っているが、かれらだけがアテナを敬うギリシア人ではない。古代の宗教が都市の枠にはめ込まれていたというのは真実でなく、また都市が同時に教会であったというのも真実ではない。国家には最高的存在としてでなく、人格神としての神々がいた。エリネックのように言えば、国の宗教は、法的な意味でなく、社会的な意味において公共的なものであった[78]——国家は、ギリシア語や職人や商人を利用するように宗教を利用し、また個人もそれにならった。だが国家には個人よりはるかに大きい資力があったので、（言うなれば）国家の私的礼拝は個人の場合より盛大であった。この礼拝の要素として祭典があった、たとえばコンクールや競技会であり、これも人々の楽しみになる。その結果、公共的な娯楽のほうが私的な喜びよりもはるかに重要であった。

〔二〕かくてアテナイでは、都市全体が個人の集合体として、また実体として神々を祭り、楽しんだ。

都市当局も都市の多くの高官の一人、または担当官の一人として参加した。だがローマは民主制でなかった――公共的競技会は、支配者集団、つまり元老院議員団の管理下に置かれ、年度ごとに、一定の公的責務を果たす番に当たった議員、つまり高官のだれかの名において開催される。もちろん、競技会は都市、つまりローマ人民の祭典である。観衆は礼服または市民服を着て出かける――帝政時代になっても、「競技場」では寛衣（トーガ）の着用が義務づけられている。[79] 人民は自分のために自分で競技会を開くのでなく、高官が開いてくれる、つまり高官が「発表」し、「競技会を行う」。これほど重要な大集会を組織するには、ただの担当官だけに任せておくことはできない――慧眼な「主人の目」が必要であった。その後見役には都市がなった。

〔三〕直接に後見役をつとめる――高官自身が出席し、声や動作の儀礼を指揮する。なぜなら共和制における高官の権威は事務所の中や宮殿の中でなく、身をもって、「公然と」*coram populo* 発揮されたから。ローマ人の一人が訴訟を起こすとする。かれは法廷に現われない――かれは監察官のところへ行く。高官が法案を通したいときは？　選挙に出たいときは？　かれらは人民を召集し、自分でミーティングのようなものを主催する。その中にポンペイウスがまじっているとする、すると群衆の中から叫びが起こる――「だれが人民を飢えさせているのだ、それはポンペイウスだ」。やがて乱闘騒ぎになる。キケロの話によれば、「手先どもがわれわれを演壇から追い払うために圧力を加える。[80] そこでわれわれの手の者もやり返す。わたしは逃げ出した、なぜならひどい目にあうのが厭だったから」。キケロがカティリナの共犯者らに死刑の宣告をさせたときはどうだったか。かれは牢屋からその共犯者らを引き出し、公共広場（フォルム）の真ん中で、罪人たちを一人ずつ死刑執行人の手にひきわたしている。[81] われわれのあいだで、もし大臣が試合を主催するなら、かれがそこに現われるのは確かに代表者の証拠であるが、かれは号令しない。ローマの高官は競技場において号令するためにいた、ちょうど昔の将軍が戦場にいたのと同様である。権力の身体性は帝政時代でも部分的には存続するはずである。君主はいつも宮殿に閉じこもっていない、つまり群衆の前に姿を現わし、見せ物、宗教儀式、さらには法廷にも現われる、これは共和制的伝統を尊重しているからである。

〔四〕かなり儀式を重んじるこの文明においては、われわれになじまないこと、たとえば統治者または君主が現われて行動するようなことが起こっても、だれも気詰まりを感じなかった。「競技場」において高官が競走のスターターとして、もったいぶりながらナプキンを投げるのを見れば、われわれなら微笑せずにはおれないだろう。剣闘士の戦いを見れば、われわれなら恐怖におののくだろう。ローマ人のあいだでは微笑も恐怖も感じられなかった。[82]

〔五〕都市は娯楽をみずから行わないで高官の手から受けとることになるので、高官が行事の方針を立てたり、行動を正当化するために統治上の方針を練ることになる。かくて政治的慎重さから、当局は人民に何かを譲歩し、人民の喜びに奉仕し、手綱をゆるめて、人民が高官に服従しやすいようにし、高官が人民から愛されるようにすべきだという考え方が表明された。固く掌握されたこの社会において、祭典は後見役的権力によって平民に与えられた気晴らしとして現われる。ペリクレスは実利論でもってアテナイの宗教的祭典を正当化したとき、「われわれ」という言い方をする、「われわれは精神の疲れを癒すために、無数の《休息》を与えた、そこで一年中、コンクールや伝統的ないけにえを行なっている」。[83]あるローマ人は、むしろ承諾も拒否もできる長官の立場から考察している。[84]「大事において毅然とし、群衆に少しも道を誤ることがないようにするためには、群衆に小事を是認し譲歩すべきである、なぜなら、もしすべてにうるさく、要求しすぎ、また何も許さず、手綱を緩めないなら、かえって人民をとげとげしくさせ、反抗的にならせる。時化《しけ》のときは、少し帆をゆるめるほうがよい。喜んで祭典、コンクール、見せ物を行い、進んで協力すべきである。もし祖先伝来のいけにえを行うという口実やどこかの神を祭るという名目で群衆が、見せ物や、あまり費用のかからない配給、演劇の公演など、要するに博愛や鷹揚さでできることを望むなら、この機会に自由と栄華の香りを嗅がせてやればよい[85]」。だからアウグストゥス帝も公共の娯楽を[86]決してなおざりにしなかった、なぜなら「かれは自分で、庶民の喜びに加わる共和主義者だと思っていたからである。平民は偉い人に同じ趣味があると思えば確かに嬉しい[87]。カトー自身、つまり小カトーも生きいきした政治感覚があったので、あるとき、劇場を抜け出して一般観客の楽しみを邪魔しないようにした——事実、平民は女役者に衣装を脱がせたがっていたが、カトーに気兼ねをして要求できないでいたからだ[88]。娯楽は政治的に効果的だったので、祖先伝来の習慣に一致するとよく言われた、それ以上の正当化はないだろう[89]。寡頭政治のメンバーはそれぞれ長官のように見えるが、自分の職務の狭い枠に閉じこもることはできない——長官はたんなる役人以上の人物になるためには人間らしさを示さなければならない、つまり自分の任務を官僚的に見なしてはならない。権威が発揮すべきことはたんに強制することではなく、また平民を納税者、徴兵適齢者、犯罪者のように見るだけでなく、権威にはもっと優しい面があり、人民の願望や生活も無私していないことをはっきり示さねばならない。高官は人民の喜びに厭な顔をしてはならない、また一般市民より裕福であるからには、主催する祭典の費用を支払うのが当然である。

〔一八〕高官は金を払う、なぜなら高官は偉い人であり、また人として、生まれながらにして長官であるからだ——かれは人民を目下の者として扱うことができる。生まれながらにしてそのとおりである、なぜなら命令する階級に生まれたから。人としても、そのとおりだ、なぜならかれの権力は選挙人からでなく、かれ自身から来ているから。高官はまず、元老院議員団に属し、大物である。かれは人民の父であるから、人民はかれから寄付をもらっても恥にならない。

〔七〕高官は役人ではない、ただし高官職についている幾年かの付随的な資格を除いて。かれは本質的に、元老院議員という支配者集団の終身メンバーである。もしローマにおいて「名誉ある官職」、たとえば財務官、監察官、法政官、執政官が官僚的な意味での官職であり、行政職官位、明示的または形式的な職務の組織図を表わし、要するに、その階級が機能的であったら、われわれは建設大臣が職務のほかにストリップ・ダンスをも開催する義務があるのかと驚くだろう。そのような特異な義務は高官職の代償と見なされ、あるいは公的で私的な職務を儀礼的なものや祭礼で包み込むアルカイックな社会の傾向だと見なされるかも知れない。無用な努力である――アルカイックな非論理性を正当化しても仕方がない、というのも名誉の職には論理的なものはまったくないからだ。それはきわめて専門的で取るに足らないことが多い職種であり、職務の間に関連もなく、慣習的な身分として続いていた。ローマは官僚制ではなかった。帝政時代の高級役人としての代官職（プロクラトル）も論理的で、規則的な段階を経て受けつがれない。全うすべき公職はあった――裁判、公共建造物の保全、アポロン大会の開催、属州の統治、など。これらの職務は適当に一定の高官職として束ねられていた（束ねられたものは歴史の偶然に責任があるだけである）。慣習的な相続とされた高官職、整然と並んだ輝かしい高官職。なぜ一つの「役職」にそのような序列があるのか。二つの理由がある――きわめて狭き「門に押し寄せる」志願者、そして人民は娯楽が欲しいのでその志願者らを次々に門を通らせ、生涯の果てには執政官（コンスル）まで到達するようにさせたが、執政官の職には人民の競技会開催は含まれていなかった。(90) 人民は、フローラ大会においてヌードの踊り子たちを見せてくれる監察官という人物のうちに、一方で定期市や市場を監視する役人を見ないで元老院身分のメンバー、つまり生まれながらの高官を見る。最終的にその身分になれた者らは、毎年、かれらの選挙人組織によって、若干の名誉ある任務、たとえばアカデミーかクラブの会員のようなものを奪い合うか、分け合う。そして一般的には、各人は一生に一度はどこかの高官になれる。

〔八〕そのとき、かれらが寄贈する競技会は一種の祭典であり、その「職」の昇格を祝い、その名誉の光輝を子々孫々に伝えるべき年に盛大な拍手を受けるために、みずから開催するものである。

〔九〕元老院的寡頭政治家が競技会を「発表」するという華々しく、破産的な任務を喜んで引き受けるには、もう一つの理由があった——見せ物の開催は、高官志願者にとっては、よほど裕福でなければ元老院まで到達できない「金銭的障壁」のようなものであった。もっと正確に言えば、寡頭政治家は競技会の主催を恨んでいなかった、なぜならその障壁を乗り越えるには功績よりもむしろ金があればよかったからである。見せ物の開催は、個人的障壁というよりはむしろ階級的障壁であった。元老院は寡頭政治家しか受け入れず、寡頭政治家ならだれでも受け入れた。

同時代人はこの金銭的障壁をよく意識していた、なぜなら若干のエピソードが証明しているから[91]。慣習として言えるのは、公職には「障壁」があり、その公職はある派閥に守られた獲物になるということである、そのとき、この公職につける基準は職能的ではない、というのは人々から「功績」を認められ、その職務を充分に果たせる者だと認定されるのではなく、別の利点で判断される——美徳と富、または教養である。この基準は、その派閥の者すべてが乗り越えられるために、功績より易しい場合が多い。その現象はかなり普及していたので、改めて強調するまでもないだろう。いわば旧体制下の同業組合での親方昇格作品であり、バカロレア〔フランス大学入学資格〕であり、中国文人の教養であり、貴族的作法である。その基準はあまりにも突拍子なときがあるので、その非常識ぶりは容認できず、なんらかの合目的性を想像するしかない。中国文人の教養はその職務に向かないようなことを勉強させた、だから中国は行政・管理について、われわれと違った観念、つまりもっと世俗的で、もっと古典学的な観念を持っていて、その結果、試験科目が決められたのだろうと想像される。(92) いや、むしろ文人の派閥はいったん組織されると、継続するためにはじめの基準が維持され、その「行政・管理の概念」が原因でなく、むしろ結果になると推定するほうが妥当である。ローマでは、その地域にふさわしく、競技会開催という障壁の見返りとしてもう少し合理的な別の基準、つまり支持者がいた――友人たちが競技会を開かねばならないときは、自分の財布でその友人らを援助するのが上流社会での義務であった。(93) これは寡頭政治家たちの一種の協力に等しいものであった。

かくて寡頭政治家が社会生活全体に目を光らせ、(94) 社会に面と向かって命令する権威主義的社会においては、公費の競技会は、ちょうど指揮のうまい隊長が部下にときどき許してやる「お遊び」に似ていた。寡頭政治家は偉い貴族であり、生まれながらの長官であるから、人民に寄贈することもあった、だがこれがもし同胞たる市民の受託者としての寄贈ならショッキングなことだろう。寡頭政治家は一定の職務を帯びた個人というよりはむしろ将軍のように指揮する階級のメンバーであった(95)――だから競技会のことも、儀式好きの無邪気さが加わり、また職務も官僚的に規定されていないだけ、いっそう容易にその職務に追加されたのである。かくて寡頭政治家はその職務に競技会を加えることもたやすく同意した、なぜならそのような金のかかる責務は権力の独占を強化できた、あるいはむしろ勝手に障壁の高さを上げたり、下げたりすることができたからである。

つけ加えて言えば、競技会のことは、その開催者にとっては、帝政時代になると、共和制時代よりもいっそう重要になる、なぜなら高官職が名誉ある職務になるからである。この時代には事実、元老院議員職は現実的な職務を帯びるようになる、たとえば軍団の指揮、イタリア国外にも及ぶ属州の統治があり、古い高官職と交替する、この古い高官職はローマにも残っていたが、もはや象徴的な存在にすぎなくなり、競技会を開くときが大事のときである――後期帝政時代になると、執政官はその顕職を記念して象牙の二つ折り書板に、執政官職の紋章として、スターターの執政官の勇姿とともに競技会の光景を刻ませる。(96) 伝統と儀式張った身ぶりについてはローマの習慣的な無邪気さが認められる。

このような無償で、しかも金のかかる高官職は名誉ある閑職であるが、それとは対照的に実際的な職務がある、それはローマの長官職(97)から属州代官（プロクラトル）にいたる官職であり、その役職にある者は手当をもらうが競技会を行わない。その他の高官職は古い伝統と、就任する者らの社会的栄誉のおかげで少しの威光を保つが、その代償として破産するほどの競技会(98)がある。競技会は完全に選挙的重要性を失った、というのも帝政時代には一般的選挙は行われなくなり、高官は元老院と君主によって任命されるから。

三　象徴的な贈り物

寄贈も礼儀と同様である――寄贈は保護するほうが保護されるほうに平等感を与える手段である。だから保護されるほうは喜んで保護者の保護を受ける。そこから寄贈が相手の良心を買う代償だったと結論するのは不正であろう。だがこの不正は、古代人も現代人も犯すことがある。

良心は売り物ではない

共和制の下では、競技会やすべての寄贈は、ローマにおける選挙をはじめ、すべての政治生活において主要な、あるいは少なくとも目立った役割を演じている――買収について述べるべきか、それともポトラッチを喚起させるべきか。いや、もっと正確な二つのことを述べるほうがよいだろう――〔一〕選挙において、「買収」、競技会、寄贈または支持者、個人的または地域的な利益などは、いっそう大きい利益または緊急の利益があれば大した役割を演じられなかった。それがない場合、もし各候補者にとって当選することが重要であっても、選挙人にとっては政治的に特定の候補者に当選してもらうことが重要であった。〔二〕普通の政治生活においては、寄贈は良心を買収する代償でなく、象徴的な行為であり、その役割は、われわれのあいだでは、男女関係におけるバラの花束か装身具のプレゼントと同じ役割を果たした。そこで寄贈には特殊な象徴的性格があると思われる。

ローマの平民はきわめて恵まれていた――いたるところから贈り物をもらっていたからである。大政治への道を進もうとする候補者は、なにがしかの寄贈の表明をともなわないような政見演説ができなかった。だがそのような寄贈が必要だとしても――ほとんどそのとおりだが――それだけでは充分でなかった、というのは、どの志願者もやっていることだから。そこで平民は結局、だれを支持するかを心に尋ねた、でなければ力関係によってどこかの人物を押しつけられた、だがこの人物も、嫌がらず、喜んで寄贈をするだろう。とにかく平民は最高入札者に身を売らなかった。

ダマスコスのニコラスの『カエサル伝』の中で、「三月十五日」の翌日に、若きオクタウィアヌスが行なったことを読んでみよう。暗殺された独裁官〔カエサル〕の遺言書が開かれると、かれにはそれまで無名だった甥、オクタウィアヌスという十八歳の若者が養子にされていて、その養子に巨大な富を遺していることが分かった。それは、まさに君主制が迫り、一握りの実力者らのあいだで絶対権力が争われていた時期に、輝かしい政治の道を進むには充分な富であった。そのとき、この若者はアルバニア海岸のアポロニアというギリシアの都市で学んでいた。かれは義父の忠告に逆らって自分の運命を賭けてみようと思った、そしてローマへ乗り込んだ。当時のローマの政治生活は相変わらず混乱していて、高官、護民官、元老院、そして各党派がたがいに政治的ゲリラ戦に熱中していた。

オクタウィアヌスには動機と口実、つまり復讐があった——養子にしてくれた父の暗殺者に復讐しなければならなかった。寡頭政治家が公生活を私的な闘技場と見なし、自分の面子を守っていたことはすでに述べた。しかもオクタウィアヌスは「カエサルの死が、その生前にかれから財産をもらっていた者すべて、かれのおかげで名誉職や富を得た者すべてから復讐されるだろう」と期待できた。このカエサル派は独裁執政官〔カエサル〕のもと兵士たち、多くの平民、さらに三十年間の政治的ゲリラ戦の敗残者で構成されていたので、これまた私的な闘技場と公的世界を混同していた——カエサルの名とその財産の相続人は、かれらには世襲的な長官に見えた。オクタウィアヌスは事実、このカエサル派の人々の心を受けついでいた。あとはただ、かれがその遺産を受けつぎ、ローマの人民に宣言するだけでよかった。人民の競技会とその政治的デモが絶好のチャンスであった。かれは勝ち誇った「ヴィーナスの競演会」を君主制のためのデモに変えようとしたが無駄だった。せいぜい歓迎を受けるにとどまった——「かれが劇場に入ったとき、人民と父の部下だった兵士らから多くの拍手で迎えられた。この拍手は公演のあいだじゅう繰り返され、平民の好意がはっきり読みとれた。そこで、かれは金をばらまかせた、そこですっかり人気者になった」。だが金の力で人心を買おうとしても難しかったに違いない——かれはほとんどただで人民の心をつかんだのである。

そこでカエサル派に二人の党首ができる——正統な相続人、若きオクタウィアヌスと、溌剌とした辣腕家アントニウスだが、アントニウスは当然、手遅れにならないうちに若いライバルを打ち倒すべきだろう。

オクタウィアヌスもそれを察して、「小作人のところへ避難しようと決心した、というのも父がこの小作人らに土地を分けていたからであり、またその町は、父が小作人のために建設していたからである。かれは小作人らにカエサルの恩義を思い出させるつもりだった。またこの偉人の悲しい死とともに自分の運命について嘆くことによって小作人らを援軍とし、また金を支給してかれらの心を捉えようとした」。そこでかれはカンパーニアの町々を訪問し、「恵与者の息子として非常な名誉を受けて歓迎された。翌日、かれは率直に住民へ心を開いて語り、父の死の不正や自分もはめられようとした罠のすべてを説明して兵士らを味方につけようとした。かれが話しているあいだ、評議会の有力者らは聞いていない振りをしたが、平民は極度の熱意と好意を示した。平民は同情のあまり興奮して叫び声をあげながらオクタウィアヌスを激励し、支援を約束し、かれの亡き父の名誉を回復させるためにはなんでもしようと約束した。そこでオクタウィアヌスはかれらを家に招待し、一人当たり二千セステルティウムの金を配った」。この鷹揚さは象徴的に契約を固めたが、忠誠心への代償ではない。プルタルコスが言ったように、「オクタウィアヌスは気前のよさでカエサルの多くの老兵を味方にした」[99]というのは現実を茶化している。

伝統的に寄贈は声明と約束をともなう。われわれが花束を贈るように、寄贈には四つの機能がある――満足、告知、象徴、そして証拠である。寄贈自体、その値打ちを持った賭け金である。寄贈者は何か意図があることを告知し、鷹揚か謙譲の態度を表明するためにそれを受け手に象徴し、その点ではライバルの候補者らも表明したに違いない原則を共有していることを示す。結局、与え方のほうが与える物より値打ちがあるので、寄贈はいくらか候補者の個性または政治的偏重を示す。かくてローマの寡頭政治家はときどき平民に金を配り、亡くなったときにはローマ市民全体に配当されるべき金を遺贈する[100]。なぜなら互いの協力関係は生命とともに途絶えなかったからであり、そのためにどの寡頭政治家も仲間たちに絶えず多くの富を遺贈する習慣となり、各家族では贈った遺産にほぼ相当するものを受けとることになるので、実際には相殺される。(101)

贈り物に象徴されるもの

取引は、両者がそれぞれ独立していなければ象徴的贈り物をともなわない。当選者は委任者らのたんなる影にすぎないと思えば丁寧に贈り物などできないだろう——すでに述べたように、ローマの高官らは選挙人から委任された者とは思っていなかった。両者が象徴的な贈り物だけを取引するとき、一方は自分が自主独立しているか、それとも自分の利益が相手の利益と混同されないと考える。選挙人への寄贈は、ローマでは、主権者人民への表敬だったと思うのは間違いだろう。むしろ反対であった。候補者は、自分の権威が一種の私的所有であり、市民への奉仕者ではないと考えられないなら寄贈をしなかっただろう。権力は、委任した者らへ尽くす使命というよりはむしろ個人的利益であった——権力はその「威信」、栄誉の肩書をつり上げようと努めた。なぜなら権力はローマの人民から受ける好意であったから。この人民の投票はそれだけ候補者への奉仕になった。(102)両者は独立していた——候補者は落選するかもしれない、なぜなら人民のほうには何も借りがなかったから。だが候補者は当選しても、人民には当選者に対して権利がないだろう。両者は独立しているから、選挙は一種の取引に似ていた、だからこそ選挙には頼む者のほうから象徴的な贈り物をすることになった——この贈り物は、会議用テーブルのまわりに敬意がみなぎり、その一件が純粋に力関係では決定されないことを示すようになっていた。そこで候補者は、主権者人民の決定を辛抱強く待つのでなく、愛想よく選挙人らと取引した。

選挙人について真実なことは人民全体についても同じであった——象徴的な範囲での寄贈は、寡頭政治家と平民のあいだに気持ちよく協調的な関係をもたらした。あとはただ政治家、つまりたんなる候補者からカエサルやオクタウィアヌスにいたるまでの政治家がどうして平民をあれほど大事にしているように見えたかを理解できればよい――いったい平民にはどれほどの政治力があったのか。この重要な問いに答えるのは難しい。政治の手段と目的は力関係や物質的利益に還元されるだろうか。それとも安全、繁栄、さらにこの両者を合理的に確保できる手段の追求に帰すべきか。

平民の護民官が市民をたきつけたり、うぬぼれた護民官が都合のよい法律をかんたんに裁決させることがないように、当然、寡頭政治家にとって人気を集めることは重要であった。共和制の最後の世紀には、財力や威光や政治的支持者によって政治生活を支配する実力者、たとえばポンペイウス、カエサルのような人物たちは帝政における特別指揮権しか望まない――属州は、元老院の寡頭政治家が狭いローマ的観点から公共広場（フォルム）の論戦ほど気にかけていなかったので、実力者にとっては闘技場になり踏み台になっていた。ところで帝政において、特別権力がポンペイウスに認められた法律（ガビニア法、マニリア法、メッシア請願）と「第一執政官」に認められた法律（ヴァティニア法、トレボニア法）のすべてが、護民官から提出されて平民の民会において可決されたことは意味深い。だから平民の心をつかむことが重要であった。

しかし、そのような打算的な目的を狙い、まさしくそれを狙って政治的人間が寄贈を行なったと信じられるだろうか。かれらがローマの人民全体でなく、ただ投票または腕力が票数または公共広場の乱闘のときに役立つ人々だけを誘惑しようとしたのであろうか。かれらは貧民、つまり役に立たず、ただ崇拝するだけの貧民を含めた人望そのものを求めなかっただろうか。権力があると思う者は、往来で口笛を吹かれて群衆から馬鹿にされながら、群衆の嘲りが無力であり、現実主義的精神には取るに足らないことだとして平気でおれようか。言い方を変えるなら、政治的人間の寄贈は、非合理的で、言うなればとにかく名状しがたい満足、権力でなく威光を狙っていたのである。もし社会的格差の内容と思われるものの中に、威光が権力または階級的利益と同じほど名状しがたいものとして現われていることが認められないなら、恵与指向は不可解なままであろう。権力も威光がなければ大したものではない、なぜなら統治することは欲しい結果を他人から獲得することではないからだ――そのような実質的な満足だけで満足できるような現実主義者は少ない。それだけでなく、外見だけでない服従の気持ちを支配し、心の上に君臨したい。ヒュームが書いているように、「意のままに動く見事な仕掛けのロボットがつくれたら、確かにそれを持つことは喜びと誇りであるかも知れないが、感情と理性のある生き物を動かせる権威には及ばないだろう」。統治すること、それはローマの人民すべてに賛否の票を決めさせることであった、なぜなら人民こそ、政治の主体[103]として合法的に崇拝者の合唱を構成していたからである。寡頭政治家が恵与者であったのは、マキァヴェッリ的な計算によるのでなく、他人が「物」*aliud* でなく「分身」*alter ego* であったからである。あるいは、言うなれば、権力は行使だけでなく、他人との関係であり、威光である。

問題の恵与指向は、目的において、腹黒い合理的なものではなかった。おまけに象徴的な手段を使った――寄贈は人気を買ったのでなく、売り物をまとめてゆずってもらったのでもなく、誘惑を容易にし、儀礼的に賛同を固めることであった、ちょうど定期市場で握手をするようなものである。他の象徴的な贈り物についても同様である――店主が客にわたす景品、寡頭政治家がローマの平民に分配する金（それは「賜り物」*congiaires* であった）または軍隊にわたす金（それは「下賜金」*donativa* であった）であり、後に皇帝もその伝統をまもることになる。これはまとめて検討できる問題である。だが寡頭政治家が奪い合ったこともある実質的な満足とは慎重に区別しなければならない――カティリナが陰謀を企てたとき、カトーは、カエサルが下層民を蜂起させようとしているのを見て、元老院を説得し、昔、グラックスがやったように国費パンの配給を復活させた――この寄贈が暴動を止めたのである(104)。それでよいではないか。平民に満足を与えたのだから。だが、継続的に、毎月、すべての住民に日常のパンを配給することと、一度きりで最低生活の数カ月分を配給したり、人民に数日間の見せ物を提供することとは違う――このような寄贈はジェスチャーでしかない。だが資料によればたいへんな効果があったらしい――寡頭政治家の文献で繰りかえし述べられているように、平民は身を売っていた。この証言で分かるのは、せいぜい論争的攻撃が社会学的な意味以上に普及していることである。だが反対の行き過ぎもいけない。象徴的な寄贈に効果がなくはないとしても、象徴が現実に等しいとは決められない――人々は快楽の原則を影と獲物に同じ価値をつけるほど飛躍させない。したがって、ただ、象徴は、当該の構造において明白な役割を演じることはできるが、それでもやはり純粋に象徴的な役割にとどまる、と結論しよう――与える者にはその金額に見合うものしかない、それ以上はない。

区別すべき二つの場合がある――寄贈者と受益者のあいだに、すでになんらかの関係がある場合――店主と客、将軍と兵隊である。あるいは両者のあいだにいかなる種類のいかなる関係もない場合、それでも両者の心や力関係において関係が生じる可能性はある。後者の場合、贈り物をすれば関係を求めるか、結ぶことになるだろう――だからオクタウィアヌスは、父から土地をもらった老兵とのあいだで政治的協定を結んだ、つまりわれわれの場合なら国有地の買い手がフランス大革命の成功を願ったように、カエサル派の勝利を望んだのである。前者の場合は贈り物は関係の代価にならない――客はデナリウス銀貨三十枚で店主に一生を売ったりしない。この金はただ店主の権威が無条件でないこと、また双方でお互いの利益を見つけるはずだということを象徴するだけである。「選挙に際して、候補者が隷属者に現物または現金を贈るが、進歩した社会で買収になることも、ここでは首長とその隷属者を結びつける個人的な連帯関係の正当な結果にすぎない。首長は票を買収するのではない――かれに票が集まるのだ」。この文はローマにおける選挙について書かれたものではなく、一九五八年のブラジル[105]における選挙の話であるが、「ラティフンディウム」の「首長」が支配する地方の様子をよく再現している。ささやかな贈り物が隷属者を養っていたが、当時、隷属者はその代わりにさまざまな奉仕をしていた――受けた世話を返す義理が維持されるためには保護者と被保護者とのあいだに愛情の絆がつくられねばならなかった。またその愛情はささやかな贈り物で象徴され、贈り物が愛情をつくりだすように見えたが、じつは贈り物は、友情と今後の報酬を期待する奉仕の思い出を保つだけであった。たとえば、わたしが受けた奉仕にその場で現金払いをし、それで相手と取引を終えたいと思うときに、はじめて、わたしは相手に何も借りがなく、相手を恩人でなく、たんなる売り手だと見なすことができる。ほとんど金のかからない親切を受けても、わたしには恩知らずになりたくないという義理が感じられ、その幾倍もお返しをすべきだと思われるなら（「大したことをしてくれたのではないが、あまりにも親切だったので、恩知らずと思われたくないので、どんなことでも品よく断われない」）、それは幻想の作用によるものである――わたしは、すでに恩人とのあいだに長続きする関係をつくっていて、そのほうがもっと実質的な満足に値するということを忘れている。でなければ、いわゆる恩人から恩知らずだと思われないかと考えるだろう。象徴的な贈り物はこの先在的関係に現実的な補足的権威をつけ加えるが、その価値は贈り物に比例するだろう――社員を優遇する社長なら、ときどき、退社時刻がすぎても、あと三十分ほど居残って欲しいと女秘書に頼めるだろう、それも「私用」で。

「下賜金」

いずれの場合にしても、象徴的な贈り物ができるのは、双方に固有の利益があり、一方が規則的に他方に服従していないときだけである。紀元前三世紀末以後のローマの兵隊と将軍の関係がそうだった。有名なエピソードがある――アフリカ戦役のあいだ、スキピオ将軍配下の財務官として派遣された大カトーは、将軍が習慣的な浪費癖を発揮して惜しげもなく公金を兵隊たちに配っているのを知った。かれは憤慨して、軍隊の精神と規律を堕落させるものだとして非難した(106)。ところがスキピオは軍隊を買収していたのではない――かれはただ、自分の軍隊が共和国の防衛隊というよりも将軍の忠実な部下だということを認めさせたにすぎない、ところがカトーにはそれが分からなかったし、また分かろうともしなかった。かくて内乱軍は各将軍のために戦いを交えながら国家を引き裂くことになる。兵隊と上官との個人的な関係は、軍隊的規律として考えられるような絶対的服従をほとんど感じさせない特徴となって現われる――将軍たちは兵隊に「下賜金」を与え、都市の略奪をさせておく(107)。あるとき、軍隊が行進を拒否した――そのとき、将軍はみずから野営場を訪問して、部下に懇願して回り、泣きながら部下の手を握った(108)。この将軍は「隊長が部下のご機嫌をとれば、権威を落とし、台なしにすると思いこんでいたので、兵隊から愛されようと心がけない(109)」という過ちを犯していたのである。「下賜金」について言えば、兵隊に金を配ることは軍隊的褒賞の起源であった。スキピオの時代以後、それが増え続けて、本質を失い、部下に与える隊長の寄贈になる。

以上のすべては、ローマの将軍たちが親分になったという意味ではない（まだたっぷり一世紀のあいだ、将軍は共和国から規則的に任命される将校であり、共和国へ忠誠を尽くしている）、むしろ兵隊がもはや市民でない証拠である――兵隊には専門家的な感性がある。部下に懇願する将軍のエピソードがそれを雄弁に語っている——この話はナポレオンの軍隊にも信じられないことではないだろう。専門家のあいだで、服従は規則の文言を越えている。兵隊は仕事と一体である。また部下でも上官でも、すべてが同じ専門、同じ財とサービスの理想、同じ話し方を持っているから服従の拒否は原則を危うくすることにはならない——それは二義的な範囲をでない。だから将軍が部下に頭を下げてもその権威を失うことにならない、なぜなら権威は否定されていないから。また部下は泣いている将軍に信頼と尊敬を抱き続けるだろう、このようなことはどんな職業の専門家でも経験しているはずである。

兵隊は専門職についたとはいえ、不幸にして、有給職の概念や公務員の概念が存在しない社会に生きている——その代わり、兵隊は象徴的な贈り物を要求する、それが下賜金である、またこの職業軍人を傭兵だったと思わせることもあるが、それはかれらを中傷することになる。内乱の影は必ずしも「下賜金」の背後にあるのではない。もし兵隊が将軍と個人的な関係にあるとしても、将軍のほうは国とのあいだに規則的な関係を保っていた——内乱は後者の関係を悪化させるだろうが、前者の関係からは起こらない。兵隊は金のためにだれかれなしに身を売らない——兵隊の最高長官は共和国から派遣される元老院議員である。ただ、かれらとしては、この正規の長官が自分らと個人的な関係を持つとは考えられない。一方、内乱の時期に、兵隊は正規の権威者よりも将軍のほうを選ぶことが多かった。だが、どんな組合でも、「下賜金」の有無にかかわらず、同じことをしている——これらの兵隊は動員された市民というよりはむしろ職業軍人であったということを別の形で繰り返すだけである。「隷属者」という事実を職業的偏狭、衒学趣味の現象だと見なさないでおこう——この職業軍人らは最高入札者に身を売らなかったとともに、勝手に将軍を選んでいない。ではこの軍職の専門化はどこから来たのか。また、なぜこの職業の客観的構造が象徴的構造とダブっていたのか、それを検討しなければならない。

軍隊の歴史と人口統計学の権威として知られたハンス・デルブリュックとP・A・ブルントが以上のことを見事に指摘している——古代都市の中でも、ローマは例外的に高い動員率で際だっている、というのも平時でも成人に達した市民の一割であり、二番目に多い世紀ではおよそ二割に達している(これは規模の点で、ナポレオン時代のフランスと同じ率である。ただしわが国の旧体制の時代では、逆に、男子適齢者の五十分の一にすぎなかった)。明らかに、毎年、決まって同じ者が戦場へ出発したに違いない。それがかれらの利益にもなった、というのもかれらにはほかに職業がなかったからであり、また将軍らにとっても都合がよかった、なぜなら経験のある人々を補充するほうがはるかによかったからである。この論理から生じる最初の結果は奴隷使用の農業になった——奴隷が動員された市民に代わり、大農園が小土地を犠牲にして発達した。第二の結果は、市民からなる古い軍団が半職業的または職業的な軍人の軍団になったことである。換言すれば、軍団は、国籍を問わないで長官に借り上げられる傭兵でなく、公務を生計として働く公務員的軍人である。

ただ、公務という観念は存在しなかった、いや、むしろ公務が金になると思われていなかった——ローマ国家には無給の高官がおり、買われた奴隷がいた。兵隊は給料をもらうが、奴隷と思われたくなかった。ナポレオンの近衛兵は手当をもらっていても自由人だと思っていた——かれらは勤務の正当な報酬を受けていて、祖国もかれ自身もともに契約を尊重していた。近衛兵は自己評価ができた。ローマの軍団に自己評価ができるためには、公務の奴隷でないということを「下賜金」によって喚起させる必要があった。

選挙、隷属者、政治、軍隊——象徴的な寄付はローマ文明のいたるところに存在した。寄付が交換の原始形態であったというのではなく、それどころか、贈り物は交換あるいはむしろ取引が、今日(特に、勤労の取引)よりはるかに重要でなかったことを表わしている。権利も規則も同様であった——個人的関係のほうがまさっていた。たとえば、主人の隷属者の中に大工か靴直しがいるとすれば、この者たちは主人に最高のサービスをするだろう。「その代わりに」主人は毎日、欠かさずかれらを養う。恐らく主人はそれで得をするだろうが、何もしないでいる大工を養うことになる。とにかく、養うことが大工の仕事に対する支払いになるだろうが、主人はその仕事を取引の値段で買っていない——主人は隷属者と自分のあいだに個人的な愛情関係をつくり、この関係の維持を正当化する、そこでときどき、お互いのささやかな贈り物がこの関係を象徴化し、その関係を保つように見えるだろう。(110)

ローマ社会の二重の機能性

寄付はいたるところで行われていた、なぜなら国家の合法性とサービスというフィクションの下では、すべての個人の組織は個人的関係としてしか考えられなかったからである(111)——それは親族関係、友情関係、「隷属者」という言葉のあいまいな意味での隷属者の形式的関係、つまり所与の状況に対する奉仕の交換、あるいは地域の「首長」または将軍との習慣的な依存関係である。現代の読者がキケロの書簡や弁論に目を通してみるなら、今日のコルシカ島かシチリア島に来ているような印象をうけるだろう。これらの島では、制度的な外観はあっても、その背後で、政治と社会生活全般が、個人間または集団間の非合法的な関係、つまりその関係がなんら規定もされていない性格のために象徴と情動性を帯びた関係で動かされている、またそこでは合法性という抽象的観念は、肯定され理解されていても、実際には選挙や大学入学資格試験の場合であろうと、あまり実行されていない。

統治者たる寡頭政治のメンバーたちは、国家への義務と「仲間」への義理、市民的義務と個人間的義理*officia* のあいだで絶えず悩まされていた。この時期の書簡体ジャンルの一種で、ある義務を他の義務のために犠牲にしたことを弁解する書簡があった。文通者の一人がキケロにこう書いている、「この内乱では、わたしはカエサルの支持派でなかった――わたしはただ、事件の根本は不愉快でしたが、友人としてかれを見捨てないというだけで満足しました。わたしはオクタウィアヌスのために競技会の担当を引きうけました――しかしこれは個人的な奉仕であり、政治とはまったく関係がありません」。キケロのように、ポンペイウス(112)のような英雄的人格のうちに、友情への配慮と共和国への配慮を一致できた者は幸いなるかな！

ローマの政治生活の登場人物は数十名から数百名のお偉方、つまり高官、護民官、元老院議員らであった。各人は「何かをたくらむ」のは自由だが、その代わりに合法的な権力を保持するか、たんに行使できるのは、見返りを条件にして一定数の同輩の支持を集められる場合でしかなかった。すべての人はすべての人に依存していた、だから職務の交換は結局、法的な関係を麻痺させることになったが、それを真剣に考えたのはカトーだけであった。ポンペイウスは、辛うじて選挙買収に対する法律と、裁判に対する圧力行使に対する法律を可決させたばかりであったが、これらの法律を最初に公然と故意に破ったのはかれ自身である(113)――だがかれは義父とかれの保護下にある者を見捨てることができなかったのである。キケロ宛の書簡を読んだ者にとっては、この作者がその哲学論において国家を論じている高尚な部分は非現実的に思われる。だから第三世界の国々が思い出される、つまり西洋の制度が別のタイプの社会に張りつけられても、うまく機能できない。

贈り物は、象徴的あるいはもっと実際的であっても、とにかく、ローマの集団生活が規則と取引に従って機能していなかった証拠である。だが贈り物によって、その社会が共和制最後の二世紀間は、あまり独裁的でなかったことも証明される――寡頭政治家や将軍は寄贈をする、なぜならかれらの選挙人や兵隊がもはや完全に支配されていなかったからである。選挙人はもう元老院議員の隷属者ではない、いや、むしろ隷属者という言葉の意味が変わるのだ、なぜなら物事は変化するから。隷属者は一定の義務をともなう形式的関係を示さなくなり、むしろ想像できるすべての依存形式を指し、多くは非公式であり、しばしば贈り物で支払われ、寄贈によって強化される関係である――恵与指向はこの隷属者の一面を表わすことになる。

このような変化はスキピオ家の時代から始まっていると寓意的に言えよう。すでに述べたように、初代の「アフリカヌス」は、カトーから嫌われたやり方で軍隊から愛されようとした。選挙人の機嫌のとり方もりっぱとは言えなかった[114]――監察官の候補者として「かれは民衆の共鳴を得ようとして恵与指向、寄贈、そして愛想のよさに頼った」。

かくて、すでに述べたようなあいまいさが生じた――以後、ローマの社会は二つの方式にまたがる、つまり公共的な制度と個人間関係である。一方には共和国、高官、軍団があり、他方は新しい形の隷属者、奉仕の交換、寄贈がある。この最後のものは第二の方式によって解釈されるなら象徴にほかならない。だが第一の方式で解釈されるなら、習慣の腐敗を証明し、良心を買う代償になる。寄贈が問題になるたびに、あるいはほとんどそのたびに、古代作家らは寄贈者が平民の関心を買ったのだと、冷ややかに、あるいは憤慨しながら繰り返し言う。われわれには、それは少し不正な解釈だと分かるが、それほどひどい解釈ではない――決疑論者や社会学者はまだ生まれていなかった。二種類の人間が、人間関係の新しいスタイルとその象徴としての贈り物に対して決定的な敵になる――昔のような服従の仕方はもはや存在しなくなったと残念がる者、また合法性の感覚がまだ存在しないと嘆く者。前者の例としてルクルスを挙げよう（この人物は部下の兵隊のご機嫌をとれば、自分の権威を落とすことになると心配した）、さらに、はるかにくだってはガルバ帝がいる。この時代遅れの皇帝は「下賜金」の社会学を心得ていなかったので、下賜金を兵隊に配らなかった、なぜならかれは兵隊に命令を与えるが、兵隊を買収する気はないと思ったからだ――それがかれの原則論であった。

合法性の感覚がまだ存在しないと嘆く者（あるいは、すでに存在していても、まだ実際に働いていないと信じる振りをした者）の中で、もっとも興味ある例は禁欲主義者小カトーである。ウェーバーを真似させてもらうなら、禁欲主義はむしろ古代のピューリタニズムであり、それは経済活動というよりはむしろ政治活動に適用され、合理化を促進させた。サルスティウスはその時代の最初の政治思想家であり、公明正大の趣味を発揮し、あまり尊敬できないキケロに対して正しい判断ができるようになり、カトーがカエサルとともに当代随一の大政治家だと主張した。他の寡頭政治家らが国家への奉仕や公益への献身を語るときは、ただ口先だけの美辞麗句にすぎなかった――クラッススは、執政官になりたくてむずむずしているのではないかと尋ねられたとき、返事をする気もしなかったが、名言をもって答えた、「さよう、もしそれが国のためなら。でなければノーだ」。(115) カトーも、高官職は使命だと真剣に考えていた。かれは執政官になれなかったとき、冷静にしていて、まったく悔しさを見せなかった――人民はかれに少しも恩義を感じていなかったのである。もし人民がかれを受け入れようとしないなら、かれは引き下がるしかない。(116) もし人民がかれを選んでいたら、好意を示したというよりはかれに職務を委任したことになる。(117) この職務は功績と引替えでなければならない――カトーは選挙制度を腐敗させたくなかった、(118) また人民の関心を得ようと気を配ったり、研究したりしなかった、だから一度も執政官になれなかった。(119) かれ自身、国王たちの贈り物を断わっていた、というのも贈り物を象徴的な行為というよりはむしろ腐敗の手段だと見なしていたからである。ところが、この時代では、贈り物はむしろ外交関係において習慣化した象徴的な行為であった。[120] かれには、政治は能力と方法を必要とするまじめな活動に思われた。かれは幼少のころからさまざまな問題を学び、[121] その世紀において、もっとも真剣な政治家の一人であった。かれには政治は仕事だと思われた――かれは書類を幾日もかけて検討した。[122] また元老院の会議には必ず出席した、[123] 他方、無断欠席者は多かった。かれには法の尊重、さらには官僚主義的精神があった。[124] かれは国家財政の頑固な番人だった。[125] 会計と書類作成の歴史の上では重要な地位を占めるだろう――かれは正確に帳簿をつけることがどれほど大切なことかを心得ていた。[126] もしピューリタニズムが資本主義の精神的父親だと見なされるなら、禁欲主義も官僚国家の祖先だと見なされよう――禁欲主義は、生き方としては方法論的努力の意義を与え、その努力を称賛し正当化した。小カトーは、政治家にとって国家の奉仕者たる資格が時代錯誤でないような当代唯一の政治的人間であった。かれが政治における隷属者的慣習を尊重しなかったので、キケロはかれを尊敬しながらも不可解な人間、そして結局、少し狭量な人物だと見なした。

結論しよう――もし寄贈が行われ、またその寄贈が買収された価値に匹敵しないで、たんなる象徴だとすれば、ローマは完全には国家でなかったということになる。高官、将軍、平民、そして軍隊はそれぞれ独立した人間であった、またはそう見なされていて、選挙関係を固めていた。わたしは確かに「振りをした」とか「見なされていた」と書いた――おもに兵隊や平民は物事や法律の束縛に服従していた。ローマは制度と合法的な権力のある都市であった。プレメルシュタインの説があっても、この都市は隷属者のピラミッド型でもなく、封建的でもなかった。兵隊は将軍に服従した、たとえどのような将軍であろうと、元老院の気に入られて送られてきた将軍であるからだ――その将軍は忠実な者だけを補充するような策士のたぐいではなかった。ただ、兵隊は、この司令官が階級序列的関係に個人的関係をダブらせないなら、しぶしぶ服従した。ローマの社会学的特性はこの二重性にある。

なぜ、一方は合法的で、他方は象徴的な二つの関係があるのだろうか。なぜなら、心理的にローマ人はもう半分しか市民でないからだ——制度上の強制は受け入れられたというよりは押しつけられたのである。ローマはあまりにも寡頭制的な国家である——元老院側の資料で見下したような口調でしか述べられていない平民は、寡頭政治家に祖国を奪われたから理論的にしか市民でない。兵隊はもはや戦う市民ではない——かれらは戦いすぎたが、得るところは少なかった。平民は、後見下に置かれ、もはや都市を感じさせるだけだ、それが平民そのものである——平民は公共制度に甘んじている。もし、どうしてもローマが封建制だったと言いたいなら、少なくともただ象徴的にそうであったとつけたすべきである——きわめて理論的な都市性と、寡頭政治的権力という現実とのあいだの間隙を埋めるためである。

ギリシア都市、そして後述するが、完全な国民的独立を喪失したイタリアの自治都市において、恵与指向は社会的不平等から生まれ、実際に収益が再配分されるようになった。帝国と権力の中心地ローマでは政治が優先する——あまりにも大きい政治的不平等が、その間隙を象徴的に埋めるために寄付行為をさせるのである。この行為は平民を非政治化しなかった、つまりそれほどの力がなかった。その行為は先在的な非政治性を象徴的に償っていた。平民と兵隊に対する寄贈はスキピオ家の時代に始まる、そのときローマは「ポリス」から帝国になり、その寡頭政治はあまりにも多くの国民を支配するので、平民よりはるか上に位置し、平民はもはや支配者らと同じ都市に属しているとは感じられなくなる。

四　選挙の「買収」

ローマにおいても二種の寄贈方式に分けられる。寡頭政治家のあいだでは、個人関係と政治的地位とがあいまいになるほど混同されていたので、同輩どうしで、きわめて実質的な現実的価値にしたがって奉仕または「恩恵」が交換される。ところがこの寡頭政治家と、服従するしかないが、それでも体面を保ちたい平民のあいだで、寄贈は象徴的なものにしかならない――それだけ平民の体面も大したことではないと言えよう。次に第二の方式、つまり高官職への候補者とその選挙人としての人民を争わせる方式を検討しなければならない。そこに選挙の買収がはびこっていたと言われる。この問題がそれほど単純であるかどうかを検討しなければならない。

隷属的支持者と選挙買収――いずれもギリシアの歴史家[127]には知られなかった概念であるが、ローマの歴史家には分かりすぎる概念である、つまり高官職への候補者は平民に饗宴や金銭供与や剣闘士の戦いを提供した。これは共和制末ごろのローマの生活をもっとも特徴的に表わしている（なぜなら帝政時代になると君主がそのような寄贈を独占することになるから）。ところで、饗宴や剣闘士は、買収の手段にされる前には、ローマの寡頭政治家の家族生活に端を発していた。この興味ある進化を再構成してみよう、それから選挙における寄贈の効果を検討してみよう、もちろん、ローマの選挙のきわめて特徴的なメカニズムも考察しなければならない、というのもこの選挙は、われわれが考える選挙とは言い方の上でしか共通していないからだ。最後に、そのメカニズムの特殊性とともに一種の元老院議員的恵与指向がローマでなくイタリア全体において発達したことが分かるだろう。

民俗的起源

はじめに習慣があった、つまり金持の家では家族の結婚や葬儀にすべての住民を招待する習慣があった。イタリア人がこの習慣を知っていたことは、キケロの『クルエンティウス弁護』で述べられている――その中で喚起される家族的悲劇は暴力と毒薬が絡んでいて、当時のイタリア人生活の実体に奇妙な明かりを投じている、だがもっとユーモア的な概観もある、たとえば地域住民すべてが村の婚礼に招かれて宴会に参加する光景である――「ラリヌムのしきたりでは、婚礼があると、たくさんの人が飲み食いした」[128]。今世紀はじめでも、フランスやドイツの村では、まだ同じような婚礼の習慣が残っていた[129]。フィガロの結婚のとき、アルマビバ伯爵も土地の農民を宴会に招待している。キケロより三世紀前、アグリゲントゥムの大金持は「娘の婚礼を祝って、軒並みに市民たちへ食事をふるまった」[130]。プリエネーの辞令において、自分の婚礼の行列に加わった群衆すべてを家に招いて接待した恵与者が表彰されている[131]。ところで、ローマには恵与の仕方が四とおりあった、つまり建物と剣闘士と賜り物と饗宴であり[132]、二番目と四番目は家族的儀式が都市全体へ広がったのである。両者とも選挙戦に効果があった。家族的儀式が選挙の買収になるのは次のような措置によった――寡頭政治家は葬儀の宴会または葬儀的見せ物としての剣闘士大会を自分が立候補する年まで延期した。

すべての市民が加わる一般的饗宴は、ギリシア世界で広く普及していた市民的習慣であった[133]。それはローマではるかに少なくなり、また元老院の寡頭政治家らにはローマで公費による饗宴（*jus epulandi publice*）を行える権利がある。かれらは住民全体に饗宴を開いても、平民には坐らせせない特別席を設けている。[134] 元老院議員や、ある種の神官団の宴会は凝ったグルメ趣向で有名だったが、[135] 平民は招かれなかった。公的ないけにえのときは、いけにえの肉は参加した一般人に配給されず、元老院議員らで分け合ったらしい。[136] そのかわり、お偉方は私的な形式で快く平民に夕食をご馳走した――それは市民的というよりは貴族的なやり方である。オクタウィアヌスがはじめて髭を剃ったとき（かれが富を得てから四年経ち、いまやローマ的西洋の支配者になっている）、かれは「盛大な祭典を自費で行い、公費で市民のすべてに饗宴をふるまった」。[137]

しかし饗宴を開く機会または口実となるのはたいてい、葬儀のときであった。寡頭政治家のような上流家庭では、葬儀は祖先たちの肖像を飾り、王族並みであった。亡くなった有名人を記念する無料のご馳走はローマにおける平民の生活を年とともにリズム化していた。市場にとっても、いくらかの影響があった――饗宴が行われる年には、ツグミの値段が上がった。[138] ご馳走の思い出が集団の記憶に大切に刻まれることもあった――紀元前五九年、アリウスが父の記念としてふるまった饗宴（これも恐らく執政官職に立候補するためであった）は諺になったほどである。[139] 特殊語が生まれた―― *epulum* は饗宴であり、*visceratio* は肉の配給であり、*crustum*〔ケーキ〕と *mulsum*〔蜂蜜入りワイン〕はともにおいしいものを指す。これらの楽しみは、表向きは葬儀に関わっているが、だれもそうとは思わなかった、また喪服姿で饗宴に現われるのは不作法であった。[140] 饗宴が開かれるときは公共広場（フォルム）に食事台が設けられ、そこに民衆は席を取った、一方、元老院議員らはカピトリウム丘の上に特別席を設けていた。[141] 年代記の記録に残っているもっとも古い「肉の配給」は紀元前三二八年にさかのぼる――フラウィウスという者が母の葬列に加わった人々へ肉を配った、「この肉の配給で、かれは公的な名誉を受けることになった――次の選挙で、かれは平民の護民官に当選した、しかもその場に出席していた候補者を退けて、欠席していたかれのほうが選ばれたのである」[142]。おいしいものはハンニバルの勝利者スキピオ・アフリカヌスの葬儀のときに人民へ配られた——その家族の友人が故人への感謝のしるしとして、「葬列に参加した群衆へカペナ門のところにおいて《蜂蜜入りワイン》と《ケーキ》を配らせた」[143]。葬儀に関連して、味覚の喜びのほかに、もっと強烈なことが行われた——剣闘士大会である、なぜなら剣闘士の戦いは本来、葬儀に伴って行われた。紀元前一七四年に、フラミニヌスという者が父を記念して饗宴と肉の配給、葬儀的催事としての演技的見せ物、さらに剣闘士大会という「贈り物」を人民に提供し、七十四名を戦わせた[144]。

そのとき以来、恵与指向は多様化し、選挙買収へ移る。故人が遺言書であらかじめ葬儀の次第を定めていたり、またそのときに人民へ歓楽を提供することを相続人に命じたりして、自分の思い出を遺し、儀式を盛大なものにすることは珍しくなかった。やがて習慣的な娯楽以外のことも平民へ提供された。不滅の思い出を遺したいために、死後、行われることを自分で定めたり、火葬に続いて剣闘士の戦いや公共建造物を寄贈するように準備している人々については、いずれセネカの詩で風刺されるだろう[145]。独裁官スラは、自分の名義で人民へ饗宴をふるまい、剣闘士大会を開き、さらに体を洗うために必要なオリーブ油つきの無料入浴ができるようにすることを相続人に依頼している[146]。こうして遺言書による恵与指向は発達するが、それは故人を記念する基金に近く、葬儀のほうは口実にすぎなくなるだろう——スラの息子は父の遺言どおりに寄贈するが、実は、父、独裁官の死後二十年近くすぎてからであり、長い間、待たされたことになる[147]。そのような遺言に続いて現金遺贈が行われる[148]——バルブスはローマの市民一人当たり百セステルティウムを遺している[149]。以上のことはローマ法における都市への遺贈の起源を知るために無駄なことではないだろう。

しかし恵与となる葬儀的催事の最適例はやはり剣闘士大会であり、この制度は世界史上、ユニークであ

り、古代イタリア精神のもっとも独創的な催しである。(150)

アキレウスはパトロクロスの葬儀的催事としてコンクールを開催した。エトルリア時代の墓の絵は葬儀的催事として競技会の光景を表わしている。ローマでは、市民は直接、見せ物に参加しない——見せ物を専門家にまかせて、称賛したり、軽蔑したりする。(151)上流階級の家族の死を弔う葬儀的な競技会というような私的な場合も同様であった。紀元前三世紀以来、競技会といえば、主として、または決まって剣闘士の戦いであったが、(152)それがはじめてローマに導入されたのは、当時、共和国を支配していた寡頭政治家団の一つ、つまりユリウス・ブルトゥス家とアエミリウス・レピドウス家の一派だと考えられる。(153)剣闘士大会は葬儀という口実か名目で、何よりもまず弔いの性格を帯びていた、また共和制の終わりまで、お偉方の葬儀は剣闘士大会の口実にされる、それもほとんど例外がない。人民すべてがその戦いを見物することができた、つまりあらかじめ人民に公示され、(154)主催者も〔高官並みに〕堂々たる公式の先導官をつけてもらう権利があった。(155)

そこで人民は故人の思い出というよりはむしろその見せ物の真の受け手になる——「剣闘士の戦いを開催すること」は(156)人気取りの最良策となり、したがって「葬儀的競技会」としての剣闘士大会は人民への「贈り物」となる——この語が「剣闘士の見せ物」という意味になるのは以上の理由である。かくて共和制と前期帝政時代を通じてローマをはじめ他の都市でも、見せ物の主催をめぐって対立するものが生じる——一方では、国家が文化行事、つまり行事歴にしたがって(157)劇場や競技会において毎年主催する「競技会」、つまり公共的競技会があり、他方、世俗的で私的な見せ物としての剣闘士大会、つまり恵与者が自分の名において開催する不規則な大会がある。「賜り物」は純然たる恵与となり、もはや葬儀の口実を設けない(158)——他の口実もこの「贈り物」を正当化する——ポンペイでは、剣闘士の戦いは皇帝一族を祝賀したり、公共建造物を寄贈するときに開催される。

どのようにして葬儀的な寄贈が選挙買収へ移るのか――二つの道がある――未来の候補者は「贈り物」の実行を立候補のときまで延期した、そして習慣どおりに、平民または少なくとも選挙区、つまり「地区」のすべてのメンバーを寄贈の催しに招待した。カエサルは輝かしい生涯の基礎になるその監察官職の栄光を高めるために、二十年前に亡くなった父を記念する「贈り物」を公共的競技会につけ加えた。(159)このやり方に法律が反対しても無駄である、なぜなら紀元前一世紀にはそのやり方が多くなり、その法律をつくった者が真っ先にその法律を破るようになるからである。(160)実は、法律は候補者が運だめしをする年にそれであろうと息子が亡き父を記念して何かを催すのを体よく禁じることができようか。(162)そこで候補者らは「賜り物」を提供したり、住民全体をもてなしたりすることを禁じていたのである。(161)だが、たとえ時期遅れであろうと息子が亡き父を記念して何かを催すのを体よく禁じることができようか。(162)そこで候補者らは選挙期間中に多くの親愛なる故人を思い出し、すべての平民または少なくとも「地区民」を祭典に招待した。候補者が古い葬儀的習慣に従って、すべての人を饗宴や剣闘士大会に招待したり、自分の名で招待会をやらないで、公共的競技会で自分の地区の選挙人に特別席を割り当てたとき、法律の上でそれを画策だと認めても仕方がなかった。(163)言うまでもなく、候補者が選挙人に当てた競技会をはじめ、さまざまの「賜り物」や寄贈は、よほどの金持でなければ越えられない金銭的な障壁であった。スキピオ家の世紀以後、葬儀的な立派な「賜り物」は、フランスの金で一千万から数千万フランに相当した。(164)紀元前五四年の選挙ではスキャンダルが起こっている――二人の候補者は「優先百人組」の選挙人、数十名（一般に、この投票が決定的だった）に向かって自分らに有利な投票をしてくれる見返りとして提供できる金額を発表した、それがなんと五百万フランに当たる。(165)

選挙社会学

しかし見せ物や寄贈が実際に、投票結果にどのような効果をもたらしたか。この問いに対しては別の問いで答えねばならない——選挙の結果は政治の上にどのような現実的な影響を及ぼしたのか。ローマの選挙人は投票用紙を真剣に考えていたのだろうか。寄贈行為は選挙人の選択において役割を演じたかも知れないが、その役割が決定的だと主張するのは、真実を戯画的に歪曲することになろう——選挙には、ほかの利益もからんでいた、たとえば個人的利益、地域的利益、さらに感情的利益も[166]。とはいえ、それが大政治の利益になることは（決してなかった、と言わないまでも）まれであった。選挙に賭けられている本当のものは、一般的に、せいぜい何かわずかの利益を当てにできるうわべしか見ない選挙人のためではなく、寡頭政治家のためであった、つまりこの政治家たちは、政治的権威が並み[167]の地位ではなく、寡頭政治家にふさわしい唯一の職だとされる社会において名誉を競っていたのである。

監察官になるには、寄贈をしたこと、また、していなければ致命的だということは決定的だろうか。「スラは軍隊で名を挙げたから政治家への道も開けていると考え、法政官に立候補したが落選したので、それを平民のせいにした——かれによれば、平民は法政官になる前に監察官になっておれば、そのあいだに見事な見せ物を提供できるので、平民はかれ以外の法政官を選んで、かれに監察官を経験させようとした[168]」。それに反し、フラウィウスという者は肉の配給を行なったので平民の護民官に選ばれた。またある凱旋将軍はオリーブ油を配給して調査官（ケンソル）になれた[169]。ムレナは執政官になれる資格はあったが、法政官になるためには、一つだけ不足していることがあった——華々しい競技会の開催である[170]。

選挙人の利益はさまざまであり、また候補者が人気をとる方法も多かった——それぞれの候補者は能力に応じた道を選んだ。すでに述べたと思うが、特に尊敬された高官が競技会を開いたとき、人民は金を出しあってその費用を返還することもあった。[171] カッシウスは陰謀の計画をブルトゥスに打ち明けながらこう言った、「ほかの法政官には寄贈や競技会や剣闘士大会が期待されているが、あなたに期待されているのは違う、つまりカエサルの独裁をやめさせることです」。[172] 紀元前五三年、クリオが父を亡くし、平民に葬儀的「贈り物」のことしか考えていないとき、この若者を教えたことのあるキケロはそれをやめさせようとした――クリオは剣闘士の見せ物を提供しなくても、これからもっと出世できる素質と財力に恵まれていた。かれには「贈り物」のことよりももっとずっと国家と仲間のために尽くすべき道があるはずだ。[173] つまり選挙人だけが当選者を決定するのでなく、キケロのような人物の庇護、寡頭政治家の策略や影響力、民会の議長による選挙画策も、悪質な人気と同じほど野心家に有利だということをこの若者に教えたのである。もしクリオが元老院議員階級から高い評価を得られるなら、その階級の者もキケロもかれに手を貸すという意味であった。

見せ物はありふれた選挙対策にすぎなかった。もっとも広い意味における支持者が候補者と選挙人とを結びつける種々の関係もそれなりに重要であった。キケロは、紀元前五四年の執政官選挙に際して、ある文通者にこう書いている、「もしあなたが知りたいなら申し上げるが、スカウルスの立候補はあまり共鳴を得ていない。だが監察官としてのかれの経歴は悪い評判を残していない。またかれの父の思い出はローマの外の選挙区では影響力を保っている」。[174] このスカウルスは、監察官時代に忘れられないほど見事な競技会を行なったことがある。またかれの父は寡頭政治家的特権の熱烈な擁護者であったので、イタリアの有力者や地主のあいだで人望が高かった。キケロは続けて書いている、「ほかの候補者、つまり二人の平民出身の候補者にも同じほどのチャンスがあります――ドミティウスには多くの味方がいます、さらに競技会を行なったことも役に立ちます、ただしあの競技会はそれほど成功しなかったが。メンミウスのほうは、カエサルの兵隊から支持を受け、またポンペイウスに忠実なキサルピナの選挙人から支持されています」。

寄贈は候補者を際立たせる豪華さとなり、それに――忘れてはならないが――その人物の威光も同じく重要であった。キケロは圧倒的多数でもって四種の高官職に選ばれた。[175] この栄光、または「名声」*existimatio* には多くのことが関与していた――生まれ、祖先の偉業、個人的功績、態度、寄贈、多数の味方。選挙人は候補者に投票するとき、選挙人の庇護者や友人から個人的奉仕としてその候補者に投票するように頼まれた。選挙人は自然にそなわった権威を尊敬していたので、元老院議員のお歴々がわざわざ推薦してくれる候補者を選んでいた。選挙人がお偉方へ敬意を表するために票を入れた相手の人物、そのような人物には仲間や隷属者らがどこへでも、ぞろぞろと列をつくって従った――この行列はローマの選挙のときに異彩を放った。[176] といってもこの立派さや隷属者も寄贈の場合と同様に相対的な重要性しかなかった、つまり重要な政治的問題が含まれていなかった、なぜならこの選挙はあまり重要でなかったからである――選挙には政変が起こり得なかった。選挙人はただ、同じ支配階級に属する者で政策的に交替させられる候補者を選ぶだけであった。

選挙人は統治者を指名するために投票するだけでなく、毎年、三十席ほどの役職を定めるためでもあり、その役についた者は軍事、司法、または行政の任務を果たすことになる、つまりわれわれがその大部分を専門家や役人にさせているような仕事である。ラテン語の資料で選挙について書かれているが、それは都市の生活が選挙に依存していたからでなく、高官が名誉ある職であり、各寡頭政治家の「威信」もそれにかかっていた。寡頭政治家から見れば、名誉ある職への昇格は主要な政治的要素であった。寡頭政治家はこの名誉ある地位を熱望していたが、それは任期一年の権力を掌握するためでなく、将来のためであった

――生涯の最後の日まで、元老院をはじめ、いたるところで、法政官や執政官であった人々に文句なく認められるような上席権と威信を帯びるようになる。高官は大臣職というよりはむしろ貴族の肩書であった。そのような肩書の獲得競争は当然、選挙人にはそれほど重要なことではなかった。政治のほうは元老院に管理されていた、つまり元老院では、党派間の確執や野心の競争があっても、また「人民派」の元老院議員がいくら画策しようと、多数をもって全体を統一していた。このゲリラ戦は投票箱をめぐって戦われるよりはむしろ立法の場において展開された。毎年、選挙において元老院の構成員の約三パーセントが交替するにすぎなかった[177]。一度でも高官職に選ばれた者はすべて終身元老院議員であり、また当選者はつねに上流階級の出身者であった――選挙は寡頭政治家の支配を「再生産」していた。「われわれのような善良な市民は、すべて貴族の味方である」とキケロは書いている[178]。

中流階級は、きわめて複雑で、また特殊な選挙制度によって選挙を管理していたが、この階級は生まれながらの偉い人たちを信頼していた。この階級には寡頭政治家に向かって感傷的な態度があり、しかじかの元老院議員の美徳の光景に接すると感激してしまい[179]、投票を主宰する元老院議員のきょうだいか甥を選出していた[180]。もちろん、勝負があらかじめ決まっていたのではない――予測しがたい影響力や隷属的支持者組織網があまりにも多く交錯していたので、投票箱からどんな結果が現われるか見当もつかなかった、だが選ばれるのは元老院議員か、元老院議員の一派から推薦を受けた者以外にはありえなかった[181]。選択がそれほど限定されていたので、奇妙な決まりが生まれた、それが「優先百人組」である。ところで、法政官や執政官の選挙はもっとも富裕な選挙人の手に掌握されていたことを知っておくべきである。ところで、投票を始めるに先だって、選挙区、つまり「百人組」の一つを籤で引き、それに他のすべてより優先して投票させた――一般に、ほかの金持の百人組は従順に、最初の百人組で選ばれた候補者に投票した。だからこの賛成票で、幸せな候補者は楽に絶対多数を獲得できた。優先百人組の奇妙な特権はどこから来るのか。実は、宗教的迷信の効果が認められた、また確かにキケロもこの優先投票を一種の前兆と見なし、それが他の百人組に影響を及ぼすとしている。それはたんなる合理化にすぎない。事実、寡頭政治は内部的な抗争関係があっても統一をまもりたいので、優先特権を設け、それをくじ引きと引替えにして、身を託している。金持の選挙人のほうは、忠誠と多様な圧力のあいだで板挟みになるが、幸いにもまじめな口実、というのも宗教的だからであるが、その口実のおかげで、候補者をだれに決めても責任を問われず、また悲劇的な分裂も起こらなかった。

選挙が政治化されることは珍しかった。この社会が社会的または政治的な対立を免れていたからでなく、また公共広場（フォルム）の乱闘騒ぎが党派間の競争に限られていたからでもない、つまり選挙舞台は重大な対決の場所ではなかったのである。むしろ対立は立法の場にあった――「人民派」の政治活動は革命法を可決させることにあった。重大な状況では、所有者階級がいつも勝っていた。平時では、選挙人はお偉方の中から選び、政治のために投票しなかった。確かに多くの平民は「人民派」に好意的であったが、本当の市民的党派は潜在的にしか存在しなかった。それは大衆の党派ではなかった。候補者は党名を掲げて戦ったこともなく、民衆の政治運動も長続きしなかった――どの年でも大衆的候補者は存在しなかった。「人民派」の活動は政治的ゲリラ戦に限られていた。そして「貴族派」が国を掌握していた。

各寡頭政治家の「威光」にとって、選ばれることは重要であったが、選挙人にとっては、どの寡頭政治家が選ばれようと政治的に大したことではなかった。そこから選挙制度の腐敗と買収の勝利が起こる――もっとも非政治的な理由（貴族、奉仕、競技会、隷属的支持者……）が一般に投票を決していた。ときには、きわめて露骨な形での寄贈が特定の候補者を選ばせることもあった――そこで選挙人を獲得するのにいちばん手っ取り早い方法は投票の日に現金を配ることになった。そのために候補者は有権者に金を配る業者「選挙斡旋屋」*divisores* に依頼した。これは古代ローマの小商いになっていた。[187] とはいえ、ここで茶化すのはひかえよう。ローマの選挙において決定をくだす選挙人が、夕食をおごったり、一足の靴をプレゼントして投票を買収できるような下賤の者でなく裕福な地主であったことを忘れてはならない。もちろん、かれらも大金と引替えに身を売ったことはある、だが恐らく常に身を売ったのではなく、ただ買い手の中から選んでいたのである——へつらうことは売春ではない。いくつかの資料を読んでみよう——小カトーは法政官に立候補する。かれに対して「執政官らは隷属的支持者や友人らを駆り立てて自分らの財布から現金を配らせ、票を買収し、投票の主宰権を獲得した」、だが無駄だった——「カトーの値打ちと評判は何よりも強かった、なぜなら人民はカトーを心から尊敬していたので、ほかの候補者に票を売ったとなれば、都市が買収することになり、それこそ面目がつぶれると恐れたからである。優先百人組がカトーに票を投じた」。そこで選挙は無事だと思われたが、ポンペイウスが邪魔をして、国の宗教を利用せざるを得なかった——「かれは雷鳴を聞いたという振りをし、その破廉恥な虚言のために選挙会が中絶した」。[188] 欲しくても買わなかった例がある。キケロが監察官に立候補したとき、ウェレスが邪魔をしようとして、「選挙斡旋屋」に頼み、ほかの候補者に投票すれば、なんでも欲しいものをやると言わせた。無駄だった——地域、選挙地区の全員が、ロミリア地区を除いて、身を売ろうとしなかった。このロミリア地区にはウェレス自身が所属し、そこの選挙人は地域のお偉方を習慣的に崇拝していたので、とにかくウェレスの希望どおりに投票したのだろう——自分の地区で票が獲得できないのは候補者にとっては、起こり得ないこと、不名誉なことであった——だからこの地区の選挙人は、いつものような心づけと思って金を受けとったのだ、なぜなら候補者は自分の地区をうるおす習慣だったから、[189] それも法律で許容されていた。

その代わり、法律で禁止されていたのは他の選挙区の者に金を提供することだった。それは計画的な不正行為になる純然たる良心買収だった。確かに、共和制末期、紀元前五〇年ごろ、そのときまで知られなかった規模の画策が行われ始める。すでに見たように、紀元前五四年に、優先百人組は五百フランに相当する金をもらった。このように規則または上限額というよりはむしろ例外的に法外な買収をよく理解するためには、それを一時的な熱狂だと見なすべきである、たとえば一七二〇年ごろのイギリスにおける南海会社事件や一九二七年―一九二九年のあいだのアメリカ合衆国における投資熱によく似ている。ただ、ローマでは、株券でなく投票用紙、株式取引所でなく公共広場（フォルム）において投資されたのである。その代わり、投資的趣味は同じであった。つまりわれわれのあいだで、その趣味は、幸いにして所有と企業家的専門は分離されているが（たとえば工場所有者と工場長）、ローマでは、金銭趣味、上手な儲け方に恵まれ、企業を本当の専門と見なそうとしなかった――暇があっても金持になれた。だから恐らく熱中できそうでも分散した経済的活動を行うために投資をしなければならなかったが、業務に励むというよりはむしろ偶然のチャンスを利用することだった。したがって上流社会における経済活動には、変化に富み、即興的で、断続的な性格があった。元老院議員、騎士、あらゆる毛色の金持はチャンスを逃すまいとし、打つ手を狙っていた。すべてうまくいった――地域的な飢饉、都市や国王への融資、競売（当時、大流行であった）、国の農地、さらに忘れられないのは遺産漁り、追放者財産の買い取り、純然たる山賊行為などがあった。われわれから見て、普通の企業体に見えるようなもの（海外貿易、ラバによる運搬事業、陶器製造）は、汚い商売だと思われた――投資する者は少なくとも、手に汗して働いてはならない。だれもが一つ、または多くの投資に専念していた、また上流社会では、個人によってさまざまな活動が行われ、精彩を放っていた――ある者は壺（アンフォラ）をつくり、他の者は本を売り、クラススは家の焼け跡で悲嘆に暮れている地主から安値でその土地を買いとった。この活気ある利口な環境において、票の売買は一時的に、特別の投資となり、集団的な熱狂となったのである。

最後に、民会を運営するひと握りの選挙人で投票者としての金持の心理を完全に理解するためには、かれらの態度のもう一面、つまり無私無欲の面も考慮しなければならない――かれらが、最高に見事な競技会を実現した候補者を当選させたとき、その競技会で楽しませてもらったからといって自分らの名において当選させたであろうか。かれらは、基盤的選挙人というよりはむしろ平民の意見を代表すべき陪審員のような役割を自任していなかっただろうか、というのも平民の投票はあまり考慮されなかったから。かれらは「スカウルスの競技会は面白かった、だからわたしはかれに投票する」、それとも「スカウルスは人気を得た、かれの競技会は平民の気に入られた――かれが当選するのも当たり前だ」と言っただろうか。結局、すでに述べたように、寡頭政治家が気前よく寄贈をしたのは、有利に選挙人を獲得するというよりはむしろ人気を博したいからであった――候補者と同じ社会階級に属する選挙人は候補者と同じ目で物事を判断し、また同じく、平民のあいだでの人気が有利だと思った違いない。ルイ・フィリップ王時代のフランスでは、制限選挙の支持者はその制度をまもるために、各選挙人は受動的市民に対して責任があると釈明した。ローマでも同様であったに違いない――「人民は寄贈を要求し、まじめな人はそんな寄贈を望まないとしても、少なくともだれかが寄贈をすることは是認する」。事実、見せ物は「一般庶民の真の民会のようなものである」[191]――投票できなかった者、あるいは投票しても数に入らない者らは、見たままにお偉方を判断し、競技会においてその提供者を理解し、また金持の選挙人はそのような判断を考慮した、なぜなら政治的人間はたんに権力を発揮するだけでなく、評判がよくなければならないから。

選挙地区に現金を配るのは、結局、自動化し効果の上がらない贈り物になってゆく、かつての訴訟人が裁判官に贈った「贈答品」と同じである、あまり候補者の役に立たなかった。選挙画策に対する法律は共和制の最後の世紀に多発している——隷属的支持者に支配された社会情勢であっても、立法的体面はまもられていた。ところで、これらの法律は買収する候補者を攻撃したが、買収される選挙人には何もしなかった——そのことは立法者も分かりすぎるくらいよく承知していた。もう一つの意味深い事実として、これらの画策を取り締まる法律は候補者自身にも最大の喜びになった[192]——この法律は、結局、すべての候補者にとって破産を招くほどのエスカレート（このエスカレートは恵与指向にとっても災難である）、および卑劣な競争に終止符を打ってくれただろうか。もし共和制が、選挙を廃止する君主制へ移らなかったら、決着がつけられただろう——公定選挙費として。アウグストゥスの決定はそれを予想させる——かれは多くの制裁事項でもって選挙画策を取り締まったが、古きよき時代における候補者の寄贈をなつかしがる選挙区民を慰めた——かれは選挙の日に、選挙人一人につき千セステルティウムの手当を支給させた[193]。

イタリア全土における恵与指向

現金を配ることは他の寄贈や、すべての支持関係における一方便にすぎなかった。ところで選挙制度の特色として、候補者はローマよりイタリア全土を通じてそのような関係を結ぶほうが重要であった。もちろん、選挙の本舞台はローマであった。投票用紙をよそへ移したり、通信で投票することはできなかった[194]。選挙戦の舞台も同じくローマだった。したがって候補者が第一に心がけたのは公共広場（フォルム）からあまり遠くないところに家を借りることであった[195]。国家‐都市はあまりにも大きくなっていた。その代わり、イタリア全土の選挙人にはローマの場合よりもはるかに重みがあった。頭数でなく集団ごとに投票が行われ、三十五の選挙地域または「選挙区」には一票しかなかった。ところで三十五の選挙区のうち、四つだけがローマという「都市」に属し、他の三十一地区は「田舎」つまり地方に属していた。それでもイタリアの選挙人はローマまで旅をしなければならなかった、つまりその選挙人が裕福で、候補者に頼まれて旅をする気になればローマまで出かけていった。

選挙をかちとるためには、参加するだけでよい場合が多かった、そこで候補者の仕事は、まだ投票する候補者を決めていない住民を引きつけることでなく、投票してくれる味方、「支持者」を集めることであった。[196]友人が候補者であれば、投票をするために出かけるのは友情の義務であった——そのためにアッティクスはアテナイからローマまで旅をした。[197]どの選挙区にも定足数は定められていなかった。その代わり、すべての選挙区は選挙人代表制であった。ところで、ある地区に一人も代表者がいないことがあった——そのときは、選挙を管理する高官が、権限によって、欠員のある地区へ他の地区から四人の選挙人を派遣した。[198]このような選挙人の出現によって思いがけない結果を招いたこともある。紀元前六三年の選挙で、ルクルスを勝たせるために集まった一群の老兵がローマに乗りこんだのが当選につながった。[199]ガリア戦役のあいだ、カエサルは兵隊に休暇を与えてローマへ行かせ、この将軍の盟友のために投票させた。[200]

イタリアの有力者の出席がもっと習慣的であり、選挙に関して中流階級の支配を確実にした。選挙民会は公共的競技会と同時期に開かれたので、多くのイタリア人をローマに引き寄せた。[201]金持が確かに百人組民会を支配したとしても、トリブス民会を監督できるのは、有力者がローマに来て、ローマ平民の投票とバランスをとれる場合に限られていた。[202]有力者がローマに来ているとき、元老院の寡頭政治家はその機会を利用して「貴族」の希望に沿った法律を民会において承認させた。[203]そこでローマの名誉ある職や法律はわずかひと握りのイタリア有力者に監理された——これらの有力者はアテナイ、ラヌウィウム、またはアルピヌムの富豪たちだった。だからこの有力者らは集団ごとの選挙を熱烈に擁護した、つまりこのような選挙制度がかれらの支配者的地位を確保していた。この件について歴史家はよく十八世紀イギリスにおける「ポケット選挙区」や「腐敗選挙区」を喚起させている。有力者は頭割り投票の提案に対して「投票の混乱」[204]だとして強く反対していた。

そこで野心家は名誉ある職につくためにイタリアの町や、町の有力者のひいきを育てなければならなかった。その必要から当然生じる結果として、ローマの寡頭政治家は、われわれの言い方で地方と密接な関係を結び、それを維持しようとしたので、元老院議員の恵与指向もイタリア全土にわたって発達した。地方では、思い出も長続きする――一度奉仕をすれば、いつまでも忘れられず、支持関係も長く続く。キケロはブルトゥスに故郷アルピヌムの市民を推薦している――「かれらは良民であり、あなたの味方になるでしょう。この自治都市は当然感謝を忘れないから、あなたにはいつまでも頼りになるでしょう」[205]。自治体に恩を売ることは無駄でなかった。クレナは自分の選挙区メキア〔マエキア〕の票のおかげもあって執政官に選ばれた、その地区には、かれの出身地ラヌウィウムの人が多く登録していたからである[206]。そこはローマからわずか二十キロメートルしか離れていなかった――確かに言えること、それはこの支持者らが選挙当日に駆け回ったのである。メキア地区に所属していた他の都市、ナポリ、ブリンディシ、そしてペストゥム[207]は遠く離れていた――だからムレナはそれらの町を無視しても、わざわざ反対投票をするためにやって来られる心配はなかった。かれの競争相手スルピキウスにはアニエンシス地区が選挙地盤だった[208]。だがムレナには、ウンブリア地方とその地方の選挙区があった――「かれはウンブリア地方[209]に軍隊を召集する役を引き受けた、おかげでウンブリア地方に散在する町の多くで選挙区を味方にできた」[210]。一地区の票を獲得するためには、選挙区がイタリアの奥地でもないかぎり、その地区にある町の一つを支持者にすればよかった。

しかしローマの寡頭政治家はすべてイタリアのいくつかの都市の恩恵者になるだけでは満足できず、もっと遠くまで出かけて行く――ローマ人でなくイタリア人になる、あるいは自分の出身地がどこかの村であるなら、その土地の者になっている。数字が雄弁に語る――多少でも確実性のある選挙地区を有している二百名以上の元老院議員について行なったリリー・ロス・テイラーの調査によれば、ローマの四つの選挙地区のどこかに登録していた者はせいぜい十名だった。ほかの議員はすべて田舎〔地方〕の地区に分かれていた。(211) カエサル――ローマで生まれた唯一のラテン作家――は、それでもファビアという田舎の地区に所属していた。元老院議員は出身地の自治都市と決して関係を断つことなく、定期的に帰省し、その地区の有力者と友好を保つ。つまりその有力者らは「町や地域への影響力でその地区のかなり大きい派閥に顔が利く」。(212) 元老院議員はそこに地方高官を増やしておきたい――クロディウスとミロは、それぞれ手の者を従えていたが（ちょうどスタンダールの小説の中のイタリアにおいて、大貴族が移動するときは必ず「殺し屋」*buli* をつれていたように）、たまたま野中で行き違い、殺し合いの喧嘩になった、というのもミロはラヌウィウムという故郷、そしてその年にそのこの独裁官（ディクタトル）であったので、その町から帰る途中であり、他方、クロディウスのほうはアリキアの評議会で演説をしての帰り道であった(213)――いずれの町もローマに近かった。元老院議員はどこかの都市で全権を振るえるようになると、当座の盟友を当選させるために勢力を使って、同市民に投票させることもできる。ある年、プラウティウスとプランキウスは友人のためにそれぞれの(214)選挙地区をゆずった――前者はトレブラ・スフェナスの町とともにアニエンシス地区、またプランキウスは、いずれ分かるが、かれが大物として君臨しているアティナの村とともにテレティナ地区を。

事実、キケロの『プランキウス弁護』はこの選挙社会学(215)をあまりにも具体的に解明しているので、そのうちの数行を注釈すれば充分だろう。ある年、二人の競争者がトリブス民会に現われる、一人は古い家柄の貴族で、ラテラネンシスと言い[216]、他は「新人」のプランキウス（その父はアティナのおもな有力者だが、一介の騎士の身分にすぎなかった）。貴族の候補者のほうはローマに近い村トゥスクルムを中心にするパピリア地区に所属し、一方、騎士の息子はアティナに君臨し、したがってテレティナ地区を支配している。ところで、貴族にとって不幸なことには、トゥスクルムは「他の都市すべてを併せたよりも多くの執政官を出している」、しかもその住民は民会のときが来ても冷めていて動こうとしない。反対に、アティナでは、偉い有力者の立候補で興奮した――土地の騎士らはプランキウスに投票し、平民も群れをなしてその投票を見まもるために駆けつけ、アティナ周辺の同じ地区の村々でも同様だった、なぜならプランキウス家の権勢はその地方一帯で輝いていたから。結局、プランキウスが選ばれた。キケロは例によってユーモアたっぷりに結論している、つまり、それこそわれわれが味わっている利益というものだ、われわれ、ささやかな村落の出身者としては。さらにつけ加えて言う、「わたしはきょうだいのことを話すだろうか、わたし自身のことをしゃべるだろうか。だが、われわれの野や山はわれわれの選挙に拍手を送った[217]。だからもしあなた方がアルピヌムのだれかに出会うなら、われわれの噂を聞いてあげねばならないだろう」。

そこで「田舎」の地区の選挙の重みは村の庇護者や恩恵者になっている「新人」に役立った。だが古い家柄の貴族階級もその選挙地盤では、ローマの場合とまったく異なる集団的活力に恵まれ、村落規模で中心的存在となり、組織力によって自治体的な偉大さを表わしていた。昨今のブラジルを例にとってみよう――「有力者は選挙費用（選挙人を投票所まで輸送する費用が選挙費を跳ね上げる）のほかに、選挙前、選挙中、選挙後を通じて助けている選挙支持者の面倒を常時負担している。かれらは生活保護についても、当然、公権力がなすべきことを自己で負担している、というのも援助機関が多くの自治都市に存在しないから[218]」。ローマの元老院議員は、出身地または支持者に取り込んだ町の恵与者になった。かれらはそれらの町に屋根瓦工場とともに領地を遺贈し[219]、道路に敷石を張らせ[220]、公共建造物（バジリカ）を建て[221]、城壁を建設している[222]。ある執政官は喜んでアティナの歩道や下水道をつくっている[223]。ときには元老院議員みずから村落の建設者 *κτίσται* になる。カエサルは、たまたまマルケ地方のキングルムという小さな町のことを語るとき、元属州知事ラビエヌスが「自分の金でその町の制度づくりと建設を行なった[224]」と、われわれに教えているが、われわれとしては、その人物がその町の中心的な公共建造物をいくつも建てたと解釈しよう。チヴィタ・ヴェッキアからあまり離れていないカストルム・ノヴムでは、ある元老院議員またはその親族が地方の長官に就任したとき、かれは自分の金で、元老院議事堂、資料館、劇場、高層柱廊[225]をつくった。なぜなら町の建設は偉業であり、英雄か国王にふさわしいからだ。それ以上、尊いことはない[226]。都市に対する寡頭政治家の保護は長く影響力を保った。保護なしでは何もできない社会では、地域的な大物がおれば必ず頼りにされた。共和制が終わって一世紀経っても、たとえば南ガリア地方は「代官」（プロクラトル）を慕ってウェスパシアヌス帝に帰順するが、実は、この長官はフレジュス出身であり、その同胞から信頼されていた。フレジュスの人々は、われわれが郷土愛と呼ぶものによって長官のまわりに集まった、またこの長官がいつか大物になるだろうと期待していた――「土地の人気と未来の勢力への期待である[227]」。イストリアでは、クラススの死後一世紀以上経ってもクラスス家の領地、隷属者、そしてその影響は続いていた[228]。

地方、自治都市においては、個人的で非公式の関係が大物やたんなる有力者とその町の農民や平民のあいだで結ばれることもあった。だがローマではそうならなかった――ローマの人口増加が大きかったからである。おまけに、個人的関係は広大な帝国の中央体制の重圧の下で押しつぶされていた。有力者や一般人の代わりに、ローマでは元老院議員と選挙人しかいなかった。そこでローマでは、寡頭政治家はあまり恵与者としては振るまわなかったか、あるいはむしろその恵与指向は特異な色彩を帯びていた。

五　政治的にして非社会的な恵与指向

なぜならローマでは、すでに見たようなギリシア都市における恵与のおびただしさと多様性が認められないからである、ただしイタリア各地の自治都市においては同じような恵与が見られる。特に、自由な恵与指向はローマに存在しない。「名誉」恵与指向について言えば、その動機は社会的情熱よりは政治的野心である。したがって恵与は、ただ政治的人間、つまり幾百名かの元老院議員が行い、騎士団、中流階級、さらに一般の金持にはまったく見られない。ささやかな事実でも象徴の値打ちがある――ポンペイには一世紀前から円形劇場があったが、ローマには依然として存在しなかった。[229] それも当然である――ポンペイには劇場を建てる恵与者がいたが、ローマには本当の恵与者がいなかったからである。凱旋将軍だけが公共建造物を建てる習慣であったが、宗教的な記念物しか建てなかった。

タキトゥスの言葉で、ローマに本当の恵与指向者がいなかったことが分かる[230]――「かつて裕福な貴族や著名人は鷹揚な情熱に動かされていた、なぜならそのころにはまだ平民、同盟都市、[231] 国王たちが相互間で和合できた。かれらの豪勢さ、屋敷、華やかさが名声を高め、[232] 支持者を集めたので、[233] いっそうかれらの輝きが増した。ところが」、帝政時代になると、「多くの貴族の血が流され、名声は死刑の宣告を受け、生き残りはもっと賢明になった。同時に《新人》の群れが自治都市、植民地、さらに地方からも輩出して元老院を満たし、かれらの郷里のつつましい習慣が導入された」。そこでタキトゥスがわれわれに喚起させることは、寡頭政治の大物たちがローマや帝国において、自治体的世論の圧力を受ける以上に王朝的な政治をしていたということである。かれらは、たとえば支持者をつくることに専念した――政治的人間は、同時に富に執着する派閥の総裁であった――あるいはイタリアの都市かギリシア領オリエント都市の保護に熱中していた。だから何か特別の理由か、よほどの場合でないかぎり、ローマ平民のご機嫌をとろうとは思わなかった。ふたたびタキトゥスによれば、かれの時代には、そのような王朝的政治はたんなる思い出にすぎない――帝政の新しい寡頭政治家はある程度ブルジョア化された行政官的貴族である、だがこの「新人」の平凡なブルジョアの存在はすでに共和制末期にまったく知られていなかったわけではない――キケロの有名なテキストで無意識ながら表わされている。

サルスティウスがどこかで触れているが、寄贈はローマ人のあいだでは祖先伝来の美徳であった――反対に、ポリュビオスは、スキピオの豪勢な寄贈を見て「決して自分の財産のいくらかでも提供したがらないローマでは驚くべき(234)」ことだとして感嘆している。このように矛盾した外観を解決してローマにおける寄贈「なるもの」の進化を検討するのは時間の無駄だろう。ポリュビオスの時代のローマ人はヘレニズム時代の恵与者や国王たちのように気前がよくなかった。キケロの時代になると、かつては金の提供を拒んだ債権者を飢え死(235)にさせたのと同じ貴族が隷属者に約束した保護をよく守り、またその政治的支持者に気前よく金を提供した。また寡頭政治家もギリシアやイタリアの有力者のように恵与をすることがあった。しかしかれらの恵与指向の動機は異なり、階級間のゲリラ戦では何も得るところがなかった――それよりもむしろ面子《めんつ》があった、つまり名誉欲である。かれらは監察官になると競技会を開き、寄贈をし、選挙人をうるおし、またときには代官(プロコンスル)や法政官のときのような多少とも個人的な政治活動のために私財を提供する。同じ面子のために、かれらは豪勢なところを見せなければならない。しかしこの猜疑心の強い元老院は、その議員たちに対して、戦勝のような特例を除いて、ローマに自分の栄誉を記念物化することを許さない——いつか、共和制の末期になれば、寄贈、政治のための個人的融資、そして戦勝の記念建造物が近い君主制を告げる。アウグストゥス帝は国家を支配し、自分の巨大な富のおかげで庇護者としてその国家を機能させるだろう。

「予算」

ローマにあまり恵与指向が見られないとしても、それは共和国に収入が不足していなかったからでもある。紀元前六二年に平民が騒ぎだす、それは小麦が値上がりしたからである。小カトーは元老院を説得し、公費で人民に小麦を配給させようとし、それが承認される——この雄弁家は同輩らに私費を使わせなかった。監察官も寄付の申し入れをしようとしなかった。つまりギリシアやイタリアの都市の場合とは違い、だれも恵与者に犠牲を払わせようとしなかったのである。

共和国の「予算」の大きさや規模は完全に分かっていないこともない。クナポウスキーが指摘したように、紀元前一六八年の通常収入は四千万セステルティウムであり、さらに特別会計として約一千万が追加された。この予算は七月王政のフランス国家予算の数十分の一である。例によってバルザック時代のフランに換算すれば、フランスの予算ははじめて十億フランの大台に乗ったのである。ところで、上に示した五千万セステルティウムにのぼる予算に加えて、地方では軍隊に報酬という形で現物給与を行い、その規模は二千万セステルティウムにのぼった。主要な収入項目はスペインの鉱山であり、二千四百万の収益があった。支出のほうは、運営費と役人手当はまったく無意味な割合しか示していない。ローマの国家はまだまだ官僚制に届かなかった。公共建造物の建設や維持の費用は百万たらずであった。おもな支出は人民の競技会であった（国は三百万セステルティウムを上限額にしていた）、それに加えて軍団の費用が三千八百万である。こうして国の収入の四分の三は五万の兵隊のパンと手当に費やされた。[236] ところで、われわれはここまでローマの「予算」を、まるで近代国家の予算のように扱ってきたが、二つの大きな違いがある——ローマは収入をすべて食ってしまったのでなく蓄えていたのである。当時、年間の収入では一、二度の戦争をまかなえたが、長期戦を支えることはできなかった。そこで国庫は「秘蔵国庫」*aerarium sanctius* に数年分の予算に相当する金を貯蓄していた——カエサルがやがてその金を横領して資金とし、内乱を起こすことになる。[237] もう一つの違い、それは戦利品である。マケドニア王国を征服するだけで、通常収入の八年分の金が国庫にはいった。

百年ほど飛び越そう——紀元前六二年、ポンペイウスはギリシア領オリエントを征服して、当時、二億セステルティウムだった公収入に三億以上を加え、さらに五億近い戦利金を国庫に投入した。[238] これでかなりな資金になった——予算の構造が変わった。五千万しかかからない軍隊はもはや資金の大半を占めることにならない。ローマ国家の業務や予算項目は増えない——その資金は征服した国民から税金として搾取したので増加したのである。そこでローマには、軍隊の費用や穀物支給のための費用をはるかに越える収入ができる。この余剰をどうするか。P・A・ブラントは、真実らしく思われる容疑として、地方総督たちが出張費という名目で公金を着服したと見なしている。[239] キケロも、しばしば国庫が空っぽだと嘆き、平民に対する扇動家らの寄贈がその原因だとつけたしている。要するに共和国には、すべてをまかなえる資金がないのである。

また、すべての特別予算は元老院の明瞭な法令によれば、高官に割り当てられるべきものであるが、[240] 元老院は寄贈することを憎み、高官は気まぐれが多い、また通常予算では重大な場合に応じられないので(飢饉、道路や建造物の建設)、事業は中断し、小麦はよく不足し、共和国がアウグストゥスに引き継がせる都市において、すべての公共建造物が廃墟と化し、道路は水のたまり場になっている。[241] 調査官はイタリアで何も建設できず、ほとんど何もせず、[242] ローマでも建設の指揮がとれない――劇場も円形競技場も。正規の制度はもはや公生活の機能を確保できなくなっていた。ギリシア人の愛すべき破格的美学によく比べられる組織感覚を有する寡頭政治家も、内部の競争と権勢欲に巻き込まれ、わずかの行政改革もできなくなっていた、なぜならいかなる濫用、いかなる偏見も英知を秘めた衣と見なされ、あまりにも大きな利益を危険にさらしたからである。[243] その時代の兆候として、[244] 有能な高官からどんな小さな対策も講じられなかった。[245] 特別予算をつけられた特別担当官が必要であったが、いなかった――小麦担当官、水道橋補修担当官、など。[246] ある貨幣で証明されるように、公共的な別荘村が再建されたが、それはこの有益ではあるがあまり冴えない事業に自分の戦利品の金の一部を提供した凱旋将軍のおかげである。[247] 帝政時代になってから、この方面で若干の改良が認められよう。

このような状況で、ギリシアやイタリアの都市では、高官や管財官（クラトル）は進んで自分の財布の口を開くか、それとも同輩からそうするように「うながされた」。ローマでも、元老院議員は共和制最後の半世紀になってはじめて自分の財布を開き始める、そして不吉な予感になるが、それをはじめて行うのがカエサルである。カエサルは自分が管財官として管理しているアッピア街道を自費で補修した。[248] 凱旋将軍でもない恵与者によって建設されたり再建されたりした建造物としてはエミリア公会堂（バシリカ）しか分かっていない。これはエミリウス・パウルスによって再建された、というのもかれの祖先がこの記念建造物にその名をつけているからであり、またカエサルが政治的打算から、ガリア戦役での戦利品の中から必要な金をかれに提供したからである[249]――だが、あとで分かるように、この事業の本当の発案者はカエサルであり、またその事業は個人的権力と国家的庇護の時代が近いことを告げている。

凱旋将軍

競技会や金品配給に比べると公共建造物はあまり役に立たない。ほとんど凱旋将軍だけがそのようなものを建造する、なぜなら自分の財産を減らすことにならないからだ――戦利品を利用するのである。ところで、体面上、将軍は戦利品を所有できても独占できなかった。それでは人民や神々に恵むことなくこの厄介物をどうすればよいか。凱旋将軍は饗宴を開き、神々へ文化的建造物を寄進する。

思い出されるように[250]、モムゼンは法的フィクションを立てた――戦利品は国家に属するものであるが、国家はその所有権を凱旋将軍へ返す、その代わりに将軍はその金を公共の利益のために使わねばならない。実際にはそうではない――戦利品は征服者に属するものであり[251]、市民はその分け前をとりにくいだろう。だが兵隊は遠慮なく分け前をもらっている、だが将軍はもっと気を配り、もっと手の込んだやり方をする――自分の分け前は自分のものであり、国のものでも他のだれのものでもない、といって私物化することは気が引ける。そこで一部を割いて神々へ寄進する――こうして難問は宗教的またはそういったもので解決される。世論は結局、この心遣いを義務にしてしまう、やがて護民官が、戦利品のうち、記念建造物の建設費にまわされなかった分、あるいは国庫に入れられなかった分の返済を将軍に迫るだろう[252]。なぜなら実際に将軍らが戦利品の大半を手に入れ、そのようにして名門の家族が裕福になったことは知られていた[253]。だからその一部を神々へ寄進することは二次的情動を緩和するのに役立つ象徴的な振るまいになる――この二次的情動は古代人から「ネメシス」または「妬み」と呼ばれた。といっても原則的には、戦利品は将軍のものに違いないので、凱旋将軍が神々へ寄進する記念建造物は自前で行う贈り物と見なされる。(254) 凱旋将軍が勝利に続いて人民のために開催する特別の競技会についても同様である。(255)

凱旋将軍が建設した記念物を列挙するのはひかえよう――ただ戦勝記念碑、(256) 神殿の柱廊、(257) または神殿・劇場などが常に宗教的または宗教的名目の建物であることを想起するだけでよいだろう。こうしてポンペイウス劇場の謎も解ける――紀元前六一年の勝利のあとで寄進された建造物の頂上には勝ち誇ったビーナスの神殿が建てられていて、理屈の上では劇場は神殿の付属物にすぎなかった、つまり「結局、この神殿には、階段席があり、そこに観客が席をとった」。(258) その全体が聖所として寄進されたのである。(259) なぜか。それには宗教的な説明が施された、つまりギリシア人にとって演劇は神聖な祭儀であり、神殿と演劇の関係も知られていなかったのではない、と指摘された。(260) だが適当な説明としては、凱旋将軍が宗教的とされる記念建造物を建てるものと見なされ、またポンペイウスも人民に寄贈するつもりの劇場を、勝利の恩人たる女神へ献上する聖所の付属物にした、と言えよう。完全に世俗化するのはアウグストゥス帝治世のはじめであり、いずれ説明することになるが、凱旋将軍は道路の補修を義務づけられる。(261)

同じように、どの凱旋将軍も神を招待する（*invitare deum*）という口実で、二次的情動と「妬み」を緩和しようとして人民に饗宴をふるまうために儲けの一割を神へ献上することができた。(262) この金はローマの古い習慣によって、商人はローマの商売の神様へラクレスへこの神のおかげで儲かった利益の一割を献上している(263)――この金は、「どんな行きずりの人にも」（*cena popularis*）、また（繰り返すまでもなかろうが）原則として神へ捧げられるいけにえの肉を食べることしか考えない人々へ提供される祭宴のために使われる場合がもっとも多かった。(264) 果実の商人も一生のうち三度は収益の一割を支払った、それほど神の加護は効果的だったのである。凱旋将軍はこのようなきわめて通俗的な習慣を口実にしたのであるが、そのやり方は葬儀的な競技会を口実にした候補者や、勝ち誇るビーナスへの感謝を口実にしたポンペイウスの場合と変わらない――勝利をおさめると、凱旋将軍は人民すべてにご馳走をふるまった(265)。スラは勝利後に、「私財の一割をヘルクレス〔ヘラクレス〕へ寄進し、人民には豪勢な饗宴をふるまった(266)」。「小さい勝利」*ovatio* のあとで、クラススは「一万台の食卓の饗宴をふるまい、市民一人当たり三カ月分の小麦を配給した(267)」。

なぜなら、だれにも分かるように、平民は凱旋将軍がその饗宴にいくらかの施しが追加されるのを見慣れてきたからである――たいていの場合、升《ます》（コンギウス）ではかられるオリーブ油の配給であり、そこから「賜り物」（コンギタリウス）という語がオイルの配給を指し、次いで配給全体を意味するようになった、その中には現金の配給も含まれる。ルクルスはワインを市民にふるまった。カエサルは、紀元前四六年の勝利を祝ったとき、現金を配った(268)。この種の寄贈の創始者は恐らくアキリウス・グラブリオであり、思い出されるだろうが(269)、かれが多量のオリーブ油を人民に配給したので調査官に選ばれた――これは紀元前一九八年、アンティオコスを破った勝利を祝したときのことであろう。

キケロの恵与指向批判

以上が元老院議員の恵与指向の特性である――その動機は政治的である（恵与者になるのは選挙で当選するか、それとももっと一般的に市民の人気をとるためである）。その代わり、このお偉方には世論の社会的圧力はかからない、またゲリラ戦もないので、ある種の階級的利己主義が栄える。結局、寡頭政治家は自分の栄誉を広く世間に示したいというような庇護行為をするには向いていない。これらの特徴はキケロにはっきり認められる(270)、つまりかれは自己を吐露している(271)道徳書において、三ページにわたり恵与指向を浪費癖という概念に入れて論じている。この有名なテキストを手早く検討するなら、この哲学者は、ある人間、またはある環境の意見をどうにか正当化している、だが正当化し、裏切っている――それがこのテキストの興味ある点である。たとえば十九世紀のブルジョアジーが慈善について考えていたことを推測するために慈善についてのヴィクトル・クザンの一ページを注釈するようなものである。

寄贈とは何か。どのような性質も二つの極端のあいだにあることが分かる――寄贈は、浪費と守銭奴という両極のあいだにある。まず、キケロは平民にふるまうより個人に尽くしたいので、慈善や援助をすることを寄贈だとする、そして公共的寄贈や恵与を乱費にすぎないとして浪費の名でこき下ろしている。だが次に、ローマでは、「寄付の制度は、本質的には悪いとしても、歴史的条件によって強制される」[272]と言うことを忘れていない。「マメルクスは富豪であるが、監察官を経験しなかったから執政官になれなかった」[273]ではないか。恵与指向は、場合によっては都市への奉仕という立派な目的によって正当化される――もし寄贈をすることが執政官職の代償になるなら寄贈をしなければならない。「もし寄贈が不可欠で、有益なことであるなら寄贈に正当性がある」[274]。キケロは、論理的にはそうなるはずだが、平民に有益な寄贈をすることと一般の寄贈をすることを一致させるところまではいかない――かれには、平民への寄贈という美徳を口にすることは恐らくのどが裂けても言えないだろう、だからかれはただ逆の言い方でその考えを表明し、「守銭奴という疑いをかけられないようにすること」が必要だと言うにとどめている[275]。だが結局、その理屈はほぼ正しい――恵与は場合によっては正当化されるのだから、恵与を断固として拒否すれば行き過ぎになり、その行き過ぎは当然、守銭奴と言われるだろう。しかしキケロが、寄贈の真の基準を多様化し、経済的有益性（非乱費）もそれに属し、結局、（選ばれたいという）願望の目的もそれに属し、それらすべての基準が同一の次元にあることを穏やかに認めるところまでいかないのは奇妙である。

ストア学派も義務の健全な履行には決疑論が必要だとはっきり是認している、つまり適宜、高度の有益性、儀礼の尊重が重要である。アリストテレス学派によれば[276]、与え、受けとるためには、すべてを検討しなければならない――人物、状況、当面の問題。キケロのほうは、明らかに基準を等級づけたい――寄贈の本質（*genus*）が存在し、それによれば大衆への寄贈はやはり本質的には通俗的な浪費である、ただし歴史的な（*tempora*）偶然は、残念ながら人間の不完全性から来ているので原則的な批判を緩和しなければならない。

もちろん、あまり哲学的でないこのごまかしと故意の言い落としで興味深いことは、人間またはその環境の態度を暴露していることである。あとはただ、いかなる奇跡でこの浪費が常に平民へ寄贈を行うことにあり、またそのことにしかないことに感嘆し、そのことをキケロの例証から判断すればよい――饗宴、剣闘士大会、競技会。ほかに金の浪費の仕方が百種もあり、また恩恵を受ける値打ちのない者もほかに百種もいたではないか。浪費のキケロ的概念と恵与指向概念とが外延的に見事に一致していることは、ここでは哲学がたんなる偽装的論争にすぎないことを示している。もしだれかが平民に寄贈をしようと思いついても、思想家からは温情家としての立派な肩書がもらえず、浪費家という名でこき下ろされるということをキケロは予告しているのである。

浪費の概念を理解することはその外延に劣らず有益である。テキスト自体を引用しよう[277]――「一般的に言って、二種の人間が寄贈を行なっている、つまり浪費家と温情家である。饗宴、肉の分配、剣闘士の見せ物、闘技場における華々しい闘技や狩り[278]、つまりその場かぎりか、存在しないも同然の思い出しか残さないようなことに私財をばらまくのは浪費家である。だが温情家のほうは[279]、海賊に捕まった人々の身代金を払って解放させ、友人の借金を支払い、友人の娘の持参金を提供し、友人の私有財産の取得や増加に手を貸す」。かくてこの哲学者には、本当に称賛すべき寄贈は個人に向けられたものだけである――貧しい者がいるように友人もいるから、温情家が知るのは個人であり、同じ環境の人々である。慈善事業、貧者や病人の救済義務はキリスト教以前にはあまり知られていなかった。だがキケロには恵与指向という富の社会的配分にも用はなかった、なぜならそれは集団に対して行われることであるから。かれは自分の世界しか知らない。かれにとって、真の温情は隷属的支持者、さらに同じ階級のメンバーの連帯性の域を出ない。(280)

こうしてキケロは恵与的寄贈を批判する、なぜならそれは「その場かぎり、または存在しないも同然の思い出だから」。(281)この考え方は不思議に思われるかも知れないが、次の箇所と照らし合わせてみると、もっとよく分かる――「ある者に恩恵が与えられ、その人が感謝すれば利益がもたらされる、それは受益者やその他の人々からくるものである。だから寄贈は高く評価される性質のものであり、大部分の人は、偉い人の優しさがすべての人の避難所になればそれだけ熱烈に寄贈を称賛する。ここで留意すべきことは、できるだけ多くの人に恩恵を施すように心がけることであり、そうすればその恩恵の思い出は恩を受けた人々の子供や孫まで伝わり、恩知らずにならなくてすむ。なぜならすべての人は恩知らずを軽蔑し、その恩知らずを世間に対する不正と見なす、なぜなら人のためになるような気持ちを失わせるからだ」。この考え方に興味を惹かれるかも知れない。だが待っていただきたい――キケロが感謝義務を含む恩恵しか奨励しないとき、恩恵者だけの利益を考えているのではない――かれは社会生活の横糸を織るべき恩恵の交換について、まるで経済学者が財とサービスの交換について考えるように考えているのである。商取引の規模が大きくなれば、それだけ交換も激しくなり、それだけ生活水準も向上する――各人は事業の活発な活動の恩恵を受けることになり、各恩恵者だけが恩恵の見返りを受けとるのではない。見返りのない恩恵に励むことは商品を海へ捨てるようなものである——それは活動を遅らせる、同様に、恩知らずは順調な交換に必要な信頼関係を殺すことになる。

つまり、恩恵において、交換は確実に最適をもたらすだろうか。またキケロが恵与を批判するのは恵与が交換の発展を妨げるからであろうか。社会生活が見返りを前提とする恩恵だけに限定されるなら、二つの条件において最適を確保できるだろう——もしすべての恩恵が互いに交替できるなら、そして、もしすべての恩恵がどのような社会階級に対しても行われるなら。もし平民がその領域外へ置かれたらどうなるか。もし、本質的に、感謝義務をともなう恩恵が恩恵者と社会的に同輩である者にしか向けられないならどうなるか。そのとき社会は二つに分断されるだろう——上流社会と平民に。さらに加えて、ある種の恩恵は他の恩恵と入れ替われない。良家の貧しい娘に持参金をつけてやることは確かに重要である、しかし市民に祭典を催すことも重要である、だが後者は前者と入れ替われない。娘が持参金をもらっても、やはり見せ物を見に行きたいかも知れない。見返りのある恩恵に社会生活を還元することは、経済政策を行うときに、交換可能な財しか考慮しないのと同じである——それでは「生活の特性」を忘れることになり、生存を貧弱化することになり、退屈するような生活をわれわれに約束することになる。

元老院議員と平民

事実、哲学者であり「新人」であるキケロには少し偏狭な道徳主義がある。かれの驚きがそれを充分に証明している[282]——「テオフラストスは、その『富について』[283]という見事なページに満ちた論文[284]の中で、課役負担の扇動的な鷹揚さと豪勢さを惜しみなく激賞し、そのような金の使い方を富の真の利用法だと見なしているが、これはまったく驚きだ！」事実、キケロはいかなる真の理由で恵与指向を非難するのかを述べなかった。見返りのある恩恵だけを是認するというのではない。かれは「あまり富に恵まれなくても立派な人は、恩を返さなくても、少なくとも感謝の念を持ち続ければよい」[285]とすでに述べたではないか。このような言葉の遊びは寛容さに欠けているのではないが、それでも恩恵の取引という説と矛盾している。それはすでにセネカの説である、つまりセネカから見れば、恩恵の真の報酬は他人を助けて感じる恩恵者の喜びである[286]——ここでキケロの考えはその文言以上に広い。だがかれの無償性の意味は見せ物を礼賛するところまではいかない。むしろそれを非難している、なぜならかれは裕福な人間として、自分の世界にも属さない平民に歓楽を提供する気はなく、支持または友情の関係を結ばないからであり、また知識人、元老院議員としては、俗人の遊びを軽薄だと思うからである。私的な恩恵は「まじめな人間、偉大な人がすることであるが、他方、見せ物は群衆の軽佻浮薄におもねる行為である[287]」。

ここに、ギリシア精神とローマ精神のあいだ、あるいはむしろギリシア都市のような狭い集団とローマが形成する寡頭制的な広大な国家のあいだの対照が明瞭である。祭典やまじめな行事に対する市民的一体感はもはや存在しなくなっていた——競技会は都市規模では民衆的な喜びになったが、他方、生活の重要問題、つまり政治は帝国並みであった——キケロの評価によれば、謹厳な人は民俗的祭典などに構ってはいけない。キケロはテオフラストスの文に、その師アリストテレスの一ページを対立させる、つまりアリストテレスは「女、子供、奴隷、そして奴隷とあまり変わらない自由人が喜ぶような[288]」歓楽を非難している。実際、アリストテレスの態度はそれほど単純ではない。ペリパトス学派は無償の行為に対して厳しかった(かれらは学者としての実践においては、もっぱら自己を凝視していた——認識、「瞑想」、それがかれらの唯一の目的としての活動であり、それが崇高な活動になる、というのではなかったか)。若きアリストテレスはこう書いていた、「われわれはただ瞑想にふけるためにオリンピアへ行く、たとえ瞑想にそれ以上、何も得るところがないとしても」、「ところで見せ物はそれだけでもたいへんな費用がかかる。われわれは喜劇役者から楽しませてもらうためにディオニュソス〔バッカス〕祭を見つめるのではない――しかも、そのために金を払っているのだ[289]」。アリストテレスには、市民的祭典について三つの異なる観点が認められる、それとも想定される。まず、いま見たように、この書斎人は通俗的な興味に対していくらか軽蔑していたに違いない[290]、ちょうどキケロが、町をあげてのお祭り騒ぎをする競技会の日を自分の著書執筆の日に当てていたのと同様である[291]。だが瞑想行為が存在論的尺度では最高位にあるとしても（その行為は崇高である、つまり本能に還元されない）、だが瞑想者その人はそうではない、なぜなら瞑想者というものは存在しないから――四六時中、瞑想にふけることはできない、なぜなら「そのような生活は人間の条件には高すぎるので、そのような生き方は人間わざではない、ただ崇高な要素がわれわれのうちに存在するという範囲内のことである[292]」。全体的、道徳的、市民的な生活においては、すべてがその権利を回復するが、快楽と寄付は悟性によって判断されるべきである、つまり「合唱コンクールや松明《たいまつ》競走のような金のかかる無益な課役を組織するのは、たとえ金持の快諾が得られても、むしろそのようなことはやめさせるほうが望ましい[293]」と評価されるだろう。

したがって政治的に、慎重に考えねばならない。恵与を判断するには何を考慮すべきか。多くのことであるが、特にその見返りである――だが何事も同じだから、むしろ長続きしないで、すぐ忘れられるような喜びよりは長続きする喜びにふけるほうがましである。群衆の喜びは「きわめて短いあいだしか続かない、満喫すると思い出は消える[294]」。キケロはこの〔アリストテレスの〕文を引用し、恵与が思い出にならないものとして批判するとき、恐らくその批判に含まれる二つの意味から読者の気に入るほうを選ばせている――人民への寄贈は感謝を生まない、また長続きする満足感を残さない。アリストテレスから五百年ほどのち、アントニヌス帝はエフェソスの恵与者が見せ物の開催よりはむしろ建造物を寄贈したことに賛辞を贈っている――瞬間的な光栄にしか値しないような寄贈より、自分の都市を将来において尊敬すべきものにしようとしたからである。(295) しかし熱狂の持続だけが基準ではない――受け手のことも考慮しなければならない。「観客には二つの階級がある、つまり一方では、自由人や知識人が含まれ、他方には職人、最下層市民、そしてそれに類した人々という卑しい者が含まれる、だからこれらの人々に喜ばれるようなコンクールや見せ物を開催すべきである」。(296)

しかし結局、問題の根本において、また恵与者の立場から見て、アリストテレスはテオフラストスと同じ考えである。もしテオフラストスのように、無償で働きたい欲求を尊重しないなら、もし生活が周囲の世界との均衡または他人との交流に還元されないなら、またもし利益を度外視して尽力したい欲求、イデオロギーを越えて自己表現したい欲求が分からないなら、恵与指向のことは何も理解できないだろう。すでに高等動物は自分のテリトリーの周辺を無駄に調べ回るが、そこに閉じこもらないという欲求を感じている。人間もまたエピクロスのような幸福、つまり部屋の中に安閑として閉じこもるようにはつくられていない――退屈するに違いない。本書、第一章において述べたように、アリストテレスは鷹揚な寄付行為を称賛している。この美徳が行き過ぎて通俗的な寄贈になるのは、与えすぎるときではなく、「誇示的出費」*conspicuous consumption* という愚かな理由で行うときであり、「高尚な動機でなく、自分の富を顕示することで称賛を博したい」(297) からである。寄贈に対するペリパトス学派の共鳴は哲学的に裏づけされている――だれでも生存を愛する、つまり自分を愛し、完全に生きたいと思う。もしその人が鷹揚に振るまいたいなら、自分の可能性を現実化したり、活動したり、自己を表現したりして、その完全さを手に入れる。反対に、精神の卑小さの欠点は自分の力を実現しないことである――「性格が弱ければ心も小さい、だから実力が発揮できない」*pusillanimus deficit a propositione suae potentiae*[298]と聖トマスは言うだろう。なぜなら「恩恵者は恩恵を受けた者が恩恵者を愛する以上に、恵んだ人々を愛している[299]」からであり、それは『ニコマコス倫理学』の中の有名な章で述べられているとおりである、つまり恩恵を受けた者にのしかかる感謝義務以上に恩恵そのものが強調されている。なぜなら恩恵とは仕事であり、どのような仕事でもその人の現実化であり、その人は、あえて言えば、奉仕の交換よりむしろ窒息からのがれたいために恩恵を与える。すでに見たように、ギリシア社会には隷属者は存在していなかった。

心ならずも恵与者になる

ローマの寡頭政治家には、平民に寄付をする以外にも窒息からのがれる方法がある。だが寄付をするのは民会で失敗したくないからである。そこでかれは何か鷹揚な寄付をさせられるが、内心は厭でたまらない。どうしてそれから抜けだせるか。損失を折半することである――キケロが教えるように、「このときも中道の規則が最適である[300]」、なぜなら「寄贈の体制全体が本質的に間違っているが、都合次第でそれがわれわれに押しつけられるのだから、われわれの財力に釣り合わせる必要があり、中道の感覚でそれを緩和しなければならない[301]」。この忠告は多くの成功をおさめたはずである[302]。

中道……この言葉は哲学者から二つの意味に受けとられたらしい[303]。すでに見たように、哲学者が寄贈を浪費と守銭奴の中道だと見なしても、それは一定の状況で確実なやり方が損得を折半することだと言うのではない。ただ哲学者が確認するところによれば、寄贈という美徳は二つの不完全のあいだに挟まれていて、大方の人間活動と同様である。それも当然である。もしその活動が唯一の要因を機能させるだけなら、またもし寄贈がただ金をたくさん使うだけだとすれば、美徳はその要因に比例して直線的に成長するだろう——金を多く使えば、それだけ美徳が高まることになる。だが物事はそう単純にいかない場合が多い、またごくわずかの人間活動しか一次方程式にはならない。与えられる量のほかに、だれに、なぜ与えるのかを検討しなければならない。またその要因は多様化するが、累積しない——その一つでも完全になくなれば、他の要因の所産も消え、美徳も消滅する。もし多くの金を配る恵与者がまったく行き当たりばったりにそうしたら、これは完全に狂人であり、金を手元に残さないという美点があると思って満足することもできない。もし美徳の要因が累積する一方なら、そんな美徳は名だけのものにすぎないだろう。ところでこれらさまざまな要因がすべて同一方向に変化するというのは驚くべきことである。したがってその要因の結果は上昇直線でなく曲線を描く。この曲線には頂点があり、それが美徳であり、その前後で値打ちは下降する——ある一点から金を使えば使うほど美徳でなくなる。その点の前では充分に金を使わないと完全な美徳になれなかった。以上が中道の一番目の概念である——行動学的な考え方である。二番目の概念は、いま、われわれの興味を惹くものであるが、それは技術者的な考え方である。それは一定の場合の検討に関係している——与えられた状況において、すべての技術は目的にぴったり適応する手段を計算することである。これは古代人から節度または節制と呼ばれたものであるが、その後、意味が変わった。もちろん、その目的は、場合によっては極端な手段に訴えたり、最高の飛躍を遂げさせることも封じない。そのとき中道は極限に置かれることになる——そのことについては聖トマスがだれよりも明確に述べている。[304]

ではキケロはどうか。かれは確かに、どのような出費も目的に応じて検討されるべきだと認める。すべてはその目的が何かを知ることである。それは節度であり、適正である——「気前のよい暮らしの外見やその華やかさについては節度をまもるべきである。ところで最適な節度とは適正であることだ」[305]。ではその適正とは何か。そこで、もしある元老院議員が大きな屋敷を建てるとすれば、その建物は快適で、豪勢でなければならない、なぜなら所有者の体面があるからだ。だがこの所有者は元老院議員としての威光が屋敷をいっそう立派にしていることを忘れていない――したがって法外な出費をしたり、贅沢に凝ったりするのは慎み、中道に戻らねばならないだろう[306]。これ以上うまく言えない、なぜなら適正はもっぱら当該社会の習慣によって判断されることだから。そこでわれわれにはトランプ・カードの表《おもて》を見るのと同じほどよく分かる。どうして平民への寄贈が程度を越えた浪費と目《もく》されるのか。なぜならキケロがそう見なしているからであり、またかれは他の人々ほど公共的にして私的な豪華さに感じやすくないからである。かれの言う適正とは、かれが生きている社会の現実的習慣でなく、その習慣の理性的批判の結論でもない。かれは現実的習慣から適正という言葉を借りる、また理性的批判から適正なものをそのまま無批判に個人的見解とする権利を借りる――これは修辞学的な論じ方であり、キケロは、すでに見たように、その方法を援用して浪費的恵与指向を規定している。この論じ方は語の定義を物事の定義とすることにある、つまり新語に古い意味から残っている称賛的または軽蔑的な含みをのこしているのである。

　キケロの深い感じ方は、平民に寄贈をして喜ぶのが元老院議員にはふさわしくないとするものである。つまり行き過ぎであり、それに対して中道を奨励し、その概念に通俗的な意味を与える――節度を守り、欲望に走ってはならない。この中道は、ひどく嫌われていてもきっぱり弾劾されてはいないような活動に専念しているような人々に対して説かれている。キケロには、恵与者になったことがなくても選ばれてよいのではないかという郷愁があり、かれの中道礼賛にはそれ以上の内容はない――「正しい節度の規則は最良である――マルキウス・フィリップスという気高い精神の持ち主で、また有名でもある人物は、まったく寄付をしたことがなくても最高の地位につけたことを誇りにしていた」[307]。正しい節度はゼロになるかも知れないが、その夢は実現できないので、せめて元老院議員なら最低限で満足すべきであり、要求される程度以上のことを自分から進んでやるべきではない。元老院議員は寄贈の程度を適切に選んでもよい、とキケロはつけたしている、――元老院議員は瞬間的な喜びを与えるよりはむしろ長続きする投資的なことを行うべきである、たとえば「城壁、造船所、水道橋、共益的建造物」など。柱廊、劇場、新神殿、ペリクレスやポンペイウスが建てたような建造物ははるかに有益でなく、称賛にも値しない[308]。この見解は凱旋将軍が自分の栄光を記念物化する習慣を非難するものであった。かれの文にはかなり非現実的な響きがある（ローマにおいて、城壁や造船所をつくる恵与者はどこにもいない）、したがって机上の空論と思われても仕方がない――キケロはこのページを書くに当たって、ギリシア作家、たとえばパナイティオス、またはファレロンのデメトリオスを再読して、そこから借用している[309]。ローマで凱旋将軍に神殿より造船所をつくってほしいと願うとしても敬虔な願い以外にはなり得なかった、ところが敬虔な願いというものはいつも怪しいものである――キケロから褒められる唯一の恵与指向は空想的な恵与指向である。かれ自身、監察官になったとき、わずかでも気前のよい寄付をして自慢している、さらに続いてかれが行なったと見られる恵与は「イデア」を受け手にするものであった――アテナイのアカデメイアに柱廊を建設したのである、それはちょうど、いつか他の者が〔アルプスの氷河〕メール・ド・グラスのほとりに「自然神殿」を建てるのに似ている[310]。

このような冷淡な態度には人類学が含まれ、ある気質が現われている。キケロは無償性と快楽を無意味だと信じる。キケロによれば、政治的人間は厳密に必要なこと以上に手を出せば失墜する。では無償性はそれほどくだらないものだろうか。P・ボアイヤンセが指摘したように、アリストテレス学派にとっては祭りには人類学的な基礎がある――魂に緩和が必要であり、さらに祭りは神々の幸福を人間的に真似る。

では、どうして緩和が必要か。プラトン学派の心理学にあれほど長いあいだ惹きつけられたアリストテレスは、まずはじめに、その必要性を魂の理性的部分と非理性的部分のあいだの葛藤のせいだとした。[311] この哲学者は晩年においては、むしろそれを魂の材質に関係づけたように思われる。なぜなら魂は純粋な行為ではなく、その表現や作用に還元されないからである——魂は組織化された身体の形式とその表現にほかならず、もしこの身体が疲れたと思われるなら魂もまた疲れたと思われる。魂は身体という材質によって青ざめる、だから身体と同じく、また身体によって緩和させる必要がある。緩和は、それ自体が目的でなくても（無限に休息しなければならなくなるから）、魂にとっては必要である。だが緊張や努力もまた目的ではない、それらは人間性が必要とする手段である。唯一の目的、いわば唯一の本当の尊厳はやはり幸福であり、その幸福を充分に享有しているのは神的存在であり、このような存在には何も必要でない。人間にとって、祭りは休息にすぎず、永遠の至福ではない。だが、もし祭りがその目的から見て神の幸福でないとしても、材質から見れば神の幸福に似ている。その幸福のきわめて簡潔なイメージが祭りである。したがって緩和、遊び、祭りは人間を癒そうと思うような浅薄な悪習ではない。

ところで、各人にはそれぞれ喜びがある——平俗な人々、職人らには平俗な喜びが必要である。政治的人間はすべての人をあるがままに扱い、選ばないから、一般庶民の喜びを前にしてつべこべ言うべきではないだろう。ただ知識人がそのようなことを軽蔑するのは自由である。だが確かにキケロは権勢的な政治的人間であるというよりはむしろ権威主義的な知識人である。かれは同時代のカトーが行なったように、なすべきことを行う気になれない——かれは人間と政治の理想的または恣意的なイメージに順応したいのである。

六　国費パンと道徳的秩序

パン、あるいはむしろ国費パンと言えば、原則的には恵与指向と対立する。すでに述べたように、元老院議員の寄贈には政治的意図が含まれていた。その代わり、平民に無料または廉価で小麦を配給（自称配給）することは異議なく社会制度であり、法的に制定された国家的制度であった。なぜならこの領域で私的な恵与指向は国に代わることができなかったからである——監察官も平民のために破産する気はなかった。この小麦の費用は私財の規模をはるかに越えていた、しかもその金額はわれわれにも巨額だと思われる。結局、この配給組織はあまりにも複雑な仕事であったので、元来、鷹揚というよりはむしろ道楽のような私的措置に委ねられることはできなかった。ローマにおいて、この社会制度がまさしく政治に属し、恵与者に確保されたのでなく、階級闘争によって国家からむしり取られたというのはローマ特有のことである。われわれはこの制度そのものを分析することから始めよう、というのもその制度は、ときどき指摘されるようなものとはあまり似ていないからである。

ローマ市民のすべて、または一部は、毎月、一定量の小麦を廉価または無料で受けとり、その配給が紀元前一二三年、護民官カイウス・グラックスの法律によって制定され、それが帝政末まで続いたことは周知のとおりである。この制度は「福祉国家」の政策と見なされたり、あるいはキケロが言うように怠惰手当として非難される——「カイウス・グラックスは小麦法を提出した、平民にはありがたい措置である、なぜなら働かないでもたっぷり食い物がもらえるからだ。心ある者はこの法案に反対した、というのもこの法律は平民に働く意欲を失わせ、怠け者にし、明らかに国庫を食いつぶすだろうから」[312]。これはエピナル版画と同様である。真実はもっと複雑であり、もっと興味深いことに思われる。カイウス・グラックスの時代には、配給のことはまったく問題にならなかった――国は小麦を買える金を持っている消費者すべてに一定量の小麦の提供を確保するだけでよかった。次いで、「貴族」〔保守的元老院議員〕と「人民派」の反撥に押されて、この制度は進化し、ついには硬直し、孤立した――カエサル以後、帝政末まで、国は無料の小麦、十五万人分の「給付」を特権的な人々に行い、この給付を受けるのは名誉あることになる。問題の重心の位置が移った――平均的ローマ人は、以後、食糧補給、つまり穀物管理を確保するために、穀物市場と自由企業を管理する穀物管理局という帝政の業務を当てにする。国費パンのほうはもはや異色的な残存物でしかなくなる。階級闘争、恵与指向の挫折、国家への依存――われわれにとっては、これが歴史の興味になる[313]。

小麦の問題

グラックス法は、平民を怠慢に暮らさせたり、無力にして非政治化を買いとるのが狙いでなかった。生活保護や慈善事業でもなかった。また原則として征服から得た収益を征服者としての人民のあいだで分配することでもなかった――その法律は、ただ小麦が他の商品とは異なる産物であり、国の仕事が市場に小麦を供給することを確認するという原則をまじめに適用させようとするものにすぎなかった。この原則はグラックス兄弟より以前からあって、ローマ固有のものではなかった。ギリシア都市でも知られていた。しかしローマでは、この原則は監察官の道楽仕事になっていた[314]――その原則はカイウス・グラックス法以前のローマにおける小麦に関する歴史を要約している。

人はパンで生き、パンを稼いでいた。小麦もまた空気や水と同じく必要なものであった。だが水や空気という要素のような公共財ではなかったが、それでも同じほど必要不可欠なものであったから、各都市は自然を補い[315]、すべての市民、少なくとも小麦を買えるか、市場で売られていることを望む人々に小麦を確保しようとしていた、ただし貧困者のために小麦の代金を支払うのは問題にならなかった。そこで各都市は、規則的に市場が食料の補給を受け、必要な量の小麦があり、それを公正な値段で売るようにさせねばならなかった。穀物管理は国防と同じほど重要であった――アテナイでは、民会の最重要議題は、特に「小麦と領土防衛[316]」の問題であった。キケロはその『義務論』の一ページにおいて、社会の基本原則をこう述べている――私的所有権は神聖であり、課税は例外的な処置であり、結局、「国家の舵を取る人々は不可欠な財が豊かにあるように監視すべきである」、つまり小麦のことである[317]。

それは易しいことでなかった。他の産物とは比較にならないほど巨大な量が必要であった――人ひとりが一日に消費する穀物は約一キログラムである。小麦の産地は小麦の不足する地方へゆずったりしなかった、またゆずるとしても輸送が大変だった。政治的、技術的に、このような難問題は私的な仕事の領域を越えていた。もっとも確実な解決法は自給自足体制であった――ところが不作の年があった[318]。さらに大都会、または帝政時代の常駐軍隊のような人口集中地域の自給自足はどうして確保できるか。各都市は、その領土または近隣の地方から産出する穀物で生きていた。共和制のイタリアにおいて、牧草地、ブドウ畑、オリーブ園が穀物の種蒔きの土地に替わったと想像することは暗黒小説を書くようなものである――もしバッカスが資本家になって〔穀物豊穣の女神〕ケレスを追い出していたら住民は飢え死にしていただろう[319]。輸送の難問は政治的難問でもある[320]――前者は、「ドープシュ法則」で充分に理解されるような現物経済への明らかな復帰によって各国が選択できるかぎり税金徴収より現物納税を好んだことを説明する[321]――穀物の価値よりも耕作者からその穀物自体を納入してもらうほうがよい、なぜなら国は税金の金を小麦に換えようとすれば、その小麦を探して輸送の手配をしなければならないからだ[322]。最後に政治的難問――ギリシア都市はその国際的勢力を利用して他の国王や他の都市とのあいだで小麦輸入の協定を結んだり、小麦を自国の港まで運ぶ商人らを恵与者として表彰していた。

ローマでは、パンは「競技場」とあわせて監察官の二大責務の一つであった――「穀物管理」*cura annonae* は「競技管理」*cura ludorum* と同じほど重要であった。監察官は市場に充分な穀物があり、正常な値段で売られているようにしなければならなかった。これは緊急を要するとともに難しい仕事であった――大きくなりすぎた都会では、監察官の権限や能力、そして監察官が使える予算ではまかないきれなかった。共和制末期には、ローマの人口は少なく見積もっても五十万人であった、しかもイタリア半島の総人口は五百万（奴隷を含まない）にも達していなかった。このローマという巨大な人口集中地域には、あまりにも多量の小麦が必要であったから近隣の地方だけでは不充分である――テューネン説の効果がかなり広がり、その結果、輸送費が小麦の価格に著しくのしかかる、あるいはローマがもし海の近くに位置していなかったら重くのしかかるだろう。それにしても、小麦をどこへ探しに行けばよいか――「見えざる手」では不充分だから、国みずからの情報源と圧力手段を利用しなければならなかった――商人は情報に暗く、あまり力もなかった。なぜなら、飢饉が迫ると、投機が介入する。紀元前五七年には、ローマで飢饉が起こり、暴動が起きている――飢えた平民は物価高を天罰だとする、なぜなら金持らがキケロを追放先から呼び戻したからである。物価高の原因として、「われわれに穀物を供給する地方は、穀物に不足したり、あるいは相場の違いで穀物を他の地方へ流したり、あるいは売り惜しみ」、飢饉が最悪になるまで小麦を送らない[323]。

地方在任の高官たちは穀物投機を阻止し、ローマの同僚を助けようとした――シチリアの財務官だったキケロは「ローマで飢饉が起こったとき、大量の小麦をローマへ送らせるために」生産者や商人へ影響力を行使している。(324) またキリキアの総督だったとき、キケロは強制することなく、だれも辱めず、ただ権威と説得力でもってギリシア人や実業家に小麦を放出させている、というのも恐らくこの人々は相場が上がるまで小麦をストックするつもりだった。(325) 年代記編纂の伝承によれば、おなじような権威の介入が想像的に紀元前五世紀のただ中へ移されているが、この介入は共和制最後の世紀ごろに頻発していたに違いない。この伝承によれば、王政の没落後まもなく、「もし執政官（なぜなら監察官はまだ存在していなかったから）がいたるところ、つまりエトルリアやシチリアまで小麦を探しに行って危機を救わなかったら、特に平民や奴隷は多く飢え死んでいたに違いない」。(326) 各都市は小麦の輸出を制限していたので、商人がローマ人に小麦を売る許可をもらうためには外交的折衝が必要であった――ローマはシチリアの僭主らと折衝している。(327) 多くの貴族と同様に、ローマの元老院議員には確かに実業家的な才能があった（わが国の旧体制時代の貴族にはその才能がなかったので、これは普通というより例外である）。事実、はるか遠い昔において、経済活動は、技術的な仕事というよりは人間の組織的指揮能力に関わる仕事であった――キケロの仕事ぶりはすでに見たとおりである。さらに加えて、商人は平民にすぎなかったので偉い人に向かっていやとは言えなかった。

だが、そのようなことすべてはあまり進展しなかった、というよりむしろその時代の傾向として、穀物管理の仕事は継続的な業務というよりはむしろ思いつきの連続であった。毎年、有能な当局は、もしうまく思いつけば、それぞれ異なった解決策を思いついた。共和制は食糧補給を組織化していなかった（帝政では組織化される）、また市場価格の上限も定めたことがなかった。(328) 一般的に、監察官または元老院は三つの解決策のいずれかに頼った——まず商人に強制する、それとも国が戦利品または税の名目で徴集する小麦の一部を市場へ流し、各市民の購入価格と量を決める、[329] それとも元老院議決による借款で仲買人に小麦を購入させる。[330] 一番目の解決法は不確実であり、二番目、三番目の解決法は国庫を食いつぶす恐れがあるとして元老院から嫌われた、なぜなら国の金は浪費されてはならないからだ。あとはただ人民にとっては例年より豊作の年になってほしいと願うだけであり、[331] また監察官にとっては不可能なことはどうにもならないと思うしかない。要するに、思いがけない幸運、法律、それとも元老院議決というように、穀物管理には例外的な解決法しかなかった。

監察官はすべての道楽者ができることをしていた。かれらは四番目の解決策、つまり庇護に頼っただろうか。[332] 紀元前最後の世紀でなら、そのとおりだと答えられるだろう。廉価で小麦を配給するのは寄贈と見なされた、だが「寄贈」*largitio* という言葉はそれだけでは決定的でない——この言葉は民主的または扇動的な意図を表わしていて富の源泉を指していないし、また平民の利益のために国庫を利用する護民官の扇動的な法律についてもそう言われた。キケロはどこかでこう言っている——「もし小麦の問題がただ収穫と相場にだけ依存していて、値段と量の絶対的数字が考慮されないなら、おお！ ホルテンシウスよ、あなたの一人当たり一升の小麦があれほど世間を喜ばせなかっただろう——ローマの人民に一人当たり、あれほどけちくさく計算された量の小麦を配給したことで、あなたはすべての人に最高の喜びをもたらした、なぜなら相場の高値のせいで、見かけはささやかな量でもこの場合は大きく見えたからだ。だがもしあなたが低い相場のときに同じ寄贈をしても、そんな恵みはあざけられ、軽蔑されただろう」[333]。監察官ホルテンシウスはその寄贈のために自分の財布を開いたのだろうか。そうだと思われる、なぜならかれが国庫の金を引き出すには法律か元老院議決を必要としただろうから、それは大問題になることである。しかもこの寄贈はただ一度の壮挙であったらしい――その年度を通じて、かれが規則的に寄贈を繰り返したとは述べられていない(334)。この壮挙は、月々に食糧補給問題を解決することよりも、慈悲深い監察官の評判を高める効果があった。数十万の市民に一升あたり数セステルティウムを使って小麦一升ずつを配給しても破産するほどではなかった――同じホルテンシウスが開催した公共的競技会のほうがはるかに高くついたに違いない。だが結局、すべての監察官がそんなに気前がよかったのではなく、ホルテンシウスほどの名前だけが忘れられなかったのである(335)。

監察官の庇護は象徴的な美談となり、そのおかげでかれらは法政官や執政官に当選しやすくなった。その美談は競技会の豪華さと同列のものであった(336)。監察官の地位は別格の高官職になっていた――その本当の職務は寄贈をすることであった。監察官は競技会を催すのと同じ理由でいくらかの小麦やオリーブ油を配給した。「今年の監察官の寄贈は次のとおりである――この時期のものとしてはローマの競技会はまことに盛大であった、しかも一日のおまけがついた、さらに通りごとに一コンギウスのオリーブ油が配られた(337)」。共和制末には、小麦の問題はいつも特別で道楽のようなやり方で解決され、そのために大物たちにとってはそのような特別の措置を元老院に承認させる口実となり、普通の高官以上に政治的権勢の道具になった。ポンペイウスは紀元前五七年に小麦の担当官に任命されたが、そのおかげで帝国全体に五年間、ほしいままに権力を振るうことができた(338)。

適正価格から無料のパンへ

カイウス・グラックス穀物法は国庫を消耗させないで(339)、この道楽的寄贈(340)に終止符を打つはずであった。その法律はローマ国家に、常時、同じ価格あるいは恐らく相場より安い値で小麦を販売させるようにしていた。ローマのすべての市民は、貧富を問わず、[341]パンを買って代金を支払えるなら、その権利があった。しかし投機を阻止し、また国の財政を危うくしないために、市民が毎月、一定量以上の小麦を買うことはできなかったことは確かである[342]――その量も分かっている。これは配給でもなければ援助でもない――グラックス法は小麦の公定価格を定めて飢饉や投機を防止するためのものである。国は税としてその属州から小麦を引き出せるだろうか。買えるだろうか。それは分からない。少なくとも法律は必要な組織、特に公共的な穀倉組織網の設置を命じていた[343]。何もしないで遊んでいる平民を養うことは問題にならなかった、というのも小麦は無料でなかったし、小麦だけでは生きられない、また市民は自分はもとより家族や奴隷を養わねばならなかったから。市民が穀物の不足分を私的な取引で購入しなければならないということがなかったとは考えられない。きわめて豊かな国庫にとって、それくらいの負担は楽だった――その計算も行われた[344]。これほど良識的な法律がどうして「貴族」の怒りを買ったのかは後で見ることにしよう。

　相場の値段が公定の小麦価格より高いときは、国が受ける赤字または損失は国庫負担になった。ところで国庫は主として属州の貢ぎ物でまかなわれていた。だからグラックス法がローマに住んでいる市民に廉価で一定量のパンを保証できるのは帝国の属国のおかげである。カイウス・グラックスの改革は、その十年ほど前に、きわめて豊かな小アジア[345]をローマの属州にすることで可能になった。だからローマの平民は愛国者であり、また帝政主義者であった。といってもグラックス法の原則が征服者国民のすべてに征服した獲物をいっそう平等に配分することだと評価できるだろうか。そうは思われない、なぜならグラックスの試みはローマやイタリアにおける悲惨な光景から生まれたのであり、利益の配分が慎重に行われていないという抽象的観念から生じたのではない。もしローマの平民が当時の基準に照らして適当な生活条件にあったら、カイウスは、原則的に共同の遺産を配分してその生活水準をもっと引き上げようとは考えなかったろうし、またアジアの収益を当然の所有者たる共和国の金庫に入れられても不都合だとは思わなかっただろう。かれの基準は絶対的最低生活であって、獲得物を受取人すべてのあいだで公平に分配することではなく、また相対的な不平等を減らすことでもなかった。アジアをはじめ他の征服のおかげで国庫はふくらんでいたから、今後、平民を悲惨な状態から救済するのを拒むことは許されなかった――ただそれだけである。「貧しい人民にとって、自分のものであるべき国庫の金で暮らすことほど公正なことはないではないか」(346)。この人民に最低生活を保証すべきであった、というのも今後はそうすることができるからである。国の収益を平等に配分するという理想が修辞学的正当化以上のものになるためには、社会全体を見わたし、その収益が公平に配分されているかどうかを調べられるような航空写真的見地に立たねばならない。だが物事はそうはゆかない。資料的データや技術的知識を活用できないとすれば、生まれながらにしてそのような高い見地に立てるはずがない、またそうであっても机上の学問では社会的感動を高めることはできない。カイウスとその平民は、だれとも同じように地上すれすれのところから社会観をつくりあげたにすぎない。かれらの視野に映った社会の範囲で、かれらは金持と貧しい者がいて、国庫は空でなく、さらに貧しい人々の悲惨さが許容できる絶対的水準以下であることを確認したのである。だからかれらは獲得物の不公平な配分を話し、帝国を偉大にするために血を流した人々が征服の正当な配分を受けていないではないかと抗議し始めた(347)。そうすることによって、かれらは何か原則(極端な悲惨さがなければ、そのような原則が思いつかなかっただろう)を振りかざしたのでなく、あるイデオロギー、つまり正義のアレゴリーを発展させた、その正義においては、だれにも生きる権利があるという考えをいっそう分かりやすくするために政治的社会は株式の社会に似ているということになる。

それだけで、充分、保守的な寡頭政治家たちを憤慨させるに足るものであった。カイウス・グラックスに対する私刑《リンチ》が行われたすぐ後で、かれの法律は廃止されたか、むしろ骨抜きにされたので、キケロは、この法律が新しい形式の下ですべての心ある人々に受けいれられるものだと書いている[348]。必然的なメカニズムがそこから動き始めた――「貴族」たちはその法律を廃止していた、「人民派」はそれを復活させようとした。そこで競合が避けられなかった。ときには「貴族」は日和見主義に燃えた――すでに述べたように、紀元前六二年、カティリナの軍の脅威が続いていたとき、カトーは急いで穀物法を提唱した。このときの一連の法律は詳しく述べる必要もなく、またよく知られてもいない。重要な点は、わたしの考えでは、保守派と「人民派」の連続的または共同的策動でグラックス法の原則はゆがめられる――結局、穀物法は、市民でありローマ在住の買い手すべてに公定価格で一定量の穀物を売るのでなく、ローマ在住のすべての市民に一定量の穀物を無料で配給する組織をつくることになる――無料配給は紀元前五八年に平民の護民官クロディウスの発案であった[349]。かくてクロディウスからカエサルにいたる十二年ほどのあいだは、エピナル版画的理想は現実に一致した――ローマの平民は無料で国から養ってもらった。

　この十二年間と、その後のカエサル時代に起こったことを理解するためには、かなり残酷なこと、つまり今日ではインドの多くの町、または少なくとも南アフリカのどこかの地方で見られるようなことを想定しなければならないだろう――スラム街における飢餓悲劇である。われわれの資料は元老院議員から来ているが、そのことには触れていない、つまり軽蔑か、憎悪か、上品ぶりか、あるいはただその作者らの見方がわれわれのとは違っているからか。あるいはむしろこの資料の書き方がもっぱら尊大で、政治的、抽象的、そして教化的である――ローマは下水道のように膨張していた、言うなれば、腫瘍にかかっていたので、膿みを出して腫れを引かせなければならなかった。紀元前六三年にルルスが元老院へ農地法を採択させようと試みたとき、この平民の護民官は、「ローマの人口密集は国民生活においてゆゆしき問題である――これを片づけねばならない(350)」、そのためにはカンパーニア地方に農業集落をつくり、そこへ悲惨な平民を入植させることが必要である、と申し立てるほど事態は深刻であった。事実、カンパーニア地方を農業集落化して、ローマの平民をそこへ送り込む考えは大問題であり、二十年間も議論された。紀元前六〇年に、キケロは、友人ポンペイウスが農地法を提案するときにはもはやその立法に反感を示さず、自分の問題としてその議論を蒸し返している――ローマのように掃き溜めと化した都会を片づけねばならず、そのためにはイタリアの地方へ人口を分散させる必要がある。(351)悲惨な人々はすべて無料の小麦がもらえるローマに集まった。昔から、故郷を失った人々や農地危機の犠牲者らは成功を夢見てローマに来た――紀元前六〇年代についてサルスティウスは書いている、またローマはすでに掃き溜めだと見なされていた。「生きるのに労働の報酬しか当てにできない人々は、私的な寄贈に恵まれたローマに引き寄せられた(352)」と。紀元前五八年以後、さらに公共的な供与に惹かれて来たに違いない。ローマでも、奴隷を抱えている主人らは急いで奴隷を解放した、というのもこの新しい市民は無料の小麦を元の主人に回してくれたからである。(353)クロディウス法の結果、財政的な大穴ができ、社会的悲劇が起こった。悲劇または危機、恥辱と言うほうがよいかも知れない。

クロディウス後、十二年経ち、カエサルは問題を解決できないので、問題を調整し、そのやり方は日和見的であったが、とにかく四世紀続いた――かれはこの制度を硬直させた、そして無料の小麦に恵まれる者の数は三十二万人になっていた――カエサルは国が無償でパンを配給し続けることを決定したが、受給できる市民の数は制限され、決定的には十五万人に落ちついた。それは公共財の喪失と人口氾濫をくい止めるためであった。好評の制度を廃止することができないので、カエサルはそれを少し削減し、特に硬直化させた。

このプラグマティズムは一人ならず歴史家たちを狼狽させた。モムゼンはその『ローマ史』において、英雄カエサルが生活保護制度を考え出した、あるいは再興させたと信じようとする――モムゼンの推測によれば、当然、無料のパンの給付を受ける十五万人はもっとも貧しい人々であった。今日では、だれもそう信じない[354]。国費パンは生活保護とはまったく関係がなかったし、また関係ないだろう。もっとも貧しい人々が対象になったとはまったく証明されておらず、いずれ分かるように、すべてはその反対だと思われる。生活保護の観念は当時では知られていなかった、おまけにカエサルは為政者としての冷厳な人種に属していた、つまり物事をおおまかに扱い、網の目をくぐり抜けたり他人の幸福を犠牲にするような不正または不幸を聞いても、せいぜい、どうしようもないといった身ぶりをする人種である。ゲルツァー[355]の証明によれば、カエサルは十七万人分の無料のパンを撤廃させた。同時にこの英雄は帝国全土に植民地をつくったので、ゲルツァーとしては、この十七万人はすべて割り当てられた耕作地に落ちつき、穀物供与のリストから抹殺された代わりに幸いなる入植者になったと信じたい。だが悲しいことに、この数字は問題にならない――カエサルの植民地政策の恩恵に浴したのはせいぜい数万人にすぎないからである[356]。またパンも土地ももらえない十万人ほどの人はどうなったのか。かれらは栄養失調や悲惨のうちに死んだのであろう。他に打つ手があっただろうか。確かにあったと思われるが、カエサルとしては、そんなとるに足らない人々のために知恵をしぼるはずがなかった。

硬直化した制度

帝政時代には、硬直化した制度は残存物として存続した――いずれ分かるが、歴代の皇帝は首都の栄光を高めるためにそのような制度を保存していたのである[357]。平均的市民にとって、無料のパンは特権的な人々に当てられたから、日常のパンは無料でなく、市場で買うか、飢饉のときは皇帝から売ってもらった――古代の歴史家が帝政時代のローマの平民について語るとき、この平民を何もしないで養ってもらう住民とは見なしていない、むしろ「自分で日常のパンを買い、政治に関する唯一の関心事は食糧補給のことだけであるような一般民衆」と見なしている。[358]この領域においても、他の領域と同様に、帝政は道楽仕事に終止符を打った――「穀物管理」*cura annonae* は、四人の監察官の手から、帝国のきわめて強力な食糧管理業務へ移された。飢饉や飢餓暴動は絶えなかったが（このことはタキトゥスやア〔ン〕ミアヌス・マルケリヌスを読めば確かめられる）、それでも著しい改革が行われた。小麦の値段は年毎に変動した――少なくとも穀物管理業務は真剣に取り組まれ努力が続けられた、[359]これは監察官には見られなかったものである。事実、この業務には、はるかに重要な処置が講じられた。ローマの食糧補給は、無料のパンは申すに及ばず、さまざまな手段で確保された。まず、個人的な自主的活動がある――商人は小麦をローマへ出荷し、富裕な地主はその領地からとれた穀物を送らせたに違いない。ときには皇帝が介入して値上がりを防止した――ある年、人民が物価高を訴えたとき、ティベリウス帝は「小麦の販売価格を定め、一升について二セステルティウムの補償金を売り手に約束した」。[360]だが特に穀物管理業務は属州が税として寄こす巨大な量の穀物に恵まれた。飢饉が起こると、皇帝は所有する小麦を平民へ払い下げた。[361]なぜならこの巨大な人口集中地域へ規則的に食糧補給ができるのは国家的規模でなければ不可能であったから――ただ国家だけが非経済的な条件で獲得した小麦を処理できた。ただ国家だけが経費を問題にしないで小麦をローマへ輸送できた、というのも国から頼まれた船主はその交換条件として助成金と各種の免除特権をもらえたからである、[362]つまり輸送の利益を保証され、[363]難破のときは国から損害を補償してもらった。[364]ただ国家だけが属州において、必要な情報網を利用できた。また国家には多くの説得手段があった。私的企業より国家のほうが優れている主な理由は、首都としての立派な国家的理由として国家は損をしても躊躇せずに小麦を売った。なぜなら国家はその小麦をどうしたか。われわれの乏しい資料によれば、二つの用途があった[365]。まず、皇帝の親衛隊を含めた特権的な人々は、常時、穀物配給所から一定量の穀物を適正価格で買える権利を有していた。次に、飢饉のときは、皇帝が平民に廉価で小麦を売った。かくて穀物配給所は、無料で小麦の「給付」を受ける十五万人に加えて、カイウス・グラックス法に比肩するものを回復していた、つまり特権的な人々や、飢饉のときにはすべての市民のために永続的に穀物が提供された。

そこでローマの食糧補給がどうして監察官のような恵与者に任されなかったかの理由が分かる。同じく、どうして国家が無料または廉価でローマの住民に小麦を配給したのかも分かる――その理由は、当時のように個人的な企業にはあまりにも巨大すぎる人口集中地域において、市場のきまりでは食糧の補給ができず、国なら損をしても売れるからであった。もし共和制、ついで帝政がローマの人民に廉価なパンを確保できたとすれば、それは人民を非政治化したり、遊んでいる人民を養うためでなく、産業革命前には輸送費があまりにも高くついたからであり、また一般的に、個人的な企業では問題に対処できなかったからである。国は、貧しい住民にあまり高い値で売らせないように部分的または全面的に穀物を寄贈した――それだけのことである。

さて、無料の小麦をもらえる十五万人の話に戻らねばならない、これは三ページほど技術的な詳細を述べることになるが、もし読者が刑事趣味を持っておられるなら面白いかも知れない。この権利保有者らは、その補充の仕方や国費パンを受けたと墓碑銘において自慢している点から見て、特権者と見なされていたに違いない[366]――もしかれらの中に公的な生活保護を恥じるような貧困者がいたら、まったくわけが分からなくなる。だがかれらの誇りは、この遠い昔において無為徒食者あるいは属州によって養われる権利を光栄ある祖先から受けついだ帝国の征服者らの子孫という肩書がどれほど名誉的かを示そうとする「イデオロギー的」な奇妙さでもない。しかも「養う」というのは言い過ぎだろう――月々、数升の小麦をもらっても、あまり生活の足しにはならない、だから物価高のときは、皇帝が受益者に私的な市場へ行って不足分の小麦を買わないですむように配給量を二倍、四倍に増やさねばならなかった。[367] したがって無料の小麦というのは収入の追加であり、ちょうどロシアにおいて党員専用の店で品物を安く買えるという特権に似ている。この特権は多くの妬みを引き起こしたが、紀元前六四年の大火の後で、ネロ帝が一時的に無料のパンの支給を差し止めた。[368] 国家が管理するすべての穀物は一般平民の食糧補給へ回されたのである。

だが十五万人の幸せな人々はどのように選ばれたのであろうか。カエサルがどんな基準で最初の人選を行なったのかは知られていない。その後、死亡する受益者のポストは死亡にともなって市民のあいだからくじ引き（*subsortitio*）で新しい受益者が決められた。[369] それが真実である、だがすべての真実とは思われない――帝国は特権の製作者で支配者であり、他方、残りの一般平民のために日常のパンを確保しながらも、無料の小麦の「給付」のいくらかを、もちろん貧困者のためでなく、善良な奉仕者のために取っておきたい誘惑に負けた――ネロ帝の治世からは親衛隊の兵隊、[370] 国のためになる専門集団、たとえば笛吹きやラッパ吹き。[371] だが特に帝国は一定数の小麦受給権を売却したい誘惑にも負けた。事実、『学説彙纂《いさん》』[373] にはかなり奇妙に思われる三カ所において、[372]「穀物切符」、つまり小麦引換券の購入のことが語られている。その特権を手に入れる方法が二、三あった――くじ引き、公務の役得、購入である。実際、その一例ではこう書かれている――「ある婦人遺言者は信託遺贈監督官に、死亡から三十日後に穀物切符を某氏のために買うように委託していた。ところが某氏がその遺言者の生前贈与（*ex causa lucrativa*）としてその穀物切符を使い始めたので、自分の既得分を請求できないでいる、そこでわたしはかれが訴訟を起こせるかどうかを尋ねたら——パウルスは、その者には穀物切符の分量だけは受けとれるはずだと答える、なぜならこの種の遺贈は種類でなく量（*quantitas*）にあるからだ[374]」、つまり一人分の給付の小麦を受けとる権利はだれにもなかったということになる——某氏は贈与で一人分を受けとったのであるから、重ねて給付を受けることができない。そこで国は一定数の無料の小麦の特権を売っていた、あるいはそのころでも言われていたように一定数の「地区」の権利を売っていた[375]——なぜならこれらの古い選挙区は、選挙の廃止以来、穀物配給の枠として役立っていたのである。『学説彙纂』は別のところで[376]、ある遺言者の場合を検討している、つまりこの者は自分の解放奴隷に、ある地区を遺贈し、その解放奴隷[377]は元老院議員を相続人としている。ところで実は、元老院議員の身分では国の小麦を受けとる権利がない。それではこの元老院議員は小麦の受給権を相続できないだろうか。もちろん、できない、と法律家は答える、だがその給付に見合う値打ちのものを受けとれる[378]。恐らく帝国に金が必要だったので、処理できるものすべてを売っていた——特権をはじめ、公職も。なぜなら帝国は小麦の販売制度を設けたように、小吏（*militia*）や雑吏（*decuria*）の職の販売制度も設けた、そしてこれらの職は売買され、遺贈された、ただし新しくその職に就いた者はその職務を果たすことが義務づけられた[379]。「もし穀物切符が某氏に遺贈されたら、そしてまたその某氏が亡くなったら、その遺産は消滅すると見なす者もいる。それは間違いだ、なぜなら穀物切符または小吏職が遺贈されるとき、そのこと自体よりもそのことの価値が遺贈されるからである[380]」。

くじ引き、だが売買もされ、職務の報酬にもなる——後期帝政の時代には、新しい首都コンスタンティノポリス〔コンスタンティノープル〕では、無料のパンは部分的ながら貧しい人々に配給され（キリスト教はこの地を経由した）、皇帝の廷臣や親衛隊（*scholares, palatini*）にも配られた。権利保有者が亡くなれば、その特権は同じ部類の雇い人へ移された。だが国の小麦を報酬とする考えは、もし『カエサルへの進言』

の作者が噂どおりにサルスティウスであるなら、もっと古いものであったに違いない。これは激しい論争になった問題である——この問題の難しさは、マッチアス・ゲルツァーはこの作品の正統性を信じるが、エデュアルト・フレンケルとロナルド・サイムは信じないと言えば納得されるかも知れない。ところで、サルスティウスという名で示される未詳の天才は「現在まで怠惰の報酬にすぎなかった小麦の配給が、自治都市や植民地を通じて、兵役を全うして自分の家庭に戻った老兵たちに支給されるよう」提唱している。[381] この文を書いた作者の精神は大胆で、具体的である——かれは退役軍人の問題を洞察していたから、[382]「ローマ」がもはや都市でなく、帝国になって以来、なんら正当化されないその特権的地位をこの国家‐都市からはぎ取ろうとしているのである。[383] 他方、この政治的頭脳はカエサルやキケロと同様に都市平民の悲惨な生活に目もくれない。かれの夢（作品全体がその証言である）は、硬直し腐敗した貴族一派の手から落ちた権力を取り戻すにふさわしい支配的な新寡頭制を生みだすことである。かれは進言者という口実で「カエサル」をこの偉大な計画にのり出させようと望んでいる。都市平民は政治的階級になれないのでかれの関心事にはなれず、かれはルルスやキケロのようにこう結論している——ローマの膿を出さねばならない。

キケロと小麦

キケロはそう考えていた、確かに断続的ではあったが。[384] だがかれは違った考え方でそう思っていたのである——国費パンはキケロのうちにある所有者、保守的知識人、そして寡頭政治家を反抗させた、これがかれをその時代の社会的闘争の立派な啓示者にしている。

キケロの中には保守主義者がいる。改良を狙う政治的変革は一般的に危険をはらみ、他の既得権を犠牲にして新しい権利を促進させる。それ以上に混乱の恐怖から生じる脅威が感じられ、あるいは反対に、不平等が生み出す不満の脅威が感じられる。キケロは改良よりも危険を感じやすく、不平等よりも混乱を心配し、権利のない不満よりも既得権を侵害される不満のほうに同情的である。「一方から取り上げて、他方へ与えることほど有害なことはない」[385]。したがって所有権は神聖である――「護民官マルキウス・フィリップスが、市民の中に財産のある者は二千人といないなどと宣言するような間違いを犯したときは有害な振るまいだった。それは破滅的な言葉である――富の平等、つまり最悪の災害をもたらすものである、なぜなら人間が国家や都市を建設したのは、何よりもまず自分の財産を保持できるからである。自然がいくら人間を集まらせようとしても無駄である、だが財産を守って欲しいからこそ[386]、都市の保護を求めたのである」[387]。したがって国家は公共財を確保するように努めるだけでよい、これは「いくら交換し合っても減少しない」[388]、たとえば火、水、理性的助言、公共建造物、制度と習慣、社会的秩序など。国家は経済生活の一般的条件、たとえば予算[389]を確保しなければならない。また各社会階層にその生存の伝統的手段を確保してやらねばならない[390]――元老院は騎士階級を繁栄させている株式的社会のような利益を損なってはならない[391]。国家はすべての人に必要な財が不足しないようにし、市場で売られている穀物がなくならないようにしなければならない[392]。だが個人の権利を犯してはならず、まして各社会層の条件を変えてはならない。だからティベリウス・グラックスの農地法は、金持が横領した共有地を取り上げ、それを貧しい人々に分配しようとしたのであるが、この法律ほど許しがたいものはない――この点において、キケロはすべての所有者と同じ意見である。「群衆はこの法律を歓迎し、それは貧困者の物質的な面を確保するように見えたが、善良な人々は反対した、なぜならそれは混乱を引き起こすと分かっていたからであり、裕福な所有者らを長年にわたって所有してきた土地から追い出すことになるからであった」[393]。この言い方はその時代全体の言い方ではなかった。[394] ティベリウス・グラックスの言い方は、その有名な長台詞から判断すると違っている――「野獣に巣があるが、イタリアの防衛のために死んでいく人々には呼吸している空気しかない、かれらは妻子とともに夜露をしのぐ屋根もなく、さまよっている。かれらはただ若干の人々の奢侈や豪華さを養うために死ぬだけだ。かれらは世界の支配者と呼ばれるが、一握りの土地も持っていない」。[395] 単刀直入に言えば、農地改革は全能なる大土地所有者（ラティフンディウム）の階級によって凍結された、キケロはその味方であった。

どのような変革も危険であり、不満を招く。ところで、社会階層の中には、生来、変革を敵視する人種がいる、それが金持である――かれらは善良な市民でもある、だからキケロはかれらに元老院と協調するように説き、自分がそのリーダーになりたい――「わが金持軍団は……」。[396] キケロを攻撃したり、かれが言わなかったことをかれになすりつけるべきではない。この有名な言葉において、すでに指摘されたように、キケロにとって金持はかれが連帯感を持っている社会階級ではない――金持は政治階級を形成し、秩序と合法性において支配できる階級である。だがかれらだけでその階級を形成しているのではない――もし金持が自分らの利益になるから、ほとんど自動的にその階級に属するとしても、[397] それほど金持でない人々も加わっている、ただしこの人々が秩序を尊重していて、贅沢であろうと貧しかろうと、革命を望まないほど落ちついた生活をしているならである。[398] キケロは政治的側面から金持や、その他の善良な市民を判断している――かれらは支配的階級を構成している、あるいは構成しなければならない。

そこで知識人キケロは独自の理由で所有者階級の政治的立場に立つことになるが、所有者階級が保守的であるのは、ただ保持すべき財産があるからである。わたしとしては、政治はしばしば正義を支配させることにあるのでなく、むしろ大きい不正より小さい不正を選ぶことにあると思われる。だが大土地所有者から土地を取り上げるのは犯罪行為でなく、また失政でもなく、両不正の隔たりは大きく、既得権の尊重も場合によっては防ぎにくいこともあったと告白しなければならない。ティベリウス帝の農地改革でなくカイウス・グラックスの小麦法を前にしても、カエサルの態度は弁護しがたい。「平民を働かせないで暮らさせ、国庫を食い物にさせる」ようなこの法律に対するキケロの不正な言葉はすでに引用したとおりである[399]。ではどうしてキケロは所有者に味方し、平民に反対するというような偏見を持ったのか。かれも所有者だったからか。恐らくそうだろう、だがそれだけではない――正当な政治的選択が加わっているのである。ここでわれわれは古代政治の大きい交替期、つまり恵与指向の大きなジレンマを前にしている。だがこの問題にはいる前に、まずキケロがいかなる謬見で自説を擁護し、またそれがなぜ謬見であるかを示そう。

　小麦に関するグラックス法がなぜ扇動的であったのか。なぜならキケロによれば、その法律は国庫を犠牲にして個人に恵むからであった。『義務論』において、この哲学者は政治的人間が集団、つまりすべての市民または都市に対して行う奉仕について分析している――なぜならその奉仕の中で「あることは市民全体に及ぶが、他のことは個人に関しているからだ。いずれも一般的にはもっとも高く評価されている」[400]。また両者はいずれも必要である。外見的には両者は対立しているかも知れない、つまり「住民（*multitudo*）の欲望、つまり最大多数の利益は国の利益と一致しない」[401]ときもあるだろう。キケロは、国家の利益も各人の利益であり、平和もパンと同様に楽しいが、こちらの幸福とあちらの幸福は同じ程度の熱心さで求められていない、なぜなら人間にとってどれほど大きい利益でも、待たされたり、不確かな利益よりは、直接で確実な利益のほうが望ましいからだ、と答えるだろう。この明白さを受けいれない者はいないだろう。だが、一例が続く――「カイウス・グラックスが寄贈した巨大な量の小麦は国庫を消耗させた。それと反対に、マルクス・オクタウィウスが提案[402]したものは国の許容範囲であり、しかも平民に不可欠だった。だからそれは国にも市民にも有益であった」[403]。この責任ある言い方に感銘を受けるべきだろうか。きわめて現実的な本当の問題は、事実、グラックス法は国庫を消耗させたかどうか、つまり他の公共的出費のほうがもっと不可欠で緊急を要するものであったかどうかを知ることである、だがその点についてキケロは検討をひかえ、自分の見解に哲学的風格をつけたことで満足している。

キケロによれば、カイウス・グラックスは「自分がやっているように[404]公金を節約することを話していた。もしかれの演説だけが読まれるなら、かれは国庫番と見なされるだろう」。こんどはキケロの言葉をそのまま信じるべきだろうか[405]。国庫が空《から》になるというのは、「貴族」[406]が気にくわない出費を見るたびに振りかざした亡霊である――ちょうど、属州[407]のクレタ島に減税が認められ、アントニウスがカンパーニア地方の植民地化を強力に進めていたときである。主要で、れっきとした唯一の出費が軍隊の費用五千万を含めた数億に及ぶ「予算」において、穀物が一億の金額[408]を占めていた、だがこれはカイウスの時代ではない――クロディウスが無料の配給制度を設けた以後である。だが、そんなことは重要ではない、なぜなら国庫の空《から》を云々することは詭弁であり、議論の不真面目さを暴露するだけであるからだ。最重要だと思われる出費のための金は常に存在する。国庫が空だと言うのは、ただある出費より他の出費が選ばれたというだけのことである。ではなぜキケロはすべての所有者とともに、平民へ小麦の定価販売をすることが本当に無用の出費だと評価するのか。

まず、誇張したら滑稽になるので取るに足らないような理由がある――支配者的な寡頭政治家は出張費として国庫収入の多くをむさぼり、平民への寄贈に対して憤慨するときは偽善的であった。請負いの原則はローマ行政において神聖不可侵のことであったので、その仕事は国庫を犠牲にして単純化されていたことを知らねばならない。(409) どこかの属州を治めにゆく高官は報酬を受けなかった(公職が無償だったのだ!)、その代わり、高官はあらかじめ手当を受けたが、それが巨大な請負額であった。州総督は自分のスタッフに必要な小麦の費用をもらった。もしかれが現地人から安値で穀物をまきあげることができたら、その利益はきわめて合法的なものになるだろう。総督は手当の一部しか使わなかったのか。かれは余った金を懐《ふところ》に入れるか、それとも任地まで同行して成功の秘訣を教えてくれた良家の若者たちに気前よく分配するか、好きなようにできた。(410) その金を国庫へ返済するには、キケロのような哲学者的精神が必要である、つまりだれからもその返済は要求されなかった。事実、キケロは一年間、シチリアの総督をつとめたとき、ゆきとどいたまじめさを示した、というのもかれの手元に残った金はわずか二百万セステルティウムあまりであったから。(411) これは皮肉ではない——まことに少額であったからだ。別の総督は二年間、マケドニアへ派遣されたとき、千八百万の金を儲けた。(412) なんだって? 〔スタンダールの『パルムの僧院』において〕モスカ伯が総理大臣の職を辞めたとき、サンセヴェリナ夫人は大公妃に向かって伯爵の生真面目さを大いに吹聴したではないか——十三万フランの金を持ってその公職についたが、辞職したときには、わずか五十万しかなかった、と言った。このような問題を非難するのは二十世紀の低所得者くらいだろう。

公共的小麦に対する道徳的秩序

そこで、キケロが小麦法を非難する理由は本当の理由ではない、それでは本当の理由とは? われわれは理由と言うが、それは個人的な動機ではない——後者はあまりにも明白だから興味がない。まず、平凡な階級的選択である。キケロにとって、平民は「ローマの賤民であり、住民の滓《かす》」であり、「国庫の金を吸い込む悲惨で飢えた小平民」(413) である。各自は自分が置かれている人間的立場から世界を考え、われわれの社会的視野を越えた人々の利益はわれわれの世界の人々の利益ほど重要でなく、正当でもないように思われる。さらにつけ加えると、キケロの場合、キケロには芸術家的、花形的な自己中心主義、または一種の不人情を裏面に持つ破格的美学があったに違いない。しかもかれは軽蔑する平民に対して怖じ気づいていたようだ、なぜならかれは平民にどう話してよいか分からなかったから。グラックス兄弟やカトーは本能的に平民とつき合いやすかった。キケロは群衆の人ではない。かれは自分の環境に属さない人々をどのように扱ってよいのか分からない、だから恐ろしいのだ――かれには平民が異様で、脅威的で、低俗な騒擾の場だと思われる。

だが、ゴシップはそのくらいにして、まじめな話に戻ろう。キケロはティベリウスの農地法に反感を抱く、なぜならこの法律は所有者の土地を一方から取り上げて他方へ与えるからである。またかれはカイウスの穀物法にも反感を抱く、つまりこの法律はまったく所有者の脅威でなく、所有権の原則を問題にしていなかった――この法律は、小麦を買える人々に小麦を供給することを定めているだけであった。そこでキケロは、個人的権利の侵害でなく、国庫を消耗させようとするカイウスを非難する。したがってキケロの態度を階級的利害でもって説明することは浅薄であろう、むしろ適切な階級的政策は多く存在していた――そのうち、一つはキケロの政策であるが、かれはティベリウスに反対しながら寡頭政治家の所有権を擁護し、さらに加えて、平民に対し、カイウスが認めたような社会的権利を認めなかった。だがもう一つの政策は、穏健な寡頭政治家のものだろうが、国庫または恵与者から提供される廉価のパンの権利を平民に認めるものであった、そのかわりに、所有の原則を維持し、所有者の利益を保護するものであった。ここに大きな交替現象が見え始める。

それだけではない。われわれはすでに、ポリュビオスが当時のボイオティア地方で生じた政治的状況を告発する文を引用した――扇動家らが債権者を擁護する法廷の機能を阻止し、各都市は国庫を消耗させる社会政策を行い、最後に情けないことだが遺言による恵与が流行して、人心の退廃が現われていた。ところで、ポリュビオスと同様にキケロは、すでに詳しく述べたように恵与指向に対して好意的ではない、またポリュビオスはキケロのように、平民に社会的権利を認めるグラックスのような扇動家を好まない――ポリュビオスは紀元前二三二年についてこう語っている――「ローマ人は先にガリアのサンス人に占領されたピケヌム地方の土地をくじ引きで分配した。平民のためにこんな措置をとった扇動家はフラミニウスであり、その政策は、言うなれば今日ローマで見られるような政治的道徳性の堕落の根元である」[414]。明らかに、大土地所有の擁護、平民に対する社会的権利の拒否、そして恵与指向に対する反感は、ここで三種の態度になっているが、それらの態度は原則と結果において異なり、また別の頭脳では分離しているように見えるかも知れないが、ポリュビオスとキケロの精神においては結合していて、同じ政治理論の三部分になっているので、その結合の仕方を明確にしなければならない。

この理論には大きい振幅がある――各人民の歴史的使命も含まれる。また財産によって強化された寡頭制がなければ大政治もないだろう。キケロによれば、富裕な地主をその所有地から追い出したのでティベリウス法は共和国からその代表者らを奪った[415]。ポリュビオスによれば、ボイオティア地方の例は、エリートを根こそぎに抜かれた人民がどうなるかの好例を示している――「ボイオティア地方はレウクトラの時代に繁栄と栄光の頂点に達したが、その後、次第に何もかも失った」。ボイオティア人はもはや何も輝かしい事業を行わず、もっぱらご馳走と飲酒にふけるだけだった。ボイオティア地方はすっかり享楽におぼれ、諸国民のあいだでなんの栄光もなくなった。各国民は各個人と同様にそれぞれ異なる生活目標を立てることができる――私的な幸福でもよく、おおやけの舞台での栄光でもよい。ポリュビオスとキケロは栄光、国家的偉大さを選び、その栄光は確実に安定したエリート抜きでは不可能だと思う。グラックス兄弟もキケロと同じようにローマの栄光を求め、同じく寡頭政治家であったではないかとキケロに反論することは易しいかも知れない――その兄弟の法律は、ローマに偉大さと帝政主義に必要な人民的基盤をつくろうとする以外の目的がなかった。ポリュビオスによって、国家的偉大さの感覚を失ったとして酷評されている同じボイオティア地方が、同じ時代に、ローマの覇権に対するギリシア人の抵抗の砦であり、他方、ポリュビオスのほうは征服者としきりに協力していたではないかとポリュビオスに反論することも容易だろう。決定的には、この問題は単純でなく、そのイデオロギー的領域の全体図を見わたす必要がある。

キケロとグラックス兄弟、ポリュビオスとその時代の「扇動家」のあいだで、平民の社会的権利をめぐる論争は目標を定めていない――両者とも国家の偉大さを願い、国家は歴史に残るべきであり、イヴト王のように幸福に生きるだけで満足してはならないと主張している。手段も定めていない――両者とも寡頭政治家であり、権威の原則を標榜している。だが権威だけで充分かどうかを知らねばならない――平民が都市に参加する気を起こすこと、私有財産を有すること、悲惨な生活が平民を非政治的集団の状態にしてしまわないことも必要ではないか。都市ではすべてが好調だと声高く言うだけでよいのか。この点について論争が激化する。普通の人なら驚くに違いない――グラックス兄弟とキケロはその他の点では一致しているではないか。どうしてこんな細かな点で分裂しなければならないのか。なぜならこの論争で政治論だけでは済まされなくなっていたからである。満足や財の配分が必要だが、それがすべての人に当てられるほど充分でないならいつも起こるように幻影が登場していた。所有権と政治権力を配分しなければならなかった、だが平民に土地を与え、社会的権利を認めるには大土地所有者から土地を奪い、寡頭政治家がしがみついている権威を制限しなければならなかった。必然的に寡頭政治家は脅威を感じて、グラックスのような改革者らが最高の目標、つまり国家の偉大さと権威の必要性を攻撃していると主張するだろうが、それは真実でなかった。

恵与指向も大論争の標的になった。ポリュビオスやキケロがなぜ恵与に反感を抱いたのか。確かに恵与指向は、国の金庫を消耗させるはずがなく、所有権の原則にも抵触しない、だが平民に、社会的権利があり、幸福の権利があり、祖国の偉大さのために黙々とエリートに服従するだけが義務ではないという考えを植えつけることになる。だから恵与指向はもう一つの原則、つまり権威の原則を侵害する――それこそ扇動的である。所有者への脅威でなく、支配者への脅威である。恵与指向を扇動家またはキケロから見れば、二つの解釈ができるかも知れない――巧みに節約する寡頭政治家、あるいは真の寡頭政治家の堕落。事実、いずれも考えられる状態であった。それとも人民の服従が全般的であり、道徳的秩序がすべての領域に支配していると想像される――社会機構にゆるみをつくってはならず、もし少しでも締めつけナットがゆるめば、機構全体が片っ端から壊れてしまう、そのとき人民にはパンも「競技場」も拒否されるだろう、と説かれる。それがポリュビオスとキケロの政策であり、かれらには恵与指向を拒否するのは道徳的秩序の一部である。それとも反対に、もっと理性的または好意的な考え方もある、つまり権威は無邪気なわがままに脅かされることもなく、人民には好きな気晴らしをさせておくべきであり、とるに足らない政治的問題で嫌がらせをして人民の不満をつのらせるべきでない、また巧みな騎手は馬の手綱を引き締めたりゆるめたりすることを心得ている、と考えられる。だから恵与指向に対して寛大になろう。この寛大さを合理化するまでにシニシズム的な気取り方をしてもよい――恵与指向は安全弁の役に立ち、社会的満足で政治的不満を解消し、一般群衆を非政治化することができる、と主張される。道徳的秩序派では、寛大さが正当化されようとする。これが恵与指向をめぐる大論争である。その争点は物質的な財や社会的な娯楽ではなく、権威の配分、もっと正確には権威の二つの概念である。集団や階級もまた、財の配分と同じほど熾烈に権力または威光の配分のために闘争することは分かっている。

権力の二つの概念、と言った――権威を保持しようとする寡頭政治家は権威を全体主義的概念として道徳的秩序を支配させようとする、あるいはその権威をもっと穏やかな目で見ることもある。過去の教訓が示していることは、権威主義的体制が道徳的秩序の有無にかかわらず立派に機能し、また明らかに策謀家らが一方にも他方にも有利なように与える理由はたんに通俗的な合理化にすぎないことである。非政治化とか安全弁というような考え方は証明できないか、それとも純粋に言葉だけのものである。わたしとしては、恵与指向が本当に一般大衆を非政治化したかどうか分からない、むしろ恵与指向が無邪気な快楽を拒否しても大衆を政府に対して政治化しないだけだった、と言うほうがかんたんである。服従は本当に全般的なものであり、少しのゆるみでも堅固な建物全体を揺るがせたかどうかも分からない――むしろ国王や哲学者が権威主義によってその意志をあらゆることや、すべての点に押しつけたがることが多いと思われる――すでに述べたように、いかなる勢力も力関係で計算するだけで満足することは珍しく、その勢力は実力を発揮し、君臨するために君臨し、いたるところに、またしばしば無益に、その物の考え方に順応した秩序を樹立しようとしがちである。そのような勢力を無視して踊れるような自由圏があれば不愉快である。国王‐哲学者にはこの傾向がいっそう強い――かれらは自分らの哲学理論と完全に一致した政治的ユートピアの英雄たちを是が非でも生かしておきたい。プラトンの全体主義が十五年ほど前に騒がれたことがあるが、これも根本的にはそこに還元される。そしてキケロの場合も同様である。すでに述べたように、理論的には『義務論』の作者は原則として恵与指向を拒否しているが、政治的実践の上では許容した。

道徳的秩序の合理化は次のような主張をすることにある、つまりある自由は、見たところ政治的に無害であるが（退廃的音楽を愛好したり、君主と同じ宗教を表明しなかったり、パンと「競技場」をねだったりする）、実際には人民を規律に縛りつける鎖の環、またはきわめて繊細な環を表わしているのだ――もしこの環だけでもはずれたらすべては崩れる。この考え方のために、プラトンはどこかで、人民の堕落は音楽の退廃から始まると主張している。ポリュビオスが遺言による恵与を訴訟行為や社会政策の停止と同様に見なしたり、そこに同じ堕落の兆候を認めるとき、恐らくかれは鎖の弱点という観点から考えている。そのような考え方を議論するのは確かに無益である――そのような考えを吹き込み、合理化しようとする権威主義は、政治に含まれる大方の幻想から来ている（精神分析学者が使っている幻想の意味で）――混乱過敏症であり、苦悩に満ちた規律追求などである。

キケロはポリュビオスと同じく穏健な寡頭制の味方でない――かれは恵与指向を拒否する、なぜなら道徳的秩序がすべてだから。かれはカイウス・グラックスの小麦法も拒否する、なぜなら人民に公共財以外のものを考える権利を認めてはいけないからである。最後に、かれはティベリウス・グラックスの農地法を拒否する、なぜなら国家の偉大さと国内の秩序は権力を行使するエリート族の存在と繁栄を条件にしているからである。このエリートという「国家の代表者たち」は土地所有なしでは永続できない。グラックス兄弟（キケロは必ずしもこの兄弟の誠実さを否定しないし、その偉さを引き下げてもいない）の、世にも優れた意志はローマの偉大さに弔鐘を鳴らしたことだろう。

キケロの利害

キケロはグラックス兄弟に対して必ずしも正しくない。この兄弟もかれと同様に寡頭政治家であり、また寡頭制の破滅をいささかも望んでいなかった。それどころか、かれらはキケロに軍隊を任せようと努力していた。古代の観念によれば、真の兵隊は市民でなければならないからである、ところで私有財産もなく、経済的独立がなければ真の市民ではない。他人の世話で暮らすのは一種の奴隷である。アッピアノスの名文がそのことを雄弁に語っている――ティベリウスは、農地危機によってローマから市民や兵隊がいなくなるのを心配していた。ローマは、所有者としての寡頭政治家の利己主義が、支配者としての同じ寡頭政治家の利益を危うくしたり、また同じ農地改革政策が無駄な試みになったような古代共和国にすぎないのではない。その改革政策は、アギス、クレオメネス、ナビス、カイロの諸王とともにスパルタでは長い伝統になっていた。

一見したところ、ローマやスパルタの改革者らは今日の扇動家、左派、過激派のようなタイプに似ている――土地再配分政策ほど進歩主義的なものがあろうか。だが扇動家という概念には実質的な意味がなく、ただ形式的だということが忘れられている――扇動家は無視された交替や、とにかく犠牲的集団のほうへ世論を惹きつけるという功績がある（だから、ある時期には、そのときの扇動家は他の時期とはきわめて異なることや、まったく反対のことに関心を向けさせる）。スパルタでは、先駆者的なグラックス的改革者クレオメネスは同時に国家主義者であり、同時に確固たる帝政主義者であった。かれは土地所有を再配分することによって市民の数を増やし、富の上でのんびり居眠りしている寡頭政治家の都市にその攻撃力と歴史的野心を取り戻そうとした。だがスパルタの所有者らは、たとえ国家の偉大さが好ましいことであっても、代償を払ってまで偉大さを望まなかった。キケロも同様であるが、グラックス兄弟の国家主義はそのような国家主義を望んでいなかった。

キケロはそんな国家主義を望まなかった――たとえ原則の上では一致した人々のあいだでも、政治の面では、強烈な利欲がどれほど容易に考え方を誤らせることになるかは分かりきっている。その利欲そのものが矛盾するときは、状況はほとんど絶望的である。キケロはローマの偉大さを望むが、自分の権力も富も犠牲にする気は毛頭ないだろう。ところでこの愛国者の利害は大土地所有者の利害、さらに元老院議員の利害とも相容れなかった（同じ支配階級であっても、その階級のさまざまな利益は実際には、どうして調整できようか）。そのような感情の一つが通俗的なイデオロギー的口実であるとか、あるいは他の感情の道具だと主張するのは独断的になるだろう。これらすべての感情は誠実であり和解しがたいものであったので、キケロにとっては二つの誠実さのいずれかを選択しなければならなかった――所有権と権威が勝ったが、グラックス兄弟においては勝たなかった。そこで、同じく誠実な二つの願望の衝突が、多少とも欺瞞的に隠蔽されるのは人間としてやむを得ないことであった――キケロは平民の受動的服従と寡頭政治家の富だけがローマの偉大さを約束するものだと心得ていた。恵与指向は特にその活動の費用を負担していた、そこでキケロは呪うような目つきでそれを眺める、なぜなら権威の原則を侵害する大衆的利益におもねっているように感じられるからである。

キケロにおいては、所有者と政治家的根性が為政者と哲学者を打ち負かし、それが心理的にかれの確信を生み出したと結論すべきであろうか。その点はまったく分からないが、それが分かるようになれるかどうかもよく分からない――キケロが考えていることはよく分かる、だがなぜかれがそのように思うのかは言えないし、また個人の意見の形成を説明できる方法があるかどうかも疑わしい――なぜパスカル、ゲーテ、あるいはその隣人があれでなくこれを考えるのか、それが分かると思う人は幸いである。反対に、ある社会全体が検討されるときは事情が変わる、なぜなら多数者の法則が働くからである。多数者の物質的利益とその意見の相関係数は高い。確かに断言できることは、所有者すべては所有権を歓迎する、そのことは確信が形成される上で物質的利益の重要性をはっきり示している。だが個人の場合は……キケロは所有権の味方である、なぜならかれに多くの土地があったからだろうか。それはだれにも分からない。知識人が相手なら絶対に分からないだろう――しかも土地はかれの著作とおなじほどかれの関心事であったかどうか。他に、あまりにも多くの知識人が同じ階級の人々と反対の立場をとっているので、そうでない人々も同じほど無欲だと見なされるかも知れない。

もしキケロの意見の起源について仮説を立てることがどうしても必要なら、実質的でない形式的な二つの説明を示すほうがよい。まず、よく知られた惰性によって、既成の秩序を変えることはすべて一般に秩序を脅かすものと見なされ、現存する以外のものがあり得るとは認めがたく、また改革者には既成の秩序を乱さないという保証が要求される。次に、階級的利己主義は政治的感覚よりも広まっている――ところで、キケロはあまり厳格さになじまない思想家であるから、厳格さと思想家が釣り合わない。かれの政治的記述には不意打ちを食らわされて驚かされることもある。かれは、右派か左派か分類しにくいような思想家には属さない。それでもキケロは軽蔑すべき哲学者ではなかった。かれを、プラトンやカルデアネスからでなく、同時代の思想家から評価しなければならない――キケロには、明らかにガダラのフィロデムスより十倍も才能があった。だが恐らくキケロについては、テーヌがヴィクトル・クザンについて言ったように語らねばならない――かれの深い哲学趣味は、分析するというよりはむしろ一般的観念を組織することであった（ある領域、つまり美学については除外しなければならない、というのも美学について書かれたものはすべて実感であり、しばしば意味深長であるからだ）。

七　国家的庇護

最後に、われわれはまったく新しい種類の事実に触れることになる――共和制の終わりに、大物たちの時代がポンペイウス、特にカエサル、次いでオクタウィアヌスとともに到来したとき、また個人的権力が勝利するとき、国家的庇護が発達する。時の支配者は公人と私人を一身に混ぜ合わせ、巨大な個人的資金でもって公共費を支払う。

個人企業になった政治

外見的には、われわれがすでに述べたことのたんなる発展にすぎないようである。また、もし人間的現実の研究を価値観の研究に、そして価値観の研究を語の研究に還元するなら、カエサルやオクタウィアヌス・アウグストゥスの「寄付する鷹揚さ」*liberalitas* はスキピオの振るまいを受けつぐことになるだろう。だが実際には、二つの断絶が起こっている。まず量的なこと――大物たちは平民に祭典を催すだけでなく、軍隊を養い、ローマを美化して、名もなき王国の首都にする。つまり同じ恵与――見せ物や建造物――であっても、その意味は規模とともに変化した。その動機も新しい、なぜなら動機を生む政治構造自体が新しいから。独裁制が寡頭制に代わった。大物らの政治権力もローマでは新しい。もはや一人の高官または もっと偉い元老院議員らの権力でもない――権力は変質して、最高のものになる。国家は大物たちのものになる。そこからかれらの寄贈の二つの理由が生まれる――かれらはたとえ自費を使ってもその機構を動かす、というのもかれらはその支配者であるからだ、またかれらは寄贈という形で最高の威厳を示す。すでに皇帝が行うような出費の二大動機である。したがって大物と皇帝の違いはあいまいである——オクタウィアヌス・アウグストゥスは両者を兼ねた。ネロ帝の死まで、ローマ国家は半ば税収入、半ばユリアヌス－クラウディウス朝の私財でまかなわれる。

ローマの寡頭政治家はヘレニズム時代の有力者ではなかった——後者のように職務の経費を負担しなかった。それどころか、かれらは統治の仕事で裕福になったが、金の支払いになるとわめき散らした。だがかれらは「権力」*imperium* の管理者というよりはむしろ所有者だと思いこみ、個人的目的のために臆面もなく権力を食い物にした。さらに大人物であるから、公的な任務を帯びていなくても公人と見なされ、広く政治的発言権が認められていた。野心家であっても活動家であっても、大物は自分の金を使って独自の政策で庇護を行う——クラッススによれば、軍隊を養うだけの収入がないなら大物（*princeps*）になろうなどと思うべきでなかった。(416) ポンペイウスはセルトリウスの反乱に対しスペインにおいて共和国のために防戦しているとき、資金が届かないのを苦々しく訴えている、つまりかれは元老院にこう書き送っている、「書簡や使者を送るのも疲れ、私費も予算も使い果たしました。実際、わたしひとりで国庫を補えるとでも思っているのでしょうか」。(417) だが同じポンペイウスは内乱のあいだに人生を踏みだしていたので、そのとき、かれはピケヌム地方において私的な軍隊を動員していた、というのもこの地方全体がかれの家族の隷属者だったからである。(418) このような自発的行為は個人的権力の時代が近いことを告げている。それから数年後、若きカエサルはロドス島へおもむき、修辞学教師から授業を受ける、そのときかれはミトリダテス王がアジアの属州に侵攻したのを知る。ちょうどムーア人の上陸に対して仲間三百人を集めたル・シッドのように、カエサルは私的な小部隊を動員して現地の部隊の指揮をとり、敵をくい止める。アジアの属州には総督がいなかったようである。(419) それから二十年後、カエサルはガリア地方征服の政策を実行するが、これはまったく個人的な活動であったので、ローマの政治的伝統と訣別し、(420) 私費を導入して行動する（つまりガリア地方の神殿でかき集めた巨大な戦利品を利用する(421)——かれのガリア戦役に参加した八軍団のうち四軍団はかれの個人的な資力で動員されている。だが元老院はその四軍団の給与を負担する決定を行なった。(422) 同様に、オクタウィアヌスも紀元前四四年以後、共和国の防衛のために動員した私的な軍隊の費用は元老院から返済してもらう。(423) 最高権力を獲得するために争う大物たちが国庫に手をつけようとし、また互いに国庫に手をつけたとして非難し合う時代がすでに到来していた、(424) そのときオクタウィアヌス・アウグストゥスは自分の追悼的賛辞においてこう書けるだろう、「わたしは十九歳のとき、みずから率先して自費で軍隊を獲得し、ある集団の独裁から国を解放した」と。

大理論——「奢侈」と「堕落」

それでは、どのようにして個人的権力が得られ、またそれに関連して国家的庇護が生じたのであろうか。同時代人にはそれなりの解釈があった、これは興味があるので少し検討してみる値打ちがある。同時代人によれば、奢侈は共和国の没落と独裁制を招いた、なぜなら奢侈は堕落と野心を意味するから。貧しい国は質素であるが、裕福な国は軟弱または内部的拮抗を招く。(425)(426) 二千年以上も前から有名な説があるではないか、しかもそれは忘れられる前に、プラトン、(427) ポリュビオス、聖アウグスティヌス、(428) ダンテ、スイフト、(429) モンテスキュー、ルソーらに明白なことと思われた。中でもいちばん明確な説はポリュビオスに認められる——「ある体制は多くの危機からのがれた後で堅実な権勢の上に築かれた優位に達すると、繁栄が住民のあいだに広がるにつれて、明らかに、人々は次第に贅沢な暮らしをするようになり、市民はますます必死になって高官職やその他の公職を奪い合う。やがてその進展がある段階まで達したら、権勢欲、威信の失墜、贅沢趣味、さらに富の破廉恥な誇示によって衰微が告げられる」。ポリュビオスはヘレニズム時代における都市の経済的発達と政治的、社会的危機のことを思っているのである。かれは「扇動家」のことを考える、つまりこの扇動家たちは自分の財産、さらには公共財を使って人民に「寄贈」をすることで穏健な寡頭制をつくるので、人民はおとなしく服従する習慣を失い（すでに見たとおり）、権力の争奪戦が激化する、なぜなら今日われわれが民主制を説明するために言うように、体制は複数体制であるから(430)だ——権力は多くの人、多くの集団のあいだで争奪の的になり、まったく全体主義的なところがなくなる。ポリュビオスはそこに堕落を認め、その忌まわしい進化を何よりもまずある種の重大な原因のせいにする、つまり富の発達であり、「奢侈」、「繁栄」である。この考え方はあいまいで（どこから繁栄が始まり、何をもって繁栄とするのか分からない）、かつ原因関係もあいまいであるので（いかなる進化にも、まず経済的原因があるではないか）、そのような理論体系ならどんな歴史的経過にも当てはまるからである。(431)

そのために奢侈と堕落の理論は十八世紀まで明白でおおざっぱな成功をおさめることができたが、政経学がいっそう厳密に経済的概念を考慮するようになると突然消滅した。その理論は、今日の通俗的なマルクス主義（もっとも重要な原因は経済力と経済関係であると見なすような俗説）と同じように、外見だけの権威で歴史家たちを圧倒してきた、またその理由も同様である——概念と関連性の不明確さがある種の原因を特殊化するが、理論のほうは決して明確にならない、なぜならあいまいだから何でも説明してしまう。しかし奢侈と堕落の理論では、経済と政治的進展のあいだの媒介は社会的関係でなく心理によって確保される——富は人間を貪欲にし、野心家にし、反抗的にする。だからこの理論も言い方も教化的であり、伝統的に伝わってきたが、今日ではきわめて奇妙なものになり、ほとんど理解できない——お説教としか思われない。だがこの理論は部分的には倫理的な色彩のおかげで成功したのだと考えてもよいだろう。なぜ奢侈が堕落を招くのか、どんな因果関係があるのか。なぜなら奢侈は罪であり、悪が悪を招くのは論理的であり、道徳的であるからである。富に反対するこの理論が不評を買ったのは、やはり奢侈を弁護する十八世紀である。

この理論はあいまいだったので、多様で、時には対立する形式になったほどである。ある社会を悩ましているか、悩ましていると見なされる政治悪の責任全体をそのような原因のせいにするには、その社会が経済的（「繁栄」）または文化的（「奢侈」）な発展のある段階を通過した、もしくは通過していると見なされるだけで充分だった。想像できる悪が存在すればそれだけ理論の変形が生まれる。その変形の二つが非常に普及し、合体してローマ共和国の堕落を説明することになる——一つは「スパルタ」版であり、他は寡頭制版である。前者によれば、奢侈は人民を軟弱にし、軍人的能力を失わせる。後者によれば、富は貴族制を寡頭制に変え、その寡頭政治家たちは公共財よりも個人的野心を追求して権力を奪い合う。

奢侈は人民を軟弱にする——この考え方は精神的または医学的な類似に基づいている。ポリュビオスは次のように書いたとき、当時の食餌療法を念頭に置いていたに違いない(432)——「軍隊、都市、われわれの身体など、すべての場合に適用できる規則がある——安逸と有閑、特に繁栄と物量に恵まれた時期に長くとどまらせてはいけない」、なぜなら怠惰と無頓着から不規律と反抗が生まれるからである。もっと一般的に、富は、かつては質素だった国民から活力を奪う。われわれなら、企業家階級が軍閥に代わったら市民的美徳（とりわけ軍人的能力は最高のものである）の堕落が始まると言うかも知れない——ローマの隆盛と衰退は科学と芸術の宿命的な進歩と同様になる。ヒトラーはイギリスの金権主義には戦う能力がないと見なした、また日本の大本営は『アメリカにおける民主制』を読んでいなかったので、民主制が急速に戦意を疲れさせるだろうと考えた。逆に、日本人はよく戦った、なぜなら日本人は農民であり、農民は最強の兵力だったからである。(433) 享楽精神が犠牲精神にまさるときに人民が堕落するのであれば、恵与指向は堕落の要因になると思われるかも知れない。人民は服従するために生まれた平民だと思われたが、恵与指向が平民に幸福の権利を吹き込んだために平民の従順さを失わせることになったことはすでに述べた。つけたして言えることは、同じ人民が今度は市民団と見なされるので、恵与指向は別のやり方で平民を堕落させる――恵与指向は、モンテスキューが美徳と呼び、ツキディデスが「多能」*polypragmosyé* と呼ぶもの、つまり都市の生活と未来に対する関心と献身を人民に失わせる。それがユウェナリスの有名な文句の意味である――「かつて権力、執政官職、軍団、それらすべてを分け合った同じ人民が今日では現状に甘えることを知り、もはや二つのことしか熱望しない――パンと《競技場》のことだ」。民主制は上から強制されないので、各市民が市民的美徳を備えるなら機能する。寡頭制は支配者が人民に対して行使する強制力で機能する。ユウェナリスは民主主義者である――かれは、恵与指向のために人民の従順さが失われるとして嘆くポリュビオスと違い、むしろ恵与指向が市民的美徳を失わせるとして嘆く。

奢侈が人民を軟弱にするとすれば、富は寡頭政治家を腐敗させる。富は貧しい人々に身分的宿命としての条件から抜け出したい願望を抱かせるか、それとも古い貴族の徳を備えていない成り上がり者を出現させる。プルタルコスの考えによれば、社会的移動がローマ共和国の滅亡を招いた。かれはこう書いている――内乱時代以前は、「自分の財産を蕩尽すること、また親の代からの貧困を守らないことは、いずれも恥辱であった」。ダンテにとって、フィレンツェの「堕落」は新貴族のせいである――

新しい貴族と一攫千金は

フィレンツェに傲慢と悪弊をまねいた、
だれもがそれを嘆いている。

だが富は何よりもまず古い貴族階級を堕落させ、その階級のメンバーたちに野心と競争心を吹きこみ、そのために社会の平和な機能が致命的な打撃を受ける。因果関係は明らかに心理的である。テオフラストスは寡頭政治家の名において（これはギリシア語では常に軽蔑的な言葉であり、各人がだれかの寡頭政治家〔命令者〕であった）今日われわれが「寡頭政治家的人格」と呼ぶようなもの、つまり心理・政治的な類型的人物を概念化した。かれが言う寡頭政治家とは権力と富を欲しがる人物である。サルスティウスにとって、富は「寡頭政治家的人格」を生じさせ、そのために国民は破滅する。つまり奢侈は貪欲、野心、不道徳、金権体質、そして裏切りを生み、寡頭政治家は硬直化して貪欲になった階級にすぎなくなり、都市を治める理想を失っていない新人たちに道を開こうとしない。また富がこの堕落の主因であるからには、サルスティウス（さらにキケロ）には鎖のかなめと思われる細事をひどく重要視する――寡頭政治家の借金である。楽な暮らしをしたい多くの若い元老院議員は贅沢をするために借金をする、なぜなら自分の不動産を売ったり、資金を食いつくしたくないからである。そこでかれらは政治を債権者に返済できる資金源としか考えなくなり、ローマ人を乳牛のように統治する。利息つきの金貸しが禁じられると、この若い貴族は政治のうちに理想を見いだすだろう――それこそ特効薬になる(434)。

この理論は以上のとおりであり、歴史の最初の経済的解釈である。これはわれわれを面食らわせる、なぜなら奇妙に見える二つの前提が含まれているからである――まず、政治における理想は可能なかぎり単一の社会である、なぜなら富から生じる多様性が紛争を起こさせるからである。次に、欲求の絶対的水準が存在する、したがって貧困と奢侈の絶対的水準がある。この水準を越えると、ただちに国民の堕落が始まる。この後者の考えほど、われわれの経験において奇妙に見えるものはない。われわれは軍事力と国民の富は並行して発展するように思われる。またわれわれは民主制が複数制であろうと独裁的であろうと、ねばり強さと強引さではラケダイモンに劣らないと分かっている。欲求はとどまるところを知らないから、満足の絶対的水準を越えるすべての増大が必然的に致命傷的堕落を招くとは思われない。ところで、そのような水準が奢侈と堕落の理論で想定されている、それこそもっとも面食らうことである――すべての悪の根元である「富」は、差異でなく絶対量で作用する。ポリュビオスやサルスティウスが富裕化を非難するとき、われわれなら思うように、思いがけない富の取得〔たとえば、あるブルジョアの土地から石油が吹きだし、かれが成り金となり、誇示的消費を行う場合〕で引き起こされる〔社会的または階級的〕衝撃、つまりそのために社会構造がゆがめられるか、くつがえり、ついにはその衝撃が多少の残骸か恩恵を残して吸収される、ということを暗示しているのではない。それどころか、かれらが言いたいのは、各社会には自然な生活水準があり、その水準は絶対的な価値で規定できる、そしてその水準を越えると自然は堕落するということである。この理論の根底にある理想は、貧しく格差の少ない社会であり、人民も貴族も質素な平和の中で暮らし、他の者よりあまり抜きでる頭もなく、どんな奢侈も妬みをひきおこさないような社会である。だが社会があまり豊かになると、紛争の機会や原因や誘惑がいたるところから現われる。野心が人の心に忍び込み、けちな根性がすべての人に生じる。たとえ富が平等に配分されても、富はあらゆる情熱をかき立てる。もしその配分があまり不平等であれば、たんなる公共財以外の目標へ野心を駆り立て〔権力や奢侈が追求される〕、金持らに新しい野心を満たす手段をもたらす。だがもっとも重大なことは支配者らが抗争によって分裂し、一体でなくなることである。

大物の資金

ここで、われわれは本書の主題、つまり共和制末において個人的権力がいかにして国家的庇護という新しい現象と結びついていたかを示すべき主題にふたたび直面する。堕落に関する経済的理論は、あまりにも一方的に個人的権力を勝利させた要因の一つを明白にしているようである。紀元前一世紀の大物たちは紀元前二世紀の元老院議員に見られなかった財政力がある――かれらは、元老院が国庫を握っていたのでその承認がなければ何もできなかった。だからポリュビオスはこう書けた[435]――「元老院は国庫に権限がある。執政官が軍隊をつれて戦場へおもむくとき、無限の権限を持っているように見えても、実は元老院に頼っている、なぜならこの議会の承認がなければ兵隊に小麦も、衣服も、給料も与えられなかったから」。こうして寡頭政治家は頭角を現わす同僚を元の身分に戻らせることができたのである。しかし紀元前一世紀に、都市は帝国となり、だれにも大きな活動の道を開いたので、個人的権力がただ可能だという理由だけで樹立された。属州は金《かね》と資源の宝庫であり、栄光を勝ちとる闘技場である。平民はトリブス民会に誘惑されるか、言いなりになる、いまや、一人の政治的人間にころがりこんだ「金をつくれる」無限の可能性が幅広い支持者を獲得でき、兵隊は土地を手に入れるために隊長に献身し、頼る。以上は四つの活動理由だが、いずれも帝政時代には消滅している、つまりアウグストゥス帝は競争者らに勝手な振るまいをさせず、大帝国にふさわしい行政機構をつくるだろう――つまり個人的権力の勝利は共和制の制度的欠陥によって説明される。都市は国家となり、変形もしないで増大したが、その新しい偉大さに適応しなかった。その適応が行われるためにはオクタウィアヌス・アウグストゥスの「ローマ革命」が必要であった。階級闘争については、その激烈さを無視できない。その闘争が大物らに味方と軍隊を提供した[436]ことは否定できない。だがどのような説があろうと、この闘争が革命の主因であったとは思われない。

「金をつくる」……カエサル、オクタウィアヌス、アグリッパには収入があった、その金額は国家の経費に釣り合うほどであった。ジェネラル・モーターズ社がその収益について言えるような額とは思われない。それではカエサルやユリアヌス・クラウディウス朝の巨大な富はどこから来ていたのか。この質問に対する詳細な答えは古代の歴史家には見つからない[437]（同様に、もし古文書が保存されていなかったら、ヴァレンシュタインのような国家的庇護者の問題についても正確なことは分からないだろう）。少なくとも基本的なことは現われている――政治をまかなったのは政策であり戦争であった。ポンペイウス、カエサル、またはアグリッパにとって、政治的才能が富より優先していた、そしてその才能のおかげで道中で富が得られた。権力者は征服した国民から戦利品を収穫した[438]。しかも低い公職[439]から高級なものまで、すべての公職は国または行政地域民のための費用で不正に金を稼ぐ機会に恵まれた。だから権力者は名義上の人物を介して、物資調達や公営農場など、国を相手の資本主義的企業において利益を独り占めしていたと思われる。スラやカエサル[440]や三頭政治家の忠僕や解放奴隷[441]らがどのようにして国庫のために売却される追放者財産を安い値で買い取り、また殺戮されたポンペイ人から取り上げた財産で裕福になったかは知られている。政治のおかげで借金が返済できることがあらかじめ分かって[442]いたので、大物たちは巨額の金を手当たり次第に借りまくり、債権者はかれらの未来の勝利を当てこんで融資をした。かれらには流動資産を手に入れる別のやり方も心得ているように思われる――どのお偉方も解放奴隷のサークルにとりまかれていて、この者たちは事業の勘や主人の勢力のおかげであらゆる手を使って金をかき集める（当時の経済生活は政治生活と同様に変幻自在のゲリラ戦であった[443]）。お偉方は自分の解放奴隷の金庫をほぼ勝手に使っている、というのも解放奴隷は主人に運命を託し、とにかくお偉方は解放奴隷の相続人または受遺者である。たとえ解放奴隷の私財が原則として区別されていても、解放奴隷が金を稼ぐのは主人のためである。「友人」としても、解放奴隷は道義的に何かを保護者に遺贈しなければならなかった、またそれが多額の資金になった——アウグストゥスは二十年間に十四億もの金を相続する。[444]最後に、戦争と勝利がある、そのときは独裁執政官（ディクタトル）は国の名において、あたりまえのように借金し、特別税を徴集し、財産没収をする、[445]しかもどれだけの金が本当に国庫へ納められ、他の金が独裁執政官の手元に残されたかはだれにも分からない。内乱の終わりに、オクタウィアヌス、アグリッパ、そしてかれらの党派は大土地所有者になっている。[446]アグリッパがシチリア、エジプト、そしてガリポリの半島地方全体において所有していた巨大な資産はどうして獲得されたか。[447]この世紀は、平和なときでも、慢性的暴力状態に慣れていた。警察は存在しないし、イタリアの田園地方は伝説のファー・ウエスト地方に似ていた。ある金持の未亡人がタルクイニの近くに人も羨むほどの土地を所有していた。彼女が亡くなると、その管理人であり、愛人でもあった男が奴隷たちに武装させて彼女の所有地を攻撃し、彼女の相続人から土地を強奪した——そのようなことは日常茶飯事であった。[448]

恵与指向の変貌——君主権の表現

カエサル、オクタウィアヌス、アグリッパらの恵与指向は巨大な資金を使っているので、元老院の寡頭政治家の場合とはまるで違う、なぜならかれらの権力そのものも、高官や元老院議員の権力とはまったく違うからである——それは最高権力であり、すでに皇帝の権力である。ところで、ある人物が全能であるなら自分では指揮をとらない、かれは超然としている、だから手下の大臣や偽善者らの過失に責任を持たない。そこで、統治者が一人の場合は、間接に統治することになり、他の権限の上に立ち、その代わりをしない、そして国家の威厳を体現する。オクタウィアヌス、そしてすでにカエサルも君主であり、かれらの恵与指向は君主が行うものである。かれらの寄贈の規模は高官や凱旋将軍や候補者のものとは比較にならない。かれらは私的な寄付をするのではない——すでに皇帝として振るまっているのである。

かれらの寄贈は君主的威厳を示すことになる。そこに特色がある——ギリシア・ローマの古代において、「ポリス」の世界では、君主は自分のために宮殿を建てても威厳を示すことにはならない——オリエントの僭主の振るまいになるだろう、だから同胞に寄贈をしたり、公共建造物を建てた。ダンテとメディチ家のフィレンツェはほとんどすべての点で「ポリス」であったが、それでも完全にはポリスの精神性を有していなかった。その証拠にピッティ宮殿がある——マキァヴェッリの語りによれば(449)、コシモの晩年には、ピッティは実際にフィレンツェの支配者になっていた、「その都市を治めているのはコシモでなく、むしろピッティだった」。そのとき、ピッティは「自分の権力を信じていたので、本当に国王が住むような豪華な建物を建て始めた。普通の市民がこれほどの宮殿を建てるのは、これがはじめてであった」。もしピッティがローマの元老院議員であったら、宮殿の壮観さで自分の偉さを示すよりは、むしろある箴言を思い出していただろう、つまりローマの寡頭政治家が長い経験から生みだした箴言であり、キケロによれば恵与指向の英知を要約していた——「ローマの人民は個人的な奢侈を嫌い、公共的な豪華さを好む(450)」。

ポンペイウスはこの英知をよく心得ていた——「かれはまず、豪華な劇場を建て、その後、その建物の付属物のように自分の屋敷を建てた。それは以前に住んでいた屋敷より立派であったが、妬みを抱かせるほどのものではなかった(451)」。オクタウィアヌス・アウグストゥスも宮殿をつくったことがなく、生涯、パラティヌス丘のホルテンシウス邸で暮らした（これはいわばエリゼ宮であった——ルーヴル宮ではなかった）、また孫娘の別荘を取り払わせた、というのもそれがあまりに大きかったからである(452)。オクタウィアヌスは皇帝の住まいを引き立てるために宗教的な手を使った——パラティヌス丘の屋敷の庭園の一部に公共的なアポロ神殿を建てた、というのはその場所に落雷があり、占い神官によれば、その神はそこに住みたいということであったからだ。オクタウィアヌスはその神殿に柱廊とともにラテン語の図書館とギリシア語の図書館をつくった。それで君主の住まいと公共建造物とが混同されずにすんだが、現代の考古学者らはそれらの建物を一体のものとして扱うことが多い。スエトニウスは帝王の住まいとしてホルテンシウスの屋敷の質素さを称賛し、細かく神殿と柱廊を区別し、別の章では、特に公共建造物について語っている。(453)

オクタウィアヌスはカエサルと同様に僭主ではない——善良な皇帝である。かれもカエサルもその体制を祭典でもって祝賀している、ただし公共的競技会を口実にして。かれらは宮殿を建てる代わりに神殿を建て、凱旋将軍や恵与者のように記念建造物を建てるという口実で首都を美化する。さらに、恵与者のように自分らの金庫の金を、さながら国庫のように使っている。「カエサルは剣闘士大会、記念建造物、賜り物、饗宴などによって素朴な人心をつかんだ。味方に褒賞を与え、敵に寛大らしきものを示した」と、キケロは書いている。だが寛大さは市民の美徳でなく、僭主の美徳である——サルスティウスはローマの人民の寛大さしか知らなかった。(454)キケロはつけたしている——だからカエサルは寛大さで王者になれた。

首都ローマ——カエサルとアウグストゥス

紀元前五四年、ガリア戦役のとき、未来の独裁執政官カエサルは公共建造物の建設によって国の運命をになう王者の風格を示すことができた。われわれは元老院議員が寄贈をするのを見慣れてきたので、カエサルが公共広場(フォルム)に建物を建ててもかれの歴史家たちを驚かせたとは思われない。(455)だが寄贈には種類がある——すでに見たように、凱旋将軍でない者がローマの人民に公共記念物を寄贈しようとしたことはない。カエサルは思い切ったことをしたのである。その意図がどこにあったかは推測しやすい。この紀元前五四年には、かれはまだ権勢の半分しか握っていなかった、残りの半分はポンペイウスのものであった。この二人の名誉ある元執政官（プロコンスル）は共同でローマと帝国を支配しようとしていた。ただカエサルは遠くにいて、ライン河を越え、次いでイギリスを襲ったばかりであった、他方、ローマではポンペイウスが紀元前五五年に前代未聞の豪華な神殿と劇場を建設し、いずれもそれまでに凱旋将軍が建てたものより優れていた。カエサルは自分の勝利を待たずにローマにおいて記念建造物を建てたくなる——それが公共広場（フォルム）となり、かれの名をつけた公会堂（バジリカ）、さらにアエミリア公会堂（バジリカ）となる。かれは後者のバジリカの再建をアエミリウス・パウルスの最初の建設者の子孫へ巧みに献呈し、必要な建設費を提供した。ガリア戦役での戦利金は、ポンペイウスの記念建造物に匹敵するほど見事なもの全体を建造するために投入された(456)。

紀元前四八年から四四年のあいだにカエサルが独裁執政官となり、実現または企画した大事業や建設(457)へ移ろう——共和制に不可能だったこと、そして新体制の功績としてローマを首都らしい姿にするのはオクタウィアヌスとその派閥が権力の座に着くまで待たねばならない。共和国が調査官、法政官、監察官に認めていた予算「総額」では大事業を行うには不充分であり、また私的な恵与指向は凱旋将軍に限られていた——アウグストゥスは個人的収入をもって建築を行い、自分の派閥の者や凱旋将軍に勧めて記念建造物や道路を修復させ、また一般個人にも公共的または私的な建物をつくって都市を美化するように奨励した。かくてローマが国家＝都市から帝国の首都になり、歴代皇帝にとってその首都が何を表わすかはいずれ分かるだろう。

ローマにおける監察官的面目の一変は同時代人によく分かったが、それをもたらしたのはオクタウィアヌスとその派閥の主なメンバーであった。[458] しかしこのメンバーたちとオクタウィアヌスとのあいだには大きい差がつけられ、そこから新しい伝統が生まれる——アウグストゥスだけが好きなときに、少なくともローマでは公共建造物を建てたり修復することができた、またかれはその権利を放棄しなかった（かれの墓に刻ませる自己賛辞、つまり『業績録』*Res gestae* と呼ばれるものにおいて、かれが建てたローマの建造物に関する驚くべき感銘的リストを示しているが、そのうち若干のものだけが立派である）。かれの派閥のメンバーたちがローマに建設できるのは、ただ凱旋将軍としての名目だけであり、これはきわめて古い慣習で認められていた。その決まりは前期帝政時代において絶対的になる——帝王は首都ローマにおいて恵与指向を独占することになる。自由恵与者になりたいと思う個人はすべて恵与をローマ以外の都市へ移さねばならなかった。この決まりはオクタウィアヌス・アウグストゥスの時代からすでに暗黙的に定まっていたと思われる、というのは皇族の者やその派閥の者が建てた建造物が特に光っていたからである。

しかし論議をかもすのは帝王の腹心で偉大な元帥アグリッパの場合である。この天才的な戦術家はセクストゥス・ポンペイウスの艦隊をことごとく撃破し、アントニウスとクレオパトラに対するアクティウス海戦の真の勝利者であったが、かれは新しい慣習をつくった、つまり勝利もまた帝王の独占するところとなる。アグリッパは常に凱旋将軍になることを拒んだからである。しかしアクティウム海戦の五年後に、かれが〔軍神〕マルスの原に建てた立派な記念建造物全体は、文字どおりでないにしても精神的な勝利を表明していた——「かれは海戦の勝利を記念してネプトヌス大柱廊を建て、英雄アルゴナウタイたちの光景を描いた絵で飾った」。[459]「すべての神を祭った神殿」パンテオンは軍事的で王朝的な聖所であり、マルス、勝ち誇ったビーナス、カエサル、「その他、すべての神」に捧げられる——この「その他」にはアクティウムの神アポロンも暗示されているように思われる、なぜならオクタウィアヌスはその勝利の功績を自任していたようにアポロンを自分の神にしていたから。アグリッパの戦勝記念でない建造物について言えば、それらのものはローマから遠い植民地、ニームやメリダに建てられた、これらの土地の体制はオクタウィアヌス派の要塞や属州におけるローマ支配の拠点とするためのものであった。

ローマでも、オクタウィアヌス・アウグストゥスが建設を行なったのはもっぱら人心を教化するためであった。アウグストゥス体制は煉瓦の町ローマを大理石の町にすることによって、党派的目的を追求するのでなく、むしろ国家の最高の利益を守った、またその利益を具体的に代表するものが当時としては建造物であった。人々はすべてにまさるこの偉大なものを敬う気持ちから、それを配慮する体制をも尊敬したに違いない。

国家的祭典

戦勝と監察官職にも同じような進化が認められる——いずれの場合も古くから恵与を行うことになっていたが、いまや象徴的な政治的ジェスチャーになる。カエサルまたはアグリッパは勝利を獲得したり監察官になったりしても、かつての凱旋将軍や監察官を見習わない、たとえ外見的には同じことをもっと大々的に行うとしても——かれらが時の支配者になってすぐ開催する祭典はもはや恵与者の贈り物ではない。それは権力のある体制の祭典であり、政治的な影響を及ぼした。それは「寄付する鷹揚さ」*liberalitas* という語の歴史を育てるだけにとどまらない。カエサルが勝利者として帰還し、戦う相手もおらず、十年間の独裁執政官に任命された後、紀元前四六年に四つの戦勝を一度に祝賀する催しは新体制の祭典である。(460) その豪華さとそのときに提供されたあらゆる種類の寄贈は人民のあいだに深い思い出を残した。世論は圧倒的にこの勝利者を支持した、というのも世論は祭典に不服を唱えなかったから。同様に、アグリッパ(461)が紀元前三三年に振るまった豪勢な監察官ぶりは異例の機能を、異例の状況で果たした（アグリッパが監察官に任命されたとき、すでに執政官職を勤め上げていた）(462)——紀元前三三年はオクタウィアヌスが三頭政治家の権力を有する最後の年に当たっていた。原則的には、かれは紀元前三二年一月一日にはもはや執政官職以上のいかなる権力もなかったはずであり、オクタウィアヌスは一介の個人にすぎないはずである。(463)かれにはもう支配者としてとどまる必要はなかった、なぜならかれはローマ対アントニオとクレオパトラのエジプトの戦争の火つけ役として紀元前三三年を過ごし、たとえ権力を行使できる公的な肩書がなくなっても、かれを権力の座に維持しようとするイタリア国家主義の波に乗せられるつもりだったからである。そしてそのとおりになった。だがかれには、まず世論を確保しておく必要があった。だからこそ、かれはこの紀元前三三年を利用して、信頼できるアグリッパを監察官に任命できた、この地位は決定的な政治的重要性を帯び、(464)深い思い出を残すことになった。必要なものはあった——アグリッパは「この監察官の職務を進んで果たし、すべての公共建造物と道路を補修したが、国庫に手をつけず、またすべての市民にオリーブ油と塩を配給し、年間を通じて浴場を無料で開放し、変化に満ちた見せ物をたびたび開催し、さらに理髪師を借り上げて、祭典の開催中はだれでも髭剃りが無料であった」(465)。このような特異な監察官職は「都《みやこ》」の長官職の創設を告げている。

アグリッパは歓楽を提供することで平民の心をオクタウィアヌス派へ惹きつけようとする、またオクタウィアヌスはアグリッパとともに住民全体の心を掌握しているから、反対派も手が出せないだろう——それは自明のことであるが、自明のことすべてがそうであるように、それはきわめて奇妙である——ローマの平民の支持体制に何ができたか、なぜ祭典が平民の支持体制をもたらしたのか。オクタウィアヌスはイタリアに自分の党派、自分の老兵、養父の自由小作人を味方にしていた。だがローマの非武装住民のあいだでのかれの人気はそれ自体としてはあまり役に立たなかった。だがかれの体制が好評であったように見えたとしても、実は反対派がかれに対して決定的な行動を起こせないからだろう――反対運動は精神的に麻痺しているのだろう、というのもそれは冷静に計算された挫折感によるのでなく、道徳的に人類に背くという感情、理性的な人々の真ん中でさらし者になるという感情によるのであろう。ローマの住民の大衆はといえば、選択の余地がなかった――オクタウィアヌスが支配者であったから。大衆にとっては、その状況に順応するしかなかった、つまりこの支配者が象徴的な振るまいで先手を打ち、大衆の面子を傷つけることなく大衆が賛同できるように仕向けさえすれば、大衆は「不協和音を立てることなく」支配者を愛するしかなかった。アグリッパがオクタウィアヌスのためにその役目を引き受けた。体制が人民を服従させるだけでなく、いわば愛されるようになるのは象徴的な振るまい方のおかげである。

アウグストゥス――庇護にして私有財産主義にあらず

オクタウィアヌス・アウグストゥスは、帝国の正統な元首、そしてやがて合法的な元首となるが、かれは常に二重の人物を演じることになる。一方では、合法的あるいはほぼ合法的な権限に守られた一種の最高官になるが、他方、一介の個人として姿を現わしつづけ、公益のために、ル・シッドや若きカエサルのやり方で、あるとき、私的軍隊を動員して、国家を解放した――それこそ輝かしい功績であり、異例の個人的権威（*auctoritas*）に値する。要するに、半面は帝王であり、半面は国民的英雄またはいわゆる救世主である。一介の個人的な救世主としては恵与者の事業を続ける――かれの私財は実際的には「国庫」[466]の二、三の金庫の一つになる。アウグストゥスは国家的庇護者になる。そのことはニルソンとヴィルケンによる『業績録』の優れた解釈のおかげで明らかにされている。

実際のところ、この『業績録』で何が分かるのか。この弔辞的賛辞の完全なタイトルが示しているように、二種の事柄がある――「アウグストゥスが人の住む世界をローマ人の支配に浴させた政治的業績(*res gestae*)と、かれがローマ国家とローマ人のために支払った出費(*impensae*)である。この出費は会計的正確さで計上されていて、普通の国の通常経費には似ていない――たとえば、軍団の給料は問題にされず、ローマ人にふるまった金、賜り物、平民へ配給される小麦の私費購入、恵与に当てた戦利品の利益などである。このテキストの最後において仰々しく示される総額は六億セステルティウムにのぼっている。多くは現金によるそれほど多額な寄贈が行われるには、当時としては大量でなかったはずの流通硬貨を増加しなければならなかった(これは、インフレーションでなく、物々交換の退歩を生じさせたに違いない)[467]。ときにはこの寄贈と公費支出がはっきり区別されているので、両者の関係も明らかである――「四回にわたって、わたしは自費で国庫を援助した、またわたしの提案で特別会計、つまり軍備費が設定されたとき、わたしは私財四千二百万……をそこへ投入した」。まったく疑いようがない――アウグストゥスは国家元首として使った公費を誇っているのでなく、私財をはじめ、カエサルが遺したが、その半分を後継者ティベリウスに遺すはずの巨大な富を使って人民または国家のために行なった寄贈を誇る国家的庇護者として語っているのである。さらに戦勝の戦利品も使った、つまりすべての凱旋将軍と同様に、かれも戦利品を私物化していた。この明白さは、もしモムゼンの権威が一度、間違って有力説にならなかったら以前から認められていたはずである。モムゼンは千年に二、三しか現われない科学のような天才に数えられ、かれの『公法』は道徳・政治学の偉大な記念の一つである。さらに世界でもっとも明晰な著書の一つである。だがあるとき、かれは間違いを犯したのに、決して自説を曲げようとしなかった――かれは「皇帝直轄国庫」と言われるローマ帝国の主要な金庫が皇帝の私物だと断定したのである。かれによれば、アウグストゥスは国家の庇護者でなかった――それどころか、国家はかれの所有物であった。だから『業績録』において、アウグストゥスが私財を投じて寄贈を行なったと書けば、それは「皇帝直轄国庫」を使ったと理解しなければならなかった。十九世紀のいかなる「先入‐判断」がこの説から生じ、またそれが五十年以上も前から破棄されているかについては後で分かるだろう。この破棄のおかげでニルソンやヴィルケンは『業績録』で示された出費額によって恵与の真相を示すことができたのである。

それに加えて、最近、ジャン・ベランジェのやはり優れた発見がある、つまりベランジェによれば、帝王たちの庇護はアウグストゥスの死をもって終わったのでなくネロ帝の悲劇的な死まで続いた、つまりアウグストゥスによって築かれた王朝がつづいたかぎり、つまりカエサルとアウグストゥスの私有財産が、遺産と帝国の戦利品によって絶えず増大し、遺贈によって帝王から帝王へ王冠とともに受け継がれたかぎり続いたのである。そのために紀元前一世紀につくられた帝国財政のイメージ、特に王朝継承のイメージが変えられる――元老院と軍隊は、それほど巨大な富が自由にできないなら、だれにも統治できないことをよく知っていた。だから王冠は必然的にアウグストゥスの子孫に受け継がれた。それだけでタキトゥスの一文を明示することになり、それを最初に翻訳したのがベランジェであった――アウグストゥスは「長い権力行使の末に老いたる帝王として、また相続人たちに統治できるだけの富を遺して」[468]世を去った、かくてアウグストゥスからネロの死にいたるまで、ローマ帝国は二つの収入源に恵まれた。たいていの支出は国庫（むしろ今後は二つの会計――古くからある国庫と制定されたばかりの皇帝直轄金庫）でまかなわれた。ただしその他の支出で、特に皇帝の人気を高めた支出は私財が当てられた。ネロ帝が財政困難のあいだ、毎年、六千万[469]の金を国家へ投入すると約束したとき、この金はネロの個人的な収入から支払うつもりだったのだろう。皇帝の庇護はネロ帝の死をもって終わる――ネロのあとは、アウグストゥスが築いた王朝にとって代わる成り上がり者らの王朝が没落した歴代皇帝の私財を横領する――アウグストゥスやその相続人たち、さらに後継者らの領地は今後、国家または新しい王朝の所有になる。かれらの収入は第三の国庫、いわゆる「私有財産」[470]というものをうるおすことになる。

本書の最終章において、ネロ帝の後の帝政における恵与指向がどうなったかを検討するとき、ある文の曲がり角でこの「私有財産」にもう一度お目にかかるだろう。そこで確認できることは、この恵与指向がまやかしの語にすぎなかったということである。アウグストゥスは私財をもって寄贈を行なった。ネロ帝の後、歴代皇帝は王朝風に、国庫を使って行う出費を寄贈と呼ぶ、かくて君主国では、いくら慣例的な寄贈であっても、国の出費すべてが君主の鷹揚[471]な寄付という評判を生むことになる。ただし、そのような言い方と文体的効果のあいまいさは帝国財政史、さらに恵与者としての皇帝に関する考え方を大いに混乱させた、と言おう。かくてネロ帝とともに、この語、つまり国家的庇護の本当の意味の皇帝恵与指向は終わる。その後は事実、皇帝の恵与指向はなくなり、歴代皇帝の行為に口先だけの恵与指向しかなくなるだろう。

もう一度、アウグストゥス帝の庇護の本質を強調し、その明確な概念を覚えておこう。だがこの時代には、君主のうちに公人と私人の区別がはっきりしないで両者の分離があいまいだった……と思いこまないでおこう。固有の語として私有財産主義を語らないでおこう――アウグストゥスは国家を皇帝の家財として、また国庫を自分の私有財産として扱わなかった。それどころか、かれにとって、区別は歴然としていた。かれはティベリウスとローマ人に税収入でなく個人的な私有財産を遺す。ただ公的な出費を私有財産でまかなうことがあった――それ以上でも以下でもなかった。かれの国家的庇護を他の現象、しかも見せかけにすぎない現象と混同してはならない――アウグストゥスとその後継者らは奴隷たちを役人として使った、この者らは皇帝の奴隷と言われた。そこに私有財産主義がある、いやむしろそのように思われる――だが、後で分かるように、この奴隷たちが皇帝に属していたのは君主制的な様式のためであり、かれらは王冠、つまり国家の奴隷であった。

高官にして恵与者アウグストゥス

この章をしめくくるなら、『業績録』の本質が現われてくる――これは高官の賛辞であり、恵与者の碑文であって、君主のものではない。モムゼンが主張したような政治的遺言でもなければ、オリエントの僭主やヘレニズム時代の諸王の勝ち誇った墓碑銘に匹敵するようなものでもない。アウグストゥスは共和制的な鷹揚さの伝統を受けつぎ、自己賛美的弔辞において私的な寄贈だけを誇り、国家の最高長官として命じた国費支出には触れていない。この帝国創始者は元首だと思っていない――かれは国家との関係において自己を規定し、個人的庇護を国家から区別している。それから一世紀も経たないで、トラヤヌス帝はもっと帝王的な考え方を示す――かれは公的な称賛者に「自分の収入」、つまり皇帝直轄金庫から賜り物を配給したとして賛美させている(472)。これは本当の元首としての考え方であり、公的な決定すべてを自分の功績にする。だがアウグストゥスのほうは自分の公的な事業を知らせようとせず、『業績録』はかれの政治的遺言になっていない――帝王の政治活動から個人的に自分の名誉になるものだけを挙げている。もし帝国全土において考古学者から数百も発見されている自治体高官たちのつつましい碑文、われわれが別の著書で検討するはずの碑文にくらべるなら、よく理解できるだろう。事実、これらの碑文では何が書かれているか。二つの事柄であり、『業績録』と同じこと、つまり当時の理想、ある人物がもっとも誇りにしていることである――政治的業績(特に都市から受けた「名誉ある地位」または公職)と恵与である。すべての碑文は次の点で共通している——「某氏は都市の二頭政治家の一人であった、またはじめて平民に十回も剣闘士大会を開いた」。故人はこのような剣闘士大会の開催を誇っている、なぜなら必ずしもそんな恵与を行なったり、自分の金を出したりする必要がなかったから。それで個人的功績の数に書き込まれるのである。それだけではない——恐らく十五回ほど剣闘士を戦わせたかも知れない、だが本人は自分が支払った十回分だけを語っている。残りの五回は公的「経費」で開催できたのである。それほどの寄贈ができたのはかれがはじめてであったから、高らかに誇っているのであろう——同様に、『業績録』でも繰返されている言葉がある——「わたしがはじめて……した」primas feci.

自治体の墓碑銘と同じように、『業績録』には大衆的で共和制的な味わいがある。「恵与」Impensae はアウグストゥスの自己礼賛の半分を占めている。この帝王の意図は同輩ら、つまり元老院議員の目には歴然としていたに違いない——かれはそのことをローマの平民の視点から書いている。元老院議員で歴史家だったタキトゥスはパンと「競技場」に軽蔑しか示さないので、『年代記』では語っていない。だがそれが人民に必要であり、また指導者階級はそのことに関心を持つべきことも知っている。なぜならローマ人は君主らを評価するのに、大政治または大戦略並みに恵与を重視していた、ただし政治や戦略についてはは盲目的に信頼していたので批判したりしなかった。人気作家スエトニウスは歴代皇帝の伝記の中で、各帝王の「恵与」を政治的業績とともに、きわめて正確に述べている。(473)

この自己礼賛の形式も共和制的である。『業績録』は、碑銘としては珍しく一人称で書かれた碑文であり、(474)「賛辞」(475)（その弔辞的、墓碑銘的性格は本質的ではない）である。このような自己礼賛はヘレニズム時代の有力者にはなじめないものだが、ローマの寡頭政治家の謙譲さを傷つけるものではなかった。アウグストゥスより一世紀半前、共和制時代のある執政官は生前に自分の偉業の舞台だったルカニアの丘陵地に自己賛辞を刻んでいた――「わたしはシチリアに隠れていた九百十七人の奴隷を探しに行かせ、その奴隷を元の主人に返してやった。公共の土地で、羊飼いを耕作者にゆずらせたのはわたしがはじめてである。わたしはこの地に公共広場と神殿を建てた」(476)。このような賛辞はだれのために書かれているのか。人類、後世、永遠に向けられている。『業績録』も同様である(477)。アウグストゥスが自己礼賛をだれに向かってしているのかは、あまりにもよく議論された。かれが自分の恵与を列挙するのはローマの平民へ向けられているのか。だがこの『業績録』は帝国全域で復刻され、その本文ははるかアジアの聖所でも刻まれた。なぜアウグストゥスはそのような属州の一般人のためにひと言つけたさなかったのか、と当時、疑問にされた。その本文は寄せ集めであり、それぞれの部分が同じ時代のものでなく、さまざまな読者に宛てられているのではないだろうか。これはすべて無駄な疑問であり、永遠の錯誤であり、君主的威厳の賛美を「皇帝の宣伝」と見なしたり、その威厳の表現をイデオロギーと見なしたりするようなものである。アウグストゥスがローマの町で行なった寄贈のかずかずを語るとしても(慣習によって、その都会に限られている)、それはローマの大衆というような一定の大衆を狙った宣伝ではない――かれの寄贈は個人的功績として刻まれ、かれはその功績を天に向かって表現している、ただそれだけである。碑銘文――『業績録』は碑文である――は同時代人のために壁に貼りだされる宣伝用ポスターのような資料ではない――後世のために刻まれた記念物である。

検討結果

まとめてみよう。ローマにおける寡頭政治家の恵与指向はヘレニズム時代の有力者とは非常に異なり、優越性の表明(公的な名誉、権力の見栄、たとえば先導官〔リクトル〕、刺繡つき寛衣〔トーガ〕で充分だった）ではなかった。それは名誉ある官職からの心づけでもなかった――世界の支配は閑職でなかった。むしろ――

〔一〕服従させるだけでなく、人々の心においても統治したい欲求だった、なぜなら政治もまたそのとおりであるから。高官は競技会を提供するが、それはたんに未来の選挙人の歓心を買うためでなく（しかも選挙人はごくわずかだった）、政治的には無力なローマ平民すべての心に対して威信を保ちたいからである。アグリッパは新しい体制にローマ人をなじませようとしてみずから誇る監察官職の威力を豪勢に示す――それでもかれにはローマ人の集団は何の役にも立たなかった、なぜなら平民は政治的闘技場の外にいたからだ。それまで、この平民の心はアグリッパの政敵に奪われていたが、とたんに麻痺してしまう。政治的人間にとっても、他人は物でなく、意識ある人間である。

〔二〕ローマは言葉の上だけの民主制にすぎない。だが寡頭政治家は平民集団を「非政治化」するため、さらには人心を離反させないためにたんなる平民にも敬意を表わす――政治の要請が厳しいものであろうと、寡頭政治家の気持ちが本当は民主的だと平民に分かってもらわねばならないからだ。だから兵隊が受けとる「下賜品」は兵隊がもはや市民軍団でなくなっても将軍の奴隷でもないということを表わしている、つまり「下賜品」は象徴的な贈り物である。ほかにも象徴的な贈り物がある、つまり候補者が選挙人へ贈るものである。それは選挙買収にならない。贈り物が選挙人に示すのは、候補者がたんなる受託者にすぎず、だから威張ることもできないということである。ひと言で言えば、象徴的な贈り物は、自分が寡頭政治家であっても腹の中は共和主義的だということを証明している。

〔三〕凱旋の場合は例外である。凱旋将軍の自己礼賛は恵与で示される――凱旋将軍はその偉さを寄贈や記念物によって表わしたい、またほとんどユニークなこの場合は勝利の大衆性によって表現される――

軍事的栄光は帝政主義の大衆的側面である（覇権そのものの喜びを味わうのは「喜びを分かち合える少数者」〔スタンダール〕*happy few* の喜びとあまり変わらない）。しかしポンペイウスにいたるまでは凱旋将軍の記念建造物の恵与は比較的質素である。ところがポンペイウスが劇場を建設してからはこの習慣の意味が変わる——大物たちは、国民的建造物を建てたり、国民的祭典を催したりすることによって国家の命運を握っていることを表わす、つまりその命運がかれらの個人的名声（ポンペイウス）の上に安らいでいるか、あるいは個人的権力（カエサル）において成立しているのである。

〔四〕かくて歴史的特異性が生じた——ローマ皇帝の最初の王朝は、国庫と混同されることを好まない巨大な個人的財力のおかげで国家という戦車を動かしている。これは「私有財産主義」ではない、国家を私物化することではない、むしろその反対である——国家的庇護になる。同様にして、明治時代から一九四五年まで、日本の天皇はその巨大な私有財産のおかげで個人的政策（あるいはその影に隠れた派閥の政策）の費用をまかなうことができたのである。

〔五〕ローマ時代の恵与指向はギリシアの場合ほど再配分を行なっていない。執政官は、向き合った形で精神的なプレッシャーをかけられて慈善を「押しつけられる」ことはない。飢饉のときも、やわらかな暴力で自分の穀倉を開くように求められない——執政官に対する騒動は本当の暴動と化すだろう。だからローマでは、再配分は国家的問題になり、ほとんど個人的な庇護を通さなくなる。廉価なパンは国費パンである。

ローマにおける恵与指向の一覧表にはあまり統一がない、なぜなら政治的に寡頭体制には雑多な色彩があるからである。この恵与指向の本質を規定しないとしても、最重要な特徴を挙げるとすれば、次のように言えるだろう——明らかに、どの権力の起源も人間、神々、または物事の性質から来ている。権力は、代表（議員）であるか、主観的権利（神の恵みによる国王）を有するか、事実によって押しつけられる（暇と教養のある有力者）。ローマの寡頭政治家において、問題の権力は社会的以上に政治的である――かれらが恵与者になるのはローマの元老院議員としてであって、勢力ある大土地所有者としてではない。かれらが恵与を行うのは、理論的には代理的権力にすぎないような選ばれた高官職を象徴的に主観的権利、つまりかれらが所有するような権力に変形するためである。かれらがいわゆる主権的人民に贈り物をするのはそれでまったく借りがなくなることを示すためである、だがかれらはほとんど逆の理由によっても贈り物をする――なぜならかれらの体制を人民の心の中で正当化したいからである。かれらは人民に押されて何もしないが人民のためなら何でもすることを示したい。寡頭政治家は人民に競技会を提供することで人民のこと、さらには人民の喜びに関心があることを証明する。寄付の二つの意味に驚くことはない――人民への義務を感じ、人民への敬意を表明する、また下層民に心づけをする大貴族のように、人民に少しも借りはないが、本質的な優越性の持ち主であることを人民に示す。本書第一章において寄贈があいまいなものであり、主たる受益者が与える側にあるのか、受けとる側にあるのかよく分からなかった、と述べたはずである。

寡頭政治家の権力はパンと「競技場」に安んじていなかった。選挙は影響力と隷属的支持者の組織によって行われた。パンについては、国がしぶしぶ配給した。人民を物質的満足に眠らせていたとして寡頭政治家をあまり非難できない――社会的には、これら大土地所有者はむしろ残忍であった。かれらは権力を掌握したり保持するために恵与を行なったのでなく、権力があったから恵与を行なったのである――政治権力は人心の上に君臨し、愛されることにある。兵隊に「愛させることができる」連隊長は善良である、なぜならそれが連隊長の役割に含まれるから――連隊長は部下の兵隊から将軍へ昇進させてもらうために善良なのではない。非政治化という考え方はきわめて時代錯誤である。近代西洋の国家の場合なら考えられよう、つまりその指導者らは代議制の権力を有し、選挙人を説得しなければならない。だがそのような考え方は、指導者が支配者であり長官であり、当然の権利として命令する時代においては意味がない。

ただ、この長官らは恵与を行う、なぜなら長官だから。あらゆる権威は、たとえ主観的権威であっても、事実、二つの特性を含んでいる――権威は被支配者の利益を目的にしていることを分からせることによって自己を正当化しなければならない。その被支配者との関係は、ロボットでなく意識ある人間との関係である。この二つの特性が恵与を説明するとともに、上で述べた時代錯誤の原因となる――慎ましい臣民のあいだで人気を得ようとする支配者と臣民の関係が、候補者と候補者が説得すべき委任者の関係だと見なされているのである。

実際、明白なことが合理主義のために拒否されている――寡頭政治家らには人気をとる合理的な必要性がまったく存在しなかった。かれらが権力を保持するのに平民から愛される必要はなかった。ただそれがかれらより強力であった――愛されたいということが。政治とは言われていることと異なっているか、それともただ言われているとおりなのか。意識間の内的関係であろうか。これから検討する帝政期は政治哲学の青写真のような明瞭さでそのとおりだということを分からせてくれるだろう。

第四章　皇帝とその首都

ユウェナリスが言うように、都市ローマにパンと見せ物を確保したのは皇帝である、皇帝は無料の入浴を提供することもあった(1)——自治体の有力者もそれぞれの都市で同じことをした。『ルカによる福音書』によれば、「国民に対して主権を行使し、その権力を振るう者は自分を恵与者と呼ばせている」(2)。アウグストゥスの『業績録』は国家的庇護の墓碑銘である。アウグストゥスの後継者らはローマとその帝国全体の恵与者にすぎないだろうか。かれらの宣伝、または宣伝と言われるものでは、かれらの寄贈が賛美され、かれらの恵与が共和制時代の寡頭政治家や自治体有力者の場合と同じである。ふたたび古代人の言葉を信じるとすれば、貴族的美徳としての寄贈は国王の美徳でもあると言えよう——国王は、プロウサのディオンによれば、最高の模範、人類の完成ではないか。それでは皇帝の権力の基礎は人間の美徳としての寄贈であるのか、それとも神の徳としてのカリスマであるのかどうか、疑わざるをえなくなり、君主は恵与者として君臨し、その恩恵によって神格化されていたと結論しなければならないだろう。

皇帝は有力者または元老院議員と同じような恵与者であろうか。言い方は別として、そうではない。あるとき、ルイ・ロベールが書いてくれたように、ローマ皇帝のマントはそのように脱がされないし、クロークにあずけられもしない。自治体の有力者は社会的格差をつけるために競技会を提供するが、それは有力者と政治（自治体の小さい政治）の関係が微妙だからである。きわめて大きい政治を行う共和制の元老院議員が競技会を催すのは、かれらが人民のいいなりになることはあまりないが、人民のためには大いに働き、またかれらの選挙人が委任者でなく、恩を受けた者であることを人民に分からせるためである。だが君主はどうか。君主は大政治の一端を担うだけでは満足しない——君主は唯一の元首であり、国家はかれ自身である。

共和国は一時的な代表者たちとは異なる法人であった。それは愛国心または元老院議員「集団の」身分的義務から生じる実体であった。法人として、また実体としての共和国は、公的な豪華さを発揮することによって威厳を示していた。他方、共和国はその命令をだれもが服従と愛国心によって守るべき義務として表わすことによって権威を正当化していた。だがいまや国家は皇帝である——君主的様式によって、すべての人の市民的感覚へ訴える代わりに君主の個人的な徳が称賛される。国家に献身するのでなく、君主の摂理が信頼される。共和国的豪勢さは今後、君主の人格そのものを飾ることになる。

非個人的な法律を有徳な君主の個人的意志として示し、恵与指向によってパンと「競技場」を提供する、反対に、「競技場」に姿を見せる君主個人を国家の威厳の化身として示す——皇帝の恵与指向のすべてはそこにある。本章の最初の三節は、二年前、レイモン・アロンの歴史的社会学セミナーにおいて明確にされたものである。

一　自律と他律

「国王の二身体」

アメリカ合衆国の大統領は国家元首であり、大国の支配者であるが、かれが見せ物を提供するところを見れば、だれでもびっくりするだろう、また第三世界の国家元首にも考えられないことであろう。だがアメリカ合衆国大統領はその職務の偉さほど威厳がない。かれは「仕事」をする善良な役人として主権者人民から委ねられた職務の背後に非個人的になって消えている。

ローマの君主に比べると、アメリカ合衆国大統領は単純そのものである。なぜならローマ皇帝のほうは二重の人物だから——職務と個人を兼ねている。皇帝の恵与指向は、職務の次元とは反対に、君主の行為の個人的次元に関係している。

この二重性は昔の君主の多くに見られる。本書の清書の段階において、ミシェル・フーコーのおかげでカントロヴィッツの「国王の二身体」(3)に関する著書の存在を知った。中世において、国王の身体は二つある。国王の身体には、「誕生から死去にいたる一時的な要素のほかに、時代を通じて生き残り、王国の不可侵の支柱として残るもう一人の王が含まれる。キリスト論的モデルに近い起源にあったこの二重性のまわりに、図像学、君主制政治論、国王の人格と王位の責務を区別すると同時に結びつける法的メカニズム、そして戴冠式のうちに葬儀、服従儀式、その隆盛期をみとめるような典礼一式が準備される」。

古代ギリシア・ローマにおける国王礼拝も二重的であり、あいまいであった。崇拝者らには、われわれと同様に、君主がたんなる人間だと思いながらも神様として扱う立派な理由があった。エジプトではあいまいさは極端だった。ファラオはすべての神に仕える大神官であり、みずからも神であり、自分を礼拝し、自分自身の像を礼拝した、たとえばスターリンは『スターリングラード会戦』において、電蓄でスターリンへ捧げるカンタータを聞いている。ファラオは死んでオシリス〔神〕となるが、その遺体はミイラにされ、普通の人間のミイラとなり、一般の死人と同様におなじオシリスに裁かれる。王たちの墓碑銘には、君主の神名とともに、王にも他の一般人と同様に神の前で弁明するように教える慣習的オシリス文書が含まれている。乱世も王室革命もあったこの君主国では、下層民は支配者に幻想を抱いていなかった、だから支配者について愉快な話を語っている、たとえば王＝神は公式の神話的な作り話を剝脱され、オリエントの僭主らしい散文的なイメージしか提供していない。『百姓物語』では、農民がファラオに裁判を頼みに行き、『詩編』にふさわしいような文体で公平の義務を訴え、こう結んでいる、「あなたはわたしの苦情に耳を貸さなかった、だからわたしは使者の神へ訴えてやる」、この訴えはとり上げられる。[4] ジョルジュ・ポズネルのあまり伝統主義的でない著書で、[5] エジプト学者は、いかなるたぐいのボヴァリー夫人的欲求不満（ボヴァリスム）から、公式テキストまたは典礼形式しか考慮しないでファラオの神格を過大評価する傾向があったかが証明されている――「イデオロギー」がたんなるイデオロギーであり、個人の魂が肉体に対応するのと同様に社会的現実を説明しているのだと信じさせる傾向については改めて検討しよう。

国王は去るが、王座の超人間的な基礎は残る。だがどうしてそうなのか。なぜなら支配者と被支配者との関係そのものがあいまいだからである――政治的服従は自律と他律からなっている。わたしは自分の利益のために従う（少なくとも、そう思いたい）、だが心ならずも従うことが多い。わたしに命令をする者にはわたしのために統治するという利他主義がある、しかしかれは神々のおかげで王になっているから、わたしによってその地位につけられたのでなく、支配者だから支配者なのである。皇帝の二重人格、つまり最高長官であり恵与者であるというのは政治的服従の二極性を反映している。

他律、主観的権利、世論

政治的服従には二極がある――わたしは自分の利益のためにしか服従しない、またわたしが自分自身の立法者であり、したがって自律的であるかのように、わたしは他人に従う。この二重性の形式的な理由は多くある。他人は必ずしもわたしの利益を望まないかも知れない（政治は多様な意見と利益の分裂をはらんでいる）、あるいはわたしに反対してわたしの利益を望むかも知れない（列車のドアから身をのり出すのは危険だとして禁じられる）。それともわたしの代わりをするかも知れない（わたしは宿敵と一戦を交えることとしか考えない、それでも国家元首に宣戦布告をしてもらわねばならない、なぜならわたしにはどうしたらよいか分からないから）。そこでわたしは決定的に服従するようになるが、いつも分割払いにする。わたしは一回ずつ服従を現金化しようとはしない。それに反して政治はリアルタイムで行われ、待ってくれない。すべての人を説得する暇がない、だから「無理やり引っ張って来い」となる、なぜなら時はすぎて行くから。

今日まで、この形式的真実は「永遠」であり、ローマ帝国についてもアメリカ合衆国についても真実である。だが政治と社会的現実はその真実を多様化する。政治的権威に三つの起源があり得る、それは分かっている――政治的権威は、被支配者から、神々から（主観的権利）、あるいは当然のこととして生じる。もし国王の権力が被支配者の委任でなく、主観的権利で君臨するなら、国王はその機能に吸収されない――かれはかれ自身である。かれは君臨する、なぜなら支配者だから。そこでかれにはなんらかの豪勢さが要求される。支配者であるから、かれが臣民のためにつくすのは徳、恵与指向によるしかない、だがかれは臣民に仕えているのではない。結局、かれは神のおかげで神になるか、王になる、なぜなら人間の上位にある者として人間に命令する権利は、もし人間から来るのでないなら、いったいどこから来るのか。皇帝の恵与指向と皇帝の神格化は同じ原因から生じた二つの結果である。

国王は誤りを犯す可能性がないかぎり、その機能ときり離されない。国王は誤りを犯すことができない、というのもその機能は国王が有する権利であるから——所有者は所有を裏切らない。その代わり、国王にはわたしの幸福をつくるのに自分自身であるだけでよいという徳がそなわっている。皇帝の恵与指向は、帝王的個人性における一種の普遍性への一種の礼賛である。それには対立した二種のもの、つまり君主的様式と豪華さが含まれる。前者は国王の個人的な徳に普遍性をもたらし、後者はその個人性に普遍的価値を与える——国王は国家であり、その威厳を備えている。

君主的様式は公的制度をはじめきわめて日常的な行政措置にいたるまで皇帝の善意に帰してしまう（今日、イギリスでは、郵便サービスは女王が臣民に賜った恩恵であると言う人がいる）。そのような慣用語法が字義どおりに受けとられるなら（また、そう受けとられた）(6)、皇帝は帝国の所有者であり、ヘレニズム時代の諸王について言われたように皇帝の意志のほかに法律はなかったと思われるだろう。帝王はその善意によってローマにパンを確保し、寛容によって役人や兵隊に退職の権利を認める(7)。

他方、国王個人には公共的な性格がある。君主には首都の平民とのあいだに父親的または保護者的な私的関係をつくる。帝王の家族生活の催事はすべての臣民にとって慶びや喪となり、帝王は愛すべき臣民から神として敬わせるか、敬わさせておく(8)。帝王はローマや「競技場」に豪華さをくりひろげ、「永遠の都」を「宮廷」と同じようなものにする。

私的なものは公的なものになり、公的なものは私的なものになる——国王の機能は私的な所有であるが、その所有は奉仕を公共的なものにする。もし君主に主観的統治権があると見なされなかったら、そうはゆかなかっただろう。だがそのためには、ローマ世界の社会的、経済的、精神的状態が被支配者としての一般大衆を盲目的に服従するしかないほど受動的にしてしまってはならなかっただろう。換言すれば、世論という現象は存在していなかった、つまり世論は、神または神権者としての君主の主観的権利、したがって恵与指向にも長くつき合えない。なぜなら世論は、反抗したり、黙々と耐えたり、不満を感じたりすることにあるのでなく、むしろ不満を抱く権利を有し、国王がたとえ大臣らから裏切られようとも、やはり誤りを犯していると認めることにあるからである。だが所有者は誤りを犯せない。もちろん、国王は普通の所有者ではない——かれには臣民への義務がある、またその義務に背けないことも明らかである、なぜなら国王は絶対に善良であり、恵与者であるから。だから国王を批判することはできないだろう。

二　服従または世論

すべての人は常に国王を批評した、たとえ内密であろうと、死後であろうと、歴史書の中か、陰口でか。だが場所があり、やり方があり、不満の効果的な表現がある。批判の権利があると思わずにひそかに批判したり、仕事をしない国家最高長官を厄介払いできないかぎり、世論は存在せず、幼稚な服従がある。

政治が話されなかった時代

どんな体制下でも、意見の表明は存在する（国王の最後の勝利を祝ったのは俗謡だけだろうか）、また反対に、いたるところに服従がある（政府、それは「かれら」であり、「かれらは」である）――いたるところに自律があり他律がある。また、いたるところに非政治性がある――意見があっても、それは政治活動にならない。意見とは、政治という料理の世話を任された人々が決めたことを後で批評することである。それは言うまでもないことであるが、それでもローマ帝国や〔フランス〕旧体制時代と、近代民主制の場合を隔てる深淵がある。こちらでは世論が政府を批判するが、あちらでは人民は君主を愛し、善良な人々は忠実なすべての臣民の義務として服従を奨励する。ただ元老院議員族という狭い支配者階級は事件や情報を知っていたので、意見を代表していた。それでもかれらには節度があったので、責任は自分らにあるように振るまい、君主の一般的なイメージを否定しないようにせざるをえなかった。

国王を批評することなく信頼する人民の行動力は、ちょうど幼い子供が父親に対するように、また無知な患者が医者に対するようなものであり、あるいは古い一流銀行において、いまではもう見られない献身的で律儀な行員のようなものである。この行員の「世界観」を牧歌的に想像してみよう――かれはその企業の活動についてどれだけのことを知っているか。かれは社長がだれかを知っている（帝政時代の最低の農民でも皇帝がいることを知っていた）、だが社長は遠くにいて、夢のような存在である。かれは一般業務の出来事や社長の更迭については知っているが、銀行の営業政策については、神妙に何も知らない、それでも会社が有名銀行であることは知っていて、無邪気な誇りを感じている。かれは社長を尊敬し、愛している、かれは社長の貫禄と社員への好意で社長を評価している。だがその好意の実際的な効果についてては何も期待していない――会社には社員政策がない、社員の幸福は銀行の存在と繁栄によって確保される。

社長の好意が行員に示していることは、利己主義というよりはむしろ社員を愛するためによい事業を行う義務を感じているということである。

君主に対する人民の愛はすべての時代、またはほとんどすべての時代の感情であり、また皇帝の名を口にするときは、ちょうどカトリック信者がローマ教皇の名を言うときのうやうやしさと親しさをこめた口調と同じだったことが分からなければ、過去の現実は奇妙に誤解されるだろう。[9] この愛の証拠はいたるところに認められる――祭典、儀式、どこの店頭にも貼られた皇帝の肖像画、これは庶民的イメージである。これは選挙感情でなく、誘導感情であり、父親に対する子供の愛情のようなものである。だからその感情は自動的に次の皇帝、または勝利した王位簒奪者にも向けられる。

人民は君主を愛しているが、税金が重すぎると思ったら、その二つの思いのあいだに完全な仕切りをつくる。人民は徴税人をさげすむ[10]（この徴税人が恨みを吸収してくれる、われわれの場合なら、警察だ）、それで皇帝に不満をぶちまけないですむ。皇帝の名はうやうやしく口にされるが、政治的意見は生じない、つまり政治的会話は未知のジャンルである。元老院議員においてはもう少し複雑だったはずである――かれらが仲間どうしで話すときは、政権が次第に悪化してゆくようだと匂わせたに違いない――だがそのように話す者は、時の君主の人柄を云々できる前に黙るか、黙らせられた。この禁止事項が破られたら、それは皇帝に対する陰謀が企てられているということになり、その工作員にされただろう。

それでは、人民のあいだで政治問題が話されるとき、なにが話題になるだろうか。ポンペイの壁面で読みとれる幾千もの落書きや書き絵はびっくりするようなものである――われわれが政治と見なすようなものは一つもなく、ただ「皇帝万歳」（*Augusto feliciter*）ばかりである。皇帝は政治ではない。政治は論争と議論とともに純粋に地域的であり、選挙に関わり（選挙でないとしても、拍手喝采だと思われる）、また食糧に関わっている。ポンペイの壁に描かれている数百の「選挙」のための拍手喝采の光景は、地域的な有力者で恵与者の名を残している、かれらは剣闘士の見せ物を提供し、パンの販売を確保している。『サテュリコン』でも同様である――トリマルキオに招待された客たちは、評議会の会議の噂をし、貧乏人を食い物にして太った有力者、パンの値上がり、気取りやにすぎない地元の恵与者が最近催した剣闘士の試合、あるいは権威と誠実さですべての平民から尊敬された古きよき時代の有力者について話している。一方、この客たちは儀礼上、立ち上がって、皇帝のために乾杯する。

暴動における服従

君主のことが話され、その表情が話される。もし舞台がローマであるなら、君主が開催する見せ物の話が出る。「よい知らせ」(*evangelia*)、つまり戦勝の公式発表や時の皇族の祝い事が話される。それとも皇帝をあざけって復讐する。わたしが声を大にして言うまでもなく、ポンペイには、確かに政治的で、ネロ帝以前の落書きが存在する、だがそれは卑猥な落書きである。[11] なぜなら、まず第一に、無力の反抗はそのような形式をとるのが一般的だから。第二に、政治的反抗は人民を苦しめている政治を論じたり批判したりできなかったからである、なぜなら支配者が統治するのは人民に奉仕するためでなく、個人的に統治権を有しているからだと見なされていたからである。だからローマでは、政治論争は常に汚い罵詈雑言となり、現実に結びついていなかった(その代わり、罵倒騒ぎは、前夜の喧嘩相手が和解したほうが得だと思えば、すぐ忘れられた)。[12] デモステネスの『攻撃演説』は政治論であり、キケロの演説はところどころで悪口とののしりのかたまりであり、ルイ十四世時代の抵抗文学、たとえば『忌まわしい本』や『王室女衒《ぜげん》』を思い出させる。第三に、誘導感情は両面的であり、社会的に公表しなければならないときは特にそうである、だから愛する人を憎むことになる。君主に対する嘲笑的な仕返しは必ずしも反抗ではない、それは下僕の仕返しである、つまり下僕は、主人への愛が主人に無礼なことをする権利で報いられる、たとえば好奇心、妬み、感嘆、そして下僕を主人の生活の覗き魔にする気まずさのまじった気持ちで主人の暮らしぶりを眺める。貴族らが君主の性格と私生活にどれほど悩まされたかを知りたいならタキトゥスを読めばよい。そこから皇帝たちに対するおどけた風刺、カエサルの兵隊が崇拝するこの将軍の風習を笑う陽気な卑猥歌、その他、スエトニウスを読めば分かるような政治的風刺のすべてが生じる。君主らはこの大胆ななれなれしさを弾圧しようとしなかった。カンパン夫人の語るところによれば、ヴェルサイユ宮廷において、女商人らは「君主に向かって、滑稽で粗野な言葉遣いを許されていた」。彼女らは、あるとき、期待された王太子の誕生が遅いので、マリー・アントワネットを追いかけて「便所の戸口までついてゆき、世継ぎをつくるのは彼女次第だということを世にも卑猥な言い方でどなった」。ローマでは、ウェスパシアヌス帝の葬儀のとき、「慣習にしたがって」一人のパントマイム役者が葬列についてゆくことになったが、この役者は亡き皇帝の声としぐさを演じ、また皇帝の吝嗇を笑いものにした(13)。

本物の反抗は皇帝の名において、または皇帝のために、悪い大臣らに向けられる。ロシアで農民一揆はロシア皇帝の偽勅令を使って行われたが(14)、ローマでは、平民は一度ならずネロ帝が死んだのでなく、戻ってくると信じられた――多くの「偽ネロ」がいたのである。

さらに各種の暴動がある。すでに述べたように、プロウサのディオンはその都市の反抗者を日常的な反抗者として扱った――かれは一瞬も有力者の命令権を疑ったことがない。反抗者も同じくそれを疑っていなかった。サン・シモンを読むと、一七一〇年八月に、行政当局がどのようにしてパンを要求するパリ市民の暴動を鎮められたかが分かる――「ブフレ元帥は怒り狂った人民の長い行列に近づいた、そして何事か、なぜ騒ぐのかを尋ね、パンを約束し、できるだけ優しく、またきっぱりとした口調で話し、そのようなやり方で要求してはならないことをさとした。人民は、国王へ自分らの悲惨な生活を報告して、パンが与えられるようにして欲しいと頼んだ。元帥は約束した、そこですべては静まり、感謝と《ブフレ元帥万歳!》という叫びとともに散っていった」。この元帥は勇ましかった、その場から逃げることもできたのに。ローマでは、食糧が欠乏すると、群衆は相手がシンマクスであろうとランパディウスであろうと、都市の長官の屋敷を焼き討ちした。これは悪い支配者への反乱であるが、主権者人民の奉仕者に対して権利要求をするのは別の反乱になる、この場合、機能の上では人民が劣っている。

また不満が不幸な愛になることもある――国王に知ってもらえたら!(15) だが大臣らが国王を裏切っている。民の声はアンティオコス七世に対して腹黒い宮廷人を信頼しすぎているとして非難した。苦しむ「正義の人」は国王が知らないだけだと思いたい、なぜならもし国王が知ったら幻滅するはずだから。国王は徳によって行動するはずだから、事情を知れば残忍になれないだろう。そこで溜息をつくしかない――「神はあまりにも上にいて、ロシア皇帝はあまりにも遠くにいる」(16)。

したがって政治生活はかなり単純であった。国王は人民に対して、「人気」をとることだけが義務であった、この人気の意味はいずれ分かるだろう。だが、国王は非象徴的な政治活動では、元老院の意見をはじめ、親衛隊長、属州総督、そして軍隊の態度を考慮するだけでよかった。人民の反応を知る必要はなかった、人民はおのずから従順になるからだ――もし百姓一揆でも起これば、それは地震と同じだろう。政治は穴をふさぐことにあった――こちらでは侵攻があり、あちらでは百姓または民族主義者の蜂起、ときには財政の危機がある。政治は警察の捜査と同じほど簡略なことが多い。その措置は動くものすべてを打ち倒すことであった、疑問も抱かずに――そのほうが確実である。ある種の宗教迫害はそれ以上的確な説明を要さない。

権利関係

他律と自律は不可分であるので、国王は恐れさせると同時に安心させる、しかしその権力は人間から与えられたものではないので、(17)権利に対するいかなる犯罪も、同時に君主またはその代理者の個人的権威に対する反抗となり、したがって罰せられる。ローマにおける刑の執行は非市民に関するかぎり規則がなかった――強権を発動し、刑罰は総督の裁量に委ねられた。『ペテロの第一の手紙』において確認されるように、(18)総督は「行ないの悪い者を罰し、善行者の味方をするために、皇帝から派遣された」。総督にとっては、地方人が恐らく法を犯していなくても、総督の命令に背くような態度を示すときは規則の上では無実であっても過失になりうる。わたしはキリスト教がそれ自体、違法行為であるかどうか分かりません、とプリニウス総督は皇帝へ書き送っている、あなたの指示を待つあいだ、とにかく暫定的な措置を講じておきました――「わたしはかれらにキリスト教徒かどうか尋ねました。かれらがそうだと言うと、もう一度尋ねました、さらに三度目に尋ねたときは死刑にすると言って脅しました。この強情な連中を即座に処刑させました、なぜなら、かれらの自白が犯罪になるかどうか分かりませんが、とにかくかれらの強情さ、かれらのしつこい頑固さを罰しなければならなかったからです(19)」。

違法行為を取り締まるというよりはむしろ不服従が処罰されている。反対に、功績のある市民はあまり表彰されない――せいぜい満足を示される。皇帝や総督は都市やその同盟地方のように名誉ある地位や像を与えない――ただ公文書簡において当事者の功績を公表するだけである。市民的な「名誉ある地位」に対して帝政当局の「証書」(*testimonia, martyriai*)しかない。ローマでも、功績のある高官のために公式に建てられる記念像は元老院から受けるのであり、皇帝からではない、つまり皇帝は崇拝されるが、崇拝しない。[20] 帝国の臣民は君主に仕えるが、これは多少とも立派に行動する自律的市民ではない。皇帝は個人であり、その地位を落とさないで他の個人に敬意を表することはできない。都市という実体だけができるのである。

皇帝は実体でなく、また皇帝と臣民との権利関係には法律という無名の冷淡さはない。皇帝は立法者または裁判官として振るまうだけではない――皇帝は、法律または制度のほかに、勅令という書簡体命令において人民に話しかける。皇帝は勅令でもって命令をするが、[21] むしろ忠告、告知、または訓戒のほうが多い。なぜなら父親は子供に向かってなんでも言えるからである。君主は勅令によって侮辱に反撥し、自分の裁定の善意を釈明し、[22] 剣闘士のファンのあいだの争いを遺憾に思い、自分の弁論を聞きに来るように騎士らを招待する。[23] 皇帝は不祥事が起これば人民を安心させ、人民を教育する――「アウグストゥス帝は勅令で、ある書物全体を人民に知らせることがあった、その本はすべての建造物の巨大な規模について書かれたルティリウスの書であった」。[24] 礼儀作法の初歩や字のつづり方を君主が決定してもおかしくはない。クラウディウスはこの両方の問題を深く推進した。かれだけではない。ティベリウスは「勅令によって、一月一日をすぎてから抱き合ったりお年玉を交換してはならないと禁じた」。[25] またハドリアヌス帝は *servus*〔奴隷〕とか *vivus*〔生きいきした〕と書かないで、以後は *servos* や *vivos* と書くように定めたらしい。[26]

近代国家の立法には、個人を個人から保護しようとする国の保護的措置が含まれる、たとえば麻薬を禁じる。だがこの保護的役割は非個人的な形式で果たされる。ローマ皇帝がその役割を果たすとき、また一般的に立法者として振るまうとき、皇帝は子供に告げるかのように意見を述べる。かれは非難し、脅し、規則を守らせる。アウグストゥスは勅令で、劇場内の観客が皇帝としてかれを迎えたことで戒めている。

また他のとき、かれが約束した配給を人民が請求したとき、約束は必ず守ると答えさせた（なぜなら皇帝は約束するが、普通の個人と同じように約束を守ったり守らなかったりできるから）。だが別のとき、かれは申し込みもしなかったのに、贈り物を要求されたとき（なぜなら皇帝も普通の恵与者のように寄付の申し込みをする）、かれは人民の厚かましさを非難し、勅令でもって、「何も与えない、はじめから与えるつもりがなかった」と声明した。[27]

帝政時代の法制そのものは立法の連続である。皇帝は法律が現行のままでよいとは思わない。かれは忘れられている規則を絶えず子供らに思いださせる。その立法は、すでにある法律の施行を知らせる声明にすぎないことが多い（わが国においては、一七九一年の「憲法」がこの種の声明発表を国王に認めていた）。『テオドシウス法典』が定期的に同じ禁止令を喚起させ、幾度も、同じ文言で、強者による弱者の保護あるいは推薦、[29]さらに隷属者に反対するのを見ると、まず考えられるのは、法律が社会状態を変えられないこと、あるいはそれらの制度が弱い権力から発していて、その権力の権威が田舎や地域的自治体の受動的な抵抗の中に埋没していることである。だが驚くべきことは、その命令が実行されていないことではなく、命令が出されたことである。まるで皇帝は服従されるよりもむしろ臣民の原則的なことや悩みを分かち合っていることを人民に証明しているかのようである。まるで法律は本質的に強制的でなく、証言したがっているようである（中国皇帝の勅令、または中世のローマ教皇勅書についても同じことが言えるだろう）。

法律が主権者人民の決定事項であるなら、人民はその法律をみずから正当化する必要がなく、せいぜい行政権のためにその真意を説明する程度である。だが法律が支配者から発しているときは、支配者は臣民に対して自己を正当化するために法律を正当化しなければならない。皇帝が制定したものは倫理に基づいている。その制定を集めた法典で、前文が保存されなかった場合が多いのは残念である。完全な形でテキストがわれわれに伝わっているときには、君主が鋭い社会感覚を示し、帝政機構の退廃した部分を改正し、その機構を「自分の博愛主義と恵与で促進[30]」する意志を示していることが分かる。君主は頭にひらめく高邁な原則と治世の繁栄を誇る。君主は、地域的な弱小僭主、自治体の有力者、そして自分の配下に対して貧しい者を擁護している[31]。君主が勅令によって、すべての商品の最高価格を定めるなら、その前文において、商人が物価高の張本人だと思わせ、貪欲な利益追求を非難する[32]。一般的に立法の様式は、禁止行為を道徳的に規定しておくことも辞さない――「地主は農民の保護を提供するほど勝手な真似をしてはならない」、またその様式はフランス国王の勅令の様式になる。

歴史家は、このような説教的立法が後期帝政時代固有のものだと信じようとすることがある――後期帝政時代から受けるバロック的な重苦しさはこの修辞学に負うところが多いのではないか。だがそのように感じるのは資料保存の偶然性から来る幻想にすぎない。前文を残している前期帝政時代の勅令も同じように教化的であり、細部にこだわりすぎている[33]。進化の二つの段階と見なさないで、帝国の体制からもたらされた二面性だと考えよう。

なぜそのような教化的様式が生まれたのか。なぜなら他律の心に自律が現われるからである――君主は、勝手な行動をしたり利己的な動機で動いていると疑われてはならない。外面的には、君主の立法者としての鷹揚さは、契約をする者が思いどおりの債務を設定するのと同様に絶対的であるが、個人的な意志の恣意性が公共の利益を求めるはずの公人にあってはならないだろう。

他方、問題の公人は支配者である。支配者にあっては、役人と公人は切り離せない。だからかれは自分の行動、しかも個人的で家族的な行動をも含めて、自分のすべての行動を臣民に対して正当化しなければならないだろう。われわれには、国家元首の行動において、権利的効果を生じる形式的な活動、たいていの場合は儀式的な実際的行為（「観菊会」の開会式）と私的行為を区別する習慣がある。ローマ人の場合はそうではない。アウグストゥス帝は元老院とローマ人に向かって、なぜ娘ユリアに厳しくするかを説明し、カリグラは結婚する理由を勅令において列挙した。ブリタニクスの死後、ネロ帝は「義兄の支えを失って、国事のことしか望みがなくなったと、勅令で声明した――元老院と人民にとっては最高の地位にある帝室の唯一の生存者になった君主への愛着をいっそう深める理由になった[34]」。

共和制の下では、人民は理論的には主権者であるが、実際には、キケロによれば、主権は元老院にあった。帝政時代でも同じあいまいさがある、それは礼式という所作的イデオロギーで証明される――宮殿の典礼において、皇帝は共和制的高官を継承する元老院議員と同輩であったり、ヘレニズム時代かオリエントの君主であったりする[35]。法律学者は君主を受託者と見なし、人民や観念論者は君主のうちに「立派な王」、つまり父親を見ている。『学説彙纂』という、この古い帝国の主要な残骸は、明瞭な文体と（体系的でないとしても）明晰な精神を備えた法律家の作品である。これはヘレニズム的理性に比べられるローマ的省察の唯一の作品である。法学者にとって、皇帝は立法者にほかならず、また法学者が皇帝の権威の根拠を論じるときは、故意に皇帝を人民の受託者として位置づける――「皇帝の決定は人民の法律と同じ権威がある、なぜなら人民は君主に主権を委ねたのであるから[36]」。反対に、『法典』を見てみよう。ここでは皇帝はみずから発言し、臣民に対して好意的[37]であるが絶対的な命令を下している。そのおおげさな文体は、臣民が皇帝に対して抱く気高さに照応している。

臣民の服従ほど、アルカイスムの印象を与えるものはない。アリストテレスが大王の臣民という生来－奴隷を思うとき、われわれと同じような印象を受けていた。かれは大衆が本能的に支配者に従うのを見て驚き、かつ軽蔑した、というのも大衆が尊敬という柵で支配者と隔てられ、支配者が人間以上の存在に見えるからである。われわれから見れば、われわれの社会（さらに独裁的体制の社会でも）と異国的な古代社会とのあいだの根本的な相違は、技術的後進性は抜きにして、支配者と被支配者のあいだの自然な規模の相違であり、またわれわれがアテナイを奴隷制や居留外国人がいても民主的国家と見なすのは、アテナイ人が高官を大人とするような子供ではなかったからである。

人はいかにして成人になるのか。いかにして服従から世論的非政治性へ移るのか。ほとんどすべての歴史において、その移行は偶然的である。その移行を決定するのは場合によって異なり、実際的に予見できない。われわれの社会において、世論の体制は産業革命よりはるか以前、つまり十八世紀[38]のあいだに形成された――人々が政治を論じ始めたのである。他方、十七世紀でも、たとえばアミアンではポンペイと変わらなかった――ただ町[39]の問題が話されていた。十九世紀はじめには、世論はまだ新しい現象であり、人心に強いショックを与えた。

今日の子供が九歳か、もっと早く、道徳的規則が天から降りてきて、約束した契約[40]のようなものとして守らせるのだということを信じなくなるとき、この自律への移行には多くの理由がある――知能の発達、仲間との協力関係の多様化、大人から受けるいっそう対等の扱い。同様に、世論の出現には絶対的な日付がなく、必然的な深層構造もない。奴隷制のアテナイは世論的体制であった、だから若干の社会層に意見があり得る――権力と情報に恵まれた貴族階級は政治に関して幼稚な無邪気さのままでいることは珍しい。情報の普及から集団の絶対規模にかけて、無数の要因が働く。第三世界は貧しくても昔の純朴さを失い、トランジスターを持っているベドウィン人はもはやサルタンの加護を信じない。

三　主観的権利による君主

政府はそれ自体では統治権がなく、たんなる受託者にすぎないという考えは、恐らく歴史全体の基本的な日付を画している。(41)

支配者、よき支配者、唯一の支配者

社会の一般情勢が世論を萌芽状態にしているとき、君主は君臨する、それが君主の権利だから。他律性のほうは制度、礼儀、民衆的感受性によって明らかにされる。社会学的に見て、世論の欠如は政治的に主観的権利による主権をもたらし、この主権がイデオロギー的に君主の恵与指向をもたらす。

すべての体制において、政治的現実はそれ自体に等しい——利益に従うため、つまりわたし自身に従うために、それでもわたしは他人に従う、この悲しい現実は経済的理由に当てはまらない、なぜならその現実は富の乏しさから来るのでなく、意志の多様性が原因であるから。だがその本質的な真実はそれを変化させる偶然性ほど重要ではない。人民が主権者であるとき、イデオロギーは、わたしがもっぱら自分だけに従っていても、しばしば自分の意志でないものに従っていることになる、と説明しようと努める。難しくしているのは他律ということである。わたしは民主的に多数の意志に従う、あるいはその政党がわたしにわたし自身の前衛だと言うかも知れない。反対に、国王が本当の主権者であるなら、イデオロギーは、

わたしがいくら自分のでない意志に従っても、やはり自分に従っている、つまり自分の利益のために従っているのだ、と説明しようと努める。明白でないのは自律ということである。そこでイデオロギーは、国王が善良であり、恵与者だと言うだろう。他律性のほうでは、国王はみずから君臨するが、自律性のほうでは、国王はわたしのために君臨する。恵与者としての支配者である――かれは威光を持ち、善良である。皇帝の恵与指向はその善良さと威光を証明する。

たんなる受託者にすぎないような君主なら恵与者になる必要がないだろう。共和国大統領には（ヴァレリ・ジスカール・デスタンが言ったではないか）、世論はなんらかの安全を期待する、なぜなら被支配者は常に支配者に頼らねばならないから。なんらかの誠実さを期待する、それが委託された計画をごまかさない証拠になる。さらになんらかの単純さも期待する、なぜならかれは受託者にすぎないから。それに反して、ローマ皇帝には、確かに同じ安全が期待されたが、その他については、相応する性質としては、まず、善意である、これはかれが自分のためでなく人民のために統治するという唯一の保証である。さらに威光、なぜなら君主は支配者であったから。一方では、恵与指向が君主の公的な行為を言葉の上で恵与、つまり善意の証拠と見なすだろうし、他方、恵与指向は君主個人を公的存在と見なすだろう、実際、君主はその威光を示すためになんらかの恵与を行うだろうから。

要約しよう――人民は国王に舵取りを任せる（非政治性）、その命令を待つ（他律）、その束縛を受ける（非対称）。人民は国王が掌握している権利の組織網の中で生まれ、子供が父親（主観的権利）を選べないように国王を選ぶことができない。ここに、外因的で、偶然的な要因が介入する――人民は父親を批判できる、あるいは批判できる権利があると思えるほど上位に立てない（世論の欠如）。だが子供であろうと大人であろうと、人民は、自分自身の利害においてしか服従しないし（自律）、また自分の利益のため、または人民の名においてしか束縛されない（直接、または間接民主制）と信じたい。

そこで面白い結果が生じる。わたしが生まれた世界の奇妙な地域に、王、皇帝、だれでもよいが、わたしの支配者たる地主が君臨しているとしよう――わたしはかれがその領地に対して有している権利の組織網の中で生まれたのだ。当然、かれはその地方でいちばん立派な家に住んでいて、その豪勢さは確かに支配者的だ。それがたんなる見せかけであり、船首が船を操ることができないようにかれが実際に支配していないという考えは決してわたしの脳裏をかすめなかった。他方、わたしが食べたり生きていることもこの神権的保護者のおかげである、なぜならもしかれ自身が存在せず、わたしが生きていて、かれが所有するこの広大な土地も存在しなかったら、わたしはどうなるだろうか。だからかれは立派な支配者である、それも悪い支配者がいるという意味でなく、支配者が存在し、一緒に領地も存在することがよいことだという意味においてである。

〔一〕したがって王国や帝国の支配者の姿はわたしには巨大に見える、しかも共和国大統領よりはるかに巨大に見える、しかし後者のほうがはるかに権力があるのだが。

主観的権利によって集団に対する権力を有する者はだれでもその集団より偉い――かれにはその集団に対して権利を有しているが、集団にはかれに対する権利がない。かれがその権利のごく一部しか行使していなくても問題ではない、つまり国王が実際には大裁判官や軍事長官にすぎなくても構わない――かれは支配者であり、また、かれが限られた役割しか果たせないとしても、それはかれの望むことであり、他人から制限されたのではなく、一定の機能に限定されたのでもない。かれの権力の起源はかれの有する領域より重要である――かれが税金をかけたり、裁判を行うからには、かれは全般的に元首である、なぜなら合法的に税をかけ、裁判を行い、戦争ができるのは社会集団または帝王だけであるから。でなければ税金は強請《ゆすり》になり、裁判はリンチになり、戦争は私的な復讐になる。これらの正統性の一つでも独占できるなら、だれでも一般的に元首と見なされるだろう。

したがって国家が遠く軽かった昔の時代では、君主は元首と見なされ、かれの干渉は臣民の日常生活にあまりひびかなかった。ローマ皇帝が臣民を納税者、罪人、さらに辛うじて徴兵適齢者としてしか知らないとしても問題ではなく、それでも皇帝は公共の秩序を保証し、個人の努力を適合させ、社会の統一を確保していると見なされた。個人は契約上、君主権のために尽くすものだと思われたが、それよりはるかに多く自分の家族や都市や保護者や取引の法則に気を配っていた。ある有名な著書が、歴史を通じて、つまりイスラエルの裁判官から福祉国家にいたるまでの主権の成長を描いたことがある。もっとも興味深いことには、この権力は成長し始めたばかりのころには福祉国家の時代より優れた権威があった。

〔二〕もし皇帝がわたしの支配者であり、善良な支配者であるなら、誤りを犯してはならない——わたしはかれを疑えない、だからかれは一種の本能で、協議せず、したがってただひとりで確実に決定する。後宮で育たなかったわたしは人の策略を知らないので、いっそうたやすく支配者を信じてしまう。わたしには、いかなる主権も個人的だと思う。もし皇帝が総理大臣や親衛隊長を任命し、この者らが実際に権力を行使しても、代理人にすぎないだろう、なぜなら皇帝のひと言でこの者らは解任されるだろうから。

天から降りてきたすべての権力は君主的である、なぜなら多数者では誤りを犯すに決まっているから。最高会議のメンバーで構成されたようなバレエ団が、真実をユニゾンで斉唱するために口をあけるとは想像もできないだろう。もしユニゾンがなければ、つまり協議すれば誤りを犯すかも知れない。集団的決定は平凡な妥協になる恐れがあり、神託がいちばん安全である、唯一の口しかないから。この意味で群衆は権力を人格化する「必要がある」と言えよう——群衆は君主が真に命令すると信じる、またそう信じないならすべてを疑う。

君主制は、実際には例外的な治世の下でしか存在しなかったが、それが存在すると信じさせながら幾千年も経過した。君主制を続けさせることができた主な長所は、君主制的であることではなく、非公式なチーム的政体の口実として役立つことである。歴史を通じて、大部分の国王は、ウェーバーが言うような「ディレッタント」であり、アマチュアであり、飲んだり、狩りをしたりしていた。ローマ皇帝たちは少なくとも働いていた、つまりフランスをつくった王たちよりよく働いた、それは確かである。だがかれらは決定をくだしたか、また決定とはいかなる意味か。かれらは君主の顧問団から受けとる情報しかなかったのでかれらは決定したのではない——決定させられたのである。
〔三〕そこから「権力の人格化」が起こる、これは多くのことを意味する。
まず、われわれは、君主制であれ民主制であれ、すべての権力が、ある段階における緊密な集団の隠然たる活力の結果だ、とあっさり誤解している。

次に、われわれは国家とその元首を混同している。イェリネックが言うように[42]、国家を機関、機能的装置と見なすのはきわめて進歩した考え方である。自然的には、国家は人民だとか、国王だと規定される。臣民は国王を「象徴」と見なさない——はっきり国王を国家そのものと見なす。その点で間違っているのだが、不正確な現実観は象徴的ビジョンと同一でない。臣民は国王を尊敬する、なぜなら王は支配者であり、国家そのものだと信じるからである——かれらは国王のうちに国家を象徴するような豪華で、型どおりの人物を尊敬するのではない。もし皇帝が帝国の象徴にすぎなかったら、別のもっと上位の決定機関が実際の帝国でなければならなかっただろう（「言うも恐ろしいことだ！」）。ベージホットによれば、イギリス王の有用性は政治を行うことではなく、その人物において人民のために政治を分かりやすく、興味あるものにすることであった。だからイギリスには国王について二つの概念があった——ベージホットとその読者にとっては国王は象徴にすぎなかったが、人民には真の君主と思われた。

第三に、君主が主観的権利のものであるなら（または神権的でもよい）、その機能は人間と混同され、国家的豪華さが君主の個人性と私生活を包含する。君主が生活している領域はその宮廷になる（ローマでは、宮廷に代わるものは「競技場」とともに「永遠の都」全体であった）。したがって君主の個人性と私生活は、臣民から見れば巨大な重要性を帯びる。「スター主義」とはまったく関係がない。スターは、おおっぴらに私的なもの、人間的条件とその夢を体現するが、他方、国王の個人性にとりつかれる好奇心は政治的なものにとどまる。

コンモドゥス帝が円形競技場に剣闘士として姿を現わしたとき、かれはチャンピオンの月桂樹の枝をかぶり王冠の輝きを高めるつもりはなく、観衆もかれを君主だということを忘れて剣闘士のスターとして称賛したのではない——観衆は、君主がすべての才能にすぐれ、人間の潜在能力を発揮したとして称賛したのである（金持と勢力者は人間的条件すべてを現実化しなければならない、というのもその資力があるからだ）。観客はまた支配者が平民と同じスポーツ趣味を持ち、人民の文化を軽蔑していないことを人民に分からせてほしかった。コンモドゥスは君主として人気があった。

反対に、スター主義は認識の社会学的問題を解決してくれる——妖精的であるとともに平均的な人間的条件に対する一般的な好奇心を、いかなることで満足させられるか。なぜなら情報の普及は社会的な規則と羞恥心によって制約されているからであり、どこかの個人が自分のありふれた私生活に一般人の興味を惹きつける権利はない、ただ公人だけが回想録を書いてもよい。唯一の解決法は歌手の私生活、あるいはもっと教養があれば大作家の私生活に興味を持つことである。

専制君主であった昔の君主はスターの地位まで身を落とさなかった。この君主らの性格が詮索されたのは、その政策を見抜くためであり、その私生活に関心が持たれたのも公共的な影響のためである。ルイ十六世に息子が生まれたとき、カンパン夫人はこう書いている、「王太子の誕生はすべての人の願いをかなえたようであった。喜びがすべての人に広がった、人民、貴族、だれもがこの点では同じ家族のようだった——道ばたで立ちどまる者、知り合いを抱きしめる者。だが悲しいかな！　個人的関心事がこれほどの感激をひきおこすとは。しかももっと身近な人々に対する心からなる愛情が引き起こす場合よりもはるかに激しいのだから——だれもが君主権の正統な嫡子の誕生のうちに公共的な繁栄と安定の保証を見ているのである」。

ローマの平民は、「競技場」の競技会での皇帝の感じのよさ、よそよそしいか親しいかの態度で皇帝を判断していた、なぜなら物知りか合理的精神しか、じかに専門家の職能を批評できないからである——われわれはたいていの場合、誠実そうか自信がありそうかで人を判断している。さらに平民は高級な政治の大家より優しい支配者のほうを好んでいた。タキトゥスはこう書いている、「一般人は普通、皇帝を格好のよさで判断している」。だがこのタキトゥスも一般人と変わらなかった——かれは入手できる間接的な情報に基づいて、自分の政治的利益との関係で皇帝を判断した。かれは皇帝の私生活のまじめさ、元老院議員との対等の態度を見て判断した。君主における私生活の品格はその君主が僭主あるいは元老院議員（タキトゥスも元老院議員である）殺戮者にならないと思わせる。さらにその品格も興味あることであるーーふしだらな君主は元老院議員の厳格さの理想を傷つけ、風俗取り締まりに関する元老院の権威を裏切ることになる。

善行を施すが悪に対する責任はない

ところで、個人的存在のすべてがよい皇帝か悪い皇帝かを決めるようである、なぜなら皇帝と国家、社会が混同されるからである。「その名の恐ろしさがわれわれの都市を強力にしてくれるだろう、畑の収穫物が鎌を疲れさせ、果実は花の約束を守るだろう」。皇帝のおかげで、豊かな収穫がよい天候の娘としてもたらされ、逆に悪い天候はイスラエルまたはその国王の罪のために神々が罰するものである。(43) アウグストゥスのおかげで、(44)牛は安全に草を食べ、野は肥え、航海者はおだやかな海をわたり、家庭の純潔は姦通で乱されることもない。

これは混同に違いないが、混同にもいろいろある。われわれのあいだでも、ローマ人と同様に、権威は社会団体全体に及び、われわれの日常生活は家庭と事業に依存することがきわめて多い。〔ホワイトハウス－クレムリン間の〕緊急直通電話を握っている者は滅多にそれを使わない。ただ滅多にないということで、かえってその使用(45)がきわめて重大になる。使用すれば「歴史」になり、取り返しがつかなくなり、数百万の人命に関わる。しかしわれわれはローマ人なら思ったかも知れないことを考えない──緊急直通電話を握っている者に社会的生活の絶え間ない創造を細かいことまで責任を負わせたり、またその人物が原爆の引き金を握っているからといって、かれに世界全体の存亡がかかっていると見なさない。(もっとも奇妙なことには、それはもしその人物が引き金を引くとしても、われわれにはどうしようもない、自然の大災害、またはもし偶発的な爆発よりももっと直接に、残酷に人類の悲劇を見ることになろう。なぜかは、わたしに尋ねていただきたい)。

われわれにおいては、この緊急直通電話の前の人物はいかに巨大な権力を握っているとしても、かれはたんなる役人にすぎない──たんなる国家的メカニズムの歯車にすぎない。皇帝はこの社会的メカニズムを所有していた。だから皇帝のおかげでわたしは生き、食べられる（もしシュナイダー社がその工場とともになくなれば、シュナイダー社の労働者はどうなるか）。社会のすべての活動力は皇帝を通さなくてもよく、皇帝なしでも済まされることが多い――だがその活動力をひとりで動くようにしたのは皇帝である。もしその機械がうまく回転すれば功績のすべては皇帝のものである、というのもそのメカニズムに介入できる主権は皇帝にしかないからだ――かれはその所有者ではないか。所有者は取り替えられない――君主的特質を持たないわたしは、本来の支配者がいなければ難局をうまく切り抜けられないだろう、同様に、シュナイダー社の労働者は神権的社長でないから、シュナイダー社のように自分らで物理的、社会的エネルギーを手に入れて、代わりの工場を設立できなかった。

世界のすべての幸福と不幸は結局、天候を含めて国王に依存するだろう、なぜなら不幸はわれわれの罪のためにあり[46]、幸運は功績となる[47]。要するに、飢饉は自然的であるように社会的でもある、したがって政府もそれになんらかの関わりがある。すでにローマ共和制の高官らは大カトー[48]を含めて、かれらの任期中は天候に恵まれ、「一体化」が容易であったことを誇っていた。もちろん、そのまま信じられはしなかった――それは考え方であって、知覚ではなかった、だがその気になるか、礼儀に押されると、その考え方はそのまま信じられた。

「それは半分しか信じられなかった」、またときには、というのも社会的世界は透明でないからだが、皇帝の行動に関する二つの概念のあいだでためらいがあった――君主は政府であり、政府はなんとかうまく統治している、それとも君主のために社会がよくなったり、悪くなったりするのでなく、君主のおかげで何もないよりはむしろ社会が存在している。あるときは、無能な大臣のせいで皇帝に対する不満がささやかれたり、またあるときは豊かな収穫が君主のおかげだとされる。後者の仮定では、国王はただ君臨するだけで立派である。それに皇帝の恵与指向というもう半分がたっぷり加わる、これは後で少し詳しく述べることになろう。

国王は社会を生存させるほどには統治していない。それはすべての君主について、また機能の上でも真実である。だがわたしはこの機能的役割を君主の個人的な徳にあるとするだろう（ただし、それでは君主が悪人になることもあるという論理的考えを退けなければならない）、そして国王をその善意のために愛するだろう、なぜならわれわれは自然に好感と誘導感情を混同しているからだ――すべての人は「父親を愛している」。

その結果、わたしには、少なくとももときどきは、よいことすべてが君主のおかげであり、悪いことはまったく君主の責任ではないと思われる、つまり君主はそのような特権を摂理の神、天才的な長官、霊感者たる女神ミューズと分け合っているのである。神によって、何事もうまくいき、またうまくいかなくても神が頼りになり、その神が悩める「正義の人」にすべての人に対して自分を正しいとし、またかれを正しいとするものが天に存在すると思わせる。

このことをもっとよく信じるために、わたしは皇帝が一定の政治的決断をくだしつつあるとは考えないことにする（危機が起これば、皇帝のおだやかな存在によって臣民の救済活動がうながされるだろう）。だから皇帝は神々と同様であり、巧みだとか聡明だとか言われない――皇帝の個人性はもっぱら倫理的になるだろう、その徳が謳われるが、その政治的能力を云々することは不敬になる。皇帝にはそれがあるとか、ないとか言えない、なぜなら皇帝はその機能と一体になっていて、その機能は不動であり、摂理であるから。皇帝は有徳の君主であり、「天才的な長官」ではない、そのような概念はあまりにも近代的であり、世論のある社会では通用しない、つまりそのような社会では、自分が有するような権利によるのでなく、当然のこととして、つまりかれがいちばん優れているという客観的事実によって権力の座につけられ、人民の代表にふさわしく、人民の代わりをしているのである。

どのような体制も他律的であるとともに自律的であるからには、君主はその権利によって君臨し、わたしの利益のために君臨する。そこでかれの主観的権利は神権または神格として祭り上げられ、皇帝の恵与指向においてわたしの利益のために君臨するという事実が示されるだろう。また、国家、それは皇帝であるから皇帝は大所有者として豪華さを発揮し、帝国はかれの私有財産と見なされるだろう。これはすべて論理的であるから、カリスマ、原始的精神性、あるいは深層心理を探しに行く必要はない。

四　皇帝の神格化とカリスマの概念

帝王崇拝は二十ページで書くより二百ページで書くほうがやさしいテーマである、なぜなら資料が膨大であり、研究文献も多いからだ(49)。難しい点は、かの人々があまりにも奇妙であり、理由のいかんにかかわらず何でも信じるなどと安易に認めないで事実を説明することである。読者にかれらの立場に立てば信じられただろうと思わせなければならない。

君主の神格を信じるのは二つの意味で驚くべきことのように思われる——われわれは自分のことで驚き、また他人のことで驚くからだ。そのような状態にどうして身を置くことができよう、またある人物を神様のように思うほど崇拝できるか。ニュルンベルクでの〔ヒトラーのナチ政権が開催した大政治的集会のときの〕熱狂ぶりと「個人崇拝」はどうして起こるのか。もう一つ驚くべきことは民俗誌学に関係している——どうして人民は人間を神だと言うほど異人種になれるのか。神という語をかれらのうちに見て、われわれは驚き、その感情はわれわれにおいても驚くべきことである。

帝王は神だと本当に信じられたのか

第一の問題点はもっとも解釈しやすい。未開人中の未開人、またはファラオの最低の臣民でも君主を神だとは決して思わなかった、というのも君主が死ぬことを知っていたし、また君主をわれわれの世界の人間であり、目に見える存在だと思っていたからである。他方、神々は一般に人間には見えず、現実のものとは異なる存在論的領域に属している。未開人は首長に対して熱烈な気持ちを抱いているが、それは本当の神、たとえばオシリスやアポロンのような神の観念から生じる同じような熱烈な気持ちとは必ずしも同一ではない。未開人は王者を超人とか、瘰癧《るいれき》にさわって治療できる超能力を持った人間だと思うかも知れない――人間を神のような人だと信じるのは平凡で易しいが、それが神だと信じるのは別問題である。

思い出されるが、エジプト人はファラオを「神」だと信じるとともに人間だとも思い、その人間のほうは死後、神々によって裁きを受ける。ギリシア人やローマ人も同様に無邪気であった。かれらはエジプト人のように国王や皇帝を生死にかかわらず、言葉の上では神だと「信じた」。だが実際問題では……ノックは、宗教的テキストを文字どおりに理解しようとする傾向に反抗して、示唆に富む指摘を行なった――生死にかかわらず、皇帝という神に捧げられた奉納物は一つもない、と。ギリシア語とラテン語の幾千にものぼる碑銘は皇帝を神だと言っている。ほかに幾千もの碑文は何らかの加護を祈願して、どこかの神に捧げられた奉納物である――病気の治癒、安産、旅の無事、失《う》せ物などのためである。だがこれらの奉納は一つも皇帝を神だとしていない。ギリシア人またはローマ人が真剣に皇帝を神のように崇拝していても、別に本当の神が必要であった、だから決して皇帝に祈願しなかった、ただし皇帝たちは臣民の宗教的感情を自分のほうへ向けさせて利用したと言われることもある(50)。だから皇帝がキリスト教に改宗した後も、あまり変化が感じられなかったことは驚くに当たらない。言葉や概念が変わっても、同じ感情はその感情が続くかぎり存続した、ただしその言葉や概念は反対のものになったかも知れないが。一九四六年一月一日、昭和天皇がラジオを通じて「わたしは神ではない(51)」と宣言したときも、日本人の感情には何も変化が起こらなかった——ある意味では、日本国民はそのことを知っていたし、他の意味では、依然としてそのことを理解しようとしなかった。

古代人は思い違いをしていなかった。かれらは帝王を神格化することが宗教的信仰であるというよりはむしろ決定であった、つまり「神々に匹敵する名誉」(*isotheoi timai*)、つまりいけにえと祭壇(52)、つまり神々に対する礼拝の形式的なしるしを与えるという決定であることが分かっていて、繰り返したのである。君主の神格化は政治的感情が君主に向けて熱烈だったという証明になる。それはまた、われわれの感情と一般的行為のあいだに義務的な、または少なくとも組織化され、公認されるか、あるいはあっさり儀式化され習慣化される広い表現領域が広がっている証拠である。それは男女の情熱と、多少とも負担を感じさせる結婚の絆とのあいだの相違である。

君主礼拝は君主が権力を宗教的感情の上に安定させようとして定められたものだと長いあいだ繰り返し言われてきた(53)。それでは人民が言われたとおり、要求されて信じたのかとあきれるばかりである。また政治基盤がこの遠い昔においては今日のわれわれの場合とあまりにも異なっているように、人間性も三十世紀のあいだにすっかり変わったのかと驚くばかりである。実際、ファラオまたは皇帝は君主だったから神であり、神であったから君主だったのではないことが分からない者がいるだろうか。また「宗教的」というのは何を意味するのか。愛国的で君主制的な祭典は、たとえ帝王の神格へ捧げられるいけにえの儀式で始まるとしても、感動しながら神へ祈ったり、絶望したときに神へ祈願して奉納を誓うのと同じ意味で宗教的だろうか。君主礼拝(54)が不真面目なものであったとほのめかすつもりはない――愛国者にとって国旗敬礼ほど真面目なことはない、だが国旗にいくら敬礼しても、それは宗教的感情ではない――国旗敬礼は愛国心を説明するのでなく、祖国愛から真面目さを引き出すのである。国旗敬礼は愛国心の基礎でなく、また国旗の色が、ある軍隊では宗教的と言えそうな敬意を受けているという口実で政治哲学が覆されることにもならない。

もっと最近の解釈では、この困難さは解決されなかったとはいえ、君主礼拝の真面目さが強調され、その礼拝を「理解」させるメリットがあった――この解釈は、古代人によって説明されていないこの漠然とした感情を分析していないが、その感情をあるがままに混然とした状態で再現しようと努力した、そのおかげで印象主義的な多くの暗示が残された。

その最大のメリットは、君主礼拝が真面目なものであるとともに自発的なものであったことを見抜いたことである。ギリシア・ローマ世界において君主礼拝はたいてい、臣民あるいはむしろ自治都市の自発的行為であり、君主からの命令ではなかった。皇帝は、軽率に言われるように自分を崇拝させはしない――崇拝させておくのだ。あるいは、みずから自分を崇拝させるなら、それは僭主である。アウグストゥス礼拝はイタリアの都市における神帝アウグストゥス礼拝官のあいだで(55)生まれ、それが次第に他の都市から模倣された(そこからアウグストゥス礼拝制度が地域的に多様化する)。だから中央権力がつくったのではない。時にはギリシアの都市または属州内の同盟都市が協力して、毎年、時の皇帝へいけにえを捧げ、都市の守護神の祭壇で皇帝へいけにえを捧げたり、その神の神殿で皇帝の神影を飾ったり、その神と同じ玉座に神と並べて皇帝を祭ったり、(56) あるいは時の神たる皇帝を地方の祭りで祝ったりしている。そのときには都市や属州は皇帝祝賀の予定を皇帝へ通知して認可を求める(57)――そのような祭りの開催の命令は出されていない、つまり自発的にギリシアの多くの都市は、生きている皇帝を神に祭り上げた（あるいはむしろ秘跡方式によって皇帝のうちに神性を認めたのである）。(58) もちろん、この中央権力自体が神格化を定めることもあった――アンティオコス大王は自分に対する礼拝を導入し、みずからその大神祇官になった。だが自発的でないこのような礼拝の場合でも、国民の真面目さは疑う余地がない。皇帝礼拝を行う熱意を証明する資料はあまりにも多い。

帝王への愛、誘導感情

この熱意を理解してもらわねばならない。ある学派が総動員でたいへんな努力をして、皇帝礼拝の情動的構成要素を読者に暗示しようとしたことがある（ただしその要素を過大評価し、充満した情動負荷のきわめてありきたりな誇張を認めることになるかも知れないが）。この学派は神官と詩人たちが皇帝権力の神学に与えた公的または衒学的な発展を研究し、君主礼拝を高揚する観念連合を追究した（たとえば「競技会と皇帝礼拝との関係」）。この学派は問題の中心を定めるよりもこのテーマの豊かさを示した。事実、リュシアン・フェーブルの原則にならって（宗教的な事柄には宗教的な原因がある）、外見上、宗教的に見えるこの現象を宗教的に説明しようと試みた。だが本当の説明は政治構造に求めるべきである。宗教的か否かは問わず、情動というものは何も説明しない。逆に、それを誘導する構造によって説明される。情動性はあまり変化しない、また類似した感情が異なる組織、神権的君主制、あるいは族長的家族のような単純なサブグループによって誘導されることもある。君主への感情は、それから生じた観念的関係を通じては、それ以上説明できないだろう。このような感情の描写では、何よりもまず示すべき重要な感情を常に画面の中央に置いていたとは言えない——帝王への愛、この感情は自然であるので、それが欠如していることだけでも驚きであろう。

それでは帝王への崇拝や愛を「説明すること」は何を意味するのか。父親に対する子供の愛情は、同じくおのずからなる愛情である。だが帝王への愛とはきわめて異なっている（帝王への愛は個人間の愛情ではない——帝王の臣民はあまりにも数が多く、帝王と向き合って暮らしていない）。それでもこの二つの愛を説明することとは、それらの愛が生じない構造とは反対に、いかなる構造から生じるかを述べることになる。それは問題の愛が誘導されない他の組織タイプ（官僚制、チームワーク、等々）とは反対に、自動的に問題の愛が生じる依存形式と組織タイプを示すことである。そのためには政治的または非政治的組織に関する一般的理論が、たとえ手始めにすぎない構成だとしても必要であろう。また情動の心理学も必要だろう、つまりある状況が感情になって現われる理由を説明する。とにかく帝王への愛を未来の理論の片隅に暫定的に置いておくことができよう。

人間が概念化できない状況に対して感情的に反応するのは珍しいことではない——かれらはただ強烈な感情を感じると知るだけである。君主への賛美は、主観的権利による君主権に対面することなく服従することから誘導される。君主は神、神々に守られた「大神」の恵みを受けた帝王と言われ、また当該文化から生じる偶然的理由によって、大神官、天才的長官、あるいは救世的長官と呼ばれる。

情動は、政治的長官がその権力を自分の手で掌握している状況に対する反応である。つまり何よりもまず、被支配者にその長官を転覆させる権利がないことを意味し、そのとき、被支配者はよもやこれほど偉い支配者を取り替えようとは思いつかないだろう。このような条件が情動を生じさせる。なぜか。その回答は情動理論によって異なる——たとえば、もし感動に、あまりはっきりしていなくても意図的なものが見えたら、長官への愛は自己喪失の絶望からのがれるための前方脱出となるだろう。この理論は好きなように考えられるだろう。われわれにとって重要なことは、遠くにいる長官が支配者であるなら、その支配者の姿は臣民の目に普通の人間より大きく映り、偉そうに見える。その権威は、臣民のほうから服従するのがよいと判断される場合（*oboedientia facit imperantem*）の服従からは生じない——それどころかその長官から発する一種の感応力で説明されるように思われる。ここに、人間たちとその中に長官がいて、この長官は人間たちから受けとることなく長官としての権利があるとする——この長官はわれわれのあいだに降りてきた神でなければならない。君主は、受託者、あるいは個人的長所または強力な手段でのし上がったのでなく、僭主か一種の神でなければならない。なぜなら、もし神、つまり本物の神が天からわれわれのあいだに降りてきたなら、どうしてそれを長官だと思わずにいられようか。そしてわれわれは神に向かうときのような態度で、当然、かれに接するだろう。君主礼拝はこのタイプの熱情にほかならない。

心理的に、それは漠然としたままであるが、その漠然さが生じる政治的環境の限界ははっきり分かる。半世紀前に、法学者レオン・デュギはあまり帝王崇拝について考えないで、次のような言い方で国家の主観的権利の理論を批判した——「地上のある意志が他の意志より優れた本質を有するなら、そこにはある人間的意志のために他の人間的意志の上に存在できる優越性があるからである。だからこそ自然に、論理的に、ある種の人々に命令権を与えるような超人的意志を介入させようと試みられたのである。はっきり言って、この論理的にして自然な観念こそ、すべての神権政治論によって表わされている」[59]。君主は神である、なぜなら人間には神をつくる権限がないからだ、ところが人間のあいだで国王をつくったり、滅ぼしたりすることがあまりにも多く起こっている。民主制は、ときおり同じ論理をその法律に適用し、それが神聖な法律と見なされた。デモステネスがどこかで言っているが、法律は市民によってつくられた規則であっても、神々の発見であり、贈り物である[60]。かれは、人間が法律を基準として定め、自然的または文化的な現象と見なしていないと言おうとしているだけではない――人間がつくったり、破棄したりできるような力を越えた優れた力のある確かな法律が存在すると信じたいのである。かれの暗示によれば、神々の作だと言えるほど正しい規則こそ、法律という美しい名にふさわしい。

半‐神と見なされるよりは神と言われるほうがよい

ある種の人間は、その機能によって普通の人間以上の存在となる――それが偽らざる自然な態度であり、そこでは表象と情動が不可分である。だからといってこの人が神だと言われるまでには深い溝がある――その人を神のような人(われわれの神話では「天才」になる)と思うほうが常識的で妥当だと思われる。どうしてその人を神、あるいはむしろ半神だと言えなかったのか。ここでわれわれは自発性から制度へ移行する。「これは神だ!」と言うのは意識の上で逆説的な表現になる、つまり実際にはその人の値打ちをうやうやしく高めながら、別の値打ちを高めることを正当化するからである――それが礼拝するということになる。神という語は、自明のものに加える暴力を表わすために用いられる喚喩である。この暴力はまず、なんらかの可信性を前提とする(これは古代異教にあってはあり得ることだが、キリスト教の神では考えられないだろう)。さらに公的権威がそれを強制するか、あるいは少なくとも集団がみずから強制するか、許容し、それを制度化するか、少なくとも慣習化して、真面目に従わせる、と想定させる。

実際、君主の神格化はあっさり制度化されるか、それとも信心深い崇拝的態度を冷静に真似ることである、ちょうど結婚式が公式に「わたしはあなたをいつまでも愛します」と唱える興奮的瞬間を設けるのと同様である。このように敬虔な感激はよく知られた事実である。あるパピルス古文書で、ファラオについて「われわれのあいだに生きている《お方》は決して人間ではない」[61]と記されている——この誇張した言い方は、自分で意識している。誇張が手段となるのは、それが精神錯乱を装うときであり、そのために誇張された表現が繰り返され、それがますます称賛すべきものとなるばかりである、なぜならそれはまさしく信者の本当の感動を表わしているから。

だが、わざわざユピテルが神だと宣言するような者はひとりもいなかった、なぜなら疑いようがなかったからである。神について「そうだ、これは神だ!」と言われたことは一度もない。しかし皇帝のためにそう言うのは立派なことである。本当の神々については別の誇張法が用いられる、たとえば数ある神の中から単一神を持ちだすのである——「あなたはわたしにとって唯一の神、いや、むしろあなたはすべての神を同時に併せている!」君主については、一段と下がる——あなたはわたしにとって、本当の神だ! ある詩人は純朴な羊飼いにこう言わせている——「わたしが平和に暮らせるのも神のおかげだ、なぜならわたしにとってオクタウィアヌスは永遠に神であり、その祭壇にたびたびいけにえを捧げよう」[62]。この言い方は架空の羊飼いが使っているが、実際の信者にも用いられた。まず、感動的瞬間の表現から始まる——ここで、オクタウィアヌスはウゼナーの言う「瞬間的神々」のひとりになる[63]。オクタウィアヌスが永久に神となるにはこの言い方を儀式化すればよい。儀式化するはずである。言うは行うことだから——だれかを神にしたければ、その人を神だと認めればよい。ただしその人がすでに神でなかったら、そうは認めなかっただろう——聖なるものはつくられるのでなく、発見されるだけである。

帝王は神である、つまりかれは当然の権利として君臨し、また逆説的だが、かれは半‐神に劣り、たんなる英雄に劣るということを意味する。半‐神は個人的功績によってその権力にふさわしいことを示し、現場においてそのように判断された。他方、神という肩書は王冠と結びついて自動的に後継者へ伝わる。(64)かくて君主は、たとえ玉座が軍部クーデタや後宮革命に揺さぶられる時期においても神でありつづけることができる。

古代人はほとんど無差別に、文豪、征服者、またはわれわれなら天才と呼ぶような霊感者を神々、(65)英雄、(66)または半‐神(67)と呼んだが、帝王の場合は、このような無差別な態度を改めて、賢明にも皇帝を神と言い、決して英雄とか神的な人とは言わなかった――君主については、語法が改められ、対立したものが結合される。それも当然である――帝王が神になるには君臨するだけでよい、同じく神々も功労なしで神になっている。神は偉大なことをする、なぜなら神であるから。それに反し、英雄は英雄になる、なぜなら偉大なことをするから。中世では、国王は神でないとしても、少なくとも神聖視され、神の恵みを受けた王である。国王がメロヴィング王朝以後、聖人にされるのは例外的である――ルイ九世は個人的功労によって聖別されたが、その功労は君主制と結びついた神の恵みとは無関係である。(68)皇帝は神であったが、半分だけの神ではなかった、なぜなら皇帝が多少とも皇帝であるとはならないからである。皇帝は、臣民が望めば臣民の権利によって神だと宣言してもらえるその国唯一の生きている人間であった――皇帝にはその占有権があった。

したがってギリシア諸王や皇帝らが神格化されることができたのは、ヘレニズム時代において、神々と人間のあいだの（さらには単一神教のために、神々そのもののあいだの）境界があいまいになるからだと、くり返す必要はない。まさしくその逆である――君主を称賛するために神の観念が完全な古典的明確さで回復されたのである。ここで消滅したのはその明確さでなく、人間におのれを知り、人間は神ではないと知ることを命じた謙虚さの規定であり、さらに神々への借りを返すように命じ、感傷的な気まぐれを禁じ、信者に単一の神を選ぶことや、選ばれた神がすべての神だと思われるなどと表明することを許さなかった古い崇拝の仕方も消滅した。

皇帝は、神々がもはや英雄や人間とはっきり区別されなくなったから神格化されるのではなく（皇帝は英雄や人間と立派に区別されていた）、むしろ人間が他の人々を感傷的に神格化するのを破廉恥だと思わなくなっていたからである――かれらははっきり故人を神格化していた。だからこそ君主に対するギリシア・ローマ的礼拝には、なんとなく無気力で、ひかえめで、ときにはヴォルテール的なところがあるのである。ファラオ礼拝のような「オリエント」的な重々しさとはまったく似ていない。なぜならエジプト人のほうは、人間が神ではないと思いつづけたからだ――だからファラオを神格化するのはほとんど専横な暴力行為であり、人間的謙譲さに対する僭主的攻撃であった。反対に、ヘレニズム時代の帝王は自分を崇拝させたり崇拝させておくときは、あまり人の意識を蹂躙していない――たんなる感傷主義的な軟弱さである。

神格化のニュアンス

そこで各社会がそれなりのやり方で帝王の崇高感から制度的神格化へ移行することが分かる。だがそのように移行しない場合も多い――主観的権利による君主は大神官になるか、聖別されるかである。ファラオは神であり、日本の天皇もそうであるが、その近隣の古代中東の王や中国の皇帝はただ神々に守られた人間、あるいは神権を行使するだけである。おまけに神という語はどこでも同じ意味ではなく、ローマ人の神はわれわれが呼んでいる神と共通した名称にすぎない、だがその問題は後の「補遺」へまわそう。

ただの感情から神格化への移行は、それが歴史的出来事であり、主意的行為であり、さらには政治的決定であるから、いっそう不規則に生じる。ヘレニズム時代の都市は、都市の創始者や恵与者に対する崇拝にならって自発的に帝王を神格化している。[69] プラトンによれば、[70] 哲学者は死後、都市の守護者として、「神々、もしくは至福で神のような人々へ捧げられるように公的ないけにえを受ける」。ローマ時代のイタリアでは、皇帝は生前にイタリア臣民から礼拝されることを拒んでいる、これは自分の神殿を建てさせなかったガンディーやネルー[71]に似ている。生きている君主への礼拝は地方人にしか認められなかった。その礼拝には神官や高官らの手が加えられ、常に慣例的で、意図的な何かを含んでいた。その礼拝の創設者になった知識人や有力者は一般大衆の謙譲さを君主のほうへ高めようと努めた。君主礼拝は一般信仰には決して適合しなかったが、一般感情にはよく適合した。

イデオロギーが口癖のように言うように、制定された礼拝は服従に誘導されたその一般感情に何かを追加し、服従を強化するだろうか。それはさまざまである。その感情自体も、親子の愛情のように個人間のものではなく、君主と臣民のあいだに個人的な忠誠の絆もつくらない——やがて軍事クーデタが起こった後に、人民の新しい「父」は人民全体の愛が自動的に自分に向けられるのを知るだろう。だが、もし感情が礼拝や、決められた行動や、社会的に義務的な表現(礼儀または喪のように)の口実になったら?

崇拝される君主と崇拝させる君主の区別から始めよう、これについては古代人はきわめて敏感であった。崇拝させる君主は僭主であり、命令でもって愛させようとする。セネカの悲劇において、僭主の取りまきの一人が僭主に言う——「世評があなたに反対するのを恐れないか」。僭主は答える——「王権のいちばん楽しい特権は、支配者の行為を受けいれさせる、いやむしろ賛美するように人民に強制できることだ。人は称賛を獲得すれば本当に強い人だと思われる。国王が善行しか行えないなら、真に王国の所有者(*precario regnatur*——法律用語)ではない[72]」。

この詩句は専門家の言葉であり、君主にとってこの象徴的な過剰圧力の狙いが何であったかを示している――かなり観念的な狙いであるが、服従のあり方である。帝王は臣民をいっそう従順にしようとしたり、臣民の反抗を押さえつけようとは努めない、また専制的あるいは革命的な命令に服させようとするつもりもない。つまり臣民が偉人や超人的存在に従うように服従する気持ちにならせたい。アンティオコス大王がアレクサンドロス大王の偉業を更新するほどの長い遠征から戻ったとき、かれは国家的君主礼拝を定めている、つまりかれは臣民から英雄にふさわしい敬意を受けたいのである――当時随一の有名人になる特権をハンニバルと競うのではなかろうか。カリグラが自分を崇拝させようとするとき、皇帝権力の座は人間業では及ばないということを臣民の頭にたたき込みたいのである。(73) これは専制的であると同時に空しい試みである、なぜなら多くの人に無理やり自発的でない熱烈な感情を持たせようとするのは無駄であるから。政治化しようとするなら、しっかりひと握りの活動家を抱き込むか、それとも群衆をただうわべだけ抱き込み、群衆をたまげさせる。アンティオコスは成功したようだ、なぜならかれはすべての人から称賛されたから。だから専制君主という思い出を残さなかった。カリグラはあまり自発的な称賛を受けなかったから悪い思い出を残した。

君主礼拝の存在は常に何らかの政治的兆候である。(74) マケドニアのような、大貴族が国王と対等で話したような国民的で族長的な王国において、君主の肖像が少なくとも独裁的なフィリッポス五世の治世まで貨幣上に現われないのは偶然ではない。(75) だから兆候であり、その意味は状況に依存している。たとえば帝政時代に、ギリシア都市では、存命中の帝王または皇族への礼拝がおのずから増加している。これは「退廃した」ギリシア人の「追従《ついしょう》」であろうか。ほとんどその反対である。これらギリシア都市は自治体というよりはむしろ外国の都市の衛星国であっても自律的な小国家だと自任していた。事実、これらの都市と帝国との関係は明確に規定された行政区分というよりは非公式の依存、力関係、またその意味では国際関係に近かった。[76] これらの都市は、頭上の支配者を崇拝する卑下した臣民のように外国人の皇帝を崇拝しない。ギリシア人においては、この崇拝には外交的、国際的な意味がある（だからローマ人の礼拝を受けついだ）。すべての人民共和国におけるソ連との友好関係の深化に似ている。ローマ皇帝を崇拝する都市は、実際にはローマの衛星国だと自任し、またそうなろうとする。そこで法的には、ローマとの関係は別々の国家の関係になるはずである。紀元前二世紀以来、すでにローマの衛星国になっていたギリシア[77]はまったくその属州ではなく、また、その地に一人もローマ兵士がいなくなったときには、「世界の恵与者」としてのローマ人との友好関係を深めることとは、各都市におけるローマ親善派にとってあまりにも強力な保護者への友情を表明するのに役立った。

制度化された礼拝は確かに自然な感情に何かを追加し、その感情を表明するだけにとどまらなかった、なぜなら愛の宣言はその発露以上のものであり、正式の形をとるならただちに約束となり、自己に対する自己への服従となり、結局、他人への服従になるからである。感情の表明をしなければならないという単純な事実が権威の存在と違反者に対する罰の可能性を感じさせる。だが図式化するのはひかえよう。政治生活はすべて自発性と強制の両極に分割されない、もっと複雑である、人々を掌握することに帰すのではない、付属的な欲求も考慮する。君主礼拝は儀礼にすぎないことが多い。ところで、儀礼の目的は、象徴的な暴力というよりはむしろ相反する利害の衝突によって引き起こされる日常生活の著しい混乱から生じる苦痛を避けることである。ときには帝王は自分の存在を公衆の前で確認しなければならない。その理由はここでは重要でない、そしてそれが一般的祭典と呼ばれるものになる。ところで、それを行うためには、帝王は自分の威厳ある存在の意義と生きた時間の平凡さとの間隙をうずめるために厳粛さを帯びていなければならない。不幸にして、どのような礼式にもバレエの台本のようなものが要るので、それをつくらねばならない。それに皇帝礼拝が組み込まれて完成する。そのすべては礼式にすぎない、また礼式を礼式だといって非難する者はいないだろう。

敬意の外面的なしるし

皇帝の神格化は、神格化するという動詞の二つの意味において、真摯な感情であるが、それが表わされ、そしてつくりかえられる。またその神格化は無邪気な礼式にすぎないことが多い。この二つの理由で、皇帝という神に向かって幾粒かの香《こう》をたいて捧げるローマ人に「あなたはあの人を本気で神だと信じているのか」と尋ねるのは大いに慎むべきことであっただろう、というのも相手を面食らわせたに違いないから。そのローマ人は当然皇帝が人間に違いないと分かっていたが、そうは言えなかった、なぜなら真面目にそう答えても、やはり真面目な気持ちに背いただろうから。しかもそのローマ人はそのような無駄な質問には何かよこしまな下心があるのではないかと疑ったに違いない。なぜなら礼式ほど無駄なことがあろうか。それは他のすべてのしるしと同様に恣意的なものであり、それに言いがかりをつけるのは辞書を疑うのと同じほど無駄なことであろう。

礼式は、原則が同意されているかぎり無邪気なものであり、またその原則に何も追加しない。この暗黙的または無意識な原則が疑われると、礼式は重荷になり始める。キリスト教徒にとって、皇帝礼拝は恣意的ではなかった、というのもその礼拝には、キリスト教の神でない神の概念が含まれていたからである。ただ異教徒はキリスト教的神観念を理解していなかったから、キリスト教の殉教者を敵対者とは思わず、ただ愚かで、よこしまな頑固者としか見えなかった(78)。だから象徴には固有の豊かさがあり、象徴されているものと容易に切り離すことができず、また象徴は無駄なものでもない。祖国を尊敬するが、国旗は無駄な象徴だから軽蔑するというのは常に微妙な問題である。祖国が尊敬されるのは当然だろう、だが祖国の象徴を否定すれば、ほかのこと、つまり祖国そのものでないとしてもやはり存在する何かに礼を欠くというのもやはり真実である。

キリスト教徒は自分を犠牲にしてそのことを教えた。皇帝礼拝は、一方では君主に対する忠誠の象徴にすぎなかった、またその忠誠を拒否したキリスト教徒はごくまれであった。他方、皇帝礼拝はそれ自体で存在し、宗教的組織も含み、異教徒にとっては自明のことであったので、ほかの組織があるとは思えなかった。皇帝礼拝とキリスト教徒との衝突は教義的宗教と典礼的宗教との衝突であった。殉教者らは聖パウロの福音書に忠実であったので、皇帝の威厳を尊敬する気持ちはあっても、崇拝的儀礼で忠誠を表明しようとしなかった。行政当局と人民はその差別に怒り狂った、つまりその差別を理解しようともしなかったし、不可解なこの頑固者らの不服従に腹を立てた。このような無理解が権威主義といっしょになって、ついにはキリスト教徒を処罰するようになり、厳罰の理由としてキリスト教徒が皇帝礼拝の権威に逆らったという事実を挙げた。この間違った概念化が頻繁にたどった経過の末に、象徴が象徴されるものに「貼りつき」、象徴を攻撃することが象徴されているものを攻撃するのだと誤解させるようになる。かくて二重の錯覚が生じ、象徴には固有の存在があり、たんにその反映にすぎないことが忘れられ、やがてそのような反映に憎悪を招くほどの強固さがあることに驚かされる。

キリスト教徒迫害についても、また皇帝礼拝についても同じことが言える――この迫害は政治を究極因としていたが、実際的な原因、つまりその原因と結びついた象徴においては宗教的であった。だからキリスト教徒は謀反者、無神論者として憎まれ、この二つの「原因」が補完しあった――一方のものは他方のもののたんなる象徴的な反映ではなかった。聖ポリュカルプス[79]は、総督から皇帝を神として敬うように命じられる——「皇帝の命運にかけて誓いなさい、そうすれば釈放してやろう」。人民は「無神論者を死刑にしろ！」と叫ぶ。ポリュカルプスは、君主を敬ってもよい、なぜなら「神によって定められた長官や行政当局を丁重に敬うようにと教えられたから」、しかし礼拝するようにとは教えられなかった、と答えている。

ローマの行政当局や人民は、殉教者に、皇帝の神性を信じ、それを表明せよとは要求していないことに注目しよう。かれらの要求は、われわれの軍隊において敬意のしるしと言われていることである。なぜなら皇帝礼拝は古典古代の典礼主義を遵奉していたからである。つまりその礼拝は祭りと典礼で成り立ち、敬虔な気持ちがそれをできる限りの細心さでもって完成させていた[80]。だがすべてが外面的だという意味ではない。典礼主義的宗教を理解してもらうのによい例はわれわれの軍隊的儀礼である、つまり心からなる熱意を示す方法は「完全に、秩序正しく」行進し、軍旗に余計なしわをつけないことである。さらに、その行進に続く大衆的、民俗的祭典を想起しよう。ところで、典礼主義には情動の面で自動操作が行われるという大きいメリットがある。熱心になろうと思わない、だがそれでも熱心でないことにはならない。

このような儀式に参加する者は専門職の人々によって練り上げられた祭式の展開に、敬虔な気持ちで、それともぼんやりしながら従った。かれらは細かい点には気を遣わず、ただそれが本当の儀式であればよかった。せいぜい、その中の一人くらいは、この儀式の特徴的な意味を好奇心で説明し、信仰の巧妙さに感心するかも知れない。なぜなら典礼は本質的には何も象徴しないからだ、音楽と同じである。典礼は必ずしも他の現実、さまざまな信仰を参照させない。一種「独特の」行為を形成し、重要なことは物事を儀式的に行うことであり、細かいことは恣意的なままである。その細かいことは音楽かダンスでもよく、またはテーブルマナーのような所作ごとの無意味な複雑さでもよい。なぜそのような所作、そのような儀式的服装が必要なのか。どうしてほかのものであってはならないのか。なんでもないことである――すべては、これがそうであり、他のものではないからである。どうしていけにえの祭壇を菱形にしなければならないのか、四角ではいけないのか。それは祭壇を「アド・リブ」でつくらないためである――本質的なことはそこにある。もちろん、事後にすべての説明がつけられる――バラモン教の文献の一部は儀式の象徴的な解釈になっているが、いずれも劣らず巧妙である。これらの解釈が「事後」でなく、本当の説明になっていることもある。なぜなら儀式をつくるとき、象徴主義を援用すればかんたんにつくりだせるからだ。それは純粋音楽から、限定された想像力の源泉である表題音楽へ移るようなものである。それでもやはり典礼は本質的に表現であり、神への礼儀であり、象徴ではない。帝政時代の神学と典礼を詳しく検討するなら、当時の文化的、宗教的状況について多くのことが分かるはずである、だが皇帝とそのイメージについては何も分からないだろう、ただ、無数に変化して繰り返される肯定的な考えはある――皇帝はおのずから君臨する、したがって皇帝は人間以上である。同じくそれが秘かな疑念であれば――人間以上であれば、本当に神だろうか。事実、ローマ帝政において、君主礼拝がまれに、極端な形式、つまり血のしたたるいけにえの儀式になったのは暗示的である。たいていは香の粒を献納するだけだった。神格化された君主へ、本当の神々へするようにいけにえを捧げるのは、ある種の公共的儀式の場合に限られていた。(81)

皇帝礼拝の多機能性

君主礼拝には、以上説明した主要な機能のほかに他の機能も存在した。同じ社会的事実に多くの機能があったり多くの喜びがもたらされる可能性があってもよかった（実際、どうして一つの機能しかないと言えよう）。その中で恵与指向と礼式を挙げよう。

古代異教文明の神髄は典礼と祭典で成り立っている。皇帝礼拝もまた、当然、恵与者が都市へ一般大衆の歓喜を提供するのに役立つ。君主を礼賛するという立派な口実ほど体《てい》よく断われないものはなかった。紀元一世紀には、一般的に剣闘士の見せ物は時の王朝を祝賀するという口実で開催されている(82)。ローマ帝国の「属州の民会」も祭典願望（剣闘士の試合という破産的な行事は豪華な歓喜の花形であった(83)）に応えていた。それはまた地方に来ているローマ総督に対抗するために各都市が結集したがる欲求の表われでもあった。中央権力への忠誠を再確認するために、皇帝礼拝を集会の口実にするいま一つの理由にもなる。

最後に、礼式がある。レジャーが自由に選べるほどの歓楽に恵まれず、集団的で、無料で、公共的であったこの時代では、なんらかの厳粛さがなければうまくゆかなかった。ところで古代では、厳粛なことすべて、またイデオロギー的なものはたいてい宗教から拝借した、だから宗教は社会生活全体に及んでいるように思われる（これはフュステル・ド・クーランジュの説の真実の部分である）。都市、同業者組合、恵与者らは祭典、饗宴、さらには競技会を組織しようとする。祭典は文化的となり、饗宴はいけにえの儀式に続き、競技会は神へ献納されるだろう。だが、どの神に？ すべての人の同意が得られる唯一の神はその時の帝王である（もしくは死んで、神格化された皇帝たち）。実際には、別の神が万能の神の役をつとめる、それは都市の守護神である、だから両者ともよく利用される。公共建造物、橋、都市の城門、さらには日時計がつくられたとする、それには立派な銘が刻まれるはずであった、それは建造者たる恵与者の名前だけでもよい。そのとき、これらの建造物は庇護者から地元の神、皇帝、さらに都市へ献納されたという銘が刻まれた(84)。

主観的権利による君主、またときには万能の神——それは皇帝であり、またキリスト教の勝利のような

「現実化した」実験がわれわれの分析を裏づける、なぜなら皇帝はキリスト教徒になっても依然としてそのままの存在であったから。

キリスト教の勝利よりはるか前に、皇帝礼拝は少しずつ盛大になり、専横になった。儀礼はますます荘厳になった。公式または「追従《ついしょう》」で考え出された皇帝の添え名はますます長くなり、君主の臣民は支配者 *dominus* の前で謙譲さを競った。公的な肖像もますます厳かになった（紀元一世紀の皇帝たちはヘレニズム時代の帝王のように知的または若い神のような容貌であったが、四世紀の皇帝たちはビザンチン的キリスト像またはムッソリーニ的長官に似ている）。後期ローマ帝国のバロック的重々しさは二つのことから来ている——一つは政治的象徴体系の儀式化であり、他はその時代の散文を支配しているゆがんだ「脱現実的」修辞学である。[85]

なぜこのように荘重な重々しさか。異国人や軍事クーデタに脅かされ、不安げに元首のまわりに寄り合う帝国の防衛的反応だろうか。そういうことはまったく考えられない。真実はもっと単純である。皇帝礼賛は二つの障害にぶつかっていたのである——元老院の貴族階級は皇帝が支配者ぶるのを好まなかった、また帝国の「植民地主義的」覇権構造のために、地方人が存命中の、立派に思われる皇帝を神格化するのは、首都の市民たるイタリア人にとっては許せなかった。ところで、紀元三世紀の制度改革で、ローマは都市化され、イタリアは地方化され、また元老院の貴族階級は完全に権力を失う。今後、君主の権威に恭順を誓ってもなんら問題はない。

たとえその権威がキリスト教徒の皇帝という形になってもである。キリスト教徒またはアリウス派の君主は廷臣たちに「崇拝」*adoratio* を要求し続ける。「聖なる意志、または神のようなわが意志を記した神のごとき特許」——これは紀元四二四年に、キリスト教徒の君主が勅令や特許状に添えられている言葉である[86]。皇帝の神格化は本質的には政治的なことであるが、神のおかげで君臨できるキリスト教徒皇帝のために維持された[87]、あるいはほぼ維持された。帝政時代におけるキリスト教的世紀ほど、皇帝とその法律が神的で神聖なものだと形容された時期はない――当時、はじめて君主たちは存命中から「神」*divi* と呼ばれた。

皇帝礼拝官も存続し続けた、なぜなら皇帝の神性は恵与や祭典の口実になったからである。ローマ帝国下のアフリカでは、キリスト教徒の皇帝礼拝官が現われる[88]。ガリア地方の、サン・ゴーダンの近くで発見されたキリスト教的墓碑銘では[89]、ある有力者の敬虔さと栄光が称賛されている、つまりこの人物はこの地方の皇帝礼拝官であったと思われるが、かれは円形競技場で狩猟競技を催し、観衆の拍手喝采を受けた。その後、慈善事業が優勢になった。アミアヌス・マルケリヌスによれば、ランパディウスというローマの長官は「法政官として盛大な競技会を開催し、またきわめて豪勢な寄付もしたが、平民の騒ぎに悩まされた、というのも平民はしかじかの花形のために不当な贈り物を要求したからである。そこでかれはヴァティカンから貧しい人々を呼び寄せ、大金を配った、それは自分の気前のよさを示すとともに、平民への軽蔑を表わすためであった[90]」。これを語っているのは異教徒である。

カリスマ――帝王、ド・ゴール、ヒトラー、スターリン

さて、社会学的歴史から歴史的社会学へ移ろう。昔の帝王の神格化と現代の国家元首の礼賛の例のあいだに見られる漠然とした類似と多くの相違点がある。マックス・ウェーバーではカリスマの概念があまりにも漠然としているので、明確にしなければならない点があると言えよう。つまりカリスマは「ある人の並外れた性質(現実のもの、自称のもの、推測されたものでも構わない)、つまり凡庸を越えた特質[91]」と

なろう。カリスマはたんに政治において作用するだけではない。

政治以外でも、カリスマ的人物は宗教、詩、哲学、精神分析等の開祖であるから、信奉者らはこの開祖を真理の認識者だとしているが、その真理は信奉者のあいだにしか伝わらず、その真理の発見は他の知性には理解できないだろう。さらに、なんらかの権威がその人物から輝くので崇拝の念に依存心が加わる。アンファンタン教父やシュテファン・ゲオルゲがいかに信じられないほどの熱狂的礼賛を受けているかは周知のとおりである。キリストが弟子たちに対してどれほどのカリスマ性を発揮したかは『ヨハネによる福音書』が他の三福音書よりもよく分からせてくれる。

カリスマは排他的でない奇跡を伴う場合が多い。どの社会にも、例外的人物、またはたんなる太った男が超能力者だと思われ、子供の病気の治療を頼まれるのが普通である。帝王にはさまざまな能力があるとされる。エペイロス王には病気治療の能力があるとされた。ハドリアヌス帝に治してもらった盲人がいる。(92) フランス王やイギリス王は瘰癧《るいれき》を治し、そのような能力は人格や血統というよりはむしろ王冠のせいだった。申すまでもなく、国王は王であるからこそ奇跡を行い、奇跡を行うから王ではない。帝王という権力から生じる崇高で神聖な観念が権力保持者にたやすく奇跡を行える能力を帯びさせたのだと説明できよう。それは逸話的な詳細にすぎない。むしろ逸話的でないのは君主権の超人的観念である。

ここで政治の分野に戻ることになる。そこでカリスマの概念が明確でも、一様でもないことが確認される。シュテファン・ゲオルゲやヒトラーへの崇拝、さらに善良なイギリス人すべてが歴代の国王を偉人だと思うような忠誠心を同じ「心理的」根源に還元することは言葉の上だけということになる。少なくとも好感と誘導感情を区別しなくてはならない、この区別が自然な意識に気づかれない、つまり自然な意識は「保護者」をその徳のために愛する気にさせる。とはいえこの意識自体にとって、国王への愛と独裁者への崇拝は同じ味わいではない。

われわれは正統性の三つの根拠を区別した――主観的権利によるもの、委任的権利によるもの、そして当然の成りゆきによるもの。これらは三つの異なるカリスマを誘導する――歴代帝王への愛、偉人崇拝、そして世論の委任または承認によって元首になった独裁者のまわりに集まろうとする前進的脱出。

〔一〕臣民のために、主観的権利によって君臨する善良な帝王は、神々に守られた神、あるいは神の恵みによる王である。このカリスマほど非個人的なものはない、つまりそのまま機能と結ばれ、自動的に後継者へ伝わる。世論の存在とは両立しにくい。

〔二〕それとまったく対蹠的なのが英雄的カリスマである、これは当然の成りゆきとして主権者たるにふさわしいとされるような個人の偉業または非常な功績のおかげでそなわるものである。アレクサンドリア占領以後のアウグストゥス、一九四四年以後のド・ゴールが好例である。一度ならず、君主礼拝は偉業のカリスマに端を発し、芸術的、戦略的、または科学的な才能のまわりにただよう「霊気」に匹敵するものである。国民の救済者が帝王になるなら、さらに加えて資格としても、主観的権利によるカリスマを獲得し、それは後継者に伝わるだろう。それがウェーバーの言うカリスマの大衆化の真意であると思われる[93]。アウグストゥスは以上の二つのカリスマを一度に獲得した。アルフェルディによれば、アウグストゥスの君主権の真の根拠と歴史的起源は、長いあいだ無駄に説明されたように「帝王」(*princeps*)という肩書でもなく、また権威(*auctoritas*)でもなかった――それはごくかんたんに[94]、かれが祖国の「救済者」であったという事実である(われわれなら、国民的英雄と言うだろう)。さらにアウグストゥスは皇帝の座につくとたちまち帝王的なカリスマを帯びた、そしてそれを自分の王朝に伝えた。つけ加えて言うなら、党派的総裁として、かれには味方の個人的で献身的な絆があった。

〔三〕党派的総裁としてのヒトラー、公的礼拝を受けないペタンやスターリン――かれらの存在は委任的権力と民主制の時代の外では想像できないだろう。国民や党派は英雄の天才に感服するというよりはむしろ好きなことをしたいために受託者が必要である――権力の獲得、「約束の地」、あるいは自己救済の確保。独裁者には、臣民や崇拝者よりはむしろ党員がついている。その名がモーセであろうと、かれが存在するのはもっぱら世論のおかげである、つまり世論は何かを要求し、期待する、そしてかれが世論を味方にできたのだ。このような「リーダーシップ」的カリスマには集団の責任が含まれる。

偉業的カリスマは、いとも誇り高く、頑強に独立的な市民たちに感じられるが、委任によるカリスマのほうは総裁としてのリーダーを賛美することである。この総裁を世論は賛美するが、それは世論が選んだこの受託者の罷免権を放棄するためである――愛しているのだから、どうして追放できようか。こうして世論は自律性から他律性へ移る――内乱や征服の時代なら「政治活動」をしないで、規律正しいほうがふさわしい。なぜなら「リーダーシップ」的カリスマは、国の救済、または征服、たとえば権力かヨーロッパ征服を目的とする「侵略派」にあこがれる時代に適している（政治党派を見分けるよい方法は、わたしの見解では、党派の構成よりはその目的を検討することだ）。帝王のカリスマは他律から生じる。その平和な音楽は「事件」の起こらない時代の音楽である、だが他方、「リーダーシップ」的カリスマは自律に対する自律の反動であり、その音楽は戦闘的になる。「父」という平凡な隠喩〔温情と平和を表わす〕ほどこれに不適当なものはない。

ニュルンベルクにおける大集会の熱狂はデュルケーム流に社会が自己礼賛する熱狂であった、つまり大胆な失策を演じる前に、集まって将来を約束し、多数と決意を感じる集団の熱狂である。それは巨大になりすぎた国家において感激的条件を取り戻すことができる、つまりアテナイのように具体的な集団はシチリア遠征に出発する日にたやすく熱狂した。集団は何か大事業を起こしたくても、支配者と被支配者との不均衡のために、自分ではそれができない――組織も国家的機関もないので行動を起こせない。指導者みずから率先して行動を起こすか、選択をしなければならない。それに加えて、危険と不安につきものの心理がある[95]――計画が不確実なときは無条件で指導者に賭けやすい、というのも安全か、さらには安心のためである。今世紀はじめから、社会・民主制におけるリーダー崇拝がいかなるものであったかは周知のとおりである。[96]集団は指導者を賛美し、指導者は自分のやりたいことをし、それが唯一のかれの保証である。だから、かつてリーダーたちは、モーセがユダヤ人を引きずり込んだように神託的カリスマに包まれていた。[97]

漂流する救命ボートの上で、乗客は二つの条件で船長の「リーダーシップ」を称賛するだろう――一つは、共同の成功に各自が進んで参加することがゼロでなく、したがってみんなが感動し、忠実な臣民のように子供らしく服従するだけでは満足しないこと、および各自の実際的な分担がごくわずか、または細分されていること、でなければ遭難者らはもし助かったら自分らのほかに称賛できる者がいなくなる。かれらには、助かりたいという意味で「救済者」が必要であり、自分ではその人になれない。かれらは結局その人を発見する、なぜならその人が必要であり、探しているからであるが、英雄が数々の偉業に輝いて出現したからではない。かれらはだれを選ぶかをあまり考えていない。なぜなら「リーダーシップ」的カリスマは逆説的だから――それは強烈だが、同時に機械的である。偉業的カリスマや選ぶ愛のように強烈であり、帝王的カリスマのように自動的である（ペタン将軍のような策士的独裁者はこの類似につけ込んだのである）。権力の座についた独裁者はすべてこのようなカリスマに恵まれる、それが老いぼれた逆行者であろうと、反ユダヤ主義者であろうと構わない。すべての社会・民主党、次いで共産党のリーダーたちは自動的に、交替でカリスマに恵まれた。それは救済者が悪いことに責任なく、悪いのは大臣だということになる。スターリンが個人的に粛清の張本人であったと考えるのは「冒瀆に似た[98]」考えであったし、ペタンの神話は常に生きている。このカリスマの強烈さは世論がつくる個人的選択から生じ、その自動性は世論が選んだ総裁に服従しなければならない従順さから生じる。

〔四〕あるいは総裁から強制される従順さから生じる。スターリンは、ちょうどカリグラが主観的権利によってカリスマを生じさせたのと同じやり方で「リーダーシップ」的カリスマを引き起こした――たんに崇拝されるだけでなく崇拝させる。それがうまく行くときもあり、うまくいかないときもある、ただいずれにしても義務感の要求は「脅迫的伝達」を形成する――支配者はその権力の神聖な根拠に関して冗談を言っているのでないことを知らせる、というのもその権力で自己陶酔的な満足を味わうか（カリグラ）、それとも自己を不動のものだと宣言する（スターリン）ためである。スターリンの「天才性」は委任的権力だけが正統だと見なされる民主主義的世論の時代に主観的権利を回復させる必死の試みであった。とられた策略は偉業的カリスマを真似ることであった――スターリンは権力を保持しなければならない、なぜなら天才だから。このやり方は第三世界においても、かなり模倣された。

「人物崇拝」は一九二九年の失策後に発達する。当時、すべてが悪化し[99]、人々はリーダーのまわりに集まる。いつかはこのリーダーを追放するかも知れないが、かれが天才であり、「われわれのうちでもっとも優れている」なら、どうして追放できようか。天才とは神のような存在の自然種である。

不幸にして、天才とは神というよりはむしろ英雄の性質であり、個人の資格でしか天才になれない。ローマ皇帝は用心深く半‐神にならないで神になるほうを選んだ。スターリンのほうはその選択ができなかった、なぜならかれは理性の時代に達した世論と、「啓蒙主義」の落とし子たるボルシェビキ的合理主義を考慮しなければならなかったからである。そこにかれの失敗の半分の原因がある――天才性のカリスマは自動的に後継者へ伝わらない、なぜならすべての書記長が順番に天才であるというのは大多数の法則に反するからである。「不信感」（*credibility gap*）が許さないだろう。

被支配者が支配者を批判する時代だから、スターリンはロシア皇帝になり代わることができなかった。かれには主観的権利がなかったし、天才もその権利の不完全な代用でしかなかった。その結果、かれには恵与指向も威厳もなかった――かれの人柄や私生活にもまったく華やかさがただよっていなかった、制服を着込んだスターリンの役人的生活ほど特色のないものはなかった――現代的長官としてのボルシェビキの指導者らは、その機能のうしろに吸収される、なぜならかれらが機能を行使するのもプロレタリアの名においてであり、個人の名においてではない。そこからかれらの厳格主義が生まれる。

反対に、ローマ皇帝たちは民衆的感受性には帝国の所有者と感じられていた。皇帝らはかれら自身であり、かれら自身のために生き、金持のように贅沢に暮らし、豪勢な寄付や住まいの豪華さによって一家の主《あるじ》として見られていた。善良な主《あるじ》である――かれらには生まれついた気前のよさがあったので、恵与者になった。

以上が大衆的政治哲学である、だがそれは行政的現実に照応していただろうか。帝国という巨大な機械装置は私有財産の管理と同じ原則で機能しただろうか。それを検討しなければならない。

補遺　神々——博物学か現象学か

君主の神格化はカトリック教会における聖別のように「理解」しにくいことではない——多くの聖者をつくった一般的感情があり、また権威者や神学者の決定がある。古代において神という語は、われわれの創造主たる神よりははるかに聖者のようなたんなる人間に似たものを指していたと言えよう。だから皇帝も神格化されたのである。古代の神から『新訳聖書』または『コーラン』の神にいたるまではあまりにも遠い距離があるので、ハルナック[100]が長い注釈を書くことができたのも、「神」(*deus*)という語が異教徒とキリスト教徒のあいだで同じ実体を示すためではなく、これほど異なった二つの実体が同じ神という語で示されていることへの驚きを表わすためである。

では、古代の神とは何か。奇妙なことにこの問題はあまり疑問視されなかった。わたしの友人のある哲学者によれば、文献学者は神とは何かではなく、だれだれが神々であったかを述べた——文献学者の仕事はテキストが述べていることをそのまま信じることであるから、神々の存在を信じているのである。

それでは神とは何か。二つの回答が可能である、なぜなら神々は想像の産物であるから。われわれはあたかも神々の存在を認めるかのようにして、宗教的現象学の名において、神々の博物学を書いてもよい。またわれわれは現象学という語の真の意味において、神々がだれだれであったかを忘れ、一般に想像的産物に対する人間の奇妙な態度を述べてもよい。シャーロック・ホームズまたはジェイムズ・ボンドとは何かを尋ねられるとしよう。もしわれわれがこれらの人物に現実性を与えるなら（偏らない「判断停止」〔エポケー〕を濫用して）、われわれは大変な困惑に陥るだろう。ジェイムズ・ボンドが常に同じ年齢だと想定しなければならない、なぜなら作品から作品へ移っても、かれがいっこうに年をとらないと思われるからだ。かれの戸籍上または年代上の矛盾を解決するためにはかれの遍在能力を想定しなければならない。かれの出現順序はその活躍を語る作品の発表順序と同じかどうかを調べなければならない。だがもっと現象学的に、ジェイムズ・ボンドの存在をさしあたって除外すべきであり、真の方法は、作者と読者がジェイムズ・ボンドを生身の人間だと見なすなら当然尋ねあっただろうように、その人物について両者がそんな質疑を交わすかどうかを自問してみることだと、いっそう現象学的に認めることができる。

もし古代の神々が存在したとすれば、その神々は、自然の中で生きていた三種の生き物（もっと正確に言えば、アリストテレスの意味で自動的生き物）の一種であった――宇宙は理性的で不滅の神々を生み、理性的で死すべき人間、さらに理性的でない動物を生んだ。すべての存在には性別があり、すべての神も雄か雌である（*sive deus, sive dea*）[101]。空中を思いのままに飛び回れるのは不滅の人間である（だが永遠に若くはない）、それは人間にはできないことである。要するに、神々は空間と時間の中に存在するが、この場合、空間も時間もわれわれの場合のように実体性があるとは思われない。ある神は年をとらない、またその神は語られる短い時間のうちに好きな場所へ移動する。ジェイムズ・ボンドも読者が時間の流れを感じないうちに世界の隅から隅へ飛び、同じすばやさである。これら想像的人物たちはそれほど哲学者らを悩ませなかった、つまり哲学者は世界について問いかけていたが、他の人々は神について問うだろう――それは永遠か、神かと。

神々の不滅な種族にはもう一つの徳性がある――この種族は他の二種族、つまり人間と動物のあいだに差別を設けている。人間と動物には神々は例外的にしか見つからない。神々は隠れている——古代人は絶えずそう繰り返して言った、また称賛演説者は皇帝がまさしく人間のあいだで生きている唯一の神だと、巧みにつけたした。神々と人間とけだものが親しくつき合っていたのは黄金時代であり、若干の人間は神になった。「悲しいことだが、今日、ひどく退廃してしまったので、もはや人間は神になれない、ただ虚しい修辞学において君主へ捧げる追従《ついしょう》に見られるだけである」[102]。

盲信家、詩人、称賛演説者はそのように語っている。だが神を予感しておののくのは神々の信者、宗教感情を持った人々だろうか。ユピテルまたはメルクリウスへの信仰が失われたと言われる前期帝政時代を通じて、ユピテルとメルクリウスへ奉納をさかんに行なった人々、この信者らは本気でそのことすべてを信じていたのだろうか。恐らくかれらは信じていただろう、だがあまりそのことを考えなくなっていた。ある存在が伝説だとしても、やはりわれわれには現実的だと思われる、ただしその存在について個人的な経験があればである、この場合、伝説はどうでもよい。

老いもせず、すばやく、見えない存在——人類はそんな神々に存在の苦悩、不滅と遍在の夢を託したのであろうか。いや、そうではない、人類はただすべての作り話の法則に従っただけであり、その作り話は、今日、語りの理論において概念化され始めている。古代の神々は永久には若くない、むしろ多くは老人である、だが若くても老年でもかれらは永久に同じ歳であり、それが神々のアイデンティティであり、その意味において、かれらは不滅である。ジェイムズ・ボンドも常に同じ歳であり、かれが死ぬときはその作者に「殺され」なければならない、なぜならかれは自分では死ねないから。ネストルの永遠の老人性もまたそのアイデンティティの属性である。

想像的世界の時間と空間は現実の時間や空間と関係がなく、他の想像的世界の時間・空間とも関係がない。もしシャーロック・ホームズとアルセーヌ・ルパンが出会ったとすれば、そんな幼稚な現実感覚がわれわれを驚かすだろう(103)。オリンポス山とは何か。山か天か。また天の上でどうして坐ることができよう？それは子供には分からない難しさである、つまり子供なら逆に、「上空」という方角が場所であり、そこへ行くことができ、山かロケットならそこに届くと考える。だが「天」がどこにも存在しないとは考えにくい。

人物についても同様である。「ある童話のグレーテルと他の童話のグレーテルは唯一で、同じグレーテルだろうかとか、一方のグレーテルのために考え出されたことが他のグレーテルについて考え出されたことと一致するかどうかなどと思うのはまったくナンセンスである(104)」。バルザックが戸籍と張り合い、実際に存在した人物のように本当らしい伝記を作中人物に与えても、そのような涙ぐましい余計な努力は大方の読者には関わりがない。『サテュリコン』で年代的に矛盾だらけのことを描いているペトロニウスはあまり苦労して書かなかったが、それでも文献学者の中には、この小説のアクションがどの季節に展開しているかを真面目に問題にしている者もいる。

ある存在がフィクションであり、その体が空間の一点で個人化されていないとき、その鋳型からいくらでも人物がつくれるかも知れない。一つか多数か。そのいずれでもなく、「グレーテル」についても同じことが言える。だから一人のパン〔神〕、半獣神、シレノスがいたか、複数のパン、半獣神、シレノスがいたかは定かではない。ムーサ（ミューズ）かムーサたちかよく分からなかったが、後になってこの女神たちは九人になると教授らが決定した。

これはきわめて普通のことである。神を経験することは力に出会うことであり、個人に会うのではない。その力は生身の、白髪まじりで、よろよろ動くものの一体性や手応えを感じさせない。淋しい場所でパンか、ある一人のパンに出会うのを怖がる旅人(105)はパンの瞬間的経験しか味わわない、つまりユースナーが神々に関する大著で述べているとおりの経験であり、この場合、神の個性はその名のまわりにつくられる。旅人は無限の経験を味わうことなく、また確かな個性にも接していない、つまりかれはある無限の存在、ベルグソンが『二つの起源』において名づけている意味における力を経験したのである。この力は唯一または多数の例において存在するだろうか。そう尋ねるのはナンセンスである、なぜなら個体的媒体がないからだ。二等辺三角形というもの、または複数の二等辺三角形が存在するか、もし存在するなら幾つあるか。信者が経験した無限のものは不滅だと言われる。むしろ宗教的経験は、どんな経験とも同様に無限に繰り返されるべきものと想定される、と言おう（電気は不滅である）、またフィクション的存在は死が問われない、と言おう。現実の人々は死ぬ、ちょうどかれらの目が黒いか青いかのように。だがウルカヌスの目は何色か。〔『サテュリコン』の〕トリマルキオの目の色は？ ジェイムズ・ボンドが死ねば思いがけないだろうし、それではあまりにも現実を真似ることになるだろう。

本当の信者はあまりそんなことを考えない——かれには信じる本当の理由がある。その他のことは、詩人や聖所を案内するガイドの仕事であった。

詩人やガイドは神に名をつけ、フィクション的個性のあるものにするだろう、またその名に、個性的特徴や事件がまるでコート掛けのように引っかけられることになる。だから神々は不‐老化となり、ロマネスクなフィクションのヒーローたちは遍在性を帯びる。実際、それぞれの宗教的経験やそれぞれのフィクションを和解させることが必要になろう。世界の各地で信者は同じ瞬間にパンを予感することができる。トロイア戦争時代のゼウスと今日のゼウスも同じ年齢を保っている。信者は、淋しい山の中や、何か超自然的なものに熱中したい欲求にとりつかれると、ある力を感じたのである。この何かに名があり、フィクション的身体があれば、それが信者にとりつくまでに物理的な時間を想定しなければならないだろうか。むしろ思考と同じ早さで信者はそれに向かうのではないだろうか。小説の主人公は作者の好きなときに出現し、その移動に要する時間は感じられない。『パルムの僧院』を読んでいて、ファブリスが投獄されてから死ぬまでに九年が過ぎていることを実感する読者がいるだろうか。

　別の場合、個性が力になるのは、名前からでなく現実的存在からである、つまりその個性は分身である――ローマ人が霊と呼んだ神々がそれである。個性のあるもの（だから固有名詞がある）、つまり人間と場所だけに霊がある。この本の読者にも霊があり、わたしにもあり、おなじくティトゥス帝にも歴代皇帝にもある。さらにカルタゴの霊もあり、ポンペイの霊、カンパーニア地方の霊もある。これらの霊は、いろいろな説があっても、守護神や不滅の「分身」ではない。これらの霊は決してその持ち主の人間や場所のことで現われたり、介入して保護したりしない。決して何もしない。それぞれが違うのは、ただあり方としてだけである。それらの霊は抽象的であり、神格化された個性である。第三者が、住みたい場所、ある人、それとも皇帝を崇拝したいと思えば、それぞれの霊に祈りを捧げる。個人が死んでも、その人の霊は「死ぬ」ことなく、またその人のうちに生き残ることもない。その亡霊も死なない――存在の理由がなくなる、ただそれだけである。存在しなくなった人の個性は存在しない[106]。

　神は、その神の観念、つまりその神のことを思うときにしか実体がない、だが神のことを考えるとすれば、神はすでに存在していたことになる。踊り場の向かいに住んでいるわが隣人に霊があるだろうか。もしわたしが祈りを捧げるなら、実際にそのとおりだろう、だがわたしが祈りを捧げる気になるのはその霊が存在したからにほかならない。ローマ人は山や河を神だと思っていた、と言われることがある。むしろ、ローマ人が旅をしたとき、その旅の特徴的な旅程を表わすしかじかの山や河に祈り、無事な帰還を願ったのだ、と言おう。その河が神になるのはこの旅人が特殊な状況にいたからにほかならない、だがもしその河が正当にいつもそうでないなら、どうして神になれるだろうか。サンタクロースはある年のクリスマスから次の年のクリスマスまで存在しなければならない。

そのようなことすべてが神について語られ、本当の信者もそう信じ、疑う余地なく、また熱意がなくてもそれを繰り返して言う——信者にはそれなりに信じる理由があり、その理由がその他のことも信じさせる。ただ問題の理由は感じられるだけであり、一方、その他のことはただ信じられるだけである。だから皇帝は神だと言えたのである。真の信者が熱い思いをこめて神に祈願するとき、かれは神の個性を想像力でつくりだす作り話の中にとどまる、つまりあまりそのようなことを考えないで神を受け入れる。皇帝は死すべき人間であるが神である——それこそ矛盾しているが、このようなつくりごとにおける矛盾は感情における矛盾よりはるかに重大ではない。皇帝を神だと信じてもよいし、信じるふりをして、そう言ってもよい、なぜなら帝王は崇高だと感じられるからである。神学者なら作り話のあいだの矛盾について衒学者流に憤慨しただろう——だが神学者はいなかった。その代わり、市民的批判があり、人間を神にすることを禁じる謹厳さがあった。だがこの謹厳さはヘレニズム時代に消滅し、そのとき、宗教の問題では、ヘーゲルから心情の法則または自負の妄想と呼ばれそうなものが勝利する。

作り話のおかげで、神々は重ねて神的な経験をさせることでその存在を想像させ、名前と人格と伝記を獲得する。ただ神性の経験は常にいつまでもその経験を確保させ、常にすべての作り話よりも確実であり、潜在的な力も大きい。その点で君主らは神格化されたのである。多くの社会において、際立った人や動物、景色独特の生きいきした特色、さらにはなんらかの活動が神らしく思われ、崇拝か奉納物を受けるのは一般的である。それは古典古代とヘレニズム時代にはよく知られていた。それでも神的なものはほとんど完全に神々、つまり個性化された神々に占有され、その神々が神的なものの基準になった。神のような人という観念はなお残っていたが、その観念は神々の神格に則って評価された。『イリアス』において、トロイア人は救世者ヘクトルを「神のように」[107]拝している。つまりかれらはヘクトルを神のような人（死すべき人間だと分かりきっていたが）と見なし、本当の神々の基準で評価し、そこで自発的に祈り、神々へ捧げるのとまったくよく似た祈りを捧げる、という意味である。かれらは感激または荘厳な瞬間には、そのような基準や気遣いを投げ出してこう叫んだかも知れない――「おお、神様、あなたは本当に神様です」。こうして純朴な羊飼いはオクタウィアヌス・アウグストゥスを勝手に神格化した――「あのお方は永久におれの神様だ！」その続きは無邪気な君主制的儀礼かそれほど無邪気でない政治的打算になる。

そこで、結局、問題の核心になるものをはっきりさせることができる――神的なものへの直観と皇帝の神格化とのあいだにはいかなる関係があるのか。君主礼拝は政治に属するか、宗教に属するか。「宗教」とはどういう意味か。以下のページはエレーヌ・フラスリエールに負うところが大きい。厄介なことすべては宗教をあいまいなものにしたことから来ている、つまり宗教がたんに歴史的な変化、制限、通俗的集合体にすぎなく、また神体験である、この体験のほうがもっとおおまかで、あいまいであり、本質的直観に現われる。皇帝と神々をつき合わせる必要はない――神々と皇帝が神的なもの、つまり「輝くもの」[108]の初体験とどんな関係があるかを追究しなければならない。それでは神的なものとは何か、また神的なものを感じることと他律的依存という政治的感情とのあいだにはどんな関係があるのか。

ここで、はっきり言うほうがよい――神的なもの、神々しいものを直観することが何か本体と関係があるのか、わたしにはまったく分からない。もし関係があるとすれば、いかなるものに関係があるのか（これは不可知論者の弁である）、だが、ただの一度でも、たとえ夢の中でも、神かと思われるものを経験した者ならだれでもその経験の割り切れない性格を一気に把握し、歴史的宗教の本質的核心の特殊性を否定しようとはしなくなり、以後、決して神的なものを割り切って考えなくなるだろう。感激の瞬間に、威厳と恐怖と法悦で圧倒しながらどんな輝きが現実的または想像的なものを包みこむかを見ることは大いなる驚異である（ちょうど生まれながら耳の不自由な人が一瞬、回復して聴覚の本来の機能を発見するようなものである）。たんなる感動と言ってもよい――だがその感動は他の感動とはまったく異なる。またそれはもっと強烈でない状態（たとえばどこかの景色の崇高さ）、それほど特異な独創性のない状態をも説明してくれる。あえてつけ加えるなら、このような経験をしたことがない人なら、ここの段落の内容が奇妙に見えるかも知れない、なぜなら神的なものを直観することは人類学に属さないから、というのも類似した本質に還元できないからだ、とはいえその直観は各個人のあいだで不規則に配分されている――人類の半分では明白なことである。残りの半分ではそれが分からず、いらいらして拒否する、つまりせいぜい、怪しい自己満足からなる漠然とした感傷だと思うだろう――ところが感情の嵐が吹くこともある、そのとき、混乱した個人はそれから逃れようとしても無駄である。神的なものの本質的な直観は俗間的な事物を越えているが、それに関わることもある――たとえば父、あるいは別の「恐るべき威厳ある王」〔王にして神、最後の審判で現われる審判者〕、神、夢で再会する近親相姦を許さない婦人の姿、高い山や砂漠のように人間の世界とは異なるさまざまな世界の沈黙した甘美な恐怖、それとも、最後に、ときには戦争。

宗教のほうは、歴史的にこの直観を変化させる、つまりその直観を無数の他の感情に合体させるので、歴史的宗教の多様性が生まれるのである。それでもやはり、神的なものの直観、つまり圧倒的で神々しい力（人間とは言わない）に接して人間の無意味さを感じることは、歴史的宗教に本質的な核心を認めさせる、またその核心は歴史的宗教によって合体された外面的なもの、さらに他の種類のもの、たとえば政治と異なっている。事実、政治的イデオロギーは宗教の代用品でなく、堕落した宗教でもない。そのイデオロギーと歴史的宗教の共通点は、まさしくこれら合体したものにおいて、神的なものの本質とは関わりなく、他の本質に属している――聖典、新信者的で征服者的な熱意、教化熱、典礼、祭典、セクト的排他性。マルクス主義は宗教における宗教性とはまったく似ていない。両者を分ける深淵を喚起させるにはひと言で足りる――神的なものに似た感情が存在する。夜の、部分的で(「崇拝」なき「恐怖」に還元される)、言うなれば低次元であり、とにかく割り切れない光景も同様である――超自然のもの、不安なもの、不吉なものへの恐怖であり、ほかの恐怖と同じくあまり強烈な恐怖でなく、他の何物にも似ていないものに対する恐怖である。ところで、党細胞の集会ほど亡霊にとり憑かれないものはない。宗教は本質的に、一種の哲学、世界や人生や悪の謎に答える試みではなく、本質の直観、神的なものの直観への反応であり、苦痛、快楽、色彩、美のように特殊な経験の対象であり、この経験は、それを一度も感じなかった人には説明できないが、ただ近似法でどうにか推測させることはできる。神的なものの経験は、われわれが物事を大げさに見せようとして喚起したような感動の形式をとる必要は少しもない――神聖なおののきは、ありふれた特殊な感性または信念の極端な出来事にほかならない。

そこで神格化された帝王の場合に何が起こったかが理解できる。政治的服従(他律を含めて)、臣民が帝王に仕えるために生まれるという主観的権利による君主権、支配者を批判しないという世論の不在、これらは被支配者を支配者より下級の種族に属させる。ところで、神のような威厳を直観することは神的なものを前にした人間のむなしさを含んでいる。神像または神山を前にして感じるおののき、これは帝王の前でも感じられる。もちろん、いずれの感情も、いずれの表現領域も異なっている。支配者への他律的な服従と神的なものへの崇拝は抽象的だという点しか共通でない――いずれの場合も、われわれは心の中で優越感を感じ、それがあるときは権威主義的となり、またあるときはなんとも言えない甘美なものになる。おまけに、神的なものは超自然の領域へ向かう（たとえば、ある神は信者の願いをかなえる）、他方、帝王は人間的存在の領域へ向かうので、人間は他人に命令できるが、「運命の女神」に命令できない。事実、日常的に、廷臣や兵士や一般庶民は帝王に服従し、帝王を崇拝する、だがひどいおののきを感じることはない。かれらは帝王に奉納物を捧げない。ときには支配者を嘲ることもある。ただ子供だけは偉い人を神様と思うが（われわれもときには夢で思い出すことがある）、帝王の臣民は子供ではない。臣民が帝王を神として崇拝するようになるには、なんらかの小児化が誘導されるか、演じられるか、同意されねばならない。一瞬、「神様だ！」と叫ぶおののき、感動の伝わりやすい儀式、政治に含まれる教化劇の役割が必要である。だが人間において、童心は決してそれほど遠いものではなく、合意の上の子供っぽさは得やすい。

小児化であろうとなかろうと、「神的なもの」と「神」とは違う。神的なものはどこにおいても「未開の状態」のままでは発見されない——歴史的宗教がそれを育てて、存在するもの、不滅のものにする。それは二つの方向に解釈される。まず、ある歴史的宗教はわれわれの精神にとっては「漠然とした全体」であり、それが明らかにされ、分析されるには、何よりもまず、本質的または少なくとも特徴的な核心、つまり神的なものが見つからねばならない——どのような歴史のあいまいさにもわれわれの概念化が対立している。次に、どのような歴史的宗教も、その中の神的なものをわれわれに多少とも概念化させてくれるが、その神的なものを変化させ、限定する——文化的恣意に可能性が対立するのである。

そこで、歴史的宗教が神的なものを神々としてつくり上げるからには、政治は時代とともに歩まざるを得ない——政治が君主の臣民を小児化するとき、帝王を神だと宣言する。だが同時に、逆に政治は、暗黙的に歴史化をやり直して、神々を神的なものへ戻らせる――政治が言葉上の馬鹿らしさを無視して、現在、君臨している人間を神として表わすことができるのは、ただ政府の金保有高のような神の語、つまり神的感情を増量するときである、そうすれば馬鹿らしさも消滅する。

それは難しいことではない、なぜならすでに述べたように、皇帝の神格化は、一方では大衆的感情、つまり支配者に対する卑下に対応し、また他の一方では、組織され、制定され、公的な礼拝に対応していたからである――だが信仰には対応していなかった――人々は帝王を愛し、帝王にいけにえを捧げたが、だれも心の底では、「ユピテルは神だ、マルクス・アウレリウスも同じく神だ」とは言わなかった、つまりそう信じられなかったからである。ところで、公式の礼拝、それは礼式であり、典礼であり、聖典であり、要するに詩である。また詩は常に小児化や政治的言語の誇張と通じていた。詩は子供だましである、それは分かっている。詩は象徴と誇張の時代へ逆戻りする、つまりその時代には帝王や父は神のような存在である。このような象徴的小児化が一般的感情と完全に一致していた、そして誇張は政治的な頭の仕事であった。神官または詩人が「マルクス・アウレリウスは人間のあいだに現存する神だ！」と叫んだとき、この公式の愛国的感激の瞬間において、すべての人は満足した。（それだけ、君主の力が経験的領域に位置していて、唯一、奉納物が献納されるような超自然的全能でなかったことが忘れられていなかったのである）。ただ不満なのは信者だけであったかも知れない、なぜなら信者ならその信条を言葉どおりに受けとっただろうから。だが確かに、君主の神性の信者はいなかった。その代わり、不信心者がいた、それはキリスト教徒である。

無駄な熱意――信者が明瞭に意識しているかどうかは別として、神々の時間‐空間、存在の仕方、そして効力は経験的世界のものとはまったく共通点がない。たとえば、神々は決して死なないとしても、それは一般に、神々には何も起こらないからである――神々には「現実的な時間における」伝記はない。仮に紀元前四〇七年、あるいは紀元前二七八年に、ウルカヌスとゼウスがまた喧嘩をしたばかりだとか、ウルカヌスが再婚したとかいう知らせをたがいに繰り返すギリシア人を想像できようか。ギリシア人は神々が天で暮らしていると信じているように思う、だがこの天は知らないうちに経験的な天の想像的「類似物」（アナロゴン）にすぎない――ギリシア人は、もし現実の空を観察して雲や鳥のあいだに神を見つけたら最初に驚いた者になっていただろう。神のような異常で超自然的な存在が出現、「公現」、つまり想像の世界から現実へ移ったと思われただろう。最後に、神々は未来に対して全能の力を有し、その力の対象も行動方式も人間の力とは特徴的に異なっている。この三つの理由によって、決して、だれも文字どおりに君主を神と見なさなかったのである――経験的個人と超自然的存在とは異質的領域へ向かうものである。事実、キリスト教徒は皇帝に対して、真の神々と対蹠的な間違った神として非難したというよりはむしろ唯一の「神」にしか現われない神性の真の性質に対する偽の神として非難したのである。

五　皇帝は所有者で保護者か

パリ国立図書館は長いあいだ、王立図書館と呼ばれた。イギリスの軍艦は陛下の船である。ローマ帝国においては、国庫または公共の土地は「カエサルの金」、「カエサルの土地」と呼ばれた。だからといって君主は帝国の所有者だったと決めてよいだろうか。カエサルの臣民のある者らは忠誠の宣誓を行なったから、首都の平民は君主の隷属者と言われたから、また兵隊は皇帝から「下賜金」*donativum* と呼ばれる嬉しい贈り物をもらったから、ローマ帝国が異常にアルカイックな社会だったと決めてよいだろうか、つまり個人的な奉仕関係が政治的服従に代わり、君主が「保護者」で、国の「親分」だということになるのか。それは難しい問題である、おまけにあまり意味がない——わたしが読者なら、そんな章をとばしてしまうだろう。

帝国は私的な事業か

十九世紀では、ナポレオン法典の影響を受けて、法学者らは主観的権利の概念を中心にして法体系を構築していた——いかなる法的主体にもいくらかの権利があると見なされた。そこで法学者らは同じ概念の上に公法を構築しようとした——君主は命令権を有するから命令する。そこから君主が王国そのものの所有者であり、王国は一種の私的所有物になるという考え方へ移行しやすくなる。

歴史家や社会学者もこの考えに影響を受けた。モムゼンは、国庫としての皇帝直轄国庫が皇帝に所属していたから、皇帝は皇帝所領と税収入を、だれでも好きな者へ遺贈できただろうと考えた。アントン・フォン・プレメルシュタインは帝政を社会学的なものに還元し、君主の地位を、占有という巨大なスケールで、共和制末期の大物たちとその派閥のあいだにある個人的協力関係をうけついだものと見なした。マックス・ウェーバーは帝政を「私有財産主義」的だと考えた——君主は奴隷、解放奴隷、代官（プロクラトル）を使って統治し、自分に個人的に依存する人々のあいだから役人を補充した。[109]

私有財産主義というのは、政治論における語意での主張であり、[110] それによると私的所有、またはもっと一般的には経済関係が、年代的または論理的に政治社会以前のものである。マルクス主義は一種の私有財産主義である。プラトン、キケロ、またはロックも私有財産主義者である。『共和国』巻二によれば、社会は衣食住のために「われわれ各自が自分の力だけではとうてい及ばず、大勢の人を必要とする」という事実から生まれる。[111] 社会は分業から生まれる。キケロにとって国家機能は私有財産の静かな享有を保証するものである。[112] このように政治を経済に還元するのは、ときには暗黙の形になることがあっても広く普及した考え方である。古典期アテナイの一部の思想家らは市民的連帯性を、助け合い、個人間の金の貸し借り、富を循環させる課役に基づくものだと考えた――それが和合を維持していた。[113] それは恵与指向に新しい弁護をもたらすことになろう――富の不平等を穏便に緩和すれば（恵与指向は決して革命的なことではない）、万事うまく行く、なぜなら人は相互間にある経済関係のほかには、いっしょに暮らしたり争ったりすることに興味がないからである。

だが私有財産主義という語をもう少し違った意味で用いるなら、経済は、社会でなく国家そのものの基盤になりうる――主権関係が物または人に関する所有権に還元され、国王が王国の所有者であるような国々が存在する。カロリング家の小国王には大土地所有者のように領地の産物しか収入がなく、「国家」事業とともに個人的な必要経費を自分の金庫から支払った。イスラム教国の長老は信者や奴隷を「役人」にしている。

ではローマ帝国の場合はどうか。帝国は広大である。社会が小さいとき、小国王は、社会全体とサブグループが同一なら、その王国または国家機構の所有者になれる、というのも各地域の長官が国王と個人的な主従関係にあるからである。それとも国家機構がサブグループの一つであり、それが特殊な地域であり、その長官が伝統的に軍事長官の役を果たしている場合でもよい。だが国家がすべてのサブグループの上にあるとき、臣民が自分の土地を耕し、王の小作人でないなら、国家機構は機関になり、王は社会を所有しない――所轄民に対して権威がある。プレメルシュタインの説にもかかわらず、帝国は巨大な隷属組織網になれなかった、なぜなら帝国はあまりに大きすぎたから。もし幾百万の人にとって政府が政府以上の何ものでもないなら、かれらが政府に忠誠を誓っても、その宣誓は純粋に儀礼的なものになった[114]――それだけではとてもかれらを君主に隷属させることはできず、同時にそれだけで充分すぎた、というのもかれらが市民的義務にとどまるには別の理由があり、それはわれわれの理由と同じものである。

言うまでもなく、君主には帝国を統治するのに代官（プロクラトル）と呼ばれる高級役人がついている、これは金持の個人が私有財産の管理を委ねた「管理人」（プロクラトル）にならった公職である[115]。役所にいる大勢の雇い人は皇帝の奴隷か解放奴隷であった[116]。といってもこれらの奴隷は皇帝の使用人ではない――かれらは「王冠の奴隷」だと言ってもよいだろう。かれらは皇帝が替わっても同じ職務についている。かれらは私法によって皇帝の相続人になることができず、新しい皇帝の奴隷になる[117]。皇帝は、イスラム教国の長老が自分の権威に関わる仕事の管理をよく心得ている召使いを派遣するようなわけにはゆかない。皇帝は奴隷の中から役人を選ぶのでなく、奴隷を買って役人にする。この役人は賃金労働者というよりはむしろ奴隷である、なぜなら当時、労働取引はその後のような拡張が見られなかったし（召使いの労働は買われなかった――召使いは個人に付属していた）、また終身労働は古い社会からつづいた人員補充問題の一般的な解決法であった。修道院修道会の習慣が今日でもその例を示している[118]。役人は国家の奴隷（*servi publici*）というよりはむしろ皇帝の奴隷であったが、それは歴史的な理由からである――アウグストゥスは最後に帝王までのし上がった幸運な軍人であり、不備な古い制度を率先して完成し、役人と代官の制度を加えた。

公的目的を果たすことは公的なことである。それ以外の基準は不安定である。皇帝の代官という高級役人を検討してみよう――かれらは確かに役人である、というのもかれらが公金横領をしたときは高官として元老院によって告発されたからである。(119) またかれらが皇帝の奉仕者と見なされても、またかれらに裁判を受けさせるには、一介の個人の代理人を攻撃するときのように普通裁判所へ告訴しなければならなかったとしても、結局、かれらが役人であることには変わりがなかっただろう。――実際、不服申し立てが、イギリスのように普通法廷か、わが国のように国務院か、いずれを経過するかはどうでもよい。これは行政法上の問題であり、それだけである。

そこで四種の事実に分けられる。まず君主的な方式、つまり皇帝直轄国庫の財産は君主の所有物と言われ、国有採石場から運ばれてくる石塊には *C(aesaris)* *n(ostri)* という略号、つまり「わが皇帝の所有物」が刻まれている、ちょうどイギリスの軍艦の船体に *H(er)* *M(ajesty)* *S(hip)* と書かれているのと同様である。これはあまり意味がない。もっと重要なのは、皇帝直轄国庫と行政が直接、君主の管轄下に置かれていたことである、ちょうど君主の名にふさわしいすべての王権に見られるように。アウグストゥスは元老院の管轄から逃れる新しい国家機関を設定していた。かれのいわゆる「私有財産主義」はただかれの君主制にほかならず、元老院寡頭制に対立していた、というのもかれは残りの権力をこの寡頭制にゆずらねばならなかったからである。だがすべてはそれほど図式的ではない。当時、管轄は必ずしも純粋に規定されたような服従をそのまま表わしていなかった。役人はたんなる賃金労働者でなかったし、親衛隊の兵隊は奉仕の見返りとして給料をもらうだけでは満足しなかった――かれらはそれ以上に君主と個人的で、かつ象徴的な関係を望んでいた、それについては後述するとおりである。だがそれ以上のこともある。アウグストゥスが国家的庇護者であった、また国庫を自分の財布のように使うどころか、国の必要経費のために自分の財布を使った。かれの後継者らはこの例にならわなかっただろうか。日本の天皇とエチオピアの皇帝は、それぞれ一九四五年と一九七四年まではそのようにしていた。後述するように、アウグストゥスの後継者らも同様である、これはローマ帝国の国庫についてよく議論された問題を片づけてくれるだろう、というのもこの問題は現代的な権利概念から生じる先入観によってゆがめられていたからである。

帝国の四種の国庫

迅速に、かつ明瞭に述べよう。ローマ帝国には少なくとも四種の国庫があった、それでたくさんである。この複数性は歴史的な理由で説明できる面もあるが、所有者の複数性に対応させることもできる——見かけによらず、それらの国庫のあるものは国家以外のものに所属していた。それが問題のすべてである。

最初の国庫はいわゆる「国庫」*aerarium* であった。それは共和国以来の古くから存在する国庫であり、替えがたいものであった。それは元老院の管轄に属し、過去の思い出として「国の金庫」と呼ばれ、また人民の金庫とも言われた。それでもこの国庫の重要性はわずかだった。重要なのはアウグストゥスが設置した皇帝直轄国庫であった。その収入は五億セステルティウムにのぼり、もっぱら皇帝の管轄下に置かれた。[120] 他の二つの国庫はあまり知られておらず、明らかなのは名称だけである。その一つは非常に古くから存在し、アウグストゥスにさかのぼる。それは皇帝または「カエサル」たちの「私有財産」と呼ばれ、それで雄弁に語られているか、あるいは何も語られていない。[121] いま一つも同様であり、「個人的財産」または「個人的会計」[122]（*res privatae, ratio privata*）と呼ばれ、少なくともアントニヌス・ピウス帝以来のものとして証明されている。国庫、皇帝直轄国庫、「私有財産」、そして「個人的財産」の相違は純粋に会計上の区別、さまざまな決算項目の配分になると推測するのはあまりにも単純であろう。これらの国庫の二、三についてはそのとおりかも知れない、[123] だがすべてではない、なぜなら資料によれば皇帝は私的な資格で幾種かの収入を自由に使ったことが分かるからである。

古くから存在する国庫と他の国庫、つまり帝政時代の国庫との違いが歴史的な起源を有することはだれにも認められている。これら三種の国庫について言えば、現代人にはなじみ深い三者が都合よくそろっているように見える――国家財、王冠財、君主私財である。国家財は国家に属し、君主によって管理される。王冠財は王冠の継承者らに属し、治世または王朝が変わるたびに、その財産は自動的に新しい君主または新しい王朝に移される。私的な私有財産は個人としての君主に属する――皇帝はそれを遺言によって自由に処分でき、だれにでも遺贈できる。[124]この私有財産は、皇帝が一介の元老院議員にすぎず、皇帝になるとはまったく予想もできなかったときに所有していた財産であることもある。それははっきりしていた。あとは残る三つの国庫を現代的な三概念に合わせることが問題である。モムゼンに敬意を表するために、少しはためらったが、結局、モムゼンに背くことになるが、主要な国庫、つまり皇帝直轄国庫は確かに共和国の国庫と同じように国家財だと認められ、また実際に、そのことは決して疑われなかったし、疑問の余地もないだろう。だが君主の私的な私有財産は？ それはいわゆる「私有財産」に相当しただろうか。「個人的財産」に相当しただろうか。ミッテイスは前者だと見なし、ヒルシュフェルトは後者だと見なした。

ヒルシュフェルト説[125]はほとんど古典的なものになった。つまり、共和制時代から存在する国庫とアウグストゥスからの皇帝直轄国庫はいずれも国家財である。ネロ帝が血にまみれて死に、ユリウス・クラウディウス朝が絶えたとき、アウグストゥスから受け継がれたユリウス・クラウディウス家の莫大な私財は接収され、王冠財にされ、次の王朝へ移された。「私有財産」はこの王冠財である。「個人的財産」のほうはその名のとおりであり、皇帝が、即位するか、その治世中に個人として獲得し、所有する富となる。

以上の三分割が時代錯誤であることを示してみよう――王冠財という概念はローマ人には知られていな

かった、なぜなら玉座が世襲的でない高官職である体制においてそのような概念は自然でないからである。「国庫」と皇帝直轄国庫は確かに国庫であった、それはだれにも明白である。だが歴代君主の私的財産だけはそれらの国庫とは別に存在していた。後で述べるような経過を経て、時の皇帝の私的な私有財産のすべてまたは一部が、いつか、寄贈または遺贈によって次の皇帝へ頻繁に移されたこともある。つまり国家的庇護者としてのアウグストゥス体制は決してとだえなかった。この私的な私有財産は恐らく、ミッテイスが主張するように「私有財産」と呼ばれる国庫に当たるだろう。「個人的財産」、つまり「王立図書館」のように私有物でない国庫について言えば、それは三番目の国庫であった――それと皇帝直轄国庫との違いは、ただ会計上の区別にすぎなかった。(126)

ただ、最初に必要なのは過ぎ去った問題に戻ることである、というのもこの問題はときどき蘇生するから――皇帝直轄国庫は本当に国庫であるのか。皇帝直轄国庫の所領を君主の私的所有物だとする法的資料(127)を真面目に受けとってはいけないのか。それでは皇帝直轄国庫は、モムゼンが指摘したように皇帝の私的な私有財産ではないのか。ここで、よく理解しなければならない――モムゼンは皇帝直轄国庫という語が即位した皇帝の所有する私的財産であるとは少しも言っていない。事実、皇帝直轄国庫の収入は税金であり、国家の必要に供されていたことは疑いようがない。だがモムゼンはローマ法の特殊性から見て、この国庫の金が、たとえその金の出どころと使途からいって実際に公的であっても、形式的には君主の私的所有物だと見なされたのではないかと考えた。(128)この些細な問題における興味深い点は、ローマ法が期待されていたほど堂々たる作品であるどころか、はっきり述べられている箇所においても(『学説彙纂』においてであり、もちろん、法律、勅令、さらに法典においてではない)、概念化がまずく、イギリス法ほど体系的でないことを思わせることである。(129)

モムゼンの理論

法律ほど退屈なものはない。ただローマ「法」はその伝説や、われわれが法律と呼ぶものとはかなり違うので退屈ではない。もちろん、これから読んでいただくページは、まず、少しは専門的である。だがこのように厄介なアプローチの仕方は楽しく報いられる、なぜなら景色は次第に異国調になるから。

モムゼンの理論は複雑である。この理論は良識的で明白なことをわれわれの資料の言葉に合わせようと努めている、つまり資料によれば皇帝直轄国庫は公的ではない（この形容語がモムゼンの言いたい意味を表わしているかどうかを知ることが残されているが）。資料が繰り返しているところによれば、皇帝直轄国庫は君主に属し[130]、公共的と言われて人民に属する唯一の古い「国庫」とはきっぱり対立する、だから「人民、公共」*populus* は「国庫」と同義語である。だから国庫の財務官は皇帝直轄国庫の管理を任されず、代わって君主の代官の所管になる。したがって皇帝直轄国庫は君主に属する、なぜなら人民に属さないなら、だれかに属さねばならないから。

皇帝直轄国庫が私的所有物とはなんら似ていないと言うのは無用である。それは国家の制度であり、昔も今も、どのような税制とも同じである。その一部は税金でまかなわれた、ところでたんなる個人は税金を徴集できないではないか。この国庫の中身は国家という機械を動かすのに使われる。最後にモムゼンは、時の皇帝が皇帝直轄国庫を勝手に遺贈できなかったと言明する――皇帝直轄国庫はすべての公的制度と同様に皇位の継承者のために残されるだろう。また恐らく、（この点で、モムゼンはあまり明瞭でなかったが）、時の皇帝は遺言によって皇帝直轄国庫を私的所有物のように扱った、ただし後継者になるはずの者へ遺贈されるように配慮した、そうしなければ遺言は尊重されなかった[131]。

モムゼンの考えがよく理解されるなら、皇帝直轄国庫の私有的性格は法的フィクションであったことが分かる。事実、フィクションの特色は、そのフィクションが目的とする結果以外のものを引き出す権利がないということである。皇帝直轄国庫は君主が寵臣に指輪を遺贈するように帝国の国庫をだれか好きな者へ遺贈できるような君主の所有物ではない——君主は皇帝直轄国庫を所有している、なぜならその金庫は権利の名義人に属さねばならないからだ。さもなければ、だれからも盗むことなく皇帝直轄国庫の金を略奪できただろう。

さて、もしモムゼンの考えが以上のとおりであるなら、そのフィクションがなんのためになったのか、分からなくなる、なぜなら確かに国庫の財産を略奪することは、フィクションが要求するように、個人を犠牲にして犯される盗み (*furtum*) でなく、公的な国庫が略奪されるような公金横領に等しかったからである。[132] 一般的に、皇帝直轄国庫は普通裁判や民法の軌道内になかった——別格であった。ともかく、モムゼンは最後まで細かい識別によってこのフィクションを構築した。皇帝が皇帝直轄国庫を個人的な必要に使うことなく、帝国の巨大な経費に当てたなら、どうしてそれが君主の私的所有物だと信じられようか、と言われるかも知れない。モムゼンは無駄な反論だとやり返す——皇帝直轄国庫が君主の私有財産かどうかを知ることと、君主がそれを特殊な目的に使う権利があるかどうかを知ることとは別である、なぜなら両者は分離できるから。ついでにモムゼンは類似に関する二つの概念に言及している、そこから暗黙のうちにかれの理論が構成される、つまり貸しと預けの概念である。国庫が一定の金額を高官の職務経費として委ねるなら、それは一種の預けになる——高官はその金の所有者でなく、その金を相続人へゆずることもできない。それに反して、帝国の収入は皇帝直轄国庫へ貸しという形で委託される。皇帝はその合法的な所有者になる、ちょうどわれわれが金または小麦を借りたら、それはわれわれのものであり、だれに遺贈しても構わないのと同様である、われわれにはただ同じ量の小麦と同じ金額の金を返す義務があるだけである。同様に皇帝は皇帝直轄国庫の収入と同額の金を帝国の必要経費に当てねばならない。それでも皇帝直轄国庫の中身はすべて皇帝に属している、ただしだれかれなしにローマ人へ遺贈する権利はない。

皇帝直轄国庫は私法に属さない。皇帝もまた私的所有物のようにその金を使えない。そこで、われわれの資料で示されていると思われるように、その国庫が私的なものだとどうして認めることができただろうか。このフィクションはいかなる現実的な結果になったのか。モムゼンを読めば、ただ一つの結果しか見つからない――多くの証言を信じなければならないとしても、その一つに重要なのがある(133)、それは新しい皇帝が即位した日に、まず留意したのは所有物すべてを子供たちへゆずることであった。それは思いやりだったかも知れない――皇帝としては、今後、自分の財産を必要としなかった。またそれは用心からでもあっただろう、つまりこの家族的私有財産が革命の犠牲になっても、子供たちのためには接収されることなく、失われないためであった。モムゼンは、皇帝が私有財産と皇帝直轄国庫を同一視する法規範の裏をかこうとしている、でなければ結果的に皇帝の私有財産は相続人へ移らず、後継者へ行ってしまうだろうから、と思いたがっている。要するに、モムゼンは皇帝直轄国庫が形式的には皇帝の所有物だという口実で、皇帝の所有物を実際に皇帝直轄国庫所属のものだと結論した(134)。

ローマ法の異国調――概念のない権利

事実でないとしても、少なくとも一語が残る――皇帝直轄国庫は私的なものと言われる。ローマ法の用語はその後の法律語よりはるかに厳密さを欠いている(「ローマ法」が間違いのない真実の模範として研究され、概念的、体系的、そして演繹的になったのは中世、聖トマスの世紀ごろである)。ローマ時代の法学者が書いたものの中では、語と概念は別々である。だからある法律は、法人の概念、契約、債務、物権などの概念を活用するが、それらを示すための語彙がない（これらのフランス語の法律用語を生んだラテン語はフランス語に相当せず、はみ出るか、狭すぎる）[135]。だからローマ法がこれらの概念に頼ろうとするとき、名づけないでそうするか、近似的に語る。この近似からは実際的な結果が引きだせない。

法律的またはその他のさまざまな資料で、皇帝直轄国庫の財産は君主の所有だということを二つの観点で確認される。たいていは君主制的文体である。この文体に反抗して「善良な」皇帝ペルティナクスは、あるとき、カエサル〔皇帝〕の所領をそのように呼ばせない、なぜなら事実上、国家に属しているから、と決定した[136]。イギリス女王も *H (er) M (ajesty) S (hip)* という書き方を禁じるかも知れない。

また別の場合、文体的効果以上のものになる、なぜなら私的という形容語は法学者ウルピアヌスの手によって重要な結果が引き出されるから[137]。ローマにおいて、個人が公共の土地を不法に使ったり、一般道路の交通を妨害したり、あるいは自分の住まいのバルコニーから空中に布をぶら下げて階下の住まいの日照を妨げたら、高官はそれを禁じることができた。高官は「禁止」を通告し、その布を仕舞わせた。それは命令であった——法的手続きは無用だった。そこでウルピアヌスはこの禁止が公共的な土地と同様に皇帝直轄国庫の所領においても通用するかどうかを問い、むしろ否と考えている——「この禁止は皇帝直轄国庫の所領には適用されないと思われる、なぜならその土地では、たんなる個人は何もできず、何も邪魔できないからだ」。事実、ウルピアヌスはすでに次のように述べていた[138]——公共の土地は次の点で確認された、つまりその土地がだれか個人に属するのでなく、また、ある者が他人の通行の邪魔をすることができないように、その土地を自分のものだと見なすことはできないということである。この基準によると、皇帝所領の土地はその意味では公共的でない。事実、その所領で土地が耕され、木が植えられているが、そこはすべての人に開放されている公園ではなかった。ウルピアヌスは次のような言い方で続けている——「事実、皇帝直轄国庫の所領は、いわば（*quasi*）君主独自の所有物である」。これが議論を沸かせたテキストである。ここで皇帝直轄国庫の所領が私的と形容されているのも、ただ一定の基準に関連しているだけであり、公園や公道に対比されていることはだれにでも分かるだろう[139]。

次の文がそれを確認している——「そこで、だれかがそこにおいて違反しても、その禁止事項はまったく適用されないだろう、だが抗議が起これば、その土地の責任者が裁判官になるだろう」。ウルピアヌスは「皇帝直轄国庫の特権」の一つを暗示している、つまりその特権は皇帝所領の管理を普通法から除外し、個人が皇帝直轄国庫と紛争を起こせば管理者だけを裁判官に仕立てていた[140]。奇妙な論理である——ウルピアヌスはじめに皇帝直轄国庫の所領を公共的でないから私的だと言明する。私的であるからには禁止は適用できない。そこで結論として、皇帝直轄国庫の所領に関しては普通裁判官が発言すべき事柄であり、また、第三者に土地を占拠されたときの地主が行うように、皇帝直轄国庫は法廷で権利を主張するしかないだろう、たとえば「高官の禁止令」を使って、ということになる。ところが、かれは反対に、皇帝直轄国庫の代表者がみずから論議を決着し、自分に都合よく裁くだろう、と結論する。皇帝直轄国庫の所領が公共的というきわめて特殊な意味で公共的ではないとしても、同様に私的でもない——それはこの語の別の意味で公共的だからである。

ウルピアヌスのこの一節では、皇帝直轄国庫の所領が「一般に公開」されていないという意味では私的なものである。だが、大部分の資料において、また君主制的文体では、その所領は、共和制時代の古い公的制度で知られていないという意味で私的なものである。ここで「公共的」というのは歴史的な意味を帯びる。古い国庫は公共のものであったし、常にそう考えられていた。皇帝直轄国庫は新規であり、帝政と同じように登場し、徐々に第三の地位を獲得した。小刻みに獲得したのである。それでも、はじめから、われわれが公的だと言えそうな制度であり、君主の所有物でないことは分かりきっていた。だがその原則が行為に移されるときには経験に基づいて慎重に行われた。実際、原則は「自明のことだった」――規定されたのではない。そこからこの研究の難しさがきている――われわれは、ローマ法に関して、合理的基準から見れば生じるが、実際に規定できないことはなかったとしてもその法律がみずから問わなかったような問題を問いかけることはひかえよう。その難しさは、対象が一定の基準に従うようなすべての学問に見いだされるものである――ある哲学に、その内的整合性の名において問われても、みずから問えなかった問題を問うべきだろうか。歴史的には、その回答は一見、明白に見える――哲学者または法学者が述べていることで満足しなければならない、確かにそのとおりだ。だが、はねつけられた論理が、ドアーが閉まっているのを見て、窓から戻ってきたら？

共和国の国庫に収まっていた金は公的なもの（*pecunia publica*）と見なされていた。ということは国家と個人のあいだでこの金に関わるすべての係争は権威的原則に従って解決されたことになる。法律や私的な訴訟は適用されなかった。個人は国庫に対して裁判を請求できなかった。ただ調査官に問題の再検討を願い出ることはできた。だが調査官は勝手な判断をくだした。国家は普通法にかけられることがなかった。(141)

アウグストゥスが共和制的国家機構の外に、またその機構に対立して皇帝直轄国庫やその他の君主制的制度を制定したとき、はじめは躊躇した時期があった。皇帝直轄国庫は公的な金庫であるが、そのときまで「公共財」（*pecunia publica*）と見なされていたものとは違っていた。皇帝直轄国庫の代官（プロクラトル）はもちろん公的な代理人であるが、むかしの高官と同じでなかった。ある種の「禁止令」は公共地以外では発せられない――それが厳粛な言い方である。それが文字どおりに受けとられるか、それとも真意にうけとられるか。まず文字どおりに受けとられることから始まった。実際には皇帝直轄国庫が公的なものだと分かっていても、最初は普通法に委ねられた、次いで、クラウディウス[142]から皇帝直轄国庫は普通の国庫と同じように自己裁決的になった。この進化の経緯は複雑である。だが結局、いち早く、皇帝直轄国庫は特権のおかげで普通裁判官の手からのがれ、「審問」*cognitio* に付されただけである。こうして三分割となった――公訴訟、税訴訟、そして民事訴訟だった。[143]

マックス・カーザーが言うように、古代の法学者は「一般に、正確な法体系をつくろうと努力しなかった。だから近代思想の図式を当てはめても、なんら得るところがない」[144]。おなじく伝統と不明瞭と経験の混合、つまりローマ法の研究で最近まで有力だった古典学的、規範的、体系的な傾向にとってはあまりにも混乱させる混合は他の分野でも見いだされる――自治体や都市の規定である、そこから生じた結果は違っていても、それらを比べてみる価値があり、またその比較が間接的な確認になるだろう。

伝統的に、都市ローマ、その土地、その国庫に関するものは公的である。だがローマ帝国の他の都市にとってはどうか。ある都市はまったく個人やローマの国庫とも同じように利息つきで金を貸せる。その都市の公金は、国庫や個人の金と同様に横領されている。ところで、公的なものとたんなる個人的なものでは適用される法律が異なる。もし個人の金をくすねたら、それは盗みになる。だが公共財を盗めば公金横領になる。訴訟手続きも罰則も異なる――公金横領は公的犯罪であり、すべての市民が告発者になるが、他方、ローマ法では盗みは私的な犯罪であるから、国は犯罪の追跡を被害者に任せる。同様に、個人間での貸し（*mutuum*）は無利子である。もし個人が利息を請求したいなら、貸与契約のほかに別の契約をしなければならない、また無返済の場合は二つの違った訴訟を起こさねばならない。だが国はそのように面倒なことをしなくてもよい――国が金を貸し付けるときは国の都合のよいような条件をつける、また私法の規則に頼らない、だから相手が不都合な場合は自分で裁く。では都市が金を貸したり、盗まれたりすれば公法に訴えるか、私法で裁くか。いずれも不可能だと思われる。文字どおりでは、公法はローマでしか適用されない。私法の場合は個人か市民でなければ適用されない、都市は市民でない――都市が裁判官の前にどうして現われるのか、想像できない。

しかし都市のためになんとかしなければならなかった。法律家らは行き当たりばったりにその都度、問題を解決した。それもローマ精神固有の経験主義や隠れた英知ともいうべき本能によらず、次のような理由によった。法律家は結局、知らないうちに近代的な法人概念を半ばつくり出していた[145]、なぜなら文字どおりを尊重する法律家は都市を公共的な存在だとするのをためらったからである。皇帝直轄国庫の所領を私的なものだと言ったウルピアヌスは別のところでこう書いている[146]――「都市の財産が公共的なものだと言うのは行き過ぎである、なぜならローマ人民の財産しか公共的なものは存在しないから」。どうしてそれが分かるのか。

ローマ法とヴォージュラ流の「よい慣用」

ウルピアヌスの態度を理解しよう――この法律家は法律をつくるつもりがない(かれは皇帝のような立法者ではない)。かれは昔の文法学者のように法律を確かめるつもりである、つまりよい慣用とは何かを知るために。ウルピアヌスにとって法律は興味深い考察の材料になる既成事実である。かれは考察の結果として、よい慣用をそのときまで思いもよらなかった事例に拡張して、知らないうちにそれらの事例の法律にしている。かれにはそれらの事例があらかじめよい慣用に含まれていると思われる。

だが、よい慣用とは何か。法律家たちは金の貸与について、結局、都市にも国庫にも同じ自由を認めた[147]。

だが盗みと公金横領については意見が分かれた[148]――ある者は都市に私人以外の資格を認めようとしなかった。同じく、都市は個人の場合にならって、当然のように、遺贈を受けたり、相続人になったり、民法の恩恵を受けたりできると思われた。ところで、集団はあたかも身体を持つ個人のように民法に属していて、われわれが私人と呼ぶものである。事実、都市はそのままで結局、高官または行政官のだれかを代理人として裁判を起こすことが認められた。そこに公的なものと私的なもののあいだの対立における第三の意味がある――それは法人と、普通法の適用を受けない国家とのあいだの対立である。なぜなら法律家が集団を私人だと言うとき、それは公的性格を否定するというよりはむしろ法律から見れば、集団を一つの存在だと認めようとしたいからである。

こうして皇帝直轄国庫の公的性格を否定することは、表現は異なるが、皇帝直轄国庫を公的な「第三者」*tertium quid* にしてしまうことになった。また都市の公的性格の否定は結局、都市を私人と同一視すること、つまり都市のためにわれわれが法人と呼んでいる実体をつくることになった、というのもローマ人には思いもよらないこの実体に関する概念もなかったし、同じくそれを表わす語もなかったからである。そのすべては法律家が託される個々の事例について考察のおもむくままに、概念規定も原則もなく、生じたのである。このような仕事熱心なアマチュアを見ることはすばらしい[149]。それこそローマ法のもっとも独創的な面である、つまりローマ法が現代法ときわめて異なり、他の古代法すべてより優れているところである――正確には法律学でないが、少なくとも法律についての考察である。ローマ時代の法学者には、最初に法律の規則について考察したという名誉がある、ちょうどインドの文法学者にはじめて言語の規則を考察したという名誉があるのと同様である。確かに、ローマ時代の法律家の態度と古代の文法学者の態度ほど似ているものはない。

ギリシア人は法律の実証科学をつくらなかったし、また法律学もつくらなかった。恐らくギリシア人はあまり素朴でなかったので、慣例的な規則を真剣に批判しなかった——かれらは法的規則が正しいか不正かを問うだろう、あるいは一般に法律とは何か、また法律の根拠は何かを追究しただろう。現代の法学者もやはり素朴でなく、もっと慎重である。かれらは実務的な法曹であり、自分のつくらなかった規則を適用するのが仕事である。そのためには規則を解釈しなければならない。かれらに必要なのは、法体系の中で、なんらかの法律的命題の意味を法律的または文献学的な解釈規範に則って決定したり、または「立法者の意図」が何であったかを追究することである。

ローマ人はもっと無邪気である——かれらにとって規則は、語の意味がどこかの「語彙制定者」に依存しないのと同様に立法者の気まぐれにも依存しない——規則は「自然」に一致しているので、立法者自身はそれを訳すだけでよい。だからローマ人は法律の実証科学と公認の法解釈を区別しない（「真の」記述文法は同時に規範文法と見なされる）。それこそ「幸いなる過失」であるが、ギリシア人にはそんな過失を犯す能力がなかっただろう。かくてローマ時代の法解釈は、知らないうちに現行法の解釈によって新しい法律を生み出している——聖典の注釈者らも同じである、つまりかれらは未来に生じる新しい問題のすべてに対する真の回答が永遠に聖書の中に含まれていることをあらかじめ知っている——だからかれらはそれを探し、常に見つけている。

独創的な態度である、それはローマ人が概念化にあまり適していないこと、また古典期の法律学者の社会的地位によるのである。後期帝政時代では、法学者は実務的な法律家でなく、裕福なアマチュアであり、法律を楽しみのために勉強する「専門」としている。だから無責任と素朴の混合であり、それが結局、思いもよらない規範的法律学になったのであり、偽称になるかも知れないが、法律の現代実証科学の祖先と見なされよう。ただし歴史的には、そこからいかなる法律科学も生じない。後期帝政時代、そしてユスティニアヌス帝以前、つまり法律の勉学的、通俗的な時期を通じて、実務家と教授が古典期の自由な「専門家」に代わる。そのとき、法律学は法律科学まで高揚するどころか、規範法律学は盲目的に教えられ、適用される実務状態に落ちるだろう。

ヴォージュラを語ること、あるいは郵政省がつくったつづり方規則を盲目的に適用すること――それがローマ法の入門であり、またそれが歴史的重要性である。それでもローマ法が思いもよらなかったような質問をローマ法に問いかけないようにすべきである。この法律は規則の詳細にわたって、この上なく正確に注釈しているが、普遍的概念にまで高めるのは不可能である、あるいは、そうしようとしても、まったく不器用であるので、文字どおりに受けとられる恐れがあろう――そこから表面的な問題しか出てこないだろう。古代の文法学者が分詞の一致の規則を詳しく述べるときは信用できるが、言語の普遍的概念を定義するときは信用できない。

モムゼンの理論を長くかかって論じなければならなかった、なぜならわれわれの方法では、若干の細かい点を明確にする必要があったし、また皇帝直轄国庫がせいぜい当初において皇帝に所属するという考えが残っていたからである。(150) それは間違っている――皇帝直轄国庫は君主制的制度であり、他方、ローマ国家はその財源の多くを税金からでなく巨大な皇帝所領に頼り、ちょうど富裕な地主のようにその所領を開発していた。国家は皇帝直轄国庫の機関によって帝国全体のもっとも巨大な大土地所有者になっていたのである。そこになじみ深い二元性が見られる――われわれの場合でも、国は当局（国は税金を払えと命じる）であるとともに私的所有者である（さらに、「公共財」のフランス制度、ならびに皇帝所領の特権に関するローマ制度によれば、特権的私的所有者である）。

国土はだれのものか

しかし、ローマ帝国が君主の私有財産であったとする間違った考えはあまりにも説明しやすい。国家と呼ばれる実体がいかなるものかを正確に把握するのはあまり容易でない（哲学者や公法学者の議論を見れば分かる）、また国土とは何かを概念化するのも容易でない。単純な意識が陥りやすい錯誤は、一方では、国を国王と混同することであり、他方、国土を真の私的所有物、つまり国王か人民と同一視することである——敵の侵略から国土を守る国民は、よそ者の侵入から自分の土地を守る地主に比べられよう。現代の法学者はそのような混同を消滅させるのに苦労している[151]。それについて、少し述べなければならない、なぜなら古代の法学者がその犠牲になったからである、だから間違った古代史問題が生じた、つまり帝国の領土について抱いたローマ人の特権的所有の問題である。

国土は、そこに存在する共同社会の所有物ではない。共同社会はその土地を耕さず、収穫もしない。つまりその土地を個人に委ねている（例外的に、一部の土地は国有地、皇帝所領として所有者がのこされているものもある）。共同社会は異国の共同社会に対して領土を防衛し、その権限を国境内の個人に対して行使するだけである——国土は当局の管轄下にある空間的限界を表わす。当局は国土へ実際的な権限を行使しないで、ただ市民に対する権力の間接的な権利しかない。国家は種を蒔かないし、収穫もしない、だが、たとえば地主に対して土地を荒れたままにしてはならないと命じることはできる。

そのすべては現代国家についてもローマ国家についても真実である、ただそれはローマの法学者らには考えられないことであった、なぜならかれらは物権や、間接権利あるいは主観的権利などの概念を持っていなかったからである。だからかれらは行為の上でなく、言葉の上で帝国の領土を私的所有物のように見なしたのである——「大部分の人は、地方の土地について、それをローマ人か皇帝の所有物だと思っている」と、法律家ガイウスは書いている、(152)「またわれわれにはその用益権しかないと見なされている」。これは奇妙な原則確認だが、そこから実際的な結果はまったく生じなかった。だがモムゼンはこのような通俗的なマニュアル作者の言明をまじめに受けとった。かれはローマの人民が属州の土地を所有していたからこそ、属州の人々から税が支払われるのも当然だと思った——ガイウスより幾世紀か前に、ローマがある土地を占領したとき、ローマはその土地の領有権を獲得し、先住民には税の支払いと引替えに土地の使用を認め、その税が実際には名義上の所有者であるローマ人に使用料として支払われたことになる。すべての論争はそこから生じた。

ローマ人がそれほど綿密に考え、またローマのような勝利者としての人民が被征服者から貢ぎ物を取り立てるのに法的根拠を心配したなどと信じられようか。征服された人々はすでに以前の支配者に税を払っていたではないか。だがガイウスのテキストを読み直してみよう、そうすればガイウスがどうしてわずか一匹のネズミを生ませるためにその山をはらませたのかが分かるだろう。ガイウスが、ローマは属州の所有者だと主張するとき、本当は何を言いたいのか——属州で墓を表わすのにイタリアで使われたように「聖所」*locus religiosus* という法的用語がなぜ用いられないかを説明しているのである、だが法的結果は同じである——「死者をわれわれの所有地に埋葬して、そこを神聖な場所にするかどうかは、われわれの気持ち次第である。だが大部分の人は属州の土地に宗教的な場所は存在しないと思っている、なぜならその土地の所有者はローマ人か皇帝であるからだ……それはともかくとして、たとえその場所が宗教的でないとしても、宗教的だと見なされていることには変わりがない」。ウルピアヌスがもっぱら大胆にも「公的」*publicus* という古い語が歴史的に共和制時代の制度に残った理由を説明するために皇帝直轄国庫を皇帝の所有物だと主張したことはすでに述べたとおりである。ここでも同じことが起こったに違いない。もしわれわれの推測が正しければ、ガイウスは、ただ同じような特殊性を説明するために、ローマをその属州の名義上の所有者としているのである——神聖な場所または宗教的な場所という表現は、歴史的には異国または属州の土地に対立した古いローマの土地に限られて用いられた、そのことはローマの宗教を研究する歴史家のあいだでよく知られている。[153] この歴史的特殊性はローマ人が属州に対する主導的関係に相応しているとガイウスには思われる、そのような関係をかれは私的所有物という言い方で解釈する。古代ローマの法学者らは考察する規則を尊重しすぎて、その規則が恣意的なものか、純粋に歴史的なものかをはっきりさせようとしない。かれらには規則の正当化が絶対に必要だ。だから皇帝直轄国庫は君主の所有と見なされ、帝国は皇帝または人民の所有であり、帝政は私有財産主義になると見なされたのである。

君主の私的な富、統治の財源

だが、もし皇帝が私有財産主義的存在でなかったとしても、その代わり皇帝は帝国の庇護者であった——他の二つの国庫、つまり「私有財産」と「個人的財産」を手短に検討すれば、それは証明される。もっと正確に言えば、小プリニウスのテキストをよく理解するなら、アウグストゥスから一世紀後の皇帝たちが巨大な私有財産を所有し続け、ちょうどアウグストゥス自身が行なったように、自分の後継者としたい元老院議員にその財産を相続させたか、遺贈したことが分かる。ただプリニウスはこの私有財産の存在を明らかにしながら、それを公式の名称で表わしていない。その名称とは、われわれが考えるような「私有財産」なのか、あるいはもっとも流布した説が述べているような「個人的財産」なのか。これらの国庫のいずれが皇帝の私的な富に相当したかはあまり重要でない——国庫とこの私的な富とは別に、第三のもの、つまり現代の研究者らにはなじみ深い王冠財は存在しなかったことを証明するだけで充分だろう。トラヤヌスが皇帝に即位してまもなくプリニウスが行なったトラヤヌスへの「称賛演説」で、この雄弁家は皇帝の無私無欲を激賞している——皇帝は巨大な富を私物化することなく、「私有財産の大部分」(154)を競売に付し、売却区画の大きいカタログが回覧にまわされ、さらに皇帝はもっとも美しい所有物のいくらかを寄贈し、無料で分配している。

その巨大な財産はどこから来たのか。実父からでないのは確かである、というのもこの父は老いたる元老院議員であり、一級の金持に属していなかったからである。トラヤヌスの財産は、先帝で、養父で、かれを後継者に選んだネルウァ帝から来ている。称賛演説者はこう叫んでいる——「あなたが選ばれて受けとった財産、それをあなたは贈り物にしている。あなたは自分の力で選ばれて受けとったものを他の人々へ譲っている」。では、ネルウァはそれほど裕福だったのか。かれが養子に遺し、養子がそれほど自由に使う巨大な財産の中には、特に、皇帝以外の所有になったことのない別荘(155)があり、またかつては「名将軍」として知られる偉大なポンペイウスの所有だったと思われる公園が含まれていた。実際には、これらの遺産は貴族の遺物や元老院議員の邸宅であり、元老院議員が新しい所有者になってふたたび住んでくれることを喜んでいる、とこの雄弁家は述べている。だがプリニウスはこれら財産没収のことには触れていない、また流血の思い出も喚起させていない。歴代皇帝のこれら古い私有財産は、慣習に忠実な元老院議員らが必ず時の皇帝へ贈った遺産や寄贈の財産から成っていると考えられよう。

そこで、トラヤヌスは一世紀前からかなり大きくなったアウグストゥスの巨大な私有財産を所有していると考えられる。その財産は遺贈、相続、あるいは接収によって皇帝から皇帝へ受けつがれる。ネロが死んだとき、新しい王朝フラウィウス家はアウグストゥス家の巨大な遺産を手に入れたに違いない、次いで即位したネルウァは私法によって養子トラヤヌスを相続人にした。かくてトラヤヌスは、かつてウェディウス・ポリオがアウグストゥスに遺贈したパウシルプム山一帯の領地の所有者になっていた。[156]

問題のかなめは、アウグストゥス家の私有財産がフラウィウス家によって接収されたに違いないという点である――それはヒルシュフェルトの輝かしい仮説である。[157] ただしヒルシュフェルトがフラウィウス家はその財産を手放さなかったということを信じようとしない点を除いて――ヒルシュフェルトによれば、フラウィウス家がその財産を王冠財に仕立てたことになる。今日、一般に認められている体制の他の部分もそこから来ている――この接収以来、「私有財産」と呼ばれる国庫が存在し、王冠財もそこに含まれる。残るのは「個人的財産」と呼ばれる国庫であろう。だからこれが皇帝の財産の最後の部門に相当するはずである。それをはっきりさせるのが論理的だろう、つまりそれが歴代皇帝の私的財産である。

それにしてもなぜフラウィウス家は歴代皇帝の遺産を王冠の所有にしたのだろうか。ヒルシュフェルトの見解を引用しよう――「フラウィウス家という新しい王朝は後に続く皇帝らとともにカエサル〔皇帝〕という称号と同時に歴代皇帝の私有財産を手に入れた」。事実、フラウィウス家の時代から、アウグストゥス家固有の名カエサルという異名が時の皇帝やその推定相続人の称号になる。[158]「だがこの私有財産はこの時代以後、必然的に皇族財産としての性格を失い、皇位獲得に伴う王冠財としての性格を帯びるようになる」。[159] そのような必然性は現代人の目にしか映らない。ローマにおいて皇位は世襲的と見なされたことがないので、帝室財産はありえない――皇帝は一種の高官であり、たとえ可能性はあっても勝手に後継者を決められない。フラウィウス家はカエサルという家族的異名を奪うことによって没落した王朝と無理に結びつこうとしたのだろう、というのも紀元六八年〜七〇年の流血事態に乗じて前の皇帝の遺産をごっそりいただいたのであるから。トラヤヌスはその財産を受けつぐことになるが、それを王冠財としては所有しない。その後一世紀以上経ってから、マクリヌス帝は、没落王朝、つまりセウェルス朝の財産を売却している。[160]

実際的に、私有財産の相続や遺贈は、革命と接収の場合を除いて、皇位継承を決定した。もちろん、アウグストゥスが富の三分の二をティベリウスへ遺し、三分の一をリウィアに遺したが、それでも皇位の分割にはならない。[161] だからかれには皇位を分割したり遺贈したりする権利がなかった。だがジャン・ベランジェがはっきり指摘したように、その富は相続人へあまりにも大きな力を与えたので、そのときから相続人は皇位を約束されたも同然であった。「君主が帝国随一の富裕者であることはすばらしいことであった」。[162] アウグストゥス朝でもそうであったし、その後の王朝でも同様であったように思われる。

同時にこの個人的財産は統治のもっとも強力な手段になったが、軍部クーデタが起こるたびに武器になり標的になった。だが、その結果、失墜した皇帝またはその相続人は巨大な財産を没収されたばかりでなく、即位前の不幸な皇太子の私有財産も没収された。かくてモムゼンの興味を惹いた特殊性も説明がつく。[163] ある元老院議員とその私有財産を想定してみよう。かれは皇帝になる――かれは遺産または接収によって前任者の巨大な富を王冠財としてでなく私有財産として獲得することになる。この富はかれの私有財産に繰り入れられる、まさしく自分の叔父から相続した財産のように。革命が起こると、その財産はすべて接収される、なぜなら幸運な勝利者は没落王朝の相続人に家長がやりすぎなかったら当然遺されたはずの財産を返済してやるほど鷹揚なはずがないからである――あらゆる口実を使って遺産を接収することは、ローマでは君主の主要な財源になった。そこでペルティナクス帝（三カ月しか在位しなかったはず）[164] が賢明な手を打った理由が分かる――かれは皇帝になったその日のうちに、私有財産を子供らに分配した。その後任者ディディウス・ユリアヌス（数週間しか在位しなかった）の娘はさらに不幸だった――彼女の父が元老院によって死刑を宣告されたとき、彼女は「アウグスタ」という王朝の皇女の肩書を剝脱されたばか

りでなく、父が用心深く彼女に遺そうとしていた私有財産も没収された。(165)

この私的な遺産のおかげで、君主らは国家的庇護を続けられたのである。遺された問題はその財産が「私有財産」か、「個人的財産」か、いずれの名目を当てはめるべきかということである。

確かに「私有財産」のほうである――なぜならこの国庫はアウグストゥスから出た王朝、つまりクラウディウスから存在しているからである。ところで、上で述べたように皇帝の私有財産の歴史には断絶がなかった――それは王冠財のように六九年につくられたのではない。二世紀に「私有財産」と呼ばれるものはアウグストゥスの場合と同じ私有財産である。それに反し、「個人的財産」の存在は二世紀半ば前までは証明されていない。二番目の理由としては、君主の臣民のだれかが君主を自分の財産の相続人または受遺者に指名したとき、その遺産は皇帝直轄国庫ではなく「私有財産」に入れられるか、または「個人的財産」に入れられたようである。そこで「私有財産」には君主が個人名義で所有または獲得した財産を含んでいた。(166)そこで問題になったウルピアヌスの資料をもう一度検討しなければならなくなる。ローマ法が現代の法学者に仕かけた罠についてはすでにご存じの読者のおかげでそれが可能になるが、注へまわすことにしよう。(167)

最後の国庫、つまり「個人的財産」に関しては、それが公的なものであったことは歴然としている。(168)その財産は普通法の手を離れ、(169)皇帝直轄国庫と同じように特権扱いを受けている。(170)その書式も皇帝直轄国庫のものと同じ場合がある。それは「個人的な」財産の所領であり、若干の資料にある「カエサル所領」に属すべきものと思われる。ローマでは、私有地で発見された財宝は、発見者が半分を手に入れ、残りの半分は地主にわたされた。その財宝が国有地で見つかった場合は、半分が都市へ返された。皇帝直轄国庫の土地で発見されたときはその「国庫」へ戻された。また、もしカエサル所領で見つかった場合は半分がカエサルやその「私有財産」でなく、やはり皇帝直轄国庫へ戻された(171)。ペルティナクスはこのカエサル所領からカエサル所領という名称を抹殺しようとした、なぜならその財産は公的なものであったからだと思われる。

それでは「個人的財産」とはいかなるものであったのか。その点は何も分からない。皇帝直轄国庫と違った国庫であろうか。それは、ミッテイスが推測するように皇帝直轄国庫のたんに細分されたものであり、所領の管理を任されていたのか。それは一種の皇室費である、なぜならそこでは皇帝の会計と皇后の会計に分けられていたからである。とにかく、あまりにも単純なことを詮索するのはひかえよう――帝国の財政はわが国の旧体制のときと同じように複雑であり、錯綜していた。その財政は、魅力的な仮説を立てられたり、資料に欠けていても本当らしい歴史が書けるようには整理されていなかった。

皇帝と軍隊――兵隊は売り物か

皇帝は巨大な私有財産を使えたから帝国随一の恵与者になれる。帝国の国庫はもっぱら皇帝の所轄下にある。官僚制は皇帝の思いのままになるが、大規模の軍事指揮権と、ほとんどすべての属州統治だけは依然として元老院階級の手にある。それだけではない――皇帝は軍隊の最高司令官である。

だが、それは公式だったか、個人的資格だったか。ここにふたたび私有財産主義の問題が浮かび上がる。事実、ある人々は、兵隊が権力の手先であるというよりはむしろ君主の忠僕であり、軍人宣誓によって君主に服従させられていると見なした。他方、君主と軍隊の関係には、金がきわめて大きい役割を果たしているように思われる、つまり皇帝はしばしば金の力で軍隊の服従をあがなっているように見える。皇帝は金または「下賜金」を配っているので、これが皇帝独裁政体の異国的で、かつ醜悪な特徴の一つと見なされる。古代と現代の歴史家らが繰り返し言っているところによれば、軍隊または〔皇帝〕親衛隊は最高入札者に売られるはずであり、もっとも高値をつける候補者が皇帝になった。兵隊は忠僕か売身者か。真実はもっと平凡だが複雑である。

皇帝権力と軍隊との直接関係は二重である――君主は軍隊を指揮し、軍隊は君主を任命するか、任命させた。皇帝は外交の面では独裁的権限を有していた――共和国時代の元老院に対して恐れていた外国は、いまでは皇帝の前で震えた。(172) 皇帝は軍隊の指揮者であり、すべての階級を任命し、(173) 兵隊の補充を行い、好きなだけの兵員を召集した。(174) 軍人は皇帝の名や皇帝の肖像の前で宣誓し、皇帝のしるしで軍旗を飾った。(175) 軍隊を視察するときは、皇帝は軍服を着て、みずから指揮をとった。

皇帝と兵隊との関係は、軍隊儀式と視察のとき以外は、皇帝と一般の役人との関係と同様に個人的ではなかった。ただ戦術に長じた皇帝、たとえばトラヤヌス、セウェハス、さらに下ってはコンスタンティヌス、背教者ユリアヌスは「従者」*comitatenses* を従えて統帥らしく姿を現わす。ほかの指揮官らは君主でなかったが、それでも勝利をもたらしたときは軍隊から崇拝され、軍隊の評判は皇帝の座を脅かした。(176) それでも皇帝の軍隊は市民軍団ではないので、指揮官としての君主に献身する忠僕の群れではない――軍人として当然の仕事をする職業軍人である。かれらには給料や昇進が皇帝配下の部局に依存していることが分かっているから、元老院のことは眼中にない。

それでもプレメルシュタインの説にはそれなりの理由がある――この職業軍人らは役人に属さない。かれらと仕事、君主、それもいかなる君主でもよい、さらに軍旗との非個人的な関係は、その利権を団体精神とする特権的団体の関係となる。その関係にはサブグループ的愛国心の熱意がある。ちょうど宗教団体にはいるように軍隊にはいるのが普通だった。そしてセウエルス帝の時代までは結婚できなかった。兵隊は特殊な世界に属し、特権的であった。農民大衆とくらべるなら、幸運にも兵隊になれた者は「権力」を象徴し、剣と金がある。国家が巨岩のように社会に置かれているような帝国においては、国家機関は社会より上位にあり、社会と混同されない。兵隊であることは、他の場合のようにたんなる職業ではない。

このように編成された集団と皇帝のあいだでは、両者の規則的関係はもう一つの関係とダブっている――いろいろな事情、特に皇帝即位のとき、君主は軍隊に金の贈り物、つまり「下賜金」*donativum*を贈る習慣になっていた。この制度について少し述べておかねばならない、というのもこれはよく知られていることであるが、主として逸話的に扱われ、その歴史は、誤りである場合は別として、まだ明確に述べられたことがないからである。

「下賜金」は一人当たり数千、あるいは数万セステルティウムの寄贈であった。[177]その支給が遅れただけでも一人ならず、皇帝の地位が失われたこともある。[178]めでたい即位のときのこの寄贈は帝国の辺境地で編成された軍団の兵隊にも支給され、またローマでも皇帝を護衛する親衛隊（プラエトル）にも支給された。[179]ところが、われわれの資料では、特に親衛隊への「下賜金」のことが取り上げられ、親衛隊が一度ならず皇位と引替えに金をもらったとして非難されている。かくて紀元一九三年、元老院派の皇帝ペルティナクスが衛兵に殺害された後、醜悪な場面が展開したらしい、ただしある元老院議員の歴史家の話を信じるならば、である――「ローマとその帝国は競売にかけられた。売り手はペルティナクスを殺した兵隊らであり、買い手はスルキピアヌスとディディウス・ユリアヌスであった。双方でせり上げられ、せり値はいち早く兵隊一人当たり二万セステルティウムになった、というのもディディウスに告げたメッセンジャーのおかげである――《スルピキアヌスはこんなに出すと言っていますが、あなたはどうですか[180]》」。これは党派的戯画だろうか。そうだとしても部分的である。親衛隊と元老院だけがローマに皇帝をつくる政治権力を握っていた。一方の側の気にいられすぎたら、他方のご機嫌を損じる恐れがあった。「下賜金」が原因で皇帝の地位を失うか獲得したと思われる君主（紀元四一年のクラウディウス、六八年のガルバ、一九三年のディディウス）は元老院と親衛隊が皇帝の任命権を争った結果である。元老院へ寄りすぎた皇帝を親衛隊が殺すから、皇帝はペルティナクスのように、あわてて「下賜金」を支給した、[181] あるいは支給を遅らせすぎたからガルバのようになった。いずれにしても、このような政争において、絶えず「下賜金」が問題になっている。即位の寄贈を拒否すれば親衛隊を激昂させる、それは金をもらい損なうというよりはむしろ原則が否定されるからである。元老院議員タキトゥスはこう書いている――ガルバが兵隊は召集されるものであって、金で買われる者ではないと、あけすけに言い過ぎたのは大きな過ちであった、「この老人が多少でも気前のよい寄贈をしておれば、文句なしに世論を見方にできたのに――かれは古い時代の厳格さと持ち前のくそ真面目の犠牲者であった[182]」。親衛隊の兵隊は、好きでもない皇帝の「下賜金」のことで腹を立てる。即位の際の寄贈には象徴的な価値があり、またいわば弱点的価値がある。元老院派の皇帝に対する親衛隊の敵意はこの「下賜金」問題に集中する、そして親衛隊が望みどおりの皇帝を選んだ後、その選択は同じく「下賜金」によって完成する。

別の資料には、事実、もっと戯画的でない場面で即位の際の寄贈のことが示されている。今度は、紀元三六〇年、パリで起こる出来事である。それを語るのは堅実な精神の持ち主アミアヌス・マルケリヌスである。[183] 後の背教者ユリアヌスはそのとき、まだ副皇帝にすぎない。かれはガリア人を異国人の侵入から救った輝かしい部隊をライン河のほとりまでつれてきていた。部隊の兵隊らはこの若い英雄を崇拝しているが、時の皇帝アウグストゥス・コンスタンティヌスに対して不満をぶちまけることになる――コンスタンティヌスがこの軍隊を指揮官から引き離して、今度はまたも家族から遠く離れて反対の地の果てへ行かせようとしているのだ。[184] 宮廷はなんとかしてユリアヌスと軍隊の仲を裂こうとするが無駄である、たとえば軍資金を断ち切った、そこで若い皇子は兵隊に衣食を補給するのが精いっぱいだった[185]——さらに、後期ローマ帝政時代では生活必需品の給付に加えて慣習化していた現金給与もできなくなった。それでも兵隊たちはユリアヌスだけを頼っていた。

かくて紀元三六〇年のある日、軍隊とパリ住民は宮殿に隠れていた若い皇子——というのもかれは心の奥では望みながらも身にふりかかる危険な名誉を恐れていた——を連れだし、正式の、または「アウグストゥス」としての君主だと宣言する。ユリアヌスは心にもなく、またはほとんどそのとおりだが、皇位簒奪者にされ、敗北すれば当然死ぬか、それとも帝国を手に入れるか、二者択一を迫られる。とりあえず幸いにして皇帝につけば、兵隊一人当たり黄金五スーと銀一リーヴルを約束する、それが相場であったから。[186] この知らせを聞いて老コンスタンティヌスとその宮廷が、ユリアヌスは五スーで皇帝の肩書を買いとり、ガリア地方の兵隊が売身的だとわめいたことは確かである。ユリアヌスのほうも、コンスタンティヌス帝がパリにいる手先に命じて軍隊を買収しようとしていたことを非難したのはいっそう確実なことである。[187]

兵隊への寄贈

競売にかけられる皇帝の座がまさしく「下賜金」によって売りわたされたと考えてしまえば、下賜金のうちに、たんなる形式しか見ないことになるだろうか。そうなるだろう、なぜなら象徴は現実のたんなる模造でないからである。象徴は現実の一部であり、われわれには全体の兆候に見える。火のないところに煙は立たない。だがどんな火も煙になるとはかぎらない。即位の寄贈が人気ある皇子とその軍隊との合意を完成するため、他の場合、それが政治的敵愾心の「弱点」になるためには、皇帝と軍隊の関係に何か特殊なものがあったに違いない、でなければいかなる象徴も出てこなかっただろう。
すぐつけ加えよう――その特殊なものとは歴史的なことであった。だから象徴を、厳密に規定されていない関係に当てはめたがる自然的傾向によって速急に説明しないでおこう。ほかに考えられるすべての象徴の中でも寄贈を選ぶことは常に広く歴史的なことであり、またほかの象徴が選ばれることもある。即位の機会をはじめ、その他、あらゆる場合において軍隊への寄贈は、古い君主制ではまったく普通の現象ではない。ローマの兵隊は「下賜金」をもらい、ローマの平民も同じだったが、帝政の役人はそのような金をもらわなかった。ところが、数年前、現在のペルシア王が即位したとき、役人へ「下賜金」が支給された。もっと最近では、イギリスで寄贈は逆方向になった――兵隊はアン王女の結婚祝いの贈り物をするために金を出すことが強く求められた、なぜなら君主と軍隊のあいだの個人的関係を象徴化するためには、寄贈はどちらの方向へ向かってもよいからである――君主が父なら、軍隊は子としての愛情を示さねばならない。軍隊はそれを金で表わすよりむしろ言葉や行為で示してもよいだろう。
ローマにおける「下賜金」の存在は歴史的理由で説明がつくが、ただその理由は普通に言われるような理由ではない。即位の際の寄贈は内乱のあいだは軍隊への寄付を続けない。その起源はもっと思いがけないものである――遺言によるのである。[188]
共和制末期の内乱のあいだ、大物だったスラ、カエサル、オクタウィアヌス、アントニウス、またはブルトゥスらは兵隊の士気を高める必要を感じたときは、その都度、軍隊に金を支給した、[189]また将校たちもそれにならった。[190]「贈り物」(これは慣用語になっていた)を受けとる兵隊の心理を知っておくべきだろう。二つの資料がそれをはっきり物語っている。カエサルが殺害されて数カ月後、オクタウィアヌスはアントニウスに対する戦闘員を味方に引きつけようとする。キケロによれば、オクタウィアヌスはカシリヌムとカラティアに住む老兵すべてを味方にすることができた、「これは驚くに当たらない。かれは一人当たり二千セステルティウムの金を配った」。この金は実質的であって、象徴的でないと思われる。それでも部下の生活を安定させるには不足である――この老兵らは将来の生活を確保するには戦勝を待たねばならない。この二千セステルティウムは未来の収入の手付け金に相当する。キケロはこうつけ加えている、(191)「マケドニアの軍団はアントニウスの贈り物を受けとらなかった。アントニウスの演説の最中に、軍団はかれをののしり、さっさと引き上げた」。こうしてこの戦士らは、利にさといが、金で買収されることはなかった。これは、悪い意味での傭兵というよりはむしろ真面目な軍人だった。

他方、オクタウィアヌスはアントニウス派の兵隊を引き寄せようと試みる。とりあえず象徴的ないくらかの贈り物をし、それから次第に中身の充実した約束をし、いずれは兵隊というよりは、なじみ深い仲間にしてやると保証する。そのうちの一万人の中で千人しか応じない（三千と言われることもある）。残りの者はその場を去ったが、その後、かれらは「農作業のつらさを思い、軍職の利益を考え、(192)まともな口実を探し」、やがてアントニウス派をやめて、将来有望と思われるオクタウィアヌスに味方した。この職業軍人の心は二つに引き裂かれている。かれらは金のために戦うが、個人的な忠実さ、さらには長官の中でもカエサルか、アントニウスかという政治的ひいきがあるので、かんたんには乗り換えられない。恐らくかれらの心はもっと単純であり、また個人的忠実さは、いくら遠い昔であっても今日、われわれが職業的慣性と呼んでいるものと同じであろう。かれらはオクタウィアヌスであろうとアントニウスであろうと、あっさり見捨てられない、ちょうどわれわれのあいだで、中流階級の者が職業を変えにくいか、専門職人が雇用市場における偏差に応じてフランスの僻地へ行きたがらないのと同様である。アントニウスの兵隊はその習慣、その仲間、さらにすでに一党派において行なった物質的で精神的な貢献を犠牲にしたくなかったのである。

内乱中の「寄贈」は、勝利までのあいだの非公式な割増給料であった。兵隊は給料だけでは済まされないと思っていた。それでも寄贈をもらえば嬉しかった、なぜなら暗黙のうちに了解されていても、支給日が決まっていなかったから、実際に金を受けとればますます戦闘意欲が沸いた。帝国の「下賜金」はそうではない。それが特に新しい皇帝の即位の贈り物になるまでは、亡き皇帝が二種の人々に遺した遺産であった、つまり軍隊とローマ市の平民である。事実、兵隊への「下賜金」とローマ市民への「贈り物」はいつも一緒である。[193]ということは皇帝がローマの兵隊や市民を特別の保護下に置いていると考えていたことになる。

まさしくそのとおりである。ユリアヌスはコンスタンティウスへの称賛演説の中で、この皇帝を羊飼いになぞらえている。臣民大衆は羊であり、兵隊は忠実な番犬である。これが二種類の住民である。[194]この見方はきわめて古い。アウグストゥスが元老院寡頭政治家に対抗して個人的権力を築いたとき、二重の操縦桿を握っていた——軍隊、そしてローマの人民全体を表わすローマ市である。アウグストゥスは自分のために兵隊を掌握し、またローマを舞台に人気を争うような競争相手の出現を不可能にしようとした。[195]制度の用語で、それは、地方には「地方総督の最高権威」*imperium proconsulare*, ローマ市には「ローマ援助義務」*cura Urbis* と言われるものであり、これでローマは自律的自治体でなくなった。[196]ところで、当時、遺言によって気前のよい寄贈をする習慣があった——友人、近親者、保護している人々に例外なく何かが遺贈された。だからアウグストゥスが亡くなったとき、[197]その遺言書では、ローマ市民に四千三百万セステルティウム、兵隊に五千万が遺贈された。アウグストゥスは生前にも臣民を大家族のように扱おうとしていた。その孫カイウス・カエサルが軍隊にはいったとき、かれがその部隊の兵隊へ現金の贈り物をしたのも、「軍隊がはじめてカイウスを仲間に入れてくれたからである」(198)。

兵隊と平民に与えたアウグストゥスの遺産の配分は、かれの相続人で、帝位を受け継いだティベリウスによって行われた。ティベリウスも数百万の金を兵隊と平民へ遺贈し、その金は相続人で後継者カリグラによって配分された(199)。カリグラは発狂して殺害された。われわれの資料によれば、そのとき、「下賜金」(200)が生まれた——新皇帝クラウディウスは劇的な状況の下で、親衛隊によって皇帝の座につけられたが、配分できる遺産を前皇帝から受けついでいなかった。かれは兵隊の好意に感謝し、協定に調印しなければならなかった、というのも親衛隊の選択を元老院が承認するまでに手間どったからである。クラウディウスは「そのとき、武装(201)した兵隊を集め、自分のために宣誓させた。かれは兵隊一人当たり一万五千セステルティウムを約束した」。遺産は即位の際の寄贈にされ、その伝統は続いた。クラウディウスが亡くなったとき、ネロは「父の寄贈にならって」(202)「下賜金」を提供した。

およそ二世紀にわたって「下賜金」はそのまま存続した——(203)皇帝と軍隊のあいだの家族的関係のしるしとしてである。その金の一部は新しい皇帝の即位の際に支給され、残りは推定相続人が成人したときにわたされるか(204)、「カエサル」の称号が与えられるときに支払われる(205)。最後に、「下賜金」は、クーデタがたくらまれているとき、君主へ忠誠を示した歩兵隊への報酬になる(206)。

皇帝権力の特質

「下賜金」のおかげで、アウグストゥスは、ひとりで軍隊を掌握していることをすべての人に示すことができた。かれの後、象徴的であるとともに実質的な寄贈はどれほどの政治的効果を挙げることができたか(皇帝が替わるごとに、親衛隊の兵隊は三カ月分の給料の数倍に相当する金を受けとった)。その効果はそれぞれの時の軍隊の政治力に左右された。革命期を除いて、軍団が皇帝をつくり出せないほど権力の中心から離れているかぎり、「下賜金」はたんなる既得権のように見えたが、特別の意味を帯びなかった。だがその権利を否定するだけでも一大事になり、スキャンダルになっただろう。なぜなら純粋に歴史的な理由でなんらかの象徴的行為が選ばれたなら、二つの結果が生じる――その象徴は特殊な意味を帯びなくなり、平凡になり、あともどりができなくなる、また無関係で慣習的な象徴を拒否する者はすべて社会契約を破棄したと見なされる。

それに反して、親衛隊から見れば、常に「下賜金」は決して自明的ではない弱点に見えた、なぜなら親衛隊は新しい皇帝を選ぶときに発言権があったからである。それは帝政の奇妙さから来ている。(207)「伝統的」というのは、マックス・ウェーバー流に言えば、帝国は伝統的制度であり、形式的、立憲的な偽装をしている。統的」というのは、帝国がたとえ非公式であっても世論に受け入れられ、合法的と見なされ、また継続的と見なされる力関係の上に築かれているという意味である。アウグストゥスが亡くなったとき、この制度は「再生」(208)された。その力関係は恣意的につくりなおされた立憲的粉飾をまとった。皇帝権力の法的根拠をめぐる碩学者らの議論は量ばかり多くて、結果的には説得力に乏しかった。そのイデオロギー的根拠に関するその後の論争もますます空虚なものであった。アウグストゥスがみずから認める「権威」のうしろに何があったのか。その権威という語は自分の権力的地位を称賛する語り方にすぎない。(209)かれは格調の高い言葉でそう話すことができた、なぜなら世論がかれの権力を承認していたからである。この場合、公権は何もできない。(210)たとえば、遅くともウェスパシアヌス帝以後、皇帝が軍隊によって選出されることが合法的（*rechtsgültig*）になったと書けようか。確かに合法性は重要だ！　皇帝が亡くなれば、国土を支配する政治的勢力は新しい皇帝を探す――それはそのときどきの状況に応じて即興的に行われる。だれも憲法を参照したり、慣習を思い出そうとしない。もし元老院が怖じ気づいて沈黙すれば、元老院の意見を聞くことなく軍隊によって新しい皇帝が決定されるだろう。いや、元老院は無視されたくないので、あわててその選択を承認するだろう。別の場合、もし元老院にだれか候補者を挙げる勇気があれば、親衛隊の気持ちを打診し、この候補者を皇帝に迎えてよいかどうかを知ろうとするだろう。

一般に、政治という闘技場に現われる勢力は何であったか。それはまず、亡くなった皇帝の権威であるが、それも相続人である皇子を世論に認めさせることができる場合であり、次いで威光ある元老院、さらに武力のある親衛隊であった。革命期では、辺境地の軍団とその武力であった。また、きわめて例外的だが、ローマにおいて住民がデモを起こす。[211]農民一揆が王朝を転覆させようとしたり、うまくゆけば新しい王朝を定めたりする例はローマに多い、ちょうど中国やロシアと同様である。ただしかつてのスパルタクスの反乱ほど大きくなったのは一件もない。有力者について言えば、かれらは都市を指導したり、虐げたりするが、国家機構は依然としてかれらには無縁の機関である。

残るのは元老院の権力と親衛隊の権力の対面である。ところで、親衛隊の兵士は必ずしもなんらかの政治的利益に合った皇帝を押しつけようとするのではない――かれらの希望は何よりもまず皇帝が親衛隊を無視して選ばれないことである、なぜなら政治的権力を所有することはその権利の行使に劣らない満足をもたらすからである。そこから親衛隊と元老院のあいだに嫉妬が生じる――君主は元老院側の人間に見えるだろうか、親衛隊側の人間に見えるだろうか。この政治的自尊心の確執において、「下賜金」を与えるときの君主の態度はまぎれもないしるしになる。しぶしぶ同意する君主は、親衛隊にもっぱら服従の務めだけを果たさせようとし、かれが頼っている親衛隊の政治力的権威を否定しようとする人間になるだろう。実際にそれを否定できるだろうか。そのような危険なことをする機会はないかも知れない。だが頭の中で親衛隊に対する軽蔑の思いが駆けめぐるなら、それで充分すぎるくらいである。

以上が前期帝政時代の「下賜金」である――すべての市民に、皇帝が軍隊を掌握していることを示し、軍団に対してはたんなる既得権だが親衛隊には政治的威光を表わし、親衛隊もそれを誇らしく思う。最後に、紀元三世紀と四世紀の変化を見てみよう。「下賜金」は、一方で、皇帝の心づけ、つまり皇帝がそれで部下たちを権力の仲間と見なしている証拠になる。

後期帝政時代――「給金」と心づけ

モリエール、さらにバルザックを読めば、奉公人は主人から三種類の報酬をもらっている――奉公人は衣食のほかに、なんとか定期的に現金の給与をもらう権利がある（ただし貧乏か守銭奴の主人は幾年も支払わないでいることがある）、さらに主人が奉公人の仕事ぶりに満足すれば特別手当を支給する。これがほぼ後期帝政時代の兵隊の待遇である。なぜなら「現物給与」は給料の実質的なものになる、他方、貨幣価値の低下があった。結局、「下賜金」（この語の意味は変わった）は給料の定期的な割増金になった、つまり皇帝は即位五周年あるいは十周年を記念して盛大な祝賀会を開催するときに「下賜金」を支給するのが習慣になった[212]。要するに、現物による生活費は兵隊に確保された。その代わり、その必需品に追加される割増金は必ずしも規則正しく支給されなくなる。思い出されるように、ユリアヌス・カエサルにはその支給が少しもできなかった。そこでこの割増金は給金（*stipendium*）で「下賜金」だと呼ばれ、結局、支給されることになるが[213]、それを支給[214]する皇帝は贈り物[215]をしているようであり、それと引替えに兵士を勇気づけ、忠勤を励まし、好意を抱かせ、熱意を高める。かくて「下賜金」は「給金」とともに原則的に定期的となる。いずれの場合も、君主に余裕があるときに支給される。

このように見てくれれば、当時の兵隊には職業的理想もなく、金のことしか考えていないという誤解を受けるかも知れない。[216] その点は前期帝政時代の軍隊と比べてあまり変わらない――だが後者の軍隊は自動的に給料をもらっていた。ところが紀元四世紀の軍人は共に戦う皇帝との親しさにつけ込んで、言いなりになると思われる皇帝から給金をむしりとろうとする。アッシリアの都市を攻略した後、ユリアヌスの兵隊は皇帝に金の話をする。皇帝が叱ったら、兵隊はそれ以上強要しなくなる。[217] 兵隊たちは貪欲になっていなかった――これはかなり非公式になった給与体系であり、そこからモリエールふうの場面が生じる。国が支払いを渋り、支払うときはまるで贈り物をするかのようである。だから義務を果たすように、きびしく請求しなければならない。

だが、国家は戦勝[218]や皇帝即位の際には本当の贈り物をする、なぜなら「下賜金」が給料の一部になって以来、即位の際の本当の寄贈は名称もなしに生じたからである。[219] 紀元四世紀の軍隊はきわめて独特のものである。もはや以前の軍団のように辺境地に分散させられていない（国境警備はまもなく普通の農民‐兵に任される）。軍隊の精鋭はいまや数万の兵士（*comitatenses*）で編成され、皇帝をとりまき、皇帝とともに戦場を駆けまわる。[220] これらの兵隊は近くで君主を見つめ、君主は兵士の意見を聞き、兵士を頼り、共に作戦を話し合う。[221] 治世が変わるごとに、高官は新しい皇帝や皇太子の任命を拍手喝采でもって兵隊たちに追認させる。

この大きい軍隊は、昔の数千の親衛隊のように政治的主張をしない。そして軍隊は同業者全体の誇りを持っている――皇帝のひいきによって、一般大衆とは違う特権的集団になろうとする。[222] 即位の際の寄付は、新しい皇帝が、軍隊からどの皇帝にも期待されているとおりだということを証明する。これらの軍人は非政治的である。かれらは自分の手で皇帝をつくろうとは望まない、むしろ必ず拍手喝采で歓迎した君主から、特別のはからいでもって、自分らを羊の群れとしてでなく忠実な番犬として扱ってもらいたい。古代の多くの社会において、君主の奉仕者になることは一般人のあいだで想像を越えた名誉である——それ以外に人間の格差をつけるものは何もない。

要するに、「下賜金」の源泉へさかのぼるなら、それは歴史的偶然である。不安定な地位についたアウグストゥスは軍隊の操縦を象徴化しなければならなかった。ところでローマの遺言の習慣によれば、最高の象徴は現金の寄付か遺贈であった。

「下賜金」の小史を社会学的結論へ拡張してみよう。現代の歴史家らは主としてローマの軍隊またはその将校集団の社会的起源、そしてその階級的地位について探究した——軍部クーデタは、実際には農民集団の反乱であって、都市の「ブルジョア」に反対した兵隊を引き込んだだろうか。それでは問題の半分しか見ていないことになる、恐らくそれ以下だろう。軍隊はやはり制度であり、集団精神を持ち、そのように反応する。親衛隊には統治を行う考えはない、なぜならかれらはもともとイタリアのブルジョア出身であり、また親衛隊には力も威光もあるからである。各地方の軍隊は「ブルジョアジー」の機関としての元老院に反対するような軍部クーデタを起こすのでなく、元老院の口うるさい議員を一掃し、無能力者を追い出し、帝国を救うため、あるいはごくかんたんに、他の地方にいて、すべての皇帝をつくりだす別のライバル的軍隊だと言われたくないためにクーデタを起こす。軍隊は自己と、その理想、つまり集団的な神話と利益しか表わさなかった。社会的起源、階級的地位、および民間人的観念について言えば、兵士や将校は軍隊にはいるときに、そんなものを忘れていた。

理想型のローマ化

帝国の軍隊、財政、そして行政に関する以上の長い叙述は結局、否定的な結論になる――ローマの制度には、語彙以外には私有財産主義の跡形もない（小役人は、国家でなく君主の奴隷または開放奴隷と言われた）。実際には国家機構と歴代君主の個人とは厳密に区別されていた。唯一の例外はある――各種の国庫（語彙の上では君主の私有財産と言われたが）のほかに、皇帝のなかには、巨大な個人的財産を次の皇帝へ伝え合い、それを政治的目的に使った者もいた、その点ではかれらは国家的庇護者であった。他のことについては、かれらは高官と同様であった。

君主と臣民または兵隊とのあいだにおいて、いわゆる隷属的支持関係については、これも存在しなかった。「下賜金」はそのような関係の保証ではなかった。君主と臣民の関係が特色もなく、たんに服従であるような巨大な国家を羊の群れだと想像するなら、それは、はっきり言って、歴史的現実の意味を失うことになる。森が藪に隠されてはならない。プレメルシュタインは皇帝への宣誓の重要性を奇妙なほど誇張した。資料テキスト、碑文、さらにパピルス古文書は、皇帝の幾千万臣民が納税者、裁かれる者、愛国者、また兵隊として、世界のすべての国のすべての臣民と同じように服従していたことを明らかに証明している――国家元首に服従するように。プレメルシュタインの著書のほとんどすべての細部は真実であるが、その全体はひどく間違っている。この偉大な歴史家は文献学的伝統の慣習の犠牲になった――ある時代の現実をその時代の概念または象徴から解釈しようとしたからである。だからローマで空は青かった、また人々は二本の腕と二本の足を持っていたと知ることは諦めなければならなくなる、もしたまたま、そのことが現存する古代のいかなる資料でも確認できないとすれば。

私有財産主義に関して、ローマとヘレニズム的諸国家の違いを知るためには顕著な事実を思い出せばよいだろう――ギリシア諸王は、恐らく王位、所領、金庫の金というのでなく、まとめて王国全体をだれでも好きな者へ遺贈できた。まるで一区画の土地のように遺贈できた、そしてその遺言には法的な力があった。[223] かくてローマはまったく合法的にアジアやキレネを相続した。この奇妙さは、オリエントを半ば異国にするやり方と一致したように思われる。[224] またその奇妙さは、あるギリシア国王が征服者、策士的王者、領土収集家と思われた事実の結果であった。ローマとの対照的な違いが分かる、つまりローマ皇帝には遺言によって後継者を指名する権利もなかった。ギリシアの王国は武力権を基盤にしている（王国は「武力で征服された土地」である）。帝政のほうは高官職である。

そこで、主観的権利による君主の理想型がローマにおいてどのように変えられているかが分かる。ローマでは、皇帝の役割はローマが帝政になる前は都市国家であったという事実に深く影響されている。ヘレニズム的思想と現実は都市と王国を強烈に対立させていた。それが時代の大分裂であった。皇帝は市民的人格である――かれは高官であり、恵与者である。かれは国家の所有者でないが、その国の庇護者になれる、それはすでに述べたとおりである。また、皇帝が寄贈をするとき、それはオリエントの大物かヘレニズム時代の国王のような豊かさもおおらかさもない。

ただ、皇帝が寄贈をしなくても、また当然の行為をしても、かれはそれを恵与と呼び、当然、善王の「恩恵」と呼ぶ。

六　君主の恩恵

もし君主が帝国の所有者であるなら、すべてはかんたんだろう――まったく公法はなくなり、政治生活も大物の思いのままになるだろう。だが想像されるように、そうはいかなかった。帝国という機械は家庭生活より複雑で、形式的である。法律、規則、役人が必要だった。ただこれから分かるように、君主制的な様式は、言葉の上では、君主の公的な行為や私的な行為も、君主の徳のせいにし、特にその鷹揚さに帰した。君主の行為はすべて恩恵になった。そこで国家という抽象的存在との関係は存在せず、したがって君主の臣民と国家機構のどんな関係も恩恵者たる帝王個人との関係だと信じる振りがされた。

「アントニヌスはローマ人民に賜り物を贈り、兵隊に《下賜金》を贈り、さらに皇后への表敬として孤児の養育手当を制度化した。またその建造物については……」――この列挙は、後の歴史家から借用されたものだが(225)、標準的なことであった。寄贈、またはそのように呼ばれたものは平均的ローマ人には皇帝の活動の重要な一面に見えた。「寄付する鷹揚さ」*liberalitas* は恵与者の性質を表わすラテン語であり、恵与または施しを表わすギリシア語は「恩恵」*beneficium* というラテン語で表わされた(226)。古代の歴史家たちは絶えず君主の寄贈や恩恵のことを語り、称賛したり非難したりしている(227)。

ただし皇帝は並みの恵与者にはなれないだろう――だが皇帝において、有力者のように世のために尽くす個人と、職務を果たす元首をどのように見分けることができよう。資料は皇帝の温情を語っているが、その資料をよく「理解」し、その言葉で語らねばならない、だが資料を常に文字どおりに信じてもいけないし、ローマ人が行なっていることと、行なっているつもりのことを見分けねばならない。ウェスパシアヌスが「寄贈」として、皇帝直轄国庫、つまり税金の収入で修辞学講座を新設するなら、フランスの文部大臣がソルボンヌ大学に講座を新設するのとあまり変わらないではないか。それでもウェスパシアヌスが恵与者と見なされるのは、ただ君主制的様式の結果でしかない。その様式が喚起させるのは、有力者の恵与を表彰した墓碑銘の修辞学よりはむしろわが国の旧体制時代の君主制的慣用語に近い。皇帝の恵与指向が研究されるとき、個人がいかなる私的な動機によって自分の財産を犠牲にするかということよりも、なぜ公的な人物が公的な活動を個人的な徳のせいにするのかを知ることが重要である。

この問題は単純ではない、なぜなら君主の活動は一つでないからである。皇帝が行うさまざまな措置は、ある程度規則的であり、またある程度専権的である。個人の場合における法律の自動的な適用、いかにも一般的な法律上の刑量によれば罰するというよりは処刑されて当然の罪人に対する恩赦、外交上の決定、以上が皇帝の三種の公的活動であり、いずれもきわめて異なる原則から来ている。皇帝の恵与指向はこれらの三種のどれかであるのか、また寄贈または恩恵という語は専門用語であったのか。あるいはそのすべてがイデオロギーにすぎず、君主制的様式が、受益者を満足させるなら、極端に異なる公的または私的な活動を行なっても、それを恩恵と呼んだだろうか。

法律の恩恵

後者の仮定がよい。たとえば恩恵という語を考えてみよう。だれがなんと言うときがあろうと、それは絶対に専門語ではなく、君主の多様な活動を正面から表わしていない。先験的に、君主の恩恵は三つのことになるだろう(228)――老兵に退職の権利を認めるときのように、個人の場合に対する自動的な規則の適用、公正またはたんなる慈悲の名における刑量の個別化、それとも最後に恩赦という名称で飾られる帝王の気まぐれともいうべきかたよった恩恵がある。事実、「恩恵」*beneficium* という語は無差別にそれらすべてを含んでいる。実際には、この語はきわめて[229]ありふれた行政的[230]決定について言われる、なぜならその場合がもっとも多いからである——市民権の付与、騎士階級への加入、水道橋の水の個人的使用の許可[231]などがある。恩恵はどんなことでも公的行為すべてであり、その中身は嬉しいことばかりである。

だがまれに、恩恵は帝王らしい「恩赦[232]」になることもある。君主の恩赦権は確かに存在した、だが異教的古代では中世ほど話題になっていない。それどころか皇帝の「人徳」や恩恵が偲ばれるとき、恩赦を受けた罪人のことはあまり問題にならなかった、なぜなら死刑執行人の刃が途中で止まるというイメージは君主を愛させるようにする考えとうまくつながらないからである。むしろ恩恵という語は特権について言われた——免税、自治都市に所属する公共財の収益[233]、老兵が当然受けるべき市民権、また功績[234]ある都市への市民権。モムゼンとともに「恩恵」は有益な権利と言えようか。アルバロ・ドルスとともに、それは特権でなく、むしろ自由裁量的措置であり、特権のように他の規則に反するどころか一致している、と言えようか。これら二つの規定は補完し合っていて、問題はそこにない。免税は特権であるが、市民権は有益な権利にならない。事実、「恩恵」には決まった意味がなく、またわれわれの法律的用語に直すと冗漫になる場合が多い。「君主の恩恵によって市民権をいただく」というのは、ただ「皇帝の裁量で」受けとるという意味にすぎず、また「ユリア法によって主婦に認められた権利を享受する」というのは「その法律の恩恵に浴す」と言われよう。

問題は、いかなる場合に法律の自動的適用を受けないで皇帝の個人的裁量、つまり法律の恩恵でなく君主の恩恵になるのかを知ることである。先験的に、二つの場合がある——皇帝が法律を無視する場合、およびその法律が特例として適用されるかどうかの決定権が皇帝にある場合。はじめの場合、皇帝は恩赦、免税または特権を認可する。後者の場合、皇帝は自分に属する執行権によって自由裁量的に決定する。皇帝は老兵が市民権を受けるにふさわしい条件を満たしていることを確認する。また皇帝が適用したり無効にしたりできる法律はないとすれば、恩恵という語が古代作家たちの書き物の中にあまり現われていないことが分かって驚かされる。かれらは、たとえば一将校が皇帝の恩恵によって武勲の表彰を受けたとは書かない。なぜならいかなる立法者も、どのような武勲が勲章に値するかをあらかじめ形式的に定める考えを持たなかったからである。皇帝は武勲の真価を良心に従って判断した。もし軍隊の功労賞が恩恵と呼ばれたら、功労と同様にひいきも功労賞を授けることができたと陰口がたたかれたかも知れない。(235)

フロンティヌスが、アウグストゥスは水道橋の水の使用許可を「恩恵の数の中に入れた」と書いたとき、(236)この皇帝は受益者を喜ばせる許可を与える「決定権を有している」と言いたい。つまり規則の枠内で、許可が与えられたり、求められたりしたのである。なぜなら皇帝にどんな優遇でも要求できたのではないからである。規則があって、皇帝は以後、しかじかの優遇を願いでることはできないと定めることができた。(237)その他の優遇措置は願いでるだけで許可された――だが受益者は最初にその請求をしたのであるから、君主制的様式では、その優遇は必ず皇帝の慈愛だとされた。

要するに、恩恵の概念は本質主義的考え方から来ている。恩恵は、帝王らしい恵み、または特権固有の性質に認められるのでなく、恩恵を施す人物に認められる――君主は、本質的に立派だから、立派なことしかしない。読者は思い出されるだろうが、われわれが仕事に関して古代の概念を検討したとき、その概念が仕事の分類というよりはむしろ人間の分類に依っていることを確かめた――個人が有力者であるかないかによって仕事は非本質的活動と見なされるか、社会的に定まった仕事と見なされる。皇帝は法律を適用するだけでも立派である。意地の悪い考えをするはずがない――だから通俗的な役人のように法律に縛られることがない。皇帝は自由であり、だから立派である。一方、君主の代官は、つつましい書記であるから、決裁をしても、それは皇帝の功績となり、恩恵者にはなれない、なぜならかれは自由でないからだ――かれは「法律」の化身でなく、他人のために働いている。

恩恵、無償制の概念は同じく私法にも見られ、それだけ現実を表わすものである。法律家にとっては、職人に仕事を頼むのは契約であり、金を支払わねばならない。もし支払わないなら、哀れな職人は訴えることができる。職人は働く――かれは雇い主に対する恩恵者ではない。それに反して、修辞学、弁護、または医術を「専門とする」有力者らの知恵を拝借しに行くなら、それは仕事の賃貸にならない――この専門家らは頼まれれば恩恵を施す人々と見なされている。幾世紀ものあいだ、かれらには報酬がなかった。ただし実際には、贈り物でかれらの恩恵が報われたことは確かである。ただ、幾世紀にもわたって、かれらが世話をした人から何も受けとらなかったとしても、法的な援助はなかった[238]。その点では、ローマ人は自分で、また固有のイデオロギーに目がくらんでいた。

恩恵者としての皇帝のイメージは、憲法的権利や行政的現実と一致していないとしても、少なくとも一般人の精神性や称賛演説者の声明と一致している。プロウサのディオンにとって、帝王の仕事には二面性がある――一方は義務的であり、他は自由である、これが恵与的領域、つまり立派な君主の望むことである。このような君主は「少しも自分の財産を惜しまず、無尽蔵に財産があるかのように振るまう」。それが立派な性質を証明する寄贈である――偉い帝王は「友人たちに贈り物をして楽しむ[239]」。ディオンは、それが君主自身の財布から出るのか、納税者の金を使うのかを疑っていない、またその友人が君主の寵臣か手下かも問わない、もし手下なら報酬として贈り物を与えるのが当然である。ディオンはただ帝王が鷹揚な人だと思うだけでよい、なぜなら自分が君主の恩恵に浴さなくても、優しい君主に統治されていると思うだけでも楽しいことであるから。

国王、寛容、そして慈善

この見出しは称賛演説者の言葉である。それに反して、まったく別種の資料テキストがあり、それは国家元首の活動領域を深く見極めようとしている——セネカの『寛容論』は、寄り道をして見ておく値打ちがある。セネカは哲学に通じ、よくかれが書く堅苦しくないジャンルに属するもの、つまり良心の指導や勧善について書かれているものは、きわめて明確な思想に裏打ちされている（たとえば『ルキリウスへの手紙』の最後の幾通かの手紙の中で）。そこでセネカを語る前に、もっと昔へさかのぼり、プラトンまで回り道をすることから始めよう。プラトンの『政治論』は政治学の開祖的テキストの一つである。それをしかるべく位置づけようとすれば三回目の回り道をして次のような諺へさかのぼらねばならなくなる——「合法性の極みは不正の極み」〔法律を厳しく適用しすぎると、不正になることがある〕。

この法律的格言は、まったく異なる二つの意味に解釈される——この合法性は厳密な正義に適合しているが、慈善や寛容という高い正義に一致しない、あるいはこの合法性は正義そのものに適合しない。最初の意味では、この諺は儒教的または福音的な意味になる[240]——たとえ自分の権利が神の前でも祖先伝来の慣習に照らしても正しいものであろうと、その権利すべてを要求してはならない、その一部を隣人のために犠牲にするほうがよい。自分の権利すべてを要求するのは正しいことだ、しかし無情である。それに反し、とキケロは言う[241]、自分の権利のいくらかを譲ることは鷹揚さの表われである。

この最初の意味において、この法律的格言は権利の絶対的支配、法律的衒学趣味を拒否するものである

――どんな権利も歴史的産物であり、権利によって具体化される価値は価値の全体ではなく、歴史には、一時的な法律的または政治的な合理主義に含まれない多くのものが存在する。そこに慈善は真の意義を見いだす、責任を問われず民衆的な意義である（慈善はその意義の外ではただ格好のよいおしゃべりにすぎない――規則を適用する責任者は、だれでも行うように、規則に縛りつけている人々のためを思ってしているのだと主張し、その見返りとして愛されたいのだ。要するに、かれは立派な国王を演じている）。法律的合理主義が慈善を拒否するのは行為を見抜かれないようにするという欠点がある。貧しい債務者に現在、金がないなら、延滞金を取り立てる権利が金持の高利貸しにないとするような儒教的裁判官は明らかに資本主義の発達を阻害している。そこで経済的だが政治的で職業的でもある利益が法律的合理主義をうながすことになる。権威のための権威マニアもそれを促す（どんな規律も必要以上に行きすぎることが多い）。もっとも強力な要因はやはり依然として合理主義そのものであろう、これは物事を勝手なやり方で行わない遊戯的趣味であり、特にその趣味が法律専門家仲間の団体精神に具現される場合である。

この意味に解されるなら、法律的格言はもう一つの格言、合理主義的な格言と矛盾する――「自分の当然の権利だけを要求しても、隣人を侵害することにはならない」(242)。皇帝がはじめの格言を信じこんでいるとするなら、かれは必ず（ある人々からは寛容だと言われ、他の人々からは弱さまたは扇動策と言われるかも知れないが）法律の厳しさを止めるか緩和するだろう。また事実、真っこうから法律を破るかも知れない――法律の定めよりもっと厳しく要求し、個人的利益のために法律を抹殺する、暴君はそのように振るまう。

アテナイ人は専制政治を好まなかった、またこれはあまり福音的でもなかった。専横が専制的かどうかは別として、かれらは専横より「法」の君臨を選んだ、つまりだれにも偏らず、普遍的であることだ。支配するほうと支配されるほうが「法」に従って行動し、ゲームの規則を守るなら、だれがだれにも命令しなくてすみ、自由が君臨する（市民間のように、確かにもう一つの原則が働く――好意、友情、これは儒教的効果をもたらす。だがそのようなニュアンスは無視しよう）。市民は「法」の奴隷であるから、だれの奴隷でもない。「法」は正義の極みであり、その反対が支配者の専横である。それが原則であり、そこには恐らく二つの異なる観念が含まれる――自由は権力の行使に関わり、自由は服従のあり方に関わる。最初の考えによれば、だれが命令するのかを知ることが重要である――市民は「法」にしか服従しないから、自己を支配することになる。後の考えによれば、いかに命令されるかを知ることが重要である、つまり常時、それともその都度、有効な規則に従う、ちょうど各瞬間の作戦的要求にしたがって方向転換をさせられる兵隊のように（この場合、兵隊は必ず他人に従わねばならない）。

ここでプラトンのテキストが介入する、つまり法律的格言の二番目の意味をとる――「法」は決して正義に適合しない。また、それは実際的な歴史的理由によるのでなく（慈悲概念におけるように）、永続的な理由によるのである――ある「観念」は現実の多様性を言い尽くせるものではなく、またある「法」は決して個々のケースを予見できない。民主制の下で「法」の支配を見慣れてきたアテナイ人に対し、プラトンはアテナイ人固有の原則の名において、そのような状態はいつまでも続かず、いかなる法律も、いつかは王を求め、その王が公正の名において「法」そのものを立て直すことになると指摘した。公正とは正義より上の原則ではない。個々のケースが正義を誤らせるという点では正義自体である。「法」の精神はあらゆる個々のケースを字句において予見できない。書き物で完全な教育ができないように書かれた完全な法律は存在しない、なぜなら生徒や読者はそれぞれ違っているからだ。教師か王か、とにかく指導者が必要である。法律的合理主義があろうと、ゲームの規則では満たされない、なぜなら現実はゲームでなく、重要なことであるから（事実的内容を有し、形式的でないものは重要なことである）。この王は裁判官になるか、あるいは皇帝となって最高裁判官になるだろう。かれらはすべてのケースの無限の実状を考慮するだろう。

法律的字句はすべてのケースを予見できず、法律は法解釈によって矯正されることになる。ナポレオン法典第四条は、裁判官に対して、法的問題に疑問があるからといって裁判を拒否することを禁じているが、この条文は裁判官が法律の間隙をうずめるべきだということを想定させる。[244] 行政的領域では、遵法ストと規則の厳密な適用は結局、ばかげたことになり、事件をうやむやにしてしまうことが分かっている——この問題に詳しい著者の本で読んだことがあるが、それによると、組織体に関する現代的理論は、「管理仕事にはジレンマがつきものであり、そのジレンマは管理理論のたんなる適用ミスではないこと」[245]を発見した。規則を柔軟にし、それでも不完全な書類を受理する決定ができる者が王の代理をつとめることになる。ここで、だれが本当に命令するのかが分かる。最後に、刑法に関しては、王の権利、国王特権が介入し、罪人に恩赦を施し、寛容さを示すことができる。

しかしプラトンによれば、この寛容さにはまったく福音的なものがない。この寛容さは「法」を立て直すのであって、抹殺するのではない。[246] 現代人なら、この寛容さを普遍化できるかも知れない——それは公正であり、真の正義である。『ニコマコス倫理学』[247]では、こう書かれている——「公正なことは正しくても、法律によれば正しくない、なぜなら法律は常に普遍的な何かであるが、特殊な場合が多いから」。裁判官は、もしその決定がカント的な意味で普遍主義的であるなら、この真の正義にしたがって判決をくだし、自分の気まぐれによってはならない。スイス民法の第一条は、カント的発想による名文であり、あらかじめ法律と慣習に定められていないケースの場合には、立法者として採択できそうな規則によることを裁判官に命じている。
公正さは、陋習を打ち破る慈善とは異なり、歴史的思想領域に固執して、際限なく同じ条文をいじくりまわして満足している。プラトンによれば、この公正さはいくらか福音的な外見を保ちながらもセネカの言う皇帝の寛容にほかならない。
「寛容」という題目でセネカがネロ帝へ差し出した「まことの君主の鏡」は公正さへの勧誘である。この問題はプラトンから来ていることが分からなくて誤解され、たとえばこの論文には矛盾があるとか、セネカは寛容について相次いで二つの定義をしたと言われる――公正または正義を緩和しているとか、公正さを訂正しているとか。[248] 確かにラテンの思想家は矛盾することがある、だがセネカにはルクレティウス並みか、それ以上に哲学的な頭脳があった。かれの他の作品でも同様であるが、この『寛容論』において、勧善の必要性と心理教育的な冗長さ（説得するには時間がかかる）だけが一見、概念的な明瞭さをあいまいにしていた。[249]
外見上、セネカは寛容の一般的概念、つまり福音書または孔子の考えに一致している――「寛容は当然受けるべき刑罰を減刑することにあるが、正当に課される範囲内にとどまることにある」。だがこの正当に、というのはどういう意味であるか。公正か、それとも法律の字句か。まず、セネカはその点を明確にしようとしない。哲学者から見て、公正な処罰を減刑するのは好ましくないと分かっている。そのことは、もう少し後で、かれは詳しく説明する。だがかれは自分の教え子としての皇帝が理屈屋でなく破格的耽美者であるので、二種の寛容を区別しても「言葉の争い」になることも知っていた。その二つの概念は、常識的には見たところ、あまりに近いので混同されている。混同させておけばよい、そしてそれに向かって衒学的に立ち向かうより、むしろ真の修辞学の二つの原則を思い出そう――第一に、正当であるのは問題でなく（またはそれでは不充分である）、さらに聴衆の心を捉えなければならない。第二に、そのためには、聴衆が知っているか、考えていることから出発しよう、でなければ耳を傾けてくれないだろう。聴衆の混乱した考えを利用して、真の寛容、つまりプラトン的寛容と公正を実践するように仕向けよう。かれらはその寛容を規定することができないとしても、少なくともそれを認識することはできる、なぜならわれわれはそれを概念化しないで例証することによって寛容が何かを示すだろうから。[250]

われわれを哲学者だと分かっておられる読者には、目配せをしながら、なんとか切り抜けよう——真の寛容の定義ができることをお目にかけ、ついでにその微妙な点には責任がもてないという振りをしておこう（教養ある読者ならわれわれの言葉から、われわれが何を語っているかをわきまえていることを認めてくれるだろう。またわれわれの調子から、われわれが決して哲学をその道徳的部分に還元するのでなく、またストア学派的な存在論と論理学が、われわれが何を主張しようと、われわれの興味を深く惹いていることは、わが『ルキリウスへの手紙』の随所において認めてくれるだろう）。

若き君主のために、われわれは常識の不明瞭な象徴で我慢しよう。さらにこの君主がプラトン的寛容をもう一つの極端かも知れない寛容と見なしてくれることを望みたい——事実、この寛容のほうが魅力もあり、自分では公正だと思いながらも無実の人を罰するよりは、温情だと信じながら罪人に恩赦を施すほうがましである。もしネロが温情家だと思うことができたら、気をよくして、ますます実践に励むかも知れない。われわれは衒学者から見れば、半分しか利がなかったかも知れない、その代わり、われわれが勝《まさ》っていただろう。

現代の法律では、この公正な寛容は法律という形になった——情状酌量、執行猶予、刑量個別化。これはローマ法ではほとんど知られていないので、帝王の個人的裁量が「法」の間隙をうずめなければならなかった。われわれは読者に皇帝たちの法的役割についてローマ法の講義的問題を押しつけるつもりはない。むしろ歴史を通じて皇帝の司法権の理想型が存在し、それがきわめて多くの社会において、たとえラゴス朝のエジプトであろうと〔エチオピアの〕ネグス帝国であろうと、かなり完全に実現され、変化したことを喚起させるのは有益であろう。君主は司法権の発動には四通りの介入をしている——特に重大と思われる事件にはみずから裁判する。当事者は普通裁判に訴えるよりは、直接ソロモンの裁きを受けることができる（ドイツ法学者のあいだでは「カディの裁き」と言われる）、これは王が特権によって行使するものであり、柏の木の下でみずから裁いたり、「請願書」に返書で答えるものである。王は上訴されてくる訴えを聞く。最後に、王は恩赦の特権を行使する、この詳細については省略しよう。

国家的任務の分類

セネカが教え子たる皇帝へ差し出した追従《ついしょう》的な鏡は、君主の活動のただ一つ、つまり裁判官的活動を映しだしている。もし君主の恩恵と見なされた皇帝の主な活動を一覧するなら、まず手がかりになるいくつかの分野をはっきりさせておかねばならない——

〔一〕君主は、プラトンによれば、規則を個別化する、あるいは福音書によれば、その規則を緩和する。

〔二〕君主が個人として行動する行為。そのときは、君主は億万長者のような豪勢さと優しい羊飼いのような好意を発揮する。

〔三〕「帝王らしい気まぐれ」があるではないか！　皇帝はその寵臣や党派の者に、いくらか独断で公的または個人的な優遇措置を惜しまない。

〔四〕君主は、必要なら大臣らに背き、また国家機構の趨勢に反しても自己の力を濫用し、熱意のあまり必要な程度を越えたり、政治的でない価値を無視したりする。

〔五〕君主の任務はただ法律をつくったり命令を出したりするだけではない（251）――さまざまな業務も行わせる。権力には社会的任務があり、権力は経済的または精神的な利益を促進し、強制するほかに自発的なことも行う。

〔六〕国家の任務表は歴史的に変化する、だから拡大することもある。もし君主が生活保護や教育を引き受けるなら、それは恩恵になるだろう。

われわれは国王らしい恵与指向のイデオロギーがひそむ隅々まで列挙したが、君主のもっとも特徴的な活動を無視したという指摘を受けた――政治そのもの、統治行為である。温情は王の仕事の非政治的な面に関わっているので、プロウサのディオンも漠然とそのことに気がついている。皇帝の軍隊が勝っても、それはいわゆる恩恵にならない――救国者は恵与者ではない。戦勝は事件であり、事件ほど徳の規則的な実践にふさわしからぬものはない。公的生活には二つの部分がある。一つは「事件」からなり、これは何もありがたいことを予想させない、なぜなら常に何事も起こらないほうがましだから。もう一つの部分、それは穏やかなものであり、これから述べることである。そこでは二つのことに権力が関わる――権力には活動、つまり恩恵を広める活動があり、また権力は事業を行う、つまり石造りや大理石造りの建造物を建て、また各種の制度をつくる。このような例は確かに基準的である、なぜなら『セント・ヘレナ回想録』でも次のような大ほらが書かれているから――「わが晩年は、帝国の各地を歴訪し、いたるところに、また特に記念建造物や恩恵をまき散らすことに捧げるはずであったが」。このコルシカ人独裁者はこうつけたしている、――そのあいだ、政治は息子に任せただろう。

記念建造物、恩恵――もう一つ加えられるかも知れない、つまり贈り物である。だがナポレオンは真のローマ人らしくローマ皇帝のように贈り物を配ることは高官の仕事ではないと考えていた。

それでも千年来、言い古されてきたことだが、帝王は何らかの資格で近づく者すべてに贈与をまき散らすというのがある。その一つでは、こう書かれている[252]――「ペルガモのエウメネス王はその時代のどの王よりも名声を望んでいた。かれは数えきれないほどのギリシア都市の恵与者になり、無数の人に富をつくってやった」。なぜならヘレニズム時代の諸王は国際的舞台で威光を競っていたからである。だがローマ皇帝は政治舞台を独占しているから、そうする必要がない――ローマ人にとっては、ある意味で世界にはただ一つの国、つまりかれらの国しか存在しない(タキトゥスはパルティア人のことを異国人のように語っている、つまりパルティア人の大物にはオリエントの大物のような格言になるほどの特徴がある、それには豪勢さが含まれている)。異国人に適していることは帝国の最高長官には似つかわしくない。ラテン語の資料は皇帝の贈り物を称える場合にかなり控えめである。ただ一つの例外は贈り物という語のイタリア的な意味、つまり庇護がある――ウェスパシアヌスは教養人に対する鷹揚な庇護者という評判を残した。露骨な形での贈り物は異国の小国王の振るまい方である。なぜなら異国人のあいだでは、政治的闘技場は数十人の貴族で占められているから、大物は、報酬または支持に対する象徴としての贈与を行うことによって若干の大貴族を手なづけておけば、その王座はゆるがない。それに反して、帝国は大機構であり、政治のスタッフも多くの専門に分化されている。それは文明化されて立憲的な「共和国」であり、その元首は真面目にならねばならない。

もちろん、皇帝は友人や支持者、元老院議員[253]に金や土地を分けてやることがある、また資料は、まとめてその寄贈を皇帝の気前のよさに帰している。振るまい方の実際はもっと区分されている。寄贈のあるものは純粋に個人的であり、他は公的であったが、いずれも報酬と見なされた。もう少し詳しく述べよう、あまり知られていないようだから。

〔一〕君主は市民と同様に私財を使って寄贈をすることがある。ネロはブリタニクスが死んだとき、この不幸な皇子の所領を寵臣たちに分配した。つまりかれは民法に基づいて自分の手に入ったブリタニクスの遺産を元老院寡頭政治家の習慣にならって友人たちに配分したのだ、と解釈しよう、なぜならかれはブリタニクスの遺産を受け継いだと思われるからである、というのもブリタニクスは養子だからネロの義弟であり、「自然相続人」がなく、遺言なしで死んだはずだから。(254)

〔二〕だが皇帝は帝国のどれかの「国庫」に属している公的な領地を分配することもできた。ただしそのような寄贈は共和制時代から続いている公的な口実で行われた――国のためによく尽くした（*bene meriti*）人々に報いる、というように。それが君主の恩恵になったので、その言い方は中世になっても恩典が語られるときには専門用語として保存される。(255)

この慣行は『テオドシウス法典』のおかげでキリスト教徒の皇帝の時代には特に顕著である。二十件ほどの制定資料によれば、もともと皇帝直轄国庫や「個人的財産」に属していた土地が皇帝から個人へ与えられたことが語られている。(256) 大規模な土地所有権移動がうかがわれるが、それはだれを犠牲にし、だれの利益のためであったか。法律はそれについて語らない、だからゴッドフロアは、所有者の消滅で廃れた異教神殿の財産がキリスト教会へ与えられたものが上記の制定で扱われている所領だろうと推測した。(257) 現代人はむしろその当時の君主が支持者に配分した土地だと考えている。(258) この法律の文言を読んで注目されることは、どの法律もキリスト教については触れておらず、老兵の功績についても書かれていないことである。つまりいかなる資格で皇帝の贈与にあずかれたのかについてはきわめて口が堅い。その一つの法律が覗かせてくれるのは、公敵と宣告されたコンスタンティヌス二世から没収された領地のまわりに貪欲な

人々が群がって吸いついていたことである――争って君主の寄贈を懇望し、請願書が殺到していた。(259)

だが三度にわたって、これらの法律はあいまいな言い方で贈与を正当化している。それによれば、土地は労苦と功績に報いるために与えられた、とされている。(260) ここに幾世紀も続いた伝統的な形式が認められる。共和制末期に、「長官たち」(*imperatores*)が植民地をつくり、法律の名において土地の配分を行なったとき、かれらには、若干の不動産を配分から除外し、それを全部、好きな者に所有させてもよいという特権が認められた。かれらの政敵は「その土地が除外され、譲渡され、所有された」ことに憤慨したかも知れないが、それでもこの措置は公認された。(261) その土地は、「高官」(262)が真に功労のあった人々(*locum bene merenti dedit*)への褒賞として与えることが正当化されたのである。明らかに皇帝は共和国の「長官」の権利を寄贈しただけであり、われわれの資料では何も言っていないが、この寄贈は政治的状況によっては重要な役割を果たすこともあった。(263) それにしても特徴的なことは、このような王者にふさわしい恩恵は普遍化されるべき原則に守られていた――それは国家的意義があると言われる。

元老院――身分か機関か

皇帝の寄贈には別種のものがあり、その政治的重要性は諸制度の規則的な運用に貢献していた(この規則性が慣習的、暗黙的、さらに前概念的な規則性と見なされるなら、である)――それはあまり恵まれない元老院議員へ皇帝が行なう贈与である。それは正規の補充方法によらないで、支配階層の新人補充を確保することができた。もし元老院議員の家族が多くの負債を抱え込み、元老院のメンバー全体に対する規則で定められている金額の資金が持てなくなった場合、もし元老院へはいれる資格のある騎士が必要な資金を持てない場合、もし元老院議員がその職務に含まれる競技会開催費を払えないほど地位が危うくなった場合、いずれの場合も、皇帝はみずから判断して贈与を行い[264]、当事者へ必要な金を与えることができた。一見、この情実ほどかんたんなものはない。だがもっとよく見れば、元老院議員への君主の贈与は、元老院議員の補充の仕方には二種類あること、本物と偽物のあることが分かる。公式には、元老院議員の資格は規則で定められていた、つまり百万セステルティウムの資産が必要であった（その程度の資産家は市民のあいだに幾千人もいた）。次に、A・シャスタニョルが見抜いたように、ローマで名誉ある公職に立候補できる特殊な権利が必要であった（地方出身の多くの市民にはその資格がなかった[265]）。最後に、元老院と皇帝から高官に任命されているか、それとも元老院議員の息子でなければならなかった[266]。実際的には、いちばん大事なことは元老院議員とその最高長官である君主から望まれる人物であることだ。元老院議員としては、仲間にはいったり、とどまったりしてほしい人を自由に選びたい、そのためには、必要なら形式的規則を緩和するだろう。君主の贈与は、必要なら制限選挙制度を指名制度に変えてしまうことになる、たとえば金のない田舎貴族を熱心に推挙できる。騎士階級に入れるのも同様である、ただしこの場合、制限規則をくつがえせる贈与が私的なものであり、隷属的支持者、つまり「保護」*patrocinium* や「投票[267]」*suffragium* に関わる場合は除外された。形式的な外見のうしろでは、いたるところで指名はローマ寡頭制の大方針であり、それとともに政治的隷属的支持者がいる。

だが、なぜか。なぜなら元老院と社会全体との関係は、ときどき推測されるような関係ではないからである。元老院「階級」が社会階級でないことは申すまでもなく、その言葉自体が充分にそのことを表わしている。またわが国の旧体制的な意味でも階級ではなく、ローマの騎士階級の意味でも階級でない、元老院は組織であり、集団ではない、つまり議会の構成にふさわしい数百名の人で構成されているのであり、貴族階級にふさわしい数万人で構成されているのではない。アウグストゥス帝礼拝官の身分、せいぜい数十名の解放奴隷からなる皇帝の地域的礼拝組織について言えるような意味での身分であった。元老院は、わが国の旧体制時代の高等法院のように社会全体に比べると特殊的であり、専門機関に似ている。元老院は社会を要約したり、代表したり、輝かせたり、上流社会を形成したりするようなものではなかった。だから元老院はメンバーの補充を独占したかったのであり、機械的な規則に縛られたくなかった――元老院だけが、いかにあるべきか、いかに長らえるべきかを心得ていて、社会全体の頂点にいるわけではなかったので、そんな社会に釈明する必要もなかった――元老院は都市でいちばん高いところに建っている建物のようであった。その心理は階級や同業者組合の代表者的心理でなく、むしろ養成学校、専門学校、騎士団（わが旧体制時代の意味において）の心理であった。それは大土地所有者クラブでなく、政治的英知と国家業務の養成学校であった。

この政治専門学校への入学は普通の出世街道終着点と見なすのは間違っている。元老院が社会の頂点でないのは、ちょうどわが国の旧体制時代の高等法院が「ブルジョアジー」の頂点でないのと同様である。大家《たいけ》の息子が元老院議員になれても、もう一人の息子は騎士にとどまる、それが数字的比率から見てもきわめて多い例であった。ギリシアの最高の富豪は決して元老院へはいろうとしなかった[268]――そのような家族は君主に仕える道を選ばなかった、また恐らく家名の誉れは都市または地方で横暴に振るまい、ローマの総督をも震え上がらせることであっただろう。元老院にはいるのは聖別というよりはむしろ専門化であった。国家機構はローマ帝国のような都市集合体に相似的でなかった。元老院議員の身分の構成は総合的社会の好例ではなく、アフリカ人が元老院議員になるなら、それはきわめて間接的、部分的にローマ時代のアフリカの隆盛を証明するだけである。リシュリューが総理大臣に選ばれたことはフランス南西部の社会的上昇を証明しない。元老院議員の出生地に関する研究が大いに進んだ。元老院議員を知るのはきわめて興味深いが、それで帝政社会や、さらには政治的傾向を分からせてくれることにはならない——カトリック教会の活力も歴代教皇の出身地が常にイタリアであるという事実だけでは停止しない。

この政治養成学校の入学選考の主体は皇帝その人であり、皇帝の寄贈が規則の字句と精神のあいだの衝突を解消した。おかげで元老院のほうは自己粛清という不愉快な努力をしなくてすんだ——大家《たいけ》が破産し、元老院から除名されかけると、皇帝はその人の運命を握ることになった。皇帝は借金を払ってやるか、それとも厳しい規則に任せるかした。後者の場合、元老院議員は集団全体の不名誉になる同僚を厄介払いできて秘かにほっとしたり、そのような措置を他人にやらせることができて、なおさらほっとした。加えて、同僚の一人を処分することで感じる不快感を君主のせいにできるので、いっそうほっとした。そこで元老院議員は、そのこと自体でなく、そのやり方を批判し、皇帝に繊細さがないとして非難した。セネカはこう書いている(269)「辱めるために金を与えるのは君主に似合わない。ティベリウス帝に財政援助を願い出た元老院議員は数多い——皇帝はどの議員にも、元老院において借財の理由を述べさせ、条件が満たされないなら必要な金を支払ってやらなかった。これは温情というのでなく、調査官の真似をしているのだ」。だがティベリウスは不幸にして運に恵まれなかった——この皇帝‐元老院議員は骨の髄までしみこんだ元老院議員という身分に気取りと思われるほど打ち込んでいたので、明らかに元老院へ敬意を表し、元老院議員みずからにその同僚の運命を決定させ、君主的自由裁量と見えるようなことを避けたかった。かれにはチャンスを選ぶことができなかった。もともと、元老院は決して決裁しようとしなかった、どのような場合においても。元老院が秘かに願うのは、どのようなことにもまったく責任を持ちたくないくせに、自分らの責任をすべてはぎ取る皇帝に恨みを持つことだった。だが、元老院議員は少しでも責任を押しつけられると、さっさと口実を見つけて、むずかしい顔をし、うるさく言い、責任を回避した。その理由はこの巻末で分かるだろう。

昔の税制

元老院議員への贈与は暗黙的な政治的必要事であり、むしろ知られないほうがよいような機能を果たしていた。だからそこに君主とその贈与の事実が見られやすかった。さて、ここで皇帝のその他の寄贈をまとめて一瞥しよう。あるものは君主制的様式によって言葉の上で君主の恵与指向と見なされる国の国家的な公共的任務であり、他はまぎれもない皇帝の恵与であるが、これも皇帝が公的人間であることをやめられないという事実だけで公的な任務になった。かくて国の伝統的な任務の歴史的リストが長くなった。それは庇護、および惨事の犠牲者に対する援助である。擬似的恵与としては公共物の建築や免税がある。

君主がもっとも臣民から感謝されるのは小作料の免除や、地方の税負担の一時的軽減、皇帝直轄国庫に支払うべき納税者の未払い税金の免除であった[270]。ローマの公共広場（フォルム）[271]にある有名な彫刻では、ハドリアヌス帝が国庫の債権証書を焼却させている光景が描かれている。この種の軽減措置は君主制的様式の結果として君主の寄贈にされているが、また国家機構が、まるで個人的利欲のために納税者から金をむしり取る盗賊のように思われたからでもある、これも半分は本当であった。

とはいえ税の軽減は個人的な気まぐれでなく、公的税制における公的決定であった。それには公的な二つの目的があった——羊の皮を剝いでしまわないように、あまり刈り込みすぎてはならない、またお上《かみ》の威光を振りかざしすぎてもいけない。当時、減税は経済的にかなり重要なことであった。その重要性は景気より社会構造に関わっていた。税負担の大幅な変動はアルカイックな特徴でもある。

産業革命前の社会においては、羊の毛はきわめて短くされ、税制は地理的影響を受けた。たとえば古い旅行記を読んでみよう。旅行者はよく開墾され繁栄した地方を発見すれば、すぐその地に君臨する君主が重税で臣民を苦しめていないと推測した。それに反して、隣の君主国ではあまりの重税が貧困化を招いていることが分かった[272]。税負担は支配者の気まぐれや地域的習慣に応じてまちまちであることが分かる。ローマ帝国においては、乾燥して砂漠のような土地にも人が住み、開墾されているところがあった、「なぜなら住民は税を免除されていたから[273]」――税制は居住条件に対して、物理的な地理条件と同じほど強力な影響を及ぼした。ローマの税金はあまり知られていないテーマである。しかし小作料の重みは純粋に歴史的な理由で地方別にきわめて不均衡であった。大きな経済的変化、たとえばアジアの属州におけるフラウィウス家以来の発展は税の軽減によるものであった。ある種の税は固定税であり、他はあまりにも長い間調整されることなく、ほとんど見直されない調査記録に頼っていた。そこで賢明な君主は、ある地方で収穫が悪い年には税率を見直し、軽減する。君主の措置は不完全な規則を修正し、それが恵与になる[274]。また、ある地方の積年の貧困を助けるために規則を改正することもある。ギリシアびいきのネロはその「偉大な魂」によって、当時破産していた古いギリシアに「恩恵を施した[275]」、つまりギリシアの「独立と免税」を認可した、このようなドン・キホーテ的行為はそれだけにとどまらなかった。それこそ、恐らく真の大政治であった。背教者ユリアヌス帝がガリア地方の長官だったとき[276]、この地方の税金は金二十五スーから七スーに減らされた[277]。それだけ他の属州に負担をかけることになったが[278]。立派な羊飼いは国家の要請とともに各属州の長期的または季節的な利益をも考慮しなければならない。

現実と羊の群れは同じではない。課税は、皇帝が質素か、または贅沢と建築に熱中するかで著しく変動した。「まったく必要でない巨大な建物や大勢の偉い役人（*aulici* ――これは「廷臣」を意味しない）を抱えこむことは軍団の費用より優に高くついた[279]」。カリグラからコンスタンティヌスにかけての歴代皇帝は浪費家という評判を立てるようなことをした。君主的豪勢さ以外にも、巨大な規模で公共財を横領することは、当然非難されても仕方がない、なぜならそれは歴史を通じて例外というよりはむしろ通例であるからだ。(280) これらの理由、さらに他の理由によって皇帝は現代国家よりはるかに臣民の負担を増減させることができた。皇帝が悪徳金持のように振るまうか、それとも臣民をいたわるかは心がけ次第だと知らないわけではなかった、だから良心にとがめられることもあった。その時代の経済は、われわれのように時計のような緻密さがなかった。食べていけるかどうかの問題であった、だから事業と労働需要が順調か不調かを知ることなど、どうでもよい。歩けるか、くたばるかする牛馬は飛行機ほどもろくもなく、また正確でもない。国の年間収入は前期帝政時代では、(281) 人口五千万または一億に対して、(282) 十億か二十億セステルティウムであった、これはバルザック時代の五億から十億フランに相当する(一八三一年度のフランス国家予算は十億フランの大台にのった。ただし地方自治体の予算も含まれていた、だがこれはローマ帝国では負担していなかった)。国民生産のほうはざっと計算したところ、数百億セステルティウムである。この分野で求められることは、とにかく二人の歴史家の評価が同じ数字になることである――最初の数字が同じになることは要求されないだろう。ところでわが国の国民生産に対するわれわれ自身の評価額は、オスカー・モルゲンシュテルンによれば、十ないし十五パーセントの誤差が含まれている。この率は注目に値する、なぜなら年間の成長率よりはるかに上回るからであり、またアメリカ合衆国の国防総予算より多いことになるからだ!

ローマ国家の財政方式は金持個人の方式とあまり変わらなかった。国家の任務は多くなく、断続的であり、自由裁量の場合が多かった。皇帝は親衛隊の給料を増額したり、黄金宮を建てたり、戦争をしたり、何もしなかったりする。皇帝が建造をしたり、戦争をすれば、国庫を減らすことになる、また国庫には一、二年分の税収が蓄えられていた[283]、なぜなら個人と同様に国家も収入があり、いざというときのために予備の金を残しておく。浪費家の皇帝なら前皇帝の貯蓄を使い果たす、ちょうど一家の息子が世襲財産を食ってしまうのと同様である。国庫がひとたび空《から》になると、皇帝は臣民への税を重くしなければならない。税に圧力をかけず国の資金を刷新しなければ、近代国家と同様に戦費を支払えなくなる。

君主たちは自由裁量の余地を意識しながら、貪欲な以前の皇帝らをためらわず非難する、というのも重税は国家的必要以上に政治的選択であるからだ。皇帝は、税が権力のきわめて利己的な利益のためになると告白している。ユリアヌスは人民にこう声明している、――「わたしは、自分のことしか考えなかったあの皇帝たちとは違う。わたしは臣民を犠牲にしてまで貯蓄を増やそうとは思わない[284]」。帝政時代の貨幣には、皇帝直轄国庫の悪弊とごまかし（*calumnia*）の撤廃を露骨に祝っているのがある[285]。臣民は前の王朝やそのときの偉い役人らの背任行為を[287]激しい調子で糾弾しても罰せられなかった[286]、なぜなら黄金時代は現治世からようやく始まったばかりだから。古代の政治的選択の仕方は、われわれが求めるようなところ、たとえば立憲的または社会的な競争的政策にあるのでなく、実はわれわれが求めようとしないところ、つまり行政的選択あるいは服従の仕方、つまり命令様式にあった。皇帝は義務的に拍手喝采で賛成させるかどうかを決めねばならない、また建物を建てすぎるのが好きかどうかである。課税は行政的継続であるよりはむしろ政治的選択であり、皇帝は税に関して前の皇帝たちがしたことに責任を感じない、そしてすべての政府にとって致命的な疑惑を平気で人民の心にまき散らす――税は国の維持というよりはむしろ政治的選択にかかっていて、皇帝には、前の皇帝たちと違った政治的選択をすることができるというのである。

建設することも政治のうちだった

そこで税の軽減は一部では予算の合理化に属し、また一部では政治的選択、したがって皇帝の個人的選択に属している。この時代の他の国家的任務も同様である、つまり公共建築のことである。皇帝は有益な建物を建てる、それは皇帝の義務であり、君主的様式において恵与と見なされるものである。かれはそれ以外の建物も建てる、それは皇帝の建築趣味、威光顕示欲、またはたんにお気に入りの都市に対する王者らしい気まぐれを満足させる。つけ加えて言うべきことだが、建築活動は国家の仕事または君主の気まぐれになるまでは個人的な恵与であった——事実、このことは庇護者だったアウグストゥスへさかのぼる。その延長線上にあるのが中央権力の任務リストである。

急いで大筋のところを整理しよう(288)——前期帝政時代を通じて、公共建造物はローマで建てられるなら、それはもっぱら君主か元老院の仕事である——高官や恵与者はローマで建築する権利がない。ローマの外、イタリアや属州における公共建造物は、都市が引き受けるか、地域の高官が「名誉のために」建てるか、あるいは庇護者、地方総督、また例外的に元老院(289)または皇帝が建てる。そこで中央権力はローマをはじめ帝国全域で、建造物によって顕示されることになる。

この点が共和制と異なる革新である。それはアウグストゥスの庇護から発している。共和国はローマのことしか配慮せず、他の異国の都市はもとよりローマ国家の諸都市にも建造物を建てようとしなかった。少なくとも社会戦争以後、ローマの調査官(ケンソル)は自治都市での建築を中止していた(290)。それだけこれらの都市はローマから独立していたことになる。それに反して、ローマの貴族は恵与者または地域的「ボス」としてイタリア各地に進んで建設をした。たとえば紀元五八年、執政官になったカルプルニウス・ピソおよびカッシウスのきょうだいはポラで任期五年の二頭政治家になり、この植民地に城壁を寄贈している。[291] アウグストゥスは貴族らを真似た。かくて行政上の間隙がうずめられる、なぜならアウグストゥスの行為が先例になり、かれにつづく歴代皇帝に模倣されるから。トリエステ、ファヌム、ニームまたはヤデルの城壁は、ウェナフルムの水道橋とともにアウグストゥスのおかげである。[292] イタリアや属州における皇帝の建設事業を列挙する必要もないだろう――アウグストゥスの庇護が公共事業の起源となり、かれが帝政を共和制的調査官のような限られた都市的視野から大国家的視野へ発展させたことを強調すれば充分であろう。

だがアウグストゥスの後継者たる皇帝たちの建設が皇帝の寄贈または「好意」*indulgentia* とされるのは、アウグストゥスが庇護者として行動したからではない――ただ皇帝の認可がなければ建造物は存在しないからである、つまり皇帝直轄国庫から必要な資金が提供されたり、中央権力によって都市が自前で建設する許可が与えられただけである。[293]

君主の寄贈は、君主がイタリアや属州における建設費を出資するとき、金がローマから送られないのを見ればいっそう明らかにその実態が分かる。君主は総督に対して属州にある皇帝直轄国庫から支出する許可を与える、というのも税収入はローマ、つまり帝国の国庫が置かれている「永遠の都」の中心にあるパラティヌス丘の皇帝宮殿へ送られる前に、その属州を経由するはずであったからである、なぜなら単一の国庫がなかったのである。ドミティアヌス帝は属州ビテュニアの総督へこう書き送っている[294]――「この支出をわたしの寄付会計へまわしていただきたい」。これは、その金額が寄付金という名目で記載されるということを意味するだけではない（なぜならこの命令は属州にいる総督でなく、宮殿の総務部へまわされたのだろう）――皇帝は問題の金を属州にある皇帝直轄国庫から支払わせ、税収がローマへ届かなくてもよいことを総督に指示している、つまりその金は皇帝の寄付として計上されることになる。だから多くの記載は建設費を皇帝の寄付または「好意」としているのである――君主は税収の金を放棄し、それが都市へまわされ、こうして都市は建設を進めることができた。

実際、帝国において、皇帝が本当の恵与者でないなら立派なことはだれにもできるはずがない。有名だが誤解された資料テキストについて少し述べよう。紀元二九八年、オータンの富裕な有力者が自費で町の公立学校を再建しようとする、なぜならこの恵与者は修辞学者の道を選んでいたからである。かれは長い間、教育に励み、古典学者（ユマニスト）としての才能のおかげで君主の書記に任命された。その任期が終わっても、皇帝はかれに書記の手当を支給し続けた、その金額は今日の会社社長でも羨むほどである。この恵与者はひとたび寄贈の決心をすると、急いでそのことをオータンの同胞に報告した。かれの演説は、今日でも読めるが[295]、ほかの多くの公式演説とともにまとめられるべきものであり、いずれも寄贈申し込みという公告であり[296]、これはかつて恵与者らが市民の前でおおっぴらに約束し、あらかじめ市民から感謝されたのと同じである。オータンの住民だけがこの典型的な演説の聴衆だったのではない、この属州の総督も同席していた、それも当然である――その厳粛な約束を受諾する政令を認め、適当と見なせば建設の許可をだすのは、ほかならぬ総督であるからだ。というのも属州の都市と総督の関係は常にあいまいであり、ローマ公法ではざらにあることだから。また実際に、総督は正当だと判断すれば、自治体の問題に介入した、ただしその都市が抵抗できるほど強力でない場合である。支出が問題になるときはたいてい総督が介入した、なぜなら都市は豪勢な出費をしたがったからである。総督は「野心的な決裁」の場合にも介入した、それは市民から称賛されたがる地域的ボスの圧力下でその可否が票決される場合である。わがオータンの恵与者の立場も、ほかに恐ろしい監督者がいただけに、想像以上に微妙だった[297]。事実、その会場にはグラウクスという老貴族がいたので、この一件におけるこの人物の役割は、まず不可解に見える。この老貴族は当然、町の財政を注意深く監視する都市管財官（クラトル）として迎えられる。後期帝政時代のアフリカで公共記念物に刻まれている献辞には、ほぼ規則的に、恵与者の名と一緒にその属州の総督や都市管財官の名が記されている。(298)そこで恵与は平凡な典型になる。ただ皇帝がその件にいくらか関わっていたに違いない、だから派手なことが起これば、すべて「当代の至福」のおかげだとされた。わがオータンの修辞学者も当然、自分の恵与を「神聖な寄贈」、つまり皇帝の贈与のおかげにしている――かれはいつも皇帝からたっぷり手当をもらっていたので、まさしく皇帝が学校の寄贈者だと言い、繰り返し述べている。(299)

なぜなら国家または都市は建設によって自己を顕示する、それだけ建造物は幸運に恵まれた威厳を示す「記念」であり、個人は消えるが、これは永遠に残る。ある建築家はこう書いている(300)――「帝国の威厳は公共建造物が何よりの証拠である」。フラウィウス・ヨセフスは、カリグラ帝が臣民のためよりはおのれの利己的な自己陶酔（ナルシシズム）を優先させ、当時から後世のためになるような真に王者らしい大事業の一つも行わなかったとして非難している。(301)

われわれのあまりにも合理主義的な精神はそれらの建造物が有益なものであったかどうか、三本もの水道橋がエクス‐アン‐プロヴァンスの町だけに必要不可欠なものであったかどうか、さらにローマ人の建築趣味がホイジンガの言うように多義的な意味で「遊び」でなかったかどうか、疑問視したくなるだろう。公共建造物は表現に富み、その合理性は時代の行動可能性に適合していたと言おう。建造物を見れば、しばしば、はるか遠くにある国家の存在が感じとられ、その国家自身の収税官のような散文的で貪欲なイメージも消された。建造物は公共的なものであるので権力が利己的でないことを証明し、またその耐久性は権力がいつまでも存在し、個人よりはるか遠くまで未来に目を向けていることをよく示している。膨大な数に上る建造物は、君主が個人ではとうていできないことを完成させることができることを表わす。さらに政府当局も何かをしなければならない、また自己満足と怠慢の中で居眠りしているように見られないことが重要である。それこそ、少なくとも建設好きな有力者が考えたことであり、また当局も破産するほど費用のかかる余分な水道橋を建設したとき、すばらしいことだと喜んだ。では、人民はどうか。本当に、期待に応えて尊敬の念に打たれただろうか。むしろ予想以下だった。その点で、建造物は表現に富んでいるのである。建造物は理解させるというよりはむしろしゃべるためにしゃべっていた。それこそ「象徴的暴力」であった。人民は頭上に権威の存在をありありと見せられているようだった、つまり権威は自己とその計画に専念しながら、印象的で、かつ、やや神秘的なものを建設したのである。どうしてこの権威と争えるか。どうしてその力と知性に刃向かうことができようか。(302)

時、進歩、そして選択

この権威について言えば、その権威にはそれなりの合理主義があり、それはわれわれのように融通が利かないので、われわれには無駄骨を折っているように思われる。この権威の人々にはたんなる個人のような精神性があった、つまり一生暮らすことになるアパートに家具をそろえ、飾りたがる、なぜなら決して引っ越さないと思い、周囲の壁も常に同じ場所にあるからだ。同じく家事の技術も発達しないと思っている。われわれなら、時は流れると知っている、なぜなら技術は完成し、周囲の環境も変わるから。もしわれわれが公人であり、公益のために「何かをしよう」と思えば、その何かが永久に有益なものだとは考えない――すべてが惰性的で無限に延びると考えないで、われわれはもっと制限された時間的領域において生きている。われわれは有益なことをしようとする、だが思い違いをしない――古代人も有益なことをしようとした。だが善行の有益性の積分は未来を考慮せずには計算できない、またわれわれならその未来をどこに限定するだろうか。博物館は社会的に鉄道ほど有益ではない。だがもし未来全体において両者が永遠に有益だとすれば、両者の有益性は等しくなる――いずれも終わりがないだろう。ただし条件が二つある。まず、進歩した技術が絶対に蒸気機関に代わらないということが確実でなければならない。次に、無限に延びる両有益性はそれでもやはり有限であり、等しくない。最後の審判の日までには、博物館より鉄道のほうを有益だと評価した人のほうが多くなるだろう、またそのときどきによって、各世代の評価は等しくない。さらに未来の世代のために現在の世代を犠牲にしてよいかどうかを知る必要がある。石油資源は涸れるだろうか。われわれが石油をふんだんに消費するか、子孫のために節約するかによって石油資源は一世紀か三世紀は続くだろう。恐らくそうだろう、だがどの世代まで、われわれは親心を持たねばならないのか。その決定は恣意的でしかありえない。限られた時間的領域において計画を立てることは、石油に一定の有益性を与えることを前提とする、つまり石油は考えられる未来の時点まで存在するだろうから、その有益性は合理的に定められない。またそれが定められないなら、二つの解決策しかない――すぐ消費してしまうか、世代から世代へ節約を続け、石油が最後の審判の日まで残るようにするか。[303]

だがこの合理性の問題は確かに古代人には考えられなかった、だからこそかれらはあれほど多くのものを建設したのである。かれらには技術と趣向が大いに進化するとは予想できなかった――世界は終わった、発見すべきすべての技術も同様であるか、ほぼ同様である、宇宙という広大な住みかも建設され、ほぼ完全に設備されている。かれらの精神性は五歳の子供に等しい、つまり建物が建つのを見れば、うんざりしたように尋ねるのだ――「パパ、いつすべての家が建つの？」古代人には有益な出費とそれほどでない出費の選び方も分からなかった、また知ろうともしなかった。なぜなら経済のメカニズムと制度がおおざっぱであったからだ（開発プランを練るより水道橋を建設するほうがやさしい）。それは社会的、政治的利己主義が原因であり、階級的誇示のためか、国家の権威を表わしたいためである。それはまた、その日暮らしの貧しい人と同じ考え方である、つまりあまり楽しみがないので、すぐ飲める一杯のワインが大切である、だから未来の有益性はたちまち下落し、あすのパンを得るために貯蓄しようなどとは思わない。それが合理的である（事実、合理的でないものがあろうか）――「浪費」という語にはいくつかの意味がある。[304]

技術的、政治的、社会的、等々、きわめて多くの理由のためである（最終的に、どの理由が他のすべての理由を決定するかは敬虔な心の持ち主に任せておこう）。古代人の時は惰性的であり、創造的進化ではない。おまけに二つの、異質的でもある有益性、つまり快適さか利益かのいずれを選ぶかは、われわれの場合ほど頻繁には起こらない。そこで、かれらの合理性はわれわれのとは異なり、もっと簡略になる――その合理主義は、異質的で長続きする二つの有益性のあいだでなく、貧者のようにいただいたものをすぐ飲んでしまうか、パンを買いに行くような即座の利用、それとも長続きする有益性のいずれかを選ぶ。実際的には、その選択は建造物か見せ物かということになった。建設してもらうか、競技会を開いてもらうかである。アリストテレスの『ニコマコス倫理学』やキケロの『義務論』でも、そのことがはっきり述べられている――賢くて気前のよい人は、いつまでも残る贈り物をし、瞬時にして消えるような快楽を提供しないだろう。合理性とは長持ちする贈り物をすることである。われわれのように「役立つ贈り物」については話されなかった。それも当然である。われわれのように個人がアパートに家具をそろえ、装飾することをふりかえってみよう。その個人は死ぬまでそこに住むだろう、またその身の回りのものはすべて現状のままで「惰性的」に残るだろう。そこでかれが買うものはみなすばらしい、なぜなら「生活のため」

であるから。もし「工芸品」を買っても、愚かな出費にならない、なぜならそれはいつまでも残るから。重要なことはただ一つ、それはまったく跡形も残らない些細な快楽のためにその日その日の金を使わないことだ、でなければ浪費ということになるだろう。(305)

無用な建造物の永久的存在のために建設することは、それなりの合理性、つまり少し旧式の合理性があり、表現性もあった。だが「王者らしい気まぐれ」もあった。各君主にとって、建設することは当然の権利としての個人的感情を表明することができる、なぜなら主観的権利による支配者であるからだ。次に、近代的なテキスト、『サティール・メニペ』において、パリの市民がアンリ三世を恨んでいるのに対して、どのような文句で非難しているかを見よう――「きみらは、同じ市民でブルジョアになったきみらの王が我慢できなかった、だがこの王はパリを豊かにし、豪華な建物で町を美化し、城塞と見事な城壁を増やし、特権とありがたい免税を恵んでくれたではないか」。この文章の中で、ラテン語やヘレニズム時代のギリシア語から借用されたものは見つからない(306)(「増やし」はラテン語動詞 *auxanein* で表わせよう)。支配者にはお気に入りの町を持ち、好きな者を愛する権利がある。自分が生まれた都市に恩恵を振りまき、その都市を見事な建物で美化するのは、だれにも非難できないだろう。(307)

だが支配者たる者は正義の人でなければならず、帝国内のすべての大都会では何らかの形で皇帝の恩恵が示されるはずである。ハドリアヌス帝はイタリカというスペインの都市を美化した、というのもかれの家族がこの町でブルジョア的権利の所有者であったからだ、ところがハドリアヌスはその方面へ旅行したとき、ニームに公会堂(バジリカ)を建てその浮き彫りの彫刻は、いまは考古博物館にあるが、それがあまりにも見事な出来映えであるので、この君主がお抱えの彫刻家らを現地へ派遣して彫らせたものだと推測される(また、イタリカで発見された丸彫りの作品もきわめて見事な出来映えであるので、同じ作者によるものだと思われるほどであり、ティブル〔ティボリ〕のハドリアヌス宮殿の「溝」(*euripe*)で発見された像と比べられよう)。ローマ時代のニームは重要な都市であった[308]。

そこから興味深い慣習が生じることになるが、実は、その先例はヘレニズム時代[309]および共和制時代から存在し、ローマ帝国と古い都市体制[310]は統合されたというよりはむしろ並列していたことが分かる――しばしば皇帝は、帝国内の都市、つまり大都会であろうと小さな部落であろうと、その地の最高長官の地位につくのを承諾し、名代《みょうだい》として総督を派遣した[311]。これが任期中に皇帝が立派な贈り物をする機会になった――皇帝たちは「名誉」恵与者として振るまう[312]。かくてハドリアヌスはナポリ、アテナイ、その他、ラティウムの多くの村落、また出身地イタリカの自治体高官になった。「これらすべての町において、かれは多くのものを建設し、競技会を開いた[313]」。コンスタンティヌスはアテナイの高官になり、地域的有力者として都市から像を建ててもらった。「その見返りとして、かれは年間に幾度も数百石の小麦を無償で配給した[314]」。

王者らしい気まぐれから国営化へ

支配者たる元首には個人の立場に戻れる権利がある。そこから庇護が生じる。君主は一般の金持と同様になる――皇帝はできるだけ偉さを顕示しなければならない、でなければ皇帝としての地位にふさわしくなくなる、というのも君主にはそれができたからだ。帝政社会において、大貴族らは恵与指向か禁欲生活かを選ぶことができた[315]――かれらはロディアポリスのオプラモアスについてすでに述べたような大恵与者になるか、それともピタゴラス主義または新プラトン主義へ転向し、敬虔な生活規則と日課を守った。だが君主には別の立派な振るまい方がふさわしく、庇護についても同様だった――君主には帝王の仕事にあまり熱中しない心があり、美的な価値観に向いている、それはもっとも政治的でないものである。それは君主個人において国家が人間的なものを少しも軽蔑していないことを証明する。ローマで、ウェスパシアヌスはこの上なく庇護者的な皇帝であった。「かれは特に人材や芸術の育成をはかった。かれはギリシア語とラテン語の修辞学教授に年間、十万セステルティウムの年金を定め、皇帝直轄国庫の収入を充当した最初の皇帝である。またかれは詩人や芸術家に豪華な贈り物や高額の報酬を贈った」(316)。ウェスパシアヌスは政治的でない文明的価値に敬意を表するために、みずからの政治的手段を利用して皇帝直轄国庫の金で国立の高等教育機関を創設している。

なぜなら人間的なものは本質的に国家と無関係でないからである。国は国民の興味を惹く事柄、たとえば宗教、文学、経済、道徳を含むすべての事柄に関与できる。国家が主権や、最高命令権や、正当な暴力行使や、敵国決定権によって特徴づけられるなら、歴史的基準は得られる、つまり国家と、あらゆる種類のサブグループや、もっとアルカイックな政治構造とを識別させるが、国家の本質は規定されない。国家機構にしたがう共同社会は、同時にその機構をみずから選んだ機関として扱う(317)。国家は本質的に社会の道具であるから、社会はその道具をどのように利用してもよい（実際的な限界として、その使い方は道具と利用者の不利になることはなく、この意味で、国家は本質的に保守的である）。道具が存在するからには、どの市民、たとえば失業者や詩人でも必要に応じて集団的機関に助けを求めてもよいと思う。必要なことはすべて、いつかは国家に訴えることができるし、歴史的には訴えられた。したがって国家的任務の限定的リストを作成することは歴史的に不可能である。また首尾一貫した「自由な」国家の理想を理論的に規定することもできない。ただ国家の干渉を社会的集団全体の利益だけに限定しようとされることがある。それでは、ただ一人の市民でもその呼びかけに応じないなら、どうされるだろうか。すべての人が失業者とは限らないし、すべての人が泥棒の犠牲者でもなく、また火事にあうとは限らない。それでは裁判は国家的管理主義の濫用になるだろうか。また消防団は服従への道の布石になるだろうか。

国家は命令を与えるだけが任務ではない。国は現在および未来の個人的な自発的行為またはその可能性を助け、援助し、指導し、管理することができる。ただし国家的手段と国家的命令権を使って行う。歴史的に、国家の任務表は社会によって異なり、また同じ社会においても任務表は二種になることがある。短い表には避けられない伝統的な義務が含まれ、長い表にはもっと幅広い義務、つまり恩恵的と見なされるものが加わる――君主はそれを無視できるが、そのとき臣民は好ましくない君主と思うだろう。

この表の引き延ばし方は主として二通りある。国家はまず国家固有の用途のために発達させた活動（郵便業務、交通機関）を個人に利用させる。君主の個人的な庇護、その恵与指向、慈善活動等は公費を使って公共事業になる。恵与指向または慈善を奨励する社会において、帝王はその義務を欠けば臣民を失望させるはずである。国家に資力のある社会において、バーク[318]が熱狂者らをからかって国に勧めるように、手をこまねいて人々を餓死させたら自然感情に反するだろう。

自然災害、たとえば火災や地震が起こった場合、皇帝は、ちょうど個人的な恵与者やヘレニズム時代の諸王のように被災者らを救援する[319]。ローマ大火後のティベリウスやネロがそうである（ネロの行為、またはむしろネロの名において、セネカを首班とする非公式の救援団の活動はめざましかった[320]）。皇帝は「天災」の場合以外、たとえば「戦禍」の場合も市民を救援するが、天災のときに比べるとはるかに熱意が見られない。国が巻き込まれた災いを補償するなら、国が自分の有罪を認めるように思われるからである。さらに国家は命令機関である――国は友好協会と間違えられたくない、つまりその活動で、自由な会員が受けた損害を補償するわけにいかない。しかしウェスパシアヌスは、内乱のあいだに荒廃したクレモナの復興をその町の有力者らに勧告した、ただしその内乱のおかげでかれは皇帝になれたのだが[321]。君主は財政の危機に際して介入し、金が隠蔽されて借金できなくなった一年間、資金の面倒をみたこともある[322]――貨幣と金融は「取り決め」であり、度量衡と同じように国家的主導に依存し、また古代オリエントのアルファベットとも同じである。金の匂いのするこれらすべての恩恵的介入は「事実上」恵与と見なされる[323]。

援助、人口、そして行動の合理性

最後に、独創的な制度について詳述しなければならない――皇帝がイタリア市民の多くの子供を養うために支給した家族手当（*Alimenta*）である。これは慈善事業だったか。出産奨励政策だったか。「家族手当」の規定はある程度、くわしく分かっている、つまりよく知られた歴史的問題の典型になっている――ある行動を合理的に説明して、それでうまく本当の説明になるだろうか。そうでないなら、本当の動機をどこに求めたらよいのか。この種の問題の難しさは常に詳細において見いだされる。

以下に、イタリアだけが恩恵に浴したこの制度の機能を見てみよう。イタリア半島の各都市では、トラヤヌス帝とその後継者らは最終的に一定の貸し付け基金を設定し、地主らはその基金から無期限で金を借りることができたが、その代わり軽微な利息を支払い、開墾地を抵当に入れた。皇帝は決して元金の返済を要求しなかった、ただ借り手が利息さえ払っておれば抵当の土地も差し押さえられなかった。ただその利息は君主の金庫にはいらなかった――その金は各都市において一定数の年金として貧しい市民の子供たちへ支給された、たとえばウェレイアの村落では、二百四十五名の嫡男が月当たり、十六セステルティウム、一名の庶子（男）は同じく十二セステルティウム、三十四名の嫡女は十二セステルティウム、一名の庶子（女）は十セステルティウムをもらった[324]。これらの数字は固定していた、なぜなら皇帝は一定の基金を設定したからである。ただ不幸にして肝心な点が分からない——地主は皇帝から金を借り、元金を返済しなくても利息だけを払えばよいが、元金を返して利息を払わなくてよいのかどうか、たとえ別の地主が代わって金を借りるという条件だったとしても。それとも地主は永久に借金していたのか。(325)

この制度は大歓迎を受けた。恩恵に浴する貧しい人々は皇帝の温情に感謝し、(326)他方、政治にたずさわる人々はイタリア民族の不滅を確保した皇帝を称賛した。(327)すべての人が一致して「家族手当」を皇帝の「寛大」、(328)温情の表われと思って歓迎した、またその金は慈善または出産奨励として、新しい慈悲深い事業として支払われた。その結果、皇后のほうでも、貧しい娘たちのために年金制度を設立した。(329)

この制度の目的は、たんに子供を援助することだったのか。トラヤヌスはイタリアの農業をも保護しようとしたのではないか。また金を借りた地主らは、金づるというよりはむしろ「家族手当」の本当の受益者ではなかったか。この制度は不動産銀行であるとともに援助事業でなかったか。それが第一の問題である。第二の問題は、この援助が、当時の貧しい子供らのために設立された恵与者の個人的基金と同じような人道主義的なものであったかどうか。それとも皇帝が国是によって、テュルモー・ド・ラ・モンディエールが力説するように、「帝王の臣民と家畜を増やそう」としたのかどうか。

貧しい子供を援助することは確かにトラヤヌスの目的だった——もしかれが農業信用金庫を創設しただけなら、貸し金の利息を自分で受けとっていただろう。だがかれはそのような信用金庫を設立してイタリアの農業を発達させようと考えたのか。かれの意図がわれわれの興味を惹くところである——皇帝の恵与指向は経済政策の担い手になれたかどうか、また古代国家は経済に介入することを課題にしたかどうか、それは疑問である。

皇帝の立場に立ってみよう。もし皇帝の頭の中に出生率や援助のことしかなかったら、農業には冷淡だったろう。とすれば、この制度はそれだけのことであろう。トラヤヌスは同じく国家の資本を農業に投資したかも知れない、なぜなら祖国の父にとって、それ以上の投資はなかっただろうから。この事業は長続きする、海の「大冒険」のように次から次へ仕組まれるものではなく、経済的に安定している。法的に、いや、むしろ行政的に（「家族手当」は公的な制度であり、民法の規則にとらわれない）、この事業は達成しやすい。トラヤヌスの本当の目的が何であったにせよ、かれには地主に金を貸し付けるのは得策だった。ただ地主のほうから見れば、地主もまたこの貸与を受けるのが得《とく》であった、というのも債務に拘束されなかったからである。実際、皇帝へ抵当として差し出された不動産は自由意志で抵当に出されたものであり、皇帝からの貸し付けも強制的でなかったことは確かである。農業経営者は借金を申し込んで何らかの利益になるから、子供だけがこの制度の受益者ではない。客観的に見て、トラヤヌスは両者を援助したのだろう。

　では主観的にはどうか。トラヤヌスは束縛の手を使わなかった。恐らく農業経営者そのものがかれの興味を惹き、農業経営者は援助を受ける子供の親であり、金づるだけとは思われなかったからである。またかれは経済的領域での自由主義的な君主だからであり（事実、その通りであった）(330)、またその金づるが自由に生産できるのを願っていたからである。

　それでは規則の詳細や貸し付けに伴う条件が権力の意図を判断させてくれるだろうか。

　借金した地主が、その気になれば金を返して自由になり、代わりの者を立てられたかどうかは、われわれには分からない。もしそのとおりなら、「家族手当」は農業信用金庫という美名にふさわしいだろう。もしそうでなくても構わない、なぜなら無期限の債務者らは自由に金を借りられたから。ただかれらは自由意志に動かされたのであって、健全な経済的理由に基づいていたのではない。かれらは永久の利息を忘れることもあった（しかもその利息はわずかである――もっとも多く見積もられた不動産の収益の十二分の一であった）、それで一度に大金が転がり込むのである。ところで、かれらには、ちょうどダイニングルームの壁を塗りかえる必要があったりする……このように見てくると、トラヤヌスは農業経営者に金をやったも同然であり、イタリアの農業を援助したことにはならない。(331)

ただそれだけではトラヤヌスの意図を示す証明にはならない、なぜなら当時の経済政策の方法はごく単純であったからだ。皇帝から貸し出される金をどのように使おうと、借り手にはまったく条件がつけられなかったようである。恐らく一九七五年に評判になったような企業に対する融資選択方法は考え出されていなかった。それに反して、トラヤヌスは貸し付けの応募者の選択に厳しかったことが確認されている――かれはあまり低額の抵当の申し入れを拒否し、二万セステルティウム以上の価値の不動産しか受け入れなかった。恐らくかれは大企業を優遇したいようである、そのほうが活力に富んでいるから。恐らく、いや確かにかれの代理人らは狭い土地を「やたらに増やそう」としなかった、もしそんなことをすれば利息を徴収する行政当局の仕事を無駄に煩雑化しただろう。当然ながら、皇帝やその代理人らは決して農業経営者のために子供を犠牲にしない。トラヤヌスはできるだけのことをしたのだ、つまりその時代において合理的と考えられること、またもう一つの目的、つまり援助と合致することである。かれはこれらの目的のいずれも犠牲にしたくなかった。かれの制度で農地に関するものはうまくつくられていなかった、なぜならかれの興味を惹かなかったからだろうか。そうだ、だがかれはそれ以上、考えようとしなかった。どの地主も充分な抵当さえ提供できれば金が手に入る。イタリアの農業が発達するには金を投入すればよい。「家族手当」はローマというコンクリートで固められている――これは頑丈であるが、その肉づけがあまりにもおおまかであるので、トラヤヌスに出産率向上のほかに目的があったのかどうか、また耕作と放牧を優遇したいと思ったかどうかは分からない。

だが肉づけの細かいことはどうでもよい、というのもこの記念すべき制度が証拠だからだろうか。「家族手当」はイタリア農業に巨大な融資の配分を含んでいた。だからトラヤヌスは農業を援助したことになる、というのも金を提供したからである。かれはまさしく一石二鳥の手を打ったのであり、二つのことをしたと確信し、また農民を援助するという高邁な計画を実行した君主だと自負せずにはいられなかった。普通の個人が恵与者になり、援助基金を設立しても視野は限られている、投資の経済的効果までは見通せない、ただ基金の対象としての子供のことしか考えない。だが君主にはもっと広い視野がある――援助は重要だが、農業も大切である。「家族手当」は近代の歴史家のあいだで長いあいだ議論された。われわれの見解によれば、避けなければならない方法論上の誤りが二つある――トラヤヌスの意図をそのやり方の合理性から判断してはならない、そしてまた各歴史的時代の卓越した独創性を尊重してローマ人固有の値打ち、あるいはそう言われるものによってのみローマ人を説明するという口実で、恵与者たる君主を個人的な恵与者の次元に還元してはならない。

そこで恵まれない子供とともに農業のために何かをしたとしても、君主はそれ以上のことをしていない。「家族手当」は全般的に経済的介入政策への道を開いたのではない。古代の政治にはよくそういうことがある――何か個別的な事業で満足し、その活動は続かない。君主はよく制度上の目立った記念を残すが、それですばらしいことをしたと思う、だがその有益性が疑わしく、破局を迎えるかも知れない、だがその問題に注意が向けられず、ただその制度が存在するということで権力の温情を示し続ける。事業は活動ほど合理的でないが、それでも事業は目立ちやすく、ひとたびそれがよい事業だと判断されたら休息する。

農業経営者でなく子供について言えば、「家族手当」も同じく事業である、だが慈善事業であっただろうか。君主は慈善家以上に出産奨励者でなかったか。速急に決めないでおこう、なぜならトラヤヌスが行なったこと、かれにできたこと、かれがしようとしたこと、かれがするつもりだったこと、かれの抱負の自覚程度をそれぞれ区別しなければならないからである。

昔の人口学

この事業は親たちに子供をつくらせようと勧めるよりは一定数の不幸な人々を援助するのに適しているように思われる。ウェレイアにおいて、養育年金を受けている者の数は全体で二百八十一名である。受益者は満十六歳まで恩恵を受けられると仮定しよう。(332)それでは毎年、二十名足らずの子供が受給者リストに登録されることになる。ウェレイアの行政地域には一万人の住民がいて、出生率は千人当たり二十人、せいぜい十人に一人の子供が年金をもらえるが、未来の親たちはあらかじめ君主の援助を受けられるかどうかはまったく分からないだろう。それでは子供を一人でも多く生もうとすれば不安である。君主に金がなくなれば、抽選しなければならなくなるだろう――ウェレイアはイタリアの千分の一の都市にすぎない、ところで「家族手当」は皇帝直轄国庫にとって百万セステルティウムの負担になった。

この制度は不手際だった。それでも意図は確かに慈善的というよりはむしろ出産奨励にあった。ローマ人は完全に人口問題を意識していた、ところがこの分野への介入方法はきわめて難しかった。定期的な人口調査によって、非常に正確な帝国の人口が知らされていた。(333)だがもっと進んだ情報、たとえば出生率は明らかに未知数だった。(334)だが古代人は人口学の重要性を過小評価するどころか、むしろその問題で作り話をこしらえるほどであった、ちょうどわれわれが戦争を人口過剰のせいにしたり、また機械的にローマ帝国の「衰微」を外面的にきわめて明白な説明になるとして仮定される人口退歩に関連させるのと同様である。ポリュビオスも機械的に、完全な成長を遂げたヘレニズム世界に比べて古いギリシアの比較的後退現象を人口減少のせいにしている（「古きよき時代」の神話を感じさせる）。かれがいかなる数字的データによっているのかは疑問である。[335]

だがポリュビオスには集計と乗数の感覚がある。すべての人がかれのようではなかった。軍隊や人口の問題になると、古代人に概算の感覚があるのはまれであった。数千も数百万も古代人には同じように見えたこともある。たとえば、かれらはファルサリアやムルサのような政治的に致命的な戦闘における人命損失を、すぐ国家の退廃に結びつけた。[336] トラヤヌスは出生率をあげるために何とかしようとするが、手を打っていない――かれはただ自分にできることをする、つまり行き当たりばったりに金を配給する。

公的な声明も君主の本当の意図を何も表わしていない。その声明文は「家族手当」の目的を出産奨励にあるとしたが、それがあまり真面目くさいので、かえってわれわれの方法論的疑念を正当化する。プリニウスはこう書いている、[337]――援助を受けた子供たちは「兵舎と地域民を満たすだろう」、つまり増えるのは未来の兵隊と未来の選挙人である。この雄弁家の言葉を信じるなら、扶養制度は能動的市民の温床になるだろう。それこそ陳腐な「常套句」にすぎない。たっぷり一世紀以来、地域民はもはや投票できず、軍隊は主として属州で補充されていた。だがこの「常套句」には、それなりの可能性と存在理由があった。トラヤヌスは帝国の本当の力がイタリアの外にあるとは認めず、ローマ帝国支配の「植民的」覇権構造を維持しようとしていた。そこでかれは「ローマ人民」（つまりイタリア人民）、つまり市民‐軍人国家の不滅な本質を信じていた。イタリアははるか前から、もうそうでなかった。だがトラヤヌスまたはプリニウスはあるがままのイタリアでなく、そう思われているイタリアを見ていた、なぜならかれらはイタリアについて起源的、本質主義的なイメージをつくっていたからである――イタリアの国民精神があった、あるいはもっと正確には、イタリアという人物の伝記を構成する「出来事」とはまったく関わりのないあり方、性格、そして活動力が存在したのである。

それに加えて、歴史を通じて政治評論家が、出産を奨励した君主を称賛するたびに、よく軍隊の問題が引き出される――皇帝は未来の兵隊を獲得した、というように。これは『ラテン称賛演説』からダニエル・デフォーへ伝わる。[338] 軍隊というのは多くの人々にとってもっとも分かりやすい指標であり、また君主の関心を惹きやすい論拠になる。なぜなら人口問題は経済的というよりはむしろ軍事的、政治的な面で提起されたからである。

もしそうであるなら、「かれらは兵舎を満たすだろう」という言葉はたんに政治的な重要性を帯びる合理化にすぎなくなるだろう。「家族手当」はその意図において合理的であるというよりはむしろ公式の声明で主張されているとおりだと想像されよう。関心があると言うだけでは不充分である、そのことを証明しなければならない。キリスト教徒のコンスタンティヌス帝に見られる真面目さにも同じような疑わしい誇張がある。この皇帝も「家族手当」を制定しているが、その目的は人口問題ではない。かれの法令の前文を信じるなら、慈善的だとも言い切れない[339]――このキリスト教徒である君主は臣民の道徳性を監視したいのだ。貧困な家族を援助することは子供らを飢え死にから救い、その親たちに犯罪、嬰児殺し、新生児売買などをやめさせることになるだろう。コンスタンティヌスは検査官のような厳しい顔つきを見せたがっていることが分かる、なぜなら君主は情にもろいように見えてはならない、つまり厳格な様子で慈善をしなければならないからである。

出産奨励と植民地主義

トラヤヌスと違って、コンスタンティヌスは男子と女子の差別をしない――必要な人にはすべて援助する。トラヤヌスのほうは嫡男のほうに年金の数を多く割り当てた。これはトラヤヌスの制度が慈善よりも市民的で、出産奨励的な証拠になるだろうか。いや、トラヤヌスは男子の特権や習慣への配慮という付随的な考慮と慈善目的を数字的に一致させたかった、そして同時に子供の利益と農業経営者の利益を調和させたかったのである。このような利益の相互接近（ライプニッツの言うような）が常に行動の合理性を乱し、判読しにくくしている。

援助か出生率か。ここでわれわれは歴史的状況、あるいは人間性についてのわれわれの観念にしたがって判断せざるを得ない。その回答は複雑になるだろう。

二つの事実から分かることは、トラヤヌスの本当の目的が出生率にあったということである――この制度の費用、およびイタリア全国での施行である。「家族手当」は皇帝直轄国庫に数十億セステルティウムの負担をかけたはずである。国が階級闘争もないのに貧しい人々のために破産しそうになるのは尋常なことではない、しかもこの国の文明は慈善事業を、倫理的、神学的要請としてでなく、美しい魂の道徳的な装いと見なしているのである。ヘレニズム時代、さらにトラヤヌス帝の世紀では、私的な恵与者たち、さらに皇后らもどこかの都市の市民の子供を援助する基金を設定していた、ただしこのような慈善的基金は誇示的、祭典的な恵与よりはるかに少なかった。国がこのような慈善事業を全国に広めるためには何か重要な政治的目的があるはずである。だからといって国家が政治的でない価値観に無関心だというわけではない、つまりその価値観を国の目的に合致させるか、あるいは慈善を行える余裕だけを割くことができればよい。農業は政治的に重要である、また子供も救済すべき貧民よりむしろ民族の将来にとって重要な存在である。
「家族手当」は何よりもまず出産奨励のための事業であるが、その主要目的は慈善でも誇示でもない。もちろん、皇帝が行うことはかなり豪勢であった、だが時代的背景における決定的な一事がトラヤヌスの「家族手当」を恵与指向の誇示でないことを表わしている――「家族手当」は皇帝の寄贈であり、ローマだけでなくイタリア全国が恩恵を受けている。ところで、歴代皇帝の誇示や寄贈の舞台になるのはローマに限られていた。ローマだけがパンと「競技場」の恩恵に浴した。帝国の他の都市は、厳重に閉め出された私的な恵与指向にゆだねられていた。トラヤヌスがイタリア全土に「家族手当」を施行したからには、「象徴的」ならぬ政治的な目的を追求したのである。かれは権力の支柱とも言うべきイタリア民族を強固なものにしようとしている。

王は苦労して王になれば、臣民の幸福を考える前に国とその機構を支えなければならない。ある種の生活必需品を確保し、金《きん》の流出を防ぎ、多くの人口をつくらねばならない、その問題に関して、二つの政策が当時考え出された――ローマ帝国が属州に対してイタリアの覇権を示す、あるいは皇帝の君主制がすべてを統一し、平等化し、その主権を多民族国家に変える。

後者の政策には、それなりの未来があり、それはトラヤヌスの後継者で、ギリシアびいきのハドリアヌスのときから始まる、この皇帝は、将来もし成功した場合のネロのような人物であり、政治的感覚を備えた破格的耽美者である。ギリシア愛護主義はローマ帝国の「非植民地化」の第一歩であった、なぜならギリシア国民は先進国であったし（文明の面でもそうだった）、また都市国家に分かれて生きていたからである。ハドリアヌスの歴史的役割は、非植民地化の表明が、属州に対する主権の保持者や主権の内容においてでなく、国際関係そのもの、つまり服従のあり方にあることが理解されてはじめて明らかになる。政治的にも経済的にもまったく変わらない、またハドリアヌスは属州総督制度を少しも変更していない（それどころか、イタリアはやがて地方的行政地域になりさがる運命にあった）、税も廃止しない、そして属州の人々を臣民として扱い、自分が皇帝であり、異国人種の王でないことを感じさせる。かれは治世の長い期間をローマやイタリアから遠く離れ、各地の属州を歴訪してまわった、これはローマ人のあいだで暮らした歴代皇帝の傲慢な出不精と縁を切ることであった。このような外遊が人心に及ぼす「象徴的な」意義は大きかったに違いない――疎んじられないということは政治の要《かなめ》である。その点が政治的人間のみならず、歴史家たちにも忘れられることが多い、だからハドリアヌスの歴史的重要性がいまでも忘れられているのである。

紀元二世紀を通じ、ハドリアヌスの貨幣鋳造と治世の歴史的浮き彫りにおいて、また同様にアプレイウスの小説においても、属州はもはや異国的、隷属的な他国として現われなくなり、一方、人民‐帝王としてのローマ人の意義は消える。トラヤヌスの「家族手当」は覇権主義的政策の最後の表明であり、それは帝国的次元では都市の古くさい視点の延長であった。だが、そのことによって出産奨励政策事業は、客観的には市民への援助事業、恵まれない子供への恵与と同じものであった。ただこの制度の規模は、外見上、すでに見たような個人的基金とは違っていた。もちろん、トラヤヌスの動機も恵与者の動機とは著しく異なっていた。だが古い市民連帯的理想が狭量であったので、結果は両者においてよく似ていた。

慈愛のあいまいさ

都市の組織において、特権者のあいだの連帯的理想は、市民団のメンバーを結びつけ、相互に助け合うことを命じていた、それも同輩間の友情の名において、政治という建物を頑丈なものにするためであった。

その理想を実現するために、政治的動機と善意が結合した――国是は親切心に頼らねばならなかった、だが一方、その感情には「貧しい人々」という相手がいた、またその感情には世にも立派な意図がありながらも、同胞市民の政治的範囲を越えられなかった、ちょうど慈悲深い慈善事業に参加している婦人が、移民労働者の面倒をみる前に、本当のフランス人に施しをすべきだと思うのと同じである。そこですべての市民援助制度は二つの部分的解釈をさせることになった、つまり一つはもっぱら政治的な解釈であり、他は鷹揚な動機を明らかにしていた。一方が他方の「イデオロギー的口実」ではないのである！　同じ個人的基金が慈善的になったり、愛国的になったりしたかも知れない。それはただ本人の心がけ次第であった、ただし本人が自分の心の中をはっきり見えたら、である。要するに、政治という語は「物質的」な意味、あるいは「目的の」意味に解釈される、ちょうど「経済的」という語が「物質的」あるいは「打算的」を表わすように。政治的目的はたんに政治的動機で現実化されるだけではない。だから市民としての生活もすべての市民どうしの何らかの友情を要求していたと言われたのである[342]。

　そこで「家族手当」は出産奨励であるとともに援助であり、その制定者の本心は、もし神が存在するなら、神のみぞ知る、と結論しなければならないだろうか。いや、そうではない、なぜなら愛国心と慈善は原則的にしか一致しないからである――常に両者が互いに必要であったわけではない。都市は、たとえ幾人かの市民が飢えて死のうと存続するだろうし、また依然として幸せな人々の共同の住みかであろう。そのような政治的にはとるに足らない些細なことを心配するのは本当の博愛者だけだろう。政治と慈善は別々の目的を持っている。両者は結果の上で離れ合い、活動の一部でしか重ならない、つまり両者は視点の選び方次第で、手段と目的でたがいに役立つ。その部分で両者は二つの相補的解釈をもたらすだろう。

　政治的人間は、一般に連帯性が集団の生存に必要だと知っている。特別な場合、実際にその人物が援助事業を行なって数十億の金を出すのは、ただそのことによほど重要な政治的目的がある場合に限られる。トラヤヌスはグラックス兄弟と同じように考えた――もしローマの人民が衰弱したら、権力は宙に浮くだろう。そのように言われ、感じられるのは寛大な態度である――わが同胞市民たる者はけだもののように生きるべきでなく、また子供も穴蔵で育てられてはならない。だが援助事業が君主の利益と一致していなかったら、善意ある意図から一歩も進まなかっただろう。ある歴史的偶然がそのあいまいさを示している――「産めよ、増やせよ」という訓示は、まだその時代には知られていなかった（「労働の訓示」も知られていなかった）。トラヤヌスは出生率をあげるために訓示的威嚇に訴えることができなかった。ただ寄贈手段だけが君主にできることであった――イタリア人に子供を欲しがらせる、そのために金を提供する。

国是と慈善のあいだに存在する部分的なあいまいさは、その時代の政治的、イデオロギー的な別の傾向に見いだされる――君主の法律顧問団や元首顧問団は、すべての支配勢力に対し、また近隣の農民が飢え死にしても自分の土地を荒れ地のまま放置している不在地主的大土地所有者に対して、国家の利益と権利を優先させた。君主の代理人、つまり熱意のあまり弱者を圧迫し、袖の下を要求する代官や兵隊に対しても同様であった。君主は弱い者の味方をする、それがローマ市民であろうと、遠い属州の農民であろうと構わない、なぜなら申すまでもなく君主の利益は弱い人々を食い物にする地域的ボスから保護することであるから。この政策は、われわれにとってプロウサのディオンによって代表される博愛的思潮と融合している。(343)

結論として、「家族手当」は子供に対する援助であると同時に農業への援助でもある、なぜなら国は両者へ金を配っているのだから――この時期の財政的合理性はそれ以上のことをしようとはしなかった。子供に対する援助には政治的で出産奨励という動機があるが、実際には、市民的連帯事業と融合している。

トラヤヌス自身が自分の政策をどう思っていたかを知ることは面白いかも知れない。当然、かれはその時代に歓迎された自分の政治的動機を反省していない、だがその時代では、博愛的思潮がひろく普及していた。トラヤヌスはあいまいさを利用して、恵与者という美名にふさわしいことを行なったとして称賛されたかったに違いない、なぜなら事実、かれはそのとおりであったからだ。それはかれが自分の本当の動機を勘違いしたからでなく、また偽って自分の事業を政治的用心というよりはむしろ博愛心から出たとしたのでもない——かずかずの美徳のあいだの識別が、かれの意識の中で漠然としていたのである。かれには、政治が真剣なこと、大人の仕事、寛大で素朴な気持ちの表現形式だと思われたに違いない。かれの世紀の恵与者たちは恵まれない子供のために個人的な基金を設立していた。トラヤヌスは「家族手当」によって恵与者と同じことをしたつもりだった。ただそれを真の皇帝らしく責任あるやり方で行なった。それでも、もし共和制の政治的人間だったら博愛者と見なされたら恥じいっただろう——「厳しく」すべきであり、情にほだされてはならないと考えたに違いない。またそのためには目的にこだわらないで、飛び越えてしまっただろう。まったく説明しがたい雑然としたものが、われわれの異なる動機的意識を形成し、美徳についての歴史的な等級の気まぐれを生み、利益の相互接近、物質的で究極的な「原因」をつくり、また違った態度が目的を飛び越える傾向を与えることが分かる。それらすべてを二つに分けて（一方では、現実、他方では、イデオロギーまたは「派生現象」というように）整理しようとすることは歴史的分析を誤らせることになる。政策と援助は結果的に重なり、またその時代では慈善が話されてもよいことになっていたから、数十年のあいだには「家族手当」の援助的な面は副次的におのずから発達するだろう——トラヤヌスの後継者らは、イタリアに皇后の名において、さらに補充的な援助基金を制定することになり、そのときには女子も見捨てられない。皇后たちは古い市民的連帯性を拝借することもできた——アテナイ人やローマ共和国元老院にとっては、女孤児に持参金をつけてやることは市民社会の利益であり、すべての善良な市民の義務と思われた。女性が持参金をもらい結婚できることは国にとって有益だと書く法律家も現われる(344)。確かにそのとおりである、だがそのことは哀れな男の娘よりは元老院議員の娘にとって有利だった。ところで、明らかに皇后の「家族手当」は貧しい人々を対象としていた。かくて「貧しい人々」を対象とする善意ある感情はその時代の思想の枠にとらわれているが（なぜならしようとすることと知っていることとは別であり、善意というものは学ばずして知るとはならないから）、同じ枠を飛び越えてしまう傾向もある。また一時代の思想は密室状態で形成されない、それは親切な心を含めて個性全体に依存している。

よき帝王はみずから君臨し、また、わたしのために君臨する

家族手当制度が君主の恵与、寄贈と見なされたのは、その意図がよかったからであろうか。そうではない、ここで恵与とは何かをはっきりさせておくべきだろう。「家族手当」は二つの名目で皇帝の恵与指向に属していた——実質的には、客観的に援助であり、制定者の意図や巨大な資金から独立していたからであり、また形式的には、君主によって制定され、君主が行うことはすべて本質的に恩恵であるからだ。

どの点に恵与が認められるのか。恵与者自身の意図か、それとも事業そのものか。事業が称賛に値するのは事業者に何らかの費用がかかる場合でしかない。またその事業が他人を利する瞬間から功績になる。もし恵与が意図や費用において認められるとすれば、君主は恵与者になりにくい——君主は公益を確保するのが義務であり、その意図が政治的であり、しかも君主は国庫という巨大な資金を動かせるからである。

古代人は恵与指向の主観的定義と客観的定義のあいだで迷った。前者は庇護を高貴な野心、卓越指向と卓越欲、名誉欲、要するに「名誉願望」(*philotimia*) のせいにしてしまう。後者の解釈は客観主義である

――あまり費用がかからなくても、物質的に利害がからんでいても、集団のためになることをすれば恵与者になる。もちろん、恵与者になるには大部分の人より金持であるか、勢力家でなければならない。だからといって恵与の功績は減少しない。ポリュビオスは、ビザンティウムという商業の盛んな土地が「ギリシアと共通の恵与者」だったと言うほどである(345)――この町は珍しく地理的条件に恵まれていたので、ヘラスと黒海のあいだで貿易の中心地だった。ビザンティウム人は恵与者になりやすかった、つまりただあるがままの地理的位置を占め、交易の利益を追求するだけでよかった。

君主は別の名目でも恵与者になれる――自動的に、である。君主は何をしてもすべて恩恵であり、ちょうどこのわたしが手紙を受けとるなら、公的なサービス、つまり郵政省の「恩恵を受ける」のと同様である。皇帝は皇帝として恵与者である、なぜならかれの任務は皇帝であることだから。皇帝は任務を果たし、君臨すれば、そのときから恵与者になる。

だが皇帝は公的な恵与者である。かれはオリエントのボスと違って個人的にはほとんど寄贈をしない。かれの恩恵と呼ばれるものは公共財を使った公的活動、あるいは国家的事業であった。

したがって皇帝の恵与指向とアウグストゥスの庇護とのあいだには大きい隔たりがある。このローマ帝国創設者にとって、寄贈はかれの個人的な富で行われるのを基準とした。かれのあとを継いだ歴代皇帝の「寄贈」には主として皇帝直轄国庫の金が当てられた(346)。

このような自動的な恵与指向には、歴史上、善王と呼ばれて尊敬される値打ちのあることをした国王の個人的功績とはまったく関係がない。個人的功績――そのような立派な王は臣民が望みもしないような政策を押しつけたりしないだろう、あるいは過度の熱意やひどい規律をすべて避けただろう、さらに自分の意図が政策より優れていることを示しただろう、つまりいつもながら政策というものはがっかりさせるに決まっているから。[347]

立派な王、恵与者たる皇帝と言われるとき、それは自然的形容詞である。国王の善意というものは、国王がみずから君臨していても、わたしのために君臨することである。どんな国王も羊飼いである。かれは羊の群れの所有者であり、その点でかれは恵与者である。ちょうど郵便局が手紙を配達してくれるように、つまり郵便局がそのための代理人だというからでなく、好意からであり、そうする義務がまったくないとしても、である。国王は立派である、なぜなら公人だからであり、たとえ個人的な所有者のように羊の群れを持っているように見えても問題ではない。

善王になるのは難しいことではない——君臨するだけでよい。[348] 王の臣民は、そんな国政を王に委任した覚えがないのに（それどころか、臣民は王の所有物である）、そんな人物が国政を行なっているのを見て、間違いなく善意からだと、驚きつづけるだろう。たとえその王が個人的に意地悪く、横暴であってもだ——そのときは悪王になるだろうが、それでも王の務めを無料で果たしてくれることには変わりがない。もし郵便局が公的な業務でなかったら、手紙を配達してくれることに感謝するだろう、また欠陥があっても文句を言えないだろう。

そう言っておいて、率直に話そう——人々は本当にそう信じただろうか。王の羊の群れは、胃袋に飢えを感じたとき、必ずしもすべてが牧歌的ではないと思わなかっただろうか。悲しいことに物事はそう簡単にはゆかない。生理的世界と違って、政治・社会的世界は感覚でつくられていない。観念でつくられている——景色を写すように社会をカメラでうつすことはできない。ところで、同じ問題についても相反する観念が生じるかも知れない、だが、それに反して、感覚において相反する感覚が生じたら大変だろう、われわれは夢を見ているのではないかと思うだろう。

七　イデオロギーは何の役に立つか、どのように信じられるか

帝王は「すべての人のためになる恵与者」[349]である。その時代には、帝王の仕事についてあまり話されなかった。その代わり、当代君主の徳はさかんに称賛された。紀元二世紀以後、公的な浅浮き彫りと貨幣の裏面の図像において公的な技術が発達し、その図像で、各種の徳が礼拝の対象にもなる女性像によって象徴される。[350]後期帝政時代からわれわれにまで伝わっている敬語、つまり皇帝を「陛下」とか「閣下」という敬称で呼んだ言い方は今日までローマ皇帝の徳への崇拝を保っている。[351]マルクス・アウレリウス帝はその『日記』において、みずから君主の義務に徹し、自分には数え切れない長所があり、そのうちには共和主義的美徳もある（たいした自己満足だと言おう）と自負している、つまりありのままを述べているのである。[352]つまりかれは顧問や元老院議員にまったく自由な発言をさせているのだ、と理解しよう。マルクス・アウレリウスは自分をそのように見て、そうなりたいと思っていたのである。それに反して、かれの徳をおおっぴらに称賛するイデオロギーは、かれには一種の華麗な装いに見えたはずである、だからこの哲人君主は君主の義務の一つとして、あるいはとるに足らない儀礼的なこととして、そのような装いを甘受したのである。[353]

善王――宣伝かイデオロギーか

近代の歴史家たちは、この徳の華麗さを皇帝の宣伝だと見なす癖があった。宣伝という語はうまくない

（「表現」のほうが「宣伝」より正確であろう、この点についてはいずれ明らかにされる）、また政治的にぴったりしない。もし徳の称賛が宣伝であるなら重大問題であろう、なぜなら「元首は常に正しい」と同じになり、独裁的で、動員的な体制を予告することになる。宣伝や独裁は世論の存在する社会でしかあり得ない――抑制し、陶酔させる世論を望めない古い君主政では、どうして独裁者になれるだろうか。また、何をやらせるために？　カリグラやコンモドスが「競技場」、演劇、あるいは闘技会において平民に拍手喝采をさせるのも、物質的、政治的な目的のためでなく、自分を歓迎させ、完全に人心の上に君臨するという喜びのためにほかならない。それに反して、宣伝とは世論を操って、何か政策的な事業を行わせ、受け入れさせることである。世論をかき立て、人民を非政治的状態から引っぱり出し、熱狂的な感情を生じさせ、「出来事」の準備をすることである。善王というイデオロギーのほうは、高貴な君主的様式であり、人民を怠惰な状態にしておき、もっとも慈愛に満ちた体制の下で、もっとも不安定でない平凡な日常を賛美することである(354)。

ローマ皇帝たちはフランス国王と同様に「宣伝」しなかった、つまりルイ十四世のような専制君主（古代的な意味で）でも、自己陶酔が偉大な王に捧げる人民の敬意を味わうときは、新しい「味方」を引き込もうとはしなかった。君主制的な華麗さは政治的宣伝でなく、一般大衆が思いもよらないことを教えたりしない。臣民が王を一種の聖者と見なすなら、そのように王を迎えるのが普通である、なぜなら聖者が信じられるなら、敬われて当然であるから。崇敬はこの先在的謙虚さを示し、それ以上、何も加えない。宣伝は人心に知らせ、働きかける、他方、華麗さは表現する(355)。

なぜなら善王というイデオロギー、あるいはむしろ一般的にイデオロギーはあっさり信じられるようなものではない。それではイデオロギーとは何か。その定義をしようとするなら、寓話のキツネを参考にすればよいかも知れない、つまりキツネは取って食べたいブドウに手が届かないので、そのブドウがまだ熟していないと思うことにした。イデオロギーは、その実体において正当化的観念である（もっと正確に言えば、正当化するための観念使用であり、このニュアンスが小さなことでないことはいずれ分かるだろう）。イデオロギーはその生成においては、役立つ観念である——緊張を緩和するのに役立つ、と言おうか。ただイデオロギーは緊張から来ているとだけ言っておこう。

キツネが手の届かないブドウを見て、まだ熟していないと思うことにしたとき、この納得は自分の無力の結果であり、無力のためではない、また自分以外のだれをもだますつもりがなかった。同様に帝王の慈愛を信じさせても、それで臣民がいっそう従順になるとは言えない——臣民の余儀ない従順さがおのずからそのような慰めの信じ方を生じさせ、公的なイデオロギーがそれを利用して満足する、ちょうど家族の中で、子供は親を愛するものだと言い聞かせるのと同様である。また帝王が自分の慈愛に満ちた好意を自慢するとき、臣民を操るつもりはない——帝王は臣民の期待を裏切りたくない、さらに自分の卓越性を信じたい。つまりイデオロギーは社会的障壁、宣伝等として作用することもあり得ることになる。ところで、これらの現象を検討するにはイデオロギーだけを語っても仕方がない。障壁、宣伝、表現等を分析し、識別しなければならない。善王の場合、イデオロギーがただ表現上の華麗さとしてしか作用しなかったこともある——君主制は儀礼的なものなしではすまされないのである。

イデオロギーを合理的な指導と想像し、決してだまされる側の動機でなく、だますほうの動機を考慮することは世界を実際以上に敏感なものとすることになる。イデオロギーは、ある人々にあっては正当化せざるを得ない必要性に応じ、他の人々にあっては自己を正当化する必要に応じている。

正当化が必要不可欠である、なぜならそのときまで政治体制の本質的特性は片隅で自分のために存在するだけですますことではなかった――すべての人に役立っていると信じようとし、またそう信じられる。体制は自己を正当化し、またその存在が正当化される。皇帝は土地や企業を所有できる個人のように権力を掌握しても意味がない、つまり皇帝はそのような所有者とは決定的に異なっている。企業家は労働者を雇い入れ、オーナーとして個人的利益を追求し、労働者のほうも同じく利己的な理由でオーナーのために働く、つまりその理由は自由経済の「見えざる手」のおかげで、雇用者の経済的利己主義とうまくかみ合っている。だが帝王は利己主義者でない、でなければ暴君と見なされる。帝王はわたしのために君臨しているだけである。船の操縦士のように、帝王は乗客のために存在する――この雇用者は被雇用者でもある。「帝王は本来、船尾にいて、しっかり舵をとり、船を安全に航行させ、臣民にそのような恩恵を施すことをみずからの喜びとし、悦楽とする」(356)。たとえ帝王が船と乗客の所有者でなく、乗客たちから選ばれたとすれば、帝王はいっそう乗客のために尽くそうとするだろう。

わたしとしては、そう信じなければならない、なぜなら選びようがないからである。ウェーバーが言うように、国家とは「公共施設」*Anstalt*（その施設に所属するためには生まれるだけでよい）であって、「協会」*Verein* つまり自由に入会したり、勝手に退会することができるところではない。ところで、その「公共施設」において、物事はむしろうまく運ばれない。多数の意志の集合は最適に民主主義的解決が望めない問題であることが数学的に証明されているようだ。各自は自分の気質に応じて、この悲劇的な事実から好きな実際的結論を引き出すだろう。われわれにとって重要なことは、その事実を無視できないことである。なぜならイデオロギーが歴史において、これほど大きな場所を占めるのは、歴史、あるいは広い意味での政治に多くの緊張が含まれているからにほかならない。ところで、われわれの心理の特徴は、緊張がわれわれのうちに何らかの感情を誘導し、生じさせる、たとえば善王への愛、あるいは何らかの観念、たとえば帝王の慈愛である（信頼か情動かは区別されていない——情動的現象は常に表現を伴う）。父への愛が誘導感情であるように、イデオロギーは客観的条件に誘導された信念である。

わたしには帝王に慈愛があると思われる、それで帝王を正当化することになる。そこから二つの問題が生じる——どうして正誤いずれかの判断、信念がつくられるのか、またなぜそれほど必死に正当化しなければならないのか、そうしなければ絶望に陥るのか。

イデオロギーは特殊な現象であり、主体の活動力である。もしそうでなかったら、臣民に真実や利益を顧みないで受動的に信じさせるために、帝王がいかなる秘訣で自分の慈愛を信じさせようとするだけでよいのか、分からなくなる。思い通りのことをわれわれに信じさせようとする者はいないし、われわれだって、何でも信じることはしない——あるイデオロギーは他のイデオロギーと似ていない、だから善王だと信じるのは同意的服従や主権人民を信じるのとは違う。なぜならイデオロギーは、盲目的な欲動でなく、事実を考慮し歴史的にはわれわれと同じ条件を考慮した判断である。イデオロギーは現実に暗示され、その現実を意図的に一般化する。換言すれば、われわれの信念をつくる正当な、またはあまり正当でない理由とは別に、世論の形成へ進む要因の一つとなるものを正当化しようとする傾向である。たとえば、われわれは自然に社会とその元首を混同している（熟練した専門家しか、この問題に関して明確な観念を持てないだろう）。とりわけ、われわれは帝王をわれわれの幸福をつくってくれる者だと見なすか、それとも逆に、すべての不幸の元凶だと見なす。干ばつ、またはとにかく飢饉の責任は帝王にあるのではないか。ある指摘はこの方向へ向かう（とにかく、帝王が買い占めを許さなかったら、すべての人にパンはあるだろう）、だが他の指摘はその逆である（買い占める者だけが悪いのか）。だが現実的な指摘を引きだすわたし自身の理由の一つは、パンがないという恨みである。あるイデオロギーが通用するためには、事実によってあまり裏切られないことが必要であり、「不信感」に妨げられてはならない。なぜ政治において余裕があるのかはいずれ分かるだろう。

われわれはこの余裕を利用して正当化を一般化する。とにかく、帝王の慈愛を信じるように強制するものは何もない。われわれは悲劇を確認するだけでよいかも知れない。だがわれわれはそのような厳しい真実に耐えられない、それほど「好意の観念」を信じたい欲求が強いのである。なぜならそれがイデオロギーと呼ばれる心理活動の形而上学的根本であるから。

だから公権力には、その慈愛を信じさせる必要がない――臣民は自然に「父」なる帝王の慈愛を信じている。だから帝王が慈悲深いと信じさせることは帝王が帝王であると信じさせることと同様に無用である。臣民はそれが帝王だとよく分かっている、ところで、帝王が慈愛に富んでいるから帝王を愛していると臣民が感じるように誘導されるには、帝王はただ君臨するだけでよい。すでに見たように、皇帝は皇帝であるという事実だけで自動的に慈愛に満ちている。

善王のイデオロギーは、「欺瞞」の伝説があろうとも、まず帝王からでなく臣民そのものから生み出される。権力がそのような信頼を臣民に植えつける必要はない――臣民という身分だけで充分である。イデオロギーは既成の身分を再生しない、むしろその身分が相次ぐ世代の精神にそのイデオロギーを再生させるのである。

この自発的なイデオロギー、帝王はそれをいただく、そして臣民に慈愛のことを話す。なぜか。なぜなら帝王について臣民が考えていることに応じてやらなかったら信用を失うからであり、また帝王も自己を正当化するためである。この第二の理由が主要だろう。そのとおりであり、それが他の同業者団体のように君主の仕事であることを確認したければ公人たちの『回想録』を読めばよい――帝王の機能はその威厳にふさわしい活動力を信じなければならない、ちょうどラテン語教師がラテン語を信じ、ワイン商人がフランス・ワインの権威を信じるように。帝王の恵与指向に関する公式演説は、世論を操るための宣伝というよりはむしろ同業組合的な擁護論である。その擁護熱が実際的利益の擁護とまじり合っていると紙上で主張することはできる。だが経験はそのような一元論を否定する。自己正当化は普遍的ではない。君主も尊大に構え、人民を人間の屑のように扱うことはできる（古代人は専制君主をそのような人物だと思っていた）。しかも擁護論は合理的な行為ではない、つまり効力を失うことがまことに多い。だから擁護論は、自分の商品を効果的に擁護するよりも、天に向かって君主は正義の人だと宣言するほうを選ぶ（この点で、文体や声調は裏切らない）。だれも進んで悪者にならない、なぜならだれも自分が意地悪だと白状しないし、強いて誤りを犯そうともしないから(357)。

信じ方

だが帝王の聴衆はどう思っていただろうか。われわれはイデオロギーの正体を暴きすぎたので、最後に少し戯曲化しよう。イデオロギーと呼ばれるものがきわめて多くの異なるものであることをわれわれは忘れていた――公的な華麗さ、難解な哲学、諺、公式見解、等々、それらの効果は等しくない。しばしばイデオロギーは公式演説にまとめられ、人々はその公式演説を習慣的な雑音として聞く。帝王は宮殿のバルコニーの上から気取った文句を並べ立てる。臣民はそれを聞いて、こそこそ笑うか、居眠りする。それは帝王にもよく分かっている。大臣もその席で気づいている。それでもこの儀礼は申し分なく進行し、解散するときは人民すべてがうやうやしくお辞儀する。

善王のイデオロギーは信じさせる必要から生じ、大衆的感受性を表わしている。それは前もって信じられていることであり、信者は現実とつき合わせて見ようとは思わない。だから帝王のほうで慈愛を話すなら、信者らはたんに儀礼上か、苦笑いしながら、耳を傾ける、なぜならかれらには帝王がそのように話さねばならない理由を知っていて、帝王の話はそのとおりだと前もって確信しているからである。それは誠実さの問題でなく、さまざまな信じ方の問題である。帝王のイメージは二つある――帝王の慈愛を信じるのは理想像であり、それは現実と違っていると心底では分かっている。いずれのイメージも誠実なものであり、イメージが二つあるという点においてのみ悪意があるように思われる。

だが、それは悪意だろうか。なぜならこの二つのイメージは衝突しないからであり、だから一方が他方を否定しない。人民は、帝王を理想的に愛するための証拠を見せてもらおうとは思わないし、次の帝王に対しても自動的にそうだろう。アンリ四世はそれを苦々しく感じた、――「人民はわたしを歓迎している、だがわたしの最悪の敵が勝っても、その敵を歓迎するだろう」。帝王ははるか遠くにいる実体であるから、すべてが期待されたり、何も期待されなかったりする。帝王に慈愛があるからといって、帝王は大げさなことをする必要がない、なぜなら臣民は現実の政府にすばらしいことを期待しても仕方がないとよく知っているからである。

だからイデオロギー的一般化のために余裕があるのである。理想的な帝王には悪いことについて責任がない、それは分かっている。では現実的な帝王については、どのように判断すればよいか。一般的に、帝王は善王でなく、悪王でもない、その中間である。確かに帝王は自分のできることをする、だがそれ以上のことができるかどうかは、どうして分かるか。それは判断しにくい場合が多い。ルーズベルトは「ニューディール政策」で、最高に成功しただろうか。帝王の言葉で示される立派な意図によって帝王の能力を推測しなければならない。さらに政治は大規模の借金で行われ、現金で支払われることは少ない、ちょうど戦時において、理論家たちの言う「絶対的暴力」が常にいくらか脅しの状態にとどまるのと同様である。権力が言葉だけで信頼されるなら、いつまでも権力は信頼されるだろう。

換言すれば、統治者と被統治者との関係は非個人的であり、直接であり、かつ一方的である。だから王–父とか父殺しという陳腐な隠喩に気をつけなければならない。帝王は国家機構を通じてしか臣民に知られていない、ちょうどわれわれには「神」が副次的原因を通じてしか想像されないのと同様である、つまりその原因の脈絡があまりはっきりしていないので、最悪の不幸を舐めながらも「神」を信じ続けるようなものである。統治者個人と被統治者とのあいだでは、反応は一方にしか向かわない。モンテスキューはこう書いている――「民衆の集団は装わない、へつらわない、隠さない」、なぜなら人民は国王に働きかけるために態度を変えない、というのも王と個人的な接触がないからである。被統治者は王の代理人と接触している、たとえば百人組長や収税人とである。だが国王に対して個人的な感情を持たない、たとえば王妃に惚れたりしない。

そこでイデオロギーの「感情的論理」は帝王の恵与指向を信じなければならないときは、あっさり信じる、なぜならこの慈愛を確かめるか、否定しようとすれば面倒であり、難しいからだ――それは政治的判断と理解力の問題になるだろう、つまり直観ではない。物質界と人間世界のあいだには大きな相違がある。後者が前者と同じほど直接的に見えても（目を開きさえすれば、われわれが社会にいることが分かる）、この身近な世界はやはり知的な構築物であり、文化的に受け継がれた原則と概念でつくられ、この原則や概念もまた科学がその進化の各段階で示しているものと同じく不確かなものである。この構築物が科学的な世界観と同じように完全でなく、不統一であるということは驚くに当たらない――この矛盾はわれわれにショックを与えない。それはイデオロギー、およびイデオロギーがわれわれの態度に及ぼす衝撃にとってはきわめて重要なことである。いたるところで確認されることだが、帝王は恵与者である、そのことは、われわれの胃袋の満腹状態で直接に判断するだろうか。それほど単純なことではない。ほかにたくさんのデータを評価し総合しなければならない、またその中には帝王の立派な意図に関するものもあるが、それもやはり手がかりであり、推測である。だから推測に頼るしかないだろう。歴史家も社会学者も同じことをしている。[358]

シュッツが、社会に関するわれわれの表現の構成に関する大著において指摘したとおり、[359] 確かにわれわれが行う世界構成と専門家の世界構成のあいだには厳密さを除いて相違はない。たとえば両者において、すべては、多彩な多様性でなく、理想型または紋切り型である。われわれは勤め人、外国人、いかにもユダヤ人らしいユダヤ人を「見る」とする。それは空間的な体形や笑みの表情を感知するやり方で知覚するのではない——ゾンバルト流にブルジョアを過去に見いだそうとする歴史家的なやり方である。かくてわれわれの利益と現実のあいだに、かなり広いゾーンが介在するので、精神性の豊かな歴史的発展を可能にし、またかなり知的なゾーンも介在するので、イデオロギー、あるいはむしろ観念が衝撃を持てるのである。プロレタリアは胃が空腹を訴えるたびに反乱を起こすのでなく、それは社会主義的な学説が普及してからであろう。

この観念構成に完全な統一を与えるには大変な努力が必要だろう、あるいはむしろこの統一は完成した科学になるだろう（他方、物理学は体系化された知覚ではない）。そこからイデオロギーの効用性が生じる——イデオロギーはそれ自体で効果的である、たとえそれ以外のことに援助されず、さらに否定されても、である。われわれの世界観は外見的には自然に見えても、いろいろな信念から成り立ち、また間違った信念は真の信念と同じほど、われわれの行動に影響をもたらすことがある。われわれの社会観は現実の確認よりもはるかに野心的な構想であり、われわれの利益だけを反映しているのではない（社会または階級がみずからのイデオロギーの犠牲になることは多い）。要するに、イデオロギーは「口実」となる前に偏見である。利益の情熱的論理はイデオロギーの虚偽性をもたらすかも知れないが、イデオロギーは返って利益をあざむく、なぜなら利益には第六感がないからだ、それがあれば現実性のあいまいな混乱を見抜いて、直ちに目標を定められるだろう。

だからこそわれわれは、帝王が理想的な摂理であると同時にわれわれを税金で苦しめる現実的な政府であると信じることができる。それが観念であり、知覚ではない。またわれわれの観念は一般的にまとまりがない。もちろん、善王のイデオロギーにはただまとまりがないだけではない――この色あせた牧歌は毎日、日常的平凡さに裏切られ、遠くからその非現実さを嘆いているようである。ただ、われわれはその現実を見ないから、ほかの多くの牧歌を信じている。たとえばゾンバルトは、非常に敬虔で、かつ芸術の保護者でもある老企業家を前にし、その人から商人的部分を引き出して企業的合理性の理想型をつくる。次いで、かれはその部分的メカニズムに最低限の活気を与えるために、それを「企業家」と命名するが「企業すること」とは言わない。そこで、かれは紋切り型の「企業家」を生身《なまみ》の企業家だと想像し、もはやその人の芸術保護や敬虔さを見ないだろう。この誤謬ほどありふれたものはない。そのおかげでボヴァリー夫人はナポリやスコットランドでは幸福と愛の密度が花崗岩ほど濃密だと信じることができる。そのおかげで、『吐き気』のヒロインはエピナル版画の「フランス史」と同じほど密度の濃い生活をあこがれる。そのおかげで、サルトルはブルジョアが人間のはしくれだと信じることができる。理想型はわれわれに古きよき時代の人間が今日の人間より偉かったと思わせ、左翼急進派が気取り屋にすぎないとか、よりよい人類が「幸福諸島」（カナリア諸島）か毛沢東体制下にあると思わせる、だから、もしわれわれが本当にそんな世界に沈んだら、日常生活は耐え難いものになるだろう。

ただ、もしゾンバルトが毎日、生身の企業家に出会っていたら、結局、二つのイメージをつくっただろう——企業家のイメージと友人の中の敬虔な商人のイメージである。そこでかれの資本主義観はもっとまとまりのあるものになっただろうか。昔の国王の臣民は、矛盾しながらも、王に慈愛があるが、いつもそうとはかぎらないと信じていた。

われわれのイデオロギーもたがいに矛盾することがある、なぜならイデオロギーは偏見であり、換言すれば観念であるから。ただ不幸にして、それは信念の問題の半分でしかない。なぜなら恵与者としての帝王のイデオロギーは、ありきたりの偏見ではないからである。それはまた、信じたいという欲求から生じ、また必要ならわれわれが自己を「偽る」こともあるということから来ている。では、みずから進んで盲目になるのか。そうかも知れない、もしわれわれの信念が、耳をふさいだ内心の審判者の公正な決定であるなら、そしてまた、もしその信念がわれわれ全体と経験全体に引っ張られ転覆させられないなら、である。もしわれわれが自由になれる自由があるなら、そうかも知れない。もし認識がわれわれの瞑想に役立つが、まず生き残るのに役立たないならそうなるかも知れない。

さまざまな信念は単純な意志的行為でなく、無意識的で複雑な過程である。どうしてわれわれは魔法使いを信じたり、細菌の存在を信じたり、あるいは一度も行ったことのない外国都市の存在を信じるのか。なぜなら古代の地域民、細菌学者、地理学者、あるいは旅行社の証言を信じるからである、なぜならかれらがわれわれを欺いて、どんな利益があるのか、分からないからである。その信念がうさん臭くなるのは、かれらがわれわれを信じさせようとして、あまりうるさく、しつこいように見えるだけで充分だろう。目に映る外界は、だれでもそのとおりに信じている。それに反し、人間世界の光景は構築物である。それは強弱さまざまな信念のあり方に依存している。たとえば、われわれのすべての観念についても同様ではないか。十九世紀のブルジョアは、真実以上にまったく明白なこととして私有権のイデオロギーを信じる。それに反して善王の臣民はためらう——かれらの君主は善か悪かを行う政府であるか、それとも運命であるか。国王の慈愛はあまりよく考えられない観念であり、方法論的にも用いられない。だからさまざまな信念のあり方は等しく真面目なものであるとしても、同じ理由に根ざしていないし、また同じ動機にもよらず、不統一な行動へ移らせる。「天国もよいが、できるだけ遅らせてほしい」と言われるとおりである。ピアジェによれば、人間は子供のようである。子供はサンタクロースを信じるが、同時に、贈り物が親から来ていることも知っている。子供にとって、観察できる現実や遊びの世界、大人たちの言い分は、それぞれ独立した不統一の世界を形成している。そこで子供は勉強から遊び(360)へ、あるいは大人の言葉に従う状態へ移るとき、同じ対象を信じるにしても、信じ方はまったく異なる。われわれも子供のように儀式張った信じ方をしている。

もし意識がまったく心理活動に属さないなら、もし意識が自分の過程と動機に通じているなら、そのとき、意識が「自分を信じさせるなら」、それはサルトル的な自己欺瞞だと非難されよう(361)。もし信念がデカルト的自由による判断(362)なら、イデオロギーはわれわれが自分に嘘をつくことになろう。感じるだけでは、意欲することにならない——蜂蜜が甘く見えるか苦く見えるか、定理が真実に見えるか虚偽に見えるか、国王が立派か否かを判断する力はわれわれにない。もし真実がそれ自体のしるしであるなら、何かがわれわれの精神に与える印象はそのものの現実性に比例するだろう。実際、間違った信念、錯誤は真の信念と同じ効果を生むことがある、真の信念もそれ以上の効果を生まないかも知れない。「偽れる意識」や、悪意というのは教化的な神話である。

しかしいろいろな信念のあり方は同じくまじめであっても、同じ味わいではない。もし努力すれば、独善的な信じ方[363]、熟慮的信じ方、信心的な信じ方、宣誓的信じ方、イデオロギー的論理、等々、いずれも混然としているがさまざまな味わいを識別することができるようになり、危険な茸《きのこ》を避けることもできる。その点では「自由」、理性はわれわれの信念において重要である。ただし、その自由はすべての人にあるというわけではなく、一般的な能力ではない。特殊な練習の有無から生じる不安定な結果である。その練習をする自由はない――よく考え、それに適した性格が必要である。ところで、そのことを考えようと思ったり、そうしようとすることができない。自由であるというのはチャンスであり、功績ではない、なぜならだれも自由になる自由がないからである、ただし法廷や多くの哲学者から見れば違うかも知れない。おまけに、信念のあり方は、生々しい物事の真実をどうすることもできない。ライプニッツやスピノザは社会の宗教をたんなる信仰至上主義で信じたのではない。歴史を通じて、いかなる自由も真なるものの把握を保証しない。

イデオロギーは物事ではない

上で検討したような善王に関するテーマ体系はイデオロギーの一例であるか、あるいはむしろこのあいまいで議論を生む語にもっと狭い意味を慣習的に与えてくれる。真偽を問わず正当化する目的で政治観念を使用することをイデオロギーと呼ぼう。寓話の中[364]の「あのブドウはまだ熟していない」は寓意であるが、その意味で、イデオロギーはアリストテレスの言う正当化の詭弁にほかならない、ただし集団的表現のレベルにおいてである。マルクス主義はイデオロギー的概念を固有の財産として主張できる、なぜならマルクス主義は、歴史に占める集団的詭弁の巨大な位置を最初に意識したからである。かくて発見された山脈は堂々として精彩に富む――イデオロギーの開祖は感情的論理に屈するだけでなく、その情熱的な錯誤もまた策略であり、その策略は逆に開祖自身を陥れる。

先へ進む前に、よく起こる混同を解消しておく必要がある。イデオロギーは物事でなく、ただ正当化するために何かを使用することである。社会に道徳、支配的哲学、集団的感性、儀礼等々があるようにはイデオロギーは存在しない――イデオロギーはそれらの実体の若干のものによって演じられる正当化的役割であるが、それらの実体のいずれでもない。なぜならイデオロギーは空中にただよう思想でないからだ――イデオロギーは社会的現実性を帯び、なんらかの道徳や儀礼や公認の教条や国民の英知……に化身しなければならない(365)。

無駄に見えるようなこの区別だけでイデオロギーの衝撃について具体的に話せるようになる。イデオロギーが現実的な社会関係を強化すると繰り返して言うことはすばらしい、またここで言われるイデオロギーが大衆的な俚諺であり、アカデミックな駄弁または国家機構から押しつけられた教条であったかどうかを明確にすることはいっそうすばらしい、それらの現実の効力は同一でないからである。一例を取り上げよう。中世時代はこう繰り返していた、――「祈る人々もあり、戦う人々もあり、耕す人々もある」。確かに、この列挙は各自が全体の中でそれぞれの持ち場にいたという考えにおいて幼稚な精神を強化できた。だがそのような主張は当局から教えられ説明されたものか、それとも世界の七不思議のリストのようなたわいもない分かりきった人間の活動リスト、あるいはインドの六十四芸のリストのような無邪気なものにすぎなかったかどうかは、ただ一人の中世史研究家でもわれわれに教えてくれるだろう。なぜなら一つならずイデオロギーは世界についての素朴な説明にすぎず、安心感付与の信念や教化的な形式の欺瞞的計略ではないからである。人間は常に世界を理解しようとした、そして生来、宇宙論とともに社会学を練っている。ただこの原始的な社会学はおのずから正当化的である――問題は制度や習慣が正当化されているかどうかを問うことでなく、いかなる正当化かということである、なぜなら正当化があることは確かであるから。そこでこの無意識的な擁護論がイデオロギーになる。ナイフは切るためにあり、政府は治めるためにある。

事実、イデオロギーの本質は正当化である。誤りを犯したり、嘘をつくことではない――どのような誤りもイデオロギーでなく、逆に、ある真実を教化的に、便宜的に使用することができる。それは現実の通俗的な反映でなく、社会的産物でもない――真偽は別として、いかなる観念も社会的産物であり、さもなければ生じるはずがない。イデオロギーはその目的によって規定され、その目的は、存在しているものを正当化することである。イデオロギーは、きわめて多種多様な利益が「好意の観念」へ捧げる敬意であり、また歴史という景観においてイデオロギーに占められる巨大な位置は、人間にとってその「好意の観念」がいかに重要かを示している。なぜなら思想は真実を瞑想するというよりは生きるために役立つとしても、もし人々が真実の中にいると思えないなら不幸であるからである。

以上のすべての理由によって、イデオロギーを本質的に社会的または国民的な闘争における武器だとか、利益を擁護する道具だと見なすのは間違っている。実際、しばしばイデオロギーは何の役にも立たない。それは武器ではない、まただれからも読まれず、われわれから怒りを投げられるアカデミーふうの屁理屈である。すでに述べたように、イデオロギーは物事ではない――それが存在するためには何かに化身しなければならない。もしイデオロギーが埃だらけの八折り判の難解な哲学書に化身したら、どのような武器になれるか。すでに言ったように、イデオロギーは正当化の必要性に応える。その必要性は政治闘争の作戦よりも観念的であり非合理的である。イデオロギーが援用されるのも自己正当化のためである場合が多い。また自己を慰めるため、自己を称賛するため、良心に恥じないために援用されることもある。さらに、定期的な競り市の広場で駆け引きのうまい家畜商人が競争相手との取引で、間接的に聞かせる言葉のようにイデオロギーを使うこともできる。間接的な言い方、つまり巧妙な説得に訴えることは競争者のあいだで、当然避けられない対立する要求が荒々しくぶつかるのを避けさせる。猫を猫と呼ばないで、われわれは敵方に「脅しの通告」を和らげて伝えることができる。また取引に弾力性を与える、あるいは反対に、観念を媒介にして争うことができる、あるいは相手を負かしても、相手の顔を立てることができる。要するに、正当化というきわめて人間的な必要性はさまざまな行動に現われる。極端な二つの例を挙げてみよう。善王の場合、イデオロギーは両陣営に共通している。王の慈愛を賛美する君主制的な儀礼は、きわめて自然な一般大衆の感受性や、君主に対する人民の愛にこだましていた。それに反して、マルクスの時代のブルジョア的イデオロギーを考えてみよう。このイデオロギーは幾冊かの八折り判の本で成り立っていたが、その本はプロレタリアから読まれなかったし、また納得している者しか納得させなかった。その本はブルジョア自身のために出版されていたので、ブルジョアはその本を読んでも、自分らがすばらしい人間だと信じるはけ口になるとともに、反対者からは不快感のはけ口になった。

わが読者諸氏は、わたしがイデオロギーを過小評価したと思って失望したかも知れない。それは当然である、一般的用法では、イデオロギーという語は正当化的観念だけに用いられていない。その語は、正当化であろうとなかろうと、誤った集団的表現すべてを指すものとしてますます多く使われている、つまりヤンセン派の隠された神から性的偏見にいたるまで。ひと言で言えば、すべての不良な文化的産物である。そのおかげでわれわれは問題の核心に触れられる——イデオロギーは真実または間違った思想だろうか、それとも社会的産物だろうか。イデオロギーは社会的現実の反映、分身だろうか。

それでは、集団的精神性という事実に対する正当化の用途でなく、その事実それ自体をイデオロギーと呼んでみよう、そのとき、その事実は偽りで、まとまりがないか、あるいは恣意的である。この場合、各文化のほぼ全体がイデオロギーに属するだろう、つまり常に暫定的な科学理論から独特の異様さあるいは無償性をもつ風俗習慣にいたるまで。どの文化もイデオロギーである、なぜなら文化は恣意的であり、限定されているから、また文化は違った文化になるかも知れないから、なぜなら文化は自然ではないからである。

そこで、イデオロギーという語をインフレ的に使ってみると、厄介な真実が明確になるという大きな値打ちが生じる――人間には、偶然に生まれついた文化を自明のものとして受け入れる奇妙な天分がある。かれらは何事についても慎重に同意するために方法論的懐疑によって観察することから始めない。かれらはその文化を恣意的な習慣としてでなく、必要不可欠なものとして受け入れる。いや、そう信じているのである。文化の恣意性と多様性はわれわれが文化に賛同する無邪気さや頑固さと同様である。そこでイデオロギーという語は、思想がみずから考えることの大部分を支配せず、知らずしらず信じているという意味になる。恐らく、思想は瞑想するためでなく、われわれが生きてゆけるためのものである。したがって、われわれが上で区別したイデオロギーの二つの定義を結びつけているものが分かる――正当化する詭弁においても、また文化的恣意性においても、われわれの思想は、現象を述べるというよりはむしろ緊張を緩和したり、効果を生み出したりするのに役立っている。

おまけに、いずれの定義においても、真実との関係ではなく観念の発生に力点が置かれている。なぜならどんな観念も二つの観点から検討できるからである。一方では、真実と虚偽の基準に属し、他方、その観念は説明すべき現象であり、心理的で社会的な産物である。後者の観点から見れば、真実であろうと虚偽であろうと、すべての観念はイデオロギーでもある――ある個人、またはある集団は、真偽は別として、何かを信じる、なぜならそれを信じるように、あるいはそれなりの効果を生むために条件づけられているからである。どのような観念も産物であると同時に道具である。人民は王の好意を信じる、なぜなら世論は実在せず、みずから慰めるためのものである。それが認識の社会学に正当性を与えている。(366)

仮面でなく、鏡でもない

不幸にして、イデオロギーが精神的事実と見なされ、その事実の利用だと見なされないなら、同じく致命的な幻想に陥るかも知れない。マルクスもパレートもその幻想からのがれられなかったが、実はその幻想は二重である――われわれはイデオロギーがそれなりに一つのイデオロギーであるとか、またイデオロギーが現実の分身、反映、仮面であるとか想像する。単純な反映になるのは、イデオロギーが階級的調整の産物であるときである。偽りの仮面になるのは、階級的利益を隠す道具になるときである。いずれも決して誤りであるとは言えないが、あまりにも図式的である。この二重の幻想は、研究を妨げる無数の言葉遊び、偽りの難解さに責任がある。たとえば、次の事実には、きわめて無駄な難解さが認められる――イデオロギーは行き過ぎることが多く、またそれが映しだしている下部構造からはみ出る。下部構造が存在しなくなっても、依然としてイデオロギーは存続し、それは惰性または残存となる。それともイデオロギーは虚しい影にならないで、逆に下部構造に作用するほど独自の厚みと効力をもつ――映った像が鏡から飛び出し、少しその本人を揺さぶるのである。さらに、そのイデオロギーが悪質であり、隠していたはずの利益を裏切ることもある。周知のように、スターリン、ヒトラー、あるいは勝利者たるブルジョアジーはかれら自身のイデオロギーの犠牲になり、みずからの罠にはまったことが多い。驚くには当たらない、と反論されるかも知れない――それはすべて弁証法である。ほかになんとも言いようがない。マルクス主義とパレート主義の反映の理論はいかんともしがたいものだと繰り返すだけである。

われわれの誤りは、一方で現実と利益があり、他方でその反映があったと信じたことである。まるでイデオロギーが社会という大いなる個人の考え、その集団の魂であるかのように扱ったのである。われわれは、いわゆる反映自体が一つの現実だということを忘れていたのである、たとえばその反映が、確立された制定された宗教であったり、または根こそぎにできない惰性であること、さらに反映として、他の利益を偽装することなく、みずから利益になれたということを忘れていたのである――たとえば、宗教的、または民族的な差別について情熱的、熱狂的な興味を持ってもよい。この種の勧誘熱や狂信は情熱であり、みずからを糧とし、他の利益を阻害することが多い。その上、もちろん、この集団的情熱を正当化に利用し、帝国主義を宗教的、または民族主義的熱狂の上に築くこともできる。なぜなら幾度も述べたように、イデオロギーは物事でなく、みずから存在するもろもろの物事を擁護的に利用することであるから。

鏡と仮面という二重のイメージをつくることはやめよう。むしろ社会階級や宗教や教育、等々と呼ばれる駒が散在する歴史という将棋盤を思い描こう。その駒の一つが他の駒に利用されて、さまざまな正当化の目的に利用されたのである――世界を欺くため、社会的障壁を築くため、自分を慰め、自我礼賛するため、等々。それでも、各駒は他の駒と関係しながらも、自分の力で存在し、行動する。そしてすべての駒は、いつも鏡と向き合っているよりは、はるかに複雑で、多様な歴史的状況を表わしている。

この多様性には最後の結末があり、それで終わろう――鏡はなく、イデオロギーと利益の関係は反映でなく、状況であるからには、その関係は必ずしも類似的関係ではない。事実、道具はそれを使う人に類似しない。かつて平和と愛の宗教が十字軍という帝国主義を正当化するのに役立ったことがある、さらに近代では、革命主義的フランスが自由を叫びながら、ヨーロッパを侵略し、屈服させたことがある。だが極端に誇張すべき例はイスラムの世界征服の場合である。ここにアラブ人という牧人と戦士の民がいて、拮抗する部族に分かれて暮らしている。これら部族間の絶え間ない争いが戦士たちに略奪と大激戦の趣味を満足させることになる。部族間抗争の担い手たちにとっては、侮辱を忘れるのは面子にかかわる。そこに、思いがけないことが出来《しゅったい》する——新しい宗教がこの人民のあいだに生まれ、おかげですべての部族は一致団結して世界征服へ出発する。そこでこの新しい宗教はこの帝国主義を反映しているだろうか。とんでもない——その宗教はもともと、まったく征服者的でなかったし、また決して戦闘的イデオロギーでもなかった。真実はこうだ——この宗教は、部族間の恨みを忘れさせるほど高尚な口実に役立ったのである。宗教のおかげで、かれらは面子を失うことなく、共通の利益になる征服のために和解できたのである。これが反映だろうか。いや、状況である。偽装だろうか。いや、気分転換である。

イデオロギーが反映であるとか、おお、なんたる逆説か、それが一種の現実であり、反応するなどと言わずに、ただ、あっさり、多くの現実があり、それは当然活発な現実であり、その現実がイデオロギーに利用されると言おう。王への愛はおのずから誘導された現実であり、王はその体制を正当化するために、有利にその現実を利用することができた。あるいは、それほど有利でなくても、未来の世紀に向かってその威光を示すためである。そのことを説明しよう。

八　威光の表現

帝王の好意に続いて、その威光がある。われわれはこれまで、なぜ皇帝が言葉の上の恵与者であったかを見てきた――皇帝の公的な行為はすべて恩恵であった、なぜなら皇帝はみずから君臨しているので他人の代わりに君臨しているとは見なされなかったから。だが皇帝の恵与指向は他の分野にも及んでいる、つまり君主は自分の行為を恵与と名づけるだけでは満足しない。その新しい分野において、君主は恵与を行うが、もし自分の威光を示す必要がなかったら、そんな恵与をしなかっただろう。その恩恵にあずかる者らはもっぱらローマの市民である――皇帝はローマ市民にパンと見せ物を確保する。

国家元首が威光を示そうとする傾向は自己を正当化する必要性と同様に合理的なものではない――その手段と目的が一致しないからである。正当化と表現は二次的にイデオロギー的用途または「マキァヴェッリ的」合理化に適するが、まず武器ではなく、だからこそ両陣営にとって貴重なものとなりうるのである。もし帝王が優しい君主だと称さなかったら、もし偉大なところを見せなかったら、人民は失望するだろう。帝王のほうでも自己満足したいが、その誇示が観衆に与える効果を判断しにくい。帝王が凱旋門を建設するとき、まず後世のために、空に向けて自分の記念物を遺そうとする。かれは「皇帝の宣伝」をするどころか、自分の栄光を表明したい、だれに聞いてもらわなくてもよい。この非合理的な誇示、この自己陶酔、または少なくとも自分を弁護したい欲求を表現と呼ぼう。

行動、通知、表現、表現性

トラヤヌス・フォルムの上には、トラヤヌス円柱が今日でもその柱身を掲げていて、そのまわりに標識の判じ物のように二十三の渦巻模様の上にフリーズがとりまかれ、そこに百二十四面の絵がトラヤヌス帝のダキア征服の逸話を記念し、君主が演じた役割を賛美している。これらのものは考古学者が双眼鏡で詳細に検討しているものである。トラヤヌスの臣民は今日のローマ人より熱心にその絵を見つめたに違いない。またその絵を眺めるために押し寄せ、勝手な解釈を押しつけようとした、そのために円柱のまわりを仰向いて二十三回もまわったことだろう。

この円柱が皇帝の宣伝物でないのは、ちょうどゴシック様式の大聖堂が絵入りの公教要理でなかったのと同様である。この円柱は浮き彫りの絵で飾られている、なぜなら、記念物であるから語らずには存在できず、また何も言わないで語ることができなかったからである。したがってこの円柱はメッセージを含み、トラヤヌス帝の戦役を詳しく通知し、その栄光を表現しているが、その詳細は通行人よりも彫刻家自身の興味を惹いただろう。皇帝の威光は、神の栄光を表現する星空と同様である――空ほど表現性に富んだものがあるだろうか。だが、その表現を感得するためには、一つ一つの星をいくら詳しく調べても無駄である、つまりおおまかな効果だけで充分である。むしろ詳しく調べないほうがよい、なぜなら空は長すぎる儀式のように繰り返されるように見えるから。空に向けられたトラヤヌスの栄光を記念するこの円柱は、帝国の首都ローマが産業革命前の社会における大部分の首都と同様に一種の劇場であり、当代または亡くなった元首たちの栄光が記念物や儀式や制度によって表現されていたことを確認している。権力はその表現、つまり自分で語り、立派に聴衆を無視した表現の非合理性からいっそうの威光を引き出していた。何だかわけの分からないものが、いつも神々や神託や「守護神」の特権であったり、しるしであった。記念物や儀式は風のようなものであり、われわれの頭上、はるか上空で何か言っているが、そっぽを向いている、その未知の言葉の意味は何らかの方法でわれわれには分かっている。

いかなる言語を使うにしても、それぞれ異なる比率で、三つの欲求に応えている、つまり相手に知らせたい欲求（「天気がよい」）、自分に言いたい欲求（「おまえは散歩してこい！」）、そして話者が言わずにおれないことを表明したい欲求（「わたしの心はなんとおだやかなことか！」）である。帝王の威光の表現は、たとえ少しは結果的に似ていても、宣伝的に、あるいは閲兵式的に観客に働きかけようとするものではない。また将校の階級章のように威光を観衆に知らせるためでもない、たとえ場合によってはそうなるにしても（「この見知らない人物が君主だと分かる、それほどかれには威光があるのだ」）。その表現はひとりで輝いているようである、ちょうど星や山の表現性のように(367)。

この機会に注意すべきことだが、表現性に富んだ自然は永久に変化しない——空、嵐、聖堂の立つ丘の上、さらに古塚(368)。どんな景色も何かを意味しているように見える、だが何を？　景色はだれを相手にしているのか。空には受信者がいない。ただ、空は、トラヤヌス円柱と違って、意味されるものを持たない意味するものである——空はメッセージを送らない、ヤハウェの野を語らない。そのかわり空は語り手について何かを考えさせる——空は語り手自身の威光、またはその創造主の威光のあかしである。神の栄光とは、人間が創造主のあかしとしての産物に接して抱く高貴な理念である。だが神はその産物を自己表現のためにつくったのでなく、また人間に神のことを何か考えさせようとしてつくったのでもない。あるものが意味するものでないのに意味するように思われるとき、またそれがその語り手の意図でないあかしになるとき、表現でなく表現性のことが語られてもよい。だが自然な意識はそのような区別をしない。その意識にとって空の表情は表現性に満ちている——意識は空から何かメッセージを読みとれるように思う、つまり神のような語り手がいるのではないかと思う。アルカイックな思想は、マックス・ウェーバーが言ったように空や雷を人格化しないし、神格化もしないが、自然の力の表現性を神の表現だと見なす。なぜならメッセージに関して、その明瞭さはあまり強く要求されず、何かえたいの知れないものに惹きつけられるからである。

神はその産物を人間感情に合わせていない。神は国家と同様に、個人の尺度になく、また有効にその偉業を個人へ差しださない。まず、神はその創造において自己満足している。同じく、おしゃれは富を誇示するために粋《いき》な服装をするのではない、また詩人はメッセージを送ったり、他の者たちと交流するために詩を書くのでもない。したがって前者は身なりをととのえても部屋から出ないこともあり得るし、後者が難解な詩を書いても心配しないこともあり得る。作者は読まれるために書くのではないかと反論されるかも知れない。それは間違っている、つまり作者はむしろその本を存在させるために印刷してほしいのだ。政治的パンフレット、壁の落書き、党細胞の集会の政治報告の作者らは、無定見の者を説得したり、仲間に通知することよりも自分の信念を表現することのほうがはるかに大事である。だからかれらは厄介な存在である、ちょうど多くの詩人が晦渋であるように、また多くの浮彫りが通行人の頭上、あまりにも高いところにあるので分かりにくいように。

ただ、もしわれわれが詩を愛するか、あるいはたまたま生まれ育った王国を愛するなら、たとえよく分からなくても詩を読み漁り、国の記念物の下を散歩するのが楽しいだろう。政治的落書きで汚れた大学のホールは、利用者にとっては何が書かれているのか詳細が分からなくても、銀行のホールのような冷たさを感じさせない、またなじめる世界にいると感じさせる利点がある。それほど表現したい願望、または表現されたものを見たい願望は自然である。歴史は無駄な表現物でいっぱいだ、ピラミッド、首都、儀式、詩、政治的宣伝ビラ、歴史はティントレットの絵に似ている、つまり百のうろたえた顔がだれにも何も訴えず、それぞれが勝手に感動を表わしながら、それが何を表現しているのか知らない。自分がしていることとは別のことに悩まされているようであり、どの顔も他の顔を見ないでいながら、やはりすべての人物が一致して何か集団的行為、しきりにかなり不吉な行為、たとえば「磔刑」をしているようだ。

　表現と通知の混同は図像学と文献学において一度ならず犯された錯誤に責任がある。あるメッセージがトラヤヌス円柱や象徴的な儀式のように表現するためにしか通知しないなら、その通知の内容は口実でしかなく、逐語的に詮索されるべきではない。送り手は冗漫であろうと晦渋であろうと、また言い過ぎようと言葉不足であろうと気にしない。詩や政治ビラを、作者が何かを伝えたかった、あるいは読者を説得したかったという前提から解釈すべきではない。ある詩人たちが読者のために自分らの詩の解明に必要な情報のすべて[369]を提供したのも故意に意図的である。ホラティウスはその偽りの晦渋さでもってこの規則を守っているが、大詩人らは必ずしもそうしていない。アレゴリー的な浅浮彫り、たとえばローマ時代の石棺の上に刻まれた浅浮彫りを、あの世についての個人の信仰、または少なくとも彫刻家の信仰とか、芸術家で教養のある階層の者の信仰を自動的に象徴していると解釈するのは間違っている――表現は象徴ではない。この葬儀的象徴性の恐るべき問題について、次のような二者択一を迫られることがある――アレゴリーは故人（または教養ある階層）の信仰を象徴する、それともアレゴリーは死の厳粛さにふさわしからざる、くだらない装飾にすぎない。これは信仰について知らさなくても場面が死の厳粛さを表現できるということを忘れているのだ。ちょうど不可知論者の墓の上にあるキリスト教十字架のようなものである。「装飾」は表現性に富んでいるなら「くだらないもの」ではない、ただし衒学者ふうの一元論にはそう見えないかも知れないが。表現性に富んだ資料テキストで、もっとも難しいのは不適当なものと適当なものを区別することである。墓を「装飾する」ためでなく厳粛にするための浅浮彫りは、適当でないディオニュソス的な伝説を語る。尾羽を広げた孔雀はかなり単純な何かを表現するが、羽の色調は関与しない。

表現の合理性、目的に対する表現の適用には何か逆説的なものがある――もしそれが合理的すぎれば効果がなくなる。自分の偉さをひとりで満足できるなら他の者たちへ与える印象は気にならず、また予測もしがたい。ところで他の者たちはそのことを知っている、つまり真の表現が見物者を知らず、また表現の効果と釣り合わないことを知っている。お偉方は予測を誤り、自分のうしろで笑われていることを知らない。見物者は計算された表現ではないかと疑う――真の偉大さもひとりで満足するのではないだろうか。ただ効果を狙わない表現だけが効果を生み、証《あかし》を見せる。

したがって表現されない優越性は信じられないだろう――いくら偉いと主張しても、それ以上のものになれようか。帝王であるだけでは充分でない、それを具現しなくてはならない、さもなければ玉座も危ぶまれる。すべての威光には何らかの豪華さがつきものである。帝王は自分の偉さを人民に通知し、金ぴかの飾り紐で偉さを強調するだけでは満足できない――動物の羽毛や冠毛やたてがみのように異様に輝く衣装を着て進み出なければならない。その豪華さは富と偉大さを証明する、なぜなら主張するだけでないからだ。それは富の一端であり、偉大さの身ぶりになる。通知は自動的な証明にならない、なぜなら嘘はつきやすいからだ。ただ表現のみが真の偉大さの自然な横溢として表われる。

君主の豪華さと象徴的暴力

そこで人間のあいだでは、政治的、その他の優越性はどうしても表現されなければならないとされている。あとはただその優越性がどの点にあるかを知るだけである。元首がたんなる受託者であるなら、国家自体が威光を発揮するだろう。国家が国王であるなら、宮殿または首都にいる君主の全身が豪華さを発揮する。

皇帝の威光は実在する政治関係を表現し、それ以上に大したものを加えなかった。威光がなくなるだけで混乱を招いただろう。「君主」を特別の人と見なすにはよほど淘汰された想像力が必要である、そのとき臣民の心がいかに君主に隷属しているかが分かる。そこで君主が住んでいる宮殿もそれほど偉い君主にふさわしく豪勢なものになる。もし臣民から信服されていなかったら、いくら立派な宮殿もただの億万長者の気まぐれにすぎなくなるだろう。

イデオロギー、または豪華さと呼ばれる混然としたものから二種の事実を区別しよう、つまり一つは人心を操るのに適しているが、他はその操りの結果にすぎない。かくて、
〔一〕君主を歴史において不滅化し、あるいはその威光を臣民に示すための豪華さは、ただ既成の関係から生じるにすぎない。同じように、〔二〕本来の意味のイデオロギー、またはあるがままでいることがその正当化になると信じたい欲求がある、〔三〕愛国的な祭典、君主礼拝についても同じことが言えよう、ただし一方で臣民が君主に対して抱くように誘導される愛、または救世者に感じる格別の崇拝をその機会に表わすかぎり、である。豪華さもなく帝王個人への崇敬もないような、おだやかな帝政は想像しにくい。このような付帯性に対して言いがかりをつけることは、論争において間接的に君主制そのものを非難することになろう。
それに反して、他の行為は隷属を強化するのに役立った。その行為を妨げるなら、体制の補助的支柱が奪われるだろう。これらの行為には現実的な暴力的脅威が含まれていて、それがさまざまな象徴的暴力を保証する金保有高の役割を演じていた。〔四〕義務的な感情表現は、時には現実的な暴力の象徴であった、

そのとき君主は、表敬の義務として礼拝したり自分の考えを学ぶように要求した。その表敬行為がロボット的人間を服従させたり、そのような感情を誘導するにいたるというのではない（すでに信じるつもりの忠実な者は表敬行為を繰り返しているうちに信じるようになる）――むしろ表敬の要求は臣民を呆然とした受動的態度に陥らせ、政治的無力を感じさせる。臣民を一斉に服従させるもう一つのやり方は、〔五〕市民をしつけることであり、臣民に国教を押しつけることである、といっても宗教のためというよりはむしろ臣民に支配者と同じ考えを持たねばならないことを教えるためである。だが世論を操るための、もっとも非政治的で、したがってもっとも効果的なやり方は、〔六〕庶民的な娯楽から文学にいたるまで、一般生活の隅々に行政当局の遍在を分からせることである。つまり権力が必ずしもそれらを一定方向へ向かわせるというのでなく、権力がそこに存在している、ということである。権力は「競技場」にも存在するし、ウェルギリウスのそばにもいるということである。権力はウェルギリウスに『農耕歌』のテーマを与えるほど愚かではない。権力はこの詩人の意図がどこにあろうと、是認することによってこの文学活動が権力を抜きにしては展開しないことを表明する。

古代社会が表現の豪華さを重視していることは分かっている。帝王の威厳、だが集団的利益のための「役目」もまた象徴と厳粛さを帯びている。(370) なぜならすべての「役人」はそれぞれの官職の保有者（時には文字どおり所有者）であり、また社会は身分的に序列化されているからである――命令することは、任務または「仕事」というよりはむしろ優越性を表わす。

豪華さによって表現される個人的優越性はすべてのことに及ぶ、というのも支配者は優越した人種が有する命令権によって命令するからである。この種の人々は食事も上等であり、豊かな暮らしをしている。奢侈と快楽は豪華さに属する。富の優越性が世論で是認されるときは、君主も金持と同様である――君主は普通の人間のすべての潜在能力を実現して普通人より卓越しなければならない。いかなる潜在能力か。それは趣味の問題である――ある帝王は戦車の御者に扮し、また剣闘士の真似をする、またある帝王は酒を飲んでばかりいる。帝王はその国でいちばん幸福な者であるはずだ。アリストテレスは「暴君が自分の放蕩を一般に知ってもらいたがるのも、自分の幸運と幸福を見たすべての人から崇拝されたいからだ[371]」と、驚きながら確認した。ヘレニズム時代の国王たちにとっては、「贅沢に暮らすこと」*triphè*[372]が名誉だった。「華やかな衣服をまとって[373]《贅沢な暮らし》をしている人々は王宮に住んでいる」と、聖ルカによれば福音書で述べられている。デメトリオス一世ポリオルケレスの饗宴では飲酒にふけるのも豪勢のうちだった。同じ理由で、ポリオルケレスは酔っぱらっていて貧しい女が[374]差し出した請願書をぞんざいにはねつけた、だがこれはマケドニアの君主制の族長時代の伝統に背いていた――かれは自分以外の者を見下したかったのである。もう一つの偉さは有閑な暮らしである。一般大衆は国王が働いているとは思わない。幸福な豪華さがそんな仕事から王を解放しているのだ。王の摂理はそれが存在し、何もせず、具体的な政治的決裁をしなければ安泰であるが、もし何かをすれば悪政か善政かという現実的な支配者の姿を現わすことになるだろう。結局、王は何もしない――かれは君主制、つまり自分自身を表明する。

ただローマ皇帝は、他の専制君主らがそのように卓越できるほど安逸をむさぼってはおれない。ローマ皇帝は飲酒にふけるかわりに恵与者になる、つまり君主であると同時に高官である。ところでキケロはそのことを言っている――ローマ人は個人的な贅沢を憎むが、贅沢でもって人民をうるおしてくれるなら歓迎する。皇帝の贅沢はたんに利己的な消費にとどまらず、恵与者としての贅沢となり、首都に見せ物を提供することになる。ひとりで飲酒にふける専制君主の利己主義は、間違って、[375]暴君的振るまいだと見なされた。ウェスパシアヌス帝は本当の意味での宣伝行為としてネロが建てた黄金宮をとりこわし、その跡地にローマ人民を受け入れるコロセウム（円形闘技場）を建設した。

「永遠の都」は宮廷の代わりをする

狭義のローマ人民――ローマ市の住民。この住民だけが皇帝からパンと「競技場」をいただく、だがそれだけでは広大な帝国に君臨できる手段にならない。

恵与指向のおかげで君主の公的行為が慈愛だと呼ばれるかぎり、君主の行動範囲は明らかに帝国全体に及ぶ。だが恵与指向が君主個人をおおう豪華さとなるときは君主とともに移動し、その行動範囲は個人的規模になる――住まい、都市、「宮廷」、または首都というように。ただ古代は都市国家の時代であり、「宮廷」の時代ではない。ローマという都市国家はこの上なくすばらしい「都《みやこ》」であり、皇帝たちにとっては「宮廷」の代わりになる。だから皇帝たちはこの都にパンと「競技場」を提供するのだ、あたかも宮廷人を養い、バレエを催すように。というのも皇帝たちには宮廷人がいなかったからである。皇帝らはえり抜きの友人、つまり君主の饗宴や旅行のお供をする人たちと暮らしていた(376)。スエトニウスが皇帝によって催されたローマの見せ物の話を長々と語るのを見ても驚くには当たらない。わが国の旧体制の時代でも、宮廷で行われたことが長々と語られたではないか。

西ローマ帝国の末まで、ローマは幾世紀にもわたって歴史的に古い首都としての栄光と特権を保有する。都市国家時代の儀礼的な名残りとしてローマの住民は人民‐帝王、征服者族と見なされ、パンと「競技場」はその領主的特権のようであった。ただ、アウグストゥス以後、このぼろ着をまとった偉い人民は一種の宮廷人であった。なぜなら都市国家としてのローマは首都になったからである（もっと正確に言えば、いずれ分かるように、産業革命前のタイプの首都である）。機能が分離するときもある。皇帝が旅に出ると、恵与指向もついて行く、そして行く先々で見せ物が提供される[377]。アウグストゥスからたっぷり三世紀経ってから、コンスタンティヌス帝は王者としての気まぐれをおこして首都を変え、コンスタンティノポリス〔コンスタンティノープル〕をローマのライバルにする。帝国のこの新しい首都には、ローマのように宮殿、公共広場（フォルム）、元老院、「競技場」が置かれ、さらに国からパンも支給される[378]。カッシウス・ディオがマエケナスを通じてアウグストゥス帝に進言（偽作らしい）したところによれば、――「あなたはできるだけの豪華さでローマを飾るべきだ、あらゆる種類の公式祭典、つまり《大祭》を開いてローマの光輝をいっそう高めるべきだ[379]」となっている。ローマは主観的権利の君主制の産業革命前のタイプの首都として、ヴェルサイユ、さらにはナポレオンのパリのような「飾り窓」である。ヴォルネーによれば、トルコにおいて「皇帝が他所では考えられないような世話を焼いた」唯一の都市はその首都であった[380]。皇帝が豪勢さを発揮する舞台に、すべての努力とあまり豊かでない社会の財力が集中する。皇帝はローマとのあいだにきわめて特殊な関係を保持する。ローマは、不当に解釈されることもある二つの文句で、こう言われている――ローマは「敬うべき都市」*urbs sacra*, つまり皇帝の都市である、またローマは「皇帝に捧げられた都市」*urbs sua*, つまりまったく皇帝に所属する都市である[381]。

そこから「都」としてのきわめて特殊な都市構造が生まれる。ローマはもはやフォルムやアクロポリスのまわりにつくられた古典古代やヘレニズム時代のような都市ではない――オリエントの多くの都市のように帝王の居住地である。アウグストゥスのローマは、ある意味ではアレクサンドリアやペルガモン〔ペルガマ〕のように、君主の名において長官たちに統治されている[382]。七つの丘のことは忘れよう。君主制的機構と巨大な出費があるというだけでこの地に引き寄せられてくる人間の大集団を想像しよう。この住民は、中央にそびえる皇帝の宮殿によって支配され、またバスティーユやロンドン塔やエルサレムのアントニア塔のように、周辺の一部に建設された巨大な守備兵舎によって監視される。ローマは堂々たる首都であり、もはや都市国家ではない――実はそれがユウェナリスの「パンと競技場」の意味を表わしている。アウグストゥスがローマ人民による高官の選出を廃止したときに最後の絆が断ち切られた。[383] 以後、この人民は平民の護民官や下っ端に圧縮され、公的な行事においてしか役割を演じなくなる。

だが帝政の体制側でも失ったものがある。地域住民と皇帝との共存、首都‐飾り窓の妄想が行政的視点を市政化した。ローマはヴェルサイユの宮廷のように権力の独占には釣り合わない重要性を帯びた。スエトニウスの作品を読めば、帝国の政策の半分がパンと「競技場」に限定されていると信じられるだろうし、『業績録』でもそれがあまりにも正確な印象だと確認されている。

この不釣り合いはマキァヴェッリ的計算の結果でなく、人気と豪勢さに対する過敏症が原因である。ローマは暴動の町ではなかった、また親衛隊が編成されてからは、ただ政治的に親衛隊の剣だけが重視された。[384] そこでアグリッピナはブリタニクスの死後、自分の威信が失われたと分かる――彼女にどんな支えがまだ残っているか。彼女は親衛隊のことを思い、元老院議員のことを思う（この議員らには威信があったので、もし皇帝がこの議員らと一戦を交えるなら、それこそ基本的な政治路線を選ぶことになるから、軽々しく振るまえない。元老院議員らは地方と軍隊を掌握していた。さらにかれらには現実主義的というよりはむしろ報復的な古い夢があった[385]――かれらの隷属者とかれらの解放奴隷たちに武装させ、皇帝の親衛隊に立ち向かわせることである）。彼女はローマ市民のことは一瞬も考えない。もし皇帝が統治するだけで満足し、本領を発揮する必要が感じられないなら都市‐首都などはどうでもよいだろう。トラヤヌス帝は自分の権力が重要事（*seria*）と同じほど娯楽や見せ物にかかっていると声明したが、その重要事を怠れば身の破滅になるが、くだらない娯楽を無視しても不人気（*invidia*）を招くだけであるが、不人気をあざける人々から非難される、と告白していた。政治的寓話に現われる動物の中には、マキァヴェッリの動物、つまり獅子と狐のそばに孔雀のいる場所がある[386]。

「都」の近くに住み、見せ物に執着すれば奇抜なことが起こる原因になる——「悪い癖のある」皇帝たちは気取りから戦車御者や剣闘士に扮して観衆の前に現われる——というのも人間のあいだの権力者は人間の潜在能力を示さねばならないし、またそれを示してもよいではないか。ネロは芸術家としてギリシア語コンクールへ堂々と参加する前に、少なくとも一度は戦車御者としてのわざをローマ観衆に披露した。コンモドゥス帝はコロセウムで剣闘士になって野獣と戦った[387]。体育が普及していたので、多くの皇帝は剣闘士のわざ、つまりフェンシングを個人的に習っていた[388]。ところが集まった観衆の前に出るのは問題であり、それが想像以上に難しかった[389]。二つの溝がある——皇帝ともあろう者が庶民の審判を受けられるか。皇帝ともあろう者が通俗的な体育に熱中してもよいか。なぜなら体育にもよる——狩猟は上品だが、フェンシングや戦車はそうでなかった。もっと正確に言えば、観衆の見せ物になるのは皇帝の身分にふさわしいかどうか（これはギリシア人の見解であった）、あるいはそれは面目に関わらないか（これはローマ人の見解であった）を決めなければならなかった。体育または芸術の活動が高尚なことか、それとも芸人の仕事かを決めなければならなかった。ギリシア・ローマ文化においては、評価が分かれていた。大部分の元老院議員らはフェンシングを下品な遊びだと見なし、最低の趣味だと考えたが、最上流社会では闘技場で戦うことも辞さない者がいた。一、二の皇帝も同じだった[390]。

全能の者には、たとえ体育や芸術の面目があろうと、ただ趣味に自信があるのはまれであること、また儀礼上のしきたりのために、その地位を利用して才能を称賛させられないことがある。キリスト教徒の国王たちはもっぱら、真の意味における儀礼上の決まりと、宮廷の偏狭さによって引き止められた。ルイ十三世は破格的美学のせいでひどい逸脱行為へ走った王であるが、宮廷バレエの創作には立派な才能があった。かれはそのバレエに市民を招待しなかった。今日では、マス・メディアが市民以上に効果を発揮している。中国の政府要人たちはその詩を一般大衆に称賛させているし、カンボジアの王はプノンペンがまだ存在していたころ、プノンペンで国際映画フェスティバルを主催し、毎年、グランプリをもらっていた、だから新聞もこの国王をカンボジア随一の映画人とし、比類なき音楽家で俳優だと称賛した。

ローマにおける皇帝恵与指向の独占

「競技場」に次いでパンがある。すべての皇帝は首都のために、帝国全体には及ぼせないような世話をしている。この点ではローマに匹敵する都市はどこにも見られない。このことはどの村落も小さな国家として競い合っていた時代にはきわめて重要な問題である。ローマだけが無償のパン、賜り物、穀物の配給を受けている――ユウェナリスの言う「パン」は無料のパンでなく、食糧管理の困難をうまく切り抜けるために、課税という名目で、または商人を動かしてローマの市場に供給させたパンのことである。

なぜそのような努力が必要であったのか。うまく治めるためである――君主の威光がかかっている、君主は個人的な恵与者がそれぞれの都市で行なっているより「自分の都市」に対してもっと鷹揚でなければならない。さらに豪華さも必要だ――君主と都市平民とのあいだには、ちょうどフランス旧体制時代の国王と宮廷人とのあいだにあったような個人的関係がある。だがローマを最高の栄光に輝く宝石とするためには、元首だけが輝かねばならず、元老院議員や恵与者に鷹揚さを元首と競わせてはならない。財務長官フーケは身を滅ぼすことによって、君主国においては国王を凌駕するようなことをしてはならないことを教えた、だから個人的な自発性を阻止せざるをえないのである[394]。

ところで、ローマには共和主義的な遺産があり、これが皇帝の専権を悩ましていたので、それを抹殺するか制限しなければならなかった。それがアウグストゥスの事業だった。かれは共和制的な恵与を廃止し、見せ物の主催権を高官たちと分け合い、公共建造物をほとんど独占し、ローマを君主国の首都にふさわしく美化した。この話はあまり知られていないようであるから、すこし詳しく述べよう。だがその詳細は複雑である——アウグストゥスは庇護に関して、ローマにおける恵与指向を独占する前に、まず自分の補佐官たちに庇護を勧めることから始めた。だからローマにおける個人的な恵与指向が消滅すると、一気に恵与の頂点に達する。それも当然である——アウグストゥスは派閥の総裁であると同時に国家元首であった。派閥の総裁としては支持者たちに平民の心を掌握するように励まし、元首としては専権を確保するつもりであった。ところで君主は派閥の総裁からただちに解放されなかった、そこから最初の波乱が生じる。

タキトゥスにとっては、個人的な寄贈が「都」から消え、かわってそれが君主の仕事になるのが当然のように思われる。この元老院議員たる歴史家はティベリウス治世のはじめごろにおける共和制的な恵与指向の最初の成功を郷愁的に語っている——「あのころ、エミリウス・レピドゥスは元老院に願いでて[395]、自費でパウルスの聖堂（バシリカ）を補修し、装飾した、これがエミリウスの思い出を不滅にする記念になった。なぜなら一般人のための寄贈は当時、慣習になっていたからである。アウグストゥスも、タウルスやフィリップスやバルブスのような人々がローマの美化や後世に遺すべき名声のために敵から略奪したものや、あり余る富を提供させていた。かれらを真似てレピドゥスもそれほど富裕でなかったが、家名の顕揚を更新した。ところがポンペイウス劇場がたまたま火災で被害を受けたとき、かれはその再建を申し入れた——かれの一門の人々はその費用を支払えるほど裕福でなかったらしい、それでもなおこの記念建造物はポンペイウスの名をとどめるだろう」[396]。フィリップス、バルブス、そしてタウルスの三人は凱旋将軍であり、アウグストゥスの許可を得てローマを美化し、それぞれヘルクレス〔ヘラクレス〕神殿、ディアナ神殿を復元したり、「都」で最初の石造円形劇場を建設した。凱旋将軍らの事業（*viri triumphales*）、伝統に倣って戦利品[397]（*manubiae*）で建設されたアウグストゥス時代の建造物をリストアップすれば長いものになるだろう。

この隆盛に続いてかなり早く衰退が来る[398]。もはや凱旋将軍はいない。皇帝がもっぱら戦争の勝利者になるから、どうして凱旋将軍が建設できよう。おなじく恵与指向においても、皇帝の独占事業はローマに広がり、また帝国内でも、その他多くのことに広がる――[399]「都」においても他の都市と同様に、「公共建造物」はもっぱら君主または当代君主の皇族へ献納される[400]。ギリシア人は属州の総督へ神殿やコンクールや神的名誉を与えるのを諦めねばならない[401]。このような変化は法律で定められるよりももっとゆっくり事実の上で進展するが、すべては遅くともティベリウス治世末には終わっている。恵与指向のために、アウグストゥス自身もエグナティウス・ルフス事件のときに政治生活の危機を味わったことがある[402]――この監察官は私費で消防団を組織して有名になった。人民はかれを法政官に選出し、拠金をしてかれに費用を返済した。この男は人気に酔いしれて執政官に立候補する。ところがかれは陰謀の容疑で逮捕され、処刑された。そこで皇帝は公認の消防団をつくった。最後の争いはウェスパシアヌス帝のとき、時代遅れの人物が起こしている[403]。カピトリウム神殿の再建が問題になったとき、ヘルウィディウス・プリスクスは元老院の肝いりで「国庫」を使って再建することを提案した。「慎重な人々はこの提案を聞かなかったことにして、忘れさせた」。皇帝は自分の首都において自分と並ぶ恵与者を認容できなかったのである。

そこで分担が制定され、それは後期帝政時代まで続くが、ローマは市政化され、普通の都市に戻り、他の都市が管財官（クラトル）の管理下に置かれているように長官の権限の下に置かれ、また他の都市の場合と同様に恵与者も現われる、というのもローマに対する皇帝の専権も終わるからである。[404]この時代以前、また前期帝政時代を通じて、分担は次のように決められていた――ローマでは、皇帝だけが公共記念物を建てる権利を有し、いかなる恵与者にも許されない。原則として、元老院も建設の権利があるが、実際には皇帝や高官を称える像しか建てられない、それとも皇帝の栄光を称える記念物しか建てられない。[405]ローマにおいて特別の競技会や特別の「贈り物」*munera* ができるのは皇帝だけである。それに反して、普通の競技会や「贈り物」は、従前どおり高官たちが提供する。[406]当然のこととして、皇帝はすべての見せ物を独占的に開催できたはずである――だが共和制的な制度が残っていたので君主は妥協せざるを得なかった。[407]申すまでもなく、ローマのそとでは、つまり自治都市や外国人居住都市では、見せ物や建造は自由である。[408]最後に、ローマ以外の土地での合法的な、あらゆる公共的寄贈は、首都においては皇帝だけが行う。以後、平民に金を配給したり、「饗宴」*epulae* や賜り物を提供できるのは皇帝だけであり、皇帝だけが平民から崇拝される――言うまでもなく、ローマ市は皇帝、つまり「祖国の父」以外の「保護者」*patronus* を持てなくなる。私的な資格でローマ市民に金を配給した最後の人は、思い違いでなければ、ヘロデ大王であり、この大王がローマに滞在したときのことである。[408]皇帝はその都市の唯一の恵与者であり、唯一の「保護者」である。さらに皇帝は他の都市へ遺贈することが多くなるので、アッカ・ラレンティアのことを挙げるまでもなく、カエサルやバルブスのようにローマの平民へ遺産を贈るのはすたれてゆく――以後は皇帝だけがローマ市民へ現金を遺贈した。[409]一般の個人について言えば、かれらは昔は人民に遺したものを皇帝その人へ遺贈するはずである。公平を期してつけ加えるなら、このような制約すべてにはそれなりに論理的な代償がある――ローマは帝国内で、どのような集団的負担もかけられず、また「都市からの贈り物」

も知らない唯一の都市である。[410]しかもローマに都市的自治が存在しないことも事実である。

カッシウス・ディオの著書のある箇所で、[411]君主以外の人々から贈られた見せ物や寄贈の輝きがアウグスティヌスによってどれほど曇らされたかが如実に感じられる――「アウグストゥスは大衆的な饗宴のいくつかを廃止し、[412]もっと質素なものに代えた。[413]かれはすべての公共的競技会の世話を法政官にまかせ、その費用を公的資金でまかなわせた、ただし法政官が同僚以上に私費を使うのを禁じ、また元老院の許可なしで剣闘士試合や他の娯楽を提供するのを禁じ、併せて年二回以上、また百二十名を越える剣闘士を使うことも禁じる[414]」。

皇帝だけがもっともすばらしい特別の見せ物を提供し、すべての公共建造物を建て（ただしローマの元老院と人民が皇帝を祝して建てる記念建造物は別として）、またローマの人民への贈り物を独占する一方、元老院の貴族階級の者は慣習どおりに見せ物を組織したり、自費でローマの道路や水道橋を維持補修するが、その名前はのこらない。後期帝政時代になると、ローマの市政化がすすみ、元老院の高官職も市政化される。元老院議員の財産は元老院へ担保として固定資本化される、ちょうど都市の十人組長の財産がクリア〔組織〕への担保にされるのと同様である。[415]執政官や法政官が開く競技会は自治都市の場合と同様に法律で定められた最低基準額を越えるものでなければならなくなる、さもなければ法政官や執政官は見せ物や「景品寄贈」*sparsio* の代わりに水道橋の補修をしなければならなかった。[416]だがこのような市政化は前期帝政時代からすでに始まっている、ただその事実があまり知られておらず、その進行もたどたどしかった。[417]最初の傾向としては、元老院議員の出費と元老院議員が行う見せ物が制限された。[418]法政官は国庫から支出される金額の三倍を越えて出費してはならない。[419]クラウディウス帝は「競技場」における競技会の費用「手直し」*instauratio* を一日かぎりに制限する。すべての自治都市の場合と同様に、やがて競技会の費用は「見せ物」の費用へまわされた。すでにアウグストゥスは「凱旋総督たち」に対して、戦利品を売った金を道路の補修へ当てるように要求していた(420)。アグリッパのほうはセプタ・ユリア散歩場の献上を命じられた、「なぜなら」とカッシウス・ディオは言う、「かれは道路の補修についてはまったくまかされていなかったからだ」(421)。この「なぜなら」を自治都市の碑文の言葉で訳してみると――アグリッパは道路補修の申し入れの代わりに「道路舗装の申し入れ」としてセプタ散歩場を献上した、となる。スエトニウスが伝えるところによれば、クラウディウス帝は財務官に命じて「道路舗装の代わりに」(これは文字どおりである)、剣闘士試合をさせた(422)――したがってクラウディウス以前では、ローマの財務官は自治体の普通の高官と同様に道路保全の費用を負担することになっていたと結論しなければならない。最後に、フロンティヌスは水道橋に関する小論の中で(423)、水を溜める池は「公共事業」あるいは「寄贈」*munera* と呼ばれ、後者のほうが優れていたと述べている――読者はこの「寄贈」という名が示すように、貯水池が剣闘士試合を行うかわりに水道橋を担当する管財官または恐らく財務官によって建設されたことを疑わないだろう。でなければクラウディウスの時代(424)にすでにローマの神官たちが「就任に際して」国庫へ金を納めていたのだから、たいへんな侮辱になる。

平民、君主の「隷属者」

かくて貴族の恵与は無名の補修事業や国庫の中へ消える。皇帝の恵与は個人化される――見せ物、建造、配給は皇帝の個人的決裁の事業になる。なぜなら君主は首都の平民とのあいだに個人的な関係を持つからである――皇帝は平民を家族のように扱い、遺贈も行う。オクタウィアヌス・アウグストゥスがはじめて髭を剃り(425)、誕生日を祝うとき、すべての人を饗宴に招待し、またその遺言の中でも地区ごとに百万の金を遺贈している。市民のほうでも君主へ贈り物をする。三世紀に、エラガバルス帝が結婚したとき、喜ぶローマ市民は結婚式に招待され、歓喜のうちで酒に酔いしれる。[426] 皇帝は恵与者として寄贈の返礼を受ける。たとえば三十五地区の住民はトラヤヌス帝の記念像を建てる、というのもこの皇帝が「競技場」に補助席を提供したからである。[427] 一方で、皇帝とローマ市民、他方で元老院と人民のあいだで贈り物や感謝の交換が実に絶え間なく行われる。「カリグラに娘ができたとき、この皇帝は嘆いている」、つまり推測されるように、かれは勅令でもって「貧乏な上に、皇帝の仕事に加えて、いまや家族の負担が増したことを嘆くのである——そこでかれは生活費と娘の持参金として募金で集まった金を受けとった。またかれは勅令でもって新年のお年玉を受けとるむねを通告し、一月一日に宮殿の玄関まで迎えにでていると、押し寄せる群衆は手にいっぱいの金を置いていった」。[428] カリグラの奇妙な性格は行動そのものにあるのではない（アウグストゥスもローマの平民からお年玉をもらっていた）、むしろ気が利かず、私欲に駆られていたことである。アウグストゥスのやり方は違っていた——「元老院と人民はこの皇帝のために記念像を建てようとしてふたたび募金した。しかしかれは自分の像を一つも建てさせなかった、つまり《人民の健康》、《和合》、そして《平和》の記念像を建てさせた。このような募金は絶えず、機会あるごとに行われたと言うべきである——ついには、一月一日のための募金は私的な目的では行われなくなった——その金は皇帝自身のもとへ直接、届けられるようになった。だが皇帝もそれと同額か、それ以上の価値のある贈り物を元老院議員やそうでない人々へ与えて返礼した」。[429] 皇帝と人民の関係は市民的という以上に家族的である。

「下賜金」は皇帝の親衛隊と一般市民を差別するものであるが、それと比較できる「賜り物」は君主と首都のあいだの特権的関係であることを示している。平民へ贈られるこの下賜金は定期的でなく、特にまったく新しい皇帝が即位したときに与えられる。[430] 自由身分のすべての住民がその恩恵に浴したかどうか、それとも無償の小麦の配給を受けられる市民に限られていたかどうかは分からない。この寄贈の金額は、場合によっては一人当たり数百セステルティウムにのぼった——それだけの金があれば、つつましく数カ月は暮らせる。納税者全体には数千万の負担に相当した。皇帝はもともと私的な起源を有するこの寄贈を独占的に行なってきたので、平民は皇帝の隷属者になるか、あるいはもし平民が君主をたんなる個人と見なせたら、また次の皇帝が同じような寄贈をしてくれるかどうか分からないなら当然そうなるだろう。この下賜金に加えてパン、オリーブ油、さらに肉も加わり、「食糧配給所」はますます食糧の配給をするようになり、三世紀には定期的になっている。資料にこの時代のあるテキストを追加しよう、それで首都の特権がどれほど人心に強烈な印象を与えているかが分かる——ギリシア人フィロストラトゥスはこの寄贈を一眼巨人族（キュクロプス）の経済に比べている。「キュクロプス族は何もせず、耕すこともせず、種《たね》もまかずに大地によって養われていたとか。所有も交換も存在しなかった。すべては代償を払わず、だれに隷従することもなく成長した——まるでフォルム・ボアリウム〔牛市場〕にいるようであった[431]」、そこに「食糧配給所」が建っていた。

無償の小麦は、君主制的様式から当然君主に寄贈させるという特異な残存的慣習だった。ローマは帝国の都市に変わったので、グラックス的制度も新しい意味を帯びるようになる——穀物の配給を受ける平民は明らかに君主の隷属者と見なされる——資料テキストが皇帝の隷属者について話すときは、何もつけたそうとしない[432]。

ローマの怠惰と勤労道徳

物質的には、皇帝の恵与指向と一般人の恵与指向とはあまり違わない。君主はローマの住民に贈り物を配給する、ちょうど共和国時代の寡頭政治家が行なったように。トラヤヌス帝の「食糧」*Alimenta* は外見的には個人的基金に似ている。ネルウァ帝は個人的な恵与者を模倣して、しばらくのあいだ首都の平民に無償の葬儀を確保した(433)。ローマには見せ物があり、公衆浴場の巨大な施設がある(当時の入浴はイスラム教国における蒸し風呂のように神聖なものだった、つまり社会的儀式であった)。ところで入浴と見せ物は、どの都市においても市民集団へ与えられる特典(*commoda*)であり、都市の財政が空《から》になれば庇護者が代わって支払った(434)。皇帝の恵与指向は個人の場合と同じく援助ではない。つまり赤貧の人々に必要なものを提供するのでなく、皇帝と同じ都市に住むローマ市民に金持の富の分配にあやからせるのである(435)。

無償のパン、金の配給、豪華な建造物、一般的祭典――皇帝の恵与指向も他の人物の恵与指向も贅沢と逸楽に等しい。これがわれわれの勤労道徳を傷つける――ローマは怠け者の町であり、皇帝の虚飾に甘やかされ、教皇からも施しをもらって暮らせるだろう。

だが確かに古代人にはわれわれが勤労道徳と呼ぶものがなかった、だからこそ皇帝は町全体が遊んで暮らせるようにするのを飾りになると考えたのである。同市民というよりはむしろ臣民を有するキリスト教徒の国王から見れば奇妙だっただろう。キリスト教徒の国王なら自分の宮廷のためになるなら、ためらうことなく宮廷人へたっぷり逸楽を与える、それが貴族にふさわしいが、一般人には与えない。古代人から見れば、どの市民も貴族であり、逸楽は奴隷以外はだれにも与えられる。実際には、多くの市民は多くの奴隷より悲惨であり、仕事に押しつぶされていた。だが身分的連帯でもって、かれらが働かねばならない必要を勤労道徳という名で賛美しようとは思わなかった。奴隷のほうは、ただ命令を受けるだけでよかった。

事実、自由身分のすべての人の連帯はある種の優位な立場の前では問題にならなかった。サルスティウスやキケロのような寡頭政治家はためらうことなくローマ人民を怠け者の寄り合いとして扱い、カエサルは市民的な理想を持っていても、食糧をもらって暮らしている平民の一部をそっと飢え死にさせている、なぜなら国庫という重要な利益がかかっていたからである。だがどんな利益も損なわれず、虚飾だけが問題であるときは原則が尊重された。それが余裕であった。

この尊大な連帯的余裕は次の理由で存続した——ローマの平民を働かせる可能性はまだ見つからなかった、なぜなら都会の住民を仕事に就かせることは古代人にはまだ分からなかった高度な文化観であるからだ。古代人は平民の怠惰を憎みながらも仕方のないことだと思っていた。古代人は貧しい人々が飢え死にしても平気だが、仕事を賛美しようとは思いつかなかっただろう、というのもかれらには貧しい人に仕事を強制できなかったからである。平民を奴隷のように命令に従わせることができなかったからである。(436) 都市の怠惰に対する唯一の救済法は平民に財産を与え、耕作者にならせ、植民地へ送りこむことであった。

なぜなら都会における仕事と田舎での農業とはきわめて異なっているからである。もし自由身分の者が財産を持てるなら、もしわずかな畑を所有できるなら、自分でその土地を耕すだろう。自分の利益と季節がかれの仕事を決定するはずである。それに反して、都会における仕事は束縛と積年の教育を前提とする。事実、自発性は物事自体からは生じない——都会の労働者は抽象的な時間割を尊重することから始めなければならない。

土地は具体的であり、その所有者に労働を強制するまでもない。それに反して、都会の逸楽は千年来の疫病神であり、古いナポリの「貧民」*lazzaroni* はその極端な一例である。ユリアヌス帝の言葉によれば、都会ではだれもが怠け者になるのが当然のように思われる——「皇帝は都市住民がひまで、傲慢なのを許さないだろう、その代わり皇帝は住民に必要なものを欠かさないようにしてやる。皇帝は田舎で耕作者が土地を耕し、税を払うのを監視する」[437]。コルベールが都会の怠惰に対してどれほど苦労したかはゾンバルトの感銘的なページを読めばよい[438]――この財務長官は生徒に勉強をさせるように都会の住民を扱っている、つまりほぼ次のようなことを意味していた――強制労働である。それは仕事の修行と呼ばれた。コルベールの名は手工業と労働時間の時代の始まりを象徴している。

フランス旧体制の王国においては、貧しい者は市民的資格がない。もし国是の要求があり、またもし国王の権威または技術的な水準があれば、その貧乏人はさっさと強制的に働かされるだろう、なぜなら支配的道徳が貧乏人を怠惰から引き抜くことでその者を救済することになると思わせるからである。やがて勤労道徳は貧しい人々を強制的に働かせることが義務だと言わなくなり、むしろいまやだれもが働かざるを得ないことが人間としての誇りだということになるだろう。

異教的古代の貧乏人のほうは、もし市民であるなら理論的には財産を持てる権利があった。ところで財産のある者はだれでも集団の自立的一員である――自分で自分の利益を判断し、もし働きたくないなら、それは勝手である。ところで古代が主張する道徳（その行動に含まれている「道徳」とは明らかに違っていると思われる）は市民の口から言われている。つまりあらゆる道徳因として、働くことが必要で、尊いことだとは主張しないだろう――労働、それは他の者たちにやらせておけばよい。ある勤労道徳はこの他の者たち、つまり下層民が新しく主張される道徳、つまりキリスト教的道徳の口を借りて語るときに現われることになる、つまりこの道徳は市民的で寡頭制的な道徳に対して庶民的道徳を取り戻し、下層民固有の言葉を借りて下層民を働かせることになる。

実際的に、労働に対する異教人のさまざまな態度を整理してみよう――

〔一〕古代ははるか遠い昔を思い出していた、その時代では古代はあまりにも貧しかったので、キンキンナトゥスのように、だれもが奴隷に働かせないでみずから耕作していた。ヘレニズム時代を通じて、アルカディア地方の山間のたくましい住民のあいだでは、自分で働くこと（*autourgia*）がすべての人の宿命であった。[439] さらに繁栄した時代になると、自力で何かをすることが生活の規則になり、金持もその規則を厳守して性格を鍛えることになる（大カトーがそうした）、それとも禁欲主義、さらに信仰心によることになる（トゥールの司教になった聖マルティヌスは一人だけの奴隷と家事を分担している）[440]。ここで問題になる労働とは、実際にはひとりで服を着ることであったり、それに類する単純なことである。新プラトン派のポルフュリオスは妻にむかってすべての家事を召使いにさせないように忠告している、でなければ彼女は不満と無気力に陥るだろう。わたしが思うに、この妻は一人の小間使いで満足すべきだろう。[441]

〔二〕それでもやはり規則としては、真の意味の労働、つまり疲れる仕事、必要と強制による仕事は品格を下落させるものである。[442] しかしながらすべての市民に推奨されていることは気高い窮乏生活をするよりはむしろ収入になる副業的な活動に専念することである。かくてクセノフォンの興味深いページの説明もつく、つまりこのページに勤労道徳を読みとることは間違いであろう。あまり極左とは疑われていないボナルドは同じ忠告をその時代の貴族に与えていた。「ブルジョアジーの上昇」[443] とはまったく関係はない。

現代人は勤労道徳を不当にも禁欲主義者のせいにしたがっている。[444] だが実際には禁欲主義者はそのように勤労を取り扱わなかった。かれらがその問題を論じるときは、かれらの哲学を当時、主張された道徳、または暗黙の道徳に適用している、ただそれだけである。まず第一に、賢者は一般の有力者のように収入になる副業的活動を選ばねばならないだろう。自分の哲学的専門を考慮して、どのような活動を選ぶべきか。それはクリュシッポスも論じたような生活法（*bios*）と資金（*promismos*）の選び方という古典的問題である。[445] ムソニウスは冴えないユートピアの中で、賢者は耕作者になるよりも羊飼いになるだろうと夢想している、なぜならそのほうが多くの暇が得られるからである。[446] いずれにせよ、賢者は病気や苦痛を含めて外的事柄に無関心であり、また労働は外的事柄であるから、どのような仕事も厭わないだろう――エピクテトスの考えだとされている勤労道徳もそこに帰着する、つまりかれはすべての仕事が尊いとは言わないが、すべての仕事に無関心だと言う。第二に、各自は摂理的な必然によって与えられた務めを果たし、従うべき運命に協力しなければならないから、賢者は人間として、市民として、または皇帝としての義務を果たすように努めねばならない（*philoponia*）ことになる。[447] それは勤労でなく、義務の道徳である――この道徳は適用される必要のない人々に適用されるように命じている。この道徳はある人々には不可欠な労働の必要性を賛美していない。

〔三〕もちろん、だれも自明なことを否定しなかった――耕作者と職人、これは他の者たちであり、国家に不可欠な人々であった。これらの人をしっかりつかまえて仕事に就かさねばならない。大カトーもそうしたし、またほとんど同時代の『シラ書』〔伝道の書〕にも同じ判断が認められる[448]――「悪い召使いには拷問がふさわしい。あなたの召使いを働かせよ、暇をつくらないようにせよ、なぜなら暇は悪徳の母であるから。だが程度を越えてはならない――あなたには召使いがいるだろう？　その者を兄弟のように導け、なぜならあなたにはその人が必要だから」。

〔四〕だが召使いのほうでは、どう考えているか。聖パウロが聞いて、広めた格言がそのことをわれわれに教えている、――「働かざる者は食うべからず！」[449] 貧しい者の集団は、自分らのあいだで、何もしないで養ってもらおうとするような人を許さない。そんな怠け者は飢えて死ねばよい――それが怠け者に定められた運命であり、その人に与えられる罰であり、その人にふさわしい不幸である。庶民道徳は労働の必要性を強制として内在化し、負担を他の者たちに押しつけようとする人々、飢え死にするような怠惰の危険に身をさらす盲人たちに教えようとしている。こうして怠惰の罪が生まれた。

ただこの怠惰の罪は重商主義時代、さらに産業時代以前にはあまり大きな問題にならなかった。聖トマスやダンテが怠惰と呼んだものは「無関心」*acedia* つまり一種の想像的快楽、あるいは無頓着、性格の軟弱、道楽を意味していた。庶民道徳が明示的な倫理になると、自由市民の道徳にとって代わる。ただし明示的倫理は現実とはほど遠い関係にしかない。それは領主的逸楽の要求とうまく折れ合う。それ以外のことでは余計な存在である――世界の神聖な掟として労働を説くことは事実上の強制と重なって無駄であるか、あるいは不適当だろう。

それでも労働の義務、額に汗してパンを稼ぐという義務は聖書に記されていた。またキリスト教的道徳は古代道徳のように幸福の秘訣でなく、楽しい服従の義務であった。国家がかなり強力になり、施政方針として修道院生活的規律を定め、手工業において都市住民における生来の怠惰を攻撃するとき、この道徳は国家の味方になるだろう。庶民的倫理は表示的道徳になり、強制を内在化し、他の者たちをその利益のために強制する口実になった。

ローマの都市社会学

帝政ローマ――直接、貴族や宮殿から費用をもらって暮らしている人々、また間接に前者に寄生するか、または自力で働いている人々によって構成される住民である。この平民には産業時代の群衆には知られていない反応が認められる――見せ物への情熱、および政治または宮殿とのきわめて特異な関係である。

今世紀の産業国における驚異的に自己規制された群衆とはまるで違っている、つまりいまでは日々の大新聞で押しつぶされることはない（ロシア帝国の戴冠式、さらにはナセルやスターリンの葬儀のときに起こったように）。「貧民」を軍団にしていたローマの平民は劇場、闘技場におけるスター、あるいは戦車御者チーム、つまり「競技場」の「戦車御者組」に熱狂した。[450] 非政治的だが、乱闘騒ぎがそれぞれ一団になった応援団どうしを巻き込んだ。[451] こうして見せ物の警備は大仕事であった。[452] 古代の歴史家は、騒ぎを起こしたり、挑発した事件で死亡したり追放された人々の名を書き残している。これは動くものすべてを怪しむ国家警察の視点であろうか。そうとはかぎらない。体育のための喧嘩騒ぎ、あるいは「パントマイム」（オペラとバレエの混成）は実際的に取り締まりにくい、なぜならそれがいっそう深刻な群衆活動に点火することになるかも知れないからである。[453] 古代を通じて、大がかりな暴動が期待されたり、恐れられたりした。それもついには起こったことがあり、それは「競技場」で始まり、ユスティニアヌスの玉座を揺さぶった。[454] さまざまな職業的または宗教的な集団や「結社」*collegia* も恐るべきものであり、警備上、怪しい存在だった。

事態を悪化させていたことはローマの「競技場」の御者組が明確に区別されていなかったからだと思われる。[455] これらの組には政治色はなかったし、政治的傾向を秘めてもいなかった（ローマはビザンティウムとは違っている、またビザンティウムでも時代によって異なる）。ただ立派な趣味の人々や「立派な」皇帝はむしろ「青組」を応援したようであり、それに対して庶民の趣味は「緑組」に向いていた。だがそれも明確な政治・社会的路線というよりはむしろ個人的な好みの問題であった――「青組」だと思っている人々がかえって本音は「緑組」であったし、「青組」になるべき人々が「緑組」に心を寄せていた。厄介なことに、皇帝自身がひいきにしたりファンになったりしたことである。だから皇帝のひいきの剣闘士をやじったりしたら、反対派と疑われたり、反対派にされたりした。カリグラは「みずから開催した剣闘士命を望んでいたからである」。

平民たちを死刑にした、というのもこの者たちがそう叫んだのは実はこの皇帝を侮辱するためであり、革命を望んでいたからである[457]」。

の見せ物を批判したとして[456]名誉ある人々を処刑させた。ウィテリウスは「青組、くたばれ！　と叫んだ平民たちを死刑にした、というのもこの者たちがそう叫んだのは実はこの皇帝を侮辱するためであり、革命を望んでいたからである[457]」。

　そのようなことすべてに驚いたのは古代人が最初であった、だがかれらに分かっていることが一つあった——見せ物に対する熱狂が大都会、たとえばローマやアレクサンドリアやアンティオキアの病いであるということだ。二千年、あるいはそれに近い年月の後で都市心理・社会学を試みるのは難しい。ローマに関する社会学はほとんど知られていない。しかもいくら多くのテキストや幾万の碑文があってもまだ知られていない。残るのはただ真実らしさであり、それは「歴史法則」と呼ばれる。さらにタキトゥスの一文があり、そこにわたしは解決の手がかりを発見したように思う。この歴史家はネロが亡くなったとき、こう書いている[458]——「ローマの住民の中で、名門の家柄につながる（annexa）健全な人々、受刑者と追放されている者の隷属者たちや解放奴隷たちは自信をとりもどした。だがさもしい平民たち、《競技場》や劇場の常連たち、さらに奴隷の輩《やから》はがっかりした」。

　このテキストの解釈の難しさはテキストが隷属者を格子として使っていることである。だがわれわれは別の格子によることもできよう。われわれとしては、ローマの平民の中に多くの失業者、つまり「ルンペン」や「貧民」がいなかったかどうか、平民が自分で働いて暮らしていたかどうか、それとも保護者らの施しで生きていたかどうかを問題にすることができよう。またタキトゥスは「さもしい平民」を怠惰だとして軽蔑していない。かれは労働が生計を立てる立派な手段でなく、また個人的な世話を名誉だとする社会に生きているのである。かれはさもしい平民を軽蔑するが、それは平民がだれにも所属せず、何でもない存在だからである——どれほど忠実に見えてもなんら堅実なところがない。平民は人類のどん底であり、埃《ほこり》になって崩れる。平民には社会的な規律がないから、真面目さがまったくない、また平民はすべての時間を暇つぶしに当てている。隷属者－非隷属者の格子から労働者－暇人の格子へどのように移ればよいか。

ローマの平民は働いていた(459)。同じこの平民はある面で、またいろいろなやり方で貴族に依存していた（狭義の意味〔慣習的、アルカイックで民俗的な意味〕での隷属者は、主人を養っていた、それがとうぜんのやり方であるから）。最後に、ローマには暇人、つまり「貧民」、「危険な階層」がいた。古代都市の経済をふりかえって見ると、これらの都市はあまり多くを生産しないで消費しているから、ラテン・アメリカ諸国の今日の都会にならってローマ帝国の大都会を想像したくなる、つまり巨大な人口密集地に幾十万の元農民がスラム街で悲惨な生活をしている。たとえさまざまな伝説があっても、この遊び人階級と、すべての風俗退廃の原因と見なされる無償のパンの配給とのあいだに一定の関係はまったく存在しない。無償のパンをもらっても暮らしにくかった。パンだけでは生きていけない。またそのパンは、購入できるか、または主人の保護のおかげで獲得できる立派な特権であった。結局、このパンが配給されたのは人口百万都市で十五万の特権者にすぎなかった。無償のパンは施しではなかった。帝国の「食糧管理」の業務は、無償のパンという古い特権よりはるかに重要であり、通常価格のパンを確保した――だがパンを買うためには働かねばならなかった。ローマの平民は施しでなく仕事を求めていた――ウェスパシアヌス(460)は円柱の運搬に機械を使わせなかった、というのも貧しい人々からパンを奪いたくなかったからである。コロセウム〔円形劇場〕は平民の手によって建設されたに違いない。ローマの貧しい平民は四つの部類に分けられていたようである――大家で働く奴隷と解放奴隷からなる召使いの大集団、自由身分の者か解放奴隷であって金持や一般人を客とする店主や職人、この人々については碑文のおかげでよく分かっている。さらに仕事を求める半ば失業者の群れ。最後に「貧民」だが、その数は多かった、なぜなら最低の悲惨な生活では田舎よりも大都会のほうが生き延びやすいからだ、つまり金持と接触できるし、まただれにも知られない無秩序な群衆の中におれるからだ。では隷属者は？　いよいよここまで来た。

タキトゥスが人民の中の健全な人々は貴族に「くっついている」か、「隷属している」と言うとき、かれは恐らく平民が一般に古い寡頭制を懐かしがっているとか、政治的にこの寡頭制を愛していたと言うつもりはないだろう。むしろ平民の各階層が何らかの形でしかじかの名門の家に依存していると言いたかったのだ。この平民は三種に分かれていた――解放奴隷、保護を受けている人々、狭義の隷属者。名門の家は大勢の手下にとりまかれていたが、それは名誉ある家柄に必要であった――「忠実で働き者の解放奴隷や、保護を受けている者らは感謝を表わしていた(461)」。この働き者の解放奴隷はその家の元奴隷であり、元の主人と同じ屋根の下で暮らしながら、以前と同じように奉仕していた。職人や店主として身を立てたのも解放奴隷であり、かれらは法的に、元の主人へ現金または現物を納め、また表敬に訪れるものとされていた。

保護を受けている者については、わたしが実証できる以上に多く存在していたと思われる。下層民はそれぞれ大家の保護に頼り、その家のために働き、その家を愛し、また近隣関係が保護者を選ぶ決定的な要素になっていたと考えられる。モンテスキューは旅行の思い出の中で、こう書いている、――「ヴェネチアの人民は世界一、立派だ。かれらは貴族から支払ってもらわなくても、辛抱強く我慢する、また三度債権者のところへ行き、二度と来るようなことがあれば棒でなぐると言われるなら、かれらは我慢強いから二度と行かない。事実、貴族はひとたび約束すれば、いかなることがあっても実行するだろう(462)」。

最後に、帝政時代の特殊な意味における隷属者が存在する。これは奢侈の制度である――名門の家では毎朝、サロンに客が詰めかけ、町の往来ではお供が列をつくらねばならない、なぜならローマの貴族は決してひとりになれないからだ、いくら親密な人と一緒でも。(463) 隷属者はこの忠実な奉仕と引き替えに一定の報酬をもらう、つまり出頭のたびに「施し」(464) を受けとる。それは一日について六セステルティウムであり、バルザック時代の労働者にはありがたい報酬である。庶民にはそれで充分の金であるが、上流社会ではあまりにもはした金である――隷属者は特権者であり、自分の運命にしがみついている、なぜならこの者らは一般人と違って、推薦つきの小物たちであり、腹をすかせた詩人らであるからだ。(465)

帝政時代に本当の隷属者を形成しているものについては省略しよう――貴族のサロンは「友人たち」(ときにはこの者たちも「隷属者」と自称して敬意を表した)(466) の訪問を受ける。これは若者たちであり、最年少者であり、騎士または元老院議員であり、将来の政治活動の準備として交友を広げていた、というのもすべては指名と推薦にかかっていたからである。

このような元老院議員の家を中心とする依存組織網は平民全体に及んでいない。多くの解放奴隷も自分の利益を考えはじめ、主人を見捨て、敬意を払わなくなった――このような反逆はその時代では嘆かわしい有名な災難であった。それでも皇帝の下の多くの解放奴隷は別であった――かれらは現役の役人であっても、または退職しても、平民より上位にいた。かれらにも隷属者がいた、恐らく「多くの隷属者」が。(467) なぜならだれでもだれかを保護することは名誉であり、どんな貧乏人ももっと貧乏な人を見つけたからである。残ったのは――皇帝または貴族から仕事をもらおうと待ちうける失業者。「貧民」はそんなことを当てにしなかったし、あすのことを心配しないで暮らせるほどの気力があった(貧民は欲しがらない)。最後に「どん底奴隷」がいる。これはわが国、十八世紀の「ずうずうしい下僕」をモデルにして想像できよう、つまりこそ泥であり、やかましい連中である。かれらは見せ物の混乱のときに一役を演じた。(468)

情動性と宮廷人的態度

義務(469)健全であろうと、すべての住民は実際にはある程度、見せ物へ出かけた、また元老院議員はまたは趣味で、まっさきに駆けつけた（サロン(470)では、競技会のよしあしが議論された、ちょうどわれわれの家庭でテレビ番組のことが話題になるように）。ただタキトゥスは大家に隷属していない平民の娯楽としての見せ物を非難しているのであるから、その非難は政治的である。隷属する平民のほうは社会的にも政治的にも元老院の寡頭政治家に統率されているが、一方、無組織な平民はおのずから政治的怠慢に陥っていて、君主にしか好意を抱かない、なぜなら君主は競技会を開き、目に見える君主であり、人民の愛を受けるが、その見返りに平民を隷属させようとしないからである。

見せ物に対する極度の熱望は二重に神話的である。無組織な平民は他の平民よりも頻繁に「競技場」へかよったに違いない。ただ、この場合、そのような習慣性は特徴的だと見なされる――見せ物やそのスターたちに対するこの平民の情動性はその社会的自由の象徴だと思われる。この平民は人間の埃《ほこり》のような存在であり、機会や状況の風が吹くままにただよう。加えて、「競技場」を一大事と見る個人集団が存在した――それは「貧民」*lazzaroni* であり、この集団は社会・経済的である以上に特殊な基準で集まっていた。これら乞食たちは都市の有力者のように暇人であり、文化、つまりかれらの文化に興味を持っていた。タキトゥスは論争的な意図でもって、無組織な平民全体をこの乞食の部類に入れている。

「貧民」のせいで、ローマは見せ物のためにしか暮らしていないという評判を立てられた、なぜならこの貧民たちはローマの平民全体、コルベールや工場の時代より前の多くの都市住民に共通した特徴を戯画的に誇張して見せているからである――それが情動性である。

全盛期においてもナポリの「貧民」は〔この都市の守護聖者〕聖ヤヌアリウスの奇跡劇に多く押し寄せ、

もっとも熱狂的であった。かれらには人生でほかの興味がなかった。この種の情動性は説明するまでもない――ただ自主規制が問題であり、多くのやり方を借用することもできる――労働時間、義理のある保護者への依存、また信仰生活、あるいは清教徒的生活、戦闘要員。暇人が経済の専門家に席を譲らないかぎり、同じ情動性は上流社会にもあった。わが国の貴族階級の一部もクレーヴの奥方の母のように厳しい道徳を主張していた、だが他の部分は情事にふけった。ローマ人も上流社会の一員が政治の道を志さず、暇人として暮らすときは恋愛生活の嵐に巻き込まれた(471)。自主規制をしない平民のほうは見せ物やそのスター、役者や戦車御者に熱中しやすい。平民はあすの安全秩序の必要がないので、その日その日の充実を味わう、しかもその生活は「帝王の町」にふさわしく多彩な快楽に満ちている。

なぜならローマは共和制の末期から変化していた――以前の都市は首都になり、労働はすべての人の関心事でなくなり、ローマは国家元首の宮廷になる。要するに「帝王の町」である。住民は、かつてのアレクサンドリアのような市民生活には向いていなかった(472)。住民はもはや都市の支配者でもなく、市民だとも感じない、つまり君主の召使いである。タキトゥスの著書を読めば、ローマはヴェルサイユの宮廷人に比べられるような精神状態を表わしている。平民は君主の存在を目《ま》の当たりに見る、君主の姿はあまりにも偉大であるので、その姿につきまとわれる（そのことしか話されない）。平民は君主から提供される快楽を追い、その快楽は日常のパンと並んで生活の一部となる。

都市全体に及ぶこのようなタイプの関係は現代人にはなじめないものである。ローマは、被支配者の無数の群衆からなる皇帝の臣民とは異なっているので、君主とのあいだで非個人的で一方的な関係を有していない。ローマは宮廷人のように君主を悩ましたり、無視したり、君主にへつらったりする。一般的に言って、ローマは宮中にいると感じている。ローマは敗残者をさらし者にしたり、失墜した権力者を嘲る。

時の支配者に圧力をかけることはしないが、悲劇におけるコーラスのように、支配者の近くにいて、感情を分かち合い、伝達する。ローマは支配者へ拍手喝采をおくる。なぜならポンペイウスが経験しなかった政治デモ（ポンペイウスはただ地方の有力者の公的活動と近隣都市との些細な対立しか心配しなかった）がアレクサンドリアと同様にローマでも芽生えていたからである、たとえばアレクサンドリアでは群衆が歓呼の声を挙げたり、ののしったり、要求というよりはむしろ侮辱的な落書きをして支配者を汚《けが》し、見る者を爆笑させ、夜中に風刺を壁に書いている[473]。ローマはそのような騒ぎを起こしても政府に要求を押しつけようとはしなかった――ローマは宮中の紛争に一役買っていた。そこからこの群衆の明らかな無節操が生じ、感情で参加し、一斉に唱和するが、たんに伴奏の役割しか果たさない。

そこで結局、帝国の支配者に対する首都の態度は、この帝国の国民全体が元首に対する態度とは非常に異なり、同じ国民でありながら、都市ごとに地域的な有力者に対する住民の態度にかなり似たものとなる。ギリシアの碑文を読んでみよう――被支配者には政府が非常に異なる二種のもので表わされていることが分かる――身近には親しい支配者、つまり同じ市民としての有力者がいたが、すべての人の上、はるか高く、はるか遠くに「当局」、つまりローマ帝国の当局、皇帝、そして州総督がいた。この偉い「当局」は、碑文では「権威筋」*hoi hēgoumenoi* と呼ばれ、またプロウサのディオン（この翻訳者らの中には怪しいのもいる）も同様である。それが権力であり、聖パウロが人民に[474]服従させようとした権力である。またルターが訳した聖書では、悲しくも有名な「政府」*Obrigkeit* になる。

各都市の群衆は帝国の当局に平伏し、またその当局と非個人的で、一方的な関係をつくる。だが有力者との関係は親密であり、二つの方向へ進む――群衆は都市の評議会の内部紛争に参加し、地域的有力者のあいだの敵対関係に付和雷同し、いかなる状況でもコーラスを組んで、喝采したり、やじったり、または恵与者に財布の口を開くように「仕向ける」。

ここで、「競技場」によるローマ市の非政治化の問題を再検討しなければならない。

九　「競技場」と政治化

愛は、不平等でなくとも不釣り合いな関係や個人的欲望に終わらず、「他者の欲望を欲望すること」でもある。政治もまた、たんに権力と物質的利益だけではない。皇帝、平民、そして「邪魔な第三者」元老院とのあいだでは感情的なドラマが演じられ、見せ物がドラマの劇場または象徴であった。見せ物は君主が提供したり、君主の列席の下で開かれた。それは現実的な快楽であるが、君主が庶民的感情（*popularis esse*）を持っていることを自分の首都に示すチャンスにもなる。見せ物は君主を拍手で歓迎する儀式でもある。だから非政治化という見解も現われる――「競技場」の現実的で象徴的な快楽のおかげで平民は皇帝に服従する、また皇帝がその帝国のもっとも代表的な都市に贈るこの寄贈と敬意には何か民主主義的なものがあると評価されるかも知れない。

言い方はどうでもよい。民主主義だろうか。だが、もし皇帝が人民のために君臨するなら、みずから君臨しない。非政治化だろうか。この混乱した概念の根底には満足、快楽の交換という漠然たる考えがぼんやり浮かんでいる。だが政治は同質的なもの〔たとえば、投票と競技会開催〕を、たとえ不平等にでも交換することではなく、異質的状況〔たとえば、社会秩序（独裁）か自由（内乱）、デモクラシー〕に適応することである。(475) まず、見せ物と多くの娯楽に満ちたローマの多彩な年次行事表を示し、それから微妙な差異を明確

にしよう。(476)

見せ物——四カ月間の休暇

帝政時代のローマにおける見せ物は主として高官と皇帝によって催されている。普通の個人には剣闘士試合を「寄贈」する権利はなくなっている。高官たちは国庫から費用を受けとるが、その金額をはるかに越えて出費する、というのも競技会の開催費用は数万、または数百万セステルティウムにのぼるからである。高官らは定期的な「演技会」*ludi*、つまり「競技場」において演劇や戦車レースを開催する。皇帝のほうは、すべての特別見せ物の開催を引きうける、またそれが頻繁に行われ、主として闘技場における見せ物、円形劇場における剣闘士試合となる(だが*venationes*つまり野獣狩りもある)。また同じ場所で罪人の首をはねたり、罪人を焼いたり、罪人を野獣に食わせたりしたが、それは追加の見せ物であった。明らかに「競技場」や劇場における厳粛で公開の「演技会」と、剣闘士たちがたがいに戦うか、野獣と戦う「闘技会」*munera*とは古くから区別されている。この「闘技会」の開催は特別に扱われ、常に皇帝の即位の場合に限られていた——「剣闘士闘技会」(477)という現代的な表現は無意味であり、紀元三世紀以前ではラテン語でもそのような表現をしなかった。しかし皇帝が開催する剣闘士大会に加えて、どんな高官でも剣闘士の模擬試合をその試合の標準的プログラムに従って追加することができる。また特に帝政時代には、ローマで公開しなければならない「競技会」*munus*がある——これは財務官によって提供される。もともとローマ国家の名においてプラエステの女神フォルトゥナへ献上された競技会であったが、その町で財務官が中止していたものである。この点については他所で示すつもりである。

財務官が開く普通の「競技会」、および監察官、法政官、さらに執政官によって開催される普通の競技会は、毎年、祝日の全体を占め、帝政時代はじめでは二カ月、ティベリウス治世では三カ月、紀元二世紀末では四カ月、さらに後期帝政時代では六カ月である。(478)それに加えて君主が開催する特別競技会や「闘技会」がある。紀元一一二年、トラヤヌスは執政官職を引き受けて、「一月三十日に、三カ所の劇場において十五日間の競技会の開会を宣し、さらに三日間、人民に贈り物と富くじ札の配給を行う。三月一日には、かれは《競技場》で開会を宣し、三十回の競走を行わせる」。その四年前に、かれは四千組以上の剣闘士を戦わせる「競技場」を開催していたが、この大会は百十七日間に及び、この見せ物の初日、六月四日に百八組、また十一月一日には百九組が戦っている、というのも法廷が開かれる日と普通の祭日を避けねばならなかったからである。(479)

皇帝自身、これらの見せ物に列席することがある——自分が主催する見せ物、皇帝の健康と繁栄を祝賀したり、皇帝の誕生日を祝う見せ物、さらに高官が寄贈者で主催者(なぜならこの両者は一体であるから)となる競技会には列席している——皇帝は主催者たる高官に敬意を表し、その競技会を引き立てるために貴賓席につく(これが「主宰」*praesidere* という語の真の意味である)。(480)後継の皇帝たちとは対照的に多くの仕事をしたティベリウスについて、スエトニウスは奇妙な点に気づいている——この皇帝は一度も見せ物を提供したことがなく、他の者らが開催した見せ物にもほとんど列席しなかった。(481)スエトニウスは誇張している——実際には、ティベリウスは治世のはじめに、高官たちが行う競技会の「主宰」を引きうけて、高官たちに敬意を表し、元老院びいきの気持ちを表わしている。要するに、「競技場」、劇場、円形劇場でも君主が列席する場合は多い、つまり君主は最前列にいるか、「競技場」(482)の決められた貴賓席にいる(その席は、わたしの考えではもともと皇帝個人の聖所ではなかった)。皇帝以外の者が提供しても、皇帝が「主宰」する見せ物は皇帝を敬う儀式になる。

このすべてが意味することは、ローマ市が年間、数カ月もの祭りに明け暮れ、ただ幾日か続く宗教的な日程のために中断しただけである。人民が楽しんだ数カ月もの余暇は君主と一緒であった――人民は君主と共存していた、ちょうど宮廷人が国王と一緒にいるのとほぼ同様である。君主と観衆は見せ物で、一日の三分の一か四分の一を過ごした。皇帝がその場にいなくても競技会は皇帝へ人民の敬意を表することから始められる――競技会は宮廷の催事と同じであり、皇帝自身がスターにならざるを得ない。寓話作者ファエドロスの作品で、見せ物の好例が語られている――ある高官、有力者が劇場で競演会を開いていた――悲劇またはパントマイムの幕が上がると（むしろ幕が落とされると）、コーラスがカンタータを歌いだす――「ローマよ、喜べ、何も恐いものはない、なぜなら皇帝は健在だからだ！」それを聞いて、すべての観衆はうやうやしく起立する。事実、君主の健康を祝することは見せ物において皇帝へ捧げる表敬にふさわしいやり方であった――かくて元老院議員、騎士、そして平民が君主を歓迎して拍手をおくり、そのリズミカルな拍手は次第にコード化され、音楽の伴奏をつけ、結局、「競技場」のわずらわしい礼式になる。「競技場」における戦車御者組のどれかが優勝したときは象徴的儀式で君主の永遠の勝利を祝し、「競技場」の儀式を一種の凱旋とする絶好の機会になった。さらにローマの住民が皇帝の姿を目のあたりに見る公式の場は見せ物のときだけではない――皇帝がみずから公共広場（フォルム）で裁判を行なったり（スエトニウスの作品では、そのときの君主の態度は皇帝の性格形成の本質的な一面になっている）、みずからの手で下賜品を配給したり（その場面は公的な浮彫りや貨幣の裏で表わされている）、みずから人民に贈り物や富くじ札を投げ与えたり（カリグラは群衆が争って、それを拾いとろうとする様子を見るのが大好きだった）、皇帝が堂々と首都に入城する場合は申すに及ばず、厳粛ないけにえの儀式を主宰するときは、皇帝の姿が人民の目に触れた。かくて「年間の主要な部分はいけにえと祭典で費やされた」。

したがって見せ物は多様な形で政治的闘技場になる、なぜなら平民と君主が面と向かい合うからである——そのとき、ローマの群衆は君主を称え、君主に娯楽を要求し、皇帝に政治的権利を認識させ、結局、見せ物を称賛するか、やじるかによって、君主を歓迎するか攻撃することになる。かくて「競技場」と円形劇場は、ローマの政治生活においてきわめて大きな重要性を帯びた。たとえ皇帝自身が見せ物に列席していなくても(コンモドス帝はときどき欠席した)[490]、皇帝の記章がその席に置かれ、だれにも見えるようにされたらしい[491]——見せ物は公的な催事だったのである。ところで、群衆のほうでは見せ物が自分らのために開催されるのであり、自分らが主役であり、見せ物が自分らに対する当局のご機嫌とりだと知っている[492]。群衆は「競技場」や劇場では自宅のようにくつろぐ(だから政治的騒動が起これば、そこに集まってきてデモを行う)[493]。見せ物は群衆の祭りであるので、競技会の主催者は皇帝であろうと、その日は群衆に奉仕し、群衆の前でおとなしい[494]——クラウディウスは観衆を「あなた方」あるいは「旦那がた」*domini* と呼んだ——群衆は皇帝を「親方」*dominus noster* と呼ぶのが普通だった。アウグストゥスは見せ物に欠席したとき(「数時間、または幾日も」不在のことがあった)、かれはまず、一般観客に詫び、身代わりとして実際の主宰者を推薦した[495]。君主らは人民が求める娯楽におまけをつけるように配慮する。ドミティアヌスは財務官が主催する剣闘士試合には必ず出席し、また宮中所属の剣闘士を正装させて人民の前で試合を披露して欲しいと要請させている[496]。人民のあいだで評判の高い役者やチャンピオンの表彰を引き受ける君主は特に人気がよい。皇帝が観衆の希望に応えて観衆のスターに褒美を与えるためにトラックへ財布を投げたとき、観衆は次のような反応を示したらしい[497]——かれらはそのスターを祝って叫んだ——「皇帝の恵みをいただけ!」*habeas propitium Caesarem.* ところが群衆はこのチャンスを利用して政治的なデモをすることもある。そのときは見せ物の会場は政治的騒動の場になる[498]。群衆はガルバにティゲリヌスの処刑を中止させ[499]、小麦価格の高騰を訴え[500]、「カリグラに減税をしつこく要請し[501]」、三拍子でもって平和を要求するのも[502]、すべて見せ物の会場においてである。見せ物は宮中儀式のようなものであり、君主と宮廷人的市民の対面の場である。

仕事好きな皇帝たちは見せ物の横暴に悩まされた。カエサルは競技のさなかに公文書か請願書を読み上げたので観衆の不興をかった[503]（逆に、われわれのあいだでは、大臣はパリ‐ニース間の飛行機の中でも執務しているところを見せなければならない）。アウグストゥスはカエサルの二の舞いをしなかった。「かれは進んで見せ物に興じ、一般大衆（*vulgus*）の娯楽に参加するのは制度の（*civile*）精神に合致すると考えた[504]」。マルクス・アウレリウスのほうは公的な豪華さを好まなかった。かれは日記のはじめで、恩師ルスティクスから宮殿で派手な衣装を着て暮らしてはならないと教えられたと述べている。神々、そしてかれの父である先帝からは、宮殿内で番兵も豪華な衣装も、松明《たいまつ》も像も無用だと学んでいた。かれにとっては見せ物はうるさかった、というのも観衆の叫び声で書類調べに身が入らなかったからである[505]。さらに円形劇場ほど退屈なものはなかった――かれの言葉によれば、いつも同じものを見せられるからである[506]。それでもかれはかつてのキケロの考えと同じように中庸を守らねばならなかった。かれはアントニヌス帝から皇帝の恵与が過大でも過小でもあってはならないと教えられていた[507]。アントニヌス自身も、「人気を得ようとあくせくせず、人民のご機嫌を取ろうともせず、上品に構えて、控えめで、思慮深くしながら、改革しようとしない[508]」のを自慢していた――これはそのまま見せ物の問題を暗示している、つまりこの哲人皇帝は気取った真似をしないことを誇り、それでも君主としては人民の評判を無視してはならないという習慣を尊重したのである。それに反して背教者ユリアヌス帝は抱負が大きかった、だからアンティオキアの住民の反感をかった、というのもあまり劇場へ行かなかったし、見せ物にも暇な時間しか割かなかったからである。だから群衆は怒号で皇帝を迎えた(509)。だが大部分の皇帝は見せ物を軽蔑しないで、皇帝の威光へ拍手をおくらせ、市民への慈愛を示し、人気を享受した。マルクス・アウレリウスは競技を好まず、「拍手もお世辞も(510)」好まなかった、つまり宮廷的な儀礼や習慣的な拍手を好まなかったのである。

異質的選択とその矛盾

およそ五十万人の宮廷人としてのローマ人は仕事、保護者、宮廷内紛争への伴奏役、また君主から提供される祭典のあいだで明け暮れる。ヴェルサイユ宮殿の貴族たちは政治的役割を断念して「象徴的な」喜びを獲得しようとして競い合うが、その喜びは観念的に見えてもやはり重要である。かくて「競技場」と非政治化に対する辛辣な俚諺は明確な意味を帯びる。非政治化という考え方がいかなる錯誤を含んでいるかは分かっている――政治への関心は他の事柄より本質的であり、国家と市民の相互性は正常な現実であり、したがってもし不均衡が生じるとすれば、それは行政の結果であり、住民の操作と同じことだろう。だが問題の根本はそこにない――俚諺もまた、さまざまな形ですべてが不満な異質的状況に適応できる人間の柔軟性を満足の交換だと見なす過ちを犯している。皇帝は同じ貨幣で評価される投票権の値に等しい「競技場」開催回数をローマに払っていない（どんな取引になるのか）。むしろ歴史がローマを異質的条件に置いたのである（帝王のいる都会は都市国家ではない）、そしてその条件の下で平民はさまざまな欲求不満をその度ごとに抑え、また明らかに不平等な各種の満足を受けとりながら服従したのである。帝政時代にローマの住民が競技に熱中したからといって、最初からそんな情熱があったとか、それを満足させるためにすべてを売りわたしたとは結論すべきではない。

ところで、歴史学においても社会学においても、さまざまな利益と、それらの利益に即さないが断続的または異質的な選択肢とのあいだの弁証法的関係ほどありふれたものはない。それは人間の領域ではもっとも一般的な因果タイプであり、そこから生じる矛盾はいたるところに見いだされる。このようなクモの巣のように繊細で、からみつかれるような問題について少し述べよう。

個人生活の意地悪いほど些細な事実から始めよう。あること、またはある者がわれわれの気に入れば、その欠点も長所に見えるが、気に入らなくなれば、それまで分からなかったような難点が見えてくる。それはすべての選択肢がわれわれに与えられていなかったからである。たとえば、わたしの男性読者が褐色の髪の女かブロンドの女（それとも女性読者なら、褐色の髪の男かブロンドの男）のいずれにしようかと迷うとしよう。両方に同程度でないとしても、それぞれ異なる長所があり、いずれもそれなりの満足が得られよう。栗毛の人が理想的によかったかも知れないが、すべての髪の色の中から選択できる可能性が与えられていなかった。そこでしばらくためらった後でブロンドの人が選ばれたとする、その選択は、異質的でもあり、しばしば対照的な多くの動機から来ている。ひとたび選ばれると、わたしの女性読者なら選んだ人のよい面だけをたっぷり味わい、本当の不満な点を抑えるだろう。彼女は格別に魅力的な面が自分の選択の結果であり、またその選択の理由だと考えるほどになるだろう。幻滅が始まるのは破綻のときであり、幻滅が間違って破綻の原因だと思われる。(511)

つまり、われわれの動機が間違った合理化、イデオロギー的口実にすぎないとか、あるいはわれわれの精神が恣意的であるような選択を正当化できる理由を選ぶことになるのだろうか。それこそ永遠の二元論的幻想だ！　偽装も選択もない、あるのは柔軟性である。選択できる唯一の解決が不完全であるなら、われわれは偏向的になり、満足できるものしか見えない。もし決定的に別の選択肢を選ぶ動機があるなら、われわれのさまざまな動機の相対的比重は変わるだろう、なぜなら満たすべき満足は同じでないだろうから。すべては、あたかも未来の選択がその動機の相対的比重を遡及的に決定しているかのようになると思われる。

多くのことを三点にまとめよう——〔一〕たいていの場合、われわれに提供される選択肢は、可能性の海に並んでいる同じ数の小島のようである——それぞれの小島のあいだには空間が大きい。それも財が少ないからであり、財がときには「整数」のように現われるからである（超音速機か客船かのいずれかを選ぶことはできるが、半・客船は選べない）、なぜならそれ以外のものは自由にならないからであり、われわれの利益は互いに妨げあっているからであり、それらの利益の異質性が統合に反対するからであり（実際、いかなる共通の貨幣に換算できようか）、あるいはなんらかの心理的異常のために、最適であっても微妙すぎる配分が妨げられるように思われるからである（「人には誇張する傾向があり、人を信用させることはできない、むしろ徹底的に用心させるほうがよい、それに理想的に見える配分も気詰まりを起こさせてすべてを凍結してしまうかも知れない」）。当然、あるいはそのすべてが真実であったり、あるいは便利なイデオロギー的「虚偽」にすぎなかったりする——そう言ってよいのではなかろうか。〔二〕そのために、しばしば歴史的変動が激烈または断続的になる、なぜならその変動は小島から小島へ跳び移らねばならないからである。そのためにどんな解決も目標を越え、小島全体を支配し、中庸を守れない傾向がある——「しつけよう」とするとき、徹底的にやりすぎることがあまりにも多すぎる。〔三〕ひとたび小島に上がれば、われわれはそこから得られる利益に適応するが、得られない利益については「まだ青すぎる」と言ってあきらめる。だからこそ社会学者と歴史家は嘆く——かれらがわれわれの選択の動機を解明しようとすれば、倍に混乱したテキストにぶつかる。われわれが選んだ解決は決して推測できそうな合理性と一致しない、またわれわれの多様な動機の重要性は無理な解決で変化させられるように思われる。

われわれの選択の動機はわれわれが検討する未来の選択に応じて相対的な重要性を変化させる、なぜならその動機は同じ凹凸でない異質的な枠の中に強引にはいって来るはずだから。たとえば国民主義の問題を考えてみよう――ある国民の統一は何で形成されているのか。この国民において言語的統一が決定的要素であったと思われても、スイスではそれが決定的要素ではなかった。宗教的または経済的統一の欠如は、あるときは重大な障害になるが、そうでないこともある。国民感情の基本「なるもの」を決定するのは絶望的な試みだろう、それほど多様性が大きいのである。絶望的な解釈としては、国民は共に生活する意志だと言うことである。実際、人間活動の多様性を人間的な決定の自由性にしてしまうのはいとも易しい！

その多様性はもっとかんたんに説明できる――どのように国民の切り抜き絵をつくっても完全に満足のいくものにはならないだろう（実際、われわれのさまざまな利益を地理学的に拡大しても、重なり合わず、通り筋あるいはわれわれの町から人類全体にかけて変化している）。それでも選択をする必要がある、その選択は、国際的な政治問題は申すに及ばず、異質的な利益をなんとか統合するだろう。その選択が行われるか、受け入れられるなら満たされるべき利益は比例的以上に大きくなるだろう。国民感情の根本ほど多様なものはない、なぜならそれぞれの国民性は部分的で偏った利益の上で発達するから。人間には自己をもてあそぶ能力があるから、必ずしもその人間の行動を先行する原因で説明されない、つまり過去から一直線に後戻りしないで未来へ向かうとは限らない。

要するに、ユウェナリスが言ったように、ローマの平民は帝政に甘んじ、帝政から受ける利益を享受した。君主のほうでも慣習を尊重し、見せ物の会場に姿を現わし、庶民的感情のあるところを示した。支配者が被支配者の受託者と見なされないときは、事実上、支配者は少なくとも被支配者のために君臨していることを証明できるような証拠を積み重ねる。では民主主義か。いや、そうではない。見せ物の提供もやはり主観的権利による権力の儀式であった。わが国の旧体制時代の古い名句ではメダルの表と裏が表現されていた、モンテスキューは「王は人望を得なければならない！」と叫ぶ[512]――「人民はあまりにも世話を要求しないから、世話をしてやるべきだ。君主と人民があまりにもかけ離れているから、人民が君主を困らせることはない」。

君主はよく見せ物に列席したり、そうでなければ見せ物をしばしば提供したりして、平民をないがしろにしていないことを示す。観衆のほうでは、自分らだけが楽しんで、偉い人を珍しそうに眺めるだけの大衆のようには振るまわない。つまり尊敬のこもった親しい態度をとる。堅苦しいコンスタンティヌスはまったく人民から恐れられていたが、それでも微妙な差異を見分けることができた――「かれは《競技場》の催しを提供することで一度ならず大衆の気質を楽しんだ。大衆は厚かましくしなかったが、それでも人民的な率直な物言いを捨てなかった。そこでコンスタンティヌスのほうでも中庸を守ることができた」、つまりマルクス・アウレリウスと同じように[513]。この「率直な物言い」*libertas* は、皇帝が親密で、親切で、情け深い支配者だと納得しようと努めるためであった。

古代の自由観

ローマの平民は投票を望まなかった。暴動を起こしてまでパンを要求しなかった――この平民は愛されたかったのである。だからといって見せ物が政治的象徴になったと結論しないでおこう。見せ物はなんらかの抽象的な原則を説明するものではなく、また「競技場」に対する皇帝の態度から、もっと重要な領域、たとえば外交政策に対する皇帝の態度を推測することはできなかった――君主の好意的な態度は観衆にとってはは自己満足と見なされ、観衆にとってもっとも重要なことは、いったい君主が自分の権力と人民についてどう考えているか、である。人民は自分らに対する君主の考えに敏感である。それは古代でも、今日と同じく服従のあり方の問題であった。君主は自分の国を征服国と見なしてはならない。どのような政治権力も二つの目的のためにみずからを表明し、行動を起こさねばならない。その一つは満足を通知し、報告することであり、集団生活は通知が循環しなければ機能しなくなる。もう一つは内面的なものである――聞くほうにとって表現は、「あなたを愛している」という言葉を聞くように自己満足となる、だから権力は聞く者にその満足を定期的に与えねばならない、ちょうど食べ物を与えるのと同様である。国家がときどき自己表明をしなければならないという必要性にはあまり不思議はない。さらにその表明を定期的な祭典と一致させてもよい、つまりそうすればそれまで延期されてきた興味を一気に満たすことになる。ルソー流の愛国的祭典があっても不思議ではない(514)。

なぜなら権力の行使には両陣営において感情がつきものであり、その感情は権力の所有と物質的問題と同じほど重要である。もしそのことが忘れられたら植民地解放戦争や一八七五年ごろの共和主義熱がよく理解できないだろう――自尊心の問題なのである。ローマにおける見せ物の重要性は政治意識のこの内面的弁証法から来ている。ヘレニズム・ローマ時代の自由観について一冊の本を書くなら、ポリュビオスの次の一文を題辞としてもよいだろう――「人間は、平等に話せる権利、率直な物言い、だれからも自由と呼ばれる点では一歩もゆずらない(515)」。

要するに、古代の自由観は三つある、なぜなら政治には三つの問題がかかっているから。その一つは古典古代の都市観である――市民は、交替に権力を所有したので、自分が自分に命令するだけであるから自由である。もう一つの概念は、あるフランス人から左翼的と言われそうな古代修史がほとんど壊滅状態の中で、ほとんど証明されていないものだが、とにかく一つの見本を示そう、――「扇動家ヒポンは、シラクサの人民を扇動して土地所有の再配分を要求させた、そして平等が自由の根本であり、貧困は何も所有しない者にとっては隷属の基礎である、と言った」[516]。この話を伝えているプルタルコスはそのような忌まわしい自由を真の自由、つまり「自由な発言」*parrêsia* に対比している――恐れることなく君主に話しかけ、君主と対等に（*isêgoria*）話すことであり、それは *libertas*、つまり率直な物言いであり、それが帝政時代の自由である。これはマルクス・アウレリウスが喜んで臣民に認める自由である――「わたしが思い描く国では、法律が万民に平等であり、だれもが対等で、率直な物言いで統治されている人々の自由をあらゆる点で尊重する君主国である」[517]。それは、実際には、マルクス・アウレリウスが「よい」皇帝であり、元老院を尊重する、つまり元老院議員の意見を聞くということを意味している（服従のあり方から見れば、一般の人はただ服従するよりは自分らの意見を聞いてもらえるほうがもっと重要である――権力は「対話」でなければならない）。それはまたマルクス・アウレリウスが事実、私的な顧問団の多様な意見に耳を傾けることも意味している。皇帝の言う「率直な物言い」*libertas* とは元老院や皇帝顧問団という政治家たちだけの利益を表わしている（人間、市民の権利とはまったく関係がない）。一方、平民たちは皇帝の慈愛を受ける権利があり、元老院も自己の意見を聞いてもらう権利がある。拡大解釈をすれば、この皇帝の自由とは古典古代の都市の自由と似て非なるものである、つまり後者の自由も政治家たちにしか及ばなかったが、古代都市においてはその政治家たち[518]は主権者たる市民団であった。帝政時代においては君主の顧問たちである。現代人から忘れられやすい顧問の概念は数千年のあいだ、われわれのあいだの代議制的民主主義の概念に匹敵するものであった。たとえマルクス・アウレリウスが顧問たちの意見に耳を傾けるとしても、それは真の寛容さからではない――意見を聞くことが政治的利益になるとかれには分かっているからである。

複数体制、顧問、専制主義

マルクス・アウレリウスにとっては「専制君主化しない」[519]ことが利益である、なぜなら傲慢であれば、誠実すぎる意見に腹を立て、国家のためになる有益な意見を受けつけず、反対意見を言わせなくなるからである。[520]そのことは、全能で、かつ崇拝されている皇帝たちにも何らかの努力が要求されたように思われる。この遠い昔において、権力を分け合い、奪い合う複数体制は存在していなかった。その代わりをするのが顧問団であった——専権を有する君主は独我的にならないような形で権力を行使しなければならなかった。自分以外の目で見る必要があった、だから被支配者とその利益を考慮するわけではないが、少なくとも分別のある人々の視界を要約してくれる顧問たちに話させたのである——顧問たちは人民の代表でなく、君主に君主としての問題点を見わたせるようにする。

一度で充分だ——君主が顧問の一人に腹を立てたら他の者すべてはその教訓を学ぶ、つまりかれらは永久に口をつぐみ、君主に「へつらう者」しかいなくなるだろう、ということはかれらが君主の崇拝者でなく、君主の目でしか見ない者らになることを意味している。君主は自分で目をふさぐことになるのだ。それは破滅的である、いくら君主に才能があろうとも。実際、問題を解決できるほど賢明であるという条件で問題を提示するだけでよいなら、天才的な君主なら顧問など無用だろう、しかし人間の認識力は、予想もつかない参考事実や解決法を考えねばならないようにつくられている。ところで、この世のいかなる天才も考えることを考えることはできない。そこで顧問たちも無責任なはずである。アテナイ人のように顧問たちのまずい意見を容赦しないということはできない。顧問が決定者でないから、それが不当だというだけではなく、それでは機能しなくなるからである——顧問は、たとえ愚かなことでも、すべてを言うことができるのでなければならない、なぜなら間違っても、かえって真実を見つけさせることがあるからである。顧問団の半数が赤だと言い、あとの半数が緑だと言ったら、それ以外の色についてはだれも考えなかった。ところが一人の馬鹿者が黒だと言えば、すべての者が解決を思いつく、白である。顧問団は原則として公平無私であり、みずからの名、あるいは決まりきった利益の名で話さない――顧問団の口を借り顧問団を通じて話されるのは無限の可能性であり、顧問団は発見の道具である。

専制君主は自分のまわりにへつらう者しか呼ばず、悪い知らせを持ってきた者らを処罰し（プルタルコスの「ルクルス」において、古典古代の典型的な専制君主はアルメニア王ティグランであった）、多くの点で誤りを犯す。かれはよい知らせしか受けつけなくなり、盲目にひとしくなる。かれは臣民の意見を聞かないで命令をだし、臣民の自尊心を傷つける。かれは被支配者のさまざまな党派の利益を考慮しない。結局、かれは「トピカ論」と呼ばれる発見の道具を失うことになる。事実、どんな審議も二つの問題を解決しなければならない――会議のテーブルの上に提出されたキーの中からよいキーを見つけること、そして可能なすべてのキーを検討したことを確かめること。ただあまりにもデカルト的な精神は問題全体を完全に検討できる方法があると主張するだろう。それほど妄想的でない精神は、「第一原理」からとして幾何学者に好まれるあの長たらしい理由の連続を展開させる必要がなくなれば、さっそく方法論をトピカ論に置き換える(521)、これはすべてを考慮させようとするのが目的だが、うまくいくとは限らない。トピカ論は一定のタイプの問題について可能なかぎりの資料と解決法をあらかじめ準備して列挙する。もしトピカ論が使えないなら、あるいはもし問題が別のタイプのものであるなら、トピカ論の代わりに「ブレーン・ストーミング」を試みる――顧問たちはその役に立つ。顧問たちにまったく自由に話させ、かれらの愚論や不愉快な意見の波から、よい解決が現われるのを期待する。

そこで顧問の概念は、認識を深めるのもアイディアに富むのも共に重要であり、また最高の認識的価値が真実より認識であるということを意味する。「認識」を真実の認識と解することはその語を「いっそう狭義に」解釈することだと、ライプニッツはトピカ論について述べた驚くべきページで書いている、——「巧みな小説をできるだけ多く読み、もっと多くの興味ある話を聞いている者は、描かれたり語られたりしたことにひと言の真実がないとしても、ほかの人より理解力があると言えよう、なぜなら頭の中で多くの概念を思い浮かべる習慣がついているから何が問題なのかを見抜けるからである」(522)。顧問の概念には、問題を提示するだけでは解決にならないことも含まれる、なぜなら問題を全部提示したとは絶対に前もって確信できないからである。だからこそ認識には弁証法的（それぞれの認識が補い合うという意味で）で歴史的な性格がある。プラトンの対話において、もっとも有名なものではないが『カルミデスとの対話』の中でその理由が述べられている——なぜなら知ることを知ることはできず、純粋に明瞭な思考もないからであり、したがって真実になるだろうことを前もって認識することはできず、まだ思いつかないことを前もって排除することもできないのである。かくて日一日と、われわれの合理主義の堆積は忘却の谷へ転がり落ちる(523)。

顧問は古代政治の要《かなめ》であり、慈愛はその代償であり、また自由は多義に用いられるから、専制主義の古代的概念は明らかである。皇帝と元老院の関係も明らかになるだろう。

専制君主に関するおびただしい古代の文献には、絶えず二つの規定が現われる——専制政治は独裁的な体制であり、その体制は法律を知らず、専制君主は利己的に、もっぱら自分の利益において統治する。だが法律も専制的になることがある。専制君主が圧政を法律化することもあるではないか。ティベリウスは合法主義的な専制君主だと言われた(524)。また専制君主はどうして利己主義者になれようか。金を稼ぐための恐喝として国家機構を利用するか。この恐喝の利益の中で、かれは権力を行使しなければならないし、また銀行の口座に腐心する数時間を犠牲にしなければならない。ところでかれは「公共秩序の確保」となんらかの政策を行わないで統治することはできないだろう。そこでかれは恐喝者になるが国家元首でもある。だからといって、かれに服従しなければならないという意味にはならず、またかれがありきたりの盗賊になるという意味にもならない——どんな盗賊も権力の座にはいない。またかれが行う政治は必然的になんらかの物質的利益を優先させるだろうが、その利益はかれだけのものにはならない。その政治は実はかれが権力にとどまるべき利益を優遇することにもなるだろう。だがここで利益の概念は明らかに多くの意味に解されなければならない、つまり自由の概念や政治の三つの問題と同様である。

専制君主はまず、臣民の大部分または一部の物質的利益に反する政策を行う人間になることがある。不利になった人々は、抑圧され物質的自由を奪われたと感じるだろう。そしてかれらは専制君主が自分に都合のよい政治をしていなくても臣民のための政治をしていないという点で利己主義者だと言うだろう。専制君主は自分の政策を押しつけるために暴力に訴えるかも知れない、その暴力は独裁的か、または合法化されるだろう。

暴力もまた専制君主が権力を保持するために利用されるかも知れない——それが集団社会を捕虜にして専制君主が理想的に中枢となる国家機構である。この場合も常にそれ以前の場合と競合する、なぜならこの政治機構も必然的になんらかの政策を行いつづけなければならないからだ。とはいえその機構は概念的に、また微妙な差異によって異なる——新信者たちは実質的に利益のある宗教を国教として押しつけようとするが、必ずしも原始的な頭脳と同じではない、原始的な頭脳ならこの世で権力しか興味がなく、国教を押しつけるとしても、それはただ競争者に権力をわたさないためである。

結局、専制君主は権力の行使において、臣民の中のある人々に強制する服従のあり方しか味わえない人間かも知れない。かれは思いどおりに服従され、崇拝されたい。かれは大酒をくらい、「甘い生活」を誇示したい。あるときは人民の評判を嘲り、平民から愛されようとしない、またあるときは貴族たちに卑しい偽りの追従《ついしょう》を要求する。かれはだれの意見も聞かなくなるだろう。

社会的党派があるかぎり、どの党派にもそれぞれ異なる利益があり、それだけ異なる専制君主がいる。モンテスキューが考える専制政治は第一の定義と第三の定義を併せたものである——独裁と侮辱である。専制君主の概念がどれほど混乱しているかを知るためにはネロを思い出せば充分である、つまりこの皇帝は元老院の専制君主であり、ローマという都会だけの平民に愛され、権力よりはむしろ崇拝を求めるが、無謀な皇帝を倒そうとする臣民に対して、権力を保持するために暴力を使う。ネロの黄金宮を焼き払ったウェスパシアヌスは、ネロがすべての専制君主と同様に「利己主義者」であったと宣伝した。実際には、ネロは崇拝されたいので偉い神のような私生活を送っていたのである、それが貴族を蜂起させ、また臣民全体を立ち上がらせたのであろう。だがその生活はかれのお気に入りのローマ平民にかれを崇拝させた。ネロはあまり利己的でなく、ローマ人のために公衆浴場を建設した最初の皇帝であった。それがまさしくある人々から見れば、かれの最大の誤算であった——ネロの利他主義は平民を受益者にしたが、元老院にはそうでなかった。ところで元老院と平民はいがみ合っている——そこに、「競技場」をめぐって政治意識の三角関係的紛争が起こる。

サルタン、中国官人、平民

なぜなら「競技場」または円形競技場には三番目の人物がいて、その感情は平民のように激しやすかった。それが元老院議員である。平民は皇帝に愛されたい、元老院議員は平民から尊敬されたい。どの集団もみずからの自由だけを擁護した、また元老院議員が求める優越的な威厳も決してすべての人の自由を守る砦ではなかった。

不幸にして元老院議員はその威厳に関して平民の自尊心を排除するような概念を抱いている。元老院から見れば、政治的理想にふさわしい君主はただ平民から愛されるだけでよい。ただ専制君主だけは公共的な娯楽を多く提供して平民にへつらうだろう。人民が支配者すべてに快く服従するには、君主がみずからのうちに体制を愛させることが有益である。事実、その人民はローマに限られる、つまり帝国全体の一パーセントにすぎない。それでも皇帝は人民から愛されるだけで自分の権力を高官のものと同じように見なしていると見せかけておくのが安全である――元老院議員は、平民のほうを選ぶ専制君主を好まない。人気のある高官、それとも専制君主、その微妙な相違は意図にある。トラヤヌスのような立派な皇帝なら百日間の見せ物を提供できるだろう、なぜなら君主が人気取りのためにそうするのであり、特に皇帝が心底では元老院びいきだと元老院議員には分かるからである。

だがそれだけではない――皇帝は見せ物で人民から拍手を受ける、それはけっこうなことである、ただし行き過ぎてはいけない。皇帝が微妙な差異を強調しすぎたら、専制的な権力意図を見せることになり、その意図は平民よりも元老院議員に耐え難いものである。あきれたことに、皇帝の中には元老院議員からも拍手を受けたがる者がいる。一般に、それは元老院議員を大反逆罪または大逆罪で糾弾し、自殺に追いやり、支配的党派を大量殺戮した皇帝たちにほかならない。

このような治世において、元老院議員は、皇帝が自分の血で真っ赤になった偶像であり、その偶像を無理やり崇拝させていると思う。元老院議員カッシウス・ディオは、[525]ある場面をわれわれに語っているが、[526]それはかれが実際に見て、関わっていたことである。その舞台は円形劇場であり、専制君主コンモドゥスはみずからその闘技場で野獣と戦う。元老院議員らは拍手を送った、「そうするように命じられていたから」、なぜなら拍手を送るのはかれらの即興にまかされていたのでなく、公式のスローガンとして規定されていたからである――「皇帝、あなたは支配者であり、第一人者であり、永久に勝利者だ」。コンモドゥス帝は一羽の駝鳥を殺したばかりである。「かれはその首をはねた」と、この歴史家は語っている、「かれは円形劇場内で、われわれ元老院議員のいるところまでやってきて、何も言わず、左手でその駝鳥の頭をわれわれのほうへ差しだし、うなずきながらうすら笑いしている」。死体になった鳥の頭をもらい、元老院議員らは自分の頭もそうなるかも知れないという暗黙の脅しを感じるか、感じるような気がする。だがそのとき、かれらにとっては笑いをこらえるのが精いっぱいであった――「われわれはみな泣くよりも笑いたかった、だが笑ったら、われわれはかれの剣で皆殺しにされただろう。そこでわたしは冠にしていた月桂樹の葉を噛みしめることにし、そばの者らに真似るようにうながした、そうすれば唇を動かしつづけることで笑いを押し殺せるからである」。

元老院議員は尊敬されたい、なぜならみずからの政治力と財産にふさわしい形で君主に仕えたいからである。ところで専制君主は自分の影にすぎないような元老院議員よりも、愛してくれる平民のほうを選ぶ。なぜなら権威に汲々とする君主は目下の者すべてを人民にしたいからである。そこで、もしこの君主に政治的感覚がなかったり、あまり忍耐力がないなら、また服従させる多くの手段を心得ていないなら、君主の不明さ、または自尊心が勢力関係の計算を誤らせる――かれは元老院の威厳を尊重しないで、自分の首都の平民のあいだにいるほうが気楽だと思うようになる。

昔の中国においても、官人〔マンダリン、士大夫〕の記録を信じるなら、ちょうどローマと同様によい皇帝と悪い皇帝がいた。といっても一方の皇帝の政治が他方の皇帝と実質的にきわめて違っていたというのでなく、よい皇帝は官人階級にたいへん敬意を払ったが、他方、悪い皇帝は官人を迫害し、侮辱し、もっぱら宦官を側近にして統治した。この悪い皇帝の行為をウェーバーに従ってサルタン主義と呼ぶことができる[527]——悪い皇帝はすべての臣民より抜きでた階層に敬意を払おうとしないのである。[528]

いずれの皇帝もローマにおいて類似したものが認められる、つまり元老院は官人の代わりであり、他方、宦官は君主の解放奴隷、君主の代官や顧問団の代わりである。代官は本当の大臣になれるし、顧問団は本当の政府機関、つまり本当の非公式元首になれる。[529]ただ三番目の役者がこの悲劇を込み入らせる——共和主義的伝統が君主に北京のような禁断の「都市」に閉じこもって暮らすことを禁じた、だから首都の人民は帝国の他の地域の住民と同様に見なされることもある。

サルタン主義か、否か——このジレンマは新しいことではなかった。それはオリエントのある種の伝統でなく、政治的事柄の論理から生じていた。紀元前二二二年に、プトレマイオス・フィロパトルはエジプト王になった、だからかれには競争相手がいなくなったように思われた（このエジプト王はネロ、あるいはむしろ多くのローマ皇帝を先取りして、自分の家族内で削除を行なった——きょうだいと皇太后を厄介払いした）。「それ以来、かれは贅沢な元首として振るまい、宮殿の人々や高級役人をよせつけなかった」。かれは仕事を怠けて、「破廉恥な情事にふけり、いつも大酒を食らっていた」。[530]

ところで、ポリュビオスは他のところで以上のような専制君主の典型を描いている——「生まれただけで父の跡を継ぎ、物質的に必要なものすべて、いや、それ以上のものを所有する王たちが現われた。かれらはこのあり余る豊かな財を見て、食欲に負け、また支配者たる者は着る物では臣民よりすぐれ、饗宴もはるかに立派なご馳走でなければならないと思った……王政は暴政に転じた、だが一方では陰謀のためにその体制は揺らぎ始めた」。ポリュビオスはこの政治的陰謀が支配者層の自尊心から来ていることを強調している――「この陰謀をたくらんだのは下層階級の者ではなかった、むしろ生まれもよく、誇り高く、大胆な人々であった、なぜならかれらは元首の横暴に対して我慢できなかったからである」[531]。このギリシアの大歴史家は皇帝のサルタン主義に対する元老院議員の多くの陰謀を予告しているように思われる。エジプトのギリシア諸王の傲慢と対照的なのがマケドニアの王政である、ここでは貴族は国王と率直に話し合えた。この率直な物言いはローマの元老院議員になじみ深い「率直な物言い」を先取りしている。

「狂った専制君主」、モスクワの粛清と裁判

典型とくらべるなら、専制君主たちの場合は見せ物と平民の参加、そして元老院議員のきわめて特異な性格によって個性化される。元老院議員はヘレニズム時代の王の廷臣またはマケドニアの貴族よりもはるかに複雑な存在である――かれらは統治、あるいは少なくとも指導をしたがっている、また同時にかれらはそうしない。この内面的分裂、それだけが元老院と帝王権のあいだの有名な確執の原因であり、後者が前者を殺戮する場合を除いて、たがいに偽善者ぶって折れ合うしかない。また元老院はみずからの無-意欲を皇帝のせいにして恨む。

専制君主らの体制、つまりモムゼンの言う二頭政治は元老院によって代表される共和制と君主制を並置していた。これら両審議機関のあいだの千年来の古い確執は見かけほど権力の配分を争うものではなかった――元老院はその政治的役割に関しては仮の地位にいて、荷が重すぎるか軽すぎる。元老院議員は内心では統治をあきらめ、君主のおかげでそんな大役からはずされているので安心している。だがその結果、確執が大きな「象徴的」問題となる――君主が元老院を尊重するかどうかが大問題になる。ところで、平民から拍手してほしい君主が同時に元老院を尊重できるだろうか。

そのすべてを説明できる物事の論理を手短に開陳しよう。キリスト教徒の国王たちは古代マケドニア王と同様に世襲的だった、またかれらも同じく貴族を尊重しなければならなかった。この二つの特性が現われると、そこから独裁も傲慢さもない族長的な君主制が生まれる。それに反し、両者のいずれかが欠けるときはサルタン主義の誘惑が迫る——専制君主は従属する高級役人を尊大に扱うか、あるいは玉座を失う心配のためにどの貴族を見ても皇帝の座を狙う者に見えるだろう、最初の場合としてはプトレマイオス・フィロパトルがおり、後の場合は元老院議員殺戮者になった「狂った専制君主ら」がいる。

なぜなら専制的政体の根本は不合理だからである——皇帝はたとえ主観的権利の国家元首であっても、その臣民によって生みだされるからである。臣民は自分がつくった君主を無条件で尊敬できただろうか。臣民は与えた王冠をとり戻せないだろうか。だから成功した皇帝の数より皇帝を狙う計画のほうが多かったのである。だから専制君主は自動的に世襲制、つまり超越的規則を地上で真似る必要があったのであろう——そのとき、だれも王をつくれず、だれも王を妬めず、また皇位を狙おうとする者は、もし暫定的な君主の座におさまるのでなく王朝にとって代わらねばならないならためらうに違いない。[532] オーリウーは正当な権力が三つしかないと言った、つまり神の任命、世襲、そして人民の委託である。皇帝たちはその資格の不合理を知っていた。だからかれらが元老院の手から権力を受けとるとき、少しためらう真似をし、[533] 権力拒否の喜劇を演じて見せたのである、またこのことは多くの社会にも見られることである——かれらは元老院から懇望されて仕方なく王冠を受けとる振りをした。そのことからかれらが王冠を同僚から受けとるにしても、ほかのどの元老院議員も王冠を受けるにふさわしいことを認めるふりをすることによって、元老院は王冠を受けとるように懇望したのであるから、その王冠をとりもどす権利がないことをその議員らに認めさせたのである。

れる。[534]狂った専制君主の典型は委任されなかった主権が確かな正統性を有さない場合にはどこにでも見いださたとしよう。少し頭を働かせてみよう――主観的権利による君主制ではなく、当然のこととして主権が手に入っ名において権力にしがみつく。「社会民主労働党」の書記長は自分の才能の名において、またレーニンの「民主集中制」のけることができよう。かれは「党」からの受託者にすぎないから、この党はかれの後任者を見つる。かれは確実な反対派を倒そうとしないで、「党」の存在そのものによって示される正当性をいつまでも主張する。それからやがて狂気が論理を引き継ぐことになる。危険はいたるところにある、だから見分けられない。支配者は逆上し、だれよりも早く犯罪があると信じ、その犯罪を犠牲者になすりつける。われわれが他人を恐れるとき、憎まれていると思いこむ、またわれわれの正当性が怪しくなると他人を恐れるようになる。そのような疑惑に対しては、たとえ完全な服従や崇拝があろうとなんの役にも立たない、なぜならその疑惑はわれわれ自身から生じているからである――スターリンは自分を権力横領者と見なした最初の人物である。

狂った専制君主の典型はちょうどスターリン的典型と正反対である。ローマでは粛清や大がかりな裁判、さらに猜疑の病に等しいことが起こった。どの元老院議員も怪しかった、そしてその交替は帝政時代末まで続いた。アミアヌス・マルケリヌスはこう書いている――「古代を通じて認められた一種の習慣によって大逆罪の虚偽の訴えが最高潮に達していた」。当時の皇帝コンスタンティウスは他の皇帝に比べてよくも悪くもなかった。「ただ、皇位簒奪の告発があれば、それがたとえ嘘であろうと根拠が薄弱であろうと、徹底的に追及し、善悪の見境もなくなり、残虐さではカリグラ、ドミティアヌス、コンモドゥスを凌駕した」[535]。元老院議員に対する粛清はスターリン的粛清とは反対である。スターリンは受託者であったから、終身的身分保障がことの成りゆきとして正当だと主張した。狂った専制君主らは所有者であり、終身的身分保障は、臣民の心情においてはたんなる受託者である場合よりもあまり正当ではなかった。形式的には、両方の恐怖政治は似ている——実質的または権威の確執でなく、正当性欠如の病である。

君主と元老院議員はたがいにそれぞれの苦悩で恨み合う

それだけではない——皇帝と元老院の二頭政治はもう一つの不合理の上に立っていた。皇帝は元老院という機関と協力して統治しなければならなかった、また元老院はあまりにも強力な存在であったので、たんに無責任な顧問団としては振るまえなかった、それでも主権的意見を押しつけるほど勢力がなかった。ところで、帝政のはじめから元老院は政治を行わず、記録所となり、また名誉的会議に変身しようと決めた、だから時の皇帝は元老院議員に敬意を表するのである。かれらはよい皇帝の下でも悪い皇帝の下でも同じくほとんど無力である。せいぜい、よい皇帝はかれらに敬意を表し、その意見を聞くか、聞く振りをする。構成員がみずから存在する機関をたんなる顧問団的役割にしてしまうのは無意味なことであった、しかもれっきとした顧問たちはとるにたらない存在であるはずだから。

元老院が無責任な顧問団の機能を果たすには大きすぎる。顧問たちはおのずから何者でもない存在であるかぎり、率直な物言いができるのである。元老院議員のほうは君主からその役職に任命されたのでなく、上院議員になっているのである、なぜならかれらは地方の統治と、軍隊の指揮を任されていたから。このような人々からひと言でも反対が起これば反乱の様相になるだろうし、またかれらが何か自発的なことを行えば、皇帝の自発性を傷つけるだろう。だからかれらは何も言えないし、何も言おうとしない、なぜならかれらの自尊心が意見を言わせないのだ。つまり意見を述べても聞き入れてもらえるとは限らない。かれらは何もできない――軍隊、国庫、そして外交政策は君主の領分である。かれらには主権の断片しかない（たとえばイタリアの行政）、そして顧問としての機能。この断片はかれらにはあまりにも小さく、その機能にとってはあまりにも大きすぎる。かれらはただ皇帝の決裁事項を記録するだけにとどまり、皇帝が才覚に恵まれ、自分らの意見を徴するようなおそれ多い名誉を受けず、また求められるまでもなく拍手を送れるような立派な皇帝であることを祈っている――その拍手は決して待たせないだろう[536]。

君主制のはじめから元老院は積極的に統治を断念した。ティベリウスがすべてのことについて、たとえば軍隊や戦争について意見をただしても受けつけなかった、それは皇帝の専権事項であった[537]――元老院はそう思っていなかったが、それでよかった、なぜならティベリウスも元老院と同様に悩んでいたが、「へつらいを軽蔑していたのに、率直な物言いを恐れていたからである[538]」。このような矛盾が君主を気鬱へ追いこみ、かれの治世は血にまみれて終わった。元老院と君主のあいだに確執があったが、それは元老院が権力の分け前を望んだからでなく、むしろ望まなかったからである。

次のように理解されよう――元老院には大政治を行うことはできず、小政治を行うのは危険であり、かえっていっそう屈辱的だろう。ここに意味深長な逸話がある[539]。ネロ治世のとき、元老院議員トラセアは自分の信条を持っていたので、元老院がもっと率直な物言いをすること（*rem publicam egere libertate senatoria*）が国家に必要だと考えた。かれはさっそく実行に移り、無意味な問題について、慣例的に元老院‐会議の審議を激論にしてしまった（法律で認められていない多数の剣闘士を見せ物で戦わせる許可をある都市に与えるかどうかの審議であった）。この元老院議員は同僚を戒めるつもりだったが、かえって皮肉られた――「トラセアが君主以上にうまく統治できるというなら、どうしてもっと重要な議題、たとえば外交政策や国庫の議題を日程に入れなかったのか」。だが事実、トラセアはそのことを遠慮していたのである。かれはただ元老院の名誉を救い、象徴的に「率直な物言い」の原則を維持したかった、しかもその実行が不可能だと知らないわけではない、と返答した。それはやってみる価値がなかっただろうか。元老院議員の圧倒的多数は恐らく、つべこべ言わないほうがよい、その代わり面目の立つようにして欲しいと要求するほうがよいと考えたのであろう——命令は君主だけがすればよい、好きなように命令すればよい、ただし上院の威厳を尊重するやり方で命令してほしい。

皇帝たちの怪しい正当性、君主と元老院のあいだのまずい役割分担——帝政は、よく言われるように機能不全である。だから欠乏的疾患と精神失調が生じることになる。専制君主らの精神的健康状態はこの不安定な体質のためにつらい試練を受けた。かれらはあまりにも多くの役柄を引き受けねばならない——化身した神、同僚のあいだでは謙虚な元老院議員、責任の重い（*gravis*）高官、人民に愛される帝王、威厳のある国家元首、顧問団での議長……前期帝政時代の君主たちはまことに奇妙な顔ぶれである、かれらは精神異常すれすれまで矛盾にさいなまれ、迫害の錯乱へ走ったり、移り気、露出狂であったり、教養があったり、単純な人間性から破格的美学へ、あるいは支配階層なら当然習慣的な粗暴さへ移ったりしている。[540]

元老院議員の態度も劣らず苦悩に満ちている。かれらは高官である——かれらは皇帝の味方をする。かれらは元老院議員である——君主はかれらの幸せな競争者である。君主はその存在によって元老院に主権の分け前をあきらめさせる——専制君主である。だが元老院を尊重する——よい君主である。解決としては、専制政体は悪く、時の君主はよい君主であると表明することだった。若い元老院議員ルカヌスは文学仲間としてネロと親しくつきあい、共和制の最後の擁護者たちの栄光を称える叙事詩を書いているが、その中でネロ帝を絶賛している。この絶賛に驚くことはない。小プリニウスやタキトゥスもまた専制政体を必要悪だと見なし、以前の君主たちが悪かったのであり、元老院議員の率直な物言いのパラダイスが今日の治世の立派な君主の即位とともに戻ってきたと繰り返し述べている。マルクス・アウレリウス自身もブルトゥスやトラセアを称賛した。(541) 皇帝たち自身も元老院議員であったし、政治的には元老院議員はボルシェビキのリーダーに対する「党」のように皇帝の真の家族であった。元老院議員との不和のために皇帝たちは家庭悲劇のように思い悩んだ。

平民への愛

したがって皇帝は、もし自尊心が強ければ元老院に対して我慢できない——元老院議員は皇帝にとって、たんなる奉仕貴族でなく、国家の歯車である、というのも皇帝がいなくてもかれらは存在するし、かれらは皇帝によってつくられたのではない。紀元三世紀を通じて、元老院議員は少しずつ新しい機能的貴族と交替させられる。前期帝政時代のあいだは、元老院と不和になった皇帝たちは首都の平民のほうを愛する、つまりこの平民と皇帝の関係は易しく、平民を相手にすれば本当に君臨している気持ちになれる。皇帝たちは平民に見せ物をたくさん提供する。クラウディウスは温厚だというだけで多くの見せ物を提供している。トラヤヌスは政治と奢りからである。ルキウス・ウェルスは知性があまり優れていなかったからである。だがほかのすべての君主は、スエトニウスやカッシウス・ディオによれば、見せ物の大家だと評判されたが、それは偏見からだった。カリグラ、ネロ、ドミティアヌス、コンモドゥス、あるいはカラカラにとって、元老院議員を迫害し、平民に崇拝させ、平民にへつらうことはすべて一致している。ネロは世界史上、呪われ者という汚名を残したが、それでもこの皇帝の思い出はかれの死後三百年にわたってローマの平民のあいだで好評だった。(542) 元老院議員や人民と同様に、君主にとっても確執の焦点は観念的なものであった（嫉妬のドラマであった）、また見せ物の豪華さは君主が真の家族より平民を愛している確証になった。

　平民のほうはサンドリヨン〔下女〕でなくなったので幸福であった。おまけに平民は正当な理由で元老院議員を信頼していなかった。そのことは紀元四一年に見られたとおりである。つまりカリグラが暗殺されたばかりのことである。「元老院議員は専制的束縛から解放されたと思い、この機に乗じてかつての権威をとりもどそうとした。ところが人民はそのような栄光を妬み、皇帝の権力を元老院議員の絶対権力に対する歯止めとし、また元老院に反対するための頼りになると見なして、軍隊が皇帝をつくろうとするのを喜んで眺めていた」、「なぜなら平民は、皇帝なら、ポンペイウスの時代にローマが苦しみを舐めたような内乱を避けさせてくれるだろうと期待したからである」、これは「威厳」に狂った共和主義的寡頭政治家の復讐を指している(543)。

　かくて平民は悪い皇帝が貴族を侮辱するのを見て喜んだ(544)。大逆罪の裁判で君主が元老院議員らを自殺へ追いこんだとき(545)、あることが真面目な人々を恐怖に陥らせた——主人に対する奴隷の告発や証言が認められたのである、これはある人々には社会的スキャンダルとしてではなく、「不敬」、つまり親殺し(546)のように家族関係の転覆と思われ、また他の人々には下克上という報復だと思われたに違いない(547)。カリグラはその微妙な差異を感じていたので、自宅のバルコニーの下につくらせた即席の劇場において、「元老院議員や騎士の特別席を設けなかった。観客は好きなところに席をとり、男も女と同席し、奴隷も自由身分の人と同席であった(548)」。ところで、ローマでは観客の席の割り当てはたいていの場合、厳重に仕切られ、社会的身分を明瞭に示していた（ドイツでも、一八四八年までは、劇場の平土間は貴族の席になっていた）。カリグラのこの改革がどんなショックを与えたかは想像できよう。カリグラは下にいるすべての観客を平民に見立てたかった、またかれはわが家にいるように、自宅から、つまりバルコニーの上から観劇した。つまり国家の最高官でなく、一家の主《あるじ》としてである。

かくて見せ物は、少なくともローマでは人民と皇帝と元老院議員によって政治化された、これが相互関係のあり方を意味したり、または争点になったりした。見せ物が政治化されたというのは、見せ物が帝国全体において公共的なものであったからである――公的な儀式であり、理論的には国家の宗教に属していた（例外として、剣闘士の「闘技会」*munera* が挙げられるが、これは民俗的慣習と呼べるものであった）。政治化というのはわれわれが私生活やレジャーと呼ぶものを問題化し、政治とは何かを考えさせる――ある事柄、つまり宗教または競技会、娯楽などと同じものだろうか。それとも物事のあり方だろうか。それとも「第三のもの」だろうか。ある都市国家がその国家機構を使って外交政策を行なったり、新しい支配者を立てたりすれば、それは自然の理にかなっているように思われる――その都市は政治をしているのである。だがもしその都市が一般人の娯楽に手を出し、それを組織し、それを公開しようと思うなら、それでも政治だろうか。おまけにその都市が娯楽を「政治化」するなら、その役割から逸脱して、政治と呼ばれるものを濫用しているのではないか。

結論――祭典と民俗行事

皇帝または個人の恵与指向が公共記念物を建てないときは、都市に祭典や見せ物を寄贈することになる。それは時代の精神と一致していた、つまり民間の各種団体がすべての都市の制度を争って模倣し、同じようなことをしていた。それらの団体にはそれぞれ恵与者がいた。たとえば、われわれが哲学派と呼ぶような私設の宗教団体がある。ペリパトス歩廊におけるアリストテレス「学校」には先生の堕落した贅沢な趣味が残っていて、古代ではその髪型や私生活があまり哲学者らしくないとして嫌悪されていた(549)。この学校では月二回、饗宴が開かれ、校長はそのお膳立てをさせられた。出席者らはわずかの会費を払い、校長が不足分を自分の財布から支払った。実際、校長は毎月、替わった、だからこの学校のすべてのスタッフは順番で校長になった――これはもちろん恵与指向でなく、むしろトンチン年金である。それにしても金がかかったので、金持しかアリストテレス学派になったり、ペリパトス校の学問研究に参加できなかった。「多くの人が入学[550]をあきらめた、ちょうど合唱団長や課役の数が多すぎるような腐敗した都市が敬遠されるのと同様である」。順番に金を払うか、金持に支払わせる――ペリパトス校はこの両道を組み合わせた。金持が払いすぎるような都市は決定的に腐敗している。それが恵与指向の第一の政治問題である――物質的な利益、つまり金銭問題である。

この厄介な問題は当時でも今日と同様に重要であったことは間違いないだろう、でなければ人間の日常性が疑われる。だが政治的には、恵与指向の大問題は古代人にとっては物質的な利害というよりはむしろ服従のあり方の問題であった――ポリュビオス、キケロ、または反ネロの元老院議員らは恵与や見せ物を是認しないが、それは利益を再配分したくないというよりはむしろぼろを着た連中が献身的に奉仕もしないで権利を主張するのに腹を立てたからである。かれらの考えはよく分かる――かれらは金持であり、有力者か元老院議員であり、皇帝かも知れない。かれらは経済的利益よりも政治的関係のほうが大切である。それではどうしてかれらは恵与者になったのか。なぜなら当時、見せ物は公的行事であったからである、ちょうど恵与者が建てた建造物が公共のものであったように。ところで、有力者や寡頭政治家は公人である――かれらの中のある人々にとっては、見せ物は無駄である、つまり腐敗した政策である、それでもかれらは政治に関わり、また公人としてそのような政策に関わらねばならない。

換言すれば、当時、私生活と狭義の政治のあいだでは一般の娯楽がその次に重要であった。それが余暇や民俗行事についてのわれわれの概念を問題化する。

今日、レジャーは昔のように集団的である（映画は太陽のようにすべての観客へフィルムの映写を配給しながら、それでも全体である。また市《いち》が立っても人が群がらないならがっかりする）。ただわれわれの集団的レジャーは商業的に提供される（したがってわれわれの選択は個人的である）、他方、古代のレジャーは「自由企業」によるのでなく、慣習によって定期的に提供される。しかし慣習とはいえ、そのレジャーは民俗行事ではない、というのも公的であるからだ。国家または、ときには宗教的慣習が組織する。恵与指向が提供するのも、娯楽が公共的であったからである。恵与指向は政治活動であり、慈善行為ではなかった。民俗行事という名を、古いからというのでなく（民間以外にも伝統はある）、庶民的というかららでもなく（庶民的な民俗行事と同じ貴族的な民俗行事もよくある）、掟や書物というよりはむしろ習慣によって伝承されるものに適用しよう(551)。民俗行事の基準は起源や要因にあるのでなく、伝承にある。合理性から生じた活動、たとえば縁起ものでない技術は民俗的ではなく、また伝承の仕方が科学的なものも民俗的ではない。個人的な発意で、利益を得るために公開されるもの、たとえば映画も民俗的とは考えられない。群衆が一団となってみずから行い、流派もなく、個人的選択に委ねられる営利的な発意もなく、公権または宗教によって組織されないものが民俗的行事になるだろう。大勢の個人がおのずから同時に同じことをして楽しむためには「習慣」に動かされなければならない。それが民俗行事である。今日、民俗行事に代わったのが商業的に提供される娯楽である。古代では民俗行事は国の仕事になっていた。

だから古代人は、われわれが二分するものを三分していた。われわれは公共生活を私生活または日常生活に対比している。古代人は都市問題、私生活、そして祭典を分けていた。ポリュビオスはペロポネソス半島で同盟軍の戦争が終わったとき、正常な条件に復帰したことをあるところで喚起させている(552)――「戦争から解放され、アカイア人はティモクセノスを司令官に選び、習慣と日常生活をとり戻した。かれらは個人の財産を修復し、野良仕事に専念し、いけにえと伝統的な祭りを再興した」。ユウェナリスの「パンと競技場」でも同様に三区分が認められる、つまりこの詩人はこう叫ぶ――ローマ人はもう投票しようとしない、公共生活をあきらめたのだ、パンとお祭りにしか興味がない。「パン」と「競技場」がいっしょになれば、われわれにとっては必要なものと余剰、レジャーとともに私生活となるだろう、それに対して政治活動、公共生活がある。

政治的とは何か

だが、民俗行事がどうして国の仕事に昇格したのか。それには二つのわけがある。政治がある物事でなくなり、その内容もなくなれば何事も政治になる――集団は国家機構の機関によって何事もその庇護のもとに置く。政治がその機関を維持するという矛盾した内容を持つかぎり、民俗的なものは国の仕事になる、なぜなら娯楽は当然、政治的な「現状」に対する脅威だと思われるからである。

われわれがしかじかの事件、問題を政治的だと言うとき、二つの意味に解することができる。まず、共同社会に関わるさまざまな利益に関係する問題が政治的と呼ばれる。これらの利益は、新聞の見出しによれば、外国の征服者に殺されたくない気持ちをはじめ、大衆的娯楽の開催、あるいはわれわれの隣人に美徳、真の美学、真の宗教へ順応させずにはおれない熱意にいたるまでさまざまである。このさまざまな利益をめぐって個人的概念が異なり、衝突するようになれば、そこに政治が現われ、集団的利益をめぐって論議が行われるようになる。この第一の意味では政治は何でもないことである――公共的になった利益、あるいはもしその利益が集団とその機構に独占されるのを非難するならわれわれが「政治化された」利益と呼ぶものしか存在しない。これらの利益に対する集団の態度は「先験的に」未決定である。つまり最悪であろうと最善であろうと、好きなように決定できる。ところで、ある集団は固有の問題を自分で処理しようと試みる。その集団は恐らくすべての構成員に土地の所有を公平に配分しようと決めるだろう、また恐らく異端者を焼いてしまうだろう。このような決定をわれわれはどのような基準で判断できるだろうか。明らかに他者、つまり正義との関係で利益を判断する基準によるだろう。政治の理想的なあり方は人々のあいだに正義を支配させることである。もし恵与指向を政治的という形容詞の第一の意味で政治的だとするなら、それは恵与指向を再配分だったとする主張に戻ってしまうだろう。恐らく土地所有の再配分または分配は論争のうちに行われるか、それとも強制と暴力を求めることになるだろう。それでも集団が滅びる決定をするのは「先験的に」不可能である。

もちろん、ある集団が正義の理想に一致する政策を行うのはまれである、だがそれを有利に利用する階級が国家機構を掌握できれば可能であろう。もしその階級が支配階級のように狡猾であるなら、恵与または社会保障という形で利益の少量を再配分するだろう。それでも二項目だけは検討されるはずである——おとなしい国家機構と、その機関を利用する人々は集団全体を形成しているか、あるいはかれらは支配階級になるのか。それが少なくともマルクス主義的概念である。

ただ、「政治的」という形容詞がもっと狭義に解されることもある。ある政治権力が国教を強制するなら、われわれはその権力が宗教に「関係している」として非難するか、それとも称賛する、と言おう。それに反して、もしその権力が国際同盟を結ぶか、それとも憲法を変えるなら、われわれはその権力がまさしく政治的決定をする、と言おう。したがって機構そのものに関係し、その結果、機構を利用する集団の存続に関わることは政治的である。その機関は進行状態を保持しようとし、集団に利用される状態にあるかぎり、あるいは見知らぬ集団に吸収されないかぎり、あるいはもし革命的変革によって無力にされないかぎり、進行し続けるだろう。資本主義社会が資本主義的でない政策をするとは考えにくい、というのはその社会が所有者階級に握られているからでなく、国家機構がたんなるヴェールでない、つまり欺瞞的または残酷なまでに真実を表わしていないからである。その機構はみずから存在し、すべてのものを進行状態に維持しようとする。そのとき、正義に従って人々をいっしょに生活させようとする理想はすべての人をそれぞれ平和に暮らさせ、落ちつかせ、利用集団を生き残らせようとする理想に置き換えられる。そのためには当然、弱者に反して強者が頼りにされるだろう——「ゼネラル・モーターズ社にとって都合のよいことは合衆国にとっても都合がよい」。物事はありのままであるから、上の文は階級的政治に属さず、ずばり政治そのもの、あるいはむしろ政治そのものの二つの理想の一つ、つまり「現状」に頼る理想に属している。

政治は集団によって集団的またはそうでないものの利益をあずかり、正義を理想とする。政治は集団と国家をよい進行状態に維持し、その理想は機構が機能し続けることである。この二つの理想はめったに重ならない。秩序を確保し、人民をおとなしくさせておくには、すべてをぶちこわして権力者に対抗して正義を支配させるよりはむしろ抵抗者に対して強力な階級の支配を続けさせるほうが当を得ている、少なくともその抵抗が微弱であるかぎりは。なぜなら多数の自由と材料を集めても完全な解決にならないからである。人間はいっしょに暮らすようになったとたんから、譲らねばならない利益と個性がある。したがってどのような国家でも存在するかぎり支配者階級に味方する——それはマルクス主義者が想像するような理由からではない。たとえ階級のない社会においても国家機構はよい進行状態にとどまろうとし、利用者をその状態に維持しようとするだろう、なぜなら国家機構はその正式の所有者に役立ち、利用され続けようとするからである。国家は、軍隊が秩序の側につくのと同じ理由で権力者の側につく――任務を果たすためである。そのとき、政治は内容を持ち、なにものかになり始める。国家は何らかの重厚さ、自律性を備える。国家はあらゆる目的に適応しなくなる（国家機構が革命的になるとは想像しがたい）。そのすべてが悲劇的である、つまり結局は解決できない。だからわれわれは同じ政治的意見を持たないものに対して強烈な反感をおぼえる――われわれは政治によってこうむる不愉快、政治的な二つの理想の衝突がかれらのせいだとして恨む。それはさておき、この衝突は解決されなくても構わない。現実的にはなんとか妥協しながらおさまっている。そしてこの「なんとか」は議論や闘争に多くの場を残している（同じ抽象的原則から出発しても、二人の個人が完全に正反対の実際的結論に達するのはよくあることである）。

政治的な二つの理想が別々でありながらも混じり合うのを見るために、きわめて辛辣な例を挙げよう――外交政策である。もし何かが特に政治的と見なされるとすれば、それはまさしく外交政策である。もし集団の利益をあずかるものとしての政治、および国家と利用者集団を維持するものとしての政治が一つになるように見える領域があるとすれば、外交政策がその領域である。だがしかし……戦闘員は「妻や子供を守るために」死ぬと見なされる、これは戦闘員がヒトラーやジンギスカンを相手にするときは、まさにそのとおりである。だが常にそうではない。十八世紀に、ある地方を征服しても、その地方の住民の運命はなんの変化もこうむらない、ただ君主が入れ替わっただけである。だからモンテスキューは外国に征服された国民に利益のある場合を検討している。要するに、外国人としての君主は、いかなる政権、国民的政権でも被支配者に対して外国人でないように、その臣民に対して外国人ではない。集団の利益をはかることとは別に、外国の機構に対して自衛する国家機構の熱意もある。奇妙にも国家と人種を同一視し、元首がその土地の者でなければならないとする民族主義的自尊心は奇妙で新しい要求である（まだ幾世紀も経っていないが、イギリス人がドイツ国民の王朝に身売りしたことがある）。

結局、国家機構が充実し、自律性を帯びると別の結果を生む――その機構の占有、権力の行使が問題点となる、というのもたんにその機構がほかの要求に応える手段になるだけでなく、みずから満足を提供できるほどしっかりしているからでもある。これは愛国主義と言われるものとは違った動力になる――権力を好む人々は外国人に権力を独占されたくないだろう（このような細事はとるに足らないことかも知れないが、時代によっては想像以上に重要である）。ところで権力の行使には現実的な結果が生じるだけではない――「想像的な」結果もともなう（精神分析学者の言う意味で）。現実的な結果――モナドのあいだでモナドを統合すること（時間をかけて唯一のモナドに統合することも）は不可能な問題であるので、他律によって解決される。想像的結果――政治においても、各意識は他の意識が自分のことをどう思っているかが気になる、だから服従のあり方が重要になる。

実際的には、政治は、〔一〕定まった内容のない概念である――祭典は公共的になれるし、宗教も国教になれる。〔二〕集団とその機構を進行状態に維持するのが政治である――もし、是非を問わず、恵与指向が平民に反抗的観念を植えつける恐れがあるなら、「競技場」は政治問題になる。〔三〕国家機構が固有の充実性を帯びるなら、被支配者の群衆は権力に参加しようとすることができる、それともその自尊心または感受性に適したやり方でしか服従しようとしない。

要　約

したがって恵与指向としてのパンと「競技場」は三つの同等でなく異なった名目で政治に関与していた、つまりこれらの名目は社会学的な諺で述べられる三つの問題点に相当している――金、権力、そして威光。

現代人からあまりにも注目されすぎる第一の名目（なぜなら現代人は間接民主制の中で生きている人間として考えるから）は再配分、つまりほぼ正義と「現状」の中間、つまり政治の二つの目的の中間にある。この説明は無意味ではない、それは他の歴史的時代なら確かに真実である。だが経済がまだ専門化していなかった遠い昔では、政界は経済的優位を政治的、社会的な優越手段としか見なさなかった。再配分としての恵与指向、それは存在したが付随的なものであった。その理由はフロントを読めば、驚くべき箇所が充分に語ってくれる[553]――「ローマ人は二つのことで首根っこを押さえられている――パン（*pannona*）と見せ物である。この人民はくだらないことと重要なもので権威（*imperium*）に承服させられている。重要なものを無視すればそれだけ危険が大きく、くだらないことを無視すればそれだけ不人気を招く。金の配給、《賜り物》は大して見せ物ほど熱烈に求められていない、なぜなら賜り物はパンを求める平民を個人的、指名的に（*singillatim et nominatim*）しか満足させないが、一方、見せ物は集団的に（*universum*）人民を楽しませるからである」。

第二の名目は、国家機構が娯楽とパンを欲しがる被支配者の利益に脅かされていると感じるか、信じていたことである。事実、権力が規律の道を選ぶなら、それは異質的選択となり、心理的な理由で必要な程度を越える――「人民にそれ自体無邪気な祭りを許せば、人民はなんでも許してもらえると思いこみ、服従したり戦ったりしようとしなくなるだろう」。この問題について多くの解決が考えられた。まず、祭典――一定の期間に人民の快楽を調整する。これは支配者側には都合がよく、祭典を愛国的または宗教的な行事だと決められる。祭典が一日間に短縮されるなら娯楽と経費が集中されるので外観的効果が被支配者にもたらされるだろう、おまけに変化の面白さがある――日々に異なるのは楽しいことだ。もし祭典が神々へ献上されるなら、道徳にも傷がつかない（快楽の哲学者アリスティッポスはその風俗壊乱説で非難されていた――「どうして快楽が悪いのか」と、かれは反論した、――「神々を祝して祭典が開かれるのであれば」(554)。要するに、権威自体の利益のために、幼稚な人民にときどき気晴らしをしてやるのはけっこうなことである。

結局、直接民主制と、主観的権利による権威とのあいだに中間のものがなかったこの時代において、権力の所有には非現実的な効果があった。支配者は被支配者に奉仕しているという証拠を象徴的に示さねばならなかった、なぜなら権力は「副業」でも専門でもなく、また普通の所有でもなかったからである。服従される権利は優越性である、ところでどんな優越性も自己を表現しなければならない、さもなければ優越性が疑われる、なぜなら現実化と表現のあいだにあまり相異がないからである(「誇示的消費」が話されるとき、その表現現象はそのまま平凡に合理化される)。結局、政治は愛と同様にもろもろの意識の内的関係である――支配者はあるもの *aliud* でなく、わたしと同じ人間であり、「分身」*alter ego* であり、その人がわたしについて考えることはわたしが自分について抱く考えにおいてわたしを感動させる。「象徴的」と言われる要求はそこから来ているのであり(この要求は何も象徴していない、おのずから存在しているのである)、その要求をあまりにも観念的だとして軽蔑するのは単純だろう(555)。われわれは政治の三つの問題点を再発見することになる――だれが命令するのか、何を命令するのか、いかなる調子で命令するのか。

一九七四年二月～一九七五年十月、エクス‐アン‐プロヴァンスにて

訳者あとがき

本書は Paul Veyne, *Le Pain et le Cirque, Sociologie historique d'un pluralisme politique*, Éditions du Seuil, 1976 を底本にして訳したものであるが、一九九五年に、同スイユ社の叢書《Points Histoire》の一冊として再版されたものも有益に参照できた。またポール・ヴェーヌの著書のうち幾つかの訳はすでに法政大学出版局から刊行されている、たとえば叢書・ウニベルシタスの『歴史をどう書くか』、『差異の目録』、『ギリシア人は神話を信じたか』、『古代ローマの恋愛詩』であるが、さらに本書と前後して同出版局から刊行される『詩におけるルネ・シャール』をもって最近までのポール・ヴェーヌの主要著書が網羅されることになろう。

ポール・ヴェーヌはその自叙伝的な対話『日常的なことと興味あること』*Le Quotidien et l'Intéressant, Entretiens avec Catherine Dambo-Perschanski*, Les Belles Lettres, 1995 において、十二歳のとき、親友といっしょにニームの修道院内に常設されていた墓碑銘陳列コーナーでラテン語、略語、アンフォラなどに親しんだことが古代との最初の出会いだったと思いだしている。戦後まもなくバカロレアに合格して大学入学資格を取得し、さらにパリのリセ、アンリ四世校のエコール・ノルマル・シュペリユール予備学級へ進んでギリシア語、ラテン語、歴史、哲学を学び、一九五一年、この名門校に合格。エコール・ノルマル・シュペリユールではローマ史を専攻したが、ドイツ語を改めて学習しなおし、ドイツ語文献を読みあさる。このあいだにフランス共産党に入党したが、ソビエト軍戦車のブダペスト侵攻のあとで脱党する。ローマ・フランス学院へ派遣され、二年間の研究生活を終えると、二十七歳でソルボンヌ（大学）の古代史講座の助手をつとめる。その間、ラテン語よりはむしろギリシア語のテキストを耽読する。アルジェリア戦争のときは、民族解放戦線（F・L・N・）に協力して目立たない活動をおこなう。第二次世界大戦のときは若すぎたが、もう五年早く生まれていたらレジスタンスに参加したはずだと述べている。一九六八年の五月革命には深く共鳴し、心から満足した、というのも「人間はあまりにも退屈な遵法主義者だから」。

ソルボンヌからエクス＝アン＝プロヴァンス大学へ転勤し、ラテン語の授業を担当するが、のちにはギリシア語教師だと宣言し、ギリシア語を教え、ギリシア語テキストの講義に専念する。このエクス時代に社会学者で人類学者として著名なマルセル・モースの『寄付試論（贈与論）』に刺激され、「古代における寄付」をテーマとする学位論文の準備をはじめるために、マルクスの唯物史論につづいて社会学、民族誌学、人類学を中心に研究する、というのも同じ世代の同学の士と同様にヴェーヌもこのテーマで古代史を一新するという大望を抱いたからである。その後、本書の序論とも言うべき大作『歴史をどう書くか』を発表して名を上げる。事実、この著書において、すでに本書で古代ギリシア・ローマにおける「恵与」または「恵与指向」と訳される *évergésie* または *évergétisme* という慣習や制度がくりかえし喚起され例証とされている。そしてついに『パンと競技場』が完成するが、本書になるまでには三度にわたって書き直された。一九七四年、ポール・ヴェーヌはコレージュ・ド・フランスのローマ史講座主任教授に選ばれ、今日におよんでいる。

先に挙げた自叙伝的対話の書において、ポール・ヴェーヌは「日常的なこと」の一例として「わたしは六十五歳になる［……］好きなことをするのが職業であり、フランス公務員としてきわめて恵まれた境遇にいる。年によって違うが、わたしの収入月額は印税を含め、税込みで三万から四万フランである」と言っている。一般にフランス人は自分の年金の額を他人にうち明けないと言われているが（日本人もおなじかも知れない）、公刊される本の中でこんなにあけすけに月収のことを述べる人は珍しい。だがおなじ日常的なことでも、古代ローマ人にとって無料または安いパンの配給をはじめ、競技会や闘技会、各種コンクールの開催、さらに市民に提供される大饗宴はあたりまえのことであった。だからローマ人は「パンと競技場」のことしか念頭にないと軽蔑され、それが世界の評判になったほどである。だが問題は、本書のはじめのほうでヴェーヌが述べているように、この日常的な出来事がヴェーヌ以前の古代史家から正当に論述される機会がなかったことである。つまり社会的、あるいは国民的な恵与者の実態が本書においてはじめて歴史的に明らかにされた。この点で本書は「コロンブスの卵」に比べられるかもしれない。

同じ『日常的なことと興味あること』の中で、「興味あること」は善悪や美醜や利害に関わらない「純粋な好奇心」を満足させるものだと述べられる、ちょうど登山家が高い山に挑むのはそこに山があるからだと言われるとおりである。つまり山にどんな興味があるのかという理由を述べるわけにはいかない。どうしてローマ史を選択したのかという質問に対しても、ヴェーヌは、古代ローマが完全に過ぎ去った過去であり、別世界であり、またキリスト教普及以前の異教徒の世界であるので自由に語れるからだと答える。つまりすべてが消滅した過去と高い山は、ともに興味をひかれる存在である。だからこそ本書の巻頭において、著者はアルプスの名峰ヴェルトへこの書を献じ、自作の詩を捧げている、それもラテン語とプロヴァンス語の中間的な表現で。

本書の主題は、上で示したようにギリシア・ヘレニズム時代からローマ共和制、ローマ帝政の時代にいたる「有力者」、「凱旋将軍（総督）」、「寡頭政治家」、「元老院議員」、「皇帝」らが一般市民や都市のために（あるいは神のために、あるいは永遠の未来のために）ご馳走をふるまい、小麦（パン）を無償で、または廉価で配給し、競技会や闘技会や演劇のような見せ物を提供し、また今日でも多くの遺跡として残っている神殿や劇場や円形競技場などの記念建造物を寄贈するという恵与をおこなった事実を中心にして、恵与の条件や背景をはじめ、これらの時代における政治体制の特色、政治家の物質的条件と精神構造、人民の条件や反応などの歴史的進化、変貌を社会学的、経済学的、民族誌学的、人類学的なアプローチ、要するに人文科学の方法論を駆使して「語る」膨大な古代歴史絵図である。また本書で語られる世界、つまり古代社会は今日から見ればまさに「別世界」であり、だから皮肉なことに逆に現代社会における各種の社会・政治活動を原点にもどって見なおす点でも意味深いことであるかも知れない。この産業革命以前の社会では、手作業の仕事が軽蔑され、「仕事」らしいものはまだ存在せず、有力者からふるまわれる肉料理が日常的貧困の中で唯一のすばらしいご馳走であり、日本で「先生」と呼ばれる人々、たとえば教師、政治家、医者、弁護士らは報酬をうけとるに値せず、それどころか政治家は政治をさせていただく名誉のために惜しみなく財を投げだし共用財として提供し、誇示的な消費に当てなければならない。それが人民を「非政治化」するためであるかどうかは本書において徹底的に議論されている。それだけではない、著者ヴェーヌはたとえ古代の社会を語りながらも、これまであいまいに付されてきた事柄、あるいは謬説にぶつかるたびに、回り道をしながらも、つねに現代の人文科学的立場から批判し、「本文」のみならず「注」（全体の四分の一以上の量におよぶ）においても多くの学説を片っ端から批判し、論戦を展開する。たとえば「寄付」、「再配分」、「寡頭制」、「帝政」、「イデオロギー」、「慈悲と慈善」、「カリスマ」、ローマ皇帝の「直轄国庫」、皇帝と軍隊と元老院、政治的「妬み」等々の問題、本書はまさに経済学的、社会学的、心理・社会学的な議論の戦場の場と化している面もある。しかもポール・ヴェーヌはひとたび著作を終えると、二度とその著書をふり返らず、まるで過去の作品は同氏があとへ落とした「滓」か「糞」に喩えられる。ヴェーヌほど模倣・追従をゆるさない作家はまれであり、今日のフランスで傑出した歴史家、あるいは多才な哲学者の巨星のひとつとして輝いている。

本書の訳出にあたっては、まず法政大学出版局の稲義人氏から格別の信任と支援をいただいたこと、そして原著者ポール・ヴェーヌ氏から本書の中の難解な表現や語彙についてたびたび懇切な教示をたまわったこと、さらに法政大学出版局の藤田信行氏から千ページをこえる本書の完成にいたるまで熱心なご協力をいただいたことに対し、改めて心からなる感謝を表明したい。

一九九八年夏

鎌田博夫

著　者

ポール・ヴェーヌ (Paul Veyne)

1930年南仏のエクス-アン-プロヴァンス生まれの現代フランスの歴史家．フランス・ローマ学院の会員となり古代ローマ史を研究，多数の考古学・文献考証学の論文を発表．パリ大学文学部助手（1957-60）を経てプロヴァンス大学で古典語の教鞭をとる．69-70年歴史認識論への試論『歴史をどう書くか』を執筆，アカデミー・フランセーズのエッセイ賞を受賞．76年には「年誌（アナール）」学派の第三世代として歴史ジャンルのしきたりを打破する本書『パンと競技場』を発表し，コレージュ・ド・フランスの教授に抜擢．現在，同名誉教授．邦訳書に，『歴史をどう書くか』『ギリシア人は神話を信じたか』『差異の目録——歴史を変えるフーコー』『古代ローマの恋愛詩』『個人について』『詩におけるルネ・シャール』『歴史と日常』（いずれも法政大学出版局刊）などがある．

訳　者

鎌田博夫（かまた ひろお）

1924年東京に生まれる．大阪外国語大学フランス語部・京都大学文学部文学科（フランス文学専攻）卒業．1988年東北大学文学部教授退官．同大学名誉教授．フランス共和国パルム・アカデミック勲章（シュヴァリエおよびオフィシェ）受章．2013年死去．著書：『スタンダール——夢想と現実』．訳書：ヴェーヌ『古代ローマの恋愛詩』『歴史と日常』，ジェルネ『中国とキリスト教』，マラン『語りは罠』，ル・ゴフ『中世の人間』『ル・ゴフ自伝』，ズムトール『世界の尺度』，デル・リット『スタンダールの生涯』（以上，法政大学出版局），ほか．

《叢書・ウニベルシタス　600》
パンと競技場
ギリシア・ローマ時代の政治と都市の社会学的歴史

1998年11月10日　　初版第１刷発行
2015年11月11日　新装版第１刷発行

ポール・ヴェーヌ
鎌田博夫 訳
発行所　一般財団法人　法政大学出版局
〒102-0071 東京都千代田区富士見 2-17-1
電話03(5214)5540／振替00160-6-95814
製版，印刷：三和印刷／製本：誠製本

Printed in Japan

ISBN978-4-588-14023-5

歴史的索引(*)

i, ii…は緒言のページ数，1, 2…は本文のページ数，(1)(2)…は原注のページ数を示す

ア

カ

原注（＊）社会学的索引の「資本主義者」「騒動」「祭典」「奢侈」の項目をも見よ．

サ

タ

ナ

ハ

マ

ヤ

ラ

社会学的索引

1, 2...は本文のページ数，(1),(2)...は原注のページ数を示す

ア

カ

サ

タ

ナ

ハ

マ

ヤ・ラ・ワ

原　注

第一章

1．たとえば A.Alfödi, *Die Kontorniaten*, p. 40 を見よ．いつか皇帝の財務長官は寄贈長官と呼ばれるだろう．J. Michel, *La Gratuité en droit romain*, Université libre de Bruxelles, 1962 は報酬を無償性に対比し，例外としての純粋な無償性を，寄贈が見返りを期待する利欲的無償性，あるいは実質的満足，あるいは社会的利益と区別している．報酬の領域は形式的契約，マックス・ウェーバーなら「取引」という領域であり，利欲的無償性の領域は慣習と隷属者の領域である．一般的には古い古典的研究書を参考にしよう―― R. von Jhering, *Der Zweck im Recht*, reprint, Olms, vol.1, ローマにおける無償性と好意に関しては，pp. 76-88; 寄贈と寄付申し込みに関しては，pp. 214-226; 基金に関しては，pp. 365-370.

2．この *reliqua colonorum* については自明なこととして述べられ，規則のように思われる（『学説彙纂』*Digeste*，トラヤヌスの食卓，ラテン農学者たち）．次の研究書を比較せよ―― Khieu Samphân, *L'Économie du Cambodge et ses problèmes d'industrialisation*, Paris, 1959, p. 48（法学博士論文）――カンボジアの農民は借金取りから責められることなく，いつも借金している――ただ農民は高利貸しのために働いているだけである．ローマでは，高利貸しは土地所有者であった（なぜなら貴族が高利貸しをしていたからである）．貴族は小作人と個人的な絆で結ばれていたから，小作人を見捨てることができなかった――そこで延滞金が累積した．われわれは取引の法則より社会的関係のほうが強い社会に生きている．さらに，金を投資することが難しかった時代においては，ただ蓄えておくだけの金よりも働く農民のほうが重要である．以下を参照せよ―― G. Goubert, *La Ville et la Campagne au XVIIe siècle*, repr., 1955, A. Colin, p. 231 ――「債務者から返済してもらうのはきわめて厄介なことであった」．P. Goubert, *Cent mille provinciaux au XVIIe siècle*, pp. 205, 214, 378. 土地所有者と小作人とのあいだにはいつも貸借関係があり，決して清算されない．

3．今日でも続けられているこの欠かせない贈り物については他のところで詳述する．ただ次の点を指摘しておこう，つまりローマの墓碑美術に見られる小作料支払いの場面をこのように解釈しなければならない，またウェルギリウスの『田園詩』，第 9 編，第 6 歌でもそのことが暗示されている――「これらの子羊はいけにえにされ，肉屋の売り物になる」*hos illi, quod nec vertat bene, mittimus haedos*. 同，第 1 編，第33歌を参照せよ．さらに同様の場面が

見事な現代版としてイタリアの小説の中に見いだされる —— G. P. Callegari, *Les Barons*, p. 160 —— これはローマの墓碑浮彫りについての最良の注釈である．以下のものも見よ —— S. Eitrem, «Extra payments», in *Symbolae Osloenses*, XVI, 1937, pp. 26-48; J. Döleger, in *Antike und Christentum*, VI, 4, 1950, p. 300.

4．*Éthique*, IV, 1, 30(1121 A 20).

5．これは大きな問題点である —— 貨幣価値，つまりそれからもたらされる満足は，比較できる利益を有し，同じ手段で満足し合える二つの社会においてしか比較できない．鉄道旅行は乗合馬車で行くより費用がかからず，時間も短い．だからますます旅行しやすく，ますます旅行が好きになり，ほかの楽しみをあきらめることになる．それに反して，巡礼はすたれていくだろう —— ところで巡礼は信心と旅の趣味を満足させた．欲求は変化し，その満足の仕方も交替し，いろいろと金がかかる．このよく知られた難問については次の書を見よ —— Simon Kuznets, *Modern Economic Growth*, Yale University Press, 1966, pp. 21-23; J. Marczewski, *Comptabilité nationale*, Dalloz, 1965, p. 504. 1セステルティウムは〔フランス革命時代，共和暦〕ジェルミナール月のフランで12スー，つまりバルザック時代の約半フランに相当した，最後に，バルザック時代の1フランは1973年の3～4フランに当たる．したがって理論的には，1セステルティウムは2フランの価値があることになる．実際には，最終的に，このような比較には意味がない —— 金持と貧乏人の収入の差は今日よりはるかに大きく，財の相対的価格は異なっていた —— 食費と住居費は今日よりはるかに安かった（確かに，貧しい人でははるかに食生活が悪かった），だが衣服をはじめとする製品ははるかに高くついた（だから古着の商いは重要であった，したがって比較は難しい）．

6．S. Dill, *Roman Society from Nero to Marcus Aulerius*, Meridian Books, 1957, p. 231. —— なお，紀元2世紀の二作品を引用しよう，これらは当時の寄付の役割をよく示している．まず，Fronton, *Ad Verum*, II, 7 (p. 27, Van den Hout) —— フロントの支持者に若い元老院議員がいて，二人の友情は格別に親密である，「わたしの財産がもっと多ければ，かれが不自由をしないで，元老院議員の責務（*munia*）を楽に果たせるようにいくらでも使ってもらうのだが．仕事のために海をわたって行くようなことをさせないのだが．不幸にして，わたしの私有財産の乏しさとかれの貧しさ（*paupertas artior*）のために，かれにはきわめて深い友情を抱く人物の遺言による遺贈物をうけとらせるために，やむを得ずかれをシリアへ出発させた」（ラテン語の友情は支持者層を表わす緩叙法であることは知られている）．次に引用するのは，—— アプレイウス『弁護』23 ——「わたしは次のように言明する —— わが父はわれわれ兄弟に200万セステルティウムほどの金を遺してくれたが，この財産はわたしの長い旅，延長された留学，幾度も行なった贈与でいくらか減った．という

のもわたしは大勢の友を援助し，多くの師に感謝のしるしを示し，さらにそのうちの幾人かの娘に持参金をつけたからである」．このアプレイウスの父はマダウルスの有力者であり，アプレイウス自身もこの都市の十人組長であった(『弁護』，24，9)．十人組長の納税額はある都市では少なくとも10万セステルティウムであり，それ以上のこともあった（常時ではないが）ことは分かっている．実際，アプレイウスの父には元老院議員の一人くらいの納税額の二倍の財産があった．実際，100万セステルティウムの金では元老院議員の職務を全うするには足りなかった，というのもローマの平民へ，どの高官も行うことになっている見せ物を提供するためにかなり多くの出費ができなければならなかった．それを提供するために，自分の財産や保護者の贈与や遺贈が当てられた．──小プリニウスについては，次の研究を見よ──R. Duncan-Jones, «The Fiances of the younger Pliny», in *Papers of the British School at Rome*, 32, 1965, pp. 177-188.

7．A. Boulanger, *Aelius Aristide et la sophistique dans la province d'Asie*, De Boccard, 1923, p. 25; H.-I. Marrou, *Histoire de l'éducation dans l'antiquité*, Seuil (depuis 1948), index of the *notabilia* and p. 405. 現代ギリシア語で，公共的篤志家，庇護者の意味で「恵与者」は一般に用いられている──事実，庇護という意味で恵与指向という語が生まれたのは現代ギリシア語からである，これはフランス・アテネ学士院（École française d'Athènes）の会員だったブーランジェの研究による──1900年ごろ，エジプトやアナトリアから母国に学校や公共建造物を建てた富裕なギリシア商人が恵与者と呼ばれた．

8．ラテン語で「宗教」は「神々と神聖な儀式」を表わすが，これは「音響」の研究が「音」の研究と言われるのと同様であり，またルクレティウスの詩の題がまさしく「事物の自然について」を意味するのと同様である．後述するが，恵与指向を示す適当な語は「鷹揚さ」または「豪勢さ」*megaloprepeia* であろう──それは恵与者を鼓舞する美徳による恵与指向の事実全体を示している．不幸にして，この「メガロプレペイア」は哲学的言語から来ていない──話し言葉ではむしろ「megalopsychia」と言われ，この語の意味，つまりもっと広く「寛大さ，鷹揚さ，誇り，魂と性格の力と偉大さ」を表わすものを鷹揚さに限定して用いられた．*megalopsychia* については本書，第二章において触れることになる．

9．もっとも詳細な研究は以下のものであろう── U. Kahrstedt, *Kulturgeschichte der römischen Kaiserzeit*, second edition, Bern, 1958, pp. 63-68, 223-230; H. Last, in *Cambridge Ancient History*, vol. XI, pp. 462-467; J. Gagé, *Les Classes sociales dans l'Impire Romain*, second edition, Payot, 1971, pp. 165-169; L. Friedländer, *Petronii Cena Trimalchionis*, second edition, reprint, 1960, pp. 50-59; O. Seek, *Geschichte des Untergangs der antiken Welt*, second ed., repr., 1966, vol. 2, pp. 157-160.

10. H. Bolkestein, *Wohltätigkeit und Armenpflege im vorchristlichen Altertum*, Utrecht, 1939.

11. 以下を参照せよ —— Max Weber, *Le Savant et le Politique*, Freund, 仏訳, pp. 104-108; *Religionssoziologie*, vol. 1, p. 271.

12. 集団的な財とサービス，およびこの領域において少なくとも取引のメカニズムによるパレートの最適に達する困難さについては以下を見よ —— Guy Terny, *Économie des services collectifs et de la dépense publique*, Dunod, 1971, pp. 96-99, and passim. 以下も参照した —— A. Wolfelsperger, *Les Biens collectifs*, PUF, 1969, and W.J. Baumol, *Welfare Economics and the Theory of the State*, London School of Economics, 1965.

13. 政治的なものの本質があると認めることもあるが，国家を本質だと信じることもある．これは民族誌学者と歴史家に必要な唯名論である —— ヌエル族またはアザンデ族の国家について話せようか．封建的国家について話せようか．すでに国家の基準として合法的暴力の独占と見なすことが慣習的になっている，それはマックス・ウェーバーによる．国家概念の批評に関しては以下を見よ —— J. Schumpeter, *Impérialisme, classes sociales*, ed. J.-C. Passeron, Éditions de Minuit, 1971, pp. 236, 249-252; Max Weber, Économie et Société, vol. 1, p. 58; S. Landshut, *Kritik der Soziologie*, Luchterhand, 1969, p. 261.

14. Max Weber, Économie et Société vol.1, pp. 205, 364.

15. Marshall, «Social Possibilities of Economic Chivalry», in *Memorials of A. Marshall*, edited by A. C. Pigou, 1956, p. 323. わたしは Wicksell の論文は Schumpeter を通じて知っているが，入手したことがない．M. Mauss, *Sociologie et Anthropologie*, p. 258; Le Play —— 本書第二章，注（158）で引用．

16. A. Métraux, *Religion et Magie indiennes*, Gallimard, 1966, pp. 240, 267; F. Cancian, *Economics and Prestige in a Maya Community*, Stanford University Press, 1965.

17. *La Vie sexuelle des sauvages du Nord-Ouest de la Mélanésie*, Payot, 1930, p. 133.

18. J. Tricot, *Éthique à Nicomaque*, Vrin, 1967, p. 133（訳注）．

19. J. Aubenque, *La Prudence chez Aristote*, PUF, 1963, p. 37.

20. *Éthique à Nicomaque*, Tricot 訳（ときどき修正あり），IV, 4-6（1220 A 20, 以下），引用はすべてこれによる．1107 B 15 を参照せよ．

21. 同書，1122 A 30.

22. *Somme théologique*, Secunda secundae, qu. 134, cf. 129 ——「寛容な人の特徴は非難すべきことでなく，この上なく称賛すべきである（super-excedenter laudabiles）……寛容な人は名誉や栄光にある人々に対して軽蔑を示し，中程度の身分の人々にはつつましい．かれは外見上の謙譲さで（*ironia*）

通俗な人を避け，自分の誇りを隠蔽し，だれとも一緒に暮らさない，つまり友人としか親しくしない」．この箇所全体はできるだけ寛大な意味でアリストテレスを表わしていて，一見，自画像に見える．トミズムにおいて，謙譲の美徳にはアウグスティヌス的伝統よりはるかにつつましい意義のあることは知られている．寛容性については次の研究書を検討した—— U. Knoche, *Magnitudo animi*, Philologus, Supplementband XXVII, 5, 1935, and R.-A. Gauthier, *Magnanimité : l'idéal de grandeur*, Bibliothèque thomiste, XXVIII, Vrin, 1951.

23. *Ibid*., Secunda secundae, qu. 129, art. 3, cf. art. 6.

24. 聖トマスにおける無意識に関しては，以下を見よ—— F. Brentano, *Psychologie du point de vue empirique*, Gandillac訳，Aubier, 1944, p. 135, n. 2. すでに聖アウグスティヌスにおいて，無意識は潜在的な思い出の中で認められる——「魂はあまりにも狭く，自己を持せない，だから魂の中に含まれない部分がどこに存在するかが問われる」（*Confessions*, X, 8); cf. E. Gilson, *Introduction à l'étude de saint Augustin*, p.86, n. 1, p. 135, n. 2, and p. 293. 精神分析学者らのいう無意識は，抑圧から生じるとしても，無意識の概念には変わりない——抑圧はただ無意識のメカニズムのうちの他のものにすぎない．哲学者が，無意識は意識の働かないことを行うだけではない（心理的自動性）と認めて久しい——それは意識が行なっているつもりのことも行う．無意識は意識と同じ分別のあることを行い，黙々とその務めの一部を代行するだけであり，ちょうど主婦の手伝いをするが，女中兼主婦ではないと単純に思われていた．

25. モンテスキュー，『ローマ人盛衰起源論』 3．

26. *Éthique*, I, 10, 3-5（1100 A 15); I, 11（1101 A 20); I, 7, 6（1097 B 10); IX, 9, 3（1169 B 15).

27. 『学説彙纂』50, 16, 203, and 50, 17, 1.

28. Max Weber, *Le Judaïsme antique*, Raphaël 訳，Plon, 1971, pp. 80-84, 346-355, 484-485.

29. *Exode*, XXII, 20 and XXIII, 9.

30. *Écclésiastique*, XIII, 22; cf. VIII, 18 and 21.

31. アイスキュロス『アガメムロン』，914以下を見よ—— R. Hirzel, *Themis, Dike und Verwandtes*, pp. 272-273; cf. パウロ『コロサイ人への手紙』，IV, 1.

32. Dessau, *Inscriptionses latinae selectae*, no. 7620; Buecheler, *Carmina epigraphica, no. 74. Inscriptions latines de l'Algérie*, vol. 2（Pflaum), 820. 以下の注解を見よ—— Bolkestein, *Wohltätigkeit und Armenpflege*, p. 473, and M. Mac Guire, «Epigraphical Evidences for social charity in the Roman West», in *American Journal of Philology*, 1946, pp. 126-150. この語調は市民

的厳しさと対照的だが，ほかにも見られる——旧約聖書の温情がどれほどエジプトの温情に近いかは知られている，つまりエジプトでは紀元前2000年以来，貴族の故人はその碑文において，「わたしは孤児に対して父親のようにふるまい，寡婦たちの面倒をみた」と書いている．たとえば次の研究を見よ—— E. Suys, *Vie de Petosiris, prêtre de Thotă Hermoupolis-La-Grande*, Bruxelles, Fondation égyptologique Reine Élisabeth, 1927, pp. 127, 134, 144.

33. エピクテトスのほかに，ムソニウス，19，奢侈について，p. 108, Hense を見よ．

34. カナンの女の逸話については，以下による—— Harnack, *Mission und Ausbreitung*, vol. I, pp. 39-48; A.D. Nock, *Essays*, vol. I, p. 69, n. 72 においては，「イエスの行動に暗示される普遍主義について触れられている」．

35. テルトゥリアヌス『護教論』，39，7．『ディオグネトゥスへの手紙』，I. Minucius Felix, 9, 2; cf. 31, 8.

36. 『ヨハネによる福音書』，XIII, 34-35, および XV,12 と 17．次と比較せよ——『ヨハネの第一の手紙』，II, 7;『ペテロの第一の手紙』，II,17 ——「すべての人を尊敬せよ，きょうだいを愛せ，神を恐れよ，皇帝を敬え」．『ヨハネによる福音書』に関しては，次の研究者の業績を参照した——ルナン『イエス伝』補遺のほか，Loisy, Bultmann, H. Odeberg, O. Cullmann, C.H. Dodd, and J. Blinzler.『ヨハネによる福音書』のものとされる史実性とイエス観のあいだには解釈学的領域がある．

37. A. Dupont-Sommer, *Les Écrits esséniens découverts près de la mer Morte*, 3th ed., Payot, 1968, p. 75; cf. J. Daniélou, *Philon d'Alexandrie*, Fayard, 1958, p. 49.

38. Harnack, *Mission und Ausbreitung*, vol. 1, pp. 178-183. 特徴的なテキスト 2 編がある——コリントスのディオニュシオスからエウセビオス宅内のソテル教皇宛ての手紙，*Histoire ecclésiastique*, 4, 23, 10; Aristide, *Apologie*, XV, 6-7（C. Vona, *L'Apologia di Aristide*, Lateranum, XVI, 1950, pp. 108, 116）.

39. Symmaque, *Epistulae*, I, 3 : «Deos magna pars veneratur; privatam pecuniam pro civitatis ornatu certatim fatigant.»

40. Louis Robert, *Hellenica*, XI-XII, p.569 sqq.; 紀元 4 世紀のアフリカにおける異教徒とキリスト教徒の恵与指向については以下を見よ——P.-A. Février, in *Bulletin d'archéologie algélienne*, I, 1962-1965, p. 212.

41. Saint Ambloise, *De officiis ministrorun*, III, 36-44; cf. J.-R. Palanque, *Saint Ambloise et l'Impire*, p. 340, n.80.

42. アウグスティヌス『神国論』，2，20，cf. 5，15，このテキストは感銘的である．

43. Saint Cyprien, *De opere et eleemosynis*, 21-22.

44. W. Weismann, Kirche und Schauspiele : *Die Schauspiele im Urteil*

der lateinischen Kirchenväter, p.164.

45. *Cypriani opera*, ed. Hartel, vol. 3（*Corpus* de Vienne）, *Vita*, p. XCIV : «contemptis dispendiis rei familaris». 司教による教会建設については，紀元3世紀後半のラオディケア・コンブスタの有名な司教ユリウス・エウジェニウスの碑銘を見よ，引用先── Harnack, *Mission und Ausbreitung*, vol. 2, pp. 616, 774（W.M. Calder, in *Klio*, 1910, 233 のものが最良のテキストである）．──この機会に指摘すれば，ローマの碑銘（*tituli*）は私的な基金である── Harnack, vol. 2, p. 564.

46. 次の注釈による── L. Robert, *Hellenica*, XI-XII, p. 13, n. 1. *Hellenica*, X, p. 200 も見よ．

47. G. Le Bras, *Études de sociologie religieuse*, PUF, 1955, vol. 2, p. 564.

48. Id., *ibid*., p. 573.

49. Id., *ibid*., p. 574. キリスト教会への遺贈については，上のル・ブラのきわめて密度の高い2ページのほかに，次の研究も見よ── J. Gaudomet, *L'Église dans l'Impire romain*, Sirey, 1958, pp. 294-298; cf. 167-168, and E.F. Bruck, *Kirchenväter und soziales Erbrecht*, Springer-Verlag, 1956. *Totenteil* については後述する．

50. 本章の注（10）を見よ．キリスト教徒の皇帝たちがどのようにして皇帝の寄贈を慈善事業に変形するかを見よ── H. Kloft, *Liberalitas principis*, 1970, pp. 171-175（コンスタンティヌスに関して）. D. van Berchem, *Les Distributions de blé et d'argent à la plèbe romaine*, p. 103（後期帝政時代の「身分別のパンの配給」*panis gardilis* は慈善事業である）．

51. *Digeste*, 30, 122 pr.

52. 例として，Dessau, *Inscriptiones latinae*, no. 6271: «sine distinctione libertatis». Cf. L. Robert, *Études anatoliennes*, p. 388, n. 2.

53. セネカ『寛容論』，8．Cf. Pohlenz, *La Stoa*（イタリア語訳）, vol. 2, p. 82. 他のテキストは次の引用による── H. Pétré, *Caritas, étude sur le vocabulaire latin de la charité chrétienne*, Louvain, 1948, p.223.

54. 後出，第二章，注（162）を見よ．社会では「恩恵」が交換されるので，貧しい人はその領域の外へ出される，なぜならかれらは恩恵の返しができないから．次の研究を見よ── J. Kabiersch, *Untersuchungen zum Begriff der Philanthropia bei Keiser Julian*, Harrassowitz, 1960, p. 31.

55. Max Weber, *Religionssoziologie*, vol. I, p. 495. このページ全体は市民的厳格さを庶民的慈善に対比させている．

56. Saint Justin, *Première Apologie*, 67; Tertullien, *Apologétique*, 39 : «Nemo compellitur, sed sponte confert». 擁護論者には，この自由を強調することが重要だった──施しは組合（*collegium*）の会員に義務づけられた会費支払いに類似するはずがなかった，なぜならどの組合も帝政権力によって認可

されなければならなかったからである．

57．『ヘブライ人への手紙』，XIII, 16, 次の引用による—— Harnack, *Lehrbuch der Dogmengeschichte*, vol. I, pp. 227, 231, 465.

58．*De opere et eleemosynis*, 1 —— Harnack の引用による．

59．アレクサンドリアのクレメンス『教育者』，2，12，5（ed. Harl-Marrou-Matray-Mondésert, vol. I, p. 229）．

60．Bruck, *Kirchenväter und soziales Erbrecht*, p. 69.

61．B. Groethuysen, *Origines de l'esprit bourgeois en France : l'Église et la bourgeoisie*, Gallimard, 1956, p. 167. この著書が理論的に（歴史的にではないとしても）正当でなく，また正義と慈善を誤って対立させていることに対する反論として，次の著作を見よ—— E. Gilson, *Introduction à l'étude de saint Augustin*, p. 179. 貧困に対するイエスの本当の態度は次の書で説明されている—— E. Troeltsch, *Gesammelte Schriften*, reprint, 1966, Scientia Verlag, vol.4, p. 122.

62．古典的になった例として，François Jacob が *La Logique du Vivant* のはじめにおいて示しているものが挙げられる——顕微鏡の発明は，信じられるほど旧生物学を転覆させなかった，それどころか，1世紀以来顕微鏡で得られたデータが科学にとりいれられるにはその生物学の自律的な変化が必要であった．提唱者より以上に過激な主張をしてはならない——生物学はそれ固有の偏狭さをこうむりながら，そのことを知らなかったのである．またそれを計画してもいなかったから，価値あることとして偏狭さを生物学に帰すべきではない．同様に，協働的恩寵を受けるか，主導的恩寵をこうむるキリスト教的魂はその恩寵を自己のものに帰すべきではない，なぜならその恩寵は自己からきたのでなく，神からきたのであるから．古代人固有の行動，その固有の修辞学，その固有の教義等もまた古代人に帰すべきではない，つまり選んだというよりはむしろ受けとっていたのである．有名なアラビア研究者が大いに尊敬すべき寛容さと勇気があり，熱心なキリスト教徒として，フランス植民地主義に反対してイスラム文化を擁護しても，かれはアラブ人をキリスト教に改宗できなかったから，アラブ人をイスラム教に改宗させたいのであり，アラブ人のほうがかれほどイスラム教徒でないなどと悪口がたたかれた．

63．M. Foucault, *L'Ordre du discours*, Gallimard, 1971, p. 54「寡黙化組織があることはその下，またはその域外に無限で，継続的，沈黙的な大きい言説（ディスクール）が支配していて，それが寡黙化によって抑圧または抑制されているから，われわれは結局，言葉を回復してやることで抑制を除去するように努めなければならない，という意味ではない．世界をめぐり，そのすべての形式，すべての出来事，言われないこと，考えられないこととからみ合うことによって，発言し，結局，考えることが問題だろうと想像してはならない」．ここで，フーコーは一種のマルブランシュ主義を批判しているようである——

われわれが口にする真理は事物の中に知覚されず，神の無限性において予 - 言されている．

64．ヴェルフリンの全作品は，漸進的にこのビジョンの自律性を発見することであった，つまり1887年の論考（仏訳，Gallimard 出版社，『ルネサンスとバロック』）から1915年の『美術史の基本原則』（仏訳，Plon 出版社，1952年）にいたる，その中間にあるのが『古典芸術』の最後のほうのページである（仏訳，Stock 出版社，1970年）．

65．E. Panofsky, *La Perspective comme forme symbolique*, Éditions de Minuit, 1975, pp. 183-196：「造形美術における様式の問題」．1915年に発表されたこの論文において，パノフスキーは，『美術史の基本原則』でなく，同年に発表され，次の著書において手直しされたヴォルフリンの論文を参照している── Völfflin, *Gedanken zur Kunstgeschichte*, Basel, Schwabe and Co., 1947.

66．Marc Aurèle, VI, 46. 闘技場における見せ物にはあるときは，剣闘士の試合（あるいは狩猟剣闘士らによる野獣狩り），またあるときは罪人の処刑が含まれた，このとき罪人はさまざまな処刑を受けて野獣に与えられるか，剣闘士によって斬首された，つまり剣闘士は死刑執行人の役を果たし，試合はしなかった．さらにある種の犯罪者は，一種の強制労働として剣闘士にならされ，上のような戦いをやらされた，ただしそのような剣術に慣れている場合である．以下を見よ── Mommsen, *Strafrecht*, p. 925, n. 3, pp.953-954; Friedländer, *Sitten Geschichte Roms*, vol. 2, pp. 89-92. マルクス・アウレリウスに聖アウグスティヌスを対比せよ，*Confessions*, VI, 8.

67．Saint Augustin, *De doctrina christiana*, I, 30（29）. Cf. E. Troeltsch, *Augustin : Die christiche Antike und das Mittelalter*, reprint 1963, Scientia-Vertag, p. 86.

68．Psaumes 40（41）, 2.

69．Saint Augustin, *Commentaire de la Première Épître de saint Jean*, ed. Agaësse（Sources Chrétiennes）, VII, 8, and intro. p. 80.

70．Saint Thomas, *Somme théologique*, Secunda secundae, qu. 23.

71．『ヨハネの第一の手紙』，3, 17.

72．*Somme théologique*, Secunda secundae, qu. 32, article 2 : 食べ物を与えよ，飲み物を与えよ，裸の人々に着るものを与えよ，病める人々を見舞い，捕虜になった人々を買い戻し，死者を包め．

73．*Épître à Diognète*, X, 6, 次の注解による── A.D. Nock, *Essays*, vol. 1, p. 145, n. 51.「だれかのために神になれ」というテーマについては，本書，第四章，注（62）を見よ．

74．«Xenodochium, orphanophium, ptochotrophium, gerontocomium, brephtotrophium» :『ユスティニアヌス法典』1，2における教会とその特権

に関係する部分を通覧するだけでよい．文明史におけるこの革新の重要性については次を見よ——J. Daniélou & H-I.Marrou, in *Nouvelle Histoire de l'Église*. Seuil, 1963, vol. I, p. 369.

75．Julien, *Lettres*, ed. Bidez, no. 89, 305 BC; no. 84, 430 C.

76．1688年のイギリスにおける国民会計官の祖先グレゴリー・キングの有名な統計によれば，総人口500万人のうち，100万の貧民がときには貧民手当をもらっていた．17世紀のボーヴェでは，幸いな年には，救貧局は町の人口の６パーセントを救済した（田舎では慈善事業は知られていなかった），次の著書を見よ—— P. Goubert, *Cent mille provinciaux au XVIIe siècle*, p. 339.

77．*Souvenirs d'un voyage dans la Chine*, ed. Ardenne de Tizac, vol. 2, p. 228.

78．Waltzing, *Étude historique sur les corporations romaines*, vol. I, p. 32; G. Boissier, *La Religion romaine d'Auguste aux Antonins*, vol. 2, p. 334.

79．K. Polanyi, *Primitive, Archaic and Modern Economy*, essays edited by G. Dalton, Beacon Press, 1968.

80．Id., *ibid*., pp. 18 and 148.

81．Id., *ibid*., p. 13.

82．*Richesse des nations*, 3, 4 and 5, I. Blanqui 訳による．

83．B. Constant, *De l'esprit de conquête*, I. 2.

84．Polanyi, *op. cit*., pp. 156 and 308.

85．Max Gluckman, *Politics, Law and Ritual in Tribal Society*, Blackwell, 1965, pp. 119-121.

86．*Monnaie, espace, incertitude*, Dunod, 1972.

87．M. Saint-Marc, *op. cit*., pp. 31-32.

88．「業務上の友情」については，興味深い書がある—— Edmond Rogivue, *Essai de sociologie économique sur la corrélation des affinités et des intérêts dans les échanges*, Marcel Rivière, 1939.

89．以下の理論が暗示されている——J.-L. Austin の遂行的発話の理論（cf. E. Benvéniste, *Problèmes de linguistique générale*, p. 269）および Festinger の「不協和音の減少」の理論（後出．第二章，注（396）および（397）を見よ）．

90．J. Marczewski, *Comptabilité nationale*, Dalloz, 1965, p. 309. 国家収益の再配分における「慈善的余裕」に関しては，以下を見よ—— J. Marchal & J. Lecaillon, *La répartition du revenu national*, vol. 2, Génin, 1958, pp. 367-379.

91．J. Marczewski, *ibid*., pp. 164, 168, 260, 270, 300.

92．A. Barrère, *Théorie économique et Impulsion Keynésienne*, Dalloz, 1952, p. 342.

93. Joan Robinson, *Hérésies économiques*, transl. by Grellet, Calmann-Lévy, 1972, p. 159.

94. Juvénal, 10, 81.

95. D. Riesmann, *The Lonely Crowd*, German transl., Rowohlt, p. 166.

96. H. Mac Closky, quot. in *Textes de sociologie politique* by P. Birnbaum & F. Chazel, A. Colin 1971, vol. 2, p. 223.

97. Dion Cassius, 54, 17, 5; Macrobe, *Saturnales*, 2, 7, 19.

98. G. Jellinek, *Allgemeine Staatslehre*, 4th ed., 1922, p. 221.

99. Bickermann, «Utilitas Crucis», in *Revue de l'histoire des religions*, CXII, 1935, particularly p. 209. 殉教者裁判の語りにおいては，怒り狂った群衆が，明らかに哀れな者を赦したがっている総督に処刑させている．

100. Raymon Aron, *Études politiques*, Gallimard, 1972, pp. 335-341.

101. Max Weber, *Wirtschaft und Gesellschaft*, p. 750.

102. *Richesse des nations*, 2, 3, transl. by Garnier & Blanqui, vol. 1, pp. 434, 437.

103. Th. Veblen, *Théorie de la classer de loisirs*, transl. by Evrard, Gallimard, 1970.

104. Id., *ibid.*, p. 51.

105. Marc Bloch, *La Société féodale*, vol. 2, p. 44.

106. ヴェブレン効果とは違った動機のある効果が挙げられよう——金のかかる製品（テレビ，冷凍冷蔵庫……）の中には安い製品より好まれる場合がある，なぜなら廉価であることが不良だと見なされるからである．ヴェブレン効果に関しては，次のものを見よ—— P. A. Samuelson, *Fondements de l'analyse économique*, p. 168; W. J. Baumol, *Théorie économique et Analyse opérationnelle*, Dunod, 1963, pp. 148, 176, n.1, and 179. したがってある消費者の需要機能は他の消費者の需要機能とは無関係でないことになる—— W. J. Baumol, *Welfare Economics and the Theory of the State*, p. 128. そこからパレートの最適を妨げる外在的効果がくる（Henderson & Quandt, *Microéconomie : formulation mathématique élémentaire*, pp. 212, 223).

107. R. Ruyer, «La nutrition psychique et l'économie», in *Cahiers de l'Institut de science économique appliquée*, no. 55, May-December 1957, p. 7. 『ニコマコス倫理学』において，誇示的消費は *banausia* と呼ばれる——それは巨額の金を消費させるが，「高尚な動機のためでなく，自分の富を見せびらかすことによって，称賛を浴びようと思うのである」(IV, 6, 1123 A 25).

108. Veblen, *op. cit.*, p. 27.

109. *Somme théologique*, Secunda Secundae, qu. 129, art. 8, ad primum.

110. 『ニコマコス倫理学』，I, 9（1099 A 30).

111. *Traité de la nature humaine*, transl. by Leroy, Aubier-Montaigne,

vol. 2, pp. 461-470, 744, cf. 702, 741. ヒュームはそこに，これらの利益の所有者と観客の一致の効果を見る（もしわたしの思い違いでなければ，マックス・シェーラーにおいても同じ解釈が認められる).

112. 長子権については次の生彩あるページと比較せよ —— Sismondi, *Nouveaux Principes d'économie politique*, ed. Willer & Dupuigrenet-Desroussilles, Calmann-Lévy, 1971, p. 220 ——「ある国では，全財産……をうけつぐ長男は，弟たちが活動的で有利な職につくのだと見なしている．だがかれ自身は父祖伝来の財産を守れば，それで任務を果たしたものと考える……かれは弟たちが手を尽くして財産をつくりあげようと努力している一方で，自分のほうでは輝かしい家名を維持するのが誇りだと考える……かれに隷属する召使いや職人，かれにしがみついている寄食者らは，かれの父，かれの祖父たちが若いころ，どんな贅沢をして世間の尊敬にふさわしくしたかを口々に語る．どれほど豪勢な祭りであったか．家具やテーブルや家庭生活がどれほど優雅で立派であったか．それ以外の栄光は大資産の相続人に求められなかった．かれが巨額の出費で得られる評判以外のものは何もなかった.」

113. R. Ruyer, この章の注（107）で引用.

114. これほど会社は人格であるので，利益の追求よりもその存在の永続をはかる．でなければもっとも落ち込んだ会社は経済的合理性によって活動をすべてあきらめ，資産のすべてをもっと繁栄している会社の株の購入に当てるだろう．Cf. Joan Robinson, *Hérésies économiques*, p. 179.

115.『パルムの僧院』で，ある侯爵は君主に次のような言明をしている——「陛下はウィーンの宮廷へ送る使節に3万フランを支給していますが，それだけの金では使節は節約して，みすぼらしい暮らししかできません．もし陛下がその役目をわたくしにくだされるなら，手当は6000フランで結構です．ウィーンの宮廷において，わたくしの出費は年，10万フランをくだらないでしょう．わたくしの目的はまだ新しい家名を輝かせ，国の要職について家名を顕揚することです」．これとは反対に，ブルジョア的反応がある．ゴルドーニがヴェネチアのジェノヴァ領事に任命されたばかりのとき，こう書いている，——「まずわたしは共和国の信頼にこたえてその好意にふさわしくしようと思った．召使い，会食者，供の者を増やした——それしかできないと思った．少し経って国務長官宛てに書簡を書くとき，わたしは手当の件について事情を話した．すると次のような知らせが届けられた——わたしの前任者トゥオ伯爵は報酬なしで20年間，共和国のために働いた．政府はわたしに補償するのが当然のことと考えるが，コルシカ戦争のために，いままで長い間，考慮しなくなっていた予算のことを再考することができない，というものであった（『回想録』第一部，章43).

116. 都会と中央地域の地理に関しては，次の論文を参照した —— Paul Claval, «La théorie des villes», in *Revue géographique de l'Est*, VIII, 1968,

pp. 3-56. これは貴重な文献である．また以下も参照した——Cl. Ponsard, *Histoire des théories économiques spatiales*, A. Colin, 1958.

117. J. H. von Thünen, *Der isolierte Staat* は1966年，Wissenschaftliche Buchgesellschaft からリプリントされた．空間理論にに関する刊行物や再版が今日では多くなり，われわれもそのいくつかを通覧した．

118. 都市貴族に関しては次の研究による—— Sombart, *Der Moderne Kapitalismus*, vol. 1, part. I, p. 151.

119. Gideon Sjoberg, *The Preindustrial City : past and present*, Free Press Paperbacks, 1965.

120. H. Pirenne, «L'origine des constitutions urbaines», in *Revue historique*, vol. LVII, p. 70. ゾンバルトの著書がフランス語による歴史研究で引用されるのは珍しい．

121. Sombart, *Der Moderne Kapitalismus*, vol. 1, part. I, particularly pp. 131, 142, 156, 160, 168, 173, 175, 230. たとえば次のものと比較せよ—— J. Weulersse, *Paysans de Syrie et du Proche-Orient*, Gallimard, 1946, p. 88.

122. *Essai sur la nature du commerce en général*, pt. 1, chap. 5.

123. *Religionssoziologie*, vol. 1, pp. 291-295, 380-385. ウェーバーの考えは次の中国研究家でも確認されている—— E. Balazs, *Bureaucratie céleste*, Gallimard, 1968, p. 210.

124. Fustel de Coulanges, L'Alleu et le Domaine rural, pp. 38-42.

125. Id., *La Gaule romaine*, p. 238.

126. *Digeste*, 50, 10, 3.

127. Mommsen, *Römisches Staatsrecht*, vol. 2, p. 887.

128. 都市にとって最有利なことは，すべての市民が互いに知り合いであり，社会集団が具体的であることである——プラトン『法律編』，738 E., アリストテレス『政治学』，IV, 4 (1326 A 25) and III, 3 (1276 A 25); cf. J. Moreau, «Les théories démographiques dans l'Antiquité grecque», in *Population*, 1949, particularly p. 604. イソクラテス『見返り寄贈』，172も見よ．この考えは中世イタリアの共和国でも普及していた．

129. H. Rehm, *Geschichte der Staatsrechtwissenschaft*, repr. 1970, Wiss. Buchgellschaft, p. 91; G. Jellinek, *Allgemeine Staatslehre*, p. 436.

130. この大きなテーマについては，ただ次のものを参照されたい—— D. Nörr, *Imperium und Polis in der hohen Prinzipatszeit*, C.H. Beck, 1966. またローマ時代の自治都市については—— Marquardt, *Römische Staatsverwaltung*, vol. 1, pp. 52-53, 88; Mommsen, *Staatsrecht*, vol. 3, part I, p. 811, n. 2. C.B. Wells の研究は *Studi in onore di Calderini e Paribeni* に発表された．

131. 結局，「自治」*self-goverment* には二つのタイプが想定されると指摘し

よう．一方においては，地域行政は役人によって果たされる義務であり，他方では，被支配者の権利であり，この場合，実際には「参加」は有力者の特権である．

132. Weber, *Économie et Société*, vol. 1, p. 298. このページはまれなほど密度が高い．

133. 評議会と一年年期の高官との関係については，――Mommsen, *Jusistische Schriften*, vol.1, pp.226, 254; Marquardt, *Staatsverwaltung*, vol. 1, p. 193. たとえば*Corpus* des inscriptions latines, vol. 2, no. 5221, and vol. 10, no. 4842, 37 行，以下（ヴェナフルムの水道橋建設のアウグストゥスの勅令）．

134. *Histoire de la littérature anglaise*, vol. 4, p. 422.

135. ユスティニアヌスの『新勅法』*Novelles*, 4, 17.

136. D. Twitchett, «Some remarks on irrigation under the T'ang», in *T'oung Pao*, XLVIII, 1960, particularly p. 193.

137. L.S. Yang, *Les Aspects économiques des travaux publics dans la Chine impériale*, Collège de France, 1964, pp. 7-13.

138. R. Dahl, *L'Analyse politique contemporaine*, R. Laffont, 1973, pp. 163-166; *Après la révolution : l'autorité dans une société modèle*, Calmann-Lévy, 1973, p. 159.

139. Vicomte d'Avenel, *Découvertes d'histoire sociale*, 1910, p. 236.

140. W. Sombart, *Le Bourgeois : contribution à l'histoire morale et intellectuelle de l'homme économique moderne*, Payot, 1928, p. 192. だがギリシア人の経済的精神性はわれわれとは異なるという考えに対して反論する次の著作を見よ――Wilamowitz, *Staat und Gesellschaft der Griechen und Römer*, p. 193.

141. G. Salvioli, *Le Capitalisme dans le monde antique*, p. 246.

142. プラトン『法律編』，806, DE（cf. 881 C, 882 D, 846 D）．実際，主人と奴隷と区別しなければならない（777B）．このユートピアの目的は「できるだけ暇をつくること」である（832 D）．

143. アリストテレス『エウデモス倫理学』，I, 4, 2（1215 A 25）．次を見よ――R.-A. Gauthier & J.Y. Jolif, *L'Éthique à Nicomaque*, vol. 2, Commentaire, part I, p. 34, ほかにも参考になるところがある．

144. アリストテレス『政治学』，III, 5, 5（1278 A 20）．『シラ書』においても，シラの口をとおして同じ声明が見られる，ただし哀調を帯びている（XXXVIII,24-34）．『国家編』590 C におけるプラトンの言葉はもっと厳しい，というのもプラトンには貴族主義的なところがあり，さらに貴族的な気どりもあるからである（対話『テアイテトス』，175 E- 176 A．それはプラトンにも見られるはずである．「これまでに存在したもっとも完全なモナド」，これは確かにゲーテではなく，まさしくプラトンである）．

145. マキァヴェッリ『ローマ史論』, I, 54; G. Lebrun, *Kant et la fin de la métaphysique*, A. Colin, p. 394; Hegel, *Sur les méthodes scientifiques dans le droit naturel*, transl. by Kaan, Gallimard, 1972, p. 125. 同じ考えをロムルスのものとするは―― Denys d'Halicarnasse, *Antiquités romaines*, 2, 28.

146. キケロの仕事観についての研究では―― O. Neurath, *Jahrbüher für Nationalökonomie*, XXXII, 1906, p. 600. 貴族は富を前提とするが, 長く富を維持できない. ユリアヌス『忍耐または王権』, 25――「偉い祖先を持つ人がその生活様式と逆の境遇に落ちれば, もはや祖先に頼る権利はないのか」. ユリアヌスはこのようなばかげた風潮に憤慨している. ――言うまでもなく, 貴族は富の繁栄でも仮面でもない――この二つの実体の関係はこの二元性（たとえ「弁証法」としても）ほど単純ではない. 貴族階級が問題であるとき, 富は特にその華やかさで値打ちがある. 富は値打ちのある偉業というよりはむしろ手段であり, しるしである. したがって貴族はその資格を失うよりは窮乏生活を選んでもよい, ただ貴族的窮乏生活は間に合わせの方法にすぎない. 1, 2世代の後には, 落ちぶれた貴族はひっそり平民階級に没落する, なぜなら経済的手段がなくなれば貴族的な習慣も性格も保持できないし, 華麗さでもって貴族であることを示すこともできず（ところで, どんな優越性も自己を表明できないないなら, その信憑性が疑われる), 結局, 富という格別の優秀性を発揮できない（ところで, 人間は身分のある人に対して, その人ができるだけの優秀性を発揮するように期待する, そして富は優秀さの一つである).

147. 他人のために働くこと――アリストテレス『形而上学』A, 2 (982 B 25);『政治学』, VIII, 2 (1337 B 15);『修辞学』I, 9, 27. ギリシアおよびローマにおける仕事に関するテキストを集めたものは―― G. Kühn, *De opificum Romanorum condicione*, pp. 5-14.

148. この独立理想を最良に顕示しているのはアリストテレスの利殖論である――『政治学』, I, 8-11. これは哲学的というよりはむしろ観念論的である――アリストテレスは当時の偏見を合理化している. 経済活動は必要度に制限されるべきである, その必要度は, 少なくとも「立派に生き」ようとし, ただ「生きる」だけでないなら, 無限ではない（1256 B 30, 1257 B 25 and 40). だがその必要度の限界はどうか, また利殖はいつから始まるのか. 大農業経営者は確かに必要度を越えて生きている, なぜならかれの暮らしは一般大衆より豊かであり, 大衆はもっと金をかけずに暮らしているから――ところでアリストテレスはその農業経営者を利殖として非難していない, また財産の正当な程度を問題にすることをひかえている. それに反して, あくせく卑屈に働くことを利殖としている, つまり商人や手仕事の場合である（1258 B 20-25).

149. 臨時商い, 臨時の事業については, 以下を見よ―― Sombart, *Moderne Kapitarismus*, index, s.v. «Gelegenheitshandel», and «Gelegenheitsunternehmung». 本書, 第二章, 注（30）および（40）; 第三章, 注（190）および（443）

；第四章，注（443）において例が挙げられている．

150.「生活様式」については次を見よ—— Weber, *The City*, transl. by Martindale, Free Press, 1958, p. 155.

151. キケロ『義務論』I, 42, 150. 注解テキスト—— Mommsen, *Römische Geschichte*, vol. 3, p. 520; Pöhlmann, *Soziale Frage*, vol. 2, p. 359; Bokestein, *Wohltätigkeit*, p. 322. キケロは哲学的な説でなく，ローマでの一般通念を伝えている（それが «hoc fere accepimus» の意味であり，ギリシア語の *paralambanein* に相当する．Cf. W. Spoerri, *Späthellenistische Berichte*, p. 34; n. 1 and p. 163, n. 15）．

152. Paul Petit, *Libanius et la Vie municipale à Antioche*, Geuthner, 1955, pp. 33, 330. 次の書で疑義が提示されている—— J. H. W. G. Liebeschuetz, *Antioch : city and imperial administration in the Later Roman Empire*, Oxford, 1972, p. 38. リバニオスは慎重に，かれの同僚が商人であり，実業家だと言わないでいる．ただ一度だけそのことを告白している，つまり黙っているより言ってしまうほうがよいと思うからである——かれの書記タラシウスは武器製造業者であり（また大製造業者である，とつけ加えるリバニオスはこのタラシウスを上品にデモステネスの父に比べている；disc. XLII, 21, quot. by P. Petit, pp. 31, 37），無理やりアンティオキアの元老院議員にされそうになったので，高地へ逃げて，それをまぬがれようとした．かれはコンスタンティノポリスの元老院議員になろうとしたが，かれの活動が産業的であるという理由で退けられ，リバニオスは嘆く．——後期帝政時代の歴史家はアプトゥンジの二頭政治家の一人カエキリアヌスの場合を挙げている，この人は麻糸製造工場を持っていた（Optat of Milev, App. 2, in *Corpus script. eccl. latin*, vol. 26）．——わたしが目を通したかぎりのユリアヌスまたはアンティオキアに関する若干の研究では，キリスト教徒の批判に対するユリアヌス帝の反論書：『髭の敵』*Misopogon*, 20,(350 AB) の次の文に触れているものはまったくなかった——「アンティオキアの議員たちは土地所有者兼商人としての二重の収益を享有していた」．ユリアヌスはそれ以上長く二重の収益を持たさないようにしたことを誇っている．かれはこの議員たちに課税（*collatio lustralis*）したと考えられる．むしろユリアヌスは評議員らに商いを禁じたと思われる，だからその後の法律に関連づけなければならない（『ユスティニアヌス法典』，IV, 63, 3）——ユリアヌスはかれらに自分らのイデオロギーに順応させようとしている．最後にユリアヌスのある法律を引用しよう，『テオドシウス法典』，XII, 1, 50, and XIII, 1 4 : «nisi forte decurionem aliquid mercari constiterit».

153. *Digeste*, 33, 7, 25, 1 :「だれかはその所領に製陶工場を持ち，一年の大半を陶工たちに土をこねさせていた」．田舎の所領の付属物としての鉱山，採石場，製陶所については，次を見よ—— *Digeste*, 8, 3, 6 pr. and 1 :「もし製陶所を持ち，そこで容器がつくられ，それが領地の産物を送るのに使われるなら，

つまりよくあることだが，壺をつくって領地のワインを送るようにするなら……」．*Digeste*, 18, 1, 77; D., 23, 5, 18 pr.; D., 7, 1, 9, 2-3; D., 23, 3, 32; D. 24, 3, 7, 13-14; D., 24, 3, 8 pr. 後出，注（187），及び既出，注（149）を見よ．

154. *Anthologie palatine*, XIV, 72 :「どのように船主に宣誓させたらよいかを尋ねたルフィヌスにくだされた神託」．ところでこのルフィヌスは，ルイ・ロベールによって紀元2世紀のエフェソスの執政官，恵与者だと見なされている（*Comptes rendus de l'Acadênie des inscriptions*, 1968, p. 599 :「富豪ルフィヌスは特に海外貿易を行なっていた」）．*Philogelôs*と題された笑話集（ed. by Thierfelder : *Philogelôs, Der Lachfreund*, Tusculum-Bücherei），これはルイ・ロベールによって紀元3世紀の作だとされているが，この笑話集の中で，ある主人公は有力者で教養もあるが粗忽者で滑稽な人物であり，船主に金を貸している（no. 50. わたしはno. 57を引用せずにはいられない――「この粗忽者には奴隷の子供がいる．父はかれにその子供を殺すように勧めている」；気の利いた言葉が続く）．Cf. Diogène Laërce, VI, 99, and VII, 134.

155. フィロストラトス『ソフィスト伝』，2, 21, p. 603 Olearius.

156. P. Collart, «Quelques aspects de la vie êconomique â Palmyre â la lumiêre de dêcouvertes rêcentes», in *Mêlanges d'histoire, êconomique et sociale*, A. Babel, Genêve, 1963, vol. 1, pp. 37-46.

157. Dittenberger, *Sylloge inscriptionum Graecarum*, 3rd ed, no. 838; *Corpus* des inscriptions latines, vol. VI, no. 33887（ミセーナで「名誉ある篤志家はすべて商人である」）; vol. XIV, no. 4142（Dessau, no. 6140）:「行政官に選ばれた者……食糧関係の商人」Cf. *Corpus*, vol. V, no. 758（Dessau, no. 7592）.

158. 小プリニウス『書簡』8, 2.

159. 印象深い証言はバンジャマン・コンスタン『政治の原則』第六章である（*Œuvres choisies*, Bibl. de la Plêiade, pp. 1115-1118）: 産業革命の前夜において，コンスタンはこのまれにみる明晰な論文で政治的権利を土地所有者に保有させるが「企業経営者」（この語は企業家，商人の両語の意味で用いられている）には拒否しようとして真剣にできるかぎりの詭弁を弄していることが分かる――これほどわれわれに紋切り型の力と「永遠の真理」の理念を示すテキスト，理性的という意味のテキストは珍しい．

160.『法律編』918 B. しかしプラトンは別のところで，臨海都市の住民は貪欲で，卑劣になると述べている――『法律編』704 B-707 B; cf. 842 D.

161. アリストテレス『ニコマコス倫理学』，1095 B 15.

162. *justum pretium*の概念（*Digeste*においても倫理的であり，法的ではない）については以下を見よ――E. Albertario, *Studi di diritto romano*, vol. 3, Milano, 1936, p. 403; P. de Franciscis, in *Studi Paoli*, p. 211. 財の価値における時間・空間的役割については次を見よ――P. Œrtmann, *Die Volkswirt-*

schaftslehre des Corpus juris civilis, repr. 1971, Scientia Verlag, p. 110. 適正価格の概念は，価格が財のおもむく市場によって変動するのでなく，事物の単純な表現で考えられるように，はじめから経費と労力によって決定されている場合しか意味がないだろう．A. Sauvy, *Histoire économique de la France entre les deux guerres*, vol. 2, Fayard, 1967 ──「最終価格は独自の取引からくるのであり，この取引があらかじめ価格を操作する．生産作業の問題は間違って価格形成の操作を行うようである──それは社会的視点の古典的な幻想である」．Cf. J.A. Schumpeter, *The Theory of Economic Development*, pp. 142, 204, 207. 労働価値の理論は規範的であって記述的ではない──ある取引価格を不正だというような無茶な判断をくだせない．だが価格が取引でつくられるということを不正だと正当に判断できる．

163. *Der Moderne Kapitalismus*, vol. 1, part I, p. 310 : «Gewinnstreben im Zusammenhang mit ökonomischem Rationalismus»; cf. pp. 319, 329; vol. 2, part I, p. 102.

164. アリストテレス『政治学』，1255 B 30.

165. J. H. Schempeter, *Classes sociales, impérialisme*, p. 208; Max Weber, *Économie et Société*, vol. I, p. 408 ── *oikos* の変化について．

166. G. Roupnel, *La Ville et la Campagne au XVIIe siècle : étude sur les populations du pays dijonnais*, repr. 1955, A. Colin, pp. 306-315.

167. A. Marshall, *Principles of Economics*, 8th ed., p. 730; repr. 1966, MacMillan Papermacs, p. 607.

168. ウェーバーの模作である── Weber, *Religionssoziologie*, vol. I, p. 4 ──「もっとも高い利益の追求は資本主義とはまったく関連がない．その追求が認められるのは，カフェ店主，医者，御者，芸術家，売春婦，よこしまな役人，兵隊，盗賊，十字軍参加者，賭博仲間，乞食である」．

169. R. H. Tawney, *La Religion et l'Essor du capitalisme*, French transl., Marcel Rivière, 1951, particularly pp. 197-211, 218, 226.

170. マックス・ウェーバーやゾンバルトの時代では，1820年代以降の経済成長率が年３パーセントという歴史上ユニークな高度なものであったことは，今日ほど明確に想像できなかった．だから特にこの現象の精神的様相が見られた．この変動の規模を誤認したことが回顧的幻想を説明するもとである，つまりそのせいで，われわれはいまでも19世紀以前において幾世紀も続いた「ブルジョアジーの上昇」を映しだしているのである（バルザックが資本主義の勝利を描いたとされるのだ！）．またそのために，われわれは西洋とその合理主義の不滅の特権を信じるのである．実際，17世紀では，インド，イギリス，あるいは中国，フランスの国民所得は外見的には同じ規模であった．古代または西洋以外の地域に比べて，西洋の独自性なるものは19世紀の成長という歴史的事件である．もちろん，合理主義はその成長の一要因であった．だが決定的要因は特

定の，予想もつかなかったかずかずの発見であった（輪作，肥料，蒸気機関……），そしてまた確かに最低生産量が達成されたという事実がある，だから突然すべてがすべてと一致し，成長状態が「結晶したのである」（成長現象，たとえば1953年以降のフランスの成長，または1960年以降のスペインの成長について事業家たちに質問すれば，かれらは突然すべてが動き始め，すべてがすべてと一致するという経済情勢のことを話すだろう）．この現象を17世紀とその後の物理学の誕生と比べられる．物理学は合理主義だけから生まれたのではない，なぜならギリシア人に合理主義が欠けていたわけではないからである——決定的要因は宝，つまり微分学の発見であった．この微分学が20世紀まで発明されなかったら，そしてその代わり，17世紀に「抽象的な」代数学とトポロジーが発明されていたら，17世紀は輝かしい合理主義的世紀になっていただろう——ただ，物理科学はなかっただろう，なぜなら合理主義の有無にかかわらず，微分・積分学なしでは物理学はありえないからである．

171．換言すれば，たんなる手段の合理化だけで事業の限りない発展を引き起こすことができる，そこでは利益愛はなんの役にも立たない．利益愛のことは脇へ置こう——アリストテレスとゾンバルトは，現実にはすべての他人により，または当然のこととしてもたらされる集団的構造であるもの，つまり一方では，合理的行動の自律性，他方では，競争の必然性を，美徳や悪徳というような個性に帰着させた．利益愛は守銭奴にしか存在しない．金持にはすでに有している財産から生じる欲望がある．もしかれがもっと儲けだしたら，儲けるがよい．もっと儲けようとするのは，地位を保つためであり，競争相手と差をつけるためであり，家名の安泰と栄光を確保するためである．商人の場合は，仕事はかれとともにあって，主観的な利潤欲でなく収益性と市場における確固たる地位の客観的必要性が含まれる．確かにマックス・ウェーバーは絶えずゾンバルト（あまり名指しはしないで）に対立し，資本主義を利潤欲からでなく，ゾンバルトによれば西洋の特徴であり，19世紀における経済的勝利の原因となるべき合理主義によって特徴づけることに反対した（*Religionssoziologie*, tome I, の緒言を見よ）．したがってウェーバーは，充足経済と利潤経済を対立させるゾンバルトを否定している．その代わり，ウェーバーはきわめて興味ある別の区別を行う，というのもかれは，欲求からではなく戦術の視野から二つの経済的態度を対比しているから——一方で，「財産管理，つまり財産とその収益の強化と増加を狙う態度」，他方，「営利目的の資本主義的企業，つまり収益性および市場における強い立場の強化と増大を狙う態度」である．この区別は「古代における経済的進化，およびその時代に存在したような資本主義的限界を理解するのに不可欠であろう」（*Économie et Société*, vol. 1, pp. 98-99）．これは議論の価値がある．ウェーバー自身，ある態度から他の態度への移行が頻繁であり，またこの区別がしばしばあいまいになると認めている．まずこう言おう——財産管理は古代の特徴ではなく，古代にはその二つの態度があった——

Rostowtzeffが指摘したように，ヘレニズム時代の大所領は営利目的の事業であり，安泰の財産ではなかった．もう一歩進んで言えば――われわれが確認したように，事業を発展させることなく管理を合理化することは不可能である．二つの態度の区別，あるいは財産と資本の区別でもよいが，それは管理を合理化したとたんに完全に消滅する．換言すれば，真の問いはこうであろう――「慣例か合理化か」．一方で，資本または営利企業は「よき家長」らしく管理されなければならず，また合理性はあまり危険なことをすることを禁じている，なぜなら企業はまず自己保全に心がけねばならないからである（本章の注114を見よ）．他方，利益と投資のチャンスが見逃されたら，財産管理はまずい――福音書で語られる奴隷たちも主人の留守中にあずかった金を利息つきで貸さねばならない（本章，注172）．管理のよい財産は資本のように収益をもたらすはずであり，また管理のよい資本は財産と同様に安全であるはずである．なぜなら，両者の場合，合理性によってできるだけ多くの金を儲けることが要求されるからである――最適化を要求するのは欲求でも利益愛でもなく，事実，合理性である．ある財産の所有者が何よりも自分の政治的，社会的な野心に関心があっても，決して単純な理由で自分の経済的利益を最適化するさまたげにはならない――経済的追加利潤は社会的または政治的な代償で支払われることはない．合理的な所有者は「社会的な野心のために自分の経済的な利益を制限する」どころか，できるだけ金持になっても損をしないで得をすることを心得ている．アリストテレスが制限しようとする欲求は，下落でなければ考えられないことである――欲求が感じられなくなったら，それは無限の欲求に向かって，すでに欲求を越えていて，アリストテレスに貴重な限界を越えているからである，だがアリストテレス自身もその限界を越えていた，なぜならかれはインドの農民のような悲惨な生活をしていなかったからである．ひとたび飢餓の苦しみから脱すると，金持よりもむしろ富豪になりたくないという理由はない，なぜなら金持になれたらそれで充分だと思う場合もあり，またそれではもの足らないという場合もあるから――もはや基準はない．結局，ウェーバーが財産と資本のあいだに設けた区別は二つのそれぞれの態度の区別でなく，二種の異なる経済体制の区別であり，二つの歴史的時期の区別でもある．営利的企業にはまったく近代的な性格がある――それは銀行であり，株式会社である．それだけではない――ウェーバーはこう書いている――「企業主の財産が生産手段の自由な操作権と一致するなら，また収入と利益が一致するなら」，財産と企業のあいだに「少しの区別をつけることも困難である」．つまり企業の特色として，企業の法人格と所有者または経営者の人格の分離がある――企業という名に値する企業の金庫は企業を所有するか管理する人に属さず，企業自体に属する．確かにこの分離はわれわれが経済の自律，合理化の結果と呼んだものの象徴のようである．結論的に言えば，ウェーバーにおいて企業の概念は二つの事実に帰着する――すべての時代に通用する問題の合理化，および19世紀の経

済発展，これは農業経営の相対的重要性を減じ，その代わりに，新しい経済制度を多様化した．真に新しい事実はこの発展であり，その制度的，社会的な結果である．その代わり，合理主義，「資本主義精神」，営利企業はすべての時と場所の可能性に属している．

172．したがって後見人はその被後見子の利益を最大にしようとする，被後見子のほうは恐らくあまり利にさとくないだろう——他人の金をふやすのは義務である．「受託者」とともに絶えず資本主義的精神性が現われる．ローマ法では，後見人はその被後見子の資金を非生産的に保管してはならないとされている，その資金を保管していずれ土地の購入に投資するときまで利息付きで貸すことを拒否すれば罰せられる（*Digeste*, 26, 19, 3, 16）．同様に，福音書の奴隷たちは主人の金を投資する義務がある（マタイによる福音書，XXV, 27; ルカによる福音書，XIX, 23）．これは「受託者」そして「指導者」の恒常的な規則である．以下を見よ—— P.H. Wicksteed, *The Common Sense of Political Economy*, ed. Robbins, vol. 1, p. 175; W.H. Riker, *The Theory of Political Coalitions*, Yale University Press, 1962, pp. 24-27.

173．*La Civilisation de l'Afrique romaine*, Plon, 1959, pp. 98-99.

174．S. Kuznets, *Modern Economic Growth, Rate, Structure and Spread*, Yale University Press, 1966, p.21.

175．Denis-Clair Lambert, *Les Economies du Tiers Monde*, A. Colin, 1974, p. 297.

176．R. Badouin, *Économie rurale*, A. Colin, p. 305.

177．Id., *ibid*., pp. 302, 367.

178．J. D. Gould, *Economic Growth in History : survey and analysis*, Mathuen, 1972, pp. 295-298, 319, 363-365.

179．R. Nurkse, *Problems of Capital Formation in Underdeveloped Countries*, Blackwell, 1966, p. 33 ssq.

180．*Nouveaux Principes d'économie politique*, repr. 1971, Calmann-Lévy, p. 360.

181．Schumpeter, The Theory of economic Development, pp. 138-140; Sombart, *Le Bourgeois...*, p. 63. 貨幣によらない投資については，次を見よ—— Gould, *Economic Growth...*, pp. 124, 153.

182．Cantillon, *Commerce en général*, chap. 10 of part II——土地の所有は国内で地位をもたらすので，土地の価格は利息の率の資本化より高くなるだろう，たとえば金利が5パーセントなら，土地は4パーセントの率になる．Cf. Wicksell, *Lectures on Political Economy*, vol. 1, pp. 132, 145, cf. 120; Marshall, *Principles*, pp. 237-238 (Papermacs, p. 197)．事実，資本化方法は適切ではない——土地所有者は奴隷の所有者と同様であり，かれは奴隷と土地の働きを売るが，奴隷や土地そのものを売るのではない．もしあすにでも法律

によって土地の売買が禁じられても，土地の収益は存続するだろう．Cf. Schumpeter, *Economic Development*, pp. 166-167.

183. スエトニウス『アウグストゥス』，41——プトレマイオス王家の財宝がローマに移されたとき，正金が多すぎたので金利の率がさがった，そこで土地の利率が高騰した．『ティベリウス』，48——この難解にして有名なテキストにおいて，次のことを理解しなければならない，つまりティベリウスは金貸しに強制して土地を買わせ，それで貸し付けの金利が低下するだろうと思った．Swift, *Bref Exposé sur l'état de l'Irlande* ——「低金利は，他の国では繁栄のしるしであるが，アイルランドでは悲惨の証拠である，なぜなら金貸しにはほかにめぼしい商売がなくなるからである．低金利だけで地価の高騰を招き，土地だけが貯蓄のための唯一の投資の対象になる」．Père Huc, *Souvenirs d'un voyage en Chine*, vol. 2, p. 83 ——「中国政府が金利を30パーセントに引き上げたのはいかなる目的かを知ることは興味深いだろう．中国の有名な作家 Tchao-yng によれば，国家は土地の価格の値上がりを防ぎ，また貨幣価値が金利の低下によって下がらないようにした．金利の適正化をはかって，不動産の配分を所帯数に適合させ，貨幣の流通を活発にし，一律にしようとしている」．——次のものも引用しておこう—— Bacon, *Essays, XLI : Of Usurie*.

184. たとえば次を見よ—— Cantillon, part I chap. 5.

185. Quot. by Keynes, *Théorie générale*, pp. 372, 375.

186. スエトニウス『ウェスパシアヌス』，18, 19（ウェスパシアヌスは人民の口からパンを奪いたくなかったので，機械の使用を認めなかった）．プルタルコス『ペリクレス』，12, 5. プルタルコスのテキストは独自の観念で特徴的であるが，かれがペリクレスの意図だとするものの信憑性はまったく別問題である．

187. «Demand for commodities is demand for labour». この謎めいた原則については次を見よ—— Marshall, *Principles*, appendice J; F.A. Hayet, *Pure Theory of Capital*, Routledge and Kegan Paul, 1962, pp. 433-439; Wicksell, *Lectures*, vol. 1, pp. 100, 191; Schumpeter, *History of the Economic Analysis*, pp. 643-644.——奢侈と，とにかく手仕事の発達，および土地所有者による土地収益の多目的利用（既出の注153を見よ）に関しては，ごまかしの表題でありながら立派な著書の中の指摘を見よ—— Paul Bairoch, *Le Tiers Monde dans son impasse*, Gallimard, 1971, p. 56 ——産業革命前の社会においては，農業における就労のための資本は同じ人間を工業のために使う資本よりきわめて高い．処女地を開墾するよりも製陶の窯をつくるほうが安い．

188. *Considérations sur les richesses et le luxe*, Amsterdam, 1789. セナック・ド・メランの考え方は正しいように思われる．事実，かれは道徳観念を偽装させている——もし無駄な欲求，無駄な出費，堕落をなくするなら，もしすべての人が土地を耕すなら，すべての人は食べてゆけるだろう．これは古い観念である——「働け，労を惜しむな，それがいちばん欠乏している資本だ」．

農業には手が足りない，耕すべき土地はある．歴史的に言って，セナックは正しいはずである——18世紀には，自分の領地を荒れ放題にしていて地域農民を飢えさせた貴族の不在地主は存在した．だがセナックが正しいのは偶然である——かれは土地が不足しないかどうか問わなかったし，また土地の収益が減少しないかどうかも問わなかった．経済における教化的理論には，ただ労働概念のために希少性の概念が無視されることが特徴である．

189. Cf. Bernard Schmitt, *L'Analyse macroéconomique des revenus : révision des multiplicateurs Keynésiens*, Dalloz, 1971, pp. 167-172, 307-308; J. Marshal & J. Lecaillon, *Les Flux monétaires : histoire des théories monétaires*, Éditions Cujas, 1967, p. 33; Schumpeter, *History*, pp. 615-625.

190. Wicksell, *Lectures*, vol. 2, p. 11.

191. P. -M. Pradel, *L'Épargne et l'Investissement*, PUF, 1959, pp. 19-22.

192. たとえば次を見よ—— Henderson & Quandt, *Microéconomie : exposé mathématique élémentaire*, pp. 140-145.

193. ケインズはアダム・スミスの一方的な主張に反論している——«Parsimony, and not industry, is the immediate cause of the increase of capital»; cf. Schumpeter, *History*, p. 324.

194. Keynes, *Théorie générale de l'emploi, de l'intérêt et de la monnaie*, French transl., Payot, 1942, pp. 146-149, 236.

195. *L'Analyse macroéconomique des revenus*, pp. 1-4, 232. 幸いにして，ケインズ的乗数の問題点についてシュミット氏と文通ができた，そのことはここでは話す必要がないが，同氏に深く御礼申しあげる．

196. 誘発的需要については—— F. A. Hayek, *The Pure Theory of Capital*, pp. 433-439.

197. 乗数については以下を見よ—— Bernard Schmitt, 上掲書；G. Haberler, «Mr. Keyne's Theory of the multiplier : a methodological criticism», in *Readings in Business Cycle Theory*, American Economic Association, The Blakiston Company, 1944, p. 193. 古典的な論述：Samuelson, *L'Économique*, ed. 1972, vol. I, pp. 329-335 は純情で無知な読者に疑念を抱かせる．サミュエルソンによれば，当初1000ドルの投資出費は，貯蓄限界性向を三分の一とすれば消費財が666ドルで，貯蓄が334ドルで表わされる．消費財の生産者の手にある666ドルのほうは444ドルと222ドルに分けられ，後者の金額は貯蓄になる，以下同様．そこでどんな一年生にも分かるように，「1，＋2÷3，＋2÷3÷2÷3，＋2÷3÷2÷3÷2÷3」となり合計は3になる．1000ドルの追加支出は最終的には3000ドルの支出として表わされる．この理論には退屈しかない——もし1000ドルもらう労働者はその報酬を全部食ってしまえば（この可能性がいちばん高いだろう）貯蓄する気がおこらない，そこで収束せず，乗数は……無限値となる——それは1000，＋1000，＋1000，∞　となる．次の疑

惑が読者の心をかすめるだろう，つまり乗数という名において，知らずしらず取引の連鎖が示され，それが無限になる，なぜならすべての財とすべての収益がすべての財とすべての収益と交換され，「最後の審判」まで続くからである．

198. André Piettre, *Les Trois Ages de l'économie*, Fayard, 1964, pp. 170, 383; この著者は明らかに次の論文を批判しているようである—— R. S. Lopez, «Économie et architecture médiévale : ceci aurait-il tué cela ?», in *Annales, Économies, Sociétés*, 1952, p. 533 ——ロペスにとって，フランボアイヤン様式時代の巨大な教会堂建設は通商と産業の資本を使いこんでいた．

199. Cf. Quesnay, *Tableau économique*, ed. by Lutfalla, Calmann-Lévy, 1969, ルトファラの序文，pp. 32, 38.

200. これは中世でもっとも多い例である—— Sombart, *Kapitalismus*, vol. I, part I, pp. 223-225; Th. Rogers, *Interprétation économique de l'histoire*, French trasl. 1892, p. 31 ——「5，6世紀前のイギリスでは，ちょうど今日のインドのように，雇用者は職人に原料を提供していた，つまり鉄，鋼鉄，石灰，鉛，建築用の石材や木材，など」．だからローマ法では，「手間」と材料購入がはっきり区別されている——もし石工がみずから材料を提供して建てるべき家を建てないなら，かれに対して二つの異なった行為を訴えねばならない，一つは不履行（賃貸契約は守られなかった），他は材料の不提供である（つまり売られた物が買い手にわたっていない）．

201. マックス・ウェーバー（*Économie et Société*, vol. I, pp. 98-99）は財産管理（つまり所有物を保存し，そこから最大の利益を引きだす）と，資本の活用（営利目的の事業）を区別している．申すまでもなく，ウェーバーはこの区別をゾンバルトのものに対立させている，つまりゾンバルトではどうにもならないのである——ゾンバルトは個人に欲求を満たすだけの経済（店を持つつつましい職人の経済）と金儲けの経済を区別した——「需要充足」Bedarfsdeckungに，もっぱら基本主義的なものになる「利潤追求」Gewinnstrebenが対立することになる．ゾンバルトは理論に引きずられて，中世の大商売の利益と規模が大きくなれたことを否定するほどであった（次の反論も見よ—— H. Pirenne, *Histoire économique de l'Occident médiéval*, Desclée de Brouwer, 1951, p. 304）．

202. H. A. Simon, «Rational choice and the structure of the environment», in *Psychological Review*, LXIII, 1956, particularly pp. 129-132.

203. Kaldor が20年前に第三世界の発展計画を支配した優先的産業化の偏見に対して反論している部分をここで再録しよう，このページは古代経済を理解するために重要である——「経済発展の三大特徴は人口の増加，技術の進歩，そして資本の蓄積である．ダイナミックな成長理論をつくるために最近試みられたことは，これらの要因の作用がたがいに適合するようにそれらの作用間にあり得る関係を分析するだけである」（Kaldor は明らかに Harrod-Domar の

モデルとなった「危険な道」を考えている）.「だがこのような考察は基本的問題に答えることができない——なぜ社会が，ある時期に，他の時期より，また同じ時期の他の社会より速い成長率をしめすのか．資本の蓄積も技術の改良も独立変数と見なされない．私見によれば，過去2世紀間の加速的な経済発展はリスクと利益に対する人間の態度の変化によってしか説明がつかない．その発展は旧弊な見通しで管理されていた経済単位がリスクをおかし金を獲得することを人生の主目的とする人々に動かされる《事業》にとって代わられた結果である」．まことにそのとおりである，だが続きはもっと重要である——「しかしながらこの精神性による説明では不充分だと思われる，なぜなら今日，営利目的の企業が地球上をおおっているからである．だからわれわれは発展の問題について重要な第二の考察を導入する必要がある，つまり成長には経済の各要因のあいだの均衡ある促進が要求される．ここで，決定的なこととして農業と産業の分割が考えられる．産業生産の成長は必然的に農業生産の成長を前提とする．その成長は農業生産者が1所帯と4分の1でなく10所帯を養えるだけの生産をする能力を前提とする」(N. Kaldor, *Essays in Economic Stability and Growth*, Duckworth, 1960, pp. 233-242).

204. Bacon, *Essays : Of Expence*.

第二章

1．クセノフォン『家政論』，2, 5-6, transl. by Chantraine.

2．いけにえは生きている人間への寄贈でもあった——いずれ分かるが，どんないけにえにも後には饗宴が続き，いけにえの肉が食べられたから，神々へ供えることは人間に与えることであった．このような敬虔さは寄付の美徳と区別しがたい．

3．同様に，アリストテレスにおいても，鷹揚の美徳（*megaroprepeia*）は「外国の客の歓迎または送別」のために豪勢な振るまいをさせる（『ニコマコス倫理学』，IV, 5, 1123 A 3）．これは庇護者を暗示している．

4．これは「饗宴をともなう祭典」*hestiasis* を暗示している，つまり課役負担者がその地区住民に宴会を提供するのである．次と比較せよ——『ニコマコス倫理学』, IV, 5, 1122 B 20.

5．シャントレーヌの注で明確にされていることは，*prostateia* がここでは一般に「要職」を意味しているということである．以下でも同様——クセノフォン『忘れ得ないことども，またはソクラテスの思い出』，III, 6.

6．あまり知られていない課役「馬の飼育」*hippotrophie* については次を見よ—— A. Bœckh, *Staatshaltung der Athener*, ed. by Fraenkel, 1886; repr. 1967, De Gruyter, vol. 1, p. 318, n. d; vol. 2, n. 755; vol. 1, p. 585, n. d.

7．アリストテレス『アテナイ人の国家制度』，LXII, 1.

8. Bœckh, vol. 1, p. 554; vol. 2, n. 756 and 779; A. M. Andreades, *Storia delle finanze greche*, Padova, CEDAM, 1961, p. 348.

9. 実際，これが偽アリストテレス，II, 2, 4『家政学』における語義である．以下を見よ—— Bœckh, vol. 1, pp. 534, 585; vol. 2, n. 810. B. A. Van Groningen, *Aristote, le second livre de l'Économique*, Sijthoff, 1933, p. 73. 以下も見よ——テオフラストス『性格論』，X, 11 ——地区（デモス）住民の供応；XXX, 16, 兄弟団（フラトリア）のメンバーの供応.

10. たとえば次を見よ—— Louis Molet, «La cémémonie d'intronisation à Madagascar et ses implications économiques», in *Cahiers internationaux de sociologie*, XXIV, 1958, pp. 80-87.

11. Mancur Olson, *The Logic of Collective Action; public goods and the theory of groups*, Harvard University Press (out off print), transl. *Die Logik des Kollektiven Handelns*, Tübingen, Mohr, 1968, p. 60.

12. 『性格論』，XXIII, 5-6.

13. Antiphane, in *Comicorum Atticorum frangmenta* of Kock, vol. 2, p. 111, no. 228. 寄食者と「借金常習者」は区別される，後者については次を見よ—— K. Beloch, *Griechische Geschichte*, 2nd ed., vol. IV, 1, p. 411.

14. アリストテレス『アテナイ人の国家制度』，XXVII, 3. プルタルコス『キモン伝』，10はアリストテレスからわざわざ引用しているものである．

15. Cf. L. Gernet, «Les nobles dans la Grèce antique», in *Annales d'histoire économique et sociale*, 1938, p. 39.

16. 他の有名な饗宴はラケダイモン人リカスが開いたものであり，かれはアポロン祭に出席するためにラケダイモンに滞在していた外国人らも招いた宴会を提供した（クセノフォン『ソクラテスの思い出』1，2，61.『ヘレニカ』3，2，11. 次と比較せよ——ツキディデス，5，51）.

17. エウリピデス『救いを求める女たち』404-407. Cf. P. Lévêque et P. Vidal-Naquet, *Clisthène l'Athénien*, Les Belles Lettres, 1964, pp. 27-32; R. Goossens, *Euripide et Athène*, 1962, pp. 423, 435.

18. アリストテレス『政治学』VII, 9（1329 A 1）and 14（1332 B 10）. だが『政治学』巻7と巻8はプラトン流のユートピアである．アリストテレスが実現可能で，大部分の諸国民に適した政治体制について語ろうとするとき，中間階級に統治され，また選挙権のための納税額があまり高くない共和制を奨励している．

19. 『政治学』VI, 5（1319 B 40），transl. by Tricot. Tricotは注においてエフェソスのミカエルを引用している——「不文律はある社会全体に共通した習慣である」．ここで『アンティゴネ』や哲学者らの「不文律」を考えてはならない，おなじくアテナイにおいてまったく法的権力のなかった習慣的権利もである——実際のところ，アリストテレスは，スパルタのような本質的に口承的

伝統に根ざした権利のある都市について話しているのである．Cf. H. J. Wolff, «Gewohneitsrecht und Gesetzrecht in der griechischen Rechtsauffassung», in *Zur griechschen Rechtgeschichte*, E. Berneker, editor; Wiss. Buchgesellschaft, 1968, particularly p. 101. 紀元前5世紀末の「碑文」（アンドキデス，I, 82-87）の役割については—— U. Kahrneker, in *Klio*, 31, 1938, p. 31. アリストテレスにおける「不文律」の二つの意味（自然法または口承的権利）については—— E. Weiss, *Griechisches Privattrecht auf rechtsvergleichender Grundlage*, repr. 1965, Scientia Verlag, vol. 1, pp. 73-77. ギリシア人はローマ人とともに，ある権利のある人民としての特徴がある，これがその他大部分の国民と違っている点である．かれらは，われわれが私法と同様に公法と呼んでいるものから来ている法律のもとで生きている（ギリシア都市にとって独立とは「固有の法律にしたがって」，あるいは「祖先伝来の掟にしたがって」生きることにあった，また同じくそれが私法の意味であった——キケロの『アッティクスへの手紙』6，1，15はその好例である．人民に権利があるのはまれである——多くの非西洋古代社会は事実，権利という名において習慣について思索を重ねた，それは知識人の仕事であり，実践的な適用を受けず，裁判官にも知られていない．それらの考察は哲学や知恵とまったくおなじような知的活動であり，ときにはユートピア的，あるいは「革命的メシア思想」（申命記）的な性格がある．裁判官のほうは，ただ慣習を適用し，「ソロモンの裁き」を行い，あるいは法律社会学者が言うような「カーディの裁き」をすることで満足している．ある意味ではそのとおりである（どんな比較法律学にも見られるような詳細に触れる必要はない）イスラム法でも，インド法（ダルマ）でもそうである——後者は神聖なものの専門家によって無償で発展させられた思索にすぎない，(慣習をイデオロギー的口実で正当化しようという欲望というよりはむしろ専門家の衒学趣味，信仰心，そしてまた慣習を理解しようという真面目な好奇心に動かされた思索である)．東洋のほとんどの国は次のような三幅絵を示しているか，示していた——生活の大半が習慣にまかせていて，公法はある程度恣意的に適用されて抑圧的な規則になり（ローマの高官の処罰がその例である），また行政規則となる．結局，学者は裁判官の知らない理論的法律を好んで練り上げ，それはたんなる習慣への思索にすぎない．ギリシアやローマとは対照的であることが分かる．ギリシアとローマのあいだの唯一の相違点，だが二次的なものであるが，それはローマ人に「判例集」があることである——専門家団が以前の専門家について思索し，規則を練り上げようとし，他方，かれらの思索は裁判官のやり方に対して，最初は事実上，次いで法律の上で影響を与えた．この思索は専門家の衒学趣味によるものであったが，真の裁きはそれ自体と矛盾してはならず，また前例に背いた判決をしてもならないという感情からも来ていた．だがこの感情は法律の彫琢において累積過程を引き起こすことになり，結局，法律の「科学的」概念に達し，それが西洋文明の概念になる．しかしロ

ーマ法の体系的な彫琢は12世紀と13世紀を待たねばならない——ローマ法が西洋の学術的な法律の起源になるのは中世の作業である……古典期のローマ法は想像以上に個人的でアカデミックな思索に近いものであり，体系のない決疑論のままである．それは法律の脇でつくられていて，法律を解釈するためのものではない．次の論文を見よ—— Max Kaser, «Zur Methode der rö M. Rechtsfindung», in *Nachrichten der Akad. in Göttingen*, phil.-hist. Klasse, 1962, no. 2, pp. 72-78. これ以後，ギリシア精神とローマ精神のあいだの截然たる対立は消える——ローマ法はアルカイックな現象であり，したがってローマ人がアングロサクソン的で，また近代的名意味での法解釈を発明したと言うこともできない．

20．ツキディデス，I, 136, 1, 次を見よ——E. Skard, *Zwei religiös-politische Begriffe : Euergetes, Concordia*, Oslo, 1931. この研究はヘレニズム時代を扱っていない．扇動家や野心家の話では，「都市へ尽くす」というのはかえって一般的な言い方である．だからキケロの話も同じである（アリストファネス『騎士』，941 and 1153）．

21．ヘロドトス，3，57．アリストファネス『すずめ蜂』706．一般的に次と比較せよ—— G. Cardinali, *Il regno di Pergamo, ricerche di storia e di diritto publico*, repr. 1968, Bretschneider, p. 259 ——国家‐都市の基礎には次の考え方がある——「市民の人格と幸福は，発展するためにはすべての人が政治に参加するという意味での自由を前提とする」，だが，他方，「ギリシア人は国家の概念を社会（つまり個人のようなさまざまな単位の並列の結果）より上の存在だと見なすまでにいたっていなかった，つまり個人の私的な利益より高度で，また絶対的な利益を有するはずのものという概念に達していなかった．それどころか，ギリシア人は国家の普遍的な利益と個人の利益を同一視するか，あるいはむしろ両者を区別しなかった．このような政治観があったからこそ，かれらは国家を個人的有用性の道具と見なし，その有用性が各都市の人民の制度的発展の中核であり，また民主的観念において絶えず貴族的原則の発展をうながした理由である」．この貴族主義が評議会の優位性，さらには民主的アテナイにおいて具現したのである．この国家問題，また税の社会学については，ぜひ次の研究を参照されたい—— J. Schumpeter, «la crise de l'État fiscal», in *Impérialisme et Classes sociales*, ed. by J.-C. Passeron, Éditions de Minuit, 1972, p. 229.

22．「課役」liturgie という語の本来の意味はアリストテレス『政治学』，1272 A 19で用いられ，「公共的奉仕」の意味であり，この場合は公的資金で確保されている．課役が公金を受けとることをつけ加えよう（デモステネス『反フィリッポス演説』I, 36）．課役の起源が次のようであったと想像できる——金持は道徳的に，公的予算に自分の金を追加するものと見なされていた．特に，三段櫂船艤装費負担者には国に代わって乗組員の手当を支払うこともあ

った（ツキディデス，VI, 31, 3; イソクラテス, XVIII ——『反カリマコス論』, 60）．

23．デモステネス『反ミディアス演説』13 and 156;「喜んで」εθελοντὴς ——この語は恵与指向の語彙に属するようになる．課役の心理については，次の見事なページがある—— P. Guiraud, *La propriété foncière en Grèce*, 1893, p. 531, and *Études économiques sur l'Antiquité*, 1905, p. 112; Wilamowitz (Kromayer-Heisenberg), *Staat und Gesellschaft der Griechen und Römer*, p. 114.

24．リュシアス，XVI, 1-5.

25．この名誉欲については，ギリシア文明についてのブルクハルトの古い著書に見事なページを読むことができる—— vol. 2, p. 353, and vol. 4, p. 32. また次も見よ—— H. W. Pleket, «Griekse Ethiek en de "competitive society"» in *Lampas*, 1971, no. 4. このギリシア人的性格をきわめて真剣に受けとめねばならない——経済やピューリタン的適用，あるいは企業精神が真剣に受けとめられるなら，なおさらのことである．ギリシア的奇跡の秘密は一面ではそこにある，ちょうど経済革命の秘密が他の態度にあるように．この名誉欲の鍵は三つの観念の結合にある——長所，卓越性を持ち，集団が見ている前で競争相手にそれを有利に証明する．その結果，栄光と名誉を獲得する——これはチャンピオン，英雄，または恵与者の精神性である．それは「名誉愛」*philotimia* である（この語については，次を見よ—— Pleket, p. 372, references）．ツキディデス，VI, 31, 4 を引用するか，あるいはクセノフォン『ソクラテスの思い出』を見るだけで充分である，後者は平凡ながら特徴があり，名誉欲の好例が見られる．ここでソクラテスは体育を賛美しているのだろうか．戦場で勇敢な人々は戦友たちを助けたり，その都市のために尽くしたりできるから，名声と名誉が得られることを明確にするものである（III, 12, 4）．将軍がその部隊の中で立派な兵隊を見分けたいとすれば？　ソクラテスはこう答える——「もし金を集めるのが必要なら，いちばん金の好きな者にシュロの栄冠を与えねばならない．もし危険をおかすことが必要なら，いちばん光栄を愛する者，称賛されるために危険をものともしない者にシュロの栄冠を与えねばならない」（XXX, 1, 8）．ある若者が政治の道を歩み，国家の先頭にたつことを夢見るなら——「あなたが成功すれば，いたるところで有名になり，衆目を集めるだろう」，だが「もしそのように尊敬されたいなら，都市の役に立たねばならない」（XXX, 6, 2）．後で引用することになる箇所は課役の競争で才覚をしめす商人である（XXX, 4, 1）．最後に次の引用をしよう——「デロス島へ派遣する合唱団が編成されるとき，アテナイの合唱団にまさるのはどの都市にもいない．アテナイの合唱団が優勝しても，それは声の美しさというよりはむしろ名誉愛のためであり，フィロティミア」つまり勝利愛のためである（XXX, 3, 13）．フィクション物語が書かれてもよいだろう，つまり古代ギリシア人が産業社会と争えば，その

競争心によって，明治時代の日本のように産業化されるだろう．『ヒエロン』の見事な第9章を読んでいただきたい，そこではクセノフォンが農業と商業の発達を提案するために，競争心をあおり，最高の耕作者と最高の商人に賞金と表彰を制定するように勧めている．ギリシア文化のこの競争的性格は自由さが循環しているような他の性格とも関係がある――たとえば，死者への恐怖がない（ギリシア宗教ほど夜の恐怖に無関心な宗教は少ない）．ローマ社会における隷属者を知らないこの社会においては父 - 息子のテーマがほとんど重要ではない（ゼウスは「神々と人間の父」であるが，ほとんど温情主義的でない神であり，その怒りで引き起こされる恐怖は超自我のものではない）．

26. Louis Robert, *Les Gradiateurs en Orient grec*, p. 257.

27. プラトン『国家編』544 C to 576 B.

28. 同書，551 A.

29. プラトン，『法律編』831 C,『国家編』555 A.

30. クセノフォン『ソクラテスの思い出』II, 7, 6.

31. 「貧者の贅沢」，「貧しい贅沢」という幸せな言葉はある女子学生のおかげである，つまり彼女の名はわたしには分からないが，彼女は1943年ごろ，アンドレ・ピガニオル（この人がびっくりしたこの表現をわたしに教えてくれた）の指導の下で，ローマの碑文にある贅沢に関して論文を書いた．この女子学生はある友達とともにドイツ警察に逮捕された，というのもその友達がパリの映画館でドイツ・ニュースに対して口笛を吹いたからである．ところで，彼女は口笛を吹いたかどうかを警官に尋ねられて，「いいえ，わたしは口笛の吹き方も知りません」と答えた．彼女は強制収容所で亡くなった．

32. 『ソクラテスの思い出』III, 4, 1-5.

33. テオフラストス『性格論』26，6.

34. アリストテレス『政治学』V, 5（1305 A 5）．金持を苦しめる負担に対する愁訴はなくならない――イソクラテス『平和論』128. おなじく，テオフラストスによって特徴的に描かれている寡頭政治家は課役と三段櫂船艤装費負担が立派な人々を破産させていると言明している（XXVI, 6）．

35. 次の箇所を注解した――偽クセノフォン『アテナイ人の共和国』I, 13 and 3.

36. 『政治学』V, 12（1316 B 10）.

37. *Économie et Société*, vol. 1, p. 211. 職務の無償性と寡頭制については，次も見よ―― Tocqueville, *Démocratie en Amérique, ed. Œuvres complètes*, Gallimard, 1961, vol. 1, p. 211.

38. *Rome, la Grèce et les monarchies hellénistiques au IIIe siècle*, p. 221; cf. *Études d'épigraphie et d'histoire grecques*, ed. Louis Robert, vol. 5, pp. 376, 384-385, 398. J. Deininger, *Der politische Widerstand gegen Rom in Griechenland*, De Gruyter, 1971, p. 17.

39. パウサニアスの有名な証言によれば，ローマはいたるところで民主制に終止符を打ち，制限選挙制をたてた（7, 16, 9）. だが次の研究によれば，実際にはもっと微妙な差があり，変化はもっと継続的であったことが指摘されている——J. Touloumakos, *Der Einfluss Roms auf die Staatsform der Stadttaaten des Festlandes und der Inseln im ersten und zweiten Jhdt. v. Chr.*, Diss. Göttingen, 1967, pp. 11, 150-154，また行政権の強化については——p. 151. および次も見よ——I. Lévy, «Études sur la vie municipale de l'Asie Mineure», in *Revue des études grecques*, XII, 1899, とくに p. 266.

40. ストラボン，XIV, 24, p. 659 C ——これはルイ・ロベールが指摘してくれたテキストである. フブレアスは決して庶民階級の者ではない——かれは教育も教養も，また明らかに暮らし方も伝統的な家柄に属していたが，慎ましいか，あるいは破産していた. 普通の農民には修辞学を学ぶことなど考えられない，ちょうど19世紀のフランス農民には「大学」を準備することなど一瞬も考えられなかったように. フブレアスは，すでに本書第一章で見たように，上流階級には特徴的な臨時の仕事（*Gelegenheitshandel*）で財産をつくったか，再建したのである. ラバの背を使う運搬業については，本書第三章，注(190）を見よ. 市場監視官の組織においてかれが何をしていたかはよく分からない—この役人の法廷において小さい事件の弁護を仕事にしていたのだろうか. 監視官の職において，有給または請負いの務めであったか. フブレアスは市場の税金の徴集請負人，書記，または競り売り屋であったかも知れない. とにかく，「市場監視官」は絶対に「監視の威厳」を意味しない，なぜならテキストでは，フブレアスが「その後」公職についたとなっているからである. 臨時の仕事，教養への道，公的または法的な職による蓄財，それはフュルティエールかバルザックの世界の才覚のある「プチ・ブルジョア」の物語である. ラバは19世紀まで，陸上輸送の便利な道具であった.

41. Louis Robert, in *Annuaire du Collège de France*, 1971, p. 541. And in *Opuscula minora selecta*, Hakkert, 1969, vol. 2, p. 841 ——「次第に，社会の進化は人民の民会や民主制の主権的活動から都市の仕事を奪い，それを有力者のいくらか世襲的な少数派の手にわたす. そしてこの者たちが自分の財産を使って国家の本質的な業務を確保し，その見返りとしてますます多くの輝かしい名誉を受けとる」. たとえば，アテナイの貴族階級については次を見よ—— P. MacKendrick, *The Athenian Aristocracy, 339-31 B. C.*, Harvard University Press, 1969. ヘレニズム時代の都市の政体については，よい総合的研究はないが，次の手短な研究を見よ—— Wilamowitz, in *Staat und Gesellschaft der Griechen und Römer*, 1910, pp. 172-179; A.-H. M. Jones, *The Greek City from Alexander to Justinian*, Oxford, 1940 and 1966; especially Claire Préaux, «Les villes hellénistiques», in *Recueil de la Société Jean-Bodin*, VI : *La Ville*, vol. 1, 1953. 有力者の「ブルジョアジー」については，次も見よ

—— M. Rostvtzeff, *The Social and Economic History of the Hellenistic World*, p. 897. ローマ時代については，Isidore Lēvy と Touloumakos の優れた研究を見よ——上掲，注（39）．次の著書も通読した—— H. Swoboda, *Die griechischen Volksbeschlüsse*, repr. 1971, Hakkert. おなじくこの章の注（198）も見よ．

42．『政治学』IV, 3（1289 B 25）．

43．同書，IV, 13（1297 B 5）; V, 8（1308 B 34）; VI, 4（1318 B 14）．

44．「受託」としての政治については，たとえば次を見よ—— W. Hennis, *Pollitik als praktische Wissenschaft*, R. Piper, 1968, p. 48.

45．『政治学』IV, 5（1320 A 15）; cf. 1319 B1.

46．ゴルギアス, 515 D.

47．同上，520 E．次と比較せよ——ヒッピアス, 282 C, etc.

48．ゴルギアス，520 D -521 A.

49．『政治学』VI, 5（1320 A 20）; 次と比較せよ——アリストファネス『すずめ蜂』655.

50．M. Crozier, *Le Phēnomēne bureaucratique*, Seuil, 1963, p. 269.

51．同上．

52．アリストテレス『アテナイ人の国家制度』, XXIX, 5.

53．E. Bayer, *Demetrios Phalereus der Athener*, 1942, pp. 21-24. この制限選挙制度はデメトリオスの仕業でなく，したがってペリパトス学派の学説に負うところは何もない（p. 23, n. 1）．

54．アリストテレス『政治学』III, 1（1275 A 3）; cf. 1275 B 4.

55．同書, III, 1.

56．この書簡（Dittenberger, *Sylloge*, no. 543）は現在，*Inscriptiones Graecae*, IX, 2, 517 で読むことができる．Cf. J.-M. Hannick, «Remarques sur les lettres de Philippe V à Larissa», in *Antidorum W. Peremans*（*Studia Hellenistica*, 16）, Publications universitaires de Louvain, 1968, particularly p. 103; E. Szanto, *Das griechische Bürgerrecht*, 1892, p. 36.

57．Tocqueville, *Souvenirs*, ed. of 1942, p. 220.

58．『政治学』V, 8（1308 B 30）. 公共財を横領するのはギリシア人の常習的犯罪であった——ポリュビオス, X, 22, 5 and VI, 56, 13. 次と比較せよ——キケロ『アッティクスへの手紙』VI, 2, 5.

59．日付については——E. F. Bruck, *Totenteil und Seelgerät im griechischen* Recht, 2nd ed., C. H. Beck, 1970, p. 167, n. 1.

60．ヘロドトス, V, 62.

61．*Inscriptiones Graecae*, editio minor, vol. 1, no. 348, lines 65-66 and no. 354, line 8; cf. E. Cavaignac , *Ētudes sur l'histoire financiēre d'Athēnes au Ve siēcle*, 1908, pp. XLIX，LXVII.

62. つまり「役人」épimélètesによる．この件については次を見よ――アリストテレス『アテナイ人の国家制度』56, 4, およびデモステネス, XXI,『反ミディアス演説』15-18.

63. コンクールもおなじく恵与的寄贈の起源に属している．だからキオスのイオンという詩人はアテナイでの悲劇コンクールにおいて優勝したとき，勝利のあとでアテナイ人にワインをふるまった（アテナイオス，I, 3, quoted by L. Robert, in *Archaiologikê Ephêmeris*, 1969, p. 38, n. 4）.

64. イサイオス, V, 41. これとよく似た次の箇所と比較するべきである――ゴルギアス，472 AB（アポロン神殿 Pythion に関する記述は Bœckh, vol. 2, p. 515 で訂正されている）．

65. *Anthologie palatine*, IX, 147. クセノクレスに関する主要な碑文資料は次のとおり―― Dittenberger, *Sylloge*, no. 334, line 8, ; no. 262, line 299; no. 1089, cf. n. 3. 碑詩については以下を見よ―― A. S. F. Gow & D. L. Page, *The Greek Anthology*, part I : *Hellenistic Epigrams*, Cambridge, 1967, vol. 2, pp. 29-30. 古文書において，この詩はロドス島のアンタゴラスの作とされている――クセノクレスはこの有名な詩人に自分の橋に刻むべき碑詩の作を頼んだに違いない．年代的な難しさやテキストの修正の詳細については触れることができない（この詩人がロドス島出身であることが古文書において，クセノクレスの出身地をロドス島のリンドスにした）．碑銘資料は次において蒐集されている―― *Inscriptiones Graecae*, II-III 2, no. 2840. 新しい資料については―― J. & L. Robert, «Bulletin épigraphique», in *Revue des études grecques*, 1961, no. 264.

66. アテナイは「トーリー党的民主制」*Démocratie tory* であると言われる―― W. S. Ferguson, *Hellenistic Athens*, 1911, p. 287; cf. P. Mackendrick, *The Athenian Aristocracy, 399 to 31 B. C.*, Harvard, 1969. ヘレニズム時代において，「民主制」は「寡頭制」に対立しないで，悪い意味での「君主制」に対立する――アテナイが民主制的であるというのはアテナイが，アテナイまたは外国の王に従属していないという意味であり，独立した都市国家であり，君主制的な国家でないという意味である．ローマ帝政に関するわたしの研究は目下，印刷中であるが，そこでもこの意味において民主制を取り上げている．

67. Dittenberger, *Sylloge*, no. 1048.「かれは建設する」という現在形の動詞は，その認可が票決されたときには橋が建設中であったことを示している．

68. デモステネス『反ステファノス演説』85. 他の寄贈，たとえば『反フォルミオ演説』の場合はむしろ「寄付申し込み」*epidoseis* である．

69. ルシアス『アリストファネスへの賛辞』43.

70. シチリアのディオドロス, XIII, 83, 2. ここでティマイオスが引用されている．これは紀元前406年にハミルカル将軍によるアグリジェント占領より前であり，このときゲリアスが一役を演じている（ディオドロス，XIII, 90, 2）．

ディオドロスの略述を使ってヤコビーがティマイオスの物語を再構成したのである（*Fragm. griech. Hist.*, 3. Teil, Band B, p. 605, no. 566）．だが別の著作者がいて，この者は原資料を示さないで，ゲリアスのことをわれわれに実に詳しく語っている——それはウァレリウス・マクシムス，IV, 8, 2 であり，かれはゲリアスの恵与を列挙しているのである．ところで，このウァレリウス・マクシムスのテキストは作者の気まぐれではありえない——ゲリアスの恵与の叙述には紛れもないヘレニズム時代（ギリシア時代でないとしても）の真正な調子がある．たとえば「ゲリアスが所有するものすべてはあたかもすべての人の共通財産のようであった」というような詳細には，プリエネをはじめとする各地において恵与者を表彰するヘレニズム時代の辞令に照合するものが多い．実際，ウレリウス・マクシムスのテキストはヘレニズム時代の表彰辞令のラテン語訳のようであり，それだけでギリシアの碑文セミナーの立派な練習のためになる．したがって三つの事柄が明らかになる——ウァレリウス・マクシムスの原資料はディオドロスのものと同様にティマイオスであり，ウァレリウス・マクシムスはディオドロスより巧みにティマイオスのテキストをわれわれに示してくれる．結局，ティマイオスはゲリアスのために恵与のかずかずをつくりあげ，その恵与は紀元前5世紀では時代錯誤であるが，作者は前期ヘレニズム時代の表彰辞令を真似てつくったことになる．

71. アンドキデス　II, 11.

72. 多くの例がある，すでに紀元前357年のアモルゴスでのように（*Sylloge*, no. 193）．Cf. Bœckh, vol. 1, p. 688.

73. A. Kuenzi, *Epidosis, Sammlung freiwilliger Beiträge zur Zeit des Not in Athen*, Diss. Berne, 1923. この書はヘレニズム時代に触れていない．

74. *Inscriptiones Graecae*, II-III（2）, no. 835 and 351（*Sylloge*, no. 193）．テキストではこう書かれている——「パンアテナイ祭の競技場と劇場の建設のために」．語の並び方が混乱しているので，「パンアテナイ祭競技場，および劇場の……」と解釈すべきか，あるいはこの「劇場」がディオニュソス劇場でなく，競技場の客席をさしているのか．ピレウスにおける劇場建設のための「寄付申し込み」については，次を見よ—— *Inscriptiones Graecae*, II-III（2）, no. 2334.

75. デモステネス『反ミディアス演説』161.

76. 多くの例のうちでも次を見よ—— *Sylloge*, no. 304, or *Inscriptiones Graecae*, II-III（2）, 1628, 1. 384.

77. Cf. *Sylloge*, no. 491, line 15.

78. デモステネス『反ミディアス演説』161.

79. イサイオス,V, 37.

80. デモステネス『栄冠論』312（329）.

81. 実行されなかった「寄付申し込み」は，イサイオス，V, 37-38 におい

て語られ，紀元前393年のことである．

82．*Sylloge*, no. 288, line 14. 結局，戦争は幾年も後に起こった，征服者が死亡したときである．

83．プルタルコス『アルキビアデス』，10； デモステネス『反ミディアス演説』, 161. *Sylloge*, 491, line 15 の法令の結果，民会に欠席した市民は評議会へ寄付申し入れができないが，将軍に申し込むことができた．慣習上は寄付申し入れには天井が低かったが，個別の寄付よりは多くの小さい寄付申し入れ者を当てにして天井を高くすることもあった．その例はアテナイに多い，ここではタナグラの場合を引用しよう，つまり女神デメテルの神殿を建設するための「寄付申し込み」である（Dareste-Haussoulier-Reinach, *Recueil des inscriptions juridiques grecques*, repr. 1965, Bretschneider, vol. 2, p. 354; *Sylloge*, no. 1185）：「どの婦人にも，約束して，20日目に一人当たり最高５ドラクマの金を担当官にわたすのは自由であろう」．

84．イサイオス, V, 37 ——「レカイオン攻略のとき（紀元前393年），別の市民の呼びかけで（κληθείς），わたしの競争相手は民会において，300ドラクマを申し入れた」．

85．イサイオス, V, 38.「喜んで」ἐθελοταί ——この語については前注(23) を見よ．——この語は，少なくともわれわれの資料によれば，約束を守ろうとしない申し入れ者に対して προβολῆ と呼ばれる訴え，つまり人民に約束したことを守らないという訴訟が起こされたとは思われない．Cf. J. H. Lipsius, *Das attische Recht und Rechtsverfahren*, repr. 1966, Olms, p. 213.

86．デモステネス『ケルソネソス』70.

87．デモステネス『栄冠論』257.

88．この事件の資料には『栄冠論』110-119，およびアイスキネス『クテシフォン弾劾演説』17-31が含まれる．

89．『栄冠論』114．ナウシクレスは紀元前334-333年まで将軍であった．

90．『栄冠論』112．この箇所全体において，デモステネスが自弁で支払い，もらった予算に追加した金は動詞 ἐπιδιδόνται で表わされ，これはあいまいな意味（集団社会へ寄付する）で用いられているが，申し入れをするという正確な意味の場合とおなじほど頻繁に見られる．たとえば次を見よ——ルシアス, 30，26,

91．『栄冠論』171.

92．*Sylloge*, no. 491, 1, 56. かれはクセノクレスの孫か曾孫である．実際的な魅力のない純粋に名誉的な恵与については次を見よ —— H. Francotte, *Mélanges de droit public grec*, repr. 1964, Bretschneider, pp. 194-197. ——文学テキストでは，「恵与者」という語は以前から言われていた．上掲のアリストファネスの引用箇所のほかに，次のものを挙げよう——クセノフォン『財源論』3，11——アテナイの海外交易を改善するために寄付申し入れが受けつけ

られ，その申し入れ者はアテナイの恵与者リストに「不滅の恵与者として銘記される」だろう（この表現は後期ヘレニズム時代の「不朽の恵与者」を想起させる——「不朽の体育場長」は体育場のために永久の基金を設定し，そのために鷹揚さの不滅の模範となった）．

93．『政治学』VI, 7（1321 A 30）．

94．職務の費用を自分で負担する要職にある者，および就任の際の饗宴については後述する．*eisitêria* については，区別が必要である，なぜならこの語には，間違っていなければ，きわめて異なる三つの意味があるからである，われわれに重要なのは最初の意味だけである——〔1〕年のはじめの公的行事としてのいけにえ（デモステネス『使節団』190；『反ミディアス』114；cf. G. Busolt, *Griechische Staatskunde*, vol. 1, p. 518, n. 1; P. Stengel, *Griech. Kultusaltertümer*, 3d ed., 1920, p. 249; L. Deubner, *Attische Feste*, p. 175)．アテナイにおいて *eisitêria* が一般の大饗宴を開かせたとは思われず，他のいけにえが人民に食べ物をふるまった（偽クセノフォン『アテナイ人の国制』2, 9)．〔2〕神の像を安置して聖所に祭った記念日——マイアンドロス河畔のマグネシアで見られた（O. Kern, *Die Inschriften von Magnesia*, no. 100＝Dittenberger, *Sylloge*, no. 695, line a 25; L. Nilsson, *Griechische Feste*, p. 248; Geschichte der griech. Religion, vol. 2, pp. 87, 388, 392; cf. P. Herrmann, «Antiochos der Grosse und Teos», in *Anadolu*（*Anatolia*), IX, 1965, p. 66 and n. 33)．〔3〕公職への就任費または会への入会費（後注276を見よ)．高官が退職するときの一般的饗宴については次を見よ——クセノフォン『ヘレニカ』V, 4, 4（このテキストについては次の注を見よ)．注（296）も見よ．

95．法政官（プラエトル）や公職をつとめた人に盃や小像や像を贈ることはギリシア世界ではよく知られている．次を見よ——R. Rouse, *Greek Votive Offerings*, 1902, p. 260; M. Holleaux, *Études d'épigraphie et d'histoire grecques*, vol. 2, p. 182; Ad. Wilhelm, *Neue Beiträge*, 5, Akad. der Wiss. in Wien, Sitzungsb., 214, no. 4, 1932, pp. 9-10; F. Sokolowski, *Lois sacrées de l'Asie Mineure*, De Boccard, 1955, p. 155; L. Robert, *Hellenica*, XI-XII, pp. 268-269; Bernard & Salviat, in *Bulletin de correspondance hellénique*, 1962, p. 589. 後注（226）セストスの辞令も見よ，さらに後注（319）も見よ．例を挙げるなら——プラトン『クリティアス』120 B; *Inscriptiones Graecae*, editio minor, I, no. 1215; II,-III, no. 2891-2931; Hiller von Gärtringen, *Inschriften von Priene*, no. 113, line 92. 紀元前2世紀のパロスで，（*Inscriptiones Graecae*, XII, 5, 129, line 44)，元市場監視官が立派にその責務を果たしたとして，公共広場に大理石像を建てる権利をもらっている）(Salviat, in *Bulletin de correspondance*, 1958, p. 328, n. 4)．この習慣はローマに存在している——「ナルボンヌの碑文」(Dessau, no. 6964）においては，神官は退職するとき，聖所の域内に自分の像を建てる許可をもらう，またアフリカの属州の神官にもおなじ扱いがされた痕

跡が発見されている（D. Fishwick, in *Hermes*, 1964, p. 342 sqq. イベリア半島のローマ属州については，反対に次を見よ—— P. Veyne, in *Les Empereurs romains d'Espagne*, Colloque du CNRS, 1965, p. 121）．神官が聖所に自分の像を献納するギリシアの慣習については—— cf. *Latomus*, XXI, 1962, p. 86, n. 3. F. Salviat はある種の高官職の退職の際の饗宴をアフロディテ祭に関係づけた（クセノフォン『ヘレニカ』V, 4, 4. 前注で引用），また退職に際してアフロディテへ献上する体育場長の饗宴もある（*Bulletin de correspondance*, 1966, p. 460）．ローマにおいて高官の「*jus imaginis ad posteritatem prodendae*」はよく知られている（プリニウス『博物誌』XXXIV, 14, 30．キケロ『苦痛について』XIV, 36．Mommsen, *Staatsrecht*, index s. v. «Blidnisrecht»; and vol. 2, p. 437, n. 4）．ポンペイでは，女神フォルトゥナの神官たちはフォルトゥナ像を献上することが法律で定められていた（*Corpus* des inscriptions latines, vol. X, no. 825-827）．カンパーニアとミントゥルネの高官の場合も同様であり，無数の人間像と神像がイタリアおよび帝国全域で神官や高官の任務を記念して建てられている——共和制時代からすでにその事例が豊富であり，体系的な研究に値する．ときには一連のものが特に多い．キクラデス群島では（*Inscriptiones Graecae*, XII, 5, no. 659 sqq.），毎年の戴冠者は鷹揚に（*largitio*）いけにえと宴会を人民にふるまい，皇帝の健康のために献辞を捧げる——「豊作，よい年，健康な年です」．就任，退職の際の寄贈や献辞はいくらでもある．「タラント碑文」では（Dessau, no. 6086, line 37）高官が勝手に罰金を使って競技会や「自分の記念物」に当てている（*seive ad monumentum suon in publico consumere volet*）．

96．ポリュビオス，XXI, 6, 2（紀元前190年，フォカイア）．

97．同上，XV, 21．以下も引用できよう —— IV, 17; VII, 10; XIII, 1.

98．同上，XX, 6-7, cf. 4-5．引用文は次の訳による——M. Feyel, *Polybe et l'histoire de Béotie au IIIe siècle avant notre ère*, De Boccard, 1942, p. 16．細かい点，たとえば「共通の所有を遺贈する」という訳を変えているが，事実，*dietithento* は遺産を指し，永続的な基金を示し，ポリュビオスのテキストは故人記念基金の流行を暗示していると考えられる，またこの点については次の研究に従う —— E. F. Bruck, *Totenteil und Seelgerät im griech. Richt*, p. 276 and n. 1.

99．Feyel, pp. 280-283．たとえば次と比較せよ——ポリュビオス, XXIV, 7, 4.

100．ポリュビオス, XXII, 4, 1．ギリシアにおいて，「協力者」と「抵抗者」の区別はまったく有力者と一般庶民の区別とは一致しない——反ローマ派の主導者は「抵抗派」的有力者であった．そのすべてとボイオティア問題については，注（38）で引用した J. Deininger の名著を見よ．

101．ポリュビオス, XXXVIII, 11, 10 と比較せよ．

102. L. Robert, in *Annuaire du Collège de France*, 1971, p. 514; Feyel, pp. 274-279.

103. L. Robert, «Les juges étrangers dans les cités grecques», in *Xenion : Festschricht für P. J. Zepos*, Ch. Katsikalis Verlag, 1973, vol. 1,p. 775.

104. プルタルコス『フォキオン』9;『政治的助言』31 (『エティカ』*Moralia*, 822 D);『国王と将軍の箴言』,『道徳論』188 A;『気兼ねについて』10 (533 A).

105. 紀元前480年，サラミスの勝利前にアッチカ地方から敵軍が撤退したとき，避難民は一人当たり8ドラクマをもらった．このことはあまりよく知られているので，詳細には触れない．

106. A. D. Andreades, *Storia delle finanze greche*, pp. 306-310; 次の著書に収められた伝記—— A. R. Hands, *Charities and Social Aid in Greece and Rome*, Thames and Hudson, 1968, p. 165, n. 116 and 117. ファレロンのデメトリオス以後,「手当」を述べている資料は見つからない．恐らく廃止されたのであろう．

107. 居留外国人は「手当」をもらう権利がない，この手当は市民権登録の宣誓にもとづいて支給された (Bœckh, *Staatshaushaltung*, vol. 1, p. 279). 一般的に，居留外国人は国からまったく「報酬」*misthos* をもらえない (クセノフォン，または偽クセノフォン『財源論』II, 1). 古代の援助が市民的であり，古代には貧者の範疇が存在しないという考えは，古代の援助に関する H. Bolkestein の名著の中心的な考え方である．

108. 偽デモステネス『第4反フィリッポス演説』38, p. 141.

109. デモステネス『栄冠論』107 (262) or 311 (329).

110. 課役負担者が国費を受けとったことを思いだそう，だがその費用では足らなかった，おまけに課役負担者は競争心から国費を超過して支払うものと見なされていた．要するに，金持は重い「負担金」*eisphora* を支払った．

111. プルタルコスが引用しているデマデスの有名な言葉による (*Quaest. Plat.*, IV, 4, p. 1011 b ——民主制の強化).

112. クセノフォン『饗宴』IV, 30-33.

113. クセノフォン (あるいは偽クセノフォン)『財源論』VI, 1.

114. これは『第4反フィリッポス演説』40-41 において展開されているイメージである．この雄弁家は家族のイメージの温情主義的暗示に当惑している，だからこの家族の「家父」に当たるのが市民団であるとまずい言い方をしている．

115.『第4反フィリッポス演説』35 sqq.

116. アリストテレス『政治学』V, 5 (1304 B 25); cf. 1305 A 5.

117. 同上，V, 8 (1309 A 15).

118. *eisphora* である——『政治学』VI, 5 (1320 A 15) で注釈したとおりで

ある．この語は常に特別税を指すものである（少なくとも理論上は）．

119．『政治学』VI, 5（1320 B 1），また無用な課役については V, 8（1309 A 15）を見よ．事実，アリストテレスはここで他の問題に触れている——人民に祭典を催すべき課役の増加であった．集団的レジャーの期間が長かったこの時代において，一般大衆の娯楽は集団的なものであった，そしてこの祭典はわれわれの時代の社会補償あるいは有給休暇に少し類似している．寡頭政治家や道徳家はそれを扇動的な浪費と見なして非難した．紀元前5世紀におけるアテナイはその「同盟都市」からの年賦金のおかげで市民に楽な暮らしをさせていた（アリストファネスの『すずめ蜂』655と比較せよ）——この財源は紀元前4世紀になくなるので，以後は金持が貧者の食糧やレジャーの面倒をみなければならない．——デメトリオスによるアテナイの財政再建については，次を見よ—— E. Bayer, *Demetrios Phalereus der Athener*, pp. 46-47, 70-71 ——ここではデメトリオスによる課役制度の改革はまったく特にペリパトス学派的ではない．アリストテレスとデメトリオスはただその当時の条件と困難さを示しただけであり，それを穏健な寡頭制の様式で表現している．さらにデメトリオスは豪勢に一般の祭典を祝った（プルタルコス『為政者への教訓』24．p. 818 D）．デメトリオスの厳格な処置の真の精神については，次を見よ—— Bayer, p. 47, n. 1 ——キケロ『義務論』II, 60 に関連して．

120．ロドス島に関して，ストラボン，XIV, 2, 5, p. 653. Wiegand & Wilamowitz, «Ein Gesetz von Samos über die Beschaffung von Brotkorn aus offentlichen Mitteln» in *Sitzungsberichte der Akad. Berlin*, 1904, pp. 917-931（次には収録されていない—— Wikamowitz, *Kleine Schriften*）．テキスト全文は次に再録されている—— J. Pouilloux, *Choix d'inscriptions grecques*, Les Belles Lettres, 1960, no. 34. 部分的には次で再録されている—— Dittenberger, *Sylloge inscriptionum graecarum*, 3d ed., no. 976. 制度は不滅であった，なぜなら資本は残ったから，そして利息だけで小麦を購入できた．次も見よ—— G. Busolt, *Griechische Staatskunde*, p. 434.

121．Hiller von Gärtringen, *Inschften von Priene*, 1906, repr. 1968, De Gruyter, no. 108, lines 42, 57 and 68. もっと一般的には次を見よ—— H. Francotte, «Le pain â bon marché et le pain gratuit dans les cités grecques», in *Mélanges Nicole*（1905），pp. 143-154（次でも再度とりあげられている—— Francotte, *Méranges de droit public grec*, 1910, p. 291）; Ad. Wilhelm, «Sitometria», in *Mélanges Nicole*（1905），pp. 899-908. 平常な年における小麦の供給については，次を見よ—— L. Robert, *Bulletin de correspondance hellênique*, LII, 1928, pp. 426-432（以下でも再度取り上げられている—— L. Robert, *Opscula minora selecta*, vol. 1, p. 108）．

122．産業革命前の社会においては，土地所有者はその倉庫に小麦を貯蔵した，それは投機をするか（値上がりを待つ），あるいは将来の生活を確保しておく

ためである．他のところで，小麦の貯蔵に関して『学説彙纂』のテキストを検討することになっている．また旧約聖書の『箴言』XI, 26 から引用しよう——飢饉の時に高い値で売ろうとして「小麦を貯蔵する者」は「人民から憎まれる」が，その時に「小麦を売る者は祝福される」．また *paraprasis* については次を見よ—— L. Robert, *Études anatoliennes*, pp. 346, 347 and n. 3, 547; J. & L. Robert, *La Carie*, vol. 2, p. 322; J. Trantaphyllopoulus in *Actes of the 5th International Congress of Greek and Latin Epigraphy*, Oxford, 1971, p. 65. 次のローマ時代のアフリカの碑文（*Corpus*, VIII, 26121）と比較せよ——«exigente annona, frumenta quantacumq(ue) habuit populo, multo minore pretio quam tunc erat, benignissime praestitit».

123. Claire Préaux, *L'Économie royale des Lagides*, pp. 41, 294, ゼノンのパピルス古文書による（Edgar & Hunt, *Select Papyri, public documents*, no. 410）.

124. ポリュビオス，XXXVIII, 15, 6 and 11.

125. Feyel, *Polybe et l'histoire de Béotie*, pp. 256-262.

126. 基本的研究は次のものである—— G. Busolt, *Griechische Staatskunde*, vol. 1, particularly p. 612.

127. 実際的な直接税については，何よりもまず次を見よ—— Busolt, pp. 609-611, ここではこの税がまったく特別のものでなかったことが証明されている．次も見よ—— H. Francotte, *Les Finances des cités grecques*, p. 49; Ad. Wilhelm, in *Akad. der Wiss. in Wien, phil.-hist. Klasse, Sitzungsberichte*, 224, 4, 1947 : *Zu den Inschriften aus dem Heiligtum des Gottes Sinuri*, p. 17; B. A. Van Groningen, *Aristote, Second livre de l'Économique*, p. 143; H. W. Pleket, in *Bulletin of the American Society of Papyrology*, 1972, p. 46.

128. R. Thomsen, *Eisphora, a study of direct taxation in ancient Athens*, 1964.

129. 事実，もっと後の話し言葉では，偉大な魂，鷹揚さを表わす *megalopsychia* はやがて寄付する鷹揚さ，ある寄付を指すようになった．ラテン語の *magnanimitas* についても同様である．かくて『サテュリコン』45, 5の文も分かる，つまり恵与者について *magnum animum habet* と言われているが，それは「かれの抱負は大きい」ではなく，「かれは気前のよい寄付をする」の意味である．*megalopsychia* については，すでに指摘した資料に次のものを加えよう——プトレマイオス『テトラビブロン』IV, 3, 177, 木星と金星は *ἐπὶ χάρσι καὶ δωρεαῖς καὶ τῖμαῖς καὶ μεγαλοφυχίαις* に影響を与える．この言葉の意味はアンティオキアにある有名なモザイクをめぐっての議論において定められた——次を見よ—— Gl. Downey, «Pagan virtue of megalopsychia», in *Proceedings of the American Philological Association*, 76, 1945, pp. 279-286（ここでは *megalopsychia* が勇気とされている），and E. Weigand, in

Byzantinische Zeitschrift, 35, 1935, p. 428（ここではそれが恵与者の気前のよさと見なされた）．そこから次の研究が生じている── Doro Levi, *Antioch Mosaic Pavements*, vol. 1, p. 339, and P. Petit, *Libanius et la Vie municipale à Antioche*, 1955, p. 142, n. 5, and p. 382, n. 5 and 10. ラテン語── *magnanimitas* と *magnitudo animi* については次を見よ── J. Aymard, «La mégapsychia de Yakto et la magnanimitas de Marc Aurèle», in *Revue des études anciennes*, 55, 1953, pp. 301-306,── *Histoire Auguste* の中のある箇所について．Aymard は他の資料も提供している（シンマクス『ユスティニアヌス法典』）．そのうち大いに興味のあるものを指摘しよう──『カエサル宛てサルスティウス第2書簡』5, 5, この資料は次による── R.-A. Gauthier, *Magnanimitas, l'idéal de grandeur dans la philosophie païenne et dans la théologie chrétienne*, Bibliothèque thomiste, XXVIII, Paris, Vrin, 1951, p. 167, n. 4 and p. 170, n. 4. タキトゥスにおける *magnitudo animi* については，次を見よ── R. Syme, *Tacitus*, p. 417, n. 2. 資料は多い（*Thesaurus linguae latinae* はここではまったく頼りにならなかった），たとえば碑文 *CIL*, VIII, 27382, ここでは *majore animo* は *ampliata pecunia* または *ampliata liberalitate* と同義である．プリニウス『博物誌』VII, 26 ──カエサルは見せ物と配給を行なって模範を示した *magnimitatis perhibuit exemplum*. 小プリニウス『書簡』IV, 13, 9 では，この恵与者は自分と同じように鷹揚な寄付をする感情を同輩たちに吹きこもうとしている──次のように訳せるだろう──「わたしに倣って，気前のよい寄付をしたまえ」*majorem animum ex meo* (*anima*) *sumite*.

130. たとえば，テオクリトス『プトレマイオスへの賛辞』106──プトレマイオスはその富を蓄積するどころか，富を神々，小君主，都市，廷臣たちに分けた．

131. ヘレニズム時代の王たちの寄付の研究だけで一冊の書になるだろう．次の研究で集められた資料を見よ── C. Préaux, «Les villes hellénistiques», in *Recueils de la Société Jean-Bodin*, VI : *La Ville*, vol. 1, 1953, p. 119, n. 1, and p. 122, n. 1. 次のものだけを参照しよう──ポリュビオス, V, II, 88-90（大地震後のロドス島に対する諸王，諸侯の寄贈）．ティトゥス-リウィウスのテキストは興味深い，かれはこう言っている──「アンティオコスは敬うべき点と立派な点でまことに王者にふさわしい心を持っていた──都市への寄贈と神々への礼拝である」．これは宗教的な寄進と恵与的贈り物の結合をはっきり示しているので興味深い．しかし神殿への寄進は都市への寄贈と区別しにくい，というのも都市が神殿の奉献物庫をあずかっていたからである──女神アテナへ捧げることはアテナイへ寄付することであった．像や神聖な建築物は神への寄進であるとともに都市の飾りでもある．祭り，コンクール，いけにえは神々を表敬するとともに人民に食べさせ，人民を楽しませた．公共建造物の献辞がこのあ

いまいさをよく示している．たとえば，顕在神王アンティオコス4世の二人の廷臣によって建てられたミレトス評議会場（Roehm, *Milet*, I, 2, *Das Rathaus*, inscr. 1 and 2, and p. 95）は「アポロンとヘスティアと（ミレトスの）人民へ」捧げられている——神々への神聖な寄進であり，都市への寄贈である．——都市の守護神，都市自体（あるいは人民）さらに後には皇帝へ神聖な，または世俗的な建造物を捧げる慣習については，次を比較せよ—— P. Veyne, in *Latomus*, 1962, pp.46, 82; G. F. Maier, *Griech. Mauerbauinschriften*, vol. 2, Quelle und Meyer, 1961, p. 26.

132. ポリュビオス, IV, 65, 6-7 and IX, 30, 7; E. V. Hansen, *The Attalids of Pergamon*, 2d ed., Cornell University, 1971, pp. 46, 292; R. B. Mac Shane, *The Foreign Policy of the Attalids of Pergamon*, University of Illinois, 1964, pp. 101, 109.

133. Édouard Will, *Histoire politique du monde hellēnistique*, vol. I, Annales de l'Est, 1966, p. 162, n. 1.

134. 特に次を見よ—— Will, vol. 1, pp. 289, 290, 329, 363. この寄贈のしるしが通貨において研究された—— T. Hackens, in *Antidorum W. Peremans*, Studia Hellenistica, 16, particularly pp. 82-90.

135. Holleaux, Études, vol. 1, pp. 1-40.

136. ポリュビオス，VII, 8, 6.

137. ロドス島については注（131）を見よ．アテナイについては，次を見よ—— H. H. Thompson, «Athens and the Hellenistic princes», in *Proceedings of the American Philosophical Society*, 97, 1953, pp. 254-261. 大聖所については，次を見よ—— Will, vol. 1, pp. 14 and n. 1, 206-207, 218, 292, 364; vol. 2, p. 242.

138. ポリュビオス, XXII, 8, 7; cf. XX, 12, 5-7.

139. プルタルコス『フォキオン』18.

140. ポリュビオス, IV, 49（XXVII, 18, 1 と比較せよ）.

141. 同上, V, 88, 4, and 90, 5.

142. 聖ヨアンネス・クリュソストモス『虚しい栄光と子供の教育について』, ed. Malingrey（Sources chrétiennes, no. 188）, pp. 75-83; cf. Louis Robert, in *Comptes rendus de l'Académie des Inscriptions*, 1968, p. 585. 異教徒の哲学者もはっきり虚しい栄光を非難している．エピクロス学派の人々にとって，像や名誉は，自然でも必要でもない喜びに属している（Usener, *Epicurea* の *Kyria Doxa* 30 の古典注釈．次と比較せよ——ルクレティウス, 3, 78）．ストア学派またはキュニコス学派の場合についてはプロウサのディオン，LXVI, 1-3 を引用しよう——「栄光を求めて気前のよい寄贈をするときは，そのことをだれにも知って欲しいのである．大衆においては，だれもがこの種の病《やまい》を祝福し，それを完全に利益だと思う．また公的には，ほとんどすべての都市は愚かな人々の

ためにあらゆる種類の餌をつくった――王冠，優越権，顕示（先導官を立てる名誉）．かくて格別のことも約束しないで，牛のように葉のついた小枝をつけて歩かせるか，王冠か聖なるバンドをくれてやって人々を破産させることがある．こうして当事者は希望すればその代償に無数のオリーブか柏の葉の冠がもらえるだろうが，そのために邸宅や土地を売ったりすることが多い，その結果，（乞食の）マントを着た労務者に落ちぶれる」．明らかに，ディオンは反社会的な毒舌の伝統によって同時代の風俗習慣を攻撃している――恵与指向をはじめ，稚児趣味，体育競技を．とはいえかれがプロウサの有力者として恵与者らしく振るまっていることには変わりない．このような哲学者，有力者としての矛盾については次を見よ―― H. von Arnim, *Dio von Prusa*, p. 340.

143. ツキディデス, VI, 16, 2-5.

144. P. Herrmann, «Neue Urkunden zur Geschichte von Milet», in *Istanbuler Mitteilungen*, XV, 1965, pp. 71-117. 法令 *Didyma* no. 142（Herrmann, p. 77 で引用）については次を見よ―― L. Robert, in *Gnomon*, 31, 1959, p. 663, now in *Opuscula minora selecta*, vol. 3, p. 1628 ――イレニアスは国王に小麦を配給するように「させた」―― *προτρεψάμενος*，この語については注（265）を見よ．後でもう一度，この問題に触れることになる．受ける名誉の代償を支払う国王については注（215）を見よ（またローマ時代については，パガイ令（dēcret de Pagai）を見よ―― cf. P. Veyne, in *Latomus*, 1962, p. 65, n. 1）．16万メディムヌムは小麦1000トン乃至7000トンに相当する．ポリュビオス, XXX, 31, 1 を引用しているこの編者が述べているように，この小麦は販売用であったから，販売の収益は都市から利息付きで貸与されることになる――体育場はこの利息で建てられ，都市は小麦の販売で生じる資金の所有者にとどまる．偽アリストテレスの『家政学』において，ある国王は「出費の決裁を通貨か同額の量の商品で表わすべきかを」問題にするはずである．自分の関係筋を使って祖国に援助する大恵与者の別の好例としては次を見よ――辞令 4 , in Dittenberger, *Orientis Graeci inscriptiones selectae*. ヘレニズム時代の王たちとでなく，ローマ人とともに，自分の関係筋のおかげで祖国を援助する恵与者については次を見よ―― L. Robert, in *L'Antiquité classique*, XXXV, 1966, p. 420, and in *Comptes rendus de l'Acadēmie des inscriptions*, 1969, p. 43. 財政家による都市への奉仕については――L. Robert, in *Revue des études grecques*, 70, 1957, p. 374, now in *Opuscula minora selecta*, vol. 3, 1481.

145. F. Hiller von Gärtringen, *Inschriften von Priene*, 1906; repr. 1968, De Gruyter, no. 108, 1, 91.

146. *πατρίς* の語法が指摘されよう，これは碑文において，むしろ後期ヘレニズム時代に属している．Cf. B. Laum, *Stiftungen in der griechischen und römischen Antike*, 1914, repr. 1964, Scientia Verlag, pp, 44, 162. この慣用語法は，ルイ・ロベールの Hautes Études における講義で聴いたように，日常語

が都市へ適用されている――頻用されている言い方は「わがいとしき祖国」であり，これは墓碑銘でよく見かける「わがいとしき妻」に類似している．たとえばある恵与者はこう言うだろう――「わがいとしき祖国へしかじかの資産を贈り，捧げる」．こうも言うだろう―― *τῆ κυρία πατρίδι*「マダム・わが祖国」（リュキアの碑文ではそうなっている）．もっとも印象的な例としては，*ἡ γλκυτάτη πατρίς* が「アレクサンドリア派言行録」に載っている――体育場長アッピアノスが死を宣告されたとき，同僚たちから，かれの栄光はかれのいとしき祖国のために死すことだと言われているのである（H. A. Musurillo, *The Acts of the Pagan Martyrs*, Oxford, 1954, p. 66）．同様に「愛」agapê という語彙も都市へ適用されている（プロウサのディオン，XLIV, 6）．次を見よ―― A. D. Nock, «A Vision of Mandulis Aion», in *Harvard Theological Review*, 1934, p. 57（*Essays*, vol. 1, p. 368）．この日常語はローマ人に模倣された――「あなたのいとしき祖国へ少しは金を寄付しなさい」ホラティウスは守銭奴の金持に言っている（『風刺詩』2，2，105）．

147．Line 66, Wilamowitz により復元．

148．*γλυκισμός*．この語の意味については，最後に次を見よ―― L. Robert, in *Studi Clasice*, X, 1968, p. 84, and *Arkhaiologikê Ephemeris*, 1969, p. 35, n. 4．ローマ人はこの用法を真似ることになる――ローマの恵与者は「蜂蜜入りワイン」*mulsum* を供与するするようになる．――戴冠者の就任の日はその年の始めといっしょである．だからモスキオンが供与した *γλυκισμός* は，アリストテレスの言うように高官が就任の際に提供する寄贈を想起させる．同時に，それは *eisiteria* つまり年のはじめに捧げられるいけにえに等しい．

149．つまり，かれは明らかに自弁で多量のいけにえにするものを買ったということになる．プリエネ，1，61における辞令，no. 113 を比較せよ，そこでは次のように復元すべきである―― ［*πάνδ*］*ημον εὐωχία*［*ν*］; cf. L. Robert, in *Hermes*, 1930, p. 115, now in *Opuscula minora selecta*, vol. 1, p. 663.

150．たとえば―― *Inschriften von Priene*, no. 108, 1, 43, 48, 70; *Sylloge*, no. 570, 1, 12; no. 569, 1, 5, *Supplementem epigraphicum garaecum*, vol. 1, no. 336 (J. Pouilloux, *Choix*, no. 3), 1. 37; Dittenberger, *Orientis Graeci inscriptiones selectae*, no. 339, 1, 24 and 54.

151．Dittenberger, *Orientis Graeci inscriptiones selectae*, no. 339; cf. A.-J. Festugière, *La Révélation d'Hermès Trismégiste*, vol. 2, *Le Dieu cosmique*, p. 305, n. 2. 幸運にも，Hautes Études においてこの辞令に関するルイ・ロベールの説明を拝聴することができた．

152．尊敬されている人物が名誉な職と経費を都市に代わって支払うのはよくあったことである，この習慣はローマへ伝わる，つまり無数の表彰的土台に次の書式が見られる―― *honore contentus impensam remisit*．次を見よ―― B. Laum, *Stiftungen*, vol. 2, p. 35, n. 5; W. Liebenam, *Städteverwaltung im*

römischen Kaiserreiche, repr. 1967, Bretscheider, p. 128, n. 1. 注 (144), (215) を見よ.

153. 次の辞令を引用することもできた――アリスタゴラスに対するイストロスからの表彰 (*Silloge* no. 708), 恵与者夫妻に対するマンティネイアからの表彰 (no. 783), ボウラゴラスに対するサモスからの表彰 (Pouilloux, *Choix*, no. 3).

154. 碑文の文体については, 次を見よ―― E. Norden, *Die antike Kunstprosa*, pp. 140, 443; L. Robert, in *Revue des études anciennes*, LXII, 1960, p. 325, now in *Opuscula minora selecta*, vol. 2, p. 841.

155. *Silloge*, no. 495. 次を見よ―― E. H. Minns, *Scythians and Greeks*, repr. 1965, Biblo and Tannen, vol. 2, p. 462 sqq.

156. この貢ぎ物がかなり高価な贈り物であったことが辞令から分かる――国王がこのような贈り物を欲しがったり, 必要になれば, その都市を訪問した, 都市はその訪問を記念して贈り物を献呈した. もし王がその贈り物に満足しないときは遺憾に思うと脅し, 出発命令をだした――この不和は恐ろしい報復のまえぶれであった.

157. 次も見よ―― D. M. Pippidi, *Epigraphische Beiträge zur Geschichte Histrias in hellenistischer und röm. Zait*, Akademie-Verlag, Berlin, 1962, p. 29.

158. Frédéric Le Play, *Le Manœuvre-Agriculteur du Morvan*, 1868, ヨーロッパの労務者に関する調査に関する部分. このテキストの続き (これとトクヴィル『アメリカにおけるデモクラシー』巻 2, 民主制社会における賃貸借と小作の発展に関する章を比較することができる) は次のように述べられている――「そこでこれらの補助金の提供者はこの地域に保護と援助の古い習慣の恩恵を保存している. 伝統的に今日まで続いたこの体制は, われわれの権利において実際的な補償がないままになっている負担を経営者に課している」, つまりナポレオン法典の平等主義はそこを経ている,「事実, その体制は経営者に精神的な喜びを確保し, それがエリート的性質にとって大きい価値あるものになる. だがその満足はフランスにおいて日に日に減少している. 少なくともそれは, 絶えず利害の対立によって生じる反目の中で獲得しにくくなっている. 物質的な観点から見れば, この機構は所有者が普通法によって獲得できるすべての利益を求めて管理することから獲得できるような生産の著しい低下となる. だから他の時代の精神の最後の名残が, われわれの社会においてますます少なくなっていることに驚く必要はない」.

159. ヘレニズム時代とローマ時代における教育のための恵与的基金については後述する.

160. 公共的土木事業が平民に仕事を提供するという考えは古代人にはなじみ深いものであった. 次を見よ――スエトニウス『ウェスパシアヌス』18――

ウェスパシアヌスはカピトリウムの丘の神殿の円柱の設置のために機械を用いさせなかった，なぜならかれは「下層民に日当を稼がせようとしたからである」*plebiculam pascere*. プルタルコス『ペリクレス』12，4-5——ペリクレスはアテナイ人に仕事を与え，あらゆる種類の産業を促進するためなら，アクロポリスの記念建造物を建てさせただろう．

161. Tocqueville, *Démocratie en Amérique*, vol. 2, p. 195 ——「一地域全体を所有し，100カ所の小作地を有する者は，同時に幾千人の人の心をも掌握しなければならないと分かっている，そのように努力すべきだと思われる．そのような目的のためにはたやすく犠牲を払う」．

162. アリストテレス『ニコマコス倫理学』, IV, 4（1122 A 25), ここで『オデュッセイア』XVII, 420, およびキケロ『義務論』II, 57 を引用している．次の引用による—— E. F. Bruck, *Ueber römisches Recht im Rahmen der Kulturgeschichte*, Springer-Verlag, 1954, p. 124 : «Liberalitas und Animus donandi».

163. ツキディデス, II, 13, 1. ギリシアにおける基金に関しては以下を見よ—— E. F. Bruck, *Totenteil und Seelgerät im griech. Recht*; B. Laum, *Stiftungen in der griech. und römischen Antike*, repr. 1964, Scientia-Verlag; M. Nilsson, *Geschichte der griech. Religion*, 2d ed., vol. 2, pp. 113-119; H. Bolkestein, *Wohltätigkeit und Armenpflege im vorchristlichen Altertum*, 1939, pp. 232-235.

164. Laum, *Stiftungen...*, vol. 2, p. 3, no. 1; cf. vol. 1, p. 90, and p. 24, n. 1. ある神を祭る基金が都市へ託されることがある，この場合，都市は基金をうけとり，管理する（Laum, vol. 1, p. 156)．他方，恵与者がいけにえのための基金を設けるときは，そのために都市住民に饗宴を提供する（たとえば—— Laum, vol. 2, no. 21; cf. Nilsson, p. 114)．

165. Laum, *ibid*., vol. 2, no. 46.

166. Id., *ibid*., vol. 1, pp. 89, 105; vol. 2, no. 68 and 62. Marrou, *Histoire de l'éducation dans l'Antiquité*, pp. 178, 500. 次の著書を読むことができなかった—— Ziebarth, *Aus dem griech. Schulwesen*, 1914.

167. Laum, *ibid*., vol. 1, p. 105; vol. 2, no. 90; Marrou, *ibid*., p. 161.

168. Laum, *ibid*., vol. 1, pp. 40-45.

169. Id., *ibid*., vol. 2, no. 129. 不滅化されたい，それこそ，結局，基金の大きい理由である，と次で述べられている—— A. D. Nock, *Conversion : the Old and the New in religion from Alexander to Augustine*, Oxford, 1933, p. 229.

170. Laum, *ibid*., vol. 1, p. 47, no. 151. 紀元前182年に，アルケシッポスという者がアポロンと都市デルフォイのためにアルケシッペイアと呼ばれるいけにえの基金を設けている（Laum, vol. 2, no. 27)．課役または神職の費用に当てられた基金については，たとえば次を見よ—— Laum, vol. 1, p. 97, and vol. 2,

no. 162 ——永続的に体育場長の職務を確保するために，体育場長は基金を設け，その金を職務の費用に当てる．だが，後の体育場長がその費用を自分で負担するなら，基金の収入は無用になるから，それは都市のものとなり，都市はその金を小麦をつくる土地の購入に当てる．かくて永続的な公職を「不滅化」する者はそのために鷹揚さの不滅の模範を示し，「不滅の」体育場長になる．次を見よ—— Heberdey & Wilhelm, *Reisen in Kirikien*, p. 153; Laum, *ibid*., vol. 1, pp. 46, 97; L. Robert, in *Revue des études anciennes*, LXII, 1960, p. 294, and in *Revue de philologie*, XLI, 1967, pp. 42-43.

171. Laum, *ibid*., vol. 1, p. 133 and n. 3.

172. Bruck, *Totenteil*, p. 166; E. Rohde, *Psyché, le culte de l'âme chez les Grecs*, pp. 178-209.

173. Bruck, *op. cit*., pp. 119-145.

174. レセプションまたは *dexiôsis* —— Laum, *ibid*., vol. 1, p. 70, and vol. 2, no. 45. このテキストはむしろ次を参照すべきである—— Dittenberger, *Sylloge*, no. 1106, with the note 23.

175. 饗宴または *Hestiasis*: Laum, *ibid*., vol. 1, p. 72, and vol. 2, no. 50.

176. もっとも古い三つの基金（ハリカルナシオスにおけるポシドニオス，コスにおけるディオメドン，テラにおけるエピクテタ）は家族的なものである (Laum, *ibid*., vol.2, no. 117, 45 and 43)．

177. Laum, *ibid*., vol. 1, pp. 160-161, 248-249.

178. Id., *ibid*., vol. 1, pp. 160, 249.

179. Id., *ibid*., vol. 1, p. 72, and vol. 2, no. 50. 死者崇拝と神々崇拝のあいだのあいまいさについては—— Nilsson, *ibid*., vol. 2, pp. 116-117.

180. ディオゲネス・ラエルティオス, V, 71 (Laum, *ibid*., vol.2, no. 16); cf. Bruck, *ibid*., p. 159, n. 8. 哲学者の「文化的」不滅とムーサ〔ミューズ〕崇拝については，決定的に次を参照しよう—— P. Boyancé, *Le Culte des muses chez les philosophes grecs*, De Boccard, 1937.

181. Laum, *ibid*., vol. 1, pp. 74, 98, 103.

182. Bruck, *Totenteil*, pp. 157-276; cf. *Ueber rämisches Recht*, p. 57.

183. Id., *ibid*., pp. 173, 179, 181 ——「弔い基金の起こりは定期的な死者礼拝から来ている」．

184. Id., *ibid*., pp. 194, 200, 201-212.

185. Laum, *ibid*., vol. 2, no. 43; cf. *Inscriptiones Graecae*..., vol. XII, *Supplementum*, p. 85. エピクテタ基金に関する基本的研究は次による—— P. Boyancé, *Le Culte des muses*..., p. 330 sqq.

186. Laum, *ibid*., vol. 2, no. 45. だが特に次を見よ—— Ditttenberger, *Silloge*, no. 1106.

187. プルタルコス『ニキアス』3, 7, transl. by Flacelière.

188. クセノフォン『アナバシス』V, 3, 9; cf. Laum, *ibid*., vol. 2, no. 12 and 3.

189. 不滅性の欲求に関してはプラトンの有名な言葉を喚起しよう——『法律編』720 BC. ストア学派については——セネカ『ルキリウス宛書簡』, 102.

190. Bruck, *ibid*., pp. 201, 204.

191. *Reason in Religion*, p. 52, quoted by Raymon Ruyer, *Dieu des religions, dieu de la science*.

192. L. Robert, in *Revue des études anciennes*, LXII, 1960, p. 324.

193. 『教義集』6 (Littré, *Œuvres complètes d'Hippocrate*, vol. 9, p. 259).

194. Bertrand de Jouvenel, *De la politique pure*, p. 195. この点について，かれの父，ダマスカスの有力者，歴史家，哲学者であるダマスカスのニコラスの肖像を引用しよう.「セム族的な」特徴（聖書ふうの優しさ，温情と正義への賛美），ヘレニズム時代的な表現に加えて——「この家族はダマスカスにおいて，その謙虚さと立派さで著名だった. まれに見る富豪でありながら，実際には，まったく威張らず，評判の上ではだれにも劣らず，また富を少しも誇らなかった. 特に，この歴史家の父アンティパトロスはその雄弁でもすぐれていたが，決してだれの悪口も言わず，それどころか，その雄弁力で共同社会のみならず特に同市民たちに尽くした. なぜならかれはだれにも劣らないほど正義を尊重することで，同市民たちのあいだ，および祖国と近隣の小君主間の無数の争いごとを調停し，すべての人から敬われていた. さらに数え切れないほど使節と管財の役目を委任され，次々にその国のすべての要職についた」(Jacoby, *Frangmente der griech. Historiker*, 2. Teil, A, p. 420, no. 90, fr. 131).

195. アイスキネス（この点では，かれは明らかに，われわれのような合理主義者には正しいと思われる）は，都市に会計を確かめる権利がないようにするためには役人が公費になにがしかの金を自前で支払うと約束するだけでは不充分だということをアテナイの人民に分からせようと必死の努力をしなければならない（『クテシフォン弾劾演説』17-23）——それでもまず，とアイスキネスは言う，この恵与者は実際には受けとった金より多い金額を支払ったはずである. また，たとえこの役人がまったく予算を断わったとしても，会計報告の存在理由はあるだろう——役人は公費を受けとらず，使わなかったことを書面でもって証明しなければならないはずである（『クテシフォン弾劾演説』).

196. ポリュビオス，XXVIII, 7, 7.

197. クセノフォン『ヘレニカ』VI, 1, 2; G. Busolt, *Griechische Staatskunde*, vol. 1, p. 360. オルビアでのプロトゲネスの権力と比較せよ (Busolt, p. 484, n. 1).

198. ヘレニズム時代，さらにはローマ時代においても，都市の政治は依然としてデモステネスの時代のように雄弁家によって動かされている（プロウサの

ディオンは一種の汎ギリシア的忠告者である).「重要なことは政治的発言と懇請である」と述べられている—— L. Robert, in *Laodicée du Lycos, Le Nymphée*, De Boccard, 1969, p. 306. 次も見よ—— L. Robert, *Monnaies Grecques*, Droz, 1967, P. 25; «Les juges étrangers dans la cité grecque», in *Festschrift für P. J. Zepos*, vol. 1, p. 778; «Théophane de Mytilène à Constantinople», in *Comptes rendus de l'Académie des inscriptions*, 1969, p. 42 : «La cité grecque n'est pas morte à Chéronée».

199. 恵与指向は社会的再配分でなく,政治的補償でなく,政治的または社会的なライバル関係の結果でもなく,政治的に未決定の要職に対する集団力学の情動対策である.それはヒューマン・リレーションや象徴的振るまいの領域に属している.だからこそそれは私設団体にも,ヘレニズム時代の文化的団体にもローマ世界の文化的,専門的団体にも存在しているのである(ローマ時代のアフリカにも).次を見よ——F. Poland, *Geschichte des griech. Vereinswesen*, repr. 1967, Leipzig, pp. 495-498; M. San Nicolo, *Aegyptisches Vereinswesen zur Zeit der Ptolemäer und Römer*, 2d ed., C. H. Beck, 1972, p. 156. かくてローマ都市およびギリシア都市(後述を見よ)の名誉職金額は団体への入会金のようなものとなる——それは一種の評議会入会金である.団体の高官は自弁でその職務を果たすことが多い,つまり都市の高官職と同様である(たとえば次を見よ—— Dittenberger, *Silloge*, no. 1101, line 14).また庇護者は都市に対するように各種の団体のために尽くし,各種の団体に対するように都市にも記念になるような基金を設ける.要するに,恵与指向は政治的現象ではなく,もっと広く組織的な現象である.都市と同様に,団体も庇護者が名誉を受けるような大衆をもっている,つまり一定の組織をつくっているので,リーダーが自分の費用で動かし,指導し,主宰する喜びを味わえる.つまりこれも集団力学の場であり,各自は同輩に対して義務を感じ,他の者たちが犠牲になっているのに自分だけが知らない顔をするなら恥辱になるだろう.結局,都市の場合と同様に,団体も各種の価値を追求し,それが庇護者の心を惹きつける.
同じ理由で,恵与指向は,ちょうどユダヤ教団のようにきわめて特殊な団体にも見られる——ユダヤ教団のアルコンや長老も寄贈をし,名誉職金額を払っている(J. Juster, *Les Juifs dans l'Empire romain*, vol. 1, p. 441; L. Robert, in *Revue de philologie*, 1958, p. 41),またそのために長老の資格は婦人にも与えられる,同様にギリシア都市の顕職は婦人にも与えられた,ただ彼女が金を払いさえすれば(後注261を見よ.また次を見よ—— Juster, vol. 1, p. 441, n. 8; cf. E. Schürer, *Geschichte des jüdischen Volkes im Zeitalter Jesu Christi*, 1909, vol. 3, p. 95).キリスト教徒においては,たとえば未来の異端神学者マルキオンはシノペの有力者で富裕な艤装業者であるが,かれはローマへおもむき,キリスト教団にはいり,多額の寄付をするが,その教団から追放されたときにその金を返してもらった(テルトゥリアヌス『マルキオンを駁す』IV, 4;『異

端者への抗弁』30; cf. Harnack, *Mission und Ausbreitung des Christentums*, vol. 1, p. 177, n. 1 and p. 180). 明らかに，恵与体制はヘレニズム・ローマ世界のいたるところで見られる，つまりギリシア的オリエントでも，ラテン西洋またはディアスポラにおいても，また都市においても私設団体においても．この波及は二種の理由で説明される——固有の理由と模倣である——それは財政的方式，技術的方法になった，そしていたるところで模倣される，なぜならいたるところにその実例が目につき，他の方法が思いつかれないからである．

200. 『ニコマコス倫理学』VIII, 16 (1163 B 3). ここでは，「恵与」は一般に個人または集団への好意を指している．

201. アリストテレス『修辞学』I, 5, 9 and I, 9, 6 (1361 A 27; 1366 B 4).

202. 特権 (*gera*) は公職に付属している．聖なる囲い地には著名人や名誉ある人，たとえばマラトンやテルモピレーにおいて戦死した人々の墓がおさめられ，韻文の墓碑銘が刻まれている．

203. 都市からいけにえを捧げられ，町の外でなく，集会場 (アゴラ) や体育場に祭られている偉大な恵与者や基金寄贈者に対する固有の祭祀については，次を見よ——本書，第三章，注 (4); L. Robert, *Études anatoliennes*, p. 45; in *Bulletin de correspondance hellénique*, 1926, p. 499; in *L'Antiquité classique*, 1966, pp. 420-422; in *Comptes rendus de l'Académie des inscriptions*, 1969, p. 60, n. 1.

204. J. & L. Robert , *La Carie*, vol. 2, p. 109, no. 11. ローマ時代における名誉の表彰一般については，——W. Liebenam, *Städteverwaltung im römischen Kaiserreiche*, repr. 1967, Bretschneider, pp. 121-133.

205. 市民しか出席できない民会とは違って，見せ物の観客は「すべてのギリシア人」であった (アイスキネス『クテシフォン弾劾演説』43).

206. P. Veyne, «Les dédicaces grecques et latines», in *Latomus*, XXI, 1962, pp. 84-94. 一般的に，ギリシアでは人間への表敬は神々への表敬から来ていると思われる．もっとも古い公的な表敬の仕方は次のとおりである——都市は功績のあった市民に一定の金額を贈り，その金でいけにえまたは「お供え」*anathemata* を捧げるようにさせる．何か事業を成功させた者は神々に対してその公的な成功をみずから感謝しなければならない，だからその費用を都市からもらう．同様に，都市は将軍の像を神々へ捧げるときは，その将軍の勝利を神々に感謝して将軍に敬意を表する．このすべてについては次を見よ——アイスキネス『クテシフォン弾劾演説』187 and 46.

207. プラトン『大ヒッピアス』281 BC.

208. アイスキネス『クテシフォン弾劾演説』187; cf. Busolt & Swoboda, *Griech. Staatskunde*, vol. 2, pp. 953-954.

209. アイスキネス，上掲書．名誉表彰はついには形式化し，階級づけられる——功績のあった市民または外国人には「一等名誉」，「二等名誉」，「一・二等

名誉」というように6番目まであった（Liebenam, *Städteverwaltung*, p. 132）．表彰辞令の彫刻（板に掲示して公示する場合と区別しなければならない）については，次を見よ── Wilhelm, *Beiträge*, p. 259.

210．これらはコノンの像（パウサニアス，I, 3, 2; デモステネス，XX, 69），カブリアスの像，テモテの像，およびイフィクラテスの像（アイスキネス『クテシフォン弾劾演説』243）．

211．ストラボン，IX, p. 398 C. プリニウス『博物誌』XXXIV, 27; ラエルティオスのディオゲネス，V, 75, 77, 82.

212．Friedländer, *Sittengeschichte Roms*, vol. 3, pp. 65-69.

213．典型または本質による考え方については，次を見よ── G. Jellinek, *Allgemeine Staatslehre*, 3d ed. 1922, p. 36; Husserl, *Expérience et Jugement*, transl. by Souche, PUF, 1970, p. 233.

214．「いちばん人のよく行く場所に」──たとえば次を見よ── Dittenberger, *Silloge*, no. 711 L 40.「好きな場所に」──たとえば次を見よ── Wilhelm, *Neue Beiträge*, IV, (Akad. Wiss. in Wien, Sitzungsberichte, 179, 6, 1915) p. 44, and in *Jahreshefte der österreich. Akad*., X, 1907, p. 17. アジアの国（*koinon*）からメノゲネスに贈られた表彰辞令がサルデイスにおいて発見されたが，それによると，メノゲネスはアジアの好きな場所に自分の肖像を建ててもよいことになっている．このように名誉ある人物に場所の選択をまかせるのは追加的名誉である（プリニウス『書簡』X, 8, 2）．大プリニウス『博物誌』XXXIV,11, 25では，巫女ガイア・タラキア（ある伝説のヒロインであるが，アッカ・ラレンティアの写しである）は像とともにそれをどこに建ててもよいという権利を授かっている（*ut poneretur ubi vellet*）──この文面だけでヘレニズム時代の歴史家のつくりごとを告発するのに充分である．共和制の最後の世紀からローマの公的な表彰はヘレニズム時代の表彰をそっくり真似ているので，ローマ時代のテキストで *celebri loco* か *ubi vellet* か，いずれの形で建てられているかがよく問題になる．次のとおりである──キケロ『ピソ弾劾』XXXVIII, 93; 大プリニウス『博物誌』XXXIV, 2; プリニウス『書簡』VIII, 6, 14; アプレイウス『フロリダ』XVI, 36（公的表彰のメカニズムにとって，このテキストが興味深いことを強調しよう──これは碑文の完全な注釈に匹敵する）．

215．この事実はラテン碑文学者にはなじみ深い，というのもこの学者らは *honore contentus impensam remisit* という文言を知っているからである，だがこれはラテン語碑文のたいていの場合と同様にヘレニズム時代のものから来ている．われわれはすでに（注144と注152）イレニアスとエウメネス王の場合を引用した．さらにパガイの辞令（Wilhelm, in *Jahreshefte der österr. Akad*. X, 1907, p. 17），ペルガモンの辞令（Hepding, in *Mitteilungen des deutschen archäol. Instituts, Athen. Abteil*., XXXII, 1907, pp. 264, 271），メナスを讃える

セストスの辞令（Dittenberger, *Orientis Graeci inscriptiones*, no. 339, line 42）．当事者は自費で自分の像を建てるか，それとも都市がその像を建てる費用を節約させて，自分でも建てないで我慢し，ただ自分の功績を讃える辞令だけで満足することもできた（プリニウス『書簡』VII, 29, 2の解放奴隷パラスの好意と比較せよ――かれは元老院から1500万セステルティウムの報酬をもらったが，その金を辞退し，元老院からの表彰辞令だけで満足した）．次を見よ――プロウサのディオン『ロドス演説』XXX, 114-115. 都市はみずから像を与えるために予算を組むことができるし，またたんに辞令でもってある人物が自分で像を建てる認可をすることもできる――いずれの場合でも，名誉ある人物は辞令の名誉だけで満足する，つまり自分で像を建てずに都市にも像を建てる手間をかけなかったり，あるいは都市に代わって像の費用を支払うか，あるいは像を建てる認可をもらっても像を建てないか．都市が像を与え，その費用を都市で負担するときは，その金を当事者にわたす，その人はそれで像を建ててもよいし，また金を受け取っても像を建てず，ほかのことにその金を使ってもよい――ウェスパシアヌス帝はある都市が多額の費用をかけて自分の像を建てることを知ると，その使節らに手を開いて差し出し，こう言った――「この手のひらが土台である，すぐ像をここに建てなさい」（スエトニウス『ウェスパシアヌス』，23）．有力者がもらった金で第三者の像を建てることもある（L. Robert, *Hellenica*, IV, p, 141, n. 2）．また名誉ある人物がその金で自分の像を建てず，神の像を建てることもある（そこから『ギリシア詞華集』の題辞が来ている, XVI, プラヌデスの補遺，267; カッシウス・ディオ，LIV, 35と比較せよ――アウグストゥスは募金で集められた金で像を建てず，「和合」と「平和」の女神像を建てている）．かわった例として募金によって像が建てられる場合がある，たとえば，ロドスで，体育場長の像が500人を越える応募者の金で建てられている（*Inscriptiones Graecae*, XII, 1, no. 46）. ローマ領において，もっとも立派な例は恐らくサラで，「友人たち」*amici* によって建てられたスルピキウス・フェリクスの彫像台であろう（J. Carcopino, *Le Maroc antique*, p. 200）．

216. 再度，パガイの辞令を見よ――本章，注（214）および（215）で引用されている（Wilhelm, *Jahreshefte des österr. Inst.*, X, 1907, pp. 28-29）．

217. 恵与者が劇場や都市の門で住民全体から拍手で歓迎されたのはすでに見たとおりであるが（注142，および注218），住民が有力者に寄贈をさせようとして拍手をおくるのも見られる（注303）．アプレイウス『黄金のロバ』X, 19においては，都市の城門で行列をつくって有力者を迎えている．プリニウスによれば，かれが保護している都市で「かれは訪問のたびに出迎えをうけている（*adventus celebrat*）」（『書簡』IV, 1, 4）．マラトンの碑文では，ヘロデ・アッティクスの厳かな到来の模様が語られている（Sevenson, in *Bulletin de correspondance hellénique*, 1926, p. 527）．それが「歓迎の」辞令となった（好例は

── *Silloge*, no. 798, lines 15-the end).

218. 注（274）を見よ．次と比較せよ── *Dessau, Inscriptiones latinae selectae*, no. 5062 ──ミントゥルノの有力者は自費で剣闘士会の見せ物を提供しているが，「これは人民が行列祝賀のときに要請していたものである」*postul*(*ante*) *populo q*(*uando*) *process*(*us*) *editio celebrata est*（この行列*processus* は都市の高官 duumviri の新任に際して行われるものであり，新任の執政官の場合に比べれられる，この点については次を見よ── H. Stern, *Le Calendrier de 354*, p. 158).

219. 都市につけられる親しみのある語彙については本章の注（146）を見よ．恵与者への愛称，特に「養いびと」については，── L. Robert, *Hellenica*, XI-XII, pp. 569-576. 恵与者の名前自体も公式に授与された賞になる（たとえば次の書で作成されたペルガモンの恵与者表を見よ── Chr. Habicht, in *Istanbuler Mitteilungen*, IX-X, 1959-1960, p. 118, n. 2).「都市の息子」という呼び方については，現在では次を見よ── L. Robert, in *Laodicée du Lycos, le Nymphée*, p. 317, n. 4（*filius publicus* ──アプレイウス『黄金のロバ』IV, 26 での訳)．また「首都の母」という呼び方や，スパルタで「都市のヘスティア」というのも知られている．「養いびと」については次を見よ── L. Robert, *Monnaies grecques*, Droz, 1967, p. 66.「養いびとで創設者」という呼び方はパルライスという植民地で読むことができる（L. Robert, *Hellenica*, VII, p. 78).帝政時代において，創始者は恵与者であり，皇帝の保護と恩恵をその都市にもたらした者であるか（J. & L. Robert, *La Carie*, vol. 2, p. 163)，それとも公共建造物を建てた者である（*Hellenica*, XI-XII, p. 575)．シノペという植民地では，この呼び方のラテン語訳 *conditori patriae* が見られる（*L'Année épigraphique*, 1916, p. 339, no. 120).「創始者」は「自分の都市を飾る」*kosmopolis* 者である（L. Robert, *Études anatoliennes*, p. 349)．同じような言い方はトリポリタニアで見られる，つまりこの地で恵与者は *ornator patriae* と呼ばれ（これらの碑文はラテン語とネオ・フェニキア語の二カ国語で書かれている，だからラテン語の呼び方にはネオ・フェニキア語の訳がつけられている．次を見よ── J. M. Reynolds & J. B. Ward Perkins, *The Inscriptions of Roman Tripolitania*, index p. 264. どんな見解があろうと，*ornator patriae* という呼び方はフェニキア語からは来ていない──その語源はギリシア語である．ネオ・フェニキア語はラテン語の翻訳語であり，ラテン語はギリシア語の翻訳語である)．感嘆詞「大海よ！」,「ナイル河よ！」については，次を見よ── J. & L. Robert, «Bulletin épigraphique», in *Revue des études grecques*, 1958, p. 207, no. 105; アルテミドロス『夢の鍵』──この作者は大河の夢を見て恵与者になるが（p. 147 2-7 Pack)，同時にその都市の首長になるだろう．まさしくもう一つの呼び方は「都市の第一人者」または「島一番の者」であり（マルタ島においてである，in *Inscriptiones Graecae*, XIV, 601;『使徒行伝』28, 7 との

類似がある)，また「地方随一」であり，あるいは（アジアで）「ギリシア随一」となる（Dittenberger, *Orientis Graeci inscriptiones*, no. 528; L. Robert, in *Annuaire des Hautes Études*, 1964-1965, p.180; cf. P. Veyne, in *Bulletin de corresp. hellénique*, 1966, p. 150, n. 2)．この問題について，ローマ世界における都市保護者の研究を見直す必要があると言えよう——保護者は一定の活動を定められた職務ではなく，それは呼称で，*patronus* と言われるものである，恩恵者に感謝するために与える呼び方である．これは語であり（ものではなく)，「都市の息子」や「創始者」に比べられる．*patronus* という称号はさまざまな功績に対して与えられ，それらの功績を研究することは「都市保護者」の研究でなく，ローマ都市のために尽くした功労の研究になる．同様に，われわれにおける叙勲やレジオン・ドヌール勲章の研究は人が表彰されるさまざまな理由を研究することと同じではない，つまりフランス社会の機能の仕方の多くを研究することになるだろう．

220. L. Robert, «Sur une liste de Courètes à Éphèse», in *Arkahaiologikè Ephemeris*, 1967, p. 131; *patroboulos* は評議員の息子であり，父から指定された相続者であり，その資格で若いころから評議会の仕事に関係している．Cf. J. Declareuil, *Quelques problèmes d'histoire des institutions municipales*, 1911, p. 188.

221. 愁傷辞令については，——E. Norden, *Die antike Kunstprosa*, vol.1, p. 448; L. Robert, *Hellenica*, III, p. 15; and in *Laodicée du Lycos*, p. 324, in *L'Antiquité classique*, XXXVII, 1968, p. 407, no. 6. 次のものは読めなかった—— O. Gottwald, «Zu den griech. Trostbeschlüssen» in *Commentationes Vindobonenses*, 3, 1938, pp. 5-19. 修辞学者メナンドロスによって理論化されたこの紋切り型はプリニウス『書簡』II, 7, 5 で要約されている——これはキケロの『第14フィリッポス的演説』から来ているので，表彰証明辞令の変形である．例として，ギリシア語では，辞令—— *Silloge*, no. 889, ラテン語では，シッカの辞令—— *Corpus*, VIII, no. 15880 を挙げよう．公葬については次を見よ——カプーアの辞令—— *Corpus*, X, no. 3903, その他ギリシア語例は多い（アテナイ，エピダウロス，アモルゴス，アフロディシアス，オルビア，オデッソス……)．Cf. J. & L. Robert, *La Carie*, vol. 2, p. 176 ——葬儀的で表彰的な混種語タイプの碑文について．

222. たとえば，マイアンドロスのマグネシアにある二つの表彰辞令において（O. Kern, *Inschriften von Magnesia*, no. 92 A and B and no. 94)．辞令の末尾につけられた票数の記載については，次を見よ—— Wilhelm, *Neue Beiträge*, VI, Akad. Wiss. in Wien, Sitzungsberichte, 183, no. 3, 1921, p. 5; L. Robert, in *Revue des études anciennes*, 1963, p. 304 and in *Annuaire du Collège de France*, 1963-1964, p. 365.

223. *Silloge*, no. 898. 帝国のラテン語圏では，物事はこのギリシア語資料で

見られるとおりに進行していた――表彰辞令に関して，またこの辞令に関してのみ，人民は評議会に参加し，拍手でもって票決した．これは常にあまり明確でないからラテン語碑文でかんたんな語 *Decreto Ordinis et populi*（あるいは，ときには *Ordo censuit consentiente populo*, Dessau no. 6530; *succlamante populo*, no. 6113）と表現されている．人民の拍手でもって表彰辞令を票決することについては，次を見よ―― Isidore Lévy, «Études sur la vie municipale de l'Asie Mineure», in *Revue des études grecques*, VIII, 1895, pp. 208, 212, 214. 有名な言い方「元老院とローマ人民」S. P. Q. R.（むしろローマの元老院と人民だろう，なぜなら「ローマの」は両方の名詞を形容しているから，というのもサルスティウスでは *populus senatusque Romanus* と書かれているからである）もあまり違った意味ではないと言うべきだろう――この言い方は帝政はじめごろの碑文に現われる，それ以前ではない，つまり人民が一切の政治的役割を奪われたばかりで，都市部の代表がローマで拍手をする小集団にすぎない時期ではない．S. P. Q. R. という言い方はそれ以来元老院が人民を代表し，その法令が人民の意志を代表することになることを意味する．Cf. Mommsen, *Staatsrecht*, vol. 3, p. 1258, n. 4.

224. Louis Robert, «Épigraphie», in *Encyclopédie de la Pléiade : L'histoire et ses méthodes*, pp. 8-10（抜き刷り）; L. Wenger, *Die Quellen des römischen Rechts*, 1953, p. 61, n. 1. ここでも Hautes Études におけるルイ・ロベールの教えによるところが大きいことを特記すべきである．

225. 低い声で読む，つまり目で読むのではない．古代においては，決して目で読むことが行われなかった，あるいは目で読むのは，ただすぐれた精神にしかできないわざと見なされていた．多くの古代墓碑銘で読まれる言い方もそこから来ている――「旅する者よ，足をとめて，読め」．低い声で読むことは碑文をよみがえらせた．また読む者が声をだしてさよならを言うのも碑文が要求していた，さらに読む者はおなじく故人の名を読み上げてその声で故人をよみがえらせた．Cf. A. D. Nock, *Essays on Religion and the Ancient World*, vol. I, p. 359; C. Jullian, *Histoire de la Gaule*, vol. 6, p. 253, n. 6; E. Norden, *Die antike Kunstprosa*, vol. 2, p. 451; H.-I. Marrou, *Histoire de l'éducation dans l'Antitiquité* pp. 124, 215, 270. プロウサのディオンの言葉もそこから来ている，XVIII, 6 ――「自分で読むよりは，声をだして読み上げるほうがよい．なぜなら読む努力から解放されるとき，喜びはいっそう大きいからである」．

226. 碑文テキストについて *martyria* と言うのはデモステネス『反レプティネス演説』149 で見られる――聖所に刻まれる辞令はいっそう人民のあいだで評判のよい「証明」になる．表彰辞令は二つのことをしている――それは人の功績を証明し（*martyria*），その人物に名誉を与える（*timê*）．証明自体は本来，褒賞，名誉の第1段階であり，しかも最高権威，皇帝，地方総督からもっぱら書面によって証明書として発行される唯一の名誉である――後述するはずのオ

プラモアスの墓碑銘，またラテン西洋では「トリニの大理石像」がその例である．次に準‐名誉のものがある——その証明書を都市の資料保存所の中に眠らせておくよりは石に刻ませることである．もちろん，名誉を受けた者はすべてその表彰のテキストを都市から知らされて，勝手にその文面を刻ませてもよい——たとえば自分の墓石に刻ませるだろう，だが準‐名誉のほうは都市みずから公共の場所で刻ませる（他方，個人は名誉を受けても，明らかに公共の場所でその文面を刻ませる権利はない）．また都市はその文面を石板に刻み，それを当人へ与える（*Silloge*, no. 889, line 36）．それは *epigraphê* と呼ばれる——この語は人を表彰するすべての碑文を指している（都市が刻む場合もあり，あるいは恵与者が自費で建てた公共建造物の記念碑にその名を刻む権利を都市から受けることもある．注（319）と比較せよ．あるいは最後に，高官または課役負担者が会計報告をしてから，無事に真面目に大任を果たせたことを神々に感謝して奉納する「供え物」，献酒皿，像に自分の名前を刻む権利を都市からもらう．注（95）と比較せよ——たとえば，セストスの辞令，*Sylloge*, no. 339, lines 40 and 94 with the note 20 において，恵与者メナスは任務終了後に神々へ献納する「盾に刻まれた肖像」*imagines clipeatae* に自分の名前を刻んでもよいとされている．任意に，彫刻の準‐名誉の例を挙げよう，それは *Sylloge*, no. 721 の表彰辞令である——クレタ島のクノッソスという都市は，ある外国人で，この都市の光栄になる書を書いたタルソスの作家に名誉と特権を与え，またその辞令の文面をクノッソスの大神アポロン・デルフィディオスの聖所の中に刻ませ，さらにデロスのアテナイ人におなじ辞令をデロスの聖所内に掲示するように依頼している．さらに加えて，その辞令のコピーをタルソスへ送りとどけ，その作家の名誉を同郷人に知らせている．——もちろん，ローマ人はこのような習慣すべてを模倣した．たとえば，ローマの元老院はブロンズ板に表彰的な元老院布告を掲示することができた（プリニウス『書簡』VIII, 6, 13-14）．明らかに元老院はこのヘレニズム時代の習慣すべてを，伝わってきたギリシア語辞令のコピーを通して知り，あるいは属州人がするのを見て知っていた——キケロもシチリアの各都市が恵与者を表彰する辞令のブロンズ板コピー（*De signis*, LXV, 145）を本人に贈ったり，辞令のコピーを評議会の議場の壁（*De praetura Siciliensi*, XLVI, 112）に掲げていることを知らないはずがない．それほど名誉ある人物の功績を証明するやり方が多いのである——ラテン語 *testimonium* はキケロにあっては *martyria* の正式の訳語であり，この語は表彰の辞令または元老院布告を指している．—— *martyria*, *epigraphê* のほかに，もう一つ検討すべき語として *hypomnêma* がある．

227．証明辞令については，次を見よ—— L. Robert, *Opuscula minora selecta*, vol. 1, p. 617; *Hellenica*, III, p. 123 and XIII, p. 297; and in *L'Antiquité classique*, XXXVII, 1968, p. 409. オプラモアスについては，後注（353）を見よ．

228. デモステネス『栄冠論』120 (267); アイスキネス『クテシフォン弾劾演説』246.

229. 奨励体については次を見よ── L. Robert, *Annuaire de l'École des Hautes Études*, 1968-1969, p. 165. ローマ人はこの決まり文句を元老院布告(プリニウス『書簡』VIII, 6, 13), さらに都市の辞令においても真似た.

230. この碑文は表彰辞令, あるいはむしろ辞令の写しである. 表彰辞令として高官のために立てられた像の台座 (ローマ時代には, このような台座は表彰辞令のコピーより多くなっている). 恵与を誇る (特にローマ時代の) 有力者の墓碑銘. 恵与の形式で高官から都市へ献呈された公共建造物または芸術作品の献辞. 言い方はさまざまである── ἐκ τῶν, ιδίων ἐξ οἰκείων ἀναλωμάτων または δαπανημάτων または οἴκοθεν など (*Inscriptiones Graecae*, editio minor, II-III, no. 3592, 3687, 3669 and ref.; A. D. Wilhelm, *Beiträge*, pp. 101-102: L. Robert, in *Revue des études anciennes*, LXII, 1960, p. 321; 現在では, in *Opuscula minora selecta*, vol. 2, p.321. 寄贈をしなければならない執政官職と無償でつとめるローマ長官を対比している語のすばらしい例を次で見ていただきたい── Lydus Magister, *De magistratibus*, 2, 8, p. 173, Bekker), あるいは αὐτόθεν もある (*Inscriptiones Graecae*, V, 1, no. 536). 一般的には次を見よ── Ad. Wilhelm, *Attische Urkunden*, 5. Teil, p. 115. ──私的な団体でも同様であり, 役員は自分の費用で務めを果たす. 次を見よ── F. Poland, *Griech. Vereinswesen*, 1909, p. 496.

231. 無数の例がある. 使節が手当 (ἐφόσιον あるいはもっと少ないが μεθόδιον) をあきらめるとき, その任務は無償で行われる (προῖκα あるいは δωρεάν). それがローマ的恵与指向の「無償の使節」*legatio gratuita* である. 無償の使節の初期ギリシア事例として, サモスからボウラゴラスへ贈られた辞令 (Pouilloux, *Choix*, no. 3) およびアラクサからオルタゴイラスへ贈られたもの (no.4) を挙げよう.

232. Wilhelm, *Attische Urkunden*, 5. Teil, p. 116. ロドスのペライアでは「無報酬の総督」*hâgemôn amisthos* (*Sammlung der griech. Dialektinschften*, no. 4275) が知られている.

233. 概説は次を見よ── H. Francotte, *Les Finances des cités grecques, repr*. 1964, Bretschneider, pp. 129-156. ここでは現代の予算方式との相違が強調されている──ギリシアの予算方式は単年度ではない. 予算単位の原則は存在せず, また予算は分離した多くの小予算で構成されている. 会計単位と一定の収入を特定の支出に充当しないという原則も存在しない. この機会に次の著書を研究した── L. Trotabas, *Les Finances publiques*, Dalloz; Leroy-Baulieu, *Le Traité de la science des finances*, 1879. 特別支出については── E. Szanto, *Ausgewählte Abhandlungen*, p. 112. τὸ γυμνασιαχικόν については── Ad. Wilhelm, *Neue Beiträge*, V, p. 44; διοίκησις と資金前払いについ

ては―― *Neue Breiträge*, VI, p. 69; ἐξαιρούμενον については―― *Attische Urkunden*, V, pp. 110-114.

234. L. Robert, in *Arkhaiologikē Ephemeris*, 1969, p. 28; *Monumenta Asiae Minoris*, vol. VI, p. 87, no. 180.

235. この金額は恐らく12万フランくらいになるだろう――価格と有用性の関係がわれわれの時代と古代で同じであり，「予算」の規模も現代の巨額な予算，自治体の予算と比較できると仮定して．

236. προσαναλίσκειν または προσδαπαναν. 次のとおり―― *Silloge*, no. 691, 5 ――紀元前130年に，ある体育場長はオリーブ油の配給に際して，割り当てられた金額（πρὸς τὸ μερισθέν）を越えて追加分を支払った．μεριξειν については次を見よ―― Francotte, *Finances*, p. 236.

237. L. Robert, in *Laodicée du Lycos*, le *Nymphée*, Université Laval, Recherches archéologiques, De Boccard, 1969, p. 314.

238. たとえば，リディアのアッタレイアにある碑文を引用しよう―― *Athenische Mitteilungen*, XXIV, 1899, p. 221, no. 55 ――ある男が「祖国を愛する恵与者であり」，かれは「自費でもって華々しく，立派に戦術，特使，古文書保管，市場監視，緊急小麦補給をやってのけた」．

239. アエネアス・タクティクス, XIII, 1-4 のきわめて明瞭な箇所を見よ．無利子の金貸しについては，たとえば次を見よ―― *Orientis Graeci Inscriptiones*, no. 46, and Ch. Michel, *Recueil d'inscriptions grecques*, no. 456 ――前期ヘレニズム時代では，ハリカルナシオスで無利子の借金で柱廊や体育場が建てられている．もっと一般的には次を見よ―― E. Szanto, *Ausgewählte Abhandlungen*, 1906, pp. 11-73 : *Anleihen grieschischer Staaten*.

240. かくて紀元前274年ごろには，エリトリアでは，将軍は町に駐屯する傭兵に必要な維持費を支払っている（ἐκ τῶν ἰδίων）（*Silloge*, no. 410）．

241. L. Robert, in *Laodicée du Lycos*, p. 359.

242. 皇帝礼拝をつかさどる祭司（この sebastophante という語は密儀に通じた者 Hiérophante にならってつくられた）については，次を見よ―― L. Robert, in *Revue des études anciennes*, 1960, p. 321, now in *Opuscula minora selecta*, vol. 2, p. 837; H. W. Pleket, «An aspect of the Emperor cult : imperial mysteries», in *Harvard Theological Review*, 58, 1965, p. 338.

243. L. Robert, in *Laodiée du Lycos*, p. 314, n. 10. 同様に，帝政時代のアテナイにおいて，競技会長がその任務としてのコンクールの祭典に当てられていた費用を道路の補修費や船の艤装費へまわすことも珍しくない（D. J. Geagan, *The Athenian Constitution after Sulla*, Princeton, 1967, p. 133）．ローマの恵与指向においても同様に寄贈の移転がある．本書，第四章，注（416）-（422）を見よ．

244. もう一つの変化が加わる――高官はその職務を記念して喜んで公共建造

物やその一部を寄贈する．たとえば，市場監視官は市場の設備やその装飾のためになんらかの寄贈を行う――腰掛け，テーブル，アーケード，店舗，計量升，「正義」や「豊穣」の神々の像，など（L. Robert, in *Laodicée du Lycos*, p. 259)．これらの贈り物の存在理由は特に高官の名前を刻み込むことである――こうして名前を刻みたい欲求は建造物や像を増加させることになった．ローマ時代のアフリカでも同様である，ここでは像を立てるのが一種のマニアになっている．

245. 寄贈を最高にする（*μηδεμίαν ὑπρβολῆν καταλιπεῖν ματαηα* あるいは *ἀπολιπεῖν*）――次を見よ―― Dunant & Poulloux, *Thasos*, vol. 2, p. 195, n. 1. フィロストラトス『ソフィスト伝』において，このような言い方はヘロデ・アッティクスの寄贈（p. 552, はじめ）やピュティア競技会の会長の寄贈を表わすのに用いられている（II, 27, p. 616)．

246. L. Robert, *Monnaies antiques en Troade*, Droz, 1966, p. 26.「提供」―― *χορηγεῖν* の訳語（Ad. Wilhelm, *Neue Beiträge*, V, p. 46; L. Robert, *Hellenica*, XI-XII, p. 123, n. 2)．

247. L. Robert, in *Laodicée du Lycos*, p. 268.

248. 多くの例のうち，ソテレスを表彰するパガイの辞令を挙げよう，次で注釈されている―― Ad. Wilhelm, in *Jahreshefte des österr. arch. Insittuts*, X, 1907, pp. 28-29.

249. L. Robert, in *Revue de philologie*, XLI, 1967, p. 43.

250. たとえば帝政時代におけるアテナイの高官，課役負担者とともにそれぞれの手当の一覧表を見よ―― in D. J. Geagan, *The Athenian Constitution after Sulla*, p. 128.

251. 碑文では，体育場長の職務が課役とされたり，高官職とされたりしている．*Encyclopédie* of Pauly & Wissowa, by J. Oehler, col. 1975-1976 and 1981 の大項目「体育場長」を見よ．そこでも *philothimia*（1985)，つまり寄付する鷹揚さが認められている．――高官職が課役に変えられる例については，たとえば次を見よ―― U. Wilcken, *Einführung in die Papyruskunde*, vol. 1, pp. 342, 350 ; Isidore Lévy, «Études sur la vie municipale en Asie Mineure», in *Revue des études grecques*, 1899, p. 256; E. P. Wegener, «The Boule and the nomination to the Arkhai in the Metropoleis of Roman Egypt», in *Mnemosyne*, 1948, pp. 15, 297 ――「2 世紀にはすでに *ἀρχαί* はもはや《名誉》でしかなくなり，この意味で，各地の首都の社会的エリートは否応なしに犠牲にならなければならないので，*ἀρχαί* と *λειτουργίαι* の区別は消滅する」．

252. フィロストラトス『ソフィスト伝』II, 20, p. 600 では，こう書かれている――「アテナイでもっとも高く評価されている課役は名《な》祖《おや》アルコンと重装歩兵の司令官……」．いずれも最高の高官であった．同書 II, 1, p. 550 で――ヘロデ・アッティクスは名祖アルコンの課役を果たしている．ローマにおける

honores, menera, munera sordida の区別を検討するときに，その問題に戻ることになる．

253. デメトリオスによるか，デメトリオスの時期における課役の変化については，次を見よ—— W.S. Ferguson, *Hellenistic Athens*, 1911, pp. 55, 99, 290, 473; E. Bayer, *Demetrios Phalereus der Athener*, 1942, pp. 47, 70-71; P. Roussel, in l'*Histoire grecque* de la collection Glotz, vol. 4, part 1, p. 327. ヘレニズム時代のアテナイにはもう一つの課役がある，それは造幣に関している——「ステファネフォロス」貨幣（「新貨幣」）である，これについては次において見事に解明されている—— Margaret Thompson, *The New Style Silver Coinage of Athens*, The American Numismatic Society, New York, 1961.

254. 競技会長の役職については，次の碑文資料がある—— *Sylloge*, no. 1809. 競技会長は合唱団の費用を負担しはじめた，と次で述べられている—— Beloch, *Griechische Geschichte*, vol. 4, part 1, p. 148, n. 3. たとえばデメトリオスの戦争のとき，アテナイで全盛をきわめたエウルクリデスは競技会長職のために7タラントを支払った（*Sylloge*, no. 497）．だがすでに古典期アテナイにおいて，担当官は，敬虔さによって祭典を豪勢なものとするように期待されていた（Bœckh, *Staatshaushaltung*, p. 273）．かくてアテナイでは，古くから二種の大きい課役があり，その一つはヘレニズム時代的な形式で競技会を復活させ，もう一つの三段櫂船艤装はひそかに消滅する．結局，風俗習慣の進化は古い二次的課役，つまり体育場長職をきわめて重視させる（後述の部分を見よ）．競技会長の私的な寄贈について，レバディアの碑文を挙げよう，そこでは紀元前2世紀において，ゼウスを祝って制定された連合コンクールの競技会長は声明している——「わたしは各都市がコンクールのために支払うべき費用の全額を負担した．わたしはいけにえやコンクールのための費用すべてを個人的に支払った．わたしはスタッフや補佐役に支払った金額も，記念碑の費用も，優勝者の記録費も，説明，法令，その他の彫刻費も計上しない．わたしが受けとった予算は（……）ゼウスへ捧げる献酒皿の必要経費を除いてすべて後任の競技会長へわたした」（*Nouveaux Choix d'inscriptions grecques par l'Institut Fernand-Courby*, Les Belles-Lettres, 1971, no. 22）．

255. 公的生活の堕落の第二の理由は，有力者もおなじく帝国税に関連して重荷になっている集団的責任で気力喪失をおこしているからである——公職はもはや恵与と税金の名目でしかなくなり，これは財政的以上に精神的に都市機構の意味を失わせる．——公的生活を破産させるような恵与指向については，「二次ソフィスト論」の巡回雄弁家の弁を引用するだけでよいだろう，これは注釈も要らず，またその強烈な言葉は政治的演説の伝統とシニックな言い方でよく分かる（プロウサのディオン，XXXIV, *Second Tarsique*, 28-32）——「なんだって，とあなたは言うだろう，わが同胞市民はあなたがわれわれに教えていることが分からなくて，助言もできないのか——そんなはずがない，も

し都市で，統治しているエリートが見事な解決を見つけることができるなら，万事はすべての人にとってうまくいき，悪いことは何も起こらないだろう，まったく（ἄλλως）予想できない不幸でもないかぎりは．実際，今日でも，以前からでも，何がよいかを知らないで，神または運よく遣わされた指導者がいないで都市にますます不幸が起こっているように思われる．なぜならある者たちはよい解決を見つけだせず，自分のことだけでも面倒をみきれないからである——わたしは村を適当に治めよとも言えない．ただあっさり（ἄλλως）かれらの富と貴族的身分が政治に関わるのにふさわしいだろう．他の者たちは管理者になるには文章のつなぎ方を心得ていて，普通よりは少し早くまくしたてるだけでよいと考えている．目に余ることは，かれらが冠（戴冠者の）や上席権，深紅の衣（皇帝祭司の）を欲しがっても，それは公益や都市への愛のためでなく，名声，名誉のためであり，他の者より偉くなりたいからである——それがかれらの興味だから，かれらはそれに執着する，かれらが行い，言うことはただ通常の人でない様子をするだけである．だから各都市において冠をつけたり，公然といけにえを捧げたり，深紅の衣を着ている者が多く見られる．だが本気で祖国のことを思い，真実を考え，話し，都市がその人を信じて，もっとよく統治され，利益を得られるようにしてくれる立派で思慮深い性格，そのような人にはあまり出会わない．ある意味では，それは仕方のないことである——ある人が課役負担者であったか，これから課役負担者になるからには，政治的忠告をしなければならない，またもっぱら体育場長や公共奉仕者の意見を聞くか，それとも，まさに，《雄弁者》と呼ばれる人々の意見を聞くべきである．まるで公示役人や楽師や両替屋を呼び寄せるくらいのことでしかない——演壇に上がるのは有名になりたい軽率な者どもだけで，かれらは群衆の拍手を浴びて悦に入っている」．

256. F. K. Dörner, *Der Erlass des Statthalters von Asia Paullus Fabius Persicus*, Dissert. Greisfward, 1935, p. 8, text IV, line 14. ヘレニズム時代の神職売買はまったく別のことである——皇帝祭司職は光栄で破産的な職務であるが，一方，神々の神官職は神官の収入源になった，なぜなら信者たちは神官にいけにえの一部を税金代わりに残したからである．神官職売買に関しては，次を見よ—— M. Nilsson, *Geschichte der griech. Religion*, 2d ed., vol. 2, pp. 77, 99. 市民権の売買については，次を見よ—— L. Robert, in *Revue de philologie*, 1967, p. 29. ギリシアでもローマでも，市民権と引き替えに行われる恵与がうまれる—— L. Robert, in *Bulletin de correspondance hellénique*, 1936, p. 196, now in *Opuscula minora selecta*, vol. 2, p. 903.

257. 「配分によって」ἐπ' ἐπιδόσει χρημάτων（ヘレニズム時代の末と帝政時代において，ἐπίδοσις は一般に配分，金の配分 *diviso nummorum* を指している）．この条件与格の用法については，アテナイの碑文を挙げよう—— *Inscriptiones Graecae*, editio minor, II-III, 3546. 同じ人物は一人当たりデナ

リウス銀貨2枚を配給して評議会と人民の伝令官（*δηναρίοις δυσί*）になった．次を見よ——Ad. Wilhelm, «Inschrift aus Pagai», in *Jahreshefte des österr. arch. Instituts*, X, 1907, p. 29; «Zu neuen Inschriften aus Pergamon», in *Sitzungsberichte preuss. Akad. Berlin*, 1933, p. 854; Louis Robert,in *Anatolian Studies Buckler*, p. 237, now in *Opuscula*, vol. 1, p. 621; in *Revue de philologie*, 1959, p. 204; *Études anatoliennes*, , 1937, p. 340, n. 8. 前置詞なしで与格が使われることもある—— *γυμνασιάρχος ἐλαίου θέσει*. 恵与は「ただで」*ἀντ' οὐδενός* 行われ，その見返りになんら栄誉を受けない—— L. Robert, in *Bulletin de correspondance hellénique*, 60, 1936, p. 197, now in *Opuscula*, vol. 2, p. 904（Wilhelm, *Jahreshefte*, 1907, p. 25 には，他の碑文において，「公職の候補者がいないとき」が含まれた）．他の言い方——恵与は「負担の名目で」*ὑπὲρ ἀγορανομίας* 行われる（L. Robert, *Hellenica*, I, p. 49; in *Revue de philologie*, 1958, p. 41; in *Revue des études grecques*, 1957, p. 363, n. 1 and in *Gnomon*, 1959, p. 662; now in *Opuscula*, vol. 3, pp. 1480, 1627）．「負担のために」*ἀγωνοθεσίας ἕνεκεν*（J. Vanseveren, «Inscriptions d'Amorgos et de Chios», in *Revue de philologie*, 1937, p. 335）．「負担と引き替えに」*ἀντὶ τῆς ἀρχῆς*（L. Robert, in *Bulletin de correspondance hellénique*, 1936, p. 196, now in *Opuscula*, vol. 2, p. 903; in *Laodicée du Lycos*, p. 264, n. 3 and p. 359, n. 2; *Études anatoliennes*, p. 414, n. 7）．属格だけに等しい—— *γυμνασίου*「体育場長として」（L. Robert, *Études anatoliennes*, p. 414, n. 7 ; *Hellenica*, XI-XII, p. 479, n. 5）．あるいは恵与者が1年の任期中に恩恵を施したとだけ言えよう（I. Lévy, «L'honorarium municipal à Palmyre », in *Revue archéologique*, 1900, vol. 1, p. 128）．——ある公職が「豪華に」果たされたという事実を表わすときの，この豪華にという副詞は次のとおり—— *πολυτελῶς*, *μεγαλοψυχῶς*, *φιλοδόξως*, *φιλοτίμως*, *λαμπρῶς*, etc.

258. 皇帝の「滞在」については，次を見よ——*Orientis Graeci inscriptiones*, No. 516–517; Keil & Prenerstein, *Zweite Reise in Lydien*（*Denkschriften Wiener Akad*., LIV, 1911）, No. 116; cf. L. Robert, in *Revue de philologie*, LX, 1934, p. 278, now in *Opuscula*, vol. 2, p. 1177（これを受けたのが次の著書である—— C. B. Wells, in *Gerasa, City of the Decapolis*, p. 425, n. 144）．エフェソスにおける他の絶好の例は—— *Jahreshefte*, XLIV, 1959, Beiblatt, p. 258, no. 3. 軍隊の通過と「法廷の開催」については—— L. Robert, in *Laodicée du Lycos*, p. 314. 紀元前3世紀以来，明らかにアテナイの有力者はエレウシス大祭の年には将軍になった，そして多くの外国人が集まってきた，その機会に有力者は豪勢ないけにえを捧げた（*Silloge*, no. 457）．

259. L. Robert, in *Laodicée du Lycos*, p. 262; D. J. Geagan, *The Athenian Constitution after Sulla*, p. 129.——エジプトでは，まったく特異な公職としての体育場長職の務めはただ公衆浴場の暖房とオリーブ油の供与だけになり，つ

いには一日しか確保されなくなる——体育場長は月のうち幾日かに配分される(G. Méautis, *Hermoupolis-la-Grande*, diss. Neuchâtel, 1918, p. 103). カルキスでは，財政難のときは月ぎめの体育場長が任命されている—— Wilhelm, *Neue Beiträge*, IV, 1915, p. 52.

260. 自分の名前が年代記や公共記念物に銘記されるのは重要なことであったので，圧政に対するイリオンの「法律」(*Orientis Graeci inscriptiones*, no. 218, 1. 120) では，圧政後の粛清手段として，専制君主派の者の名前が公共記念物から抹消され，都市はその空所を売り物にし，買い手はそこに好きな名前を刻むことができるように定められている. 注 (319) も見よ.

261. 婦人高官職について—— O. Braunstein, *Die politische Wirksamkeit der grieschischen Frau*, Diss. Leipzig, 1911 は依然として婦人高官が金銭的理由で説明できることを分かっていない (たとえば，エジプトの婦人体育場長については次を見よ—— G. Méautis, *Hermoupolis*, pp. 100-103). 紀元はじめ前後のころのプリエネの事例——ある婦人が「女性としては最初に」(もちろん，プリエネで)「戴冠者」になったが，彼女は都市に泉水池と運河の建設を提供している (*Inschriften von Priene*, no. 208)，もう一つの例——ポグラにおいて，ある父親が死に際して娘に金を遺し，その金を一般に分配させた，その配給のおかげで娘は公共奉仕者に任じられる (V. Bérard, in *Bulletin de correspondance hellénique*, XVI, 1892, p. 425). 幼児高官については，次を見よ—— L. Robert, *Hellenica*, XI-XII, p. 560, n. 6. 高官になる物故者 (「英雄」——この語は何も追加しない) については—— L. Robert, *Hellenica*, XIII, p. 207 (物故者は戴冠者職の費用のための基金を設けていた) ; in *L'Antiquité classique*, 35, 1966, p. 581, n. 4. 名祖《なおや》高官になる神については—— J. & L. Robert, *La Carie*, vol. 2, p. 210, n. 1. スパルタでは，帝政時代に，リュクルゴスがときには名祖になっている (*Inscriptiones Graecae*, vol. 5, 1, no. 45). ヘレニズム時代に都市の名祖高官になっている国王については，—— L. Robert, *Études épigraphiques et philologiques*, pp. 143-150.

262. P. Graindor, *Athènes de Thibère à Trajan*, le Caire, 1931, p. 73 ——「かつては，アルコン不在の年があったが，それは外部的混乱の結果であった」. 帝政時代には，「経済的原因の結果である，つまり選挙の候補者が一人も現われなかった」，(なぜならアルコンはくじ引きで決められなかったから)，というのも「慣習的に必要な華々しい就任に際して巨額の出費を覚悟する」者がいなかったからである. ——都市が体育場長や競技会長を見つけられないときは，都市に活動奉仕をする担当官が代行し，公金を使って体育場やコンクールの費用をまかなった.

263. Wilamowitz (Kromayer-Heisenberg), *Staat und Gesellschaft der Griechen und Römer*, p. 182. 例——アリスタゴラスへの辞令 (*Silloge*, no. 708)，ここでは，このイストロポリス市民が幾度も「神の王冠」を拝領し，そ

の機会に寄贈を多くしている――このテキストの全文を引用すべきかもしれない．費用のかかる公職は増加し，後期ヘレニズム時代からは二重の名祖職になる―― L. Robert, in *Revue des études anciennes*, 1960, p. 344, now in *Opuscula*, vol. 2, p. 860.

264. 「合法的金額」または「名誉的金額」としての定価ではない．

265. *protrepein* という語については次を見よ―― L. Robert, in *Anatolian Studies Buckler*, p. 237, now in *Opuscula*, vol. 1, p. 621 ――「勧誘は，当事者にはあまり愉快でなかっただろうが，執拗だったに違いない」．ゼウス・パナマロスの聖所にある碑文では，ある像は「都市からそのために仕向けられた」二人の管財官（クラトル）が立てたものであると書かれている――つまりかれらは自然にその管財官に推挙されたのではないと思われる――この碑文を絶対権力でもって書かせた評議会は管財官が格別に気前のよいところを示したと思われたくなかったのである（Le Bas & Waddington, no. 743; cf. Ad. Wilhelm, *Neue Breiträge*, VI, 1921, p. 74）．評議会が討議した問題を要約している *papyrus of Oxyrhynchos*, no. 1416, 1. 5 において，評議会が「高官に任命された者のうちからだれを競技会長になるように仕向けるか」を討議したことが知られた――犠牲者のリストはすでに作成されているが，それぞれがどのようなソースで食べられるかがまだ分からない．Cf. A. K. Bowman, *The Town Councils of Roman Egypt*, Hakkert, 1971, pp. 103, 196, 110. リンドスでは（Sokolowski, *Lois sacrées des cités grecques, Supplément*, no. 90, p. 157），礼拝幹事はいけにえを捧げる祭司の仕事を無償で行うように仕向けなければならない．――最後に，恵与者の表彰に関して動詞 *protrepein* の使用について強調しなければならない――表彰的な像は都市がそのように恵与者を表彰すると知っている人々に恵与指向を「うながす」役に立つ（Latyschev, *Insctiptiones Ponti Euxini*, vol. 1, no. 22）．デモステネス『栄冠論』120, p. 267 でも，表彰辞令の中の「奨励書式」に関連して *protrepein* の語が用いられている．

266. オリーブ油配給のための基金―― *Inschriften von Magnesia*, no. 116, 1. 6-8. これほど繁栄した治世のもとでは恵与者になるのを拒否できない―― *papyrus Rylands*, II, 77, 1. 35. 次も見よ―― *papyrus Oxyrhynchos*, XII, 1413.「わたしは貧しい，もう少しで放浪者になりそうです」――アポリナリオンの請願，*pap. Oxy.*, VI, 899. このテーマが背信的であるが丁重な暗示になれたことが分かるのは，それが慣習的であったからである――皇帝や高級役人は現治世のもとでの繁栄を欠かさず祝った，たとえば次を見よ――ティベリウス・ユリウス・アレクサンデルの法令（*Orientis Graeci inscriptiones*, no. 669, 1. 4），ヘルクラヌムの元老院令（*Corpus des inscriptions latines*, vol. 10, no. 1401），あるいはネルウァの勅令，次の引用による――小プリニウス（『書簡』X, 58）．

267. R. von Jhering, *Das Zweck im Recht*, repr. 1970, Olms, vol. 1, p. 141. ――恵与者は都市の認可をもらって，自費で建てた建造物に刻み込まれる献辞

において自分の自発性を誇ることができる．――「ボランティア」（注23を見よ）もしくは *αὐθαίρετος* (L. Robert, in *Bulletin de correspondance hellénique*, LIX, 1935, p. 447, n. 2, now in *Opuscula*, vol. 1, p. 288) については，無数の例がある．ときには「自発的な体育場長」というような出来合いの表現で示された（*Orientis graeci inscrriptiones*, no. 583)．次も挙げておこう――*papyrus of Oxyrhinchos*, III, no. 473, 1. 3 ――「自発的な体育場長職」．

268. 以下の発表された碑文を見よ―― G. Cousin, in *Bulletin de correspondance hellénique*, 1904; L. Robert, *Études anatoliennes*, p. 549.

269. 他の箇所において，ローマ法が寄付申し込みについて一般の承認を得ようとしたことが分かるだろう．

270. *Inschriften von Priene*, no. 113, 1. 37; L. Robert, *Études anatoliennes*, p. 378 ――ここでは次のように注釈されている――「(寄付申し込み者) と祖国とのあいだで行われる交渉は手間どったことと思われる．一度だけであるが，多くの表彰的な碑文に秘められた現実と取引が察知された」．――一般的に，ギリシアにおける寄付申し込みについては次を見よ―― B. Laum, *Stiftungen*, pp. 118-120, 244.

271. 証文は約束の実行をさせる力があった，ローマの地方総督の介入の有無にかかわらず．たとえば次を見よ―― *Inscriptiones Graecae*, IV, no. 593; O. Kern, *Inschriften von Magnesia*, no. 92; L. Robert, «Inscription d'Adalia», in *Revue de philologie*, 55, 1929, p. 122 and n. 4, now in *Opuscula*, vol. 2, p. 1088. 顕在神王アンティオコスについて，リウィウスはこう書いている，XLI, 20 ――「かれの治世があまり短かったので，かれは多くの申し込みを実行することができなかった」．

272. L. Robert, *Études anatoliennes*, p. 549.

273. すぐ実行をともなった約束については―― Ad. Wilhelm, in *Jahreshefte des österr. Archäol. Instituts*, 10,1907, p. 28; B. Laum, *Stiftungen*, p. 119; J. Robert, «Inscriptions de Carie», in *Revue de philologie*, 66, 1940, p. 243. すでに要約したオルビアの大令で，プロトゲネスは小麦購入費を約束して，すぐその金を支払った．――申し込みをして実行したが，すぐでなく，思いがけないことに行われた例としては―― L. Robert, *Études anatoliennes*, p. 343.

274. *Papyrus Rylands*, XX, 77 (reproduced in the *Select papyri* of Hunt & Edgar, vol. 2, no. 241; cf. G. Méautis, *Hermoupolis-la-Grande*, pp. 117-125; A. K. Bowman, *The Town Councils of Roman Egypt*, pp. 16, 43, 122.

275. 2タラントはバルザック時代の2万5千フラン，つまり10万フランに相当する．公用地（帝国または都市の）の管理責任は事実，破産的な仕事であったに違いない，なぜなら監督者は回収されない借地料を自弁で払うことになっていたからである．公認解読者のほうが好まれるのは別の説明が可能である――アキレウスは生涯の最後の務めを果たすためにまとめて金を払うつもりで

ある，その後は当然，別の責務を押しつけられることはない．事実，この時代では，有力者は次々にすべての要職につけられるものとされていた（*Omnibus honoribus et muneribus fungi* とラテン語の碑文でも書かれている，この書式は文字どおりの訳でギリシアの碑文でもよく見られるものである）．次と比較せよ—— Dessau, no. 6821（*ob honorem aedilitatis intermissae*), and no. 6570（*aedilitate intermissa duumvir*);『学説彙纂』(50, 4, 16 pr. and 50, 12, 12, 1）は有力者の場合を暗示している，つまり有力者は恵与を約束しておいて，公職の務めをまぬがれる，ということは生涯の一段階を飛び越えることになった．

276. 就任費用 *eisitêrion*（この語の他の二義については注94を見よ）——この語は私的な団体における「入会金」の意味である（Hepding , in *Athenische Mitteilungen*, XXXIII, 1907, p. 301; F. Poland, *Geschichte des griech. Vereinwesens*, p. 547)．われわれのパピルス古文書におけるこの語の意味については，次を見よ—— S. Le Roy Wallace, *Taxation in Egypt*, Princeton, 1938, p. 278 ——「見たところ，恵与者が就任に際して，いけにえのために支払う税金である」; A. K. Bowman, *The Town Councils of Roman Egypt*, pp. 26, 41, 171.

277. ギリシアにおける名誉金額については，次を見よ—— Ad. Wilhelm, «Zu einer Stiftungsurkunde aus Iasos», in Ad. Wilhelm, *Neue Beiträge*, IV, 1915, particularly pp.43, 49-52（読者に次の点を強調しておくのが有益であろう——次の著書において名誉金額についての注の中でヴィルヘルムの研究の概要が紹介されているが，それはきわめて不正確である—— D. Magie, *Roman Rule in Asia Minor*, vol. 1, p. 650 and vol. 2, p. 1519, n. 52); I. Lévy, «La vie municipale de l'Asie Mineure», in *Revue des études grecques*, XII, 1899, particularly pp. 269-262; I. Lévy, «L'honorarium municipal à Palmyre», in *Revue archéologique*, 1900, I, p. 128, 次の辞書項目——«honorarium（ギリシア都市において)», Daremberg, Saglio and Pottier, *Dictionnaire des antiquités*,（以上の研究はすべて次で引用されている—— L. Robert, in *Bulletin de correspondance hellénique*, LX, 1936,p.196). T. R. S. Broughton,«Roman Asia Minor», in Tenny Frank, *An Economic Survey of Ancient Rome*, vol. IV, pp. 802-803; A. H. M. Jones, *The Greek City from Alexander to Justinian*, Oxford, 1940, p. 247. *timêma* については，次で引用されているリディアの碑文を見よ—— Wilhelm, p. 49. *timêma* の意味は次で発表されたパピルス古文書において証明されている—— N. Lewis, «Leitourgia papyri : documents on compulsory public service in Egypt under Roman Rule», in *Transactions of the American Philological Society*, LIII, 9, 1963, p. 19, n. 8. この編者は *timêma* を「恵与の支出」と解している（富裕な相続人で，未成年の孤児のためにエジプト長官宛てに請願書が提出され，長官はその孤児に公認

解読者の地位を与えた．この件に付随して，編者はエジプトにおいて都市の公職に任命された子供の例をリストにしている）．『学説彙纂』（50, 4, 16 pr. : «aestimationem honoris aut muneris in pecunia»）において，*aetimatio* という語はギリシア語の *timêma* の訳語であり，名誉の金額を指していると指摘できよう．*taxatio* については―― Wilhelm, p. 50. この語はアフリカの多くの碑文に見られ，最終的には次において議論された―― A. Beschaouch, *Mustinata : recueil de nouvelles inscriptions de Mustis*, Klincksieck, 1968, pp. 38-42. 古語辞典では，*taxatio* は *nominatio, designatio* として注釈されていることが指摘されよう（*Corpus glossariorum latinorum*, vol. VII, Groetz, *Thesaurus glossarum emendatarum*, s.v. «taxatio»）．

278. この辞令は次の引用による―― J. & L. Robert, «Bulletin épigraphique», in *Revue des études grecques*, LXXV, 1962, no. 239.

279. カリアのセバストポリスで，ある有力者はデナリウス銀貨4000枚で *argyrotamias* になる前には，三度もデナリウス銀貨１万1200枚で *apodocheus* になっている――ところで，この数字は３で割れない（J. & L. Robert, *La Carie*, vol. 2, p. 317, no. 168）．テルメッソスでは，ある有力者は「体育場のために」デナリウス銀貨5万6058枚を寄贈している――あらかじめ定められた金額でなく，実費である（*Tituli Asian Minoris*, vol. 2, 1, no. 15. この資料で述べられている「少額貨幣ドラクマ」つまり普通のドラクマとデナリウスの６分の１に相当するものについて，次と比較せよ―― *Silloge*, no. 1109, n. 48; *Orientis Graeci inscriptiones*, no. 484, n. 14; *Inscriptiones Graecae*, vol. II-III, editio minor, no. 2776, commentary, *ad. finem*. Cf. John Day, *An Economic History of Athens under Roman Domination*, p. 221）．それに反して，同じ公職，同じ数字が隣り合った都市で確認されるときは，それは名誉の金額を表わし，いずれかの都市がその金額の査定に当たって他方の都市を真似たからだと思われる．かくて「公共奉仕」*dèmiourgis* の名誉金額はキリキア地方の二都市，オルバ（*Monumenta Asiae Minoris Antiqua*, vol. 3, no. 103）とケストロス（J. & L. Robert, «Bulletin époigraphique», in *Revue des études grecques*, LXXVIII, 1965, no. 428 によれば）では同額，つまりデナリウス銀貨1000枚である．

280. カウストロス谷間地域の一村落はアパテイアと言い，エフェソスに属していた．紀元206～207年に，「唯一の寄贈で」任命された財務検査官たちは公衆浴場の修理費としてデナリウス銀貨250枚を「追加拠出するようにうながされた」（Keil & Premerstein, *Bericht über eine dritte Reise in Lydien*, p. 86, n. 116; cf. L. Robert, in *Anatolian Studies Buckler*, p. 237, n. 6. 170年でなく，206～207年という日付はファルサリアという年号で説明される，つまりこの地方でスラやアクティウムという年号と併用された．Cf. P. Herrmann, *Neue Inscriften zur histor. Landeskunde von Lydien*, p. 9.「追加」という語は

exôthen と述べられている—— cf. Robert, *Hellenica*, XIII, p. 250). 同じころ，もう一人の財務検査官は徴兵解除金 *aurum tironicum* に当てられる同じ250枚のデナリウス銀貨を支払っている（Keil & Premerstein, p. 87. *Aurum tironicum* については——Rostovseff, in *Journal of roman Studies*, 1918, p. 26 ; J. & L. Robert, in *Revue des études grecques*, LXIII, 1960, p. 170, n. 230, concerning *Inscriptiones graecae in Bulgaria* of Mihailov, vol. 2, no. 517). アパテイラには三番目の財務検査官の碑文があるが，*summa honoraria* の金額は読めない（references in Robert, *Hellenica*, XI-XII, p. 18, n. 4 and 5). ——同じ谷間地帯で，フパイアという村には指導者らがいる．次を見よ——Keil & Premerstein, pp. 66, 78-79; Fontrier, in *Mouseion kai Bibliothèquè of Smyrna*, 1885-1886, p. 88（à la Bibliothèque nationale de Paris）. この指導者らは村に名誉的金額を支払うが，それは「慣習的」であり，「自治体の規定に従っている」. 5つの碑文で分かることは紀元3世紀を通じて名誉金額がデナリウス銀貨250枚を跳ね上がって増加している，これはインフレとともに，当局の端数切り捨ての決定を表わしている．紀元213～214年のあいだは，その金額はデナリウス銀貨250枚である（Fontrier; 日付はファルサリア年号による；恵与者の氏族名はアウレリウスである——紀元213～214年には，「アントニヌス体制」*Constitutio Antoniniana* はすでにその効果を挙げていた．以前には恵与者は公衆浴場の修理のためにデナリウス銀貨50枚を寄贈していたにすぎない．この碑文，および紀元272～273年の碑文に見られる「以前には」*tacheion* という表現については，次を見よ——Robert, *Hellenica*, XI-XII, p. 18）. 紀元225～226年では，金額はデナリウス銀貨500枚になっている（Keil & Premerstein, p. 78, no. 109）. 日付なしの年代では，750枚（p. 78, no. 110). 紀元272～273年では，1000枚（p.79），もうひとつの日付なしでは1000枚（Fontrier）である．また次とも比較せよ—— H. V. Pleket, «Nine Greek inscriptions of the Caster-vally, a republication», in *Talanta*, 2, 1970, p. 80.

281. Papyrus Amherst, 2, no. 70, in U. Wilcken & L. Mitteis, *Grundzüge und Chrestomathie der Papyrukunde*, vol. 1, 2, p. 175, no. 149.

282. プロウサのディオン『演説』XLV, 8.

283. ラオディケア・アド・マーレの碑文，現在トゥーロン博物館にある——L. Robert, in *Bulletin de correspondance hellénique*, LX, 1936, p. 192.

284. Dittenberger, *Sylloge*, no. 838.

285. 「無償で評議員」は，紀元145年におけるガラテヤの二カ国語碑文で述べられている（*Corpus inscriptionum latinarum*, III, 282, line 49）——ここにローマ帝国間の影響の事実を見るべきである（*decuriones gratuiti* という言い方はラテン語碑文では珍しくない）．他の場合は分からない．

286. 評議員の *summa honoraria* については次を見よ—— L. Robert, in *Bulletin de correspondance hellénique*, LX, 1936, p. 197, n. 6. 入会費と入会税につ

いては—— F. Poland, *Vereinswesen*, p. 492（絶好例は次において見られるペルガモンの聖歌隊の規則である—— M. Fränkel, *Inschriften von Pergamon*, vol. 2, no. 374, for example face D, line 13, on page 262; reproduced in L. Ziehen & I. von Prott, *Leges Graecorum sacrae e titulis collectae*, vol. I, no. 27）.——評議員の名誉金額に関する別の資料 *papyrus of Oxyrhinchos*, XII, no. 1413 ——紀元270〜275年にわたるオクシリンコス評議会の討議の際，評議員と公認解読者に支払わせていた *steptika* と言われる税問題にされている．この税は知られていないが名誉金額のように思われる——（A. H. M. Jones, *The Greek City from Alexander to Justinian*, p. 247, n. 70; A. C. Johnson, «Roman Egypt», in *An Economic Survey*, vol. 2, p. 576; S. Le Roy Wallace, *Taxation in Egypt from Augustus to Diocletian*, Princeton, 1938, p. 281）．だが評議員を公認解読者職に任命することが問題なのか，また名誉金額が公認解読者の金額であるかどうかは知られていない（次のとおりである—— P. Jouguet, «Les Boulai égyptiennes à la fin du IIIe siècle», in *Revue égyptologique*, I, 1919, particularly p. 67），あるいは元老院によって名誉金額を支払ってもらえる新規の公認解読者を任命することが問題かは知られていない（E. P. Wegner, «The Boulê and the nomination to the archai in the metropoleis of Roman Egypt», in *Mnemosyne*, I, 1948, particularly p. 21）．

287．小プリニウス『書簡』10, 112, 2 ——ビテュニアでは，ポンペイウス法によって評議員は名誉金額を支払わず，検査官（ケンソル）または *timêtai* によってローマ的に任命された（後者に関しては次を見よ—— L. Robert, in *Bulletin de correspondance hellétique*, LII, 1928, p.411; F. K. Dörner, *Bericht über eine Reise in Bithynien*, Denkschriften Akad. Wien, LXXV, 1, 1952, p. 13, n. 5; and «Vorbericht über eine Reise in Bithyen», in *Anzeiger der Akad. Wien*, 1963, p. 137 ; L. Vidman, *Études sur la correspondance de Pline avec Trajan*, Rozpravy Ceskoslovenské Akademie ved, 1960, 14, pp. 66-69; A. N. Sherwin-White, *The Letters of Pliny, a historical and social commentary*, Oxford, 1966, p. 669）．だが，その後，プリニウスの手紙は，都市が収入を獲得するために評議員の増員を求められたことを教えている．この定員超過分は，調査官によって任命されたのでなく，選出された，そして選ばれた者たちは名誉金額を支払った——そのような収入のおかげで都市は公共建造物を建てることができた，またプリニウスは地方総督になり名誉金額が都市の財政のために効果的に支払われるのを監督する義務を感じていた（プリニウス『書簡』10, 39）．この点でも，新規の評議員は都市の金づるだった．ここで，指摘すべきは，この増員された評議員らが同じくプロウサのディオンのビテュニア演説で取りあげられていることである，これはかれの演説の本当の日付の問題を蒸し返すことになる——ディオンは一定の名誉金額を支払って評議員になれる者，100名までの権利をプロウサに獲得させた（H. von Arnim, *Leben und Werke*

des Dio von Prusa, pp. 327, 334-339;『演説』XL, 14 に類似する XLV, 7 ; XLVIII, 11 と比較せよ．ところで，この機会に選挙が行われ，新しい評議員は調査官によって任命されなかった（ディオン，XLV, 7-10）．そこで問題の演説は，プリニウスによって語られている総督，つまり最初は増員になった評議員らだけに課された名誉金額の支払い義務を調査官から任命される新評議員にまで適用した総督より以前のものでなければならない．その総督はアニキウス・マクシムスという名であった．不幸にして，かれの任期は誤りを除いて，不明である．――ビテュニアにおけるポンペイウス法については，特に次を見よ―― G. Vitucci, «Gli ordinamente costituvi di Pompeo in terra d'Asia», in *Rendiconti dell'Accademia nazionale dei Lincei*, 1947, vol. 2 p. 248. ポンペイウス法は紀元 3 世紀でも生きていた（ディオ・カッシウス, XXXVII, 20, 2）.『学説彙纂』(50, 2, 3, 2 and 50, 2, 11) でも『テオドシウス法典』(12, 1, 5. ゴッドフロアの注釈も共に）でもそれについて語られている，またガイウス『法学提要』I, 193 においても．

288. ストゥルマの谷間地域にあるスヴェティ・ヴラックの碑文―― D. Detschew, «Ein neuer Brief des Kaisers Antoninus Pius», in *Jahreschefte des österr. arch. Inst.*, XLI, 1954, p. 110; cf. J. & L. Robert, «Bulletin épigraphique», in *Revue des études grecques*, 1956, no. 159; J. H. Oliver, «A new letter of Antoninus Pius», in *American Journal of Philology*, LXXIX, 1958, p. 52 ――「あなたの都市に80名の評議員がいて，それぞれがアッチカ貨幣500ドラクマを提供するなら，評議会の権威でもってあなたの名声はあがり，評議員が払う金はあなたにとって収入源になる」と君主が書き送っている．この都市はパルティコポリスであろう―― L. Robert, *Hellenica*, XI-XII, p. 253, and F. Papazoglou, in *Bulletin de correspondance hellénique*, 1963, pp. 535-544.

289. 証拠として，都市の創設と再建に関する皇帝の書簡が幾通かある，その中で，君主は十人組長の数が都市の財源にできるほど増加するようにさせている．かくてティマンドゥスの関する書簡（Dessau, no. 6090; *Monumenta Asiae Minoris antiqua*, vol. 4, no. 236, lines 14 and 35)，オルキストゥスに関するコンスタンティヌスの書簡（Dessau, no. 6091, line 11)，さらにパルティコポリスに関するアントニヌスの書簡（前注を見よ）がある．またトリエステの辞令も挙げよう（Dessau, no. 6680, section 2, line 8)．次も見よ――ユリアヌス『髭嫌い』40, p. 367; プリニウス『書簡』X, 39, 5.

290. Th. Reinach, in *Revue des études grecques*, 1893, 159 によれば, Wilhelm, *Neue Beiträge*, IV, p. 43 で引用されている．*Synallasson* という固有名詞については，次と比較せよ―― L. Robert, in *Revue des études grecques*, 1957, p. 362, n. 2.

291. G. Cousin, in *Bulletin de correspondance hellénique*, XXVIII, 1904, p. 45. 象眼細工については――L. Robert, *Nouvelles Inscriptions de Sardes*,

p. 50.

292. Lucien, *Le Navire ou les Souhaits*, 24. 1ドラクマはバルザック時代の約2フランに相当した．

293. 地方の民会については――J. Deininger, *Die Provinziallandtage der römischen Kaiserzeit*, C. H. Beck, 1966. 見せ物については――L. Robert, *Les Gladiateurs dans l'Orient grec*. 大神官とアシアルカとが同一であることについては，次で挙げられている若干の参考書を見よ――in *Bulletin de correspondance hellénique*, 1966, p. 151, n. 3; また特に―― Deininger, pp. 41-50.

294. オリーブ油の配給については――J. & L. Robert, *La Carie*, vol. 2, p. 320; L. Robert, *Hellenica*, VI, p. 127. 入浴用オイルと饗宴は，娯楽が列挙されるときは同類のものである．たとえばハドリアヌス帝の即位という「よい知らせ」を祝賀する一般的祭典についてのギーセンのパピルス古文書3を見よ（O. Weinreich, *Ausgewählte Schriften*, vol. 1, Grüner, 1969, p. 282）．勝利，出来事などの「よい知らせ」という意味の"evangelia", また一般の娯楽については次の生彩あるページを見よ――L. Robert, in *Laodicée du Lycos, le Nymphée*, p. 274――「人民は祭日の制定を喜んで票決できた，なぜならそれは快楽を増加させるための富裕な市民の寄贈のきっかけになるからだ」．

295. この恵与はさまざまな要職の人々にとっては珍しいことではない．次を見よ――Dittenberger, *Orientis Graeci inscriptiones*, no. 764, n. 61; L. Robert, *Hellenica*, XI-XII, p. 120 ――いけにえの場所へ行く行列において，「めいめいが高官として個人的に捧げるいけにえとともに歩く」．Cf. M. Holleaux, *Études*, vol. 2, p. 101. 資料として，以下に紀元前3世紀におけるアモルゴスの辞令を訳しておく（*Inscriptiones Graecae*, XII, 7, no. 241）――「テオゲネスの息子エピノミデスはイトニア大祭のために最高の役目を果たし，女神にいけにえを捧げるために申し分のない熱意を示し，最高に見事な行列を展開させ，またこの大祭に参加した人々のために立派で鷹揚な世話を行い（cf. Ad. Wilhelm, *Griechische Königsbriefe*, Klio, Beiheft 48, 1943, pp. 37 , 61），女神に支払われた税（*pelanoi*）で，それまでいけにえの費用に当てられていた収入を聖所建設のために奉仕団へ寄贈し，かつ，いけにえのための雌牛の費用をはじめ，他のすべての費用を自費で支払った後に，100人をくだらない参列者からはいかなる金も受けとらなかった（…），かれは人民への献身と神々への崇拝を保持することほど立派で，美しいことはないと信じいた」，等々．

296. すでに幾度も引用した辞令（次の再版書と注解―― Wilhelm, in *Jahreshefte des österr. arch. Inst*., 1907）において，パガイのソテレスは要職に就任したときに歓楽を提供している．ゼウス・マナマロス神殿では，ゼウス神官の就任に際して，4日間の祭りが行われた（Jeanne Robert, in *Revue de philologie*, 1940, p. 239）．前注（94）も見よ．

297. ディオドロス, XIII, 84; Hiller von Gärtringen, *Inschriften von Priene*,

no. 109, lines 162-168; プリニウス『書簡』10, 116.

298. プリニウス『書簡』10, 116. 男子成人服(トーガ)についての記述は注釈者たちを驚かせたが、それは説明がつく——ビテュニアの有力者のごく少数の者しかローマ市民権を有していなかったのである.

299. L. Robert, *Décrets d'Acraiphia*, now in *Opuscula*, vol. 1, p. 279; *Hellenica*, XI-XII, p. 569; *Hellenica*, XIII, p. 244. 紀元251年の後の例については—— Dittenberger, *Silloge*, no. 851. かれはギリシア語 *philothytês*(字義どおりでは——喜んでいけにえを捧げる者)が信心家を指すのでなく、接待役を表わすことを明らかにしている. 肉といけにえに関するローマの風習との比較については、次の明快なページを見よ—— E. Fraenkel, *Elementi plautini in Plauto*, La Nuova Italia, 1960, pp. 124, 239, 408-413. L. Robert, *Hellenica*, XIII. p. 224 ——「いけにえにおける本質的なことはそれに続く饗宴である」. だからいけにえの行列にはパンが持参されたのである(アテナイオス、111 B). 神々には動物の食べられない部分だけが残された(テルトゥリアヌス『諸国民に告ぐ』I, 10, 35).

300. ただしこのことも言葉も未詳.

301. 慣習の中へ菓子や硬貨を投げる、つまり $\rho i \mu \mu a \tau a$ ——この語は石に刻まれたものが M. Feyel によって確認され、L. Robert によって解読された, *Arkhaiologikē Ephemeris*, 1969, pp. 34-39. すでにアリストファネスの時代に、観客に菓子が投げられていた——ローマにおける *missilia* の流行はギリシアから来ている.

302. 三人当たり、バルザック時代の20フランに当たる. ——一般の饗宴で食台をだすのはおまけの寄贈であった. 貧しい人を金持の食卓で食事をさせるのと同様であった.

303. *Inscriptiones Graecae*, VII, no. 2712 (lines 22-27:次を見よ—— M. Holleaux, in *Bulletin de correspondance hellénique*, 1935, p, 446 ; cf. 443, 1. 48 ; Ad. Wilhelm, in *Neue Beiträge*, III, p. 45). 歴史的背景については、次を見よ—— L. Robert, in *Bulletin de correspondance hellénique*, 1935, p. 447, now in *Opuscula*, vol. 1, p. 288 ——「共和国の金づるになれる富裕な恵与者の数がどれほど限られたものであるかは明らかである. 同じ人が重要な高官職をいくつも兼ねなければならない……生活は一般的に悲惨な状態であるので、突出したわずかの富裕者の財力で都市の行政がまかなわれているにすぎない」. Cf. U. Kahrstedt, *Das wirtschaftliche Gesicht Griechenlands in der Kaizerzeit*, Dissertationes Bernenses, VII, 1954, p. 82. ネロはきわめて立派に、また良識的に、貧困のギリシアを助けるために国税を免除している. ——このテキストで、$\delta\iota\dot{a}\delta o\mu a$ のように難解な語については次を見よ—— L. Robert, *Hellenica*, XI-XII, p. 472; $\theta\epsilon\omega\rho ia$ については—— *Études anatoliennes*, p. 318; $\epsilon\dot{\iota}\varsigma\ \phi\iota\lambda\acute{o}\pi a\tau\rho\iota\varsigma$ については—— H. Seyrig, *Antiquités syriennes*, vol. 1,

p. 119; cf. L. Robert, *Hellenica*, XIII, p. 215.

304. 宗教がそれ自体では存在せず，その信者の心の中に存在し，また人々の心の中に存在するものは宿命的に個人的なものであり，さらに二人の個人の態度が同一ではないことを喚起させる必要があるだろうか．しかしながら祭儀の宗教性は祭りと民衆的な歓喜の宗教性であり，それはピューリタン的な目で検討してはならないことも確かである（Nilsson, *Geschichte der griech. Religion*, vol. 1, p. 827）．結局，人間の快楽と神々の名誉は折れあいがよく，信心は祭りを楽しむことになるから，神々も人間と同じ喜びを味わうことになり，さらに神々は文字どおり招待客ではないか．そこで信心はこの招待客らといっしょに楽しい一日を過ごすことになる．

305. 次による──R. Aron, *Dix-huit leçons sur la société industrielle*, p. 177.

306. ある宗教史家によれば，古代ギリシア・ローマの異教は「日常生活の単調さを超越したすべての感動を同じ感情に結合させた」（B. Groethuysen, *Origines de l'esprit bourgeois en France*, p. 23）．典礼主義的な宗教は感情の欠如した宗教とは反対である──それはむしろ異質的な感情を結合し，合理主義または熱意によって多様な満足感を破壊しない．この総括を証明するものとして次を引用しよう──訳出辞令 no. 295, *Sylloge* 辞令，no. 783, line 40 and no. 900, line 13（「かれは年間を通じて，神々にはうやうやしく，人々には鷹揚な寄贈をしながら神官職を果たした」）．プトイオンの辞令，*Inscriptiones Graecae*, XII, 5, no. 659-668 ──「かれは絶え間なく，輝かしく，神々へいけにえを捧げ，市民に饗宴をふるまった」．饗宴に金の配給が加わることもある──スロスで，戴冠者のアルコンとその妻は一般の饗宴でいけにえの肉と硬貨を提供している（*Inscriptiones Graecae*, XII, 5 no. 659-668）．

307. ルキアノス『ペレグリノスの死』15．次の注── Louis Robert, *Hellenica*, XIII, p. 215, n. 4.──ペレグリノスは民会に現われ，申し入れを厳粛に告げる──これが約束するときの習慣になった．本書第四章においてもう一度触れることになる．

308. この辞令で誇張された語は「訓練」*eutaxia* である．

309. H.-I. Marrou, *Histoire de l'éducation dans l'Antiquité*, p. 180. 同書において体育場の恵与的財政に関する優れたページを見よ──pp. 160-164. 進化は次のように説明がつくように思われる──一方で，体育場には生徒用の浴場があり，そのために場長（*gymnasiarque*）は必要なオリーブ油を供与することが多かった．他方，体育場は，われわれの高校や中学校のように休むことはなかった──体育場はルイ・ロベールの言い方を借りるなら「第二集会場（アゴラ）」の役割を果たしていた．さらに住民は体育場で行われる美青年コンクール，いけにえの儀式，饗宴，優勝者表彰式に参列した．体育場の浴場は結局，都市の公衆浴場になった．最後に，一般市民のための他の浴場，つまり

*gymnasion*が体育場とはまったく別に建てられた，そしてオイル（*gymnasia*）を供与する課役負担者もまた場長（*gymnasiarque*）と呼ばれるようになった．

310. サラミスのアテナイ市民から表彰された体育場長は「オイルに当てられた予算を越えて自費で金を払った」（*Inscriptiones Graecae*, editio minor, II-III, no. 1227, 1. 8）．別のところでは，次のように書かれている—— Tò *ἀνάλωμα πεπλήρωκα*（*pap. Oxy*., XII, no. 1418, line 21）．

311. 帝政時代の碑文では，この問題については一冊の本になるほど正確な情報が得られる．次を見よ—— L. Robert, *Hellenica*, VI, pp. 128-130; J. Robert, in *Revue de philologie*, 1940, p. 241; L. Robert, *ibid*., 1943, p. 115（「公衆浴場は必需のものと見なされている」）；J. & L. Robert, *La Carie*, vol. 2, p. 320.

312. Cf. P. Veyne, in *Latomus*, 1967, p. 744.

313. この事実はすでに次において確認されていた—— Isidore Lévy, *Revue des études grecques*, XIV, 1901, p. 371. ラテン語 *gymnasium*「オイルの配給」は次で発表されたアイン・ネクマの碑文に現われている—— S. Lancel, in *Libyca*, VI, 1958, p. 143（*L'Année épigraphique*, 1960, no. 214）.——浴場 hammam は古代のこれらの国においては，今日と同様に習慣的なものであった．1974年に発行されたトルコ新聞 *Yuruyus* の記事の訳を見ることができたが，それによると，国民救済派のリーダーは集団移動を停止させるために各村落に公衆浴場を設置するようにしている．ここで難事は水不足と燃料不足である（山林伐採の結果，燃料にされるのは牛糞である，これは中央アジアや中国でも見られる），結局，予算がない．村に国営の浴場を建て，その管理を民間に委ねるしかないだろうか．ギリシアの碑文で説明がつかないのはこれら3点のどれかではない（給水，薪炭燃料，なぜなら古代では今日以上に薪炭に不自由しなかった，そして最後に財源）．

314. B. A. Van Groningen, *Le Gymnasiarque des métropoles de l'Égypte romaine*, Groningue, 1924; J. G. Milne, in *Journal of Roman Studies*, XVI, 1926, p. 132; id., «Pap. Oxy. 1416 and the history of the gymnasiarchy», in *Actes du cinquième Congrès international de papyrologie*, 1937, p. 505.——他方，古代の体育場の活動は継続し，オクシルンコスでは青年たちが紀元323年まで体育に没頭している．かれらは監督に指導されている．

315. *Fabulae Aesopicae*, no. 37, Halm, —— Van Groningen の引用による．

316. オルビアの辞令（Latyschev, vol. 1, no. 42）——「カリステネス，かれの祖先たちは名門であり，歴代皇帝に知られ，信任されていて，都市を創設した」（かれらは皇帝との親密な関係を利用して都市のために絶大な貢献をした．「創設者」については，次を見よ—— L. Robert, in *L'Antiquité classique*, 1966, p. 420），「またかれらは緊急の事態において，都市のために大いに役立った，このような祖先の出であるかれは祖先の財産と偉さを受けつぎ……」．

イストロスの辞令（*Sylloge*, no. 708）——「アリスタゴラス，かれは立派な父を持ち，また祖先はすべての神に仕えた神官で恵与者であり，かれ自身もそれを見習って励み……」．マンティネイアの辞令（*Sylloge*, no. 783）——「エウフロスノス，わが同胞市民，かれは祖国に対する祖先の献身を引きつぎ……」．最後にルキアの辞令を引用しよう（*Tituli Asiae Minoris*, vol. III, no. 838）——クテシクレス，「わが同胞市民，かれはその生まれと偉さでわが都市の上位にあり，同じくルキア国民の中でもわが都市一流の優れた輝かしい名門に属し，その祖先も都市のために絶大なる貢献をした光輝ある名士たちである」，かれ自身も「祖先の偉さと名声にいっそうの輝きを加え，祖先たちを凌駕している」．

317．ここでは修辞学者メナンドロスを真似ているつもりである（*Rhetores Graeci*, vol. 3, p. 413, Spengel）——まだあまりにも若く，富裕な者を称賛するときは，いつもこう予言されるだろう——「かれは（記念物で）大聖所（*πανηγύρεις*）を飾るだろう，以下同様」．

318．*opus*，つまり建造物またはその一部を意味する．*ἔργον*については，次を見よ—— L. Robert, *Hellenica*, IV, p. 12, n. 1. *ἔργοις ἰδίοις τε καὶ προψονικοῖς* については—— J. & L. Robert, «Bulletin épigraphique», in *Revue des études grecques*, 1958, no. 476,（cf. *Hellenica*, XI-XII, p. 478, n. 6）. *ἔργα προγονικά* のラテン二重語はテュッガの碑文で読むことができる—— *Corpus inscriptionum latinarum*, VIII, no. 26602 —— *avita opera* ; cf. VIII, 26616 and Cagnat-Merlin, *Inscriptions latines d'Afrique*, 538 ; *avita et paterna o*(*pera*). 帝政時代のギリシア語とラテン語のあいだの意味の重なりについては他の書において詳しく研究するつもりである——ローマ帝政時代ではギリシア語とラテン語の二国語からなる「帝政言語」が存在していると言える．——祖先伝来の記念物のイデオロギーについては，キケロ『芸術品』*De signis*, XXXVI, 79 ——「各自が祖先伝来の記念物を自分のもののように大切に守り，他人の名で飾らせないのは祖先伝来の伝統である」．

319．自分の名前を記念物に刻める権利については，たとえば次を見よ—— Dittenberger, *Sylloge*, no. 277（アレクサンドロス大王）and 756; プルタルコス『ペリクレス』14（*Orientis Graeci inscriptiones*, no. 339, n. 20 によって説明すべきである．本章，注226と比較せよ）．この決疑論はローマへ移る．それは『学説彙纂』50, 10, 3, 2 において決定的な公式化を見ることになる——「公共建造物には君主の名前または自費でその建物を建てた者の名前以外のものを刻むことは禁じられている」; cf. 50, 10, 2 pr.; 50, 8, 6（4）the end.

320．ウェディウス・アントニヌスのことだけで一編の論文に値するだろう．Cf. F. Miltner, *Ephesos*, Wien, 1958, pp. 42, 60, 68, 74. エフェソスはかれに「創設者」*κτίστης* という名誉称号を与えた．

321．J. Keil, in *Jahreshefte*, XXVII, 1932, *Beiblatt*, p. 25; and XXVIII, 1933,

Beiblatt, p. 6.

322. これらの列挙とダミアノスの人柄，およびその雄弁と資産の詳細については，次を見よ――フィロストラトス『ソフィスト伝』II, 23, p. 605.

323. *Orientis Graeci inscriptiones*, no. 510, n. 8 : *ἐκ πῶν ἰδίων*. ヘレニズム時代の言語以来，*ιδις* は所有格に等しくなっていると説明できる．この表現は「私有財産によって」でなく，「都市がその財で」という意味である．

324. *κοσμόπολις* と *κοσμεῖν* については次を見よ―― L. Robert, *Études anatoliennes*, p. 349, n. 1. このように都市を *αὐξάνειν* すると言われていた（たとえば都市を優遇するローマ総督の例がある）――この動詞については次を見よ―― Ad. Wilhelm, in *Mélanges Glotz*, vol. 2, p. 902.――帝政時代のギリシア・オリエントにおける記念建造物隆盛については，次で作成された建造物リストを通覧することができる―― T. R. S. Broughton («buildings, gifts and foundations, wealthy families», in Tenney Frank, *An Economic Survey*, vol. 4, pp. 715-734 and 746-797; cf. D. Gagie, *Roman Rule in Asia Minor*, vol. 1, p. 582. このような建造活動における体育場長の重要な役割については―― L. Robert, *Études anatoliennes*, p. 77.

325. ディオゲネス・ラエルティオスによれば，ファレロンのデメトリオスは「低い生まれでありながらも」建造を行なってアテナイの威厳を高めた（5, 75）．申すまでもなく，庇護が階級の義務になるとき，その階級に属さない人々は庇護者になる権利がない――ローマで，マルティアリスは剣闘士の見せ物を提供しようと考える下層民を皮肉っている（3, 16 and 59; ユウェナリス, 3, 36 と比較せよ）．

326. アンティオコス大王の母，ラオディケイア女王はイッソスの貧しい家庭の娘に持参金をつけられるようにこの都市に小麦の寄贈を約束している―― L. Robert, in *Annuaire du Collège de France*, 1971, p. 516.

327. プリニウス『書簡』1, 8, 10.

328. プルタルコス『高利の金を借りてはならないこと』，7，（『モラリア』830 F）――「われわれは証拠を示すために土地，奴隷，ラバ，寝台，テーブルなどを寄付し，都市のために寄贈を乱発して，気前のよさ（*philotimiai*）でよい評判を得ようとするが，われわれには利益も感謝ももたらさないだろう」．

329. プルタルコス『政治的助言』29（『モラリア』822 A）．

330. ルキアノス『夢，または雄鳥』，22.

331. プリニウス『書簡』6，34，1-2．たとえば次と比較せよ―― *Corpus inscriptionum latinarum*, X, 6012; *L'Année épigraphique*, 1927, no. 124.

332. スエトニウス『ティベリウス』37. 古代イタリアにおける騒ぎ立てによる庶民的な裁きについては次の有名な研究を見よ―― Usener, «Italische Volksjustiz», in *Rheinisches Museum*, LXI, 1900, p. 1（同氏の次の著書で再録―― *Kleine Scriften*, vol. 4, p. 356); cf. J. M. Kelly, *Roman Litigation*,

Oxford, 1966, p., 20; A. W. Lintott, *Violence in Republican Rome*, Oxford, 1968, p. 8; E, Fraenkel, «Two poems of Catullus», in *Journal of Roman Studies*, LI, 1961, p. 51. タキトゥス『歴史』IV, 45 に騒ぎ立ての場面がある――小都市の元老院議員が地域の高官たちの命令によってひどい目にあう．かれは生きているにもかかわらず，追悼の愁訴と葬儀用品一式にとり囲まれ，罵詈雑言を浴びせられる．恐らくかれの近親者の葬儀のために剣闘士の見せ物を要求されたのであろう．プルタルコス『ポンペイウス』48 でも，騒ぎ立ての場面がある．フレンケルはギリシアにおける騒ぎ立ての場面を確認している――アリストファネス『雲』909 と 1328 において（Fraenkel, *Elementi plautini in Plauto*, 380, n. 1)，ポリュビオス, XXX, 29 でも一種の騒ぎ立てが見られる．

333. ポッツオリでは，高官と上流階級の客嗇に対して暴動が起こっている――タキトゥス『年代記』XIII, 48.

334. アプレイウス『アポロギア』87.

335. カッシウス・ディオ, LII, 37; cf. 30，ここでかれは祖国ギリシアで起こっていることを思う，なぜなら都市のあいだで首都というような華やかな資格をめぐって争いが生じ（37)，また地方税の収入が勝ち誇った戴冠者らの思いのままに消費されていること（30)を暗示しているからである．引用された箇所において，カッシウス・ディオは当時のもう一つの問題をも暗示している――ある都市の領地内にその都市の市民でもないのに土地を所有している人々（多くの土地所有者はきわめて遠隔の地方に散在する土地を持っていた）は所有地先の都市の職務や課役を負担しなければならないことが多かった，他方で，かれらは地元の土地の職務もすでに負担していた．『学説彙纂』では，地域的負担を全うするには，どこかの都市に土地または家屋を所有するだけでは不充分であることをわざわざ確認している（50, 1, 17, 5 and 13)．だが各都市はすべての *possessores* を課役負担者と見なそうとしていたようである（そこからプルタルコスのすばやい暗示が生じる――『政治的助言』24,『モラリア』818 C ――立派な高官は人民に「外国の資産を没収」させないようにすべきである)．ディオクレティアヌスは，たんに所有だけで地域的負担を負う義務をつくらないと言明している（『ユスティニアヌス法典』X, 40 (38), 4;『テオドシウス法典』XII, 1, 52 と比較せよ)．次も見よ―― J. Declareuil, *Quelques Problēmes d'histoire des institutions municipales*, p. 165, n. 5.

336.『学説彙纂』48, 6, 10 pr.; 4, 2, 9, 3 も見よ（脅迫によって寄付の申し込みをさせた例)．

337. 演説, XLVI, sentence 8 をこのように理解できる――「(わたしは非難されているが）しかしわたしは金貸しをしていても，小麦の購入のためには金を提供したくない」．『学説彙纂』は，十人組長が相場値以下で小麦を売らねばならないようには望んでいない（50, 1, 8)．

338. 団体の多機能性については，基本書として，アメリカ合衆国におけるポーランド移住農民に関する Thomas & Znaniecki の有名な研究を喚起しよう．団体の政治的側面については，次の章が古典的なテキストである——アレクサンドリアのフィロン『イン・フラクム』第 4 章，135-137.

339. ローマの葬儀基金については，本書，第三章，注（43）末を見よ．ギリシアにおいてそれが見られない点については次を見よ—— A. D. Nock, in *Classical Weekly*, XXXVII, 1944, p. 65.

340. R. Davidsohn, *Storia di Firenze*, vol. 7, pp. 182, 192 sq. ギリシアにおいては，イオバッコイ団体の神聖な掟を読めばよい（*Sylloge*, no. 1109）．神官はまず「神学書」を暗唱することから始めるが（line 115），72～90行には信者の集会よりも酔っぱらいの集会のほうを考慮した行儀の掟が含まれている．

341. そこから生じることは自由な加入で補充される集団は決して同意または賛同を満たすことはなく，またすべての人（国民）を集める集団には少なくとも部分的には束縛か受動性が含まれる．

342. さらに，申し入れという複雑な問題が加わった．次を見よ—— H. von Arnim, *Leben und Werke des Dio von Prusa*, pp. 340-358.

343. Dittenberger, *Sylloge*, no. 850.

344. たとえば次を見よ——L. Robert, *Études anatoliennes*, p. 315. キブラでは，ある基金の設立者は体育場長が自分で職務の費用をまかなっているのであれば，基金の収益は小麦の購入費に当てられるだろうと予想している（Laum, *Stiftungen*, vol. 2, no. 162）．アンクラでは，ある皇帝祭司はその公職の予算を建造物に投資している（*Orientis Graeci inscriptiones*, no. 544, line 20）．ペルガモンでは，ある課役負担者は別の予算を建造物の修理に当てている（H. Hepding, in *Athenische Mitteilungen*, XXXII, 1907, p. 360, no. 116）．このような場合，高官は明らかに自費で職務の費用を負担している．他の場合，高官は職務のために支払うべき金を慣習で定められたのとは違ったものに投資した．ディドゥマのある神託祭司はその祭司職の費用で「体育場」，つまり公衆浴場を改装し，おまけにその職務の通常経費を出している——かれは二重に支払ったのである（A. Rehm & R. Harder, *Didyma, die Inscriften*, no. 84）．さらに他の場合には，都市がその責任において，基金設立者または寄付申し入れ者の用途目的に背いて基金の収益を別の用途に当てることもある，次を見よ——Ed. Cuq, «Une fondation en faveur de la ville de Delphes en 315», in *Revue de philologie*, XXXV, 1911, p. 183; 次と比較せよ——『学説彙纂』50, 8, 6 (4); スエトニウス『ティベリウス』31.

345. J. & L. Robert, *La Carie*, vol. 2, p. 175; L. Robert, *Documents de l'Asie Mineure méridionale*, p. 52, n. 3. 都市が「きわめて神聖な金庫」つまり帝国の国庫へ支払うべき金を恵与者が支払っている（Le Bas & Waddington, no. 1637）．また別の恵与者は軍隊の現物給与費を支払っている（*Supplementum*

epigraphicum graecum, vol. 1, no. 276)，あるいは *aurum tironicum*〔給金〕を払っている（Rostovseff, in *Journal of Roman Studies*, VIII, 1918, p. 26; cf. J. & L. Robert, in *Revue des études grecques*, LXIII, 1906, p. 170, no. 230)．ある恵与者はその都市に代わってローマ総督に20万６千ドラクマを払っている――キケロ『フラッコ弁護』XV, 35. ――別のタイプの恵与としては，都市のために自費で通貨を発行している（L. Robert, *Monnaies antiques en Troade*, pp. 85-86)．

346. 高官職や課役の負担に当てられる基金については次を見よ――B. Laum, *Stiftungen*, p. 97. ヌッサでは，ある恵与者は戴冠者特権のために金を遺贈し，その職務につける市民が見つからないときでも，この課役が継続されるようにしている（M. Clerc, in *Bulletin de correspondance hellénique*, IX, 1885, p. 128)．

347. 多くの例から一例を選んだにすぎない（Le Bas & Waddington, no. 647)――都市から像を贈られて表彰されているのは，「元評議員で将軍であり，市場監視官として４万セステルティウム，ヴァン・キュイ〔ワインの一種〕のおやつ（もしこれが πέψις の意味ならであるが，不明である）の名目で２万支払った」，「２週間分であり，元騎兵隊長（*sitoneus*）として，競技会長として，公文書保管官としてであり，また大神官としては，神殿の記念すべき門の建築のために20万セステルティウムを払い，余った金をいとも神聖なる〔帝国〕国庫への支払いに当てた」．

348. Lévy, in *Revue des études grecques*, 1899, p. 262.

349. A. Aymard, in Aymard & Auboyer, *Rome et son Empire*, PUF, 1954, p. 344.

350. ディオ, XLVI, 3-6; cf. Armin, *Dio*, p. 122.

351. ラテン西洋において，引用すべき例はオスティアのガラマの場合であろう，これは２世紀のことであろうと考えられる．占星術師はこの種の専門家を知っている――フィルミクス・マテルヌス『占星術』, 3, 4, 1.

352. ヘロデ・アッティクスについては――P. Graindor, *Un milliardaire antique : Hérode Atticus et sa famille*, Le Caire, 1930; John Day, *An Economic History of Athens under Roman Domination*, repr. 1973, Arno Press, index s. v.

353. *Tituli Asiae Minoris*, vol. 2, fasc. 3, no. 905.

354. マルクス・アウレリウス，I, 7, 2. 本書，第四章，注（315）を見よ．

355. すべてのキリスト教徒は聖性を目指している，とローマ教皇ピウス11世は書いている――聖フランソア・ド・サルに関する1923年１月26日付，回勅．

356. 注（255）を見よ．

357. 文字どおりには「饗宴（*hestiaseis*）と合唱団長職」（『政治的助言』31, 次のうち――『モラリア』822 F)．

358.『政治的助言』, 5 (802 D) and 29 (821 F).

359. 同書, 31 (822 F).

360. 同書, 31 (823 DE).

361. Max Weber, *Essais sur la théorie de la science*, transl. by Freund, p. 443.

362.『政治的助言』24 (818 B).

363. 同書, 24 (818 C D).

364. 同書, 30 (822 B).

365. 同書, 24 (818 C). キケロにも同じ言葉がある.

366. プルタルコス『ペリクレス伝』11 and 12, tranl. by Flacelière.

367. A. Wardman, *Plutarch's Lives*, Paul Elek, 1974, p. 138 ——プルタルコスはペリクレスのうちにこのような性格的変化または政治的変化を想像することができた, なぜならかれはこのアテナイの政治家の矛盾した二つの面を目撃したからである, つまりプラトンから来ている扇動家のイメージとツキディデスから来ている王冠なき王者のイメージである.

368.『ペリクレス伝』15, 1.

369. ポリュビオス, VI, 56; X, 2; XVI, 12.

370. カルネアデスは次の書で弁護され, 激賞されている—— Victor Brochard, *Les Sceptiques grecs*, repr. 1959, Vrin, p. 491 sq. しかしブロシャールは面倒だと思われる正義の理論をほとんど不問にしている. ところがこの理論は次の見事な研究によって究明された—— Jeanne Croissant, «La morale de Carnéade», in *Revue internationale de philosophie*, I, 1939, pp. 545-570.

371. Victor Brochard, *Études de philosophie ancienne et moderne*, repr. 1954, Vrin, p. 491 sq.

372. R. von Jhering, *Geist des römischen Rechts*, repr. 1968, Scientia Verlag, vol. 2, Abt. 1, p. 250.

373. アルテミドロス『夢解き』22, 27, p. 149, 2 Pack.

374. プロウサのディオン, XXXVIII,『ニコメデイアにて』2. フィルミクス・マテルヌス『占星術論』3, 2, 10 (p. 99, 25 Kroll-Skutsch).

375. カッシウス・ディオ, LII, 6 (演説——「庇護者」から「アウグストゥス」へ), また LIV, 29 ——アグリッパはアウグストゥスに奉仕するかぎりは「君主主義者」であり, ローマの恵与者としては「民主主義者」である. この言い方は王国と都市とのヘレニズム的な古い対立を維持している (後者は非寡頭制的な都市でなく, もっと一般的に独立した都市を示し, 外国の君主でなくその人民に属している. 次を見よ—— M. Holleaux, *Études*, vol. 3, p. 153, n. 1).

376. プロウサのディオン, XXXIV, *Second Tarsique*, 1.

377. 同上, XII, *Euboïque*, 28.

378. プルタルコス『政治的助言』30 (『モラリア』822 A).

379. もしすべての人が利己主義者になり，他人にだまされず，自分の利益に汲々としないと決めるなら，真の均衡と正しい社会がつくられよう——マックス・シュティルナーはその説の実際的な部分を明確に指摘している（*Œuvres complètes*, trasl. by Gallissaire, Lausanne, L'Age d'homme, 1972, pp. 230, 254, 275, 290）．しかしジェラール・ルブランが好意的にわたしに教えてくれたように，シュティルナーはその説を発展させず，またその均衡がいかなるものかを洞察しようとしていない——その均衡には権威，拘束，国家が含まれるのだろうか，あるいは無政府状態になるのだろうか．かれはそれを述べておらず，かれが真に関心を示しているのはその批判的部分だけである．

380. 平等主義，羨望，妬みについては次を見よ—— R. Hirzel, *Themis, Dike und Verwandtes*, repr. 1966, Olms, pp. 299-308.

381. この種の「意志」については—— Bergson, *Les Deux Sources de la morale et de la religion*, pp. 130, 152; H. Usener, *Götternamen, Versuch einer Lehre von der religiösen Begriffsbildung*, repr. 1948, Schulte-Bulmke, pp. 366-372.

382. デモステネス『反ミディアス演説』158.

383. イサイオス, 5, 43 と比較せよ.

384. プルタルコス『政治的助言』，31（『モラリア』823 B）.

385. イソクラテス『交換について』158.

386. キケロ『ムレナ弁護』XXXVI, 76.

387. アリストファネス『福の神』1191. 次の引用による—— Édouard Will, *Le Monde grec et l'Orient*, vol. 1 : *Le Ve siècle*, PUF, 1972, p. 677. 次も見よ——デモクリトス，断片 255（Diels, *Volsokkratiker*, vol. 2, p. 196, quoted by Will p. 674），およびアルクタスの断片（Diels, vol. 2 ,p. 196; cf. H. Bolkestein, *Wohltätigkeit und Armenpflege*, pp.130, 170, 460）.

388. 理想的には正義の都市にも存在するかも知れない妬みの問題については，次のすでに有名な著書を見よ——John Rawls, *A Theory of Justice*, Oxford, 1971, pp. 144, 530-541. ふさわしい特権の観念については次を見よ——Tocqueville, *L'Ancien Régime et la Révolution* ——第 2 部，第 1 章の末尾．あるいは次を見よ—— B. de Jouvenel, *The Ethics of Redistribution*, Cambridge, 1951, p. 78, and *De la politique pure*, Calmann-Lévy, 1963, p. 100.

389. W. G. Runciman, *Relative Deprivation and Social Justice*, Pelican Books, 1972.

390. たとえば次を見よ—— G. de Beaumont, *L'Irlande sociale, politique et religieuse*, ed. of 1842, vol. 2, p. 141.

391. M. Crozier, *Le Phénomène bureaucratique*, Seuil.

392. コンモディアヌス『教訓詩』2, 20（24），p. 59（*Corpus Christianorum* 版）.

393. ツキディデス, VI, 16.

394. 次の注釈である —— Tocqueville, *Démocratie en Amérique*, vol. 2, p. 111.

395. ペトロニウス, 45, 12.「あいみたがい」という諺については，偽プラトン『アクシオコス』366 C を見よ．恵与者に対する反感の好例はラテン語碑文で見られる（*Corpus*, V, 5049, だが次を参照するほうがよい —— Bücheler, *Anthologia latina*, Teubner, 2, *Carmina epigraphica*, no. 417）．都市のある保護者が剣闘士の見せ物や，飢饉の年にパンを安い値で提供すると，平民は感謝のしるしとしてかれのために早すぎる公葬を行い（これは未来の死人にとってはあまり嬉しいことではなかったらしい），また拠金をして金箔のブロンズ像を立てる．これが致命的な像になる —— それがかれに対して激しい妬みを惹き起こし，かれは同市民から追放されそうになる．このテキストの末尾は欠如し，多くの詳細は疑わしいか，あいまいである．

396. 次と比較せよ —— Festinger & Aronson, *Éveil et Réduction de la dissonance dans les contextes sociaux*, 次による —— Cl. Faucheux & S. Moscovici, *Psychologie sociale théorique et expérimentale*, Mouton, 1971, pp. 119, 137, 148.

397. この作者の次の著書，および同著者とその弟子たちの論文集がフォシュウとモスコヴィチによって訳されたものを参照した —— *A Theory of Cognitive Dissonance*, Stanford University Press, 1957 ; Faucheux et Moscovici, *Psychologie sociale théorique et expérimentale*, pp. 107-204.

398. リバニオス『演説』XI, 150-152 —— 次の引用による —— P. Petit, *Libanius et la vie municipale à Antioche*, p. 220, n.1; and J. H. Liebeschuetz, *Antioch : city and imperial administration in the Later Roman Empire*, Oxford, 1972, p. 102 ; cf. P. Veyne, in *Mélanges d'archéologie et d'histoire de l'École de Rome*, 1961, p. 264.

399. この親分的な態度については，次の立派なページを見よ —— Stuart Mill, *Principles of Political Economy*, ed. of 1848, vol. 2, p. 319.

400. プロウサのディオン，演説，XLVI を見よ —— ディオンは脅迫されていると知り，策を弄し，自己を正当化せざるをえないが，自分の権利については疑いを抱いていない．

401. 身分のある社会の精神性および恨みの不在という古くさいテーマについては，次を見よ —— Max Scheler, *L'Homme du ressentiment*, new transl., Gallimard, 1970, p. 31; L. von Mises, quoted by Bourdieu, Passeron and Chamboredon, *Le Métier de sociologue*, Mouton, 1968, p. 186; P. Laslett, *Le Monde que nous avons perdu*, Flammarion, 1970, p. 191; cf. P. Veyne, in *Annales, Economies, Sociétés*, 1961, p. 243.

402. 提案権（*jus agendi cum populo*）が高官の手に集中するのは帝政時代

になってからである── H. Swoboda, *Die griech. Volkbeschlüsse*, p. 185 sq.

403. H. Braunert, «Griechische und römische Komponenten im Stadtrecht von Antinoopolis», in *Journal of Juristic Papyrology*, XIV, 1962, p. 73.

404. Mitteis, *Reichsrecht und Volksrecht*, 165 sq. ; F. Vittinghoff, «Zur Verfassung der spätantike Stadt», in *Studien zu den Anfangen des europäischen Städtewesen*, Vorträge und Forschungen hrsgb. v. Institut f. gesch. Landesforschung des Bodenseegebietes in Konstanz, IV, 1958, pp. 15-17.

405. 古代の寡頭制的 *poleis* では，評議会や公職へはいるのは庶民階級から抜きでた世襲的身分の者に限られていたので，この特権的身分はクリアの身分になる．こうしてデルフォイの貴族たち eugeneis が生まれる── Cf. Vatin, «Ordres et classes dans les nobles de Delphes», in *Recherches sur les structures sociales dans l'Antiquité classique, colloque de Caen*, 1969, CNRS, 1970, 236.

406.『テオドシウス法典』XII, 1, 13条，33条，53条，72条，96条，133条，140条．クリア家系の誇りについては，次を見よ── P. Petit, *Libanius et la vie municipale à Antioche*, p. 28 ──国家は「クリア構成員の身分を都合のよい従属機関と見なしている．リバニウスはその身分を合法的で貴族的な自尊心の起源だと見なしている」; p. 325 とも比較せよ．偽プルタルコスの『貴族のために』という論説もこの精神状態の証言になる──たんなる金持と違って，貴族は階級を形成し，人民への奉仕を指名と心得る．

407. プロウサのディオン, XLVI, 14；プルタルコス『政治的助言』32（『モラリア』824 A *ad finem*）．市民的暴動に対する流血的鎮圧の一例は次を見よ──スエトニウス『ティベリウス』37．警察については次を見よ──O. Hirschfeld, *Kleine Schriften*, p. 576 : *Die Sicherheitspolizei im röm. Kaiserreich.*

408. 国境または優先権の争いについては── R. Mac Mullen, *Enemies of the Roman Order*, Harvard, 1966, pp. 163-191, 336-350. ストライキとその鎮圧については，マイアンドロスのマグネシアの碑文集で掲載されたエフェソスの碑文を見よ（Kern, *Inscriften von Magnesia*, no. 114），これは次において注釈されている── Buckler, in *Anatolian Studies Ramsay*, p. 30. 派閥闘争については──プルタルコス『政治的助言』32（『モラリア』824 F-825 D）および19（815 D）．地域的なボスについての古典的なテキストはタキトゥス『年代記』XV, 20（cf. Syme, *Tacitus*, pp. 467, 556），および次で引用されているものである── J. H. Oliver, «The ruling power : the Roman oratio of Aelius Aristides», in *Transactions of the American Philosophical Society*, XLIII, 1953, pp. 929, 954.

409. プルタルコス『政治的助言』13（809 A）．

410. キケロの時代では，シチリアにおいて，「富豪の人々には納税額の率は低かったが，極貧の人々のために引き上げられた」（『シチリアの法政官〔プラ

エトル〕職について』LIII, 131). 紀元313年の法律では，こう書かれている——「都市の *taburarii* たちは勢力者と結託して税負担を下層民へ転嫁した」(『ユスティニアヌス法典』XI, 58 (57), 1). ゴッドフロアによる『テオドシウス法典』XIII, 10, 1の注解と比較せよ．「勢力者の不正から平民を守る」責任のある人々，*defensores civitatis* が十人組長のあいだでつくられるように法律がいくら命じても役に立たなかった（『テオドシウス法典』I, 29, 1 and 3). *superindicta* については次を見よ—— E. Stein, *Histoire du Bas-Empire*, ed. Palanque, vol. 1, pp. 76, 346.

411. *Libanius et la vie municipale à Antioche*, p. 163.

412. 客観的または主観的な利益の問題は次で論議されている—— R. Dahrendorf, *Classes et Conflits de classes dans la société industrielle*, Mouton, 1972, p. 176.

413. Marx & Engels, *L'Idéologie allemande*, Éditions sociales, 1968, p. 60.

414. R. Aron, *Histoire et Dialectique de la violence*, p. 127.

415. Talcott Parsons, *Éléments pour une sociologie de l'action*, tranl. by Bourricaud, Plon, 1955, p. 245 ——「医者には自分の利益以上に患者の幸福を考えることが期待される……こうして医者は連続して金儲けのチャンスを奪われることがある……だが職業の掟を忘れ，財政的利益の蓄積をはかることが本当に医者の利益になるだろうか．そのような行動は……同業者の利益や感情に背くことになるだろう．その結果，職業的威信が失われ，当人には明らかな結果を招くことになる……職業的意識は振るまい方と一定の態度全体を先取したものとして形成されている．こうして医者が，長い期間でなく少なくとも当面，自分の利益に反して行動するように望まれるという外見的な矛盾は解決される」．

416. アプレイウス『黄金のロバ』IV, 9. 田舎の自分の土地（*anachôrêsis*）へ逃亡するのはプロウサのディオンにおいてすでに述べられている，XX, 1.

417. アプレイウス，同上書，IV, 13.

第三章

1．実際には，元老院議員はもっぱら騎士のあいだで選ばれる，というのも騎士だけが高官に選ばれる身分であるから．元老院議員の息子は元老院へはいれるようになるまでは騎士である．騎士は元老院をあこがれている．かつて元老院議員であった者の家族はその元老院議員が亡くなれば，もはや元老院に属さず，騎士の身分へ落ちる——家族のだれかが元老院議員に選ばれるなら，ふたたびその家族は元老院へ昇格できる（それがスラの家族の場合である)．騎士は身分であり，元老院議員は騎士出身の古くから存在する高官であり，これが政府の評議会を構成する．だが一事が元老院議員を騎士身分に対立した身分

としている――「評議会の閉鎖性」である，つまり元老院所属は実際的には世襲的となる．当時，元老院議員家族のことが話されるなら，少なくともその家族の一人が高官職をつとめ，元老院に所属している，そして他の家族は騎士である．次を見よ―― Mommsen, *Staatsrecht*, vol. 3, pp. 501, 508; C. Nicolet, *L'Ordre équestre à l'époque républicaine*, vol. 1, p. 253; P.-A. Brunt, in *Annales, Économies, Sociétés*, 1967, pp. 1095-1096.

2．Matthias Gelzer, *Kleine Schriften*, Franz Steiner, 1962, vol. 1, p. 134.

3．G. Wissowa, *Religion und Kultus der Römer*, repr. 1971, C. H. Beck, pp. 233, 283. 出自はティマイオスか喜劇のもじりであろう．この伝説はすでにカトーに見られる．このような *universitas*〔人間〕への神話的な遺贈については次のものだけを参照しよう―― Max Kaser, *Römisches Privatrecht*, vol. 1, Beck, 1962, p. 577, n. 26. マクロビウス『サトゥルナリア』I, 10, 16; ゲリウス，VII, 7 ――「彼女はローマ市民を自分の遺産相続人にした．この功績によってクイリヌスの祭司は国家の名において彼女へいけにえを捧げ，また彼女の名をつけた日が暦に追加された」．キケロ（『ブルトゥス』I, 15, 8）はアッカ崇拝を英雄崇拝と見なし，同じ名誉をブルトゥスのために求めている．ウェラブルムのアッカの墓はポメリウム内にある（Mommsen, *Römische Forschungen*, vol. 2, p. 4, n. 7）．ローマ人は英雄の埋葬を町なかにするというギリシアの習慣を採用していた――スルピキウス・ルフスはクラウディウス・マルケルスをアテナイの町なかに埋葬しようと試みた（キケロ『親しき人々への書簡』IV, 12），またカトーはきょうだいケピオをアイノスの公共広場（アゴラ）に埋葬している（プルタルコス『小カトー』，11 ――帝政の法律ではこの習慣を禁じることになる（『学説彙纂』47, 12, 3, 5; cf. L. Mitteis, *Reichsrecht und Volksrecht*, repr. 1963, p. 120, n. 2）．ローマにおけるいわゆる凱旋将軍の埋葬については―― Mommsen, *Staatsrecht*, vol. 1, p. 441.

4．創設者たちをアゴラに埋葬することについては―― R. Martin, *Recherches sur l'agora grecque*, 1951, p. 194 sqq. アゴラまたは体育場に葬られた恵与者については―― E. Rhode, *Psyché*, French transl.,p. 542, n. 2; L. Robert, *Études anatoliennes*, pp. 49-50. 紀元1世紀のタソスにおいて，二人の兄弟はみずから建造した柱廊内に国費で埋葬され，タソスがその国の英雄たちへ捧げるのと同じいけにえを受けている（C. Dunant & J. Pouilloux, *Recherches sur…Thasos*, vol. 2, 1958, pp. 93-98）．恵与者崇拝については，次を見よ―― Ad. Wilhelm, *Neue Beiträge*, V（*Sitzungsber. Akad. Wiss. Wien*, 214, 1932), p. 9; M. Nilsson, *Gesch. griech. Religion*, vol. 2, p. 183, n. 1 ―― H. Hepding の未刊の研究による．一般的に，宗教的背景については―― Chr. Habicht, *Gottmenschentum und griechische Städte*（*Zetemata*, XIV, München, 1956), pp. 200-213; L. Robert, *L'Antiquité classique*, XXXV, 1966, pp. 422, n. 7; 421, n. 2; 420, n.2.

5．ラクタンティウス『神の教え』I, 20（ただしウェリウス・フラックスが引用されている章において）．ラクタンティウスのテキストは遺言による基金の書式を写している——«certam pecuniam reliquit, cujus ex annuo fenore suus natalis dies celebraretur editione ludorum quos appellant Floralia». ラクタンティウスはキケロの断片を引用しているが，そこではこの雄弁家は恵与者の墓の礼拝を感謝の表われだと説明している——神々と英雄は神格化された古い恩恵者である．このエウエメロス説（すでにアリストテレス『政治学』1285 B 5; cf. 1286 B 10 において予示されている）については次を見よ——Robert, 上注（4）を見よ）．

6．巫女の名はカイア・タラティア，彼女は生前にローマ人へ練兵場を寄贈していた（ゲリウス, VII, 7, 1 ——ウァレリウス・アンティアスによる．プリニウス『博物誌』34, 11, 25）．

7．リウィウス, IV, 13. ディオニュシオス・ハリカルナッセウス, XII, 1 では，きわめてヘレニズム的な詳細がつくり出されている——マエリウスはパトリキたちが共同社会へ自費で何も寄贈しない（*ἐκ τῶν ἰδίων ἀναλίσκειν*）のを非難し，自分では小麦を廉価で売った（*παφαπράσεις*）——読者はヘレニズム時代の *parapraseis* を思い出されるだろう．しかしこのような配給の真実性が執拗に信じられている—— Münzer, «Maelius», of the Pauly-Wissowa, vol. XIV, col. 2395.

8．Ernst Meyer, «Vom griechischen und römischen Staatsgedanken», in *Eumusia: Festgabe für E. Howard*, Zürich, Rentsch Verlag, 1947, pp. 33-34. 事実，われわれはこの著書の結論を変えている．Cf. F. Hampl, «Poleis ohne Territorium», in *Klio*, 32, 1939, particularly p. 58 ——「ギリシアでは，現代的な表現の意味における国土は存在しなかった——ただ都市として有する土地と複数の都市の市民の所有である土地だけがあった」．

9．*munera* については—— Mommsen, *Staatsrecht*, vol. 1, pp. 9, 176, 468; vol. 3, pp. 9, 176, 468; vol. 3, pp. 224-239, 803; 賦役については—— vol. 3, p. 230, n. 1; cf. vol. 2, p. 478, n. 2.

10．*munus, munera, munia* については次を見よ—— E. Benvéniste, «Don et échange dans le bocabulaire indo-européen», in *L'Année sociologique*, 1948-1949, pp. 7-20 ——次で再録——*Problèmes de linguistique générale*, Gallimard, 1966, pp. 315-326; L. R. Palmer, «The concept of social obligation in Indo-Européen», in *Hommages à M. Niedermann*, collection Latomus, XXIII, 1956, pp. 258-269; cf. J. Manessy-Guitton, «Facinus et les substantifs latins en nus» , in *Revue de philologie*, 38, 1964, particularly p. 55. *munire* と *mutare* の前で二重母音が保存される点については——M. Lejeune, «Effets d'i-Umlaut en latin», in *Revue des études latines*, 29, 1951, particularly pp. 98-99.「交換する」と「減る」の二つの語根*mei は一つにしかならない

（フランス語の «aliéner» と比較せよ）——以下による—— G. Dumézil, in *Revue des études anciennes*, 1954, p. 142, n. 1. *mei と同じ語根，つまり munus, mutare, munire の語根から *moenia*（砦）の語源について，ひとこと言っておきたい．われわれの見解では，moenia が munia であり，その名詞が賦役によってできあがった事実によると説明したモムゼンの推定（*Gesammelte Schriften, Jurist. Schr*., vol. 1, p. 215; cf. p. 236）は完全に正しい，ただし一点を修正すればであり，でなければ間違うことになる．モムゼンは Festus, p. 129 Lindsay から出発した—— *moenia et muri et officia*．かれは *lex Genetivae*, XCVIII を援用した，つまりここで *munitio* は住民が負担する賦役を指す．セルウィオの壁も賦役で建設された，というのもその壁に *moenia* という名がついているからだ（*Staatsrecht*, vol. 3, p. 227; cf. vol. 2., p. 478, n. 2)．つけたすなら，ローマの最古のカピトリウムの神殿は *aerarium* のために無償で建てられた．なぜなら *publice coactis fabris operisque imperatis, gratis aedificari atque effici potuit*（キケロ『罰』XIX, 48）であるから．モムゼンはキケロ『フォンテイウスのために』8 を引用している—— *coacti sunt munire omnes*（*viam Domitiam*)．実際，*munire* は城壁（*duovir urbis moeniendae*, Dessau, no. 2227）のみならず，道路についても言われる（これは監察官〔エディリス〕の責務を定める決まり文句である—— *vias munire verrere reficere*）——ところで，たとえばモムゼンに引用されているシクルス・フラックスは公道のことを次のように言っている—— *muniuntur per ... magistros pagorum qui operas a possessoribus ad eas tuendas exigere soliti sunt. munire* という動詞は賦役について言われ，それによって道路や城壁が建設される，城壁はまさしく「賦役」である（*moenia, munia* はほとんど *munera* と同義語である)．この優れた説明を見逃したら，まず城壁と賦役の関係が特に密接だとは思われなくなり（他の多くのものが賦役でつくられたことになる)，*moenia* と *muri*（*moiri*）がいっしょに説明されてしまった——だから別の語根の二語が合わされた，つまり「固める」を意味し，ベーダ語で *sumeka-*,「しっかりした」で表わされる*mei または *minoti*「強化する」である．次の研究がそうである——Walde-Hoffmann, *Latein. etymol. Wörterbuch*, 3d ed., s.v. *communis*, I, 225 and *moene*, II, 100. われわれの見解では，語源のあいまいな *muri*（サンスクリット語は語根**mei*「創設する」に接尾辞 *-ro-* を付加しない）と「賦役」という意味の語源を持ち，特殊性で確立した *moenia* を区別するのは重要である—— *munire*「賦役として行う」は，軍隊語では，*pugunare*「戦う」と対になっている—— *pugnare, munire* ——，そこに軍隊生活のすべてがある．事実，次を見よ——リウィウス, XXI, 11, 11: *summa vi muniunt et pugnant*; カエサル, B. G. I, 49, 2: *in armis esse... castra munire*; リウィウス, VII, 7, 5: *immunes quoque operum militarium erant ut, in unum pugnae laborem reservati*..... ところで，兵隊が賦役として行うのは特に要塞建

設（*munimentum*）である.

11. たとえば次を見よ── Ch. Wirszubski, *Libertas als politische Idee in Rom*. Wiss. Buchgesellschaft, 1967, p. 24, n. 48; cf. pp. 16-17; L. Duguit. *Traité de droit constitutionnel*, vol. 1, pp. 372, 543, 595; vol. 2, pp. 19, 35. 帝政時代における人民主権の理論的主権については，本書第四章，注（36）を見よ．元老院の事実的主権と人民の理論的主権のあいだの確執は共和制時代には決して解決されず調整されなかったが，この問題については次を参照せよ── M. Gelzer, *Cicero, ein biographischer Versuch*, Franz Steiner, 1969, p. 64, n. 40; E. F. Bruck, *Ueber römisches Reicht im Rahmen der Kulturgeschichte*, Springer-Verlag, 1954, pp. 5-7; Chr. Meiner, *Res publica amissa*, pp. 116-127. 人民の制限された法的役割については── C. Nicolet, «Le Sénat et les amendements aux lois à la fin de la République», in *Revue historique du droit*, 1958, p. 274. *auctorias* に相当するギリシア語は *imperium* しかない（Mommsen, *Staatsrecht*, vol. 3, p. 952, n. 4）.

12. キケロ『国家論』I, 43, 次の引用による── Ernst Meyer, *Römischer Staat und Staatsgedanke*, Artemis-Verlag, 1963, pp. 263-264. プリニウス『書簡』9, 5, 3 と比較せよ．平等は決してローマ政治のスローガンになったことはない．ギリシア精神とローマ精神の対照性を強調し，フランス人とイギリス人の対照性に比べているのは── R. Hirzel, *Themis, Dike und Verwandtes*, repr. 1966, Olms, p. 231.「ローマ社会は長く続いたが，そのかぎりにおいてこの社会は貴族主義的であった」と書かれている── Gelzer, *Kleine Schriften*, vol. 1, p. 157. また Ronald Syme または Chr. Meier の主張と比較できよう．キケロ『国家論』I, 47 は市民のあいだの二種の身分を対立させている──投票するが統治しない人々，統治する人々（次の引用による── Gelzer, *Cicero*, p. 13, n. 100）.

13. A. Alföldi, «Zur Struktur des Römerstaates im 5. Jahrh.», in *Entretiens sur L'Antiquité classique*, Fondation Hardt, vol. 13: *Les Origines de la République romaine*, 1967, particularly p. 237.

14.『アエネイス』I, 148.

15. 共和国の歴史からその夾雑物を取り除いた功績があるのは── F. Hampl, «Römische Politik in republikanische Zeit und das Problem des Sittenverfalls», in *Historische Zeitschrift*, 188, 1959, particularly pp. 510-511.

16. M. Gelzer, *Kleine Schriften*, vol. 1. p. 202. 公職の遂行が無報酬であることは政治を有力者の寡頭制に委ねた── M. Gelzer, «Die Nobilität der römischen Republik»（基本的研究）, in *Kleine Schriften*, vol. 1, pp. 17-135, particularly p. 38（«das Flaminische Gesetz»でなく«Claudische Gezets»と読みかえること）.

17. 次の論文を見よ──«optimates»（Strasburger）and «populeres»

(Chr. Meier) of the Pauly-Wissowa, vol. XVIII, 783 and Supplement X, 555; R. Syme, *Sallust*, University of California Press, 1964, pp. 17-18; M Gelzer, *Kleine Schriften*, vol. 1, pp. 170, 199; L. Ross Taylor, *Party Politics in the Age of Caesar*, University of California Press, 1971, p. 13. さらに次によってもたらされたニュアンスを見よ—— P. A. Brunt, *Social Conflicts in the Roman Republic*, Chatto and Windus, 1971, p. 95.

18. *dignitas* については—— P. Boyancé, «cum dignitate otium», in *Études sur l'humanisme cicéronien*, collection Latomus, 1970, particularly pp. 114-123: «prééminence dans la cité», «prestige»; H. Drexler, «Dignitas», in *Das Staatsdenken der Römer*, R. Klein editor, Wiss. Buchgesell, 1966, pp. 231-254; Ch. Wirszubski, «Cicero's cum dignitate otium': a reconsideration», in *Journal of Roman Studies*, 44, 1954, particularly p. 12.

19. H. Drexler, «Die moralische Geschichtsauffassung der Römer», in *Gymnasium*, 61, 1954, p. 174. キケロの政治生活，勝利から追放されるまでについては—— H. Strasburger, *Concordia ordinum*, repr. 1956, Hakkert, p. 38.

20. カエサル『内乱記』I, 9, 3: «Sibi semper primam fuisse dignitatem vitaque potiorem» (キケロ『アッティクスへの手紙』X, 4 にある *dignitas patriae* という語を対比せよ). カティリナもまたその陰謀を自分の *dignitas* への配慮からとして正当化した——サルスティウス『カティリナ戦記』35, 3; cf. D. C. Earl, *The Political Thought of Sallust*, repr. 1966, Hakkert, p. 95. カエサルの内乱の厳密に私的で個人的な性格に関して，激しい問題提起あり—— Christian Meier, *Entstehung des Begriffs Demokratie*, Suhrkamp, 1970, pp. 77-75, 121.

21. M. Gelzer, *Kleine Schriften*, vol. 3, p. 23; *Caesar Politician and Statesman*, Harvard, 1968, p. 5. そこに現代人にはローマの政治生活の驚異的な混沌状況が由来する，つまり現代人はもっと緩慢なリズム，もっと筋道のとおった時代の変遷になじんでいる（政体，大統領，大臣などの継起）. ローマの政治は，いずれも群小君主のような高官や護民官とともに，対抗的または同盟的な集団がゲリラ戦をしているような国に似ている——ある集団はトリブス民会において地域的な勝利を獲得したり，対抗する集団のほうでも百人組民会または元老院で勝利する. 18カ月も経たないうちにキケロは追放されたかと思うと召還されている——それは反対方向への二つの圧力であり，政変ではない. 英語の *policy* という意味ではローマには政治が存在しなかったとさえ言えるだろう. Cf. Gelzer, *Kleine Schriften*, vol. 2, p. 15. ただ元老院だけが継続性を代表していた.

22. H. Strasburger, «Der Einzelne und die gemeinschaft im Denken der Griechen», in *Historische Zeitschrift*, 177, 1854, particularly p. 247; カトー, fr. 107 and 249 Malcovati. 自分の *dignitas* の復讐をする権利はどの政治家にも認

められていたので，「報復」は義務であった—— A. W. Lintott, *Violence in Republican Rome*, Oxford, 1968, pp. 49-50. ポンペイウスに対するカエサルの内乱，アントニウスに対するオクタウィアヌスの内乱は *hostes* に対するのでなく *inimici* に対する私的な戦争であった—— A. von Premerstein, *Vom Werden und Wesen des Prinzipats*, p. 37, n. 1.

23. *Kleine Schriften*, C. H. Beck, 1968, pp. 294-312: *Kollektivbesitz und Staatsschatz in Griechenland*.

24. ヘロドトス, 3, 57, Latte の引用による.

25. アリストテレス『政治学』2, 10 (1270 A 15) (Tricot), Latte の引用による．クレタ島の碑文では，帝政時代のさなかでも，このような饗宴の習慣が存続していたことが示されている，事実，それは恵与指向のおかげである.

26. Latte, *Kleine Schriften*, p. 311.

27. リウィウス, I, 43, 9; Mommsen, *Staatsrecht*, vol. 3, p. 256, n. 4 and p. 257, n. 1.

28. C. Nicolet, *L'Ordre équestre à l'époque républicaine*, De Boccard, 1966, vol. 1, pp. 36-45; A. Alföldi, «Zur Struktur des Römerstaates im 5. Jahrh.», in *Entretiens sur L'Antiquité classique*, Fondation Hardt, vol. 13, p. 249, and in *Historia*, 17, 1968, p. 455. その後，課役の足跡はきわめてまれになる，それは異例の状況で説明される．第一次ポエニ戦争の終わりごろ，ローマは金持ちのおかげで艦隊を備える，つまりこの金持ちは個人的に，あるいは二，三人が組んで五段櫂船の艤装費を負担したのである，ただし勝利のあとで返済されることになっていた（ポリュビオス, I, 59)．第二次ポエニ戦争のあいだは，商人たちが同じような提供をさせられている（次の見事な論文を見よ —— C. Nicolet, «Techniques financières et manipulations monétaires pendant la 2e guerre punique», in *Annales, Économies, Sociétés*, 18, 1963, pp. 417-436)．ローマがその帝政のためにスペインとその銀山という黄金郷を自由にできるようになるとすべては一変する.

29. Latte, *Kleine Schriften*, pp. 359-366: «The origin of the Roman quaestorship». 貨幣鋳造のはじまりは文化的，政治的，行政的，あるいは税制的な事件であろう——それは必ずしも経済的な方向転換ではない．まず，決して忘れてならないこと，それは自国の通貨を持たない都市は近隣の都市の貨幣を用いている，つまり経済的または政治的関係によってその貨幣が流入している——どの貨幣もいたるところで流通し，貨幣を鋳造している都市でもその領土内で通貨を独占していない（例外はまれであるが，それも税対策による——ペルガモン，プトレマイオス朝エジプト，または都市オルビア．Dittenberger, *Sylloge*, no. 218)．ローマの貨幣鋳造がいつから始まったかは問題でなく，ローマ人がみずからの貨幣を有するまでにどの外国の貨幣を使っていたかを知ることが重要である．第二に，鋳造貨幣の時期にはしばしば「自己金属主義」

の時代が先行し，それがローマの場合である――慣習的に選ばれた金属（この意味で，その金属はすでに貨幣であり，商品ではない）は交換の役目を果たし，さらには単純な価値単位となる，ただしその金属自体は貨幣，さらには慣習的な形をしたインゴットの形で表われない――だからその金属はその都度計量されねばならない（自己金属主義に関しては，立派な業績だが少し無視されている次のものを参照しよう―― G. F. Knapp, *Staatlichte Theorie des Geldes*, 1905, pp. 1-20）．ローマでは，デナリウス銀貨，さらには *aes signatum* （ Alföldi, «Die Anfänge der Geldprägung in Rom», in *Römische Mitteilungen*, 68, 1961, pp. 64-79）は最近考えられていたよりも遅く現われている．だが5世紀からは，支払いは非貨幣的なブロンズで行われるか，あるいはまだ交換された商品の価値はブロンズで評価されている（小麦と引き替え，あるいは罰金として支払われる牛一頭はブロンズの重さで評価され，罰金の額は金属の重量で示される．次を見よ―― Alföldi, *loc. cit*. p. 78, and *Zur Struktur des Römerstaates*.（本章，注28で引用），p. 268. 鋳造貨幣の出現は何を意味するのか．単純な文化的事実かも知れない．ただそのような都市は他の都市を見習ったのである．象徴的な政治的事実かも知れない――ある都市は威光を示したくてその都市の貨幣を持ちたい，そしてその貨幣に都市の紋章（*charaktêr*）を刻みたい．セストスの有名な政令がそのことをよく示している（Dittenberger, *Orientis Graeci inscriptiones*, no. 339, lines 44 and fol.）．同じく財政的な事実かも知れない――同じ政令で，都市が貨幣鋳造で収益をあげたい．最後に，行政的な事実かも知れない．ジャン・マルシャルが書いたものの中で，貨幣は，経済的主体者に与えられた購買力のみならず，政府の政策的手段でもあると読んだように思われる．貨幣は古代ではそのような場合が多い――貨幣を発行する都市は，傭兵を借り上げるため，あるいは軍隊を国土から遠くへ派遣するために必要な手段が得られる．スパルタが貨幣鋳造の名にふさわしい貨幣を有する前，つまりアレウス1世が恐らく主として文化的な理由で銀貨を備える以前は困難なことであった．ポリュビオスがこう書いているとおりである――「ラケダイモン人は近隣の国民たちに君臨しようという気を起こさないあいだは，土地の資源で満足できた，しかしかれらがペロポネソス半島の外まで戦争を企てたとき，かれらの武力や土地の産物の物々交換制ではやってゆけない――今後，必要なものはどこにおいても受け入れられる通貨であった」．都市がまず通貨を鋳造するのは公共的必要性，特に軍隊のためである――個人が通貨を個人的に使うのは二次的である．都市は個人が鋳造所に持ちこむ金属すべてを通貨にすることを承認したか（Knapp, p. 77 の概念では「物質貨幣化」），あるいは都市が金属を貨幣化したのは国家の必要に応じてかを知ることが重要だろう――造幣は公共のためか，それともたんなる統治手段であったのか，個人はただその「落ちこぼれ」に恵まれただけであるのか（同様に，たとえば，郵便や電報は公共の奉仕事業になる前は統治手段であったように）．次を見よ―― K.

Helfferich, *Das Geld*, 6th ed., 1923, pp. 430-433.

30. リウィウス，5, 20 and 22.

31. Mommsen, *Staatsrecht*, vol. 1, p. 241, and vol. 3, p. 1109.

32. Id. *ibid*., vol. 2, p. 424, and vol. 3, p. 228. 地租は必要な場合にしか上げられない，それが常時の財源になるのは無謀なことに見えただろう．キケロ『義務論』2, XXI, 74 では，この上なく明瞭なテキストが読まれる．

33. この税については次を見よ――P. Guiraud, *Études économiques sur l'Antiquité*, repr. 1967, Hakkert, pp. 160-203.

34. Mommsen, *Staatsrecht*, vol. 2, p. 998.

35. 寄贈は「被後見子の自由裁量にまかされなければならない」（成人してから，その気になれば寄贈するだろう）――後見人はその未成年者に代わって決定できない（『学説彙纂』26, 7, 12, 3）.

36. Mommsen, *Staatsrecht*, vol. 1, p. 240. 元老院の国庫支配については，vol. 3, p. 1143.

37. Gelzer, *Kleine Schriften,* vol. 1, p. 132 ――「ローマの高官たちはみずからを管理者と思うどころか，主権者だと思っていた」. Chr. Meier, *Res publica amissa, eine Studie zu Verfassung und Geschichte der späten römischen Republik*, Franz Steiner, 1966, pp. 154-155.

38. 制度については―― Mommsen, *Staatsrecht*, vol. 2, pp. 517-522; Friedländer, in Marquardt, *Staatsverwaltung*, vol. 3, pp. 482-489; G. Wissowa, *Religion und Kultus der Römer*, repr. 1971, C. H. Beck, pp. 449-467; Habel, article «Ludi publici» of the Pauly-Wissowa, Suppplement, Band 5, col. 608-630.

39. モムゼンはその理論を*Staatsrecht*, vol. 1, p. 241 or 295でも，vol. 2, p. 517でも発展させなかったが，その後vol. 2, pp. 999, 1000, n. 2 , 1129（これらの文献は *Staatsrecht* の index には現われていない）で発展させている．それは皇帝の *fiscus* の法的資格をめぐってヒルシュフェルトと論争したときである，つまりこの *fiscus* が私法の *mutuum* に同化され，その同化のうちに共和制の競技会も含まれてしまった．この同化については本書，第四章，第五節，注（127）および注（134）でもう一度触れることになる．Cf. Hirschfeld, *Die kaiserlichen Verwaltungsbeamten*, repr. 1963, Weidmann, p. 12, n. 2 ――ここでモムゼンの理論は疑問視されている．

40. 参照――Mommsen, *Staatsrecht*, vol. 3, p. 509, n. 2: «redemptos ab aerario vectigales quadrigas»（Asconius）. どの高官職が国庫のために借り上げる役目をはたしたのかは言えない（*Staatsrecht*, vol. 2, pp. 426, 447, 555）.――最終的には――E. Badian, *Publicans and Sinners*: *Private enterprise in the service of the Roman Republic*, Blackwell, 1972, p. 16; C. Nicolet, *L'Ordre équestre*, p. 330.

41．オスティアのガマラ碑文（*Corpus*, XIV, 375; Dessau, no. 6147）：«in ludos cum accepisset public(e) lucar, remisit, et de suo erogationem fecit».

42．カッシウス・ディオ，56, 47では，こう言われている——ある役者が「規定の報酬で」出演することを拒んだが，観衆はそれを認めた，そこで平民の護民官は法律で定められた費用を越えて演技会のために費用を出すように元老院に要求しなければならなかった（アウグストゥスは高官が競技会のために負担する最高額を定めていたことは分かっている）．スエトニウス『ティベリウス』34のほうでは，元老院は *recidere mercedes scaenicorum* の義務を認めたと言っている．最後に，タキトゥス『年代記』1, 77は，元老院が *de modo lucaris et adversus lasciviam fautorum* の措置を講じたと言っている．*lucar* は高官が支出できる最高額であろうか．それは *mercedes scaenicorum* と同義語であろうか．

43．*lucar* の古典的解釈については—— Mommsen, *Staatsrecht*, vol. 2, pp. 61, 66, n. 1; Wissowa, *Religion und Kultus*, p. 451, n. 6. この語はクラウディウスまたはドミティアヌスの100年記念競技会に関する元老院令に現われている（*Corpus*, VI, 32324: *de lucari ludorum*）．「役者の報酬」という意味は注釈から来ている（G. Goetz, «Thesaurus glossarum emendatarum», in *Corpus Glossarum latinarum*, vol. 6, p. 656），この注釈は *lucar* を *μισθὸς θεατρικός* または *μισθὸς ἀπὸ φίσκου* によって説明する（帝政時代では，多くの競技会は皇帝とその金庫に頼っている）．さらにテルトゥリアヌス『スコルピアケ』8, 3 ——バプテスタの聖ヨハネは危険なサロメのために *lucar* の代わりに斬首された．すべてを混乱させたのは，もう一つ別の *lucar* という語が存在するからであり，この語は *lucus* に属し，「森」または「聖なる森」を意味する（*Corpus*, I, 2d ed., 1730 and 401, cf, 720; Degrassi, *Inscriptiones liberae rei publicae*, no. 504 and 556）．そこで，競技会の *lucar* は税または小作料であり，神聖な森の開墾のために支払われ，その産物が一般的な競技会の費用に当てられたと推定された．すでに古代の語源学者も *lucar* を *lucus* に結びつけていた——「なぜ見せ物の開催費が *lucar* と言われるのか．*lucus* の収益が見せ物の開催費に当てられたからではないか」（プルタルコス『ローマ問題』88）．他のテキスト—— in I. B. Pighi, *De ludis saecularibus populi Romani*, repr. 1965, p, 63. 国庫はまとめて興行主と取引したに違いない（Dessau, no. 5207）．最後に，次の碑文を引用しておこう—— *Corpus*, V, 5128 = Dessau, no. 6726 ——ベルガモの恵与者は同市民に無料の葬儀を提供するために，都市の金庫が小作に当てていた *lucar Libitinae* を代わりに支払った．この *lucar* はほかならぬ葬儀人と泣き人の報酬である．ローマの平民に無料の葬儀を提供したネルウァ帝の恵与と比較せよ（本書，第四章，注433を見よ）．説明は次による—— Liebenam, *Römisches Vereinswesen*, p. 251; B. Laum, *Stiftungen*, vol. 1, p. 114.

44. この数字は次による── Marquardt, *Staatsverwaltung*, vol. 2, p. 85 and vol. 3, p. 488; Wissowa, p. 451, n. 7.

45. リウィウス, 22, 10 (プルタルコス『英雄伝』, ed. Flacelière, vol. 3, p. 237, note), および次の比較──Wilhelm, «Neue Beiträge VI», in *Sitzungsberichte Akade. Wien*, no. 183, 1921, p. 48; 次も見よ── *Corpus*, III, 14195, 5 and 7.

46. G. Dumézil, *La Religion romaine archaïque*, Payot, 1966, p. 545. 競技会の非宗教的な性格一般については, かなり古いが── H. Le Bonniec, *Le Culte de Cérès à Rome*, p. 330.

47. リウィウス, 38, 35.「手直し」については── Wissowa, *Religion und Kultus*, pp. 393, 423, 454; Friedläder, in Marquardt, *Staatsverwaltung*, vol. 3, p. 485; cf. Mommsen, *Staatsrecht*, vol. 3, pp. 1061, 1062, n. 3.

48. 典礼の政治的な扱い方を比較せよ──選挙会を主宰し, 投票の結果が思い通りにならないことを心配する高官は些細な宗教的口実を使って投票の進行を妨げた. 次を見よ── L. Ross Taylor, *Party Politics in the Age of Caesar*, chap. IV ──「国教工作」. ギリシア宗教においても同様 (「巫女は敵方と通じる」または「フィリッポスと通じる」).

49. これは決して「原始的状態では」見られない.

50. 次に安心感の付与に関するきわめて心理的な一例を挙げる. マックス・ウェーバーは, ある国民が政治的または法的な決定を行うときに宗教的な確認 (神託または予言) に頼る習慣をカリスマ (この語には多くの意味がある) と呼んでいる. 植民地をつくろうとするギリシア人はデルフォイでの神託にうかがいをたてる. ここに不安の瞬間に対する心理的な安心感を得たいという欲求が認められる. われわれは自分のずるさを半ば意識している──だから, 事柄がうまく行くかどうかで, 神託が見事に予言してくれたと言明したり, あるいは神託がメディア人に身を売ったと言いふらす. だがもっとも単純な者は自分で神託をごまかす. Robert Jaulin, *La Mort Sara*, Plon, 1971 は, サラを養女に迎えようと決めた家族がどのように, うかがいをたてるときに神託に「手を加える」かを示している, つまり神託の返事は「最低5分経たないと解読できず, しばしば数時間もかかる──ところで神託が始まって1分も経たないのに, 依頼者たちは立ち上がり, 訴えがききとどけられたと宣言した──養女縁組みにまったく不都合はない」(p. 86). わたしの知っているある医者は患者がただ気で病んでいるのだと分かり, 体温計で5秒間だけ計って, 患者に熱はないと言明した, なぜなら相手は病気でなかったからだ. 同様に, 企業主はGNPまたは「国民総生産」の毎月の指標を調べ, それに合わせて事業を運営するなら, それは数値の変化指標が動かせないからであるか (それは先験的に疑えることである, なぜなら何事も疑って疑いすぎることはないだろうから), あるいは何かに頼ることが「必要」であるから, またその何かは「ないよりまし

だ」からであるからか．もしこの企業主が適当な月を「国民総生産」を投げ出すか，それとも反対に，なんらかの理由で望まない決定を拒否するために数字に頼るなら，かれは無邪気に指数を信じるときより偽善的だろうか．ローマの将軍が鳥占いを受け入れるか，拒否するか，それとも占い鳥を川へ投げこんでも偽善的でないように企業主も偽善的ではない．

51．特に次を見よ——リウィウス, 25, 12, およびマクロビウス『サトゥルナリア』I, 17, 25．これらの競技会，ギリシア的祭礼，マルキウスの予言に関する重要な文献表はつくらないことにする．

52．*Inscriptiones Graecae*, XII, 7, 241（cf. XII, 7, 22）．ローマの祈願祭もこのような寄付金に頼っている（マクロビウス, I, 16, 13 —— Wissowa, *op. cit*., p. 428, n. 4 and 5）．本注（171）も見よ．

53．たとえば，神々のために競走会が開催されたかどうかは明らかではない，なぜなら「陸上の競走や競歩は地下にある地下力を喚起させる魔術的な能力を持つからであり，陸上競技は絶対的な効果を生み，神的なものの再活性化をうながすからである」（J. Bayet, *Histoire politique et psychologique de la religion romaine*, p. 135）——むしろ神々は人間のように競走者を眺めるのが好きであり，競走に熱中するからである．そのような考え方は倫理的宗教性においては低俗だろうが，典礼的宗教にとっては敬虔さでもある．

54．このまじめな心がけの例として，プルタルコス（『エピクロスのもとでは気持ちよく生きられない』21），キケロ（『法律論』II, 9），さらに修辞学の *topoi* を挙げることができよう．かくてクィンティリアヌスは言う——「場合によっては審議はただ楽しみに限られる，と主張する修辞学者もいる．たとえば劇場の建設や競技会の設定が審議されるときのように．だが問題を娯楽に限定するのは堕落であり，軽率かもしれない——快楽はそれしか引き出せない．たとえば競技会に関しては，神々を敬うことが大切である．演劇については，気晴らしをすることが問題であるが，気晴らしそのものは有益である，なぜなら疲れをいやしてくれるからだ．またこの劇場は神へ捧げられる一種の神殿であり，神を敬うために見せ物を提供するのである」．

55．なぜならこのエピソードの演劇はローマの法政官（プラエトル）が主宰している．このエピソード全体については—— Jean Gagé, *Apollon romain*, De Boccard, 1955, pp. 286-293.

56．アポロン大会の演劇的要素については—— Wissowa, in Marquardt, *Staatsverwaltung*, vol. 3, p. 385; Wissowa, *Religion und Kultus de Römer*, p. 295.

57．これは「ハンニバル迫る」の逸話である．次を見よ——リウィウス, 26-9-11；およびマクロビウス『サトゥルナリア』I, 17, 25.

58．Festus, p. 326 Marx, 436 Lindsay. 演じ続けるパントマイムの役者の態度はかれが奉仕している神への敬虔さからであり，これは聖アウグスティヌス

『神の国』6, 10で引用されているセネカ『信仰論』断章36を想起させる——「劇団の老いた座長は毎日，カピトリウム丘で演じている，あたかも神々が，人間には喜ばれなくなった役者を見て楽しんでいるかのようである」．わたしの見解では，わが国のノートルダムの芸人の逸話に比べられるような逸話，あるいはむしろ真正な筆致が問題である——この役者はカピトリウム丘のユピテルに，その神への個人的な敬虔さから自分の芸を披露して献上している．かれは個人的な敬虔さによって，紀元前211年のパントマイムが職業的敬虔さによって演じられたものにしている——この二つの逸話は神々のために演じることが敬虔な行ないであるという点で共通している．Wissowa, *Religion und Kultus*, p. 423, n. 3 はこのテキスト全体を神へ捧げる祭り（*epulum Jovis*）に関係づけようとしている．このテキストは難しい——「カピトリウムへ登れ，そうすればそこでとんでもないことが行われていると知って赤くなるだろう……ある者はユピテルのところに挨拶にきた神々の名を挙げ，他の者はユピテルにいま何時かを告げる……ユノーとミネルバの美容師たちは像や神殿から遠く離れていても指を動かしながら，まるでその女神たちの髪を編んでいるようだ……あちらの女たちは裁判に列席して欲しいと神々に祈り，こちらの男たちは請願書を神々へさしだしている」．これは明らかに素朴な信仰の信者が問題である．他方，神々の像に請願をしたためた板がはりつけられるのも分かっている（P. Veyne, in *Latomus*, 1967, p. 738, n. 2）．このテキストの美容師について言えば，これは女信者らが老役者のように何かを祈願するために心を込めて一日の仕事を捧げたのか，あるいは女神へ捧げる正式の礼拝をしていて，この美容師たちは神殿の女官であろう．同様に，ユピテルに時刻を告げる男（トリマルキオンにも奴隷がついていて，これが人間時計の役割を果たしている）もエジプトの寺院の「時報男」*horologos* のような神官であろう（ポルフュリオス『節制論』IV, 8, p. 241, 1 Nauck）．神々に自分の芸を披露する信者については，ギリシアのコンクールで生まれた模範演技（*epideixeis*）と比較せよ（L. Robert, *Études épigraphiques et philologoques*, pp. 38-45）．ノートルダムの芸人については——A.-J. Festugière, *Personal Religion among the Greeks*, p. 166, n. 56.

59. G. De Sanctis, *Storia dei Romani*, vol. 4, 1, p. 493; W. Kroll, *Die Kultur der ciceronischen Zeit*, repr. 1963, Wiss. Buchgesellschaft, vol. 1, p. 98. スラが監察官職を飛び越そうとしたために法政官になれなかったことは知られている．

60. キケロ『わが家のために』XLIII, 110: *muneris splendore*.

61. これは強調しておく必要がある，なぜならテキストでは *munus* という語で *ludi* が示されることがあるからである——ところが競技会（*ludi*）と *munera* ——ここで，この語はきわめて特殊な意味，つまり「剣闘士試合の見せ物」を表わしている．テキストが *ludi* を *munus* で表わすとき，後者は別

の意味，つまり「贈り物」の意味となる，また *largitio* とも言われた（リウィウス，25, 2）．*munus*，つまり「贈り物」は一般的な競技会を言う．次を見よ――キケロ『わが家のために』XLIII, 110; リウィウス，VI, 42, 12; キケロ『ムレナ弁護』chap. XVIII *passim* and XXVI, 53: *puraetura probata in jure, grata in munere*（*sc. in ludis*）;『義務論』II, chap. XVI-XVII,（*munere... sumptus aedilitatis*）; キケロはこの文体を真似ている――『ウェレス弾劾第１』I, Verr., XII, 36: *hoc munus aedilitatis meae populo Romano amplissimum polliceor*（この *polliceri* の使い方については，次を見よ―― Asconius, *in toga candida*, p. 88 Clark）. 後注（283）を参照せよ．

62. Mommsen, *Staatsrecht*, vol. 2, p. 519, n. 1; スエトニウス『カエサル』10: *ludos et cum collega et separatim editit*; プルタルコス『小カトー』46. 自分より富裕な同僚と同時に監察官（エディリス）につくことは恐怖だった，その人が開催する競技会に圧倒されるからだ（キケロ『親しい人々への手紙』VIII, 3）. 同僚のあいだで競り合いが生じるのを防ぐために，アウグストゥスは法政官（プラエトル）が競技会のために他の同僚より多く支払うことをやめさせた（カッシウス・ディオ，53, 2）．

63. スカウルスとヒプサエウスはいっしょに貨幣鋳造三人委員の中にいた．モムゼン（前注で引用）が述べる貨幣はかれらの共同の三人委員職に関係していて，監察官職とは関係がない―― E. Sydenham, *The Coinage of the Roman Republic*, Spiuk and Son, 1952, p. 151, no. 912.

64. 豪勢な監察官職の総括表は次で見られる―― Marquardt, *Staatsverwaltung*, vol. 2, p. 86 and vol. 3, p. 488; キケロ『義務論』2, XVI, 57. 反対に次と比較せよ――プルタルコス『小カトー』46.

65. E. Sydenham, *The Coinage of the Roman Republic*, p. 146, no. 885; p. 147, no. 890; p. 153, no. 921.

66. P. Veyne, in *Bulletin de correspondance hellénique*, 90, 1966, pp. 146-147. 例はいくらでもあるが，ただ次のものを追加しよう――アリストテレス『修辞学』I, IX, VI, 38 : εἰς πρῶτον ἐγκώμιον ἐποίηθη.

67. *Tria patrimonia*, キケロ『ミロン弁護』XXXV, 95; アスコニウス『ミロン弁護について』p. 31, Clark.

68. セネカ『恩恵について』2, 21.

69. Friedländer, in Marquardt, *Staatsserw.*, vol. 3, p. 488, n. 6.

70. キケロ『きょうだいクイントゥスへの手紙』I, 1; IX, 26. リウィウス，40, 44 をも参照せよ．

71. カッシウス・ディオ，48, 53――「すべての人は顕職を求めていたが，それはローマで役職につくというよりはむしろ地方において名誉と指揮権を味わうためであった」; キケロ『シチリアでの法政官職』LV, 138.

72. キケロ『懲罰』*De supplices*, XVI, 36 ――「いま，わたしは監察官に任

命された．わたしはローマの人民が何をわたしに託したのかをよく知っている．わたしはきわめて貴重な競技会を念入りに，厳かに開催しなければならない……わたしは公共建造物とローマの治安にも責任がある．これらすべての努力は次のような利益をもたらしてくれる——元老院議員の集まりを前にして元老院への投票権，刺繡のついたトーガの着用権，象牙椅子に座れる権利，自分の肖像画を後世へ遺せる権利」．キケロの監察官職については次を見よ—— H. Le Bonniec, *Le Culte de Cérès à Rome*, p. 350.

73．*favor populi* については，次を見よ—— *Thesaurus linguae latinae*, vol. 6, 386, 40, s. v. «favor»; J. Hellgouac'h, *Le Vocabulaire latin des relations et des partis politiques*, 1963, p. 220;「ひいき」は見事な見せ物，賜り物，その他の寄贈で得られる——リウィウス, 38, 45, 12;フロルス, I, 47 (III, 12)．

74．*plausus* については，特に，プルタルコス『セルトリウス』 4 を見よ；キケロ『セスティオ弁護』LIV, 115; cf. L, 116 ——「ローマ人民の尊敬と好意は特に次の三カ所で示される——トリブス民会，百人組民会，競技会と剣闘士見せ物において」．『フィリッポス弾劾演説』I, XV, 36;『アッティクスへの手紙』IV, 1, 5. 観衆はまずい見せ物を提供した人に対して，拍手のかわりにリンゴを投げつける（マクロビウス『サトゥルナリア』2, 6, 1)．

75．キケロの書簡，紀元前44年 5 月～ 7 月，特にアッティクス宛書簡, XVI, 2; 4; 5; プルタルコス『ブルトゥス』21．キケロ書簡, XVI, 2 において，ユウェナリスの「パンと競技場」を思わせる文章がある——「ローマの人民は手を使うが，それは共和国を防ぐためではなく，劇場で拍手喝采するためである」．キケロは不当である——劇場における示威行動は意識的に政治的なものであった．事実，人民はブルトゥスよりもオクタウィアヌスとカエサル派に拍手をおくった．次を見よ—— R. Syme, *The Roman Revolution*, pp. 116-117; Nicolas de Damas, *Vie de César* で語られているところによれば，カエサルによって制定された勝利者ビーナス競技会は群衆にオクタウィアヌスを熱狂的に歓迎する機会を与えた．

76．キケロ『アッティクスへの手紙』II, 19,3 ——「アポロン競技会で，カエサルが姿を現わしたとき，あまり拍手が起こらなかった．反対に，クリオはたいへんな拍手を受けた．カエサルはこのことに敏感であった——ポンペイウスとかれは個人的に騎士たちを恨んでいる，というのもこの騎士たちが立ち上がって，クリオへ拍手をおくらせたからである」．劇場において，騎士は貴賓席についていた．

77．Louis Robert, «Épigrammes satiriques de Lucilius», in *L' Épigramme grecque: entretiens sur l'Antiquité classique*, Fondation Hardt, tome XIV, 1969, p. 201 ——「古代においてこれらの見せ物は，われわれのあいだのボクシングやサッカーやサイクリングよりももっと社会全体に広く浸透していた」．キケロ『ムレナ弁護』XIX, 38-40．

78. *obrigkeitliche* と国家的 *soziale Tatigkeit* の区別については―― G. Jellinek, *Allgemeine Staatslehre*, 3d ed. 1922, pp. 400, 622. また，次のあまりうまくない言い方，p. 301 もこの著者による――「古代国家もまた教会である」(教会の概念については，p. 235)．大衆的な娯楽が個人的気晴らしの多くにまさるという考えは次による―― R. Mac Mullen, *Enemies of the Roman order : treason, unrest and alienation in the Empire*, Harvard, 1966, p. 168. しかし男性の会，宗教的または職業的名目の団体の重要性を指摘しておこう，これらの会の主目的は会員の葬儀を行うほかに，婦人抜きでいっしょに会食することであった．

79. Friedländer, *Sittengeschichte Roms*, vol. 2, p. 9.

80.『きょうだいクイントゥスへの手紙』2, 3, 1-2.

81. プルタルコス『キケロ』22; アッピアノス『内乱』2, 6, 22. キケロには確かに過酷な面，熱狂的な気質がある．カティリナ一派の処刑はかれの不眠を招くどころか，かれにはすばらしい思い出になっている．これはブルトゥスにも嫌悪されたことである，この暗殺首謀者には流血の趣味がなく，キケロのうぬぼれとカエサル暗殺という後味の悪い思い出とをはっきり分けている．かれはまたキケロの血なまぐさいうぬぼれと同じキケロの政治的単純さの関連性を知っていた――ブルトゥス書簡，17のすばらしさを見よ．キケロはただテロリズムに向いていただけである．『第二フィリッポス弾劾演説』の最後はアントニウス暗殺を暗示的に呼びかけている――これが追放の合図になった．Syme, *The Roman Revolution*, p. 183 で伝えられている痛ましい逸話をも見よ．キケロの苛酷さに関しては，次の繊細でニュアンスに富むページを見よ―― A. W. Lintott, *Violence in Republican Rome*, p. 57 sqq. 思うに，キケロの場合は，あまり行動には向かず，才能もないのに政治の趣味がある知識人の場合である．かれは生涯，行動をあこがれる知識人の三つの夢のあいだで迷っていた――君主または最高官ポンペイウスの相談役になる，自分の鏡に映って見える為政者の姿を追う，死に際に少なくとも生涯で一度は統治したことがあると言えること．かれを讃えるには，かれには鋭敏で巧みな洞察力がないとしても，権力への意志がなかったと言うべきである．そのためにかれは力関係において単純で不器用であり，まったく冷静さに欠け，政治を形而上学または道徳の付録のように見なしたのである．そのときから，政敵はたんなる敵でなくなる，つまり憎むべき恥知らずであり，その存在が人類を汚すものとなる．キケロは勝ちたいとは思わない，また勝ってもすぐ敵を忘れてしまうかも知れない――かれは悪を根絶させたい．このような高尚な無私無欲からテロリズムまでは一足飛びである．さらにかれの使命感を強化した知識人的ボヴァリスム〔現状の不満から想像への逃避〕も考慮しなければならない――キケロは政治家となり，行動を恐れないということを確信したい，なぜなら自分では必ずしも自信がなかったからである．自分の手を血で汚すというのは何よりの証明になる．だからこ

そカティリナへの勝利を手放しで自慢したのである――なぜならこの場合，かれは自分でも驚いた，そして度胸がすわった．そのとき以来，かれは一度成功したこの壮挙が無限にかれの役に立ち，かれが紀元前63年に示した証拠が全能だと考える．実際，かれは長い間それで満足した．だが老年がおとずれ，年とともに死ぬまでに大仕事をしたくてたまらなくなった――紀元前44年に時機到来と思った，だからかれはオクタウィアヌスを信用したが，これがブルトゥスを激昂させる，つまりあまりの無謀さにがっかりさせたのである．またキケロの無邪気な虚栄心も理解できる．それは理想主義者の虚栄心であり，あること，つまり政治を夢見ているが，その理想に必要な本当の実力がない――その才能があると自分では信じたいのである．

82．人民と高官との対面関係，次いで人民と皇帝の対面関係（特に見せ物の開催に当たって）はローマのしきたりであることをつけ加えておこう．プルタルコス『スラ』6でも同様である．

83．ツキディデス 2，38；アリストテレス『ニコマコス倫理学』8，9，6（1160 A 20）；セネカ『魂の平和』17；クィンティリアヌス，本注（54）で引用．

84．マキァヴェッリ『君主論』21――「君主は，一年のうち，ある期間は人民を祭りや競技会で遊ばせ，掌握しなければならない．またどの町も職業と行政区域に分かれているから，君主はそのような集団を尊重し，ときにはその集会に列席して，みずから人間味と鷹揚さの手本を示さなければならない」．

85．プルタルコス『政治的助言』24（『モラリア』818, A-E）．

86．タキトゥス『年代記』I，54―― *civile rebatur misceri voluptatibus vulgi ; popupale*, つまりギリシア語の意味では民主的，扇動的となる（『歴史』2, 91）．

87．タキトゥス『年代記』XIV, 14.

88．特に，ウァレリウス・マクシムス，2，10，8，で読まれる有名な逸話である；cf. Wissowa, *Religion und Kultus*, p. 197, n. 9. カトーは友人の監察官ファヴォニウスが提供したフローラ祭典を祝った（プルタルコス『小カトー』46）．ある騎士十人隊長（セウィール）の墓を飾ったに違いないサンテリア館の浅浮き彫りで，演劇の様子が描かれ，その中に裸の踊り子が現われている―― E. Ciotti, in *Bollettino d'Arte*, 1950, p. 1; C. Anti, «Ririevo teatrale romano», in *Festschrift Egger*, vol. 1, p. 189. これとブリクセルムの消失した浅浮き彫りと比較できるかも知れないが，わたしは *Corpus*, XI, 1030 で再録された下手な記述しか知らない――現在では，サンテリア館の新しい浮き彫りがこの記述を理解させてくれる．

89．タキトゥス『年代記』XIV, 21; キケロ『ムレナ弁護』XXXVI, 77; プリニウス『博物誌』36, 2 を参照せよ―― *indulserint publicis voluptatibus*. 人民には歓楽が必要だという考えについては，次を引用しよう――『偽ディカイア

ルコス』I, 2 ——「アテナイでは，見せ物や祭りへかようことは貧民階級の者にとっては食糧不足を補ってくれる，というのもこの者たちはコンクールや行列に参加することが飢えを忘れさせてくれるからである」(F. Pfister, «Die Reisebilder des Herakleides», in *Oesterr. Akad. Wien, Sitzungsber*. no. 227, 1951)．帝政時代の貨幣の表面で，hilaritas と laetitia で表現される歓喜がローマにおける皇帝主催の競技会を祝っている（そこから *laetitia* が具体的な意味——「祭典」を持つようになる．*laetitia theatralis* は *Corpus*, XI, 5283 では *ludi scaenici* の意味である．*ob utramque laetitiam epulatus est*（＝*epulum dedit*), in *Corpus*, VIII, 25935, cf. 15381. 紀元409年，テオドシウス法典は祭典の開催を命じ，「その楽しさで人民に悲しみを忘れさせ」(XII, 1, 169)，「悲しみを生じさせないように」(XV, 6, 2) している．ベネヴェントでは，カンパーニアの執政官は「人民の長いあいだの退屈を慰めた」，つまりかれは財政の不足で長い間，中止していた競技会を開催している（*Corpus*, IX, 1589)．

90．競技会と顕職の道との関係については—— Mommsen, *Staatsrecht*, vol. 2, p. 137. 特に，プルタルコス『スラ』5 を参照せよ．

91．年代記の伝統的な語りでは，象牙椅子に坐れる監察官（エディリス）の地位は，元老院が定めたばかりの「大競技会」の開催を確保するために設けられた——平民の監察官がそのような競技会開催の課役（*munus* とリウィウスは言う，6, 42）を拒否したので，パトリキは特別に象牙の椅子に坐れる監察官職を設けてくれるなら引き受けてもよいと言った．カッシウス・ディオ（48, 53）は追放された父を持つオッピウスの話を伝えている，つまり「貧しさのために監察官になることをあきらめようとした」——だが平民たちが金を出し合って，かれが責務を果たし，当選してから競技会を開催する前に辞任しないように費用を提供した．共和制の末期では，元老院議員の席を満たすのが難しくなる——顕職の道は恐ろしい，それほど金がかかるのである（カッシウス・ディオ, 54, 26 and 60, 27; ホラティウス『風刺詩』2, 3, 180- 186)．帝政時代に，元老院議員の妻は離婚したがっていた，なぜなら夫が法政官に任命されたからだ，とマルティアリスは指摘するだろう（10, 41)．Cf. Gelzer, *Kleine Schriften*, vol. 1, pp. 110-112.

92．ウェーバーはためらっているように感じられる（*Religionssoziologie*, vol. 1, pp. 408-410）——中国官人（マンダリン）の文学的教養と健全な行政能力の関係が現代人にはあいまいであるので，ウェーバーは中国人にはわれわれのような行政観がなかったと想定しようとする．同様に，次の論文，E. Balatz, *La Bureaucratie céleste*, p. 21 は微妙であり，この歴史家はまず，中国官人の職務と教養の関係が手段と目的の関係であり，そう考えるほうが自然だろうと見なそうとしている．ただ，中国人はわれわれと目的意識が違うのだろう……まったくそうでなかったらどうか．幾千年の教育を動かしてきたほとんど普遍的に普及した考え，つまり認識程度と既知程度が同じだとする考え方で

立派に説明がつくならどうか．高尚なこと，文学的なことを知ることが精神を高めることになるとすれば，どうか．そうなれば，すべては関連し合っていることになる——命令する人，役人は社会的に高尚でなければならない，かれは高尚な精神を持たねばならない，またそのためには高尚なことを知る必要がある．中国人には行政機能について異国的で驚異的な考えはない——かれらにはそんな考えはまったくない．かれらはただ社会的な威厳を考慮しているだけであり，その威厳は命令する人の威厳であるはずである．

93. プルタルコス『ブルトゥス』15；ポリュビオス，31，28（スキピオはファビウス・マクシムスの剣闘士会開催費の半分を支払っている）；セネカ『恩恵について』2，21；Friedländer, *Sittengeschichte*, vol. 1, p. 134.

94. たとえば，職業的な組合または文化協会は許可制であり，注意深く監視されている．バッコス祭の問題はこの警察的精神性をよく示している．

95. 一般に，これは仕事のことはなにも分からず，もし覚えようとしても下っ端からじかに教えてもらう素人たちである，とつけ加えよう．「国庫の書記たちは帳簿と法律書を手にしていて，教えてもらわなければ何もできない若い財務官の未熟さと無知を食い物にしていた．かれらはこの財務官の権威を失わせ，自分らが本当の財務官であった」(プルタルコス『小カトー』16); cf. Eduard Meyer, *Caesars Monarchi und das Prinzipat des Pompejus*, p. 331, n. 1.

96. ボエティウスの二つ折り書板—— R. Delbrück, *Die Consulardiptychen*, De Gruyter, 1929, no. 7, p. 103 and pl. 7; W. F. Vollbach, *Elfenbeinarbeiten der Spätantike und des frühen Mittelaters*, Mainz, 1952, no. 6, p. 24 and pl. 2; cf. also H. Stern, *Le Calendrier de 354*, Geuthner, 1953, p. 157.

97. Jean Lydus, *De magistratibus*, 2, 8（p. 173 Bekker）——「長官は都市全体を統治しているが，まったく自分の金（*οἴκοθεν*）を使わず，そのかわり国庫を管理している．執政官のほうは自分のゆたかな金をふんだんに市民のためにばらまいている」．

98. この費用については—— Friedländer, *Sittengeschichte*, vol. 2, p. 12; E. Kuhn, *Städtische und bürgerliche Verfassung*, 1864, vol. 1, p. 204 sqq.

99. プルタルコス『ブルトゥス』22.

100. カエサルはローマ市民に一人当たり300セステルティウムとテベレ川対岸の庭園を遺贈している（スエトニウス『カエサル』83;『業績録』15, 1;『オスティア年代記』紀元前44年．庭園については—— P. Grimal, *Les Jardins romains*, pp. 121, 196；さらに次の研究で扱われたクプラ・マリティマ年代記の断章—— G. V. Gentili, in *Epigraphica*, X, 1948, pp. 136-142.

101. 事実上の例については次で見られる—— Marquardt, *Staatsverwaltung*, vol. 2, p. 294; Hirschfeld, *Verwaltungsbeamten*, p. 110; Friedeländer, *Sittengeschichte*, vol. 1, p. 135. アントニウスは偽ってキケロを非難していることは，

キケロがあまり親切でないので，だれからも遺贈を受けなかったということである（キケロ『フィリッポス弾劾演説』2，16，40）；陰謀者キンナは恩赦を受け，アウグストゥスへ全財産を遺贈する（セネカ『寛容』16）．スラはポンペイウスに何も遺さないで，死後に贈ったのは侮辱である（プルタルコス『スラ』38;『ポンペイウス』15）．そこから風刺や誹謗文における遺言漁りのテーマが生じる．ときにはこうした遺贈は受贈者が遺言者の名をとるという条件で行われた（『アッティクスへの手紙』VII, 8），これは帝政時代におけるローマの固有名詞体系の一特徴を示すものであろう．集団的意識は，感謝しなければならないはずの人々へ何も遺さなかった故人の忘恩をひどく非難した――ヴァレリウス・マクシムス，巻7，8章，9章ではこの点が明白にされている．税法が主席百人組長に昇進の「恩恵」に浴した皇帝へ遺贈するように要求していた事情が分かる，そうしなければ遺言は「忘恩」として無効にされる――ヴァレリウス・マクシムス，VII, 8, 6（9, 2）のウルビノのマリウスについての話のとおりである，この人物は知られている（*Corpus*, XI, 6058; A. von Premerstein, *Vom Werden und Wesen des Prinzipats*, p. 105）．皇帝に対する忘恩の遺言については―― Marquardt, *Staatsverwaltung*, vol. 2, p. 294（ペトロニウス，76，2を追加）； Hirschfeld, *Verwaltungsbeamten*, p. 110, and *Kleine Schriften*, p. 516; J. Gaudemet, «Testamenta ingrata et pietas Augusti», in *Studi in onore di Arangio-Ruiz*, vol. 3, p. 115; R. S. Rogers, in *Transactions of the American Philological Association*, 1947, p. 140.

102. キケロ『クルエンティウス弁護』150；『プランキウス弁護』12；『農地法について』2，2；サルスティウス『ユグルタ戦記』85，3.

103. 寡頭政治家が元老院やローマ集会場での政治に興味を失い，帝国内へのりだし，活動の場を求め，一種の王国を手に入れようとする場合をのぞく――リキニウス・ルクルスのギリシアびいきの政策はこの視点から研究されるべきであろう．ローマ皇帝たちは寡頭政治家よりもはるかにローマや元老院に執着していないので，この政治家らよりはるかに地方に対して関心を抱いている――リキニウス・ルクルスの政策はその予示である.

104. プルタルコス『カエサル』8；『小カトー』26；『政治的助言』24.

105. J. Lambert, *Amérique latine: structures sociales et institutions politiques*, PUF, 1963, pp. 211-213.

106. プルタルコス『大カトー』3.

107. 同上，『ブルトゥス』46.

108. 同上，『リキニウス・ルクルス』35；『ポンペイウス』3. 当時の軍事訓練はわれわれの場合とはまったく異なり，規則的なものは何もなかった．兵卒は将軍と話し合い，大声で嘆願する（『ポンペイウス』41）．指揮官は部下に嘆願したり，贈り物を配給したり，平気で部下を大量に殺戮させたりしている（スエトニウス『カエサル』65-70；『アウグストゥス』24）．帝政時代のドミティ

ウス・コルブロ将軍とその部隊の関係も同様である（タキトゥス『年代記』）．ローマの軍隊指揮官が自分の部隊の兵隊に嘆願したり，兵隊から嘆願させても（コルブロの場合）権威を失わないのは特徴的である．もしそんなことが現代の軍隊で起こったら，その軍隊は壊滅状態になるだろう．ローマではそうでなかった——常に，服従には親密な何かがあった．

109. プルタルコス『ルクルス』33. *donativa*の進化，つまり兵隊への褒賞から兵隊‐隷属者へ提供される寄贈への進化については——J. Harmand, *L'Armée et le Soldat à Rome de 107 à 50*, Paris, Picard, 1967, p. 468; cf. H. Delbrück, *Geschichte der Kriegskunst*, 3d ed. 1964, De Gruyter, vol. 1, p. 389.

110. 技術が粗野で，生産がまだ不充分であるなら，どんなに条件の悪い生産者でもやはり集団の生存には必要である，たとえ生産高が低くても．均衡は低利潤に落ちつかない，また低生産性の生産者は自己以外の資源で養われる．次を見よ——K. Wicksell, *Lectures on Polotical Economy*, ed. Robbins, vol. 1, p. 143; N. Georgescu-Roegen, *La Science économique*, Dunod, 1970, pp. 262, 268; J. Ullmo, «Recherches sur l'équilibre économique», in *Annales de l'Institut Henri-Poincaré*, vol. 8, facs. 1, pp. 6-7, 39-40.

111. われわれは，隷属的というよりはむしろ規定的でない人間関係について語りたい．基本的研究としては次のものがある—— M. Gelzer, «Die nobilität der römischen Republik»（英訳あり—— *The Roman Nobility*, 1969), in *Kleine Schriften*, vol.1, pp. 17-135. 友情については，次のきわめてニュアンスに富む分析を見よ—— P. A. Brunt, «Amicitia in the late Roman Republic», in *Proceedings of the Cambridge Philological Society*, XI, 1965, pp. 1-20. ローマにおける人間関係の研究ほど困難なものは少ない，なぜなら——（1）誘導感情と友誼感情が当事者にも分からないほど非健康的にからんでいる——「友情」は同時に，また場合によっては友情と隷属を意味する，（2）人間関係のほかに，政治的，社会的な争点を含んだ確執もあった——派閥または党派だけが個人的利益の同盟にならなかった．そこから最良と最悪が調和する状況が生まれる——立派な国家的口実には個人的な計算が隠され，逆に無欲な目的が無効でなければきわめて怪しい策略になるはずである．またどんな政治姿勢の決定も個人的例外をともなう——貴族であっても，反対派のだれかを例外とする，というのもその人が友人であるから，あるいは自分の職にその人が必要だから．結局，当事者自身にも分からない．どのような環境，そしてその活動が超個人的な目的を持ち，規則によって個人関係や昇進を組織しない環境において，派閥争いや従属関係を少しでも経験した者ならそれがよく分かるだろう（しかも策略や武力で成功する昇進体制が常に最悪だとは言われない——事実，このような闘争において勝利できる長所が理想的な目的に役立つ長所になることもある）．とにかく，この世界では，すべてが同時に真実であり，すべてがニュアンスの中にあって，いかなるジレンマ（「個人的同盟」または「政治党

派」）も決定的ではない．それも当然である――ローマには他の社会と同じほど異なった利害問題（個人的利害，階級闘争，政治的選択，等々）があった．ただこれらすべての利害は唯一で同一の運搬車，個人関係を借用した，この関係が宿命的にとてつもない「多機能性」を発揮していた．経済生活も部分的には個人関係に吸収されていた（最近でもナポリでそのような例があった．そこに住んだことのあるものならだれでも分かることだが，マットレスでもクローチェの本でもタクシーでも必要なら，二つのやり方で手に入れることができた――その道の商人に頼むか，それとも自分のコネを利用するか．後者のやり方は高くつくが，立派に見える）．

112．キケロ『親しい人々への手紙』I, 9 and XI, 28.

113．プルタルコス『ポンペイウス』55.

114．ポリュビオス，10，5，6.

115．プルタルコス『クラッスス』15.

116．同上，『小カトー』50.

117．キケロ『ムレナ弁護』XXXV, 74 sqq.

118．プルタルコス『小カトー』49-50 and 8.

119．同上書，15，11.

120．たとえば次を見よ――プルタルコス『ルクルス』3．使節へのこの贈り物は *xenia* である（Mommsen, *Staatsrecht*, vol. 2, p. 553, n. 3; vol. 3, p. 1153, n. 2）．

121．プルタルコス『小カトー』12 and 16．かれは体育をなおざりにしなかった―― 5.

122．同上書，18.

123．同上書，18 and 19. Cf. J. Stroux, «Die Versaümnisbüsse der Senatores», in *Philologus*, 1938, pp. 85-101.

124．プルタルコス『小カトー』40.

125．同上書, 18 and 38. 反対に，大スキピオは元老院に自分の会計簿を改めさせなかった，そして破り捨てた（ポリュビオス，23，14）．

126．同上書, 18, 36 and 38.

127．ギリシア世界では，腐敗（δεκασμός，δωροδοκία）は裁判官や使節の清廉潔白と対立するが，選挙を行う選挙人の潔白さとは対立しない―― Mommsen, *Strafrecht*, p. 869, n. 1; Ch. Baron, «La candidature politique chez les Athéniens», in *Revue des études grecques*, 14, 1901, p. 377; E. S. Stavely, *Greek and Roman Voting*, Thames and Hudson, 1972, p. 109.

128．キケロ『クルエンティウス弁護』LX, 166.

129．M. Mauss, *Anthropologie et Sociologie : essai sur le don*, pp. 200-209.

130．シチリアのディオドロス, 13, 84.

131．Hiller von Gaertringen, *Die Inschriften von Priene*, no. 109, 1. 162-168.

132. キケロ『フィリッポス弾劾演説』2, 45, 116 : «(Caesar) muneribus, monumentis, congiariis, epulis multitudinem imperitam delenierat».

133. 上注（25）を見よ.

134. Mommsen, *Staatsrecht*, vol. 3, pp. 894-895.

135. Id., *ibid*., p. 894, n. 2; Wissowa, *Religion und Kultus*, p. 500, n. 2; Marquardt, *Privatleben*, pp. 208-209, and *Staatsverwaltung*, vol. 3, pp. 349-350.

136. Wissowa, *Religion und Kultus*, pp. 419-420. 公的ないけにえに供された動物の肉は財務官によって国庫に入れるために売却された（Mommsen, *Staatsrecht*, vol. 2, p. XII, n. 1）. ——住民全体が参加できる饗宴は，個人が葬儀のため，またはヘルクレス十分の一税として提供するものであった. *missilia* と同様に一般的競技会のあいだに主催者が提供した饗宴がある（Friedländer, *Sittengeschichte*, vol. 2, p. 16; Friedländer, in Marquardt, *Staatsverwaltung*, vol. 3, p. 495）. 最後に，*Septimontium*（Wissowa, p. 439, n. 4; Marquardt, *Privatleben*, p. 208, n. 4; *Staatsverwaltung*, vol. 3, p. 190）. 他所で，*Nunc est bibendum* と題するオードの研究において，一般的な儀式または国民的祭典のときに個人が祝賀する饗宴，そして同じ場合に元老院議員が平民を食事に招待する饗宴について研究する予定である.

137. カッシウス・ディオ, 48, 34.

138. ヴァロ『田園生活について』3, 2, 16; 饗宴という名にふさわしい宴会のメニューには必ず鳥の料理がでた——セネカ『ルキリウスへの手紙』122, 4. ——葬儀とその公的性格については，ポリュビオス, 6, 53 の有名なページを見よ.

139. キケロ『ウァティニウス糾弾』12, 30; ホラティウス『風刺詩』2, 3, 86 : *epulum arbitrio Arri*.

140. キケロ『ウァティニウス糾弾』13, 31. この礼儀作法は恐らく葬儀宴会のほうが葬儀よりも家風に合っていたからであろう——それは家父長の後を継ぐ *heres factus* を祝う宴会であった.

141. リウィウス, 39, 46 : «funeris causa... toto foro strata triclinia». 元老院議員については，次を参照せよ—— Mommsen, *Straatsrecht*, vol. 3, p. 894, n. 3.

142. リウィウス, 8, 22.

143. 同上，38, 55; *mulsum et crustum* は *γλυκισμός* に等しい，これは前章で触れたとおりである.

144. 同上，41, 28 : «mortis causa patris sui».

145. セネカ『寿命の短さ』20, 6 : «operum publicorum dedicationes et ad rogum munera»;『学説彙纂』31, 49, 4 と比較せよ.

146. カッシウス・ディオ, 37, 51（紀元前60年）.

147. キケロ『スラ弁護』XIX, 54: «gladiatores quos testamento patris videmus deberi» (紀元前62年)；『ウァティニウス糾弾』XV, 37 : «cum mea lex vetet gladiatores dare nisi ex testamento» と比較せよ．アグリッパは人民へ自分の庭園（ P. Grimal, *Les Jardins romains*, p. 193）のほかに，無料の入浴（カッシウス・ディオ，54，29）も寄贈している．各自治都市において，*Corpus*, I, 2d ed. 1903 A（Dessau, no. 5671 ; Degrassi, no. 617）を比較せよ：*lavationem in perpetuom*;『学説彙纂』32, 35, 3; カッシウス・ディオ, 49, 43 も見よ．

148. カッシウス・ディオ，48，32.

149. 集団（*universitas*）または群衆，つまり人から人（*viritim*）への遺贈には二つの起源があるように思われる——そのひとつはヘレニズム時代の影響を受けている．他所において，オスク語の碑文を研究することになっているが，これはポンペイウスへ遺贈された公共建造物を記念している．もう一つの起源はここで述べているものである——それは葬儀の慣習から来ている．ローマでも，人民への遺贈はまもなく行われなくなる，なぜなら皇帝が首都での恵与指向を独占することになるからである．だが他の都市では，遺贈は頻繁に行われ，この問題では，事実が先行し，権利を超越する．「市民法」*jus civile* が効果的な実践に対してつべこべ文句を言いながらもなんとかその概念を認めることを忘れてはならない（本書，第四章，注135を参照せよ)，このほうがゲームの規則を定めるより頻繁である．都市への遺贈については，次の論文がもっとも優れていると思われる—— L. Mitteis, *Römisches Privatrecht*, voil. 1, Leipzig, 1908, pp. 377-380 ——遺贈を受ける資格が常に事実上，都市に認められていた．

150. G. Ville, «Les jeux de gladiateurs dans l'Empire chrétien», in *Mélanges d'archéologie et d'histoire de l'École française de Rome*, 1960, p. 307; E. F. Bruck, *Ueber römisches Recht im Rahmen der Kulturgeschichte*, pp. 64-67.

151. マックス・ウェーバーは，ローマ都市に関する研究の最後の２ページにおいて，貴族が参加するギリシア語コンクールと，ローマの競技会や見せ物を対比している．ローマの寡頭政治家は自尊心によって群衆の前で争えなかった．

152. 注（145）を見よ（*ludi funebres* の代わりに *ludi scaenici*)．弔いの剣闘士会に関する他の言及については——リウィウス『綱要』16（ウァレリウス・マクシムス，2，4，7と比較せよ)；23，30；28，21；31，50；39，46；41，28．テレンティウス『兄弟』はエミリウス・パウルスの弔い演技として上演された（Marquardt, *Staatsverwaltung*, vol. 3, p. 529, n. 8)．

153. F. Münzer, *Römische Adelsparteien und Adelsfamilien*, repr. 1963, p. 168, n. 1.

154. キケロ『親しい人々への手紙』2, 3, 1: *declarandorum munerum*;『法律論』2, XXIV, 61 : *funus indicatur*; ヴァロ『ラテン語文法論』を参照せよ——

indictivum funus と *indicere funus* の表現.

155. キケロ『法律論』2, XXIV, 61: «dominus funeris utatur accenso ac lictoribus»; Mommsen, *Staatsrecht*, vol. 1, p. 391, n. 6; 都市への恵与者が騎士十人隊長，またはたんなる解放奴隷であっても，提供された剣闘士試合を記念する帝政時代の葬儀的浅浮き彫りでは，先導官がその恵与者についている—— I. Scott Ryberg, *Rites of the State Religion in Roman Art*, American Academy in Rome, 1955, pp. 99-101.

156. はじめは *munus gladiatorium* と言われた，つまり「剣闘士試合開催の贈り物」であり，この表現が広告様式になって葬儀の一般的告示に表われたに違いない．上注（61）で引用したキケロ『ウェレス弾劾第１』XIII, 36 で模作されている誇張的文体と比較せよ．——ローマの恵与指向を表わす語彙は非常に混合的である—— *munus* はインド・ヨーロッパ言語の起源を有するが，*liberalitas* はギリシア語 *eleutheriôês* を写したものであり，また *largitio* はエトルリア語の語源を持つ（J. Heurgon, «Lars, largus et Lare Aineia», in *Mélanges André Piganiol*, 1966, p. 656)；*sportula* のほうは，ギリシア語 *σφυρίς* から来ている（L. Robert, *Hellenica*, XI-XII, p. 479).

157. G. Ville, *Mélanges... de l'École française de Rome*, 1960, p. 306 で指摘されたとおり，Buecheler, in *Kleine Schriften*, repr. 1965, p. 497 で述べられているように *munus gladiatorium* が定期的な公共的見せ物になったと考えるのは間違っている.

158. Cf. P. Veyne, in *Latomus*, 1967, p. 735.

159. 次に参考文献あり—— in M. Gelzer, *Caesar, Politician and Statesman*, pp. 37-38.

160. 上注（113)．キケロは執政官の年に，陰謀に対する法律を採択させ，陰謀の罪に問われた被告ムネラを弁護している．それでは政治的な「仲間意識」の不満をキケロに浴びせるべきか．高度の政策上の立派な要請をキケロが考慮したとして称賛すべきか（たとえムネラが有罪になっても，陰謀者の道は開かれていた)．ここでジレンマは起こらない，つまり両方の説明が同時に真実であった（上注，112).

161. Mommsen, *Strafrecht*, pp. 865-872.

162. Sub titulo «patri se id dare» と書かれている——アスコニウス, p. 88, Clark; 陰謀に対するキケロの法律は，継承贈与履行の場合を除いて，候補者であるときに剣闘士大会を開くことを禁じるものであった（『ウァティニウス糾弾』XV, 37;『セスティウス弁護』133)．カエサルは別の *munus* を寄贈ができるように，娘の記念のためという口実を設けた，だがそれは一度も実行されなかった（スエトニウス『カエサル』26）——ただ父と母を記念して祝賀されただけである.

163. Mommsen, *Gesammelte Scriften*, Jurist. Schriften, vol. 1, p. 229;

Strafrecht, p. 868, n. 1 and p. 875; *Lex Genetivae*, article 132; キケロ『ムネラ弁護』XXXII, XXXIV and XXXV, 73; 地域住民（*tributim*）全体を招待することについては，XXXII, 67. 帝政時代における選挙腐敗については——Mommsen, *Strafrecht*, pp. 867, n. 8, 869, n. 3. 自治都市については，『学説彙纂』48, 14.

164. 紀元前2世紀において，立派な *munus* を開催するには70万セステルティウムかかった（ポリュビオス，31, 28），つまり同じ時代に1500人の兵隊の年間給料に相当する（P. A. Brunt, *Italian Manpower*, p. 411）. 政治生活における資力の重要性については—— Gelzer, *Kleine Schriften*, vol. 1, pp. 110-121.

165. この数字に関する参考や議論については—— Gelzer, p. 118, n. 463. 当選したらという条件で選挙人に金を「約束すること」は *pronuntiare* と言われた——キケロ『プランキウス弁護』XVIII, 45; セネカ『ルキリウスへの手紙』118, 3.

166. ルクルス兄弟は非常に仲がよく，いっしょに監察官に立候補した. この兄は弟が立候補できる年齢になるまで自分も立候補しないで待っていたのを知った人民は感動して，二人とも当選させた——プルタルコス『ルクルス』, 1.

167. マメルクスの逸話について，次を見よ——キケロ『義務論』2, XVII, 58. 後注（273）と比較せよ.

168. プルタルコス『スラ』5（スラの回想録による），また次のようにつけ足されている——「だがスラは自分の失敗の真の原因をごまかしているようである，事実，かれはお世辞と心づけをつかって法政官（プラエトル）に就任できた」.

169. リウィウス，8, 22 and 37, 57, 11 : *congiaria habuerat*.

170. キケロ『ムネラ弁護』XVIII, 37.

171. 三例ある——ルキウス・スキピオ（プリニウス『博物誌』33, 48），M. オッピウス，この人物は三頭政治家の命令で動乱が起こったとき，新たなアイネイアスのように父を背負って救出したことで有名になった（カッシウス・ディオ，48, 53；アッピアノス『内乱』4，41），さらにエグナティウス・ルフス，この人物は恵与指向によって，ローマに私設消防団を組織した（ディオ，53, 24）. 劇場についても（ディオ，48, 53）行われたこのような募金は明らかに占い者マルキウスの古い教えをうけ継いでいる（上注51を見よ）. 言うまでもないが，この募金の金額はわずかなものであったに違いなく，象徴的に高官に報いただけである.

172. プルタルコス『ブルトゥス』10; 次を参照せよ—— *Auctor de viris illustribus*, 82, 4 ——ある貧しい監察官は «juri reddendo magis quam muneri edendo studuit».

173. キケロ『親しい人々への手紙』, 2, 2 and 3. クリオの *munus* の豪勢さに

ついては（なぜならクリオはキケロの忠告にもかかわらず，*munus* を提供した）——プリニウス『博物学』36, 116-120．2年後，クリオは平民の護民官に選ばれた．キケロは，クリオにもっと功績を挙げて成功するように助言しながら，実は自分のことを考えていたのである，つまりかれはスラの隷属者たちを前にして示した勇気で有名になり，またかれの監察官職としてはまずまずの仕事ぶりにもかかわらず執政官になった（『義務論』，2, XVII, 59）．

174．キケロ『アッティクスへの手紙』IV, 18, 2（IV, 16, 6）．スカウルスの監察官としての仕事ぶりについては上注（63）と（64）を見よ．『親しい人々への手紙』XI, 16 と 17，また特に II, 6, 3 の手紙を見よ，これらの手紙で選挙のいろいろな要因が現われている——政治的地位（これは隷属者だけを重視しすぎる現代の研究者には信じられないほど重要であった），見せ物の提供（*munera*），執政官の推薦．

175．キケロ『ピソ糾弾』I, 2．*existimatio* については—— Meier, *Res publica amissa*, p. 8.

176．隷属者と推薦については次を参照すれば充分だろう—— Gelzer, *Kleine Schriften*, vol. 1, pp. 62-132. 選挙人が無関心ではおれない行列については次を見よ—— Gelzer, pp. 63, 66, 67, 99 and n. 313. この歓声を挙げる集団には多くの平民が含まれていた，この平民は端役にすぎなかった，なぜなら「かれらが投票するとしても，他の人々の投票と拮抗できないからである」（『ムレナ弁護』XXXIV, 71）．往来であれ公共広場であれ，端役の行列は普通の人と偉い人を区別させることになるので，引き続き隷属者の特徴的な形式になり，やがて帝政時代に流行する（本書，第四章，注462を見よ）．さらにこの行列は候補者の身体警備の役も果たした，なぜならローマでは政治活動の風習には暴力がつきものであったから—— A. W. Lintott, *Violence in Republican Rome*, p. 74.

177．Chr. Meier, *Res publica amissa*, p. 194.

178．『セスティウス弁護』IX, 21.

179．上注（172），後注（188）を見よ．ウァレリウス・マクシムス, 4, 5, 3.

180．Meier, p. 191; 上注（166）．

181．L. R. Taylor, *Party Politics*, p. 56; 特に，Meier, *Res publica amissa*, p. 311; cf. p. 196 and p. 8, n. 12. 投票の進行については—— U. Hall, «Voting procedure in Roman assemblies», in *Historia*, 1964, pp. 267-306. ウァレリア・コルネリア法と *destinatio* の問題については触れないでおく．

182．キケロ『占い』1, 103 and 2, 83，次の Pease の注釈も—— repr. 1963, Wissensch. Buchg.;『ムレナ弁護』XVIII, 38: *omen praerogativum*.

183．Meier, p. 311.

184．キケロ『セスティウス弁護』LIII, 114，あまり扇動的でない護民官について：*tulerat nihil*（*sc. nullam legem*）．

185. Chr. Meier, article «populares», in the Pauly-Wissowa, supplementband 10, col. 561（この注目すべき論文はローマにおける政治党派の社会学全体の出発点であろう）．マリウスの執政官再選，つまり紀元前71年，55年，52年（アスコニウス，*in Milonianam*, p. 314 Clark），50年の選挙は政治的であった．だが紀元前60年の選挙では，政治的分裂が支持者層の団結に勝てなかった（Meier, *Res publica amissa*, pp. 197-199）．紀元前64年のキケロの選挙は政治的だったか．すべては，伝説でそれ以前とされているカティリナ陰謀の脅威の年代決定にかかっている（Meier, p. 18, n. 67; R. Syme, *Sallust*, 1964, pp. 66, 75, 89; R. Seager, «The first catilinian conspiracy», in *Historia*, 1964, pp. 338-347）．

186. 選挙の要因については── M. Gelzer, *Kleine Schriften*, vol. 1, p. 62 sqq. ; Chr. Meier, *Res publica amissa*, p. 8 and index s.v. «Wahlen», p. 330.

187. 次に参考文献あり── Meier, p. 194, n. 199; Gelzer, vol. 1, p. 113. *divisores* については── Mommsen, *Staatsrecht*, vol. 3, p. 196, n. 2; *Strafrecht*, p. 869, n. 4; T. P. Wiseman, *New Men in the Roman Senate, 139 B. C.-14 A. D.*, Oxford, 1971, pp. 83, 134, n. 1.

188. プルタルコス『小カトー』42.

189. キケロ『第1ウェレス弾劾演説』VIII, 22-23. ウェレスのロミリア地区については── L. R. Taylor, *The Voting Districts of the Roman republic*, American Academy in Rome, 1960, p. 264; cf. 294. 自分の地区の票が集まらないのは恥辱だった（キケロ『セスティウス弁護』LIII, 114; 比較せよ──『わが家のために』XIX, 49: *tribum suam non tulit*; スエトニウス『カエサル』13）．ムレナは自分の地区住民へ金を配っている（『ムレナ弁護』XXXIV, 72）．プランキウスはこの章，第三節において分かるように，アティナの町と地区を掌握していたので，その地区に金を配るが，それは買収するためでなく，支持者との絆で地域人へ寄贈をすることが義務であったからである（キケロ『プランキウス弁護』XIX, 46-47）．地区における選挙の役割については── Mommsen, *Staatsrecht*, vol. 3, pp. 197-198. 民会における都市の投票の比重については── L. R. Taylor, *Roman Voting Assemblies*, Ann Arbor, 1966; p. 67; T. P. Wiseman, *New Men in the Roman Senate*, pp. 137-142.

190. 騎士身分の者（そして元老院議員──この分野では両身分のあいだに差別がない）は金儲けを考える．パトリキのエミリウス・スカウルスの父は炭の商いをし（*Auctor de viris illustribus*, 82, 1），また知られているように，アッティクスは書籍の商いをしている．ラバの背による輸送の事業は，ウェスパシアヌスが一時，専念することになる，次を見よ── Wiseman, *New Men*, pp. 84, 88. 家庭によって異なる各種の継続的で，長期にわたる投資としての事業のほかに，一回きりの投資も流行していたことが確かに想定される──ペトロニウスはトリマルキオンの商売を同様に描くはずであり，アッティクスの商売

もそれほど違っていなかった（G. Boissier, *Cicéron et ses amis*, pp. 134-135）．近代の二つのエピソードでそのような思いつきの，巧みな，儲け主義の風潮が明らかにされ，「事業」や「資本主義」という言葉を使う前に，理解されなければならない．まず，Samuel Pepys, *Jounal*, September 26, 1666 ――ロンドンの大火のあと，ピープスは海軍省の高官であるが，――「わたしはウイリアム・ペン（海軍中将）といっしょに出かけた，月明かりの庭園を散歩したのである．かれはスコットランドから木材を取り寄せることを提案した，なぜなら都市の再建には木材がたくさん必要になるからである．この思いつきが気に入った――間違いなく儲け仕事になるからだ」．次に，Tallemant des Réaux, *Historiettes*, vol. 2, p. 733 Adam ――人文学者ペラレードは「新教徒の衒学者で，ベルジュラック生まれの，かなりよい家柄である．かれはベルジュラックの近くに牧場をもっていた．かれはボルドーで船積みのために食糧が買われているという噂を聞いた．塩漬けの牛肉が高価な値がついているとのことであった．かれはさっそく自分の牛を殺して，塩漬けにし，それを船に積んで，自分も乗り込んだ．またあるときは，搾り機用の木材がボルドーで高値を呼んでいることを知った．かれは樹齢百年以上の小さい林を伐採させる．そして搾り機用の木材を普通より半フィート短くすれば利益が上がると考える――そこで短くした木材をつくり，それをボルドーへ運ぶ」．ローマの貴族の経済活動は体系的な研究の価値があるだろう．

191．キケロ『義務論』2, XVII, 88；『ムレナ弁護』XXXII, 67.

192．Mommsen, *Strafrecht*, p. 868; キケロ『ムレナ弁護』XIX, 38.

193．スエトニウス『アウグストゥス』40, 2.

194．アウグストゥスは郵送による投票の制度を考えた――スエトニウス，46, 3.

195．プルタルコス『ポンペイウス』66.

196．E. S. Stavely, *Greek and Roman Voting*, Thames and Hudson, 1972, p. 221.

197．コルネリウス・ニコス『アッティクス伝』4, 3; cf. Taylor, *Party Politics*, p. 57; Meier, *Res publica amissa*, p. 193.

198．キケロ『セスティウス弁護』109; Mommsen, *Staatsrecht*, vol. 3, p. 408; Taylor, *Party Politics*, p. 60.

199．キケロ『ムレナ弁護』XVIII, 37-39 and XXXIII, 69．ルクルスは3年来，自分の勝利を祝賀するはずであった，だからこの勝利とかれの代官ムレナの立候補は明らかに意図的なものであった．戦争が終わると，兵隊は自宅へ帰り，それから勝利を祝うためにローマへ入った――プルタルコス『ポンペイウス』43.

200．プルタルコス『クラッスス』14；『ポンペイウス』51 and 58.

201．キケロ『ウェレス弾劾演説第1』54; Meier, *op. cit.*, p. 193, n. 191 and

192.

202. Taylor, *Party Politics*, pp. 59-61. キケロを追放したトリブス民会は悪党集団，つまりローマの平民であった．キケロを追放先から呼び戻した百人組民会は全イタリア *cuncta Italia* の華である──イタリアの有力者は投票するためにローマまで旅をした，かれらはポンペイウスに呼ばれたのである（例外手続きについては── Marquardt, *Staatsverwaltung*, vol. 1, p. 65）; cf. P. Grenade, *Essai sur les origines du principat*, De Boccard, 1960, p. 231.

203. Taylor, *Party Politics*, pp. 60, 206, n. 59.

204. キケロ『ムレナ弁護』XXIII, 47 : «homines honesti atque in suis civitatibus et munipiis gratiosi», この人々は *confusio suffragiorum* に反感を抱いていた．キケロ自身は投票の秘密をなくする *lex tabellaria* を希望していた──平民は「自由に投票するがよい，ただし *optimates* の監視の下で」（『法律論』3, 10; cf. 33-39）．*leges tabellariae* については次を参照せよ── J. A. O. Larsen, «The origin of the counting of votes», in *Classical Philology*, 44, 1949, particularly p. 180.

205. キケロ『親しい人々への手紙』XIII, 11．キケロとしては，レアテ人との友情を尊重していた（『アッティクスへの手紙』IV, 15, 5;『スカウルス弁護』27, p. 481 Schoell : «Reatini qui essent in fide mea»; cf. Nissen, *Italische Landeskunde*, repr. 1967, vol. 1, p. 313．地域的有力者で元老院議員アクシウスについては── Syme, *Sallust*, p. 9）．

206.『ムレナ弁護』XL, 86.

207. L. R. Taylor, *The Voting Districts*, p. 273.

208. Id., *ibid*., p. 257.

209.『ムレナ弁護』XX, 42; cf. W. V. Harris, *Rome in Etruria and Umbria*, Oxford, 1971, pp. 241-245; T. P. Wiseman, *New Men in the Roman Senate*, p. 139. ──思いやり *liberalitas*（この語は多くの意味を持つ）はここでは高官によって示される美点であり，たとえば法律の枠内で規則が人情深く適用される．『ウェレス弾劾』でも同じ意味である──『小麦について』LXXXII, 189 : «ex liberalitate atque accommodatione magistratuum»; Berve, article «liberalitas» of the Pauly-Wissowa, XIII, col. 82. 徴兵に関して忘れられないことは，マリウスの後でも，軍団の兵士が職業軍人でなく，また多くの兵隊が意に反して，または主人に意に反して動員されたことである．恐らくムレナは有力者や大土地所有者と結ばれていて，その農民を軍隊へ召集しなかった．マリウスが徴兵に終止符をうったという伝説は，次の研究で破られた──P.A. Brunt, *Italian Manpower*, Oxford, 1971, p. 408 sqq. ; R. E. Smith, *Service in the Post-Marian Roman Army*, University of Manchester, 1958, pp. 46-50.

210. なぜなら，地区が選挙の枠だとしても，部落は現実的な選挙地盤であったから── Stavely, *Greek and Roman Voting*, p. 198 and n. 372.

211. *Voting Districts*, pp. 184-294; さらに次の評注―― R. Syme, «Senators, tribes and towns», in *Historia*, 1964, pp. 105-124. 古い家柄の *gentes majores* の子孫である7人の元老院議員がローマとイタリアの解放奴隷にまじってパラティウム丘に記録されている.

212. クイントゥス・キケロ『執政官への立候補』VIII. イタリア諸都市とその有力者と元老院議員の絶えない関係については―― T. P. Wiseman, *New men in the Roman Senate*, p. 47 *sqq*. and p. 136 *sqq*. ; E. Fraenkel, *Horace*, p. 305.

213. アスコニウス『ミロ弁護』, p. 31 Clark, cf. p. 53. 都市の経費を負担する元老院議員については―― Wiseman, pp. 45, 87. 騎士については―― Nicolet, *Ordre équestre*, p. 420.

214. 『プランキウス弁護』XXII, 54; Taylor, *Voting Districts*, p. 243; T. P. Wiseman, *New Men in the Roman Senate*, pp. 141, 252, n. 324. プラウティア家の起源については議論されている―― K. Belock, *Römische Geschichte bis zum Beginn der punischen Kriege*, De Gruyter, 1926, p. 338.

215. 一般に, *homines novi* とその出身都市やその地区との関係については―― Wiseman, p. 137 *sqq*.

216. ユウェンティウス・ラテラネンシスについては――F. Münzer, *Römische Adelsparteien und Adelsfamilien*, p. 48, n. 1. かれのパピリア地区と祖国トゥスクルムについては―― Taylor, *Voting Districts*, pp. 222, 273 (cf. Syme, in *Historia*, 1964, p. 125).

217. 『プランキウス弁護』VIII, 19-20. アティナについては―― Taylor, pp. 243, 275; cf. 290.

218. J. Lambert, *Amérique latine, structures sociales et institutions publiques*, pp. 211-213.

219. A. Degrassi, *Inscriptiones latinae liberae rei publicae*, La Nuova Italia, 1963, vol. 1, no. 430 and vol. 2, add. p. 386.

220. Degrassi, no. 438 (*Corpus*, I, 2d ed., 2515).

221. *Corpus*, I, 1745; IX, 2174 and add. p. 673 (Degrassi, no. 568; Dessau, no. 5528).

222. *Corpus*, I, 1686; X, 291 and add. p. 1004 (Degrassi, no. 395; Dessau, no. 5321).

223. *Corpus*, X, 5055 (Dessau, no. 5349).

224. 『内乱』I, 15, 2 :*oppidum constituerat suaque pecunia exaedificaverat*; cf. R. Syme, *Roman Revolution*, p. 31, n. 6.

225. *Corpus*, I, 1341; XI, 3583 (Dessau, no. 5515). Cf. *Prosopographia imperii Romani*, vol. 1, p. 260, no. 1279 (Ateius Capito). 劇場―― *scaenarium, subsellarium*; アウグストゥス100年記念競技会録 (Dessau, 5050, 100) と比較

せよ：«ludi... sunt commissi in scaena quod theatrum adjectum non fuit, nullis positis sedilibus». 高層柱廊── *porticus, cenacula. taberna* は一階の店舗である（またこれは職人の住居にもなる）. *cenaculum* は階上の部屋またはアパートである. «tabernae et cenacula» は「階下と二階」の意味である. おそらく柱廊には一階に *tabernae* があったのだろう. 次のギリシア語と比較せよ── ***τὴν στοὰν καὶ τὰ οἰκήματα*** (Wilhelm, *Attische Urkunden*, vol. 5, p. 67); ***τὰς στοὰς... καὶ ἐν αὐταῖς ἐργαστῶν οἰκητήρια***. (L. Robert, in *Revue de philologie*, 1929, p. 136, n. 2). 次も見よ── *Nouveaux Choix d'inscriptions grecques* by l'Institut Fernand-Courby, Les Belles Lettres, 1971, p. 100. 都市は柱廊の *tabernae* を賃貸ししていた（Libenam, *Städteverwaltung*, p. 20; 未発表ウティカの碑文についてはもう一度触れることになる）. 柱廊の ***ἐργαστήρια*** もおなじく tabernae である（プロウサのディオン, XLVI, 9）.

226. キケロ『国家論』I, 12 では次のように述べられている──«Nulla est res in qua propius ad deorum numen virtus accedat»; cf. A. D. Nock, *Essays on religion and the Ancient World*, Oxford, 1972, vol. 1, p. 141, n. 31.

227. タキトゥス『歴史』3, 43; H. G. Pflaum, *Les Carrières procuratoriennes équestres*, vol. 1, p. 95.

228. タキトゥス『歴史』2, 72; Wiseman, *New Men*, p. 40; A. von Premerstein, *Vom Werden und Wesen des Prinzipats*, repr. 1964, Johnson Reprints, p. 17.

229. スタティリウス・タウルスの小さな円形劇場は例外とする.

230. 『年代記』3, 55.

231. ローマまたは外国の都市の庇護については── Gelzer, *Kleine Schriften*, vol. 1, pp. 89-102; Wiseman, *New Men*, pp. 38-46; E. Badian, *Foreign Clientelae*, p. 160.

232. 屋敷（*domus*）の豪華さについては──キケロ『義務論』I, XXXIX, 138 ──執政官への候補者は「きわめて高級な外観で, きわめて立派な屋敷を建てた──群衆が見物に訪れた」, 候補者は当選した.

233. 隷属者に対する態度については後注（236）を見よ.「新人」のもっと偏狭な態度については Syme, *Roman Revolution*, p. 70 ──「*homines novi* たちは自分らの素性を忘れ, 未来を開き, 貴族に取り入ろうと熱中しすぎて, 苦労して到達できた地位につくまで手伝ってくれた友人たちの面倒を見る暇がない」.

234. ポリュビオス, 22, 12; サルスティウス『カティリナ戦記』7, 6.

235. Cf. Syme, *Roman Revolution*, p. 57, n. 4.

236. R. Knapowski, *Der Staatshaushalt der römischen Republik*, V. Klostermann, 1961.

237. M. Gelzer, *Caesar Politican and Statesman*, p. 209; P. A. Brunt, *Italian*

Manpower, p. 549.

238. プルタルコス『ポンペイウス』45 ——次の解釈による—— E. Badian, *Roman Imperialism in the Late Republic*, Oxford, 1968, p. 78.

239. P. A. Brunt, *Social Conflicts in the Roman Republic*, Chatto and Windus, 1971, p. 39. 本文上述部分の評価はこの書に負う.

240. Mommsen, *Staatsrecht*, vol. 1, p. 240; vol. 3, pp. 1126-1140.

241. Id., *ibid*., vol. 2, p. 452.

242. 次章においてもう一度触れる.

243. たとえば, *aerarium militare* が規則的に老兵に対して退職を認めるには帝政を待たねばならない——共和国は各「軍事長官」*imperator* に特別の法律を認めたので, この長官はその老兵に土地を与え, その老兵たちを自分の隷属的支持者にした. 次と比較せよ—— J. Harmand, *L'Armée et le Soldat à Rome de 107 à 50*, p. 474. キケロは為政者というよりは政治的人間である, つまり問題を見抜くことができず, 元老院の壁, 偏狭な「議員的」視野をこえて見ることができず, 現実問題を見通したり, 具体的な解決を提案したり, 事件の結果を見抜いたりするよりは高尚な信念を持ちやすい. 強烈なローマ愛国心は, 理想化された過去の保守的でロマンチックな愛へ移りやすい.

244. Mommsen, *Staatsrecht*, vol. 2, p. 453.

245. 紀元前55年のポンペイウスの *cura annonae* を除けば, 法政官 (プラエトル) はその法廷にいない——かれは *avocatus propter publici frumenti curam* であった (Ascornius, *In Cornelianam*, p. 59 Clark), もちろん特別職である (*Staatsrecht*, vol. 2, pp. 238, 671).

246. 思うに, 法政官Q. マルキウス・レクスは元老院から (プリニウス『博物誌』36, 15, 121) 古くなったマルキア水道橋 *aqua Marcia* を補修するように言われ, 特別職になった——恐らくこの建造物は祖先のものであったからだろう (この考えは非常に重要である, たとえばキケロ『像について』XXXVI-XXXVII を見よ). かれのために建てられた像を表わしている貨幣がある—— Sydenham, p. 153, no. 919. 公共建造物の管財官については—— *Staatsrecht*, vol. 2, p. 670. マルキウスは1億8000万セステルティウムを受け取っている (フロンティヌス『水道橋』VII, 4).

247. T. ディディウス, かれは紀元前93年, ケルティベリア人に勝った (*Fasti Capitolini*, edidit Degrassi, Paravia, 1954, p. 107). Sydenham, p. 149, no. 901 貨幣では—— T DIDI IMP VIL PVB と書かれ, ほかに証言はない.

248. プルタルコス『カエサル』5; Cf. H. Strasburger, *Caesars Eintritt in die Geschichte*, 1938, pp. 13, 86.

249. この公会堂は紀元前78年に元老院令で復元され (Sydenham, p. 147, no. 833 : AIMILIA REF S C M LEPIDVS), エミリウス・パウルスによって再建されたが, 実はカエサルがかれに3600万セステルティウムを贈与している (プ

ルタルコス『カエサル』29;『ポンペイウス』58, ほか). これは政治的計算からである (M. Gelzer, *Caesar Politician and Statesman*, p. 178). 疑問なのは *Corpus*, VI, 31602 の碑文である――«P. Barronius Barba aed. cur. grados refecit», あるいは法政官ナエウィウス・スルディヌスが公共広場を舗装したという碑文 (P. Romanelli, «L'iscrizione di Nevio Surdino nel lastricato del Foro Romano», in *Gli archeologi italiani, in onore di A. Maiuri*, 1965, pp. 381-389) ――監察官や法政官は作業費を支払ったのか, 国庫から受けとったのか. 思うに, かれらはもし自腹を切ったのなら, そう言うだろう. 監察官には建設の責務があったから当然であろう (Mommsen, *Straatsrecht*, vol. 2, p. 507). 法政官のほうは, 管財官または地区責任者としてふるまったかも知れない (vol. 2, pp. 238, 516) ; vol. 3, p. 1136, n. 3 で引用されている碑文と異なる文言を比較せよ. 事実, 紀元前74年から22年までは調査官 (ケンソル) はいなかった, また執政官, 法政官 (プラエトル), 監察官 (エディリス) はその職務の一部で調査官の仕事をしていた. ポルキア公会堂は公共地に建てられた (プルタルコス『大カトー』19). センプロニア公会堂も同じである (リウィウス, 44, 16). ヘルクレスとミューズの公会堂は *ex pecunia censoria* として建てられた (*Panégiriques latins*, VII, 3). 「文書保管所」は *de senata sententia* として建てられた (Dessau, no. 35 and 35 A; Degrassi, *Inscriptiones liberae rei publicae*, no. 367 and 368); カピトリウム神殿は公共地で復元された, というのもカエサルがカトゥルスに清算を迫ったからである (カッシウス・ディオ, 43, 14; アッピアノス『内乱』2, 26, 101, etc.). 次において他の記念物一覧を見よ―― T. Frank, *An Economic Survey of Ancient Rome*, vol. 1, pp. 183-187, 286-287, 331-333, 369-371).

250. 上注 (39) を見よ.

251. Vogel, article «praeda» of the Pauly-Wissowa, XXII, col. 1201 and 1206. 将軍は戦利品を神々へ献納するか, その一部を献納する, つまり好きなだけという意味である.

252. キケロ『農地法について』1, 4, 12, and 2, 22, 59.

253. ここからルカヌス, 9, 197 のポンペイウス賛美が来ている : «immodicas possedit opes, sed plura retentis intulit».

254. たとえば, ウァレリウス・マクシムスはマルケルスが「名誉」と「値打ち」の神殿のために使った個人的出費を語っている (1, 1, 8). プロピュライア門も同様にペリクレスの個人的な寄贈による (キケロ『義務論』2, 60), ムカレ戦利品も同様である (コルネリウス・ネポス『キモン』2). ウェレイウス・パテルクルス, 1, 11, and 2, 1 も見よ.

255. スキピオはザマの戦いに勝って勝利を祝ったあと, 幾日も競技会が開かれたが, スキピオはすべての費用を負担した (ポリュビオス, 16, 23).

256. 戦勝記念物や凱旋門 (ファビウス門のほか, スキピオ, ドラベラ, シラ

ヌス，ステルティニウス，等の門）については── M. Nilsson, «Les bases votives à double colonne», in *Opuscula selecta*, vol. 2, p. 992, and «The Origin of the Triumphal Arch», vol. 2, p. 1012.

257. メテルス柱廊はユピテル・スタトルやユノ・レジスの神殿を引き立たせた (Wissowa, *Religion und Kultus*, p. 123)．ミヌキア柱廊は「海神ラレス」の神殿と関係があった（12月22日はミヌキア柱廊の海神ラレスの誕生日とされていた）．

258. ゲリウス，10.1 において引用されているティロ──«cujus gradus vicem theatri essent».「劇場の観客席」*theatrum* については前注（225）を見よ．

259. テルトゥリアヌス『見せ物について』10, 5: «non theatrum, sed Veneris templum nuncupavit».

260. この事実は立派な解釈がついていないとしても次で見られる── J. A. Hansen, *Roman theater-temples*, Princeton, 1959, pp. 43-55. よく見られる説明としては，ポンペイウスが「常設劇場の建築禁止をのがれるため」とされている（Platner-Ashby, p. 516 ; J. Van Ooteghem, *Pompée le Grand, bâtisseur d'empire*, 1954, p. 407）．

261. このローマの献食祭については他所で研究する．ただ次のものを挙げておこう── Dessau, no. 154, line 10 *sqq*. また次を参照しよう── *Thesaurs linguae latinae*, s. v. «invitare», ここでは *invitare deos* の節が当てられている．

262. Wissowa, *Religion und Kultus*, p. 277; J. Bayet, *Les Origines de l'Hercule romain*, p. 326. 専門語は *pollucere* である（Dessau, no. 3411, Degrassi, no. 136 : *decuma facta, poloucta*. テルトゥリアヌス『諸国民に告ぐ』2, 7, 17 の中の *Agobardinus* のテキストについてゴッドフロアが行なった見事な訂正を参照せよ．

263. プラウトゥス『田吾作』468; E. Fraenkel, *Elementi plautini in Plauto*, p. 22. 普通の商人なら親族や友人しか招待しなかった（Dessau, no. 3428, 紀元184年でも）．アウグストゥスの後，皇帝がローマでの恵与指向を独占しなくなると，本書，第四章，第八節で見られるように，すべての人が招待されるヘルクレスへの年貢祭はローマから消える．

264. Dessau, no. 3413.

265. D. van Berchem, *Les Distributions de blé et d'argent à la plèbe romaine sous l'Empire*, 1939, p. 120.

266. プルタルコス『スラ』35. 残った肉はテベレ川へ捨てられた──これは確かに儀式的なことであろう．ギリシアでは会食者らが肉を持ち帰ることは神への冒瀆であった．

267. プルタルコス『クラッスス』2 and 12;『アテナイ』5, 65.

268. プルタルコス『ルクルス』37; スエトニウス『カエサル』38; カッシウス・ディオ, 43, 212; アッピアノス『内乱』2, 102.

269. 注（169）を見よ．リウィウス, XXXVII, 46. ――凱旋将軍だけがヘルクレス年貢祭を支払ったのではない――キケロ『義務論』2, XVII, 58 ――アウフィディウス・オレステスが提供した饗宴の描写を見よ．

270. キケロ『義務論』2, XVI-XVII, 55-60. このテキストに関して，次の説教，つまり M. Pohlenz, *Antikes Führertum*, 1934, (repr. by Hakkert in 1967) は次のものほど有益ではない―― P. Milton Valente, *L'Éthique stoïcienne chez Cicéron*, 1956.

271. P. Boyancé, *Études sur le songe de Scipion*, p. 158. 哲学者が，ちょうど恵与指向について行うように，高度の政治問題を解決したり，ポンペイウスを同輩のように扱ったり，元老院を褒めたりけなしたりするのを見れば，われわれ以上にその時代の人々を奇妙に思わせたかもしれない――ローマ人から見れば，普通の人間がたとえ哲学者であろうと，愛国者的におとなしくしないで，高度な政治問題を解決しようなどと考えたら，傲慢のそしりを免れないだろう――ただ元老院議員にはそれができる．キケロがその哲学書において恵与指向を批判したとき，それはかれが元老院議員であるからであり，すべてを理性的に検討する思想家としてではない．ローマ時代における歴史の地位を比較してみよう．ローマの歴史家は一般人であるなら，おとなしく，面白く，愛国的な歴史を書くだろう（リウィウス），もし歴史家が批判し，大政治の調子をとろうとするなら，それは元老院議員として歴史を書いているのである（サルスティウス，タキトゥス）．そこから困難が生じる．われわれのような大学の歴史家，歴史の専門家のように科学的に歴史を書くことは，実際には元老院議員の特権である，なぜなら科学的な歴史はポリュビオスの言う「実践的」な歴史であり，為政者の決定を解釈し，判断し，さらに出来事を政治家の立場から，あるいは政府要人の知識，道徳的で政治的な見識をもって見るからである．ローマでは，このような高度な問題は一般人の手の届かないことである．だから，不幸にして元老院議員でなく，またおとなしく愛国的な記述を好まない天才的な歴史家は博学へ逃避する――これがスエトニウスの場合であり，かれは伝記ジャンルへ走る，これは博学のジャンルであり，「文献学者」が調査の結果を吐露したもの，つまり歴史のジャンルの変形だとは思われていなかった．思うに，哲学にとって問題性は同じであり，キケロは，もし元老院議員でなかったら，哲学書の中で，その当時の政治問題をあつかましく話せなかっただろう．

272. 2, 60 : «Tota igitur ratio talium largitionum genere vitiosa est, temporibus necessaria».

273. 2, 58 ; 上注（167）～（168）を参照せよ．

274. 2, 88 : «Causa largitionis est si aut necesse est aut utile».

275. 2, 88 : «Vitanda tatem est suspicio avariae».

276. たとえば次を見よ――ダマスカスのニコラウス, fr. 138 Jacoby (*Fragmente der griechischen Historiker*, vol. 2 A, p. 426); クインティリアヌス, 12, 8, 11 ――「行うことをよく計算しなければならない (*tenendus est modus*), そしてだれから, いくら, 幾時間をもらうかを知ることが肝心である」; 特に『学説彙纂』I, 16, 6, 3 (ウルピアヌス) ――弁護士, 総督には依頼人や被支配者から贈り物を受けとる権利があるだろうか.「セウェルス帝とカラカラ帝はこの点をきわめてうまく規定した. かれらの手紙の文言はこうである――これらの贈り物 (xenia) に関するわれわれの意見を学べ――古い諺にいわく――《すべてでなく, いつもでなく, みなからでもない》」.

277. 2, XVI, 55. とりわけムソニウス, XIX, p. 108 Hense を比較せよ, つまりムソニウスはキケロと違って, 利己的に自分のために行う贅沢な出費を慈善行為に対立させている.

278. 肉の配給――前注 (142) を参照せよ. 娯楽のおまけとして *ludi* として提供される狩りについては, 次を見よ―― J. Aymard, *Essai sur les chasses romaines*, pp. 80-82.

279. 娘に持参金をつけてやることはギリシアの慈善行為の義務であった. ポリュビオスによれば, スキピオも怠らなかった (Pohlenz, *Führertum*, p. 109, n. 1). だがつけ加えるなら, ローマでも義務であった, つまり元老院は立派な市民への褒賞としてその娘に持参金をつけた (Mommsen, *Staatsrecht*, vol. 3, p. 1121, n. 4). ここでキケロは元老院議員として話している―― 2, XVIII, 63 において, キケロはローマ元老院の援助事業を称賛する.

280. 真の気前のよさに関してキケロが例示していることで確認される――「慈善行為は特に, 不幸が起こった人々に向けられるべきであるが, その不幸が当然の報いである場合は除かれる」(2, XVIII, 62);「有名人の屋敷が偉い客に開かれているのはたいへん結構なことである」(2, XVIII, 64). 不幸が起こり, 財産を失った人々だけでなく, 財産を増やそうとしている人々をも援助しなければならない (2, VIII, 62). 次を参照せよ―― P. Mlton Valente, *L'Éthique stoïcienne chez Cicéron*, p. 229. もし社会生活が恩恵の交換であるなら, 貧しい人々は異教的慈善行為の範囲外にとりのこされる恐れがある, なぜなら恩を返せないからである―― J. Kabiersch, *Untersuchungen zum Begriff der Philanthropia bei dem Kaiser Julian*, Harrassowitz, 1960, p. 31. 聖アウグスティヌスは, 競技会に使う金を貧しい人々へ与えるほうがよい, と言うだろう―― W. Weismann, *Kirche und Schauspiele : Die Schauspiele im Urteil der lateinischen Kirchenvater*, J. J. Augustin, 1972, p. 164. 慈善の義務を強調する点では, ムソニウスやセネカのほうがキケロよりはるかに熱意があり, 確信に満ちている.

281. 『義務論』2, XVIII, 63. *memoria* という語はたえず *beneficium* という語と組み合わされている, 次でも同様――コルネリウス・ネポス『アッティク

ス』XI, 巻末；E. Norden, *Aeneis Buch* VI, repr. 1957, Teubner, p. 36, n. 2.

282. 『義務論』2, XVI, 56. この断章は次に反映していると思われる——ルキアノスの作とされている『祖国賛美』7 ——「もし財産が増えるなら，恵与者になるべきであり（文字どおりには—— *philotimia* の目標として），また祖国の集団的費用に寄与すべきである」．

283. 「豪勢さ」*apparatione* は数行上の *apparatus* と同義である．『親しい人々への手紙』VII, 1 にある *apparatus* および *ludi apparatissimi* の意味と比較せよ．*munera* はテオフラストゥスの χορηγίαι を訳したものであるはずであり，「課役，一般的に恵与」を意味し，むしろ「見せ物」ではない（「恵与」「寄付」の意味における *munus* については，上注61を見よ）．*popularis* は見せ物や寄付が問題になるときの決まり文句であり（ユウェナリス，3, 37 —— *occidunt populariter*），よい意味で用いられたり（注86），ここでのように悪い意味で用いられたりしている．

284. χρῆσις の訳語と思われる *fructus* : cf. E. Norden, *Aeneis Buch* VI, p. 288; ダマスカスのニコラウス，上注（276）で引用；プルタルコス『富の賛美』（『モラリア』527 B）で引用されているテオフラストス；テオフラストスによれば，富はその真の目的のために使用されなければ富ではない．だがキケロはこの言葉をむしろ恩恵者の利益，つまり恩を受けた者の感謝と解している (2, XVI, 56 : *fructus major et certior*)．

285. 2, XX, 69.

286. M. Pohlenz, *La Atoa*, Italian transl., 1967, vol. 2, p. 82.

287. 2, XVIII, 63. *levitas* については，次の書のインデックスでこの語を見よ—— Z. Yavetz, *Plebs and Princeps*, Oxford, 1969 で，この語意が研究されている．

288. 2, XVI, 56. 次の書で再録された断章である—— W. D. Ross, *Aristotelis Fragmenta Selecta*, Oxford, 1955, p. 57. また次で注釈されている—— P. Thillet, in *Aristote : cinq œuvres perdues, framgents et témoignages édités sous la direction de P. M. Schuhl*, PUF, 1968, p. 13 *sqq*.

289. 『励ましの歌』, B 44 Dühring («quellen der Philosophie», Klostermann, 1969), 次による—— Jamblique, *Protreptique*, IX, p. 53, 19 Pistelli; キケロ『トゥスクルム談義』5, III, 8 を参照せよ．

290. 経済活動に対するかれの蔑視を比較せよ——「家庭のわずらわしさを避けられる人々は管理者を雇い，自分は政治や哲学に専念する」（『政治学』I, 7; 1255 B 35）．賭事に対するアリストテレスの軽蔑については，『ニコマコス倫理学』章10，節 6 全体を見よ．

291. キケロ『プランキウス弁護』；『アッティクスへの手紙』2, 1, 1. かれはあるとき，競技会を見たがる娘トゥリアをつれてアンティウムまで行ってみようかと思うが，決心できない——『アッティクスへの手紙』2, 8, 2 および 2,

10. 思うに，元老院はローマの競技会の日や祭日（*ludi, feriis*）には召集されなかった，その日には法廷も民会も開かれなかった，それでも元老院には，この規定は確認されていない（Mommsen, *Staatsrecht*, vol. 3, pp. 373, 921, 1055; Wissowa, *Religion und Kultus*, p. 451）――だからキケロは競技会の日には公共広場へも元老院へも行かなかった．紀元前55年にポンペイウスが開催した*ludi* の期間中，かれがカニニウスの弁護をしているが（『親しい人々への手紙』VIII, 1, 4），そのときの *ludi* は劇場落成のための特別なものであたっからである．

292. 『ニコマコス倫理学』X, 7（1177 B 25）.

293. 『政治学』V, 8（1309 A 15); cf. 1320 B 1.

294. キケロ『義務論』2, XVI, 56 におけるアリストテレス．

295. Dittenberger, *Sylloge*, no. 850 : τοῦ[παρ]α χρῆμ[α εὐδοκιμ]εῖν χά[ρ]ιν.

296. アリストテレス『政治学』VIII, 7（1342 A 15).

297. 『ニコマコス倫理学』IV, 6（1123 A 25).

298. Cf. E. Gilson, *Les Idées et les Lettres*, Vrin, 1955, p. 191.

299. 『倫理学』IX, 7（1167 B 15); cf. 1175 A 10. Cf. J. Rawls, *A Theory of Justice*, Oxford, 1972, p. 426 ――しかしすべては同じことになるから，われわれの能力を発揮する二つの活動のうち，困難で複雑なほうがそれだけ喜びも大きい．すでに本書，第二章において述べたように，恵与指向は納税より楽しい，なぜなら次から次へ行われ，複雑であったから．幸福とは不足を補ったり，均衡を取り戻すことではなく，われわれの能力を発揮すること，だからこの意味では，幸福の反対は倦怠である（あるいは倦怠という語と混同される状態である)．無償性，気晴らし，無欲な知識については，同じく，どうしても次の書を挙げておきたい―― Hume, *A Treatise of Human Nature*, 2, 10.

300. 『義務論』2, XVII, 58 : «In his autem ipsis mediocritatis regula optima est».

301. 同上, 2, XVII, 60.

302. タキトゥス『アグリコラ伝』6 ――アグリコラは「競技会や職務上の虚しい負担をまかなったが，いつも節減と過剰の中間にとどまっていた」．マルクス・アウレリウス, I, 16, 25.

303. この区別は次で素描されている―― D. J. Allan, *Aristote le philosophe*, Nauwelaerts, 1962, p. 179 ――まず，中道とは相対的なものである――数学的な平均値ではなく，問題と状況を具体的に把握することを前提とする．さらに，アリストテレスによれば，極端を避けることはわれわれの選択に依存する個々の活動というよりはむしろわれわれの能力を規制する（平静な気質，気性，勇気，等).

304. 聖トマス『対異教徒大全』3, 134 ――「中道は利用される外的な財の量

ではなく，理性の掟によって決まる．だから外的な財の量から見れば極端であっても，理性の掟から見れば中庸になる．実際のところ，だれも鷹揚さ以上の莫大な目標には向かわないし，また鷹揚な出費をはるかに越えて支払わない――だからかれらは出費の額や，同じような考えにしたがって中庸にとどまるのでなく，むしろ理性の掟を越えたり，越えないかぎり，中庸にいる．この掟は出費の額を考慮するだけでなく，寄贈者の立場，その意図，適当な時と場所，その他，篤志な行為に必要な問題をすべて考慮する」; 3, 136 ――「徳の中庸は理性が命じるものの量によって定まるのでなく，正当な目的に到達させる理性の掟によるのであり，状況の妥当性によって評価される」;『神学大全』Secunda secundae, qu. 129, art. 3, ad. I ――「立派であるのは，その偉大さにおいて極端であることである，だがそれは中庸にとどまっている，なぜならそうあるべきだから」; 次も見よ―― qu. 135, art. 2, *sed contra*.

305.『義務論』1, XXXIX, 141.

306. 同上, 1, XXXIX, 138-140.

307. 同上, 2, XVII, 59.

308. 同上, 2, XVII, 60. キケロは快適な寄贈と建設的な寄贈を対立させる，後者のほうが時とともに有益さが増大する（*in posterum gratiora*).

309. パナイティオスについては次を参照せよ―― M. M. van Straaten, *Panaetii Rhodii fragmenta*, 2d ed. , Brill, 1962, p. 47, fr. 122. デメトリオスについては，キケロが読んでいたか，また『義務論』を書くに際して再読したか，あるいはパナイティオスをとおしてデメトリオスを知ったかどうかは分からない．Cf. E. Bayer, *Demetrios Pharereus der Athner*, 1942, p. 173, n. 1 and 2, and p. 47, n. 1; P. Boyancé, «Le stoïcisme à Rome», in *Association Guillaume-Budé VIIe Congrès, Aix-en-Provence, 1963, Actes*, p. 228. 本書，キケロの箇所におけるデメトリオスの引用（fragment 8 Jacoby）については―― Bayer, p. 159.

310.『義務論』2, XVII, 59;『アッティクスへの手紙』VI, I, 26.

311. P. Boyancé, *Le Culte des muses chez les philosophes grecs*, De Boccard, 1937, pp. 201-227. 参照せよ――『政治学』I, 13（1260 A 5）and VII, 14（1333 A 15); 次の注もともに――トリコット訳『政治学』p. 76, n. 2, 年譜について．

312. キケロ『セスティウス弁護』XLVIII, 193. 次のきわめて緻密な研究を見よ―― J. Béranger, «Les jugements de Cicéron sur les Gracques», in *Aufstieg und Niedergang der römischen Welt*, H. Temporini, editor; De Gruyter, 1972, vol. 1, p. 732.

313. 文献はかなりある，だが資料の *Corpus* はきわめて限られている．好みの研究をしながら一巡できる―― Marquardt, *Staatsverwaltung*, vol. 2, pp. 114-135; G. Cardinali, article «frumentatio» of the *Dizionario epigrafico* of De Ruggiero, repr. 1961, Bretschneider; D. van Berchem, *Les Distributions*

de blé et d'argent à la plèbe de Rome sous l'Empire, 1939（ジュネーブ大学学位論文）; P. A. Brunt, *Italian Manpower, 225 B.C. - A,D. 14*, Oxford, 1971, pp. 376-382.

314. Van Berchen, *Distributions*, p. 18 ; Chr. Meier, *Res publica amissa*, p. 110, n. 277.

315. 現在，専門家のあいだで議論の的になっている集団的な財とサービスの概念にふたたび触れることになった．本書，第一章において，この財は奪い合うものでないことを述べた，なぜなら各個人はその分け前を受け取り，すべての者がすべてを持つからである．太陽または海岸の灯台は集団的な財である——社会は一隻でも多くの船に灯台の光を利用させるために余分な費用を使わない，灯台は外的効果を生むから集団的な財である．だが，もしわれわれがそのように集団的な財を定義するなら，政治思想のため，あるいはたんに刺激的な好奇心から貴重な概念に手をつけたことになるだろうか．国民教育は集団的な財である，ただし狭すぎる階段教室になだれこもうとして喧嘩になるのは別として．だが放送教育になれば，もとどおりになるだろう．恐らく集団的な財の概念をボランタリスト的な意味にとるほうが興味深いだろう——集団が制限なくすべての人に確保しようとする財である．さもなければ，ふたたび古典的な自由主義の困難さに陥ることになる——国家は，本来集団的である財しか責任を持たなくなるだろう——道路の保全，灯台，度量衡，商法，等々．そこで国家は学校を個人的な自発性にまかさねばならなくなる，そのかわり放送教育に責任を持つだろう．

316. アリストテレス『アテナイ人の国家制度』43, 4, 次の引用による—— J. Hasebroek, *Staat und Handel im alten Griechenland*, repr. 1966, Olms, pp. 118 *sqq.*, 158 *sqq*; H. Michell, *The Economics of Ancient Greece*, Cambridge, 1957, p. 270 *sqq.* ギリシア諸都市の穀物政策については，次の明快な研究を見よ—— Ph. Gauthier, *Symbola : les étrangers et la justice dans les cités grecques*, p. 91, n. 72-74.

317. キケロ『義務論』2, XXI, 74.

318. 帝政時代の軍隊の経済的重圧については—— E. Gren, *Kleinasien und der Ostbalken in der wirtschaftlichen Entwicklung der römischen Kaiserzeit*,, Harrassowitz, 1841, chap. IV, pp. 89-155.

319. 次の注目すべきページを見よ—— P. A. Brunt, *Social Conflicts in the Roman Republic*, pp. 26-27. 周知のように，共和制末のイタリア農業は投資的，「資本主義的」発展をして，「大土地所有」は利潤経済へ移っている．この事実から，ロストフツェフとトインビーは灌木栽培が完全に小麦という主食物の栽培にとってかわったのも自明のことだと推定した．だがそのような変革は19世紀以前では考えられない——ただヘクタール当たりの生産高が向上し（肥料），輸送手段も進歩したことが考えられる．これらの条件が合併しなければ，穀物

生産の地域化は不可能である．

320．古代ギリシアにおけるこれら両難問については——J. Jardé, *Les Céréales dans l'Antiquité grecque : la production*, pp. 192-200. 輸送の難問という大きな問題については，ただ次のものだけを参照しよう—— P. A. Brunt, in *Journal of Roman Studies*, 1972, p. 156.

321．A. Dopsch, *Naturalwirtschaft und Geldwirtschaft in der Weltgeschichte*, 1930, particularly pp. 254-255. 紀元3世紀に軍隊へ現物給与が行われ，兵隊に小麦が支給されたとしても，それは決して貨幣経済の後退を表わすものではない，同上書244ページを見よ．プリニウス，IX, 37, 3 の手紙については，同上書87ページを見よ．この現象についてはすでに次において正確に調査されている—— F. Preisigke, *Girowesen im griechischen Aegypten*, repr. 1971, Olms, p. 5.

322．鍵になるテキストは次のものだと思われる——キケロ『ウェレス弾劾演説』——『小麦について』LXXXII, 198．これは次において後期帝政時代において明らかにされた世紀と同じく紀元はじめの世紀にとっても重要な問題である—— S. Mazzarino, *Aspetti sociali del quatro secolo* ——ローマ国家が農業経営者またはシチリアの都市から小麦を徴発したとき，当事者は「恩恵または優遇として，小麦自体でなく，小麦を貨幣価値に換算して欲しいと要望した．これは小麦を保有しておきたかったのか，徴発の土地までの輸送を確保したくなかったからか」．ローマ国家の利益は明らかに相反していた．

323．キケロ『わが家のために』V, 9.

324．同上，『プランキウス弁護』XXVI, 64.

325．同上，『アッティクスへの手紙』V, 21, 8.

326．リウィウス，2, 34; 4, 52 も見よ．*frumentatores* と *mercatores* については，2, 34 ，および 30, 38．国家は商いをしない——商人に道を開く，だから *frumentatores* の利益を監視することができる（リウィウス，2, 34, 7 の短編小説をそのように解釈しなければならないなら）．国家が産物を独占するのは例外的である（塩については，2, 9 で．だがそれは情勢が悪かったからである——ポルセンナがローマへ向かって進軍していたからである）．紀元前169年には，ローマはロドスにシチリアで小麦を購入する許可を与えている（ポリュビオス，28, 2 and 16）．

327．ディオニュシオス・ハリカルナッセウス『古代ローマ』7, 1．紀元前210年に，ローマ使節はプトレマイオス・フィロパトルから小麦をもらっている（ポリュビオス，9, 11 A）．

328．リウィウス，2, 34, 7 の短編小説は事実，作者または素材の不明確さを表わしている，つまり小麦の公定価格が紀元前5世紀に決められたとしているが，共和国はそれよりはるかに遅れて属州シチリアから税または徴発の名目でその小麦を受けとる．調査官（ケンソル）がワインの最高価格を決めるとしても

(プリニウス, XIV, 14, 95), それはかれの風紀取締まりの範囲内である (Mommsen, *Staatsrecht*, vol. 2, p. 382).

329. キケロ『ウェレス弾劾演説』——『小麦について』CXII, 215; リウィウス, 31, 4 ——「スキピオはアフリカから大量の小麦を送った, それを監察官は一升《ます》4 アースの値で人民へ配給した」; 30, 26; 31, 50; 33, 42 ——「象牙の椅子に坐れる監察官は人民に, 一升 2 アースで, 100万升分の小麦を配給した, その小麦はフラミニウスを敬ってシチリア人がローマまで運んだのである」(cf. E. Badian, *Foreign Clientelae*, pp. 158, 161). 紀元前46年にカエサルが下賜品としてオイルを配給したが (スエトニウス『カエサル』38; カッシウス・ディオ, 43, 21), これは税としてアフリカから提供されたものだろうと推測できる (プルタルコス『カエサル』55).

330. ポンペイウスは, 紀元前58年度の *cura annonae* として4000万セステルティウムを受けとっている (キケロ『きょうだいクイントゥスへの手紙』II, 5, 1). 同様に, 紀元前73年のテレンティア・カッシア法と元老院令 (Mommsen, *Staatrecht*, vol. 3, p. 1130) はシチリアでの小麦購入費として300万セステルティウム近くの年度予算を組んでいる——キケロ『小麦について』LXX, 163-164 and LXXV, 173;『懲罰』XXI, 52-56; cf. J. Carcopino, *La Loi de Hiéron et les Romains*, 1914, pp. 178-180, 273. 紀元前75年は飢饉のために乱れていた (サルスティウス『歴史』2, 45, Maurenbrecher), だからホルテンシウスは監察官として小麦を配給しなければならなかった (『小麦について』CXII, 215).

331. 貨幣の裏面で, かつて小麦を廉価で配給した監察官が記念されている ——Sydenham, *The Coinage of the Roman Republic*, p. 54, no. 463, and p. 60, no. 494 (プリニウス『博物学』XVIII, 4 and XXXIV, 11); p. 61, no. 500 (プリニウス, XVIII, 3).

332. 次で監察官寄贈一覧表が見られる—— Marquardt, *Staatsverwaltung*, vol. 2, pp. 114, 136; Mommsen, *Staatsrecht*, vol. 2, p. 503, n. 1. 後者ではこう結論されている——「これら多くの場合において, 監察官が公共的寄贈の機関であったか, あるいは個人の費用で寄贈を行なったのかどうかは言えない」.

333. キケロ『小麦について』CXII, 215.

334. 監察官の寄贈はいつも独自の振るまいであり (上注330), セイウスが *per totum annum* 〔年間を通じて〕オイルを配給したとき, プリニウスはわざわざそのことを特記している.

335. もっとも有名なのは監察官セイウスであった, かれは人民に一升《ます》安い値で小麦を販売し, また年間を通じてオイルを供与した——キケロ『義務論』2, XVII, 58; プリニウス『博物学』XV, 2 and XVIII, 16 ——セイウスはみずから支払った. キケロの付言によれば, それでもセイウスは破産しなかった («nec turpi jactura, nec maxima»).

336. キケロ『義務論』2, XVI, 57 ――「明らかに，わが社会において，共和制のもっとも輝かしい時期に定まった習慣で，立派な市民たちは監察官がその責務を華々しく果たして欲しいと願っている」.

337. リウィウス, 25, 2, 次の注釈による―― F. Münzer, *Adelsparteien und Adelsfamilien*, p. 188.

338. Cf. Mommsen, *Staatsrecht*, vol. 2, p. 672; E. Meyer, *Caesars Monarchie*, p. 118. 紀元前44年 6 月，ブルトゥスとカッシウスは小麦担当官に任命され，アジアやシチリアまで小麦を買いに行く任務を与えられている（キケロ『アッティクスへの手紙』XV, 9 and 12）――事実，かれらにはローマを離れることが急務であった. ――小麦の特別担当官については前注（245）と次を見よ―― Mommsen, *Staatsrecht*, vol. 2, pp. 671, 238, 571-572.

339. F. Heichelheim, *Wirtschaftliche Schwankungen der Zeit von Alexander bis Augustus*, 1930, p. 74.

340. P. A. Brunt, *Italian Manpower*, p. 376（カイウス法では，穀物は升《ます》当たり 1.5 セステルティウム少し上の値段で販売されたが，これは通常価格の半値以下であったように思われる）. ――前期帝政時代を通じて，升当たり（8リットル）の「正価」はだれにも 4 セステルティウム（デナリウス銀貨 1 枚）と思われていた. たとえば紀元前 2 世紀に，飢饉のさなかにあって穀物升当たりデナリウス銀貨 1 枚で配給した恵与者に対して平民が感謝している（*Corpus*, XI, 6117）. ピシディアのアンティオキアでは，飢饉のあいだ，州総督は升当たりデナリウス銀貨 1 枚という公定価格を定めている（D. M. Robinson, «A new Latin economic edict from Pisidian Antioch», in *Transactions of the American Philological Association*, LV, 1924, p. 7）. ウェレスのとき，すでにシチリアでは，*frumentum aestimatum* は升当たりデナリウス銀貨 1 枚と評価されていた（キケロ『ウェレス弾劾演説』3，『小麦について』*passim*）; アウグストゥスは『業績録』の中で，小麦の配給に関しては，セステルティウムでなくデナリウス銀貨で計算している，なぜならかれの頭では升とデナリウスが等しい数字であったから（U. Wilken, *Berliner Akademieschriften*, vol. 2, p. 6, n. 1）. 本当は小麦価格の問題に意味があるのかどうかを疑問にすべきだろう. 私見によって，物事をどのように考えるべきかを示そう. 消費された小麦の大部分は通貨取引の対象ではなかった――多くの農民は小麦を自家消費に当て，給与所得者の多くは小麦の支払いを受け，それを食べたのであって，売ったりしなかった. 一方，ローマでは貨幣は価値の尺度であり，小麦の価値は升当たりデナリウス銀貨 1 枚とされるのが諺ふうに習慣となっていた――それが *justum pretium* であった. それは言いならわしであり，文句のつけようがなかった，というのも小麦は市場で得られたのでなく，交換もされなかった. ただ，労働者を雇うときはデナリウス銀貨で通常の給与で契約するが，小麦で支払われた――小麦は，実際に通貨取引の対象となるほかの商品と照合された

ことがない．このような小麦の口頭値段は，給与額とまったく同様に，幾十年にわたって定着し，諺のように一般化した．ところがひとたび飢饉が起こると，自家消費と賃金の小麦支払いでは一般の人々を養っていけなくなる．庶民は市場で小麦を買わねばならない，当然，その値段は升当たりデナリウス銀貨1枚よりはるかに高くなる．したがって小麦の流通は2種ある，つまり一方では，口頭以外に小麦の値段はない，他方，市場価格がある．飢饉のときは，当局が介入して，小麦を *justum pretium*，つまり口頭値段で売らせようとする，だが効果はゼロか破滅的である．必然的結果として，小麦で支払いを受ける社会層のほうが通貨で支払われる人々より恵まれているということになる．

341. むかしの執政官は国費パンを買いに行ったのが分かっている（キケロ『トゥスクルム談義』3, XX, 48）．

342. その後の穀物法では，月5升《ます》という最高量が定められる（Brunt, p. 378）．カトーはその奴隷たちに月4升を与えていた（大カトー『農業論』56）．

343. G. E. Rickman, *Roman Granaries and Store Buildings*, Cambridge, 1971, p. 173.

344. P. A. Brunt, *op. cit*., p. 240. 同じ意味で―― E. Badian, *Roman Imperialism in the Late Republic*, Blackwell, 1968, p. 49. カイウスの行動全体については―― P. A. Brunt, «The army and the land in Roman revolution», in *Journal of Roman Studies*, 1962, p. 70; «The Roman mob», in *Past and Present*, 1966, p. 18.

345. E. Badian, *Roman Imperialism in the Late Republic*, pp. 47-48. その代わり，カイウス・グラックスによるアジアの税制は当人の意図では，国庫にも属州人にも同じように有利だった―― cf. E. Badian, *Foreign Clienterae, 264-70 B.C.*, Oxford, 1958, pp. 184, 287.

346. フロルス, 2, 1. これはグラックス時代の論争を正しく反映している．

347. 征服の利益があまりにも不平等に分配されているという意見は広がっていた――「一握りの人々が軍隊の指揮者だという口実で，国庫，軍隊，王国，諸州を盗んだ……だれかのために戦い，勝つというだけである」（サルスティウス『歴史』，ルキニウス・マケルの演説，6 and 28）．

348. 『義務論』2, XXI, 72（M.オクタウィウスの穀物法，これは実はカイウスのものを廃止することになった――キケロ『ブルトゥス』222）．

349. カッシウス・ディオ, 38, 13 ―― *προῖκα*. キケロ『セスティウス弁護』XXV, 55，これはクロディウスが無償の穀物を最初に考えた人であることを表わしている．同様に，アスコニウス, p.8 Clark. 紀元前58年の法律以後，ローマの財政状態については―― P. A. Brunt, «Porcius Cato and the annexation of Cyprus», in *Journal of Roman Studies*, 55, 1965, particlarly p. 117.

350. キケロ『農地法について』2, 70で引用．キケロはさらに「この泥かすを清めること」とつけたしている，なぜならかれはルルスと平民を対立させよ

うと試みるからである．3年後，かれは同じ言葉を繰り返す，そのことは後で述べよう，cf. Gelzer, *Cicero*, pp. 74-75. サルスティウス, 2, 6, 1,『カエサルへの政治的助言』はキケロのこの演説の扇動的な反論に対する反撥を真似ているように思われる．紀元前187年以来，ローマに定住していた1万2千人のラテン人が退去させられ（リウィウス, 39, 3)，紀元前65年には，イタリア人でない者はだれもローマに居住できないという法律がつくられた（キケロ『義務論』3, XI, 47); cf. R. von Pöhlmann, *Die Uebervölkerung der antiken Grosstädte*, p. 164.

351．キケロ『アッティクスへの手紙』I, 19, 4（cf. I, 18, 6).

352．サルスティウス『カティリナの陰謀』37．E. Badian, *Publicans and Sinners*, p. 46 によれば，グラックス兄弟の時代の農地問題の深刻さが誇張されている――おなじころ，イタリアでは都市の発達が盛んであったから，移住した農民は建築仕事に「間に合わせの職」を見つけた．だがこれほど紙の上で牧歌的に農民を石工につくりかえられる前に，すべての破産した農民が建築仕事に吸収されるかどうか疑問であろう，しかも明らかにその仕事には奴隷が働いていたのである．これらの事柄は実質でなく，もっともらしさだけで議論されている．

353．ディオニュシオス・ハリカルナッセウス『古代』, 4, 24, 5．共和制時代の都市平民の生活条件については―― R. von Pöhlmann, *Die Uebervölkerung der antiken Grosstädte*, 1884; repr. Leipzig, 1967, *passim*; P. A. Brunt, «The Roman mob», in *Past and Present*, no. 35, December 1966, pp. 3-27; Z. Yavetz, «The living sonditions of the urban plebs», in *Latomus*, 1958, pp. 500-517（特に居住条件について); J. Le Gall, «la "nouvelle plèbe" et la sportule quotidienne», in *Mélanges A. Piganiol*, 1966, vol. 3, pp. 1449-1453.

354．H. Bolkestein, *Wohltätigkeit und Armenpflege*, pp. 376-377.

355．*Caesar Politician and Statesman*, pp. 83, 287. 次でも同じ解釈が見られる―― E. Meyer, *Caesars Monarchie und das Prinzipat des Pompejus*, pp. 417, 495.

356．P. A. Brunt, *Italian Manpower*, pp. 257, 319.

357．後述，第四章，第八節を見よ．

358．タキトゥス『歴史』2, 38.

359．帝政の穀物管理業務については，次を見よ―― O. Hirschfeld, *Verwaltungsbeamten*. 船主，商人の同業組合については―― J. P. Waltzing, *Étude historique sur les corporations professionnelles chez les Romains*, vol. 2, pp. 19-115 *passim*; 一般的な事柄については―― Marquardt, *Staatsverwaltung*, vol. 2, pp. 125-135; cf. P. Baldacci, «"Negotitoes" e "mercatores" nel periodo imperiale», in *Istituto Lombardo, Rendiconti* (*Classe di Lettere*), vol. 101, 1967, pp. 273-291. 最後の文献はアンドレ・ツェルニア氏の好意で読

むことができた.

360. タキトゥス『年代記』2, 87. ローマにおける小麦価格は推定または年度によって升《ます》当たり2，3，または4セステルティウムであった（Baldacci, pp. 279-282).

361. Marquardt, vol. 2, pp. 125-127.

362. スエトニウス『クラウディウス』18.

363. 穀物管理の長官は各州ごとに代理人をおいていた── Mommsen, *Staatsrecht*, vol. 2, p. 1043, n. 4.

364. プリニウスは，トラヤヌスが小麦を買うという口実で小麦を強奪したことは一度もないことを称賛している（『トラヤヌス称賛演説』29, 5).

365. スエトニウス『アウグストゥス』41 ──「アウグストゥスは食糧補給の困難な時期には，個人当たりの小麦の量を配給した，それもしばしば非常に安い値で，また時には無料で供与し，有料配給券（*tesserae nummariae*）を倍増した」──かくて特権者はいつでも一定量の小麦を皇帝から買うことができた，しかも明らかに有利な値段で．だから *tessera nummaria* はこの特権のしるしになる．飢饉のときには，皇帝は切符の数を倍増し，特権者はそれを利用する（だから特権者は完全に穀物管理のおかげで食糧の補給ができ，不足の小麦を私設の市場へ買いに行かなくてもよい)．さらに皇帝は飢饉のあいだ，すべての平民にきわめて安い値で小麦を売らせる．親衛隊の兵隊は，無料の小麦受給の権利をもらう以前は皇帝から小麦を買える特権者の部類にはいっていたようである（タキトゥス『年代記』15, 72; スエトニウス『ネロ』10; 次を参照せよ── Rostowzew, in Pauly-Wissowa, VII, s.v. «frumentum», particularly col.181; M. Durry, *Les Cohortes prétoriennes*. repr. 1968, De Boccard, p.269.

366. この碑文については── Dessau, no. 6063-6070; *L'Année épigraphique*, 1928, no. 70; D. van Berchem, *Les Distributions de blé et d'argent*, pp. 36-43.

367. カッシウス・ディオ, 53, 2 and 55, 26.

368. 同上, 62, 18; cf. Van Berchem, p. 75. 思い切った措置である──ネロ帝の下ではよく見られるが──そこには皇帝顧問団の活躍が認められる，つまりネロ治世のはじめにはこの顧問団は特に有能であったと思われる.

369. スエトニウス『カエサル』41.

370. 前注（365）の最後を見よ.

371. J. P. Waltzing, *Étude historique sur les corporations*, vol. 1, Addenda, p. 519.

372. Van Berchem, *Distributions*, p. 49.

373. 『学説彙纂』31, 49,1; 5, 1, 52, 1 ──「もし遺言者がその贈与依託監督官に頼んで，自分の解放奴隷のために穀物配給券を購入させるなら……」; 31, 87 pr.

374.『学説彙纂』31, 87 pr. これはユスティニアヌス, 2, 20, 6,『法学提要』にきわめて近い．このテキストの *causa lucrativa* については —— Jacques Michel, *Gratuité en droit romain*, Université libre de Bruxelles, Institut Solvay, 1962, p. 419. 次も見よ —— B. Biondi, *Successione testamentaria e donazioni*, 2d ed., Milano, Giuffrè, 1955, p. 394.

375. *Fragmenta Vaticana*, 272. および『学説彙纂』32, 35 pr.; Mommsen, *Staatsrecht*, vol. 2, p. 447, n. 4.

376.『学説彙纂』32, 35 pr.

377. Mommsen, *Staatsrecht*, vol. 2, p. 447, n. 4; p. 461; cf. p. 472.

378. 次でも同じ解決法が見られる ——『学説彙纂』31, 87 pr.（注374で引用）; 32, 11, 16（ある *militia*〔軍職〕が間違って奴隷に遺贈されたが，奴隷はその職を継ぐことができないので，*militia* に見合った金を受けとる）; 31, 49, 1（注380で引用）．

379. 奴隷は職につけなかった．*militiae* の売買とその遺贈については ——『ユスティニアヌス法典』8, 13, 27;『学説彙纂』4, 4, 3, 7; 31. 22（「*militia* または，それを売って入手する金額」); 32, 11, 16; 32, 102, 3（もしあなたがだれかに *militia* を遺贈すれば，あなたの相続人もその受遺者へ心づけ *introitus* を支払わねばならない，つまり新任者が就任するときに上役や同輩に払うことになっている金である); 34, 1, 18, 2（解放奴隷は *militia* を遺贈されても，その任につくことができない）．*decuriae* の売買については，次を見よ —— *Fragmenta Vaticana*, 272, また高官の下で働く執行官職には *immunes*〔支払い無用〕のものがある（本書，第四章，注424を見よ）．次の研究は読むことができなかった —— G. Kolias, *Aemter-und Würdenkauf im frühbyzantinischen Reich*, 1939.

380.『学説彙纂』31, 49, 1. 役人の職を軍職（*militiae*）と一致させているこれらのテキストは，明らかにローマの行政に関連している，紀元前4世紀のままであり（または紀元前3世紀末)，それが後になって『学説彙纂』に挿入されたのだろう．

381.『カエサルへの助言』I, 7, 2 and I, 8, 6. この議論されたテキストに対する態度を決定しておく必要がある．(1)「解釈論的循環」によって，すべての内的基準はくつがえるかも知れない．『カエサルへの助言』とサルスティウスの本当の著書が文言の上で酷似していることから，本物であるか，それとも模作者の才能または忠実さの証明になる．(2)ロナルド・サイムがその著書『サルスティウス』において二つの論拠を持ち込んだとき，解釈論的循環はくだけた，つまり少なくともその二番目の論拠は『助言』が偽作者の作品であることを確実に証明しているのである．まず第一に，サルスティウスが特徴的な，ツキディデスふうの文体を創造したのはオクタウィアヌス治世になってからである(サルスティウスはこのアウグストゥス時代の作家である) ——かれがオクタ

ウィアヌスの父にサルスティウス的文体で手紙を書くというのは，ちょうどマラルメがボードレールに影響された若いころから，円熟期の難解な文体で韻文を書いていたというのと同様に考えられないことである，だが確かに模作者なら実際に発展しつつあるサルスティウスやマラルメでなく，後世から見られるようなサルスティウスやマラルメを見るだろう．第二に，2, 4, 2 において，40人の元老院議員がポンペイウス派によって殺戮されたという記述はスラによって殺された40人の元老院議員といちじるしく混同されている——この模作者が混同したのである．それがサイムの決定的な一撃の論拠であり，わたしには真偽問題を解決してくれるように思われる．(3) 後はただこの偽作がいつのものか，それが文学的な遊びか，模作の形式（カッシウス・ディオにおけるアウグストゥスへの偽マエケナスの言葉のように）の政治的パンフレットであるかを知ることである．この模倣作が遊びにすぎないことは完全にありうることである．しかしそうでないと仮定しよう——その場合，ローマの歴史のどの時代に関係づけられるか．この模作者は大変頭がよいと言える，歴史的感覚と政治的能力が優れているとさえ信じられる……サルスティウス本人のようではないか！　本当にこのテキストになんらかの意図がかくされていて，遊びでないとすれば，これを紀元 4 世紀はじめごろの作だと見なせないだろうか．元老院に対する攻撃（2, 11）はコンスタンティヌス帝治世における顕職（*clarissimus*）〔元老院議員〕という肩書の変化ときわめてよく一致する（本書，第四章，注263を見よ）．

382. 作者は徴兵と兵役の不平等に関心をもっている（I, 8, 6）．

383. 注（1）を見よ．『助言』の作者は帝政の諸問題に鋭い感覚を持ち，見識が高く，てらいがない—— 1, 5, 2 および 2, 13, 6 を読め．

384. ポンペイウスが紀元前60年に農地法を提案したとき，キケロはだいたいこのような問題にはまったく興味がないが，ポンペイウスの気に入られたい（かれの夢はこの最高権力者の顧問役になることである），その問題は存在し，ポンペイウスの言うとおりだと適宜に発言する——何かをしなければならないのだ（『アッティクスへの手紙』I, 19）．植民地化は常に元老院派を不安にしていた，その理由は『第 2 カティリナ弾劾演説』IX, 20 で述べられている．

385. 『義務論』2, XXIV, 85, およびテキスト全体，これはきわめて辛辣である．

386. 社会性には二つの根源がある，つまり自然本能と行動学的計算である—— *φύσις* と *χρῆσις* である．ところで，この二つの根源の考えはペリパトス学派のテキストに見られる——ストバイオス，巻 2，152ページ，Wachsmuth ——しばしばアスカロのアンティオコスの作だとされるテキスト．この問題を考えるのはもっと専門家にまかせよう．

387. 『義務論』2, XXI, 73. キケロにとっては，ロックと同様に，個人の所有権の保存は政治生活での最重要事である．

388. 同書，1, XVI, 52.

389. *fides* ——キケロ『セスティウス弁護』XLVI, 98. 紀元33年のティベリウスの行動と紀元前63年のキケロの場合を比較せよ.

390. ローマ国家の伝統的な政策——カエサルは「飼育業者に対して羊飼いの中に自由な身分の人間の数が3分の1を割ることを禁じた」(スエトニウス『カエサル』42). ウェスパシアヌスはカピトリウム丘の神殿の再建に際して機械を用いようとしなかった，これは平民のパンを奪いたくなかったからである(スエトニウス『ウェスパシアヌス』18). 同じく，かれは平民に饗宴を提供して，商人に儲けさせた（スエトニウス，同上書，19). アウグストゥスは「平民とともに農業経営者や商人の利益をもはかるようにつとめた」(スエトニウス『アウグストゥス』42). 紀元408年でも，ホノリウスは十人組長に商いを禁じている（『ユスティニアヌス法典』4, 63, 3). ポピリウス・レナスの有名な碑文——「公共地においては，牧人が耕作者の邪魔をしないようにしたのはわたしが最初だ」(Degrassi, no. 454) という言葉は，遊牧民を犠牲にして定住民の利益をはかる政策を行なったのでなく，遊牧民の家畜によって土地を荒らされる定住民にその権利を「回復」させたことを意味している.

391. C. Nicolet, *L'Ordre équestre à l'époque républicaine*, pp. 642-544.

392. 上注（317）を見よ.

393. 『セスティウス弁護』XLVIII, 103.

394. その代わりこの時代では，政治的というよりはむしろ家族的な制度としての奴隷制について問題は起こらなかった. ウェルギリウスはその「地獄」において，極悪人の中でも特に「邪悪な軍隊と手を組み，平気で主人に背いた人々」を地獄の責め苦に落としている（『アエネイス』VI, 612; ed. Norden, p. 289）——盲従的に戦争に参加したのは奴隷である. かれらの反乱は悪のきわみであるが，グラックス兄弟よりははるかに憤慨をもたらさず，またはるかにイデオロギー的表現も少なかった——同様に，プーシキンの時代のロシアで，プガチョフの農民戦争は1793年〔フランス大革命〕の恐怖政治よりははるかに貴族やインテリを混乱させたり，憤慨させたりしなかった——テロリストたちはこれらの階級の人々であり，理屈っぽかった. ——奴隷戦争の後で，第二段階の悪は土地の分割と負債の帳消しである——それがカティリナである.『義務論』2, XXII, 78, およびイタノスの誓約（Dittenberger, *Sylloge*, no. 526）を見よ——「わたしは誓って都市を裏切らず，土地の分割や負債の帳消しをしません」.

395. プルタルコス『ティベリウス・グラックス』9; cf. J. Geffcken, «Ein Wort des Tiberius Graccus», in *Klio*, 23, 1930, pp. 453-456.

396. キケロ『アッティクスへの手紙』I, 19,, 4 ——«noster excercitus locupletium».

397. 『第3フィリッポス弾劾演説』VIII, 16-17 ——「わたしは，巨大な富を

持ち，善良な市民を優先させないかぎりその富を楽しめない人はわれわれを裏切ったり，みずからを裏切るとは思えない．自然はまず善良な市民をつくり，それから富が事業に役立つ．もしすべての善良な市民が国家の維持を望むなら，その願望はいっそう金持のうちに表われる」．

398. これが『セスティウス弁護』XLV, 97 の有名な箇所の真の意味である――善良な市民とは「悪者でなく，不誠実でなく，熱狂的でなく，不健全な財政状態にいない」人々である（*non malis domesticis impediti*）．最後の語は「金持，つまり困窮した財政状態にいない人々」を意味するのでなく，「金持であろうと貧乏であろうと，借金していない人々」を意味し，これを『第2カティリナ弾劾演説』VIII, 18 と比較しなければならない――金持は他に先んじて借金することが多かった（そこで次を見よ――サルスティウス『カエサルへの助言』I, 5, 5-8），だから潜在的なカティリナ派になった．貧しくても真面目な職人，混乱で何も得るところがない職人（『カティリナ弾劾演説』4, VIII, 17）は善良な市民である．

399. 注（312）を見よ．

400. 『義務論』2, XXI, 72.

401. 『セスティウス弁護』XLVIII, 103. *multitudo* は悪い意味ではない，ギリシア語 πλῆθος と同様．

402. 注（348）を見よ．

403. 『義務論』2, XXI, 72.

404. 『トゥスクルム談義』2, XX, 48.

405. たとえば『ヘレンニウス修辞学』I, XII, 21 ――サトゥルニヌスがその農地法案を提出したとき，財務官がそのような気前のよい寄付は国庫にたえられないと元老院へ通告した．

406. 『第2フィリッポス弾劾演説』XXXVIII, 97; この政策については――R. Syme, *Roman Revolution*, p. 272.

407. 『第2フィリッポス弾劾演説』XXXIX, 101; P. A. Brunt, *Italian Manpower*, p. 379.

408. P. A. Brunt, *Social Conflicts*, p. 39; *Italian Manpower*, p. 379.

409. Mommsen, *Staatsrecht*, vol. 1, p. 295.

410. 詩人カトゥルスはビテュニアから財布を空《から》にして戻り，ビテュニア総督の吝嗇ぶりを後世に知らせた，つまりこの総督は金を独り占めしていた――これがかれの詩，10と28の意味である．ビテュニアが貧しい属州であるのでかれは財布をからにして戻ったふりをしながら，じつは皮肉っているのである――かれは随行の供たちに何も配給してやれなかったというこの総督の言い分を真似て繰り返している．――このような公共財の略奪とウェレス流の属州略奪を区別しなければならない．

411. Mommsen, *Staatsrecht*, vol. 1, p. 298, n. 1; E. Badian, *Publicans and*

Sinners, p. 77, etc. この200万セステルティウムはかれの職務費の残金である──キケロは被支配者からは略奪していない.

412. Mommsen, *Staatsrecht*, vol. 1, p. 296, n. 1 and 4 and p, 300, n. 4.──元老院議員は争って国庫を略奪し，偽債権を振りまわしたが，若い財務官は地位を奪われるのを恐れて支払いをことわれなかった──プルタルコス『小カトー』18.

413. キケロ『アッティクスへの手紙』I, 16, 11. 想定するに，このような偉そうな口調はその時代において流行していた，だがセネカを読めば，1世紀後には言い方も変わり，キケロの調子はスキャンダルとなるだろう．もちろん，ユウェナリスはパンと「競技場」しか望まない人民を嘲笑している，だがかれ自身その階級に所属していて，その文句を書きながら心地よく自嘲している.

414. ポリュビオス，2, 21, tansl. by Roussel; ボイオティアについては──ポリュビオス, 2, 20, 4-6.

415. キケロ『セスティウス弁護』XLVIII, 103.

416. プルタルコス『クラッスス』2.「軍隊」と理解すべきであり，「軍団」ではない（J. Harmand, *L'Armée et le Soldat à Rome*, p. 171, n. 170 において提案されているように)，なぜならキケロもこの語を引用し（『義務論』I, VIII, 25)，«exercitum alere»と書いている；プリニウス『博物誌』33, 134 をも参照せよ．この文での *princeps* の解釈としては── Gelzer, *Caesar*, p. 40, n. 2. なお，*princeps* には「党首」の意味もあることを指摘しておこう（カエサル『ガリア戦記』6, 11 ──各ケルト人派にはそれぞれ *princeps* がいる)，ここでは党首の意味だと思われる.

417. サルスティウス『歴史』,「ポンペイウスの手紙」2 と 9 (2, 98 Maurenbrecher); プルタルコス『セルトリウス』21;『ポンペイウス』20.

418. ウェレイウス・パテルクルス, 2, 29 : «ex agro Piceno, qui totus paternis ejus clientelis refertus erat»; プルタルコス『ポンペイウス』6. Cf. C. Cichorius, *Römische Studien*, repr. 1961, Wissensch. Buchgesell. , p. 158; M. Gelzer, *Kleine Schriften*, vol. 1, p. 95; Syme, *Roman Revolution*, pp. 28, 92; Wiseman, *New Men in the Senate*, p. 41; E. Badian, *Foreign Clientelae*, p. 228 ; J. Harmand, *L'Armée et le Soldat à Rome*, p. 446 ; M. Gelzer, *Pompeius*, Bruckmann, 1949, p. 36.

419. M. Gelzer, *Caesar Politician and Statesman*, p. 24 では，歴史は「この時代の地方政策を異様な様相の下に示す」と書かれている．事実の面では──H. Strasburger, *Caesars Eintritt in die Geschichte*, 1938, p, 84.

420. D. Timpe, «Caesars gallischer Krieg und das Problem des römischen Imperialismus», in *Historia*, 1965, p. 189.

421. M. Gelzer, *Caesar*, pp. 167-168.

422.『ガリア戦記』1, 10, 3 and 2, 1, 1; スエトニウス『カエサル』24; M.

Gelzer, *Caesar*, p. 124, n. 1; 以下同様，カッシウス・ディオ, 46, 46 and 53, 22; P. A. Brunt, *Italian Manpower*, p. 467; J. Harmand, *L'Armée et le Soldat*, p. 171.

423. カッシウス・ディオ, 46, 29.

424. R. Syme, *The Roman Revolution*, pp. 130-131; E. Gabba, *Appiano e la Storia delle guerre civili*, La Nuova Italia, 1956, p. 194, n. 1; たとえばカッシウス・ディオ, 46, 46 および 53, 22; アッピアノス『内乱』3, 94, 378.

425. 『国家編』372 E *sqq*; 422 A *sqq*.;『法律編』677 B-679 D.

426. ポリュビオス, 6, 57, Roussel 訳.

427. 『神の国』1, 30-33; 2, 18-21.

428. 『地獄編』16, 73; 次を参照せよ――『天堂編』15, 97; 16, 49.

429. 『ガリバー旅行記』3, 9 末．次も見よ―― N. Nassar, *La Pensée réaliste d'Ibn Khaldun*, PUF, 1967, pp. 169, 178, 205.

430. ポリュビオス, 6, 9, Roussel 訳．国庫を使った寄贈としての扇動家たちの寄贈の話はキケロにおいてよく知られているが，これはポリュビオスから来ている, 20, 6; 24, 7. ポリュビオスは扇動家たちが専制政治を行おうとしているのではないかと疑っている（スパルタではカイロンの例があり，24, 7; キオスでは，15, 21, モルパゴラスが同じやり方で権力を人気あるものにした）.

431. この理論は，経済分析の発達によって社会学的思想が因果関係に関して，いっそう厳密になり，奢侈の観念が道徳的でなくなり経済的になると消滅した――そのことはプラトンやモンテスキューのような人よりもっとうまく問題を分析できる作家のものを読むなら納得できるだろう―― Joseph Gorani, *Recherches sur la science du gouvernement*, 1792, chap. 62. この点について，1615年のモンクレティアンは予言者である――「国家の幸福をその美徳だけで判断する人々は間違っている……われわれは樫の木を揺さぶって，落ちた実を食って生きていた時代にいるのではない」(Montchrestien, *Traité d'économie politique*, ed. Funck-Brentano, pp. 21, 138)．当然，忘れてならないのはマンドヴィルの奢侈弁護である．少なくとも天性と奢侈について，テルトゥリアヌスの言葉を引用しておこう――「悪魔は自然の改竄者である」(『婦人の装身について』I, 8, 2 Turcan-Déléani).

432. ポリュビオス, 11, 25.

433. R. Aron, *Paix et Guerre entre les nations*, pp. 44, 74, 258-260.

434. ダンテ『地獄編』16, 73 ――「新しい貴族と一攫千金は，フィレンツェに傲慢と悪弊を招いた，だれもがそれを嘆いている」．次を参照せよ――『天堂編』16, 67. テオフラストゥス『性格論』26, 1. サルスティウス『カティリナの陰謀』10 *sqq*.; 『ユグルタ戦記』41 *sqq*.; サルスティウスまたは偽サルスティウス『カエサルへの手紙』1, 5; 1, 7-8, 2, 5; 2, 10. キケロ『義務論』2, XXI, 75 から XXII, 78; XXIII, 84 から XXIV, 85.

435. ポリュビオス, 6, 13-15.

436. 階級闘争による解釈はフュステル・ド・クーランジュにおいて完全に発展している —— Fustel de Coulanges, *Histoire des institutions politiques de l'ancienne France*, vol. 4 : *Les Origines du système féodal*, p. 94. オクタウィアヌスは父の元兵士を味方にしていた. また内乱の端役はすべてが破産した農民の息子や孫ではない. 農地問題がなければ, 内乱の歴史は理解しやすいだろう.

437. E. Meyer, *Caesars Monarchie*, p. 500.

438. 注 (421) を見よ. カエサルが死んだとき, その屋敷には数百万セステルティウムの現金があった——プルタルコス『キケロ』43;『アントニウス』15. Cf. E. Meyer, *Caesars Monarchie*, p. 504, n. 2.

439. こうしてウェレスが書記へ公金横領に見合った報酬額の比率も分かる——キケロ『ウェレス弾劾演説』——『小麦について』LXXVIII, 181.

440. 追放については (ローマ市民は裁判もされず不在のまま死刑宣告を受ける, というのも名指しで「反逆罪」*perduellio* にできる法律があるからだ. だれもが市民を殺せる権利がある. そして財産は競売にかけられて国庫をうるおす), 次の箇所に見られる制度研究を見よ —— Mommsen, *Staatsrecht*, vol. 2, p. 725, n. 1 and p. 736, n. 2; vol. 3, p. 336, n.1; *Strafrecht*, p. 256, n. 4; pp. 934-935; p. 938 and n. 1; p. 1024. 三頭政治家追放の財政的動機については—— Syme, *Roman Revolution*, p. 190 *sqq.* ; *Sallust*, p.42. 皇帝の所領については —— Pauly-Wissowa, Supplementband, IV, s.v. «Domënen», col. 240-261.

441. カエサルはポンペイウスの財産を競売で売らせ, アントニウスがそれを買ったが, 支払いを要求されて驚いた (プルタルコス『アントニウス』10; Gelzer, *Caesar*, p. 262; Meyer, *Caesars Monarchie*, pp. 382, 399).

442. かくてクラッススはカエサルを当てにした—— Meyer, *Caesars Monarchie*, p. 56, n. 1; Gelzer, *Kleine Schriften*, vol. 1, p. 112. Cf. M. W. Frederiksen, «Caesar, Cicero and the problem of debt», in *Journal of Roman Studies*, 66, 1966, pp. 128-141.

443. 注 (190) を見よ.

444. オクタウィアヌスが自分の解放奴隷の金を平気で使ったことについては——マクロビウス『サトゥルナリア』2, 4, 24. ガダラのデメトリオスはポンペイウスの解放奴隷であり, 銀行家である, かれはポンペイウスの劇場建設を援助した—— Syme, *Roman Revolution*, p. 76. カエサルの解放奴隷たちは若いオクタウィアヌスを援助する——アッピアノス『内乱』3, 94, 391. アウグストゥスへの遺贈については——スエトニウス『アウグストゥス』101.

445. E. Meyer, *Caesars Monarchie*, pp. 500-504; カッシウス・ディオ, 42, 50.

446. Syme, *Roman Revolution*, p. 381.

447. M. Reinhold, *Marcus Agrippa, a biography*, repr. 1965, Bretschneider,

p. 42, n. 100; p. 61, n. 54; pp. 109, 129.

448. キケロ『ムレナ弁護』IV, 11 *sqq*. 『トゥリウス弁護』のエピソードには生彩がある── P. A. Brunt, *Italian Manpower*, append. pp. 551-557 : «Violence in the Italian countryside».

449. 『フィレンツェ史』7, 4.

450. キケロ『ムレナ弁護』XXXVI, 76──«Odit populus Romanus privatam luxuriam, publicam magnificentiam diligit».

451. プルタルコス『ポンペイウス』40.

452. スエトニウス『アウグストゥス』72; cf. 57; G. Lugli, *Roma antica : il centro monumentale*, Roma, Bardi, 1946, p. 409 *sqq*.

453. スエトニウス『アウグストゥス』29. その代わり，アウグストゥス家の庭園にはウェスタ神殿がなかった，ローマ公共広場の神殿のライバルになるからだが，ただ次で指摘されるようにその祭壇だけがあった── A. Degrassi, *Scritti varî di antichità*, vol. 1, pp. 451-465. アウグストゥスの慎み深さのもう一つのあかしとして，ペディメントのある記念物的な入り口をつくらせなかったことである（ペディメント *fastigium* は神殿の造りであったから）．次を見よ── A. Alföldi, *Die zwei Lorbeerbäume des Augustus*, Habelt, 1973, p. 14.

454. 『第2フィリッポス弾劾演説』XLV, 116; Syme, *Sallust*, p. 119; サルスティウス『ユグルタ戦記』33, 4. ──次にまったく違った見地が見られる──M. Treu, «Zur clementia Caesaris», in *Museum Helveticum*, 5, 1948, p. 187.

455. カエサルとカエサル以前の諸党首（*principes*）（次の«*priceps*»の項目を見よ──in Pauly-Wissowa, vol. XXII, col. 2014-2029, by Wickert）のあいだには断絶がある．スキピオは新しいタイプの政治関係をつくる──かれは将軍として，候補者として，寄贈を行う．マリウスもスラも特に気前のよい寄贈をしなかった．

456. キケロ『アッティクスへの手紙』IV, 16, 14（IV, 17, 7）; スエトニウス『カエサル』26; プリニウス『博物誌』36, 103（カエサル公共広場のための土地の購入費はカエサルだけでも1億セステルティウムかかっている）; Meyer, *Caesars Monarchie*, p. 200 ; Gelzer, *Caesar Politician and Statesman*, pp. 140, 168, 177. 明らかにカエサルは法律によってその地に建設する許可をもらっていた．エミリア公会堂については，公共建造物を建てた（申すまでもなく国費で）高官（注246と249）の子孫のためにそれを再建することは管財官にまかされるのが慣習であったことが指摘されるだろう．ホスティリア集会場は，スラが建て直したが，その息子ファウストゥス・スラによって再建された．事実，大家《たいけ》の子孫は祖先の名声を不滅にする記念物に対する権利と道徳的義務があると思われていた（注246）．カエサルはこの感情を慎重に尊敬していた．実際には，かれがその建造物の再建をエミリウス・パウルスにまかせたことは，その

建造物にエミリウスの名を遺し，再建されたその公会堂にユリア公会堂と呼ばれないことを意味している（ギリシア人のように，ローマ人も記念物にその建設者の名を遺す権利を非常に尊重していた．次を見よ —— Mommsen, *Staatsrecht*, index s.v. «Bauwesen»）．——カエサルにはパウルスと和解する立派な理由があった——次を見よ——スエトニウス『カエサル』29 は不意にこう書いている——「カエサルはたいへんな犠牲を払って執政官パウルスの支持を手に入れた」，というのもガリアにおける総督（プロコンスル）の地位を失いたくなかったからである．

457. Gelzer, p. 314; Meyer, pp. 388, 427, 497. これらの建設事業はカエサルが票決させた法案であった（キケロ『アッティクスへの手紙』13, 33, A 2）．

458. ストラボン, 5, 3, 8, p. 236 ——「昔のローマ人は都市の美化をあまり気にしなかった，なぜならかれらにはもっと緊急の，重要な関心事があったからである．だがもっと後になり，特に今日では，この問題で後進国になりたくないので，その都市をたくさんの美しい記念物で満たそうと考えている」．本書，第四章でアウグストゥス治世に，「凱旋者」*viri triumphales* によって建造された凱旋門について検討する．君主はその党派と富裕な人々に，ローマを美化するようにうながした——スエトニウス『アウグストゥス』29 ——«pricipes viros saepe hortatus est»．アグリッパも，金持が所有する芸術品を人民に寄贈するように勧めた（プリニウス『博物誌』35, 26）．本書，第四章，注(397）を参照せよ．——ティグラネスが首都ティグラノケルタを創設したとき，「すべての住民，偉い人も普通の人も国王の熱意を真似て，その町を大きくし，建築を行なった」(プルタルコス『ルクルス』26)．

459. カッシウス・ディオ, 53, 27. 同様に，アグリッパはユリア壁を建設している，というのも「かれは一度も道路補修を負担しなかったからである」(53, 23）——ところで，アウグストゥスが凱旋記念として凱旋将軍に道路を補修させたことは分かっている（第四章，注420，422）．パンテオンについては——J. Beaujeu, *La Religion romaine à l'apogée de l'Empire : la politique religieuse des Antonins*, Les Belles Lettres, 1955, pp. 118-123.「他のすべての神々への」合体が祈りや頌歌においてよく見られることはよく分かっている (G. Boissier, *La Religion romaine d'Auguste aux Antonins*, vol. 1, p. 101, n. 5），またこの合体がこれら他の神々の嫉妬をなだめるためであったことも——しかしこの合体は碑文ではめったに見られない（P. Veyne, in *Latomus*, 1965, p. 936, n. 1），またどの神殿もパンテオンとは限らない．典型的な言い方——「ゼウスへ，ヘルクレスへ，ポセイドンへ，そして他の神々へ」については次を見よ —— Dittenberger, *Sylloge*, no. 1122; セルウィウス『「農耕詩」について』, 1, 21; ホラティウス『百年祭競技の歌』73 の Kiessling-Heinze 版の注; G, Appel, *De Romanorum precationibus*, Religionsgesch. Vers. und Vorarb., VII, 1909, p. 83, n. 3; また特に次を見よ —— E. Fraenkel, *Aeschylus :*

Agamemnon, a commentary, vol. 2, p. 262. マルスの原の monumenta Agrippae については次を参照するだけで充分であろう —— M. Reinhold, *Marcus Agrippa, a biography*, repr. 1965, Bretschneider, pp. 74-75, 96. ニーム(特に Maison Carrée; Enceinte de Nîmes はオクタウィアヌス自身の贈り物であった) エメリタ (劇場) におけるアグリッパの建設事業については，次を見よ —— Reinhold, pp. 90, 94. ニームの城壁の意義については —— P. A. Février, «Enceinte et colonie de Nîmes à Vérone, Toulouse et Tipasa», in *Revue d'études ligures*, 35, 1969, p. 277.

460. Meyer, *Caesars Monarchie*, pp. 385-387; Gelzer, *Caesar*, pp. 284-286 ; D. van Berchem, *Distributions de blé et d'argent*, p. 120. ウェレイウス・パテルクルス, 2, 56 ではその思い出が述べられている.

461. 事実については次を見よ —— M. Reinhold, *Marcus Agrippa, a biography*, repr. 1965, Bretschneider, pp. 46-52. 特に，カッシウス・ディオ, 49, 43 を見よ.

462. この *aedilitas post consulatum* については —— Mommsen, *Straatsrecht*, vol. 1, p. 537, n. 1 —— 元執政官の監察官の例はほかに知られていない.

463. Syme, *Roman Revolution*, pp. 276-280 ; cf. Mommsen, *Staatsrecht*, vol. 2, p. 719. 異なる解釈としては —— U. Wilcken, *Berliner Akademieschriften zur alten Geschichte*, Leipzig, 1970, vol. 1, pp. 208-227 : *Das angebliche Staatsstreich Octavians in Jahre 32* (オクタウィアヌスの権力は紀元前32年12月31日まで続いたのであって，紀元前33年12月31日までではない). 次を見よ —— P. Herrmann, *Der römische Kaisereid*, Vandenhoeck und Ruprecht, 1968, p. 87.

464. 「進んで」 ἑκών —— カッシウス・ディオはギリシア都市の恵与指向の言葉を話している. 事実，かれが話している時代では，監察官になる人をますます見つけにくくなった，なぜなら名誉は人を破産させたから (カッシウス・ディオ, 49, 16 and 53, 2). ディオの頭には，職務を果たすのに「頼まれる」必要がなく，寄贈する鷹揚な恵与者のイメージがある. アグリッパが寄贈をしたとき，ディオは監察官職を頼まれて引き受けたのではないと推測している.

465. カッシウス・ディオ, 49, 43; プリニウス『博物誌』36, 121.

466. M. Nilsson, in *Opuscula selecta*, Lund, Greerup, 1952, vol. 2, pp. 930-937 (1912年にスウェーデン語で発表され，翻訳されて再発表) ——«The economic basis of the principate of Augustus». これとは別に，1931年に次の発見がある，特に重要なものを挙げておく —— U. Wilcken, *Zu den impensae der Res gestae divi Augusti*, tome 2, p, 8, n. 1 において詳細な訂正とともに —— *Zur Genesis der Res gestae*, in *Berliner Akademieschriften zur alten Geschichte und Papyruskunde*, Zentralantiquariat der Deutschen Demokratischen Republik, 1970 vol. 1, pp. 342-355. ついで次を見よ —— T. Frank,

«On Augustus and the aerarium», in *Journal of Roman Studies*, 23, 1933, p. 143; W. Ensslin, in *Rheinisches Museum*, 81, 1932, p. 335; Garzetti, in *Athenaeum*, 41, 1953, p. 321.

467. この問題について，わたしの推定を述べておこう．確かに，いかなる時代であろうと，通貨にされた金属の総量を推算するのはきわめて困難である（20世紀における算定の試算は次を見よ――Jacques Rueff, *Théorie des phénomènes monétaires : statique*, Payot, 1922, p. 104）．概算は年間国民生産額の5分の1から13分の1である，これは各著者が商取引に必要な金属量を推定しようとしているものである．次を見よ――Alfred Marshall, *Money, Credit and Commerce*, Macmillan, 1924, p. 45, n. 7. たとえば，ガリアニは，ナポリ王国に存在する1800万ドゥカートの金貨で年間1億4400万の取引ができると見積もっていた（Ch. Rist, *Histoire des doctrines relatives au crédit et à la monnaie*, p. 98）．通貨総量と流通速度についてはほとんど知られていない（W. S. Jevons, *La Monnaie et le Mécanisme de l'échange*, 1876, p. 275）．鋳造された貨幣の数量を推定する試みはきわめて不正確であり（R. Turcan, «Pour une étude quantitative de la frappe du bronze sous le Haut-Empire», in *Congresso internazionale di numismatica*, 1965, pp. 353-361; P. R. Franke, and M. Hirmer, *La Monnaie grecque*, Flammarion, 1966, p. 29 and bibl. p. 146），ある瞬間にどれだけの貨幣総量が流通していたか言うことはできない．しかし数量の規模は知ることができる．たとえばティベリウスが国庫に27億セステルティウムを残したこと（スエトニウス『カリグラ』37），また1億の公的資金があれば貨幣流通の回復に充分であることも分かっている（タキトゥス『年代記』6, 17; スエトニウス『ティベリウス』48）．だから前期帝政時代には，貨幣総額が数十億セステルティウムを越えなかったと推定される．このような条件の下で，アウグストゥスの6億セステルティウムはどれほどの効果があったか．数量歴史学的効果を考えなくても，新しい貨幣の投入は物価を上げるかも知れないが，人口増加または生産と販売の過程の多様化（変化しない最終生産物に比べて中間取引量は増加するから），あるいは流通速度の鈍化（特に，不動産のような高価な財が取引の対象になるなら，その財の獲得に必要な流動資産をつくるために貯蓄しなければならないだろう）によって吸収されるかも知れない．だがもっとも可能性のある効果としては，ますます多くの交換が物々交換でなくなり，通貨で行われることだろう．忘れてならないのは，ローマでは，一部の小作料，そして大部分の報酬が現物で支払われていたことである――労働者は一定の小麦をもらって生計をたてていた．マクロビウス『サトゥルナリア』2, 4, 28 においてアウグストゥスに関わるエピソードがそれをはっきり示している．次と比較せよ――Cantillon, *Essai sur la nature du commerce*, repr. 1952,Institut national d'études démographiques, pp. 70, 98; J. Marchal & J. Lecaillon, *Théorie des flux monétaires*, Cujas, 1967, pp. 27, 31.

まったく違ったテーマの著書において，この問題を見事に推測しているものがある —— J. M. Kelly, *Roman Litigation*, Oxford, 1966, pp. 76-79.

468. J. Béranger, «Fortune privée impériale et État», in *Mélanges offerts à Georges Bonnard*, Genève, Droz, 1966, pp. 151-160, はタキトゥス『年代記』I, 8 を注釈している．ベランジェ氏は書いている ——「アウグストゥスが政治的相続を確保できたのは個人的な相続権によってである，というのも君主の地位は君主が相続人へのこす資金のおかげで前もって獲得できたからである．憲法的な規則がないので（それは考えられないことである，なぜなら不可侵の教義「共和国」*res publica* のフィクションとは相容れないから)，君主の地位を与え，移し，維持させるのは財力（*opes*）である」.

469. タキトゥス『年代記』15, 18 : «se annuum sescenties sesutertium rei publicae largiri». 困難は次のことである —— 皇帝が寄贈のことを話すとき，その言葉はときには（確かに帝政初期において）君主が「私財で」庇護として行う寄贈を指す —— 寄贈という語は文字どおりの意味である．だがもっと多く，またウェスパシアヌス以後はたえず君主の「寄贈」には公共財が使われる（皇帝直轄国庫，私有財産，さらには国庫)，しかし言葉の上では君主の寄贈と呼ばれる，つまりそれはわれわれが君主制的文体効果と呼ぶものである，同様にもっとも平凡な行政的行為も「帝王の慈愛」にされる．ネロは君主制的文体を用いただろうか．その場合，かれは皇帝直轄国庫（帝室管理）から汲み上げた6000万セステルティウムを国庫（元老院管理）へ入れたか，あるいはもっとかんたんに，どこかの公的な金庫から出る公的な出費額を6000万水増ししたのだと理解すべきである．それとも反対にネロは文字どおりに言葉を使ったか．その場合，かれは立派な庇護者として，個人的な収益から6000万を国へ提供し，それを皇帝直轄国庫（あるいは国庫でもよい）へおさめる．わたしを後者の解釈のほうへ向かわせるのは，ネロが先帝たちに使われて空になった国庫を寄贈によって満たしたいからだと思われるからである —— だから問題は皇帝直轄国庫の金を国庫へ入れることでもなく，また出費の補助でもなく，ネロの私財が皇帝直轄国庫へ投入されることである．

470. O. Hirschfeld, *Die kaiserlichen Verwaltungsbeamte*, pp. 9, 19. 本書，第四章，注（125）を見よ．

471. またときには古代の歴史家の考え．だからカッシウス・ディオ, 53, 22 は言う ——「フラミニウス街道は，アウグストゥスの出費によると言われないかぎり国庫で補修された —— 事実，この両金庫の区別がつかない．とはいえアウグストゥスは，自分が使ったと言われる金額すべてを自分の金から出ていると思わせるために，友人やどこかの国民から立ててもらった多くの銀像をつぶして貨幣にかえた —— だから歴代皇帝が公費を使ったかどうか，あるいは私財を提供したかどうかを言うつもりはない —— 実際，いずれの場合もよくあったことである．どうしてそれを借金または寄付と呼べようか —— 人民も皇帝も共同

でこの財源を利用しているではないか」．この箇所を次のように理解しなければならない——カッシウス・ディオはアウグストゥスの2世紀後にこれを書いているので，皇帝が私財を使って寄贈をしていた帝政初期に皇帝の庇護があったことを知らない．アウグストゥスが私有財産と公的な金庫すべてを区別していたことに関して，カッシウス・ディオは皇帝が二つの大きい金庫，皇帝直轄国庫と国庫の区別についてつべこべ言っているのだと思っている．ところで，ディオは最初の公的な金庫，つまり国庫（これは元老院に管理され，「人民」の金庫と呼ばれた——だから上で引用した箇所の最後で「人民」という語が現われている）と他の二つの金庫，つまり皇帝直轄国庫と私有財産（いずれも皇帝によって管理され，文体的には皇帝の金庫と見なされる）との区別をよく知っている．ところでディオが知っているのは，〔1〕この区別は管理の問題と言い方にすぎない——どの金庫から出費するかで支払い命令の出し方が異なり，国庫から支出されるときは「人民」という言葉が使われる．だが本質的には，両者とも公的な金庫である．また皇帝が絶対権力者であるからには，両方の金庫に手をつけることができる——ただし国庫から支出するときは「人民」の名を出さねばならない．さらに場合によっては同じ予算項目があるときは一方の金庫，あるときは他の金庫に割り当てられる（複数の金庫があるために一方の金庫が他の金庫より早く空になるなら，そうせざるを得ないだろう）．換言すれば，同じ出費がいつも同じ金庫から引き出されたのではない，そのために国庫と皇帝直轄国庫の区別がますます幻想的になったのである．だからディオはまったく正確に書けたのである——「人民と皇帝は共同でこの財源を利用している」．かれはこれらの金庫の区別が，本当に重要なことであるというよりはむしろ当時の法科学生の予備試験のようなものだと分かっている．〔2〕ディオは次のことも分かっている，つまり当時，歴代皇帝は国家の収益（言葉の上では，国家，それは皇帝である）を使って行う寄贈を，君主制的様式で「私財による寄贈」と呼んだのである．かれはこの言葉に二つの意味があることも知っている——あるときは皇帝は元老院に管理される国庫と皇帝に管理される皇帝直轄国庫の区別をもてあそび，出費が国庫でなくむしろ皇帝直轄国庫に当てられたときは，「自分の」金で寄贈を行なったと見なす．あるいはもっとひどいことをする——国家，それはかれ，皇帝であり，かれがすべての寄贈を命じるからには，国庫から引き出されようとすべての寄贈は皇帝の寄贈になるだろう，つまり皇帝の意志である．〔3〕以上のことをカッシウス・ディオはよく知っていた．だがかれに分からなかったこと，それは現代の歴史家，ニルソン，ヴィルケン，そしてベランジェにも分からなかった——アウグストゥスからネロまでは皇帝たちの真の寄贈があった，つまりユリウス－クラウディウス家の私有財産によって行われた寄贈である．特に，カッシウス・ディオが語っている道路の補修はアウグストゥスの私的な収入によって行われた——また確かに『業績録』(20, 5) で分かることは，カッシウス・ディオが言うように，アウグス

トゥスがフラミニウス街道を補修した．『業績録』がわれわれに知らせているように，アウグストゥスは自分の財源，あるいは（同じことだが）かれがエジプトで獲得した戦利品を使ってフラミニウス街道を補修したことも含まれている．

472．本書，第四章，注（346）を見よ．

473．スエトニウスと『業績録』については——J. Gagé, *Res gestae divi Augusti*, pp. 40-42; W. Seidle, *Sueton und die antike Biographie*, C. H. Beck, 1951, appendice pp. 178-183.

474．政治的でなく，*elogium*としての『業績録』については——Dessau, in *Klio*, 22, 1929, p. 266; E. Hohl, in *Klio*, 30, 1937, p. 323. 一人称の使用については——J. Gagé, *Res gestae divi Augusti*, 2d ed., Les Belles Lettres, 1950, p. 28; H. H. Armstrong, «Autobiographic elements in Latin inscriptions», in *University of Michigan Studies, Humanistic Series*, vol. 3 : *Latin Philology*, ed. by C. L. Meader, Macmillan, 1910; repr. 1967, Johnson Reprint, p. 261 : «autobiographic record»,（この葬儀的，墓所的性格は本質的でない）; G. Misch, *Geschichte der Autobiographie*, Bern, Francke, 1949, vol. 1, p. 230 ——ギリシアとローマの碑銘学における一人称の使用について．

475．墓碑であろうとなかろうと，一人称または三人称の自賛はヘレニズム時代の有力者には知られていなかった——かれらは都市から授けられた公的な名誉の表彰辞令を刻ませて，みずからを称賛した．「帝政時代では，ローマの碑文は個人的な詳細が過剰になっていて，ギリシアの碑文に類似が見られない．共和制時代から，大家の人々は *elogia* を好むようになった」—— A. D. Nock, *Essays on Religion and the Ancien World*, vol. 2, Oxford, 1972, p. 778.『業績録』に真のヘレニズム時代様式の碑文，つまりウェルギリウスのものを対比してみよう——「マントバはわたしを生んだ，カラブリアは」（われわれならプリアと言おう）「わたしの生活を奪った，いまはナポリがわたしを所有している．わたしは牧場や耕作や英雄を歌った」．この碑文はどのような人間であり，何をしたかを述べていない，あるいはほとんど述べていない（どの人間の生涯も共通した人間的条件においてはみな類似していると思わせるようである）——ただ個人的に異なるのは生まれた土地，死んだ土地だけである．人はただ人間である——個人的な功績はない．『アエネイス』12, 546 を比較せよ——「それがおまえの死すべき生涯の範囲だ——イダ山のふもと，リュルネソスの立派な住みか，そしてラウレントゥムに墓がある」．この碑文は正史編纂者流の起源論と言える，つまり都市の歴史を語るのにその起源しか語らない——どの都市も類似していて，多少とも同じような出来事でつくられている．どの都市も同じ本質だ，そして同じことが起こっている．知るべきことはただ存在だけである——いかにして存在するようになったか——この種の碑文については次を比較せよ—— N. I. Herescu, in *Ovidiana*, 1958, p. 422.

476. *Corpus*, vol. 1, no. 638 and no. 833; Degrassi, no. 454.
477. G. Misch, *Geschichte der Autobiographie*, Bern, Francke, 1949, vol. 1, particularly p. 288; Seidle, *Sueton und die antike Biographie*, p. 179.

第四章

1．カッシウス・ディオ，54, 25, 1; cf. Dessau, no. 5671-5673 and 6256.

2．聖ルカ，22, 25.

3．M. Foucault, *Surveiller et punir : naissance de la prison*, p. 33.

4．Baillet, *Le Régime pharaonique dans ses rapports avec l'évolution de la morale en Égypte, passim*.

5．«De la divinité du pharaon», in *Cahiers de la Société asiatique*, XV, 1960, pp. 2, 12.

6．W. Schmitthenner, «Ueber eine Formänderung der Monarchie seit Alexander», in *Saeculum*, 19, 1068, p. 13. 一般的には次を見よ── W. Schubart, «Das hellenistische Königsideal», in *Archiv für Papyrusforschung*, 12, 1936, p. 1; A. J. Festugière, «Les inscrtiptions d'Asoka et l'idéal du roi hellénistique», in *Mélanges J. Lebreton*, 1951, vol. 1, p. 13. 法律の制定者で保証人，弱者の保護者としての皇帝については── W. Schubart, «Das Gesetz und der Kaiser in griechischen Urkunden», in *Klio*, 30, 1937, p. 54. Cf. A. von Premerstein, *Vom Werden und Wesen des Principats*, p. 174.

7．本章，以下を見よ．ランベシスの兵隊は給料と皇帝の寄贈を同一視している── Dessau, no. 2445, 9099, 9100.

8．ハドリアヌスによって神格化されたアンティノウスの前にはアンティオコス・テオスの寵臣で神格化されたテミソンがいる（アテナイ, 289）.

9．フロント『皇帝への手紙』IV, 12; テルトゥリアヌス『護教論』35;『偶像崇拝』15（Friedländer, *Sittengeschichte*, vol. 1, p. 166 and vol. 3, p. 62）. 民間における皇帝画像の研究については無数の特殊論文があるが，総合的なものはないので，これは一冊の本になるだろう．ただドナウ川沿岸地域におけるケーキ型についての研究を謹んで挙げておこう── A. Alföldi, in *Laurenae Aquincenses* V. *Kuzsinsky dicatae*, Budapest, 1938, vol. 1, pp. 312-341. 皇帝の「よい知らせ」が(Cf. *Inscriptiones Graecae in Bulgaria*, vol. 2, no. 659), 使者によってもたらされたとき（次を見よ── *cenotaphia Pisana,* in *Corpus inscriptiones latinarum*（*CIL*), XI, 1421)，各人は門前を飾った── *quod januam ejus, subito adnuntiatis gaudiis publicis, servi coronassent* とテルトゥリアヌスは書いている，『偶像崇拝』15, 7-8（『ユスティニアヌス法典』XII, 6,『テオドシウス法典』VIII, 11, 1 ── *publicae laetitiae nuntii* を参照せよ）. 皇帝の肖像はお守り札と見なされていた── H. Stern, *Le Calendrier de 354*,

Geuthner, 1953, p. 89. これは安物の彫刻石やガラス絵細工物によく見られる．次をも参照せよ——G. Picard, *Les Trophées romains*, De Boccard, 1957, p. 336. 文化的図像のモデルになる皇帝に関する芸術については——E. Will, *Le* Relief culturel gréco-*romain*, De Boccard, 1955, p. 350. キウスにある次の墓碑銘を指摘しておこう—— *pinctor Augustorum sive omnium bonorum virorum*（*CIL*, XI, 7126）の碑文．

日常生活において皇帝を賛美した儀礼はきわめて広い研究対象である——皇帝の名を祝う乾杯（ペトロニウス, 60, 7），偉い神，皇帝，都市へ，たとえ日時計でも，すべての公共建造物を献呈する習慣（後で，この問題にもう一度触れることになる），奉納物で感謝される神に皇帝を結びつける習慣（*Augusto sacrum, Apollini v.s.l.m.* のタイプの碑文である）．公的で私的な行為のはじめに皇帝に敬意を表する習慣（ラヌウィウムの学校の規則がある，*CIL*, XIV, 2112, col. 1, 14 : *quod faustum felix salutaresque sit imp. Caesari Trajano Hadriano Aug..., nobis, nostris collegioque nostro*）——わが国でも，遺言書のはじめで国王の名に敬意を表する習慣があった——ヴィヨン『遺言書』56で見られるとおりである．弔い基金では，施し物を配るのに皇帝の誕生日を選ぶことが多かった（E. F. Bruck, *Ueber römisches Recht im Rahmen der Kulturgeschichte*, 1954, p. 98; *CIL*, VI, 10234 and 33885; 皇帝へ表敬するために設けられる饗宴はその誕生日に行われる—— *CIL*, X, 444; そのたびに「皇帝万歳！」（*Augusto feliciter, felix Augustus;* または *propitium habeas Augustum*）が叫ばれる．永続的な基金は皇帝の名で保護される——その基金を尊敬しない者は皇帝に対する不敬になるだろう（Dunant & Pouilloux, *Thasos*, vol. 2, p. 78）．

10．福音書のほかに次を見よ——プロウサのディオン, 4, 98; 14, 14．

11．ラテン碑文の *Corpus*, vol. IV, no. 2338 ; cf. Carcopino, in *Bulletin de la Société nationale des antiquaires*, 1960, p. 155.

12．R. Syme, *The Roman Revolution*, chap. XI; cf. F. G. Bailey, *Stratagems and Spoils, a Social Anthropology of Politics*, Blackwell, 1969, p. 89. 一般的には次を見よ—— R. Mac Mullen, *Enemies of the Roman Order : treason, unrest and alienation in the Empire*, Harvard, 1966, p. 40.

13．スエトニウス『ウェスパシアヌス』19; cf. M. Nilsson, «Der Ursprung der Tragëdie», in *Opuscula minora selecta*, vol. 1, p. 104. 不幸の不運と報復を晴らす侮辱的行為については—— Frazer, *The Golden Bough* (abridged edition), Macmillan, 1971, p. 750; Enid Welsford, *The Fool*, Faber and Faber, 1935, p. 66.

14．ローマにおける革命的なメシア思想については述べることがあまりにも多い．反乱は皇帝に対して行われるのでなく，皇帝の名においてである——プロレタリアが社会革命のために国家の主導権を握ろうと試みるのは19世紀にな

ってからである（Lorenz von Stein, *Geschichte der sozialen Bewegung in Frankreich*, preface はそこに19世紀の独自性を見ている）．その時期以前では，蜂起は狂信者や反乱者によって行われ，これらの者は明らかに無謀な計画を立て，ときには皇帝になることもあった——なぜならそのような狂気じみた野心は古い社会の特徴であるから．タキトゥス『年代記』2, 39 および 4, 27 を見よ，そして次の興味深いページと比較せよ——Sun Yat-sen, in Simon Leys, *Les Habits neufs du président Mao*, p. 75 ——20世紀はじめに，中国の革命派の創始者は古い帝政に終止符を打とうとして同類の狂信者らに訴えた，そして同志に引きいれた．

15．プルタルコス『国王の警句』，項目「アンティオコス」（『モラリア』184 E）; cf. E. Bikerman, *Institutions des Séleucides*, p. 50, n. 2.

16．J. -L. van Regemorter, *Le Déclin du servage*, Hatier, 1971, pp. 39-40. 善良な国王と悪徳の大臣（立派な艦長と悪い副官）の組み合わせは集団力学的に知られている．

17．聖パウロ『ローマ人への手紙』13, 1.

18．『ペテロの第一の手紙』2, 13.

19．小プリニウス『書簡』10, 96, 3; Mommsen, *Strafrecht*, p. 80. この問題は大議論を生んだ；cf. Sherwin-White, *The Letters of Pliny, Commentary*, p. 699. このテキストは明瞭に思われる——強制権はあるが，刑法（「法」という厳密な意味で）もある．

20．Mommsen, *Staatsrecht*, vol. 3, p. 1186.

21．このことは次であっさり述べられている—— Mommsen, *Staatsrecht*, vol. 2, p. 905, n. 1 ——「法律と違って，勅令には必ずしも命令は含まれず，たんなる通告，助言，戒告のときもある」；cf. vol. 1, pp. 202, 208.

22．スエトニウス『アウグストゥス』28, 30 末, 56.

23．同上 『カリグラ』30, 54.

24．同上 『アウグストゥス』89; カッシウス・ディオ, LX, 26.

25．スエトニウス『ティベリウス』34.

26．*-vus*の代わりに*-vos*と綴るのは共和制時代には常用であり，帝政二世紀に再現し，ハドリアヌス治世でもその流行が始まっていると思われる．

27．スエトニウス『アウグストゥス』53 and 42; ウェレイウス・パテルクルス, 2, 81, 3. 帝政時代の寄付申し込みの例——ティベリウスは元老院にポンペイウス劇場の修理を許可している（タキトゥス『年代記』XIV, 98）．アウグストゥスは自費でローマの水道橋の補修を約束した（フロンティヌス『水道論』125）．ネロは，ローマ大火の後で，個人住宅再建の援助を約束する（タキトゥス『年代記』XV, 43）．ティトゥスはできないことまで約束した（スエトニウス『ティトゥス』, 8）．アントニヌスがオスティア（C., XIX, 98; Dessau, no. 334）とポッツォーリ（C., X, 1640; Dessau, np. 336）に寄付の申し込みを

したことは分かっている．アンティオコス・エピファネス王も立派な恵与者として *poleis* のために寄付の申し込みをしたことが思い出されよう（リウィウス, XLI, 20）．次も見よ—— *Panégyriques latins*, XII, 19, 1.

28．クラウディウスの手紙は次で読むことができる—— Hunt & Edgar, *Select Papyri*, vol. 2, no. 212.

29．情実と腐敗—— *suffragium*. 次を見よ—— G. E. M. De Sainte-Croix, «suffragium», in *British Journal of Sociology*, 5, 1954, pp. 33; A. H. M. Jones, *The Late Roman Empire*, vol. 1, p. 391. 事実，あるときは勢力者は法律の前に屈するのを拒否し，あるときはすべての人はフェアープレイより情実を選ぶほうで一致する，なぜなら各自が個人的に得をすると思うからである．次を見よ——アミアヌス・マルケリヌス, 20, 5 ——ユリアヌスの軍隊は新しい皇帝に，昇進がもっぱら功労に応じて行われることを約束させる．すぐその後で，ある部隊は規則に反した優遇を要求している．ローマでも，今日のコルシカやカラブリアでも同様であることは知られている——規則関係と情実関係が共存し，たがいに複雑な関係をつくっている．

30．黄金の王冠についてのセウェルス．アレクサンデルのパピルス文書—— Grenfell & Hunt, *Fayum Papyri*, no. 20; Hunt & Edgar, *Select Papyri*, vol. 2, no. 216; cf. W. Schubart, in *Archiv für Papyrusforschung*, 14, 1941, p. 58; Sh. L. Wallace, *Taxation in Egypt*, Princeton, 1938, pp. 282, 351; J. Moreau, *Scripta minora*, Carl Winter, 1964, p. 34. 現治世の繁栄のテーマについては，本書，第二章，注（266）を見て，さらに次を追加せよ——プリニウス『書簡』10, 23 and 37; 偽セネカ『オクタウィア』834（*saeculi nostri bonis corrupta turba*）; *Panégyriques latins*, V, 18, 1. 次を見よ—— A. Alföldi, *Studien zur Geschite der Weltkrise des dritten Jahrhunderts*, Darmstadt, 1967, p. 41. 民間工芸品で，君主制的感情の表われとしてのドナウ川ケーキ型で次のことが読まれる——「皇帝はご健在で，いまは黄金時代である」(Alföldi, in *Laureae Aquincenses*, vol. 1, p. 319)．しかしどの治世にも誹謗者（*obtrectatores temporum*）がいた——紀元393年の法律はこの誹謗者を無視し，また処罰することを命じている（『テオドシウス法典』IX, 4 : *si quis imperatori male dixerit*, 1)．後注（287）を見よ．

31．『テオドシウス法典』I, 29, 3 ——「われわれは制度を設けるに際してすべて庶民の利益になるようにとりはからった」；同上書，5 ——おとなしい平和な農民を虐待してはならない；同上書，I, 16, 7 : «Cessent rapaces officialium manus, cessent, inquam»; 同上書，X, 4, 1 ——皇帝は配下の管理者に対して一般庶民を擁護する．

32．Dessau, no. 642.

33．プリニウス『書簡』10, 58, 7 で引用されているネルウァの勅令を見よ．はじめの部分を重訳するが，これは『テオドシウス法典』の文章より明瞭では

ない――「ローマ人よ，まさしくいくつかの勅令は現在の女神フェリキタス自身のわざであるが，だからといってわざわざその勅令を君主の慈愛として讃える必要はない（感じるだけでよい），なぜならわが同市民は，教えられるまでもなく，わたしが自分の安泰（*quieti*；この語の意味については次を見よ――Wissowa, *Religion und Kultus*, p. 333）よりすべての人の平和を愛し，新たな恩恵を施し，先帝たちから受けた恩恵を与え続けることを期待してもよいからである」．後期帝政時代の公文書文体を前期帝政時代のものに対立させるのは誤りである．実際に対照的なのは，いつの時代においても，私法の正確な概念（言葉の上ではない――以下を読んでいただきたい）と公法の晦渋な言語とのあいだにある．『学説彙纂』は明瞭な概念の混沌であり，『法典』は混乱した修辞世界である．語彙の不正確と文体の誇張は，税法のような分野，つまり皇帝が法律の適用を見たがっている分野を含めて，若干の構成内容を理解不可能なものにしている――土地課税基準あるいは公的資金のような問題はほとんど解決されない．その理由は二つある――『学説彙纂』は法律家の文章の抜粋であり，法律家自身の名前で述べ，またどれも厳密と明確を尊重する伝統を誇っている．他方，尚書局のスタッフの修辞学的教養はまことに古典教養者的であるから，その書を明確にすることができず，その代わり，堂々たる荘重な文体で表現したがっている．

34．スエトニウス『アウグストゥス』65;『カリグラ』25; タキトゥス『年代記』13, 17．次で訳されている中国皇帝の多くの勅令を比較せよ―― E. Backhouse & J. O. P. Bland, *Les Empereurs mandchous, mémoires de la cour de Pékin*, 1934.

35．A. Alföldi, *Die monarchische Repräsentation im römischen Kaiserreiche*, Darmstadt, 1970. 紀元3世紀を通じて，後者のイメージは完全に前者のイメージを抹殺し，それが君主から主権者への移行と呼ばれるものである(Alföldi, *Studien zur... Weltkrise*, p. 374)．その原因は新しい行政貴族を前にして元老院貴族が消滅するからである．

36．ウルピアヌス，『学説彙纂』I, 4, 1 pr.；cf. Léon Duguit, *Traité de droit constituionnel*, vol. 2, p. 640; vol. 1, p. 595.

37．皇帝の意識におなじ二重人格性がある．マルクス・アウレリウスは公式の拍手喝采を拒んだが（『自省録』I, 16, 13），妻には栄冠を与えさせている(ユリアヌス『饗宴』9と35)．そのことを非難するユリアヌスは威厳の外面的な形式に対する軽蔑を誇示したが，臣民からはまったく感謝されていない（E. Stein, *Histoire du Bas-Empire*, ed. Palanque, vol. 1, 2, p. 504, n. 44)．

38．P. Goubert, *Cent mille provinciaux au XVIIIe siècle*, Flammarion, 1968, pp. 387, 392. カザノーヴァ『回想録』巻2, p. 16, Pléiade ――「そのころ，パリ人は国王を慕っていると思いこんでいた．かれらは国王について，本気で，また習慣的に渋い顔をして見せた」．

39. 世論については—— S. Landshut, *Kritik der Soziologie und andere Schriften zur Politik*, Luchterhand, 1969, p. 325; W. Hennis, *Politik als praktische Wissenschaft, Aufsätze zur politischen Theorie*, R. Piper, 1968, p. 125.

40. J. Piaget, *Le Jugement moral chez l'enfant, passim*.

41. R. Aron, *Études politiques*, Gallimard, 1972, p. 79.

42. G. Jellinek, *Allgemeine Staatslehre*, ed. of 1922, pp. 145, 147. この著書ほど歴史家にとって有益な本は少ない，しかも作者は法律学者でなく「政治学者」である．

43. アミアヌス・マルケリヌス, 28, 5, 14 ——「ブルグント族では，戦争の勝利がぐらついたり，収穫が豊かでないときは，王を退位させるのが習慣である．エジプト人のほうも同じ偶然を元首のせいにする」．

44. ホラティウス『歌章』(オード)，4，5，13．次と比較せよ—— P. Margoulès, *Anthologie de la littérature chinoise*, p. 147.

45. R. Aron, *Études politiques*, p. 119.

46. 『ヨハネによる福音書』9, 1-2 はこの点に関して *lucus classicus* として引用できる．ペストと飢饉は，地上の罪（『エレミア書』XIV）または皇帝の罪を罰するために送られてくる——中国でも同様である（Max Weber, *Religionssoziologie*, vol. 1, pp. 298, 311 and n. 2, 397; cf. 426; *Économie et Société*, vol. 1, p. 472; *Le Judaïsme antique*, p. 28)．とはいえ「原始的精神性」がそれを固く信じて疑わなかったと推定することはひかえよう——次の著書で訳されている驚くべきテキストは「信仰」の複雑さに関して深淵を開いてくれる—— Margouliès, *Anthologie chinoise*, p. 177; cf. pp. 145, 208.

47. 長官を功績によるというよりはむしろチャンスによって判断するのは馬鹿げた考えではない．なぜなら原因関係の大部分はわれわれに見えないからであり，またそのチャンスも実際には長官の功績から来ていることもあるからである．以上は蓋然性の理論家による—— Georgescu-Roegen, *La Science économique, ses problèmes, ses difficultés*, Dunod, 1970, p. 200. 次も見よ—— F. Bailey, *Stratagems and Spoils, a social anthropology of Politics*, Blackwell, 1969, pp. 131, 148; M. Nilsson, «Natural Catastrophes», in *Opuscula minora Selecta*, vol. 3, p. 427. *annus felix* のテーマについては次を見よ—— *Thesaurus linguae latinae*, II, 118, s.v. *annus* : cf. Alföldi, in *Jahrbuch für Antike und Christentum*, VIII-IX, 1965-1966, p. 68. 次に若干の参考を示そう——ネロはクラウディウス帝の弔辞を述べながら，この皇帝がチャンスに恵まれていたことを賛美している（タキトゥス『年代記』XIII, 3)．ローマの人民はコンモドゥスにペストと飢饉と大火の責任を押しつけている（ヘロディアノス, I, 14, 7; pp. 28-29 Stav.)．飢饉は常に奇跡または前兆と見なされる（タキトゥス『年代記』XIII 3)．後には，不作がキリスト教徒のせいにされる（テ

ルトゥリアヌス『護教論』40）．異教徒はキリスト教に対する最後の抵抗として，飢饉を，見捨てられた神々の怒りと見なす（シンマクス『報告書』*Relatio*, 16）．明らかに，このテーマは他のテーマとあまり変わらない——国家元首にとってチャンスは功績になる（キケロ『弁護』），気候不順は神々の怒りを表わす（『イリアス』XVI, 385-388 ——嵐は不正な裁判官に対するゼウスの怒りを表わす），立派な帝王は臣民に豊作をもたらす（『オデュッセイア』X, 111）．ポリュビオスは，悪天候が神々の怒りだとする一般の信仰を軽蔑しながら認めている（XXXVI, 17）．ティブールにおいて，監察官が豊作の女神 *Felicitati*（*Corpus des inscriptions latines*, I, 1481, XIV, 3538, Dessau 3700, Degrassi 89）へ献納をしているのも驚くに当たらない（恐らく任期の終わりに際して，であろう）．次のテキストは奇妙であるが，出来はよくない——セネカ『自然学』IV, 7; cf. Mommsen, *Strafrecht*, p. 122, n. 2. ペトロニウス, 44, 10.

48．その演説 *De felicitate lustri sui* から．スキピオは調査官としての働きが *infelix* だとして非難された（ルキリウス, 394 Marx）——これは不作の年だったと理解しよう（次の *lustrum felix* と対比せよ—— *Panégyrique VIII, Remerciement à Constantin*, 13, 3）．一年の幸福な出来事はその年の名《な》祖《おや》高官の功績だとされるのは一般的通念であった（L. Robert, *Hellenica*, I, p. 11 and XI-XII, p. 547）; ウェレイウス・パテルクルス（2, 36）は，アウグストゥスが生まれた年に執政官だったキケロを祝福している；ウェルギリウスは，救世主の子が生まれる年に執政官であるポリオを祝福している（ポリオがそれほど祝福されるほどその子の父であると推定するのは無駄である）．気候不順はカティリナに対する神々の怒りを表わしている（『カティリナ弾劾演説』III, 8）．キケロが追放を解かれた年から豊作がつづく（*Post reditum in senatu*, XIV; *Ad Quirites*, VIII; *Pro domo*, V-VIII; 反対に，次を参照せよ——『親しい人々への手紙』IV, 1）．気候不順の場合の帝王の責任については，本質的なことが次で述べられている—— B. de Jouvenel, *De la souveraineté*, Librairie de Médicis, 1955, pp. 52, 55, 63. 大災害が帝王の責任にされないときは，「社会的周辺人」つまりユダヤ人，レプラ患者，等，あるいは乞食のせいにされる（フィロストラトス『アポロニオス伝』4, 10）．

49．F. Taeger, *Charisma, Studien zur Geschichte des antiken Herrscherkultes*, 2 vol., Kohlhammer, 1957 and 1960; cf. L. Cerfaux & J. Tondriau, *Un concurrent du Christianisme : le culte des souverains dans la civilisation gréco-romaine*, Desclée, 1957. もっとも洞察力に富む説明は次のとおり—— Nilsson, *Geschichte der Griech. Religion*, vol. 2, pp. 132-185. 385-393. 通俗な説は次のとおり—— G. Gurvitch, *La Vocation actuelle de la sociologie*, vol. 1, p. 446（しかしこれは，ダオメとスーダンの王を——最初は，本当に神と見なされた王の最後の例だと見なしていながら——決定的に神だと見なされたかど

うか確かでないと認めている）．次の書は読んでいない── *Le Culte des souverains dans l'Empire romain*, Fondation Hardt, Entretiens sur l'Antiquité classique, vol. XIX, 1974. 最後に，比類のない優れたページが含まれている著書を挙げよう── A. D. Nock, *Essays on Religion and the Ancient World*, Oxford, 1972.

50. この明快な指摘は次による── A. D. Nock, *Essays on Religion*, P. 833, cf. 780; and in *Gnomon*, 8, 1932, p. 518 and 27, 1955, p. 245.

51. J. Stoetzel, *Jeunesse sans chrisanthème ni sabre*, p. 91. R. Guillain, *Le Peuple japonais et la guerre, choses vues*, 1948, p. 40 ──「天皇を生き神とするのは誤りである．日本人にとって，天皇は最高の，例外的な存在であり，神ではない，しかも天皇を神とするには，われわれの《神》観念が理解できるほど日本人の精神が形而上学的でなければならないだろう．真実は恐らくこうだろう──天皇は人間としての権利を持たない人間である──かれは権威である」．例外的に優れた著書は次のとおり── L. Bréhier & P. Batiffol, *Les Survivances du culte impérial romain, à propos des cultes shintoïstes*, 1920, ここではキリスト教徒の皇帝のときの皇帝礼拝について研究されているが，それはキリスト教徒に改宗した日本人が役人から強制された天皇崇拝の儀礼を許されたかどうかを決定している．

52. Dittenberger, *Sylloge*, no. 390, line 25 and no. 624, lemme; Wendland, in *Zeitschrift für neutestam. Wissenschaft*, vol. 5, p. 339; A, D. Nock, *Essays*, p. 724, n. 23; Chr. Habicht, *Gottmenschentum*, p. 196, n. 23 and p. 212. ゲルマニクスの法令では（Edgard & Hunt, *Select Papyri*. vol. 2, no. 211），君主は，アレキサンドリア人に迎えられるとき「神に等しい礼拝的歓迎」を拒んでいる．

53. 次への反論── E. Bikerman, *Institutions des Séleucides*, p. 257.

54. 皇帝礼拝とローマ人の国旗礼拝の類似については，確かに次において強調されている── Nock, *Essays*, pp. 657, 780.

55. Cf. P. Veyne, in *Bulletin de correspondance hellénique*, 90, 1966, p. 146, ここでわたしは次の主要な文献を挙げるのを忘れていた── Mommsen, *Hermes*, 17, p. 640; cf. *Staatsrecht*, vol. 3, p. 803.

56. Nock, *Essays*, pp. 202-251; L. Robert, *Études anatoliennes*, p. 64.

57. たとえばボイオティア人の国 *koinon* へ宛てたカリグラの手紙（*Inscrptiones Graecae*, vol. VII, no. 2711, col. 3, line 29），グテウムへ宛てたティベリウスの手紙（L. Wenger, in *Zeitschrift der Savigny-Stiftung*, Roman. Abt., 49, 1929, p. 300），あるいはアレキサンドリア人へ宛てたクラウディウスの手紙（*Select Papyri*, vol. 2, no. 212）．

58. Chr. Habicht, *Gottmenschentum und griechische Städte*, C. H. Beck, 1970, p. 173 ──「敬われる人物の神格性はその礼拝設立の条件であり，結果

ではない」．これは二つの意味に解される．まず，ギリシア都市は王たちを神にしていない，もっと後に自動的にローマ総督を神にする，なぜなら「権威」を表わすから．これらの都市が総督を神にするのは，その人物たちに「救済者」または「恵与者」，つまり英雄的功績あるいは「創設者」としての個人的功労を認めるからである（ところで，これらの都市では創設者を礼拝していた）．このような自動的でない神格化については，次も参照せよ── C. Werhli, *Antigone et Démétrios*, p. 94. 英雄，創設者，恩恵者はその個人的な業績で神にされる．だが，もっと一般的な意味で，人または場所が神聖さを帯びることはない──すでに神聖であったと発見するのであり，またそのようにふるまう．その結果，礼拝設定の法令では，「しかじかのものが神となり，都市から礼拝を受けるだろう」というよりはむしろ「しかじかの神は都市から礼拝を受けるだろう」と言うほうが多くなる──この点，言うは行うことであり，神と言われるしかじかのものを通りすがりに礼拝するが，特にそのものが神として与えられたというのではない．次を参照せよ── P. Veyne, in *Latomus*, 21, 1961, p. 61, n. 1.

59. *Traité de droit constitutionnel*, vol. 1, p. 552, cf. 688.

60. デモステネス『反アリストゲイトン演説』, p. 774,『学説彙纂』I, 3, 2 で引用．

61. Baillet, *De la divinité du pharaon*, p. 7 の引用による．Posener, pp. 21, 102 にとって，王位と個人の二元性がファラオ崇拝問題の鍵である．

62. ウェルギリウス『田園詩』1, 6.「これは神だ！」または「これはわたしの神になるだろう」という言い方については，次を見よ── Usener, *Götternamen*, p. 291 and n. 17; A. D. Nock, *Essays*, vol. 1, p. 145, n. 51. 次の説には従えない── O. Weinreich, *Ausgewählte Schriften*, vol. 2, B. R. Grüner, 1973, pp. 171-197 : «Antikes Gottmenschentum»,──ここでは皇帝の神格化とエピクロス（以下の注65を見よ）のような崇高な人物を関連づけている．むしろ L. Bieler（以下，注67を見よ）の説に従うほうがよい．

63. H. Usener, *Götternamen : Versuch einer Lehre von der religiösen Bergriffsbildung*, repr. 1948, Frankfurt, Schurte-Bulmke,──この偉大な著作には追随するものがなく，この書はいまでも宗教学の名著の一つである．この書の活用法と，*mana* に関する常套的解釈や，他のデュルケーム説（これはその後，Wagenvoort によって現象学的ヴェールを着せられたが，この現象学はただペンの妙技だけであり，暗くて物の判別もつかない闇夜をつくっただけである）を解消する寄与については，次を見よ── P. Boyancé, *Études sur la religion romaine*, pp. 4-7.

64. 国王，総督，さらには微妙な相違はあっても皇帝に対するギリシア都市の自然発生的な崇拝について述べているのではない．

65. ポリュビオス, 12, 23, 3 を見よ──「エピクロスは神である，そうだ，

神である」と，ルクレティウスは感動のあまり，繰り返し叫んでいる．

66．「天才的作家」の意味の「ヒーロー」については── *Du sublime*, 4, 4; 14, 2; 36, 2.

67．ソクラテス，ホメロス，テュアナのアポロニオス，さらにはイエスのような半‐神，あるいはむしろ「神人」については，次を見よ── L. Bieler, *Theios Aner, das Bild des göttlichen Menschen in Spätantike und Frühchristentum*, Wissenschaftl, Buchgesellschaft, 1967, particularly p. 12 ──皇帝に関して．

68．A. D. Nock, in *Gnonom*, 8, 1932, p. 518.

69．Habicht, *Gottmenschentum* のほかに次をも見よ── Nock, *Essays*, p. 249; L. Robert, in *Bulletin de correspondance hellénique*, 1926, p. 499, and in *Comptes rendus de l'Académie des inscriptions*, 1969, p. 60, n. 1.

70．『国家編』540 B C. 残念ながら，プラトンにおける神々とプラトンの神という大問題が生じる．厄介なことにプラトンは決して自分の神を語らない，ただ「善」がかれの「神」だと思われるだけである．事実，プラトンにとって神が存在するとすれば，その神は「善」以外にはあり得ない．だがプラトンはそれについて語らない．

71．W. Mühlmann, *Messianismes révolutionnaires du Tiers Monde*, Gallimard, 1968, p. 291.

72．セネカ『トゥエステス』, 204-215; 次の明解なページをも見よ──プルタルコス『デメトリオス』30.

73．アレクサンドリアのフィロン『カリグラへの使節』XI, 76 Smallwood ──「カリグラは，狂気のはじめごろ，次のような考えを抱いた──家畜飼い，つまり牛飼い，山羊飼い，羊飼いたちは牛や，羊や，山羊ではない，かれらは動物より優れた人間である．同様にこの優れた人種の番をするわたしはもっと優れた部類に属さねばならない，つまり神に属し，人類に属さない」．

74．ポリュビオス, 5, 27, 6.

75．Taeger, *Charisma*, vol. 1, p. 353; W. W.Tarn, *Antigonos Gonatas*, p. 250. ここで述べているのは都市によって定められた礼拝でなく，帝王自身から要求された礼拝である．

76．D. Nörr, *Imperium und Polis in der hohen Prinzipatszeit*, particularly pp. 1156-123.

77．世界の恵与者，またはすべてのギリシア人の恵与者としてのローマ人については── L. Robert, in *Comptes rendus de l'Académie des inscriptions*, 1969, p. 57; H. Volkmann, «Griechische Rhetorik oder römische Politik ?», in *Hermes*, 82, 1954, p. 467. 後にこのテーマは皇帝のすべての臣民へ広がり，皇帝は世界の平定者または平和の設立者と言われるようになる（Alföldi, *Monarchische Repräsentation*, p. 217; F. Schulz, *Principles of Roman Law*,

p. 112).――このテーマについては，次をも見よ――Habicht, in *Athenische Mitteilungen*, 72, 1957, p.248.

78. マルクス・アウレリウス, XI, 3, 2 は，キリスト教徒の強情さに関して，殉教者の賢明な勇気を否定している――性格上の反抗者にすぎない，と．

79. *Martyrium Polycarpi*, 10. キリスト教徒に対するデキウスの迫害と，忠誠心の証拠として神々への服従を要求したことについては―― Alföldi, in *Klio*, 31, 1938, p. 323.

80. P. Boyancé, *La Religion de Virgile*, p. 73. キリスト教徒に対して当局が信仰（*religio*）でなく，典礼（*cerimoniae*）を要求したという事実については，次を見よ―― L. Koep, in *Jahrbuch für Antike und Christentum*, 1961, pp. 58-76.

81. Wissowa, *Religion und Kultus*, p. 425. 人間の名誉がどこで絶え，どこで崇拝が始まるかを言うことは一般に不可能である．皇帝は神を祭った神殿に自分の像を置くことができるが，それは礼拝のための像であったり，奉納物のように神へ捧げられる像であったりする．皇帝は自分の「神聖な姿」に対するいかなる侮辱も不敬罪とすることができる．また同格として神に同化したり(「ディオニュソス・ネロ」)，あるいは神の再版と見なされることもある（「新ディオニュソス・ネロ」）．皇帝あるいは皇后が人格化または神格化された観念的存在に同化されることもある（«Babine Concorde»）．問題を複雑化するのは，本当の神々が概念や権力のために本来の個性を失ったことである（Nock, *Essays*, p. 34）．皇帝をさる……女神に同化させることができる――デモトリオスをデメテルに同化（Nilsson, *Geschichte*, vol. 2, p. 151）．カリグラはウェヌスに扮した（スエトニウス『カリグラ』52）．他の例については次を見よ――Alföldi, *Studien zur Geschichte des 3. Jahrhunderts*, p. 46 ; cf. P. Veyne, in *Latomus*, 1962, pp. 52, 83. 以下において，皇帝の人徳への崇拝について述べるところを見よ．

82. ポンペイではそうである．わたしの知るかぎりでは，帝政時代において葬儀の *munus* は，プリニウス『書簡』6, 34 に一例が見られるだけである．スエトニウス『ティベリウス』37 を参照せよ．

83. ギリシア・オリエントにおける剣闘士の見せ物に関するルイ・ロベールの著書を参照せよ．

84. P. Veyne, in *Latomus*, 21, 1962, pp. 65, 82; 26, 1967, pp. 746-748. 次を追加―― *Corpus* des inscriptions latines, XIII, no. 1449 ――神となった皇帝たちへ献納されたケルトのプルトン神殿．

85. この修辞学は次において見事に分析されている―― E. Auerbach, *Mimésis* ――アミアヌス・マルケリヌスと聖ヒエロニムスの例について．

86. 『テオドシウス法典』XI, 21, 3 ; «adnotatio»(「特権」と訳した）については，I, 2, 1; VIII, 5, 14 を参照せよ――これは君主直筆の書名入りの勅令であ

る．同じ皇帝が決定的に皇帝の肖像崇拝を禁じるのは紀元425年を待たねばならない（XV, 4）．

87．古典的テキストは兵隊の宣誓である，これはウェゲティウス，2, 5で知られている──「軍団の新入兵は入隊し，呼ばれるとすぐ神にかけ，キリストにかけ，聖霊にかけ，皇帝の威厳にかけて宣誓する，また人類は皇帝を神の次に敬い，愛さねばならない．なぜなら皇帝がアウグストゥスという尊称を受けたとき，皇帝は人間のあいだに現存し身体を持った一種の神として忠誠を受けるはずであるから」．（「人間のあいだに現存する神」という，きわめて異教的な注目すべき表現については，この章の中の「補遺」において述べる）．──次の研究を読むことができなかった── W. Ensslin, «Gottkaiser und Kaiser von Gottes Gnaden», in *Sitzungsberichte der bayer. Akad.*, 1943, 6.

88．*Corpus* des incr. latines, VIII, no. 450, 10516（525年度）, 23045 A,──次で補充されている── Diehl, *Inscriptiones latinae christianae*, no. 126 and 387-389. Mgr Duchesne, «Le concil d'Elvire et les flamines chrêtiens», in *Mêlanges Louis Reniers*, p. 159.

89．次で発表された Valentine の碑文── Le Blant, *Inscriptiones chrêtiennes de Gaule*, vol. 1, p. xcv and no. 595 A; Diehl, no. 391. ここではノヴァンポピュラニー地方の帝政時代の聖職者のことだろう，かれは円形競技場（*cuneos* が『農耕詩』2,509のたんなるはるかな思い出でなければ）で狩りの見せ物（*venatio*）を開いた，また自分の都市を代表して都市の法令をノヴァンポピュラニー地方の民会へ伝えた．他方，次を参照せよ── A. Bigelmair, *Die Beteilung der Christen am öffentlichen Leben in vorkonstantinischer Zeit*, pp. 114-119. キリスト教徒の恵与者で高官の義務については，次を見よ── Fefele, 法規, 2, 3, 55; エルヴィラ公会議, 56; アルル公会議，法規, 7.

90．アミアヌス・マルケリヌス, 27, 3, 5.

91．Weber, *Religionssoziologie*, vol. 1, p. 268.

92．古代の事実は次において集められている── Marc Bloch, *Les Rois thaumaturges*, pp. 59-63. ヘレニズム時代の諸王が秘儀において祈願されたという事実（Nilsson, *Opuscula minora selecta*, vol. 3, p. 326），またローマ時代のアジアにおいて皇帝の秘儀が行われたという事実（H. W. Pleket, «An aspect of the Emperor's cult : imperial mysteries», in *Harvard Theological Review*, 58, 1965, p. 331）をどのように解釈すべきか分からない．君主の人柄から生じる迷信のうちで，指摘されていないものがある──ローマの平民は，ドミティアヌス帝には幸運がついていて，「競技場」で，ひいきの緑組がいつも優勝すると信じていた──この点からマルティアリスのエピグラム，XI, 33を解釈すべきである．それに対して，ビザンティン帝国の儀礼では，皇帝は常に戦車競走の優勝組に入れられる── A. Grabar, *L'Empereur dans l'art bysantin*, p. 65.

93. *Économie et Société*, vol. 1, p. 253. この大衆化については，ローマ世界における見事な叙述がある── Nilsson, *Geschichte der griech. Religion*, vol. 2, p. 392.

94. A. Alföldi, *Der Vater des Vaterlandes im römischen Denken*, Wissenschaftl. Buchgesellschaft, 1971, p. 70. 次の節において *auctoritas* についてもう一度触れることになる．──混同してはならない──ド・ゴール崇拝はペタン崇拝と同じでなかった．1944年のド・ゴール崇拝はフランス国民連合(RPF) 総裁への崇拝と同じではなかった，またコロンベはクレムリンではない．

95. 合理性，すべての合理性，つまり非合理（なぜなら非合理もそれなりに，暗黙的な原則に一致しているからである）も含めた合理性が研究されつつある．経済学者はリスクの合理性を研究し，数学者は Bayes の判定条件，主観的確率を研究している．1960年の国立科学研究センター（CNRS）主催の「決定」学会で，«is est pater quem nuptiae demonstrant»原則に関する Jenssen の味わい深い研究が発表された──子供は夫に属すると仮定するほうが確実である，それは確かに子供がそうであるならこの解決の利益を最大にできる，あるいはそうでない場合の損失を最低にするためであり，あるいは「最小の後悔」，つまり可能な最低限の生計不足にするためである，なぜなら無実を罰するより罪人を放免するほうがましだから．心理的領域については，運勝負の心理に関する John Dohen の楽しい本を読んだことが思い出される．

96. 次の古典的で，予言的な本を見よ── Robert Michels, *Les Partis politiques, essai sur les tendances oligarchiques des démocraties*, repr. 1971, Flammarion.

97. 神託的であって，予言的ではない，この言葉に意味があるとすれば──「あなた方に予言者がいるなら，わたし，ヤハウェはまぼろしの中でその予言者にわたしのことを知らせる，夢の中で語り合う，だがわたしのしもべであるモーセは違う，──かれはわが家のすべての者から信頼されていて，わたしは，なぞでなく，まぼろしの中で，じかにかれと話す」(『民数記』XII, 6-7)．モーセはもっと広い意味でしか予言者ではない（その後，『申命記』XVIII, 15 and 18; XXXIV, 10)．

98. Roy Medvedev, *Le Starinisme*, Seuil, 1972, pp. 415, 454. 次の驚くべきページを見よ── W. Leonhard, *Die Revolution enttässt ihre Kinder*, Ullstein, Bücher, 1955, p. 58.

99. Medvedev, *ibid*.

100. *Lehrbuch der Dogmengeschite*, vol. 1, p. 138.

101. Boyancé, *Études sur la religion romaine*, p. 5.──生き物の中で，植物の規定が常にあいまいであったことは知られている（G. Lebrun, *Kant et la Fin de la métaphysique*, p. 247)．

102. パウサニアス, 8, 2, 5. 皇帝はわれわれのあいだで現存する神である——ウェゲティウス, 2, 5; *Panégyriques latins*, X, 14, 1; ウァレリウス・マクシムス，序文；デメトリウス・ポリオルケテスへのアテナイ人の賛歌（*Collectania Alexandrina*, Powell, p. 160）；皇帝は *praesens deus*（*Panég*., II, 2, 1), *praesentissimus deus*（VII, 22, 1）である．ホラティウス『オード』I, 2, 45 とウェルギリウス『アエネイス』VI, 871（マルケルスについて），およびその Norden の注釈も忘れないように．今日では，神々は人間から隠れているが，黄金時代とおとぎ話の世界では人間といっしょに生きていた——このテーマはヘシオドス, fragment 82 Rzac から『第 4 田園詩』，さらにプロティノス, 5, 8, 1,line 38 へ受けつがれる——「もしゼウスがわれわれの目の前に現われてくだされば……」．原テキストはクセノフォン『ソクラテスの思い出』4, 3, 13 であろう．瞬間的な「エピファニー」作品を除いて，神々が見えない悩みをもっとも美しく表現している文章は『アエネイス』第 1 歌の *vera incessu patuit dea* のはずである．ルカヌス, 5, 88 も見よ．プラトンはこのテーマをパロディー化している——古代人はわれわれより偉かった，だから神々の近くに住んでいた，と言っている（『フィレボス』16 C)．おとぎ話については，カトゥルス，64, line 385 *sqq*.,（Kroll の注釈とともに)，アプレイウスにおいて，愛の神とプシュケの伝説が，人間から姿を消した神々のテーマに影響している．プシュケは，ある古代人なら言っただろうように（クリスピナ，もしわたしの思い違いでなければ次のように神格化された——とにかくそうであっただろう）新しいビーナス（*nea Aphrodite*）であり，この新しいビーナスは人間から隠れている．——だが忘れてならないのは，「エピファニー」と言う語には多くの意味があり，たんに長期または瞬間的に神の現前を表わすのみならず，また，見えない神の力の発現，つまり奇跡をも指した—— P. Roussel, in *Bulletin de correspondance hellénique*, 1931, p. 37.

103. Husserl, *Expérience et Jugement*, tranl. by Souche, p. 206.

104. Id., *ibid*.

105. ヘロドトス, 6, 105-106.

106. P. Veyne, in *Méranges d'archéologie de l'École de Rome*, 1961, p. 270.

107. 『イリアス』22，394.

108. われわれは次の著書のおかげで神的なものと「聖なるもの」に関するすばらしい現象学に触れている—— Rudolf Otto, *Das Heilige*, 1917（transl. by Jundt, *Le Sacré*, Payot)．神的なものは本質的直観であり，それが性質（あいまいな語意で——他に表わす語が見つからないもの）であり，恐ろしい瞬間（*tremendum*）と魅惑的な甘美の瞬間のあいだの緊張から生じるという意味で「言い表わせない」ものである（オットーの著書は，要するに聖アウグスティヌスの『告白』第 7 章，10にある *contremui amore et horrore* の注解である)．——もちろん，本質的直観はそれが満たされる現実的対象が存在するというの

ではない――現象学は一段上の伝統主義者が思うほど「観念論者」ではない．ただ本質的直観だけは現象学に属している――俗界のものは現実的知識や科学に属している．*tremendum* の本質は幻想で満たされるかも知れないが，それでも幻想が存在することを意味するのでなく，要するに現象学が幻想の存在を認めたり，排除したりしない．次を見よ―― Husserl, *Recherches logiques*, transl., PUF, 1969, vol. 2, part 2, p. 19. 現象学はただ，われわれが同じやり方で身体のあるもの，超自然的存在，あるいは何か定理を対象にするとは言わない――テーブルや，見たこともなく他人を信じて知っている都会の存在を信じるようには神は信じられない，なぜなら信じる理由が違うだけでなく，その対象が異なった地平線に落ちるからである．信仰の心理学においては，そのことを最大に考慮すべきだろう――それこそ，本質が直観によってとらえられるという考えほど無縁なものはないとするヒュームの経験主義には不可能なことであり，またそれだからこそヒューム的な宗教批判が中途半端なのである．今日の宗教哲学におけるオットーの地位はちょうど19世紀におけるシュライエルマッハーに匹敵する，次の手引き書を通読すればそのことが納得できよう―― J. Hessen, *Religionsphilosophie*, Reinhardt,1955, vol. 1, pp. 269-296, and vol. 2, pp. 111-119. 神的なものと君主制的感情の関係を理解するには，以下のことが分からねばならない――〔1〕*tremendum* には典型的要素がふくまれていること――神の全能．神は未来，風，心の支配者である．帝王もまた力があるが，その力は確かに超自然的ではない――その点において，その力は全能というよりはむしろ神の全能の補助である．それでも換喩的には神々の力が帝王の力と同一視されることがある．〔2〕*adorandum* は抽象的には政治的他律に似ている――内心で，他者の優越性を認めるからである．隠喩としては，その優越性が政治的であったり宗教的であったりしてもかまわない．――いずれにしても，独裁者崇拝という君主制的カリスマとニュルンベルクの熱狂とはまったく異なることが分かる――ニュルンベルクでは，一集団が一切を踏みにじろうと決意して，デュルケーム流に自己崇拝を行い，集団の力感情，その人数，その決意に酔いしれる．君主制的崇拝では，神々の崇拝と同様に，臣民または信者は，神々の超自然にして「不気味な」力の前で，あるいは帝王の生来の力の前で，自分らの無意味さを感じる．――確認しよう――もし神的なものを直観することが「言葉で言い表わせない」ことだとしても，それがわけの分からないことではない――生まれつき目の不自由な人に青色を言葉で説明できない，また，SF小説でも，われわれにはない火星人の第六感に現われるような想像性を創作したり，描写したりできない．その代わり，青と緑，音と色をはっきり区別することができる．同様に，神的なものの直観は団結の神秘的感情とはまったく異なる．

109. A. von Premerstein, *Vom Wesen und Werden des Prinzipats*, repr. 1964, Johnson Reprint Corporation; Weber, *Économie et Société*, vol. 1,

p. 234 ; *Religionssoziologie*, vol. 2, pp. 69, 253; *Rechtssoziologie*, pp. 262, 306 Winckelmann. 次も見よ —— Article «Princeps», in Pauly-Wissowa, by Wickert, XXII, 2, col. 2500-2508.

110. G. Jellinek, *Allgemeine Staatslehre*, ed. of 1922, pp. 199-201.

111. プラトン『国家編』369 B.

112. キケロ『義務論』2, 21, 73. ロックにも同じ意見が見られる.

113. 次を見よ —— *Édouard* Will, *Le Monde grec et l'Orient, I : Le Ve siècle*, pp. 511, 674.

114. 皇帝への宣誓については，いまではPremersteinでなく，Herrmannに従うべきである —— P. Herrmann, *Der römische Kaisereid*, Göttingen, 1968. 紀元前32年，オクタウィアヌスへのイタリア人の宣誓は一種の民会決議であった，次の説に従う —— Syme, *The Roman Revolution*, p. 284.

115. 皇帝の代官については，次を見よ —— O, Hirschfeld, *Die kaiserlichen Verwaltungsbeamten bis auf Diokletian*, 1905, repr. 1963, Weidmann; H. G. Pflaum, *Les Procurateurs équestres, sous le Haut-Empire romain*, Maisonneuve, 1950, and *Les carrières procuratoriennes équestres*, 3 vol. 1960-1961; 同著者の次の項目も見よ ——«Procurateur», in l'*Encyclopédie* of Pauly & Wissowa, vol. XXIII, 1, 1957, col. 1240-1279.

116. 次の3研究が補完しあっている —— H. Chantraine, *Freigelassene und Sklaven im Dienst der römischen Kaiser, Studien zu ihren Nomenklatur*, Franz Steiner, 1967; G. Boulvert, *Esclaves et Affranchis impériaux sous le Haut-Empire : rôle politique et administratif*, Napoli, Jovene, 1970; R. P. C. Weaver, *Familia Caesaris, a social study of the Emperor's freedmen and slaves*, Cambridge, 1972.

117. Boulvert, *Esclaves et Affranchis impériaux*, p. 447. Weaver, *Familia Caesaris*, p. 6. 皇帝の「友人たち」についても同様である —— かれらの役割はその肩書きから想像される以上に重要であった；「かれらは親しかった皇帝が亡くなっても地位は変わらなかった」(Friedländer, *Sittengeschichte*, vol. 1, p. 84);「帝政の維持を本質的に確保したのはかれらであった」(J. Crook, *Consilium principis : imperial councils and counsellors*, pp. 29, 115).

118. M. Crozier, *Le Phénomène bureaucratique*, Seuil, 1963, p. 243.

119. Pflaum, *Les Procurateurs équestres*, p. 8.

120. 皇帝直轄国庫は困難で錯綜した問題を提起していて，現在，議論の的になっている．その問題を列挙するに当たって，まず，皇帝直轄国庫の公的性格の問題は一つの問題であるが，その精神的個性の問題は別だと確認しよう —— 〔1〕皇帝直轄国庫を表わす以前には，*fiscus* は「金庫」，つまり個人の金庫，あるいは元老院所轄の属州の公的金庫 *aerarium*，あるいは後日，皇帝直轄国庫になる金庫を指した．それはいまでは明らかである．〔2〕おそらくウェス

パシアヌス帝以後，皇帝に所属していた税収の諸金庫（*fisci*）がパラティノス丘の中央機関，つまり皇帝直轄国庫に事実上，集められる.〔3〕あるいは少なくとも紀元1世紀のなかごろ，単数の *Fiscus* が徐々にこれら複数の金庫全体を示すために使われ，皇帝直轄国庫となる．この言い方はセネカ『恩恵』4, 39, 3で証明されるように思われる.〔4〕皇帝直轄国庫またはたんなる国庫に「精神的個性」があったかどうか，また代官が言うことを聞かない納税者に強制執行を行わせたとき，それは代官の名においてか，または人格としての皇帝直轄国庫の名においてであったかを知るのはひとつの問題である——単純な法的手続きの問題であった.〔5〕皇帝直轄国庫が国務における実体であったか，それとも文字どおり君主の所有であったかを知ることはまったく別問題である，つまり所有物ならモムゼンが考えたように皇帝直轄国庫の中身がたんなる個人へ遺贈できた.〔6〕私法と公法とは別に税法が存在したかどうかを知ることもまた別問題である.〔7〕最後に，文学作品では国庫の中身は君主に属し，君主のものであると述べられている．これはたんなる話し方であり，われわれの見解では，セネカ『恩恵について』7, 6, 3の文章からは何も引きだせない．セネカの上の2箇所に関する別の解釈としては，次のわが同僚の論文を見よ—— G. Boulvert, «Le fiscus chez Sénèque», in *Labeo*, 18, 1972, p. 201.

皇帝直轄国庫に関して本質的な事柄は次において読まれる——Hirschfeld, *Verwaltungsbeamten*, pp. 1-29; C. H. V. Sutherland, «Aerarium and fiscus during the early Empire, in *American Journal of Philology*, 66, 1945, 151; A. H. M. Jones, «The Aerarium and the fiscus», in *Journal of Roman Studies*, 40, 1950, p. 22. F. Millar（*Journal of Roman Studies*, 53, 1963, p. 29）で再提起された議論が次の研究を生みだし，それが決定的のように思われる——P. A. Brunt, «The Fiscus and its development», in *Journal of Roman Studies*, 56, 1966, p. 75）. 次の各項目を見よ——«Fiscus» of *Dizionario epigrafico* of Ruggiero, vol. 3, p. 96, by Rostowzew; «Fiscus», in Pauly-Wissowa, vol. VI, 2, 385（Rostowzew）and Supplementband X, col. 222（Uerödgi）. *fiscus* という語はアジアの碑文で見つかったばかりである—— Herrmann & Polatkan, «Das Testament des Epikrates», in *Sitzungsberichte der Akad. Wien*, phil.-hist. Klasse, 265, 1, 1969.「皇帝直轄国庫の特権」については，次の詳細な研究—— Mitteis, *Römisches Privatrecht*, vol. 1, pp. 366-375; さらに次の注目すべき要約がある—— Sohm, Nitteis and Wenger, *Institutionen, Geschichte und System des römischen Privatrechts*, ed. of 1926, p. 199, n. 5. たとえば，皇帝直轄国庫は相続できる（他方，ローマでは，非身体的な人格は遺贈しか受けられない）.

121. クラウディウス以後，複数で皇帝（カエサル）の「私有財産」のことが話されるようになる，だからクラウディウス以前の皇帝でなくとも，少なくとも支配的王朝のすべてのメンバー（*Caesares*）が問題である—— Dessau, no.

1447; Pflaum, *Carrières procuratoriennes équestres*, vol. 1, p. 88; *Corpus* des inscr. latines, XI, 3885 and 5028. 次の項目を見よ——«Patrimonium», in Pauly-Wissowa, Supplementbabd X, by A. Kärnzlein.

122. 年代については，現在のところ，次を見よ，特に後者—— Pflaum, *Carrières procuratoriennes*, vol.pp. 598, 811; vol. 3, p. 1005; cf. H. Nesselhauf, «Patrimonium und res privata», *Historia Augusta, Colloquium*, Bonn, 1963, p. 73.

123. R. Orestano, *Problema delle persone giuridiche in diritto romano*, Torino, Giappichelli, 1968, p. 252 ——「相違は純粋に会計上の区別，収支の各項目への配分で解消される」.

124. F. Preisigke, *Girowesen im griechischen Aegypten*, repr. 1971, Olms, p. 188.

125. *Verwaltungsbeamten*, p. 18; 続いて新味はないが—— A. Masi, *Ricerche sulla res privata del princeps*, Milano, Giuffrè, 1971.

126. L. Mitteis, *Römisches Privatrecht bis auf die Zeit Diokletians*, 1908. p. 361；続いて——E. Stein, *Histoire du Bas-Empire*, ed. Palanque, vol. 1, I, p. 45 and n. 131; さらに続いて次の研究——Max Kaser, in *Römisches Privatrecht*, vol. 2, Beck, 1959, p. 103, n. 2. これはすでに Karlowa の学位論文であったが，きわめてまずい論拠のために Hirschfeld によって反論されていた.

127. *Staatsrecht*, vol. 2, pp. 998, 1003, 1007, 1135.

128. *Ibid*., vol. 2, p. 999, n. 1 : «Der formell dem Kaiser, reell dem Staate gehörige Fiscus».

129. これはまず，体系的な法律ではない——類型的に処理していて，体系的な面はたいていの場合，「漠然としか感じ」られない（P. Koschaker, *L'Europa e il diritto romano*, Sansoni, 1962, p. 160, n. 2, 289, 328）．それでも概念を厳密にというよりはむしろ伝統的に使っている（F. Wieacker, *Vom römischen Recht*, Leipzig, 1944, p. 28）；この類型式法律は公理的法律としての民法と対立している（Th. Viehweg, *Topik und Jurisprudenz*, 1953）；類似については，次を参照せよ—— U. Wesel, *Rhetorische Statuslehre der römischen Juristen*, Heymanns, 1967, p. 89. 基本的研究は次のものだろう—— Max Kaser, «Zur Methode der römischen Rechtsfindung», in *Narchrichten der Akademie in Göttingen*, 1962, no. 2.

130. たとえば，プリニウス『トラヤヌス称賛演説』27, 3 and 41-42; cf. Mommsen, *Staatsrecht*, vol. 2, p. 998, n. 2. もちろん，『学説彙纂』で，皇帝たちは *Fiscus meus* または *Fiscus noster* と繰り返している．だがそれは「わたしに所属する」（皇帝直轄）国庫でなく，「わが権限下にある（皇帝直轄）国庫」の意味である．同じく，皇帝たちは「わが代官（プロクラトル）」（『ユスティニアヌス法典』1, 54, 2 and 10, 8, 1），「われわれの代官」（3, 3, 1; 3, 13, 1;

3, 26, 1 and 2),「わが友で側近の者」(Dessau, no. 206),「わが友で代官」(*Corpus*, X, 8038),「われわれの総督で友」(Dessau, no. 423),「われわれの兵士」(Brigétio の碑文) と言っている. だがかれらは「わがプロコンスル」とは言わないようだ, なぜならプロコンスルは皇帝に属さず, 元老院に属していたから.

131. *Staatsrecht*, vol. 2, p. 1135, cf. 1007.

132. 当初から国庫の金を盗めば公金横領であって, ただの *furutum* ではなかったかどうかを知ることは重要だろう. ところでこの問題に関して古いテキストがある, というのもそれはラベオのものだから——不幸にして, それは一度, 改竄されていることは確かである, なぜなら *aerarium* という語が数行下で無謀にも *fiscus* と直されている (『学説彙纂』48, 13, 11, 6) ——そこでラベオは, 皇帝直轄国庫でなくいわゆる国庫の横領を論じたことになる (49, 14, 1, 1) ——しかもラベオは, 自治都市の公共性を否定するかれの態度から判断して, 国庫が公共的なものであり得ると考えようとする最後の人でああった (後述の部分を見よ). ラベオのテキストの他の箇所でも (49, 14, 1, 1) *aerarium* が *fiscus* と改竄されてる——借金だらけの遺産が相続人不在のために国庫にはいってきたら, どうすればよいのか. ところで, はじめ, 相続人のいない財産は皇帝直轄国庫でなく国庫へおさめられたことは分かっている (ウルピアヌス『法規範』28, 7; ガイウス, 2, 150). したがってラベオは aerarium と書いたのであって, *fiscus* は改竄されたものである. ——ラベオの他のテキスト, 48, 13, 11(9), 3 ——これも改竄された疑いがある, というのも他のテキストもそうだからである. 同様に, 48, 13, 14(12). さらに公金横領については次を見よ——パウロの『箴言』5, 27; Mommsen, *Strafrecht*, p. 766, n. 3; p. 768, n. 3.

133. カッシウス・ディオの証言, 74, 7, 3. その他の証言は『皇帝伝』, Antonin, 7, 9; 12, 8 (cf. 4, 7 そしておそらく, 4, 8), さらにディディウス・ユリアヌス, 8, 9. 本注 (163) において, これらの証言の別の解釈を提案することになる.

134. 同じ論拠でモムゼンは次のように結論すべきだっただろう—— *manubiae* の所有権を持ったどの凱旋者も, また競技会の lucar を所有するようになったどの高官も, もしせめて用心深く, 勝利や競技会の前に財産を子供たちに渡しておかなかったら, 一度に全財産を失い, 競技会や凱旋門に使い果たしてしまっただろう, と. 実際, モムゼンは皇帝直轄国庫の場合を *lucar* や戦利品の場合と同一視している；次を見よ—— *Staatsrecht*, vol. 3, p. 1129; vol. 1, p. 241; vol. 2, p. 1000, n. 2.

135. F. Schulz, *Principles of Roman Law*, p. 144. ローマ法が区別や規則を増やすが, もともと原則をたてたり, 概念をつくったりすることには向いていないことを想起すべきである. 『学説彙纂』にある法律家の断章は, 少し長くなったり, 抜粋もとの法律学説の真の姿を見せるときにはきわめて啓示的であ

る——個々例の連続として表われ，例ごとに議論されるが，一般的法則はない，まるでフランス語規範文法の中の分詞の一致に関する詳細を読むようである——すべての詳細，すべての例外は見られるが，まったく原則がない．

136．ヘロディアノス，2, 4, 7.

137．『学説彙纂』43, 8, 2, 2. われわれのローマ法概論ではこの禁止（*ne quid in loco publico vel itinere fiat*）はほとんど問題にされていない，なぜならわれわれ現代人から見れば，それは民法でないからである．だがローマ人にはそう思われた，つまりローマ人にとって民法は個人の利益に関わっているのである（『学説彙纂』1, 1, 1, 2）．このかんたんな事実だけでも，いまなおローマ法の研究がいかに歴史的でなく現代的観念で扱われているかが分かる．

138．『学説彙纂』43, 8, 2, 2.

139．ベビアニ・リグレスのアリメンタ碑文では，国境の公道に接して土地を持っている者は他国民の隣人（*adfinis populus*）と言われ，一方，皇帝領に接した土地の所有者は皇帝の隣人（*adfinis Caesar noster*）と言われた．

140．P. A. Brunt, «Procuratorial juridiction», in *Latomus*, 25, 1966, p. 461.

141．F. Schulz, *Principles of Roman Law*, p. 177.

142．Mitteis, *Privatrecht*, p. 346; Mommsen, *Staatsrecht*, vol. 2, pp. 203, 226, 964, 1007, 1021-1025. クラウディウス以前とクラウディウス治世下の情勢については——タキトゥス『年代記』4, 6 and 4, 15; 12, 60; スエトニウス『クラウディウス』12; カッシウス・ディオ, 57, 23, 5.

143．この三分割については——『ユスティニアヌス法典』7, 49, 1：«causa *sive* privata *sive* publica *sive* fiscalis»; モムゼンはこのテキストを奇妙にとり扱い，そこに二分割を発見するにいたる——一方に *publica*，他方に *privata* と *fiscalis*（*Staatsrecht*, vol. 2, p. 999, n. 1）；しかしテキストでは，*privata* と *fiscalis* が対立していることがある（次のとおり——『ユスティニアヌス法典』8, 40, 11; 7, 75, 3）．

144．*Das römische Privatrecht*, vol. 1, ed. of 1971, p. 303.

145．法人格については—— Mitteis, *Privatrecht*, pp. 339-416; Max Kaser, *Privatrecht*, vol. 1, ed. of 1971, pp. 302-310. 次の著書もローマ法研究に見られる新精神を示している—— R. Orestano, *Problema delle persone giuridiche in diritto romano*, 1968.

146．『学説彙纂』50, 16, 15. ウルピアヌスは都市の主権を否定するのではない，と次で述べられている—— H. Siber, *Römisches Recht*, p. 50 ——だがウルピアヌスは法律の字句にこだわる．

147．『学説彙纂』22, 1, 30.

148．同上書, 48, 13, 4, 7（5, 4）——公金横領；«et hoc jure utimur»; 47, 2, 31, 1 ——窃盗，ラベオによる；47, 2, 82 ——窃盗，パピニアヌスによる．次を見よ—— A. Pernice, *Labeo*, repr. 1963, Scientia Verlag, vol. 1, p. 285; Momm-

sen, *Strafrecht*, p. 767.

149. かくて，都市という法人格について，つまり都市と市民全体との関係については次を見よ——『学説彙纂』2, 4, 10, 4 and 1, 8, 6, 1（ユスティニアヌス『法学提要』2, 1, 6）. 法律家が現実の状況に向き合っていることが分かる——都市には持続する現実はあるが，都市の構成員は絶えず過ぎてゆき，入れ替わる．法律家はまず何とかこの相違を概念化し，都市を *universitas* と呼ぶ．一方，かれは法規を扱い，それを適用し，解釈しなければならない．最後に，かれはその法規が確かに「正しい慣用」，「理性」に合致していると考える——法規はあいまいであることが許されない，理解されるだけでよい，できるだけ賢明な解釈が行われ，それがもっとも正しいものとなる．

150. 次でもそう信じられている—— F. Schulz, *Principles*, p. 177, n. 6. この著者がその想像は歴史的に不可能であることに驚いていないように見えるのは奇妙である——アウグストゥスは，陰険で警戒心の強い君主であり，高官の様相をした独裁者であっても，税収の金を自分の財産だと扱えるような立場にいなかっただろう．

151. Jellinek, *Allegemeine Staatslerhe*, pp. 385, 400-401, 622.

152. ガイウス『法学提要』2, 7, cf. 2, 21. Mommsen, *Sraatsrecht*, vol. 3, p. 731, n. 3. 次の優れた著書に最近の文献目録がある——A. Cérati, *Caractère annonaire et assiette de l'impôt foncier*, Librairie générale de droit et de jurisprudence, 1975, p. 4, n. 11. 特に次の二人の論文を見よ—— Tenney Frank and A. H. M. Jones, in *Journal of Roman Studies* of 1927 and 1941. モムゼンの説はほとんどすべての概論に浸透している——だがSir Ronald Symeが一言のもとにその説を覆し，追従しなかった話を聞いたことがある．Fustel de Coulanges, *La Gaule romaine*, p. 275, n. 1 では次のように書かれている——「この説がガイウスの形式的テキストに依拠していることは分かるが，事実によって否定されていることは明らかである．それはただの学習理論にすぎないと思いたい」．ところがフュステルはおそらくモムゼンの権威に屈し，説を変え，ガイウス説を承認している——*Les Origines de système féodal*, p. 66, n. 5.

153. Wissowa, *Religion und Kultus der Römer*, p. 408; cf. Mommsen, *Staatsrecht*, vol. 3, p. 735, n. 2.

154. プリニウス『トラヤヌス称賛演説』50; «multa ex patrimonio», 50, 2.

155. 『トラヤヌス称賛演説』50, 6 : «nunquam nisi Caesaris suburbanum».

156. Hirschfeld, *Verwaltungsbeamten*, p. 19, n. 4 and p. 18, n. 2.

157. Id., *ibid*., p. 19.

158. Mommsen, *Staatsrecht*, vol. 2, p. 770.

159. Id., *ibid*., vol. 2, p. 1135.

160. カッシウス・ディオ, 78, 11, 3.

161. *Staatsrecht*, vol. 2, pp. 1007, 1135. 君主の相続人は一般にその後継者にほかならない．ローマ私法においてはどの遺言も本質的に一人ないし多くの相続人を定めていることを想起しよう（遺言は財産を移譲するというよりはむしろ遺言者の精神的継承者を指名することにある，その結果として，この，またはこれらの継承者は故人の財産またはその一部を受けとる）．勝手に相続人を定めることができる——自分の子供，またはその長男の相続権を奪うことほど容易なものはない．家父は財産を譲渡するだけでなく，同時にその家の将来を規定する．持参金制度ほどローマ社会，その家父長制，さらにその外面的な婦人尊重を強烈に表わしたものはない（ローマ人の結婚は同棲と物的所有権という形での既成事実であるが，この事実には権利上の効果がある．結婚と同棲の違いは持参金にある——妻を追い出すには持参金を返さねばならない）．

162. H. Nesselhauf, in *Historia, Augusta Colloquium, Bonn*, 1963, Habelt, 1964, p.79;「この堅固な財政的基盤がなかったら，君主の継承を定める基盤の上ではるかにもろかっただろう．この巨大な私有財産を相続することが相続人には皇位継承の前提であった」．「私有財産」遺贈と皇位継承の関係について，スエトニウス『カリグラ』14 はきわめて明瞭である——元老院と人民は，「ティベリウスが遺言において，もう一人の甥をカリグラの共同相続人にしていた意図（*voluntas*）に反して」カリグラを皇帝だと感激しながら宣言している．

163. 本注（133）を見よ．

164. カッシウス・ディオ, 74, 7, 3.

165. 『皇帝伝』，ディディウス・ユリアヌス, 8, 9.

166. 皇帝への遺贈がどの金庫に入ったか．唯一のテキストは『学説彙纂』31, 56 と 57 である（カッシウス・ディオ，69, 15, 1 を参照せよ）．クラウディウスの代には，「私有財産」と遺産の管理官が存在し（Dessau, no. 1447），またセウェルスの代には，個人的な「私有財産」の遺産の管理官がいる（Pflaum, *Carrières procuratoriennes*, vol. 2, p. 599, no. 225）．だがわが師 H. G. Pflaum が強調するように，*Ratio privata* がすでにアントニヌスの代に存在していたことが分かってからは，その字句を解釈し直さねばならない（vol. 3, p. 1006）．

167. 『学説彙纂』30, 39, 7-10 and 30, 40. Karlowa がこのテキストを下手に説明したので，Hirschfeld が反論しながら，これまた反対の錯誤に陥った（*Verwalt*., pp. 21-25）．だが Karlowa のほうが正しかった——「私有財産」は確かに君主の個人的な財産である．ウルピアヌスのこの箇所の別の注釈としては—— F. De Martino, *Storia della costituzione romana*, vol. 4, ed. of 1965, Napoli, Jovene. p. 819. わたしとしては，このテキストを解釈したいと思う理由は次のとおりである——ローマ法では，故人の精神的な継承者となり，その遺産を処理する相続人は，故人が受遺者のだれかに贈ると定めた財産を買いとるように故人から義務づけられていることがある．その財産が金で買えないも

のであることもある，したがってこの点では，遺言は文字どおりには実行されない．そこで法律家は相続人が，問題の財産の代わりに，その財産に相当する金（*aestimatio*）を受遺者に支払わねばならない場合を検討する．ウルピアヌスは注意をうながしている――もし遺言者がほとんど金で買えないような財産を遺贈する者は常識的ではない，と．相続人が見返りの金を支払わないのは，自分が所有者でない財産を遺贈できるという原則が無意味だからでなく，かんたんに遺言者に正常な精神がないからである．だからウルピアヌスは例を挙げている．われわれならこう言うだろう――ルイ14世はヴェルサイユ宮殿を売りに出せなかっただろう．またそうしたとか，家来の一人が相続人にそれを第三者へ売りつけようとさせたとはあまり考えられない．ウルピアヌスによれば，アルバノの皇室「別邸」は売り物にならない（ここはまさしくドミティアヌス家のヴェルサイユ宮殿だった），なぜならその別邸は歴代皇帝の住居であるからだ（*usibus Caesaris deservit*――これは確かに専門語である，なぜなら Dessau, no. 9024 と 9025 で見られるから）．もっと先で，ウルピアヌスは完全に個人的な所領である私有財産の場合を検討する，つまりその私的所有者が皇帝であり，「私有財産」になっている場合である（明らかに，かれは皇帝直轄金庫の所領を言っているのではない，これはローマ国家の公共的所領である）．そこでウルピアヌスは良識ある真実を喚起させる――相続人は自分の土地を買ってもらおうと皇帝のところ（むしろ「私有財産」の管理官）へ行きにくい．もちろん，われわれにも分かるが，皇帝がその私有財産を競売に出すことはある，トラヤヌスがそうしたではないか（トラヤヌスはその財産を競売にだしたはずだという意味である，なぜならそれが何かを売るときの普通のやり方であったから――次を見よ―― Mommsen, *Juristische Schriften*, vol. 3, p. 225）．だがそれは「歴史的な」決断であり，画期的なことである．普通のときなら，「私有財産」の管理官は君主の特別命令でもないかぎりは何も売らない，また相続人も君主のところまで，遺贈を実行するために土地を売りたいと申し出ることは問題にならない……それが常識ある配慮であって，そこに理論や「法的な」概念を見るべきではない．それでもウルピアヌスのテキストは，「私有財産」が君主の個人的財産であったことを証明している――でなければ，ウルピアヌスは，私有財産とはいえ，いかなる常識的な遺言者も容易に金で買えない私的財産の特殊な場合を例として挙げなかっただろう．わたしが現代ふうにフランス語で訳すなら――「もし遺言者がコンコルド広場」，（ウルピアヌスは公共広場かマルスの原と言う）「エリゼ宮かコロンベ・レ・ドゥー・ゼグリーズのボアスリー邸……を買うように求めるなら」．ここで，ボアッスリーが元国家元首の私有財産だと認められることはだれにも分かる，でなければどうして例に挙げられようか．

168. もっとも一般的な見解に対して，これは次の確信である――E. Beaudouin, *Les Grands Domaines dans l'Empire romain*, 1899, p. 31; l. Mitteis,

Privatrecht, p. 361; M. Kaser, *Privatrecht*, vol. 2, ed. of 1959, p. 103, n. 2; Tenney Frank, *An Economic Survey*, vol. 5, p. 78.

169. 『学説彙纂』, 49, 14, 6, 4 ――「皇帝直轄国庫の特権的領域に属するものすべては皇帝ならびに帝室の私有財産に所属する」. これは皇帝の財産と皇后の財産を区別しているように思われる.

170. 『ユスティニアヌス法典』2, 7, 1（このテキストは私的な「財産」が第4番目の金庫であるというよりはむしろ皇帝直轄国庫の一部だったと思われる. 事実, 次において, 没収財産や相続人不在の財産は皇帝直轄国庫に集められ, そこからその土地の管理が私的「財産」へ移されたと想定されている――Mitteis & E. Stein, *Histoire du Bas-Empire*, vol. 1, p. 115). 後期帝政時代から来ている他の二つの論拠では, *Ratio privata*は公共的なものであったと認めたがっている. まず, *Ratio privata*（または*Res privata*とも言われた）の土地は永貸借に付されたが, 一方, *fundi patrimoniales*は永久に「売られた」*salvo canone*――ところで後者の場合は普通の個人の土地に関して優先的な制度でもあった. 次を見よ――Mitteis, *Privatrecht*, p. 361. 次に, 『テオドシウス法典』XI, 16, 2の法律では, 紀元323年でもなお皇帝の*fundi patrimoniales* は税金を払っていたが, はじめ, *Res privata* のものは税金を払っていなかった. 次を見よ―― Beaudouin, *Grands Domaines*, pp. 151-155.

171. 『学説彙纂』49, 14, 3, 10（マルクス・アウレリウス帝とウェルス帝の返書と思われる). ユスティニアヌス『法学提要』2, 1, 39の要約はあまりにも簡潔であるので, ハドリアヌスがすでにカエサルの所有物で見つけた金庫の場合を定めたかどうかがよく分からない――それをはっきりさせることは *Ratio privata* の始まりを決定するのに重要である（アントニヌスの代にすでに存在していたことしか分からない). ハドリアヌスがそれを制度化したとは考えられない――『法学提要』の中で,「一貫して」*convenienter* という語はハドリアヌスの措置というよりはむしろマルクス帝の返書の論理的結果が問題になっているように思われる.

172. Mommsen, *Staatsrecht*, vol. 2, pp. 935-957; cf. vol. 3, pp. 1158, 1173.

173. 戦勝した部隊がみずから将校を任命したり（タキトゥス『歴史』3, 49), 勲章を与えたり（Dessau, no. 2313）できるのは異例の名誉である. 皇帝がすべての昇進・叙勲を行うことになっているので, カリグラは百人隊長をも含めた将校の遺言書において故人が皇帝へ昇進の感謝のしるしとして遺贈をしていない場合は「忘恩の遺言」と見なして無効にしてもよいと考えた（スエトニウス『カリグラ』38). なぜなら文民, 軍人を問わず, すべての栄達を感謝して皇帝へ遺贈を行い, またもし自分が元老院議員であったら, 皇帝へ遺贈をするのが習慣であった（なぜなら皇帝自身も元老院議員であり, この議員は好きな同僚に私有財産の一部を遺贈として分配していたからである). カリグラの考えは原則としては当然のことであった――ただかれがローマ人に滑稽と見えた

のは，百人隊長まで含めたからである．次を見よ——Hirschfeld, *Kleine Schriften*, p. 516; *Verwaltungsbeamten*, p. 110; Marquardt, *Staatsverwaltung*, vol. 2, p. 294; J. Gaudemet, «Testamenta ingrata et pietas Augusti, contribution à l'étude du sentiment impérial», in *Studi in onore di Arangio-Ruiz*, vol. 3, pp. 115-137. 次のものは読んでいない——R. S. Gogers, in *Transactions of the American philological Association*, 1947, p. 140. キンナ（陰謀者）はすべての財産をアウグストゥスへ遺贈した（セネカ『寛容論』16）．ペトロニウス帝への遺贈によって説明しなければならない——「わたしの主人はわたしを皇帝と共同相続人にしました」．将校については，ウァレリウス・マクシムス，7, 8, 6（7, 9, 2）の示唆に富んだエピソードを見よ，またT. Marius Urbinasという人物が実在し，その墓碑銘も見つかっている（Groag, in *Klio*, XIV, p. 15, *Corpus* des inscr. latines, XI, no. 6058について; Premerstein, *Vom Wesen und Werden des Prinzipats*, p. 105）．

174. Mommsen, *Staatsrecht*, vol. 2, pp. 847-854.

175. 軍隊における軍人の宣誓と皇帝画像への礼拝については——Premerstein, pp. 73-99. しかしセウェルス朝までは，生ける皇帝への真の礼拝や軍隊における皇帝の「霊」も存在していないことに注意せよ．

176. たとえば，ゲルマニクス（スエトニウス『ティベリウス』25），コルブロ，またはルシウス・クイエトゥス．

177. 一般に，*donativum*に関して，基本的研究は依然として次のものである——Fiebiger, in Pauly-Wissowa, vol. 5, col. 1543-1544, ここには少なくとも前期帝政時代のための参考文献がすべて集められている．制度はほとんど研究されていない，それでも次を見よ——E. Sander, «Das Recht der römischen Soldaten», in *Rheinisches Museum*, 101, 1958, p. 187; H. Kloft, *Liberalitas principis*, Böhlau, 1970, pp. 104-110. *donativum*は奇妙なことに貨幣の裏面に現われていない（MattinglyとSydenhamが行なっているようにMONETA AVG銘に*donativum*の暗示を見ようというのは根拠がない）．

178. タキトゥス『歴史』I, chap. 5, 25, 37 and 41.

179. 軍団の兵士には親衛隊のように*donativum*をもらう権利があっただろうか．軍隊へ与えられたアウグストゥスの遺産や，カリグラによって分配されたティベリウスの遺産については資料で証明される．最初の，いわゆる*donativum*，つまりクラウディウスが即位の際に供与したものについては，ジョゼフによれば，軍団の兵士は受けとっていた（Josèphe, *Antiquités judaïques*, XIX, 247）．タキトゥス『歴史』4, 36と58で述べられている*donativum*はむしろ兵隊の褒賞金に違いないから，カッシウス・ディオ，65, 22に一致させることはできない．翼側部隊と歩兵隊には*donativum*をもらう権利があるか．その点については資料はなにも語らない．なぜならタキトゥス『歴史』4, 36と58では，むしろ褒賞金が述べられているからである．次では

補助部隊には *donativum* への権利がないとされている —— Domaszewski, *Neue Heidelberger Jahrbücher*, 9, 1899, p. 218. Sander によれば，セウェルス以後，その権利があるとされる．紀元 3 世紀については，—— J.-P. Callu, *Politique monétaire des empereurs*, p. 311.

180. カッシウス・ディオ, 73, 11. 紀元193年の *donativa* はデナリウス銀貨の貨幣価値低下に部分的な原因があるとされている —— J. Guey, in *Bulletin de la Société nationale des antiquaires*, 1952-1953, p. 89; Th. Pekary, «Studien zur röm. Wahrungspolitik», in *Historia*, 8, 1959, p. 456.

181. カッシウス・ディオ, 73, 1, 5 と 8.

182. タキトゥス『歴史』1, 5 と 18.

183. アミアヌス・マルケリヌス，20, 4; C. Jullian, *Histoire de la Gaule*, vol. 7, p. 222.

184. アミアヌス・マルケリヌス, 17, 9, 6 and 22, 3, 7（しかし，ユリウス・カエサルがガリア地方で供与した *donativum* については，スルピキウス・セウェルス『聖マルティヌス伝』4, ed. Fontaine, vol. 2, p. 597 を見よ．*donativum* と戦利品は別であることに注意せよ —— 後注218を見よ）．この点について，ユリアヌスは書簡，17 Bidez で嘆いている．

185. 兵隊はまず，小麦の«annones»と衣服（またはそれに相当する金 *canon vestium*）をもらう権利がある，さらに毎年，*stipendium* と呼ばれる現金給与を受ける（これがユリアヌスが述べている *annuum stipendium* である —— 17, 8 Bidez. アミアヌス・マルケリヌス, 17, 9, 6 で言われる通常給与 *more solito* として支払われる）．皇帝の在位10年記念手当 *decennalia*（E. Seeck, *Untergang der antiken Welt*, vol. 2, Anhang, p. 545, n. 27; さらに次の新資料もある —— A, H. M. Jones, *The Later Roman Empire*, vol. 2, p. 623; vol. 3, p. 187, n. 31）．だが *stipendium* と *donativum* はいずれも給与というよりはむしろ寄贈の感じがする，またこれら両語は長いあいだ一対となった後に（『ユスティニアヌス法典』12, 35, 1;『皇帝伝』，タキトゥス, 9, 1; ディオクレティアヌス，最高公定価格令，前文；アンミアヌス・マルケリヌス, 17, 9, 6;『学説彙纂』, 49, 16, 15 と向かい合って 49, 16, 10, 1 におけるパウリアヌス），アミアヌス・マルケリヌスにおいてほぼ同義語になる（長い章28, 6 を読むだけでよい）．*stipendium* と *donativum* はいずれも俸給の現金の部分であったように思われる．それは現物給与，つまり衣食と別である —— なぜならこの言葉も合体しているからだ．兵隊は«veste et annona publica pascebatur»（ウェゲティウス, 2, 19），ただし衣服手当 *adaceratio* が支給される場合を除く（*canon vestium* については，『テオドシウス法典』7, 6, 5 =『ユスティニアヌス法典』12, 39, 4 を見よ）．「イデオロギー的」テキストにおいては，兵隊は養われ，着せられる（ユリアヌス『コンスタンティヌス賛辞』32; 書簡, 109 Bidez —— 帝国聖音楽学校の生徒も報酬として衣食を与えられる）．対照的に現金給与は贈

り物に見える．「『テオドシウス法典』では，兵隊の給与について現金のことはほとんど問題にされていない」と，ゴッドフロアはこの『法典』巻7の概要において述べている．しかしながら，ウェゲティウス，2, 20を読めば，紀元3世紀の雰囲気が分かり，*donatuvum* が一種の通常賞与になっていることが感じられる——だがこの変化はもう一つの変化と「重なった」のである，つまりその変化とはすべての現金支給を贈り物と見なすものである（R. MacMullen, «The emperor's largesses», in *Latomus*, 21, 1962, p. 159）．*stipendium* は，兵隊の必要生活費の支給というよりも権力が軍隊に対する精神的義務だと感じられる——事実，一方では，兵隊は養われ，着せられているではないか．だから兵隊はそれをもらうと感謝し，*stipendium* は褒賞金に見えてくる，ましてそれが皇帝即位の際に支給されるならなおさらのことである（アミアヌス，22, 9, 2）．だから *stipendium* と *donativum* が同義語になるのである．『皇帝伝』におけるこの両語の研究は期待される結論へみちびかれる，それをここで一文で要約すればよいだろう——このテキストは両語を紀元4世紀の意味で使っているのであり，紀元2，3世紀には用いられていない．*donativum* の意味での *stipendium* については次を見よ——『皇帝伝』，カラカラ，2，8; Maximini duo, 18, 4; Max. and Balb., 12, 8; アルビヌス, 2．紀元3世紀における軍人俸給の変化については——J. -P. Callu, *La Politique monétaire des empereurs romains de 238 à 311*, De boccard, 1969, pp. 295-300. *adaeratio* については次の注目すべき Santo-Mazzarino 評を見よ—— Marrou, in *Gnomon*, 25, 1953, p. 187; Callu, pp. 290-294; 新資料—— W. L. Westermann & A. A. Schiller, *Apokrimata, Decisions of Septimius Severus on legal matters*, 1954, これは次で議論されている—— Pekary, in *Historia*, 1959, p. 468. *adaeratio* の研究は次で更新されたばかりである—— A. Cérati, *Caractère annonaire et Assiette de l'impôt*, 1975, pp. 153-180, これは現在，基本的な研究である．——ヘレニズム時代の軍隊事情については，次と比較せよ—— Launey, *Recherches sur les armées hellénistiques*, vol. 2, p. 779.

186. E. Stein, *Histoire du Bas-Empire*, vol. 1, p. 429, n. 209.

187. ユリアヌス『アテナイの評議会と人民へ』11．アンミアヌス・マルケリヌス自身もいやな簒奪者プロコピウスを非難しているが，プロコピウスのほうは身売りしやすい兵隊（*vendibiles milites*, 26, 6, 14）を買収したので失敗した．だがプロコピウスを読んでみると，この簒奪者は，紀元3世紀にオリエントで生まれ，コンスタンティヌスの血を受け継いだおそらく唯一の人物であることが分かる．それに反して，アミアヌスは，ウァレンティニアヌスが，騒々しい民会の後で自分の選挙のために兵隊に金を約束したときにはひとことも非難していない（26, 2, 1）——アミアヌスは合法性の味方である．

188. 参考——Fiebiger, «Donativum», in Pauly-Wissowa, vol. 5, col. 1543.

189. 特徴的なテキスト——カエサル『内乱記』1, 39, 3 : «largitione minitum

voluntates redemit». *donativum* という語が帝政時代から現われることを強調しておこう.

190.『アレクサンドリア戦記』48と52. 前章で述べた寄贈とこれらすべての寄贈は異なる——将軍は戦利品の一部を兵隊にゆずらねばならない習慣になっていた（リウィウス, 30, 45, 3; それを受けて——スエトニウス『カエサル』38 : «praedae nomine», および『業績録』3, 18 : «ex manubiis»）. ヘレニズム時代では, 勝利を期して軍隊に褒賞が約束されていた.

191.『アッティクスへの手紙』18, 6, 2.

192. アッピアノス『内乱記』3, 42. この箇所はニュアンスと正確さで優れた部分である——アッピアノスは資料に直接当たっているに違いない.

193. たとえば, タキトゥス『年代記』12, 41および14, 11; スエトニウス『ネロ』7; プリニウス『トラヤヌス称賛演説』25, 2 ; ヘロディアノス, 7, 6, 4 および3, 8, 4; カッシウス・ディオ, 73, 1, 5 および8, 76, 1.

194. ユリアヌス『帝王について』28.

195. 軍隊を有する属州については—— *Staatsrecht*, vol. 2, p. 840; cf. pp. 847, 869.

196. *Ibid*., vol. 2, p. 1032.

197. タキトゥス『年代記』1, 8; カッシウス・ディオ, 56, 32, cf. 57, 5 and 6; スエトニウス『アウグストゥス』101.

198. カッシウス・ディオ, 55, 6.

199. 同上, 59, 2 および 3; スエトニウス『ティベリウス』76.

200. スエトニウス『クラウディウス』10——「クラウディウスは金力によってでも兵隊の忠誠を引きつけようとした最初の皇帝であった」. クラウディウスは次の年に, *donativum* を繰り返し行なった——カッシウス・ディオ, 60, 12.

201. フラウィウス・ヨセフス『ユダヤ古誌』XIX, 247.

202. タキトゥス『年代記』12, 69; カッシウス・ディオ, 61, 3 を参照せよ.

203. Pauly-Wissowa における Fiebiger の論説による.

204. タキトゥス『年代記』12, 41; スエトニウス『ネロ』 7.

205.『皇帝伝』, ハドリアヌス, 23, 12および14 ; カッシウス・ディオ, 78, 19 と 34. ガルバがピソを養子に迎えたとき, *donativum* を約束しなかったので醜聞を招いた（タキトゥス『歴史』1, 18; スエトニウス『ガルバ』17).

206. セイヤヌス失脚後のティベリウス（スエトニウス『ティベリウス』48), あるいはピソ陰謀事件後のネロ（タキトゥス『年代記』1, 18; カッシウス・ディオ, 62, 27)

207. すでに見たように, これもカリスマ的制度であるが, ウェーバー流の制度の意味ではない——君主の神格を信じ, 君主を愛することは, 合法性ならびにその都度, 強制されたり説得されることなく服従するという事実の基礎をな

すのでなく，伝統によって認められた（合法化された）権力の存在から誘導される感情である（次注を見よ）．父親が愛されるというのは父親であるからであり，愛されるから父親であるというのではない．個人としての立派な元首とか，異常な状況で立派に見える独裁者とかいう考えとはまったく関係がない．

208．マックス・ウェーバーにおける伝統的行為に関するあいまいな概念をきわめて繊細に批判している次の研究を見よ——Alfred Schutz, *Phenomenology of the Social World*, English trasl., Heinemann, 1972, p. 91, n., and pp. 197-198. ここで，シュッツは，ウェーバーの手早く，意図的に少し短い名目論に反発して，惰性，習慣では最終的な説明にならず，したがってウェーバーにおける有名な権力三原理を支持できないとしている．

209．帝政については，次の優れたページを見よ——R. Orestano, *Problema delle persone giuridiche*, pp. 217-232, 皇帝権力の非制度性について——「君主は高官でもなく，*privatus* でもない」，同様に皇帝直轄国庫も君主に属しながら，公的なものでも私的なものでもない．君主には護民官としての権力とプロコンスルとしての *imperium* が与えられているが，それもたんなる類語にすぎない，なぜなら「それらの権限は今後，それぞれ相当する高官の実権と区別されたからである」．それも当然である——それらの権限は終身的であり，地域的に制限されなかったからである．君主の地位は古い共和制の高官職や「基本法」とはなんら関係がない．しかしたんなる既成事実でもなく，力関係でもなく，高尚な言い方をすれば，個人の人格的権威 *auctoritas* でもない，というのもこの個人が死ねば，新しい君主がつくられる，そしてその君主は同じ体制的粉飾のもとで，同じ権力を持つからである．だからウェーバーなら伝統的原理を有する体制が築かれたと言うだろう．確かに，このような非公式で合法的な既成事実ほど，ローマで頻繁に起こったことはない——皇帝と元老院の関係，およそ紀元前190年と紀元60年のあいだにおけるギリシアとローマの関係，総督とその地方のローマまたはギリシア都市との関係，それが例として挙げられる．いたるところに隠れた理由を識別する賢明な経験論であろうか．そのようなことは一語も信じられない．不文法ならびに伝統的規則の尊重だろうか．まさしくそうではない．皇帝も，ギリシア人に対したローマも，総督もフェアープレイはしない——かれらはとれる権力をすべてとる．真実は，ローマにまったく官僚的精神も組織的精神もないことであり（「ヘゲモニー」と「組織」，「規範と前例への盲信」と「法精神」を混同すれば誤りである），またローマには同輩のあいだで尊重すべきルールの観念もないことである——ローマにはヘゲモニーの感覚があり，おまけに *fides* という名の下に，道徳的感覚によってヘゲモニーに忠実であることが要求される．——忠実で，また高度に道徳的な服従のうちに成立する力関係がローマによって隠されている美辞麗句の中の *auctoritas* という語の未調査の概念については次を見よ——Alföldi, *Monarchische Repräsentation*, pp. 192-195, さらに決定的な記述としては——J.

Béranger, *Recherches sur l'aspect idéologique du principat*, Basel, Reinhardt, 1953, pp. 114-131. 別の視点から，別の概念化については—— Karl Loewenstein, *Beiträge zur Staatssoziologie*, Mohr, 1961, pp. 3-33 ——「体制の形態としての，アウグストゥスの立憲的独裁制」. 皇帝のカリスマ的様相（この語のもっともあいまいな意味において）については—— F. Schulz, *Principles of Roman Law*, pp. 180-183.

210. Mommsen, *Staatsrecht*, vol. 2, p. 843, n. 3.

211. タキトゥス『歴史』3, 79-80.

212. カッシウス・ディオ，76，1において，*quinquennalia* のための *donativum* がすでに問題になっている．この5周年記念祭の *donativum* については—— A. H. M. Jones, *The Late Roman Empire*, vol. 3, p. 187, n. 31; E. Stein, *Histoire du Bas-Empire*, ed. Palanque, vol. 1, p. 116; Mattinly & Sydenham, *The Roman Imperial Cointage*, vol. 7, by Bruun, p. 57. 給与に加えて貨幣の贈り物の重要性については—— Alföldi, *Studien zur... Welkrise des 3. Jahrhunderts*, p. 415. 地租と，軍隊への現物給与の関係については，次において改めて問題が提起された—— A. Cérati, *Caractère annonaire et Assiette de l'impôt*, pp. 103-151.

213. アミアヌス・マルケリヌス, 15, 6, 3.

214. 同上，22, 9, 2.

215. 同上，29, 5, 37; 31, 11, 1.

216. Jullian, *Histoire de la Gaule*, vol. 8, p. 120 ——「本当に兵士が崇拝するのは金である．兵士と指揮官のあいだでは絶えず取引が行われている」．モリエールの喜劇で，召使いは主人から衣食を与えられていて，給料がもらえないときでも忠実である．それでも給金を要求して叫んでいる——召使いらが貪欲だというのではない，主人が規則的に支払わないからである．

217. アミアヌス・マルケリヌス，24, 3, 3 ——「兵士たちはしばしば過去ととり違えて，*stipendium* を現金で払うように要求する」と，『トラヤヌス称賛演説』XI, 1, 4 で書かれている．したがってクラウディウス『スティリコ賛辞』2, 148 において，あいまいな形式ながら，きわめて正確な暗示がある——「あなたは平和なときも歩兵隊を無視しないで，戦争が激化するときには歩兵隊を豊かな暮らしにしている．一般に贈り物をすることはまったく楽しいものではなく，さげすんでいた人々が恐くなって手遅れになってから贈り物をするものだということをあなたはよくご存知だ」．

218. アミアヌス・マルケリヌス, 24, 3, 3. それに反して，コンスタンティヌスは，戦利品が充分な報償になるだろう，と部隊に言っている．だから *donativum* は現金であって，現物の戦利品ではないことになる．

219. すでにセウェルス朝治世下において，軍部クーデタを起こす軍隊は手当として現金の給付を要求している——カッシウス・ディオ, 46, 46（ヘロディア

ノス，3, 6, 8 を参照せよ），および 79, 1．ユリアヌスは兵隊に自分の新しい権力に服従させるために寄贈をしている——アミアヌス・マルケリヌス，22, 9, 2.

220．アミアヌス・マルケリヌス，14, 10 あるいは 24, 7.

221．宮廷または軍隊の勢力者たちが集まって皇帝を選んだら，後は微妙な勝負である——軍隊によって皇帝を宣言させること（アミアヌス・マルケリヌス，22, 9, 2）．ときには軍隊は「満場一致で承認する，なぜならだれも反対しようとしないから」（26, 4, 3）．だが反対の叫びが聞こえることもある——もし雄弁家が権威ある口調で演説できたら，すべてはまるく収まる（26, 2, 11）．相続君主の宣言の場合も同様である（27, 6）．

222．プロウサのディオン，I, 22 ——名君は兵士を軍隊仲間，ともに暮らす者，友と呼び，また被支配者たる群衆を息子たちと呼ぶ．ユリアヌス『コンスタンティヌス賛辞』6 ——臣民の群衆は帝王を元首と認めるが，兵隊はもっと期待する——贈り物と優遇を．

223．古典的な例としてはプトレマイオス 8 世・エウェルゲテス 2 世の遺言である—— *Supplementum Epigraphicum Graecum*, vol. 9, no. 7. 次を見よ—— U. Wilcken, *Akademische Schriften*, vol. 2, p. 23; E. Will, *Histoire... hellēnistique*, vol. 2, p. 305; ペルガモンのアッタロスの遺言については—— *ibid*., p. 351. 最近，いかなる説があろうと，プトレマイオス 8 世の遺言書は間違いなく遺言書である——それは政治的忠告ではない．——エジプトがローマ皇帝の私的所領であったとする説に対しては次を見よ—— Arthur Stein, *Aegypten unter römischer Herrschaft*, p. 98; M. Gelzer, *Kleine Schriften*, vol. 2, pp. 368-370.

224．ユスティヌス，37, 4, 5（cf. Will, *Histoire... hellēnistique*, vol. 2, p. 392）; 38, 7, 10 ——ミトリダテスはその鷹揚な寄贈のおかげで外国の諸王国を受遺として相続した．ポリュビオス，25, 2, 7 ——ペルガモンのエウメニウスは純粋な好意から，ティオスのプルシアス王へ贈り物をしている．

225．『皇帝伝』，アントニヌス，8, 1; スエトニウス『ドミティアヌス』12——「かれは建造と見せ物と兵隊への給与増額……によって破産した」．このテキストは次で疑問視されている—— R. Syme, «The imperial finances under Domitian, Nerva and Trajan», in *Journal of Roman Studies*, 20, 1930, p. 55, and C. H. V. Sutherland, «The state of the imperial treasury», *Journal of Roman Studies*, 25, 1935, p. 150.

226．«beneficium»を「恵与」と同一と見なす点では，たとえばデロスの二カ国語碑文を見よ—— Degrassi, *Inscriptiones liberae rei publicae*, no. 363; あるいは *Grammatici latini*, ed. Keil, vol. 4, p. 567（上）．

227．異教徒ゾシムス（2, 38）はコンスタンティヌスの寄付を非難している（A. Chastagnol, in *Historia Augusta, Colloquium 1964-2965*, Habelt, 1966, p. 34），だがキリスト教徒エウセビウスの『コンスタンティヌス伝』（I, 43, 1）では激賞されている．

228. たとえば*Gromatici veteres*, p. 121, 9におけるフギヌス；Rudorff-Lachmann : «agros veteranis ex voluntate et liberalitate imperatoris... assignavit».

229. Mommsen, *Staatsrecht*, vol. 2, p. 890, cf. vol. 3, p. 1345. 市民権は皇帝の「恩恵」による── *Corpus* des inscr. latines, vol. 2, no. 1610 and 2096; ウルピアヌス『法規範』3, 2; プリニウス『称賛演説』37, 3; Dessau, no. 9059, 2末. それはまた皇帝の「好意」*indulgentia*によることもある── Seston & Euzénnat, in *Comptes rendus de L'Acadēmie des inscriptions*, 1971, pp. 470, 480.

230. カッシウス・ディオ, 55, 13; セネカ『恩恵』3, 3, 9, 2 : «beneficium vocas dedisse civitatem, in quattuordecim deduxisse»; cf. A, Stein, *Der römische Ritterstand*, pp. 23, 73.

231. フロンティヌス『水道橋』99, 3. わたしの理解するかぎりでは，このテキストでは *beneficium* が「決定」に等しいことが示されている──事実，アウグストゥスは，水道橋の水を使える特権の決定権を握っている，と言えよう．君主制的様式のラテン語では「この種の事柄すべてをかれの恩恵に加えた」«tota re in sua beneficia translata». さらに加えて，水の供給は君主の恩恵として，願いでることになっていた──なぜならなんでも願いでてよいわけではなかったから（後注237を見よ）．スエトニウス『クラウディウス』23──休暇の許可はそれまで元老院へ願いでることになっていたが，今後は皇帝の恩恵として皇帝が決めることになる．*jus publice respondendi* についても，同様に『学説彙纂』1, 2, 2, 49 を説明できる．

232. 恩赦の権利については── Mommsen, *Strafrecht*, p. 262, n. 1（資料を確かめること，なぜならモムゼンの資料カードは混乱したから）．以下を参照せよ──スエトニウス『ティベリウス』35;『クラウディウス』14；タキトゥス『年代記』3, 24, pp. 483, 1042.『テオドシウス法典』, titles IX, 37（De abolitionibus）and IX, 38（De indulgentiis criminum）; Mommsen, *Staatsrecht*, vol. 2, p. 884; vol. 3, pp. 358, 1069. 刑罰の個別化と，われわれが情状酌量と呼ぶものについては── *Strafrecht*, p. 1039. 特赦，異議申し立て，教唆については── *Strafrecht*, p. 452. 恩赦権に関する理論的研究は次のものである── W. Grewe, *Gnade und Recht*, 1936 ──この権利は，「国家が超越的存在だと認められることを前提とし」(p. 51)，神権君主制または神格化された国王に属している．それは，年代的には神権と王の慈愛のテーマと一致する (p. 59)．──だがそれが恩赦権の唯一の正当化または可能な合理化になるとは思われない．

233. Mommsen, *Staatsrecht*, vol. 2, p.1126. 一般的に国王の「恩恵」については── *Thesaurus linguae latinae*, vol. 2, s.v., col. 1886, line 66; *Dizionario epigrafico*, vol. 2, s.v., p. 996. ヘレニズム時代の起源については──M. -Th.

Lenger, «La notion de bienfait (philanthropon) royal et les ordonnances des rois lagides», in *Studi in onore di V. Arangio-Ruiz*, 1952, vol. 1, p. 483 ――この *philanthropa* は特殊な法的行為に属さず，専門語ではない．それはある種の勅令，つまり *prostagmata* の名称である．

234. A. D'Ors, *Epigrafia juridica de la España, romana*, Madrid, 1953, p. 20. この偉大なスペイン人法学者に話によれば，恩恵がそのように呼ばれたのはそれが皇帝の自発的行為でなかったからである――君主に請願しなければならなかった．自動的に認められたが，もっとも平凡な規則だった，だが「請願する」必要があった．――ある種の恩恵は請願された（*petere*），だが他の恩恵については請願しないで，たまたま許可される（*praestari*）まで待たねばならなかった――『学説彙纂』1, 2, 2, 49.

235. *beneficium* のように専門語でない別の語は *judicium* であり，われわれはこの語についての詳しい研究を準備している．*judicium* は「判断」でなく，だれかに好感を持つ，「好意的に判断する」を表わし，またギリシア語の *krima* または *krisis* を写して「決定」でもある，この語はヘレニズム時代に同じ意味になった．実際には，*beneficium* と *judicium* は補完しあっている――前者は好意的なひいきであり，後者はだれかに対する個人的な評価に根ざした決定である，したがって帝政時代のラテン語 *judicium* は「ある地位の任命」を意味する（またこの意味で現われるのは……『ロランの歌』262行にも）．

236. 本注（231）を見よ．可能な反論に答えよう――「恩恵」は一定の権利行為ではなかっただろうか，というのも君主の治世のはじめにおいて前皇帝によって認められた恩恵の確認がどの皇帝にも請願されたから（Mommsen, *Staatsrecht*, vol. 2, p. 1127 ――スエトニウス『ティトゥス』8 に関して; Sherwin-White, *The Letters of Pliny, a commentary*, p. 644）．よく理解しなければならない――ローマ国家はあまり形式主義的でなく，皇帝の代理人は職権を濫用しやすい．恩恵の中には税緩和，免税，公共地の譲渡も含まれる――君主の代理人はそのような恩恵を無効にしたり，無視したりしがちである，だから不幸な受益者らはそのような言い逃れ（*calumniae*）をさせないように多くの手を打っておく．新しい君主に確認を要請する，それもしかじかの法的行為に必要な手続きのためでなく，それが常に役立つからである，なぜなら国の役人の貪欲さに対して頼れるものがないからである．結局，ローマ帝国が形式的に，法的に組織されていないと分かるとき，まるで形式的な法規でいかなる保護も確保されないかのように，だれもが絶えず用心から多くの手を打っておくべきだと悟る．要するに，特権としての恩恵は皇帝が替わるたびに皇帝直轄国庫によって減らされる恐れがあった．そこで確認をしてもらってその法的な価値を「充填」したのである，ちょうど自動車のバッテリーを「充電」するのと同じである．とはいっても恩恵が決定的な公的行為だという意味ではなく，またそれがいつも新しい皇帝によって法的に更新されるというのでもない．――別の

可能な手は恩恵の文面を石か青銅に刻んで，それを衆目にさらしておくことである．碑銘学者にとってありがたいことには，多くの「法的碑文」がそれぞれ役人の言い逃れに対する用心深い手を表わしている（法的文書が刻まれるのは決して自然ではない，だからつねになぜ刻まれたかを問うべきである）．

237. カッシウス・ディオ（52, 37; cf. 54, 24）における「アウグストゥス」への「マエケナス」の言葉で，マエケナスはアウグストゥスに都市へ派手な資格を与えないように助言している，なぜなら都市のあいだで妬みを引き起こすことになるからである，さらに次のようにつけ足している――「もしだれをも例外的に優遇しなければ，あなたは楽に服従されるでしょう．あなたが認めないような認可を求めにくるのを許してはなりません」．紀元338年の法律（『テオドシウス法典』15, 1, 5）では，地方総督がなんらかの免除を認めることを禁じている――「今後，かかる要求は受理できない」*in posterum aditus similia cupientibus, obstruatur*．この *aditus* は，マヨリアヌスが『新勅令』(*Novelle*) 4で *licentia competendi* と呼んでいるものであり，一定の恩恵の請願権である．この *aditus* はヘレニズム時代のギリシア語 *enteuxis* の訳語である（聖書のギリシア語版に対するラテン語版のようなものである―― P. Collomb, *Recherches sur la chancellerie et la diplomatique des Lagides*, 1926, p. 52）．これは名義的には国王宛て，あるいは直接役人へ差し出された請願書であり，嘆願を目的にしたり，しなかったりする（ラテン語，*adire praetorem, adire judicem* を参照せよ）．嘆願を含んだ *enteuxis* については，次を見よ―― E. Seidl, *Ptolemäische Rechtsgeschichte*, J. J. Augustin, 1962, pp. 65, 89. ラテン語の場合は，文書または口頭（*aditus, aditio*）の請願によって *beneficium* が得られると言い，ヘレニズム時代のギリシア語では，*enteuxis* によって *philanthropon* が得られると言う．

238. この大問題については見本として次を見よ――『学説彙纂』11, 6, 1 pr. and 50, 13, 1; Max Kaser, *Röm. Privatrecht*, vol. 1, ed. of 1971, p. 569.

239. プロウサのディオン，I, 23-24 and 3, 110; 上注（222）を参照せよ．ディオンは主観的権利による「善王」のテーマを修辞的に極端に押し進めているので，かれにとって王はまさしく王国を所有する金持の個人に思われる．この富裕な所有者には，われわれのように私生活があり，またわれわれすべてのように友人もいる，これはその人の権利である．かれら友人たちに贈与をする，これはその人の名誉である．かれをよく知る人々は他人にかれの鷹揚な特質を語り，かれの性質に好感を抱かせる．他方，この節の終わりで述べることになるが，その王は本質的に立派である――それでもこの富裕な個人的所有者がその財産を使って公的職務をはたし，「人民に奉仕する」，この人民はその利益にあずかる，というのがディオンの言い方である．王はみずから君臨し，われわれのために君臨する，だから王は立派である．ディオンが君主の慈愛を称賛するとき，かれは君主にその義務感を自覚させようとし，またそれがアントニヌ

ス朝の世紀が「黄金時代」を告げているのだとはっきり分かる．しかし同時に，君主の機能を本質的とはいえ個人的な慈愛に還元しているから，ディオンが絶対君主制の理論家だと考えられよう，つまりわれわれのために君臨するという王の慈愛のテーマは，ただ王が被支配者の名においてでなく，みずから君臨しているという事実を「イデオロギー的にごまかしている」だけである．また客観的に，ディオンの言説には同時にその二つの意味がある．残るのはただ，当時，ディオンの主観的な意図がいかなるものであったかを知ることである——かれが主観的権利を強調したのはただ君主に慈愛の義務を呼び起こすためであったか．それとも反対に，王の慈愛を強調したのはもっぱら主観的権利と君主制的絶対主義を肯定するためであったか．この問題については別に研究する予定である．

240．この儒教的意味は権利の現代的な合理性に対立する，つまりその合理性があってはじめて法的決定が予想でき，契約や正常な活動ができる，またその活動性は未来があまり予想できないようにしている——したがって権利の合理性には語の意味，しきたり，貨幣の固定性と同じ利益と不利益がある．この合理性を，資本主義に当てはめることができる，資本主義には契約のために予測可能性が必要であったから．それでもその理由が大いに働いたかどうかは疑問である，なぜなら商人は裁判を気にしないで，みずからゲームのルールを課し，そのルールをちゃんと守れるからである（「ローマ法」またはそう呼ばれるものも同様である，つまりそれは実際に適用された法律であるとともにアカデミー風のフィクションであった，なぜなら皇帝返書はアカデミー的衒学趣味にはまったく無縁な「カーディの裁き」に依存していたからである——だからローマ法は商法を知らず，そのようなものを軽蔑するに違いないと言えよう）．権利の合理化については自分らの活動を合理化したがる専門家の一般的傾向を思うほうがよい——裁判官は，今日では専門家であり，かれらのまわりではすべてが合理的である，それでも隣の者に負けていられない．儒教的裁判官には，逆にそのような熱意がない——かれの理想はカーディまたはソロモンの裁きと呼べるようなものであった．もし債権者が金持であり，さしあたって金に困らないなら，貧窮した債務者に猶予を与えることをためらわなかった．次を見よ—— René David, *Les Grands Systèmes de droit contemporain*, pp. 542, 547, 563.

241．キケロ『義務論』2, 64 ——鷹揚さは«de suo jure cedere»にある．

242．このような法律格言の二義性については，一般には次を見よ—— J. Stroux, *Römische Rechtswissenschaft und Rhetorik*, Postdam, 1949, pp. 12-19 and 40 ——①だれも自分の権利すべてを要求してはならない．②法律はすべての事例を予見できない点において不正である．次も見よ—— F. Wiaecker, «Vulgarismus und Klassizismus im Recht der Spätantike», in *Sitzungsberichte der Akademie in Heidelberg*, 1955. 言い方の福音書的意味におけるユ

スティニアヌスの「公平な権利」については，次を見よ―― F. Pringsheim, *Gesammelte Abhandlungen*, Carl Winter, 1961, pp. 131-246. ここで後期帝政時代における恐るべき権利問題に遭遇する――通俗的なことか，キリスト教的倫理観に影響されているのか．まず，部分的には，キリスト教的道徳は貴族主義的道徳に対して庶民的道徳をとり戻していることに注目しよう．ところで元老院貴族の消滅と新しい行政貴族の台頭は皇帝を人民に向かい合わせる．皇帝は人民の気に入ることをしたい，さらに皇帝はキリスト教徒である．人民はキリスト教徒であるが，庶民的な考えもある，これは同じことである場合が多い．だからこの歴史的問題においては例外的な場合しかないだろう．たとえば，法律の合理性よりも法律の緩和を選ぶほうが裁判に関する庶民的意見に一致する，またそれがキリスト教的考え方でもある．ところがまずいことに，まったくキリスト教的でない庶民的見解では，裁判における鉄則は罪と同等の罰である．次を見よ―― A. Dihle, *Die goldene Regel, eine Einführung in die Geschichte der antiken und frühchristlichen Vulgärethik*, Vandenhoeck und Ruprecht, 1962, p. 29; cf. J. Staub, *Heidnische Geschichtapologetik in der christlichen Antike*, Habelt, 1963, pp. 106-124. コンスタンティヌスが性犯罪を厳しく取り締まるとき，そこには非キリスト教的庶民的要素（厳しさ）と庶民的でキリスト教的要素が混じりあっている（一般道徳はセックスの問題を軽視しなかった．不倫や未婚の母は大問題であったし，妊娠中絶や同性愛も同じであった．その証言として，セクト的厳しさで一般道徳を批判するピタゴラス学派，ギリシア神殿の戒律，またときにはギリシア小説もある）．

243. プラトン『法律編』293 E- 298 E. 次のテキスト注釈による―― Hegel, *Sur les méthodes scientifiques dans le droit naturel*, transl. by Kaan, Gallimard, 1972, p. 121.

244. これが次の著書による条文 4 の意味である―― J. de Maleville, *Analyse raisonnée de la discussion du Code civil au Consel d'État*, ed. of 1807, vol. 1, p. 13. パピニアヌスは次のように書いていた――「裁判官は法律で省かれたことを省かないように心がけなければならない」(『学説彙纂』22, 5, 13)．同じくアテナイでは，民衆法廷陪審員（ヘリアスタイ）は，成文法，または法律がない場合はもっとも公平な格言に従って裁判することを誓っていた（デモステネス『レプティネス弾劾演説』118; Dittenberger, *Sylloge*, no. 145 はじめ)．ヘレニズム時代の法律でも同様である――次の総合文集を見よ―― H. J. Wolff, in *Zur griechischen Rechtsgeschichte*, published in 1968 by E. Berneker, Wissenschftliche Buchgesellschaft, pp. 101, 117, 119, 492. ギリシアにおける好意と公正に対する「福音書的な」称賛については，次を見よ―― J. Stroux, *Römische Rechtswiss. und Rhetorik*, pp. 14 - 19, and H. Meyer-Laurin, *Gesetz und Billigkeit im attischen Prozess*, Böhlau, 1965, pp. 28-31.

245. M. Crozier, *Le Phénomène bureaucratique*, p. 220.

246. たとえば次を見よ—— Jehring, *Der Zweck im Recht*, vol. 1, p. 333.

247. 『ニコマコス倫理学』5, 14 (1137 B 10), trasl. by Tricot; see H. Coing, «Zum Einfluss der Philosophie des Aristoteles auf die Entwicklung des römischen Rechts», in *Zeitschrift der savigny-Stiftung*, 69, 1952, particularly p. 43. ヘレニズム時代の王は請願書（*enteuxis*）を受けとると，普通裁判所にまかせないで，みずから事件を裁き，公正に（またはカーディの裁き方で）裁くことができる—— Meyer-Laurin, p. 31.

248. 次のとおり—— Traute Adam, *Clementia principis, der Einfluss hellenistischer Fürstenspiegel auf den Versuch einer rechtlichen Fundierung des Prinzipats durch Seneca*, Stuttgart, Klett, 1970.

249. 本質的な部分では次の説に賛成する—— M. Fuhrmann, «Die Alleinherrschaft und das Problem der Gerechtigkeit : Seneca, De Clementia», in *Gymnasium*, 70, 1963, pp. 481-514. だがすこし違ったふうにこれらの事実を解明することになろう．

250. 次の立派な著書を見よ——I. Hadot, *Seneca und die griechisch-römische Tradtion der Seelenleitung*, De Gruyter, 1969.『恩恵について』においても概念的要素と道徳的要素のあいだに同じ関係が見られる，この作品を軽く押すだけで，概念をいっそう説得力のあるものにする——セネカは考えを偏らない正確さで表現するのでなく，人間から無視されたり忘れられやすい面を強調する（この点については，『恩恵』章1， 4はきわめて明確である）．かれは恩恵が報いられるべきであり，また寄贈が過不足であってはならないとしながら，特にそれが不足してはならないことを強調している——「ある者には，債権者と見なされないこと，また他の者には，債務者だと見なされないことを教えなければならない」．これは「福音書的な」道徳ではない，たんに道徳であり，教育である——人々は厳正さより鷹揚さを学ぶべきである．またそれを納得させるためには，詳しく説明し，繰り返さねばならないだろう——『恩恵について』は確かに少し冗長すぎる．

251. Jellineck, *Allgemeine Staatslehre*, pp. 180, 622.

252. ポリュビオス，32, 8.

253. 資料の詳細については，最終的に次を参照しよう—— H. Kloft, *Liberakitas principis: Herkunft und Bedeutung; Studien zur Prinzipatsideologie*, Böhlau, 1970.

254. 君主の個人的な贈与があったことはプリニウス『書簡』10, 58, 9: «quod alio principe vel privatim vel publice consecutus sit» で引用されているネルウァの勅令ではっきり証明されているように思われる．

255. 語の系統と意味の相違は次で指摘されている—— Fustel de Coulanges, *Origines du système féodal*, p. 179, n. 1.

256. 『テオドシウス法典』V, 12, 3 and 16, 31; X, 1, 1 and 2 and 8; X, 8, 8

passim; X, 9, 2 and 3; X, 10 *passim*; XI, 20, *passim*; XI, 28, 13 and 15; XII, 11, 1.

257. ゴッドフロア,『テオドシウス法典』X, 8 の注解, および X, 1, 2 ; X, 10, 6; XI, 20, 5 and 6 への注. これらは廃物財であり (X, 1, 2), 皇帝直轄国庫か(コンスタンティヌス法, X, 1, 2),「私有財産」(X, 10, 6) に属している. ところで, 時代によっては, 相続人がいないで廃物になった財産はこれらの国庫のいずれかに入れられる. 次の文献を読むことができなかった── R. His, *Die Domänen der römischen Kaiserzeit*, 1896, p. 33.

258. C. Pharr, *The Theodosian Code and Novels*, Princeton, 1952, X, 1, 2 の注.

259. 同『法典』X, 8, 4.

260. 同上, X, 1, 1 : «pro meritis obsequiisque»; X, 8, 3: «pro laboribus suis et meritis»; XI, 20, 4 : «in bene meritos de re publica».

261. キケロ『農地法について』II, 2, 11, 12. なぜ公認されたのか. 同じ理由で凱旋者に少なくとも戦利品の一部を所有する権利を認め, あるいは地方総督に臨時収入や, 予算の上で節約した金, それも前章で述べたようにかなりの金額の所有権を認め, あるいは大勢の仲間に分配することを認めたのである──なぜならかれらは大貴族であり, 国家の役人ではなかったからである. これは法律とはまったく関係がない. ところがモムゼンは歴史的には19世紀の法律万能主義の特徴的な無駄骨を折り, 将軍の所有権を貸し付けと委託の区別に求めた──公共財の横領は世界史においてもっとも一般的な事実であり, 横領者が法的フィクションに悩まされることは滅多に起こらない. 国家機構は組合のように, おのずから存在し, 公共財のためにも機関のようなものが存在する──組合は公共財をみずからの所有物と見なし, あっさりその恩恵にあずかる, ちょうど百貨店の社員が普通の客には認められないような社員割引で商品を買うのと同様である. しかしただ機構は少しは機関としての役割を果たさねばならない──少なくともその「格好をする」必要がある. そこで将軍は戦利品を握っているが, その金で指が焼けるように感じる, だから何か公共記念物を建てて, 一部を支払う. 戦利品が委託として将軍にまかされたからだとはとんでもないことである! しかも将軍は戦利品をしっかり握っている──だれが武装してそれを取り上げようとするか. 同様に, 領地を分配する *imperator* は現地にいて, 好きなことができるだろう──かれが誘惑に負けるとしても当然であり, 弱みは自然であり, その弱みを正当化するほうがよい, それを妨げることはできないし, 望めもしない. だが皇帝も公共財の機関に属しているから「格好をつける」必要がある──かれが情実で配分した資産は功労に対する褒賞だと声明する.

262. 参照── in *Gromatici veteres, Schriften der römischen Feldmesser*, Lachmann-Rudorff, vol. 2, pp. 387-389; vol. 1, 197, 10: «Excepti sunt fundi

bene meritorum». 残るのは，功労者への領地の譲渡がどこかの*Liber Beneficiorum*に記録されたかどうかを知ることである，ここには少なくとも皇帝が都市へ公共地を譲渡したことが記録されている（*Gromatici*, vol. 1, p. 203, 1; p. 295, 12; p. 400, 12）．解読しがたい唯一のテキストは*Gromatici*, 295, 13 であり，ここで«alicui»という語が非常にあいまいである――この語は正常な退職に際して普通に土地をもらった老兵をも指している！　この神秘な「恩恵簿」*Liber Beneficiorum*には何が含まれていたのか．われわれに分かっていることは，ただトラヤヌス以後，少なくとも役人が「恩恵」の係りをしていたことである（Dessau, no. 1792 and 9030; *Corpus*, vol. VI, no. 8626 and 8627）．後期帝政時代には«scrinium beneficiorum»（*Notitia dignitatum*, Occident, XII, 32）が存在することになる．

263. コンスタンティヌスの二政策を詳しく想起すべきだろう――第一に，新しい指導者層，新しい行政貴族，後期帝政時代の意味での「貴族」の支持を得ること（紀元4世紀の「貴族」は2世紀の「貴族」とは異なる，ちょうどナポレオン時代の男爵が普通の男爵と違うように．後期帝政時代には，騎士の身分は実際には消滅し，高級官吏が少なくとも「貴族」である）．この新しい指導者層は政治的，社会的な革命からでなく，紀元260年から310年にかけての制度と軍隊の改革から生じる――コンスタンティヌス時代の行政スタッフはすべての点で（文学的教養も含めて）前期帝政時代のスタッフと異なっている，ちょうどフランス大革命前のスタッフと19世紀のスタッフが異なっているように．こうして古代史のヘレニズム・ローマ時代は終わるのである．コンスタンティヌスはこの新しい階層を最高に優遇しようとする，ちょうどナポレオンが男爵や伯爵をつくって繁栄させたように．だが，第二に，コンスタンティヌスはいわゆる元老院議員，古い意味での「貴族」とも和解したい（ちょうどナポレオンが旧体制時代の貴族と和解し，うまく利用しようとしたように）．ところでコンスタンティヌスは友人たちを富裕にすることができた（エウロパ, 10, 7; エウセビオス『コンスタンティヌス伝』I, 43, 1）．コンスタンティヌスがローマの古い「貴族」に道を開いたことについては―― Alföldi, *The Conversion of Constantine and Pagan Rome*, pp. 118-122.

264. 皇帝は借金を払う―― Kloft, *Liberalitas*, pp. 77-78, 101-104. 皇帝は競技会開催費を支払う――スエトニウス『アウグストゥス』43;『皇帝伝』，ハドリアヌス，3，8および7，10．多くの金持は破産的な元老院議員職を回避した（カッシウス・ディオ, 54, 26; cf. 48, 53, and 60, 27），それとも君主への奉仕，つまり代官職を選んだ（タキトゥス『歴史』2, 86）; cf. A. Stein, *Der römische Ritterstand*, pp. 189-200.

265. A. Chastagnol, in *Mélanges Pierre Boyancé*, p. 165.

266. Mommsen, *Staatsrecht*, vol. 1, p. 498 and vol. 3, p. 466. 元老院議員そのものの身分と広い意味での元老院議員身分（議員の妻や第三順位までの父系親

族）の関係については，次を見よ── Mommsen, *Staatsrecht*, vol. 3, p. 468.『ユスティニアヌス法典』XII, 1, 1.

267. プリニウス『書簡』I, 19; マルティアリス, 4, 67.

268. F. Milar, «Herennius Dexippus : the Greek world and the third-century invasions», in *Journal of Roman Studies*, 1969, p. 21.

269. 『恩恵について』2-7-8.

270. 税の軽減については── Mommsen, *Staatsrecht*, vol. 2, p. 1015; Marquardt, *Staatsverwaltung*, vol. 2, p. 217; Kloft, *Liberalitas*, pp. 120-124;『テオドシウス法典』ゴッドフロア版，索引──«indulgentia»と«reliqua». 税の免除は *liberalitas* である──この語はアミアヌス・マルケリヌス，25, 4, 15 および *Panégyrique latin*, VIII, 14, I でも用いられている．新しいパピルス古文書，たとえば紀元135年のハドリアヌスの勅令については── Preisigke-Bilabel, *Sammelbuch griech. Urkunden aus Aergypten*, vol. 3, 1, no. 6944.

271. カッシウス・ディオ, 69, 8. この浮き彫りについては── W. Seston, in *Mélanges d'archéologie... de l'École française de Rome*, 44, 1927, p. 154. この研究では，その浮き彫りがトラヤヌスでなくハドリアヌスを描いたものとされている．Cf. M. Hammond, in *Memoirs of the American Academy in Rome*, 21, 1953, p. 127; R. Brilliant, *Gesture and Rank in Roman Art*, Memoirs of the Connecticut Academy, 14, 1963, pp. 108, 128.

272. 次を見よ── Charles Wilson, *Economic History and The Historian, collected Essays*, Weidenfeld and Nicolson, 1969, p. 114: «Taxation and the Decline of Empires, an unfashionable theme».

273. スルピキウス・セウェルス『対話』I, 3（キレナイカまたはトリポリタニア地方方面の砂漠を指している）．

274. Dittenberger, *Sylloge*, no. 814. ネロは別のとき，通関税を廃止しようかと思った（タキトゥス『年代記』13, 50-51），これは決して無茶なことではなかった．次を参照せよ── B. H. Warmington, *Nero : Reality and Legend*, Chatto and Windus, 1969, pp. 65, 118.

275. U. Kahrstedt, *Das wirtschaftliche Gesicht Griechenlands in der Kaiserzeit : Kleinstadt, Villla und Domäne*, Dissertationes Bernenses, 1954.

276. アミアヌス・マルケリヌス, 16, 5, 14.

277. ユリアヌスはアウグストゥスになってから，「ある地方へ特別の好意を示そうとして公共財に手をつけることはひかえた」(『書簡』no. 73 Bidez), 税金の滞納を延期しようとしなかった，なぜならそれが金持の利益になるからだった，つまり金持だけが猶予をもらえたからである──貧しい人々はすぐ支払わねばならなかった（アミアヌス, 16, 5 15）．

278. 課税を各地域の経済状況に釣り合わせる──本注（270）で引用したハドリアヌス勅令の二例が明白である，また次の研究において注釈されている

Panégyrique latin, VIII がある── A. Cérati, *Caractère annonaire et Assiette de l'impôt foncier*, p. 315.

279. *Panégyrique latin*, XI, 11, 2.

280. Sombart, *Der Moderne Kapitalismus*, I, 2, p. 664.

281. 国庫収入の規模については── Marquardt, *Staatsverwaltung*, vol. 2, pp. 296-298; Fustel de Coulanges, *L'Invasion germanique*, pp. 52-53; Tenney Frank, *An Economic Survey of Ancient Rome*, vol. 5, p. 53; cf. E. Cavaignac, *Population et Capital dans le monde méditerranéen antique*, 1923, p. 158. アルカイックな「国家予算」はバルザック時代の1000万フランに相当する．フランス旧体制時代の予算は１億フランである．19世紀の予算は10億である．20世紀半ばの予算は1000億である（そのうち半分は公務員の俸給である）．

282. J. Beloch, *Die Bevölkerung der griechische-römischen Welt*, repr. 1968, Bretschneider, p. 502; cf. H. Delbrück, *Geschichte der Kriegskunst*, vol. 2: *Die Germanen, repr*. 1966, De Gruyter, pp. 273, 311.

283. カッシウス・ディオ, 73, 8, 3 ──アントニヌスが亡くなったとき，国庫には27億セステルティウム残っていたが，スエトニウスによれば，浪費家の君主ネロとドミティアヌスがその国庫を使い果たした．

284. ユリアヌス『書簡』73 Bidez. すでに指摘した（注30）勅令において，セウェルス・アレクサンデルが書いている──「わたしは金に興味がない，むしろ博愛と恵与によって国を動かしたい．だからわたしから慎重に選ばれて派遣された総督や代官は，わたしを見習ってできるだけ慎まねばならない，なぜなら地方総督は，君主自身が自尊心と節度と慎みをもって国を治めるていることを知るなら，できる限りの熱意をもって担当する民族の世話をしなければならないことを毎日，少しずつ学ぶだろう」．

285. Mattingly, *Coins of the Roman Empire in the British Museum*, vol. 3, p. XLVII : FISCI IVDAICI CALVMNIA SVBLATA; スエトニウス『ドミティアヌス』12 を参照せよ．

286. *Panégyrique latin*, XI, 4, 2.

287. 上注，章４，注（30）で引用された参考資料に次を追加せよ──テルトゥリアヌス『トーガについて』I, 1 and 2, 7; シンマクス『報告』*Relatio*, 1.

288. 総合的研究は存在しない．次の書は都市ローマしか対象にしていない──E. De Ruggiero, *Lo Stato et le opere pubbliche in Roma antica*, Torino, 1925, pp. 78-111. 大筋は次の研究から引きだせる──Marquardt, *Staatsverwaltung*, vol. 2, pp. 90-92; Hirschfeld, *Verwaltungsbeamten*, p. 266; Mommsen, *Staatsrecht*, vol. 2, p. 1100, n. 2（モムゼンはその理論に従って，「皇帝の私的金庫」を*fiscus*と解している）and vol. 3, p. 1145; Friedländer, *Sittengeschichte*, vol. 3, pp. 28-32. 次に若干の特殊研究を挙げよう── F. C. Bourne,

Public Works of the Julio-Claudians and the Flabians, Princeton, 1946; R. Mac Mullen, «Roman imperial building in the provinces», in *Harvard Studies in Classical Philology*, 64, 1959, pp. 207-235（ここでは特に軍隊によって建造されたものが研究されている）; D. Tudor, «Les constructions publiques de la Dacie romaine d'après les inscriptions», in *Latomus*, 1964, p. 271; C. E. Van Sickle, «Public works in Africa in the reign of Diocletian», in *Classical Philology*, 1930, p. 173. ときには皇帝と恵与者が協力する——ヘロデ・アッティクスは，トロアスのアレクサンドリアに水が欠乏しているとハドリアヌスに書き送り，町へ水を引くために1200万セステルティウムを求めた．実際の工費がその金額を越えたので，ヘロデは差額を支払った，あるいはむしろ必要な金を息子に渡して，名義上は息子の名で支払わせた（フィロストラトス『ソフィスト伝』I, 26, p. 537 init. Olearius and II, 1, 548 末）.

289. ローマの元老院と人民による（元老院とローマ市民という言い方の価値については—— Mommsen, *Staatsrecht*, vol. 3, p. 1258）ローマ以外の土地での建造物はたいていの場合，皇帝へ献じられている．たとえば，スエトニウス『ティベリウス』5（Fundi）; カッシウス・ディオ, 51, 19（Actium）．リミーニやベネヴェントの凱旋門を挙げよう．ウェヌス・エリュクス神殿はクラウディウスの発議で国庫の費用を使って再建された（スエトニウス『クラウディウス』25; Mommsen, *Staatsrecht*, vol. 3, p. 1145, n. 1）．アジアとビテュニアにおける *opera publica* については次を見よ—— *Corpus*, V, 977 and Hirschfeld, *Verwaltungsbeamten*, p. 266, n. 1. もっと一般的には次を見よ—— F. J. Hassel, *Der Trajansbogen in Benevent : ein Bauwerk des römischen Senates*, Verlag Philipp von Zabern, 1966, pp. 2-9.

290. Mommsen, *Staatsrecht*, vol. 2, p. 249; Marquardt, *Staatsverwaltung*, vol. 2, p. 88; D. Kienast, *Cato der Zensor, seine Persönlichkeit und seine Zeit*, Heidelberg, 1954, ここでは紀元174年の調査官〔ケンソル〕らがピサウルム〔ペサロ〕，フンディ〔フォンディ〕，ポテンティアに建てた建造物が研究されている．

291. *Corpus*, V, 54; Degrassi, *Inscriptiones liberae rei publicae*, no. 639; *Inscriptiones Italiae*, X, 1, no. 81, cf. A. Degrassi, *Scritti varî*, vol. 2, p. 913; R. Syme, *The Roman Revolution*, p. 465, n. 1: «From his father, Cassius inherited a connexion with the Transpadani»; タキトゥス『歴史』II, 72 ——「イストリアで，かつてクラッスス家には隷属者，領地，そしてまだその家名に執着する人望があった」.

292. *Corpus*, XI, 6219（Dessau, no. 77: *murum turresque fecit*）; XII, 3151（*portas murosque coloniae dat*）; III, 13264（*parens coloniae, murum et turris dedit*）; X, 4842（Dessau, no. 5743）, 次の新しい解読も加える—— in *L'Année épigraphique*, 1962, no. 92.

293. 総督が隣接都市に寄付と賦役を課して橋を修復させるときは皇帝が *pontem restituit* を行う（*Corpus*, III, 3202; Dessau, no. 393）——皇帝がその許可をだすのであった．事実，その皇帝はコンモドゥスであり，この自己中心的傾向はかれの行政スタッフによく知られていただろう．一般的に，皇帝はすべての公共建造物の認可を独占する傾向があった——プリニウス『書簡』10, 37-42; マケル，『学説彙纂』50, 10, 3, 1.

294. プリニウス『書簡』10, 58, 5. 次において注釈されている—— Otto Hiltbrunner, «Miszellen», in *Hermes*, 77, 1942, p. 381. ある建造が君主の *indulgentia* による場合，要するに皇帝がその建築を認可したか，あるいは皇帝がそのために特別課税をする許可を総督に与えたか，あるいは皇帝が送金したか，あるいは皇帝がその建築のためにその地方の税収入の一部を当てる許可をしたかが理解できる（たとえば次を見よ—— *Corpus*, III, 7409; P.-A. Fēvrier, in *Méranges André Piganiol*, p. 223）．特殊な例として，皇帝が神殿の収入を建設費にまわすこともある——そこからこの収入が皇帝直轄国庫へ入れられていたと結論される（*Corpus*, III, 7118, Dessau, no. 97; *Corpus*, III, 14120; cf. *Inscriptiones Creticae*, vol. 2, p. 139, no. 6 and vol. 4, p. 356, no. 333 ——皇帝は *ex reditu Dianae* または *ex sacris pecuniis Dictynnae* でもって建造物を修復している）．

295. *Panégyrique latin*, V, オータンにおけるエウメニウスの演説.

296. 恵与者が将来の恵与の申し込みを行う文書または演説による公開通知は，まだ約束にすぎない，次を見よ——プリニウス『書簡』I, 8 ——コモの同胞へのプリニウスの演説はわれわれの *Panégyrique*, V にそのまま表われている．このような演説の見事な想像的見本はギリシア語から翻訳されたラテン小説の中で読まれるようなものである（J. P. Enk, in *Mnemosyne*, 1948, p. 231），『テュル王アポロニウス物語』章47 Riese（この小説全体は，詳細に分析されるべきだが，帝政ギリシアの恵与指向にとっては重要であり，章 9，10も見よ）．実際の例はアプレイウス『フロリダ』XVI, 35-39, またはルキアノス『ペレグリノスの死』15. 例はラテン語，特にギリシア語の碑文で珍しくない．特にカレスにあるものを見よ—— in *Corpus* latin, vol. X, no. 4643. 一般的には次を見よ—— Waltzing, *Corporations professionnelles chez les Romains*, vol. 2, p. 454; L. Robert, *Études anatoriennes*, p. 379. 恵与者がその都市へあてた演説または書簡は非常に重要なものである，なぜなら約束を実行するという公約であるから．だからナルボンヌで，ある恵与者は書簡の終わりでこう言っている——「みなさんはこの手紙を正式の公正証書とおなじものだと思ってください」*epistulam pro perfecto instrumento retibebitis*（*Corpus*, XII, no. 4393）．恵与者はこの演説を集まった大衆の前，または評議会だけに行うのか．オータンのエウメニウスは前者を選び，小プリニウスは後者を選んで誇っている（『書簡』I, 8, 16）．いずれにしても都市に対して恵与の意志を知らせる必要が

あった，なぜなら都市はその約束を受けいれるか，拒否するかできたからである（ガイウス『法学提要』2, 195, 遺贈について．だが一般化すべきである――恵与が公共地に建てる記念物であるなら，都市は恵与者に建造物を公共地の一部に当てる許可をしなければならない）．都市は，恵与者の演説または書簡へ感謝するために表彰または「証拠」の辞令を送り，これでその約束が実際に実行されることをいっそう迫ることになる．そのような辞令の例としては――Degrassi, *Inscriptiones liberae rei publicae*, no. 558; Dessau, no. 154（«ut gratiae agerentur munificentiae ejus»）．次に大きな問題が残った――書簡または演説による約束が法的に恵与者を拘束したかどうか．かれの演説は，都市が総督の法廷において約束履行を要求できるものであったか．それはローマ「私」法において寄付申し込みの大問題である――『学説彙纂』50, 12を読めばよい．要するに，オータンにおけるエウメニウスの演説はあらゆる点から見て「普通の事例にはいる」．

297.「野心的な決裁」については――『学説彙纂』50, 9, 4 pr. 総督は公共建造物を監督し，それを皇帝へ報告する（プリニウス『書簡』10, 37-42;『学説彙纂』50, 10, 3; I, 16, 7, 1; I, 18, 7）．総督と自治体都市との関係については次を見よ――D. Nörr, *Imperium und polis in der hohen Prinzipatszeit*, p. 36; Olivier, «The Roman governor's permission for a decree», in *Hesperia*, 23, 1954, p. 1954, p. 163. すばらしい好例が次で読まれる――*Tituli Asiae minoris*, vol. 2, no. 175 ――都市シデューマが決議によってリュキアの総督に議事堂の建築許可を求めている．

298. 後期帝政時代において，実際に都市を指導する*curator rei publicae*の主たる役割は（高官職は課役にすぎなくなっている）献辞等をつくることである――たとえば次を見よ――*Corpus*, XIV, no. 2071, 2124, 2806, 3593, 3900, 3902, 3933... 公共建造物を寄贈しようとする恵与者に公共地をあてがう前に，クラトルに認可が求められる――*Corpus*, XI, 3614またはX, 1814. 公共物建造に関するクラトルの役割については――*Année épigraphique*, 1960, no. 202. 像も含めて建造物が「都市のクラトルの承認と総督の権限のもとで建てられた」ことは碑文で読まれる（たとえば，*Corpus*, VIII, no. 5357, cf. 1296）．一般的なやり方については次を見よ――L. Robert, *Hellenica*, I, p. 43; H. Seyrig, *Antiquités syriennes*, vol. 3, p. 188（*Syria*, 1941, p. 188に再録）; Jouget, *Vie municipale de l'Égypte romaine*, p. 463; H. Seyrig, in *Bulletin de correspondance hellénique*, 51, 1927, p. 139; S. Cassario, «Il curator rei publicae nelle storia dell'impero romano», in *Annali del seminario giuridico, Università di Catania*, 2, 1947-1948, pp. 338-359（Paris, à la bibliothèque de la Faculté de Droit）．ひと言，次の両者の相違を喚起しておこう――前期帝政時代の *curator rei publicae* は，皇帝の辞令で任命され，都市には外国人であり，都市の後見役をつとめるだけのもの，および紀元3世紀を通じて見られるよう

な *curator rei publicae*, これは地方の有力者で，任期が一定でなく，評議会で選ばれ，実際に都市とその予算をあずかっている，さらにこの者は恵与を行わない（他方，高官たちは都市の実権を失い，乳牛にすぎなくなっている）.

299. *Panégyrique*, V, 3, 4; 11, 1; 16, 5. ——本注（84）において，建造物が時の皇帝へ献上される習慣について述べた．皇帝によって建てられなかったとしても，建物に皇帝の名がつけられることもある——トゥッガにあるコンモドゥス水道橋は都市の費用で建設された（Poinssot, in *Mélanges Carcopino*, p. 775），またアパメイアにあるハドリアヌス浴場は*ex pecunia publica*で建てられた（*Corpus*, III, no. 6992）.

300. ウィトルウィウス，I, 1, 2.

301. 『ユダヤ古誌』19, 2, 5.

302. それだけではない——必要と欲望は手段に応じて性質が変わる．その時代の人民は公共建造物，つまり生活の枠に今日以上の重要性を与えていたのだろう，つまり私生活の枠は住居であり交通網である．ところで当時の人民は *tabernae* で暮らしている，つまり一部屋が住居と仕事部屋と店を兼ねている．家具類はほんとんどない（家具なしというよりは家具を持つことは贅沢のはじまりである）．一般的な家具調度といえば，衣類であり，これが高価である（高利貸しから金を借りるときに衣類が抵当にされた，ちょうど19世紀の労働者が質屋で金を借りるとき，マットレスが質草にされるように）．言い換えれば，私生活の枠には公共的な部分が大きかった——美しいが無用の建物のあいだで生活することは，ちょうど立派な家具付きの美しいマンションで暮らすようであった，それが現実的で私的な満足であった．パウサニアスがフォキスの寒村をどう描いているかを見てみよう——「こんな場所が町と呼べようか——公共建物もなく，体育場もなく，劇場もなく，公共広場もなく，どんな泉にも給水設備がない，また住民は峡谷の縁に建っているあばら屋のような小屋に住んでいる」（10, 4, 1）．わたしはここで *kalybai* をわざとあばら屋と訳した，なぜならギリシア・ラテン両語において，*kalybê* はラテン語 *mappalia* の訳語であったから—— *Papyrus Rylands* 478 B（Cavenaile, p. 11）と *Grammatici Latini*, vol. 4, p. 583 Keil における『アエネイス』ギリシア語訳の断章も同じであるから——«magalia, kalybê»．パウサニアスが描いているような場所にはだれも住みたくないだろう，だからそのような土地の貧しい人々は「農村」を離れて，本当の都会へ移住することをあこがれたに違いない.

303. この問題，および未来の効用の計算については—— R. M. Solow, *Théorie de la croissance économique*, French transl., A. Colin, 1972, p. 117.

304. 時に対する古代人の態度については（世界は完成し，熟している，これからは老いるしかない），次を参照せよ——ルクレティウスにおける衰微と，いわゆる進歩のテーマに関して——P. Veyne, *Comment on écrit l'histoire*, p. 91, n. 4. だからこそ本注（30）で引用したパピルス古文書においてセウェル

ス・アレクサンデルがその治世下のローマ帝国の衰微を語っているのである．故ジャック・モローはそのことに驚いた（*Scripta minore*, p. 34），だが皇帝は自分のために帝国が衰微しているとは言っていない——かれは，世界が老衰期にあり，どうしようもない，一年と同様に歴史には四季があり，わが皇帝も，不幸にして，その臣民すべてとともに世界の冬を生きなければならない，とだれもが信じている事実を指している．ルクレティウスのほかにルカヌスを引用すればよいだろう．このストア派的詩人はどうして摂理を信じるとともに，カエサルの勝利以後，現在の人類が歴史のもっとも暗澹たる時期に入ったと信じることができるのか．それは摂理をもってしても自然法則の働き，四季の移り変わりを止めることはできないからである．摂理は生き物の老化を防ぐこともできない．世界の凋落期に生まれたことはすべての世代にとって，少なくとも外見上は不幸である．皇帝も宇宙の神も，わが世界の熱死または近い*ekpyrosis*にしか責任がない（この火災と煌々たる輝きの混合はストア学派によれば周期的に宇宙を破壊する）．事実，ストア学派の摂理は人民でなく個人の運命を気遣う——それがもし賢者，たとえばカトーを賢者にすることができれば務めを果たしたことになる，なぜなら内面的な富が唯一の純粋に見えざる富であるから．同様に，セウェルス・アレクサンデルは宇宙の冬に対して自分にできること，義務を行なっている．要するに，古代人にとって，歴史は自然・宇宙史の一部である．われわれにおいては，人間と同じであり，自分の治世下にある国家の衰微を語る国家元首は称賛すべき率直さまたは免責となる．

305．継続的恵与については——アリストテレス『ニコマコス倫理学』IV，5 (1123 A 5)；キケロ『義務論』II, XVI, 55 と XVII, 60.

306．*auxanein* については—— Ad. Wilhelm, in *Mélanges Gustave Glotz*, vol. 2, p. 902.

307．ハドリアヌスは自分の出身都市イタリカに多くの恩恵をほどこしている—— R. Syme, «Hadrian and Italica», in *Journal of Roman Studies*, 54, 1964, p. 144. その点で，ハドリアヌスは父を真似たのである，この父はイタリカの有力者であり，まったくの偶然でこの人物の星占いが今日に残された——月，土星，木星がかれを「きわめて裕福な幸運児とし，祖国へ多くの贈り物と寄贈を行わせた」(F. H. Cramer, *Astrology in Roman Law and Polotics*, American Philosophical Society, 1954, p. 163)．セウェルス朝がその出身都市レプティス・マグナへ行なった恩恵を語ればあまりにも長くなりすぎるだろう．ユリアヌスはコンスタンティノープルを美化した，なぜならその地で生まれたからだと書いている（W. Ensslin, in *Klio*, 18, 1923, p. 164)．他の場合には，帝王の気まぐれでなく派閥的政策が問題になる．なとえばニームを例に挙げよう，この町はアウグストゥスとアグリッパから多くの恩恵をこうむっている，たとえば広大な城壁，給水設備，メゾン・カレ神殿等の建設．もちろん，ガリア南部には軍隊を投入できるような巨大な城壁 - 避難場が必要であった．また他の

地と同様にニームにも必要だったからである．しかしニームが選ばれたことには積極的な理由もあった．わが友人クリスティアン・グディノーはカエサル『内乱記』I, 35, 4のある箇所を教えてくれた，それによると，マルセイユの保護者ポンペイウスはマルセイユにウォルケ・アレコミケの領地，つまりニームのケルト要塞を与えた．これですっかり明らかになる．共和制末の内乱では，ガリアその他の地域において，ギリシアやアジアで知られているのと同じことが見られた，なぜならわれわれにはストラボンやプルタルコスの証言等があるからである――それぞれの原住民都市は，期待できる恩恵に応じて，あるいは隣接した都市間の反目に応じて，ローマの実力者のだれかについている．ニームはポンペイウスによってマルセイユのために領地の一部を奪われた――そこでカエサルがマルセイユを包囲したとき，ニームはカエサル支持を宣言し，カエサルの養子アウグストゥス・オクタウィアヌスにも忠実である．ニームはカエサルの都市，ガリアにおけるカエサルの根拠地であった．カエサルは勝利のあとで，ウォルケをニームへ返した（かくてニームは帝政時代に広大な領土を再建できた）．同様にマルセイユの領地はアルルやエクス－アン－プロヴァンスのために著しく縮小された（M. Clerc の著書を見よ）．類似した一例を挙げよう――都市タルソスは，カッシウスに反対してオクタウィアヌス・カエサルに忠実であったので，自治権，広大な領地，海と河の利権等をもらった．（同様に，帝政時代のニームの領地はローヌ川まで広がっている，唯一の便利な輸送手段が河川であった時代においては重要なことであった）．次を見よ――プロウサのディオン, 34, 8; カッシウス・ディオ, 57, 31; アッピアノス『内乱記』5, 7.

308. プロティナ・バジリカとその浮き彫りに関する資料は次の優れた項目に集められている――E. Linckenheld, «Nemausus», in Pauly-Wissowa, vol. XVI, col. 2297-2298. セビリア博物館にあるヘルメスとイタリカのアフロディテについては―― Garcia y Bellido, in *Les Empereurs romains d'Espagne, colloque du CNRS*, 1965, pp. 20-21. ティブールにあるハドリアヌスの別邸の彫刻については次を見よ―― *Fasti archaeologici*, vol. IX, no. 5028; vol. X, no. 3682 *sq.*, 4441 *sq.*

309. R. Robert, *Études épigraphiques et philologiques*, pp. 139（「王が支払った名誉ある金は特に豪勢であったのではなかろうか」．王が都市の名祖になるときは，豪勢な贈り物をしている）, 143-150.

310. 皇帝，都市高官については次を見よ――Mommsen, *Staatsrecht*, vol. 2, pp. 813, 828; id., *Juristische Schriften*, vol. 1, pp. 304, 308, 324; Marquardt, *Staatsverwaltung*, vol. 1, p. 169 ; W. Liebenam, *Städteverwaltung im römischen Kaiserreiche*, repr. 1967, Bretschneider, p. 261; L. Robert, *Hellenica*, VIII, p. 75.

311. それに反して，アウグストゥス治世後，皇帝が都市の保護者になる例は

ない（もっと正確に言えば，――「都市の保護者としての名誉称号を受ける」ことはない，なぜなら保護者というのは公式，非公式のなんらかの機能を指すのでないから．それは名誉称号，ただそれだけである――都市の保護者に選ばれたから恵与者になるのではなく，恵与をしたり，するだろうから保護者という称号を受けるのである．都市の保護者になるという「制度」はギリシア都市が篤志家に与えた名誉称号に似ている――恵与者，町の養い親，都市の息子または父という称号．都市の保護者に関する研究は完全に再検討されるべきだろう）．皇帝はもはや都市保護者の称号に興味を示さなくなる，たんなる個人ならよいかも知れないが．アウグストゥスの後は，どの皇帝も *patronus* になっていない（L. Harmand, *Le Patronat sur les collectivités publiques*, pp. 155-166; 一件の例外も存在しない，p. 164 ――問題のネルウァは皇帝でなく，その先祖の一人で，三頭政治時代のアジアの総督であった．*Latomus*, 1962, p. 68, n. 4 において，再版の *Proscopographia imperii Romani*, letter C, no. 1224, s. v. «Cocceius» のところで，わたし自身も同じ混同を犯し，次において幾度も指摘された―― Syme, *Roman Revolution*, p. 266, n. 3; J. & L. Robert, *La Carie*, vol. 2, p. 103, n. 7）．保護者という称号は皇帝にとって「タブー」である．同様に，ギリシア都市がその恵与者に与える称号の中でも，「祖国の父」は帝政時代に消滅する，なぜならそれが皇帝を指す *pater patriae* とまぎらわしいからである，だから「都市の父」に置き換えられる（L. Robert, in *Antiquité classique*, 1966, p. 421, n. 5）．元老院議員が，皇帝のようにある都市の高官になることがある．また地方の高官が不在で，長官が代わることもある．だがそのときは，両者のあいだに儀礼的なニュアンスが生じ，長官が皇帝の代わりをつとめる――元老院議員は長官に代わられることはなく（だから現役の二頭政治家が生まれ，その一人がローマの元老院議員である），不在の高官には同僚がいる（したがって都市の頭に二人の高官がいる，その一人は二頭政治家の一人であり，他は不在の二頭政治家の代わりの長官である）．そのかわり，皇帝が都市の高官になるときは都市の頭に一人だけ，つまり皇帝を代行し，同僚のいない長官だけになる．それがアウグストゥス以後に制定される――アウグストゥス治世下では，二頭政治家の元老院議員が長官に代わられる場合が多く知られている．ドゥラキオンのスタティリウス・タウルスがそうである，*Corpus*, vol. III, no. 605. この点については次を見よ―― G. L. Cheesman, «The family of the Caristanii at Antiock in Pisidia», in *Journal of Roman Studies*, 3, 1913, p. 256. 前注で指摘した事実，またローマにおける皇帝の恵与独占のところで述べるはずの事実のように，それらは儀礼上の詳細であり，同僚のあいだの高官の座ではなく，皇帝に唯一の君主の座を与えるものである．

312．これは少なくともわたしの仮説である，だが以下で指摘される二つの場合を除いて，資料では都市へ与えられる皇帝の恵与，それとも都市の高官につく皇帝のことは分かるが，決して両者が同時の場合はない．それは資料の性質

に起因する不都合なことであろう．しかしこの制度はアウグストゥスとティベリウスの前後に発展したことに注目しよう．アウグストゥス治世では，この制度にまだ共和制的でヘレニズム的な性格が見られ，都市は二頭政治家のひとりとして皇帝を選んだ，ちょうど元老院議員を選んだように，またギリシア自治都市が王を選んだように——貴族で権力のある外国人としてである．それはほとんど国際政治関係である．都市は皇子をも選び（たとえばゲルマニクス），この王子は長官に置き換えられる．皇帝や皇子に代わるこの長官は都市自体から指名される（Dessau, no. 2689）．それが多様だが独立し，少なくとも自治体的な都市のあいだの感情的関係である——当時は皇帝の権力も高官職であり，人格的なカリスマである．ティベリウスをすぎると，その権力は比類ないものとなり，皇子は，都市の高官となっているなら（どの元老院議員とも同じように継続できる），唯一でなくても長官に代わってもらえる．しかし皇帝だけの代わりをする唯一の長官は都市からでなく皇帝その人から任命される（サルペンサ碑文を見よ—— Dessau, no. 6088, 項目 XXIV ——「ドミティアヌス・アウグストゥスは二頭政治家の役を引きうけ，長官を任命するなら……」．

313. 『皇帝伝』ハドリアヌス 19, 1-3.

314. ユリアヌス『コンスタンティヌス賛辞』6.

315. マルクス・アウレリウスはそう思わせている，I, 7, 2. プトレマイオス『テトラビブロン』3, 13, pp. 158, 159-160, 163.

316. スエトニウス『ウェスパシアヌス』17-19. Cf. Marrou, *Histoire de l'éducation dans l'Antiquité*, p. 403.

317. Jellinek, *Allgemeine Staatslehre*, p. 264, cf. 490.

318. Burke, 3d *Letter on a Regicide Peace*, 1797.

319. たとえば大地震後のロドスに対する諸王の寄贈，あるいは別の大地震後のリュキア地方の都市に対するオプラモアスの寄贈（*Tituli Asiae minoris*, III, no. 905, XVII B, cap. 59）．別の形の寄付を加えよう——ある地方，またはある都市で小麦が欠乏したとき，またそれが飢饉であったら，皇帝は小麦を送った（Rostowzew，項目「穀物」frumentum, in Pauly-Wissowa, VII, 1, col. 184-185. この寄贈は帝政時代のギリシア貨幣の表面で証明されることがある．

320. 事実に関しては—— Kloft, *Liberalitas*, p. 118; Liebenam, *Städteverwaltung*, p. 172; Friedländer, *Sittengeschichte*, vol. 3, p. 28. ケリウス火災後にティベリウスが行なった *munificentia* については——スエトニウス『ティベリウス』48. それに反して，ラオディケイアが大地震で破壊されたときは，「自力で再建した」（タキトゥス『年代記』15, 27）.

321. タキトゥス『歴史』3, 34 ——これは恵与指向への民衆の呼びかけであり，例のないことではない——プリニウス『書簡』10, 8 (24), 1（ネルウァ）.

322. これはまずい措置から生じた紀元33年の有名な危機である（タキトゥス『年代記』6, 16-17; スエトニウス『ティベリウス』48; カッシウス・ディオ，

58, 21を参照せよ). この危機は一度ならず次において注釈されている—— Cantillon, *Essai sur la nature du commerce en général*, repr. 1952, Institut national d'études démographiques, p, 168; H. Crawford, «Le problème des liquidités dans l'Antiquité classique», in *Annales, Économies, Sociétés*, 1971, p. 1229; また特に—— J. M. Kelly, *Roman Litigation*, Oxford, 1966, pp. 76-79.

323. *munificentia* という語はスエトニウス『ティベリウス』48 で読まれる. 現代的概念 (互助会の概念) としては次を見よ—— Léon Duguit, *Traité de droit constitutionnel*, vol. 2, p. 73; vol. 3, p. 469.

324. Dessau, no. 6675, はじめ.

325. アリメンタ碑文については—— P. Veyne, «Les alimenta», in *Les Empereurs romains d'Espagne, colloque de CNRS*, 1965, pp. 163-179 : bibliography and appendix. 次を追加せよ—— P. Garnsey, «Trajan's alimenta: some problems», in *Historia*, 17, 1968, p. 381; M. Pfeffer, *Einrichtungen der sozialen Sicherrung in der griechischen und römischen Antike*, Dunker and Humblot, 1969, pp. 122-127, 175. *alimenta* に関して以前に発表した研究の結果をここで繰り返すことは避ける.

326. 次の資料による—— H. Kloft, *Liberalitas principis*, p. 97. テラチナの浮き彫りはテーマから来ている. この浅浮き彫りは P. Strack, *Reichsprägung, Traian*, p. 47 で研究され, G. Lugli, «Anxur-Tarracina», in *Forma Italiae*, 1927 に転載されたが, 不幸にしてフランスの図書館ではほとんど見られない.

327. Dessau, no. 6106 ——トラヤヌスは「イタリアの不滅を視野に入れていた」. プリニウス『称賛演説』26 ——援助を受けた子供たちは「兵舎や地区を満たすだろう」. だが20年前にわたしが犯した誤り, つまりこのイタリアの不滅という言葉をあまり正確な意味に受けとらないように注意して欲しい——それは国家継続の条件としてのイタリア民族の不滅ではない. われわれは君主制的様式を見ているのであって, イデオロギーの上ではない——どのような目的があろうと, 皇帝のすべての決定は, それが立派で救済的だという点において国家の不滅を確保するのである. たとえば, もし君主が不動産投資を抑制し, 都市が廃屋で満たされるのを防ぐなら, それもまたイタリアの不滅を監視することになるだろう (Dessau, no. 6043, はじめ).

328. *indulgentia* については—— J. Gaudemet, *Indulgentia principis*, Università di Trieste, Conferenze romanistiche, 1962. 他の参考資料については次を見よ—— P. Veyne, in *Les Empereurs romains d'Espagne, colloque du CNRS*, 1965, p. 166, n. 20; W. Waldestein, *Untersuchungen zum römischen Begnadigungsrecht : abolitio, indulgentia, venia*, Dissertationes Aenipontanae, XVIII, Innsbrück, 1964; *Dizionario epigrafico*, vol. IV, p. 50, s.v. *indulgentia*. この語のきわめて古い例はパトラス貨幣ということになる, もしそれが次で述べられているように本当にティベリウス時代のものであるな

ら── M. Grant, *From imperium to auctoritas*, p. 295. 剣闘士試合開催に関する *indulgentia* については── Mommsen, *Epigraphische Schriften*, vol. 1, p. 513; Louis Robert, *Gladiateurs en Orient grec*, p. 274. ── *Corpus*, XI, no. 5375 にあるアッシジの碑文では皇帝以外の人々を言うのに *indulgentia* が使われている例が見られる── *ex indulgentia dominorum*. だがここで語っているのは奴隷である.

329. 『皇帝伝』アントニヌス・ピウス, 8, 1; セウェルス・アレクサンデル, 57, 7; 哲学者アントニヌス, 25, 6. アルバニ・コレクションにある浮き彫りはこれらの慈善を表わしている (S. Reinach, *Répertoire des reliefs*, vol. 3, p. 147).

330. プリニウス『書簡』10, 54-55.

331. P. Veyne, *Les Empereurs romains d'Espagne*, p. 173.

332. 『学説彙纂』34, 1, 14, 1 を参照せよ.

333. たとえば, 次で述べられているアウグストゥスの調査を見よ── P. A. Brunt, *Italian Manpower*, Oxford, 1971, pp. 121-130. 共和制時代の最後の調査とアウグストゥスの調査のあいだでローマ市民の外見上の急激な人口増加は, Tenney Frank が奇妙に想像しているような市民人口の急激な大量増加にはまったく関係がなく, ただ調査方法の違いによるものである──共和制時代の調査はたんに徴兵年齢の男子市民を対象にしているが, 帝政時代の調査では年齢, 男女を問わず, すべての市民を対象にしている── Beloch はそれを見抜いた, なぜなら数が大きすぎると思ったからである, Brunt も立派にそれに従っている. わたしとしてはトラレスのフレゴンによってイタリアの町ごとに百歳を越える老人のリスト, しかも男女別に作成されたものの中に調査簿の抜粋がないかと思っている (*Fragmenta historicorum Graecorum Müller*, vol. 3, pp. 608-610; Jacoby, *Fragmente der griechischen Historiker*, 2 B, 1185, no. 37. 次を参照せよ──プリニウス『博物誌』7, 163).

334. カエサルのある文章が古代の人口学の方法を知る手がかりになるように思われる. カエサルは『内乱記』I, 29 において, こう書いている──「ヘルベティア人のうち, 9万2千人の戦闘員がいた, 人口総数は36万8千人にのぼった」. ところで最初の数字は後の数字のちょうど4分の1である. しかし古代人には敵の数を多い目に見る傾向があることは知られている (Delbrück, *Geschichte der Kriegskunst* において, ペルシア戦争とアレクサンドルの征服のときのペルシア兵員について示されたことを参照しよう). また「異国人」のうちで, 戦士と大人の自由人とが同数だったとする伝説も分かっている. カエサルがその6軍団でもって3倍の敵を破ったと信じさせても不服はないだろう. そこでかれはこうしたのである──かれは女, 子供を含めて市民の数がおおよそ兵役年齢の市民の4倍に相当すると知っていた (前注において共和制時代には後者の人数だけが調査されたことを述べた, このことは好奇心のある人々には兵員が市民総人口の何割を占めるかと考えさせるものである, おそら

く 4 分の 1 という概算に落ちついたのではなかろうか)．ところでカエサルは，みずから語っているように，ヘルベティア人の文書でこの民族が人口39万 2 千であったことを知っている，その数字を 4 で割り，兵役年齢の男子の総数を戦闘員だと大胆に言明したのである．

335. ポリュビオス, 36, 17. それに対して，2, 62 で，ポリュビオスはペロポネソスの国富について注目すべき議論を行なっている．

336. ファルサリアについては，ルカヌス, 7, 387 *sqq.*; ムルサについては，エウトロピウス，10，12．このテーマはいつまでも続く——中世でも，890～853年のあいだの人命損失のためにノルマン人侵攻に対してフランク人が無力だったと説明される．

337. プリニウス『称賛演説』26.

338. *Panégyriques latins*, VI, 2, 4. デフォーの引用は次による—— Sombart, *Der Moderne Kapitalismus*, vol. I, 2, p. 810.

339.『テオドシウス法典』XI, 27, 1-2. 紀元 4 世紀のアリメンタに関する図像，碑文上の反映については，次を見よ—— P. Veyne, in *Les Empereurs romains d'Espagne*, p. 169, n. 35; L. Robert, in *Revue de philologie*, 41, 1967, p. 82. ジュール・フェリーやリヨーテはインドシナとモロッコを征服して，「わが国の商人や銀行家のために」通商への道を開こうとした（だが半分しか信じられなかった）——事実，かれらは真剣になる必要があった．かれらの真の動機は1871年の復讐をすることであり，世界の四隅まで「フランスの存在を輝かせる」ことであった．どうして人々は帝国主義や植民地主義を憎むために常に経済主義的になることが絶対必要だとするのか，わたしはいつも疑問に思った．もし憎まれていなければ，憎まれないようにする必要もないということが分からないのか．

340. *Les Empereurs romains d'Espagne*, 1971, p. 516.

341. L. Robert, in *Annuaire du Collège de France*, 1971, p. 516.

342. これは「資産化主義」のテーマに属する（前注113を見よ），これによれば，市民のあいだの貸し，相互扶助，または課役は市民的絆を維持またはつくる．市民集団の枠内，およびギリシア都市の平等主義的イデオロギーにおいて，市民のあいだの恵与指向と篤志は同じ動機から来ていて，現物でなく偉さで異なる——立派な市民がすべての同輩や各人によいことをすれば，かれは恵与者であるとともに篤志家である．かれの恵与指向は優越性の誇示でもなく，政治的権利の独占料としての心付けでもない——それは対等と見なされるだろう．帝政時代のローマ都市の碑文でも同様に，しかじかの恵与者は「市民全体に対し，また市民の各人に対して」*universis et singulis* 気前よく振るまったと言われる．デモステネスは『ケルソネソスについての演説』107（70）において，恵与と篤志を並べて列挙している——「アテナイのためにわたしが尽くしたことを尋ねられるなら，わたしは幾度も三段櫂船艤装費負担，合唱団長を引きう

け，*eisphorai*〔各種費用〕を支払い，捕虜身代金を払い，その他の篤志行為も行なったと答えることができる」．アメリカ人の恵与指向についても同じことが言えるだろう．

343. *Les Empereurs romains d'Espagne*, p. 167.

344. 『学説彙纂』23，3，2.

345. ポリュビオス，4，38，10.

346. H. Kloft, *Liberalitas principis*, pp. 129-133; P. Strack, *Reichsprägung, Traian*, p. 143.

347. ポリュビオス，5，11，6（さらにこれに先立つ展開部分）.

348. 恵与者たる王の称号，慈善家で篤志家で救済者でもある君主のテーマについては—— A. D. Nock, «Soter and Euergetes», in *Essays on Religion and the Ancient World*, 1972, pp. 720-735; B. Kötting, in *Reallexicon für Antike und Christentum*, vol. VI, 1966, pp. 849-856; その他の文献としては—— W. Spoerri, *Späthellenistische Berichte über Welt, Kultur und Götter*, diss. Basel, 1959, p. 194, n. 30; 王の博愛に関する文献としては—— J. H. Oliver, *The Ruling Power, a study of the Roman Empire through the Roman Oration of Aelius Aristides*, Transactions of the American Philosophical Society, 43, 4, 1953, p. 930. この観念の非哲学的起源については——A. -J. Festugière, *La Révélation d'Hermès Trismégiste*, vol. 2, pp. 303-309. ——背教者ユリアヌスにおいて，博愛的理想はキリスト教的刻印が押される—— J. Kabiersch, *Untersuchungen zum Begriff der Philanthropia bei Julian*, Harrassowitz, 1960.

349. 紀元前220年にプトレマイオス・フィロパトールへ差しだされた請願書（パピルス古文書 *Enteuxeis* no. 82），次による—— Edgar & Hunt, *Select Papyri*, vol. 2, no. 211.

350. 徳については——G.-Ch. Picard, *Les Trophées romains*, De Boccard, 1957, pp. 371-464; Syme, *Tacitus*, vol. 2, p. 754. アレゴリー的なもの（ちょうどゾラがドレフュス事件のとき「真理」や「正義」の像を喚起させたように皇帝の寄贈が話される），神格化（なぜなら「寄贈」に祭壇を設けていけにえを捧げるから），そして具体名詞（なぜなら「一つの」寄贈，それは賜り物であるから）のあいだの境界は浮遊しているから．次を見よ—— L. Robert, *Hellenica*, IX, p. 55, n. 2. 貨幣表面での擬人化については，Strack の三著書が次の古い研究にとって代わった—— W. Koehler, *Personifikationen abstrakter Begriffe auf römischen Münzen*, Diss. Königsberg, 1910; Gnecchi, «Personificazioni allegoriche sulle monete imperiali», in *Rivista italiana di numismatica*, XVIII, 1905. 次の豊かな研究には多くの参考資料が見られる—— G. Manganaro, «La dea delle casa e la Euphrosyne nel Sasso Impero», in *Archaeologia Classica*, XII, 1960, p. 189. 擬人化と霊とのあいだの定まらな

い境界に関しては—— P. Veyne, «Ordo et Pupulus, génies et chefs de file», in *Mélanges de l'École française de Rome*, 19961, pp. 264-274. ギリシアおよびヘレニズム時代の宗教における神格化・擬人化については次を見よ—— Nilsson, *Geschichte der griech. Religion*, 2d ed., vol. 1, p. 812; vol. 2, pp. 198, 206, 282, 296, 378. ギリシア世界における神格化された皇帝の「徳」に仕える女神官については次を参照せよ—— P. Veyne, in *Latomus*, XXI, 1962, p. 55, n. 1. *Pistis*, つまり *Fides* 礼拝については次を見よ——L. Robert, *Laodicée du Lycos*, p. 321, n. 7. 皇帝の *Educatio* 像については——L. Robert, in *Revue de philologie*, XLI, 1967, p. 82. 歴史的な浅浮き彫りにおいて，擬人化を識別することはむずかしい——このような図像を解く鍵は消失していることが多い．これらの浮き彫りにはしばしば銘が塗られていて（例外的に刻まれて），それが擬人化した名を示していた．Cf. *Mélanges de l'École de Rome*, 1960, p. 198, n. 1.

351.『テオドシウス法典』X, 10, 12: *ex consensu Nostrae Liberalitatis*; cf. R. M. Honig, *Humanitas und Rhetorik in spätrömischen Kaisergesetzen*, Göttingen, O. Schwartz, 1960, pp. 71-73. この研究は，教化的情動法と後期帝政時代の立法「修辞化」を対象としている．また前期帝政時代については次を参照せよ —— R. Frei - Stolba, «Inoffizielle Kaisertitulaturen», in *Museum Helveticum*, 1969, pp. 18-39.

352. マルクス・アウレリウス，I, 14.

353.（儀式のときでなければ宮殿のなかで着用を嫌った）マルクス・アウレリウスの豪奢な正装については——マルクス・アウレリウス，I, 7, 4 を見よ，これは次においてよく説明されている—— A. S. L. Farquharson, *The Meditations of Marcus Antoninus*, Oxford, 1968, vol. 2, p. 445.

354. 古代人は宣伝を知らないどころか，その反対だ！　宣伝は説得しようと試みるときに始まる（その理由がよいか悪いかは問題でない），また何らかの自律性を保持した人々が説得の対象になる．宣伝は表現（典礼の表現でもよい）や「象徴的暴力」，つまりときには暴力に訴える脅しとは異なる．これらの様相は現実において混じりあっている——巧みな宣伝者は権力公認のしるしに包まれて，説得しようとする対象に正当な権威をうやうやしく敬うようにしむける．他方，宣伝の強さ，または権威者が注ぐ情熱は秘められ，象徴化された脅しである——もし権力がすべての通りに拡声器をつけるほど強力であるか，あるいは公式のイデオロギーに宗教的情熱を注ぐなら，同じ権力が公式の教条に対していかなる暴言も許さず，拡声器と同じ数の戦車を出動させることができるということを市民各位に告げることになる．それが理解されるなら，宣伝，公式の豪奢，象徴化された脅しは概念的に異なり，現実でも異なってくる——権力についていない党派はもっぱら宣伝（自己表現）をするだろう．これらの基準を設けるなら，古代にも宣伝は存在する．共和制末期の内乱のあいだ，大物たちは味方を引きつけようとして文書合戦を試みた．将軍たち（ディアドコ

イ）の戦闘のあいだ，アレクサンドロスの後継者たちはギリシアの独立都市または自治都市を味方に引き入れようとする．ところが，ウェルギリウスやホラティウスが権力の座にいるアウグストゥス・オクタウィアヌスを称賛する詩を書くと，かれらは宣伝をしなくなる——かれらは心にあふれるばかり，国民の救済者に愛情を表明する（他人のためでなく，自分のために話すときに表現が生じる）．第二に，かれらは意識的か無意識に，権力の座についたアウグストゥス派から始まる教化的，君主制的順応主義によって生じる「象徴的暴力」を中継することになる——ホラティウスの読者は問題の順応主義に反抗できないだろう，でなければ笑い者にされ，実際に危険な不満の徒にされるだろう．それだけ言っておけば，ホラティウスやウェルギリウスは読者を説得しようとしていないことになる——せいぜいかれらは，君主制的教条を「自明の」こととし，だれからも疑問に思われないようなものとして提示することで読者に印象づけ，読者を強制する．かれらはいわば「証言」している，また証人には国家機構全体がうしろだてになっているので，その証言には強制力がある．

355. いわゆる皇帝の「宣伝」価値については次で意味深い指摘がある——L. Wickert, «Der Prinzipat und die Freiheit», in *Symbola Coloniensia: Festschrift für Joseph Kroll*, particularly p. 123)——アントニヌス・ピウスはそのメダルの表でLIBERTASを祝している．反対に，その後継者マルクス・アウレリウスは帝国の市民すべてに確保すべき治世を理想としていたので（『自省録』1, 14），決してLIBERTASを謳わなかった．それに対して，専制君主コンモドゥスは金貨，銀貨，青銅貨においてLIBERTASを記念している．そこでWickertはこう書いている——「まず，宣伝が世論を動かそうとするのではなく，むしろ理想の厳粛な確認であり……正確には，世論をあざむくために，まさしく適用されにくい統治の格言を強調する宣伝ではなく，君主の理想に対する普通の観念的な敬意である……」——それに反して，皇帝による報知の独占ははるかに悲観的に受けとめられる——W. Riekl, *Nachrichtenwesen des Altertums*, pp. 408, 435.

356. アレクサンドリアのフィロン『カリグラへの使節』VII, 50.

357. 聖アウグスティヌス『告白』X, 23——「他人をだまそうとする多くの人を見たが，だれもだまされようとする者はいない．人はこれほど真実を愛しているのだから，何を愛そうと，それが真実であることを望む」．

358. 日常生活では，兆候で判断することが多い——生きるためには判断しないではすまされず，また判断できることしか判断できない，そこから現代の広告現象が来ている——もしある会社が金がかかるが，美しいポスターを選べるほど巧みな広告キャンペーンをまかなえるほど強力であるなら，それはその会社が大衆に知らせる製品の生産に通じていて強力だという兆候である．もっと一般的に言えば，広告は会社とその会社がいかなる会社かという表現である——会社は動因（または力）であり，情報（または兆候）を伝える．同様に政

治的人間は兆候，風采，私生活，表情，顔つきなどで判断され，そして偏狭な合理主義だけがすべての領域において自分のしていることを誤解することになる．よい範例としては，もし医学のことをまったく知らないとすればホーム・ドクターを選ぶというやり方だろう．イデオロギー的欺瞞の観念と誇示的出費の観念のあいだには，表現のはるかに豊かな現象を誤解させるという同じ合理主義的浅薄さという共通点がある．

359. Alfred Schutz, *Der sinnliche Aufbau der sozialen Welt*, 1932; transl. *The Phenonenology of the Social World*, Heinemann, 1972. Schutz を知ることができたのはレイモン・アロンのおかげである．

360. J. Piaget, *Le Jugement et le Raisonnement chez l'enfant*, Delachaux et Niestlé, 1924, pp. 217, 325.

361. 次の示唆に富む書を参照しよう —— G. Durandin, *Les Fondements du mensonge*, Flammarion, 1972.

362. 要するに，帝王が立派だと思う考えはわれわれにはない——そう思うように「条件づけられて」いるのである．次を見よ——Leibniz, *Réflexions sur la partie générale des Principes de M. Descartes*, chap. 6, 31-35 and 39. 事実，大部分の心理学者ら（Gomperz, Jerusalem, Brentano）は信じることを意志行為としている，だがわたしの思い違いでなければ，かれらの言う *Willensakt* はデカルト的自由に通じる名称でしかない．かれらはただ次のことを確認するだけである——いかなる証拠もすべての人にとっては強制的でなく，確信は説得によって自動的に生じるのでなく，個人に依存しているある精神を強制できても，他に確固たる精神もあることが分かる．つまり各人はきっぱりと同意するか，拒否するという意味ではない，せいぜい人は他人と似ていないということを確認できるだけである（だからといって自由に自分とは別の性格になったり，「好きなように説得」させておくということはできない）．

363. 断定的な信じ方，直接的な信じ方，つまり真偽を確かめる前に，何らかの現実が頭に浮かんだことによる直接的な信じ方については，次を見よ——Perre Janet, *De l'angoisse à l'extase*, vol. I, pp. 244-332.

364. 『ニコマコス倫理学』7, 5（1146 A 25- B 5）．

365. 次の説に賛成である —— J. Molino, «Critique sémiologique de l'idéologie», in *Sociologie et Sociétés*, vol. 5, no. 2, 1973, pp. 17-44 —— ここではマルクスのテキストが詳細に研究されている．パレートに匹敵するほどの批判である．今日，精神現象の研究ほど混乱しているものはない，また二元論が君臨し，イデオロギーや精神性や象徴性を語らないで具体例の分析を決意しないかぎり，状況は改良されないだろう．一般的な用法として，「イデオロギー」は「偏見」の意味とあまり変わらず，あまりにも多くの意味を有するので，どれが「真実のもの」かを問うために研究するのは単純すぎるだろう．だがここに興味ある二つの用法がある——①イデオロギーは，「自明の」ものであり，

概念化以前の含意とは対照的で明白な偏見を指すことになる——ヴィダル・ナケは有効に「イデオロギー，つまり叙述に向かう選択と，自明であり，したがって社会が自分に残せる「もっとも明らかな証言」，なぜならもっとも自覚のない証言となるものを対比させている．②「イデオロギー」は社会通念を指し，その通念は，人間社会への参加不拒否（たとえば，もし啓蒙主義世紀において理神論者だと自称するのを拒否するなら）の「象徴」（クレドが「信仰の象徴」と呼ばれる意味で）として，あるいは観念帝国の分割と支配のための闘争における争点として新信徒的情熱の対象となる．そのとき，「イデオロギー」は，観念が商品のように，交感，伝達，しきたり，そして支配の対象になることをわれわれに思い出させる．観念は集団的争点または象徴であるので，倫理性を帯びる——真偽は問題でなく，「立派に考える」か，まずく考えるときにイデオロギーは存在する．

366. Cf. R. Aron, *La Sociologie allemande contemporaine*, pp. 74-94. なぜ知識の社会学が正当なものでありながら，マックス・シェーラーからルカーチとその亜流にかけて平凡で，過大評価された結果しか生じなかったのか，それを論じるには長くかかりすぎるだろう．

367. 通知，行動，表現の区別はすでに古典的になっているが，次の研究から発している—— K. Bühler, «Die Axiomatik der Sprachwissenschaften», in *Kant-Studien*, 38, 1933, pp. 74-90, この論文を知ったのは J. Molino のおかげである．——画像的通知手段としてのトラヤヌス円柱については，たとえば次を見よ—— W. Riepl, *Das Nachrichtenwesen des Altertums*, p. 366.

368. 知覚に対する表現力については—— Cassirer, *The Philosophy of Symbolic Forms*, vol. 3, pp. 58-91; R. Ruyer, «L'expressivité», in *Revue de métaphisique et de morale*, 1955, no. 1-2. 記号理論における表現の位置については—— Husserl, *Recherches logiques*, transl. by Élie, PUF, 1961, vol. 2, part 1, p. 37.

369. この問題は次において見事に提示されている—— E. Fraenkel, *Horace*, Oxford, 1958, p. 62.

370. Everett Hughes, *Men and their Work*, Glencoe, Free Press, 1958, p. 62.

371. 『政治学』1314 B 30.

372. J. Tondriau, «La tryphé, philosophie royale ptolémaïque», in *Revue des études anciennes*, 50, 1948, p. 49 ; Doro Levi, *Antioch Mosaic Pavements*, Princeton, 1947, vol. 1, p. 206, n. 41; L. Robert, *Hellenica*, XI-XII, p. 344.

373. 聖ルカ，7, 25.

374. プルタルコス『デメトリオス伝』を見よ．

375. A. Boethius, *The Golden House of Nero*, Ann Arbor, 1960, particularly pp. 108, 127.

376. J. Gagé, *Les Classes sociales dans l'Empire romain*, p. 197 ——「厳密な意味では，皇帝の宮廷は存在しなかった」; Fustel de Coulanges, *Origines du système féodal*, p. 229 ——皇帝には宮廷人はいないが，宴会や旅行には供の者がいて，お相手をしている．事実，それが大貴族らの習慣であった——かれらは *convictores* という肩書きのついた側近がいた（次を見よ —— K. Meister, in *Gymnasium*, 57, 1960, p. 6）．これらの供の者や会食者の心得については——マルクス・アウレリウス I, 16, 8; cf. Friedeländer, *Sittengeschichte*, vol. 1, p. 85.

377. カッシウス・ディオ, 77, 9 and 19; タキトゥス『歴史』2, 61; スエトニウス『カリグラ』20;『皇帝伝』，ハドリアヌス，18. 首都になったトレウェリには，「大競技場」が建てられ，これがローマの競技場に匹敵した —— *Panégyriques latins*, VII, 22, 5.

378. たとえば次を見よ —— Alföldi, *The Conversion of Constantine and Pagan Rome*, pp. 112-114; E. Stein, *Histoire du Bas-Empire*, ed. Palanque, vol. 1, p. 127. コンスタンティノープルにおける国費パンについては次の論文を見よ —— De Ruggiero, «Frumentatio», in *Dizionario epigrafico*, vol. 3, col. 282-287.

379. カッシウス・ディオ, 52, 30.

380. *Voyage en Syrie*, chap. XII.

381. この *meus, tuus, suus* の用法については次において30例を挙げておいた —— *Latomus*, 1967, pp. 742-744; 次を追加せよ —— Dessau, no. 396, 487, 5592（*urbis suae*）;『テオドシウス法典』VIII, 5, 32（*senatus amplissimus semperque vester*）; Dittenberger, *Sylloge*, no. 835 A（「かれのギリシア」）; L. Robert, in *Comptes rendus de l'Académie des inscriptions*, 1970, p. 14（「かれの世界」，世界的帝国に対する皇帝権力について言うとき）; Dessau, no. 6090（*per universum orbem nostrum*）.

382. アレクサンドリア —— Mommsen, *Staatsrecht*, vol. 2, p. 1032, n. 2. ペルガモン —— Dittenberger, *Orientis Graeci inscriptiones*, no. 217, n. 12.

383. 平民の儀式的役割については——Syme, «Seianus on the Aventine», in *Hermes*, 84, 1956, p. 260; 図像については —— P. Veyne, in *Méranges de l'École de Rome*, 1961, p. 256, 皇后エウセビアはローマに厳かな入城のとき，「地区の議長や平民の百人組長へ」金を配らせる（ユリアヌス『エウセビア称賛演説』19）.

384. 平民は職業軍人へ反抗できない——タキトゥス『年代記』14, 61. ローマで分かっていることは，飢饉のために暴動が起こったとき，平民が都市ローマの長官や穀物管理局を非難していることである（たとえば，タキトゥス『年代記』6, 13; アミアヌス・マルケリヌス，19, 10; シンマクス『書簡』ed. Seek, in «Auctores antiquissimi», *Monumenta Germaniae*, repr. 1961, preface

p. LXX.

385. タキトゥス『年代記』13, 18.

386. フロンティヌス, p. 199 Van den Hout; cf. Syme, *Tacitus*, p. 41. Yavetz, *Plebs and Princeps*, p. 136. では，皇帝たちは平民の支持を得ようとして平民のご機嫌をとっていた，と述べられているが，これはあまり合理的でないように思われる.

387. 「狂った皇帝たち」の自己顕示欲は誇張された．たいていの場合，皇帝が戦車御者，剣闘士または狩人，役者に扮装して現われるのは宮殿，私設劇場，宮廷の円形劇場（*amphitheatrum castrense*；次を見よ── Hirschfeld, *Verwaltungsbeamten*, p. 314, ここではスエトニウス『ティベリウス』72の *ludi castrenses* についての伝統的な誤解が訂正されている）に限られている．これらの見せ物は一般には公開されなかった．列席できたのは親衛隊の兵士や君主に招待された元老院議員である（『皇帝伝』Élagabal, 22では«privato spectaculo»と言われている）．ネロは手始めに個人的に戦車御者と役者になった．コンモドゥスについては，カッシウス・ディオ, 72, 17において，コンモドゥスは決して人前で戦車を走らせたことがなく，剣闘士に扮したのも宮殿内であるが，そのかわり，狩人としては個人的にも公開でも演じてみせた，とわざわざ書かれている（この点については，後注526を見よ）．カラカラとエラガバルスは個人的にしか戦車を動かしていない（77, 10 and 79）．ネロだけがローマの大競技場において戦車の御者を演じた（スエトニウス『ネロ』22）．

388. たとえば『皇帝伝』ディディウス・ユリアヌス, 9（«armis gradiatoriis excerceri»）．公開演技と通俗的スポーツへの個人的趣味の不満を区別しよう．すべてはここに微妙な差がある．ギリシアではオリンピアで戦車を走らせることは貴族的であった，だから Dittenberger, *Inscriften von Olympia* でも，一人ならぬ皇子，たとえば即位前のティベリウスも行なったことが示されている．だが演技者として公開で行うのは，ギリシアでも別問題であった──御者でもないのに戦車を走らせるのは行き過ぎた行為であった．

389. Friedländer in Marquardt, *Staatsverwaltung*, vol. 3, pp. 490, 491.

390. 剣闘士試合は後の馬上試合のように貴族的なものになったかも知れない．すでに騎士がこれに参加していた，しかし世論はそれが不名誉な見せ物（それが風刺詩人の使命としての意見である）か，それとも貴族的なスポーツかを決定しかねていた．カッシウス・ディオ, 56, 25 and 57, 14 を見よ．問題はこのスポーツが最下層の身分の者によって職業的に行われたことである（歴史を通じて芸人や役者の身分の問題である）．競技が市民を参加者として行われたギリシアと，「競技会」が芸人（劇場の役者は問題である）によって演じられたローマとの違いは明らかである．タキトゥス『年代記』14, 20, さらにはコルネリウス・ネポス『アッティクス』序においてもはっきり指摘されている．残るのは，いわゆるスポーツであり，これは観衆を前提にしないもの，たとえば狩

猟はこの上なく貴族的なスポーツであった．それでも見せ物の場所としての闘技場において狩りをするのも便利だった，また一方では，皇帝も大衆的観客のために闘技場で公開の狩りの見せ物を開催した——たとえばコンモドゥスは競技場において，狩猟家の能力を公開で披露することができた（ドミティアヌス治世のとき，皇帝と皇帝から招待された元老院議員らはアルバノにあるドミティアヌス宮殿の私的な円形劇場で狩りをするだけにした——ユウェナリス，4, 99）．

391．「ここで儀礼といっても，式典の日にどの宮廷でも定められている厳粛な手順を指すつもりはない．わが国王たちがきわめて内密の私生活，苦しいとき，楽しいとき，もっとも不愉快な人間的不快のときにおいてもわが王たちにつきまとう細かい規則のことを言いたいのです」（カンパン夫人）．儀礼は，下僕の嘲笑に対し，自分に対して身分の高い者を守るものである．

392．Simon Leys, *Ombres chinoises*, 1975; J. C. Pomonti & S. Thion, *Des courtisans aux partisans, essai sur la crise cambodgienne*, 1971, pp. 37, 64.

393．紀元69年の内乱のあいだ，ピアチェンツァはひどく荒らされた，なぜならその立派な円形劇場が近隣都市の妬みをかき立てていたからである．この種の事件は次で集められている——R. Mac Mullen, *Enemies of the Roman Order*, pp. 168, 185. 皇帝の許可がなければ公共建造物を建てることは禁じられていた，特に都市が隣の都市と競争して建てるときは——*ad aemulationem alterius civitatis*, と『学説彙纂』50, 10, 3 で書かれている．ある総督はある都市に宛てて，その都市が「立派で古い都市であり，同時に，最近の建設によって，栄えている他の都市に少しも劣らない」と書いている（L. Robert, *Études anatoriennes,* p. 302;『学説彙纂』1, 16, 7 pr. ——「もし総督が，重要でもなく，地方の首都でもない都市に赴任したら，その都市の自慢話を我慢して聞かねばならない，おおっぴらにその都市が称賛されるのを聞かないわけにはいかない，なぜならそれが地方人にとって面子の問題であるから」——この総督はその都市宛ての書簡において住民がその都市について総督に聞かせた賛辞をそのまま繰り返すしかない）．オクシュリュンクスのある恵与者はその都市へ寄付をしているが，それはこの町が他の町に負けないためである（*Oxyrr. Papyri*, vol. 4, no. 705）．Cf. also *An Economic Survey of Ancient Rome*, vol. 4, p. 809. そこで必然的にどの都市もローマと競えなくなった——二義的都市に設立される「機能的な」首都の時代はまだ到来していなかった．

394．タキトゥス『年代記』13, 53 : «quo plerumque cohibentur conatus honesti».

395．かれが許可を求めなければならないのは，恵与者によって建てられるバジリカも公共記念物になったからである——公共記念物の責任者である元老院の許可なしでは不可能であった（Mommsen, *Staatsrecht*, vol. 3, p. 1136, n. 3; vol 2, p. 1044; p. 1046, n. 1 and p. 1051）．

396. タキトゥス『年代記』3, 72.

397. アウグストゥスは凱旋者 *viri triumphales* にローマを美化するようにすすめた（前注321を参照せよ），とウェレイウス・パテルクルス, 2, 89 で述べられている，これはほとんど文字どおりスエトニウス『アウグストゥス』29 において繰り返されている．ソシウスはアポロン神殿を修復か建立し，アヘノバルブスはネプチューン神殿，ムナティウス・プランクスはサトゥルヌス神殿，ドミティウス・カルウィヌスはレギア宮殿を，コルニキウスはディアナ神殿を建立している．次を見よ――Platner-Ashby，または *Rome et l'Urbanisme dans l'Antiquité* of L.Momo, p. 339; R. Syme, *The Roman Revolution*, pp. 141, 402. 帝政時代には，凱旋将軍の建設事業は立派な理由で停止している――戦利品はもう将軍の所有に属さず，皇帝だけのものになる（E. Sander, in *Rheinisches Museum*, 101, 1985, p. 184）.

398. Mommsen, *Staatsrecht*, vol. 1, p. 135; vol. 2, pp. 854, 885; vol. 3, p. 1234.

399. ただ一つ，例外があり得る――トラヤヌスは政界実力者リキニウス・スラならアウェンティヌス丘にその名をつけて *Thermae Suranae* を建設させただろう――アウレリウス・ウィクトル『皇帝略伝』13, 6; カッシウス・ディオ, 68, 15 ; cf. R. Syme, *Tacitus*, pp. 35, n. 5 and 231.

400. われわれが本を献呈するように個人へ記念物を献呈できる――ギリシア人は慣習に従って神々へ献上しないで，*imperatores* や地方総督へ建造物を献呈していた．帝政時代ではもっぱら，*opera publica* は時の王朝または一般に皇帝へ献呈されていることが確認される（Dessau, no. 3976 : *Numinibus Augustis, fanum Plutonis posuerunt*），またわれわれはその意味において『学説彙纂』のテキストを解読してきた（*Latomus*, 1967, p. 746, n. 1）；次を見よ―― Mommsen, *Staatsrecht*, vol. 2, p. 950. 帝政期のローマで身分の高い人に建てて捧げた礼拝堂が見つかれば（Dessau, no. 1203），それは間違いなく私的な聖所であると決定できる．ほとんど例外として，執政官ユリウス・ケルスス・ポレミアノスへ献呈されたエフェソス図書館がある――その名は建物の銘に対格で示され，また建物にはかれの像と「美徳」の像があり，「かれの名誉の巨大な記念物」となっていた．J. Keil, in *Forschungen in Ephesos*, vol. 5, 1 (2d, Oesterr. Archäol. Institut, 1953), p. 62.

401. シラクサではマルケルス祭やウェレス祭が行われていた――帝政時代では行えないだろう；次を見よ―― Nilsson, *Gesch. griech. Religion*, 2d ed, vol. 2, p. 38; L. Robert, *Hellenica*, II, p. 38; Syme, *The Roman Revolution*, pp. 405, 473; *Tacitus*, p. 513. 本注（311）も見よ.

402. カッシウス・ディオ, 53, 24; ウェレイウス・パテルクルス, 2, 92; R. Syme, *The Roman Revolution*, pp. 371, 402.

403. タキトゥス『歴史』4, 9（Mommsen, *Staatsrecht*, vol. 2, p. 950, n. 1; vol. 3, p. 1145, n. 2）.

404. 後期帝政時代では，ローマは市政化され，元老院は十人組長評議会と同等にすぎなくなり，都市の長官と元老院との関係は，地域的クリアと *curator civitatis* との関係に等しい．次を見よ——E. Stein, *Histoire du Bas-Empire*, vol. 1, p. 121; A. H. M. Jones, *The Later Roman Empire*, vol. 2, p. 687; また見せ物については，p. 537. 紀元 4 世紀には，ローマの公共建造物に都市の長官の名がつけられ，皇帝や元老院議員の名はかれらが費用を分担したときでなければつけ加えられない（A. Chastagnol, *La Préfecture urbaine à Rome au Bas-Empire*, p. 353）——同様に，各自治都市においても，*opera publica* は *curator civitatis* を銘記している．同じく，ローマ市の長官はしばしば *patronus* という名誉称号を持ち始める——はじめてローマは他の都市と同様に *patroni* を有するようになる——シャスタニョル（Chastagnol, *Faste des préfets de la Ville*, p. 16）は，ある建築物の建設に寄付をした元老院議員の名簿を引用している；『テオドシウス法典』15, 1, 11 では，ローマの建造物の補修権利をだれにでも与えるとされている．ネラティウス・ケリアリスの浴場（Dessau, no. 1254-1246）が公共のものか私用のものだったかは分からない．

405. 紀元 4 世紀以前に，皇帝または元老院議員以外の者によってローマで建てられた最後の建築は，おそらくバルブス劇場，あるいはアグリッパの姉妹によって建てられた *porticus Vipsaniae* であろう．二頭政治のために元老院は，人民と元老院の名において（つまり S. P. Q. R. という言い方が帝政時代に出現する——Mommsen, *Staatsrecht*, vol. 3, p. 1257），君主の栄光のために記念物を建設する——ウェスパシアヌスやティトゥスの神殿（*Corpus*, VI,938），コンスタンティヌス凱旋門（VI, 1139）——あたかも羞恥心が皇帝たちに威張らせないかのようである．この種の記念物のほかに元老院の権威は，公共の土地（*Staatsrecht*, vol. 3, p. 1185），皇帝広場（*Staatsrecht*, vol. 1, p. 450; タキトゥス『年代記』15, 72 も追加; cf. Dessau, no. 273; スエトニウス『ウィテリウス』3, 1）に像を建てたり，除去したりすることだけになる．*curator operum publicorum* と *procurator operum publicorum* の共存については次を見よ——Hirschfeld, *Verwaltungsbeamten*, pp. 265-272; Pflaum, *Carrières procuratoriennes équestres*, vol. 2, p. 600.

406. Friedländer, in Marqusrdt, *Staatsverwaltung*, vol. 3, p. 490.

407. だが解放奴隷に対して特別の許可なしに *munera* を催すことを禁じている法律，剣闘士試合の開催費の上限をさだめた規則を守らねばならない．さらに，地方総督，元老院議員，騎士には *munera* を開催できる権利がない（タキトゥス『年代記』XIII, 31; cf. Mommsen, *Epigraphische Schriften*, vol. 1, p. 523）——かれらは，もし領民の費用で見せ物を開催したり，また見せ物のおかげで領民の金を搾り取れば，領民を破産させただろう．

408. ヨセフ『ユダヤ古誌』XVI, 128——ヘロデがその金をアウグストゥスに配らせようとしてアウグストゥスにわたしたと理解する場合を除く．

409. したがって『学説彙纂』が諸都市への遺贈を喚起させるときは，ローマ人民への遺贈の場合を決して喚起させない．

410. 現物 *corporati* の供与を考慮に入れなければ，ローマには保護 *tutelae* 以外に *munera civilia* は存在しない．したがって『皇帝伝』が皇帝への元老院議員の遺贈を *munus* と見なすのは（皇帝だけが受けとることができた── *Staatsrecht*, vol. 2, p. 680），またまた『皇帝伝』が紀元 4 世紀の制度を 3 世紀へ移していると考えねばならない（*Gordiani tres*, 32）．元老院議員の *immunitas* については── E. Kuhn, *Die städtische und bürgerliche Verfassung des römischen Reichs*, 1864, repr. 1968, Aalen, Scientia Verlag, vol. 1, pp. 223-224.

411. カッシウス・ディオ, 54, 2; cf. Hirschfeld, *Verwaktungsbeamten*, p. 286.

412. ある祭りのあいだ，元老院議員が平民または隷属者に与える饗宴については次を見よ── Marquardt, *Privatleben*, p. 208.

413. おそらく饗宴（*recta cena*）は施し物の供与に変わった（次を参照せよ──スエトニウス『ネロ』16 : *publica cenae ad sportulas redactae*）.

414. クラウディウスはこの禁止を更新した（カッシウス・ディオ, 60, 5）.

415. 後期帝政時代では，クリアのメンバーの私有財産は十人組長の財産と同じくクリアから出されない──公的記録簿に記載され（『テオドシウス法典』6, 2, 8），クリアへ供託される（ Ch. Lécrivain, *Le Sénat romain depuis Dioclétien*, p. 86）.

416. 後期帝政時代の競技会開催のための法政官と執政官の出費または名誉金については（かれらが*pro ludis*として水道橋を補修するのでないかぎり），次を見よ──『テオドシウス法典』Vi, 4, *passim*;『ユスティニアヌス法典』XII, 3, 2（cf. R. Delbrück, *Consulardiptychen*, Textband, p. 68）．一般的には──E. Kuhn, *Die stadtische und bürgerliche Verfassung*, vol. 1, pp. 206-207. 見せ物提供に際してシンマクスの息子の豪勢な振るまいについては（シンマクス『書簡』4, 8, 3; オリンピオドロス，断章，44），──A. Chastagnol, in *Historia-Augusta Colloquium 1964-1965*, p. 62; Friedeländer, *Sittengeschichte*, vol. 2, p. 41; Alföldi, *Kontorniaten*, p. 40.

417. Mommsen, *Staatsrecht*, vol. 3, p. 900 では，前期帝政時代でも，ローマにおける高官職のための名誉金の存在はおおむね否定されている．カリグラによって競売にされた神官職の場合は（スエトニウス『カリグラ』22; カッシウス・ディオ, 59, 28 を参照せよ），本書，第二章において述べたヘレニズム時代の神官職売買を喚起させる．

418. カッシウス・ディオ, 54, 17; だが次も参照せよ── 55, 31.

419. 同上，60, 6.

420. 特に次を見よ──スエトニウス『アウグストゥス』30; ティブルス, 1, 7, 57-62; R. Syme, *Roman Revol*., p. 402. 皇帝は道路をも自分で補修させている

— Mommsen, *Staatsrecht*, vol. 3, p. 1146, n. 1.

421. カッシウス・ディオ，53, 23.

422. スエトニウス『クラウディウス』24; Mommsen, *Staatdrecht*, vol. 2, p. 534; 次を参照せよ——タキトゥス『年代記』XI, 22 and XIII, 5; スエトニウス『ドミティアヌス』4;『ルカヌス伝』2, 10; Friedländer, in Marquardt, *Staatsverwaltung*, vol. 3, p. 487. Cf. P. Veyne, in *Revue de philologie*, 1975, p. 92, n. 1.

423. *De aquae ducta*, 3, 2.

424. スエトニウス『クラウディウス』9．——きわめて低い階級のたんなる役人へ移るには，碑文 *Corpus*, XIV, 4012（Dessau, no. 5387）が難色を示す．碑文では，*accensus vatatus* は *immunis* と言われる．ではモムゼンにならって（*Staatsrecht*, vol. 3, p. 289, n. 3），十人組長になるとき，名誉金の支払いが免除されたと信じるべきだろうか．それともオスティアでの *munera*，あるいはローマでの *corporati* の免除を指すのだろうか（*Fragmenta Vaticana*, 138 : Dessau の引用による）．

425. スエトニウス『アウグストゥス』57;『カリグラ』42: Dessau, 92, 93, 99; カッシウス・ディオ, 48, 34; 54, 30; 55, 26. アウグストゥスの遺言については，特に，スエトニウス『アウグストゥス』101を見よ．その他，知られた皇帝の遺言と比較せよ（ここでは『皇帝伝』にでてくる皇帝しか扱わない）——ティベリウスの遺言（スエトニウス『ティベリウス』76），カリグラのもの（『カリグラ』24），クラウディウスのもの（『クラウディウス』44）．人民から皇帝へのお年玉については，次の民俗誌学的研究を見よ—— M. Nilsson, *Opuscula minora selecta*, vol. 1, p. 274.

426. カッシウス・ディオ, 79, 9.

427. Dessau, no. 286 : *liberalitate optimi principis*.

428. スエトニウス『カリグラ』42. Friedeländer, *Sittengeschichte*, vol. I, p. 90. カッシウス・ディオ, 72, 16を参照せよ（Mommsen, *Staatsrecht*, vol. 3, p. 900）.

429. カッシウス・ディオ，54, 30 and 35. ——像のことで尊敬される恵与者は，自分の造像に当てられた公費を使って，自分の像でなく神か皇帝の像を建てることで気の利いたところを見せる．たとえば *Anthologie grecque*, XVI, 267 の碑詩がそう理解される，これは編者によってプリニウス『書簡』I, 17 と比較されている．もっと一般的には，常に寄贈へのお返しが必要であり，貸し借りなしにしなければならない．すでに本注（296）で述べたように，『テュル王アポロニウス物語』10章から一例を挙げてみよう．アポロニウスはアンティオキア王の娘を誘惑してから逃げだし，タルソスに来るが，そこでは人々が飢饉に苦しんでいる，そこでアポロニウスはその都市に寄贈申し込みの公開演説をする——もし自分の逃亡を保護してくれるなら，その都市に小麦10万升《ます》を供

給し，一升あたり8アース（*octo aeris*）で配給しよう．都市は承諾し，安い値で小麦を買う（ギリシア語では，アポロニウスが *paraprasis* を行なった，と言う）．「だがアポロニウスは，王の威厳を失い，寄贈者というよりはむしろ商人と呼ばれたくなかったので，都市の用途に当てるために（*utilitati*; cf. Dessau, no. 6252 : «voluptatibus et utilitatibus populi plurima contulit»）その金を返した」，だが都市は贈り物の借りをつくりたくない——その恵与者の金で公共広場において戦車の上にアポロニウスの像を立てる．

430. 次の研究は下賜金について詳しく述べる手間を省いてくれる—— D. van Berchem, *Les Distributions de blé et d'argent à la plèbe romaine sous l'Empire*, thesis of Genève, 1939, pp. 119-176.

431. フィロストラトス『ヘロイコス』（*Opera*, Kayser, vol. 2, p. 129）．

432. 無料の小麦と穀物管理については，本書，第三章，第六節を見よ．寄贈としての小麦については—— Kloft, *Libaralitas principis*, pp. 88-95. ローマ平民の隷属者に関して議論された問題については，碑文 *Corpus*, VI, 32098 F に関する次を見よ—— D. van Berchem, in *Rendiconti della Pontificia Accademia*, 18, 1941-1942, pp. 183-190. あるいはかんたんに次を見よ—— Mommsen, *Staatsrecht*, vol. 3, p. 444, n. 4; cf. p. 173, n. 4 and p. 461.

433. A. Degrassi, *Scritti varî antichitã*, vol. I, p. 687 : «Nerva funeraticium plebi urbanae instituit»; ベルガモの，ある恵与者は同市民の葬儀費用を支払っている（Dessau, no. 6726, これは次においてよく説明されている—— B. Laum, *Stiftungen*, vol. 1, p. 114, cf. vol. 2, p. 184, no. 84 A）．それに反して，セプティミウス・セウェルスがローマの平民に無料施薬のサービスをしたというのは間違いである——Galênos, *De theriacis ad Pisonem*, 1, 2（vol. 14, p. 217 Kühn）でははるかに平凡に説明されている——それは君主制的様式の平凡さでありすべてを皇帝の功績にしてしまう．その解釈は次の文章において反論されている—— A. Birley, *Septimius Severus*, Eyre and Spottiswoode, 1971, p. 287.

434. 都市はその市民にいくらかの利益を与える——公共施設の享有，恵与の享受，など．これが *commoda* であり，この特典は市民のためのものである（あるいはある種の利益については，特定の市民，たとえば十人組長の特典となる）．わたしは名誉ある市民権がこのような「特典」にあずかれたとは信じられない（都市は表彰したい外国人に特権的市民権を与えることがあった——これはスペインではよくあることだった，つまり市民が同時にいくつもの市民権を有しているのである．次の研究では興味ある仮説が見られる—— D. Julia, *Les Stèles funéraires de Vigo*, Heidelberg, Kerle, 1971, p. 22）．*commoda* という語については，『学説彙纂』50, 1, 271 を挙げよう；*lex metalli Vipascensis*（Dessau, no. 6891; cf.『学説彙纂』50, 1, 35; *Corpus*, IX, no. 5899 and XI, no. 1944（*commoda* に当てられた都市予算がある）——フロント

(『友人宛』書簡，2，7）── *commoda decurionatus*.

435. 皇帝が市民に対するとき（たとえばタキトゥス『年代記』15, 36, その他，いくらでも挙げられる)，皇帝はかれらを *cives* と呼ぶ，これは古代では，「市民諸君！」という意味でなく，「わが市民」である（*concivis* という語はなかった．それに対して，将軍は兵隊に *commilitones* と言った)．同様に，*fratres* は「わが親愛なる同僚」と解釈しなければならない．皇帝が元老院議員であり，またどの議員もローマを都市国家と見なしているように思われていることを忘れないでいただきたい（さもなければどうして高官になれようか．他の情報もある── Mommsen, *Staatsrecht*, vol. 3, pp. 473-474)．

436. したがって労働についての古代人の政策は，はかない望み（または皇帝領鉱山へ送られた罪人らや皇帝所属工場の従業者の強制労働）にとどまっていた；「働く人々を敬え，怠け者と卑しいことをする者だけを憎め」と，カッシウス・ディオ，52, 37 において，偽マエケナスは偽アウグストゥスに言っている．卑しい仕事とは闘技者と御者であり，これは，同上，52, 30 において問題になっている，つまり「マエケナス」は見せ物が無駄な仕事を増やしていると嘆いている．これは道徳第一主義であって，生産性第一主義ではない．

437. ユリアヌス『コンスタンティヌス礼賛』(『帝王論』) 32．ワロ『農業論』2, 1 ──かつては小麦やブドウの畑を耕した手は，いまでは劇場や「競技場」で拍手するだけだ．

438. Sombart, *Der Moderne Kapitalismus*, vol. 1, 2, pp. 802, 823.

439. ポリュビオス, 4, 21, 1.

440. カトー──プルタルコス『大カトー』1．*autourgia* については次を見よ──マルクス・アウレリウス，1, 5, 2; cf. 3, 5, 3．スルピキウス・セウェルス『聖マルタン伝』4．アレクサンドリアのクレメンスは，自分の手を使うこと(*autourgia*)，また自分の世話をいつも召使いにさせないことを勧めている．

441. ポルヒュリオス『マルケラへの手紙』35．それはマルケラに「自立」させる，つまり日常生活のどんな些細なことも小間使いの手を煩わせないで，小間使いがそばにいなくても途方に暮れたりしないようにということである．ここで「仕事」と「自足」は，聖パウロの『テサロニケ人への第一の手紙』4, 11 and 12 において，だれの世話にもならないように働くことが貧しい者には必要だと言っているのとは内容が違うことを理解しなければならない．

442. きわめて美しいテキストは，ユリアヌスの『コンスタンティヌス賛辞』10である──仕事を持つこと，つまり欲を出して，金儲けにはげみ，童心を打ち破ることが重要だ．ビデは，ストバイオス，5, 789 Wachsmuth-Hense,「貧乏非難」と題する章を参照させている．

443. イギリスからでた商業貴族，*gentry* のテーマとも関係がない．問題は古いテーマ，本書，第一章で検討したテーマ，つまりかつて上流階級の者が富裕になる普通のやり方，臨時投機（Gelegenheitsunternehmung）である．ク

セノフォン『ソクラテスの思い出』2, 7.

444. たとえば── A. Bonhöffer, *Die Ethik des Stoikers Epiktet*, 1894, pp. 73, 233; *Reallexicon für Antike und Christentum* の項目«Arbeit», エピクテトスに関する参考資料も.

445. ディオゲネス・ラエルティオス, 7, 188.

446. ムソニウス, p. 57 Hercher (ストバイオス, vol. 4, p. 380 Wachsmuth-Hense). ストア学派の哲学者たちが，自立するために必要な手段を獲得するように「賢者」へ勧めるとき，かれらはその「賢者」自身の心構えを考える，つまり「自足」し，自立し，外部のことにびくともしないことである．聖パウロが各信者に働くことを命じるのは，他の信者のことを思うからである，つまり怠け者が他人の世話になってはいけない．以上の二つの観点で「自明」のこと，つまり暗黙的，または無意識的，またはイデオロギー的に触れられていないこと，それはストア学派の哲学者が知らずしらず，たとえ「臨時投機」であろうと財を獲得しようと思う有力者の立場に身をおいていることである．他方，聖パウロは何もしないで養ってもらうことを隣人から非難される貧しい人々の立場に立っているのである．

447. *philoponia* については──マルクス・アウレリウス, I, 16 はじめ，および 6, 30. この語は根気強さを指し，テキストでは，「根気強さ」と対になっている．ここでも「自明」のことは有力者，金持の視点である──食べるために働くのでなく，たとえ土地所有者であっても皇帝であっても，自分が生まれた社会的役割をまじめに，根気よく果たすように心がけることが問題である（クセノフォン『家政論』20, 25;『ソクラテスの思い出』3, 4, 9）．このテーマは非常に重要だということが分かる──有力者には，自分の土地や公職にまじめに専念することを強制するものは何もなかった．かれらは生活に困らない，またかれらの性癖は無為徒食だろう．他方，商いと違って，農業は競争者に立ち向かうのでなく，そんな努力をしなくても破産の心配がない．最後に経済的な制度や職業はほとんど明確でなかったので，われわれのようには努力の必要がない．公職については，ローマの貴族階級は皇帝または地方総督が１日，８時間事務についているかどうかを気にするとは考えられない．したがって労働の強制はもっぱら精神的なものになった──それは教育，生活様式の問題であり，まさしくウェーバーによればピューリタニズムのようなものである．

448.『シラ書』33, 27 *sqq*.

449. この俚諺は聖パウロ『テサロニケ人への第二の手紙』3, 10で引用されている．次において引用されているユダヤ人の類似のものを見よ──Strack & Billerbeck, *Kommentar zum Neuen Testament aus Talmud und Midrasch*, repr. 1969, C. H. Beck, vol. 3, p. 641. 聖パウロ自身の態度については次を見よ──J. Dauvillier, *Histoire du droit et des institutions de l'Église*, vol. 2 : *Les Temps apostoliques*, Sirey, 1970, pp. 609-615.

450. factioという語は御者の色またはチーム，つまり「厩舎」を指し，劇団も表わした――だからこれらの組の支持者やファンの一般集団ではない．これらの集団のほうは*populus*または*pars*と呼ばれた．次の研究による――A. Maricq, «Factions du cirque et partis populaires», in *Académie royale de Belgique, Bulletin de la classe des Lettres*, 36, 1950, particularly pp. 400- 402.

451. *lazzaroni*的な同じ熱狂が宮廷革命に対しても燃え上がった（タキトゥス『年代記』I, 35 and 36）．大貴族に対する賛否の他律的群衆のこの熱狂を現代の群衆の革命熱と混同すべきでないだろう．タキトゥス『年代記』XIV, 61では，むしろ隷属者が語られている．

452. たとえば，あるパントマイム役者，最初のプラデスがいる，かれはアウグストゥスによって追放された（カッシウス・ディオ，54, 17; スエトニウス『ティベリウス』37）；ハドリアヌスの伝記作者は，珍しいこととして，この皇帝が一人もパントマイム役者や御者を追放しなかったと強調している．

453. タキトゥス『年代記』13, 25: *gravioris motus terrore.*

454. ニカ暴動のほかに，紀元609-610年の内乱は青組と緑組の戦いであると言われるが，それはビザンティウムの「競技場」がきわめて特殊な構造であることによるので，そこから前期帝政時代の*factiones*にも組についてもなんら決定的なことが引き出せない．

455. これがまさしく問題の核心だと思われる．このような問題では，微妙なニュアンスがすべてである．どの組も変装した政治的党派でなく，部分的にも政治結社（結社の習慣的な多機能性として）ではない――たんにさまざまなスノビスム的要素があるだけである．サッカーよりポロを好むか，あるいはテレビを買うよりオーディオを買うというのも仮装した政治的意見ではない．前期帝政時代で，組の色が少しも変わらなかったとは否定したいところである．たんに皇帝が緑組に味方であったら，反対派は「緑組，くたばれ！」と叫んだし，その逆もある，同様に，皇帝の気に入りの役者に対して反対派が口笛を鳴らした．この懐疑論の役に立つこととして，ウィテリウスとカラカラが人気のある緑組の味方だと前もって信じられていたのに，青組を支持したということがある．しかしながら青組と緑組には変わらないスノビスム的カラーがあった，つまり青組はエリートがひいきにする厩舎の者たちであり，皇帝がいずれの組を支持するかで勝手に公的なチームの色と反対派のチームの色をつけかえなかった．そう考えさせるのは，『サテュリコン』70，10において，トリマルキオンというエレガンスの見本のような男が青組をひいきにし，かれほど上品でない仲間が緑組を支持しているので非難しているところがある（これは偶然ではあり得ない，つまりペトロニウスの語りは*ethos*であり，特徴的な表現である）．結論しよう――二つの対照的な選択肢があるが，いずれも政治・社会的な含みはまったくない――それだけいっそう選択は階級的地位よりも個性の問題であった（サッカーとテニス，バーボンとウイスキー，テレビとオーディオ，それ

それが偏って流行した時代がある——それでも上流階級の内部ではその領域では広く個人的であった）．マルクス・アウレリウス, I, 5 において緑組と青組のことが話されているが，その話し方によってこの皇帝がいずれの組をも支持したと思われよう．この問題全体について次の両者はまったく異なった見解を示している—— R. Mac Mullen, *Enemies of the Roman Order*, p. 170, および R. Goossens, in *Byzantion* of 1939（これは事柄を非常に誇張しているように思われる）．——ビザンティウムの「競技場」の各組についても，その政治・社会的影響力に関する Manijlovic の有名な博士論文については，いまは，次の研究を参考にすべきである—— A. Cameron, *Porphyrius the Charioteer*, Oxford, 1973, pp. 232-239, ここで提示されていることは，この問題がフランスの1968年 5 月革命の原因よりわずかに複雑で，また微妙であり，歴史家に辛うじてもう少し個人的情熱をかきたて，わずかに多くの愚論を書かせる．だがわれわれにとって重要なことは 4 世紀におけるローマでもビザンティウムではないことだ．乱闘は青組と緑組だけが対象ではない（剣闘士やパントマイム役者も同様である）．スポーツや芸術の勧誘熱にはそれなりの大きい理由があるが，それを除いて乱闘はたまたま，付属的に政治色を帯びるときがあった（次に続く二つの注を見よ）．18世紀またはナポレオン時代の劇場やオペラ座でのさくらについても同じことが言えるだろう——芸術熱で杖の乱打の説明がついた，おまけに，ときには，政治的情熱もそれに加わった．

456．スエトニウス『カリグラ』27．

457．同，『ウィテリウス』14，ここで，この言葉とカリグラの言葉を専制君主的異常さとして引用している．その意味は次のとおりである——派閥的情熱は純粋に政治的な理由で役者や芝居全体を観客によって批判させるときがあった．だがそれはかなり付随的なことであったので，権力側はこの派閥的追加を見てみないふりをすることができた．見せ物の政治化はそれほど進んでいなかったので，皇帝は神聖犯すべからざる二つの原則を治安維持のために犠牲にしたくない——原則の一つとして，皇帝は競技会を提供するとき，市民へ奉仕をしている（皇帝は市民たちを「旦那がた」または「親方たち」と呼ぶ，このことは後で述べる）．皇帝は提供者であり，市民各自は提供者に対して不満を抱く権利がある（ペトロニウス, 45, 13 を比較せよ）．もう一つの原則としては，ローマ人民には「競技場」や見せ物について率直に言う権利があり（*libertas* ——アミアヌス・マルケリヌス, 16, 10, 13），各芸術家，各チャンピオンを評価するのは市民である——主宰者は従うしかない．一般的に，見せ物は祭りであり，レジャーである——「競技場」は政治と反対である．カリグラとウィテリウスは二重に醜悪である——かれらは「競技場」を政治化し，さらに観衆に見せ物の不満を言わせなかった．

458．タキトゥス『歴史』1, 4．この言葉については—— Friedländer, *Sittengeschichte*, vol. 1, p. 233; R. Syme, *The Roman Revolution*, p. 404, n. 5; Z.

Yavetz, *Plebs and Princeps*, p. 152, さらに注目すべき次の論文—— R. Marache, «La revendication sociale chez Martial et Juvénal», in *Rivista di cultura classica e medioevale*, 3, 1961, particularly p. 41. フラウィウス家がウィテリウスを攻撃したときも，平民は同じく両側に二分される——平民の一部はウィテリウスを守るために武装し（タキトゥス『歴史』3, 58, 69, 79-80; スエトニウス『ネロ』44を参照せよ），大物たちはウィテリウスに対して手下の者どもを武装させる（『歴史』 3，64）．同様に，群衆がポンペイウスに対するオクタウィアヌスを支持したので，ポンペイウスの支持者らはこの群衆をもはや平民でなく，たんに皇后の私的な隷属者だと宣言する（タキトゥス『年代記』14，61）．

459．次の研究には独創的な見方がある—— I. Hahn, «Zur politischen Rolle der städtrömischen Plebs unter dem Prinzipat», in *Die Rolle der Plebs im spätrömischen Reich*, Akademie-Berlag, Berlin, 1069, p. 49. われわれが試みる総合では，資料に頼るというよりも（資料は乏しく，経済的，地理学的要求にあまり応えられない），むしろ真実らしさと比較に頼る．実際，この問題に提示されるほかのすべての総合においても同様であろう．

460．スエトニウス『ウェスパシアヌス』18.

461．フロント，p. 127, Van den Hout.

462．Marquardt, *Privatleben*, vol. 1, pp. 204-212; Friedländer, *Sittengeschte*, vol. 1, pp. 223-232. 主人はこれらの隷属者たちを無料で宿泊させていることがある（『学説彙纂』9, 3, 5, 1 and 33, 9, 3, 6）．

463．タキトゥス『年代記』13，44，次の引用による—— Paul Lacombe, *La Famille dans la société romaine*, Paris, Bibliothèque anthropologique, tome VII, 1889, p. 308; いまこそ，この優れた著書をぜひ推薦すべきときである，つまりあまり早く発表されて，誤解され，その時機が来たときに忘れられていた．

464．この賃金については—— Marquardt, *Privatleben*, vol. 1, p. 211, n. 7.

465．詩人については，上注（458）で引用したマラッシュの論文を見よ．

466．たとえばタキトゥス『歴史』3, 66（ウェスパシアヌスはウィテリウスの元隷属者）．

467．トリマルキオンの財政官は，誕生日にその隷属者の一人からもらった衣装の話をしている（『サテュリコン』30，11 ）; ある解放奴隷女はその墓碑銘で「わたしには多くの隷属者がいた」と述べている（*Corpus*, VI, no. 21975）．

468．『学説彙纂』11，3，1，5 ——ある奴隷は «in spectaculis nimius vel seditiosus».

469．コンモドゥスが闘技場において野獣と戦うとき，元老院議員としては見せ物にいやな顔をしないほうがよい——カッシウス・ディオ，72, 20-21.

470．プリニウス『書簡』9, 6.

471．カトゥルス，51, 13 : «Otium, Catulle, tibi molestumst».

472. アレクサンドリアについては――ポリュビオス, 34, 14.

473. ポリュビオス, 15, 27, 3 およびこれに続く章（後宮の争い）.

474. ギリシア語碑文での「ローマ当局」については―― L. Robert, *Études anatoriennes*, p. 51 and n. 2.

475. R. Aron, *Études politiques*, Gallimard, 1972, p. 156.

476. この大筋については，次で充分補足されよう――Friedländer, in Marquardt, *Staatsverwaltung*, vol. 3, pp. 482-487, 503; Hirschfeld, *Verwaltungsbeamten*, pp. 285-287; Mommsen, *Staatsrecht*, index, s.v. «Spiele»; *Epigraphische Schriften*, vol. 1, p. 509.――競技会と一般的 *munera* を，皇帝が宮殿で行う見せ物と混同されてはならない――カリグラとネロが戦車御者の演じて見せたのは，確かに宮中においてである（Marquardt, vol. 3, p. 490）.

477. もっとも古い例はミヌキウス・フェリックス, 37, 11;『皇帝伝』のハドリアヌス伝では，*gladiatorium munus*（7, 12）と *ludi gladiatorii*（9, 9）の両方が見られる――これは後になって訂正された痕跡だろう；トレボニアヌス・ガルス伝，3, 7 では，*ludos gladiatoris* と読まれる．それに対して，『テオドシウス法典』では，紀元357年でも，まだ *gladiatorium munus*（15, 12, 2）と言われている．次を見よ―― Wissowa, *Religion und Kultus*, p. 465, n. 9.

478. 競技会の開催期間については―― Friedländer, *Sittengeschichte*, vol. 2, p. 13; H. Stern, *Le Calendrier de 354*, Geuthner, 1953, p. 70.

479. L. Vidman, «Fasti Ostienses», in *Rozpravy Ceskoslovenske Akademie Ved*, 67, 1957, fasc. 6, years 108 and 112.

480. *praesidere* については―― Mommsen, *Staatsrecht*, vol. 1, pp. 402, 407; vol. 2, p. 824. 明らかに，競技会を提供する（*edere*）主宰者は，皇帝が出席しないときは上席につく（*praesidere*）（スエトニウス『アウグストゥス』45 : *suam vicem... praesidendo*）; したがって *edere* と *praesidere* はタキトゥス『年代記』3，64においては同義語である.

481. スエトニウス『ティベリウス』47; だがカッシウス・ディオ，57，11を参照せよ；『皇帝伝』ハドリアヌス，8，2と比較せよ.

482. 面倒な問題であり，次を見よ―― Alföldi, *Monarchische Repräsentation*, p. 161; J. Gagé, *Les Classes sociales dans l'Empire romain*, 2d ed. Payot, 1971, p. 203. 多くの事実が次において集められている―― Tr. Bollinger, *Theatralis licentia, die Publikums demonstrationen an den öffentlichen Spielen*, Winterthur, Scheelenberg, 1969, pp. 74-77. ただ問題 3 点だけを指摘しよう――①「競技場」における皇帝の *pulvinar*（『学説彙纂』19, 1 and append., 2）が *pompa circensis* で運ばれてきた肖像を安置した聖所であるかどうか，あるいはそれが皇帝の貴賓席と混同されているかどうかを知ることが問題である．しかし確かなことは，前期帝政時代においてその席が普通席であることであり，皇帝は前の席について臣民に姿を現わすか，それとも席の奥の

幕のかげにいる．一方では，*pompa* で運ばれた肖像の置かれているソファーのために聖所と呼ばれた *pulvinar ad Circum* を明確にし，他方，皇帝とその家族がすわった *pulvinar* あるいは貴賓席で（スエトニウス『クラウディウス』4），「競技場」の皇帝席，つまり聖所でない席をはっきりさせることができないだろうか．②コンスタンティノポリスの「競技場」にある席はローマにある皇帝席を真似たものであるかどうか．次を見よ── A. Piganiol, in *Byzantion*, 1936, p. 383. ③競技会の主宰者の席はどこにあったか．次のことを指摘しよう──貴賓席は主宰者席の正面にある，つまり A. Degrassi, *Scritti varî*, vol. 1, p. 480 で研究されているクメの表彰辞令の言い方では，*contra munerarium* である．これと護民官アンフィロクスの尊大な振るまいを比較できよう，つまりこの護民官はアンティオキアの競技場において，皇帝の席の正面にすわった *ex adverso imperatoris*（アミアヌス・マルケリヌス, 21, 6, 3）.

483. ファエドルス『寓話』5, 5（寓話, 100）: «Erat facturus ludos quidam nobolis».

484. ファエドルスにおいて, «Laetare, incolumis Roma salvo principe». このエピソードの主人公は知られている──その碑文が見つかった（Dessau, no. 5239）. 皇帝の健康を祝った特別の *ludi* だとした Bücheler は間違っている──すべての見せ物において，大衆は必ず皇帝の健康を祈っていた（カッシウス・ディオ, 72, 2）.『アルウァレス行伝』における次のタイプの歓声と比較せよ── *imperator Augustus, ex cujus incolumitate omnium salus constat* ; Dessau, no. 451 : *te salvo, salvi et securi sumus; Corpus*, IV, 1074（ポンペイの落書）: *vobis salvis, felices sumus perpetuo*.

485. Alföldi, *Monarchische Repräsentation*, pp. 79-84.

486. *L'Empereur dans l'art byzantin*, pp. 144-147.

487. Kloft, *Liberalitas principis*, pp. 99-101; R. Brilliant, *Gesture and Rank in Roman Art*, pp. 170-173. そのために，下賜品の配給のときに，受ける側のだれかと君主のあいだで議論が生じることがあった : «Hermeneumata pseudodositheana», in *Corpus* of Latin glossary of Goetz, vol. 3, p. 36.

488. ヨセフ『ユダヤ古誌』XIX, 1, 13. *missilia* と *sparsiones* については── Friedländer, *Sittengeschichte*, vol. 2, p. 17; Reling in the Pauly-Wissowa, vol. V, 1, col. 852, s.v. «missilia»; H. Stern, *Le Calendrier de 354*, p. 152.

489. カッシウス・ディオ，60，17.

490. 同上，72，13.

491. 同上，72，17──「コンモドゥスがそこにいてもいなくても，〔円形〕劇場のかれの黄金席に置かれた〔のは〕かれの獅子皮と棍棒で〔あった〕」. 新しく思われるのは，空席の玉座に皇帝のしるしが置かれたことでなく，そのしるしが獅子皮と棍棒であったことである，これが生きている皇帝を新しいヘルクレスにしている．権力のしるしが置かれる空席の玉座という儀礼や図像ほど

平凡なことはない―― J. W. Salomonson, *Chair, scepter and wreath : historical aspects of their Representation*, thesis of Groningen, , 1956; そこには付随的でなく，まったく「葬儀的象徴」もなく，確かに典礼の現実がある．

492. 見せ物で大衆的情熱を分かち合う振りをするのは，お偉方としては巧みで，称賛できることと見なされよう，そのような行為は *popularis* である（タキトゥス『歴史』2, 91）．

493. タキトゥス『歴史』 1，72．帝政時代の小アジアの都市において，演劇は同じ役割を演じている．

494. Alföldi, *Monarchische Repräsentation*, pp. 64-65. その他の参考資料は次を見よ―― Z. Yavetz, *Plebs and Princeps*, Oxford, 1069, p. 98; スエトニウス『クラウディウス』21を参照せよ．

495. スエトニウス『アウグストゥス』45.

496. 同，『ドミティアヌス』 4．参照せよ――『皇帝伝』ハドリアヌス, 19, 6: *histriones aulicos publicavit*.

497. これはプリニウス『書簡』6, 5, 5 による―― *propitium Caesarem, ut in ludicro, precabantur*. この言い方は碑文で知られている：Dessau, no. 5084 A（*habeas propitium Caesarem*） and no. 2610; *Corpus*, VI, 632 and 9223; XI, 8; XIV, 2163.

498. 見せ物の際に起こる政治的デモについては――Friedländer, *Sittengeschichte*, vol. 2, p. 7; R. Mac Mullen, *Enemies of the Roman Order*, Harvard, 1967, この著書には多くの参考資料と，きわめてニュアンスに富んだ説明がある; Yavetz, *Plebs and Princeps*, pp. 18-24; Tr. Bollinger, *Theatralis licentia*（上注482で引用）；次を加えよ――『学説彙纂』11, 3, 1, 5 ――ある奴隷は *in spectaculis nimius vel seditiosus*.

499. プルタルコス『ガルバ』17.

500. タキトゥス『年代記』 6，13.

501. ヨセフ『ユダヤ古誌』XIX, 1, 4.

502. カッシウス・ディオ, 75, 4. 歴史家は，デモ集団がしまいには同時に，同じことを叫び出すという，常に少しは異常な事実に驚かされる．だから，しかじかの偉い人にどのような拍手喝采がおくられたか，またそれが何回繰り返されたかを述べている古代のテキストにおいて，それが自発的な拍手喝采であったか（たとえば拍手で歌手にアンコールさせた回数を数えるように），それとも権力から押しつけられたスローガンであったかを見分けることは困難な場合が多い．拍手喝采はカッシウス・ディオ, 72, 20 において記録されている．次を見よ―― Alföldi, *Monarchische Repräsentation*, pp. 79-87; E. Peterson, *Heis Theos : epigraphische, formgeschichtliche und religionsgeschichtliche Untersuchungen*, Göttingen, 1926, pp. 141-145. 学生も修辞学の先生に拍手をおくっている――フィロストラトス『ソフィスト伝』2, 24, pp. 270, 282, 286,

ed. Wright (Loeb). タキトゥス『年代記』16, 4 : *certis modis plausuque composito*.

503. スエトニウス『アウグストゥス』45.

504. タキトゥス『年代記』I, 54.

505. 『皇帝伝』マルクス・アウレリウス, 4, 1 を信じなければならないなら. Cf. Friedländer, *Sittengeschichte*, vol. 2, pp. 4-5.

506. マルクス・アウレリウス, 6, 46.

507. 同上, I, 16, 25. 見せ物 - 建築物 - 下賜品の 3 分割については── Syme, *Tacitus*, p. 226.

508. マルクス・アウレリウス, I, 16, 15. 見せ物への暗示は確かであるように思われ, この箇所もこのように解釈すべきだろう.

509. ゾシムス, 3, 11, 4-5. ユリアヌスは『髭嫌い』を書いて, これに報復した (特に, この書の 4, 5, 9 章を見よ). ユリアヌスは見せ物の刷新をあきらめねばならなかった (『書簡』no. 89 Bidez, 304 BC).

510. マルクス・アウレリウス, I, 16, 13; cf. I, 17, 5 and I, 7, 4.

511. そこから有名な「トクヴィル効果」が来ている (*Ancien Régime, Œuvres complètes*, p. 99) ──苛酷な体制は, それが自由化され始めるときほど, 脅かされることはない, なぜならそのときになってはじめて人々はその体制がどなんなものであったかを知ることができるからである.

512. 『法の精神』12, 27.

513. アミアヌス・マルケリヌス, 16, 10, 13. アミアヌスはラテン語流にギリシア語を話す, なぜならかれにとってギリシア語は外国語であるから (Norden, *Kunstprosa*, p. 647), かれは«ludi equestres»と言う, なぜならギリシア語で考えているからである (*âgon hippikos*); *Circenses* のことである.

514. P. M. Blau, *Exchange and Power in Social Life*, J. Wiley, 1964 において, 公権の表明における外的満足と内的満足が区別されると聞いているが, まだその著書を手に入れることができない.

515. ポリュビオス, 4, 31, 4; cf. 2, 38, 6; 5, 27, 6; 6, 9, 4; 7, 10, 1. 率直な物言いとしての自由については── Syme, *Tacitus*, p. 558; Ch. Wirszubski, *Libertas als politische Idee im Rom des frühen Prinzipats*, Wiss. Buchgesellschaft, 1967, p. 201; Mac Mullen, *Enemies of the Roman Order*, p. 63. スエトニウス『ティベリウス』28 ──「自由な国においては, 言葉と意見 (*mentem*) は自由でなければならない」; 29 ──「元老院議員として, わたしはいつもかなりの *libertas* をもって発言している」.

516. プルタルコス『ディオン』37; 参照せよ──章 4 ; 6 ; 28末 ; 29 ; 34. マルクス・アウレリウスはディオンの褒め方を知っていた (I, 14, 2).

517. マルクス・アウレリウス, I, 14, 2. 自由は, その最初の意味において支配者と被支配者の非相互性とは反対に直接民主制を指す. だが, ローマ帝政時

代では，この語はブドウを見て「あれはまだ青すぎる」と言われる——人間はあまりにも堕落し，帝国は広大すぎたので，元首が必要である，なぜなら人民は自己鍛錬ができなくなっていた．それがタキトゥスの偉大な考えであるが，いたるところで見いだされる，たとえば『崇高論』44, 10（しかし 44, 5 を引き合いには出せない，ここでは作者は実際にはギリシアに対するローマの《公平な》主導権を話しているのである）．

518. W. Hennis, *Politik als praktische Wissenschft*, Piper, 1968, p. 65 : «Rat und Beratung im modernen Staat».

519. マルクス・アウレリウス, 6, 30, 1.

520. 同上，I, 6, 4; I, 16, 4; 6, 30, 13.

521. W. Hennis, *Politik und praktische Philosophie*, Luchterhand, 1963, p. 98 : «Topik und Politik». 一般に，トピカについては——W. Krauss, *Operations research, ein Instrument der Unternehmensführung*, Verlag Moderne Industrie, 1970, p. 160 ——「自然科学の二大方法——トピカとデカルト哲学」．

522. ライプニッツ『新人間悟性論』巻 4 のはじめ，この驚くべきページで，まさしくトピカが論じられている．

523. もし人間の条件が歴史的であるとすれば，それは知ることを知るわけにはいかないからであり，また欲することを欲することができないからである．

524. フィロストラトス『チュアナのアポロニオス伝』 7，14.

525. カッシウス・ディオ, 72, 20-21. 狩人としてのコンモドゥスについては，次を参照せよ—— J. Aymard, *Essai sur les chasses romaines*, De Broccard, 1951, pp. 537-556. 拍手喝采については—— L. Robert, *Études épigraphiques et philologiques*, p. 111, n. 2. カラカラも闘技場においてけものを殺した——カッシウス・ディオ, 77, 6.

526. どこにおいてか．まさしくローマで，一般の見せ物においてであろうと思われる（民衆は観覧席にいる．ディオは円形劇場のことは語るが，それ以外に正確なことを話さない．*amphiteatrum castrense*，つまり皇帝の私設闘技場（前注387を見よ）あるいはラヌウィウム闘技場であろう（『皇帝伝』8, 5 によれば，コンモドゥスはこの闘技場で戦った，コンモドゥスはラヌウィウムに住まいがあり，そこで生まれたのである．まだどこかに私設闘技場があったのだろうか）．だが，もしこの歴史家が語っている「円形劇場」がローマでないとしたら，カッシウス・ディオははっきり言ったはずである．しかも観衆がそこにいた．

527. Max Weber, *Économie et Société*, vol. 1, p. 237.

528. 官人〔マンダリン，高級官僚，士大夫〕と宦官の争いについては—— Weber, *Religionssoziologie*, vol. 2, p. 427.

529. J. Crook, *Consilium principis*, Cambridge, 1955. 最近の 2 文献—— Seston and Euzénnat, in *Comptes rendus de l'Académie des inscriptions*,

1971, p. 468 ; J. H. Oliver, «The sacred gerusia and the emperor's Consilium», in *Hesperia*, 36, 1967, p. 331.

530. ポリュビオス，5，34.

531. 同上，6, 7; マケドニアにおける率直な物言いについては—— 5, 27, 6.

532. Hauriou, *Traité de droit administratif*, ed. of 1919, p. 25.

533. J. Béranger, *Recherches sur l'aspect idéologique du principat*, pp. 137-169. これはロシアでも（A. Besançon, *Le Tsarévitch immolé*, p. 103），シチリアの専制君主のあいだでも（ポリュビオス，7，8，5），その他でも見られる（P. Veyne, in *Latomus*, 21, 1962, p. 62）.

534. ローマにおいて，「最良者選択」というイデオロギーの名における世襲的継承の規則がなかった点については—— L. Wickert, «Princeps und Basileus», in *Klio*, 18, 1943, p. 10.

535. アミアヌス, 19, 12, 7 and 21, 16, 8. この箇所に関する拷問の実行については—— Mommsen, *Strafrecht*, p. 407, n. 4.

536. なぜなら立派な皇帝も，もっとも優れた皇帝も悪い皇帝と同じように儀礼的には拍手を受けたからである——プリニウス『称賛演説』2, 7-8 を読めば充分である.

537. スエトニウス『ティベリウス』30. 共和制時代でも，元老院は理論的には決してティベリウス治世下ほど権力がなかった.

538. タキトゥス『年代記』2, 87; cf. I, 72; Syme, *Tacitus*, p. 427 を参照せよ.

539. タキトゥス『年代記』13, 49.

540. セネカ『怒りについて』1, 18 または 2, 6 で述べられているエピソードは考えさせられる，また，ガレヌス『病める心の治療』*De animi affectuum curatione*, vol. 5, p. 17 Kühn で述べられているハドリアヌスの血なまぐさい怒りも同様である.

541. マルクス・アウレリウス, 1, 14, 2.

542. 元老院貴族階級が，異教的であろうとキリスト教的であろうと，普及させようとした理想像を表わすコントルニアト・メダルの一枚にネロの肖像があるのは驚かされる（アルフェルディの大著で発表された博士論文に対するサント・マツァリーノの幸いなる力添えによる. 次を見よ—— Mazzarino, «La propaganda senatoriale nel tardo impero», in *Doxa*, 4, 1951, p. 140. 皇帝は競技会を提供するから愛されるのではなく，その競技会によって表わされる平民に対する皇帝の関心度に応じている.「タキトゥスから無駄な人気（*inanis favor*）と呼ばれる一種の第六感によって，平民はある寄贈者より他の寄贈者を好んだ」と，次で書かれている—— Z. Yavetz, *Plebs and Princeps*, p. 43. 事実，トラヤヌスは「立派な皇帝」であり，元老院派であり，すばらしい競技会を提供したが，庶民によい評判を残さなかった.

543. ヨセフ『ユダヤ古誌』XIX, 3, (2), 3.

544. Yavetz, *Plebs and Princeps*, pp. 114-116では，平民がそれを喜んだと見抜いた，しかし著者が参考にさせているテキストでは，あまりそのことには触れていない——プリニウス『書簡』9, 13, 21 ——「われわれ元老院議員は評判がよくない，われわれはすべての市民に対して厳しいと言われ，また自分の欠点にはたがいに目をつむって，同僚をかばっているという評判である」.

545. Mommsen, *Strafrecht*, p. 350, n. 2; p. 414, n. 6 and 8. ヨセフ, XIX, 1, 2 (cf. XIX, 1, 16) では，«doulocratie»つまり奴隷天下が語られている．奴隷による告発は，皇帝直《じか》裁判において証言と同じように受理される.

546. ウェルギリウス『アエネイス』6, 613 («dominorum fallere dextras», Nordenの注とともに)．奴隷の反乱は，社会的身分でなく個人的関係を脅かす．その4行上で，ウェルギリウスは父を殴った者，客をだました者，兄弟を憎んだ者，不倫をした者らを語っている.

547. ルキアノスによれば，金持は地獄において，2万5千年のあいだ，貧乏人の重い荷物を運ばされる．逆さまの社会的世界のテーマについては—— Bolkestein, *Wohltätigkeit und Armenpflege*, p. 475; S. Luria, «Die Ersten werden die Lezten sein : zur «sozialen Revolution» im Altertum», in *Klio*, 22, 1929, p. 405.

548. ヨセフ, XIX, 1, 13; スエトニウス『カリグラ』26; カリグラが制定した競技会の無償制については—— Bollinger, *Theatralis licentia*, p. 18. D. van Berchem, *Distributions de blé de d'argent*, p. 62 ——「競技会の観客はローマ社会が計画的に定めた様相を示さなければならなかった」．カラカラは元老院議員席を設けたので不人気を招いた（ウァレリウス・マクシムス, 4, 5, 1 and 2, 4, 3)．指定席については—— Mommsen, *Staatsrecht*, vol. 1, p. 406; vol. 3, pp. 519, 893.

549. この反アリストテレス的伝統は，エリアヌス，さらにはポリュビオス, 1, 28, 4; 12, 24, 2によって伝えられる多くのエピソードで知られている.

550. アテナイオス, XII, 547 E; Wilamowitz, *Antigonos von Karystos*, repr. 1967, Wiss. Buchgesellschaft, p. 263, cf. 83; Boyancé, *Culte des muses*, p. 319.

551. A. Varagnac, *Civilisation traditionnnelle et Genre de vie*, preface.

552. ポリュビオス, 5, 106, 2.

553. 3区分がユウェナリスの言う「パンと競技場」*panem et Circenses*の最良の解釈である——キケロ『アッティクスへの手紙』XVI, 2 ——「ローマ人がもはや国を守る手を持たず，劇場で拍手する手しか持たないのを見て，わたしは悲しく，つらい」．プルタルコス『政治的助言』29——「恵与者たちは大金を使って名声を買うことで，群衆を強く，尊大にしているが，それも名声こそ，自分らがかれらに与えたり，奪ったりできる大事なものだと群衆に信じさせているからである」．フロント, p. 210 Naber, 200 Van den Hout (*Principia historiae*, 17)，これは上で引用したばかりのものである．賜り物は，専門的な

意味で穀物受給民，つまり国費パンをもらう権利のある平民のために当てられていたとは考えられない．そこでわれわれは *frumentariam plebem* という語を広い意味に解釈した——日常のパンが問題である人民．

554．ディオゲネス・ラエルティオス，2，68．心理的理由で，異質的または断続的な解決が合理的に必要度を越えやすいという考えを一例でもって明らかにするために言うなら，キリスト教的禁欲神学は悪い遊びをやめたり，危険な快楽を犠牲にするだけでは不十分であることを教えている——さらに合法的な快楽のいくつかもあきらめなければならない，なぜなら許された悦楽を無制限に味わえる者はだれでも許されない悦楽へ陥りやすいからである．ところで非政治化というこうまい言葉もまたおそらく禁欲的な部類にはいる——非政治的な快楽を味わう者はだれでも悪い闘士になるだろう．政治活動と同時に「恋愛読み物」にも興味を抱くのは理論的には可能だが，心理的にはむずかしい．このことは官能性が神の愛の不倶戴天の敵だとするキリスト教的観念を少し思い出させる．歴史家は，この相互排斥が心理的にも，性格的にも根拠のないことだと告白しなければならない．この言い方は精神分析家のものである（筆者にはその個人的な理由があり，その理由はいささかも，精神分析にあまり深入りしてはならないというような科学蔑視ではなく，その反対である）．非政治化の神話は政治的概念の面に性格学上の真実を投影する——政治に情熱を燃やす者はパンと「競技場」にそれほど熱中しない，なぜなら一度に二つの事柄に熱中できる者はいないからである．同様に，「神への愛着と人間への愛着は対立したものである——だから両者は同じ心に宿ることはできない」（聖ジャン・ド・ラ・クロア『カルメル登山』I, 6）．

555．ある精神分析家たちが（わたしの知るかぎりでは）現実的なものと象徴的なもの，そして想像的なものを分離していることが思いだされる．